Bernhard Pörksen (Hrsg.)

Schlüsselwerke des Konstruktivismus

Bernhard Pörksen (Hrsg.)

Schlüsselwerke des Konstruktivismus

VS VERLAG

Bibliografische Information der Deutschen Nationalbibliothek
Die Deutsche Nationalbibliothek verzeichnet diese Publikation in der
Deutschen Nationalbibliografie; detaillierte bibliografische Daten sind im Internet über
<http://dnb.d-nb.de> abrufbar.

1. Auflage 2011

Alle Rechte vorbehalten
© VS Verlag für Sozialwissenschaften | Springer Fachmedien Wiesbaden GmbH 2011

Lektorat: Barbara Emig-Roller | Eva Brechtel-Wahl

VS Verlag für Sozialwissenschaften ist eine Marke von Springer Fachmedien.
Springer Fachmedien ist Teil der Fachverlagsgruppe Springer Science+Business Media.
www.vs-verlag.de

Das Werk einschließlich aller seiner Teile ist urheberrechtlich geschützt. Jede Verwertung außerhalb der engen Grenzen des Urheberrechtsgesetzes ist ohne Zustimmung des Verlags unzulässig und strafbar. Das gilt insbesondere für Vervielfältigungen, Übersetzungen, Mikroverfilmungen und die Einspeicherung und Verarbeitung in elektronischen Systemen.

Die Wiedergabe von Gebrauchsnamen, Handelsnamen, Warenbezeichnungen usw. in diesem Werk berechtigt auch ohne besondere Kennzeichnung nicht zu der Annahme, dass solche Namen im Sinne der Warenzeichen- und Markenschutz-Gesetzgebung als frei zu betrachten wären und daher von jedermann benutzt werden dürften.

Umschlaggestaltung: KünkelLopka Medienentwicklung, Heidelberg
Korrektorat: Skadi Loist
Druck und buchbinderische Verarbeitung: Ten Brink, Meppel
Gedruckt auf säurefreiem und chlorfrei gebleichtem Papier
Printed in the Netherlands

ISBN 978-3-531-17148-7

Ernst von Glasersfeld gewidmet (1917–2010)

Inhalt

I Einleitung

Bernhard Pörksen
Schlüsselwerke des Konstruktivismus
Eine Einführung 13

II Vorläufer und Bezugstheorien

Eine Revolution der Denkart
Manfred Geier über Immanuel Kants *Kritik der reinen Vernunft* 31

Experimenteller Empirismus
Jens Kertscher über John Deweys *Die Suche nach Gewissheit* 46

Evolution des Erkennens
Rainer Egloff über Ludwik Flecks *Entstehung und Entwicklung
einer wissenschaftlichen Tatsache* 60

Der Mensch als konstruierendes Wesen
Hans Westmeyer und Hannelore Weber über George Kellys
The Psychology of Personal Constructs 78

Theorie der kognitiven Entwicklung
Ernst von Glasersfeld über das Werk Jean Piagets – Einführung
in die Genetische Epistemologie 92

Sprachgewohnheiten
Sibylle Moser über Benjamin Lee Whorfs *Sprache, Denken, Wirklichkeit* 108

Das Muster, das verbindet
Albert Müller über Gregory Batesons *Geist und Natur* 124

III Grundlagen und Konzepte

Die Objektivität des Sozialen
Jens Loenhoff über Peter L. Bergers und Thomas Luckmanns
Die gesellschaftliche Konstruktion der Wirklichkeit 143

Die Disziplinierung des Denkens
Matthias Wille über Wilhelm Kamlahs und Paul Lorenzens
Logische Propädeutik 160

Die Schrift der Form
Peter Fuchs und Franz Hoegl über George Spencer-Browns *Laws of Form* 175

Neurosophie
Wolfram Karl Köck über Humberto R. Maturanas *Biologie der Kognition* 208

Von der Psychotherapie zur Erkenntnistheorie
Fritz B. Simon über Paul Watzlawicks *Wie wirklich ist die Wirklichkeit?* 226

Beobachtungen im Labor
Karl H. Müller über Karin Knorr-Cetinas *Die Fabrikation von Erkenntnis* 239

Die Versuchung der Gewissheit
Karl H. Müller über Humberto R. Maturanas und Francisco J. Varelas
Der Baum der Erkenntnis 254

Konstruierte Illusionen
Alexander Riegler über Terry Winograds und Fernando Flores'
Understanding Computers and Cognition 270

Das Wissen der Systeme
Christoph Reinfandt über Niklas Luhmanns *Erkenntnis als Konstruktion* 287

Die wiedergefundene Welt
Andreas Weber über Francisco J. Varelas, Evan Thompsons
und Eleanor Roschs *Der mittlere Weg der Erkenntnis* 300

Ethik der Erkenntnistheorie
Bernhard Pörksen über Heinz von Foersters *Wissen und Gewissen* 319

Die Natur des Geistes
Wolfram Karl Köck über Gerhard Roths *Das Gehirn und seine Wirklichkeit* 341

Gehirn und Gesellschaft
Tino G. K. Meitz und Guido Zurstiege über Siegfried J. Schmidts
Kognitive Autonomie und soziale Orientierung 362

Von der Wahrheit zur Viabilität
Wolfram Karl Köck über Ernst von Glasersfelds
Radikaler Konstruktivismus 377

Vom Subjekt zur Interaktion
Stefan Neubert über Kersten Reichs *Die Ordnung der Blicke* 397

***Communicamus ergo sum* oder Am Anfang stehen die Beziehungen**
Hans Westmeyer über Kenneth Gergens *Konstruierte Wirklichkeiten* 411

Der Abschied von der Wahrheit
Siegfried J. Schmidt über Josef Mitterers *Das Jenseits der Philosophie* 425

IV   Anwendung und Nutzbarmachung

Die Wirklichkeit der Medien
Armin Scholl über den Konstruktivismus in der Kommunikations- und
Medienwissenschaft 443

Die Paradoxie der Erziehung
Theo Hug über den Konstruktivismus in der Pädagogik 463

Von der Behandlung zum Dialog
Tom Levold über den Konstruktivismus in der Systemischen Therapie 484

Vom Erweitern der Möglichkeiten
Heiko Kleve über den Konstruktivismus in der Sozialen Arbeit 506

Die Steuerung des Unsteuerbaren
Rudolf Wimmer über den Konstruktivismus in der Organisationsberatung
und im Management 520

Lob und Abgesang
Achim Barsch über Konstruktivismus in der Literaturwissenschaft 548

Systeme beobachten
Albert Müller und Karl H. Müller über Unterschiede und
Gemeinsamkeiten von Kybernetik zweiter Ordnung und Konstruktivismus 564

Autorenverzeichnis 583

I Einleitung

Schlüsselwerke des Konstruktivismus

Eine Einführung

Bernhard Pörksen

1   Vorbemerkung

Wenn man sich fragt, wie alles angefangen hat, wie und mit welchen Ideen und Veröffentlichungen konstruktivistische Autoren zunächst Aufmerksamkeit erzeugt haben, dann entdeckt man eine Art Gründungsdokument – wenn man so will: ein Manifest, ein Programm, das viele Motive des konstruktivistischen Denkens bereits in kompakter Form enthält. Der Titel dieses Gründungsdokuments lautet: „Biology of Cognition" (1970). Sein Autor ist der chilenische Neurobiologe Humberto R. Maturana. Maturana schlägt in diesem Aufsatz in einer eindringlichen Sprache vor, den Prozess des Erkennens aus einer biologischen Perspektive zu betrachten, also den Philosophen gewissermaßen die Erkenntnisfrage abzunehmen, sie auf dem Terrain der Neurobiologie wieder zu stellen, um sie dann auch dort zu beantworten. Ziel ist es, den Erkennenden, den Beobachter, selbst ins Zentrum des Forschens zu rücken, ihn als Quelle allen Wissens sichtbar zu machen. Wer sich, so Humberto R. Maturana, aus der Sicht eines Biologen mit der Wahrheit des Wahrgenommenen befasst, dem wird unvermeidlich klar, dass er selbst zu den Objekten gehört, die er beschreiben will. Er ist ein lebendes System, das lebende Systeme verstehen möchte. Das Subjekt studiert ein Objekt, das es selbst sein könnte. Die Situation rutscht ins Zirkuläre, geht es doch stets darum, als Wahrnehmender die Prozesse der Wahrnehmung zu verstehen. Man fühlt sich an die mythologische Figur des Ouroboros erinnert: Die Schlange beißt sich in den Schwanz; ein Gehirn erklärt das Gehirn; ein Erkennender erkennt das Erkennen. Das Subjekt ist sich sein eigenes Objekt.

Der Essay Humberto R. Maturanas mündet bereits nach wenigen Seiten in eine Schlussfolgerung und in einen zentralen Satz, der zur Leitformel und zum Schlüsselaphorismus des konstruktivistischen Diskurses geworden ist. Dieser Satz wirkt auf den ersten Blick wie eine Trivialität, enthält aber bei genauerer Betrachtung eine andere Weltsicht. Er lautet schlicht: „Alles, was gesagt wird, wird von einem Beobachter gesagt." (Maturana 1998: 25). Entscheidend ist, dass die Existenz einer Außenwelt hier nicht verneint wird; es ist nicht die Äußerung eines Solipsisten, der alles zur Schimäre und zum Produkt des eigenen Geistes erklärt, die hier vorliegt. Ebenso wenig steht sein Autor im Verdacht, ein naiver Realist zu sein. Er glaubt nicht an eine beobachterunabhängige Existenz der Objekte, die sich – ontologisch korrekt – im Bewusstsein eines Erkennenden spiegeln. Die Position Maturanas und des Konstruktivismus insgesamt steht für einen mittleren Weg, der sich zwischen den Spielformen des Realismus und den Übertreibungen des Solipsismus befindet: Die Existenz einer Außenwelt wird von ihm und den anderen Begründern dieser Denkschule nicht geleugnet, wohl aber verneinen sie stets die voraussetzungsfreie Erkennbarkeit dieser äußeren Welt und erklären die Frage nach ihrer *beobachterunabhängigen* Existenz letztlich zu einer metaphysischen Spekulation. Jeder Akt des Erkennens beruht, so nimmt man an, notwendig auf den Konstruktionen eines Beobachters – und nicht auf der punktgenauen Übereinstimmung der eigenen Wahrnehmungen mit einer externen Wirklichkeit: „Alles, was gesagt wird, wird von einem Beobachter gesagt."

1970 ist dieses Gründungsdokument des Konstruktivismus ein erstes Mal gedruckt worden und zunächst als Report des Biologischen Computer Laboratoriums an der Universität von Illinois erschienen. Dieses Labor war, damals noch, eine kleine Gelehrtenrepublik von anerkannten Außenseitern, von Kybernetikern, Logikern, Biologen, Physikern. Ein paar Jahrzehnte nach der Veröffentlichung von „Biology of Cognition" und der allmählichen Ausdifferenzierung des konstruktivistischen Diskurses findet man die zentralen Überlegungen und den Begriff des Konstruktivismus selbstverständlich in den Lexika und Einführungsbänden sehr unterschiedlicher Disziplinen – ganz gleich, ob es um die Medien- oder Literaturwissenschaft, die Soziologie oder Politikwissenschaft, die Psychologie oder die Pädagogik geht. Es sind zentrale Grundlagenwerke erschienen, die entscheidend zur Konturierung des Konstruktivismus beigetragen haben.[1] Man entdeckt eigene Zeitschriften und Buchreihen, die sich über Jahre hinweg dem Konstruktivismus gewidmet haben.[2] Und es existiert eine längst unüberschaubar gewordene Zahl von Veröffentlichungen, die einzelne Praxis- und Anwendungsfelder (Organisationsberatung, Psychotherapie, Didaktik etc.) aus einer konstruktivistischen Perspektive betrachten. Ein paar Jahrzehnte nach Humberto R. Maturanas Startschuss schreibt die Tageszeitung *Die Welt* ironisch über die Popularisierung dieser Erkenntnistheorie: „Die Philosophie des Radikalen Konstruktivismus hat den Fußball erreicht. Die Medien konstruieren ein Ereignis, das ohne die Medien gar keines wäre. Erst die Beobachter schaffen die Welt." (Zitiert nach Schmidt 2000: 14)

---

[1] Siehe exemplarisch die nach wie vor grundlegende Einführung, die Siegfried J. Schmidt (1991) herausgegeben hat.
[2] An dieser Stelle nur einige ausgewählte Beispiele: So erschien die (inzwischen eingestellte) Zeitschrift *DELFIN*, die sich vornehmlich der Auseinandersetzung mit dem Konstruktivismus widmete, viele Jahre im renommierten Suhrkamp-Verlag. Im Vieweg-Verlag publizierte Siegfried J. Schmidt in einer eigenen Buchreihe zahlreiche Originalarbeiten von konstruktivistischen Autoren (Ernst von Glasersfeld, Heinz von Foerster, Humberto R. Maturana) in übersetzter Form. Die Gruppe der Heidelberger „Systemiker" organisierte diverse weithin bekannt gewordene Kongresse. Zahlreiche maßgebliche Bücher zu konstruktivistischen Themen erschienen und erscheinen nach wie vor im Heidelberger Carl-Auer-Verlag.

2 Das Kernproblem des Konstruktivismus: ein Definitionsvorschlag

In dieser Situation ambivalenter Erfolge, mitunter missverständlicher Übertreibungen und der allmählichen Verwandlung einer Außenseiterphilosophie in eine Mode muss eine gleichsam kanonische Zusammenstellung von Schlüsselwerken notwendig verschiedenen Funktionen gerecht werden: Sie soll diese Werke natürlich vorstellen, sie dem Neu- und Erstleser in einer möglichst klaren Sprache zugänglich machen, die wesentlichen Begriffe und Konzepte nennen und definieren; aber sie muss eben auch – will sie nicht selbst zur grellen Überzeichnung, zur Diskurserstarrung und einer intellektuell womöglich unproduktiven Schulenbildung beitragen – die Ergänzungsbedürftigkeit, die Grenzen und die Verschiedenartigkeit der einzelnen Entwürfe reflektieren. Es gilt daher, Unterschiede und Gemeinsamkeiten gleichermaßen sichtbar zu machen und zunächst zu konstatieren. Es gibt nicht *den* Konstruktivismus, sondern nur Varianten des Konstruktivismus, die aber bei aller Unterschiedlichkeit doch eine zentrale Gemeinsamkeit besitzen: Das konstruktivistische Kernproblem, nämlich die prozessual verstandene Entstehung von Wirklichkeit zu beobachten bzw. zu erforschen, ist in groben Zügen identisch. In einer erhellenden Definition erscheint der Konstruktivismus ganz im Duktus dieser Überlegungen als der Versuch zu klären, *„wie eine Instanz/ein Ort/eine Einheit X eine Wirklichkeit Y oder mehrere Wirklichkeiten Y_1-Y_n hervorbringt* (aufbaut, erzeugt, zusammensetzt)." (Weber 2002 b: 24; Hervorhebung im Original) Die Benennung bzw. Eingrenzung und dann schließlich die genauere Untersuchung und Erforschung jener „Instanz X" (Sprache, Medien, Individuum, Gruppe, Gesellschaft, System etc.) differiert jedoch erheblich. „X" lässt sich sehr unterschiedlich spezifizieren, und die konkrete Spezifizierung gibt indirekt Auskunft über die Herkunft eines Wissenschaftler und offenbart unterschiedliche Begründungsversuche des Konstruktivismus insgesamt. Grob lassen sich *naturalistisch* und *kulturalistisch* fundierte Epistemologien voneinander trennen:

> Naturalistische Konstruktivisten beschäftigen sich mit der Konstruktion von Wirklichkeit via Wahrnehmung, Gehirn, Bewusstsein oder Kognition, ihre Disziplinen sind die Biologie, die Physik und die Psychologie; kulturalistische Konstruktivisten beschäftigen sich mit der Konstruktion von Wirklichkeit via Sprache, Kommunikation, Medien, Kultur und Gesellschaft. (Ebd.: 23)

Diese Trennung mag zunächst erstaunen, denn schließlich sind manche Protagonisten des Konstruktivismus – gerade in der Anfangsphase – zunächst offensiv mit dem Anspruch aufgetreten, ihr erkenntnistheoretisches Alleinstellungsmerkmal bestünde gerade darin, dass sie die Naturalisierung der Epistemologie konsequent betrieben hätten.[3] Demnach dürfte es überhaupt nur naturalistisch argumentierende

---

[3] Zur Naturalisierung der Epistemologie siehe Fischer (1992: 20) mit Hinweis auf die Arbeit von Williard Van Orman Quine.

Vertreter geben, was jedoch nicht der Fall ist. Im Gegenteil. Es offenbart sich bei genauerer Betrachtung vielmehr eine Fülle von kulturalistischen *und* naturalistischen Entwürfen und Konzepten, die sich verschiedenen Schulen der Philosophie bzw. der Sprachphilosophie, der Psychologie und der Kommunikationstheorie, der Kybernetik bzw. der Kybernetik zweiter Ordnung, der Biologie bzw. der Neurobiologie und der Wissenssoziologie zuordnen lassen. Sie sollen hier im Folgenden – überblicksartig, notwendigerweise verknappt – vorgestellt werden.

3 Die unterschiedlichen Begründungsmodi: verschiedene Richtungen des Konstruktivismus

Die Unterschiede in den Sphären konstruktivistischen Denkens werden deutlich, sobald man genauer betrachtet, wer mit welchen Begriffen und auf welcher disziplinären Grundlage die Konstruktion von Wirklichkeit untersucht wird. Hier zeigen sich die Differenzen:

- *Philosophisch belesene Konstruktivisten* haben eine Art Ahnengalerie erarbeitet, die sie bis zu den Skeptikern ins vorchristliche Jahrhundert zurückführt; schon zu diesem Zeitpunkt wird prinzipiell argumentiert, man könne doch als Wahrnehmender nicht hinter seine Wahrnehmungen zurück, könne nicht aus sich heraustreten, um das eigene Wahrnehmungsprodukt mit der noch von möglichen Verzerrungen unberührten Entität zu vergleichen. Ein Bild von einer menschenunabhängigen Realität ließe sich demnach gar nicht machen. Alles, was sich sagen lässt, sei von den eigenen Wahrnehmungs- und Begriffsfunktionen bestimmt; ein emphatisch verstandener Falsifikationstest müsse schon aus diesen Gründen scheitern. Als prominente Stichwortgeber gelten des Weiteren u. a. Giambattista Vico, Immanuel Kant, der späte Ludwig Wittgenstein und der Sprachforscher Benjamin Lee Whorf, der die Sprachdeterminierung der Weltwahrnehmung annimmt.[4] Der Konstruktivismus erscheint aus dieser Perspektive einer philosophiegeschichtlich und sprachphilosophisch informierten Rekonstruktion als epochenspezifisch begründeter Skeptizismus. Allerdings muss man kritisch konstatieren: Auch der Erkenntniszweifel der philosophischen Prominenz und die entsprechenden Zitate der Autoritäten sind kein Beweis für eine wie auch immer verstandene Berechtigung dieses Er-

---

[4] In seinem berühmten Buch *Sprache, Denken, Wirklichkeit* formuliert Whorf (1963: 20) das so genannte „linguistische Relativitätsprinzip" prägnant: „Menschen, die Sprachen mit sehr verschiedenen Grammatiken benützen", so heißt es hier, „werden durch diese Grammatiken zu typisch verschiedenen Beobachtungen und verschiedenen Bewertungen äußerlich ähnlicher Beobachtungen geführt. Sie sind daher als Beobachter einander nicht äquivalent, sondern gelangen zu irgendwie verschiedenen Ansichten von der Welt."

kenntniszweifels, dieser wird lediglich illustriert, womöglich plausibilisiert, aber keineswegs durch eine Zitatmontage verifiziert.[5]

- Die *psychologische Begründung des Konstruktivismus* rekurriert auf das Werk George A. Kellys *The Psychology of Personal Constructs* (1955) und seinen konstruktiven Alternativismus, der von der Überlegung ausgeht: Es existieren stets verschiedene, individuelle Interpretationen der einen Welt, deren Vorhersagekraft (das ist sein Gütekriterium zu ihrer Einschätzung) allerdings unterschiedlich bewertet werden muss. Zu nennen ist auch der *soziale Konstruktionismus* von Kenneth J. Gergen (2002), der demgegenüber den Konstruktionsprozess stets als eingebettet in Situationen und Beziehungen und eine Geschichte *zwischen* Menschen begreift. Erwähnt werden muss überdies die Schematheorie des Psychologen Jean Piaget und die im Umfeld der Palo-Alto-Gruppe veröffentlichen Arbeiten mit starken Bezügen zur therapeutischen Praxis. Jean Piaget begreift, stark vereinfacht formuliert, das Lernen als Ergebnis einer fortwährenden Bestätigung oder Enttäuschung von Erwartungsmustern bzw. von so genannten Schemata, die sich im Laufe der Sozialisation herausbilden. Die aus den Regelmäßigkeiten der Erfahrungswelt abstrahierten Regeln werden beständig angewendet, ohne jedoch immer zu passen (Jean Piaget konzentriert sich auf die Entstehung von Wirklichkeitsmodellen im Kindesalter). Die fortlaufende Bestätigung oder auch die Enttäuschung von Erwartungen erscheint in jedem Fall als ein für das Lernen bedeutsames Ereignis, erlaubt es doch die Verfestigung oder Veränderung der Schemata, die Assimilation oder die Akkomodation des Subjekts.

> *Assimilation* bedeutet, dass das handelnde Subjekt eine gegebene Situation als jene erkennt, mit der es eine bestimmte Handlung oder Operation assoziiert hat, obschon ein Beobachter die Situation als unterschiedlich betrachtet. *Akkommodation* hingegen bezeichnet eine Reaktion des Subjekts, die dann eintreten kann, wenn das Ergebnis der Handlung der Erwartung des Subjekts nicht entspricht. Die Überraschung oder Enttäuschung kann dann nämlich zu einer Änderung von Handlungsschemata oder zur Bildung neuer Schemata führen. In beiden Fällen wird das Verhalten des Subjekts durch Erfahrung verändert und man kann also von „Lernen" sprechen. (Glasersfeld 1997: 168; Hervorhebungen im Original)

Das heißt: Kognitiver Wandel und Lernen werden hier, so die zentrale Annahme, als Resultat einer Erwartungsenttäuschung verstanden, die sich aus der Tatsache ergibt, dass ein Schema nicht das erwartete Ergebnis produziert: Die so entstandene Verstörung ruft eine Akkomodation hervor, die dann das

---

[5] Andere, ebenso *philosophisch orientierte Konstruktivisten* haben sich – mitunter auch in entschiedener Abgrenzung vom so genannten *Radikalen Konstruktivismus* – um eine konsequent kulturalistisch fundierte Rekonstruktion von Konstruktionsprinzipien bemüht; Ziel ist es, systematisch jene Operationen, Regeln und Methoden ausfindig zu machen, die Phänomenbereiche einer Wissenschaft entstehen lassen (so z. B. der Erlanger bzw. später auch Methodische Konstruktivismus).

Gleichgewicht wieder herstellt. Die Palo-Alto-Schule, die sich um Therapeuten wie Don D. Jackson und Paul Watzlawick formiert hat und sich u. a. auf die Arbeiten des Anthropologen Gregory Bateson bezieht, teilt mit den konstruktivistischen Lerntheoretikern ein gemeinsames Ziel: die Beobachtung der Konstruktion von Wirklichkeit. Ihre Besonderheit besteht jedoch darin, dass sie nicht nur beobachtet, sondern Leid erzeugende Kommunikationsmuster, Konflikt erzeugende Formen der Interaktion gezielt – z. B. mit Hilfe von Symptomumdeutungen, paradoxen Interventionen, der Technik des zirkulären Fragens – zu verändern trachtet. Die Erkenntnissituation einer praxisorientierten und pragmatisch ausgerichteten Theoriegenese und eines steten Wechsels zwischen Anschauung und Abstraktion hat sich offenkundig als äußerst produktiv erwiesen: Zahlreiche Konzepte der Kommunikationstheorie – selbstverständlich mit einem Schwerpunkt im Bereich der Individualkommunikation – resultieren aus den Arbeiten dieser konstruktivistisch und systemisch orientierten Therapeuten und Psychologen. Zu nennen sind etwa die so genannten Axiome der Kommunikation, die Entdeckung zirkulärer Kommunikationsmuster, die systematische Orientierung an Deutungen (= Wirklichkeiten zweiter Ordnung im Sinne von Paul Watzlawick) und nicht an Wahrheiten.

- Auch eine beobachtertheoretisch reformulierte Kybernetik,[6] die so genannte *Kybernetik zweiter Ordnung*, hat das konstruktivistische Denken und die Systemtheorie Niklas Luhmanns entscheidend geprägt. Sie bricht mit der ursprünglich unter Kybernetikern verbreiteten Kontroll- und Steuerungseuphorie, verknüpft Beobachter und Beobachtetes und analysiert die logischen und die methodischen Probleme, die das Erkennen des Erkennens notwendig mit sich bringt. Das Urprinzip des kybernetischen Denkens findet sich in der Figur der zirkulären Kausalität, die Heinz von Foerster zur Anwendung auf die Kybernetik selbst vorangetrieben hat. Was mit Kybernetik zweiter Ordnung – einem dynamischen, kreativ mit Paradoxien operierenden Denkstil – gemeint ist, wird jedoch erst verständlich, wenn man sich die Geschichte dieser Metadisziplin vergegenwärtigt, die durch die so genannten Macy-Conferences (1946–1953) geprägt wurde.[7] Den Kybernetikern der ersten Generation ging es nämlich nicht nur um die Konstruktion sensorischer Prothesen und den Bau von Kriegsgerät, um teleologische Mechanismen und das Muster zirkulärer Kausalität, sondern sehr viel grundsätzlicher auch darum, die Funktionsweise des Lebendigen selbst zu entdecken und gegebenenfalls nachzubilden, auch die Tätigkeit des Gehirns logisch-technisch zu rekonstruieren. Entsprechend unbeschwert sprach man vom Bau des „artifical brain". Heinz von Foerster hat im

---

[6] Kybernetik lässt sich grob als die Wissenschaft von der Regelung im allgemeinsten Sinne bestimmen. Siehe Winter (1999: 125).
[7] In diesem Zusammenhang ist das Buch von Steve Joshua Heims *The Cybernetics Group* (1991) einschlägig; eine stärker epistemologisch interessierte Rekonstruktion liefern Foerster/Pörksen (1998: 105–121); Pias (2003) hat die vorhandenen Protokolle der Macy-Conferences in einer zweisprachigen Ausgabe wieder zugänglich gemacht.

Umfeld der Kybernetiker die zunächst unschuldig wirkende Frage gestellt: Was braucht man, um ein Gehirn zu verstehen? Die Antwort: ein Gehirn. Die Theorie, die von dieser Warte aus nötig erscheint, wird zirkulär. Sie muss den Anspruch erfüllen, sich selbst zu beschreiben; die strenge Trennung von einem Subjekt und einem Objekt, auf der die Kybernetik erster Ordnung basiert, verschwindet. Der Beobachter und das Beobachtete erscheinen in der Kybernetik zweiter Ordnung in unauflösbarer Weise miteinander verflochten. Vor diesem Hintergrund wird dann auch der Definitionsvorschlag Heinz von Foersters verständlich, die Kybernetik von *beobachteten* Systemen als Kybernetik erster Ordnung zu begreifen, denn hier ist der Beobachter nicht Teil des Beobachteten. Die Kybernetik zweiter Ordnung figuriert demgegenüber als Kybernetik *beobachtender* Systeme.[8] Der Dualismus von Beobachter und Beobachtetem ist damit aufgehoben; man beobachtet im vollen Bewusstsein, dass man selbst durch sich und andere zum Objekt von Beobachtungen werden könnte.

- *Biologisch bzw. neurobiologisch fundierte Entwürfe des Konstruktivismus* haben – insbesondere zu Beginn der wissenschaftsinternen Diskussion – Aufmerksamkeit auf sich gezogen. So hat Heinz von Foerster immer wieder auf die undifferenzierte Codierung von Reizen hingewiesen und das lange bekannte Phänomen, dass Sinneszellen nicht spezifisch kodieren, zur Plausibilisierung konstruktivistischer Einsichten benutzt. Von den äußeren Reizen, die uns nur in einem sehr geringen Ausschnitt überhaupt erreichen, wird wiederum nur ein geringer Teil in die Einheitssprache neuronaler Impulse transformiert. Die Spezifität eines Impulses resultiert dann, so Gerhard Roth, aus der Topologie des Gehirns bzw. aus dem Ort, an dem der Reiz im Gehirn auftritt: Die einzelnen Aktivitätsorte bestimmen die Modalität, die Quantität und die Intensität des Reizes. Humberto R. Maturana hat das Konzept der Autopoiesis (Selbsterschaffung) als Zentralkriterium zur Bestimmung des Lebendigen vorgeschlagen: Lebende Systeme bilden, so seine Annahme, ein Netzwerk von internen und zirkulär verwobenen Produktionsprozessen, das sie zu einer abgrenzbaren Einheit macht, indem sie sich beständig selbst erzeugen und auf diese Weise erhalten und in ihrer Autonomie bewahren. Ebenso war es Maturana, der eine Art Bio-Epistemologie entwickelt hat. Das Nervensystem eines Lebewesens gilt ihm als operativ geschlossen. Es

    > operiert als ein geschlossenes Netzwerk wechselnder Relationen neuronaler Aktivitätszustände, die stets zu weiteren sich verändernden Relationen neuronaler Aktivitätszustände führen. Es existieren für sein Operieren als System lediglich die eigenen, die inneren Zustände; nur der Beobachter vermag ein Innen und ein Außen oder einen Input und einen Output zu unterscheiden und in der Folge die Einwirkung des äußeren Stimulus auf das Innere und den Organismus zu behaupten oder umgekehrt eine Einwirkung des Organismus auf die externe Welt zu diagnostizieren. (Maturana/Pörksen 2002: 63)

---

[8] Kybernetik erster und zweiter Ordnung vergleicht Winter (1999: 121 ff.) im Detail.

Erkennen erscheint, folgt man dieser Konzeption, nicht mehr als getreue Repräsentation einer äußeren Welt, sondern muss als interne Konstruktion nach eigenen Prinzipien verstanden werden. Ob von der Neutralität des neuronalen Codes die Rede ist, ob die Reizverarbeitung und die Spezifizierung von Impulsen durch die Topologie des Gehirns Thema sind, ob man die Autopoiesis des Lebendigen und die (operative) Geschlossenheit des Nervensystems analysiert – stets beschreibt man einen Bruch zwischen äußerer und innerer Welt und fokussiert die Aufmerksamkeit auf systeminterne Konstruktionsleistungen.

- Die *Grundfragen des wissenssoziologisch fundierten Konstruktivismus* bzw. des *Sozialkonstruktivismus* lauten, wie eine selbstproduzierte Sozialordnung entsteht und wie sich eine gesellschaftliche Realität allmählich zu festen sozialen Arrangements erhärtet, die dann als statisch und naturwüchsig erfahren werden. Um diese Fragen zu beantworten, zeigen beispielsweise Peter L. Berger und Thomas Luckmann (1997) in ihrem Standardwerk des Sozialkonstruktivismus mit vielen Beispielen, wie kulturelles Lernen funktioniert, wie Verhalten habitualisiert und typisiert, individuelle Erfahrung verobjektiviert und unter Umständen (in Form von Geschichten und Erzählungen) kollektiviert und die einmal gehärteten Arrangements der Sozialordnung legitimiert werden. „Man kann auch sagen", so fasst Karin Knorr-Cetina prägnant zusammen,

> der Sozialkonstruktivismus versucht eine Klärung des ontologischen Status sozialer Realität durch Rekurs auf deren *Vorgeschichte*. Er verweist auf Prozesse und Mechanismen (wie Habitualisierung, Typisierung), die sozusagen die genealogische *Voraussetzung* der Existenz und Erfahrung einer sozialen Ordnung als objektivierter Ordnung darstellen. (Knorr-Cetina 1989: 88; Hervorhebungen im Original).

Wirklichkeit entsteht aus dieser Sicht im Gefüge der Gesellschaft – und das heißt, dass der Einzelne als eine durch diese Gesellschaft und die ihn umgebende Kultur formbare Entität gesehen werden muss. Er beobachtet mit den Augen seiner Gruppe, sieht die Welt vor dem Hintergrund seiner Herkunft, ist eben gerade keine Monade, sondern in jedem Fall beeinflussbar, extrem empfänglich für Außeneindrücke. Damit wird, um einen Begriffsvorschlag Heinz von Foersters aufzugreifen, das *Ein-Hirn-Problem* der Gehirnforschung bzw. des neurobiologisch orientierten Konstruktivismus zum *Zwei-Hirn-Problem* der Erziehung und schließlich zum *Viel-Hirn-Problem* der Gesellschaft – und es ergibt sich die Notwendigkeit, zwischen den einzelnen Varianten des Konstruktivismus zu vermitteln. (Foerster 1993: 343 ff.) Integrative Entwürfe müssen erklären, wie sich die These von der kognitiven Autonomie mit der Annahme der sozialen Geprägtheit verbinden lässt.

4 Muster, die verbinden: zentrale Denkfiguren und Gemeinsamkeiten des Konstruktivismus

Trotz dieser verschiedenen Begründungen und Fundierungsversuche wird der konstruktivistische Diskurs durch ein Set von miteinander verwobenen Denkfiguren, Postulaten und Leitmotiven konturiert und zusammengehalten. Diese Denkfiguren geben ihm Struktur und Grenze – und machen, bei aller Unterschiedlichkeit der disziplinären Herkunft, erneut die Gemeinsamkeiten sichtbar. So zeigt sich:

- Das Kerninteresse konstruktivistischer Autoren besteht in einer fundamentalen Umorientierung: Im Zentrum der Aufmerksamkeit stehen nicht länger ontologisch gemeinte *Was-Fragen*, sondern epistemologisch zu verstehende *Wie-Fragen*. Zielpunkt der Erkenntnisbemühungen ist eine Umorientierung vom Sein zum Werden, vom Wesen einer Entität zum Prozess ihrer Entstehung. Es sind die Bedingungen, die eine Wirklichkeit erzeugen und überhaupt erst hervorbringen, die interessieren. Nichts gilt aus einer solchen Perspektive als unveränderlich und gegeben, alles kann auf seine besondere Entstehungsgeschichte zurückbezogen und aus ihr heraus erklärt werden. Wirklichkeit gilt als Resultat von Konstruktionsprozessen. Umgangssprachlich scheint allerdings die Annahme nahe zu liegen, Konstruktion sei ein bewusst steuerbarer Vorgang, sei der handelnde Nachvollzug willentlicher und womöglich willkürlich getroffener Entscheidungen. In der Regel wird der Begriff jedoch nicht in diesem Sinne verstanden. Die Konstruktion von Wirklichkeit erscheint *nicht* als ein planvoller, bewusst steuerbarer Vorgang; es handelt sich nicht um einen intentionalen Schöpfungsakt, sondern um einen durch die Auseinandersetzung mit der konkreten Umwelt in vielfacher Weise bedingten Prozess, der von biologischen, soziokulturellen und kognitiven Bedingungen bestimmt wird. Auf eine Formel gebracht: „Wirklichkeitskonstruktion widerfährt uns mehr, als dass wir über sie verfügten" (Schmidt 1995: 240).

- Maßgeblich ist für den Diskurs, wie bereits angedeutet, stets die *Orientierung am Beobachter* und an der beobachtenden bzw. der *erkennenden Instanz*: Jeder Akt der Kognition beruht, so nimmt man an, auf den Konstruktionen eines Beobachters – und nicht auf der mehr oder minder exakten Übereinstimmung der Wahrnehmungen mit einer beobachterunabhängigen Realität. Zentral ist das Postulat der Beobachterrelativität: „Jede Erkenntnis ist nur eine Beobachtung und ist relativ zu den Kategorien eines bestimmten Beobachters." (Baraldi/Corsi/Esposito 1997: 101) Die Operation des Beobachtens lässt sich – im Anschluss an die Unterscheidungslogik von George Spencer-Brown und ihre Nutzbarmachung durch Heinz von Foerster und Niklas Luhmann – formal als die Einführung und Weiterbearbeitung von Unterscheidungen und Bezeichnungen bestimmen. Der Konstruktivismus erscheint somit „als Theorie des Unterscheidens" (Schmidt 1994: 20). Im *unmarked space*, dem unmarkierten, nicht durch Unterscheidungen „verletzten" Raum, trifft ein Beobachter Unterscheidungen und trennt so einen markierten Zustand von einem unmarkierten Zustand, einem *unmarked state*. Jede Beobachtung setzt demgemäß mit einem Akt des Unterscheidens ein, die dann die Bezeichnung vorbereitet. Es handelt sich um

> eine Grundoperation, die nicht wieder gelöscht werden kann und eine grundlegende Asymmetrie einführt: Im Folgenden betrachtet man entweder die eine oder die andere Seite der Unterscheidung, setzt seine Operationen hier oder dort fort und wendet die Unterscheidung wieder auf sich selbst an (sog. re-entry). (Ebd.: 21)

Beobachten heißt also: unterscheiden und bezeichnen. Will man etwas bezeichnen und weiter beschreiben, muss man sich zunächst für eine Unterscheidung entscheiden. Mit der Differenz von *gut* und *böse* kann man – unabhängig von der Wahl des Themas – etwas anderes beobachten als mit der Unterscheidung von *reich* und *arm*, *neu* und *alt* oder *wahr* und *falsch*. „Draw a distinction", so bekommt man bei Heinz von Foerster zu lesen, „and a universe comes into being." (Foerster/Pörksen 1998: 78) Das bedeutet: Die Wahl der Anfangsunterscheidung wird als eine Fundamentaloperation des Denkens begriffen, sie erzeugt in der Korrelation mit anderen Unterscheidungen und Bezeichnungen Wirklichkeiten, die man vermeintlich in einem externen, von der eigenen Person abgelösten Raum vermutet. Jeder Beobachter ist über die gewählte Unterscheidung, diesem Urprinzip der Realitätskonstruktion, mit dem Unterschiedenen verbunden und erzeugt über die Art und Weise der Beschreibung unvermeidlich immer auch Elemente der Selbstbeschreibung, die potenziell ihrerseits wiederum andere Beobachter zu Untersuchungen und Einschätzungen motivieren können. Mit dem Setzen einer Unterscheidung, so Francisco J. Varela in genauen Worten,

> scheiden wir Erscheinungsformen voneinander, die wir dann für die Welt selbst halten. Davon ausgehend bestehen wir dann auf den Primat der Rolle des Beobachters, der seine Unterscheidungen an beliebiger Stelle macht. Doch diese Unterscheidungen, die einerseits unsere Welt erschaffen, enthüllen andererseits aber eben dies: nämlich die Unterscheidungen, die wir machen [...]. Indem wir der Welt in ihrem bestimmten So-Sein gewahr werden, vergessen wir, was wir unternehmen, um sie in diesem So-Sein zu finden; und wenn wir zurückverfolgen, wie es dazu kam, finden wir kaum mehr als das Spiegelbild unserer selbst in und als Welt. Im Gegensatz zur weitverbreiteten Annahme enthüllt die sorgfältige Untersuchung einer Beobachtung die Eigenschaften des Beobachters. (Zitiert nach Watzlawick 1994: 315)

Das heißt auch: Wer die Beobachtungen von Beobachtern beobachtet, somit Beobachtungen zweiter Ordnung betreibt und sich fragt, *wie* und mit Hilfe welcher Unterscheidungen sich diese ihre Realität verfügbar machen, der erkennt: Jede Wahrnehmung bedeutet unvermeidlich die Ausblendung einer gewaltigen Restwelt auch möglicher Wahrnehmungen. Jedes Sehen ist gleichzeitig blind. Wenn man etwas sieht, sieht man etwas anderes nicht; wenn man etwas beobachtet, beobachtet man etwas anderes nicht. Jede Beobachtung besitzt einen blinden Fleck, sie ist im Unterscheidungsprozess selbst blind für die gewählte Unterscheidung, die sich erst in einem Beobachter zweiter Ordnung offenbart, der natürlich seinerseits einen blinden Fleck hat. Auch die Beobachtung zweiter Ordnung – dies ist erst die genuin konstruktivistische Perspektive – wird eingestandermaßen ihrerseits selbst als eine beobachterspezifische Konstruktion verstanden, die keinen privilegierten Zugang zu einer absoluten Wirklichkeit beansprucht.

- Wenn das Erkannte strikt an den jeweiligen Erkennenden und die ihm eigene Erkenntnisweise gekoppelt wird, wenn der Beobachter, das Beobachtete und die Operation des Beobachtens nur in zirkulärer Einheit vorstellbar sind, dann unterminiert eine solche Sicht die Sehnsucht nach Gewissheit, relativiert jeden Erkenntnisanspruch entscheidend und weist auf ein weiteres Leitmotiv des Konstruktivismus hin: den *Abschied von absoluten Wahrheitsvorstellungen* und einem emphatisch verstandenen Objektivitätsideal. Dies wird deutlich, wenn man sich vergegenwärtigt, dass es zu den Merkmalen einer objektiven Beschreibung gehört, dass die Eigenschaften des Beobachters nicht in diese eingehen, sie beeinflussen und bestimmen. Das Fundament der jeweiligen Urteile liegt – folgt man diesem klassisch-realistischen Objektivitätsverständnis – scheinbar außerhalb der eigenen Person; man meint, das Beobachtete ließe sich vom Beobachter, seinen Vorlieben und Interessen, seinen kognitiven Stärken und Schwächen ablösen. Gegen diese Ablösung des Beobachters vom Beobachteten bezieht man Stellung und begreift den Beobachter als diejenige Größe, die aus keinem Prozess des Erkennens herausgekürzt werden kann. Stets gilt es jedoch darauf hinzuweisen, dass es auch für die konstruktivistischen Thesen und Postulate keinen letzten Beweis und keine beobachterunabhängige Begründung geben kann. Und auch die Biologie und die Hirnforschung sind keineswegs jene Paradedisziplinen, die die konstruktivistischen Annahmen wahr machen; sie plausibilisieren sie, sie illustrieren sie, sie haben den Status von *Hin*weisen, nicht von *Be*weisen in einem wahrheitsemphatischen Sinn. Auch der Konstruktivismus ist nur eine Konstruktion (unter vielen möglichen).

- Die eine Wirklichkeit – verstanden als die Bezugsbasis so genannter objektiver Beschreibungen – verwandelt sich, wenn man diese Überlegungen akzeptiert, unvermeidlich in eine Vielzahl von Wirklichkeiten und bedingt ein besonderes *Interesse an Differenz* und der *Pluralität von Wirklichkeitskonstruktionen.* Hier wird unter Konstruktivisten gewissermaßen zweigleisig argumentiert: einerseits erkenntnistheoretisch, andererseits mit ethischen Absichten. Aufgrund erkenntnistheoretischer Einsicht beschreibt man zum einen die Fülle möglicher Weltwahrnehmungen, rekonstruiert ihr Zustandekommen aus biologischer oder soziokultureller Perspektive, beobachtet also Beobachter beim Beobachten. Zum anderen gilt der Schutz von Differenz und die Warnung vor Dogmatismus in jeder Form und Gestalt als ethisches Anliegen und eben deshalb kritisiert man Gewissheiten, die Alternativen des Denkens und Handelns unsichtbar werden lassen. Auch an dieser Stelle lässt sich Heinz von Foerster zitieren. *„Handle stets so"*, heißt es in einem von ihm formulierten ethischen Imperativ, *„dass die Anzahl der Möglichkeiten wächst."* (Foerster/Pörksen 1998: 36; Hervorhebung im Original) Die Vergrößerung der Wahlmöglichkeiten führt, so die Argumentationslinie, zu einer größeren Entscheidungsfreiheit – und steigert damit die Chancen, selbstverantwortlich zu handeln.

- In der Auseinandersetzung mit dem Prozess des Erkennens offenbart sich eine zentrale Grundidee: Man könnte sie als das *Postulat der Autonomie* bezeichnen. Wenn von Selbstregelung und Selbststeuerung, von Selbstorganisation, von (operativer) Geschlossenheit und von Strukturdeterminismus die Rede ist, wenn Phänomene wie die zirkuläre Selbstreproduktion (Autopoiesis), die Reizleitung im Organismus und die Reizverarbeitung im Gehirn verhandelt werden, dann zeigt sich stets: Die Beschreibungen rekurrieren in irgendeiner Weise auf das Konzept der Autonomie – nicht im Sinne der (kognitiven) Freiheit und nicht im Sinne vollständiger Umwelt-Autarkie, sondern im Sinne eines innengeleiteten Determinismus, der sich extern nur nach Maßgabe interner Spielregeln und Gesetzmäßigkeiten irritieren lässt. Autonomie heißt: Eigengesetzlichkeit, Umwandlung von Versuchen der Fremdsteuerung in systemtypische Reaktionsweisen, die Fremdsteuerung als Selbststeuerung erscheinen lassen. Die Art der Umweltbeziehung wird, so die Annahme, von der inneren Operationsweise des Systems selbst reguliert, solange es existiert. Dieses System ist abhängig von dem, was ihm die Umwelt anliefert, aber unabhängig von eben dieser Umwelt, was die Art und Weise der Verarbeitung externer Einflüsse betrifft. Die Folgen eines Inputs werden von seiner spezifischen Operationsweise bestimmt.[9]

- Der Erkennende und das Erkannte, der Beobachter und das Beobachtete erscheinen in einer unauflösbaren Weise miteinander verflochten. Und es ist dieses zirkulär angelegte Verständnis des Erkenntnisprozesses, das auf einen weiteren Topos des Konstruktivismus hindeutet: das *Interesse an zirkulären und paradoxen Denkfiguren*. Dieses Interesse manifestiert sich in der intensiven Auseinandersetzung mit dem Phänomen der *Rekursion*.[10] Gemeint ist damit die neue Einspeisung eines generierten Outputs als ein neuer Input in das System; das Resultat einer Operation wird als Ausgangspunkt derselben Operation verwendet, die erneut als Ausgangspunkt dieser Operation dient usw. So entstehen Eigenwerte.[11] Das Prinzip der Zirkularität liegt auch dem Konzept der

---

[9] Sehr präzise beschreibt diese Zusammenhänge Willke (1987).
[10] Zur Definition dieser und der folgenden Begriffe siehe die klaren Erläuterungen von Weber (2000 a: 84 ff.).
[11] Eigenwerte – stabile Werte, auch im Bereich des Sozialen – beschreibt Heinz von Foerster mit Hilfe mathematischer Analogien eben als Resultat zirkulärer bzw. rekursiver Prozesse. Siehe Foerster/Pörksen (1998: 60 ff.).

Autopoiesis zugrunde: In einem strengen Sinne geht es um die strikt zirkuläre Selbstreproduktion von etwas aus sich selbst heraus. Ebenso begegnet man ihm, wenn man sich mit dem Konzept der *Autologie* befasst, das besagt: Ein Begriff bedarf seiner selbst, um definiert zu werden. Kommunikation braucht Kommunikation, um sich bestimmen zu lassen; Bewusstsein benötigt Bewusstsein, um Thema zu werden; Erkennen setzt Erkennen voraus, um sich beobachten zu lassen usw. Der konstruktivistische Schlüsselbegriff der *Selbstreferenz* offenbart ebenso einen zirkulären Prozess, bezeichnet er doch „den Bezug von Operationen und Ereignissen innerhalb eines definierten Systems (also etwa von Gedanken oder Kommunikationen in psychischen oder sozialen Systemen) auf sich selbst." (Weber 2000 a: 86) Und schließlich ist noch das starke Interesse konstruktivistischer Autoren an Paradoxa zu nennen: Paradoxa sind das Produkt von Zirkularität (genauer: von Selbstbezüglichkeit) im Bereich der zweiwertigen, der klassisch aristotelischen Logik,[12] die man entsprechend in Richtung einer mehrwertigen Logik (Gotthard Günther), einer paradoxal organisierten Logik (George Spencer-Brown) und der Auseinandersetzung mit selbstreferenziellen Propositionen (man denke nur an die *Autologik* von Lars Löfgren) zu transzendieren sucht.[13]

5 Aufbau und Anlage des Buches: die Schlüsselwerke des Konstruktivismus

In diesem Buch werden – ausgehend von Vorläufern und zentralen Bezugstheorien der Philosophie- und Geistesgeschichte – die unterschiedlichen Theoriestränge des Konstruktivismus beschrieben, die aus den Naturwissenschaften, den Geistes- und den Sozialwissenschaften stammen. Den Auftakt bildet ein Großkapitel, das *Vorläufer und Bezugstheorien* des Konstruktivismus anhand von Schlüsselwerken präsentiert. Das Spektrum reicht von den Klassikern der Philosophiegeschichte (Immanuel Kant) über die Sprachphilosophie (Benjamin Lee Whorf) bis hin zum Pragmatismus (John Dewey) und den frühen Formen der kybernetischen und ökologisch orientierten Epistemologie (Gregory Bateson), der Wissenssoziologie (Ludwik Fleck) oder der Psychologie (George A. Kelly). Es folgt eine Darstellung der *Grundlagen und Konzepte*, die für den Diskurs wesentlich waren und vielfach noch immer sind. Auch in diesem Kapitel wird unmittelbar deutlich, dass man den Konstruktivismus nur im Plural zu denken vermag: Hier werden die unterschiedlichen Begründungsmodi des Diskurses in ihrer ganzen Vielfalt offenbar. Es sind die

---

[12] Man denke nur an das bekannte „Kreter-Paradoxon", das folgende Konstellation beinhaltet: Der Kreter Epimenides behauptet, dass alle Kreter lügen. Wenn es stimmt, was er sagt, kann es nicht stimmen, was er sagt. Der Satz wird falsch, wenn man ihn für wahr hält, und wahr, wenn man ihn für falsch hält. Siehe Foerster/Pörksen (1998: 119).
[13] Siehe hierzu die Überblicksdarstellung von Foerster in: Foerster/Pörksen (1998: 118 ff.).

Arbeiten von Philosophen und Psychologen, Informatikern und Mathematikern, Neurobiologen und Hirnforschern, Wissenschaftstheoretikern und Medienwissenschaftlern, Pädagogen und Soziologen, die präsentiert, kontextualisiert und auch kritisch diskutiert werden.[14] Abschließend findet sich ein Großkapitel, das relevante *Anwendungsfelder* (Kommunikations- und Medienwissenschaft, Sozialarbeit, Organisationsberatung und Management, Pädagogik, Literaturwissenschaft, Psychologie und Psychotherapie etc.) in Form von Überblicksdarstellungen vorstellt. Hier wäre die Konzentration auf das *eine* Buch, den *einen* durchschlagenden Aufsatz kaum sinnvoll und auch nur in den seltensten Fällen überhaupt möglich gewesen. Vielmehr gilt es zu zeigen, in welcher Weise sich die Konzepte und Theoriekerne des konstruktivistischen Denkens verbreitet und verstreut haben, wie sie fachspezifisch aufgearbeitet und genutzt und auf dem Weg zu einem größeren Publikum auch facettenreich popularisiert wurden. Deutlich wird dabei erneut, dass der Konstruktivismus als ein äußerst vielstimmiger Diskurs gesehen werden muss, der die Phase der praktischen Nutzbarmachung und Ausarbeitung und auch der öffentlichkeitswirksamen Präsentation längst erreicht hat. Konstruktivisten sind vielleicht innerhalb der akademischen Welt institutionell nicht besonders mächtig, aber doch intellektuell einflussreich – das zeigen auch und nicht zuletzt die heftigen Reaktionen, die ihre Thesen auf dem Weg in andere Disziplinen provoziert haben.[15]

Zur guten Sitte einführender Bemerkungen gehört der Dank. Er gilt zuerst und vor allem den Autorinnen und Autoren, die sich an diesem Experiment der Diskurserkundung beteiligt, die die konzeptionellen Wünsche und Überarbeitungsideen ertragen und mit dem Herausgeber diskutiert haben. Es ist ihnen geschuldet, dass die sich zwei Jahre hinziehende Arbeit an diesem Buch (gerade in Zeiten des exzessiven Reformeifers im Universitätsgeschäft und eines alltäglich gewordenen Wettlaufs um Evaluationspokale) stets etwas Anregendes und vor allem sachlich Herausforderndes behielt. Barbara Emig-Roller vom *VS Verlag für Sozialwissenschaften* hat das gesamte Projekt von Anfang mit großem Engagement und einem anregenden Optimismus unterstützt – auch als der Zeitplan immer enger wurde. Skadi Loist ist es, der an dieser Stelle in besonderer Weise gedankt werden soll: Sie hat – ganz alte Schule – dieses Buch Satz für Satz und Wort für Wort gelesen,

---

[14] Als Schlüsselwerk gilt in der Regel ein Buch, das den Diskurs mehr oder minder stark geprägt und das eine gewisse Wirkung entfaltet hat bzw. eine besondere Bedeutung besitzt. Schlüsselwerke zeichnen sich, so die unvermeidlich etwas unscharfe Bestimmung, durch die Relevanz der Fragestellung, die Innovationskraft der Problemlösung und die Intensität der Rezeption und Wirkung aus.

[15] Die Einwände, die gegen den Konstruktivismus vorgebracht wurden und werden, sind massiv; dies wird auch in vielen Beiträgen zur Rezeptionsgeschichte deutlich. Der Konstruktivismus begünstige eine ethisch-moralische Beliebigkeit, so heißt es; man propagiere ein modisches „Anything goes" und einen haltlosen Relativismus. Der Konstruktivismus sei eigentlich eine Spielform des Solipsismus oder aber des verkappten Realismus, denn er ontologisiere die eigenen Befunde gleichsam unter der Hand.

lektoriert und mit einem großen Gespür für Sprache und den Gang der Argumentation reflektiert. In der Schlussphase hat Judith Schächterle entscheidend geholfen. Gewidmet ist dieses Buch dem Andenken des Philosophen und Psychologen Ernst von Glasersfeld, der in diesem Band mit einem umfassenden Beitrag vertreten ist. Ernst von Glasersfeld hat den Autor dieser Zeilen mit der ihm eigenen Liebenswürdigkeit auf Unstimmigkeiten in einer früheren Fassung dieser Einleitung verwiesen und – im Alter von 93 Jahren – bis wenige Monate vor seinem Tod am 12. November 2010 an seinem eigenen Text gearbeitet, einer groß angelegten Werkschau, die Jean Piaget als einen Ahnherren des Konstruktivismus vorstellt und ihn selbst als einen Wissenschaftler, der die harte Arbeit der leichten und doch präzisen Formulierung mit großer Perfektion beherrscht. Allerdings: Dieses Vorwort wäre nicht vollständig, wenn es nicht doch mit einem kleinen Bekenntnis bzw. mit der „Paradoxie eines Bekenntnisses zum Nichtbekenntnis" (Bolz 2001: 173) schließen würde: Dem konstruktivistischen Denken steht eine gewisse Lockerheit gut an; sie irritiert die Tendenz zur Schulenbildung und begegnet dem mitunter eisigen Stil der großen Paradigmenkämpfe (Realismus versus Konstruktivismus o. Ä.) mit subversivem Charme und einem prinzipiellen Votum für Pluralität. Es ist eine besondere Leichtigkeit und eine Neigung zur Demontage eigener und fremder Gewissheiten, großer und kleiner Ideologien, die sich ergibt, ergeben könnte. Irgendwann sieht man dann, so ist zumindest zu hoffen, mehr als zuvor.

Literatur

Baraldi, Claudio/Giancarlo Corsi/Elena Esposito (1997): GLU. Glossar zu Niklas Luhmanns Theorie sozialer Systeme. Frankfurt am Main: Suhrkamp.
Berger, Peter L./Thomas Luckmann (1997): Die gesellschaftliche Konstruktion der Wirklichkeit. Eine Theorie der Wissenssoziologie. 5. Aufl. Frankfurt am Main: Fischer.
Bolz, Norbert (2001): Weltkommunikation. München: Fink.
Fischer, Hans Rudi (1992): Zum Ende der großen Entwürfe. Eine Einführung. In: Hans Rudi Fischer/Arnold Retzer/Jochen Schweitzer (Hrsg.): Das Ende der großen Entwürfe. Frankfurt am Main: Suhrkamp. S. 9–34.
Foerster, Heinz von (1993): Wissen und Gewissen. Versuch einer Brücke. Hrsg. Siegfried J. Schmidt. Frankfurt am Main: Suhrkamp.
Foerster, Heinz von/Bernhard Pörksen (1998): Wahrheit ist die Erfindung eines Lügners. Gespräche für Skeptiker. Heidelberg: Carl-Auer-Systeme.
Gergen, Kenneth J. (2002): Konstruierte Wirklichkeiten. Eine Hinführung zum Sozialen Konstruktionismus. Stuttgart: Kohlhammer.
Glasersfeld, Ernst von (1997): Wege des Wissens. Konstruktivistische Erkundungen durch unser Denken. Heidelberg: Carl-Auer-Systeme.
Heims, S[teve] J[oshua] (1991): The Cybernetics Group. Cambridge/London: MIT Press.
Kelly, George A. (1955): The Psychology of Personal Constructs. 2 Bde. Bd. 1: A Theory of Personality. Bd. 2: Clinical Diagnosis and Psychotherapy. New York: Norton.
Knorr-Cetina, Karin (1989): Spielarten des Konstruktivismus. Einige Notizen und Anmerkungen. In: Soziale Welt. 40. Jg. H. 1/2. S. 86-96.
Maturana, Humberto R. (1970): Biology of Cognition. Biological Computer Laboratory Research Report BCL 9.0. Urbana, IL: University of Illinois.

Maturana, Humberto R. (1998): Biologie der Realität. Frankfurt am Main: Suhrkamp.
Maturana, Humberto R./Bernhard Pörksen (2002): Vom Sein zum Tun. Die Ursprünge der Biologie des Erkennens. Heidelberg: Carl-Auer-Systeme.
Pias, Claus (2003): Cybernetics/Kybernetik. The Macy-Conferences 1946–1953. Volume I/ Band I. Transactions/Protokolle. Zürich/Berlin: Diaphanes.
Schmidt, Siegfried J. (1991): Der Radikale Konstruktivismus: Ein neues Paradigma im interdisziplinären Diskurs. In: Siegfried J. Schmidt (Hrsg.): Der Diskurs des Radikalen Konstruktivismus. 4. Aufl. Frankfurt am Main: Suhrkamp. S. 11–88.
Schmidt, Siegfried J. (1994): Kognitive Autonomie und soziale Orientierung. Konstruktivistische Bemerkungen zum Zusammenhang von Kognition, Kommunikation, Medien und Kultur. Frankfurt am Main: Suhrkamp.
Schmidt, Siegfried J. (1995): Sprache, Kultur und Wirklichkeitskonstruktion(en). In: Hans Rudi Fischer (Hrsg.): Die Wirklichkeit des Konstruktivismus. Zur Auseinandersetzung um ein neues Paradigma. Heidelberg: Carl-Auer-Systeme. S. 239–251.
Schmidt, Siegfried J. (2000): Kalte Faszination. Medien – Kultur – Wissenschaft in der Mediengesellschaft. Weilerswist: Velbrück Wissenschaft.
Watzlawick, Paul (1994): Epilog. In: Paul Watzlawick (Hrsg.): Die erfundene Wirklichkeit. Wie wissen wir, was wir zu wissen glauben? Beiträge zum Konstruktivismus. 8. Aufl. München/Zürich: Piper. S. 310–315.
Weber, Stefan (2000 a): Was steuert Journalismus? Ein System zwischen Selbstreferenz und Fremdsteuerung. Konstanz: UVK Medien.
Weber, Stefan (2002 b): Konstruktivismus und Non-Dualismus, Systemtheorie und Distinktionstheorie. In: Armin Scholl (Hrsg.): Systemtheorie und Konstruktivismus in der Kommunikationswissenschaft. Konstanz: UVK. S. 21–36.
Whorf, Benjamin Lee (1963): Sprache, Denken, Wirklichkeit. Beiträge zur Metalinguistik und Sprachphilosophie. Hrsg. und übersetzt von Peter Krausser. Reinbek bei Hamburg: Rowohlt.
Willke, Helmut (1987): Strategien der Intervention in autonome Systeme. In: Dirk Baecker/Jürgen Markowitz/Rudolf Stichweh/Hartmann Tyrell/Helmut Willke (Hrsg.): Theorie als Passion. Niklas Luhmann zum 60. Geburtstag. Frankfurt am Main: Suhrkamp. S. 333–361.
Winter, Wolfgang (1999): Theorie des Beobachters. Skizzen zur Architektonik eines Metatheoriesystems. Frankfurt am Main: Neue Wissenschaft.

II   Vorläufer und Bezugstheorien

Eine Revolution der Denkart

Manfred Geier über Immanuel Kants *Kritik der reinen Vernunft*

> Die *philosophische* Erkenntnis ist die *Vernunfterkenntnis* aus *Begriffen*,
> die mathematische aus der *Konstruktion* der Begriffe. (II: A 714)[1]

1   Entstehungsbedingungen und Vorgeschichte

1781 erscheint *die* Gründungsschrift der modernen Philosophie. Elf Jahre lang hat der bald 60-jährige Immanuel Kant, seit 1770 Professor der Logik und Metaphysik an der Universität in Königsberg, über den Problemen gegrübelt, deren Lösung er nun endlich in seiner *Kritik der reinen Vernunft* vorlegt. Er ist stolz auf diese Arbeit, in der er grundsätzlich geklärt hat, was der Mensch vernünftigerweise wissen kann und wie er zu diesem Wissen fähig ist. Kant hat dazu kein umfassendes metaphysisches System aufgebaut. Als *Kritik* ist sein Werk nur eine „*Propädeutik* (Vorübung)" (II: A 841), welche die Möglichkeiten und Grenzen der theoretischen Vernunft mit ihren eigenen Mitteln überprüft. Es brauchte mehrere Jahrzehnte konzentrierten Nachdenkens, bis sie ihm schließlich klar und deutlich bewusst geworden waren.

Der junge Kant neigte leidenschaftlich zur Naturforschung. Schon seine 1746 im Alter von 22 Jahren verfasste Erstlingsschrift, in der er sich „Gedanken von der wahren Schätzung der lebendigen Kräfte" (I: 7–218) machte, behandelte ein heftig umstrittenes naturkundliches Problem. Er sehnte sich nach der Erkenntnis natürlicher Gesetzmäßigkeiten und in den kommenden Jahren stellte er Untersuchungen an über die Achsendrehung der Erde, über Feuer und Winde und über das Erdbeben in Lissabon, das 1755 die Welt erschütterte. Im gleichen Jahr schrieb er jenes geniale Jugendwerk, das eine Sternstunde in der Geschichte der Kosmologie ist. Das aufmerksame Beobachten des nächtlichen Himmels über sich und das Studium zahlreicher astronomischer Arbeiten ließ ihn eine „Allgemeine Naturgeschichte und Theorie des Himmels" (I: 219–400) entwerfen, die sich vor allem durch Isaac Newtons 1687 erschienene *Philosophiae Naturalis Principia Mathematica* Methode und Ziel vorgeben ließ. Kant hat sich an Newtons mathematischen Grundlagen der Naturphilosophie orientiert, um den Aufbau und die Geschichte des ganzen Weltgebäudes erhellen zu können. Seinem Vorbild folgend wollte Kant dabei nur von zwei universellen natürlichen Grundkräften ausgehen: der Zurückstoßungskraft und der Anziehungskraft. Und er vertraute auf die Strenge mathematischer Prinzipien, die den Lauf und die Ordnung der Gestirne zu berechnen ermöglichten.

---

[1] Die Schriften Kants werden zitiert nach Wilhelm Weischedel (Hrsg.) (1956–1964): *Immanuel Kant: Werke in sechs Bänden*. Wiesbaden: Insel. Band II: *Kritik der reinen Vernunft*. Die Sigle „A" bezieht sich auf die erste Auflage von 1781, „B" auf die zweite Auflage von 1787.

Nur in einer entscheidenden Hinsicht folgte Kant seinem großen Vorbild nicht. Er weigerte sich, Newtons metaphysische Hilfskonstruktion anzuerkennen, „die unmittelbare Hand Gottes habe diese Anordnung ohne die Anwendung der Kräfte der Natur ausgerichtet." (I: 274) Kant dagegen wollte sich ganz und gar auf die natürlichen Bewegungsformen im Weltgebäude konzentrieren. Und so entwarf er mit einer gottähnlichen Geste sein eigenes Weltgebäude, das dem wirklichen Kosmos so ähnlich sein sollte, dass man Modell und Modelliertes für dasselbe halten konnte. Er erzeugte ein ursprüngliches Chaos aus zerstreuten Elementarteilchen, um aus ihm, nur auf mathematische Regeln, geometrische Konstruktionen und die beiden einander widerstreitenden Anziehungs- und Abstoßungskräfte setzend, den wohlgeordneten Kosmos neu zu schaffen. Für seine naturphilosophische Konstruktion brauchte er nichts anderes als atomare Partikel, und selbstbewusst zitierte er den Anspruch: „Gebet mir Materie, ich will eine Welt daraus bauen!" (I: 237)

Kant wusste, dass dieses Zitat zuvor kritisch gegen die „gottlose" Verwegenheit von René Descartes gerichtet worden war, die ganze Weltmaschine durch einfache Naturgesetze erklären zu können. Ihm war auch Giambattista Vicos Gedanke in dessen *Liber metaphysicus* von 1710 bekannt, dass nur das gesichert und vollständig erkennbar ist, was hergestellt werden kann, wo also „verum" und „factum", das wahre Wissen und die geschaffene Tatsache, bedeutungsgleich oder miteinander vertauschbar sind. Kraft dieses Grundsatzes zeichnen sich mathematische Operationen und geometrische Konstruktionen besonders aus, weil es in diesen Fällen der Mensch mit seinen eigenen Werken zu tun hat. Dagegen ist eine wahre Erkenntnis der Natur nur Gott als ihrem Schöpfer möglich, während der Mensch allenfalls naturbezogene Vermutungen anstellen könne. (Vico 1979: 39, 45) Durch solche Bedenken ließ Kant sich nicht einschüchtern. Auf den Schultern Newtons stehend, vertraute er auf dessen *Principia Mathematica*, die eine gottgleiche Erkennbarkeit des ganzen Weltalls und eine Nachbildung seiner Entwicklungsgeschichte ermöglichten. Das war der Stand der Dinge 1755.

Unter dem Einfluss Jean-Jacques Rousseaus verlagerte sich Kants Interesse in den 1760er Jahren von der Natur zum Menschen. Er analysierte die Krankheiten des Kopfes, beschrieb die Gefühle für das Schöne und das Erhabene und deutete die Träume des Geistersehers Emanuel Swedenborg. Das Primat des Praktischen begann sein Philosophieren zu bestimmen. Doch die Probleme der Naturphilosophie ließen ihn nicht ruhen. War die Erkennbarkeit der Natur durch eine mathematisierte Naturwissenschaft, in Analogie mit der göttlichen Erschaffung der Natur, wirklich garantiert? Die theoretische Vernunft wurde zum philosophischen Problemfall. „Was kann ich wissen?" wurde zur Schlüsselfrage seines kritischen Philosophierens, wobei er grundsätzlich davon überzeugt war, dass zu diesem Wissen zwei Dinge notwendig sind: Sinnliche Anschauungen und geistige Denkprozesse.

Als Kant 1770 endlich, er ist immerhin schon 46 Jahre alt, zum Professor für Logik und Metaphysik ernannt wurde, musste er noch eine akademische Formalität erfüllen. Eine lateinisch verfasste Inaugural-Dissertation wurde gefordert, die es öffentlich zu verteidigen galt. Als Thema wählte er sich die Frage: Wie hängen rezeptive *Sinnlichkeit* als subjektive Empfänglichkeit für Objekte und kreativer Gebrauch des *Verstandes* zusammen? Er beantwortete sie mit seiner Schrift „De mundi sensibilis atque intelligibilis forma et principiis" (III: 7–107), in der bereits skizziert wird, was in der *Kritik der reinen Vernunft* als Zusammenfluss der zwei Quellen menschlicher Erkenntnis entfaltet werden wird, die beide gleichermaßen wichtig und unentbehrlich sind. „Gedanken ohne Inhalt sind leer, Anschauungen ohne Begriffe sind blind." (II: A 51) Am 21. August 1770 verteidigte Kant seine Überlegungen zur Form der Sinnen- und Verstandeswelt und ihren Gründen im großen Hörsaal der Königsberger Universität, wobei ihm der 23-jährige jüdische Student der Medizin und Philosophie Marcus Herz als Mitstreiter (Respondent) zur Seite stand.

Mit der Grenzziehung zwischen *mundus sensibilis* und *mundus intelligibilis*, denen er jeweils besondere Eigenwerte zugesteht, die es zu vermitteln gilt, hat Kant zugleich erstmals veröffentlicht, was ihm ein Jahr zuvor klar geworden ist. 1769 war ihm ein Licht aufgegangen. Es ging ihm, im Nachdenken über Newtons naturphilosophisch-mathematische Erklärung von körperlichen Ereignissen, um die Frage, welchen Realitätsgehalt Raum und Zeit besitzen. Mit Newtons unreflektierter Voraussetzung, dass es sich dabei objektiv gegebene Realitäten handle, wollte er sich nicht zufrieden geben. Die Verlagerung der Aufmerksamkeit auf die *Form der Sinnenwelt und ihre Gründe* öffnete eine neue Perspektive. Aus Newtons objektiver Raum-Zeit kippte Kant in eine subjektive Phänomenologie räumlicher und zeitlicher Anschauungsformen. In den §§ 14 und 15 seiner Dissertation hat er sie zum ersten Mal zur Diskussion gestellt.

Die Vorstellung der Zeit entspringt nicht aus den Sinnen, sondern wird von ihnen vorausgesetzt, um die Phänomene der Sinnenwelt in ihrer Gleichzeitigkeit oder ihrem Aufeinanderfolgen ordnen zu können. „Die Zeit ist nicht etwas Objektives und Reales." (III: 53) Und auch die Vorstellung des Raums wird nicht von äußeren Sinnesempfindungen abgeleitet, sondern von ihnen vorausgesetzt. Sie ist eine subjektive Anschauungsform, um die verschiedenen Dinge im örtlichen Verhältnis zueinander und zu mir vorstellen zu können. „Der Raum selbst ist nicht etwas Objektives und Reales." (III: 61)

Das war das große Licht, das Kant 1769 aufgegangen ist. Die nächsten zehn Jahre war er damit beschäftigt, seine Strahlkraft philosophisch zu stärken. Und mit seiner ganzen geistigen Kraft konzentrierte er sich darauf, die Folgen dieser Einsicht für das Zusammenspiel von sinnlichen Anschauungen und begrifflicher Verstandestätigkeit zu durchdenken. Über den Stand seiner Überlegungen hielt er Marcus Herz auf dem Laufenden, der nach der Disputation seines Professors 1770 Königsberg verlassen hatte. Bemerkenswert ist vor allem der Brief vom 21. Februar 1772, in dem Kant seinem werten Freund eine kleine Erzählung von der Art seines Philosophierens gab und zum ersten Mal von einer „Kritik der reinen Vernunft" (Kant 1986: 103) sprach.

Ohne ihn zu nennen, bezog sich Kant dabei noch einmal auf die Metaphysik Giambattista Vicos. Denn er erinnerte daran, dass die Beantwortung der Frage „Was können wir wissen?" einfach zu beantworten sei im Fall der mit Zahlen operierenden Mathematik, weil deren quantifizierbaren Objekte „für uns nur dadurch Größen sind und als Größen vorgestellet werden, dass wir ihre Vorstellung erzeugen können, indem wir Eines etliche Mal nehmen." (Ebd.: 102) Schwieriger und dunkler wird es dagegen, wenn es um Qualitäten weltlicher Dinge und Sachverhalte geht. Hier scheint nur eine Gottheit, die alles geschaffen habe, zu einer klaren und deutlichen Erkenntnis fähig zu sein. Damit aber wollte Kant sich nicht zufrieden geben. Denn dieser Gott war für ihn nur eine Hilfslösung, die den eigenen Erkenntnisanspruch verschleierte und verwirrte. „Der *Deus ex machina* ist in der Bestimmung des Ursprungs und der Gültigkeit unserer Erkenntnisse das Ungereimteste, was man nur wählen kann." Außerdem hat er den Nachteil, „dass er jeder Grille oder andächtigem oder grüblerischem Hirngespinst Vorschub gibt." (Ebd.) Statt sich in die „Transzendenz" zu versteigen und dabei seinen klaren Kopf zu verlieren, strebte Kant nach einer „Transzendentalphilosophie", in der sich die menschliche Vernunft über ihre eigenen Gründe und Grenzen klar wird. Und er hoffte, mit dieser „Kritik der reinen Vernunft" in etwa drei Monaten fertig zu sein.

Doch je länger und intensiver er über seine Aufgabe nachdachte, desto schwieriger wurde deren Lösung. Neun Jahre später ist es dann endlich so weit. Auf der Leipziger Buchmesse erscheint Ostern 1781 die erste Auflage der *Critik der reinen Vernunft, von Immanuel Kant, Professor in Königsberg*. Sofort schickt er ein Exemplar an Marcus Herz, mit der Erinnerung an die zahlreichen Untersuchungen, „die von den Begriffen anfingen, welche wir zusammen unter der Benennung des *mundi sensibilis* und *intelligibilis* abdisputierten." (Ebd.: 192)

2 Die *Kritik der reinen Vernunft* als Schlüsselwerk des Konstruktivismus

Immanuel Kants *Kritik* ist, seinem eigenen Anspruch zufolge, keine Rhapsodie aus einzelnen Teilen. Er hat sie als ein Ganzes konzipiert, wobei erst die Übersicht über den „Gliederbau des Systems, als Einheit betrachtet" (II: B XLIV) verstehen lasse, um was es geht. Darauf müssen wir hier verzichten und wollen uns auf fünf kurze Hinweise in konstruktivistischer Hinsicht beschränken.

2.1 Transzendentale Ästhetik

Mit ihr beginnt Kant seine kritische philosophische Arbeit. Dieser Anfang wird ihm keine besonderen Probleme bereitet haben. Denn mit dieser *Ästhetik*, die im ursprünglich griechischen Wortsinn von *aisthesis* die Besonderheit der menschlichen Wahrnehmung behandelt, greift er auf das zurück, was er bereits 1770 in seiner professoralen Schrift über die Form der Sinnenwelt und ihre Gründe geschrieben hat. Wieder geht es um Raum und Zeit, sofern beide ermöglichen, dass Menschen nicht durch eine unübersehbare chaotische Mannigfaltigkeit von Eindrücken verwirrt und überfordert werden, sondern zu einer geordneten Anschauung fähig sind.

Kant orientiert sich dabei vor allem an einem dreidimensionalen Raum-Konzept, wie es ihm durch Euklids Geometrie vertraut gewesen ist, und an einem Zeitverlauf, den Newton in seinen *Principia Mathematica* als messbar demonstriert hat. Doch er abstrahiert von diesen Vorlagen, um zu „reinen" Begriffen von Raum und Zeit zu gelangen. Für eine transzendentale Ästhetik sind Raum und Zeit nur „subjektive Anschauungsformen *a priori*", womit vier Eigenarten herausgestellt werden. Erstens geht es um die mögliche Abtrennung einer reinen *Anschauung*, aus der alle Empfindungen oder Gedanken ausgesondert sind. Nach dieser Klärung bleiben, zweitens, nur die bloßen *Formen* der sinnlichen Anschauung übrig, die völlig gleichgültig sind gegenüber jedem denkbaren oder erlebbaren Inhalt. Diese reinen Anschauungsformen gelten drittens *a priori*. Denn wir leiten sie nicht nachträglich (*a posteriori*) aus unseren Erfahrungen in Raum und Zeit ab, sondern setzen sie notwendig immer schon voraus, um überhaupt etwas sinnlich wahrnehmen zu können. Und diese Anschauungsformen *a priori* sind, viertens, worauf Kant besonderen Wert legt, keine objektiven Tatbestände oder Eigenschaften der Welt. Sie sind *subjektiv*, allerdings nicht im Sinne einer privaten individuellen Besonderheit, sondern als eine grundlegende Eigenschaft des menschlichen Subjekts überhaupt. Wir Menschen können das Mannigfaltige der sinnlichen Eindrücke räumlich und zeitlich ordnen, weil wir selbst es sind, die *a priori* über die dazu notwendigen Anschauungsformen verfügen.

2.2 Geometrische Konstruktion

Kant versteht, wie traditionell üblich, die Geometrie als Teil der Mathematik, sofern sie sich auf räumliche Eigenschaften und Gesetzmäßigkeiten bezieht. Seine transzendentale Erörterung des Begriffs vom Raum beginnt er mit der Bestimmung: „Geometrie ist eine Wissenschaft, welche die Eigenschaften des Raums synthetisch und doch *a priori* bestimmt." (II: B 41) Um dieses erstaunliche „synthetische Apriori" zu erläutern, hat Kant gern zwei einfache Beispiele benutzt. So versteht er die Aussage „Die gerade Linie zwischen zwei Punkten ist die kürzeste" als *synthetisch*, weil aus dem Begriff der Geraden zwischen zwei Punkten der Begriff des Kürzesten *nicht analytisch* gefolgert werden kann. Das Urteil erweitert unsere geometrische Erkenntnis räumlicher Phänomene. Oder denken wir an die Einsicht: „Die Winkelsumme in einem Dreieck ist gleich der Summe zweier rechter Winkel." Auch hier ist das 180-Grad-Ergebnis nicht analytisch im Begriff der Winkelsumme enthalten, sondern muss synthetisch hinzugefügt werden. In beiden Fälle geht es dennoch nicht um sinnliche Wahrnehmungen, aus denen wir Folgerungen *a posteriori* ziehen. Für Kant gelten die beiden Aussagen als *a priori* gültig, weil ihr Beweis streng allgemein und notwendig gültig ist, gleichgültig gegenüber allen empirisch feststellbaren Linien und Dreiecken, die recht- oder schiefwinklig, gleichseitig oder ungleichseitig sein können.

Dem Begriff des Triangels, Kants Lieblingsfigur, kann kein einzelnes Dreieck mit seiner bestimmten Figur entsprechen. Alle konkreten Dreiecksformen sind gleichgültig. Wir haben hier nichts anderes als den allgemeinen Begriff einer Figur, die in drei gerade Linien eingeschlossen ist, und damit auch den Begriff von drei Winkeln. Das aber ist nur möglich, wenn wir jene reine räumliche Anschauung zu Hilfe nehmen, die Kant in der *Transzendentalen Ästhetik* erörtert hat. Eine bloße Definition von Begriffen genügt nicht. Wir brauchen die räumliche Anschauung, in der wir *konstruieren*, was geometrisch gesetzmäßig der Fall ist. Mathematische Geometrie hat es mit Konstruktionen zu tun. Ihre Erkenntnisfähigkeit stammt nicht, wie die philosophische, aus Begriffen, sondern aus der *Konstruktion* der Begriffe, die Kant so bestimmt: „Einen Begriff aber *konstruieren*, heißt: die ihm korrespondierende Anschauung a priori darstellen." (II: A 713) So kann man den Begriff „Dreieck" konstruieren, indem man angibt, wie drei Striche im Raum gezogen werden, die sich an drei Punkten treffen, um ein Dreieck zu bilden. Und nur auf diesem konstruktiven Weg kann es uns gelingen, eine synthetische und doch *a priori* rationale Erkenntnis zu bekommen.

Für Kant ist der Handlungsaspekt der mathematischen Begriffskonstruktionen von entscheidender Bedeutung. Wir tun etwas, wenn wir geometrische Figuren konstruieren, sei es in der bloßen Einbildungskraft, oder mit einem Lineal auf dem Papier. Wir ziehen Linien, bilden Figuren, messen Längen und Breiten. Wir vollziehen also, wie Kant immer wieder betont, bestimmte allgemeine schematische Verfahren zur Herstellung anschaulicher Figuren im Raum, wobei wir auch eine bestimmte Zeit benötigen. Der Ort des Schemas selbst ist dabei, Kant zufolge, dennoch kein objektiver Raum außerhalb des Subjekts. Geometrische Konstruktionen finden statt in Raum und Zeit als reinen subjektiven Anschauungsformen. „Das Schema des Triangels kann niemals anderswo als in Gedanken existieren, und bedeutet eine Regel der Synthesis der Einbildungskraft, in Ansehung reiner Gestalten im Raume." (II: A 141)

Das ist das Licht der Subjektivität, das Kant schon um 1770 philosophisch aufgegangen war. Den Mathematikern selbst war es schon seit langem bekannt, von ihnen jedoch nicht wirklich erkannt worden. Historisch erinnert Kant besonders an Euklid und Thales von Milet, über deren „Revolution der Denkart" er schreibt:

> Dem ersten, der den *gleichseitigen Triangel* demonstrierte, dem ging ein Licht auf; denn er fand, daß er nicht dem, was er in der Figur sahe, oder auch dem bloßen Begriffe derselben nachspüren und gleichsam davon ihre Eigenschafen ablernen, sondern durch das, was er nach Begriffen selbst *a priori* hineindachte und darstellete (durch Konstruktion), hervorbringen müsse, und dass er, um sicher etwas *a priori* zu wissen, er der Sache nichts beilegen müsse, als was aus dem notwendig folgte, was er seinem Begriffe gemäß selbst in sie gelegt hat. (II: B XII)

2.3 Zahlenkonstruktionen

Wie die mathematische Vernunfterkenntnis durch die *Konstruktion* ihrer Begriffe ermöglicht ist, hat Kant auch an der *Arithmetik* erhellt, wobei seine Argumentation dem geometrischen Modell folgt. Arithmetik hat es mit Zahlen und den Urteilen zu tun, die über die Zusammenhänge zwischen Zahlen ausgesagt werden können. Auch dabei geht er davon aus, dass die arithmetischen Urteile insgesamt synthetisch und *a priori* sind, synthetisch, weil sie unser Wissen erweitern, und *a priori*, weil sie streng allgemein und notwendig gelten.

An einem einfachen Rechenbeispiel hat er es zu zeigen versucht. Man will die Summe von $7 + 5$ finden. Da könnte man versucht sein anzunehmen, dass diese Summe analytisch aus den Zahlzeichen 7 und 5 gefolgert werden könne. Doch das ist ein Irrtum. Denn der Begriff der Summe beinhaltet nichts anderes als die Vereinigung der beiden Zahlen in eine einzige. Man mag diesen Begriff noch so lange analysieren, die 12 wird man dabei nicht finden. Man muss statt dessen synthetisch unsere mathematische Erkenntnis erweitern, um zu dem Ergebnis $7 + 5 = 12$ gelangen zu können.

Das aber kann nur gelingen, wenn man die Anschauung zu Hilfe nimmt. Wir können uns zunächst sieben Dinge vorstellen. Das können sieben Punkte .... oder Striche /////// sein, aber auch sieben Äpfel oder Nüsse. Dazu geben wir dann fünf andere Dinge nach und nach hinzu „und sehen so die Zahl 12 entspringen. Dass 7 zu 5 hinzugetan werden *sollten*, habe ich zwar in dem Begriff einer Summe $= 7 + 5$ gedacht, aber nicht, dass diese Summe der Zahl 12 gleich sei." (II: B 16)

Dieses anschauliche Rechenbeispiel mit den kleinen Zahlen scheint trivial zu sein. Doch es impliziert bereits weit reichende Gedanken von *Kants Philosophie der Mathematik*. (Vgl. Koriako 1999) Zunächst zeigt es, dass es bei den Zahlen 5, 7 und 12 nicht auf die konkreten Figuren ankommt, mit denen wir sie uns bildlich veranschaulichen. Wir könnten sogar, wie Kinder, mit ganz verschiedenen Dingen rechnen, mit Klötzchen der verschiedensten Art oder einem kunterbunten Holztierallerlei aus dem Spielzeugkasten. Die konkreten Figuren spielen offensichtlich keine Rolle. Entscheidend allein ist, mit wie viel Dingen wir es zu tun haben. In unserer Anschauung machen wir die verschiedenen Figuren gleich und konzentrieren unsere Aufmerksamkeit allein auf die Handlung des Zusammenzählens, die zur Summe 12 führt. Wir verfügen über ein allgemeines Verfahren, das mit gleichartigen Dingen in der „reinen Anschauung" schematisch zu handeln erlaubt.

Wenn Kant mehrfach betont, dass beim Rechnen mit Zahlen es auf die Konstruktionen in der reinen Anschauung ankommt, so will er damit den Handlungscharakter arithmetischer Operationen besonders betonen. Zahlen sind Operationsgrößen, wobei hinter den verschiedenen räumlich-bildlichen Verfahren ihrer Veranschaulichung etwas Unbildliches wirksam ist: die *Zahl* als das Schema des reinen Verstandesbegriffs *Größe* nämlich, jedoch nicht räumlich, sondern zeitlich gedacht. Und so dringt Kant bis zu dem Grund des arithmetischen Konstruierens und Urteilens vor, den er letztlich in der subjektiven Anschauungsform einer selbst erzeugten *Zeit* entdeckt.

> Das reine *Schema der Größe* aber (*quantitatis*), als eines Begriffes des Verstandes, ist die *Zahl*, welche eine Vorstellung ist, die die sukzessive Addition von Einem zu Einem (Gleichartigen) zusammenbefasst. Also ist die Zahl nichts anders, als die Einheit der Synthesis des Mannigfaltigen einer gleichartigen Anschauung überhaupt, dadurch, dass ich die Zeit selbst in der Apprehension der Anschauung erzeuge. (II: A 143 f.)

2.4 Naturwissenschaftliche Entwürfe

Nur in der Geometrie und der Arithmetik, die der Mensch als operative Wissenschaften („Mathesis scientia operatrix") geistig selbst hervorbringt, war Giambattista Vico zufolge ein sicheres Wissen möglich, während die physische Natur nur für ihren göttlichen Schöpfer gesichert erkennbar sei: „*atque inde Deum scire physica, hominem scire mathemata.*" (Vico 1979: 148) Mit dieser Trennung hat sich schon der junge Kant nicht einverstanden erklärt. Mit seiner „Naturgeschichte und Theorie des Himmels" hat er 1755 einen Erkenntnisanspruch erhoben, der Gottes Schöpferkraft glich. Und auch in all seinen späteren Arbeiten hat Immanuel Kant niemals daran gezweifelt, dass die menschliche Vernunft auch auf dem weiten Feld der Physik den sicheren Weg der Erkenntnis ausfindig gemacht und einzuschlagen gelernt hat. Kant erinnert an die große Erneuerung der Wissenschaft zur Erklärung der Natur, die Francis Bacon 1620 vollzogen hat, an Galileo Galileis Untersuchungen zur Mechanik und Ortsbewegung (1638), an Isaac Newtons Naturphilosophie (1687) und andere Naturwissenschaftler der Neuzeit. Sie alle tappten nicht mehr unsicher in der Natur als ihrem Erfahrungsraum herum, sondern hatten demonstriert, dass und wie eine theoretische Erkenntnis der natürlichen Gesetzmäßigkeiten möglich ist. Das aber konnte ihnen nur gelingen, weil sie sich nicht darauf beschränkten, sinnliche Wahrnehmungen zu machen, zu vergleichen und zu verallgemeinern. Sie richteten ihre Naturerkenntnis vielmehr an Prinzipien *a priori* aus, die sich durch strenge Notwendigkeit und Allgemeinheit auszeichnen und in ihrem eigenen Vernunftvermögen begründet sind.

> So ging allen Naturforschern ein Licht auf. Sie begriffen, dass die Vernunft nur das einsieht, was sie selbst nach ihrem Entwurfe hervorbringt, dass sie mit Prinzipien ihrer Urteile nach beständigen Gesetzen vorangehen und die Natur nötigen müsse, auf ihre Fragen zu antworten, nicht aber sich von ihr allein gleichsam am Leitbande gängeln lassen müsse; denn sonst hängen zufällige, nach keinem vorher entworfenen Plane gemachte Beobachtungen gar nicht in einem notwendigen Gesetze zusammen, welches doch die Vernunft sucht und bedarf. [...] Und so hat sogar die Physik die so vorteilhafte Revolution ihrer Denkart lediglich dem Einfalle zu verdanken, demjenigen, was die Vernunft selbst in die Natur hineinlegt, gemäß, dasjenige in ihr zu suchen (nicht ihr anzudichten), was sie von dieser lernen muss, und wovon sie für sich selbst nichts wissen würde. (II: B XIII f.)

Um die Revolution im Spannungsverhältnis zwischen Natur und Vernunft philosophisch ins rechte Licht zu stellen, hat Kant sich auf die „synthetischen Urteile *a priori*" der Physik konzentriert, in denen die beiden Stämme der menschlichen Erkenntnis zusammen stehen. Beispielhaft hat Kant den Satz hervorgehoben: „Alles, was geschieht, hat eine Ursache", in dem sich die *philosophische* Vernunfterkenntnis des *Kausalitätsbegriffs* ausdrückt. Denn das Prädikat „Ursache" kann einerseits nicht analytisch aus dem Begriff des sinnlich erlebten „Geschehens" herausgezogen werden, weil wir „Geschehen" widerspruchsfrei auch ohne den Begriff „Ursache" denken können. Wir erweitern damit *synthetisch* unsere bloß zeitlich bestimmte Anschauungsform dessen, was geschieht, um die streng notwendige und allgemeine Einsicht in einen allgemeinen kausalen Ursache-Wirkungs-Zusammenhang. Andererseits ist Kant davon überzeugt, dass es sich bei dem Urteil, alles Geschehen habe eine Ursache, um ein Prinzip handelt, das die Vernunft nach ihrem eigenen Entwurf *a priori* hervorbringt. Sie lässt sich dabei nicht *a posteriori* durch Wahrnehmungen oder Beobachtungen natürlicher Ereignisse leiten und gängeln. Stattdessen nötigt sie die Natur, ihr auf die kausale Frage nach Ursachen zu antworten, die sie ihr aus ihrem eigenen Erkenntnisinteresse an notwendigen Naturgesetzen vorlegt.

2.5 Die kopernikanische Wende

Aus seinen transzendentalästhetischen Überlegungen zu Raum und Zeit als subjektive Anschauungsformen *a priori*, seiner Philosophie mathematischer (geometrischer und arithmetischer) Konstruktionen und seinen Reflexionen über die Prinzipien einer selbstbewusst betriebenen Naturwissenschaft zieht Kant einen radikalen Schluss, den er selbst als eine gänzliche Revolution der *metaphysischen* Denkart versteht.

Dass ihn seine Revolution begeistert, dokumentiert die Steigerung, mit der er sie durchführt, um am Ende ein autonomes Erkenntnissubjekt im Zentrum der modernen Philosophie zu inthronisieren. Die Konstruktionen der Mathematiker und die Vernunftprinzipien der Naturforscher haben es exemplarisch vorgeführt. Jetzt endlich kann auch die Metaphysik, die Kants große Liebe ist, diesen Vorbildern folgen.

> Bisher nahm man an, alle unsere Erkenntnis müsse sich nach den Gegenständen richten; aber alle Versuche, über sie *a priori* etwas durch Begriffe auszumachen, wodurch unsere Erkenntnis erweitert würde, gingen unter dieser Voraussetzung zu nichte. Man versuche es daher einmal, ob wir nicht in den Aufgaben der Metaphysik damit besser fortkommen, dass wir annehmen, die Gegenstände müssen sich nach unserem Erkenntnis richten, welches so schon besser mit der verlangten Möglichkeit einer Erkenntnis derselben *a priori* zusammenstimmt, die über Gegenstände, ehe sie uns gegeben werden, etwas festsetzen soll. Es ist hiermit eben so, als mit den ersten Gedanken des *Kopernikus* bewandt, der, nachdem es mit der Erklärung der Himmelsbewegungen nicht recht fortwollte, wenn er annahm, das ganze Sternheer drehe sich um den Zuschauer, versuchte, ob es nicht besser gelingen möchte, wenn er den Zuschauer sich drehen, und dagegen die Sterne in Ruhe ließ. (II: B XVI)

Der Verstand schöpft seine Gesetze *a priori* nicht aus der Natur, sondern schreibt sie dieser vor. Und von den Dingen können wir nur das *a priori* erkennen, was wir selbst in sie hinein legen. Das ist Kants gewagte Revolution, die er mit dem Namen „Kopernikus" signiert. Wie in dessen 1543 erschienenen Büchern *De revolutionibus orbium coelestium* (Über die Umdrehungen der himmlischen Kugelschalen) hat sich auch bei Kant eine Umdrehung zwischen der Position des Menschen und seinen Erkenntnisobjekten ergeben.

Aber Kants metaphysische Wende ist zugleich anti-kopernikanisch. Sie ist eine Wiedergutmachung der Kränkung, die mit der kopernikanischen Dezentrierung der menschlichen Stellung im Weltall verbunden war. Der Mensch schien bedeutungslos geworden zu sein, weggerollt aus dem Mittelpunkt in einen beliebigen Winkel des Weltalls. Dagegen hat Kant, beginnend mit seiner gottähnlichen kosmologischen Modellkonstruktion von 1755 und in seiner *Kritik der reinen Vernunft* 1781 zum vorläufigen Abschluss gebracht, den Menschen als Erkenntnissubjekt wieder neu zentriert. Denn es ist der Mensch selbst, der sein Wissen von der Welt kreativ erschafft. Er hat eine ungeheure Souveränität gewonnen. Er lässt sich nicht mehr gängeln, weder durch einen allmächtigen Gott, noch durch eine übermächtige Natur, sondern fasst alle Erscheinungen unter seine eigenen Gesetze. Mit einem neu erwachten Selbstbewusstsein betritt ein autonomes Subjekt die Bühne, das die metaphysische Dunkelheit, in der der Mensch jede Orientierung zu verlieren drohte, durch seine eigene Schöpferkraft aufhellt.

3 Rezeption und Wirkung

Kurz nach Erscheinen seiner Schrift, Ostern 1781, schickt Kant sie an Marcus Herz und einige philosophierende Bekannte. Mit einem sofortigen Verständnis rechnet er nicht. Doch Kant ist sich sicher, dass seine Arbeit eine Langzeitwirkung entfalten werde, und im Mai 1781 schreibt er an Herz: „Meine Schrift kann, sie mag stehen oder fallen, nicht anders als eine gänzliche Veränderung der Denkungsart in diesem uns so innigst angelegenen Teile menschlicher Erkenntnisse hervorbringen." (Kant 1986: 195) Es brauche halt seine Zeit, um seine schwierige *Kritik der reinen Vernunft* als eine revolutionäre Programmschrift lesen und verstehen zu können.

Schon die erste Rezension seiner Schrift dokumentiert, wie sehr Kant recht hat. Der Popularphilosoph Christian Garve verfasst sie für die *Zugaben zu den Göttinger Gelehrten Anzeigen*, wo sie in einer gekürzten Fassung am 19. Januar 1782 erscheint, ohne dass sich ihr Verfasser zu erkennen gibt. Nicht nur diese Anonymität ärgert Kant, der den Rezensenten auffordert, seinen Namen zu nennen. Er ist auch enttäuscht darüber, dass der Kritiker Entscheidendes missverstanden hat. Das betrifft vor allem dessen Meinung, Kant sei ein sensualistischer Idealist wie George Berkeley, der 1710 in seiner „Abhandlung über die Prinzipien der menschlichen Erkenntnis" die Existenz von „Materie" oder „körperlichen Substanzen" geleugnet hat und alles, was ist, mit seinem „*percipi*" (wahrgenommenwerden) oder „*percipere*" (wahrnehmen) identifizierte.

Dieser radikale psychologische Immaterialismus geht Kant zu weit. Er trifft nicht sein eigenes Insistieren auf einer sachhaltigen Erfahrung. Gegen Garve formuliert er seinen Grundsatz: „Nur in der Erfahrung ist Wahrheit." (III: 253) Das aber ist nur möglich, wenn es eine Wirklichkeit gibt, die mit den materialen Bedingungen der Möglichkeit der Erfahrung zusammen passt. Ist diese Entgegnung nicht zu schwach? Kant spürt, dass der Idealismus eines Berkeley „einen mächtigen Einwurf" (II: B 274) gegen sein Beharren auf einer objektiv gegebenen gegenständlichen Welt bedeutet. Deshalb ergänzt er seine *Kritik* in der zweiten Auflage von 1787 mit einer „Widerlegung des Idealismus". „Das Dasein der Dinge außer uns (von denen wir doch den ganzen Stoff zu Erkenntnissen selbst für unsern inneren Sinn herhaben) bloß auf *Glauben* annehmen zu müssen", erschien ihm als ein „Skandal der Philosophie" (II: B XL). Um ihn zu beenden, verweist er auf etwas „*Beharrliches*" (II: B 276 und Anmerkung B XL f.), das notwendigerweise vorausgesetzt werden müsse, damit sich das Erkenntnissubjekt über seine eigenen, in der Zeit wechselnden Anschauungen klar werden könne.

Der nächste Angriff kommt von der entgegengesetzten Seite. In sieben Beiträgen im Ersten Band seines *Philosophischen Magazins* kritisiert 1789 Johann August Eberhard, ein überzeugter Anhänger des Rationalismus im Geiste von Gottfried Wilhelm Leibniz, Kants kritische Philosophie unter anderem mit der Überzeugung, dass es Dinge an sich gebe, die sinnlich nicht erfahrbar seien, deren innere Beschaffenheit aber dennoch mit den Mitteln eines reinen, übersinnlichen Intellekts erkannt werden könnte. Doch diese Intellektualisierung der Welt will Kant nicht anerkennen. Gegen Eberhard schreibt er 1790 seine Streitschrift „Ueber eine Entdeckung, nach der alle neue Critik der reinen Vernunft durch eine ältere entbehrlich gemacht werden soll" (III: 295–373). Sie bietet ihm Gelegenheit, noch einmal seine Gedanken über die „*Konstruktion* der Begriffe" zu erläutern, die er in seiner *Kritik* für das mathematische Verfahren entwickelt hatte. „In allgemeiner Bedeutung kann alle Darstellung eines Begriffs durch die (selbsttätige) Hervorbringung einer ihm korrespondierenden Anschauung Konstruktion heißen." (III: 302) Dabei vollzieht der Mathematiker die Konstruktion des Zahlbegriffs durch seine bloße Einbildungskraft, die eins nach dem anderen „schematisch" anzureihen und zu zählen ermöglicht. Geometer und Mechaniker sind dagegen empirische Konstrukteure, die „technisch" mit bestimmten Materialien arbeiten, geometrisch vor allem mit Zirkel und Lineal, mechanisch auch mit anderen nützlichen Werkzeugen und Messgeräten.

Nach diesen anfänglichen Irritationen startet Kants kritische Philosophie ab Anfang der 1790er Jahre einen unvergleichlichen Höhenflug. Es beginnt eine Diskussion, die jenen klassischen *Deutschen Idealismus* entstehen lässt, der in seiner geschichtlichen Dynamik, spekulativen Energie und sprachschöpferischen Gestaltungskraft einzigartig ist. Im Mittelpunkt steht dabei der Begriff „Konstruktion", der bei Kant nur für die Mathematik (Geometrie und Arithmetik) fruchtbar gemacht worden ist. Jetzt wird er für Logik, Naturphilosophie, Psychologie, Ideengeschichte, allgemeine Wissenschaftstheorie und Philosophie überhaupt bedeutsam, wobei *Der Konstruktionsbegriff im Umfeld des deutschen Idealismus* (Ende 1973) in seinen Bedeutungen variiert: als operationaler, abgeleiteter, genetisch-synthetischer oder systematischer Konstruktionsbegriff.

Kants philosophische Wende zum *Subjekt* wird mit seiner Konzeption mathematischer *Konstruktion* zusammengeführt. So wird das Ich schließlich zum Konstrukteur von allem. Johann Gottlieb Fichte bringt dabei als erster einen starken dynamisch-operativen Handlungsaspekt ins Spiel. In immer wieder neuen Vorlesungszyklen über *Wissenschaftslehre*, die alle überhaupt möglichen Wissenschaften zu begründen versucht, richtet er ab 1794 die Aufmerksamkeit auf die Tathandlungen einer „produktiven Einbildungskraft", mit denen ein sich selbst setzendes Ich alle Gegenstände seiner Welt konstruiert.

Es folgen Friedrich Wilhelm Joseph Schelling und Friedrich Daniel Ernst Schleiermacher, Georg Wilhelm Friedrich Hegel und August Wilhelm Schlegel, Novalis (Georg Friedrich Philipp Freiherr von Hardenberg), Arthur Schopenhauer und viele andere. Sie alle führen Kants Subjektivitäts- und Konstruktionsprinzipien weiter aus und übersteigern sie in eine spekulative Höhe, von der sich Kant selbst nichts hatte träumen lassen. Hatte er es geahnt? Denn schon 1783, in seiner Entgegnung auf die anonyme Kritik in den *Göttinger Anzeigen*, die ihm einen „transzendenten oder höheren Idealismus" vorwarf, hatte er bescheiden festgestellt: „Hohe Türme, und die ihnen ähnlichen metaphysisch-großen Männer, um welche beide gemeiniglich viel Wind ist, sind nicht für mich. Mein Platz ist das fruchtbare *Pathos* der Erfahrung." (III: 252) Daran erinnert 1865 Otto Liebmann, der in seiner Schrift *Kant und die Epigonen* die Devise ausgibt: „Es muss auf Kant zurückgegangen werden!" (1865: 215) Die Neukantianer von Hermann Cohen und Paul Natorp bis zu Ernst Cassirer sind ihr gefolgt und beginnen sich im Geiste Kants wieder um eine klare und deutliche Bestimmung der Erfahrungsgrundlagen wissenschaftlicher Erkenntnis zu bemühen.

Das *konstruktive* Element in Kants Philosophie wird im 20. Jahrhundert zunächst von Ludwig Wittgenstein aufgegriffen, dem es, Kant folgend, in seinem 1918 abgeschlossenen, durchnummerierten *Tractatus logico-philosophicus* um die philosophische Klärung dessen geht, was sich wissenschaftlich sagen lässt. Für „Wittgenstein als Kantianer" (Stenius 1969: 279–296) besteht die Aufgabe der theoretischen Philosophie darin, das Gebiet des Denkbaren, das sich in den Sätzen der Naturwissenschaft ausdrückt, abzusichern und zu begrenzen. Konstruktivistisch ist vor allem Wittgensteins Begründung der elementaren Arithmetik, die er in dem Satz zusammenfasst: „Die Zahl ist der Exponent einer Operation." (6.021) Der Sinn der Zahlen liegt darin, ein Maß für die Wiederholung von Handlungen zu sein, wie man sich am leichtesten anhand des schematischen Operierens mit und an einfachen Strichfiguren wie ///// vor Augen führen kann, deren Reihe man immer wieder einen weiteren Strich / anfügen kann.

Hugo Dingler, der sich selbst als Kantianer versteht, entwickelt diesen logisch-philosophischen Ansatz weiter zu einer operativen Philosophie der Logik, Arithmetik, Zeitlehre, Geometrie und Mechanik. Er konzentriert sich besonders auf die technisch-praktische Herstellung von Messgeräten, deren Konstruktionsbedingungen gleichsam transzendentale Voraussetzungen möglicher Erfahrung im Sinne Kants sind. Ihm folgt schließlich Paul Lorenzen, der zusammen mit Wilhelm Kamlah ein Gründer und Hauptvertreter des *Methodischen Konstruktivismus* ist. Kants Konstruktion der mathematischen (geometrischen und arithmetischen) Begriffe wird zum Vorbild für die synthetisch-apriorischen Begründungen aller möglichen Erkenntnisformen, in denen schematisch operiert und normiert gemessen werden kann.

Die Praxis des logischen Schlussfolgerns wird durch eine *Protologik* (Lorenzen 1955) begründet, die mittels bestimmter Operationsschemata die Herstellung von logisch zulässigen Figuren („*calculi*") ermöglicht. Auch die *Arithmetik*, als Theorie und Praxis des Zählens, wird protologisch fundiert. Kants Verfahren der Wiederholung, verstanden als sukzessives Hinzufügen von Gleichartigem, ausgehend von einem Anfang, wird durch elementare Konstruktionsregeln nachgeahmt, wobei Lorenzen einen Kalkül aus Strichen als elementaren Zahlzeichen bevorzugt.

Die synthetisch-apriorische Begründung der Physik wird zur Aufgabe der *Protophysik* (Böhme 1976) erklärt. Protophysikalisch werden normative Anweisungen zur Herstellung von Geräten entworfen, um im Raum (Geometrie), in der Zeit (Chronometrie) und hinsichtlich der Masse von Körpern (Hylometrie) präzise Messungen durchführen zu können. Im Sinne Kants könnte der oberste Grundsatz der Protophysik transzendentalphilosophisch lauten: „Die Bedingungen der Möglichkeit des Messens sind zugleich die Bedingungen der Möglichkeit der Gegenstände des Messens."

Kant verstand seine *Kritik der reinen Vernunft* als eine „*Propädeutik* (Vorübung)" (II: A 841), mit der sich die Vernunft einer selbstgeschaffenen „methodischen *Disziplin*" unterwirft, „die ihren Hang zur Erweiterung, über die engen Grenzen möglicher Erfahrung, bändige, und sie von Ausschweifung und Irrtum abhalte." (II: A 712) Auch diesem Imperativ sind die Vertreter des Methodischen Konstruktivismus gefolgt. Wilhelm Kamlah und Paul Lorenzen verfassen eine *Logische Propädeutik* als *Vorschule des vernünftigen Redens*, um die „*Disziplin* des Denkens und Redens" (1967: 11) schrittweise aus einem neuen Anfang zu begründen. „Sie *konstruiert* nach und nach den wissenschaftlichen Satz mittels seiner Elemente und Regeln, anfangend mit dem Elementarsatz, endend mit dem generellen Satz." (Ebd.: 6)

Damit muss hier geendet werden, ergänzt durch den abschließenden Hinweis, dass auch für den *Radikalen Konstruktivismus* Kants *Kritik der reinen Vernunft* ein Schlüsseltext ist. Er bietet, wie vor allem Ernst von Glasersfeld mehrfach betonte, „ein Modell, das in vieler Hinsicht fundamental ist für die konstruktivistische Orientierung." (1997: 78) Nur an seine „Dinge an sich" will man nicht mehr glauben. Aber man sollte nicht vergessen, dass auch Kant über sie geschwiegen hat. Er wusste, dass er über sie nichts *wissen* konnte: „Was die Dinge an sich sein mögen, weiß ich nicht, und brauche es auch nicht zu wissen, weil mir doch niemals ein Ding anders, als in der Erscheinung vorkommen kann." (II: A 277) Als Philosoph, der die Grenze der menschlichen Vernunft erkundete, begriff er ihre Unbegreiflichkeit. Doch er war zugleich davon überzeugt, dass unsere elementaren Erfahrungssätze und wissenschaftlich sinnvollen Theoriesysteme *zeigen*, dass es diese Dinge an sich gibt. Gegen ihre radikale Negierung hätte er wie Wittgenstein in seinem *Tractatus* am Ende zu bedenken geben können: „Es gibt allerdings Unaussprechliches. Dies *zeigt* sich, es ist das Mystische." (6.522)

Literatur

Böhme, Gernot (Hrsg.) (1976): Protophysik. Frankfurt am Main: Suhrkamp.
Ende, Helga (1973): Der Konstruktionsbegriff im Umkreis des deutschen Idealismus. Meisenheim am Glan: Anton Hain.
Glasersfeld, Ernst von (1997): Radikaler Konstruktivismus. Frankfurt am Main: Suhrkamp.

Kamlah, Wilhelm/Paul Lorenzen (1967): Logische Propädeutik. Mannheim: Bibliographisches Institut.
Kant, Immanuel (1956): Kritik der reinen Vernunft. (1781/1787) (=Werke in sechs Bänden. Bd. II.) Hrsg. Wilhelm Weischedel. Wiesbaden: Insel.
Kant, Immanuel (1986): Briefwechsel. 3., erw. Aufl. Hamburg: Felix Meiner.
Koriako, Darius (1999): Kants Philosophie der Mathematik. Hamburg: Felix Meiner.
Liebmann, Otto (1865): Kant und die Epigonen. Stuttgart: Carl Schober.
Lorenzen, Paul (1955): Einführung in die operative Logik und Mathematik. Berlin/Heidelberg: Springer.
Lorenzen, Paul (1974): Methodisches Denken. Frankfurt am Main: Suhrkamp.
Stenius, Erik (1969): Wittgensteins Traktat. Frankfurt am Main: Suhrkamp.
Vico, Giambattista (1979): Liber metaphysicus. (1710) München: Fink.

Experimenteller Empirismus

Jens Kertscher über John Deweys *Die Suche nach Gewissheit*

1 Entstehungsbedingungen und Vorgeschichte

John Dewey ist bis heute als der einflussreichste, kulturell wie politisch wirksamste Denker des klassischen Pragmatismus bekannt. Er wurde am 20. Oktober 1859 in Burlington, im Bundesstaat Vermont geboren und starb hoch betagt am 1. Juni 1952 in New York. Er besuchte die Universität von Vermont, wo er neben der Philosophie auch naturwissenschaftliche Fächer wie Geologie, Zoologie, Botanik studierte und sich schon früh für die Debatten um die Evolutionstheorie interessierte. Nach einem kurzen Intermezzo als Highschoollehrer setzte er sein Studium an der Johns-Hopkins-Universität in Baltimore fort. Dort hörte er die Logikkurse von Charles S. Peirce. Einen besonderen Einfluss auf seine Entwicklung hatte jedoch George S. Morris, der ihm die Philosophie Georg Wilhelm Friedrich Hegels vermittelte. Nach der Promotion im Jahre 1884 begann Dewey seine akademische Laufbahn an der Universität von Michigan. Seine ersten Bücher waren stark von seiner Hegel-Aneignung geprägt: Die *Psychology* von 1887; eine Einführung zu Leibniz' *Nouveaux Essais* (1888) sowie die *Outlines of a Critical Theory of Ethics* (1891). 1894 wechselte er an die neu gegründete Universität von Chicago. Dort leitete er nicht nur das philosophische Institut, dem noch das Fach Psychologie zugeordnet war, sondern auch das Institut für Pädagogik. Er gründete die *Laboratory School*, wo er, gemeinsam mit seiner Frau Alice, demokratische und progressive Erziehungsprinzipien erprobte. Auseinandersetzungen um diese Schule führten dazu, dass Dewey 1904 einen Ruf an die Columbia Universität in New York annahm, wo er bis zu seiner Emeritierung 1930 blieb. In dieser Zeit schrieb er seine bedeutendsten und bekanntesten Werke: *Democracy and Education* (1916); *Experience and Nature* (1925); *The Public and Its Problems* (1927) und nicht zuletzt *Die Suche nach Gewissheit* (1998) (*The Quest for Certainty* [1929]). Außerdem wurde er durch seine zahlreichen Beiträge zu aktuellen Debatten einem breiteren Publikum bekannt und übte auch international großen Einfluss durch Vortragsreisen aus, die ihn u. a. nach Mexiko, China, in die Türkei und die Sowjetunion führten. Auch nach seiner Emeritierung war er gleichermaßen in der akademischen Lehre (bis 1939) wie auch publizistisch aktiv. In dieser Zeit entstanden weitere wichtige Bücher wie *A Common Faith* (1934) zur Religionsphilosophie; *Art as Experience* (1934), seinem Hauptwerk zur Ästhetik; und nicht zu vergessen 1938 mit *Logic: The Theory of Inquiry* die wohl anspruchsvollste und differenzierteste Darstellung seiner Version des Pragmatismus.[1]

---

[1] Zu Leben und Werk vgl. ausführlich Hickman (2004).

In seiner Konzeption einer vom Primat der Praxis her zu verstehenden Einheit von Gegensätzen im Wirklichkeitsprozess führt John Deweys Denken Motive und Einsichten der Psychologie, Evolutionstheorie sowie von Hegels Idealismus zusammen. Wie alle Pragmatisten geht er davon aus, dass Denken und Wirklichkeit einen praktischen Charakter haben. Was gedacht wird, steht in Beziehungen zur menschlichen Praxis, die ihrerseits durch das Denken zugänglich wird. Es ist das Ziel pragmatistischen Denkens, diese produktive Beziehung zwischen Denken und Handeln fruchtbar zu machen. Ein Denken, in dem sich die organische Einheit von Welt und Leben andeutet, erkannte Dewey zunächst in der Philosophie Hegels. Unter dem Einfluss von Charles Darwins Evolutionstheorie, der intensiven Auseinandersetzung mit dem Werk von William James sowie eigenen pädagogischen und psychologischen Studien löste er sich allerdings mehr und mehr vom Hegel'schen Idealismus.[2] Doch sein pragmatistisches Projekt, ein philosophisches Verständnis der organischen Einheit von Handeln und Wirklichkeit zu gewinnen, bleibt auch nach der Abwendung vom Hegelianismus dieser Traditionslinie tendenziell verpflichtet. Das wird vor allem an seiner Kritik an typischen Dualismen in der Philosophie deutlich: kategoriale Unterscheidungen wie die zwischen Körper und Geist, Subjekt und Objekt, Wissenschaft und Alltag, Werten und Tatsachen, Natur und Kultur, Kunst und Leben, Erscheinung und Wirklichkeit, Zweifel und Gewissheit verfehlen, so Deweys Überzeugung, deren kontinuierliche Beziehung und Einheit.

Seinen eigenen pragmatistischen Ansatz, dem er den Namen *Instrumentalismus* gegeben hat, hat John Dewey nach dem Wechsel an die Columbia University entwickelt. *Die Suche nach Gewissheit* (Dewey 1998) kann in diesem Zusammenhang vielleicht nicht als endgültige, aber zweifellos als zugänglichste Darstellung seiner Position gelten. Hervorgegangen ist das Buch aus zehn Vorlesungen, die Dewey vom 17. April bis zum 17. Mai 1929 im Rahmen der prestigeträchtigen *Gifford Lectures* in Edinburgh gehalten hat. Das Buch erschien bereits fünf Monate nach Abschluss der Vorlesungen, wenige Tage vor Deweys 70. Geburtstag im Oktober 1929.[3] Im Mittelpunkt steht der Gedanke des Primats der Praxis. Dewey fragt nach der Verdrängungsgeschichte der Praxis in der Philosophie seit der Antike und verbindet diese historischen Überlegungen mit einer einschneidenden Kritik der neuzeitlichen Erkenntnistheorie. An die Stelle des traditionellen Erkenntnisbegriffs als Enthüllung einer vorgegebenen Realität rückt der Gedanke der intelligent gelenkten experimentellen Forschung, den Dewey in Anlehnung an die Erkenntnispraxis der neuzeitlichen Wissenschaften entfaltet.

---

[2] Über diese Entwicklung gibt John Dewey in einer Darstellung seiner intellektuellen Entwicklung Auskunft (vgl. Dewey 2004: 24 ff.).

[3] Die Buchfassung ist gegenüber der Vorlesung um zusätzliches, vor allem wissenschaftshistorisches Material erweitert worden und umfasst 11 Kapitel. Zu den Hintergründen der Entstehung von *Die Suche nach Gewissheit* bzw. *The Quest for Certainty* vgl. ausführlich Toulmin (1984).

Aus diesen Vorbemerkungen ist bereits deutlich geworden, welche Aspekte von Deweys Denken es erlauben, ihn als einen wichtigen Bezugstheoretiker für konstruktivistische Ansätze zu berücksichtigen: Wirklichkeit wird prozessual verstanden, der traditionellen Abbildtheorie des Erkennens erteilt Dewey eine Absage, als konstruierende Instanz rückt das Handeln in den Blick.

2 *Die Suche nach Gewissheit* als Schlüsselwerk des Konstruktivismus

John Deweys verbindet in *Die Suche nach Gewissheit* (1998) auf höchst raffinierte und originelle Weise historische Reflexionen mit systematischen Argumentationen. Wie Hegel ist Dewey der Auffassung, dass „Philosophie *ihre Zeit in Gedanken erfasst*" (Hegel 1986: 26, Hervorhebung im Original) ist. Philosophische Gedankengebäude stehen in einem historisch gewachsenen kulturellen Zusammenhang und müssen aus ihm heraus verstanden werden. Dort haben sie eine Funktion, weil sie Antworten liefern, die „aus den Bedingungen des zeitgenössischen Lebens" (Dewey 1998: 252) erwachsen. Das Festhalten an ihren Prämissen kann jedoch in einem anderen historischen Kontext den Erkenntnisfortschritt blockieren und künstliche Probleme erzeugen. Vor allem in der Philosophie lässt sich diese Tendenz beobachten. Im Zuge seiner historischen Ausführungen diskutiert Dewey daher immer wieder auch traditionelle philosophische Probleme. Das Spektrum dieser Diskussion reicht von erkenntnistheoretischen Fragen bis hin zum Verhältnis des Physischen zum Psychischen oder zu Themen der praktischen Philosophie. Hier kritisiert er vor allem die Dichotomie zwischen Tatsachen- und Werturteilen. Um sich einen Überblick über den Verlauf des Buchs zu verschaffen, das aufgrund der Verbindung von historisch-narrativen mit diskursiven Abschnitten nicht immer frei von Redundanzen bleibt, ist es sinnvoll, verschiedene Argumentationsstränge zu unterscheiden.

Die ersten drei Kapitel von *Die Suche nach Gewissheit*, die ausdrücklich eine einleitende Funktion haben (ebd.: 75), sind einer historischen Nachkonstruktion der für das abendländische Denken charakteristischen Abwertung der Praxis gewidmet. Dewey fragt danach, woher die scharfe Trennung zwischen Theorie und Praxis kommt und welche Konsequenzen diese Trennung für das Verständnis des Erkenntnisprozesses hat.

Die für diese Geschichte leitende These, zugleich der Grundgedanke des gesamten Buches, lautet, dass „die Erhöhung des reinen Intellekts und seiner Tätigkeit über praktische Angelegenheiten fundamental mit der Suche nach einer Gewissheit verknüpft ist, die absolut und unerschütterlich sein soll." (Ebd.: 10) Handeln ist grundsätzlich ungewiss. Es vollzieht sich in einzigartigen, unwiederholbaren Situationen und ist hinsichtlich seiner Konsequenzen offen, riskant, weil stets der Gefahr des Scheiterns ausgesetzt. Im Überlebenskampf ist Handeln ein unentbehrliches, aber unvollkommenes Mittel. Der Mensch ist hier ganz auf sich selbst zurückgeworfen, und doch ist er Bedingungen ausgesetzt, die sich seiner Rationalität und Kontrolle entziehen. Unvorhersehbare Faktoren spielen herein und haben oftmals das letzte Wort, so dass der Handlungserfolg nicht von den Absichten der Handelnden allein abhängt. So lag es nahe, einen Bereich auszuzeichnen, der frei von den Unabwägbarkeiten der Praxis ist: „Die Suche nach vollständiger Gewissheit kann allein im reinen Erkennen befriedigt werden. So lautet das Urteil unserer dauerhaftesten philosophischen Tradition." (Ebd.: 12)

Zur Begründung dieser These über den Ursprung der Theorie-Praxis-Dichotomie und der mit ihr einhergehenden Abwertung des Handelns präsentiert Dewey sozialhistorische, kulturhistorische sowie philosophiegeschichtliche Überlegungen. Die Auszeichnung eines von der Praxis losgelösten Bereichs des reinen Erkennens setzt demnach eine Sklavenhaltergesellschaft voraus, in der es eine privilegierte Schicht gibt, die genügend Muße hat, entlastet von den Zumutungen der Praxis sich rein theoretischen Interessen zu widmen. Sie reflektiert außerdem das Bedürfnis, eine Sphäre des Höheren, Heiligen von einer Sphäre des Niederen und Profanen zu trennen. Die Philosophie wiederum erbte diese Unterscheidungen von der Religion. Vor allem in Gestalt der metaphysischen Entwürfe von Platon und Aristoteles liefert sie das ontologische Fundament für die Trennung der Wirklichkeit in einen rein ideellen, unveränderlichen Bereich, der Gegenstand sicherer und wahrer Erkenntnis, und einen davon getrennten, ontologisch niedriger bewerteten Bereich der wandelbaren Erscheinungen und des permanenten Werdens, zu dem auch die Sphäre des Handelns gehört. Dieser metaphysische Rahmen ebnete zwar den Weg für die Überwindung mythisch-religiöser Vorstellungen durch das Ideal einer Wissenschaft, die ganz dem Prinzip selbstgenügsamer Erkenntnis verpflichtet und einem Leben im Dienste der Vernunft gewidmet ist. Doch blockiert dieses Ideal ein angemessenes Verständnis des Erkenntnisprozesses, sobald sein historischer Ursprung undurchschaut bleibt und die mit ihm überlieferten Unterscheidungen und Denkgewohnheiten dadurch den Anschein des Notwendigen und Unhinterfragbaren bekommen. Nach Deweys Auffassung hat sich dieses, von der Flucht aus der Kontingenz des Handelns und vom Ideal der Suche nach Gewissheit geprägte Denkschema, nachdem sich die Methode der neuzeitlichen, experimentellen Wissenschaften durchgesetzt hat, längst überholt. Dennoch wurde es nie in Frage gestellt:

> Denn trotz der großen gewaltigen Veränderungen in Gegenstand und Methode der Wissenschaften und der ungeheuren Ausdehnung der praktischen Tätigkeiten mit Hilfe der Künste und Techniken hat die Haupttradition der abendländischen Kultur diesen Rahmen der Ideen unangetastet gelassen. (Ebd.: 25)

Zum besonders fragwürdigen Erbe dieser Tradition gehört eine Konzeption des Erkenntnisprozesses, den Dewey als „Zuschauertheorie des Erkennens" (ebd.: 28) bezeichnet. Gemeint ist damit eine Vorstellung, welche die Philosophie seit den Zeiten der Griechen unablässig beherrscht hat, dass die Aufgabe des Erkennens darin bestehe, das aller Erkenntnis vorausgehende Reale zu enthüllen, statt, wie es mit unseren praktischen Urteilen der Fall ist, die Art von Verstehen zu gewinnen, die notwendig ist, um mit den Problemen, wie sie jeweils gerade entstehen, fertigzuwerden. (Ebd.: 21)

Deweys in *Die Suche nach Gewissheit* formulierte Kritik an den verschiedenen erkenntnistheoretischen Positionen und den endlosen Streitigkeiten zwischen Idealismus, Realismus, Empirismus oder Transzendentalphilosophie läuft darauf hinaus, die all diesen Ansätzen gemeinsame, nicht eigens reflektierte Voraussetzung dieses Zuschauermodells ans Licht zu holen und in ihren philosophischen Konsequenzen zu analysieren: „Das gemeinsame Wesen all dieser Theorien besteht kurzum darin, dass das, was erkannt wird, dem mentalen Akt der Beobachtung und Untersuchung vorausgeht und von diesen Akten gänzlich unbeeinflusst ist." (Ebd.: 27) Damit verfehlen sie das konstruktive Moment jedes Erkenntnisprozesses.

Die Suche nach Gewissheit im Erkennen, die dieses antike, vom Gedanken der Repräsentation einer statischen Wirklichkeit geprägte Erkenntnisideal kennzeichnet, hat sich als Flucht in eine vermeintliche Sicherheit erwiesen. Dewey geht es aber nicht um eine schlichte Umkehrung des Bedingungsverhältnisses von Theorie und Praxis. Er beabsichtigt nicht einfach, die abgewertete Praxis zu rehabilitieren und gegen reine Theorie auszuspielen (vgl. ebd.: 41). An die Stelle der Erkenntnis um ihrer selbst willen soll nicht eine theorielose Praxis gesetzt werden, wie von Kritikern des Pragmatismus bisweilen behauptet wird. Sein Pragmatismus zielt vielmehr darauf ab, „die Suche nach Sicherheit durch praktische Mittel an die Stelle der Suche nach absoluter Gewissheit durch kognitive Mittel zu setzen" (ebd.: 29). Diese Perspektivenverschiebung hat Auswirkungen auf das Verständnis des Erkenntnisprozesses. Denn es gilt nun, die „Zuschauertheorie des Erkennens" zu überwinden und durch ein pragmatistisches Erkenntniskonzept zu ersetzen, das den Funktionszusammenhang von praktischen Problemen und darauf bezogenen theoretischen Lösungen begreifbar macht. Vorbild dafür ist die experimentelle Methode der neuzeitlichen Wissenschaften.

Nachdem Dewey den Ursprung der scharfen Trennung von Theorie und Praxis sowie der damit einhergehenden Privilegierung von Theorie im Sinne kontextloser Beobachtung einer vorgefertigten Realität in der Suche nach absoluter Gewissheit aufgewiesen hat, rückt eine zweite, wissenschaftshistorische Argumentationslinie in den Vordergrund. Sie steht im Zentrum der Kapitel IV bis VI. Dewey zeigt in ihnen – weit ausholend und materialreich – wie die Praxis der neuzeitlichen Wissenschaften schrittweise die Zuschauertheorie des Erkennens *ad absurdum* geführt hat. Dewey zeichnet dabei eine Entwicklung nach, die mit Galileo Galilei und Isaac Newton beginnt und in Werner Heisenbergs Unschärferelation gipfelt. Indem hier die Fiktion eines vom Erkenntnisprozess losgelösten Beobachters aufgegeben wird, ist der letzte Schritt in der Ablösung der Zuschauertheorie erreicht (ebd.: 205).

Die Unterschiede zwischen moderner und antiker Wissenschaft analysiert Dewey anhand der Unterscheidung von Hinnahme und Beherrschung: „Die griechische und die mittelalterliche Wissenschaft war eine Kunst, Dinge so hinzunehmen, wie sie genossen und erlitten werden. Die moderne experimentelle Wissenschaft ist eine Kunst der Beherrschung." (Ebd.: 102) Indem letztere die qualitativ erfahrenen Gegenstände der gewöhnlichen Erfahrung durch Daten ersetzt, manifestiert sie ihr Interesse an Veränderung und wendet sich offenen Problemen zu: Daten sind Material für weitere Deutungen und Zwecke, nichts Abgeschlossenes. Generell charakterisiert Dewey die experimentelle Methode durch drei Merkmale: Experimentieren ist erstens offen, weil es Veränderungen in der Umwelt und im Verhältnis zu ihr bewirkt; zweitens wird es intentional durch Ideen gelenkt und ist daher kein zufälliges Geschehen; drittens schafft es als Ergebnis eine neue empirische Situation, „in der Gegenstände auf verschiedene Weise aufeinander bezogen sind, und zwar so, dass die *Konsequenzen* der gelenkten Handlungen die Gegenstände bilden, die die Eigenschaft haben, *erkannt* zu sein." (Ebd.: 89, Hervorhebung im Original) Diese Merkmale machen deutlich, warum die experimentelle Methode geeignet ist, die Prämissen der Zuschauertheorie zu erschüttern. Denn Erkenntnis erscheint im Experimentieren nicht mehr als teilnahmslose Beobachtung einer gegebenen Wirklichkeit, sondern als eingreifendes Handeln, das die Erkenntnisgegenstände wie auch die erkennenden Subjekte nie unverändert lässt. Realität wird dementsprechend in einem offenen Prozess permanent hervorgebracht. Wie bereits erwähnt: Dewey kehrt das alte Bedingungsverhältnis nicht einfach um, so dass Handeln nunmehr ein Standpunkt wäre, von dem aus man einen Zugriff auf die davon unterschiedene Realität bekäme. Vielmehr ist das, was man üblicherweise als Realität bezeichnet, nur im handelnden Interagieren mit der sozialen und materiellen Welt sowie den Konsequenzen solcher Interaktionen gegeben:

> Wenn wir sehen, dass Erkennen nicht der Akt eines außenstehenden Beobachters ist, sondern der eines Teilnehmers auf dem natürlichen und sozialen Schauplatz, dann liegt der wahre Gegenstand der Erkenntnis in den Konsequenzen einer gelenkten Handlung. (Ebd.: 197)

Dewey muss dazu nicht die Existenz einer stofflichen und sozialen Welt außerhalb des aktuellen Handelns bestreiten oder sie in idealistischer Manier als Konstrukt des Geistes betrachten. Wie alle Pragmatisten vor und nach ihm zieht Dewey solche Konsequenzen nicht. Die so genannte Außenwelt oder die Realität ist eine unbestimmte Offenheit, mit der situationsspezifisch umgegangen werden muss, um Probleme zu lösen. Sie ist Realität solange und insofern, als sie Teil jener Umwelten ist, die die Handelnden in ihren problemlösenden Aktivitäten erfahren, für ihre Zwecke verwenden und als Konsequenzen solcher Operationen erkennen. Dieses Realitätsverständnis entspricht – das ist jedenfalls Deweys durch wissenschaftshistorische Untersuchungen untermauerte These – dem der experimentell verfahrenden Wissenschaften.

Dass John Dewey sich mit der Orientierung am Experiment von den herkömmlichen erkenntnistheoretischen Optionen verabschiedet, wird deutlich im Zusammenhang eines weiteren zentralen Argumentationsgangs, in dem er sich mit der erkenntnistheoretischen Tradition auseinandersetzt. Seine Kritik, die er vor allem in den Kapiteln VII und VIII entfaltet, lässt sich am besten so zusammenfassen, dass die philosophischen Konzepte von Erkenntnis hinter der Entwicklung der wissenschaftlichen Methoden zurückgeblieben sind: „Sie alle vertreten die Ansicht, dass die Forschungstätigkeit jedes Element praktischer Tätigkeit ausschließe, das in die Konstruktion des Gegenstands eingeht." (Ebd.: 27) Dadurch bleiben sie allesamt einseitig. Die daraus resultierenden Dichotomien wie Subjekt und Objekt, Vernunft und Wirklichkeit, Wahrnehmung und Denken, Begriff und Anschauung, um nur einige zu nennen, führen zu immer neuen, letztlich fruchtlosen Debatten über die Priorität einer dieser Instanzen. Deshalb plädiert Dewey für einen „experimentellen Empirismus" (ebd.: 115), der allein in der Lage ist, das Denken in starren Dichotomien hinter sich zu lassen. Ein weiterer typischer Mangel traditioneller Erkenntnistheorien ist, dass sie Denken und Tatsachen trennen und von der irreführenden Vorstellung einer rein passiven Wahrnehmung isoliert bestehender Gegenstände ausgehen. Ihre modernen empiristischen oder rationalistischen Nachfolger begehen dagegen den Fehler, entweder einem Fundamentalismus der Sinnesdaten anzuhängen, oder einzelne Aspekte des Erkenntnis- und Erfahrungsprozesses zu isolieren und zu vergegenständlichen. Für Dewey sind dagegen Prozesse und ihre relationalen Eigenschaften grundlegend (vgl. ebd.: 107).

Diese Kritik an der Erkenntnistheorie bleibt weder äußerlich, noch ist sie einfach bestrebt, den bisherigen Ansätzen einen neuen hinzuzufügen. Dewey geht vielmehr so vor, dass er den traditionellen Ansätzen jeweils begrenztes Recht und fruchtbare Einsichten zugesteht. Dabei fragt er, wie sich die überkommenen erkenntnistheoretischen Kategorien in sein pragmatistisches Erkenntniskonzept einfügen oder in seinem Sinne umdeuten lassen. So stimmt er dem Idealismus zu, wenn er die konstruktive Kraft von Ideen betont. Idealismen stoßen jedoch an Grenzen, sobald Ideen hypostasiert, d. h. sie aus konkreten Situationen, aus denen heraus Forschungsprobleme entstehen, herausgelöst und damit ihr praktischer Wirkungszusammenhang aus den Augen verloren wird. Ideen sind demnach keine abstrakten, rein theoretischen Entitäten, die vor dem Handeln existieren. Nach Dewey haben sie eine hypothetische Funktion und sind daher immer funktional auf Erfahrungssituationen rückbezogen, in denen sie ihre operationale Kraft entfalten können. So erhält der Ideenbegriff eine eigentümliche pragmatistische Wendung:

> Das Handeln stellt den innersten Kern der Ideen dar. Die experimentelle Praxis des Erkennens eliminiert die uralte Trennung von Theorie und Praxis, wenn sie als Modell der philosophischen Lehre vom Geist und seinen Organen dient. Sie enthüllt, dass das Erkennen selbst eine Art des Handelns ist,

die einzige, die progressiv und auf sichere Weise die natürliche Realität mit verwirklichten Bedeutungen bekleidet. (Ebd.: 169)

Ähnlich argumentiert Dewey in Bezug auf das für rationalistische Philosophien zentrale Konzept der Vernunft. Er will ihre Bedeutung keineswegs leugnen. Entscheidend ist jedoch auch hier, dass Vernunft nicht als außerweltliche Instanz oder als Quelle von Erkenntnissen *a priori* begriffen wird. Diesem rationalistischen Vernunftbegriff stellt Dewey sein Konzept naturalisierter Intelligenz gegenüber. Vernunft wird damit in den Zusammenhang intelligenter Aktivitäten des Menschen gestellt, die innerhalb der Natur wirksam sind (vgl. ebd.: 213 ff.).

Dewey hat allerdings die Bezeichnung „Erkenntnistheorie" für seine prozessuale und pragmatistische Konzeption von Erkenntnis abgelehnt. Er spricht lieber von „experimenteller Logik" oder von „Instrumentalismus". In den letzten Kapiteln von *Die Suche nach Gewissheit* greift Dewey die Grundgedanken dieses Konzepts noch einmal in generalisierter Form auf und bindet sie in allgemeine Reflexionen über die Aufgaben einer pragmatistisch erneuerten Philosophie ein.

Die Bezeichnung „Instrumentalismus" ist missverständlich, denn sie ruft Assoziationen mit den Kategorien des Zweckrationalen, Technologischen oder herstellenden Handelns im Gegensatz zum Wertrationalen oder kommunikativen Handeln auf. Genau das ist jedoch nicht gemeint. Der Instrumentalismus begreift Erkennen als eine

> vorübergehende Neuausrichtung und Neuanordnung des Wirklichen. Es ist vermittelnd und instrumentell; es steht in einer Mitte zwischen einer relativ beiläufigen und zufälligen und einer relativ geklärten und bestimmten Erfahrung und Realität. Der Erkennende ist in der Welt des Existierenden; seine experimentelle Erkenntnis bezeichnet die Interaktion eines Existierenden mit anderem Existierendem. (Ebd.: 295)

Wie das genauer zu verstehen ist, verdeutlicht Deweys Theorie der Situation. Auf ihr beruht der Instrumentalismus. Ausgangspunkt des Erkenntnisprozesses sind demnach Situationen, die als problematisch, fragwürdig oder zweifelhaft erfahren werden.[4] Wichtig ist dabei, dass der Zweifel der Situation insgesamt anhaftet und nicht bloß eine subjektive, willkürlich einnehmbare Einstellung meint:

> Der Charakter der Gefährdung, der eine Situation als Ganze durchdringt, wird in einen Untersuchungsgegenstand verwandelt, der das Problem lokalisiert und dadurch den Entwurf von Methoden und Mitteln zu seiner Bewältigung erleichtert. (Ebd.: 223)

Die Reaktion auf Zweifelhaftes definiert nach Dewey geradezu das, was man als Denken zu bezeichnen pflegt (ebd.: 224). Jeder Erkenntnisprozess wird durch eine problematische Situation ausgelöst, und Erkenntnis ist nichts anderes als der Prozess, der es gestattet, eine problematische in eine unproblematische Situation zu

---

[4] Zur Theorie der Situation vgl. grundsätzlich Pape (2009).

überführen (ebd.: 243). Der Situationsbegriff ermöglicht es Dewey, gleich in mehrfacher Hinsicht herkömmliche erkenntnistheoretische Modelle zu überwinden. Zum einen macht er die Situationsrelativität allen Erkennens und Forschens deutlich. Zum anderen wird der Erkenntnisprozess grundsätzlich vom Handeln, der Praxis des Forschens bzw. des intelligenten Problemlösens her gedacht, das Dewey zudem als ein gemeinschaftliches Unternehmen fasst. Ferner überwindet Dewey auf diese Weise die Zuschauertheorie des Erkennens nicht zuletzt auch dadurch, dass jedes Forschungsresultat, jede Problemlösung eine neue Situation schafft, die ihrerseits offen bleibt für weitere Untersuchungen. Tatsachen spielen im Forschungsprozess eine funktionale Rolle, weil sie ausgewählt und gemäß forschungsleitenden Interessen angeordnet werden, um bestimmte, von der Problemstellung abhängige Aufgaben zu erfüllen: Sie sollen ein verbundenes, geordnetes Ganzes formen, das als Beleg einer Hypothese dient. Es handelt sich aber nicht um subjektunabhängige Entitäten, die es zu repräsentieren gilt. Selbst formallogische Symbolisierungen und mathematische Modelle haben einen funktionalen Wert, der in ihrer Fähigkeit besteht, den faktischen Gehalt problematischer Situationen darzustellen und die begrifflichen Auseinandersetzung mit möglichen Lösungen zu kontrollieren (vgl. Kertscher 2009: 364 ff.). Am (vorläufigen) Ende des Forschungsprozesses stehen daher auch nicht wahre Aussagen im Sinne der Korrespondenztheorie der Wahrheit, sondern begründete, auf den jeweiligen Forschungsprozess bezogene Behauptungen (Dewey 2002: 20). Wie Charles S. Peirce und William James ist auch John Dewey ein Vertreter des Fallibilismus, wonach sich grundsätzlich jede Behauptung als falsch erweisen kann.

Im Einzelnen unterscheidet Dewey ausgehend von seinem Situationsbegriff vier Phasen des Erkenntnisprozesses: 1. Die unbestimmte Situation wird erfasst. 2. Das relevante Problem wird festgestellt, indem objektive Merkmale der Situation aufgewiesen werden. 3. Eine mögliche Problemlösung wird bestimmt. Jede Problemfeststellung impliziert Ideen, Begriffe oder Hypothesen, die antizipierte Konsequenzen, also Verlaufs- und Handlungsmöglichkeiten, angeben. 4. Ein Diskurs über die vorgeschlagenen Lösungen und Hypothesen wird geführt. Seine Aufgabe ist es, eine Bedeutungsprüfung anhand allgemeiner Standards und Ergebnisse zu liefern. Stabile Überzeugungen – die erwähnte begründete Behauptung – sind dann erreicht, wenn die Ordnung der Darstellungen und des experimentellen Handelns einheitlich und konstant bleibt. (Vgl. Dewey 2002: 127 ff.; Pape 2009: 342 ff.) Dewey betrachtet die so verfasste Situation als ein generelles Muster des intelligenten Problemlösens; sie gilt nicht nur für wissenschaftlich disziplinierte Forschung, sondern soll jede Form von Problemlösungshandeln, also ausdrücklich auch vorwissenschaftliches erfassen. In der *Logik* spricht er daher auch von einem Muster der Forschung (*pattern of inquiry*; Dewey 2002: 127).

Ausgehend von der Annahme eines strukturell einheitlichen Musters der Forschung, kann Dewey Kontinuitäten einerseits zwischen vorwissenschaftlicher Erkenntnis und spezifisch wissenschaftlichen Erfahrungsweisen, zu denen wesentlich

Experiment sowie kontrollierte Beobachtung gehören, andererseits zwischen den empirischen Wissenschaften und der Philosophie behaupten. Alltägliche Erkenntnisformen sind unbestimmter und können durch die Wissenschaft korrigiert werden, die ihrerseits von realen alltäglichen Problemen zehrt. So gelangt Dewey auch zu einer Neubestimmung der spezifischen Aufgaben der Philosophie. Der Pragmatismus verstand sich schon bei Peirce und James als eine Erneuerungsbewegung. Sie sollte gleichermaßen von den Abstraktionen empiristischer Sinnesdatentheorien wie auch rationalistischer oder metaphysischer Vernunftkonzeptionen wegführen und den Reichtum konkreter, praktisch erfahrbarer und veränderbarer Wirklichkeit zur Geltung bringen. Ganz in diesem Sinne hatte Dewey schon ein Jahrzehnt vor *Die Suche nach Gewissheit* für die Notwendigkeit einer Selbsterneuerung der Philosophie plädiert.[5] Dieses Thema spielt auch in *Die Suche nach Gewissheit* eine Rolle, vor allem in den letzten beiden Kapiteln. Dort charakterisiert Dewey beispielsweise den Gewinn der experimentellen Methode für andere, nicht im engeren Sinne wissenschaftliche Untersuchungen, folgendermaßen: „Der stete Gewinn ist keine Annäherung an eine universale Lösung, sondern besteht in der Verbesserung der Methoden und in der Bereicherung der Erfahrungsgegenstände" (Dewey 1998: 296).

Wenn die Philosophie Deweys Lektion lernt und das Ideal der Suche nach Gewissheit im Namen praxisfreier Theorie aufgibt, dann verändern sich auch ihre Aufgaben im Verhältnis zu nicht-philosophischen Erkenntnisformen. Eine verbreitete Vorstellung ist, dass die Philosophie anderen Erkenntnisformen gegenüber eine fundierende Aufgabe hat, indem sie Geltungsfragen diskutiert oder letzte, invariante Fundamente des Wissens und des Handelns ausweist. Dewey lehnt diese metaphilosophische Position ab. Eine pragmatistisch aufgeklärte Philosophie wird den Einzelwissenschaften, aber auch der Gesellschaft gegenüber ihr traditionelles „Wächteramt über unveränderte Realitäten" (ebd.: 310) ablegen und stattdessen mit ihren eigenen Mitteln an Problemlösungen mitarbeiten, die selbst einen Rückhalt in konkreten Situationen haben:

> Die Philosophie ist aufgerufen, die Theorie der Praxis zu sein, und zwar durch Ideen, die bestimmt genug sind, um bei experimentellen Tätigkeiten eine wirksame Rolle zu spielen; denn nur so kann eine sichere Integration in der wirklichen Erfahrung zustande kommen. (Ebd.: 255)

Eine besonders wichtige Aufgabe der Philosophie sieht Dewey in der Kritik an der Dichotomie von Werten und Tatsachen. Seiner Auffassung nach lässt sich das im Bereich der physischen Gegenstände wirksame operationale Denken auch auf Werturteile anwenden (vgl. ebd.: 258). Werturteile haben demnach einen kognitiven Inhalt. Sie sind nicht bloß Ausdruck subjektiver Gefühle, sondern können wie Tatsachenurteile diskutiert werden. Auch hier erweist sich die experimentelle Methode als Vorbild. Denn Werturteile spielen in experimentell verfahrende Problem-

---

[5] So auch der Titel einer Abhandlung von 1917: „The Need for a Recovery of Philosophy".

lösungsprozesse genauso hinein wie Tatsachenurteile, und meistens lassen sich beide Aspekte gar nicht prinzipiell trennen. So kann Dewey abschließend an die gesellschaftliche Funktion der Philosophie erinnern:

> Die Suche nach Werten, die von allen unterstützt und geteilt werden sollen, weil sie auf den Grundlagen des gesellschaftlichen Lebens beruhen, ist eine Suche, bei der die Philosophie keine Rivalen haben würde, wohl aber Helfer unter den Menschen guten Willens. (Ebd.: 310 f.)

Wie kaum ein Philosoph vor ihm hat Dewey die herkömmliche Philosophie, insbesondere die Erkenntnistheorie einer einschneidenden Kritik unterzogen. Er plädiert dagegen für eine Philosophie, die keinen privilegierten Standpunkt beansprucht, sondern die ausschlaggebende Rolle des Handelns in konkreten Situationen auch für die Bestimmung ihrer eigenen Aufgaben ernst nimmt.

3 Rezeption und Wirkung

Bezeichnend für die oft beklagte, sehr zögerliche Rezeption von John Deweys Werk im deutschsprachigen Raum ist, dass mit *Die Suche nach Gewissheit* die deutsche Übersetzung von *The Quest of Certainty* erst mit fast 70-jähriger Verzögerung im Jahre 1998 erschienen ist. Der Pragmatismus hatte es traditionell schwer in Deutschland. Darunter hat auch die Dewey-Rezeption lange gelitten (vgl. Neubert 2004). Diese Situation hat sich inzwischen geändert. Was die Philosophie betrifft, ist dafür die seit Ende der 1980er Jahre zu beobachtende, auch hierzulande breit rezipierte Renaissance des Pragmatismus verantwortlich (vgl. Dickstein 1998; Sandbothe 2000). In diesem Zusammenhang hat vor allem die Debatte zwischen Richard Rorty und Hilary Putnam Aufsehen erregt und das Interesse am Pragmatismus, insbesondere auch an der Philosophie Deweys wieder erweckt (vgl. Kertscher 2008). Eine eingehende Rezeption der theoretischen Philosophie Deweys, die seine Einsichten auch unabhängig von den Diskussionsvorgaben der neopragmatistischen Debatten zwischen Rorty und Putnam zur Geltung bringt, wäre wünschenswert, steht allerdings noch aus.

Dewey ist in den USA schon bald nach seinem Tod aus dem philosophischen Mainstream verdrängt worden. Ein wichtiger Grund dafür ist die Etablierung des logischen Positivismus an den amerikanischen Universitäten in den späten 1930er Jahren. Die aus dieser Entwicklung hervor gegangene amerikanische Variante der analytischen Philosophie mit der von ihr gepflegten Methode der formallogischen Analyse und einem theoretizistischen, für historisch-praktische Dimensionen blindes Wissenschaftsverständnis, das Dewey gerade überwinden wollte, wurde bald zur herrschenden philosophischen Strömung. Erst die nachpositivistische Wissenschaftstheorie konnte sich Deweys Ideen wieder öffnen und beispielsweise die Bedeutung wissenschaftshistorischer Untersuchungen für ein angemessenes Verständnis des Forschungsprozesses anerkennen. Dewey war ein ausgezeichneter Kenner der Wissenschaftsgeschichte. Wie nur wenige Philosophen hat er die Besonderheiten der experimentellen Wissenschaften erkannt und für eine Erneuerung der philosophischen Methoden sowie die Überwindung theoretischer Sackgassen fruchtbar gemacht. Dabei war er alles andere als ein dogmatischer Szientist, der naiv konkrete einzelwissenschaftliche Ergebnisse übernimmt oder als Beweise für seine Theorien reklamiert. Deweys Interesse galt der wissenschaftlichen Methode als solcher und ihren Konsequenzen für ein Verständnis des Erkennens, das die Abwertung des Handelns zugunsten kontextfreier Theorie überwindet. Wenn er dabei die Physik auszeichnet, dann nicht deshalb, weil sie ein Erklärungsmonopol hätte, sondern weil sie eine „intensive Form der Erkenntnis [ist], in der die wesentlichen Charaktere der Erkenntnis großgeschrieben sind." (Dewey 1998: 250 f.) Mit dieser pragmatistischen Perspektive hat er Untersuchungen vorweg genommen, die erst in den 1960er und 1970er Jahren mit Thomas Kuhn und den darauf folgenden Ansätzen in der konstruktivistisch informierten Wissenschaftsphilosophie und -soziologie wieder an Aktualität gewonnen haben und inzwischen selbstverständlich geworden sind: Viele Ideen Deweys sind in die sozialkonstruktivistischen Ansätze Bruno Latours, Stephen Woolgars oder David Bloors eingeflossen (vgl. Balke 2008). Angesichts der richtungsweisenden Gedanken, die sich vor allem in *Die Suche nach Gewissheit* finden, überrascht es, dass Deweys theoretische Philosophie immer noch als Beispiel für eine unreflektierte und daher unzulängliche Praxisphilosophie gilt.

Im Bereich der politischen Philosophie und Sozialtheorie ist das ein wenig anders. Hier gibt es seit vielen Jahren eine intensive deutschsprachige Rezeptionsbewegung, die von Vertretern der jüngsten Generation der Frankfurter Schule vorangetrieben wird, deren Schulgrenzen jedoch längst überschritten hat.[6] In diesem Kontext dürfte ein verstärktes systematisches Interesse an postmarxistischen, kritischen Demokratietheorien ein wichtiger Grund für die zunehmende Beachtung Deweys sein.

Explizitere Wirkungen in konstruktivistische Theoriebildungen hinein hat Dewey bei den Begründern des interaktionistischen Konstruktivismus gehabt. Hier sind in erster Linie die Arbeiten der Erziehungswissenschaftler Kersten Reich und Stefan Neubert zu nennen (vgl. Reich 1998; Neubert 1998), die am deutschen *Dewey Center* an der Universität Köln den Zusammenhängen zwischen Konstruktivismus und Pragmatismus systematisch nachgehen (vgl. die Beiträge in Hickman/Reich/Neubert 2004). Nicht zuletzt durch ihre Arbeiten ist deutlich geworden, dass Deweys Pragmatismus eine Reihe von Gedankenfiguren enthält, die von späteren konstruktivistischen Theoretikern in anderen Zusammenhängen weiterentwickelt und radikalisiert wurden (vgl. Reich 2004: 39 ff.). Schon aus diesem Grund kann

---

[6] Vgl. dazu Hartmann (2009), der Deweys Bedeutung für die jüngsten Erneuerungsversuche der kritischen Philosophie hervorhebt.

Die Suche nach Gewissheit in die Vorgeschichte konstruktivistischen Denkens eingeordnet werden. Deweys experimenteller Empirismus bietet aber, wenn die vorangehenden Ausführungen überzeugen, noch mehr, nämlich einen protokonstruktivistischen Ansatz eigenen Rechts, dessen hohes Anregungspotenzial für zeitgenössische Konstruktivismen noch lange nicht erschöpft sein dürfte.

Literatur

Balke, Friedrich (2008): Was ist ein Ding? Zum Pragmatismus der neueren Wissenschaftsforschung. In: Andreas Hetzel/Jens Kertscher/Marc Rölli (Hrsg.): Pragmatismus – Philosophie der Zukunft? Weilerswist: Velbrück Wissenschaft. S. 269–283.

Dewey, John (1917): The Need for a Recovery of Philosophy. In: John Dewey et al.: Creative Intelligence. Essays in the Pragmatic Attitude. New York: Holt. S. 3–69.

Dewey, John (1998): Die Suche nach Gewissheit. Eine Untersuchung des Verhältnisses von Erkenntnis und Handeln. (1929) Frankfurt am Main: Suhrkamp.

Dewey, John (2002): Logik. Die Theorie der Forschung. (1938) Frankfurt am Main: Suhrkamp.

Dewey, John (2004): Vom Absolutismus zum Experimentalismus. (1930) In: Erfahrung, Erkenntnis und Wert. Frankfurt am Main: Suhrkamp. S. 13–27.

Dickstein, Morris (Hrsg.) (1998): The Revival of Pragmatism. New Essays on Social Thought, Law and Culture. Durham: Duke Univ. Press.

Hartmann, Martin (2009): Vertiefung der Erfahrung. John Dewey in der deutschsprachigen Rezeption. In: Allgemeine Zeitschrift für Philosophie. 34. Jg. H. 3. S. 415–440.

Hegel, Georg Wilhelm Friedrich (1986): Grundlinien der Philosophie des Rechts. (1820) (= Georg Wilhelm Friedrich Hegel, Werke 7). Frankfurt am Main: Suhrkamp.

Hickman, Larry A. (2004): John Dewey – Leben und Werk. In: Larry A. Hickman/Stefan Neubert/Kersten Reich (Hrsg.): John Dewey. Zwischen Pragmatismus und Konstruktivismus. Münster [u. a.]: Waxmann. S. 1–12.

Hickman, Larry A./Stefan Neubert/Kersten Reich (Hrsg.) (2004): John Dewey. Zwischen Pragmatismus und Konstruktivismus. Münster [u. a.]: Waxmann.

Kertscher, Jens (2008): Der Neopragmatismus als Erbe des klassischen Pragmatismus? In: Andreas Hetzel/Jens Kertscher/Marc Rölli (Hrsg.): Pragmatismus – Philosophie der Zukunft? Weilerswist: Velbrück Wissenschaft. S. 58–85.

Kertscher, Jens (2009): Normativer Pragmatismus ohne Transzendentalphilosophie. John Dewey als Sprachphilosoph. In: Allgemeine Zeitschrift für Philosophie. 34. Jg. H. 3. S. 353–373.

Neubert, Stefan (2004): Pragmatismus – thematische Vielfalt in Deweys Philosophie und in ihrer heutigen Rezeption. In: Larry A. Hickman/Stefan Neubert/Kersten Reich (Hrsg.): John Dewey. Zwischen Pragmatismus und Konstruktivismus. Münster [u. a.]: Waxmann. S. 13–27.

Neubert, Stefan (1998): Erkenntnis, Verhalten, Kommunikation. John Deweys Philosophie des „experience" in interaktionistisch-konstruktivistischer Interpretation. Münster [u. a.]: Waxmann.

Pape, Helmut (2009): Deweys Situation. Gescheitertes Handeln, gelingendes Erkennen und das gute Leben. In: Allgemeine Zeitschrift für Philosophie. 34. Jg. H. 3. S. 332–352.

Reich, Kersten (1998): Die Ordnung der Blicke. 2 Bde. Neuwied: Luchterhand.

Reich, Kersten (2004): Konstruktivismus – Vielfalt der Ansätze und Berührungspunkte zum Konstruktivismus. In: Larry A. Hickman/Stefan Neubert/Kersten Reich (Hrsg.): John Dewey. Zwischen Pragmatismus und Konstruktivismus. Münster [u. a.]: Waxmann. S. 28–45.

Sandbothe, Mike (Hrsg.) (2000): Die Renaissance des Pragmatismus. Aktuelle Verflechtungen zwischen analytischer und kontinentaler Philosophie. Weilerswist: Velbrück Wissenschaft.

Toulmin, Stephen (1984): Introduction. In: John Dewey: The Quest for Certainty. A Study of the Relations of Knowledge and Action (= John Dewey. The Later Works, 1925–1953, Vol. 4: 1929. Hrsg. Jo Ann Boydston). Carbondale: Southern Illinois Univ. Press. S. vii–xxii.

Evolution des Erkennens

Rainer Egloff über Ludwik Flecks *Entstehung und Entwicklung einer wissenschaftlichen Tatsache*

1   Entstehungsbedingungen und Vorgeschichte

Ludwik Flecks erstmals 1935 beim Baseler Schwabe-Verlag in der Schweiz erschienenes Buch *Entstehung und Entwicklung einer wissenschaftlichen Tatsache* (Fleck 1980) zählt heute zu den Klassikern der Wissenschaftsforschung – nachdem es Jahrzehnte lang mehr oder weniger wirkungslos geblieben war. Der zeitlebens primär als Mediziner und Mikrobiologe tätige Autor hatte das wissenschaftstheoretische Werk, das seine Position anhand einer Fallstudie zur wissenschaftlichen Konzeption der Krankheit Syphilis im historischen Wandel – von der moralisch besetzten „Lustseuche" zur bakteriologisch definierten Infektionskrankheit – entwickelt, quasi nebenher geschrieben.

Ludwik Fleck wurde 1896 im galizischen Lwów (Lemberg) geboren, das damals zum österreichisch besetzten Teil Polens und somit zur österreichisch-ungarischen kaiserlich-und-königlichen Monarchie gehörte.[1] Lemberg, wo Flecks Vater ein mittelständisches Malergeschäft betrieb, war geprägt von ethnisch-kultureller Vielfalt. Die Familie hatte einen säkular-jüdischen Hintergrund. Nachdem Ludwik 1914 das polnische Gymnasium abgeschlossen hatte, beherrschte er neben seiner polnischen Muttersprache auch das Deutsche perfekt (vgl. Schnelle 1982: 42). Noch im selben Jahr begann er ein Medizinstudium, musste dieses jedoch wegen Diensts im österreichisch-ungarischen Heer während des 1. Weltkriegs unterbrechen. 1922 konnte Fleck mit allgemeinmedizinischer Promotion abschließen. Seine bereits im Laufe des Studiums entwickelten mikrobiologischen Interessen führten ihn zusehends in die bakteriologische und immunologische Grundlagenforschung. 1920 wurde er Assistent beim berühmten Typhusspezialisten Rudolf Weigl, zunächst in dessen Forschungslaboratorium für Infektionskrankheiten in Przemyśl, ca. 50 Kilometer von Lwów entfernt. Mit Weigls Berufung 1921 auf den biologischen Lehrstuhl der medizinischen Fakultät der Universität Lwów wechselte auch Fleck dorthin. Nach 1923 war es ihm nicht mehr möglich, eine Universitätsposition zu erhalten, und er trat als Mediziner ins allgemeine Krankenhauses Lwów ein, wo er insbesondere für bakteriologische Laboruntersuchungen zuständig war. Daneben baute er erfolgreich ein privates bakteriologisches Laborunternehmen auf, in dem er weiterarbeitete, als er 1935 als Direktor des bakteriologischen Labors der örtlichen Krankenkasse entlassen wurde, welches er seit 1928 geleitet hatte. Wie ein Kurzeintrag für einen Lebenslauf von Fleck selbst ausweist, dürfte seine Entlassung als Labordirektor der Lemberger Krankenkasse 1935 aufgrund von antisemi-

---

[1]   Für biografische Angaben zu Ludwik Fleck siehe Schnelle (1982, 1986 a, b), Schäfer/Schnelle (1980), Stachel (2004), Leszyńska (2009).

tischen Erlassen der rechtsgerichteten Regierung erfolgt sein. (Vgl. Leszcyńska 2009: 25; Fleck 1979: 150).

Nach der sowjetischen Besetzung Lembergs kehrte Fleck 1939 als Dozent für Mikrobiologie an die Universität zurück. Im Zuge des Angriffs von Nazi-Deutschland auf die Sowjetunion und dem Einmarsch in Lwów 1941 wurde Fleck mit seiner Frau und seinem Sohn ins jüdische Ghetto der Stadt deportiert. Noch unter diesen widrigsten Umständen setzte er seine Forschungsarbeit fort und entwickelte einen Typhusimpfstoff aus dem Urin Erkrankter. Als die SS seine serologische Kompetenz erkannte, wurde Fleck 1943 nach Auschwitz und 1944 nach Buchenwald deportiert, um in den dortigen Labors als Zwangsarbeiter und Experte in der Impfstoffherstellung eingesetzt zu werden. Nach der Befreiung Buchenwalds 1945 kehrte er nach Polen zurück, wo er wiederum als medizinischer Mikrobiologe an der Universität Llublin tätig wurde und eine zwar späte aber erfolgreiche akademische Karriere hatte (Habilitation 1946, Ordinariat für Mikrobiologie an der Universität Llublin 1950, 1954 Aufnahme in der Polnischen Akademie der Wissenschaften, 1955 deren Präsidialmitglied). Nach einem Herzinfarkt und einer Lymphdrüsenkrebsdiagnose emigrierte der mittlerweile Sechzigjährige 1957 mit seiner Frau nach Israel, wo bereits ihr Sohn lebte und wo Fleck noch einmal als Forscher und Akademiker tätig wurde. 1961 starb er an den Folgen eines weiteren Herzinfarkts.

Eindrücklicherweise hat Ludwik Fleck sein zeitlebens wenig erfolgreiches wissenschaftstheoretisches Programm selbst nach den Extremerfahrungen in Auschwitz und Buchenwald weder fallen lassen noch tiefgreifend modifiziert, sondern die KZ-Erfahrung gar explizit wissenschaftstheoretisch reflektiert und zur Untermauerung seiner Theorie eingesetzt.[2] Seine Identität und Ambition als empirischer Laborforscher blieb ebenso ungebrochen. Es ist diese Emphase des zutiefst für die Wissenschaften begeisterten Wissenschaftlers, dem Wissenschaft auch in den extremsten Belastungssituationen eine innerliche Heimat darstellte, welche die kritische Wissenschaftsreflexion des Autors bereits in seinem Hauptwerk von 1935 trug. Dieses dürfte im Wesentlichen zwischen 1931 und 1934 entstanden sein, jedenfalls in einer Situation, die für Fleck beruflich wenig Perspektiven als Forscher – zumal in akademischen Institutionen – bot (vgl. Schnelle 1982: 45). Es war eine Situation bedrohlich wachsenden Antisemitismus in Europa.

Eigentümlicherweise entschloss sich Fleck, obwohl er als jüdischer Autor keinen deutschen Verlag mehr finden und das Buch in Deutschland auch schwerlich vertreiben lassen konnte, auf Deutsch zu publizieren. Dabei verwies dieses Buch, das kurz nach den Bücherverbrennungen in Deutschland von 1933 erschien, nicht

---

[2] Fleck berichtet in einem Aufsatz von 1946 unter dem Titel „Wissenschaftstheoretische Probleme" von seiner erzwungenen Forschungsarbeit im KZ Buchenwald. (Fleck 1983 a: 134 ff.) Für Karol Sauerland wird an dieser Publikation ersichtlich, wie sehr Fleck „an einer Fortsetzung der Erforschung des sozial bedingten Denkens gelegen hatte, aber er musste schnell erkennen, dass in Volkspolen wie im gesamten 'Ostblock' nicht-marxistische Untersuchungen unerwünscht waren." (Sauerland 2007: 77).

nur in sehr vielen seiner Fußnoten und Referenzen auf jüdische Autoren und Forschende, sondern thematisierte mit der Syphilis selbst eine Krankheit, die – nicht zuletzt in Hitlers *Mein Kampf* – im antisemitischen Diskurs immer wieder mit „jüdisch" konnotiert wurde. „Der Jude" wurde dabei für die Verbreitung der Krankheit ebenso verantwortlich gemacht wie als ihr Profiteur, der als quacksalberischer Therapeut das „deutsche Volkstum" schädigte, denunziert (vgl. Geller 1992). Solche antisemitischen Stereotype werden in Flecks Buch nicht explizit benannt. Bezogen auf wissenschaftliche Entwicklung verweist der Text aber auf „wirre politische Zustände", „propagandistische Bedeutung", „sozialpsychische Stimmung" etc. als relevante Faktoren und zeigt sich grundsätzlich sensitiv für politische, soziale und kulturelle Wirkmechanismen (Fleck 1980: 3 ff.). Kritisch zeigt er sich gegenüber jeglichem Dogmatismus, der die Erkenntnisentwicklung behindere.[3] Kultureller Austausch zwischen wissenschaftlichen und anderen Gruppenidentitäten induziere und gewährleiste wissenschaftliche Innovation. Das Buch wendet sich grundsätzlich gegen soziale Abschließung und damit verbunden gegen ethnozentrische kognitive Beschränkung.[4] Offensichtlich hatte sein zweisprachig im multikulturell geprägten Lemberg/Lwów aufgewachsener Autor ein positives Verhältnis zur Pluralität.[5]

Ludwik Flecks im Untertitel als „Einführung in die Lehre vom Denkstil und Denkkollektiv" bezeichnetes Buch (1980) erhebt deutlich einen theoretischen Anspruch. Es ist auf eine Epistemologie der Wissenschaft gerichtet, bekennt sich dabei aber kaum zu einer bestimmten Richtung oder Schule. Als wichtige Bezugsgrößen lassen sich die „philosophierenden Naturforscher" des Wiener Kreises identifizieren, von deren einheitswissenschaftlichem Projekt sich Fleck entschieden negativ abgrenzt, und denen er naives Vertrauen in die Logik und in die Möglichkeit eines quasi voraussetzungslosen Beobachtens bzw. unmittelbaren Erlebens vorwirft (Fleck 1980: 69, 121 Fn. 3). An weiteren philosophisch-epistemologischen

---

[3] In einer Erläuterung zur sozialen Verstärkung eines Denkstils zum Denkzwang bemerkt Fleck: „Ganze Epochen leben dann unter dem bestimmten Denkzwange, verbrennen Andersdenkende, die an der kollektiven Stimmung nicht teilnehmen und den Kollektiv-Wert eines Verbrechers haben, solange als nicht andere Stimmung anderen Denkstil und andere Wertung schafft." (Fleck 1980: 130)

[4] In einer bezeichnenden Fußnote erklärt Fleck, es sei „eine charakteristische Eigenschaft geschlossener Gemeinden, sich für 'tout le monde' auszugeben und die Außenstehenden geringzuschätzen oder einfach für nicht existierend zu erklären." (Fleck 1980: 158, Fn. 9)

[5] Für Versuche, Lwów als kulturelle Umwelt Ludwik Flecks zu würdigen, siehe Markiewicz (1986), Graf/Mutter (2005). Zur philosophischen Theorie einer Pluralität der Realitäten von Leon Chwistek, einem mit Fleck befreundeten Philosophen aus Lwów, siehe Schnelle (1982: 170–224, 1986 a: 17–19, 1986 b: 254–262). Peter Stachel stellt Ludwik Fleck dezidiert in den Erfahrungshintergrund zentraleuropäischer Intelligenz jüdischer Herkunft. Diese sei von der „Befindlichkeit einer prinzipiellen Nichtzugehörigkeit" (Stachel 2004: 356) geprägt gewesen und von der sozialen Erfahrung kultureller und ethnischer „Ambivalenzen und Mehrdeutigkeiten der Region" (ebd.: 357). Dieser Erfahrungshintergrund habe die Bereitschaft zu nonkonformistischem und Selbstverständlichkeiten infrage stellendem Denken erhöht (ebd.: 382).

Einflüssen konnten durch die Forschung einerseits die „Lwów-Warschau-Schule der Philosophie" sowie die „polnische Schule der Medizinphilosophie" herausgearbeitet werden (vgl. Schnelle 1982, 1968 b; Giedymin 1986; Löwy 1990 a, 2008). Schließlich dürfte die mathematische Schule von Lemberg (Banach-Schule) eine Rolle gespielt haben.[6]

Andere Einflüsse sind von soziologischer Seite her auszumachen. Es ist jedoch Thomas Schnelle zuzustimmen, wenn er betont, dass Fleck zwar explizit und in einer Weise soziologisch vorgeht, die ihn heute zum wissenschaftssoziologischen Klassiker macht, dass seine Epistemologie jedoch nicht auf die Programme der europäischen Wissenschaftssoziologien seiner Zeit aufbaute (Schnelle 1986 a: 262; Egloff 2007).[7] Auf Soziologen wie Emile Durkheim, dessen ethnologisch ausgerichteten Schüler Lucien Levy-Bruhl oder Wilhelm Jerusalem wird zwar im Text Bezug genommen, jedoch nur hinsichtlich weniger Begrifflichkeiten und Konzepte affirmativ. Insgesamt grenzt sich Fleck jedoch von diesen Soziologen ab, da sie ihm nicht weit genug in Richtung einer Soziologisierung wissenschaftlicher Erkenntnis gehen, wie sie Fleck fordert:

> Nun begehen alle diese soziologisch und humanistisch gebildeten Denker – so fördernd ihre Gedanken sind – einen charakteristischen Fehler: sie haben allzu großen Respekt, eine Art religiöser Hochachtung vor naturwissenschaftlichen Tatsachen. (Fleck 1980: 65)

Ludwik Fleck war als Philosoph, Wissenschaftstheoretiker und -historiker nur peripher ausgebildet und beruflich stets als Arzt und Laborwissenschaftler tätig geblieben.[8] Die reflexive Betrachtung von Wissenschaft betrieb er zwar virtuos und passioniert, doch quasi als Amateur. Auch inhaltlich wurde sie von seiner praktischen Arbeit in Labor und Spital stark geprägt.[9]

Fleck dachte von der medizinischen Praxis her, der er 1927 auch seine erste wissenschaftstheoretische Publikation widmete. In dieser ursprünglich auf Polnisch erschienen Publikation führte der Autor den in seiner Monografie von 1935 zentralen Begriff „Denkstil" erstmalig ein, um eine spezifische Fachidentität der Medizin

---

[6] Mit deren Vertreter Hugo Steinhaus hat Ludwik Fleck in der Folge (1939 und nach dem Krieg) zusammengearbeitet (vgl. Schäfer/Schnelle 1980: XI, XVIII). Wie Recherchen von Thomas Schnelle zeigten, scheint sich Fleck auch regelmäßig mit dem Psychiater Jakób Frostig zu intellektuellen Unterhaltungen getroffen zu haben. Dieser hat in einer an Edmund Husserl und Henri Bergson orientierten phänomenologischen Studie zu „widersinnigen Sätzen", Aussagen Schizophrener dahingehend charakterisiert, dass ihnen der Bezug auf die kollektive Sinngebung und damit auf die gesellschaftlich gegebene Wirklichkeit fehle. (Vgl. Frostig 1929; Schnelle 1982: 45, 73–75.)

[7] Peter Stachel weist jedoch zu Recht auf die Bedeutung der von Fleck auch ausgewiesenen Auseinandersetzung mit den Soziologen Ludwig Gumplowicz und Wilhelm Jerusalem hin (Stachel 2004: 379 f.).

[8] Gemäß Fleck-Biograf Thomas Schnelle belegte Fleck während seines Medizinstudiums neben Medizin philosophische Vorlesungen (vgl. Schäfer/Schnelle 1980: XVII).

[9] Für eine Würdigung von Flecks Epistemologie in Verbindung mit seiner professionellen Identität als Mediziner, Bakteriologe und Immunologe siehe Löwy (1986, 1990 b).

und des ärztlichen Denkens im Vergleich zu den Naturwissenschaften herzuleiten.[10] Dabei hob er die *Krankheitseinheit* in ihrer epistemischen Rolle und als Grundbegriff ärztlichen Wissens hervor und betonte ihre zeitliche Dimension („*historia morbi*") (Fleck 1983 b: 38, 43).

In einem weiteren vor seinem Hauptwerk erschienenen wissenschaftstheoretischen Artikel dehnte Fleck 1929 seine durch vergleichende Betrachtung von Erkenntnis gewonnene Position auch auf die Naturwissenschaften aus und unterstrich die (kultur-)historische und soziale Dimension jeglicher Erkenntnis (Fleck 1983 c). Dabei unterschied er „drei, an jedem Erkennen mitwirkende, miteinander verknüpfte und aufeinander einwirkende Faktorensysteme: die Last der Tradition, das Gewicht der Erziehung und die Wirkung der Reihenfolge des Erkennens." (Ebd.: 46)

Grundlegende konstruktivistische Positionen des Hauptwerkes schienen hier bereits sechs Jahre früher auf. So wandte sich der Autor explizit gegen die Vorstellung voraussetzungsloser Beobachtung und implizit gegen das Aufbauprogramm des Wiener Kreises: „Wo und wann wir immer anfangen, überall sind wir mittendrin, und nie bei dem Beginn des Erkennens. Ich weiß also nicht, wie man überhaupt die Erkenntnistheorie aus Empfindungen als Elemente aufbauen könnte." (Ebd.: 47) Fleck legte Gewicht auf die Beobachtung als Resultat von Lernvorgängen und damit auf die Gebildetheit und Selektivität des Sehens sowie auf dessen „soziales Gepräge." Schüler sähen Neues nur, wenn der Lehrer sie darauf aufmerksam mache, und auch ein Erwachsener wisse zunächst nicht, was er sehen soll, wenn er erstmalig „vor einem futuristischen Bild, fremdartiger Landschaft, oder auch zum ersten Male vor dem Mikroskop" stehe: „Er sucht nach Ähnlichkeiten mit Bekanntem, übersieht also eben das Neue, Unvergleichliche, Spezifische. Auch er muss erst sehen lernen." (Ebd.)

Mit der Eingliederung in soziale Gruppen findet das Erkenntnissubjekt zu gruppenspezifischen Sicht- und Denkweisen bezüglich Erkenntnisobjekten, die für die jeweilige Gruppe von Interesse sind und damit eine spezifische Realitätswahrnehmung präformieren:

> Jedes denkende Individuum hat […] als Mitglied irgendeiner Gesellschaft seine eigene Wirklichkeit, in der und nach der es lebt. Jeder Mensch besitzt sogar viele, zum Teil einander widersprechende Wirklichkeiten: die Wirklichkeit des alltäglichen Lebens, eine berufliche, eine religiöse, eine politische und eine kleine wissenschaftliche Wirklichkeit. Und verborgen eine abergläubisch-schicksalsvolle, das eigene Ich zur Ausnahme machende, persönliche Wirklichkeit. Jedem Erkennen, jedem Erkenntnissysteme, jedem sozialen Beziehungseingehen entspricht eine eigene Wirklichkeit. Dies ist der einzig gerechte Standpunkt. (Fleck 1983 c: 48)

---

[10] Der medizinische Denkstil orientiere sich am Pathologischen und damit an der Abweichung vom Normalen und sei dabei von der konkreten Auseinandersetzung mit den Patienten und praktischen Heilungsmöglichkeiten geprägt (vgl. Fleck 1983 b).

Diese Wirklichkeitskonzeption ist prozessual und stellt Subjekt, Mittel und Objekt der Erkenntnis in eine aktive Wechselwirkung. Dabei bezieht sich Fleck auf die damals in der Physik aufkommende Quantentheorie und zitiert Nils Bohr, um die Wirkung der Beobachtung selbst zu problematisieren (ebd.: 52 f.). Erkenntnis kann nicht mit einer Abbildfunktion gefasst werden, sondern ist tentativ kreativ – konstruktivistisch: „Beobachten, Erkennen, ist immer ein Abtasten, also wörtlich Umformen des Erkenntnisgegenstandes." (Ebd.: 53)

Die positive Referenz auf die Quantenphysik zur argumentativen Untermauerung seiner Position steht beispielhaft für Flecks primäre Orientierung an naturwissenschaftlicher Praxis und Theorie. Aus dieser heraus ist seine Wissenschafts- und Wirklichkeitsauffassung zu verstehen:

> Ich glaube also, dass man das Ideal der absoluten Wirklichkeit als Vision des nächsten Werktages hochschätzen, ja lieben soll, aber es darf nie als Maßstab des vorigen Tages verwendet werden. Dazu ist vielmehr Wissensanschauung als Weltanschauung nötig. (Ebd.: 57)

2 Flecks *Entstehung und Entwicklung einer wissenschaftlichen Tatsache* als Schlüsselwerk des Konstruktivismus

Ludwik Fleck beginnt seine Monografie *Entstehung und Entwicklung einer wissenschaftlichen Tatsache* von 1935 mit einem programmatischen Vorwort, das die Beschäftigung mit „einer Tatsache" in einen erkenntnistheorie-kritischen Kontext stellt. Nicht nur, dass gängige Erkenntnistheorie eine Tatsache als etwas „Feststehendes, Bleibendes, vom subjektiven Meinen des Forschers Unabhängiges den vergänglichen Theorien gegenüber" stelle – sie betrachte eigentlich nur „uralte Tatsachen des Alltages oder der klassischen Physik als einzig sichere und der Untersuchung würdige." (Fleck 1980: 1) Solch naive Wertung verflache aber schon zu Beginn die erkenntnistheoretische Erörterung, und es sei nicht mehr möglich,

> kritische Einsicht in den Erkenntnismechanismus z. B. der Tatsache, der normale Mensch habe zwei Augen, zu erlangen. Sie ist uns selbstverständlich geworden, sie dünkt uns fast gar kein Wissen mehr, wir fühlen nicht mehr unsere Aktivität bei diesem Erkenntnisakte, nur unsere vollständige Passivität gegenüber einer von uns unabhängigen Macht, die wir „Existenz" oder „Realität" nennen. (Ebd.)

Dem erkenntnistheoretischen „Mainstream" seiner Zeit stellt Fleck in seiner Monografie eine Konzeption entgegen, die Tatsachen als Gewordene und Werdende, als aktiv Geschaffene und sich potenziell stets Verändernde versteht.

Als Fallstudie zur empirischen Darlegung seiner epistemologischen Programmatik wählt der Autor bewusst eine aus dem medizinischen Bereich stammende „'neuere Tatsache', deren Entdeckung nicht weit zurückliegt und die noch nicht allseitig zu erkenntnistheoretischen Zwecken ausgenützt wurde" und „deren Wichtigkeit und Anwendbarkeit nicht geleugnet werden kann" – „die Tatsache, dass die sogenannte Wassermann-Reaktion zur Syphilis Beziehung hat." (Ebd.: 2)

Fleck bedient sich philosophischer, psychologischer, soziologischer und historischer Zugänge und bringt sie mit Wissen und empirischen Beispielen aus dem medizinisch-naturwissenschaftlichen Bereich zusammen. Er operiert also dezidiert disziplinübergreifend. Die genannten Zugangsweisen sind in seinem Werk synthetisch verbunden, da sie aber in der Rezeption mit unterschiedlicher Gewichtung je einzeln herausgestrichen und damit bedeutsam gemacht wurden, sollen im Folgenden wichtige Elemente Fleck'scher Erkenntnistheorie quasi-disziplinär differenziert vorgestellt werden.

Der Autor zentriert die Darlegung, wie Fakten in der Wissenschaft entstehen bzw. im Rahmen alltäglicher Praxis gemacht (konstruiert) – und dabei immer auch verändert werden –, um das quasi paradoxe Problem, wie eine Tatsache sowohl feststehend als auch entwicklungsfähig sein kann. Eine wichtige Erklärungshilfe leisten ihm dabei Erkenntnisse aus der *Gestaltpsychologie*, die postulieren, dass unsere unmittelbare Wahrnehmung nicht durch akkumulierte Kleinstwahrnehmungen gesteuert wird, sondern immer von einer Gesamtwahrnehmung – einer Gestalt – ausgeht, um dann sekundär in die Details zu gehen. Diese kognitive Befangenheit hat eine physiologische Begründung, welche aber lediglich zur Gestaltwahrnehmung an sich drängt und noch nicht determiniert, welche konkrete Gestalt effektiv wahrgenommen wird.[11] Für die konkrete Gestaltwahrnehmung macht Fleck Erfahrungs- und Lernmomente verantwortlich. Als Laborwissenschaftler weiß er aus eigenster Anschauung, dass, wer in ein Mikroskop schaut, erst lernen muss, was er da sieht. Wenn man dann weiß, was man zu sehen hat, drängt sich diese erlernte Gestalt als das zu Sehende vor andere grundsätzlich mögliche Wahrnehmungen:

> Das unmittelbare Gestaltsehen verlangt ein Erfahrensein in dem bestimmten Denkgebiete: erst nach vielen Erlebnissen, eventuell nach einer Vorbildung erwirbt man die Fähigkeit, Sinn, Gestalt, geschlossene Einheit unmittelbar wahrzunehmen. Freilich verliert man zugleich die Fähigkeit, der Gestalt Widersprechendes zu sehen. (Ebd.: 121)

Gestaltsehen kann aus einem intendierten Bildungsprozess resultieren, gar in einer formalen Ausbildung anerzogen sein. Es kann aber auch – „nach vielen Erlebnissen" – einfach über einen kommen. Wohl kann Gestalt gemäß Fleck auch „theoriegemäß" aufgebaut und somit rationalisiert sein (ebd.: 175). Entscheidend ist jedoch, dass man in die Wahrnehmung bestimmter Gestalten quasi hinein gewöhnt und letztlich konditioniert wird, und diese kognitive Entwicklung mit der Konsequenz verbunden ist, andere Gestalten bzw. Alternativen zur Gestalt nicht mehr wahrnehmen zu können. Weder kann das wahrnehmende Subjekt also selbst seine

---

[11] Berühmtes Anschauungsmaterial der Gestaltpsychologie waren immer wieder Kippbilder (z. B. der perspektivische Necker-Würfel), die je nachdem eine bestimmte Figur erkennen lassen oder eine andere, jedoch nie beide zusammen.

Wahrnehmung vollständig kontrollieren noch in ihrer Alterität reflektieren. Sie enthält immer ein irrationales Moment.

Fleck widerspricht mit seiner Konzeption jeder Auffassung von sich unmittelbar veranschaulichender Faktizität oder Evidenz, und er konstatiert lapidar: „Wir wollen also das voraussetzungslose Beobachten – psychologisch ein Unding, logisch ein Spielzeug – beiseite lassen." (Ebd.: 121) „Positiv untersuchungswürdig" erscheint ihm dagegen „das Beobachten in zwei Typen, mit einer Skala der Übergänge: 1. *als das unklare anfängliche Sehen* und 2. *als das entwickelte unmittelbare Gestaltsehen.*" (Ebd., Hervorhebung im Original) Von diesen beiden Sehtypen ist es der zweite, der überhaupt etwas Eindeutiges sieht, der erste jedoch, der Dynamik in stabile Sichtweisen und damit potenziell Neues erahnen lässt.

Um diese Beobachtungstypen in ihrem Wechselspiel weiter zu verfolgen wendet der Autor seine Methodik ins *Soziologische*, denn die beiden herausgearbeiteten Modi wissenschaftlichen Sehens und ihre Übergänge lassen sich laut Fleck auf individueller Basis allein nicht sinnvoll konzipieren. Wie er betont, ist vielmehr „jede wissenschaftliche Arbeit Kollektivarbeit" (ebd.: 57) und „das Denken eine soziale Tätigkeit katexochen, die keineswegs innerhalb der Grenzen des Individuums vollständig lokalisiert werden kann." (Ebd.: 129) Wissenschaftliches Denken ist geprägt von kollektiven Motiven bzw. Vorstellungen und von einer kollektiven Arbeitsorganisation, die Forschungsdurchbrüche zwar Individuen zuzuschreiben neigt, jedoch „einer Art kollektiver Erfahrung" verdankt (ebd.: 57). Diesen Komplex mentaler bzw. mentalitätsmäßiger und sozialer Institutionalisierung von Wissenschaft fasst Fleck mit seinen unmittelbar miteinander verknüpften Zentralbegriffen *Denkkollektiv* und *Denkstil*. Als „Denkkollektiv" definiert er jede „Gemeinschaft der Menschen, die im Gedankenaustausch oder in gedanklicher Wechselwirkung stehen." (Ebd.: 54) Der Begriff soll mehr funktionell – als „Untersuchungsmittel sozialer Bedingtheit des Denkens" – denn substanziell verstanden werden. Ein Denkkollektiv kann momentan und zufällig entstehen, klein oder groß sein, wieder vergehen oder sich längerfristig stabilisieren und als organisierte Gruppe formale Struktur annehmen (ebd.: 135). Fleck hat seinen Begriff des „Denkkollektivs" bewusst in Anlehnung an die völker- und volkskundliche Tradition gebildet, wendet ihn aber gleichzeitig gegen diese. Denn der Ethnologe Lucien Lévy-Bruhl, auf den sich Fleck hier bezieht, setzte die „mystischen Kollektivvorstellungen", von denen „Naturvölker" beherrscht würden, vom rationalen und objektiven Denken ab, zu dem das moderne, zivilisierte Individuum fähig geworden sei (ebd.: 65). Sardonisch verweist Fleck solche Rationalisierungstheorie selbst in den Aberglauben: Obwohl sich niemand weigere, „dem Kollektiv die Schöpfung geistiger Produkte wie Sprache, Volkslied, Folklore und anderes zuzusprechen," verhindere „eine Art abergläubische Furcht [...] das Allerintimste menschlicher Persönlichkeit, das Denken, auch einem Kollektiv zuzusprechen." (Ebd.: 60) Das Fleck'sche Denkkollektiv ist jedoch „Träger geschichtlicher Entwicklung eines Denkgebietes, eines bestimmten Wissensbestandes und Kulturstandes, also eines besonderen *Denkstiles*." (Ebd.: 54 f., Hervorhebung im Original) Dieser Denkstil ist umso stabiler, eindeutiger und zwingender, je stabiler und organisierter das Denkkollektiv. Mit dem Begriff des Denkstils setzt der Autor seine Überzeugung um, dass auch wissenschaftliches Denken stets nichtrationale Momente enthält:

> Der Denkstil besteht, wie jeder Stil, aus einer bestimmten Stimmung und der sie realisierenden Ausführung. Eine Stimmung hat zwei eng zusammenhängende Seiten: sie ist Bereitschaft für selektives Empfinden und für entsprechend gerichtetes Handeln. Sie schafft die ihr adäquaten Ausdrücke: Religion, Wissenschaft, Kunst, Sitte, Krieg usw., je nach der Prävalenz gewisser kollektiver Motive und der angewandten kollektiven Mittel. Wir können also *Denkstil als gerichtetes Wahrnehmen, mit entsprechendem gedanklichen und sachlichen Verarbeiten des Wahrgenommenen definieren.* (Ebd.: 130, Hervorhebung im Original)

Der Denkstil ist selektiv, einerseits bezüglich möglicher Probleme, die ein Denkkollektiv interessieren, andererseits bezüglich der kognitiven und praktischen Verarbeitung dieser Probleme. Er selegiert legitime Urteile, Methoden und Wissensstile. Der Denkstil übt – durch seine Zugehörigkeit zu einer Gemeinschaft sozial verstärkt – Zwang aus auf das Individuum, „bestimmt 'was nicht anders gedacht werden kann'." (Ebd.)

So werden das Denkkollektiv mit seiner sozialen und der Denkstil mit seiner kulturellen Wirkung bei Fleck zu den primären konstruktiven Akteuren. An ihnen und durch sie vollzieht sich wissenschaftliche Entwicklung, sie sind gleichermaßen für Beharrung und Innovation verantwortlich, die von einem „Prozess gegenseitiger Bestärkung" innerhalb des Denkkollektivs – von „sozialer Verdichtung" – abhängig sind (ebd.: 64). Während eine Wissenschaftlerin als Forscherin einem spezifischen „esoterischen" Denkkollektiv angehört, ist sie gleichzeitig immer auch Mitglied verschiedenster „exoterischer" Denkkollektive. Zwischen und innerhalb dieser Denkkollektive besteht ein ständiger „Denkverkehr," der als innerkollektiver tendenziell zur Homogenisierung und Bestärkung bestimmter Sichtweisen führt, als interkollektiver jedoch immer zu „Verschiebungen oder Veränderungen der Denkwerte" führt und so das Potential zur Neukonfiguration von Denkweisen beinhaltet (ebd.: 138 ff.).

Für seine Lehre vom Denkstil und Denkkollektiv im Allgemeinen und die Rekonstruktion der Syphiliskonzeption nutzt Fleck dezidiert und in mehrfacher Weise *historiografische* Verfahren: Durch die Betrachtung alter Denkstile, die uns befremden, lässt sich die Rolle der genuin historischen Dimension des Erkennens auch für gegenwärtige, vertrautere Denkstile plausibilisieren und deren Entstehung historisch vergleichend und genealogisch nachvollziehen. Die Entwicklung der Syphiliskonzeption präsentiert sich so unter V im Inhaltsverzeichnis des Buches in der „geschichtlichen Aufeinanderfolge" der Krankheitseinheit Syphilis als „mystisch-ethische", „empirisch-therapeutische", „pathogenetische" und „ätiologische". Am vorläufigen Schluss dieser historischen Entwicklung steht für Fleck mit dem serologischen Testverfahren der Wassermann-Reaktion eine ätiologische, das heißt die Krankheit kausal spezifisch eingrenzende Konzeption der Syphilis, die mit der Entstehung der Serologie als eigene Disziplin einherging (ebd.: 22). Auf seine Untersuchung bezogen konstatiert er, „der Syphilisbegriff sei ohne Geschichte überhaupt nicht erlangbar." (Ebd.: 32) Der Witz seines historischen Zugangs besteht allerdings darin, dass er sich teleologischen Narrativen und Vorstellungen linearen Fortschritts verweigert. Er ist vielmehr vom Bewusstsein getragen, dass auch „der heutige Begriff der Krankheitseinheit z. B. […] Entwicklungsergebnis und nicht die logisch einzige Möglichkeit" darstellt (ebd.). Dieser Krankheitsbegriff ist historisch kontingent – und damit alles Andere als zufällig: Er ist gewachsen aus früheren Vorstellungen und bleibt von diesen auch abhängig:

> [Es] finden sich in jedem Denkstil immer Spuren entwicklungsgeschichtlicher Abstammung vieler Elemente aus einem anderen vor. Wahrscheinlich bilden sich nur sehr wenige vollkommen neue Begriffe ohne irgendeine Beziehung zu früheren Denkstilen. (Ebd.: 131)

Bemerkenswerterweise leitet Fleck seine Methodik der Historisierung und des Vergleichs nicht aus der geisteswissenschaftlichen Tradition – etwa aus der Geschichte oder aus der literarischen Komparatistik – ab, sondern beruft sich auf die Biologie:

> Mich lehrte die Biologie, ein der Entwicklung unterworfenes Gebiet immer entwicklungsgeschichtlich zu untersuchen. Wer betriebe heute Anatomie ohne Embriologie? Genauso bleibt jede Erkenntnistheorie ohne geschichtliche und vergleichende Untersuchungen ein leeres Wortspiel, eine *Epistemologia imaginabilis*. (Ebd.: 31)

Flecks wissenschaftshistorischer Zugang ist also inspiriert von der darwinistischen Evolutionstheorie. Entsprechend gilt seine Aufmerksamkeit stets der Passung von Denkbewegungen und -figuren mit ihren jeweiligen Umwelten. Wissenschaftliche Erkenntnis ist umgekehrt immer abhängig von ihrer Geschichte – vom vorher Erkannten und seiner intergenerativen Übermittlung bzw. Weiterentwicklung – und ihrer historischen Systemfähigkeit. Analog zu paläontologisch rekonstruierten ausgestorbenen Arten, spricht Fleck von „fossilen Sätzen", um abgelegte Theorien und Ideen zu bezeichnen (ebd.: 38). So konzipiert er wissenschaftliches Denken, forschende Beobachtung, jedes Erkennen als unabschließbaren Prozess, der in seinem Gewordensein verankert, in seinem Werden jedoch offen ist.

Fleck lässt keinen Zweifel darüber, dass seine Programmatik im Kern eine *philosophisch-erkenntnistheoretische* sein will. Diesem Ziel sind die psychologischen, soziologischen und historischen Zugänge unterstellt. Die Fleck'sche Erkenntnistheorie ist dezidiert antispekulativ. Sie nimmt ihren Ausgang nicht in einer normativen Position – wie Wissen entstehen und akkumuliert werden sollte –, sondern sucht empirisch Wandel und Beharrung in den Wissenschaften vergleichend und interdisziplinär zu klären, um erst sekundär normative Schlüsse daraus abzuleiten. Anhand der Fallstudie zur Syphilis zeigt der Autor die *longue durée* von wissenschaftlichen Wirklichkeiten auf und leistet so „eine wissenschafts- und erkenntniskritische Sensibilisierung." (Pörksen 2006: 94) Seine Kritik nimmt ihren Ausgang an Vorstellungen unvermittelter Beobachtung und erörtert in der Folge verschiedene Voraussetzungen wissenschaftlicher Erkenntnis. Fleck karikiert Vorstellungen von einem erkennenden Subjekt, das wie ein Eroberer Wissen generiert: „Man will etwas wissen, man macht die Beobachtung oder das Experiment – und schon weiß man es" (Fleck 1980: 111). Gegen diese „*veni-vidi-vici*-Erkenntnistheorie, die eventuell von mystischer Intuitionserkenntnistheorie ergänzt wird" (ebd.: 114), führt der Autor im weiten Sinn historische (und darin aufgehoben auch biografische bzw. mikrohistorische) und näherhin kulturhistorische und soziologische Bedingungen an. Dazu gehört die Notwendigkeit persönlicher Erfahrenheit, die „ein irrationales, logisch nicht legitimierbares Element in das Wissen" bringt (ebd.: 121): „Der Begriff des Erfahrenseins gewinnt, mit der in ihm versteckten Irrationalität, grundsätzliche erkenntnistheoretische Bedeutung" (ebd.: 125). Mit dieser Figur ist Fleck Michael Polanyis Begriff des „impliziten Wissens" (*tacit knowledge*) sehr nahe (Polanyi 1985). Wie Polanyi macht Fleck nicht-rationalisierbare Dimensionen im Prozess der Wissensgenerierung stark. Wissenschaftliche Beobachtung ist bei ihm oft mit einer „Ahnung" mit „unklarem Sehen" mit „Empfinden" konnotiert. Sie wird durch die Einbindung des Beobachters in einen Denkstil mehr oder weniger diszipliniert, eingeschränkt und operationalisiert: „Tradition, Erziehung und Gewöhnung [rufen] eine Bereitschaft für stilgemäßes, d. h. gerichtetes und begrenztes Empfinden und Handeln hervor" (Fleck 1980: 111).

Inwiefern lässt sich nun Ludwik Flecks Ansatz zusammenfassend als konstruktivistisch verstehen? Offensichtlich teilt er mit konstruktivistischen Positionen weit mehr als das Interesse, wissenschaftliche Wahrnehmung kritisch zu beobachten.[12] Wie dargelegt, konzeptionalisiert er wissenschaftliches Beobachten als stets voraussetzungsreich, als Wirklichkeit durch selegierende Operationalisierung – zum Beispiel im Mikroskop – erzeugend. Was vom einzelnen Wissenschaftler zu sehen oder erkennen ist, wird präformiert durch Theorien oder andere interpretative Narrative, Vorbilder, Erziehung, Praxis, Denkstil. Diese wiederum sind vermittelt durch das jeweilige Denkkollektiv. Sie sind als Kollektive historisch und sozial kontingent, determiniert und wandelbar.

Ilana Löwy sieht zwei Grundtheoreme des Konstruktivismus, die beide auf Fleck zuträfen: *erstens*, dass alle Beobachtung theoriegeladen sei und *zweitens*, dass wissenschaftliche Theorien stets durch empirische Evidenz unterdeterminiert seien (Löwy 1990 b: 219 ff.). Damit könnten Wissenschaftler nicht mehr als objektive, auswechselbare Beobachter betrachtet werden, die einfach unabhängig von ihnen existierende Fakten „da draußen" registrierten. Vielmehr müssten die beobachtungspräformierenden theoretischen Konzepte und Erwartungen des jeweiligen

---

[12] Zur wissenschaftlichen Beobachtung als konstruktivem Prozess bei Humberto R. Maturana siehe Hejl (1987: 304).

Beobachters in Betracht gezogen werden. Umgekehrt müsse in Rechnung gestellt werden, dass diese Evidenz – der Fülle und Breite empirischer Evidenz ungeachtet – stets durch mehr als eine einzige Theorie begründet werden kann (ebd.: 219). Wissenschaft ist also zwangsläufig von nicht in Theorie und Beobachtung selbst aufgehobenen Faktoren mitbestimmt. Ein Denkstil ist immer mehr als eine Theorie, er bedeutet Habitualisierung von Wahrnehmungsverhalten und deren Tradition. Robert Cohen und Thomas Schnelle fassen die philosophische Position Flecks als *radikalen Nominalismus und Konstruktivismus* zusammen. Sie bestehe darin, dass alle empirischen Entdeckungen „wissenschaftlicher Tatsachen" nichtempirische Elemente enthalten von denen sie abhängen (Cohen/Schnelle 1986: xi). Wenn die Autoren weiterfahren, solche Denkstile seien „intellektuelle Produkte – subjektive Denkannahmen", ist ihnen in der Betonung des Nichtrationalen und Kreativen beizupflichten, insofern jedoch zu widersprechen, als Fleck gerade nicht das „Subjektive" im Sinne eines (bloß) Individuellen betont, sondern das tradierte Kollektive in den Vordergrund stellt. Er negiert überhaupt die Möglichkeit autonomer individueller Erkenntnis (Fleck 1980: 53 ff.). Sein Ansatz ist – und das ist für eine Auseinandersetzung mit dem radikalen Konstruktivismus bedeutungsvoll – entschieden antisolipsistisch.[13] Ilana Löwy konstatiert denn auch, Fleck sei „mittlerweile weithin als Pionier des soziologisch orientierten konstruktivistischen Ansatzes in der Wissenschaftsgeschichte und -philosophie anerkannt." (1990 a: 215)

Diese vor dem Hintergrund der damaligen Erfolgswelle einer soziologisch orientierten Wissenschaftsforschung gemachte Verortung betont noch allein das Soziologische in Flecks Konstruktivismus, während heute zunehmend auch die historische und kulturelle Dimension herausgestellt wird. So sieht Siegfried J. Schmidt in Fleck einen Pionier für eine „Position, die heute als 'kulturalistischer Konstruktivismus' in der Diskussion auftaucht." (1998: 26)[14] Solche Positionierungen vereinigend charakterisiert schließlich Bernhard Pörksen die Fleck'sche Monografie als

---

[13] Stefan Jensen behauptet für den „radikalen" Konstruktivismus einen „*kognitiven Solipsismus,* der sich auf Einzelwesen (den einzelnen Menschen) bezieht." (1999: 176, Fn. 285). Entschieden gegen die „Falle des Solipsismus, der behauptet, das subjektive Bewusstsein allein schaffe die Welt", wendet sich der klassische Radikalkonstruktivist Ernst von Glasersfeld (1997: 186). Glasersfeld unterscheidet dabei den Solipsismus als metaphysische Ontologie von einer konstruktivistischen Konzeption von Wissen, das die Welt nicht abbildet, sondern „in den Mitteln und Wegen [besteht], die das erkennende Subjekt begrifflich entwickelt hat, um sich an die Welt anzupassen, die es erlebt. Daraus folgt, dass das, was wir gewöhnlich als 'Tatsachen' bezeichnen, nicht Teil einer vom Beobachter unabhängigen Welt sind, sondern ausschließlich Elemente seiner Erfahrung." (Ebd.: 187 f.)

[14] Siegfried J. Schmidt plädiert dafür, (radikal) konstruktivistische Diskurse mit Blick auf den „einzelnen Aktanten als empirische Instanz der Sinnproduktion" durch eine doppelte Perspektivierung – aus biologisch-psychologischer und aus einer sozio-kulturellen Sicht – zu erweitern. „Damit kommen pragmatische und evolutionäre Aspekte ins Spiel, die die Entstehung und Wirkungsweise der empirischen Konditionierung betreffen, unter denen jedes einzelne operational geschlossene kognitive System 'arbeitet': als Gattungswesen, als Gesellschaftsmitglied, als Sprecher einer Muttersprache sowie als Angehöriger einer Kultur." (Schmidt 1994: 46 f.)

„ein frühes, bewundernswert stringent formuliertes Dokument des Sozialkonstruktivismus bzw. des kulturalistischen Konstruktivismus" (2006: 93). Erkenntnis ist in dieser Perspektive immer eine sozial gewonnene und damit ans Soziale und Historische gebundene: „Die Tatsache muss im Stil des Denkkollektivs ausgedrückt werden." (Fleck 1980: 133) So erscheint die Entstehung und Entwicklung der Wassermann-Reaktion

> als die geschichtliche einmalig mögliche Verknotung von Ideengängen: die alte Blutidee, die neue Komplementbindungsidee, chemische Gedanken und dadurch bewirkte Sitten – verknoten sich in ihrer aneinanderstoßenden Entwicklung und schaffen einen fixen Punkt. Dieser wird zum Ausgangspunkt neuer Linien, die ringsherum sich entwickeln und wiederum an andere anstoßen. Auch die alten Linien bleiben nicht unverändert: immer neue Knoten entstehen und die alten Knoten verschieben sich gegenseitig. Ein Netzwerk in fortwährender Fluktuation: es heißt Wirklichkeit oder Wahrheit. (Ebd.: 105)

Für Fleck gibt es weder vollständige Wahrheiten noch vollständige Irrtümer, und er betont die Möglichkeit, dass die Veränderung Problemfassungen auch die Notwendigkeit miteinschließen könne, „an einem verlassenen 'Irrtum' rück-anknüpfen [zu] müssen." (Ebd.: 31) „Wahrheit" und „Wirklichkeit" lassen sich erkenntnistheoretisch also nur in Relation zu einem Denkstil sinnvoll konzipieren, und eine absolute Wahrheit oder die Feststellbarkeit einer eventuellen Annäherung scheinen nicht gegeben (Pörksen 2006: 96). – Und doch spricht Fleck auch von „objektiver Wirklichkeit", die beim Erkennen mit dem Individuum und dem Kollektiv in eine Beziehung tritt (Fleck 1980: 56).[15] Diese Beziehung scheint nicht vollständig geklärt zu sein.[16] Sie wurde daher auch zum Gegenstand anhaltender Debatten, inwiefern Flecks Auffassung relativistisch oder aber antirelativistisch sei. Ilana Löwy bezeichnet Flecks Zugang noch emphatisch als „entschieden relativistische Auffassung 'wissenschaftlicher Tatsachen'" (1986: 421). Solche Auslegung lässt sich jedoch durch Textstellen des Autors selbst wiederum relativieren. Fleck definiert Wahrheit als „stilgemäße Auflösung" eines konkreten Problems, die „nur singulär möglich" ist. Aber:

> Sie ist nicht „relativ" oder gar „subjektiv" im populären Sinne des Wortes. Sie ist immer oder fast immer, innerhalb eines Denkstils, vollständig determiniert. Man kann nie sagen, derselbe Gedanke sei für A wahr und für B falsch. Gehören A und B demselben Denkkollektiv an, dann ist der Gedanke

---

[15] Ludwik Fleck charakterisiert hier „die objektive Wirklichkeit" als „das Zu-Erkennende". Wie Individuum und Kollektiv handle es sich bei diesem „Faktor" nicht um ein metaphysisches Wesen, sondern um eine untersuchbare Größe. Fleck fügt an, die objektive Wirklichkeit lasse sich „in Zusammenhänge der geschichtlichen, kollektiven Ideengänge sich auflösen." Schließlich impliziert er, man könne sie „vom Standpunkte der vergleichenden Erkenntnistheorie ausgehend" allenfalls auch „eliminieren" (Fleck 1980: 56).

[16] Eine zentrale Rolle spielt dabei das „Widerstandsaviso" – ein Begriff, den Fleck einsetzt, um die dem im herrschenden Denkstil widerstrebende Kondensation von neuen Sichtweisen, Praktiken, Theorien zu beschreiben. Für eine kritische Interpretation des Widerstandsavisos als „eine Art Störsignal aus der Wirklichkeit" siehe Pörksen (2006: 97).

für beide entweder wahr oder falsch. Gehören sie aber verschiedenen Denkkollektiven an, so ist es eben *nicht derselbe* Gedanke, da er für einen von ihnen unklar sein muss oder von ihm anders verstanden wird. Auch ist Wahrheit nicht Konvention, *sondern im historischen Längsschnitt: denkgeschichtliches Ereignis, in momentanem Zusammenhange: stilgemäßer Denkzwang.*" (Fleck 1980: 131, Hervorhebungen im Original)

Aufgrund solcher Stellen und ihrer werkbiographischen Kontextualisierung hat Claus Zittel jüngst vorgeschlagen, Flecks Epistemologie nicht als relativistisch, sondern als relationalistisch zu taxieren. Er verweist zudem auf die Oszillation zwischen der jeweiligen Denkstilcharakterisierung und der emphatischen, normativ geprägten Metaperspektive in Flecks „vergleichender Erkenntnistheorie", die sich selbst keineswegs als denkstilrelativ relativiert (Zittel 2007). Melinda B. Fagan (2009) verweist auf die Rolle eines wissenschaftlichen Ideals von Objektivität, Klarheit und Exaktheit im Fleck'schen Ansatz und stellt den Konsens infrage, den Autor überhaupt als Pionier konstruktivistischer Wissenschaftsforschung zu würden. Auch Werner Kogge (2008) fragt sich, inwiefern Flecks Erkenntnistheorie als konstruktivistisch betrachtet werden soll und ordnet ihn gemäß Ian Hackings (1999) Unterscheidungen sozialer Konstruktion dem Konzept einer „robusten Fugung" (*robust fit*) zu.[17] Kogge verweist auf Flecks Positionierung, dass Erkenntnis sozial bedingt jedoch nicht vollständig sozial determiniert sei. Je ausgeprägter – und damit „sozial verdichteter" – ein Denkstil, desto mehr gehorchen die in ihm gewonnen „Wahrheiten" den aus dem Denkstil zwangsläufig sich ergebenden „passiven Koppelungen" (Fleck 1980: 14 ff., 109 f.) Fleck setzt also wissenschaftstheoretisch nicht einen Externalismus gegen internalistische Perspektiven, sondern operiert mit einem interaktiven Kontinuum von Externalismus und Internalismus.

3 Rezeption und Wirkung

In seinem Zugang war der Fleck'sche Band bei seinem Erscheinen 1935 gleichsam avantgardistisch, denn weder entsprach er damals gängigen Formen der Wissenschaftsgeschichte oder -soziologie, noch ließ er sich im Duktus und in seiner Radikalität mit zeitgenössischen philosophischen Reflexionen von medizinischer oder naturwissenschaftlicher Seite vergleichen. Auch ein bestimmtes Zielpublikum lässt sich kaum definieren, und entsprechend lange blieb dieser heutige Klassiker der

---

[17] Mit diesem Konzept bezeichnet Hacking die wissenschaftstheoretische Passung zwischen Theorie, Phänomenologie, schematischem Modell und verwendeten Geräten in einem Experimentalsystem. Die Fugung ist dann robust, wenn Versuchswiederholungen, auch bei veränderten Umständen, auf keine größeren Schwierigkeiten bzw. Widerstände stoßen. Diese robuste Passung kommt ohne ein absolutes Kriterium der „Realität" aus. (Vgl. Hacking 1999: 113 ff.)

Wissenschaftsforschung mehr oder weniger unbeachtet (vgl. Graf/Mutter 2000; Stachel 2004).

Die eigentliche Rezeption nimmt ihren Anfang erst ein Jahr nach Flecks Tod bei Thomas Kuhns Bestseller *The Structure of Scientific Revolutions* von 1962. Im Vorwort verweist Kuhn auf „Ludwik Flecks fast unbekannte Monografie", die viele seiner eigenen Gedanken vorwegnehme. Kuhn nimmt nach eigenen Angaben von Fleck insbesondere die Idee auf, die wissenschaftliche Gemeinschaft auch soziologisch zu analysieren (Kuhn 1989: 8). Flecks Buch war zu diesem Zeitpunkt weltweit nur in wenigen Exemplaren verfügbar, und das von Kuhn geweckte Interesse an Fleck führte nur langsam zu einer verstärkten Rezeption, die zunächst vorwiegend in der Soziologie bzw. in der soziologisch interessierten Wissenschaftsforschung erfolgte (Schnelle 1986 a: 6). Eine breitere Rezeption setzte dann ab Ende der 1970er Jahre mit einer vom damals führenden Soziologen Robert. K. Merton mitherausgegebenen und mit einem Vorwort von Kuhn versehenen amerikanischen Übersetzung von *Entstehung und Entwicklung einer wissenschaftlichen Tatsache* und der Wiederveröffentlichung in Deutsch ein (Fleck 1979, 1980). Eine verdienstvolle Rolle spielte dabei Thomas Schnelle, der sich als Biograf, Exeget und Herausgeber Flecks hervorgetan hat. Auf ihn gehen auch Übersetzungen und Wiederveröffentlichungen der kleineren, teils ursprünglich polnischen, wissenschaftstheoretischen Arbeiten Flecks zurück (Fleck 1980, 1983 a; Cohen/Schnelle 1986; Schnelle 1982). Bis zur Gegenwart nahm das Interesse an Fleck kontinuierlich zu und breitete sich weit über die engere Wissenschaftsforschung hinaus aus.[18] Eine explizit konstruktivistische Auseinandersetzung mit Fleck ist bislang noch eher zögerlich erfolgt. Interessanterweise bezieht diese jedoch auch die kleineren Arbeiten des Autors mit ein (Glasersfeld 1989; Schmidt 1998: 26 ff.; Pörksen 2006: 93 ff.). In den letzten Jahren wurde gegenüber den soziologischen Elementen insbesondere auch die genuin historische Dimension bei Fleck herausgearbeitet (Rheinberger 2006). Auch seine philosophische Seite wird zunehmend ernst genommen (siehe u. a. Zittel 2002, 2007; Stachel 2004; Fagan 2009). Eine vertiefte Würdigung des Autors in seiner Nähe zum Pragmatismus wäre dabei ein Desiderat, denn wie die Pragmatisten konzipiert Fleck Wissenschaft als Praxis und Prozess und nicht als formales Konstrukt. Dabei konzentriert er sich auf die sozial konstituierte „community of inquiry" eines Denkkollektivs, das sich von Alltagsbeziehungen und -verhalten nur graduell und nicht kategorial absetzt. Schließlich bemisst Fleck die Qualität einer Theorie daran, ob sie neue Sichtweisen zulässt und brauchbar ist – eine Grundposition auch des Konstruktivismus.[19]

---

[18] Für eine umfassendere kulturwissenschaftliche Würdigung siehe Griesecke (2008).
[19] Zum „Postulat vom Maximum der Erfahrung" als „das oberste Gesetz wissenschaftlichen Denkens" siehe Fleck (1980: 70). Zur Rolle der Brauchbarkeit von wissenschaftlichen Praktiken siehe (ebd.: 96–106). Zum konstruktivistischen Konzept der *Viabilität* im Sinne von Ernst von Glasersfeld siehe Hejl (1986: 304 f.).

Literatur

Cohen, Robert S./Thomas Schnelle (Hrsg.) (1986): Cognition and Fact. Materials on Ludwik Fleck. Dordrecht: Reidel.
Egloff, Rainer (2007): Leidenschaft und Beziehungsprobleme. Ludwik Fleck und die Soziologie. In: Bożena Chołuj/Jan C. Joerden (Hrsg.): Von der wissenschaftlichen Tatsache zur Wissensproduktion. Ludwik Fleck und seine Bedeutung für die Wissenschaft und Praxis. Frankfurt am Main: Peter Lang. S. 79–93.
Fagan, Melinda B. (2009): Fleck and the Social Construction of Scientific Objectivity. In: Studies in History and Philosophy of Biological and Biomedical Sciences. 40. Jg. H. 4. S. 272–285.
Fleck, Ludwik (1979): Genesis and Development of a Scientific Fact. Hrsg. Thaddeus J. Trenn/Robert K. Merton. Chicago: Univ. of Chicago Press.
Fleck, Ludwik (1980): Entstehung und Entwicklung einer wissenschaftlichen Tatsache. Einführung in die Lehre vom Denkstil und Denkkollektiv. (1935) Hrsg. Lothar Schäfer/Thomas Schnelle. Frankfurt am Main: Suhrkamp.
Fleck, Ludwik (1983 a): Erfahrung und Tatsache. Gesammelte Aufsätze. Hrsg. Lothar Schäfer/Thomas Schnelle. Frankfurt am Main: Suhrkamp.
Fleck, Ludwik (1983 b): Über einige besondere Merkmale des ärztlichen Denkens. (1927) In: Lothar Schäfer/Thomas Schnelle (Hrsg.): Ludwik Fleck: Erfahrung und Tatsache. Gesammelte Aufsätze. Frankfurt am Main: Suhrkamp. S. 37–45.
Fleck, Ludwik (1983 c): Zur Krise der „Wirklichkeit". (1929) In: Lothar Schäfer/Thomas Schnelle (Hrsg.): Ludwik Fleck: Erfahrung und Tatsache. Gesammelte Aufsätze. Frankfurt am Main: Suhrkamp. S. 46–58.
Frostig, Jakób (1929): Das schizophrene Denken. Phänomenologische Studien zum Problem der widersinnigen Sätze. Leipzig: Georg Thieme.
Geller, Jay (1992): Blood Sin. Syphilis and the Construction of Jewish Identity. In: Faultline. H. 1. S. 21–48.
Giedymin, Jerzy (1986): Polish Philosophy in the Inter-War Period and Ludwik Fleck's Theory of Thought-Styles and Thought-Collectives. In: Robert S. Cohen/Thomas Schnelle (Hrsg.): Cognition and Fact. Materials on Ludwik Fleck. Dordrecht: Reidel. S. 179–215.
Glasersfeld, Ernst von (1989): Facts and the Self From a Constructivist Point of View. In: Poetics. 18. Jg. H. 4–5. S. 435–448.
Glasersfeld, Ernst von (1997): Radikaler Konstruktivismus. Ideen, Ergebnisse, Probleme. Frankfurt am Main: Suhrkamp.
Graf, Erich Otto/Karl Mutter (2000): Zur Rezeption des Werkes von Ludwik Fleck. In: Zeitschrift für philosophische Forschung. 54. Jg. H. 2. S. 274–288.
Graf, Erich Otto/Karl Mutter (2005): Ludwik Fleck und Europa. In: Rainer Egloff (Hrsg.): Tatsache – Denkstil – Kontroverse. Auseinandersetzungen mit Ludwik Fleck. Zürich: Collegium Helveticum. S. 13–20.
Griesecke, Birgit (2008): Vergleichende Erkenntnistheorie. Einführende Überlegungen zum Grundkonzept der Fleckschen Methodologie. In: Birgit Griesecke/Erich Otto Graf (Hrsg.): Ludwik Flecks vergleichende Erkenntnistheorie. Die Debatte in Przegląd Filzofniczny 1936–1937. Berlin: Parerga. S. 9–59.
Hacking, Ian (1999): Was heißt 'soziale Konstruktion'? Zur Konjunktur einer Kampfvokabel in den Wissenschaften. Gekürzte deutsche Erstausgabe. Frankfurt am Main: Fischer.
Hejl, Peter M. (1986): Konstruktion der sozialen Konstruktion. Grundlinien einer konstruktivistischen Sozialtheorie. In: Siegfried J. Schmidt (Hrsg.): Der Diskurs des Radikalen Konstruktivismus. Frankfurt am Main: Suhrkamp. S. 303–339.
Janich, Peter (2005): Kultur und Methode. Philosophie in einer wissenschaftlich geprägten Welt. Frankfurt am Main: Suhrkamp.
Jensen, Stefan (1999): Erkenntnis, Konstruktivismus, Systemtheorie. Einführung in die Philosophie der konstruktivistischen Wissenschaft. Opladen: Westdeutscher Verlag.

Kogge, Werner (2008): Ist Flecks Erkenntnistheorie konstruktivistisch? 18 Anmerkungen zu Kontingenz, Nominalismus, Externalismus und philosophischer Hermeneutik – im Anschluss an Ian Hacking und Andrzej Przyłębski. In: Birgit Griesecke/Erich Otto Graf (Hrsg.): Ludwik Flecks vergleichende Erkenntnistheorie. Die Debatte in Przegląd Filzofniczny 1936–1937. Berlin: Parerga. S. 161–173.
Kuhn, Thomas S. (1989): Die Struktur wissenschaftlicher Revolutionen. 2., rev. u. um das Postskriptum von 1969 erg. Aufl. Frankfurt am Main: Suhrkamp.
Leszyńska, Katarzyna (2009): Ludwik Fleck. A Forgotten Philosopher. In: Johannes Fehr/Nathalie Jas/Ilana Löwy (Hrsg.): Penser avec Fleck – Investigating a Life Studying Life Sciences. Zürich: Collegium Helveticum. S. 23–39.
Löwy, Ilana (1986): The Epistemology of the Science of an Epistemologist of the Sciences. Ludwik Fleck's Professional Outlook and Its Relationship to His Philosophical Works. In: Robert S.Cohen/Thomas Schnelle (Hrsg.): Cognition and Fact. Materials on Ludwik Fleck. Dordrecht: Reidel. S. 421–442.
Löwy, Ilana (1990 a): The Polish School of Philosophy of Medicine. From Tytus Chalubinski (1820–1889) to Ludwik Fleck (1896–1961). Dordrecht: Kluwer.
Löwy, Ilana (1990 b): The Scientific Roots of Constructivist Epistemologies. Hélène Metzger and Ludwik Fleck. In: Gad Freudenthal (Hrsg.): Etudes sur / Studies on Hélène Metzger. Leiden: E. J. Brill. S. 219–235.
Löwy, Ilana (2008): Ways of Seeing. Ludwik Fleck and Polish Debates on the Perception of Reality, 1890–1947. In: Studies in History and Philosophy of Science. 39. Jg. H. 3. S. 375–383.
Markiewicz, Wladyslaw (1986): Lwów as a Cultural and Intellectual Background of the Genesis of Fleck's Ideas. In: Robert S. Cohen/Thomas Schnelle (Hrsg.): Cognition and Fact. Materials on Ludwik Fleck. Dordrecht: Reidel. S. 223–229.
Pörksen, Bernhard (2006): Die Beobachtung des Beobachters. Eine Erkenntnistheorie der Journalistik. Konstanz: UVK.
Polanyi, Michael (1985): Implizites Wissen. Frankfurt am Main: Suhrkamp.
Rheinberger, Hans-Jörg (2006): Zur Historizität wissenschaftlichen Wissens. Ludwik Fleck, Edmund Husserl. In: Hans-Jörg Rheinberger: Epistemologie des Konkreten. Studien zur Geschichte der modernen Biologie. Frankfurt am Main: Suhrkamp. S. 21–36.
Sauerland, Karol (2007): Ludwik Flecks unerwünschter soziologischer Blick. In: Bożena Chołuj/Jan C. Joerden (Hrsg.): Von der wissenschaftlichen Tatsache zur Wissensproduktion. Ludwik Fleck und seine Bedeutung für die Wissenschaft und Praxis. Frankfurt am Main: Peter Lang. S. 65–77.
Schäfer, Lothar/Thomas Schnelle (1980): Einleitung. In: Ludwik Fleck: Entstehung und Entwicklung einer wissenschaftlichen Tatsache. Einführung in die Lehre vom Denkstil und Denkkollektiv. Hrsg. Lothar Schäfer/Thomas Schnelle. Frankfurt am Main: Suhrkamp. S. VII–XLIX.
Schmidt, Siegfried J. (1994): Kognitive Autonomie und soziale Ordnung. Konstruktivistische Bemerkungen zum Zusammenhang von Kognition, Kommunikation, Medien und Kultur. Frankfurt am Main: Suhrkamp.
Schmidt, Siegfried J. (1998): Die Zähmung des Blicks. Konstruktivismus – Empirie – Wissenschaft. Frankfurt am Main: Suhrkamp.
Schnelle, Thomas (1982): Ludwik Fleck – Leben und Denken. Zur Entstehung und Entwicklung des soziologischen Denkstils in der Wissenschaftsphilosophie. Freiburg: HochschulVerlag.
Schnelle, Thomas (1986 a): Microbiology and Philosophy of Science, Lwów and the German Holocaust. Stations of a Life – Ludwik Fleck 1896–1961. In Robert S. Cohen/Thomas Schnelle (Hrsg.): Cognition and Fact. Materials on Ludwik Fleck. Dordrecht: Reidel. S. 3–36.
Schnelle, Thomas (1986 b): Ludwik Fleck and the Influence of the Philosophy of Lwów. In: Robert S. Cohen/Thomas Schnelle (Hrsg.): Cognition and Fact. Materials on Ludwik Fleck. Dordrecht: Reidel. S. 231–265.

Stachel, Peter (2004): 'Was ist eine Tatsache?' – Ludwik Flecks Beitrag zur Wissenschaftssoziologie und Erkenntnistheorie. In: Jahrbuch des Simon-Dubnow-Instituts. 3. Jg. S. 351–382.
Zittel, Claus (2002): Konstruktionsprobleme des Sozialkonstruktivismus. In: Claus Zittel (Hrsg.): Wissen und soziale Konstruktion. Berlin: Akademie Verlag. S. 87–108.
Zittel, Claus (2007): Ludwik Flecks vergleichende Erkenntnistheorie. In: Bożena Chołuj/Jan C. Joerden (Hrsg.): Von der wissenschaftlichen Tatsache zur Wissensproduktion. Ludwik Fleck und seine Bedeutung für die Wissenschaft und Praxis. Frankfurt am Main: Peter Lang. S. 439–473.

Der Mensch als konstruierendes Wesen

Hans Westmeyer und Hannelore Weber über George Kellys
The Psychology of Personal Constructs

1   Entstehungsbedingungen und Vorgeschichte

1955 erschien im Norton-Verlag in New York ein 1.218 Seiten umfassendes zweibändiges Werk mit dem Titel *The Psychology of Personal Constructs*, das in der Psychologie bis heute seinesgleichen sucht. Autor war George Kelly, ein Professor für Klinische Psychologie an der Ohio State University, der bis zu diesem Zeitpunkt kaum etwas veröffentlicht hatte. Und doch gelang es Kelly mit diesem Werk, der Psychologie eine für die damalige Zeit gänzlich neue Perspektive zu eröffnen, die sich grundlegend von den damals vorherrschenden behavioristischen und – in der Klinischen Psychologie – tiefenpsychologischen Ansätzen unterschied. Zeitgenossen George Kellys waren z. B. die Behavioristen Fred Skinner, der 1953 *Science and Human Behavior* veröffentlichte, und Julian Rotter, von dem 1954 *Social Learning and Clinical Psychology* erschien. Zeitgenosse war auch der humanistische Psychologe Carl Rogers, dessen *Client-Centered Therapy. Its Current Practice, Implications and Theory* 1951 veröffentlicht wurde. Übrigens war Julian Rotter – ebenfalls auf einer Professur für Klinische Psychologie – zu dieser Zeit Kollege George Kellys an der Ohio State University und auch Carl Rogers hatte, bevor Kelly seine Stelle antrat, dort als Professor für Klinische Psychologie gelehrt.

Aus der Kreativitätsforschung wissen wir, dass bedeutende Werke nicht vom Himmel fallen, sondern das Resultat harter Arbeit und intensiver Beschäftigung mit der jeweiligen Domäne sind. Als gut bestätigt kann die Zehn-Jahres-Regel gelten, die von ca. zehn Jahren intensiver Beschäftigung mit der relevanten Domäne ausgeht, bevor herausragende Beiträge zu dieser Domäne erwartet werden können (Singer 2004: 199). Das betrifft Domänen wie Kunst, Musik oder Literatur ebenso wie die Domäne der Wissenschaft (Simonton 2004). Und das gilt erst recht für Kellys Werk *The Psychology of Personal Constructs*, dessen Ursprünge mehr als 20 Jahre zurück reichen. Es ist deshalb sinnvoll, an dieser Stelle auf einige biografische Details einzugehen.

George Kelly wurde 1905 als einziges Kind streng religiöser Eltern in einer kleinen ländlichen Gemeinde in Kansas geboren. Er studierte zunächst an der Friends University in Wichita, Kansas, und am Park College, Missouri, Physik und Mathematik und schloss mit dem Bachelor Degree ab. Anschließend wechselte er an die University of Kansas zur Erziehungssoziologie, deren Studium er mit einem Master Degree beendete. Nach einem kurzen Studium der Soziologie an der University of Minnesota kam er im Rahmen eines Austauschprogramms an die University of Edinburgh, wo er ein Studium der Erziehungswissenschaft mit einem Bachelor Degree abschloss. Schließlich führte ihn sein Weg an die University of Iowa, wo er 1931 mit dem PhD in Psychologie graduierte. Schon dieser kurze Abriss belegt die Breite seiner Interessen, die Vielfalt seiner erworbenen Kompetenzen und die Notwendigkeit, sich immer wieder neu zu positionieren und zu bewähren.

Als Kelly auf Stellensuche ging, befand sich Amerika in der Großen Depression. Trotzdem fand er sofort eine Anstellung am Fort Hays Kansas State College, wo er sehr bald eine *Psychology Clinic* eröffnete, die Kindern und Jugendlichen Diagnostik und Beratung anbot. Diese „Klinik" wurde zum Modell so genannter „Reisender Kliniken", in denen Kelly zusammen mit von ihm ausgebildeten Studierenden diagnostische Untersuchungen bei Schülerinnen und Schülern auf dem Lande in Kansas durchführte und geeignete Behandlungsempfehlungen gab. Dieses Interesse an praktischen Fragen sollte sein ganzes weiteres Leben bestimmen und sich auch auf die inhaltliche Schwerpunktsetzung seines Hauptwerkes auswirken, das damals allererste Konturen annahm. In diesen Jahren schrieb Kelly ein Lehrbuch mit dem Titel *Understandable Psychology* (1932) und ein *Handbook of Clinic Practice* (1936). Beide Manuskripte wurden nicht publiziert, sicher aber von ihm in seiner Lehre eingesetzt. Insbesondere das Handbuch kann als eine Vorstudie für den zweiten Band seiner *The Psychology of Personal Constructs* angesehen werden. 1935 verfasste er mit W. G. Warnock zusammen ein Buch mit dem Titel *Inductive Trigonometry*, das ebenfalls nie erschien.

Während des 2. Weltkriegs war er als Flugpsychologe bei der US-Navy tätig, wo er mehrere umfangreiche Berichte zur Fliegerausbildung, zur Gestaltung von Instrumententafeln und zum Computerdesign verfasste. Auch hier war es wieder erforderlich, sich in einem für ihn neuen Anwendungsbereich der Psychologie zu positionieren und zu bewähren. Nach dem Krieg war George Kelly kurz an der University of Maryland tätig, wechselte 1945 an die Ohio State University, wo er 1946 zum Professor und Direktor für Klinische Psychologie berufen wurde. Kelly blieb dort bis 1965. Auf Einladung von Abraham Maslow, dem – neben Carl Rogers – führenden Vertreter einer humanistischen Psychologie, folgte er dem Ruf auf eine Professur für Theoretische Psychologie an der Brandeis University, Massachusetts. Die humanistische Psychologie konstruierte sich damals selbst als einen dritten Weg jenseits von Behaviorismus und Tiefenpsychologie. Es liegt nahe, dass Maslow in Kelly einen verwandten Geist sah, den er näher an sich binden wollte. Zu einer fruchtbaren Zusammenarbeit kam es nicht mehr, da George Kelly bereits wenig später, im März 1967, verstarb.

Während seiner Tätigkeit an der Ohio State University veröffentlichte George Kelly nur sein Hauptwerk *The Psychology of Personal Constructs* und einige wenige weitere Arbeiten (siehe dazu Fransella 1995), während der Großteil der Manuskripte, die er in dieser Zeit verfasste, zu seinen Lebzeiten unveröffentlicht blieb und erst nach seinem Tode publiziert wurde (vor allem in Maher 1969). Warum Kelly sich so wenig um die Publikation seiner Arbeiten gekümmert hat, ist aus heutiger Sicht nur schwer nachvollziehbar. Auch auf Tagungen und Kongressen war er ein seltener Gast. Fay Fransella berichtet von Kellys Ambivalenz im Hinblick auf die Veröffentlichung seiner Arbeiten. Kelly soll ihr 1966 in einem Interview erzählt haben, dass unter den fünf Büchern (vgl. 1995: 12), die er geschrieben hatte, *The Psychology of Personal Constructs* das einzige wäre, dessen Publikation er tatsächlich vorgesehen hätte, und dass selbst dies ein Fehler gewesen sein könnte. Ob er erwartete, mit seinen, keinem traditionellen Ansatz verpflichteten Überlegungen auf nur geringe Resonanz zu stoßen, und sich diese Enttäuschung ersparen wollte, ob er seine praktische Tätigkeit mit Studierenden und Patienten mehr schätzte als wissenschaftliche Anerkennung, ja ob er überhaupt, als er das Buch verfasste, die Absicht hatte, so etwas wie eine neue Richtung in der Psychologie zu begründen, lässt sich im Nachhinein nicht mehr eindeutig rekonstruieren. Am detailliertesten geht auf diese Fragen Fay Fransella ein, aber auch sie hat mit einer sehr bescheidenen Quellenlage zu kämpfen, da Kelly nur eine undatierte autobiografische Skizze, die erst posthum veröffentlicht wurde (Kelly 1969), hinterlassen hat.

Fay Fransella (1995: 48) ist es auch, die auf Ähnlichkeiten bestimmter Positionen George Kellys mit denen Albert Einsteins hinweist, der 1905, im Geburtsjahr Kellys, die Grundlagen der speziellen Relativitätstheorie formulierte und seine Erklärung des photoelektrischen Effekts publizierte, für die er den Nobelpreis für Physik für das Jahr 1921 erhielt. 1916 publizierte er seine allgemeine Relativitätstheorie und leistete später auch zur Quantenphysik wesentliche Beiträge. Sein Todesjahr, 1955, ist das Erscheinungsjahr von Kellys Hauptwerk. Es ist sehr wahrscheinlich, dass Kelly während seines Studiums der Physik mit den Konstruktionen Einsteins bekannt gemacht wurde und diese auch später nie ganz aus den Augen verlor. Fransella (ebd.) weist auf eine besonders aufschlussreiche Passage in dem 1938 in englischer Sprache erschienenen Buch von Albert Einstein und Leopold Infeld *The Evolution of Physics* hin, in der physikalische Begriffe als freie Erfindungen des menschlichen Geistes bezeichnet werden, die nicht eindeutig durch die externe Welt bestimmt sind. Wenn wir die Realität verstehen wollen, sind wir in einer ähnlichen Position wie eine Person, die den Mechanismus einer geschlossenen Uhr, die nicht geöffnet werden kann, verstehen will. Sie kann das Äußere der Uhr untersuchen, die Bewegung ihrer Zeiger betrachten und vielleicht auch ihr Ticken hören. Wenn sie sehr erfindungsreich ist, kann sie das Bild eines Mechanismus entwerfen, der für all das, was sie beobachten kann, verantwortlich sein könnte. Aber sie kann nie sicher sein, dass dieses Bild das einzige ist, das ihre Beobachtungen erklären kann. Und sie wird niemals in der Lage sein, ihr Bild mit dem realen Mechanismus zu vergleichen, ja sie kann sich nicht einmal vorstellen, wie ein solcher Vergleich möglich sein könnte und was er bedeutet (Einstein/Infeld 1938: 31).

2 *The Psychology of Personal Constructs* als Schlüsselwerk des Konstruktivismus

George Kellys *The Psychology of Personal Constructs* (1955) besteht aus zwei separaten Bänden. Der erste Band trägt den Untertitel *A Theory of Personality*, der zweite den Untertitel *Clinical Diagnosis and Psychotherapy*, aber bereits der größte Teil des ersten Bandes befasst sich mit diagnostischen und therapeutischen Themen. Lediglich in den ersten drei Kapiteln wird die theoretische Rahmenkonzeption dargestellt. Es sind dies die Kapitel, die 1963 nachgedruckt wurden und 1986 in deutscher Übersetzung erschienen.[1] Ein Nachdruck des gesamten zweibändigen Werkes erfolgte erst 1991 in einem anderen Verlag (Routledge). Der ursprüngliche Verlag hatte daran kein Interesse mehr. In unserem Beitrag werden Kellys theoretische Konstruktionen im Vordergrund stehen.[2]

2.1 Kellys Menschenbild: Der Mensch als Wissenschaftler

George Kelly konstruiert den Menschen als *Wissenschaftler*. Diese Vorstellung hat für ihn den Status einer Abstraktion, die sich auf die gesamte Menschheit und nicht nur auf jene Teilmenge von Personen bezieht, die nach dem traditionellen Verständnis von „wissenschaftlich" als Wissenschaftlicher bezeichnet werden (Kelly 1955: 4). Was für den Wissenschaftlicher gelten soll, soll für alle Menschen gelten: Es handelt sich um eine Abstraktion, weil sie nur eine Facette des Menschen in den Vordergrund rückt. Andere Abstraktionen bzw. Konstruktionen, die Kelly nennt, sind z. B. der Mensch als *biologischer Organismus* oder der Mensch als *triebgesteuertes Wesen*. Diese Konstruktionen werden u. a. in der Psychophysiologie bzw. der Tiefenpsychologie zum Ausgangspunkt genommen. Für die Konstruktion des Menschen als Wissenschaftler spielen sie nur eine untergeordnete Rolle.

Bereits im Vorwort zum ersten Band von *The Psychology of Personal Constructs* warnt Kelly (ebd.: X) seine Leser, dass sie die aus anderen Psychologiebüchern vertrauten Ausdrücke wie 'Lernen', 'Ich', 'Emotion', 'Motivation', 'Verstärkung', 'Trieb', 'Unbewusstes' oder 'Bedürfnis' kaum wiederfinden werden, weil sie für seine Theorie nicht wesentlich seien. Die Welt schreibt nicht vor, in welchen Begrifflichkeiten sie zu repräsentieren ist. Es gibt viele Arten, die Welt zu konstruieren. Deshalb müssen Begrifflichkeiten, die in bestimmten Konstruktionen eine prominente Rolle spielen, nicht auch in anderen Konstruktionen vorkommen. Kelly (ebd.: 52) stellt sich die Welt als einen nie endenden, undifferenzierten Pro-

---

[1] Diese Übersetzung hat sich nicht durchgesetzt und wurde auch für diesen Beitrag nicht verwendet. Der Rückgriff auf den Originaltext bleibt unverzichtbar.
[2] Unseren Ausführungen in diesem zweiten Abschnitt liegt eine frühere, deutlich umfangreichere Auseinandersetzung mit George Kellys Position zugrunde (vgl. Westmeyer/Weber 2004).

zess vor; alles ist Bewegung. Wir Menschen sind es, die einerseits Teil dieser Welt sind, andererseits aber durch die Unterscheidungen, die wir treffen, die Welt, die uns umgibt, differenzieren, interpretieren, repräsentieren, also konstruieren, wobei auch diese Konstruktionen, ob sie nun zutreffend sind oder nicht, zu einem Teil der Welt werden. Eine Konstruktion sollte deshalb nicht danach bewertet werden, ob sie bestimmte Ausdrücke berücksichtigt, an die man sich bei der Beschäftigung mit alternativen Konstruktionen gewöhnt hat, sondern nur nach ihrer prädiktiven Effizienz.

Mit der Vorstellung des Menschen als Wissenschaftler hat George Kelly den Grundstein für einen *subjektwissenschaftlichen* Ansatz in der Psychologie gelegt. Dieser Ausdruck war Mitte der 1950er Jahre noch nicht gebräuchlich, kennzeichnet Kellys Position aber besser als viele andere häufig verwendete Ausdrücke wie z. B. „phänomenologisch" oder „kognitiv". Kelly trat der damals ganz selbstverständlichen Subjekt-Objekt-Trennung in der psychologischen Forschung mit Entschiedenheit entgegen (ebd.: 5). Wenn die untersuchende Person sich selbst als Subjekt, die untersuchte Person aber als Objekt der Untersuchung konstruiert, so sah Kelly darin eine durch nichts gerechtfertigte Inkonsequenz. Das, was die untersuchende Person für sich selbst in Anspruch nimmt, sollte sie der untersuchten Person nicht vorenthalten. Sieht sich die untersuchende Person als Wissenschaftler, sollte sie auch die untersuchte Person aus dieser Vorstellung heraus zu begreifen versuchen. Also: Der Mensch als Wissenschaftler und der Wissenschaftler als Mensch. Psychologische Forschung ist deshalb als Begegnung von Subjekten zu verstehen, die die Untersuchungssituation und sich selbst in je spezifischer Weise konstruieren. Ein angemessenes Verständnis dessen, was sich in psychologischen Untersuchungen – und nicht nur dort – ereignet, setzt deshalb die intensive Beschäftigung mit den Konstruktionen der beteiligten Personen voraus.

2.2 Kellys philosophische Position: Der konstruktive Alternativismus

In Auseinandersetzungen mit konstruktivistischen Positionen spielen zwei Fragen eine besondere Rolle: die *ontologische* Frage nach dem Status der *Realität* und die *epistemologische* Frage nach dem Status der *Erkenntnis*. Kelly hat zu beiden Fragen eine klare Position bezogen: Die Welt existiert wirklich, und der Mensch kommt nach und nach in die Lage, sie zu verstehen (Kelly 1955: 6). Sein Verständnis erwächst aus einer unbegrenzten Folge sukzessiver Annäherungen (ebd.: 43). Die Welt ist offen für Interpretationen. Verschiedene Menschen werden sie in unterschiedlicher Weise konstruieren. Zu jedem Zeitpunkt gibt es zu den bis dahin existierenden Konstruktionen Alternativen, denen ein Mensch, wenn er dies möchte, nachgehen kann. Kelly schreibt dem Menschen wie allem, was lebt, das Vermögen zu, seine Umgebung zu repräsentieren und nicht nur auf sie zu reagieren (ebd.:

8). Die Realität zu repräsentieren ist für ihn gleichbedeutend damit, sie zu konstruieren.

Orientiert am Bild des Menschen als Wissenschaftler dienen die Konstruktionen eines Menschen der Vorhersage und Kontrolle der Ereignisse in seiner Umgebung (ebd.: 5). Konstruktionen der Welt sind umso besser, je größer die Zahl der Ereignisse ist, dessen Vorhersage sie erlauben, und je präziser und genauer diese Vorhersagen sind (ebd.: 15). Im zeitlichen Verlauf betrachtet können wir unsere Konstruktionen als Aufeinanderfolge sukzessiver Approximationen (an die Realität) verstehen, wenn wir, wie dies ein Wissenschaftler tun sollte, aus unseren gescheiterten Vorhersagen lernen. Wenn wir eine Vorhersage machen, prüfen wir zugleich unsere Konstruktionen. In Abhängigkeit vom Ergebnis der Prüfung werden die Konstruktionen im Falle einer erfolgreichen Vorhersage bis auf Weiteres beibehalten, im Falle einer gescheiterten Vorhersage entweder revidiert oder durch alternative Konstruktionen ersetzt (ebd.: 44). Kelly geht davon aus, dass über kurz oder lang alle unsere gegenwärtigen Interpretationen, Repräsentationen bzw. Konstruktionen der Welt revidiert oder ersetzt werden (ebd.: 15). Das ist die Grundannahme seines *konstruktiven Alternativismus*. Es gibt immer irgendwelche alternativen Konstruktionen der Welt, zwischen denen wir wählen können. Der Gütemaßstab für diese Konstruktionen und ihre Bestandteile, die einzelnen Konstrukte, ist ihre prädiktive Effizienz: Wie erfolgreich sind die Vorhersagen, die auf der Grundlage dieser Konstruktionen bzw. Konstrukte getroffen werden können? (Ebd.)

„Konstruktiv" ist dabei nicht als Kontrast zu „destruktiv", sondern im Sinne von „konstruktionsbezogen" zu verstehen. Der konstruktive Alternativismus beinhaltet die Vorstellung, dass es zu jeder Konstruktion immer wenigstens eine alternative Konstruktion gibt. Dabei handelt es sich aufgrund der Leitvorstellung des Menschen als Wissenschaftler sowohl um eine wissenschaftsphilosophische als auch um eine psychologische Position. Was für das Denken im Bereich der Wissenschaften gilt, gilt auch für das Denken der Menschen im Alltag (ebd.: 15 f.).

2.3 Kellys Theorie der Persönlichkeit: Zentrale Annahmen

George Kelly hat seine psychologische Position in einem Grundpostulat – gewissermaßen einem zentralen Axiom – und 11 Korollarien (1955: 46–104) formuliert. Diese Form der Darstellung war in den 1950er Jahren nicht ungewöhnlich und ihm sicher noch aus seinem Mathematikstudium vertraut. Dieser *formale Inhalt* der Theorie der personalen Konstrukte, wie ihn Don Bannister und Fay Fransella (1981: 190) bezeichnen, ist in Tabelle 1 dargestellt.

Tab. 1: *Formaler Inhalt der Theorie der personalen Konstrukte (Kelly 1955: 103 f.; Übersetzung aus Westmeyer/Weber 2004: 63)*

Grundpostulat	Die Prozesse einer Person werden durch die Formen ihrer Antizipation von Ereignissen psychologisch vermittelt und geprägt.
Konstruktionskorollarium	Eine Person antizipiert Ereignisse, indem sie ihre Replikationen konstruiert.
Individualitätskorollarium	Personen unterscheiden sich voneinander in ihrer Konstruktion von Ereignissen.
Organisationskorollarium	Zum Zwecke der Antizipation von Ereignissen entwickelt jede Person in charakteristischer Weise ein Konstruktionssystem, das Ordnungsbeziehungen zwischen Konstrukten umfasst.
Dichotomiekorollarium	Das Konstruktionssystem einer Person setzt sich zusammen aus einer begrenzten Anzahl dichotomer Konstrukte.
Wahlkorollarium	Eine Person wählt für sich selbst diejenige Alternative innerhalb eines dichotomen Konstrukts, bei der sie größere Möglichkeiten für eine Ausdehnung und/oder genauere Bestimmung des Konstrukts antizipiert.
Bereichskorollarium	Ein Konstrukt ist nur für die Vorhersage eines begrenzten Bereichs von Ereignissen geeignet.
Erfahrungskorollarium	Das Konstruktionssystem einer Person variiert, während sie nach und nach die Replikationen von Ereignissen konstruiert.
Modulationskorollarium	Die Variation im Konstruktsystem einer Person wird begrenzt durch die Durchlässigkeit der Konstrukte, innerhalb deren Angemessenheitsbereich die Varianten liegen.
Fragmentationskorollarium	Eine Person kann nacheinander eine Vielzahl von Subsystemen ihres Konstruktionssystems verwenden, die im Hinblick auf die sich aus ihnen ergebenden Schlussfolgerungen unvereinbar miteinander sind.
Ähnlichkeitskorollarium	In dem Ausmaß, in dem eine Person eine Konstruktion von Erfahrungen verwendet, die der ähnlich ist, die eine andere Person verwendet, werden ihre psychologischen Prozesse denen der anderen Person ähnlich sein.
Sozialitätskorollarium	In dem Ausmaß, in dem eine Person die Konstruktionsprozesse einer anderen Person konstruiert, kann sie eine Rolle in einem sozialen Prozess spielen, der die andere Person mit einbezieht.

Auf ausführliche Erläuterungen des Grundpostulats und der Korollarien einschließlich der darin auftretenden Begriffe kann an dieser Stelle verzichtet werden. Sie finden sich bei George Kelly (1955) selbst und z. B. bei Don Bannister und Fay Fransella (1981). Von Bedeutung ist hier der Umstand, dass Kelly in diesen Annahmen seine Vorstellungen vom Menschen als konstruierendes Wesen und vom Vorgang des Konstruierens näher expliziert. Die Vorhersage als ein zentrales Ziel wissenschaftlichen Handelns taucht als Antizipation im Grundpostulat wieder auf. Antizipationen erfolgen auf der Grundlage von Konstruktionen und diese sind zunächst einmal personenspezifisch. Konstruktionen stehen wiederum nicht unverbunden nebeneinander, sondern in Ordnungsbeziehungen zueinander und gehen in Konstruktionssysteme ein, die aus in sich konsistenten, aber untereinander inkonsistenten Subsystemen bestehen können. Während das Grundpostulat und die ersten neun Korollarien sich allein auf die konstruierende Person richten, wird in den beiden letzten Korollarien die Brücke zu anderen Personen geschlagen. Insbesondere das Sozialitätskorollarium bildet die Grundlage für die Anwendung der Theorie in Forschung und Praxis. Eine diagnostische Untersuchung einer anderen Person hat sich vor allem auf die Erfassung (die Rekonstruktion) ihres Konstruktionssystems und ihrer Konstruktionsprozesse zu konzentrieren, und eine Beratung oder Behandlung dieser Person muss von diesen diagnostischen Informationen ihren Ausgangspunkt nehmen und letztlich auf eine Veränderung des Konstruktionssystems dieser Person und ihrer Konstruktionsprozesse hinwirken.

Im Grundpostulat ist von Prozessen die Rede. Dass sich George Kelly die Welt – und damit auch den Menschen – als etwas Prozesshaftes vorstellt, wurde bereits erwähnt. Konkreter können wir unter „Prozessen" hier „Verhalten (im weitesten Sinne)" verstehen (Kelly 1955: 48). Auf der Grundlage ihres Konstruktionssystems bildet eine Person bestimmte Antizipationen und überprüft diese durch ihr Verhalten. Seinem Menschenbild „Der Mensch als Wissenschaftler und der Wissenschaftler als Mensch" entsprechend ist Verhalten für Kelly eine Form des Experimentierens. Durch ihr Verhalten versucht die Person festzustellen, ob ihre Antizipationen, also ihre Vorhersagen, zutreffen. Dass die Person die Auswirkungen, die ihr Verhalten in ihrer Umwelt bzw. bei ihr selbst hervorruft, nicht direkt mit ihren Antizipationen vergleichen kann, sondern diese Auswirkungen wiederum erst konstruieren muss, bevor ein Abgleich mit den antizipierten Ereignissen erfolgen kann, versteht sich von selbst. Konstruktionen können immer nur mit Konstruktionen verglichen werden, nie mit der Realität direkt.

Wie konsequent George Kelly das aus seinem Menschenbild folgende Prinzip der Selbstanwendung auch im Hinblick auf seine Theorie befolgte, wird deutlich, wenn wir das Bereichskorrollarium betrachten. Wenn es um die Anwendbarkeit seiner psychologischen Theorie – nicht seiner philosophischen Position – ging, zeigte Kelly (ebd.: 11 f.) ungewöhnliche Bescheidenheit. Er führte selbst die Begriffe des *Bereichs* und des *Schwerpunkts der Angemessenheit* bzw. *Brauchbarkeit* (*range* und *focus of convenience*) einer Konstruktion ein und bestimmte den Angemessenheitsbereich und den Angemessenheitsschwerpunkt seiner Theorie mit größter Zurückhaltung: er engte den Angemessenheitsbereich auf die „menschliche Persönlichkeit und insbesondere auf Probleme interpersonaler Beziehungen" ein (ebd.: 11) und sah den Angemessenheitsschwerpunkt „im Bereich der menschlichen Wiederanpassung an Stress" (ebd.: 12). Die bedeutsamsten Anwendungen lagen für ihn im Bereich der Psychotherapie. Deshalb erwartete er, dass Psychotherapeuten seine Theorie am nützlichsten finden dürften (ebd.).

2.4 Was für eine Spielart des Konstruktivismus vertrat Kelly?

1955 war der Ausdruck 'Konstruktivismus' in Psychologie und Philosophie noch kein so geläufiger Terminus wie heute. Im Register des Buches von George Kelly findet er sich nicht. Kelly selbst bezeichnete seine Position dementsprechend nicht als Konstruktivismus, sondern als konstruktiven Alternativismus. Trotzdem ist Kellys Position, das dürfte deutlich geworden sein, ganz ohne Zweifel eine konstruktivistische. Am besten passt vielleicht die Bezeichnung 'individuumsbezogener Konstruktivismus', da bei Kelly, das macht schon der Titel seines Buches deutlich, die Person, also das Individuum im Vordergrund steht. Und diese Schwerpunktsetzung hebt seinen Konstruktivismus von sozialen Spielarten des Konstruktivismus ab, die nicht vom Individuum, sondern von Anfang an von den sozialen Beziehungen zwischen Individuen ausgehen. Bei Kelly kommen, wie wir gesehen haben, andere Personen erst in den letzten beiden Korollarien ins Spiel. Wir haben an anderer Stelle (Westmeyer/Weber 2004: 68 f.) darauf hingewiesen, dass es auch zu den Positionen John Deweys und Karl Poppers eine ganze Reihe von Berührungspunkten gibt. Auf Dewey nahm Kelly selbst Bezug (1955: 129, 154, 157), auf Popper konnte er wohl nicht eingehen, da die „Logik der Forschung" erst 1959 in englischer Sprache veröffentlicht wurde.

George Kelly (ebd.: 16 f.) hatte seine Position des konstruktiven Alternativismus selbst in den Kontext der damals vorherrschenden philosophischen Positionen eingeordnet. Er sah erkenntnistheoretisch gewisse Verbindungen mit positivistischen (Betonung auf Konstrukten), empiristischen (Betonung auf der Überprüfung von Konstrukten) und pragmatistischen Positionen (siehe Dewey) und distanzierte sich explizit von einem traditionellen Realismus. Ontologisch sah er sich in der Nähe von Spinoza und sprach von einem neutralen Monismus. Hätte ihm die heutige Terminologie zur Verfügung gestanden, wäre seine Selbsteinordnung sicher anders ausgefallen. Aber schon damals war er sich bewusst, dass es sich bei diesen Einteilungen selbst um Konstruktionen handelt. Aus seiner Perspektive sind solche Unterscheidungen wie *Realismus versus Idealismus, Realismus versus Konstruktivismus, naiver Realismus versus kritischer Realismus, Leib versus Seele* oder *Körper versus Geist* natürlich dichotome Konstrukte, mit denen Personen (vor allem aus der Philosophie und Psychologie) eine gewisse Ordnung und Vorhersagbarkeit in ihrer Welt herzustellen versuchen. Auch der Ausdruck 'Wahrheit' bezeichnete für ihn nur einen Pol des dichotomen Konstrukts *Wahrheit versus Falschheit* (ebd.: 188). Und er hätte sicher zugestimmt, dass es sich selbst bei dem Begriff der Realität um das Resultat einer Konstruktion handelt. Auf den Umstand, dass sein zentrales Kriterium für die Bewertung der Güte einer Konstruktion, nämlich ihre *prädiktive Effizienz* (Wie erfolgreich kann die Person auf der Grundlage dieser Konstruktion handeln?), letztlich auf dasselbe hinaus läuft wie der erst später von Ernst von Glasersfeld geprägte Begriff der *Viabilität*, sei hier nur hingewiesen.

3 Rezeption und Wirkung

George Kellys *The Psychology of Personal Constructs* schien zunächst eine durchaus positive Aufnahme zu finden. So vertrat z. B. Jerome S. Bruner (1956) in seiner Besprechung in *Contemporary Psychology* die Auffassung, dass es sich bei dem Buch um eines der bedeutendsten Werke der Psychologie der letzten zehn Jahre (also 1945–1955) handeln würde. Auch in Übersichtsdarstellungen persönlichkeitspsychologischer Theorien fand Kellys Ansatz schon bald Eingang. Allerdings gelang es ihm nicht, seine Ideen im Mainstream der Psychologie zu verankern, insbesondere im für ihn so wichtigen Bereich der Klinischen Psychologie und Psychotherapie blieben seine Überlegungen weitgehend unbeachtet. Außer von einem kleinen Kreis eingeschworener Anhänger wurden seine Ideen nicht weiter umgesetzt. Das hatte sicher auch damit zu tun, dass Kelly selbst wenig daran interessiert war, seinen Ansatz in den Kontext anderer Ansätze einzuordnen und die Beziehungen seiner Konstruktionen zu denen anderer deutlich werden zu lassen (siehe dazu R. A. Neimeyer 1985). Symptomatisch dafür ist der Umstand, dass das Literaturverzeichnis in Band 1 von *The Psychology of Personal Constructs* ganze 41 Literaturangaben umfasst und Band 2 ganz ohne jede Literaturangabe auskommt. Zudem zeigte Kelly in den Folgejahren wenig Interesse daran, seine Konzeption empirisch zu überprüfen und weiter zu entwickeln. Die Forschung konzentrierte sich vor allem auf das von ihm vorgeschlagene diagnostische Verfahren des *Repertory Tests* zur Erfassung des Konstruktsystems einer Person (Kelly 1955: 219 ff. und Bd. 2) und hatte primär demonstrativen Charakter. Die wenigen Veröffentlichungen, die zwischen 1956 und 1967 von ihm erschienen, enthielten Ausdeutungen und Ergänzungen seines Hauptwerks, aber keine neuen Überlegungen.

Dementsprechend gering blieb zunächst die Resonanz auf sein Werk in den USA, während es in England schon bald gelang, seinen Ansatz dauerhaft zu etablieren. Maßgebend waren dabei zwei Personen, Don Bannister und Fay Fransella, die sich zunächst in einer Publikation mit der Anwendung von Kellys *Repertory Test* bei Schizophrenen befassten (1966) und dann 1971 eine gut lesbare Einführung in Kellys Ansatz vorlegten, die erheblich zu seiner weiteren Verbreitung beigetragen hat (für eine Einführung aus den letzten Jahren siehe Butt 2008). Fay Fransella gründete 1981 in London das *Centre for Personal Construct Psychology*, das heute an der University of Hertfordshire in Hatfield beheimatet ist und eine eigene Website unterhält (www.centrepcp.co.uk). Wie A. D. Jankowicz 1987 berichtete, war insbesondere in Großbritannien George Kellys Ansatz über den Bereich der Klinischen Psychologie hinaus auch in den Bereichen der Personalpsychologie und der Organisationspsychologie auf größeres Interesse bei jenen gestoßen, denen an einer genaueren Kenntnis der Sichtweisen ihrer Arbeiter und Angestellten gelegen war.

In den 1970er Jahren fand George Kellys Ansatz dann auch in den USA zunehmend Berücksichtigung und zwar zunächst in der Persönlichkeitspsychologie. Das war vor allem dem Umstand zu verdanken, dass Walter Mischel, mittlerweile einer der renommiertesten Persönlichkeitspsychologen weltweit, noch bei George Kelly und Julian Rotter an der Ohio State University studiert hatte und 1973 in Konfrontation zur damals vorherrschenden Eigenschaftskonzeption der Persönlichkeit eine viel beachtete *begriffliche Neufassung* des Persönlichkeitskonzepts vorlegte, in der er Ideen seiner beiden Lehrer Kelly und Rotter aufgriff. So gehörten die persönlichen Konstrukte Kellys zu den fünf Personenvariablen, die im Mittelpunkt von Mischels Neufassung standen. Den Vorgang der Interpretation, Repräsentation bzw. Konstruktion der Merkmale der Situation, in der sich eine Person befindet, bezeichnete er als *Enkodierung* bzw. *Enkodierungsprozess*, und den persönlichen Konstrukten wies er eine zentrale Rolle in diesem Vorgang zu. Auch in späteren Versionen seiner Theorie hat Mischel, der sich selbst als Konstruktivist versteht, an dieser Begrifflichkeit festgehalten und Persönlichkeit unter Nutzung des Konstrukts der persönlichen Konstrukte konstruiert. Mischel ist nicht der einzige amerikanische Psychologe, der Anleihen bei Kelly genommen hat. Über weitere neuere Ansätze, in die Ideen Kellys eingegangen sind, informieren wir an anderer Stelle (Westmeyer/Weber 2004: 97 ff.).

Während Walter Mischel und andere nur einzelne Ideen George Kellys in ihre persönlichkeitspsychologischen Ansätze integriert haben, wird Kellys Ansatz als solcher inzwischen auch in den USA vor allem im therapeutischen Bereich breiter diskutiert und praktiziert. So gab es von 1984 bis 2004 das *North American Personal Construct Network* (NAPCN) als Forum für alle, die an Kellys Ansatz interessiert waren. Führende Mitglieder waren Michael Mahoney und die Neimeyer Brüder, Robert und Greg, denen wir sowohl zur konstruktivistischen Diagnostik als auch zur konstruktivistischen Therapie grundlegende Arbeiten verdanken (R. A. Neimeyer/Mahoney 1995; G. J. Neimeyer 1993) und die sich auch um die Weiterentwicklung der Theorie verdient gemacht haben (R. A. Neimeyer/G. J. Neimeyer 2002). 2004 wurde NAPCN in *Constructivist Psychology Network* (CPN) umbenannt, um auch anderen konstruktivistischen Richtungen in der Psychologie und benachbarten Disziplinen eine Plattform zu bieten. CPN verfügt über eine umfangreiche Website (www.constructivistpsych.org) und steht in enger Verbindung mit der *European Personal Construct Association* (EPCA; www.epca-net.org) und der *Australasian Personal Construct Group* (APCG; www.pcp-net.org). Alle zwei Jahre findet, jeweils versetzt, ein internationaler und ein nordamerikanischer Kongress zur Psychologie persönlicher Konstrukte statt. Auf ihrer Website nennt CPN neben George Kelly auch Ernst von Glasersfeld, Humberto Maturana und Kenneth Gergen als bedeutende Konstruktivisten. Gergen, dem Begründer des Sozialen Konstruktionismus, wurde der *CPN-Lifetime Achievement Award 2008* verliehen. Diese Tendenz, zumindest innerhalb der Psychologie die Grenzen zwischen den einzelnen konstruktivistischen Richtungen weniger scharf zu ziehen und stärker die Gemeinsamkeiten zu betonen, nimmt immer mehr zu. So ist z. B. Vivien Burr nicht nur Autorin einer sehr erfolgreichen Einführung in den sozialen Konstruktionismus (Burr 2003), sondern auch Koautorin einer Einführung in die Psychologie der persönlichen Konstrukte (Butt/Burr 2004). Insbesondere zwischen diesen beiden konstruktivistischen Ansätzen verschwimmen die Grenzen immer mehr, seitdem auch für die Psychologie der persönlichen Konstrukte eine relationale Basis reklamiert wird (Stojnov/Butt 2002). So finden sich im *Journal of Constructivist Psychology*, das CPN herausgibt und das 2010 im 23. Jahr erscheint, Beiträge aus beiden Ansätzen.

In den deutschsprachigen Ländern begann eine intensivere Beschäftigung mit George Kellys Konzeption in den 1970er Jahren. Das war einmal Walter Mischel (1973) zu verdanken, dessen begriffliche Neufassung der Persönlichkeit auch hier breit rezipiert wurde. Nicht weniger bedeutsam war die kontroverse Diskussion eines Buches, das Norbert Groeben und Brigitte Scheele 1977 mit dem Titel *Argumente für eine Psychologie des reflexiven Subjekts* veröffentlicht hatten und das Kellys Psychologie der persönlichen Konstrukte entscheidende Anstöße verdankte. Scheele und Groeben (1984) entwickelten später in *Die Heidelberger Struktur-Lege-Technik* ein eigenes diagnostisches Verfahren, um subjektive Theorien – das war ihr Ausdruck für die Konstruktionssysteme von Personen – zu erfassen. Manfred Sader (1980) trug mit seiner Einführung in die *Psychologie der Persönlichkeit* zur weiteren Verbreitung des Kelly'schen Ansatzes bei. In den 1990er Jahren wurde dann Jörn Scheer zum einflussreichsten Vertreter dieses Ansatzes in Deutschland. Seine 1993 zusammen mit Anna Catina herausgegebene zweibändige *Einführung in die Repertory-Grid-Technik* wurde schon bald zu einem Standardwerk. Seitdem sind eine ganze Reihe weiterer Bücher von ihm zur Psychologie der persönlichen Konstrukte erschienen. Scheer zeichnet zudem für eine integrative Website verantwortlich, die Verbindungen zu allen wichtigen Initiativen im Bereich der *Personal Construct Psychology* enthält (www.pcp-net.org). Zu diesem von ihm betreuten PCP-net gehört auch eine von ihm und Trevor Butt herausgegebene Internetzeitschrift, die seit 2004 unter dem Titel *Personal Construct Theory and Practice* erscheint, und eine von ihm und Beverly Walker herausgegebene *Internet*

Encyclopaedia of Personal Construct Psychology, die als „work in progress" konzipiert ist.

Zusammenfassend lässt sich sagen, dass der Einfluss von George Kellys Konstruktionen mit den Jahrzehnten, die seit der Veröffentlichung seiner zweibändigen *Psychology of Personal Constructs* vergangen sind, in einem Ausmaß gewachsen ist, das Kelly sich 1955 nie hätte vorstellen können. Inzwischen haben viele seiner Ideen Eingang in den Mainstream der Psychologie und benachbarter Disziplinen gefunden und sind zu einem festen Bestandteil konstruktivistischer Diskurse geworden.

Literatur

Bannister, Don/Fay Fransella (1966): A Grid Test of Schizophrenic Thought Disorder. In: British Journal of Social and Clinical Psychology. 5. Jg. S. 95–102.
Bannister, Don/Fay Fransella (1971): Inquiring Man. The Theory of Personal Constructs. Harmondsworth: Penguin.
Bannister, Don/Fay Fransella (1981): Der Mensch als Forscher (Inquiring Man). Die Psychologie der persönlichen Konstrukte. Münster: Aschendorff.
Bruner, Jerome S. (1956): You Are Your Constructs. In: Contemporary Psychology. 1. Jg. S. 355–356.
Burr, Vivien (2003): Social Constructionism. 2. Aufl. London: Routledge.
Butt, Trevor (2008): George Kelly and the Psychology of Personal Constructs. Basingstoke: Palgrave Macmillan.
Butt, Trevor/Vivien Burr (2004): Invitation to Personal Construct Psychology. 2. Aufl. London: Whurr.
Einstein, Albert/Leopold Infeld (1938): The Evolution of Physics. Cambridge: Cambridge Univ. Press.
Fransella, Fay (1995): George Kelly. London: Sage.
Groeben, Norbert/Brigitte Scheele (1977): Argumente für eine Psychologie des reflexiven Subjekts. Darmstadt: Steinkopff.
Jankowicz, A. D. (1987): Whatever Became of George Kelly? In: American Psychologist. 42. Jg. H. 5. S. 481–487.
Kelly, George (1955): The Psychology of Personal Constructs. 2 Bde. Bd. 1: A Theory of Personality. Bd. 2: Clinical Diagnosis and Psychotherapy. New York: Norton.
Kelly, George (1963): A Theory of Personality. The Psychology of Personal Constructs. New York: Norton.
Kelly, George (1969): The Autobiography of a Theory. In: Maher, Brendan (Hrsg.): Clinical Psychology and Personality. Selected Papers of George Kelly. New York: Wiley. S 46–65.
Kelly, George (1986): Die Psychologie der persönlichen Konstrukte. Paderborn: Junfermann.
Kelly, George (1991): The Psychology of Personal Constructs. 2 Bde. London/New York: Routledge.
Maher, Brendan (Hrsg.) (1969): Clinical Psychology and Personality. Selected Papers of George Kelly. New York: Wiley.
Mischel, Walter (1973): Toward a Cognitive Social Learning Reconceptualization of Personality. In: Psychological Review. 80 Jg. S. 252–283.
Neimeyer, Greg J. (Ed.) (1993): Constructivist Assessment. A Casebook. London: Sage.

Neimeyer, Robert A. (1985): Problems and Prospects in Personal Construct Theory. In: Bannister, Don (Hrsg.): Issues and Approaches in Personal Construct Theory. London: Academic Press. S. 143–171.
Neimeyer, Robert A./Michael J. Mahoney (Hrsg.) (1995): Constructivism in Psychotherapy. Washington, DC: American Psychological Association.
Neimeyer, Robert A./Greg J. Neimeyer (Hrsg.) (2002): Advances in Personal Construct Psychology. New Directions and Perspectives. London: Praeger.
Rogers, Carl (1951): Client-Centered Therapy. Its Current Practice, Implications and Theory. Boston: Houghton Mifflin.
Rotter, Julian B. (1954): Social Learning and Clinical Psychology. New York: Prentice-Hall.
Sader, Manfred (1980): Psychologie der Persönlichkeit. Weinheim: Juventa.
Scheele, Brigitte/Norbert Groeben (1984): Die Heidelberger Struktur-Lege-Technik (SLT). Eine Dialog-Konsens-Methode zur Erhebung Subjektiver Theorien mittlerer Reichweite. Weinheim: Beltz.
Scheer, Jörn/Anna Catina (Hrsg.) (1993): Einführung in die Repertory-Grid-Technik. 2 Bde. Bern: Huber.
Simonton, Dean Keith (2004): Creativity in Science. Chance, Logic, Genius, and Zeitgeist. Cambridge: Cambridge Univ. Press.
Singer, Jerome L. (2004). Concluding Comments. Crossover Creativity or Domain Specificity? In: Sternberg, Robert J./Elena L. Grigorenko/Jerome L. Singer (Hrsg.): Creativity. From Potential to Realization. Washington, DC: American Psychological Association. S. 195–203.
Skinner, Fred [Burrhus Frederic] (1953): Science and Human Behavior. New York: Macmillan.
Stojnov, Duncan/Trevor Butt (2002): The Relational Basis of Personal Construct Psychology. In: Robert A. Neimeyer/Greg J. Neimeyer (Hrsg.): Advances in Personal Construct Psychology. London: Praeger. S. 81–110.
Westmeyer, Hans/Hannelore Weber (2004): Die Theorie der personalen Konstrukte. In: Kurt Pawlik (Hrsg.): Theorien und Anwendungsfelder der Differentiellen Psychologie [= Differentielle Psychologie und Persönlichkeitsforschung der Enzyklopädie der Psychologie, Bd. 5]. Göttingen: Hogrefe. S. 59–113.

Theorie der kognitiven Entwicklung

Ernst von Glasersfeld über das Werk Jean Piagets – Einführung in die Genetische Epistemologie

> Verstehen heißt erfinden.
> Jean Piaget, 1973[1]

1 Vorbemerkung

Dieser Artikel ist ein Versuch, nach vierzig Jahren intensiver Beschäftigung die hauptsächlichsten Einsichten, enthalten in Jean Piagets Werk, zu einem kohärenten Modell zusammenzufassen. Es handelt sich also um eine Interpretation, die auf weit verstreuten Hinweisen beruht. Wo immer möglich habe ich Jean Piaget für sich selber sprechen lassen. Aber da ist auch manches, was sich nicht durch bündige Zitate belegen lässt. Ob diese Interpretation seines Denkens plausibel und brauchbar ist, muss der Leser entscheiden.

Jean Piaget arbeitete mehr als siebzig Jahre an seiner Theorie der kognitiven Entwicklung. Nur selten nahm er sich die Zeit, den gegenwärtigen Stand seiner Forschung als Ganzes darzustellen. Wenn er es tat, lieferte bereits der nächste Artikel oder Studienbericht neue Aspekte und es blieb dem Leser überlassen, sie mit dem bestehenden Gesamtbild zu vereinbaren. Die „Genetische Epistemologie" entwickelte sich nicht linear. Sie wurde eher wie ein Mosaik aufgebaut, in dem neue Stücke hier und dort eingesetzt wurden und oft das Klima des Ganzen veränderten. In der Einleitung zum Band *Épistémolgie génétique et équilibration. Hommage à Jean Piaget*, den Piagets langjährige Mitarbeiter Bärbel Inhelder, Rolando Garcia und Jacques Vonèche zu seinem 80. Geburtstag herausbrachten, erklärten sie, dass es unerlässlich sei, in einer Würdigung von Piagets Werk der Tatsache Rechnung zu tragen, dass er seine Theorie immer wieder überholte und neue Ideen hinzufügte, die eine Veränderung der Gesamtstruktur mit sich brachten (Inhelder/Garcia/Vonèche 1976: 5). Oder, wie Reinhard Fatke in seiner Einleitung zu Piagets *Meine Theorie der geistigen Entwicklung* schrieb, dass Piaget im deutschen Sprachraum so spät und dazu noch auf dem „Umweg" über die USA einem größeren Kreis von Wissenschaftlern bekannt geworden ist, liegt unter anderem daran, dass Piaget selber keine systematische Zusammenschau seiner Grundannahmen, seiner Forschungsergebnisse und des theoretischen wie praktischen Ertrags seiner Arbeiten niedergeschrieben hat (vgl. Fatke in Piaget 1986: 8 f.). Wenige der Autoren, die

---

[1] Titel des Buchs, das Piagets UNESCO-Essay von 1971 enthält. Ich gebe durchwegs die Originalausgaben der zitierten Bücher an, da ich die deutschen Übersetzungen nicht kenne und die englischen, soweit ich sie zu sehen bekam, sich mit wenigen Ausnahmen (Eleanor Duckworth, Wolfe Mays, Leslie Smith) als unverlässlich erwiesen. Die deutschen Übersetzungen der Zitate sind durchwegs von mir.

über Piaget in psychologischen Handbüchern oder Lehrtexten berichteten, haben diese Mahnung beachtet.

Jean Piaget teilt die Methodologie der psychologischen Forschung im Bezug auf mentale Entwicklung und kognitive Strukturen in drei Sparten. Die erste, sagt er, folgt der ehrwürdigen angelsächsischen Tradition, dernach „alles Wissen einen außenweltlichen Ursprung hat und aus der Erfahrung stammt" (Piaget 1973: 9 f.). Damit passt Piaget sich der neuzeitlichen Interpretation von 'Empirismus' an, die fraglos eine Korrespondenz der Erfahrung mit einer ontologischen Realität voraussetzt. An mehreren Stellen in seinem Werk spricht Piaget verächtlich von diesem Empirismus und vergisst dabei, dass seine Theorie genau gesagt eine empiristische ist, die Wissen wie John Locke, der ursprüngliche Empirist, aus Sinnessignalen und *mentalen Operationen* herleitet. Die zweite Forschungsrichtung charakterisiert Piaget als „unerwartete Rückkehr zu angeborenen Faktoren", eine Rückkehr, die er dem Erfolg von Noam Chomskys Annahme, dass Spracherwerb auf einem „angeborenen Kern" beruht, zuschreibt und grundsätzlich verwirft. Die dritte Richtung, die er als seine eigene bezeichnet, ist die konstruktivistische, die „den Anfang der Sprache vorhergehenden Strukturen der sensomotorischen Intelligenz zuschreibt und weder äußerer noch innerer Präformationen bedarf." (Ebd.: 10 f.)

Damit platziert Jean Piaget sein Denken in die Nachbarschaft der ursprünglichen Empiristen, die an der Erkenntnis einer objektiven Welt zweifelten und geht einen Schritt weiter als Immanuel Kant, indem er auch die Begriffe von Raum und Zeit als interne mentale Konstrukte analysiert.

2 Die Theorie der Entwicklungsstadien

Als Jean Piaget Anfang der 1950er Jahre in den Vereinigten Staaten zum zweiten Mal entdeckt wurde, waren die psychologischen Abteilungen der Universitäten fast ohne Ausnahme von militanten Vertretern des Behaviorismus besetzt. Mentale Operationen, die das Rückgrat von Piagets Theorie sind, waren tabu, aber das Postulat von Stadien der intellektuellen Entwicklung, die in empirischen Untersuchungen belegt werden konnten, schien außerordentlich interessant. Piagets epistemologische Betrachtungen wurden ignoriert, aber die praktischen Versuche (klinische Interviews) aus denen die Chronologie der ersten Theorie der kognitiven Entwicklung (1924 bis ca. 1960) abgeleitet wurde, konnten nicht oft genug wiederholt werden, wurden aber in ihrer Zielsetzung missverstanden. Piaget ging es von Anfang an nicht um die Entwicklung von Verhalten, sondern um den Aufbau von Begriffen. Seine Studien zum Beispiel über das, was er „Objektpermanenz" nannte, wollten zeigen, wie das Kind zu Vorstellungen von dauerhaften Gegenständen kommt, Vorstellungen, die auch ohne gegenwärtige Sinnessignale aufgerufen werden können. Diese Fähigkeit hatte nur auf Umwegen mit dem Erkennen von Gegenständen zu tun. Doch eben das war es, womit sich die meisten Replikationsversuche beschäftigten; und Kritiker hatten keine Schwierigkeiten, festzustellen, dass zuweilen Säuglinge bereits in der Lage sind, visuelle Eindrücke von Objekten oder Anordnungen von einzelnen Gegenständen als „bekannt" zu erkennen. Dieser Befund wurde als Widerlegung von Piagets Behauptung veröffentlicht, dass Objektpermanenz und Zahlbegriffe erst viel später im Lauf des präoperativen Denkens ab anderthalb Jahren entwickelt werden können.

Jean Piaget hatte die Theorie der Entwicklungsstadien fast ausschließlich in Versuchen mit seinen eigenen drei Kindern entworfen. Als die Versuche in anderen sozialen Gruppen und vor allem in anderen Kulturen wiederholt wurden, zeigten sich Unstimmigkeiten. Obschon die Reihenfolge in der Entwicklung der grundlegenden begrifflichen Operationen mehr oder weniger immer die gleiche war, zeigte sich die Chronologie nicht konstant. Zweitens, dass das, was Piaget „décalage horizontal" (etwa „horizontale Beweglichkeit" oder „Verschiebung") nannte, nämlich dass ein Handlungs- oder Denkschema, das sich in einem bestimmten Zusammenhang bewährt hatte, durch eben den Erfolg auch in anderen Zusammenhängen verwendbar wurde, war keineswegs automatisch. Beide Entwicklungen konnten durch eine weitere, beziehungsweise engere, Erfahrungswelt beschleunigt oder gehemmt werden. In Piagets Schriften nach 1960 wird die Stadientheorie immer seltener erwähnt, doch die weitere Entwicklung seiner Theorie, in der der zweischichtige Begriff der Äquilibration eine immer größere Rolle spielte, ist meines Erachtens in den meisten Auslegungen ignoriert oder missverstanden worden (siehe unten).

2.1 Das Prinzip der Anpassung

Jean Piaget begann seine wissenschaftliche Karriere als Teenager. Beim Herumplantschen in den Bächen um Neuchâtel stieß er darauf, dass die Unebenheiten, die er mit nackten Füßen an den Steinen spürte, oft nicht zu den Steinen gehörten, sondern Lebewesen waren, die sich etwas bewegen konnten. Das hat ihn anscheinend fasziniert, und da hat er bald festgestellt, dass die Schalen dieser Molluske in stillen Wassern bedeutend höher waren, als in fließendem. So entdeckte er, was man Anpassung nennt, und dieser Begriff hat ihm sein langes Leben lang als Grundlage für seine Forschungen gedient.

Da er den Begriff der Anpassung aus eigener Erfahrung ableiten konnte, hat er ahnungslos die Falle vermieden, in die alle fallen, die von der Anpassung aus Büchern lernen. Da wird das nämlich so dargestellt, als handle es sich um eine Angleichung an die Umwelt. Piaget hat von Anfang an gesehen, dass die Molluske ihre Schalen einfach so hoch bauen, wie es ohne Schaden möglich ist. Im stillen Wasser ist der Spielraum da viel größer als im fließenden, und deswegen sind die Schalen da höher. Von Mutationen wusste er damals wahrscheinlich noch nichts;

doch als sie ihm erklärt wurden, hatte er keine Schwierigkeiten sie gleich als zufällige Änderungen zu verstehen, von denen die eine oder andere überlebt, weil sie für das Überleben des Organismus vorteilhaft ist.

Piaget übertrug das Prinzip der Anpassung aber von Beginn an aus dem Bereich der biologischen und sensomotorischen Ebene in den Bereich der kognitiven Begriffsbildung. „Das Kriterium ist in beiden Fällen der Erfolg, gleichgültig ob es sich um Überleben oder Verstehen handelt." (Piaget 1966: 210) Das Anpassungsprinzip läuft wie ein roter Faden durch Piagets Werk. In seinem Vorwort zu *The Essential Piaget*, einer repräsentativen Auswahl von Essays herausgegeben von Howard E. Gruber und J. Jacques Vonèche, schrieb er:

> Mein Hauptziel war stets die Suche nach den Mechanismen der biologischen Anpassung und die Analyse und epistemologische Interpretation jener höheren Form der Anpassung, die das Wissenschaftliche Denken kennzeichnet. (Piaget 1977: XI)

Mit dieser programmatischen Erklärung unterstrich Piaget die revolutionäre Stellungnahme, dass Wissen nicht der Repräsentation einer vom Erlebenden unabhängigen Realität dienen könne, sondern, eben als Resultat der Anpassung, das heißt als Kenntnis von Möglichkeiten des Durchkommens zu betrachten sei. Damit bricht Piaget ein für allemal mit der abendländischen Tradition, dass Wissen nur durch Übereinstimmung mit einer ontischen Realität legitimiert werden könne. Erklärungen, wie Kinder ihre begrifflichen Strukturen im Lauf ihrer Entwicklung aufbauen, werden in der herkömmlichen Philosophie unweigerlich als *genetic fallacy* (genetischer Trugschluss) verworfen, eben weil die Entwicklung von Begriffen belanglos erscheint, solange Begriffe als Vorstellungen betrachtet werden, die mit einer unabhängigen Realität korrespondieren.

2.2 Die Theorie der Handlungsschemas

Von James Mark Baldwin, dessen Werk Jean Piaget während seines Aufenthalts in Paris kennen lernte, übernahm er den Begriff der „Assimilation", der zusammen mit dem Begriff der „Akkommodation" in Piagets Theorie der kognitiven Strukturen den Grundstein bildet. In der Biologie der Ernährung bedeutet „assimilieren", aus dem gefundenen Futter jene Substanzen aufnehmen, die im Haushalt des lebenden Systems nützlich sind. In Piagets Kognitionstheorie hingegen bedeutet „assimilieren", empfangene Sinnessignale zu einer bereits bekannten Struktur zusammenzusetzen. Akkommodation, der zweite Grundstein der Theorie, bezeichnet die Änderung eines Begriffs oder einer Handlungsweise als Reaktion auf einen Misserfolg.

Die beiden Begriffe arbeiten in Jean Piagets Schematheorie gewissermaßen Hand in Hand. Da Piaget Französisch schrieb, standen ihm zwei Wörter zur Verfügung: *schéma* und *schème*. Für Übersetzer bildet das ein hartnäckiges Problem. Das erste Wort entspricht dem englischen *schema* und bedeutet die formalisierte Darstellung einer komplexen Sachlage oder Organisation; das zweite, *schème*, entspricht dem englischen *scheme* und bedeutet einen Handlungs- oder Konstruktionsplan. Englische Übersetzer haben dieses Wort fast nie verwendet, wahrscheinlich weil es zu unwissenschaftlich klingt. Da es im Deutschen nicht vorhanden ist, muss der Begriff als „Handlungsschema" bezeichnet werden. Wird der Unterschied der beiden Begriffe durch Übersetzung in ein Wort verwischt, so bleibt Piagets Kognitionstheorie praktisch unverständlich.

Jean Piaget entwickelte die Theorie aufgrund der Beobachtung von Reflexen in Tieren und Säuglingen. In der herkömmlichen Psychologie wurden Reflexe als aus zwei Teilen bestehend beschrieben: Ein Reiz und eine bestimmte Reaktion. Piaget glaubte nicht, dass man Reflexe als gottgeschaffen betrachten sollte. Man musste sie, wie alles andere in der Geschichte der Evolution, begründen. Das heißt, man musste fragen, ob die vom Reflex hervorgerufene Handlung für den Handelnden einen Vorteil bedeutet. Nur dadurch könnte die Assoziation von Reiz und Handlung vererblich werden. Jeder Reflex musste darum als dreiteiliges Schema gesehen werden: Ein Reiz – die ausgelöste Handlung – ein vorteilhaftes Ergebnis. Dass die Handlung einen Vorteil bringt, ist der einzige Grund, weswegen der Reflex sich im Lauf der Entwicklungsgeschichte bilden konnte.

Piaget machte zudem die Feststellung, dass die meisten Reflexe der Säuglinge im Lauf der späteren Entwicklung verschwinden, weil die Assoziation, die den Reiz mit einer spezifischen Handlung verbindet, sich löst. Das widerspricht dem, was man in der Schule lernt, nämlich dass Reflexe unabänderlich seien. Diese beiden Beobachtungen führten Piaget zu der Idee, das dreiteilige Schema auch auf dem Niveau der kognitiven Entwicklung als Grundprinzip im Aufbau von Begriffen zu verwenden. Es lautete dann: „Mit einer wahrgenommenen Situation wird eine Handlung assoziiert, von der das Subjekt erwartet, dass sie zu einem vorteilhaften oder zumindest angenehmen oder interessanten Ergebnis führen wird." (Piaget 1966: 420) Wird dieses Schema von Handlungsmustern auf dem sensomotorischen Niveau abstrahiert, so liefert das Muster ein außerordentlich vielseitiges Operationsmodell für die intellektuelle Entwicklung auf höheren Stufen und es steht dafür, die einzelnen Phasen genauer zu betrachten.

2.3 Assimilation und Akkommodation

Eine Wahrnehmung, mit der aufgrund von positiven Erfahrungen eine spezifische Handlung assoziiert worden ist, erhärtet sich gewissermaßen als Erkennungsschablone, die aus einigen elementaren Eigenschaften, das heißt, einzelnen Sinnessignalen besteht. Werden diese Daten mehr oder weniger zusammenhängend wahrgenommen, so werden sie an die bekannte Schablone „assimiliert" und lösen die assoziierte Handlung aus, gleichgültig was an anderen Daten wahrgenommen werden könnte.[2]

Das führt mitunter zu einer Perturbation (Störung) des Systems, denn die Handlung kann durch ein nicht erfasstes Datum gestört werden und führt dann nicht zu einem Ergebnis, das als das Erwartete assimiliert werden kann. „Die tägliche Erfahrung bringt auch Unerwartetes, das heißt, Perturbationen schaffen Unstimmigkeiten, die zu einer Reorganisation führen, die eine Neuerung darstellt" (Piaget 1977: 48). Perturbation kann mehrere Formen annehmen. Einerseits kann die erwartete Folge auf die Handlung ausbleiben; in diesem Fall kann die Enttäuschung zu einer Änderung, das heißt, Akkommodation der Erkennungsschablone führen, oder zu einer Änderung der Handlungsweise. Andererseits, wenn die Handlung ein unerwartetes aber nützliches oder interessantes Ergebnis zeitigt, kann das Handlungsschema, so wie es ist als neues, weiterhin brauchbares beibehalten werden.

Neues kann laut Piagets Schematheorie durch Akkommodation in das Handlungsrepertoire des Organismus eingeflochten werden. Das erklärt jedoch nicht *wie* das Neue zustande kommt. „Akkommodation an neue Gegebenheiten der Erfahrung weist einen Aspekt des Unvorhergesehenen auf" (Piaget 1966: 214). Auf dem Niveau der sensomotorischen Handlungsschemas hat Piaget die Akkommodation zweifellos als Vorgang betrachtet, der sich wie in der Evolutionstheorie auf zufällige Änderungen gründet, von denen nur diejenigen beibehalten werden, die in gewünschter Weise funktionieren.

In diesem Punkt weist Piagets Modell eine Parallele zu Denkern auf, mit denen er keinen direkten Kontakt hatte. Humberto R. Maturana begann erst in den 1970er Jahren über Erkenntnistheorie zu veröffentlichen und definiert Wissen als „angemessenes Handeln" (Maturana 1980: 53). Das stimmt mit Piagets Auffassung von Anpassung überein, die sich der überlebende Organismus aufgrund von Versuchen und Misserfolgen angeeignet hat.

2.4 Abduktion

Die zweite, wichtigere Parallele sehe ich zu dem Prinzip der „Abduktion", das Charles S. Peirce Anfang des vergangenen Jahrhunderts lancierte. Es ist im Grunde ein einfaches Prinzip. Stößt man auf eine erstaunliche Tatsache, so gleitet man in die Phantasie und versucht, eine Sachlage zu erdenken, die das Erstaunliche als

---

[2] Eine anschauliche Metapher für den Vorgang der Assimilation war die Methode der ersten Sortiermaschinen für Lochkarten: Man gab der Maschine eine Schablone mit den Löchern, die die Eigenschaften repräsentierten, die im Augenblick interessant waren. Die Maschine suchte dann alle Karten aus einem Stapel, die eben diese Löcher aufwiesen, und kümmerte sich nicht um etwaige andere Löcher in den Karten.

normale Folge hervorbringen würde. Anders gesagt, man stellt eine Hypothese auf und versucht, ihre Viabilität dann in der Erfahrung induktiv zu bestätigen (Peirce 1931–1935, Bd. 5: 189). Wie so eine Hypothese aufgestellt wird, ist in keiner Weise vorgeschrieben und kann ganz allgemein als Intuition beschrieben werden. Mit dem Bestätigungsvorgang jedoch haben sowohl Peirce wie auch Piaget das Prinzip des negativen Feedbacks vorweggenommen, das später von der Kybernetik formal entwickelt wurde.

Piaget hat sich nur mit den kognitiven Neuerungen eingehend befasst, deren Entstehen er reflektiver Abstraktion zuschreibt, ein Prozess, der zumindest ein Mindestmaß von Bewusstsein verlangt. Soweit ich weiß, hat Piaget Charles S. Peirce nie studiert; doch der Begriff der Abduktion lässt sich ohne Weiteres auf das Denkmuster der Akkommodation übertragen. Auch hier werden planlos Versuche gemacht, bis einer die gewünschte Folge mit sich bringt. Die Annahme, dass der Aufbau begrifflichen Wissens weitgehend auf der erfolgreichen Anwendung von Zufallskonstrukten beruht, war eine der revolutionären Grundsätze des Peirceschen Pragmatismus: „Alle Ideen der Wissenschaft entstehen durch Abduktion" (ebd.: 145).

Wenn Piaget das Handlungsschema auf die begriffliche Ebene überträgt, beruhen Akkommodationsversuche nicht auf der Wahrnehmung von vorerst übersehenen Sinnessignalen, sondern werden von vermeintlichen Analogien zwischen von einander unabhängigen begrifflichen Operationsmustern gesteuert. Das heißt, in dem erstaunlichen Sachverhalt wird ein Aspekt gesehen, der bekannte Erfahrungen wachruft. Diese Wahrnehmung einer Ähnlichkeit zweier begrifflicher Konstruktionen ist selbst das Ergebnis einer abduktiven Feststellung, da sie nicht einem planmäßigen Denken entspringt, sondern einer zufälligen Bemerkung.

Piaget verwendet das Wort *schème* sowohl für etablierte Handlungsfolgen als auch für den Aufbau von Konzepten. In beiden Fällen handelt es sich um Konstrukte, die infolge von wiederholten Erfahrungen als vereinfachte Muster abstrahiert wurden. Die „einfache oder aristotelische Abstraktion", besteht laut Piaget darin, dass von einem gegebenen Gegenstand, zum Beispiel einem Kristall, einer Substanz, Farbe, usw. eliminiert und ausschließlich die Form beibehalten wird. Die „logisch-mathematische Abstraktion" hingegen liefert das Muster einer Folge von Handlungen des Subjekts, ohne das sensomotorische Material zu registrieren, das die Handlungsfolge ursprünglich hervorrief (Piaget 1966: 366). Das steht nicht im Widerspruch zu der aristotelischen Abstraktion, denn die Form des Kristalls ist für Konstruktivisten auch eine Folge von „Handlungen", nämlich Bewegungen der Aufmerksamkeit, die die Wahrnehmung der räumlichen Gestalt bewirken.

Ein einfaches, gut vorstellbares Beispiel der Abstraktion eines Handlungsschemas ist ein Operationsprogramm, das es möglich macht, alle Dreiecke zu erkennen, gleichgültig welcher Form sie sind.[3] Das Programm kann aus folgenden Instruktionen bestehen: Geh von einem Anfangspunkt in gerader Linie; mach eine Wendung von weniger als 180 Grad und geh wieder; mach eine zweite Wendung in der gleichen Richtung wie die erste, so dass du in gerader Linie zum Anfangspunkt zurückkommst oder die erste Linie kreuzt. Diese Art und Weise einen Begriff zu definieren hat Percy Bridgman *operational definition* genannt (1927).

2.5 Äquilibration

Die zweite Phase von Jean Piagets Studium der kognitiven Entwicklung wurde hauptsächlich durch den Begriff der „Äquilibration" bestimmt. Der Begriff ist zweistufig und bezieht sich einerseits auf „organisches", andererseits auf „kognitives Gleichgewicht" (Piaget 1966: 405 ff.).

> Wie unterschiedlich die Ziele von Handeln und Denken auch sein mögen, das Subjekt versucht Unstimmigkeiten zu vermeiden und tendiert stets zu bestimmten Formen des Gleichgewichts, ohne sie je endgültig zu erreichen. (Piaget 1975: 170)

Unzählige Artikel sind geschrieben worden, in der Absicht darzulegen, inwiefern Piagets Vorstellung von „Äquilibration" sich von denen in den „harten" Wissenschaften üblichen unterscheidet. Ich habe da wenig Hilfreiches gefunden. Piagets eigene Erklärung ist unverblümt und meines Erachtens völlig hinreichend:

> Für die großen Funktionalisten am Anfang des 20. Jahrhunderts (ich denke da an Dewey, Claparède oder Thorndike) war es selbstverständlich, dass das Empfinden eines Bedürfnisses eine Störung des Gleichgewichts darstellt und dass seine Befriedigung die Re-Äquilibration mit sich bringt. (Piaget 1977: 136)

> Auf dem Niveau der sensomotorischen Handlungen geht es noch nicht um die Konstruktion einer Wirklichkeit, sondern einzig und allein um Erfolg in der praktischen Anpassung, das heißt um die Entdeckung eines Wegs, Perturbationen zu neutralisieren und ein zumindest vorübergehendes inneres Gleichgewicht zu erreichen. Auf dem Niveau der begrifflichen Operationen hingegen hat das sprachliche oder begriffliche Denken die Aufgabe *Wahrheiten* zu erkennen, zu formulieren und mit einander in einem widerspruchslosen Netzwerk zu vereinen, das mit den eigenen bisherigen Erfahrungen und sozialen Interaktionen kompatibel ist. (Piaget 1937: 316, Hervorhebung EvG)

Ich habe das Wort „Wahrheiten" hervorgehoben, weil es Piaget-Kritiker ebenso wie Vertreter irregeführt hat. Angesichts der vielen Stellen in Jean Piagets Schriften, wo er ohne Umschweife erklärt, dass es dem erlebenden Subjekt unmöglich

---

[3] Dieses Programm wurde Anfang der 1980er Jahre entworfen und von Paul Czerny für einen kleinen Computer geschrieben.

ist, eine 'objektive' Welt zu erkennen, wie sie wäre, bevor sie erlebt wird, ist es klar, dass sich Wahrheit in diesem Zusammenhang nicht auf die Erkenntnis einer ontischen Realität beziehen kann, sondern nur auf die mehr oder weniger stabile Erlebenswelt, die das Subjekt als Wirklichkeit für sich aufbauen kann. Piagets Wahrheit bezieht sich also nicht auf eine 'Realität', sondern auf Invarianten der begrifflichen Konstruktion und auf Notwendigkeiten der internen Logik.

> Wenn wir im Bereich des Mentalen von Äquilibrium sprechen, so haben wir keineswegs ein Stadium der Ruhe im Sinn, sondern im Gegenteil Handlungssysteme, in denen Äquilibrium oder Störung desselben gewisse Handlungen bedingen. Im geläufigen Gebrauch des Wortes (in der Mechanik usw.) ist es selbstverständlich, dass ein Organismus sich niemals in unerschütterlichem Gleichgewicht befindet und dass ein Zustand vollkommener Ruhe in einem geschlossenen System den Tod bedeutet. (Apostel/Mandelbrot/Piaget 1957: 36 f.)

Es geht in der Denkwelt also darum, Unvereinbarkeiten und direkte Widersprüche zu vermeiden und das Gleichgewicht ist unter allen Umständen ein labiles, etwa wie das eines Radfahrers, der dauernd handeln muss, um es aufrecht zu erhalten.

2.6 Wirklichkeit

> Was wäre das Kriterium – wenn es so etwas überhaupt gibt – auf Grund dessen man weiß, dass man das Gegebene so erfasst hat, wie es gegeben wurde? (Jonckheere/Mandelbrot/Piaget 1958: 22)

> Der Verstand organisiert sich selbst, indem er die Welt organisiert. (Piaget 1937: 311)

> Ausgehend von sensomotorischen Handlungen, die eine Art von Wissen in Aktion sind, für das Wirklichkeit nur im Lauf der Handlung existiert, arbeitet der menschliche Verstand sich heraus und schreibt dieser Wirklichkeit eine gewisse Dauer zu, um sie in einer labilen und konkreten Vorstellung der Handlungen und der Objekte zu fassen. (Piaget 1977: 7)

Wie schon Jakob von Uexküll (1933) festgestellt hatte, beruht die Wirklichkeit eines lebenden Organismus auf seiner Merkwelt und seiner Wirkwelt, das heißt auf dem, was er aufgrund seiner eigenen Wahrnehmungen und Handlungen konstruiert hat.

Jean Piaget lebte in der französischen Sprache. Im Französischen, ebenso wie im Englischen, gibt es kein Wort für Wirklichkeit in Uexkülls Sinn. Deshalb gerät Piaget oft in Schwierigkeiten, wenn er das Wort *réalité* verwendet. *Actualité* wäre die etymologisch begründbare Übersetzung von Wirklichkeit, aber sowohl im Französischen als auch im Englischen hat dieses Wort längst eine andere Bedeutung erworben. Zieht man jedoch die oben zitierten Passagen (und da ließen sich noch viele ähnliche zitieren) in Betracht, dann wird klar, dass Piagets *réalité* nicht als ontologische Realität interpretiert werden kann. Für ihn bildet die Gesamtheit von Konstrukten – Begriffe, begriffliche Verbindungen und Modelle – die subjektive Wirklichkeit des Individuums und insofern diese Konstrukte sich in Interaktionen mit anderen als viabel erweisen, sind sie die objektive (d. h. intersubjektive) Wirklichkeit und das, was Piaget notgedrungen als *réalité* bezeichnen muss.

Dass Wirklichkeit sich nur auf Erfahrung gründen kann, wird auch klar, wenn Piaget von Beobachtungen spricht.

> Um mit Beobachtbarem (*les observables*) zu beginnen: Es muss aufgrund dessen definiert werden, was das Subjekt festzustellen glaubt, und nicht einfach durch das, was feststellbar sein mag. Anders ausgedrückt heißt das: Eine Beobachtung ist niemals von den Instrumenten unabhängig, die dem Subjekt zur Verfügung stehen, Instrumente, die nicht einfach wahrnehmen, sondern assimilieren. (Piaget 1975: 50)

Percy Bridgman, dessen frühe Arbeiten Piaget kannte, gab das einfachste und überzeugendste Beispiel für die unumgängliche Abhängigkeit aller Erkenntnis von der Wahrnehmungsweise und den Begriffsstrukturen des Beobachters.[4] In seiner Erläuterung der operationalen Definition des Begriffs der Länge erklärt er: „Untersuchung der Operationen des Messens zeigt, dass Größe von der Länge des grundlegenden Meßstabs abhängig ist." (Bridgman 1927: 40) Der Mathematiker Benoit Mandelbrot, der in den 1950er Jahren kurz mit Piaget zusammenarbeitete, lieferte eine bestechende Illustration der Abhängigkeit aller Beobachtungen und ihrer Fassung in Begriffen von den Mitteln, die das beobachtende und begreifende Subjekt verwendet. In seinem Aufsatz „How Long is the Coast of Britain?" (1967) zeigt er, dass die Länge der Küstenlinie 2.800 km beträgt, machte man die Messung mit einem Stab von 100 km; mit einem Stab von 50 km würde sie 3.400 km betragen. Das bedeutet, dass die gemessene Länge immer größer wird, je kürzer der Stab, den man zum Messen verwendet. Nähme man einen Stab von 10 cm und versuchte mit ihm den unzähligen Unregelmäßigkeiten der Küste zu folgen, so käme eine beinahe unendliche Länge heraus.

Der Zusammenhang von Wirklichkeit und Realität ist zweifellos einer der heikelsten Punkte in Piagets Theorie. Obschon er, wie einige der bereits zitierten Stellen seines Werks belegen, eine ontologische Realität als dem rationalen menschlichen Wissen unzugänglich betrachtet, verwischt er hier und dort die Unterscheidung.

> Wenn der Physiker oder das Kind – es handelt sich hier um einen gemeinsamen Zug – seine logisch-mathematischen (begrifflichen) Operationen körperlichen Gegenständen zuschreibt, um sie zu verstehen und ihnen Operationen zuzuschreiben, so ist das freilich etwas wie Projektion. Andererseits aber *lässt der Gegenstand sich behandeln*. (Piaget 1977: 64, Hervorhebung EvG)

---

[4] Der Leser sollte sich hier an Kants grundlegende Einsicht erinnern, dass eine Vorstellung der Welt nur im Rahmen des Gerüsts von Raum und Zeit möglich ist, das der Mensch allem Erleben zugrunde legt (*Kritik der reinen Vernunft* [1781], Transscendentale Ästhetik.)

Im anschließenden Text wird Piagets Ausdrucksweise noch verschwommener und er behauptet: „Doch wenn man zu wahren Theorien kommt, so ist das eben weil der Gegenstand sich behandeln lässt; und das bedeutet, dass da zwischen ihm und meinen Operationen eine Analogie besteht." (Ebd.) Piaget bezeichnet sich im nächsten Absatz als „Realist". Das mag eine schlaue Finte gewesen sein, um sich den Vorwurf, ein Idealist zu sein, zu ersparen, ist aber für alle, die seine Ausführungen über Anpassung gelesen haben, ein unannehmbarer Widerspruch. Er selbst erklärt: „Es gibt kein Wissen von der physischen Welt unabhängig von den begrifflichen Strukturen, an die Erfahrungen, die erkannt werden sollen, assimiliert werden, um Wissen zu werden." (Jonckheere/Mandelbrot/Piaget 1958: 106) Dass ein Gegenstand „sich behandeln lässt", zeigt bestenfalls Kompatibilität, aber keineswegs eine Analogie zu der Vorstellung, die das erlebende Subjekt sich von ihm macht.

2.7 Fiktive Abstraktionen

In seinem berühmten Essay „A Function for Thought Experiments" erwähnt Thomas Kuhn (1992), eine Parallele zwischen Piagets Forschungsmethode des „klinischen Interviews" und der Anwendung von Gedankenexperimenten in der Entwicklung des wissenschaftlichen Wissens. Anhand von Galileos Beispiel zeigt er, dass geläufige Begriffe und Definitionen zuweilen Widersprüche schaffen, wenn sie in neuen Erfahrungsbereichen angewendet werden. Begriffliche Widersprüche stammen nicht nur aus begrifflichen Mängeln, sondern auch aus Schwierigkeiten, die erscheinen, wenn versucht wird, einen Begriff in Erfahrungen zu verwenden, die bisher nicht assimiliert wurden. (Vgl. Kuhn 1992: 34)

Widersprüche werden durch einen Vergleich erkennbar, und auf dem Niveau der Begriffsbildung sind es Vergleiche von *reflektiven Abstraktionen,* das heißt von begrifflichen Strukturen, die gewissermaßen von den sensomotorischen Einzelheiten, die zu ihrer Bildung führten, abgehoben worden sind.

Widersprüche bedeuten Perturbation, und um das störende begriffliche Hindernis zu ermitteln, kann man versuchen, die fragwürdigen Begriffe in einer fiktiven, imaginären Situation zu prüfen. Mitunter führt das zur Bildung eines neuen Begriffs. In Galileos Beispiel zu dem, was Kuhn „instant velocity" nennt, nämlich einem Begriff der Geschwindigkeit, der sich nicht mehr auf eine bestimmte Strecke oder eine Ankunftszeit bezieht, sondern auf eine mathematische Größe, die einem bewegten Punktkörper zugeschrieben werden kann.[5]

---

[5] Als Konstruktivist muss ich darauf hinweisen, dass diese „Punktgeschwindigkeit" eine reflektive Abstraktion ist, die sich auf der sensomotorischen Ebene nicht manifestieren kann, weil Geschwindigkeit da nicht ohne eine durchlaufene Strecke denkbar ist.

Die Parallele zum klinischen Interview besteht darin, dass Piaget, dem Kind die Bildung neuer Begriffe nahelegt, indem er es dazu führt, bereits bekannte kognitive Strukturen in einer Situation zu verwenden, in der sie voraussichtlich nicht funktionieren. Der Unterschied besteht darin, dass die perturbierende imaginäre Situation dem Forscher aus seinen Untersuchungen erwächst, während Piaget sie seinen Kindern absichtlich vorlegt, um den Aufbau neuer Begriffe anzuregen.

> Wir wissen nicht genau, was Leben ist, und wir wissen noch weniger, was Wahrheit bedeuten soll. Im allgemeinen stimmt man überein, dass Wahrheit keine Kopie sein kann, die Realität so wiedergibt, wie sie ist.[6] Eine derartige Kopie ist unmöglich, da nur die Kopie Kenntnis von dem Modell liefern kann, das kopiert werden soll, und diese Kenntnis wäre unerlässlich, um eine Kopie zu machen. […]
>
> Aber es gehört zur Eigenart des Lebens, sich unaufhaltsam zu überholen; und sucht man das Geheimnis der rationalen Organisation in der Organisation des Lebens, so besteht die Methode darin, dass man Erkenntnis durch ihre eigene Konstruktion zu verstehen sucht – was keineswegs absurd ist, da sie selbst ja in ihrer Wesenheit Konstruktion ist. (Piaget 1967.: 415 f.)

In diesem Zusammenhang ist es wichtig, sich daran zu erinnern, dass Piaget von Anfang an streng rationales wissenschaftliches Wissen von Weisheit trennt. „Wichtig ist das Trio Reflexion x Deduktion x Experiment, dessen erstes Glied die heuristische Funktion bildet, die beiden anderen hingegen kognitive Verifikation, welche allein 'Wahrheit' liefert." (Piaget 1971: 232) Was Piaget unter „Wahrheit" versteht, ist das, was sich verifizieren lässt, und das heißt, was in der Erfahrungswirklichkeit viabel ist, nicht etwa eine ontologische Wahrheit. Weisheit hingegen entsteht auf andere Weise:

> […] durch die Koordination von kognitiven Werten und anderen menschlichen Werten kann Weisheit entstehen; doch Weisheit setzt Verpflichtungen voraus und darum können mehrere Weisheiten, die nicht mit einander vereinbar sind, koexistieren, während nur eine einzige Wahrheit annehmbar ist, wenn wir das Problem des Wissens im strikten Sinn behandeln. (Ebd.: 216 f.).

Der Begriff 'objektiv' ist von modernen Philosophen und Psychologen verdreht worden und wird von ihnen auf die besondere Qualität einer vom Erlebenden unabhängige Welt bezogen. Ursprünglich wurde 'objektiv' als das Gegenteil von 'subjektiv' betrachtet und deutete lediglich auf etwas, das keinem spezifischen Beobachter zugeschrieben wurde. Lieber als meine Interpretation vorzulegen, übersetze ich eine Passage, in der Piaget selbst die Unmöglichkeit einer objektiven Kenntnis der Welt darlegt.

---

[6] Hier ist es klar, dass Piagets *réalité* sich nicht als Wirklichkeit interpretieren lässt, sondern als Realität gemeint ist.

[...] alle die Philosophen, die um das Absolute besorgt waren, haben sich auf ein transzendentales Subjekt berufen, das über den Menschen und vor allem über die „Natur" hinausgeht, um das Wahre jenseits der spatio-temporalen und physikalischen Möglichkeiten situiert und um diese Natur in einer zeitlosen oder ewigen Perspektive erkennbar zu machen. Aber dann ist die Frage, ob es möglich ist über den eigenen Schatten zu springen und das „Subjekt" in einem selbst zu erfassen, ohne dass es trotz allem „menschlich" oder wie Nietzsche sagte „allzu menschlich" bleibt. (Piaget 1967: 414)

2.8 Soziale Interaktion und Sprache

Die Kritik, die am häufigsten und am lautesten gegen Piaget vorgebracht wurde, behauptete, dass sein Werk die kognitive Entwicklung des Kindes als einen vollkommen individuellen Vorgang behandelt und den Einfluss der Gesellschaft ignoriert. Diese Ansicht konnte nur von Leuten gebildet werden, die nur minimale Bekanntschaft mit Piagets eigenen Schriften gemach hatten. An vielen Stellen erwähnt Piaget nämlich, dass eine der Hauptquellen der Akkommodation darin besteht, dass soziale und vor allem sprachliche Interaktionen Elemente hervorbringen, die nicht ohne weiteres assimiliert werden können.

In der englischsprechenden Welt ist dieser blinde Fleck zum Teil auch der Tatsache zuzuschreiben, dass Piagets Band *Études sociologiques* (1965) erst vor wenigen Jahren von Leslie Smith übersetzt worden ist.[7] Diese Verzögerung hat einigen Schaden angerichtet, denn in der Zwischenzeit ist Lev Vygotskys Werk verbreitet und als Antwort auf die Frage der Entwicklung der Sozialisation angepriesen worden. Meiner Ansicht nach analysiert Piaget in seinen Soziologischen Studien die sozialen Interaktionen des Kindes in weit größerem Detail als Autoren, die, wie Vygotsky und die gegenwärtigen „Social Constructionists", die Gesellschaft und Sprache als Gegebenheiten außerhalb der Erfahrenswelt des Kinds voraussetzen. Eine derartige Annahme setzt eine angeborene 'soziale Natur' voraus und eine 'objektive' Gesellschaft, in die das Kind hineinwachsen kann. Vom konstruktivistischen Gesichtspunkt aus scheint das ähnlich der Chomsky'schen Behauptung, dass die grundlegende linguistische Struktur angeboren sei. Damit erübrigen sich weitere Untersuchungen, wie Kinder zu einer Sprache kommen, die ihnen Verständigung mit den anderen kognitiven Individuen gestattet, die sie sich konstruiert haben.

Piaget hingegen bespricht mehrere Arten von Wissen, deren Aufbau gesellschaftliche Interaktion verlangt im Gegensatz zu jenen, die das Individuum alleine konstruieren kann. Seiner Ansicht nach sind die Organisation der unvermittelten Erfahrung, die sensomotorische Intelligenz, die sich in einfachen Handlungsschemas manifestiert, und die grundlegende Fähigkeit, etwas für den symbolischen

---

[7] Von einer deutschen Übersetzung konnte ich im Internet keine Spur finden.

Ersatz von etwas anderem zu betrachten, kognitive Funktionen, die das Kind schon besitzt bevor es einen Begriff von anderen Leuten, geschweige denn von deren gemeinsamen gesellschaftlichen Gewohnheiten hat. Bewusste Reflexion andererseits entsteht – ähnlich wie bei Humberto R. Maturana, einem anderen Pionier der Biologie des Wissens – im Zusammenhang mit der Interaktion und Zusammenarbeit mit anderen und ist ein allmählicher Prozess.

Dass Kinder die Fähigkeit, einen Gegenstand durch einen anderen zu simulieren, schon vor dem Einsatz der Sprachentwicklung haben, wissen wohl alle, die mit etwa Einjährigen zu tun gehabt haben. Das Kleinkind schiebt zum Beispiel eine kleine Schachtel auf der Tischplatte entlang und liefert dazu eine mehr oder weniger erkennbare Imitation von Motorlärm. Damit nimmt das Kind die wichtigste Funktion der Sprache vorweg, nämlich die semantische Assoziation.

In seinen *Études sociologiques* analysiert Piaget den Mechanismus des gesellschaftlichen Einflusses indem er ihn mit dem Aufbau der individuellen Wirklichkeit verkörpert. „Es (das Kind) sozialisiert sich in der gleichen Weise, in der es sich an die physische Umwelt adaptiert" (Piaget 1989: 264). Die Sozialisierung muss damit beginnen, dass das Kind sich Vorstellungen von anderen Personen aufbaut. Obschon der Charakter seines Modells nicht ganz der gleiche ist, hat Piaget im Bezug auf die Konstruktion des Anderen beinahe Wort für Wort die Erklärung Kants übernommen. „Es ist offenbar: daß, wenn man sich ein denkendes Wesen vorstellen will, man sich selbst an seine Stelle setzen und also dem Objecte, welches man erwägen wollte, sein eigenes Subject unterschieben müsse." (Kant 1781: 354). Die Gesellschaft ist das Kollektiv der Anderen und die Vorstellung von diesem Kollektiv bildet sich nur ganz allmählich.

> Bei der Geburt ändert die Gesellschaft noch nichts und die Verhaltensstrukturen des Neugeborenen blieben die gleichen selbst wenn es von einem Robot gesäugt würde. Hingegen werden diese Strukturen dauern durch Interaktikon mit der Umwelt verändert. Diese Interaktionen beginnen auf dem sensomotorischen Niveau (Lächeln, Variationen in Stimmton und Gesichtsausdruck, Imitationen, usw.) und konsolidieren sich Hand in Hand mit der mentalen Entwicklung als Ganzes. (Piaget 1989: 340 f.)

> Der Infantile Egozentrismus ist seiner selbst nicht bewusst: Er ist eine Art von „Unschuldigkeit", nicht nur des Auges, sondern der ganzen Vernunft, so dass die unmittelbare Vorstellung von Gegenständen und Personen die einzig mögliche scheint und noch keinerlei Verhältnis zu anderen Gesichtspunkten hat. Schon von da an ist das kleine Kind größtenteils autozentriert, weiß es selber aber nicht und projiziert darum seine Subjektivität in die Dinge und in die anderen Personen. Es sieht Gegenstände und Personen, die von ihm getrennt sind. Aber es sieht sie nur durch sich selbst. (Ebd.: 265).

Die Kräfte, die zur Sozialisation des Kindes führen, sieht Piaget einerseits im Zwang, den die Gesellschaft dem Kind im Bezug auf Verhalten auferlegt, andererseits in den unterschiedlichen Formen der Zusammenarbeit, in die sie es verwickelt. In beiden Richtungen sind es die Anpassung an Widerstände, respektive die

Entwicklung von viablen Handlungen, die das Kind zu einem Mitglied der Gesellschaft machen. Und genau dieselben Kräfte sind es, die zu Erwerb und Perfektion der Sprache führen (vgl. ebd.: 266 ff.).

3 Schlussbemerkung

Der Begriff der Anpassung geht als Leitgedanke durch Jean Piagets gesamtes Werk und bildet einen radikalen Bruch mit der philosophischen Tradition. Vom Wissen wurde stets angenommen, dass es eine vom Wissenden unabhängige Realität mehr oder weniger wahrheitsgetreu widerspiegeln müsse. Die Passagen, die ich in dem Abschnitt „Wirklichkeit" aus Piagets Schriften zitiert habe, lassen keinen Zweifel, dass er einen derartigen repräsentativen Aspekt der kognitiven Strukturen des Menschen für ausgeschlossen hielt. Ebenso wie die Handlungen, auf die das heranwachsende Kind sich zu verlassen lernt, hat das Wissen, dem es vertrauen kann, kein ikonisches Verhältnis mit einer Realität, sondern das Verhältnis des Passens. Das heißt, die ontologische Realität bleibt unnahbar, und der Mensch kann nur ausfindig machen, ob sie sein Handeln und Denken zulässt und er es somit als vorläufig *viabel* betrachten darf. „Es gibt kein Wissen von der physikalischen Welt, das unabhängig wäre von den begrifflichen Strukturen, an die Erfahrungen assimiliert werden, um Wissen zu werden." (Jonckheere/Mandelbrot/Piaget 1958: 106) Das Verhältnis der Viabilität ist nicht minder maßgebend in der Konstruktion der Vorstellung von anderen Personen, als in der Herausbildung mehr oder weniger konstanter Bedeutungen sprachlicher Elemente. In beiden Fällen stellt die Erfahrungswelt dem Lernenden Schranken in den Weg, die nur mit Hilfe von Akkommodationen, das heißt begrifflichen Erfindungen, umgangen werden können.

Im vergangenen Jahrhundert fing die Psychologie an, sich als die Wissenschaft des Verhaltens zu betrachten und die Psyche planmäßig zu vernachlässigen. Für Piaget hingegen war die Psychologie die Wissenschaft des Denkens, der Begriffsbildung und der Reflexion. Es ist kein Wunder, dass diese Kluft zur Quelle fataler Missverständnisse wurde.

Danksagung

Edith Ackermanns kritische Bemerkungen zu einer früheren Fassung dieses Artikels waren mir eine wertvolle Hilfe.

Literatur

Apostel, Léo/Benoît Mandelbrot/Jean Piaget (1957): Logique et Équilibre. Paris: Presses Universitaires de France.
Bridgman, Percy (1927): The Logic of Modern Physics. New York: MacMillan.
Inhelder, Bärbel/Rolando Garcia/Jacques Vonèche (1976): Épistémolgie génétique et équilibration. Hommage à Jean Piaget. Neuchâtel: Delachaux et Niestlé.
Jonckheere, A[imable]/Benoît Mandelbrot/Jean Piaget (1958): La lecture de l'expérience. Paris: Presses Universitaires de France.
Kant, Immanuel (1781): Kritik der reinen Vernunft. (= Immanuel Kant: Werke. Bd. IV.) Akademie Textausgabe. Berlin: Gruyter.
Kuhn, Thomas (1992): A Function of Thought Experiments. In: Leslie Smith (Hrsg.): Jean Piaget. Critical Assessments. Bd. 4. London: Routledge. S. 19–40.
Mandelbrot, Benoît (1967): How Long Is the Coast of Britain? Statistical Self-Similarity and Fractional Dimension. In: Science. 156. Jg. H. 3775. S. 636–638.
Maturana, Humberto (1980): Biology of Cognition. In: Humberto R. Maturana/Francisco J. Varela: Autopoiesis and Cognition. The Realization of the Living. Dordrecht/Boston: Reidel. S. 2–62.
Peirce, Charles S. (1931–1935): Collected Papers. 6. Bd.e. Hrsg. Charles Hartshorne/Paul Weiss. Cambridge/MA: Harvard Univ. Press.
Piaget, Jean (1937): La construction du réel chez l'enfant. Neuchâtel: Delachaux et Niestlé.
Piaget, Jean (1965): Études sociologiques. Genève/Paris: Droz.
Piaget, Jean (1967): Biologie et connaissance. Paris: Gallimard.
Piaget, Jean (1971): Insights and Illusions of Philosophy. New York: Meridian.
Piaget, Jean (1973): To Understand Is to Invent. New York: Grossman.
Piaget, Jean (1975): L'équilibration des structures cognitives. Problème central du développement. Paris: Presses Universitaires de France.
Piaget, Jean (1977): The Essential Piaget. Hrsg. Howard E. Gruber/J. Jacques Vonèche. London: Routledge & Kegan Paul.
Piaget, Jean (1986): Meine Theorie der geistigen Entwicklung. Hrsg. Reinhard Fatke. Frankfurt am Main: Fischer.
Piaget, Jean (1989): Studi sociologici. Hrsg. und übers. Pietro Barbetta/Walter Fornasa. Milan: Franco Angeli.
Uexküll, Jakob von/Georg Kriszat (1933): Streifzüge durch die Umwelten von Tieren und Menschen. Frankfurt am Main: Fischer.

Sprachgewohnheiten

Sibylle Moser über Benjamin Lee Whorfs *Sprache, Denken, Wirklichkeit*

1   Entstehungsbedingungen und Vorgeschichte

Die Annahme, dass die Bewohner der Arktis über deutlich mehr Begriffe für Schnee verfügen als die Sprecher indoeuropäischer Sprachen, ist ein – hinreichend widerlegter – Gemeinplatz von Franz Boas (vgl. Pullum 1991: 159 ff.), den heute jedes Schulkind zitiert, wenn es um die Beziehung von Erfahrung, Wissen und Sprache geht. Nur wenige wissen jedoch, dass der populärste und meistzitierte Vertreter dieser Behauptung, Benjamin Lee Whorf, sein Leben lang als Mitarbeiter einer Versicherungsgesellschaft die Ursachen und Folgen von Brandschäden analysierte. Geboren im Jahre 1897 an der Schwelle zum 20. Jahrhundert studierte Whorf Chemie am Massachusetts Institute of Technology (MIT) in Boston und arbeitete ab 1919 als Brandschutzinspektor für die Hartford Fire Insurance Company in Betrieben der chemischen Industrie. Wie kam der Ingenieur und Geschäftsmann Whorf dazu, eine der bekanntesten Thesen der Sprachwissenschaft des 20. Jahrhunderts, die „Sapir-Whorf-Hypothese" zu formulieren?

Zwei Kerninteressen scheinen den Amerikaner mit methodistischem Glaubenshintergrund zur Erforschung der Beziehung von Sprache und Denkstil geführt zu haben: die Faszination für die fremden Kulturen der Maya und Azteken, die bis in seine Kindheit zurück reichte und deren autodidaktisches Studium ihn zu den ethnografischen Sprachuntersuchungen von Franz Boas und Edward Sapir brachte, und die Suche nach verborgenen Grundideen und semantischen Strukturen in den hebräischen Texten des Alten Testaments, die den Grundstein für sein Interesse an der Beziehung von Sprache und Welterkenntnis legte. Beide Interessen prägten Benjamin Lee Whorfs intellektuelles Universum bis zu seinem frühen Tod im Jahre 1941.

Benjamin Lee Whorfs Personalunion als Sprachforscher und Unternehmer zeigte sich in seinem untrüglichen Sinn für das Praktische. So bezog er seine Beispiele für die sprachwissenschaftliche Arbeit nicht selten aus der unmittelbaren Praxis seines Geschäftsfeldes: Brandschäden, so seine Beobachtung, treten häufig im Fahrwasser sprachlicher Ungenauigkeiten und Missverständnisse auf. So suggerierte etwa in einem Schadensfall die Aussage, eine Benzintonne sei „leer" einem Arbeiter, dass diese kein entflammbares Material mehr enthielt, er schätzte die Gefahr als „nicht vorhanden" („leer") ein und löste mit seiner Zigarette durch Benzindämpfe eine Explosion aus. Die jeweilige Sprache, so Whorfs Credo, spielt eine entscheidende Rolle bei der Art und Weise, wie wir die Wirklichkeit konstruieren und welche Konsequenzen diese Konstruktion hat: „Wir nehmen immer an, die sprachliche Interpretation, die unsere Gruppe vollzieht, gebe die Wirklichkeit besser wieder, als sie es tatsächlich tut." (Whorf 1986: 77)

Whorf verfolgte seine ungewöhnlichen 'Hobbys' neben seinem regulären Acht-Stunden-Arbeitstag – nicht selten besuchte er nach der Arbeit und auf Geschäftsreisen einschlägige Bibliotheken – mit erstaunlicher Verve. Er nahm an der Yale University an den Kursen Edward Sapirs teil, unternahm Feldforschungsreisen nach Mexiko und zu den Hopi-Indianern in Arizona, gab selbst Kurse in Anthropologie und publizierte ab den 1930er Jahren regelmäßig in einschlägigen Fachzeitschriften. Obwohl er nie ein Doktorat erlangte, stand sein akademischer Output, so John B. Carroll, der Herausgeber von Whorfs Schriften, „dem eines ordentlichen Professors in keiner Weise nach" (vgl. Carroll 1956: 5).

Die Auswahl von Aufsätzen, die in der englischen Ausgabe des Sammelbandes *Language, Thought and Reality* (1956) versammelt sind, entstanden im Zeitraum von 1927 bis 1941 und erschienen teilweise in sehr unterschiedlichen Publikationskontexten. Neben der Kollegenschaft aus Linguistik und Anthropologie adressierten Whorfs sprachphilosophische und linguistische Texte häufig auch ein nichtakademisches Publikum. So erschien zum Beispiel der Artikel „Language, Mind, and Reality" (1942) posthum in der Zeitschrift *The Theosophist* im südindischen Madras. John B. Carroll bemerkt zum programmatischen Zug von Whorfs unkonventioneller Publikationspolitik:

> Undoubtedly Whorf had in mind to bring linguistics before a general public in a manner that had scarcely ever been attempted; in fact he may be credited with being the first popularizer of modern linguistic science. He realized, however, that it would be impossible to popularize linguistics, and there would be little purpose in doing so, unless linguistics held a message of popular appeal. This message Whorf believed was that linguistics has much to say about how and what we think. (Carroll 1956: 18)

2 *Sprache, Denken, Wirklichkeit* als Schlüsselwerk des Konstruktivismus

2.1 Die Kernannahme: Die Sapir-Whorf-Hypothese

Kurz vor seinem Tod im Jahre 1941 notiert Benjamin Lee Whorf in dem Artikel „Science and Linguistics" (1940), der in der *Technology Review* des MIT erscheint:

> Die Kategorien und Typen, die wir aus der phänomenalen Welt herausheben, finden wir nicht einfach in ihr – etwa weil sie jedem Beobachter in die Augen springen; ganz im Gegenteil präsentiert sich die Welt in einem kaleidoskopartigen Strom von Eindrücken, der durch unseren Geist organisiert werden muss – das aber heißt weitgehend: von dem linguistischen System in unserem Geist. Wie wir die Natur aufgliedern, sie in Begriffen organisieren und ihnen

> Bedeutungen zuschreiben, das ist weitgehend davon bestimmt, dass wir an einem Abkommen beteiligt sind, sie in dieser Weise zu organisieren – einem Abkommen, das für unsere Sprachgemeinschaft gilt und in den Strukturen unserer Sprache kodifiziert ist. Dieses Übereinkommen ist natürlich nur ein implizites und unausgesprochenes, *aber sein Inhalt ist absolut obligatorisch*; wir können überhaupt nicht sprechen, ohne uns der Ordnung und Klassifikation des Gegebenen zu unterwerfen, die dieses Übereinkommen vorschreibt. (Whorf 1986: 12, Hervorhebung im Original)

Whorf greift mit dieser Passage zentrale Thesen seines Lehrers Edward Sapir auf und spitzt sie rhetorisch zum „linguistischen Relativitätsprinzip" (ebd.) zu. Deutlich wird in dem Zitat bereits der Einfluss der Gestaltpsychologie auf sein Denken. Sprachliche Begriffe erscheinen ihm als Inventar von semantischen Figuren, die als sinnvolle Gestalten aus dem diffusen Hintergrund des Erlebens herausgefiltert werden. Deutlich wird auch, dass Whorf davon ausgeht, dass diese begrifflichen Formen im Alltag ausgeblendet werden, Sprache für Sprecher also „Hintergrundcharakter" (ebd.: 10) hat und zur unhinterfragten Voraussetzung bzw. zum blinden Fleck der Wirklichkeit wird.

Whorfs Annahme, dass unsere begrifflichen Unterscheidungen „absolut obligatorisch" sind und wir nicht hinter sie zurück können, begründet die Annahme eines *sprachlichen Determinismus*. Während der Common Sense davon ausgeht, dass wir zuerst denken und dann unsere Gedanken in Sprache kleiden, Wörter also Vehikel für mentale Inhalte sind, legt Whorfs konstruktivistische Position eine Umkehrung der Richtung nahe: Denken bestimmt nicht die Sprache, sondern die Sprache determiniert die Entwicklung unserer kognitiven Konzepte. Ist die mentale Wirklichkeit aber tatsächlich ausschließlich eine sprachliche Konstruktion?

Die starke Interpretation der Sapir-Whorf-These besagt, dass die Sprecher einer Sprache ausschließlich das zu denken und wahrzunehmen imstande sind, was die syntaktischen Strukturen und der Wortschatz ihrer Sprache ihnen zu denken bzw. wahrzunehmen erlauben, eine Interpretation die sowohl epistemologische als auch empirische Probleme birgt. Treibt man die starke Variante der Sapir-Whorf-Hypothese auf die Spitze, so landet man in der Sackgasse der Unübersetzbarkeit und des logischen Selbstwiderspruchs. Sprecher strukturell verschiedener Sprachen könnten sich demnach nicht verständigen, da sie eine verschiedene Lexik und Syntax und damit unvergleichbare Begriffe von der Wirklichkeit haben. Die Unhaltbarkeit einer radikalen Interpretation der These liegt auf der Hand. Sie zeigt sich in dem performativen Widerspruch, dass Benjamin Lee Whorf und Edward Sapir unter dieser Bedingung nicht in der Lage gewesen wären, über die ihnen fremden Sprachen der amerikanischen Ureinwohner sinnvoll zu sprechen. Eine genauere Lektüre von Whorfs und Sapirs Texten zeigt jedoch, dass diese das sprachliche Relativitätsprinzip keineswegs in einem „linguistischen Fehlschluss" (vgl. Gipper 1972: 79 f.) radikalisierten. So finden sich an vielen Stellen Hinweise auf vorsprachliche Dimensionen der Wirklichkeit, wie etwa universelle physikalische und mentale Strukturen, die als Vergleichsmaßstab unterschiedlicher sprachlicher Wirklichkeiten dienen. Josef Mitterer weist deshalb kritisch darauf hin, dass Sprache bei Benjamin Lee Whorf die Welt nicht erzeugt, sondern die vorhandene Realität eben nur „organisiert" bzw. „ordnet" (Mitterer 1993: 34), Whorf also eine realistische Position vertritt, die unhinterfragt eine vorsprachliche Wirklichkeit als letzte Bezugsbasis voraussetzt.

Aus aktueller konstruktivistischer Sicht bleibt festzuhalten, dass auch vorsprachliche Dimensionen der Wirklichkeit in Whorfs Texten sprachlich erfasst werden und nicht als letzte Instanz für die Überprüfung seiner Thesen dienen können. Und umgekehrt: Während Whorf sprachliche Wirklichkeiten beobachtete, tat er dies auf der Basis einer Reihe von nonverbalen Prozessen, wie etwa der Sensomotorik seiner schreibenden Hand und der emotionalen Bewertung der von ihm beobachten Sachverhalte. Weder Sprache noch vorsprachliche Erfahrungen können Whorfs Aussagen also endgültig und unhinterfragt begründen. Verwirft man den Anspruch auf eine Letztbegründung der Sapir-Whorf-Hypothese, so ist dies auch nicht weiter tragisch. Whorfs Texte demonstrieren, dass er seine eigene Sprache, das amerikanische Englisch, durch den interkulturellen Vergleich einer kritischen (Selbst-)Beobachtung unterwirft. Diese metasprachliche Analyse, Whorfs Denken/Sprechen über die Sprache, das hat bereits die philosophische Hermeneutik im Begriff des hermeneutischen Zirkels gefasst, bleibt einerseits notwendig an historische Voraussetzungen bzw. „Vorurteile" (Gadamer) geknüpft, andererseits sind Sprechen und Denken dynamische Prozesse, die sich in der sprachlichen Reflexion verändern können. Wir sind keineswegs Sklaven unserer Sprache, solange wir geistig in Bewegung bleiben und unsere Beobachtungsstandpunkte wechseln.

Empirische Untersuchungen (siehe unten) zeigen entsprechend, dass die Konstruktion der Wirklichkeit dynamisch ist und zwischen nonverbaler Wahrnehmung und sprachlicher Begriffsbildung oszilliert. Die Beziehung von Sprache, Wahrnehmung und Denken verläuft weder in die eine noch in die andere Richtung deterministisch. Menschen können zum Beispiel aufgrund ihrer vergleichbaren Physiologie dasselbe physikalische Farbspektrum sehen, fokussieren aber häufig durch ihre Begriffe gelenkt selektiv auf verschiedene spektrale Ausschnitte. Die schwache Interpretation der Sapir-Whorf-Hypothese behauptet in diesem Sinn nur einen *Einfluss der Sprache auf das Denken und die Wahrnehmung*, nicht aber die Determination der Wirklichkeit durch die Sprache (vgl. Evans/Green 2006: 95 ff.). Die kausale Richtung dieses Einflusses wird nicht eindeutig festgelegt und muss von Fall zu Fall empirisch entschieden werden. Whorf selbst schließt eine einfache Korrelation von Kultur und Sprache, etwa die notwendige Verknüpfung von Kulturtechniken wie Jagd oder Ackerbau und Syntax, explizit aus: „Der Gedanke einer 'Korrelation' – im üblichen Sinn des Wortes – von Sprache und Kultur ist sicherlich falsch." (Whorf 1986: 79) Höchstwahrscheinlich hat man es mit einer *Wech-*

selwirkung von Denken, Wahrnehmen, Handeln und sprachlicher Kommunikation zu tun:

> Eine kausale Beziehung zwischen Sprache und Kultur behaupten heißt natürlich nicht, dass man sagt, welche von beiden die andere beeinflusse. Es kann sein, dass eine von beiden das kausal Wirksame ist, dass beide Folgen einer gemeinsamen Ursache sind oder dass zwischen ihnen eine Wechselwirkung besteht. In der Tat ist bei kontinuierlich wirksamen Faktoren wie Sprache und Kultur das letztere zu erwarten. (Henle 1975: 14)

2.2 Das Kernbeispiel: Die Sprache und das Weltbild der Hopi-Indianer

Die Annahme eines sprachlichen Determinismus geht Hand in Hand mit der Annahme, dass Wirklichkeit immer *relativ zu den Strukturen einer Sprache* konstruiert wird, Sprecher verschiedener Sprachkulturen also tendenziell in verschiedenen begrifflichen Wirklichkeiten leben:

> Wir gelangen zu einem neuen Relativitätsprinzip, das besagt, dass nicht alle Beobachter durch die gleichen physikalischen Sachverhalte zu einem gleichen Weltbild geführt werden, es sei denn, ihre linguistischen Hintergründe sind ähnlich oder können in irgendeiner Weise auf einen gemeinsamen Nenner gebracht werden (*be calibrated*). (Whorf 1986: 12, Hervorhebung im Original)

Benjamin Lee Whorf erläutert diese Annahme anhand des Zeitbegriffs in der Sprache der Hopi-Indianer, die er auf der Basis seiner Kenntnisse des Aztekischen und in Rahmen seiner Feldforschungen in einem Hopi-Reservat in den 1930er Jahren untersucht. Auf der Grundlage relativ weniger, teilweise widersprüchlicher linguistischer Daten stellt er folgende weit reichende und viel zitierte Behauptung auf:

> Nach langer und sorgfältiger Analyse ist man zu der Feststellung gekommen, dass die Hopisprache keine Wörter, grammatische Formen, Konstruktionen oder Ausdrücke enthält, die sich direkt auf das beziehen, was wir 'Zeit' nennen. Sie beziehen sich auch weder auf Vergangenheit, Gegenwart oder Zukunft noch auf Dauern oder Bleiben noch vorzüglich auf kinematische Bewegung im Gegensatz zur dynamischen Bewegung. Ja, sie beziehen sich nicht einmal in einer solchen Weise auf den Raum, dass dabei jenes Element der Extension und der Existenz, das wir 'Zeit' nennen, ausgeschlossen wäre, so dass die Zeit indirekt, in der Form eines negativen Reichtums, berücksichtigt würde. Kurz – die Hopisprache enthält weder ausdrücklich, noch unausdrücklich eine Bezugnahme auf 'Zeit'. (Ebd.: 102)[1]

---

[1] Helmut Gipper weist darauf hin, dass die Übersetzung in der deutschen Ausgabe von Peter Krausser fehlerhaft ist und bietet eine alternative Übersetzung (Gipper 1972: 213). Es empfiehlt sich grundsätzlich, Benjamin Lee Whorfs Texte in dem von John B. Carroll herausge-

Entscheidend für diese Argumentation ist die direkte Kopplung von Grammatik, Wortbildung und sprachlicher Bedeutung. Whorf betont, dass die Tendenz der Hopi-Sprache, Substantive durch Verben zu ersetzen mit einer prozessualen Sichtweise der Wirklichkeit korrespondiert. Hopis, so Whorf, zählten Tage und Wochen nicht als begrenzte Einheiten bzw. Objekte, sondern sie würden die Wirklichkeit in Kategorien des „später Werdens" und der Dauer erleben und Zeit nicht in Begriffen des Raums, sondern als zyklische Wiederkehr von Intensität, Tendenz, Dauer und Folge beschreiben, was sich syntaktisch in der umfangreichen Wortklasse der „Tensoren" zeige (ebd.: 87). Auch die Tatsache, dass dasselbe Suffix Anfang und Ende bezeichnen kann, zeuge davon, dass Hopis davon ausgehen, dass Ursache und Wirkung nicht notwendig linear organisiert sind und zeitlich nacheinander auftreten (vgl. ebd.: 106).

Die Sprache der Hopis bringe demnach in ihren eigentümlichen Strukturen und Wortbildungsmechanismen ein „mystisches Weltbild" zum Ausdruck, das sich gravierend von dem des durchschnittlichen Mitteleuropäers bzw. Nordamerikaners unterscheidet. Hopis lebten in einer Wirklichkeit, die in Manifestes und Verborgenes unterteilt ist, direkt durch „gute und schlechte Gedanken" beeinflusst wird und in der sich die zentralen Ereignisse von Geburt und Tod zyklisch wiederholen. Während die Sprecher der „SAE-Sprachen" („Standard-Average-European") westlicher Gesellschaften im neuzeitlichen Paradigma des Euklidischen Raums und der Linearität der Newton'schen Zeitauffassung gefangen sind, eröffnet der Blick auf die Sprache der Hopi-Indianer eine neue Weltsicht und ermöglicht es, die epistemischen und ontologischen Prämissen eurozentrischer Weltbilder zu hinterfragen. Whorf verweist hier – den kolonialen Vorurteilen seiner Zeit weit voraus – entsprechend auf das ideologiekritische Potenzial des linguistischen Relativitätsprinzips:

> Wenn das (eben erwähnte) Wort *mystisch* in den Augen westlicher Wissenschafter ein Schmähwort ist, so muss hier betont werden, dass die Abstraktionen und Postulate der Hopi-Metaphysik – von einem neutralen Standpunkt aus betrachtet – pragmatisch und erfahrungsmäßig ebenso gut (oder für den Hopi besser) gerechtfertigt sind als die im Grunde ebenfalls mystischen Vorstellungen der fließenden Zeit und des statischen Raums in unserer eigenen Metaphysik. (Ebd.: 103, Hervorhebung im Original)

Relativität ist im Rahmen des linguistischen Relativitätsprinzips also keineswegs mit Willkür gleichzusetzen. Whorfs ethnografische Beobachtungen illustrieren, dass Menschen Wirklichkeiten *relativ zu den kulturellen Unterscheidungspraxen ihrer „Sprachgemeinschaft"* und im Kontext ihrer praktischen Lebensnotwendig-

---

gebenen Band, der einen umfassenden Gesamtüberblick über Whorfs Werk bietet, im englischen Original zu lesen.

keiten konstruieren. Im Fall der Hopis sind dies die Bedingungen einer homogenen sozialen, mündlichen Gemeinschaft, die in dem wüstenähnlichen Klima Arizonas im Rhythmus mit der Natur Ackerbau betreibt. Es ist ebendiese soziokulturelle Dimension des Whorf'schen Sprachbegriffs, die einen bodenlosen Relativismus verbietet, denn linguistische „Hintergründe" verschiedener Sprecher müssen im Kontext der kulturellen Lebenswelt „auf einen gemeinsamen Nenner gebracht" bzw. „kalibriert" werden. Wie diese Abstimmung vor sich geht, bildet ein zentrales Thema aktueller konstruktivistischer Kommunikations-, Sprach- und Medienmodelle.

2.3 Konstruktivistische Querverbindungen in der Gegenwart

Benjamin Lee Whorfs Bereitschaft, seinen kulturellen Standpunkt als Nordamerikaner und Naturwissenschafter zu hinterfragen, ist bis heute bemerkenswert. Seine Sensibilität für begriffliche Unterscheidungen und die Differenz von Beobachtungsperspektiven, sein Rückgriff auf die Gestaltpsychologie und damit auf die Konstruktivität der Wahrnehmung und seine Einsicht in die Verwurzelung der Sprache in den praktischen Notwendigkeiten der Lebensgestaltung, bieten eine Reihe von Anschlussmöglichkeiten an zeitgenössische konstruktivistische Diskurse. Ich stelle im Folgenden kurz vier Theoreme im Umkreis des systemtheoretischen Konstruktivismus und der *Embodied Cognition* vor, welche die Beziehung zwischen Wahrnehmen, Denken und sprachlicher Kommunikation skizzieren.[2]

2.3.1 Relativität begrifflicher Schemata

Ernst von Glasersfeld, der sich immer wieder explizit auf die Arbeiten von Benjamin Lee Whorf und Edward Sapir bezieht, erweitert die Einsicht in die Wirklichkeit von Sprachgemeinschaften in der Tradition Jean Piagets um die entwicklungspsychologische Erklärung, wie begriffliche Unterschiede zwischen Sprechern entstehen. Das Hopi-Kind beobachtet in dieser Perspektive das gemeinsame Auftreten eines phonetischen Schemas (z. B. *Pümá Üyi*) mit einem Gegenstand, der als visuelle Gestalt („Mais") realisiert wird (vgl. Gipper 1972: 201). Die Verknüpfung von Lautbild und Begriff ist eine hochgradig subjektive Angelegenheit (vgl. Glasersfeld 1997: 211 ff.; Pörksen 2002: 61 f.). Wann immer das Kind die Lautfolge hört, assimiliert es diese Erfahrung an visuelle und akustische „Wiedererkennungsmuster"

---

[2] Eine detaillierte Darstellung der Argumentationen von Ernst von Glasersfeld und Siegfried J. Schmidt findet sich in den Beiträgen von Wolfram Karl Köck und Tino G. K. Meitz & Guido Zurstiege in diesem Band.

und erweitert seine Vorstellung von Mais zu einem kognitiven Schema, das sich aus den Kontexten, in denen das Lautbild *Pümá Üyi* auftritt, speist. So lernt es etwa, dass Mais im Monat Mai/Juni in bestimmten Mondphasen gepflanzt wird, dass er getrocknet und gemahlen werden kann und dass sein Gedeihen maßgeblich von den „guten Gedanken" des Schamanen in der Pflanzzeit abhängt. Die symbolische Assoziation von Lautbild und Begriff wird durch die kommunikativen Feedbacks der sozialen Umgebung verstärkt. Die älteren Mitglieder des Stammes kultivieren die Maispflanze, nennen den Namen und demonstrieren oder erläutern mögliche Verwendungskontexte. In einem mühevollen kybernetischen Prozess der wechselseitigen Abgleichung lernt das Kind, die „richtigen" bzw. „viablen" kognitiven Schemata mit dem phonetischen Schema zu assoziieren. Wenn sich das sensomotorisch aufgebaute Wiedererkennungsmuster von der unmittelbaren Wahrnehmung des Maiskolbens löst, wird es zum sprachlichen Begriff.

Glasersfeld betont, dass sprachliche Übereinstimmung nur *relativ zu kommunikativen Zielen* erzielt wird. Die kommunikative Verständigung über kognitive Differenzen, d. h. die wechselseitige Aktualisierung und Korrektur von begrifflichen Konzepten, hält ein Leben lang an. So mag ein Hopi-Kind der Gegenwart Mais mit Tortilla Chips assoziieren, während seine Großeltern damit traditionell nur kulinarische Erfahrungen mit Maisfladen verbinden. Das sprachliche „Weltbild" umfasst also *sowohl* die gemeinsam entwickelten sprachlichen Ausdrucksmuster der jeweiligen sozialen Gruppe bzw. Sprachgemeinschaft, als auch die subjektiven begrifflichen Wirklichkeiten jedes einzelnen Sprechers:

> Wie lange wir auch eine Sprache gesprochen haben, wir kommen immer wieder in Situationen, in denen uns klar wird, dass wir ein Wort bisher stets auf eine Weise gebraucht haben, die in bestimmter Hinsicht idiosynkratisch war. (Glasersfeld 1997: 229)

2.3.2 Strukturelle Kopplung von Kognition und Kommunikation in der Sprachgemeinschaft

Siegfried J. Schmidts systemtheoretisches Sprach- und Kommunikationsmodell beschreibt Benjamin Lee Whorfs Pole von Denken und Sprechen als zwei zentrale Komponenten im systemischen Kreislauf von Kognition, Kommunikation, Medien und Kultur, wobei der Kognitionsbegriff Wahrnehmungen, Denkoperationen und sprachliche Fähigkeiten umfasst (vgl. Schmidt 1994: 322), während sprachliche Kommunikation eine soziale Verhaltensorganisation abbildet. Alle vier Komponenten wirken in einem selbstorganisierten Prozess der Ordnungsbildung aufeinander und bringen symbolische Wirklichkeiten hervor. Damit bietet Schmidt eine systemtheoretische Reformulierung von Whorfs Argument, dass sprachliche Ausdrücke bedeutungsvolle Erfahrungen einer Sprachgemeinschaft zum Ausdruck bringen. Anders als für Whorf ist jedoch nicht die außersprachliche Realität, sondern die jeweilige Sprachgemeinschaft und ihre reflexiven Ausdrucksformen die Referenzgröße der sprachlichen Zeichen. Sprecher habitualisieren ihre Sprachverwendung und erwarten wechselseitig voneinander, dass kulturelle Erfahrungen einschlägig zum Ausdruck gebracht werden. Sie rufen mit Medienschemata, Rhetoriken und stilistischen Figuren ganz bestimmte Verwendungsgeschichten und damit auch Bedeutungskontexte der jeweiligen sprachlichen Ausdrücke in den Sprechern auf. Whorf spricht bezeichnenderweise von den „fashions of speaking" (Whorf 1986: 100; vgl. Lehmann 1998: 39 ff.). So werden Sätze in Geschichten bei den Hopis zum Beispiel häufig mit der typischen Erzählpartikel *yaw* („es ist überliefert", „es wird berichtet") zu einer syntagmatischen Einheit verknüpft (vgl. Gipper 1972: 224).

Lautbilder – und auch sprachliche Gesten – sind demnach sozial typisierte Wahrnehmungs- und Kommunikationsformen. Nicht *was* wir meinen, sondern *wie* wir es sagen, ist ausschlaggebend für die sprachliche Interpretation der Wirklichkeit (vgl. Moser 2008). Sprache

> [ermöglicht] die Benennungskonstanz und Benennungsschematisierung von Kategorien und semantischen Differenzierungen für alle Gesellschaftsmitglieder [...] indem sie konkrete Bezugnahmen in Gestalt semiotischer Materialitäten (Zeichen) kollektiv stabilisiert. (Schmidt 2004: 23)

Die kognitiven Schemata bzw. die Begriffe, die mit diesen typisierten Sprachformen verknüpft sind, werden im Rahmen des kategorialen Wirklichkeitsmodells der Sprachgemeinschaft strukturiert. So weisen alle Kulturen ein Netzwerk gesellschaftlich relevanter Sinndimensionen wie Alter, Geschlecht oder Zeit und Raum auf, das sich „in der Problemlösungs- und Umweltorientierungsgeschichte einer Gesellschaft herausgebildet und bewährt hat" (ebd.: 21) und das in zwei- oder mehrstelligen Ausprägungen (z. B. männlich/weiblich; Gegenwart/Vergangenheit/ Zukunft) semantisch ausdifferenziert wird. Die konkrete Auswahl und Verwendung sprachlicher Ausdrücke „setzt" diese semantischen Differenzen als asymmetrische begriffliche Unterscheidung. Ein Sachverhalt wird so („nicht mehr gegenwärtig") und nicht anders („vergangen") benannt, eine Erfahrung in ebenjener begrifflichen Form artikuliert, die den Sprechern aufgrund ihrer kognitiven Konstruktion im Rahmen ihres „Kulturprogramms" als „absolut obligatorisch" (Whorf 1986: 12) erscheint:

> Eine Alternative zu dieser unbewussten Übertragung des eigenen Kognitionsverlaufs auf andere können wir schlicht nicht denken, weshalb wir zu Recht zutiefst davon überzeugt sind, dass die Welt für die anderen ziemlich genauso aussieht wie für uns und dass auch sie diese Überzeugung teilen. Diesen *Reflexivitätsmodus kollektiver Erwartung kollektiver Erwartung* (Erwartungs-Erwartung) nenne ich im Folgenden *operative Fiktion*. (Schmidt 2004: 22, Hervorhebung im Original)

2.3.3 Metaphorizität der Sprache

Es ist ein Verdienst der kognitiven Linguistik von George Lakoff und Mark Johnson die Beziehung zwischen der sinnlichen „Verkörperung" von Erfahrung und der Bedeutung sprachlicher Begriffe aufgezeigt zu haben. Obwohl oder gerade weil diese Autoren explizit einen „embodied scientific realism" (Lakoff/Johnson 1999: 90) vertreten, sollten sie bei einer konstruktivistischen Diskussion der Sapir-Whorf-These nicht fehlen, skizzieren sie doch Antworten der *Embodied Cognition* auf die zentrale Frage, ob „unsere Begriffe von 'Zeit', 'Raum' und 'Materie' wesentlich durch unsere Erfahrung bestimmt und dadurch für alle Menschen gleich, oder zum Teil durch die Struktur besonderer Sprachen bedingt [sind]" (Whorf 1986: 78).

Bereits Ernst von Glasersfelds Rückgriff auf die Entwicklungspsychologie Jean Piagets verweist auf die Beziehung zwischen Sensomotorik und kognitiver Schemabildung. Kinder entwickeln Zeit- und Raumbegriffe beim Laufen, Tasten und Greifen und stellen räumliche und zeitliche Ordnungsmuster beim Singen und in kinästhetischen Spielen wie dem Hüpfspiel „Himmel und Hölle" dar (vgl. Maturana/Verden-Zöller 1993: 138 f.). Die Fähigkeit rhythmischer Welterkenntnis findet ihre Fortsetzung in den ästhetischen Ausdrucksformen der Kunst (Moser 2010: 197 f.). So präsentieren auch die Hopi-Indianer ihr Weltbild in ihren berühmten Schlangentänzen und führen ihre Mythen in rhythmisch artikulierten Erzählungen mit Tanz und Musik auf.

George Lakoff und Mark Johnson gehen davon aus, dass die Bewegungsmuster des Körpers und sinnliche Erfahrungen im Denken zu „Imageschemata" wie z. B. *Container, Pfad, Kontakt, Balance* oder *Zentralität* transformiert werden. Diese Imageschemata bilden die Grundlage für die metaphorische Konstruktion begrifflicher Konzepte. Konzeptuelle Metaphern wie *Zeit ist Bewegung* konstruieren Ähnlichkeiten zwischen den sinnlichen Qualitäten der Körpererfahrung und den logischen Implikationen abstrakter Konzepte. Sie interpretieren einen Zielbereich durch systematische (= selektiver Fokus des Vergleichs), orientierende (z. B. oben/unten, nah/fern, zentral/peripher) und ontologische (z. B. Interpretation von Objekten als Entitäten, Quantitäten, etc.) Aspekte eines Ursprungsbereichs (vgl. Lakoff/Johnson 2003). So implizieren etwa Ausdrücke wie „die Zeit vergeht im Flug", dass die Zeit ein Akteur ist, der sich in einem Raum an einem Beobachter vorbei bewegt.

Benjamin Lee Whorf formulierte seine Kritik an der westlichen Metaphysik mit Hinweis auf die unhinterfragten Implikationen der *Container*-Metapher, wie der ontologischen Annahme, dass Eigenschaften der Wirklichkeit als Essenzen in Behälter ('Hohlräume') mit klar umrissenen Grenzen gefüllt werden. Die Tendenz zur Substantivierung in den „SAE-Sprachen" vergegenständliche nicht zählbare

Sachverhalte (z. B. „ein Glas Wasser", „ein langer Zeitraum") und übertrage diese Verräumlichung auf die wissenschaftlichen und philosophischen Konzepte der westlichen Ontologie:

> Es handelt sich um einen Teil unseres großen Schemas der Verdinglichung – die Verräumlichung von Qualitäten und Möglichkeiten (im Sinne von *potentia*), die (soweit uns die räumlich wahrnehmenden Sinne vermelden) durchaus unräumlich sind. Die dingliche Bedeutung der Substantive greift (bei uns) von physischen Körpern auf Gegenstände gänzlich anderer Art über. (Whorf 1986: 86, Hervorhebung im Original)

Ähnlich kritisieren auch Lakoff und Johnson die Substanzialisierung und Dualisierung der Erfahrung im philosophischen Diskurs seit der Antike und weisen darauf hin, dass die aristotelische Logik des syllogistischen Schließens auf der Implikation der *Container*-Metapher beruht, dass Kategorien Behälter sind, die ineinander verschachtelt werden können und Prädikationen quasi als Essenzen „enthalten" (z. B. Sokrates ist in der Menge von Menschen „enthalten") (vgl. Lakoff/Johnson 1999: 380 f.). Entgegen Whorfs Annahme, dass die Verräumlichung der Erfahrung von Zeit ein Spezifikum von westlichen Kulturen ist, zeigen eine Reihe aktueller ethno- und psycholinguistischer Untersuchungen im Rahmen der kognitiven Linguistik jedoch, dass die Interpretation von Zeit in Begriffen des Raums trotz kultureller Unterschiede universell zu sein scheint (vgl. Núñez/Sweetser 2006; Evans/Green 2006: 75 ff.).

2.3.4 Konstruktivität der Sprachwahrnehmung

Benjamin Lee Whorfs Einsicht, dass Sprache Wirklichkeit nicht abbildet, sondern quasi „poietisch" hervorbringt, mag im Kontext alltagspragmatischer Kommunikationen irritieren, in den Literatur- und Medienwissenschaften bildet sie die Grundlage des Gegenstandsverständnisses. Die Habitualisierung semiotischer Ausdrucksformen zeigt sich in der ästhetischen Gestaltung von Texten und wird neben dem rhetorischen Einsatz von poetischen Stilfiguren und der syntaktischen Herstellung von Textkohärenz auch auf der sinnlich-materiellen Ebene der Sprachgestalt beobachtbar (vgl. Moser 2009 a). Bemerkenswert ist in diesem Zusammenhang Edward Sapirs und Benjamin Lee Whorfs Interesse an der semantischen Dimension von Phonemen bzw. am Klangsymbolismus (vgl. Whorf 1986: 70 ff.). So erwähnt Whorf, dass sprachliche Laute in Poesie, Musik und in den indischen Mantras vorsprachliche „psychische" Bedeutungen des „niedrigen Unbewussten", insbesondere Gefühle zum Ausdruck bringen können: „Passen die Laute, dann wird ihre Gefühlsqualität verstärkt." (ebd.: 71) Er nimmt an, dass die Wirkkraft dieser sinnlichen Qualitäten aufgrund der Arbitrarität sprachlicher Zeichen von den konzeptuellen Bedeutungen tendenziell „überwältigt" wird.

Whorf trifft damit direkt den Kern medienästhetischer Sprachstudien, welche die kulturelle Bedeutung von Laut- und Schriftbildern untersuchen. (Sprach-)Kulturen unterscheiden sich auch darin, welche Sprachmedien sie nutzen, da sprachliche Zeichen relativ zu den Medienmodalitäten Mündlichkeit, Schriftlichkeit und Audiovisualität wahrgenommen und interpretiert werden. Die musikalische oder typografische Gestaltung von phonetischen und grafischen Schemata kann die assoziierten begrifflichen Konzepte unterstützen oder konterkarieren. So bringt die rhythmische Darstellung der Hopi-Mythen die Zyklizität der Zeit durch die prosodische und kinästhetische Gestaltung konkret zur Anschauung. Arbeiten der zeitgenössischen Sprachkunst illustrieren, dass die ästhetische Gestaltung von Texten komplexe Ideen mithilfe von Laut- und Schriftbildern zum Ausdruck bringt und Wahrnehmungskonzepte hinterfragen kann (vgl. Moser 2009 a: 13 f.). Prominente Beispiele wie Laurie Andersons Multimedia-Performance *White Lily* zeigen, dass die künstlerische Darstellung des Zeitbegriffs mithilfe synästhetischer Verfahren für die Infragestellung des konzeptuellen Vorurteils, dass Zeit notwendig linear wahrgenommen wird, eingesetzt werden kann (vgl. Moser 2010: 163 ff.).[3] Die Relativität sprachlicher Wirklichkeiten betrifft also nicht nur die Ebene der begrifflichen Konzepte, sondern auch die Ebene der Wahrnehmungsformen (phonetische und grafische Schemata), durch welche diese kommuniziert werden.

3 Rezeption und Wirkung

Konstruktivistische Modelle der Sprache konkretisieren die Idee der linguistischen Relativität durch den Hinweis auf die konstitutive Rolle kognitiver Differenzen für die soziale Selbstorganisation, beschreiben die Wechselwirkung von Denken und Sprechen kybernetisch in Feedbackschleifen und kennzeichnen symbolische Wirklichkeiten als Ordnungen, die aus diesem Wechselspiel emergieren. Sie schließen damit an die frühe Rezeption der Sapir-Whorf-Hypothese an, die durch theoretische Grundsatzdiskussionen geprägt war. Je allgemeiner die theoretische Argumentation bleibt, desto plausibler erscheint der Zusammenhang von Sprache, Denken und Wirklichkeit. So hat das linguistische Relativitätsprinzip zum Beispiel auch die feministische Sprachkritik und die poststrukturalistische Annahme von der diskursiven Konstruktion der Geschlechter informiert. Schwierig wird es je-

---

[3] Benjamin Lee Whorf nahm an, dass die Prominenz synästhetischer Gestaltungsstrategien in den Kunstformen der Moderne mit der Tendenz zur Verräumlichung in westlichen Gesellschaften zusammenhängt (vgl. Whorf 1986: 97 f.), eine interessante – aber soweit ich beurteilen kann – unbelegte These. Wahrnehmungsforschungen im Umkreis der *Embodied Cognition* lassen eher vermuten, dass die Fähigkeit zur intermodalen Integration von Sinneswahrnehmungen angeboren ist (vgl. Moser 2009 b: 8).

doch, wenn die Wechselwirkung von kognitiver Schemabildung und Sprachstruktur empirisch validiert werden soll.

Benjamin Lee Whorfs semantische und syntaktische Analysen der Hopi-Sprache etwa halten einer Überprüfung nicht stand. Der Sprachwissenschafter Helmut Gipper konnte Ende der 1960er Jahre auf einer Feldforschungsreise zu den Hopis außer der Tendenz zur Verbalisierung keine von Whorfs linguistischen Annahmen bestätigen. Gipper und seine Mitarbeiterin Andrea Stahlschmiedt fanden Ausdrücke für Zeitintervalle, die substantivisch gebraucht und auch gezählt werden (Gipper 1972: 215 ff.) ebenso wie Raumadverbien, die metaphorisch als Zeitadverbien fungieren (ebd.: 233). Auch die richtige Beobachtung Whorfs, dass Hopis die Zeit nicht in Vergangenheit, Gegenwart und Zukunft einteilen, sondern nur in die Dualität von Gegenwart und Zukunft, bedeutet nicht, dass sie keine Sprachformen für zeitliche Verhältnisse wie vorher/nachher haben (ebd.: 224).

Wissenschaftsgeschichtlich war die zweite Phase der Rezeption ab Mitte der 1950er und in den 1960er Jahren von der empirischen Überprüfung einzelner Behauptungen geprägt (vgl. Lehmann 1998: 101 ff.). Auf der interdisziplinären Konferenz „Language in Culture" 1953 suchten Vertreter aus Anthropologie und Linguistik Strategien zur empirischen Überprüfung der These, die jedoch nur mit mäßigem Erfolg angewandt wurden. John A. Lucy konstatiert (1997: 294): „despite long and well motivated interest in the issue, concrete research and even practical approaches to research remain remarkably undeveloped".

In den 1960er und 1970er Jahren dominierten Strukturalismus und generative Grammatik die Sprachforschung. Das Interesse an der Sapir-Whorf-These verblasste und wurde durch die Erforschung sprachlicher Universalien ersetzt. So verwirft etwa Steven Pinker in der Folge von Noam Chomskys Annahme eines angeborenen „Grammatikmoduls" das linguistische Relativitätsprinzip mit dem Hinweis auf Forschungsergebnisse der Neuro- und Kognitionswissenschaften. Er argumentiert, dass die Grundlage aller Sprachen die „Sprache des Geistes" („Mentalesisch") ist, die Wirklichkeit durch mentale Symbole repräsentiert und dem Sprechen vorausgeht (vgl. Pinker 1996: 95).

Abschließend seien zwei prominente Beispiele für die empirische Überprüfung der These herausgegriffen. Die starke Interpretation wurde seit den 1950er Jahren am Beispiel der Farbbegriffe widerlegt. So stimmt es zwar, dass manche Sprachgemeinschaften über nur wenige Wörter wie „Rot", „Grün" und „Gelb" verfügen, während andere das Farbspektrum in facettenreiche Nuancen wie „Violett", „Türkis" oder „Ocker" begrifflich auffächern. Anhänger der Sapir-Whorf-Hypothese wie Harry Hoijer leiteten von dieser Beobachtung ab, dass Sprecher verschiedener Sprachkulturen auch verschiedene Farben sehen müssten (vgl. Lehmann 1998: 165). Demgegenüber konnte die Kognitionspsychologin Eleanor Rosch Anfang der 1970er Jahre im Anschluss an die Forschungen von Brent Berlin und Paul Kay nachweisen, dass Sprecher unabhängig vom Farbenvokabular ihrer jeweiligen Sprache aus einer Fülle von Beispielen „Grundfarben" wie Rot, Gelb und Grün als prototypische Beispiele für Farbbegriffe auswählen, da sie offensichtlich über dieselbe Farbwahrnehmung verfügen (Varela/Thompson/Rosch 1991: 168 f.). Andererseits zeigt sich, dass Farben, für die eine Bezeichnung existiert, besser erinnert werden (Evans/Green 2006: 97), und dass Urteile zur Ähnlichkeit von Farben vom jeweiligen Wortschatz abhängen (Varela/Thompson/Rosch 1991: 171). Terry Regier und Paul Kay kommen in einer aktuellen Studie zu dem Schluss, dass Whorf „halb recht hatte", wobei das „halb" durchaus wörtlich gemeint ist: die These trifft auf die Wahrnehmung von Farben im rechten Gesichtsfeld zu, das von der linken Gehirnhemisphäre geprägt wird, die auf begriffliche Konzeptbildung spezialisiert ist (vgl. Regier/Kay 2009).

Auch Beiträge aus der kognitiven Linguistik gestehen der Sprache eine Rolle bei der Entwicklung kognitiver Konzepte zu, gehen jedoch auf der Basis empirischer Detailstudien von nonverbalen kognitiven Leistungen aus. Interkulturelle Studien zeigen, dass Raumbegriffe eine Reihe von Gemeinsamkeiten aufweisen, die eine Verwurzelung der Raumerfahrung in der vorsprachlichen Verkörperung der Wirklichkeit nahe legen. So weisen Raumbegriffe in allen bisher untersuchten Sprachen die Unterscheidung Figur/Grund auf und definieren Gegenstände in Kategorien der Lokalisierung und der Nähe zum Grund. Andererseits erlaubt die Anwendung dieser universellen Grundlagen in verschiedenen Sprachen durchaus unterschiedliche begriffliche Raster. Während Sprecher des Englischen zum Beispiel mit „to put a pen on the table" anzeigen, dass die Füllfeder (Figur) mit irgendeiner Oberfläche (Grund) Kontakt hat, spezifizieren Koreaner mit dem Verb „nohta", dass es sich um eine horizontale Oberfläche handelt (vgl. Evans/Green 2006: 89 f.).

Benjamin Lee Whorfs Verdienst besteht also weniger in der linguistischen und kognitionspsychologischen Detailanalyse, als vielmehr im reflexiven 'Agenda-Setting'. Eine detaillierte Lektüre seiner Texte zeigt, dass er sowohl epistemologisch als auch in der Sprachanalyse seiner Zeit weit voraus war. So steht die Position der kognitiven Linguistik, dass die Fähigkeit zur Konzeptualisierung universell ist, die jeweiligen Wortfelder einer Sprache aber vom kulturellen Kontext abhängen, im Einklang mit vielen Aussagen Whorfs:

> One of the attractions of the Whorf theory complex is that it allows us the flexibility of relativism along with the comforting (and necessary) affirmation of universality in core dimensions of human experience and thought. (Lee 1996: 223)

Edward Sapirs und Benjamin Lee Whorfs provokante und originelle These lädt in diesem Sinn noch immer dazu ein, den eigenen Sprachgebrauch im Licht menschlicher Gemeinsamkeiten einer kritischen Beobachtung zu unterziehen und die Beziehung von kognitivem Embodiment und kulturellen Sprech- und Denkweisen zu untersuchen.

Literatur

Carroll, John B. (1956): Introduction. In: Benjamin Lee Whorf: Language, Thought and Reality. Selected Writings of Benjamin Lee Whorf. Cambridge, MA: MIT Press. S. 1–34.
Evans, Vyvyan/Melanie Green (2006): Cognitive Linguistics. An Introduction. London/New York: Routledge.
Gipper, Helmut (1972): Gibt es ein sprachliches Relativitätsprinzip? Untersuchungen zur Sapir-Whorf-Hypothese. Frankfurt am Main: Fischer.
Glasersfeld, Ernst von (1997): Radikaler Konstruktivismus. Ideen, Ergebnisse, Probleme. Frankfurt am Main: Suhrkamp.
Henle, Paul 1975: Sprache, Denken, Kultur. In: Henle, Paul (Hrsg.): Sprache, Denken, Kultur. Frankfurt am Main: Suhrkamp. S. 9–39.
Lakoff, George/Mark Johnson (1999): Philosophy in the Flesh. The Embodied Mind and Its Challenge to Western Thought. New York: Basic Books.
Lakoff, George/Mark Johnson (2003): Metaphors We Live By. Chicago: Univ. of Chicago Press.
Lee, Penny (1996): The Whorf Theory Complex. A Critical Reconstruction. Amsterdam: John Benjamins.
Lehmann, Beat (1998): ROT ist nicht "rot" ist nicht [rot]. Eine Bilanz und Neuinterpretation der linguistischen Relativitätstheorie. Tübingen: Gunter Narr.
Lucy, John A. (1997): Linguistic Relativity. In: Annual Review of Anthropology. 26. Jg. S. 291–312.
Maturana, Humberto R./Gerda Verden-Zöller (1993): Liebe und Spiel. Die vergessenen Grundlagen des Menschseins. Matristische und patriarchale Lebensweisen. Heidelberg: Carl-Auer-Systeme.
Mitterer, Josef (1993): Das Jenseits der Philosophie. Wider das dualistische Erkenntnisprinzip. Wien: Passagen.
Moser, Sibylle (2008): „Walking and Falling." Language as Media Embodiment. In: Constructivist Foundations. 3. Jg. H. 3. S. 260–268.
Moser, Sibylle (2009 a): Texte erfinden. URL: http://www.sprachmedien.at/de/medientheorie/erfinden.php. (Abgerufen am 21.3.2010).
Moser, Sibylle (2009 b): Texte verkörpern. URL: http://www.sprachmedien.at/de/medientheorie/verkoerpern.php. (Abgerufen am 21.3.2010).
Moser, Sibylle (2010): Mediales Embodiment. Medienbeobachtung mit Laurie Anderson. München: Fink.
Núñez, Rafael E./Eve Sweetser (2006): Aymara, Where the Future Is Behind You. Convergent Evidence from Language and Gesture in the Crosslinguistic Comparison of Spatial Construals of Time. In: Cognitive Science. 30. Jg. H. 3. S. 401–450.
Pinker, Steven (1996): Der Sprachinstinkt. Wie der Geist die Sprache bildet. München: Kindler.
Pullum, Geoffrey K. (1991): The Great Eskimo Vocabulary Hoax, and Other Irreverent Essays on the Study of Language. Chicago: Univ. of Chicago Press.
Pörksen, Bernhard (2002): Die Gewissheit der Ungewissheit. Gespräche zum Konstruktivismus. Heidelberg: Carl-Auer-Systeme.
Regier, Terry/Paul Kay (2009): Language, Thought and Color. Whorf Was Half Right. In: Trends in Cognitive Sciences. 13. Jg. H. 10. S. 439–446.
Schmidt, Siegfried J. (1994): Kognitive Autonomie und soziale Orientierung. Konstruktivistische Bemerkungen zum Zusammenhang von Kognition, Kommunikation, Medien und Kultur. Frankfurt am Main: Suhrkamp.
Schmidt, Siegfried J. (2004): Zwiespältige Begierden. Aspekte der Medienkultur. Freiburg im Breigau: Rombach.
Varela, Francisco J./Evan Thompson/Eleanor Rosch (1991): The Embodied Mind. Cognitive Science and Human Experience. Cambridge/London: MIT Press.
Whorf, Benjamin Lee (1940): Science and Linguistics. In: Technology Review. 42. Jg. S. 229–231, 247–248.

Whorf, Benjamin Lee (1942): Language, Mind, and Reality. In: The Theosophist. 63. Jg. H. 1. S. 281–291; 63. Jg. H. 2. S. 25–37.
Whorf, Benjamin Lee (1956): Language, Thought and Reality. Selected Writings. Hrsg. mit einer Einleitung von John B. Carroll. Cambridge/MA: MIT Press.
Whorf, Benjamin Lee (1986): Sprache, Denken, Wirklichkeit. Beiträge zur Metalinguistik und Sprachphilosophie. (1963) Hrsg. und übers. von Peter Krausser. Reinbek bei Hamburg: Rowohlt.

Das Muster, das verbindet

Albert Müller über Gregory Batesons *Geist und Natur*

1 Entstehungsbedingungen und Vorgeschichte

Mind and Nature. A Necessary Unity (Bateson 1979), in der deutschen Ausgabe *Geist und Natur. Eine notwendige Einheit* (Bateson 1987) erschien ein Jahr vor dem Tod des Autors, ein Spätwerk also. Gregory Bateson (1904–1980) hatte ein Leben hinter sich, dessen intellektuelle Bandbreite in seiner Generation kaum durch andere überboten wurde. Seine Biografie steht hier nicht im Zentrum, dennoch soll einleitend ein kurzer Rückblick geboten werden. Gregory Bateson wurde als dritter Sohn einer Wissenschaftlerfamilie geboren. Sein Vater, William Bateson (1861–1926), Professor in Cambridge, der unter anderem als Wiederentdecker der Arbeiten Gregor Mendels (1822–1884) (Stichwort: Mendel'sche Gesetze) und als Erfinder des Terminus Genetik gilt, gab dem Sohn den Namen Gregory in direkter Bezugnahme zu seinem wissenschaftlichen Vorgänger. Nach dem Tod der beiden älteren Brüder (einer war Opfer des Ersten Weltkriegs, der andere nahm sich das Leben) wurde Gregory zum Hoffnungsträger der Eltern im Hinblick auf wissenschaftliche Ambitionen. Gregory begann ein Studium in den Fächern Zoologie/ Biologie, ganz in der Tradition seines privilegierten intellektuellen Herkunftsmilieus.[1]

Bald nach dieser ersten Ausbildung wandte sich Gregory Bateson anthropologischen und ethnografischen Feldforschungen im West- bzw. Südpazifik zu, zunächst 1927 auf einer Insel im Bismarck-Archipel, später auf Neuguinea und auf Bali. Er scheint sich dabei nicht wie manch anderer einer der etablierten Schulen angeschlossen zu haben, sondern seine eigene synkretistische Forschungsweise gefunden zu haben. In seiner ersten Präsentation von Ergebnissen in Buchform (Bateson 1936) finden sich Elemente des dominanten Strukturfunktionalismus ebenso wie teilnehmende Beobachtung à la Bronisław Malinowski. Während des Forschungsaufenthaltes in der Südsee lernte Bateson auch seine erste Ehefrau und Arbeitspartnerin kennen: Der englische Gelehrtensohn heiratete die US-amerikanische Anthropologin und Feldforscherin Margaret Mead (1901–1978), deren Bücher später nicht nur zu Bestsellern wurden, sondern deren Forschungen dazu beitrugen, den Blick des Westens auf sexuelle Normen dauerhaft zu verändern (Mead 1935, vgl. auch Foerstel/Gilliam 1992), und dies noch vor der Sexualforschung im Stile von Alfred Kinsey. Über die Beziehung der beiden berichtete später nicht nur die Ehefrau (Mead 1972), sondern auch die 1940 geborene Tochter Mary Catherine Bateson (1984). Margaret Mead und Gregory Bateson gelangten nach dem Ende

---

[1] Biografische Übersichten enthalten u. a. Lipset (1980), Lutterer (2000, 2002), Charlton (2008).

des Zweiten Weltkriegs in das Umfeld der so genannten *Macy Conferences on Feedback Mechanisms and Circular Causal Systems in Biological and Social Sciences* (vgl. Pias 2004) und wurden damit zu Mitbegründern der Kybernetik (Heims 1993; Conway/Siegelman 2005; Müller 2008 b). Schon in den 1930er Jahren hatte Bateson ein zentrales Theorieelement der Kybernetik vorweg genommen. Feldforschung hatte ihn zur Entwicklung des Begriffs der Schismogenese (Bateson 1987: 131 f., 238) geführt, der nichts anderes als positive Rückkopplung in sozialen Konflikten bezeichnet.

Von der Anthropologie kommend wandte Gregory Bateson sich nach dem Zweiten Weltkrieg Problemen der Psychiatrie zu. Dabei gelangte er rasch (gemeinsam mit Jürgen Ruesch) zu einer später sehr einflussreichen Neukonzeption der Kategorie Kommunikation und des weiteren zu einer neuen Sicht auf die Psychiatrie insgesamt (Bateson/Ruesch 1951). Die Form und der Inhalt von Batesons Schriften zeigen, dass er weniger einen ärztlichen, medizinwissenschaftlichen Gestus einnimmt als den des teilnehmenden Beobachters, zu dessen Feld die Anstalt geworden ist. Seine Beiträge zur Psychiatrie wurden in der Folge Beiträge zur Anti-Psychiatrie, in kaum anderem Sinne als die Beiträge etwa Erving Goffmans oder Ronald D. Laings.

Die Arbeiten Gregory Batesons bildeten auch einen wesentlichen Teil der intellektuellen Basis des 1958 gegründeten *Mental Research Institute* (MRI) in Palo Alto, dem er sein weiteres Leben lang verbunden bleiben sollte (Marc/Picard 1991). Am MRI wurden Konzepte, die Bateson entwickelt hatte, zu Schlüsselkategorien in der Behandlung von Klientinnen und Klienten und zugleich in der Ausarbeitung neuer Therapieformen, die später unter dem Namen systemische Therapie und Kurzzeittherapie zusammengefasst wurden. Besonders bedeutend darunter waren die Konzepte '*double bind*', 'Paradoxie' und, auf Bateson aufbauend, 'paradoxe Intervention'. Diese Konzepte wurden weltweit rezipiert, die Urheberschaft Batesons häufig jedoch vergessen.

Schon während der Zeit seiner Einbindung in die Entwicklung systemischer Therapie (und Theorie) kalifornischen Zuschnitts begann sich Gregory Bateson wieteren Forschungsfeldern zuzuwenden. Er schloss sich der Forschungsgruppe um John Lilly an, einem bedeutenden Biologen und Wahrnehmungstheoretiker, der durch seine Tankexperimente[2] besonders bekannt wurde, an und begann in Hawaii Delfinforschung zu betreiben.

1972 veröffentlichte Gregory Bateson sein Opus magnum *Steps to an Ecology of Mind. Collected Essays in Anthropology, Psychiatry, Evolution, and Epistemology* (dt. *Ökologie des Geistes*, 1981), in dem er die ihm bis dato am wichtigsten erschienenen Artikel seiner wissenschaftlichen Karriere versammelte. Auch dieses

---

[2] Gregory Bateson nahm an diesen Tankexperimenten teil, vgl. Lilly (1977: 185).

Buch wurde sehr zu Recht in den Rang eines Schlüsselwerks erhoben (Lutterer 2005).

Ökologie des Geistes sprengte in mehrerlei Hinsicht den gegebenen Rahmen einer typischen wissenschaftlichen Publikation. Da war nicht nur dieses überraschende Changieren zwischen den wissenschaftlichen Feldern, welche bei Gregory Bateson lose, aber doch durch theoretische Konzepte verbunden sind. Da war aber vor allem ein als Einleitung zum Buch fungierender Block von „Metalogues", fiktiven Gesprächen zwischen Vater und Tochter, verfasst in ebenso pädagogisch-didaktischer wie erkenntniskritischer Absicht. Diesem Buch war eine vom Autor kaum beabsichtigte oder vorhergesehene „Karriere" beschieden. Es wurde zu einem der Kultbücher der späten Hippiebewegung, nicht zuletzt wohl dadurch, dass der neue Schlüsselbegriff „Ecology" in den Titel aufgenommen wurde. Einer der Effekte dieses Buches war, dass es dem Autor eine Art Guru-Status bescherte. Die Rezeption seiner Arbeiten fand nun zunehmend auch außerhalb seiner genuinen wissenschaftlichen Felder statt (Turner 2006: 123).

Gregory Bateson veröffentlichte bis kurz vor seinem Tod kein weiteres Buch mehr. 1979 erschien das hier zu behandelnde Buch *Geist und Natur. Eine notwendige Einheit* des bereits tödlich erkrankten Autors. Bei aller möglicherweise dem Buch zu unterstellenden Inkohärenz und Inkonsequenz (von manchem Autor wurde dieser Vorwurf erhoben), ist gerade das Maß an Kohärenz und Konsequenz im Vergleich zur *Ökologie des Geistes* unübersehbar. Kein Wunder, denn es handelt sich hier nicht um eine weitere Sammlung von Artikeln, sondern um die schriftliche Ausarbeitung einer Vorlesungsreihe. Der Autor bedankt sich beim *Krege College* der *University of California*, Santa Cruz, eine Neugründung aus dem Jahr 1971, und außerdem bei der *Lindisfarne Association* einer 1972 gegründeten interdisziplinären Einrichtung, die bald auch eine Hinwendung zum Zen-Buddhismus vornahm und diesen fortan favorisierte. Des Weiteren wird dem *Esalen Institute* gedankt, dem wichtigsten intellektuellen Zentrum der Hippiebewegung an der amerikanischen Westküste.

„Die Vorarbeiten und Überlegungen zu diesem Buch erstreckten sich über viele Jahre", formuliert Bateson in der Danksagung (1987: 7). Sein persönlicher Dank gilt dann unter anderem Stewart Brand, John Brockman und seiner Tochter Mary C. Bateson, die mit ihm am Manuskript gearbeitet hatte und die (neben Rodney Donaldson) die wichtigste Betreuerin seiner nachgelassenen Schriften werden sollte.

Im Erscheinungsjahr des Buches 1979 waren die Anzeichen schon unübersehbar, dass die Vereinigten Staaten vor einer politischen Wende standen. Nach dem Desaster der Vietnamkriegsära, welches durch den erzwungenen Rücktritt von Richard Nixon und Henry Kissinger noch nicht beendet war, nach einer Periode der ökonomischen Rezession im Gefolge der „Ölkrise", stand der Wechsel zu Ronald Reagan und *Reaganomics* als plumpem Neoliberalismus bevor. Am Vorabend der Wahl Ronald Reagans zum amerikanischen Präsidenten, der Rückkehr zum

Kalten Krieg mit allen Mitteln, zum Neokapitalismus mit der Beschneidung von in den USA ohnehin bescheiden vorhandenen sozialstaatlichen Elementen, mit dem Beginn der Stigmatisierung von Alternativbewegungen, der Popularisierung der „christlichen" Fundamentalismen, war Gregory Batesons *Geist und Natur* genau genommen eines der unpassendsten und unzeitgemäßesten Bücher, die erscheinen konnten.

Gregory Bateson beschreibt das Buch als eine Art Mixtur zweier bereits geplanter Bücher: Ein erstes Buch sollte dem Thema „The Evolutionary Idea" gewidmet sein, ein zweites den Titel „Every Schoolboy Knows" tragen (Bateson 1987: 9). Der erste Teil wäre wohl auch eine Art Reverenzerweis vor dem Vater gewesen, den Gregory ja auch an anderer Stelle unternahm (Bateson 1972). William Bateson war Anti-Darwinist, sein Sohn legte in mehreren Essays dar, warum Darwin nicht die *ultima ratio* der Evolutionsidee bieten könne. Gregory Bateson legt zudem weitere und andere Intentionen und Motive seiner Arbeit offen: seinen Konflikt, den er mit seiner *Faculty* austrug, und sein Bedürfnis, das nun neu gewonnene Konzept des *pattern which connects* mit allem und allen zu verbinden.

Gregory Bateson, eine zweifellos charismatische und unkonventionelle Figur in den Wissenschaften, war schon Zeit seines Lebens Gegenstand von biografischen und wissenschaftlichen Untersuchungen (Brockman 1977). Bald nach seinem Tod sollte die Auseinandersetzung mit Batesons Leben und Werk weitergehen (Lipset 1980; Berman 1981), sie dauert bis heute an. Die intellektuelle Bandbreite seiner Arbeiten findet kaum eine Entsprechung in seiner Generation.

2 *Geist und Natur* als Schlüsselwerk des Konstruktivismus

Wir stehen nun vor dem Problem, ein Buch, in dem der Terminus Konstruktivismus kein einziges Mal auftaucht, als ein Schlüsselwerk desselben auszuweisen. Heinz von Foerster hielt in den letzten zweieinhalb Jahrzehnten seines Lebens weltweit Vorträge, die um die Themen Konstruktivismus, Kybernetik zweiter Ordnung und Systemtheorie bzw. systemische Theorien kreisten. Er erarbeitete sich für diese Vorträge ein flexibles Repertoire von Zitaten (in sprachlichen und visuellen Medien), Materialien und Beispielen, das ihm geeignet erschien, seine eigenen Ideen und Konzepte allgemeineren und spezialisierteren Auditorien vertraut zu machen. In dieser Sammlung von intellektuellen Ressourcen findet sich selbstverständlich auch Gregory Bateson, den Foerster seit der Zeit der Macy-Tagungen persönlich kannte. Obwohl die Möglichkeit bestanden hätte, Arbeiten Batesons aus den 1940er oder 1950er Jahren heranzuziehen[3], bezog er sich viel mehr – neben

---

[3] Gregory Bateson war nicht nur von Anfang an Teil der Macy Group (Heims 1993; Conway/ Siegelman 2005), zu der Heinz von Foerster erst 1949 stieß, er hielt auch einen besonders

einigen der Metaloge aus der *Ökologie des Geistes* – auf die letzte Buchpublikation *Geist und Natur*. Auch in deutschen Vorträgen zitierte er dabei regelmäßig eine bestimmte Stelle aus dem Original, um dann eine eigene Übersetzung anzufügen:

> I offer you the phrase *the pattern which connects* as a synonym, another possible title for this book. *The pattern which connects.* [...] What pattern connects the crab to the lobster and the orchid to the primrose and all the four of them to me? And me to you? And all the six of us to the amoeba in one direction and to the back-ward schizophrenic in another? (Bateson 1979: 8, Hervorhebung im Original)[4]

Danach führte Foerster jene Erweiterung aus, um die es ihm zusätzlich ging: „The pattern which connects" stünde für das Prinzip des Vaters, denn „pattern" würde sich von lateinisch *pater* herleiten. Dies erfordere eine Ergänzung durch ein weibliches, mütterliches Prinzip, die *matrix which embeds*. Beides zusammen ergebe nun eine brauchbare Grundlage für systemisches Denken (vgl. Foerster 1997: 199).

Mit der mehrfachen Wiederholung dieses Zitats (mit den eigenen Ergänzungen) half Foerster meines Erachtens mit, *Geist und Natur* als ein Schlüsselwerk des Konstruktivismus zu installieren. Ähnlich verfuhr Foerster übrigens schon früher mit der Person Gregory Bateson. Am Beispiel eines von ihm kommentierten Metalogs (aus *Ökologie des Geistes*) kam Foerster zum Schluss: „Ich sage dazu: Gregory Bateson ist ein Konstruktivist." (Foerster 1992: 48)

Batesons „Muster, das verbindet" ist aber nicht bloß ein Glücksfall einer zuspitzenden Formulierung, welche die Aufmerksamkeit vieler Leserinnen und Leser zu erzielen vermochte, sie ist insgesamt ein Sinnbild dafür, worum sich avancierteste Naturwissenschaft bislang vergeblich bemühte: *unified theory*, eine einheitliche Theorie, die Phänomene aus ganz unterschiedlichen Domänen naturwissenschaftlicher Fragen zu erklären vermag.

Das Buch umfasst neben einer „Einführung" sieben weitere Kapitel: 1) „Jeder Schuljunge weiß", 2) „Vielfältige Versionen der Welt", 3) „Kriterien der geistigen Prozesse", 4) „Vielfältige Versionen von Beziehungen", 5) „Die großen stochastischen Prozesse", 6) „Von der Klassifizierung zum Prozess", und schließlich:

---

ausführlich diskutierten Vortrag über den Stellenwert des Humors in der menschlichen Kommunikation (Bateson 1953). Die Beziehung zwischen Bateson und Foerster blieb bestehen, auch wenn die Intensität schwankte. Für das Cybernetics-of-Cybernetics-Projekt (1973/74) steuerte Gregory Bateson die Stichworte *conditioning, adaptation, learning model* und *double bind* bei (vgl. Foerster 1995).

[4] In der deutschen Übersetzung lautet dies: „Ich biete Ihnen den Ausdruck *das Muster, das verbindet* als ein Synonym, als einen anderen Titel dieses Buches an. *Das Muster, das verbindet.* [...] Welches Muster verbindet den Krebs mit dem Hummer und die Orchidee mit der Primel und all diese vier mit mir? Und mich mit Ihnen? Und uns alle sechs mit den Amöben in einer Richtung und mit dem eingeschüchterten Schizophrenen in einer anderen?" (Bateson 1987: 15)

7) „Na und?". Ergänzt wird der Text durch einen Anhang und ein Glossar, in dem Bateson einen Teil seiner Terminologie erläutert.

Gregory Bateson argumentiert, dass man, um die Muster, die verbinden, sehen zu können, sich Muster zweiter und höherer Ordnung bedienen müsse. Damit greift Bateson eine seiner zentralen Leitideen, die er seit den 1950er Jahren verwendet, wieder auf: die Typenlehre, die er Alfred North Whiteheads und Bertrand Russells *Principia Mathematica* (1986 [1910/1913]) entnommen hatte. Bateson versuchte sowohl Probleme der Kommunikation als auch Probleme einer Lerntheorie (Stichwort: Deutero-Lernen) unter Berufung auf die *Principia Mathematica* zu lösen (vgl. Bateson 1972).

Es stellt sich nun die Frage, wo genau Gregory Batesons Berührungspunkte mit dem Konstruktivismus (auch ein Plural, Konstruktivismen, wäre gerechtfertigt) liegen. Mit seiner Äußerung „[e]s gibt keine objektive Erfahrung" (Bateson 1987: 42) entspricht er einem, wenn nicht *dem* zentralen Theorem der meisten Konstruktivismen (vgl. Glasersfeld 1996, 1997 a, b, 2005, 2007). An einer anderen Stelle des Buches dehnt Bateson seine Sicht der Subjektabhängigkeit der Erfahrung auf die Erkenntnistheorie aus: „Aber Erkenntnistheorie ist immer und unausweichlich *persönlich*. Der Sondierungspunkt liegt immer im Herzen des Forschers: Welches ist *meine* Antwort auf die Frage nach der Natur der Erkenntnis?" (Bateson 1987: 112, Hervorhebung im Original) Wie bei Heinz von Foerster impliziert die Art der Formulierung der Frage nach Erkenntnis die Frage nach Verantwortung und Ethik (Foerster 1993 b: 60 ff.).

Die in verschiedenen Konstruktivismen so bedeutend gewordene Frage nach dem Beobachter (siehe nur Winter 1999) thematisiert Bateson auf eigentümliche Weise. Er betont Fragen der Wahrnehmung und der Sinnestäuschung, die auch bei Foerster eine zentrale Rolle spielten. Darüber hinaus hebt Bateson die Bedeutung von mehreren und iterierten Beobachtungen sowie die Bedeutung mehrerer Beobachterinstanzen hervor. Daraus ergeben sich „verschiedene Versionen der Welt", wie Bateson ein zentrales erkenntnis- und wahrnehmungstheoretisches Kapitel nennt (Bateson 1987: 86 ff.). Diese Pluralität der Beobachtungen segregieren bei Bateson die Beobachterinstanzen jedoch nicht, sie führen nicht in Quasi-Solipsismen, denn „Beziehung ist immer ein Produkt doppelter Beschreibung" (ebd.: 165). Und Bateson insistiert weiter: „Diese doppelte Sicht *ist* die Beziehung" (ebd., Hervorhebung im Original).

Gregory Bateson zitiert (ebd.: 120) einen der wichtigsten Kernsätze des Konstruktivismus, George Spencer-Browns Imperativ „draw a distinction" (Triff eine Unterscheidung) (Spencer-Brown 1997: 3).[5] Jahre zuvor hatte Foerster diesen Im-

---

[5] Das Original lautet: „We draw distinctions; that is, we pull them out." Die deutsche Übersetzung lautet „Wir ziehen [draw] Unterscheidungen; das heißt, wir entnehmen sie." Der Hinweis auf Spencer-Brown geht hier verloren.

perativ bereits als Motto zu einem seiner zentralen Beiträge zum Konstruktivismus genommen (Foerster 1973). Batesons Beschäftigung mit Spencer-Brown geht spätestens auf 1973 zurück, als er an der A.U.M.-Konferenz[6] teilnahm, auf der mit Spencer-Brown am Esalen Institute diskutiert wurde (vgl. Müller 2008 a; www.lawsofform.org)

In *Geist und Natur* war es zunächst noch einmal das Problem, eine Definition von *Mind*/Geist zu fixieren. (Das Problem der semantischen Aufladung des deutschen 'Geist' kann nicht gelöst werden. Nur Heinz von Foerster wagte es einmal, „mind" mit „Verstand" zu übersetzen.) Bateson, der in dieser Definitionsfrage offenkundig ein Hauptproblem seines Buches sah, bediente sich eines ganzen Kapitels, um „Kriterien des geistigen Prozesses" zu entwickeln. Zu seinen sechs Kriterien, die er nicht als abschließend ansah, zählte er die folgenden:

1. Ein Geist ist ein Aggregat von zusammenwirkenden Teilen oder Komponenten.
2. Die Wechselwirkung zwischen Teilen des Geistes wird durch Unterschiede ausgelöst.
3. Der geistige Prozess braucht kollaterale Energie.
4. Der geistige Prozess verlangt zirkuläre (oder noch komplexere) Determinationsketten.
5. Im geistigen Prozess müssen die Auswirkungen von Unterschieden als Umwandlungen (d. h. codierte Versionen) von vorausgegangenen Ereignissen aufgefasst werden. [...]
6. Die Beschreibung und Klassifizierung dieser Transformationsprozesse enthüllen eine Hierarchie von logischen Typen, die den Phänomenen immanent sind. (Bateson 1987: 113 f.)

Es lohnt sich, diese sechs Kriterien, die wir im gewöhnlichen Spektrum der *Philosophy of Mind* in dieser Form nicht antreffen werden[7], nach ihren Verbindungen zu Konstruktivismus und Kybernetik zu untersuchen.

Die Formulierung des ersten Kriteriums entspricht klassischen holistischen Denkweisen nach dem Muster, das Ganze sei mehr als die Summe der Teile. Bateson bestätigt dies mit der Bemerkung, „die hier entfaltete Theorie des Geistes ist holistisch und beruht, wie jeder ernst zu nehmende Holismus, auf der Prämisse von der Differenzierung und Wechselwirkung der Teile." (Ebd.: 116) Zugleich entspricht das Kriterium einer Denkweise, wie sie schon am Anfang der Kybernetik, bei Warren S. McCulloch und Walter Pitts (1943) zu finden ist (auch wenn diese

---

[6] A.U.M. steht für American University of Masters.
[7] Ein Blick in ein Referenzwerk wie *The Cambridge Dictionary of Philosophy*, 2. Aufl. hrsg. Von Robert Audi, Cambridge Univ. Press 2001, S. 684 ff. (s.v. *philosophy of mind*) bestätigt dies sehr klar.

zunächst nicht von Geist sprachen – McCulloch forcierte das Thema allerdings bald danach unter der Überschrift „Why the Mind is in the Head" [1951]).

Das zweite Kriterium, Interaktionen würden durch Unterschiede ausgelöst, greift dieselbe Tradition auf und fügt sich in früheres Bateson'sches Denken, wonach eine Information (genauer ein *bit* Information) eine „difference which makes a difference" sei, ein Unterschied, der einen Unterschied mache (Bateson 1972: 315).

Das dritte Kriterium nimmt Heinz von Foersters Überlegungen zu selbstorganisierenden Systemen auf. Foerster sprach bekanntlich von energetisch offenen Systemen, die in der Lage wären „order from noise" zu erzeugen. Unter *noise*, in der Lage, „Ordnung" und „Organisation" zu erzeugen, verstand Foerster 1959 ungerichtete Energie, die ein System aus der Umwelt, sagen wir „kollateral", aufnimmt (vgl. Foerster 1993 a: 227). Der Bateson'sche Geist ist diesem dritten Kriterium gemäß genau ein solch selbstorganisierendes System.

Auch das vierte Kriterium entspricht ganz der frühen Kybernetik, es ist das Kriterium der Kreiskausalität, dessen paradoxer Charakter zunächst allerdings noch wenig beachtet wurde. Erst seit den 1970er Jahren wies Heinz von Foerster (nach zunächst unpublizierten Anfängen in den 1950er Jahren)[8] immer wieder explizit auf die mit Kreiskausalität verbundenen Paradoxien hin (Foerster 1993 b: 109 ff.). Bei Bateson finden wir ähnliche Überlegungen bereits im Zusammenhang mit der Ausformulierung des Double-Bind-Konzeptes (Bateson 1972). Eine weitere intellektuelle Verwandtschaft besteht zu Jean Piaget, der als erster das Prinzip der senso-motorischen Schließung als Grundlage von Wissen formulierte. Dieses Denkmodell wurde speziell durch Ernst von Glasersfeld zu einem zentralen Motiv des Konstruktivismus (Glasersfeld 1996, 1997 a, b, 2005, 2007).

Danach wird – im fünften Kriterium – der Geist bzw. der geistige Prozess als eine nicht-triviale Maschine vorgestellt, als ein System dessen Funktionsweise geschichtsabhängig ist. Die ursprünglich von W. Ross Ashby (Foerster 1997 spricht von der „Ashby-Box") konstruierte nicht-triviale Maschine wurde von Foerster als *das* Paradigma menschlichen Verhaltens formuliert (Foerster 1993 a: 347 ff.).

Das sechste Kriterium bietet einen Rekurs auf Alfred N. Whitehead und Bertrand Russel und die Theorie der logischen Typen. Obwohl Bateson über Jahrzehnte an der Typentheorie von Whitehead und Russel festhielt, beschreibt er in *Geist und Natur* auch deren Grenzen:

> So weit können wir uns an Russel und die *Principia* halten. [...] Für den Mathematiker ist es kein Problem, von Namen von Namen von Namen oder von

---

[8] Im Heinz-von-Foerster-Archiv, Wien, erhielt sich ein Entwurf zu einem Vorwort, das nunmehr im Kommentarband zur Wiederveröffentlichung der Tagungsbände der Macy-Konferenzen abgedruckt wurde (Pias 2004: 395 ff.).

> Klassen von Klassen von Klassen zu sprechen. Aber für den Wissenschaftler ist diese leere Welt unzureichend. Wir versuchen, uns mit einer Verknüpfung oder Wechselwirkung von digitalen (d. h. Benennen) und analogen Schritten zu befassen. Der Prozess des Benennens ist selbst benennbar, und diese Tatsache zwingt uns, die einfache Leiter von logischen Typen, die sich aus der *Principia* ergäbe, durch eine alternierende Anordnung zu ersetzen. Mit anderen Worten, um die beiden stochastischen Systeme, in welche ich sowohl die Evolution als auch den geistigen Prozess aus Gründen der Analyse unterteilt habe, wieder zu verbinden, werde ich die beiden als alternierend ansehen müssen. (Bateson 1987: 232 f.)

Dieses Alternieren ist nun nichts anderes als das Aufnehmen von Zirkularität, nach dem von W. Ross Ashby formulierten Muster. An anderer Stelle im Buch stellt Bateson genau dieses Modell vor, ohne allerdings auf Ashby Bezug zu nehmen (vgl. ebd.: 78 f.). Auch werden direkte Beziehungen zur Idee des Alternierens hier nicht geknüpft.

Der berechtigte Verdacht besteht, dass Bateson die Idee der Rekursivität beziehungsweise der Kreiskausalität, wie sie schon seit den Macy-Konferenzen zu formulieren versucht wurde, nicht konsequent genug beachtete. Die gelegentliche Hypostasierung der Theorie der Typen erfolgte offenkundig auch in Unkenntnis der Arbeiten von Kurt Gödel.[9]

Mit den sechs Kriterien ist die Konstruktion von Geist aber noch nicht zu Ende. Während zum Beispiel Warren S. McCulloch (1965) einen bedeutenden Durchbruch erzielte, indem von den Verkörperungen des Geistes (*Embodiments of Mind*) sprach, geht Bateson bei der Situierung des Geistes über die Grenzen des Körpers hinaus. Dabei ist Batesons Geist keineswegs meta-physisch. Eher handelt es sich um eine Extendierung des Begriffs des Körperlichen auf Interaktionen und Systeme.

Bateson führt schließlich eine weitere Idee aus, seine Idee der großen stochastischen Prozesse. Er meint damit,

> dass sowohl die genetischen Veränderungen als auch der Prozess, der als Lernen [...] bezeichnet wird, stochastische Prozesse sind. In beiden Fällen handelt es sich [...] um einen Strom von Ereignissen, der unter gewissen Aspekten zufällig ist, und in beiden Fällen haben wir einen nicht-zufälligen Selektionsprozess, der verursacht, das bestimmte unter den zufälligen Komponenten länger „überleben" als andere. Ohne das Zufällige gibt es nichts Neues. (Bateson 1987: 181)

Die bei Bateson weiter ausgeführte Beobachtung von Parallelitäten zwischen Wissen, Denken und Lernen einerseits und der natürlichen Evolution andererseits, gemahnt sehr direkt an Ernst von Glasersfelds Konzept der Viabilität, der Gangbar-

---

[9] Mit Kurt Gödels Unvollständigkeitstheorem wurde die Lehre der logischen Typen überflüssig.

keit von Wissen und Lernen, als Voraussetzung erfolgreicher Wirklichkeitskonstruktion, die allerdings jeweils nicht die einzig mögliche ist. An anderer Stelle spricht Bateson explizit von einer „Evolution des Zusammenpassens" (ebd.: 173), auch hier bemerken wir die Nähe zu Glasersfeld, der uns das Konzept des Passens nahe gebracht hat.

Geist und Natur ist zweifellos eine Art Summa des Bateson'schen Lebenswerks. Gregory Bateson bezieht sich in diesem Buch auf eigene Forschungen aus nahezu allen unterschiedlichen Lebensabschnitten, die mit so unterschiedlichen Forschungsinteressen einher gingen. Offenkundig erscheint das Bedürfnis, alles Bedeutsame in diesem Forscherleben noch einmal zusammenzufassen. Dass damit Replikationen früherer Arbeiten in Kauf genommen wurden, schien keine große Rolle zu spielen. Immerhin war es möglich, einerseits wichtige Theoriebausteine zu kondensieren, und andererseits andere wichtige durch ausführlichere Behandlung weiter zu explizieren. Das bereits Vorgefertigte erscheint somit noch einmal in neuem Kontext, die kreative Rekombination spielt in *Geist und Natur* die zentrale Rolle.

3 Rezeption und Wirkung

Gregory Bateson publizierte sein Buch 1979. Bald erhielt er eine skeptische bis zurückweisende Rezension, die in der *London Review of Books* erschien. Ihr Autor Nicholas Humphrey warf Bateson vor, Regeln des logischen und des wissenschaftlichen Argumentierens verletzt zu haben. Wenige Wochen später, am 24. Januar 1980, antwortete Bateson seinem Kritiker, ebenfalls in der *London Review of Books*. Zunächst präsentiert Bateson sich selbst und den Rezensenten als strukturelle Antipoden:

> May I try to illuminate the contrast between his philosophy and mine? As I see it, this contrast is fundamental to the old controversies between churchmen and scientists and between C. P. Snow's „two cultures". (Bateson 1980)

Bateson resümiert den Vorwurf der Rezension und besteht auf seiner Freiheit der Präsentation:

> Humphrey says that my recognition or assertion that evolution and mental process are the same sort of thing – members of the class which I call mental phenomena – is a piece of „logical sleight of hand [...] which rests fair and square on the fallacy logicians know *as affirming the consequent*" [my italics]. I agree that I am indeed affirming the consequent – and proud of it. (Ebd.)

Das Beharren auf seiner Position begründet Bateson mit einem Rekurs auf das Humane: „When Humphrey asserts that it is wrong to affirm the consequent, he (and Logic) reduce the human race (and all our fellow organisms) to the level of silly computing machinery." (Ebd.) Bateson stellt dem klassischen Syllogismus „Modus Barbara" seinen von Eilhard von Domarus übernommenen „Modus Gras" gegenüber: „Men die. / Grass dies. / Men are grass." Um den Unterschied zwischen beiden Verfahren deutlich zu machen, erläutert nun Bateson: „Humphrey's syllogism depends upon identification of *subjects* and their assignment to classes; mine depends upon the equating of *predicates* and the creation of a class from the equated predicates." (Ebd.) Abschließend fasst Bateson seine epistemologische Position zusammen, die weit entfernt vom Irrationalen erscheint, sondern die sich durch Wahrnehmungs- und Erkenntnisskepsis auszeichnet:

> We talk as though we had direct knowledge of a man's „character" but indeed our knowledge even of the colour of his shirt is only indirect. We tend to believe the images that our eyes and brains somehow create and from these we build a materialistic prison. Between one experiment and the next our physicists sneak around the corner to consult mediums. We long to believe in the miracles of professional tricksters and fear to recognise the miraculous nature of our own perception and imagination. (Ebd.)

Es mag nicht verwundern, dass auch der Kritiker auf seiner Position beharrte, wie in seinem Brief an die *London Review of Books* vom 7. Februar 1980 zum Ausdruck kommt, in dem er den Irrationalismusvorwurf noch einmal wiederholte.

Das Buch erhielt aber auch unmittelbar Zustimmung, vor allem auch im Hinblick auf seine Nicht-Konventionalität. Der britische, später amerikanische Philosoph und Wissenschaftstheoretiker Stephen Toulmin kennzeichnete in der *New York Review of Books* in seiner Rezension von *Mind and Nature* Bateson ganz sympathetisch als einen „Scout", einen Kundschafter, wie man ihn aus klassischen Western-Filmen kennen würde.

> In the literature and movies of the American Frontier the scout is usually depicted as a roughly clad eccentric who leaves the safety of the settlement and reappears unpredictably, bringing a mixture of firsthand reports, rumors, and warnings about the wilderness ahead – together with a tantalizing collection of plant specimens, animal skins, and rock samples, not all of which are fool's gold. At first the settlers find the scout's help indispensable; but once their community begins to consolidate he becomes a figure of fun; and finally, after respectability has set in, he is a positive embarrassment. Yet their premature respectability is vulnerable. When the settlement is struck by drought, the scout's nature lore leads the settlers to hidden springs of underground water, but once the crisis is past, respectability reemerges, and the scout is ridden out to the town line. Within the world of the American behavioral sciences, Gregory Bateson has always had the scout's ambiguous status. He himself has never been an orthodox academic, either in his position or in his activities. […] The disciplinary respectabilities of the academic world have meant little to him. […] His achievements have challenged the professional ambitions of academic behavioral scientists in this country to establish self-contained „disciplines" within the human sciences as autonomous and well defined as those in the physical and biological sciences. Again and again, just when the professionals began to get themselves nicely settled,

> Gregory Bateson reappeared in their midst, with arguments to demonstrate that their theoretical and methodological certainties were uncertain. No wonder many of them have found his work exasperating as well as admirable. (Toulmin 1980)

Toulmin spart aber auch nicht an Kritik: Bateson hätte gegnerische Positionen ernster und genauer nehmen sollen.

Eine weitere Rezension ist bemerkenswert: In den *Annals of Science*, einem wichtigen Periodikum zur Wissenschaftsgeschichte wurde die Verlagsannonce der Erstausgabe – sie lautete: „the startling theme of this book is that biological evolution is a mental process" – mit Hilfe des Bateson'schen Textes korrigiert. Der Rezensent verweist darauf, dass Bateson Geist nicht mit Evolution gleichsetze (wie es die Verlagsannonce nahe legt), sondern auf strukturelle Ähnlichkeiten und Affinitäten hinweise. Bateson würde somit auf der Seite rationaler und kritischer Überlegungen stehen (Oppenheim 1980: 690).

Neben einer permanenten Beschäftigung mit Bateson über die drei Jahrzehnte seit seinem Tod hinweg bot das Jahr 2004, das Jahr des 100. Geburtstages, Anlass für intensivierte Beschäftigung mit den verschiedensten Aspekten des Bateson'schen Werkes. So brachten Zeitschriften wie *Kybernetes* oder *Cybernetics and Human Knowing* oder *SEED* Bateson gewidmete Sondernummern, des weiteren erschienen Tagungsbände, die abermals bestrebt waren, Batesons Potential für die laufende wissenschaftliche Agenda auszuloten, darunter ein Band, der Bateson als Wegbereiter der Biosemiotik zu beschreiben versucht (Hoffmeyer 2008). Dass Bateson auch sonst in die Semiotik einbezogen wurde, hängt u. a. damit zusammen, dass er sich des Peirce'schen Konzepts der Abduktion bediente. Spezielle Ideen aus *Geist und Natur,* wie beispielsweise die des „metapattern" wurden von Nachfolgern aufgenommen und verallgemeinert (Volk 1995; Volk/Bloom 2007; Volk/Bloom/Richards 2007).

Versucht man die Rezeption von *Geist und Natur* über die unmittelbaren Rezensionen hinaus näher zu bestimmen, so wird das Unmögliche eines solchen Unterfangens rasch klar: Die reine Quantität der Berufungen auf das Buch – mögen sie sinnvoll sein oder nicht, berechtigt oder nicht, auf einer genauen Lektüre beruhen, oder auf Secondhand-Missverständnissen – entzieht sich der Erfassbarkeit.

Systematische Rezeptions- und Wirkungsforschung sind ein schwieriges Unterfangen. Eine der Möglichkeiten, die wir als Wissenschaftshistoriker haben, besteht darin, die Zitationen eines bestimmten Werkes zu untersuchen. Frank N. Thomas, Rebekah A. Waits und Gail L. Hartsfield (2007) haben eine solche Untersuchung für die Jahre 1996–2006 durchgeführt. Da das Gesamtwerk Batesons mit einbezogen wurde, sind die dort erhobenen Daten für unsere Zwecke von geringem Wert. Wir untersuchten die Datenbank „ISI Web of Knowledge", welche Sciences, Social Sciences und Humanities umfasst, nach den Zitierungen von *Mind and Nature* vom Erscheinungsjahr 1979 bis Ende 2009. Einbezogen wurden weiters die deutschen, französischen und italienischen Übersetzungen (siehe Tabelle 1). Aufgrund der bekannten Problematiken der Datenbank (z. B. die Privilegierung anglophoner Wissenschaft) ergibt sich selbstverständlich kein Gesamtüberblick.

Tab. 1: Zitierungen von Mind and Nature *(und Übersetzungen), 1979–2009*
Quelle: *ISI Web of Knowledge (Abfrage 3.3.2010), eigene Berechnungen*

1979 10	1989 37	1999 51	2009 54
1980 27	1990 52	2000 49	
1981 33	1991 36	2001 37	
1982 57	1992 49	2002 35	
1983 42	1993 57	2003 36	
1984 72	1994 54	2004 35	
1985 57	1995 52	2005 42	
1986 59	1996 47	2006 42	
1987 59	1997 61	2007 52	
1988 60	1998 42	2008 51	

Gesamt: 1.447

Dies ergibt ein arithmetisches Mittel von 47,9 jährlichen Zitierungen. Die Daten der Zitierungen verweisen auf eine kontinuierliche Rezeption der Bateson'schen Arbeit. Insgesamt wird man sie dahingehend lesen können, dass es sich hier nicht nur um einen Bestseller von großer Breitenwirkung, sondern um einen wissenschaftlichen Klassiker aus dem letzten Viertel des zwanzigsten Jahrhundert handelt, der seit seinem Erscheinen intensiv von sehr verschiedenen Disziplinen zitiert und als Argument verwendet wird. (In zwei Disziplinen verlief die an Zitierungen gemessene Rezeption allerdings sehr zurückhaltend: in der Biologie und in der Philosophie.)

Ob dies alles vom Autor intendiert wurde? Und ob er sich als Konstruktivist sah? Ich hege die Vermutung, dass er sich – genau wie Heinz von Foerster – als „Anti-Ist"[10], als einer, der sich keinem Ismus zurechnen lassen würde, verstand. Am 8. August 1974 schrieb Gregory Bateson an Heinz von Foerster unter anderem folgendes:

> I *never* ask about the audience for anything that I write. a) There is never any; and b) If there were any, I would not write *for them*. It's no use addressing those who already know. (University of Illinois, Urbana, University Archive, Heinz von Foerster papers)

---

[10] Heinz von Foersters Formulierung, er sei ein „Anti-Ist" findet sich in einem Interview mit Albert und Karl H. Müller (Foerster/Müller/Müller 2001: 241).

Literatur

Bateson, Gregory (1936): Naven. A Survey of the Problems Suggested by a Composite Picture of the Culture of a New Guinea Tribe Drawn from Three Points of View. Cambridge: Cambridge Univ. Press.
Bateson, Gregory (1953): The Position of Humor in Human Communication. In: Heinz von Foerster/Margaret Mead/Hans Lukas Teuber (Hrsg.): Cybernetics. Transactions of the Ninth Conference. New York: Josiah Macy Foundation. S. 1–47.
Bateson, Gregory (1972): Steps to an Ecology of Mind. Collected Essay in Anthropology, Psychiatry, Evolution, and Epistemology. Northvale/London: Jason Aronson.
Bateson, Gregory (1979): Mind and Nature. A Necessary Unity. New York: E. P. Dutton.
Bateson, Gregory (1981): Ökologie des Geistes. Anthropologische, psychologische, biologische und epistemologische Perspektiven. Übers. Hans-Günter Holl. Frankfurt am Main: Suhrkamp.
Bateson, Gregory (1987): Geist und Natur. Eine notwendige Einheit. Übers. Hans-Günter Holl. Frankfurt am Main: Suhrkamp.
Bateson, Gregory (1980): Letter to the Editor. In: London Review of Books vom 24.1.1980. URL: http://www.lrb.co.uk/v02/n01/letters#letter1. (Abgerufen am 23.12.2010)
Bateson, Gregory/Mary Catherine Bateson (1987): Angels Fear. Towards an Epistemology of the Sacred. New York: Macmillan.
Bateson, Gregory/Jürgen Ruesch (1951): Communication. The Social Matrix of Psychiatry. New York: Norton.
Bateson, Mary Catherine (1984): With A Daughter's Eye. A Memoir of Margaret Mead and Gregory Bateson. New York: William Morrow.
Berman, Morris (1981): The Reenchantment of the World. Ithaka: Cornell Univ. Press.
Brockman, John (Hrsg.) (1977): About Bateson. Essays on Gregory Bateson. New York: Dowden.
Charlton, Noel G. (2008): Understanding Gregory Bateson. Mind, Beauty, and the Sacred Earth. Albany: State Univ. of New York.
Conway, Flo/Jim Siegelman (2005): Dark Hero of the Information Age. In Search of Norbert Wiener, the Father of Cybernetics. New York: Basic.
Foerstel, Leonora/Angela Gilliam (Hrsg.) (1992): Confronting the Margaret Mead Legacy. Scholarship, Empire, and the South Pacific. Philadelphia: Temple Univ. Press.
Foerster, Heinz von (1973): On Constructing a Reality. In: Wolfgang F. E. Preiser (Hrsg.): Environmental Design Research. Bd. 2. Stroudberg, PA: Dowden, Hutchinson & Ross. S. 35–46.
Foerster, Heinz von (1992): Entdecken oder Erfinden. Wie lässt sich Verstehen verstehen? (1985) In: Heinz von Foerster: Einführung in den Konstruktivismus. München: Piper. S. 41–88.
Foerster, Heinz von (1993 a): Wissen und Gewissen. Versuch einer Brücke. Frankfurt am Main: Suhrkamp.
Foerster, Heinz von (1993 b): KybernEthik. Berlin: Merve.
Foerster, Heinz von (Hrsg.) (1995): Cybernetics of Cybernetics, or The Control of Control and The Communication of Communication [Urbana 1974]. 2. Aufl. Minneapolis: Future Systems.
Foerster, Heinz von (1997): Der Anfang von Himmel und Erde hat keinen Namen. Eine Selbsterschaffung in 7 Tagen. Hrsg. Albert Müller/Karl H. Müller. Wien: Döcker.
Foerster, Heinz von (2003): Understanding Understanding. New York: Springer.
Foerster, Heinz/Albert Müller/Karl H. Müller (2001): Rück- und Vorschauen. In: Albert Müller/Karl H. Müller/Friedrich Stadler (Hrsg.): Konstruktivismus und Kognitionswissenschaft. 2., erw. Aufl. Wien: Springer.
Glasersfeld, Ernst von (1996): Radikaler Konstruktivismus. Ideen, Ergebnisse, Probleme. Frankfurt am Main: Suhrkamp.

Glasersfeld, Ernst von (1997 a): Kleine Geschichte des Konstruktivismus. In: Österreichische Zeitschrift für Geschichtswissenschaften. 8. Jg. H. 1. S. 9–17.
Glasersfeld, Ernst von (1997 b): Wege des Wissens. Konstruktivistische Erkundungen durch unser Denken. Heidelberg: Carl-Auer-Systeme.
Glasersfeld, Ernst von (2005): Radikaler Konstruktivismus. Versuch einer Wissenstheorie. Hrsg. Albert Müller/Karl H. Müller. Wien: Edition Echoraum.
Glasersfeld, Ernst von (2007): Key Works in Radical Constructivism. Hrsg. Marie Larochelle. Rotterdam: Sense.
Heims, Steve Joshua (1993): Constructing a Social Science for Postwar America. The Cybernetics Group, 1946–1953. Cambridge, MA/London: MIT Press.
Hoffmeyer, Jesper (Hrsg.) (2008): A Legacy for Living Systems. Gregory Bateson as Precursor to Biosemiotics. Dordrecht: Springer.
Humphrey, Nicholas (1979): New Ideas, Old Ideas. In: London Review of Books vom 6.12.1979.
Humphrey, Nicholas (1980): Letter to the Editor. In: London Review of Books vom 7.2.1980.
Lilly, John (1977): The Deep Self. Profound Relaxation and the Tank Isolation Technique. New York: Simon & Schuster.
Lipset, David (1980): Gregory Bateson. The Legacy of a Scientist. Englewood Cliffs, NJ: Prentice-Hall.
Lipset, David (2005): Author and Hero. Rereading Gregory Bateson: The Legacy of a Scientist. In: Anthropological Quarterly. 78. Jg. H. 4. S. 899–914.
Lutterer, Wolfram (2000): Auf den Spuren ökologischen Bewusstseins. Eine Analyse des Gesamtwerks von Gregory Bateson. Freiburg im Breisgau: Libri Books on demand.
Lutterer, Wolfram (2002): Gregory Bateson. Eine Einführung in sein Denken. Heidelberg: Carl-Auer-Systeme.
Lutterer, Wolfram (2005): Eine kybernetische Systemtheorie. Wolfram Lutterer über Gregory Batesons „Steps to an Ecology of Mind". In: Dirk Baecker (Hrsg.): Schlüsselwerke der Systemtheorie. Wiesbaden: VS Verlag für Sozialwissenschaften. S. 205–215.
McCulloch, Warren S. (1951): Why the Mind is in the Head. In: Lloyd A. Jeffress (Hrsg.): Cerebral Mechanisms in Behavior. The Hixon Symposion. New York: Hafner.
McCulloch, Warren S. (1965): Embodiments of Mind. Cambridge, MA: MIT Press.
McCulloch, Warren S./Walter Pitts (1943): A Logical Calculus of the Ideas Immanent in Nervous Activity. In: Bulletin of Mathematical Biophysics. 5. Jg. S. 115–133.
Marc, Edmond/Dominique Picard (1991): Bateson, Watzlawick und die Schule von Palo Alto. Frankfurt am Main: Hain.
Mead, Margaret (1935): Sex and Temperament in Three Primitive Societies. New York: William Morrow.
Mead, Margaret (1972): Blackberry Winter. New York: Simon & Schuster.
Müller, Albert (2008 a): Computing a Reality. Heinz von Foerster's Lecture at the A.U.M. Conference in 1973. In: Constructivist Foundations. 4. Jg. H. 1. S. 62–69.
Müller, Albert (2008 b): Zur Geschichte der Kybernetik. Ein Zwischenstand. In: Österreichische Zeitschrift für Geschichtswissenschaften. 19. Jg. H. 4. S. 6–27.
Oppenheim, J. M. (1980): Review of Gregory Bateson. Mind and Nature. In: Annals of Science. 37. Jg. H. 6. S. 690–691.
Pias, Claus (2004): Cybernetics/Kybernetik. The Macy-Conferences 1946–1953, Vol. II: Essays and Documents/Bd. 2: Essays und Dokumente. Zürich/Berlin: Diaphanes.
Spencer-Brown, George (1997): Laws of Form. Gesetze der Form. Lübeck: Joh. Bohmeier.
Thomas, Frank N./Rebekah A. Waits/Gail L. Hartsfield (2007): The Influence of Gregory Bateson. Legacy or Vestige? In: Kybernetes. 36. Jg. H. 7/8. S. 871–883.
Toulmin, Stephen (1980): The Charm of the Scout. In: New York Review of Books vom 3.4.1980.
Turner, Fred (2006): From Counterculture to Cyberculture. Steward Brand, the Whole Earth Network and the Rise of Digital Utopianism. Chicago: Univ. of Chicago Press.
Volk, Tyler (1995): Metapatterns. Across Space, Time, and Mind. New York: Columbia Univ. Press.

Volk, Tyler/Jeffrey W. Bloom (2007): The Use of Metapatterns for Research into Complex Systems of Teaching, Learning, and Schooling, Part I: Metapatterns in Nature and Culture; Part II: Applications. In: Complicity. International Journal of Complexity and Education. 4. Jg. S. 25–43, 45–68.

Volk, Tyler/Jeffrey W. Bloom/John Richards (2007): Toward a Science of Metapatterns. Building upon Bateson's Foundation. In: Kybernetes. 36. Jg. H. 7/8. S. 1070–1080.

Whitehead, Alfred North/Bertrand Russell (1986): Principa Mathematica. (1910/1913) Mit einem Beitrag von Kurt Gödel. Frankfurt am Main: Suhrkamp.

Winter, Wolfgang (1999): Theorie des Beobachters. Skizzen zur Architektonik eines Metatheoriesystems. Frankfurt am Main: Verlag neue Wissenschaft.

III Grundlagen und Konzepte

Die Objektivität des Sozialen

Jens Loenhoff über Peter L. Bergers und Thomas Luckmanns
Die gesellschaftliche Konstruktion der Wirklichkeit

1   Entstehungsbedingungen und Vorgeschichte: zur Genese des Buches

Die Autoren des Buches *Die gesellschaftliche Konstruktion der Wirklichkeit* (1969), die Soziologen Peter L. Berger (*1927) und Thomas Luckmann (*1929), lernten sich Anfang der 1950er Jahre während ihres Studiums an der Graduate Faculty of Political and Social Science der New School of Social Research in New York kennen. Die 1919 von Wissenschaftlern der Columbia University gegründete Einrichtung bot innerhalb der 1933 gegründeten University in Exile vom Nationalsozialismus verfolgten Wissenschaftlern die Gelegenheit, ihre Arbeit fortzusetzen zu können. Dazu gehörten neben anderen Claude Lévi-Strauss, Roman Jakobson, Karl Löwith, Hannah Arendt, Leo Strauss, Alfred Schütz und Aron Gurwitsch, die eine prägende und nachhaltige Wirkung auf das Profil von Forschung und Lehre an der New School hatten.[1] Anfang der 1960er Jahre treffen Peter L. Berger und Thomas Luckmann dort erneut zusammen, diesmal als Professoren an der Graduate Faculty. Nach einigen gemeinsamen religions- und wissenssoziologischen Studien (Berger/Luckmann 1963, 1966; Luckmann/Berger 1964) planen sie eine größere Publikation, die zunächst noch unter Beteiligung weiterer Schüler von Alfred Schütz (z. B. Maurice Natanson) realisiert werden sollte. Absicht der Autoren war die Erarbeitung einer wissenssoziologisch inspirierten und anthropologisch fundierten Gesellschaftstheorie, die als kritische Reaktion und Alternative zum damals populären Strukturfunktionalismus von Talcott Parsons gedacht war. Was dieser stillschweigend voraussetzen musste und als nicht weiter klärungsbedürftig verstand, nahmen Berger und Luckmann zum Thema ihres weit über die Grenzen der Soziologie hinaus rezipierten Schlüsseltextes.

2   *Die gesellschaftliche Konstruktion der Wirklichkeit* als Schlüsselwerk des Konstruktivismus

In der mit dem Titel „Das Problem der Wissenssoziologie" überschriebenen Einleitung rechtfertigen Peter L. Berger und Thomas Luckmann die Frage nach dem Zusammenhang von „Wissen" und „Wirklichkeit" zunächst unter Bezug auf eine Reflexivitätssteigerung innerhalb der soziologischen Theoriediskussion. Jenseits „semantischer Finessen" wollen sie die beiden Leitbegriffe wie folgt bestimmt wissen:

---

[1]   Zur Geschichte der New School of Social Research siehe z. B. Rutkoff/Scott (1986).

> Für unsere Zwecke genügt es, „Wirklichkeit" als Qualität von Phänomenen zu definieren, die ungeachtet unseres Wollens vorhanden sind – wir können sie ver- aber nicht wegwünschen. „Wissen" definieren wir als die Gewissheit, dass Phänomene wirklich sind und bestimmbare Eigenschaften haben. (Berger/Luckmann 1969: 1)

Dabei liegt für Berger und Luckmann die Rechtfertigung des soziologischen Erkenntnisinteresses am Zusammenhang von Wirklichkeit und Wissen in der Tatsache ihrer gesellschaftlichen Relativität und dem damit verbundenen Erklärungsproblem begründet, denn „was für einen tibetanischen Mönch 'wirklich' ist, braucht für einen amerikanischen Geschäftsmann nicht 'wirklich' zu sein." (Ebd.: 3)[2] Jenseits philosophischer Problematisierungen sollen „Wirklichkeit" und „Wissen" als Korrelate sozialen Handelns und spezifischer gesellschaftlicher Strukturen analysiert werden. Unter Ausklammerung einer den Wahrheitsanspruch des Wissens betreffenden Geltungsproblematik geht es um die Frage „wie es vor sich geht, dass gesellschaftlich entwickeltes, vermitteltes und bewahrtes Wissen für den Mann auf der Straße zu außer Frage stehender 'Wirklichkeit' gerinnt." (Ebd.)

Die Autoren weisen die Analyse der Wirklichkeitskonstruktion einer neu zu begründenden und sich von der klassischen Wissenssoziologie absetzenden Perspektive zu, die schließlich den Untertitel ihres Buches, „Eine Theorie der Wissenssoziologie", rechtfertigen soll. Hatten sich Teile der Wissenssoziologie in der Folge von Karl Marx' Ideologiekritik und Friedrich Nietzsches radikalisiertem Selbsttäuschungsverdacht einer sich im „Höhenrausch des Relativitätsbewusstseins" (ebd.: 5) befindenden Programmatik verschrieben und sich primär dem Problem der Standortgebundenheit des Denkens angenommen, soll nunmehr alles, was in einer Gesellschaft als Wissen fungiert, zum legitimen Gegenstand der Wissenssoziologie erhoben werden. Unterlag die klassische Wissenssoziologie von Max Scheler und Karl Mannheim noch der Beschränkung, sich primär für reflexive, bereits zu Theorien und Ideologien geronnenen Wissensbeständen zu interessieren, will die neue Theorie der Wissenssoziologie den primär handlungsleitenden, präreflexiven und praktisch orientierenden Wissensbeständen und Evidenzen in Gestalt eines „Allerweltswissen" in den Blick nehmen, um von dort aus zu einer Erneuerung der Gesellschaftstheorie zu gelangen. Diese soll dem dialektisch bestimmten Doppelcharakter der Gesellschaft als subjektiver *und* als objektiver Wirklichkeit zum Begriff verhelfen, der im Strukturfunktionalismus einer der Theorietechnik Parsons' geschuldeten Vergegenständlichung gewichen war. Dass ein solches Projekt nicht ohne Rückgriff auf gewichtige Vorarbeiten realisiert werden kann, räumen die Autoren freimütig ein. Marx' Frühschriften, Helmuth Plessners und Arnold Gehlens *Philosophische Anthropologie*, Émile Durkheims Begriff der „sozialen Tatsache", Max Webers *Verstehende Soziologie*, Alfred Schütz' *Phäno-*

---

[2] Die zeitgenössische Philosophie zeige zudem „eine nicht unbeträchtliche Neigung, das Wirklichkeitsproblem und seinen ganzen Umkreis einer gewissen Trivialisierung anheim fallen zu lassen." (Berger/Luckmann 1969: 201)

menologische Analyse der Alltagswirklichkeit und schließlich George H. Meads *Theorie der Sozialisation* bilden die konzeptionellen Fundamente der eigenen Theoriearbeit.

2.1 Alltagswissen und alltägliches Handeln

Im Gegensatz zur Welt des Traums oder der Phantasie ist die Alltagswelt die intersubjektiv geteilte, primär sinnkonstitutive Welt. An sie sind die Handelnden körperlich gebunden, sie ist die Welt, in der das Erleben in vollwachem Zustand die stärkste Bewusstseinsspannung aufweist. Kennzeichnend für die Wirklichkeit der Alltagswelt ist die Verfolgung praktischer Absichten und die Umsetzung von Handlungsplänen. Im Koordinatensystem des „Hier" des eigenen Körpers und des „Jetzt" der Gegenwart Anderer werden Akte der Interaktion und der Kommunikation vollzogen. Als Welt alltäglicher Probleme und ebenso alltäglicher Problemlösungen ist sie durch unterschiedliche „Handhabungszonen" und „Reichweiten" strukturiert, etwa die Nähe und Ferne von Personen und Gegenständen, die Anonymität und Intimität, die den Umgang mit ihnen kennzeichnen und die typisierten Erwartungen, die sich auf ihr Verhalten und ihre Eigenschaften richten. Eingebettet sind solche Reichweiten und Handlungsoptionen in die räumliche und vor allem in die zeitliche Struktur der Alltagswelt. In all diesen Dimensionen steht die Alltagswelt außerhalb aller Zweifel: „Über ihre einfache Präsenz bedarf sie keiner zusätzlichen Verifizierung. Sie ist einfach *da* – als selbstverständliche, zwingende Faktizität. Ich *weiß*, dass sie wirklich ist." (Berger/Luckmann 1969: 26, Hervorhebung im Original)

Neben der Alltagswelt existieren jedoch auch andere Wirklichkeiten als umgrenzte „Sinnprovinzen", etwa die Welt des Spiels, des Theaters und des Traums oder jene der Phantasie, der Kunst, der Wissenschaft und der Religion. Sinnprovinzen sind indes keine Orte, wie die Raummetaphorik des Terminus nahezulegen scheint, sondern je spezifische Bewusstseinsspannungen. Auf sie kann sich sprunghaft die Aufmerksamkeit und damit der Wirklichkeitsakzent verschieben, doch kehrt das Bewusstsein stets in die oberste Wirklichkeit, die „Wirklichkeit par excellence" (ebd.: 24) zurück. Dieser herausragende Charakter hängt nicht zuletzt damit zusammen, dass die Alltagswelt die Welt des Wirkens ist, der Kommunikation und des hantierenden Umgangs mit den Dingen. So weisen die Autoren der Interaktion eine fundamentale Bedeutung zu, wie dies bis dahin kaum eine soziologische Gesellschaftstheorie getan hat. Da die grundlegende Erfahrung des Anderen die der direkten Begegnung ist, kennzeichnen Peter L. Berger und Thomas Luckmann die Vis-à-vis-Situation als den Prototyp aller gesellschaftlichen Interaktion. Jede andere Interaktionsform sei aus ihr abgeleitet. Es ist die Erfahrung des Anderen in lebendiger Gegenwart, im gemeinsamen „Jetzt" und „Hier" und in unmittelbarer wechselseitiger Wahrnehmung körperlicher Expressivität, die als maximale Evidenzquelle der Teilhabe am Erleben der Handlungspartner fungiert und Reziprozität erzeugt: „In der Vis-à-vis-Situation ist der Andere völlig wirklich. Diese Wirklichkeit ist Teil der Gesamtwirklichkeit der Alltagswelt und als solcher kompakt und zwingend." (Ebd.: 32)

Der Wirklichkeitscharakter der Alltagswelt verdankt sich vor allem Objektivationen, die aus Interaktionsprozessen hervorgegangen sind.[3] Eine wichtige Klasse unter diesen Objektivationen bilden die Zeichen und Zeichensysteme, von denen das wichtigste die Sprache ist. Sie wirken der Flüchtigkeit des Ausdruckshandelns entgegen und vergegenständlichen die menschliche Subjektivität körpergebundener Expressivität und die mit dieser verbundenen Sinngehalte. Durch Ablösung von der Indexikalität des „Hier" und „Jetzt" wird Sinn jenseits interaktiver Kontexte und der sie erzeugenden Akteure überhaupt erst verfügbar. Vor diesem Hintergrund heben die Autoren die besondere Funktion der vokalen Geste hervor, die nicht nur eine besondere Nähe des Sprechens zum Denken suggeriert, sondern der im Sich-selbst-hören durch die Steuerung der eigenen wie auch der Handlungen des Anderen in einem funktionalen Komplex ein besonderes Synchronisationspotential zukommt. Darin liegt ihr Vorteil gegenüber anderen Zeichensystemen wie etwa der Schrift, die deshalb auch als Zeichensystem zweiter Ordnung gilt. Insofern sich alle Objektivationen der Alltagswelt durch Versprachlichung behaupten, wodurch partikulare Erlebnisse ständig unter objektiv und subjektiv wirkliche Sinnordnungen subsumiert werden, ist das Verständnis des Phänomens Sprache für das Verständnis der Alltagswirklichkeit in der Tat von entscheidender Bedeutung.[4] Der Sprache kommen dabei im Wesentlichen drei Funktionen zu: Sie ist erstens Medium der Handlungskoordination; sie versorgt zweitens die Akteure aufgrund ihres Vergegenständlichungspotentials mit Vorfabrikationen für die Objektivation von Erfahrungen; und sie sichert drittens, indem sie die Alltagswelt zu einem sinnvollen Ganzen integriert, die Teilhabe am Wissensvorrat der Gesellschaft. In ihm ist das auf Routinesituationen und typische Zwecke zugeschnittene „Rezeptwissen" der vorherrschende Typus. Des Weiteren ist das Alltagswissen nach Relevanzen struk-

---

[3] Die Idee, dass und inwiefern menschlichem Handeln Objektivationen erwachsen, die zwischen Materie und flüchtigem Erleben eine dritte, für das Weltverhältnis des Menschen ganz entscheidende Bezugsgröße darstellen, kann tatsächlich auf eine lange über Georg Wilhelm Friedrich Hegel, Arthur Schopenhauer, Karl Marx, Wilhelm Dilthey, Hans Freyer u. a. verlaufende Reflexionsgeschichte zurückblicken.

[4] Kaum ein anderer soziologischer Theorieansatz dürfte so nachdrücklich auf die wirklichkeitsgenerierende Kraft der Sprache hingewiesen haben, indem er sie zugleich als Medium und als Vermittlung der gesellschaftlichen Wirklichkeitskonstruktion begreift (so auch Luckmann 1971, 1972, 1973). Angesichts des Umstandes, dass sich die zeitgenössische Soziologie immer weniger mit Sprache befasst, ist die Rezeption des Ansatzes innerhalb der Linguistik bemerkenswert. So hat z. B. Helmuth Feilke (1994) den Versuch unternommen, die Ausdrucks- und Inhaltstypik sprachlicher Formulierungen, die durch grammatisches und lexikalisches Wissen nicht bestimmt sind, als kommunikativ konstituiertes sprachliches Common-sense-Wissen zu begreifen.

turiert und nach Graden der Vertrautheit und Fremdheit differenziert. Einer der wichtigsten Bestandteile des gesellschaftlichen Wissensvorrates ist daher auch das Wissen um die ungleiche Verteilung des Wissens, wie sie z. B. zwischen Laien und Experten zu beobachten ist.

2.2 Gesellschaftliche Konstruktion der Wirklichkeit als objektive Faktizität

Die Klärung der Frage, inwiefern Gesellschaft als objektive Wirklichkeit zu begreifen ist, gehen Peter L. Berger und Thomas Luckmann vornehmlich unter Bezug auf die Beiträge der Philosophischen Anthropologie an, durch die schließlich auch der Prozess der Institutionalisierung als Fundament einer stabilen Wirklichkeitskonstruktion verständlich werden soll. Hier soll nicht nur einsichtig gemacht werden, dass und warum der Mensch überhaupt „seine Wirklichkeit" erzeugen kann, sondern warum ihm eine solche Konstruktion letztendlich biologisch auferlegt ist. Im Gegensatz zu späteren Konstruktivismen, die ihren Entwürfen die Analyse der Funktion der Nervenzelle oder eine Biologie der Kognition zugrunde legen, greifen die Autoren auf die Philosophie des Organischen zurück, die auf dem Wege des Vergleichs mit subhumanen Lebensformen die Sonderstellung des Menschen teils naturwissenschaftlich teils hermeneutisch und naturphilosophisch zu bestimmen versucht. Mit den Entwürfen von Helmuth Plessner und Arnold Gehlen fassen sie den Menschen als Mängelwesen, dessen Instinktarmut und organische Unspezialisiertheit ihm im Gegensatz zum Tier keine artspezifische Umwelt sichert, sondern ihn in ein konstitutionell ungesichertes, gerade dadurch aber weltoffenes und hochgradig plastisches, zugleich aber auch labiles Verhältnis zur Umwelt stellt. Diesem Umstand erwächst die Notwendigkeit der Kompensation und der Stabilisierung, die der Mensch nicht aus seiner labilen Innenwelt und seinen weitgehend ungesteuerten Antrieben beziehen kann, sondern durch äußeren Halt an einer durch Objektivationen strukturierten, freilich von ihm selbst erschaffenen kulturellen Welt, oder mit anderen Worten: durch die gesellschaftliche Konstruktion der Wirklichkeit. Diese vollzieht sich als Umbildung der Weltoffenheit in eine relative Geschlossenheit des Weltverhältnisses, die zur Entlastung im Raum kontingenter Handlungsmodi und damit zur Komplexitätsreduktion führt. Weltoffenheit und die mannigfaltigen Möglichkeiten, Mensch zu sein, gelten Berger und Luckmann daher als anthropologische Konstanten, die das Fundament aller kulturellen Lebensformen bilden. Zwar ist die Notwendigkeit dieser entlastenden Ordnung in der biologischen Verfassung des Menschen angelegt, die kulturspezifischen Formen sozialer Ordnung sind indessen weder biologisch garantiert noch aus den biologischen Fakten ableitbar. Auch wenn der Mensch an die Grenzen seiner sensomotorischen Möglichkeiten rückgebunden bleibt, sind es vielmehr diese Ordnungsformen, die seine Entwicklung und seine Konstruktion der Wirklichkeit bestimmen. So ist die Selbsterfindung des Menschen ein genuin gesellschaftlicher Prozess, der wiederum zur Prägung des menschlichen Organismus durch die soziale Ordnung und die vielfältigen Kulturtechniken beiträgt. Wie sich aber die Genese dieser sozialen Ordnung vollzieht, wie sie zu einer Realität *sui generis* wird und wie man sich das Verhältnis der Externalisierung von subjektiv gemeintem Sinn und Internalisierung sinnhafter Strukturen bzw. Objektivationen vorzustellen hat, soll durch eine Theorie der Institutionalisierung geklärt werden.

Die Ursprünge der Institutionalisierung verorten Berger und Luckmann in einem Prozess, den sie mit dem Terminus 'Habitualisierung' belegen. Menschliches Handeln ist dem Gesetz der Gewöhnung unterworfen, und häufige Wiederholungen von Handlungen verfestigen sich zu einem Modell, das unter Kraftersparnis und psychologischen Entlastungseffekten reproduziert werden kann. Die Selektivität der Formvorlagen, die in der Reduktion anderer potenzieller Handlungsvollzüge liegt, ermöglicht eine Handlungsökonomie, die Ressourcen für kreative Problemlösungen bereitstellt. „Grundsätzlich steckt in jeder ein oder mehreren Male wiederholten Handlung eine gewisse Neigung zur Habitualisierung." (Berger/Luckmann 1969: 61) Solche Habitualisierungsprozesse in Form des Rückgriffs auf bewährte Praktiken gehen jeder Institutionalisierung voraus: „Institutionalisierung findet statt, sobald habitualisierte Handlungen durch Typen von Handlungen reziprok typisiert werden. Jede Typisierung, die auf diese Weise vorgenommen wird, ist eine Institution." (Ebd.: 58) Mit dieser Bestimmung ist ein grundlegender Institutionalisierungsbegriff gewonnen, der sich mehr an Arnold Gehlens anthropologischem Entlastungsmodell orientiert als an einer organisationssoziologischen Institutionenforschung. Insofern sich solche reziproken Typisierungen notwendig im Lauf einer gemeinsamen Geschichte vollziehen, sind sie keine spontan auftretenden Prozesse, sondern Ergebnis einer sozialen Entwicklung, aus der heraus sie erst verständlich werden.

Ist ein Handlungszusammenhang erst institutionalisiert, steht er unter sozialer Kontrolle. Der Kontrollcharakter der Institutionalisierung ist gleichsam Korrelat der Faktizität des Modells bzw. des Verhaltensmusters. Da Institutionalisierung Vorhersehbarkeit von Handlungen und die Stabilität wechselseitigen Erwartens garantiert, steht sie am Anfang einer jeden gesellschaftlichen Situation, die ihren eigenen Ursprung überdauert. Erst durch die Verwandlung von zunächst noch labilen und irritierbaren „ad hoc-Konzeptionen" von zwei Akteuren zu Institutionen entsteht eine Realität *sui generis*. Sie wird zu einer Wirklichkeit, die dem Menschen als äußeres und zwingendes Faktum entgegentritt: „Jetzt erst wird es überhaupt möglich, von einer gesellschaftlichen Welt im Sinne einer in sich zusammenhängenden, gegebenen Wirklichkeit zu sprechen, die dem Menschen wie die Wirklichkeit der natürlichen Welt gegenübersteht." (Ebd.: 63)

Auf der performativen Ebene, d. h. im Kontext praktischen Handelns, wird der konstruktive Charakter dieser Wirklichkeit jedoch nicht durchschaut. Das Verhältnis zwischen dem Prozess der Hervorbringung und den Vergegenständlichungen mit ihrem objektiven Charakter qualifizieren die Autoren als dialektisch: das Produkt wirkt zurück auf die Produzenten. Mit dem scheinbaren Paradoxon, dass der Mensch in der Lage ist, eine Welt zu erzeugen, die er dann als etwas ganz anderes als sein eigenes Produkt erlebt, ist zugleich das Problem der Verdinglichung benannt, das die Autoren in einem dem frühen Karl Marx verpflichteten Sinn interpretieren, und zwar als Verschmelzung von Institutionen mit der Natur, als Fähigkeit des Menschen, die eigene Urheberschaft seiner Welt zu vergessen: „Wissen über die Gesellschaft ist demnach *Verwirklichung* im doppelten Sinn des Wortes: Erfassen der objektivierten gesellschaftlichen Wirklichkeit und das ständige Produzieren eben dieser Wirklichkeit in einem." (Ebd.: 71, Hervorhebung im Original)

Zur Analyse von Institutionen gehört allerdings auch die Bestimmung ihrer Grenzen. Das unterschiedliche Ausmaß, mit dem Gesellschaften das Handeln ihrer Mitglieder festlegen, bewegt sich dabei innerhalb zwei idealtypischer Extreme: im einen Fall wäre die Institutionalisierung eine totale, die alle Verhaltensweisen reguliert, womit eine Gleichverteilung allen Wissens und ein maximal geteilter Bestand an Problemen einhergeht. Im anderen Extremfall wäre die Institutionalisierung eine singuläre, innerhalb derer nur eine Verhaltensweise institutionalisiert wäre und zwar nur eine, die Antwort auf eine einzige Problemsituation ist. Einen gemeinsamen Wissensvorrat gäbe es dann nicht.

Spätestens beim Auftritt Dritter jedoch, insbesondere einer nachfolgenden Generation, ist der eigentliche Institutionalisierungsprozess abgeschlossen, zugleich aber der Fortbestand der Institution bedroht. Zwar gründet die Akzeptanz von Institutionen auf ihrem Problemlösungspotential und den durch sie zur Verfügung gestellten Routinen, doch bedarf die grundsätzliche Skepsis hinsichtlich dessen, was nicht Ergebnis der eigenen praktischen Erfahrung und der in diese eingelassenen Sinnproduktion ist, besonderer Prozeduren der Rechtfertigung. Hier stellt sich das Problem der Erklärung und Legitimierung von Institutionen. So zeitigt der Autoritätsanspruch der Institution einen Rechtfertigungsbedarf, der nur durch einen besonderen Objektivationstypus gedeckt werden kann, durch den dem institutionell objektivierten Sinn der Status kognitiver Gültigkeit zugeschrieben wird. Resultiert die kognitive Geltungsdimension aus der Verständlichkeit, der Überzeugungskraft und der erfolgreichen Bearbeitung von Widersprüchen, so erwächst die normative Geltung aus der Rechtfertigung der Sollform des Handelns und der Zuschreibung der Würde des Normativen. Wird dieser Legitimationsbedarf hinreichend befriedigt, sind Institutionen integriert, d. h. das Ganze einer institutionalen Ordnung wird als sinnhaft erfahren, ebenso wie die durch Institutionen mit Sinnressourcen versorgten Biografien. Ob institutionalisierte Handlungszusammenhänge auf Dauer gestellt werden, hängt nämlich nicht nur von ihrer äußeren Funktionalität, sondern auch von der Art ab, wie über sie reflektiert wird. Dies ist nur durch sprachliche Kommunikationsmittel möglich. Nur Sprache ermöglicht die Wiederholung von Objektivationen gemeinsamer Erfahrung in Form von Traditionsbildungen und Sedimentierungen, in denen typische intersubjektive Erfahrungen gleichsam abgelagert sind. Als differenziertestes und leistungsfähigstes Zeichensystem stellt Sprache nicht nur Mittel zur Vergegenständlichung bereits gemachter, sondern auch neuer, erst noch reflexiv zu verarbeitender Erfahrungen zur Verfügung. Sprache ist *das* Fundament und Instrument des kollektiven Wissensvorrates und seiner Überlieferung. In Gestalt von Lebensweisheiten, Legenden, Volksmärchen oder anderen Narrationen, die zugleich als rudimentäre theoretische Postulate fungieren, sind solche Legitimierungen ins Vokabular der Alltagssprache eingelassen. Sie können aber auch die Form expliziter Legitimationstheorien annehmen, die geschlossene Bezugssysteme mit relativer Autonomie bilden und dadurch selbst zu Institutionen werden.

Symbolische Sinnwelten, die letzten Legitimationsinstanzen, überhöhen schließlich dieses Ordnungsgefüge. Als „schützende Dächer über der institutionalen Ordnung und über dem Einzelleben" (ebd.: 109) erfüllt die Totalität solcher Sinnwelten die Funktion, „ein Chaos in Schach zu halten" (ebd.) und einer Gefährdung der Ordnung zu begegnen. Gemeint sind Kosmologien, Religionen und allgemeine Theorien über das Wesen des Menschen, die als Sinnstiftung für alle Arten von Erfahrungen und als Ressource für die Rechtfertigung von Lebensentwürfen und ihrer unbefragten Richtigkeit fungieren und so zugleich auf das Problem der Integration widersprüchlicher Erfahrungen antworten. Vor allem antworten sie auf das mit den existenziellen Warum-Fragen verbundene Problem der Transzendenz und der Legitimation des Todes, durch dessen fehlende Integration in die Alltagswelt deren Routine vollständig gelähmt würde.[5]

Aber auch jenseits dieser zentralsten aller möglichen Sinnverluste ist die Gewissheit der kognitiven und normativen Geltung einer Wirklichkeitskonstruktion nicht vor Irritationen geschützt. Eine wesentliche Quelle solcher Irritationen bilden ungewöhnliche als soziale Praktiken, psychische Abweichungen oder kulturelle Differenz auftretende Wirklichkeitsbestimmungen, die mit Prädikaten wie 'verrückt', 'krank', 'unterentwickelt' etc. einerseits zwar disqualifiziert und delegitimiert, andererseits aber durch diese Praxis wiederum eingehegt und integriert werden. Insbesondere die Konfrontation mit anderen Gesellschaften und deren symbolischen Sinnwelten stellt eine Gefährdung der eigenen Wirklichkeitskonstruktion dar. Die durch diese Phänomene ausgelöste Kontingenzbedrohung macht eine die Sinnwelt stützende Theoriebildung notwendig, sei es in Form einer Mythologie, einer Religion oder eines naturwissenschaftlichen Weltbildes. Ihnen allen ist der Ehrgeiz gemeinsam, abweichende Wirklichkeitsbestimmungen mit Begriffen der eigenen Sinnwelt deuten und korrigieren zu können. Der Legitimation einer Ordnung durch symbolische Sinnwelten, dies zeigen die historischen und ethnografischen Beispiele der Autoren, ist notwendig eine historische Dimension eingeschrie-

---

[5] „In der Legitimation des Todes manifestiert sich die Kraft symbolischer Sinnwelten im Hinblick auf die Transzendenz am klarsten, und die Fähigkeit der absoluten Legitimation der obersten Wirklichkeit des Alltagslebens, die menschliche Urangst zu mildern, enthüllt sich in ihr." (Berger/Luckmann 1969: 109)

ben. Damit ist die Geschichte der Legitimationsformen integraler Bestandteil der ganzen Geschichte der Gesellschaft.

Zu den weiteren Funktionen symbolischer Sinnwelten, die selbst immer schon mit einem latenten oder manifesten Machtproblem kontaminiert sind, gehört auch die Legitimation einer politischen Ordnung.[6] Ideologien, denen in diesem Kontext eine besondere Funktion zukommt, stellen eine äußerst enge Verbindung von Wirklichkeitsbestimmung und Macht her. Sie sind als allgemeinverbindliche Sinnwelt strukturiert, allerdings stets in Abhängigkeit von Partikularinteressen. Darin unterscheiden sich Ideologien etwa von religiösen Sinnwelten, die maximalinklusiv ausgelegt und in umfassender Weise auf alle Menschen und alle Dimensionen des Lebens gerichtet sind.

2.3 Gesellschaft als subjektive Wirklichkeit

Die dialektische Bewegung von der Externalisierung über die Objektivation zur Internalisierung und zurück kann erst vollständig begriffen werden, wenn die Spezifika des Sozialisationsprozesses bestimmt sind, durch den die Bedingungen der Teilhabe an einer Wirklichkeitskonstruktion geschaffen werden.[7] Er bildet das Fundament für das Verstehen der Handlungen anderer und für das Erfassen der Welt als einer sinnhaften Wirklichkeit. Wichtiger Generator der Internalisierung einer Wirklichkeit ist die Identifikation mit primären Bezugspersonen, den „signifikanten Anderen". Über diese Identifikation entwickelt sich schließlich das Bewusstsein vom generalisierten Anderen in Gestalt des anonymen Nebenmenschen. Die damit verbundene Abstraktionsleistung bildet eine entscheidende Phase der Sozialisation, weil „die Gesellschaft als Gesellschaft mit ihrer etablierten objektiven Wirklichkeit internalisiert und zugleich die eigene kohärente und dauerhafte Identität subjektiv etabliert wird. Gesellschaft, Identität *und* Wirklichkeit sind subjektiv die Kristallisation eines einzigen Internalisierungsprozesses." (Berger/Luckmann 1969: 144, Hervorhebung im Original) Mit der primären Sozialisation wächst der Mensch nie in einer von vielen Welten auf, sondern in der Welt schlechthin, denn die dieser Welt eigenen Situationsdefinitionen, deren Bezweifelung ein später Luxus ist, sind notwendig alternativlos.

Die an diesen Prozess anschließende sekundäre Sozialisation ist durch den Erwerb von rollenspezifischem Verhalten und die Herausbildung einer Identität als

---

[6] „Macht in der Gesellschaft schließt die Macht ein, über Sozialisationsprozesse zu verfügen, und damit die Macht, Wirklichkeit *zu setzen*." (Berger/Luckmann 1969: 128, Hervorhebung im Original)

[7] Der diesbezügliche Rückgriff auf die Überlegungen George H. Meads habe, wie Luckmann später erläuterte, auch damit zu tun, dass Alfred Schütz, dessen phänomenologischem Zugriff die Autoren stark verpflichtet sind, Mead nicht eigentlich in sein Werk aufgenommen habe (Luckmann in Pawlowski/Schmitz 2003: 26).

einer gelungenen, mit den gesellschaftlichen Relevanzstrukturen korrelierenden Selbstbeschreibung gekennzeichnet. Die Aneignung einer Identität bedeutet daher die Aneignung der Welt, auf die diese Identität verweist.[8] Sekundäre Sozialisation, die im Grunde nie abgeschlossen ist, beantwortet den mit aller Institutionalisierung verbundenen Bedarf an Übernahme spezifischen Sinnvorgaben. Rollenübernahme, aber auch Rollendistanz und die Kunst des Verheimlichens werden als wesentliches Moment des Erwachsenwerdens identifiziert. Bemerkenswert ist dabei die Orientierung sekundärer Sozialisationsprozesse am primären Sozialisationsgeschehen und den hier verankerten Internalisierungen, denen eine enorme Beharrungskraft zukommt, was sich auch und gerade in Grenzsituationen eindrucksvoll zeigt.

In allen Sozialisationsprozessen kommen Sprache und Kommunikation eine herausragende Funktion zu, denn erst mit ihrem Erwerb werden die in sie eingelassenen Vergegenständlichungen und inkorporierten Begründungs- und Auslegungszusammenhänge verfügbar. Von der Sprache hängt die Symmetrie zwischen subjektiver und objektiver Wirklichkeit bzw. einer sich eher entsprechenden als deckenden „äußeren" und einer „inneren" Wirklichkeit ganz maßgeblich ab. Sprache ermöglicht gleichsam die Übersetzung in beide Richtungen. Dabei heben die Autoren die besondere Bedeutung gesprächsförmiger Kommunikation für die Erzeugung und Vergewisserung einer geteilten Wirklichkeitskonstruktion hervor. Subjektive Wirklichkeiten, die nie besprochen werden, drohen hinfällig zu werden, denn die „'Konversationsmaschine' schlägt in Wirklichkeit um, indem wir verschiedene Elemente der Erfahrung 'durchsprechen' und sie an einen festen Platz in der wirklichen Welt stellen." (Ebd.: 164) Die mit dem Vergegenständlichungspotenzial der Sprache verbundene „wirklichkeitsstiftende Kraft des Gesprächs" (ebd.) transformiert die diffusen Bewusstseinsgehalte zu kohärenten und geordneten Sachverhalten. Sprache und Sprechen verwirklichen eine Welt im doppelten Sinn: sie begreifen und erzeugen sie. Zwar haben sich in Form von Beichte, psychoanalytischem Gespräch etc. spezifische Formen der Kommunikation herausgebildet,[9] die sich in besonderer Weise der Klärung und Vergewisserung bestimmter Wirklichkeitsausschnitte annehmen, doch vollzieht sich die alltägliche Wirklichkeitsbestimmung vielmehr „vor dem Hintergrund einer Welt, die schweigend für gewiss gehalten wird." (Ebd.) Thematisierung und Explikation solcher Wirklich-

---

[8] „Der Haitianer bildet eben keine Neurosensymptome, sondern Anzeichen von Besessenheit, und der New Yorker zimmert sich seine Neurose nach allen Regeln der psychoanalytischen Symptomatologie zusammen. Das hat nichts mit 'Massenhysterie' zu tun, noch gar mit Simulantentum. Es ist vielmehr der Abdruck, den die Identitätstypen der Gesellschaft in der subjektiven Wirklichkeit normaler Leute mit normalem Durchschnittsverstand hinterlassen." (Berger/Luckmann 1969: 190)

[9] Im Anschluss an diese Problemstellung hat Luckmann (1986) das Konzept der kommunikativen Gattungen entwickelt, das zahlreiche empirische Forschungen stimuliert hat (s. u.). Zu anderen und späteren, gleichwohl aber als Anschlussprojekte zu verstehenden Arbeiten Luckmanns, insbesondere seiner Religionssoziologie und der Gattungsanalyse siehe z. B. Knoblauch (2005) und Schnettler (2006, 2007).

keitsbestimmungen bilden die Ausnahme, die belanglose Alltagskonversation ist es, die die subjektive Wirklichkeit der Welt bestätigt. Kommt es hingegen zu einem Verlust solcher impliziten Gewissheiten, signalisieren diese einen Bruch mit den die Wirklichkeit stützenden Routinen. Die aus diesem Umstand resultierenden Vorsichtsmaßnahmen gegen Sinnzusammenbrüche und Wirklichkeitsverluste in Krisen und Grenzsituationen, seien es Begegnungen mit Fremden, seien es Naturkatastrophen, Revolutionen o. ä., nehmen die Form separater Veranstaltungen zur Wirklichkeitssicherung an. So fungieren z. B. kollektive Rituale, Exorzismus oder Therapie als Vergewisserungspraxen, die die Demontage bisher stabil erfahrener Weltverhältnisse verhindern. Trotz erfolgreicher Sozialisation bleibt indessen eine unaufhebbare Differenz zwischen objektiver Wirklichkeit und individuellem Bewusstsein bestehen. Ihr Korrelat ein fortwährender Balanceakt, wie ihn Helmuth Plessner mit seinem Begriff der „exzentrischen Positionalität" verbunden hat und auf den die Autoren hier verweisen. Selbst im Kontext wenig differenzierter (z. B. schriftloser) Lebensformen ist die Totalität dessen, was in einer Gesellschaft als Wirklichkeit objektiviert ist, nicht durch ein einzelnes Mitglied einer Gesellschaft zu internalisieren.

Dass sich Sozialisationsprozesse stets innerhalb einer bestimmten Gesellschaftsstruktur vollziehen, ist vor allem im Kontext moderner Gesellschaften leicht nachvollziehbar. Erweitert man unter Bezug auf ethnografisches Material den Blick auf Lebensformen jenseits dieses Gesellschaftstypus, ergeben sich indessen Einsichten, die den Zusammenhang zwischen sozialer Differenzierung und der identitätsstiftenden Symmetrie von subjektiver und objektiver Wirklichkeit präzisieren können. Im Kontext wenig ausgeprägter Arbeitsteilung und mithin geringer Differenzierung des Wissens besteht, so argumentieren die Autoren, eine vergleichsweise höhere Erfolgswahrscheinlichkeit von Sozialisationsprozessen, insofern hier ein großes Maß einer solchen Symmetrie und eine starke Profilierung von Identität besteht. Mit anderen Worten: jeder ist der, der er sein soll. Moderne Gesellschaften dagegen sind stärker von erfolgloser Sozialisation, subjektiver Entfremdung von objektiver Wirklichkeit und mangelnder Partizipation an einer kollektiv gesicherten Plausibilitätsstruktur bedroht. So wächst die Wahrscheinlichkeit des Konfliktes zwischen verschiedenen Wirklichkeitsbestimmungen innerhalb einer Gesellschaft proportional mit dem Grad ihrer internen Differenzierung. Es zirkulieren nicht nur verschiedene Versionen der Welt, sondern ein ganzes Angebot disparater Welten. Mit dem damit verbundenen Individualisierungsprozess als zunehmender Chance, eigene Entscheidungen zwischen verschiedenen Wirklichkeiten zu treffen, so vermuten die Autoren, wachse das Risiko einer strukturbedingt erfolglosen Sozialisation.

3   Rezeption, Resonanz und Wirkung

The Social Construction of Reality wird kurz nach Erscheinen im Jahre 1966 in zahlreichen Fachzeitschriften besprochen, unter anderem in renommierten Journalen wie der *American Sociological Review* (Simpson 1967) oder dem *American Anthropologist* (Maquet 1968). Zwar wird mitunter die Frontstellung gegenüber der strukturfunktionalistischen Theoriebildung ebenso begrüßt (Gustafson 1968; Martin 1968; Wagner 1967) wie das vom damals populären Strukturalismus abgesetzte Verständnis von Sprache und Sprechen (Rose 1967), doch ist die Resonanz insgesamt eher verhalten. Die als indifferent wahrgenommene Haltung der Autoren gegenüber den zumindest von den Intellektuellen artikulierten Reformbedürfnissen der späten 1960er Jahre stößt auf Unverständnis. Gegenentwürfe würden nicht ernstgenommen und lediglich als Abweichungen und Bedrohung von der objektiven Wirklichkeit begriffen (Light 1967), man fände zu viel Alfred Schütz und George H. Mead, dagegen zu wenig Karl Marx (Simpson 1967).[10]

1969 erscheint die deutsche Fassung in der Übersetzung von Monika Plessner. Helmuth Plessner, den die Autoren an der New School of Social Research in New York kennengelernt hatten, erklärte sich zu einem Vorwort bereit, in dem er nicht ohne Hintersinn anmerkt, die Autoren seien gut beraten gewesen, dem provozierenden Titel den eher unverdächtigen Untertitel „Eine Theorie der Wissenssoziologie" zur Seite zu stellen.[11] Gleichwohl motiviert das Buch nur zu wenigen verspäteten Besprechungen (Dahmer 1970/71; Zak 1971). Auch in der deutschsprachigen Wissenschaftslandschaft sind zu dieser Zeit eher andere Ideen zirkulationsfähig. Im Resonanzraum zwischen strukturfunktionalistischen Präferenzen einerseits und marxistisch orientierten Ansätzen andererseits wird das Buch aufgrund seiner Ausklammerung ökonomischer Determinanten der Wirklichkeitskonstruktion kurzerhand als „bürgerliche Soziologie" und als ein gutes Beispiel für die „Klassenschranken des bürgerlichen Bewusstseins" (Zak 1971: 104) abqualifiziert. Dass sich die für das Selbstverständnis der Soziologie nicht unbedeutende *Kölner Zeitschrift für Soziologie und Sozialpsychologie* nicht an einer Rezension interessiert zeigt, steht darüber hinaus im krassen Gegensatz zur Resonanz, die das Buch schon bald erfahren sollte.

---

[10] Hinsichtlich der damaligen Diskurse und Atmosphären erinnert sich später Peter L. Berger: „Neither Luckmann nor I had any sympathy with this Zeitgeist, but even if we had been more sympathetic, our sort of sociology was not what all these putative revolutionaries were clamoring for. It is not possible to play chamber music at a rock festival." (Berger 1992: 2)

[11] Dass individuelle oder milieuspezifische Lebenslagen und idiosynkratische Befindlichkeiten Welt- und Selbstverhältnisse prägen, konnte Helmuth Plessner kaum als neue Einsicht gelten. Wirklichkeit als gemeinsame Konstruktion war indessen einem nicht zuletzt auch auf die Belastbarkeit naturwissenschaftlicher Erkenntnisse bauenden Plessner unheimlich. So bemerkt Thomas Luckmann in einem Gespräch über die Entstehungsgeschichte des Buches dreißig Jahre später: „Plessner hat die ganze Chose nicht gepasst." (Luckmann in Pawlowski/Schmitz 2002: 32)

Im Jahr 1992 versammelt der Newsletter der Theoriesektion der *American Sociological Association* zum 25-jährigen Publikationsjubiläum neben dem Rückblick der Autoren (Berger 1992; Luckmann 1992) verschiedene Beiträge zur Wirkung des Buches.[12] Eine fünf Jahre später erscheinende deutschsprachige Publikation (Matthes/Stosberg 1997), die ebenfalls Reminiszenzen der Autoren enthält, würdigt das Buch erneut. Im dreißigsten Erscheinungsjahr des Buches äußert sich Thomas Luckmann anlässlich eines Podiumsgesprächs noch einmal zur Entstehungsgeschichte und den Hintergründen (Pawlowski/Schmitz 2003). Im Rückblick auf die internationale Karriere der Publikation, die mittlerweile in einer großen Zahl von Übersetzungen vorliegt, beklagt er die Fehlrezeption „als eine Theorie der Beliebigkeit gesellschaftlicher und persönlicher Wirklichkeiten: 'Jetzt setzen wir uns hin und basteln ein wenig. Und dann haben wir halt eine neue Wirklichkeit'." (Luckmann in Pawlowski/Schmitz 2003: 33) Vor dem Hintergrund des später in den Sozial- und Literaturwissenschaften populären *Radikalen Konstruktivismus* stellt Luckmann (1999: 17) indessen klar: „Ich bin kein Konstruktivist, jedenfalls nicht in dem Sinne der Angehörigkeit zu einer wissenschaftstheoretischen Richtung, die sich als Konstruktivismus bezeichnet." Eher sehe er sich als einen „irgendwie doch noch an einer realistischen Ontologie und Epistemologie festhaltenden Nicht-Konstruktivisten." (Ebd.)[13] Die Wahl des Terminus „Konstruktion" sei vor allem dem Umstand geschuldet gewesen, sich vom phänomenologisch klar profilierten Begriff der „Konstitution" abzusetzen, dessen Programmatik das Buch insofern nicht verpflichtet sei, als dass es um eine historisch und ethnologisch informierte und gesellschaftstheoretisch motivierte Wissenssoziologie gegangen sei und nicht primär um phänomenologische Konstitutionsanalysen.[14] Angesichts der nunmehr zahlreichen Konstruktivismen nehme er mittlerweile eine ambivalente Haltung zum Terminus ein: „auf Deutsch wäre mir dann eigentlich lieber 'Aufbau' gewesen, im Nachhinein." (Luckmann in Pawlowski/Schmitz 2003: 33)[15]

Als „Meilenstein der Soziologie" (Abels 1998: 87) und eines der international am meisten rezipierten Bücher des Fachs (vgl. Knoblauch 2005: 128) ist die Behandlung des Ansatzes heute Bestandteil zahlreicher, freilich längst nicht aller Einführungen. Die Zahl der von Berger und Luckmann geprägten und von ihrem

---

[12] Siehe dazu ferner die Beiträge von Eberle (1992), Lemert (1992), McCarthy (1992), Meyer (1992), Rogers (1992) und Soeffner (1992).
[13] Eine solche „entschieden *ontologische* Färbung" kritisiert wiederum der im Kontext der Science Studies entwickelte empirische Konstruktivismus, wie ihn u. a. Karin Knorr-Cetina (1989: 87) vertritt, der sich gegenüber einem phänomenologisch orientierten Sozialkonstruktivismus oder einem kognitionstheoretischen Konstruktivismus abgrenzen will.
[14] Zur Parallelisierung einer an den formalen Strukturen der Erfahrung interessierten und sich als „Protosoziologie" verstehenden phänomenologischen Konstitutionsanalyse und einer soziologischen Forschung siehe ferner Luckmann (1970, 1999).
[15] Diese Präferenz teilt auch Ian Hacking (2003), der den Begriff der „Konstruktion" für eine mittlerweile leblose Metapher und einen totalen Konstruktivismus für explikativ wertlos hält, insofern Konstruktionen überhaupt nichts anderes als „soziale" Konstruktionen sein könnten.

Konstruktivismus direkt inspirierten Autorinnen und Autoren ist begrenzt, die Rezeption über diesen Kreis hinaus moderat. Programmatische Texte des so genannten radikalen Konstruktivismus (z. B. Schmidt 1987; Hejl 1987; Köck 1987) rezipieren die Theorie nicht oder nur als Vorgeschichte. Umgekehrt grenzen sich von ihrem Werk beeinflusste Autoren von einem kognitionsbiologisch fundierten Konstruktivismus deutlich ab (z. B. Knoblauch 1995; Knoblauch/Schnettler 2007; Soeffner 1999). Einen nicht unerheblichen Einfluss hatten die Autoren auf die Ausarbeitung einer hermeneutischen Wissenssoziologie (Hitzler/Reichertz/Schröer 1999). Insbesondere die aus dem Geist des wissenssoziologischen Konstruktivismus entstandene kommunikationssoziologische Gattungsanalyse hat zahlreiche Studien motiviert.[16]

Eine explizite, grundlegende und sorgfältige Kritik, die sich der durchaus problematischen Teile der Argumentation wie z. B. dem phänomenologischen Zeichenbegriff und seiner widersprüchlichen Stellung zum sprachlichen Vergegenständlichungspotential oder seines eklektizistischen Aufbaus hätte annehmen können, liegt nicht vor. Eher wird beklagt, dass sich angesichts der heute eingetretenen Inflation von Titeln der Art „The Social Construction of ..." die Provokation der Konstruktionsthese weitgehend abgenutzt und höchstens noch den Charakter einer verblichenen Beschwörungsformel habe (Hacking 1999, 2003).[17] Doch selbst Skeptiker, deren postkonstruktivistische Überlegungen sich eher gegen einen vollständig entfesselten Konstruktivismus wenden, beteuern, nicht hinter die mit der Realismus- und Repräsentationskritik verbundenen Reflexionsgewinne zurück gehen zu wollen (Vogel/Wingert 2003).

4 Ausblick

Der von Peter L. Berger und Thomas Luckmann begründete wissenssoziologische Konstruktivismus bestimmt die Konstruktion von Wirklichkeit als genuin soziales Phänomen, das in den nichtkontingenten anthropologischen Bedingungen kontingenter Welterzeugung fundiert ist. Logischer und praktischer Ort der Konstruktion ist der gesellschaftliche, historisch und kulturell konkrete Prozess als einer Realität *sui generis*. Wirklichkeitskonstruktionen sind emergente Phänomene. Sie gehen aus der alltäglichen, durch Vergegenständlichungen gestützten sozialen Interakti-

---

[16] Einen Überblick über die Gattungsforschung geben Knoblauch/Günthner (1994).
[17] Darüber hinaus hätten Sozialkonstruktivisten ein auffällig starkes und einseitiges Interesse an Macht und Kontrolle. Durch die stets mit einer der Emanzipation von Naivität geschuldeten Entlarvungsattitüde auftretenden Konstruktionsanalysen (von z. B. Kindheit, Geschlecht, Krankheiten, Ungleichheit, Gefühlen, Kulturen, Wissenschaften) sollen die Opfer sich die Kategorien zunutze machen können, die auf sie angewendet werden, um damit ihr Schicksal in die eigene Hand zu nehmen (Hacking 2003). Zur weiteren Diskussion siehe u. a. auch Holzinger (2009), Kneer (2009) sowie Renn (2006).

ons- und Kommunikationspraxis hervor. Die von den Autoren rekonstruierte Genese solcher Vergegenständlichungen und die Bestimmung ihrer Funktion für eine stabile Wirklichkeitskonstruktion stellen sie in einen konsequent antireduktionistischen und antirepräsentationistischen Bezugsrahmen. *Die gesellschaftliche Konstruktion der Wirklichkeit* bildet mithin den ehrgeizigen Versuch einer konsequenten und bruchlosen konzeptionellen Verklammerung von interaktiven und kommunikativen Praktiken mit der Erzeugung jener Formvorlagen für Handeln und Erleben, an denen sich wiederum alltägliches Sinnverstehen und Sinnproduktion orientiert. In diese Dialektik von Objektivation, Externalisierung und Internalisierung, die weder auf isolierte Bewusstseinsakte noch auf autonomer Kognition oder neuronaler Funktionszusammenhänge reduziert werden kann, sind individuelle Konstruktionen wie auch die primär handlungsorientierende kognitive Leistung der nach gesellschaftlichen Relevanzen vorstrukturierten Typisierung immer schon eingelassen. So lässt sich das Buch von Peter L. Berger und Thomas Luckmann als antizipierte Gegenthese gegenüber kognitivistischen und biologistischen Konstruktivismen lesen, die sich aufgrund ihrer epistemologischen Vorentscheidungen und ihrer Begriffsarchitektur hinsichtlich der impliziten Normativität sozialer Wirklichkeit und ihrer intersubjektiven Geltung abstinent verhalten müssen. Damit verfehlen sie zugleich aber die Dialektik von individueller Sinnkonstitution und der Erzeugung kollektiver Gewissheiten. *Die gesellschaftliche Konstruktion der Wirklichkeit* kann gerade diesen Zusammenhang für konstruktive und konstruktivistische Analysen verfügbar halten.

Literatur

Abels, Heinz (1998): Interaktion, Identität, Präsentation. Kleine Einführung in interpretative Theorien der Soziologie. Opladen: Westdeutscher Verlag.
Berger, Peter L. (1992): Reflections on the Twenty-Fifth Anniversary of The Social Construction of Reality. In: Perspectives. 15. Jg. H. 2. S. 1–12.
Berger, Peter L./Thomas Luckmann (1963): Sociology of Religion and Sociology of Knowledge. In: Sociology and Social Research. 47. Jg. H. 4. S. 61–73.
Berger, Peter L./Thomas Luckmann (1966): Secularization and Pluralism. In: International Yearbook for the Sociology of Religion. 2. Jg. S. 73–86.
Berger, Peter L./Thomas Luckmann (1966): The Social Construction of Reality. A Treatise in the Sociology of Knowledge. Garden City, NY: Doubleday.
Berger, Peter L./Thomas Luckmann (1969): Die gesellschaftliche Konstruktion der Wirklichkeit. Eine Theorie der Wissenssoziologie. Mit einer Einleitung zur deutschen Ausgabe von Helmuth Plessner. Übers. Monika Plessner. Frankfurt am Main: S. Fischer.
Dahmer, Helmut (1970/71): Besprechung „Die gesellschaftliche Konstruktion der Wirklichkeit. Eine Theorie der Wissenssoziologie" von Peter L. Berger und Thomas Luckmann. In: Soziale Welt. 21./22. Jg. H. 1. S. 121–123.
Eberle, Thomas (1992): Social Construction in Context. In: Perspectives. 15. Jg. H. 2. S. 7–8.
Feilke, Helmuth (1994): Common-sense-Kompetenz. Überlegungen zu einer Theorie „sympathetischen" und „natürlichen" Meinens und Verstehens. Frankfurt am Main: Suhrkamp.

Gustafson, James M. (1968): Review „The Social Construction of Reality: A Treatise in the Sociology of Knowledge" by Peter L. Berger and Thomas Luckmann. In: Journal for the Scientific Study of Religion. 7. Jg. H. 1. S. 122–125.
Hacking, Ian (1999): The Social Construction of What? Boston: Harvard Univ. Press.
Hacking, Ian (2003): Soziale Konstruktion beim Wort genommen. In: Matthias Vogel /Lutz Wingert (Hrsg.): Wissen zwischen Entdeckung und Konstruktion. Erkenntnistheoretische Kontroversen. Frankfurt am Main: Suhrkamp. S. 23–54.
Hejl, Peter M. (1987): Konstruktion der sozialen Konstruktion. Grundlinien einer konstruktivistischen Sozialtheorie. In: Siegfried J. Schmidt (Hrsg.): Der Diskurs des Radikalen Konstruktivismus. Frankfurt am Main: Suhrkamp. S. 303–339.
Hitzler, Ronald/Jo Reichertz/Norbert Schröer (Hrsg.) (1999): Hermeneutische Wissenssoziologie. Standpunkte zur Theorie der Interpretation. Konstanz: UVK.
Holzinger, Markus (2009): Welcher Realismus? Welcher Sozialkonstruktivismus? Ein Kommentar zu Georg Kneers Verteidigung des Sozialkonstruktivismus und zu Bruno Latours Akteur-Netzwerk-Theorie. In: Zeitschrift für Soziologie. 38. Jg. H. 6. S. 521–534.
Kneer, Georg (2009): Jenseits von Realismus und Antirealismus. Eine Verteidigung des Sozialkonstruktivismus gegenüber seinen postkonstruktivistischen Kritiker. In: Zeitschrift für Soziologie. 38. Jg. H. 1. S. 5–25.
Knoblauch, Hubert (1995): Kommunikationskultur. Zur kommunikativen Konstruktion kultureller Kontexte. Berlin [u. a.]: De Gruyter.
Knoblauch, Hubert (2005): Thomas Luckmann. In: Dirk Kaesler (Hrsg.): Aktuelle Theorien der Soziologie. Von Shmuel N. Eisenstadt bis zur Postmoderne. München: Beck. S. 127–146.
Knoblauch, Hubert/Susanne Günthner (1994): „Forms Are the Food of Faith". Gattungen als Muster kommunikativen Handelns. In: Kölner Zeitschrift für Soziologie und Sozialpsychologie. 46. Jg. H. 4. S. 693–723.
Knoblauch, Hubert/Bernt Schnettler (2007): Konstruktivismus. In: Renate Buber/Hartmut M. Holzmüller (Hrsg.): Qualitative Marktforschung. Konzepte – Methoden – Analysen. Wiesbaden: Gabler. S. 129–135.
Knorr-Cetina, Karin (1989): Spielarten des Konstruktivismus. Einige Notizen und Anmerkungen. In: Soziale Welt. 40. Jg. H. 1. S. 86–96.
Köck, Wolfram K. (1987): Kognition – Semantik – Kommunikation. In: Siegfried J. Schmidt (Hrsg.): Der Diskurs des Radikalen Konstruktivismus. Frankfurt am Main: Suhrkamp. S. 340–373.
Lemert, Charles (1992): What's Real After All These Years? In: Perspectives. 15. Jg. H. 2. S. 10–11.
Light, Donald W. (1967): Review „The Social Construction of Reality: A Treatise in the Sociology of Knowledge" by Peter L. Berger and Thomas Luckmann. In: Sociological Analysis. 28. Jg. H. 1. S. 55–56.
Luckmann, Thomas (1970): On the Boundaries of the Social World. In: Maurice Natanson (Hrsg.): Phenomenology and Social Reality. Den Haag: Nijhoff. S. 73–100.
Luckmann, Thomas (1971): Vorschläge zur Richtung der Soziologischen Erforschung der Sprache. In: Rolf Kjolseth/Fritz Sack (Hrsg.): Zur Soziologie der Sprache. [= Kölner Zeitschrift für Soziologie und Sozialpsychologie. Sonderheft 15.] Opladen: Westdeutscher Verlag. S. 36–47.
Luckmann, Thomas (1972): The Constitution of Language in Everyday Life. In: Lester E. Embree (Hrsg.): Life-World and Consciousness. Essays for Aron Gurwitsch. Evanston: Northwestern Univ. Press. S. 469–488.
Luckmann, Thomas (1973): Aspekte einer Theorie der Sozialkommunikation. In: Hans Peter Althaus/Herbert Wiegand (Hrsg.) (1973): Lexikon der germanistischen Linguistik. Tübingen: Niemeyer. S. 28–41.
Luckmann, Thomas (1986): Grundformen der gesellschaftlichen Vermittlung des Wissens. Kommunikative Gattungen. In: Friedhelm Neidhardt/M. Rainer Lepsius/Johannes Weiß (Hrsg.): Kultur und Gesellschaft. [= Kölner Zeitschrift für Soziologie und Sozialpsychologie. Sonderheft 27.] Opladen: Westdeutscher Verlag. S. 191–213.

Luckmann, Thomas (1992): Social Construction and After. In: Perspectives. 15. Jg. H. 2. S. 4–5.
Luckmann, Thomas (1999): Wirklichkeiten. Individuelle Konstitution und gesellschaftliche Konstruktion. In: Ronald Hitzler/Jo Reichertz/Norbert Schröer (Hrsg.): Hermeneutische Wissenssoziologie. Standpunkte zur Theorie der Interpretation. Konstanz: UVK. S. 17–28.
Luckmann, Thomas/Peter L. Berger (1964): Social Mobility and Personal Identity. In: European Journal of Sociology. 5. Jg. H. 2. S. 331–344.
Maquet, Jaques (1968): Review „The Social Construction of Reality: A Treatise in the Sociology of Knowledge" by Peter L. Berger and Thomas Luckmann. In: American Anthropologist. 70. Jg. H. 4. S. 836–837.
Martin, David (1968): The Sociology of Knowledge and the Nature of Social Knowledge. In: The British Journal of Sociology. 19. Jg. H. 3. S. 334–342.
Matthes, Joachim/Manfred Stosberg (Hrsg.) (1997): Die gesellschaftliche Konstruktion der Wirklichkeit. Berger-Luckmann revisited. Nürnberg: Sozialwissenschaftliches Forschungszentrum.
McCarthy, E. Doyle (1992): „This Little Book" and Its Legacy. In: Perspectives. 15. Jg. H. 2. S. 5.
Meyer, John W. (1992): From Constructionism to Neoinstitutionalism. Reflections on Berger and Luckmann. In: Perspectives. 15. Jg. H. 2. S. 11-12.
Pawlowski, Tatjana/H. Walter Schmitz (Hrsg.) (2003): 30 Jahre „Die gesellschaftliche Konstruktion der Wirklichkeit". Gespräch mit Thomas Luckmann. Aachen: Shaker.
Renn, Joachim (2006): Grenzen des Konstruktivismus – Konstruktion, Dekonstruktion, Rekonstruktion. In: Gerd Sebald/Michael Popp/Jan Weyand (Hrsg.), GrenzGänge – Border-Crossings. Kulturtheoretische Perspektiven. Berlin: Lit. S. 19–42.
Rogers, Mary F. (1992): Weather Vanes, Tokens and Texts. In: Perspectives. 15. Jg. H. 2. S. 6.
Rose, Daniel M. (1967): Review „The Social Construction of Reality: A Treatise in the Sociology of Knowledge" by Peter L. Berger and Thomas Luckmann. In: The Modern Language Journal. 51. Jg. H. 5. S. 307–308.
Rutkoff, Peter M./William B. Scott (1986): New School. A History of the New School for Social Research. New York: Free Press.
Schmidt, Siegfried J. (1987): Der Radikale Konstruktivismus. Ein neues Paradigma im interdisziplinären Diskurs. In: Siegfried J. Schmidt (Hrsg.): Der Diskurs des Radikalen Konstruktivismus. Frankfurt am Main: Suhrkamp. S. 11–88.
Schnettler, Bernt (2006): Thomas Luckmann. Kultur zwischen Konstitution, Konstruktion und Kommunikation. In: Stephan Moebius/Dirk Quadflieg (Hrsg.): Kultur. Theorien der Gegenwart. Bd. 1. Wiesbaden: VS-Verlag. S. 171–184.
Schnettler, Bernt (2007): Thomas Luckmann. In: Rainer Schützeichel (Hrsg.): Handbuch Wissenssoziologie und Wissensforschung. Konstanz: UVK. S. 161–170.
Simpson, George (1967): Review „The Social Construction of Reality: A Treatise in the Sociology of Knowledge" by Peter L. Berger and Thomas Luckmann. In: American Sociological Review. 32. Jg. H. 1. S. 137–138.
Soeffner, Hans-Georg (1992): Reconstruction Instead of Constructvism. Twenty-Five Years of The Social Construction of Reality. In: Perspectives. 15. Jg. H. 2. S. 8–9.
Soeffner, Hans-Georg (1999): Verstehende Soziologie und sozialwissenschaftliche Hermeneutik. Die Rekonstruktion der gesellschaftlichen Konstruktion der Wirklichkeit. In: Ronald Hitzler/Jo Reichertz/Norbert Schröer (Hrsg.): Hermeneutische Wissenssoziologie. Standpunkte zur Theorie der Interpretation. Konstanz: UVK. S. 39–49.
Vogel, Matthias/Lutz Wingert (Hrsg.) (2003): Wissen zwischen Entdeckung und Konstruktion. Erkenntnistheoretische Kontroversen. Frankfurt am Main: Suhrkamp.
Wagner, Helmut R. (1967): Review „The Social Construction of Reality: A Treatise in the Sociology of Knowledge" by Peter L. Berger and Thomas Luckmann. In: Annals of the American Academy of Political and Social Science. H. 369. S. 225–226.
Zak, Christian (1971): Besprechung „Die gesellschaftliche Konstruktion der Wirklichkeit. Eine Theorie der Wissenssoziologie" von Peter L. Berger und Thomas Luckmann. In: Deutsche Zeitschrift für Philosophie. 19. Jg. H. 1. S. 104–108.

Die Disziplinierung des Denkens

Matthias Wille über Wilhelm Kamlahs und Paul Lorenzens *Logische Propädeutik*

> Ich war glücklich, den besten Logiker,
> den es in der Bundesrepublik gab, gewonnen zu haben,
> von ihm nun lernen und mit ihm zusammenarbeiten zu können.
> (Wilhelm Kamlah über Paul Lorenzen)

Die von Wilhelm Kamlah und Paul Lorenzen geschriebene *Logische Propädeutik. Vorschule des vernünftigen Redens* (1967, verbesserte und erweiterte 2. Auflage 1973, 3. Auflage mit unverändertem Nachdruck 1996) gilt neben dem Aufsatz „Methodisches Denken" von Paul Lorenzen (1968 [1965]) als Programmschrift des Methodischen Konstruktivismus („Erlanger Konstruktivismus") und wurde zur schulbildenden Monografie der – zuerst von Außenstehenden so genannten – „Erlanger Schule".

1 Entstehungsbedingungen und Vorgeschichte

1.1 Der Wunsch nach Kooperation

Im März 1962 erhält Paul Lorenzen (1915–1994), seit 1956 ordentlicher Professor für Philosophie in Kiel, einen Ruf auf den neu eingerichteten – zweiten – Lehrstuhl für Philosophie an der Friedrich-Alexander-Universität Erlangen-Nürnberg. Die Einrichtung dieser Professur sowie die Berufung Lorenzens gehen auf das Betreiben von Wilhelm Kamlah (1905–1976) zurück, der bereits seit 1954 einziger Ordinarius für Philosophie an der (damals noch) Universität Erlangen ist. Und – dies sollte der Vollständigkeit halber noch erwähnt werden – Lorenzen nimmt diesen Ruf bereits mit Wirkung zum Sommersemester 1962 an „aus dem einzigen Grunde, um mit Kamlah zusammenarbeiten zu können" (Lorenzen 1976: 5).

Mit dieser nach außen hin nicht sonderlich spektakulär wirkenden biografischen Begebenheit beginnt eine der bedeutsamsten institutionellen Zusammenarbeiten in der deutschen Nachkriegsphilosophie. Die Berufung Lorenzens sowie die daraus resultierende intensive Zusammenarbeit sind kein Zufall. Der Kontakt zwischen Wilhelm Kamlah und Paul Lorenzen reicht zurück bis in die frühen 1950er Jahre, verdichtet sich über eben dieses Jahrzehnt hinweg und kulminiert schließlich 1961 in dem beiderseitig gefassten Wunsch einer dauerhaften und institutionell abgesicherten Zusammenarbeit. Neben den persönlichen Sympathien sind hierfür vor allem die treibenden philosophischen Motive verantwortlich, aus denen ein gemeinsames philosophisches Programm erwächst, das von beiden in Erlangen über gut ein Jahrzehnt hinweg gemeinsam verfolgt wird und schließlich von ihren Schülern in Erlangen, Konstanz und später auch in Marburg weiterentwickelt werden sollte. Das Maß dieser Gemeinsamkeit verhält sich auf den ersten Blick reziprok zu den Gemeinsamkeiten ihrer wissenschaftlichen Biografien bis dato.

Der Existenzphilosoph und Augustin-Forscher Wilhelm Kamlah studierte Musikwissenschaft, Geschichte und Evangelische Theologie bei Rudolf Bultmann sowie Philosophie bei Martin Heidegger. Die über seinen theologischen Lehrer Bultmann beförderte Auseinandersetzung mit dem eschatologischen und geschichtlichen Selbstverständnis der christlichen Kirche bestimmte ebenso seine Forschung wie die fortdauernde kritische Abarbeitung am Phänomenologieverständnis seines philosophischen Lehrers Heidegger. Diese dauerte Zeit seines Lebens an, fand aber bereits 1954 in einem offenen Brief (Kamlah 1975 a [1954]) ihren Höhepunkt. Paul Lorenzen studierte indes Mathematik, Physik, Chemie und Philosophie. Sowohl seine Promotion als auch seine Habilitation erfolgten in Mathematik, bevor er von 1949 bis 1956 als Dozent und außerplanmäßiger Professor für Mathematik und ihre Geschichte an der Universität Bonn tätig war. Bereits Anfang der 1950er findet Lorenzen internationale Anerkennung als mathematischer Grundlagenforscher. Ihm gelingen beachtliche beweistheoretische Resultate und Hermann Weyl, einer der bedeutendsten Mathematiker und Grundlagenforscher der Welt, beurteilt 1955 Lorenzens operative Begründung der Mathematik als den besten Grundlegungsvorschlag.

Auf den ersten Blick scheint also wenig dafür zu sprechen, dass die philosophischen Interessen von Kamlah und Lorenzen eine nicht-leere Schnittmenge bilden. Allerdings erklären beide die Göttinger Lebensphilosophie von Georg Misch, Herman Nohl und Josef König zum Ausgangspunkt ihrer philosophischen Entwicklung. Zum anderen steht Lorenzen in den 1950er Jahren in intensivem Kontakt mit dem Husserl-Schüler Oskar Becker, der zugleich wesentlich von Heidegger beeinflusst wurde. Doch was beide über diese biografischen Aspekte hinaus eint, ist die von ihnen bereits in den 1950er Jahren formulierte Diagnose über den gegenwärtigen Stand der Philosophie. Die von beiden daraus gezogenen Schlussfolgerungen für das eigene Philosophieren gehen einher mit Wilhelm Kamlahs philosophischer Wende hin zu einem neuen, durch Logik und Sprachanalyse geschärften methodischen Bewusstsein. Kamlah vollzieht diese Wende von der traditionellen Philosophie hin zur Wissenschaftstheorie mit fast 50 Jahren.

1.2 Die Sinnlosigkeit axiomatischer Begründungen

Noch bevor Wilhelm Kamlah und Paul Lorenzen einander kennenlernten, setzte sich Letzterer mit den Geltungs- und Sinnbedingungen der mathematischen Begründungspraxis (wie auch dem Begründungsproblem der Logik) auseinander. Für die moderne Mathematik diagnostiziert Lorenzen eine offene Begründungsfrage, die aufgrund des formal-axiomatischen Erscheinungsbildes in der Praxis nicht nur unausgesprochen bleibt, sondern deren Vernachlässigung darüber hinaus zu einem Vergessen des mathematischen Sinnesfundaments – den vor- und außermathematischen Bedingungen für die Möglichkeit mathematischer Erkenntnis – führt. Entgegen der weitverbreiteten Auffassung, dass die Mathematik als rein beweisende Wissenschaft besonders strengen Kriterien der Wissenschaftlichkeit genügt, kommt Lorenzen zu der wenig schmeichelhaften Einschätzung, dass sich „mit geeigneten Axiomen nun zwar alles beweisen, aber nichts begründen" (1951: 1) lässt. Er spielt damit unter anderem auf die in der Praxis anzutreffende unkritische Haltung gegenüber problematischen Begriffsbildungen wie imprädikativen Definitionen und fragwürdigen Beweismitteln wie Komprehensionsschemata an. Deren Zulässigkeitsfrage gerät in der faktischen Praxis nicht in den Blick, weil wir meinen, eine Begründung sei bereits dort geleistet, wo man erste Sätze hingeschrieben hat und diese dann „Axiome" nennt. Doch trotz der Bedeutsamkeit und dem Erfordernis der axiomatischen Methode „bleibt der Ausdruck 'axiomatische Begründung' sinnlos" (Lorenzen 1974: 234), weil nicht postuliert werden darf, was erst schrittweise einzuführen ist. Nach Auffassung Lorenzens verdient eine wissenschaftliche Praxis nur dann das Prädikat „wissenschaftlich", wenn per Demonstration sichergestellt werden kann, dass sie sich ausgehend von einem zulässigen Begründungsfundament methodisch rekonstruieren lässt. Im Falle der Mathematik leistet Lorenzen dies für die Arithmetik, Analysis und für grundlegende Teile der Algebra sowie Topologie in seinen Monografien *Einführung in die operative Logik und Mathematik* (1955, 1969) sowie *Differential und Integral* (1965).

1.3 Das Programm des Methodischen Konstruktivismus

Paul Lorenzens operative Mathematikbegründung bildet nicht nur den ersten genuinen Beitrag zur normativen Wissenschaftstheorie des Methodischen Konstruktivismus, sondern bestimmt für diese allererst grundlegende Gelingensbedingungen. Die Klärung des Begründungsproblems im Rahmen einer normativen Wissenschaftstheorie, mit der sich Paul Lorenzen und schließlich auch Wilhelm Kamlah in die Tradition Edmund Husserls (1992 a, b) stellen, wird zu einem bestimmenden Merkmal der methodisch-konstruktiven Philosophie, deren Erkenntnisinteressen damit wissenschaftstheoretische sind und keine wissenschaftswissenschaftlichen (wissenschaftshistorischen/-soziologischen). Hier liegt ein markanter Unterschied zu dem (zeitlich später aufkommenden) Sozialkonstruktivismus, der den Versuch unternimmt, mit Mitteln der modernen Anthropologie und Soziologie den Wissenschaftler *in situ* zu beobachten zum Ziel der Gewinnung eines empirischen Wissens über die Mechanismen der faktischen wissenschaftlichen Praxis. Die Programme des Sozialkonstruktivismus und des Methodischen Konstruktivismus bilden allerdings keine rivalisierenden Ansätze, sondern sie operieren komplementär. Der Sozialkonstruktivismus nimmt gegenüber den Wissenschaften eine Beobachterposition ein und benutzt ein bereits als gültig vorausgesetztes wissenschaftliches Wissen, um die Subkultur der Wissenschaften erklären bzw. verstehen zu können. Mit diesen Untersuchungen werden unter anderem die faktischen Bedingungen analysiert, unter denen die wissenschaftliche Praxis organisiert wird und die wissenschaftlichen Ziele realisiert werden.

Die methodisch-konstruktive Wissenschaftstheorie untersucht indes – unter Verzicht auf ein bereits als gültig unterstelltes fachwissenschaftliches Wissen und in der Rolle eines kritisierenden Teilnehmers – die Bedingungen der Möglichkeit einzelwissenschaftlicher Erkenntnis sowie die normativen Kriterien für Wissenschaftlichkeit. Das Adjektiv 'konstruktiv' dient hierbei der Betonung des Aspekts, dass alle Wissenschaften ihre Gegenstände und Gegenstandsbereiche nicht schlicht vorfinden, sondern relativ zu ihren erkenntnisleitenden Fragestellungen und verfügbaren Mitteln mitkonstituieren. Dies bedeutet in Folge der sprachkritischen Wende, dass sich die Konstitution nicht direkt auf die wissenschaftlichen und außerwissenschaftlichen Gegenstände bezieht, sondern indirekt erfolgt, über die methodisch primäre Aufgabe der Klärung philosophischen und wissenschaftlichen Redens über die Gegenstände. Der Erlanger Konstruktivismus behauptet indes nicht, dass es allererst die Wissenschaften sind, welche 'Wirklichkeit' erzeugen. Vielmehr fußt jede wissenschaftliche Terminologie, Reflexion und wissenschaftlich konstituierte Wirklichkeit auf dem methodisch vorgängigen und (in diesem Sinne) unhintergehbaren Fundament einer vor- und außerwissenschaftlichen Lebenswelt. Ausgehend von dieser allgemeinen Einsicht besteht eine Hauptaufgabe der methodisch-konstruktiven Philosophie in der Explikation und methodischen Begründung der relevanten Konstruktionsverfahren, mittels derer einzelne Wissenschaften (inklusive der Philosophie selbst) ihre Gegenstandsbereiche für eine wissenschaftliche Untersuchung bereitstellen. Unter „methodischer Begründung" wird hierbei die schrittweise, lückenlose, zirkelfreie und (möglichst) vollständige Rekonstruktion einzelner wissenschaftlicher Begriffe, Terminologien, Theorien(teile) oder ganzer wissenschaftlicher Disziplinen verstanden.

Im Mittelpunkt des Programms steht also nicht nur die methodische Rekonstruktion einzelner wissenschaftlicher Theorien oder ihrem relativen Wissenschaftsapriori (wie etwa der Protophysik als dem messtheoretischen Apriori der Physik), sondern auch die Klärung der Frage, wie wir überhaupt zu einer ersten normierten Sprache gelangen, die dem Aufbau jeder einzelwissenschaftlichen Terminologie zugrunde liegt. Diese Frage richtet sich explizit an die methodische Begründung der methodisch-konstruktiven Begründungsmittel selbst. Doch diese Frage greift auch ein Präzisierungsanliegen auf, mit dem sich bereits das Idealsprachenprogramm und die Philosophie der normalen Sprache auseinandergesetzt haben.

1.4   Ein Zustand ohne Sprache

Das vor allem von Gottlob Frege, Bertrand Russell, dem frühen Ludwig Wittgenstein und Rudolf Carnap verfolgte Idealsprachenprogramm sah sich mit folgendem Problem konfrontiert: Wenn die Syntax und die Semantik einer Sprache systematisch aufgebaut werden, dann braucht man hierfür bereits eine Konstruktionssprache, die relativ zur aufzubauenden Objektsprache eine Metasprache repräsentiert. Damit hängt die semantische Schärfe und terminologische Präzision der Objektsprache von analogen Eigenschaften der Metasprache ab, womit sich das Problem von der Objekt- auf die Metasprache verlagert. Konstruiert man nun zur Lösung des Problems die Metasprache im Rahmen einer Metametasprache, so gerät man in einen unendlichen Regress. Offensichtlich muss die letzte zur Verfügung stehende Metasprache – also jene Sprache, von der alle konstruierten Sprachen semantisch abhängen – die natürliche Sprache sein. Doch gerade diese Sprache sollte aufgrund ihrer Defizite durch die zu konstruierende ideale Sprache ersetzt werden. Aus dieser Diagnose zogen die Anhänger der Philosophie der normalen Sprache (der späte Ludwig Wittgenstein, John L. Austin, Gilbert Ryle, Peter Strawson u. a.) den Schluss, dass das Idealsprachenprogramm verfehlt ist und zugunsten einer je lokalen Klärung der Verwendung von Ausdrücken in der natürlichen Sprache aufgegeben werden muss. Wilhelm Kamlah und Paul Lorenzen teilen zwar die Diagnose der *ordinary language philosophy*, versuchen jedoch, in einem 'dritten Weg' den von der Philosophie der normalen Sprache verfochtenen gebrauchstheoretischen Zugang zur Bedeutungstheorie mit dem Präzisierungsanliegen der Philosophie der idealen Sprache zu verbinden.

Paul Lorenzen skizziert diesen neuen Zugang erstmals in dem Wilhelm Kamlah gewidmeten Aufsatz „Methodisches Denken" (1968 [1965]), der bereits zwei Jahre vor dem Erscheinen der *Logischen Propädeutik* das Programm der Gemeinschaftsarbeit vorwegnimmt. Lorenzen vergleicht – in Anlehnung an Otto Neurath (1932/33: 206) und im Hinblick auf das zu lösende Begründungsproblem – die natürliche Sprache mit einem auf hoher See befindlichen Schiff, das nicht auf dem Festland gebaut worden sein kann. Da wir offenkundig über eine Sprache verfügen, müssen bereits unsere Vorfahren in der Lage gewesen sein, das Schiff auf hoher See zu errichten. Das Begründungsproblem muss also lösbar sein und es ist unsere Aufgabe einen Weg zu finden, wie wir unser „komfortables Schiff" bauen können, ohne die Verfügbarkeit von Festland oder irgend einen Schiffsboden unter unseren Füßen vorauszusetzen:

> Für das Problem der Methode unseres Denkens müssen wir uns aber in einen Zustand ohne Schiff, d. h. ohne Sprache versetzen und müssen versuchen, die Handlungen nachzuvollziehen, mit denen wir – mitten im Meer des Lebens schwimmend – uns ein Floß oder gar Schiff erbauen können. (Lorenzen 1968: 29)

2 *Logische Propädeutik* als Schlüsselwerk des Konstruktivismus

2.1 Das Reden und Denken bedarf der Disziplinierung

Für Wilhelm Kamlah und Paul Lorenzen ist die mit dem methodischen Sprachaufbau verbundene Form der Sprachkritik keine Aufgabe, die einzig zu Zwecken der Logik und Sprachphilosophie zu bewältigen ist. Es gilt vielmehr „die Sprache von Wissenschaft und Philosophie überhaupt von Grund auf zu überprüfen und neu zu entwerfen" (Kamlah/Lorenzen 1967: 14) – ein Zweck, der „dem Menschen dient" (Kamlah 1973: 13 f). Vor allem die philosophischen Positionen der Zeit befinden sich in einem andauernden Zustand der „babylonischen Sprachverwirrung" (Kamlah/Lorenzen 1967: 13). Sie verstehen einander nicht mehr und reden aneinander vorbei, weil sich ihre elaborierten Sprachen in einem rein esoterischen Gebrauch befinden.

> Woran es heute fehlt, ist [...] die Disziplin des Denkens und des Redens, die uns endlich ermöglichen würde, unsere hoffnungslos gegeneinander aufgefahrenen Standpunkte und Meinungen abzubauen und, in aller Ruhe sozusagen, miteinander, in vernünftigem Gespräch, einen neuen Anfang zu machen. (Ebd.: 11)

Diese „Disziplinlosigkeit des monologischen Drauflosschreibens und Aneinandervorbeiredens" (ebd.) findet sich nicht nur in der Philosophie und den Einzelwissenschaften, sondern in allen Bereichen der Kultur – nicht zuletzt im Alltag.

Die von den Autoren eingeforderte Disziplinierung im Reden richtet sich *nicht* gegen die jedermann verständliche Umgangssprache. Durch die *Logische Propädeutik* werden keine Ansprüche formuliert, denen gemäß wir unsere Umgangssprache zugunsten einer normierten Kunstsprache zu ersetzen hätten. Kamlahs und Lorenzens Normierungsbemühungen richten sich gegen die Bildungs- und Intellektuellensprache, denn es ist das „unklare, stets in Illusionen und oft in bedenkliche Ideologien hineintreibende Gerede, gegen das wir uns wehren müssen" (Kamlah 1975 b: 197). Die Bildungssprache ist keine eigenständige Sprache, sondern nur ein der Umgangssprache aufgepfropfter Wortschatz, dessen Gebrauch jedoch in der lebensweltlichen Kommunikation Unverständnis, Ignoranz und Beliebigkeit befördert. Das durch die *Logische Propädeutik* bereitgestellte sprachkritische Instrumentarium dient dem Abbau der Bildungssprache, solange wir uns in alltäglicher Rede verständigen wollen, und sie dient zudem dem Aufbau präziser Wissenschaftssprachen, wenn wir ausgehend von unserer bereinigten Umgangssprache eine wissenschaftliche Terminologie erlernen wollen. Die Disziplinierung im Reden richtet sich als Aufklärungsanliegen an *jedermann* und damit auch an den „enttäuschten Kenner" (Kamlah/Lorenzen 1967: 21); denn nur indem wir begründet kritisch mit dem sprachlichen „Imponiergehabe" umgehen, erzielen wir eine „Abdankung der bisherigen wildwüchsig aufgespreizten Bildungs- und Intellektuellensprache" (Kamlah 1975 b: 198). Da die bildungssprachliche Ebene nicht klar gegen die umgangssprachliche abgegrenzt werden kann, rät die *Logische Propädeutik* zu einer Einzelfallprüfung im jeweiligen Redekontext.

Um die erforderlichen Regeln für den disziplinierten Dialog bereitstellen zu können, werden – im Sinne von Husserls erster Epoché (1992 b: 138 ff.) – sämtliche wissenschaftlichen Sprachen theoretisch eingeklammert, so dass die methodische Rekonstruktion ihren Ausgangspunkt im grundlegendsten Teil unserer lebensweltlichen Praxen nimmt: der elementaren Sprachfähigkeit.

2.2 Das Problem des Anfangs

Wenn mittels der methodischen Rekonstruktion Begründungsfragen geklärt, Verständnis befördert und das Argumentieren terminologisch kontrollierbar werden sollen, so stellt sich das Problem ein, von *wo* ausgehend dieses Projekt vollzogen werden kann und *warum* dieser Ausgangspunkt geeignet ist. Schließlich befördert keine schrittweise, lückenlose und zirkelfreie Rekonstruktion das Verstehen, wenn das Fundament unverstanden bleibt. Da die Erkenntnis hinter das Leben nicht zurückgehen kann (Wilhelm Dilthey), bemühen sich Wilhelm Kamlah und Paul Lorenzen weder im zeitlichen noch im methodischen Sinne um die Auszeichnung eines Fundaments vor dem elementaren Lebensvollzug. Weder ein Cartesisches *ego cogito* noch ein Husserl'sches transzendentales Ego noch ein Kaspar-Hauser-Szenario bildet den Rekonstruktionsanfang. Da wir die Aufgabe, wie wir zu einer ersten normierten Sprache gelangen, immer nur mit den Mitteln der Sprache fassen und als Problem verstehen können, ist die Sprache selbst unhintergehbar (Kamlah/ Lorenzen 1967: 24).

Kuno Lorenz und Jürgen Mittelstraß (1967) haben mit Bezug auf die These von der „Unhintergehbarkeit der Sprache" ausgeführt, dass zwar keine Begründung hinter die Sprachfähigkeit selbst zurückgehen kann, allerdings jede konkrete, also auch jede natürliche Sprache durchaus methodisch hintergehbar ist. In der *Logischen Propädeutik* wird diese „relative Hintergehbarkeit" dadurch umgesetzt, dass erste elementare Ausdrücke über öffentliche Prädikationshandlungen (Zusprechen und Absprechen von Prädikatoren) „exemplarisch" eingeführt werden, so dass die kompetente Verwendung von Ausdrücken anhand deren prädikativen Gebrauchs überprüft und korrigiert werden kann. Die elementare Prädikation „Dies ist ein *P*" repräsentiert eine sprachliche Handlung, die verbunden ist mit der sprachfreien Handlung des Hinweisens („deiktisches Handeln") auf einen geeigneten Gegenstand. Für die hierbei anzutreffenden sprachlichen Erläuterungen, die dieses deiktische Handeln in einen Kontext einbetten, ist zweierlei festzuhalten. Erstens sind diese sprachlichen Erläuterungen verzichtbar in dem Sinne, dass wir uns in die beschriebene Situation begeben können, um die Prädikationshandlungen zu vollziehen. (Der Handlungskontext sowie die sprachfreien Handlungen sind im Medium eines Buches nur mittels Sprache zu vergegenwärtigen.) Zum anderen beanspruchen Kamlah und Lorenzen, dass die jeweils zur Erläuterung benutzten Begriffe an methodisch geeigneter – späterer – Stelle eingeführt werden: „In diesem Sinne ist es zu verstehen, wenn immer wieder gesagt wurde, dass wir 'vorläufig' sprechen, vorgreifend und vorlaufend nämlich und zugleich auf fortschreitende Klärung bedacht." (Kamlah/Lorenzen 1967: 26)

2.3 Das Interagieren von Vollzugs- und Reflexionsebene

Ein besonderes Merkmal der konstruktiven Sprachphilosophie der *Logischen Propädeutik* (das auch für ihren Erfolg in der akademischen Lehre mitverantwortlich ist; siehe 3.2) besteht in der Interaktion zwischen der Vollzugs- und der Reflexionsebene. Indem im Vollzug der methodischen Rekonstruktion Bausteine und Regeln einer Sprache eingeführt werden, können zugleich normierte Ausdrücke, mit denen wir über die jeweiligen Konstruktionsschritte sprechen, in ihrer Bedeutung exemplarisch eingeführt werden. Beginnen wir unseren Sprachaufbau mit der Einführung von Prädikatoren, die an Beispielen und Gegenbeispielen durch elementare sprachliche Handlungen wie „Dies ist ein *P*" und „Dies ist kein *P*" eingeübt werden, so können Wilhelm Kamlah und Paul Lorenzen an dieser Stelle für den Leser des Buches bereits den Prädikator „Prädikator" einführen, dessen Verwendungsbedingungen über die Erläuterungssprache zugleich mit den hinweisenden Zeigehandlungen eingeführt wurde. Dasselbe gilt auf dieser methodisch frühen Stufe für die Ausdrücke „zusprechen", „absprechen", „Prädikation", „Bejahen" und „Verneinen". Diese hier für den § 2 des ersten Kapitels beschriebene simultane methodische Rekonstruktion objekt- und metasprachlicher Ausdrücke durchzieht die gesamte *Logische Propädeutik*, so dass der Leser im Nachvollziehen der methodisch geordneten Schrittfolge hin zu einer Sprache zugleich in methodischer Ordnung eine normierte logico-sprachphilosophische Terminologie erlernt.

2.4 Von der Prädikation zur Abstraktion

In der traditionellen Terminologie gesprochen umfasst die *Logische Propädeutik* vor allem eine Lehre vom Begriff und eine Lehre vom Urteil. Die Lehre vom Schluss – das Aufgabenfeld der formalen Logik – wird nur insofern berührt, als jede vernünftige Rede auch logische Schlüsse zur Anwendung bringen muss. Die Inhalte der *Logischen Propädeutik* sollen also kein Curriculum für formale Logik ersetzen, sondern dieses in geeigneter Weise ergänzen.

Ausgehend von der Bereitstellung von objekt- und metasprachlichen Prädikatoren werden Eigennamen als erste Repräsentanten der Klasse der benennenden Ausdrücke eingeführt, von wo aus die Untersuchung zur Elementaraussage führt. Die nächsten Schritte betreffen bereits die wissenschaftliche Rede. Vor allem im dritten Kapitel werden Begriffsbildungsverfahren eingeführt, deren Gebrauch in der einzelwissenschaftlichen Praxis weit verbreitet ist. Neben der expliziten Definition betrifft dies vor allem ein geeignetes Abstraktionsverfahren, mit dessen Hilfe nicht nur mathematische Begriffe, sondern vor allem Termini wie „Bedeutung", „Begriff" oder „Sachverhalt" eingeführt werden können. Der in diesem Kapitel anzutreffende exemplarische Aufbau einer wissenschaftlichen Sprache erfolgt (gemäß 2.3) am Beispiel der Terminologie der *Logischen Propädeutik selbst*. Dieser Abschnitt (Kamlah/Lorenzen 1967: 81 ff.) dokumentiert mustergültig das didaktische Geschick der Autoren, denn ihre Exemplifizierung eines wissenschaftlichen Sprachaufbaus geht nicht nur einher mit der Rekapitulation des bisher Erreichten, sondern sie macht zugleich die terminologische Systematik der *Logischen Propädeutik* explizit.

2.5 Sprache und Welt – Wahrheit und Wirklichkeit

Für den Methodischen Konstruktivismus sind die Fragen nach der Möglichkeit von Erkenntnis stets die Fragen nach der Möglichkeit wissenschaftlicher Erkenntnis gewesen. Eine genuin methodisch-konstruktive Erkenntnistheorie wurde nie geschrieben. Daher sind die beiden Zwischenkapitel der *Logischen Propädeutik* (in Ergänzung zu den Inhalten der Einleitung) von besonderem Interesse, weil die Autoren an diesen Stellen Selbstauskunft über ihre erkenntnistheoretische Grundhaltung erteilen. Die Funktion dieser Kapitel besteht weniger in der eines Exkurses, als vielmehr in der Explikation und partiellen Legitimation der eigenen im Hintergrund befindlichen epistemologischen Präsuppositionen. Dies betrifft Fragen wie die Weisen des Gegebenseins von Gegenständen der Rede sowie das Verhältnis zwischen Wahrheit und Wirklichkeit. Der Leser findet darüber hinaus im ersten Zwischenkapitel eine Analyse sprachlicher Handlungsschemata zur Erhellung des Unterschiedes zwischen „Sprache" und „Rede". Dieser Abschnitt (Kamlah/Lorenzen 1967: 53 ff. sowie § 6 des dritten Kapitels) dient nicht nur der Einführung der verwendeten handlungstheoretischen Terminologie, sondern er wirft zudem einen Seitenblick auf die Linguistik der 1960er Jahre. Doch kommen wir auf die epistemologischen Präsuppositionen kurz zu sprechen.

Im Unterschied etwa zur Konstruktion mathematischer Gegenstände ausgehend vom schematischen Operieren mit selbsterzeugten Zeichen innerhalb von Lorenzens Mathematikphilosophie wird im Fall der gebrauchssprachlichen Erschließung der Welt nicht vollständig klar, was in vor- und außerwissenschaftlichen Praxen das „Mitkonstituieren" der Gegenstände von Erkenntnis (vgl. 1.3) bedeuten soll. Wilhelm Kamlah und Paul Lorenzen legen sich darauf fest, dass sie weder einen wissenstranszendenten Realismus („es gibt eine an sich bestimmte und fertig vorliegende Wirklichkeit") vertreten noch einen „empirischen Idealismus der Sprache" („die Erfahrungswirklichkeit wird ausnahmslos sprachlich konstituiert").

> Die Sprache sucht sich also einerseits der Welt und ihrer sich aufdrängenden Gliederung anzupassen, indem sie andererseits der Welt eine Gliederung erst gibt. Die Welt „besteht", wie schon gesagt, nicht aus Gegenständen (aus „Dingen an sich"), die erst nachträglich durch den Menschen benannt würden, „entsteht" aber auch nicht erst mit der Sprache zugleich. (Ebd.: 49)

Über diese negative Grenzziehung hinaus erfährt der Leser nicht mehr viel. Für den Methodischen Konstruktivismus affine erkenntnistheoretische Projekte wie etwa Peter F. Strawsons deskriptive Metaphysik aus *Individuals* (1959) bleiben unberücksichtigt. So kommt bereits 1969 Carl Friedrich Gethmann zu dem Ergebnis, dass für eine Vielzahl der benutzten apriorischen Einsichten die transzendentale Retorsion in der Begründung fehlt (vgl. Gethmann 1969: 362).

Präziser sind die Auskünfte über die investierte Wahrheitstheorie, die sich klar gegen eine Korrespondenztheorie der Wahrheit richten. Während der Gebrauch der metasprachlichen Beurteilungsprädikate 'wahr'/'falsch' als entsprechende Ergänzung zur interpersonal kontrollierbaren Praxis des Zu- und Absprechens von Prädikatoren eingeführt werden kann („wenn ich behaupte 'dies ist kein P', dann sage ich damit, die Behauptung 'dies ist ein P' ist falsch" usw.), wird der Terminus 'wirklich' über den Metaprädikator 'wahr' eingeführt. Nach Kamlah und Lorenzen repräsentieren bedeutungsgleiche Behauptungsaussagen denselben Sachverhalt, aber nur wahre Behauptungen bringen auch einen wirklichen Sachverhalt – eine Tatsache – zum Ausdruck. Der Terminus 'Wirklichkeit' wird damit über den Terminus 'Wahrheit' definiert und nicht umgekehrt. Zur Beantwortung der philosophischen Gretchenfrage, unter welchen Bedingungen wir *gerechtfertigt* sind, eine Behauptung als 'wahr' zu beurteilen, wird eine Konsenstheorie der Wahrheit entworfen:

> Wir sprechen einem Gegenstand genau dann mit Recht den Prädikator „C" zu, wenn auch jeder andere, der mit uns dieselbe Sprache spricht und der „weder böswillig noch schwachsinnig ist", diesem Gegenstand nach geeigne-

ter Nachprüfung den Prädikator „C" zusprechen würde. [...] Wir nennen einen Menschen vernünftig, der dem Gesprächspartner und den besprochenen Gegenständen aufgeschlossen ist, der ferner sein Reden nicht durch bloße Emotionen und nicht durch bloße Traditionen und Gewohnheiten bestimmen lässt. (Kamlah/Lorenzen 1967: 118 f.)

Die durch das Zitat angezeigte Nähe zur Konsenstheorie der Frankfurter Schule besteht zu Recht. Beide Wahrheitstheorien einen viele Gemeinsamkeiten, obwohl die Konsenstheorie von Kamlah und Lorenzen den Ausarbeitungsgrad der (späteren) Arbeiten von Karl-Otto Apel und Jürgen Habermas nie erreicht haben.

2.6 Einflüsse

Obwohl die konstruktive Sprachphilosophie der *Logischen Propädeutik* zwischen dem Idealsprachenprogramm und der *ordinary language philosophy* einen „dritten Weg" beschreitet, ist sie nicht idiosynkratisch. Es lassen sich entsprechend Einflüsse aus beiden Traditionen auszeichnen, von denen nur die wichtigsten genannt sein sollen.

Mit der Einführung sprachlicher Ausdrücke ausgehend von der Verwendung in lebensweltlichen Kontexten unterstellt die konstruktive Sprachphilosophie in Orientierung an Ludwig Wittgenstein (1971) eine Gebrauchstheorie der Bedeutung. Demgegenüber steht der frühe Wittgenstein (1984: 4.31 ff., 5.101) Pate bei der wahrheitsfunktionalen Einführung der Junktoren (Kamlah/Lorenzen 1967: 152 ff.). Indes orientieren sich Wilhelm Kamlah und Paul Lorenzen in der Normierung technischer Termini wie 'Prädikator' oder der Darstellung von Prädikatorenregeln an Rudolf Carnap (vgl. 1947: 6, 1952). Die ebenfalls anzutreffende Berücksichtigung von Gottlob Freges kategorialer Unterscheidung zwischen Begriff und Gegenstand bedarf keiner Erwähnung, wohl aber der Einfluss von Freges Abstraktionstheorie (1986: §§ 62 ff.) auf jene von Kamlah und Lorenzen (1967: 100 ff.), deren technische Details bereits bei Lorenzen (1962) vorliegen. Und schließlich sei noch erwähnt, dass die Einführung von Kennzeichnungen (Kamlah/Lorenzen 1967: 103 ff.) wesentlich durch Bertrand Russell (1973 [1905], 1985) beeinflusst ist.

3 Rezeption und Wirkung

3.1 Die Architektonik der konstruktiven Vernunft

Die systematische Rolle der *Logischen Propädeutik* innerhalb des Methodischen Konstruktivismus scheint offensichtlich. In ihr vereint sich paradigmatisch, wofür der Methodische Konstruktivismus steht: methodische Strenge, terminologische

Explizitheit, Normativität und kritische Selbstreflexion. Als Vorschule eines jeden vernünftigen Redens gehen ihre Inhalte ausnahmslos allen Bereichen methodisch voraus, deren Rekonstruktion in der Nachfolge vollzogen oder doch zumindest kursorisch erwogen wurde: allgemeine Wissenschaftstheorie; Wissenschaftstheorie der Mathematik, Naturwissenschaften, Sozialwissenschaften und Geschichte; Ethik und Anthropologie. Die *Logische Propädeutik* bildet die Referenzgrundlage, auf die sich alle am Programm Beteiligten beziehen. Im Unterschied zu allen nachfolgenden Monografien und den zum Teil divergierenden intellektuellen Entwicklungen konnten sich die methodischen Konstruktivisten vor allem mit den Inhalten der *Logischen Propädeutik* identifizieren. Auch methodisch bauen alle nachfolgenden Programmmonografien, die zum Teil selbst den Status von Lehrbüchern innehaben, auf diesem Buch auf. Paul Lorenzen betrachtet sowohl die *Konstruktive Logik, Ethik und Wissenschaftstheorie* (zusammen mit Oswald Schwemmer 1973) als auch sein *Lehrbuch der konstruktiven Wissenschaftstheorie* (Lorenzen 1987) als Fortsetzungen der *Logischen Propädeutik*, die relativ zu dieser „Vorschule" jeweils eine „Hauptschule der technischen und politischen Vernunft" (ebd.: 5) bilden.

Fast noch deutlicher zeigt sich der grundlegende Charakter der *Logischen Propädeutik* in der Anthropologie Wilhelm Kamlahs. Dieser erachtet sein anthropologisches Frühwerk *Der Mensch in der Profanität* (1949) im Lichte der sprachlichen Selbstkritik als vorkritisch, das „eher Literatur als strenge Philosophie" (Kamlah 1973: 7) ist. Sein Hauptanliegen wieder aufgreifend, erteilt Kamlah auch in seiner *Philosophischen Anthropologie* (1973) der traditionellen Bildungssprache rigoros einen Abschied und entwirft eine eudämonistische Ethik, deren Sprach- und Begründungsanforderungen dem Vorbild der *Logischen Propädeutik* folgen soll, weshalb die Kenntnis dieser Monografie „dem Leser unentbehrlich sein [dürfte]" (ebd.: 7). So souverän diese Architektonik ausgehend von der *Logischen Propädeutik* auf den ersten Blick auch erscheinen mag – sie hat sich über die Jahrzehnte hinweg als „durchaus unklar" (Gethmann 2008: 51) erwiesen.

Darüber hinaus stehen die Inhalte der *Logischen Propädeutik* auch im Hinblick auf mögliche Verbesserungen kontinuierlich im Fokus der Aufmerksamkeit. So gibt es bereits zwischen der ersten und der zweiten Auflage eine Veränderung in der Architektonik. Während die erste Auflage im abschließenden Kapitel erste Schritte in der Mathematik- und Physikbegründung beschreitet, werden die mathematisch-operativen und protophysikalischen Ausblicke in der zweiten Auflage getilgt. Stattdessen wird ein Kapitel zur Pragmatik neu aufgenommen und die Rekonstruktionsschritte hin zur formalen Logik werden ausführlicher gestaltet und um die Behandlung der ontischen und deontischen Modaloperatoren erweitert. Eine grundlegende Verbesserung gegenüber der ersten Auflage findet indes keinen Eingang in die zweite: der neue Zugang zur Einführung erster Prädikatoren. Während den Rekonstruktionsanfang in allen Auflagen der *Logischen Propädeutik* die exemplarische Einführung über Beispiele und Gegenbeispiele bildet und damit sogleich das

Behauptungssprachspiel als grundlegend auszeichnet, wurde dieser zu Beginn der 1970er Jahre durch Sprechhandlungen des Aufforderns als Rekonstruktionsanfang abgelöst (vgl. Lorenzen 1973: 235). Dies hat wesentlich zwei Gründe. Zum einen gewährleistet ein Zugang über Aufforderungszusammenhänge eine angemessenere Berücksichtigung sprachpragmatischer Aspekte und vermeidet zugleich die Einschätzung, dass die vorrangige Funktion von Sprache in der Wiedergabe dessen, was der Fall ist, besteht. Zum anderen erlaubt die Einführung von ersten Prädikatoren durch Aufforderung und Befolgung eine bessere empraktische Kontrollierbarkeit des korrekten Gebrauchs, weil der Gehalt dieser Sprechhandlungen auf den Vollzug nichtsprachlicher Handlungen gerichtet ist.

Weitere Beiträge haben die *Logische Propädeutik* in ihren philosophiehistorischen Kontext eingebettet. 1970 stellt Kuno Lorenz mit *Elemente der Sprachkritik* eine Problem- und Vorgeschichte bereit, deren Durchschreiten das Erfordernis der *Logischen Propädeutik* motiviert. Carl Friedrich Gethmann (1969) widmet sich indes den erkenntnistheoretischen Weichenstellungen, die mit der Lösung des Anfangsproblems einhergehen. Er rekonstruiert, in welchem Sinne die Sprachkritik der *Logischen Propädeutik* als Erbe der Kantischen Transzendentalphilosophie verstanden werden kann. Seine Einschätzung, dass es sich hierbei um einen neuen Typ transzendentalen Denkens handelt, wird begleitet durch eine erste umfassende Kritik an den Erkenntnisansprüchen von Kamlah und Lorenzen.

3.2 Die *Logische Propädeutik* im akademischen Kontext

Die *Logische Propädeutik* ist die einzige Schrift, die die Begründer des Methodischen Konstruktivismus als Autorenkollektiv verfasst haben, und sie ist zugleich die verlegerisch erfolgreichste Schrift, die dem Kreis der Erlanger Konstruktivisten entstammt. Sie verkaufte sich allein in den ersten zehn Jahren mehr als 35.000 Mal. 1984 erschien die von Hoke Robinson angefertigte englische (und bisher einzige) Übersetzung unter dem Titel *Logical Propaedeutic. Pre-School of Reasonable Discourse* (Kamlah/Lorenzen 1984).

Als methodisch aufbereitete Lehre von den Bausteinen und Regeln eines jeden vernünftigen Redens besitzt die *Logische Propädeutik* einen propädeutischen Charakter für jede fachwissenschaftliche Ausbildung und fand damit nicht nur in der Philosophie Verwendung. Da zum Selbststudium geeignete Lehrbücher in der Philosophie in den 1960er Jahren noch Mangelware waren, avancierte die *Logische Propädeutik* schnell zur Standardlektüre ganzer Studentengenerationen. Aufgrund ihres methodisch geordneten Aufbaus vereint sie die Vermittlung von grundlegenden Methodenkompetenzen mit einer didaktisch gelungenen Aufbereitung. Die *Logische Propädeutik* wurde damit zu einer Orientierungsgröße in der Konzeption späterer propädeutischer Lehrbücher (wie etwa Gerhardus/Kledzik/Reitzig 1975; Tugendhat/Wolf 1983; Janich 2001).

Ihr Einsatz als Unterrichtsmittel an Schulen wurde von Wilhelm Kamlah (1975 b: 194 f.) differenziert beurteilt. Während in den unteren Klassen nicht die Schüler, sondern die Lehrer durch die *Logische Propädeutik* unterrichtet sein sollten, darf in der Oberstufe die *Logische Propädeutik* zur Einführung eines ersten Rüstzeugs an Theorie der wissenschaftlichen Rede benutzt werden. Kamlah war davon überzeugt, dass die *Logische Propädeutik* einen Beitrag zur Reform des Deutschunterrichts leisten kann.

Die *Logische Propädeutik* ist trotz ihres respektablen Alters und trotz der in der Zwischenzeit erfolgten Entwicklungen in der Bedeutungstheorie, der Sprachphilosophie, der Handlungstheorie und auch der philosophischen Logik immer noch gut geeignet für Lehrveranstaltungen und das Selbststudium. Sicherlich mag der Inhalt des einen oder anderen Paragrafen inzwischen ein wenig „angestaubt" wirken oder gar überholt sein, aber in einem Punkt wird die *Logische Propädeutik* für viele Sympathisanten ein zeitloses Vorbild bleiben: in dem von ihren Autoren praktizierten philosophischen Stil.

Literatur

Carnap, Rudolf (1947): Meaning and Necessity. A Study in Semantics and Modal Logic. Chicago/London: The University of Chicago Press.
Carnap, Rudolf (1952): Meaning Postulates. In: Philosophical Studies. 3. Jg. H. 5. S. 65–73.
Frege, Gottlob (1986): Die Grundlagen der Arithmetik. Eine logisch mathematische Untersuchung über den Begriff der Zahl. Hamburg: Felix Meiner.
Gerhardus, Dietfried/Silke Kledzik/Gerd Reitzig (1975): Schlüssiges Argumentieren. Logisch-propädeutisches Lehr- und Arbeitsbuch. Göttingen: Vandenhoeck & Ruprecht.
Gethmann, Carl Friedrich (1969): Logische Propädeutik als Fundamentalphilosophie? In: Kant-Studien. 60. Jg. H. 3. S. 352–368.
Gethmann, Carl Friedrich (2008): Welche Hauptschule sollte der Vorschule folgen? Zur Architektonik der konstruktiven Vernunft in der Erlanger Schule. In: Jürgen Mittelstraß (Hrsg.): Der Konstruktivismus in der Philosophie im Ausgang von Wilhelm Kamlah und Paul Lorenzen. Paderborn: mentis. S. 43–62.
Husserl, Edmund (1992 a): Logische Untersuchungen. Erster Band. Prolegomena zur reinen Logik. Hamburg: Felix Meiner.
Husserl, Edmund (1992 b): Die Krisis der europäischen Wissenschaften und die transzendentale Phänomenologie. Hamburg: Felix Meiner.
Janich, Peter (2001): Logisch-pragmatische Propädeutik. Ein Grundkurs im philosophischen Reflektieren. Weilerswist: Velbrück.
Kamlah, Wilhelm (1949): Der Mensch in der Profanität. Versuch einer Kritik der profanen durch vernehmende Vernunft. Stuttgart: W. Kohlhammer.
Kamlah, Wilhelm (1973): Philosophische Anthropologie. Sprachliche Grundlegung und Ethik. Mannheim [u. a.]: Bibliographisches Institut.
Kamlah, Wilhelm (1975 a): Martin Heidegger und die Technik. Ein offener Brief. (1954) In: Wilhelm Kamlah: Von der Sprache zur Vernunft. Philosophie und Wissenschaft in der neuzeitlichen Profanität. Mannheim [u. a.]: Bibliographisches Institut. S. 113–122.

Kamlah, Wilhelm (1975 b): Warum nicht klar und einfach reden? In: Wilhelm Kamlah: Von der Sprache zur Vernunft. Philosophie und Wissenschaft in der neuzeitlichen Profanität. Mannheim [u. a.]: Bibliographisches Institut. S. 187–198.
Kamlah, Wilhelm/Paul Lorenzen (1967): Logische Propädeutik. Vorschule des vernünftigen Redens. Mannheim [u. a.]: Bibliographisches Institut.
Kamlah, Wilhelm/Paul Lorenzen (1973): Logische Propädeutik. Vorschule des vernünftigen Redens. 2., verb. und erw. Aufl. Mannheim [u. a.]: Bibliographisches Institut.
Kamlah, Wilhelm/Paul Lorenzen (1984): Logical Propaedeutic. Pre-School of Reasonable Discourse. Übers. Hoke Robinson. Lanham, MD: University Press of America.
Kamlah, Wilhelm/Paul Lorenzen (1996): Logische Propädeutik. Vorschule des vernünftigen Redens. 3. Aufl. Stutgart [u. a.]: Metzler.
Lorenz, Kuno (1970): Elemente der Sprachkritik. Eine Alternative zum Dogmatismus und Skeptizismus in der analytischen Philosophie. Frankfurt am Main: Suhrkamp.
Lorenz, Kuno/Jürgen Mittelstraß (1967): Die Hintergehbarkeit der Sprache. In: Kant-Studien. 58. Jg. H. 2. S. 187–208.
Lorenzen, Paul (1951): Die Widerspruchsfreiheit der klassischen Analysis. In: Mathematische Zeitschrift. 54. Jg. H. 1. S. 1–24.
Lorenzen, Paul (1955): Einführung in die operative Logik und Mathematik. Berlin [u. a.]: Springer.
Lorenzen, Paul (1962): Gleichheit und Abstraktion. In: Ratio. 4. Jg. H. 1. S. 77–81.
Lorenzen, Paul (1965): Differential und Integral. Eine konstruktive Einführung in die klassische Analysis. Frankfurt: Akademische Verlagsgesellschaft.
Lorenzen, Paul (1968): Methodisches Denken. (1965) In: Paul Lorenzen: Methodisches Denken. Frankfurt am Main: Suhrkamp. S. 24–59.
Lorenzen, Paul (1969): Einführung in die operative Logik und Mathematik. 2. Aufl. Berlin [u. a.]: Springer.
Lorenzen, Paul (1973): Semantisch normierte Orthosprachen. (1972) In: Friedrich Kambartel/Jürgen Mittelstraß (Hrsg.): Zum normativen Fundament der Wissenschaft. Frankfurt am Main: Athenäum. S. 231–249.
Lorenzen, Paul (1974): Konstruktive und axiomatische Methode. In: Paul Lorenzen: Konstruktive Wissenschaftstheorie. Frankfurt am Main: Suhrkamp. S. 219–234.
Lorenzen, Paul (1976): Denken um des Menschen willen. In: [Henning Kößler/Paul Lorenzen/Jürgen Mittelstraß]: Reden zum Tode von Wilhelm Kamlah. Mannheim [u. a.]: Bibliographisches Institut [Privatdruck]. S. 5–8.
Lorenzen, Paul (1987): Lehrbuch der konstruktiven Wissenschaftstheorie. Mannheim [u. a.]: Bibliographisches Institut.
Lorenzen, Paul/Oswald Schwemmer (1973): Konstruktive Logik, Ethik und Wissenschaftstheorie. Mannheim [u. a.]: Bibliographisches Institut.
Neurath, Otto (1932/33): Protokollsätze. In: Erkenntnis. 3. Jg. S. 204–214.
Russell, Bertrand (1973): On Denoting. (1905) In: Bertrand Russell: Essays in Analysis. London: Allen & Unwin. S. 103–119.
Russell, Bertrand (1985): The Philosophy of Logical Atomism. Chicago: Open Court.
Strawson, Peter F. (1959): Individuals. An Essay in Descriptive Metaphysics. London: Methuen.
Tugendhat, Ernst/Ursula Wolf (1983): Logisch-semantische Propädeutik. Stuttgart: Reclam.
Wittgenstein, Ludwig (1971): Philosophische Untersuchungen. Frankfurt am Main: Suhrkamp.
Wittgenstein, Ludwig (1984): Tractatus logico-philosophicus. Frankfurt am Main: Suhrkamp.

Die Schrift der Form

Peter Fuchs und Franz Hoegl über George Spencer-Browns *Laws of Form*

1 Entstehungsbedingungen und Vorgeschichte: Die *Laws of Form* als Werk der „mathematischen" Gegenmoderne

Die *Laws of Form* (Spencer-Brown 1969) sind nicht voraussetzungslos in die Welt mathematischer Texte getreten. Die Probleme, auf die der Text reagiert, aber auch manche der vorgeführten Lösungen, werden einem anderen und womöglich tieferen Verständnis zugänglich, wenn man die *Laws of Form* im Kontext der Mathematik- und Logikgeschichte betrachtet. Die *Laws of Form* werden, in der hier vorgeschlagenen Perspektive, als ein spätes Werk der mathematischen „Gegenmoderne" beobachtet, das auf eigenwillige Art begründungstheoretische Diskussionen vergangener Tage wiederbelebt, und sich hierfür den Logizismus des Frege/Russell-Programms als Kontrastfolie der eigenen Ansichten wählt; Ansichten, die im nicht-klassischen Mathematikbild des konstruktivistischen Intuitionismus eine (mathematikinterne) vorbereitete Umgebung finden – auch und gerade, was die mystisch-spirituellen Momente des Intuitionismus betrifft. Zugleich vollziehen die *Laws of Form* ein *ästhetisches*, zum Intuitionismus geradezu antithetisch aufgestelltes Formalismusprogramm (eine „Schrift der Form"), welches Ansätze aus Ludwig Wittgensteins *Tractatus* aufnimmt und in radikalisierender Weise weiterentwickelt. Durch diese Erweiterung des Aufmerksamkeitsbereichs mag in der anschließenden Skizze der wichtigsten Gedankenlinien der *Laws of Form* deutlicher hervortreten, was an den *Laws of Form* auf andere Weise neu ist – aber auch, was vielleicht nicht. Unser Beitrag schließt mit dem Aufnehmen der Eingangsfrage: Auf welches Problem reagiert die Systemtheorie mit *ihrem* (kontingenten, aber eben dadurch: spezifizierbaren) Aufgriff von Denkfiguren, die sie in den Gesetzen der Form beobachtet?

George Spencer-Brown nimmt in den *Laws of Form* an vielen Stellen Bezug auf das Verhältnis von Logik und Mathematik. Er wendet sich dabei explizit gegen eine Auffassung, der zufolge Mathematik nach logischen Gesetzen verfahre, und er benennt es als eines seiner zentralen Anliegen, „das, was als Algebren der Logik bekannt ist, vom Gegenstand der Logik zu trennen und sie wieder mit der Mathematik zu verbinden." (Spencer-Brown 1997: xxvi) Nicht die Arithmetik folgt der Logik, sondern, so Spencer-Brown, umgekehrt: Die Logik ist eine abgeleitete, praktische Anwendung der arithmetischen Ur-Gesetze der Erzeugung von Formen, ihres Austausches und ihrer Ordnung.[1]

---

[1] Vgl. Spencer-Brown (1997: xxxiii): „Somit ist der Gegenstand der Logik, wie symbolisch er auch abgehandelt werden mag, insofern er sich auf die Grundlage der Logik beschränkt, kein mathematischer. Dazu wird er erst dann, wenn wir imstande sind, seine Grundlagen als Teil

Wem sagt er das? Die Idee, Mathematik sei angewandte Logik, kann nicht als einschlägige Position unserer Zeit bezeichnet werden. Tatsächlich adressiert Spencer-Brown seine Einwände gegen diesen logizistischen Reduktionismus an die mathematische Vergangenheit, namentlich an Bertrand Russell. Die *Laws of Form* treten in mehrerlei Hinsicht in die Fußstapfen eines anderen „Kultbuches", des *Tractatus* Ludwig Wittgensteins (1998), so auch in jener, sich an Bertrand Russell abzuarbeiten. Gleichwohl ist das Ziel der Spencer-Brown'schen Kritik – der so genannte „Logizismus" – keine Alleinveranstaltung von Russell, sondern eine Koproduktion mehrerer Quellen, deren wichtigste die logischen Arbeiten Gottlob Freges bilden.

Der Titel „Logizismus" steht für ein begründungstheoretisches Programm, das von Gottlob Frege wie auch von Bertrand Russell und Alfred Whitehead verfolgt wurde und darauf abzielte, die gesamte Arithmetik (und vermittelt auch die anderen Bereiche der Mathematik) zurückzuführen auf die (ewigen, nichtkontingenten, selbst-evidenten) logischen Grundgesetze.

Freges Begründungsprogramm verdankt sich einer doppelten Bewegung. Zum einen gewinnt die Logik durch Freges Spezialerfindung einer eigenen logischen Schrift – der „Begriffsschrift" (1879) – *mediale Autonomie* gegenüber der Arithmetik und deren Symbolschrift (indem sie das Schriftmedium arithmetischer Operationen als Form beobachten kann); zum anderen ist diese Absetzbewegung der Logik die Voraussetzung für die erneute Hinwendung der Logik zur Mathematik, um sie gleichsam von außen zu begründen. Wie weiter unten ausgeführt werden wird, ist es ausgerechnet der von Freges Begriffsschrift eingeleitete Medienwechsel innerhalb der *Logik*, die den Weg zu Spencer-Browns *mathematischer* „Schrift der Form" ebnet.

War die Notation der Boole'schen Algebra der Logik noch an mathematische Symbolgepflogenheiten angelehnt, zeigt schon ein kurzer Blick etwa auf eine Seite in Freges Werk *Grundgesetze der Arithmetik* (Frege 1998), dass hier eine gänzlich neue Schrift erfunden wurde, die an Schaltdiagramme erinnerte, oder an eine Mischung aus Streckennetzplan und einer seltenen asiatischen Schrift. Dem eingeübten Betrachter begriffsschriftlich durchgeführter Demonstrationen soll bereits die bloße figürliche Gestalt *zeigen*, was man ansonsten metasprachlich zu *sagen* hätte.[2]

---

einer allgemeineren Form wahrzunehmen, in einem Vorgang ohne Ende. Seine mathematische Abhandlung ist eine Abhandlung der Form, in der unsere Art und Weise, über unsere gewöhnliche Lebenserfahrung zu sprechen, eingebettet gesehen werden kann. Es sind Gesetze dieser Form, nicht so sehr jene der Logik, die ich versucht habe, aufzuzeichnen."

[2] Bei Frege vollzieht sich das ästhetische Programm noch unter dem Banner der Klarheit und Reinheit, während Wittgenstein dieses Programm radikalisiert, insofern bei ihm die logische Notation an sich selbst zeigen soll, was gar nicht gesagt werden *könnte*. Und bei Spencer-Brown wird daraus das Sich-Zeigen dessen, was weder gesagt werden könnte noch: *bräuchte*. Die Erfindung der Peano-Notation soll hier nicht unerwähnt bleiben. Gleichwohl verfolgt Giuseppe Peanos – noch heute gebräuchliche – Notation nicht diesen dezidert ästhetischen Zusatznutzen.

Wozu eine solche „Begriffsschrift"? Schon immer sah sich die Logik vor die Aufgabe gestellt, normalsprachliche Ausdrücke in Ausdrücke zu übersetzen, die einer deduktiven Bearbeitung zugänglich waren (auch die Syllogistik musste Sachverhalte erst in Arrangements kategorial einfacher Urteile übersetzen). Im *Tractatus* stellt Ludwig Wittgenstein dieses Grundproblem des Logiktreibens, welches den Motor für Gottlob Freges Entwicklung einer eigenen „Begriffsschrift" lieferte, noch einmal in knapper Form heraus:

> In der Umgangssprache kommt es nun ungemein häufig vor, dass dasselbe Wort auf verschiedene Art und Weise bezeichnet – also verschiedenen Symbolen angehört –, oder, dass zwei Wörter, die auf verschiedene Art und Weise bezeichnen, äußerlich in der gleichen Weise im Satze angewendet werden. So erscheint das Wort „ist" als Kopula, als Gleichheitszeichen und als Ausdruck der Existenz; „existieren" als intransitives Zeitwort wie „gehen"; „identisch" als Eigenschaftswort; wir reden von *Etwas*, aber auch davon, dass *etwas* geschieht. […] So entstehen leicht die fundamentalsten Verwechslungen (deren die ganze Philosophie voll ist). (Wittgenstein 1998: 30 f., Hervorhebungen im Original)

Um Unklarheiten und Unschärfen des Ausdrucks zu vermeiden, und um das logisch genaue Argumentieren (in Freges Diktion: die logische Analyse der arithmetischen Urteile) von allem Anschaulichen, Inhaltlichen zu befreien, entwirft Frege eine formale Sprache, genauer: eine Schrift, die „auf den Ausdruck alles dessen verzichtet […], was für die Schlussfolge ohne Bedeutung ist." (Frege 1879: iv)[3]. Mit seiner Begriffsschrift realisiert er – *avant la lettre* – zugleich ein *ästhetisches Kalkülprogramm*, das von Wittgenstein und im Anschluss – so die These – auch von Spencer-Brown aufgegriffen und radikalisiert wird,[4] dazu mehr unter Abschnitt 4.

Eine genauere Betrachtung der „Begriffsschrift" würde den Rahmen dieses Aufsatzes sprengen, aber ein Detail soll kurz beleuchtet werden, weil es Bezüge zu Spencer-Browns Kalkülschrift herzustellen vermag. In Freges Begriffsschrift wird ein Urteil immer mithilfe eines aus zwei Strichen zusammengesetzten Zeichens notiert: Einem senkrechten Strich, von dem ein waagrechter (nach rechts) abzweigt. Dieses Zeichen drückt ein Zugleich zweier Vorgänge aus, genauer: der Behauptungen eines „dass" und eines „was": Der senkrechte Strich, von Frege als „Urteilsstrich" bezeichnet, steht sinngemäß für die Anzeige „ein Urteil sei getrof-

---

[3] Noch einmal sei Wittgensteins *Tractatus*, Freges Programm zusammenfassend, zitiert (Wittgenstein 1998: 32): „Um solchen Irrtümern zu entgehen, müssten wir eine Zeichensprache verwenden, welche sie ausschließt, indem sie nicht das gleiche Zeichen in verschiedenen Symbolen und Zeichen, welche auf verschiedene Art bezeichnen, nicht äußerlich auf die gleiche Art verwendet. Eine Zeichensprache also, die der logischen Grammatik – der logischen Syntax – gehorcht. (Die Begriffsschrift Freges und Russells ist eine solche Sprache, die allerdings noch nicht alle Fehler ausschließt.)"

[4] Vgl. Hoegl (2003 b). Die Hinbeobachtung von Kontinuität bezieht sich hier, das sei noch einmal ausdrücklich betont, allein auf das *ästhetische Programm einer Kalkülschrift*, die gleichsam für und von sich selbst spricht.

fen", der waagrechte, von Frege ursprünglich als „Inhaltsstrich" bezeichnet, steht für die Anzeige der „Vorstellungen" (ebd.: 2), auf die sich das Urteil bezieht. Die Kombination aus senkrechtem Strich und waagrechter Abzweigung wird uns, in Variation, in der Kalkülschrift der *Laws of Form* wieder begegnen. Vor dem Hintergrund des von uns beobachteten ästhetischen Programms sind solche Analogien keine arbiträre Nebensächlichkeiten der Darstellung, vielmehr ist es u. E. eine der Einsichtsangebote der symbolisch-notierenden Logik seit Frege, der Medialität, d. h. der Schriftlichkeit der Kalküle die gebührende Aufmerksamkeit einzuräumen (vgl. hierzu Bredekamp/Krämer 2003; Krämer 1991).

Durch die Arbeiten Gottlob Freges und Bertrand Russells hatte die Logik eine nie dagewesene Mannigfaltigkeit erlangt, und so war es erwartbar, dass für diese eindrucksvolle Lösung ein passendes Problem gefunden wurde: die „begründungsbedürftige" Mathematik[5]. Bekanntlich erzeugte das begründungstheoretische Programm des Logizismus schon zu Beginn Probleme, festzumachen an der so genannten Russell-Paradoxie der „naiven" Mengenlehre („Enthält die Menge aller Mengen, die sich nicht selbst enthalten, sich selbst?").

Russells Entdeckung machte einer umwegslosen Fertigstellung der logizistischen, mengentheoretisch verfahrenden Begründung der Arithmetik zunächst einen dicken Strich durch die Rechnung, nachdem freilich schon einige Jahre früher Georg Cantor und Cesare Burali-Forti auf die Widersprüchlichkeiten stießen, die sich aus negativen selbstbezüglichen Konstruktionen in der Mengenlehre ergeben. Die Standardversion der Geschichte schaltet an diesem Punkt um auf eine Krisenrhetorik und dramatisierende „Erschütterungs"-Semantik. Es ist eine interessante Beobachtung, dass auch die *Laws of Form* und ihre Sekundärliteratur an dieser Dramaturgie weiter schreiben. In den Texten dieser Zeit freilich lässt sich davon nichts aufspüren (vgl. Mehrtens 1990: 150). Der Einzige, der sich „erschüttern" ließ, war Gottlob Frege selbst. Die Kunde von Russells Paradoxie-Entdeckung – die ja zugleich eine mit Freges ureigenen Mitteln erzeugte Paradoxie-*Erfindung* war – ereilte Frege per Brief, wie er in seinem Nachwort der „Grundgesetze der Arithmetik" mitteilt[6]. Im Kontext damaliger mathematischer Diskussionen war der

---

[5] Zur hier nicht weiter verfolgten Frage, welche systemischen Funktionalitäten sich darin äußern mögen, dass im Übergang vom 19. zum 20. Jahrhundert die Konstruktion einer „Grundlagenkrise der Mathematik" mit Plausibilität rechnen konnte/kann, vgl. Mancosu (1997) und Mehrtens (1990).

[6] Es sei diese Mitteilung ausführlicher als in der Literatur üblich zitiert, denn sie ist ein Schlüsseltext zum Anfang vom Ende des Logizismus (Frege 1998: 253): „Einem wissenschaftlichen Schriftsteller kann kaum etwas Unerwünschteres begegnen, als dass ihm nach Vollendung einer Arbeit eine der Grundlagen seines Baus erschüttert wird. In diese Lage wurde ich durch einen Brief von Herrn Bertrand Russell versetzt, als der Druck dieses Bandes sich seinem Ende näherte. Es handelt sich um mein Grundgesetz (V). Ich habe mir nie verhehlt, dass es nicht so einleuchtend ist, wie die anderen, und wie es eigentlich von einem logischen Gesetz verlangt werden muss. [...] Ich hätte gerne auf diese Grundlage verzichtet, wenn ich irgendeinen Ersatz dafür gekannt hätte. Und noch jetzt sehe ich nicht ein, wie die Arithmetik wissenschaftlich begründet werden könne, wie die Zahlen als logischer Gegen-

Logizismus ein extremes Minderheitenprojekt, dessen Scheitern ebenso wenig einer breiten mathematischen Öffentlichkeit bekannt wurde wie schon dessen Takeoff einige Jahrzehnte vorher.[7]

Die zur Jahrhundertwende entdeckten/erzeugten Paradoxien der Mengenlehre wurden jenseits des Logizismus zunächst nicht als krisenwürdig gewertet, zumal diese Paradoxien durch die Zusatztheorie der Typenhierarchien zumindest soweit in Griff zu bekommen waren, dass der (logizistische) Theoriebetrieb weiter gehen konnte. Gleichwohl waren schon 1910, als Alfred Whitehead und Bertrand Russell ihre *Principa Mathematica* (Whitehead/Russel 2008) veröffentlichten, nicht alle zufrieden mit der dort vorgeschlagenen Typentheorie; insofern blieben die Paradoxien der Mengenlehre wenn nicht Krisenauslöser, so doch durchaus eine starke Anregung, andere Weisen des Umgangs mit diesen Paradoxien zu finden – zumeist, wie etwa die axiomatische Mengenlehre Ernst Zermelos, als Angebote, Paradoxien auf vornehmere Weisen zu verbieten (vgl. hierzu Lau 2005).

Dass die Paradoxien der Mengenlehre trotz ihrer Notverarztung durch die logizistische Typentheorie bzw. – viel prominenter – durch die formalistische Axiomatisierung der Mengenlehre (die durch geschickt gestrickte Definitionsnetze verhindern sollte, dass es zu Paradoxien kommen kann) *überhaupt* als Anzeichen für eine „neue Grundlagenkrise der Mathematik" (Weyl 1965) gewertet wurden, und das mit zunehmendem Aufmerksamkeitsgewinn, war ein kommunikativer Erfolg der *Gegenmoderne*[8], die an der Mengenlehre und deren paradoxalen Verwicklungen

---

stand gefasst und in die Betrachtung eingeführt werden können, wenn es nicht – beziehungsweise wenigstens – erlaubt ist, von einem Begriffe zu seinem Umfang überzugehen. Darf ich immer von dem Umfange eines Begriffes, von einer Klasse sprechen? Und wenn nicht, woran erkennt man die Ausnahmefälle? Kann man daraus, dass der Umfang eines Begriffes mit dem eines zweiten zusammenfällt, immer schließen, dass jeder unter den ersten Begriff fallende Gegenstand auch unter den zweiten Falle? Diese Fragen werden durch die Mitteilung des Herrn Russell angeregt. *Solatium miseris, socios habuisse malorum.* Dieser Trost, wenn es einer ist, steht auch mir zur Seite; denn Alle, die von Begriffsumfängen, Klassen, Mengen in ihren Beweisen Gebrauch gemacht haben, sind in derselben Lage. Es handelt sich hierbei nicht um meine Begründungsweise im Besonderen, *sondern um die Möglichkeit einer logischen Begründung der Arithmetik überhaupt* [Hervorhebung der Verfasser]."

[7] So schreibt Frege im Vorwort der „Grundgesetze" (1998: xi): „Hiermit komme ich auf den zweiten Grund der Verspätung [der Veröffentlichung, Anmerkung der Verfasser]: die Mutlosigkeit, die mich zeitweilig überkam angesichts der kühlen Aufnahme, oder besser gesagt, des Mangels an Aufnahme meiner oben genannten Arbeiten bei den Mathematikern und der Ungunst der wissenschaftlichen Strömungen, gegen die mein Buch zu kämpfen haben wird." Vgl. hierzu einschlägig auch Dummet (1992: xlii f.): „Frege was not celebrated in his day. Among philosophers, his work was known only to Russell, Wittgenstein and Husserl. […] With the exceptions I have mentioned, mathematicians and philosophers alike ignored him. This is far from the case now, of course: but in 1925 Frege died an embittered man, convinced both that he had been unjustly neglected, and that his life's work had been for the most part failure."

[8] Vgl. zum Begriffspaar „mathematische Moderne/Gegenmoderne" ausführlich Mehrten (1990), dessen mathematikgeschichtlichen Untersuchungen zu diesem Themenkreis nach wie vor wenig Konkurrenz finden. Zur Diskussion dieses Ausnahmewerkes innerhalb des mathematischen Diskurses vgl. Epple (1996).

ihre grundsätzliche Immer-schon-Ablehnung des mittlerweile herrschenden formalistischen Paradigmas festmachen konnte.

2 Kontexte und Hintergründe: der Streit zwischen modernem Formalismus und gegenmodernem Intuitionismus

Der Streit[9] zwischen modernem Formalismus[10] und gegenmodernem Intuitionismus drehte sich – aus einer kommunikationstheoretischen Perspektive – um die auf ein „Entweder-oder" zugespitzte Frage, ob in mathematischen Operationen primär vorsprachliche, kognitive Operationen des Bewusstseins zu sehen seien (Intuitionismus) oder aber sprachliche, kontingent-konventionelle Zeichennetzwerke-in-Betrieb (Formalismus). Solange man die antithetisch aufgestellten Mathematikbilder – vorsprachliche Kognition versus sprachlicher Formalismus – nicht als zwei verschiedene Weisen, auf ein Problem Bezug zu nehmen (ein Problemvorschlag könnte die Identitätskonstruktion der Mathematik als Disziplin sein: „Worum geht es grundsätzlich *nicht*, wenn es um Mathematik gehen soll?"), begreifen konnte, ließ sich darüber trefflich streiten, und so geschah es auch.

Beide Optionen können aufgefasst werden als Anzeigen, dass die sonst so geschmeidige Verdrängung der Differenz von Bewusstsein und Kommunikation ins Knirschen kommt und sich formkatastrophisch bemerkbar macht. Diese Formkatastrophe könnte in der Evolution mathematischer Komplexität ihren Auslöser gehabt haben, insofern die zuvor blindlings an das Medium „Mathematiksprache" gebundene Erwartung erschüttert wurde, dass sich Logik und Mathematik stets um die „Abstraktionen selbst" (und nicht: um die *Sachen* selbst) drehen, und deshalb „intersubjektiver" Dissens nicht entstehen dürfe, solange die Mathematik/Logik bei ihrem Kerngeschäft bleibe.

Insbesondere das formalistische Begründungsprogramm hatte die Form des mathematischen Mediums sichtbar gemacht: die mathematische Zeichensprache als eine Sprache neben anderen Spezialsprachen. Die formalistische Konstruktion der

---

[9] Als „Streit" und „Krise" beschrieb sich dieses Konfliktsystem, das sich vor allem durch auf einander Bezug nehmende Beiträge auf Kongressen, aber auch in Fachzeitschriften, reproduzierte, seit den 1920er Jahren, manifest etwa in dem 1921 publizierten Aufsatz „Über die neue Grundlagenkrise der Mathematik" des Mathematikers Hermann Weyl. Dort und in anderen Texten Weyls findet sich eine harsche Kritik am modernen Formalismus, wie er prominent von Deutschlands damals führendem Mathematiker David Hilbert vertreten wurde. Diese Kritik greift antimoderne Argumente aus dem 19. Jahrhundert wieder auf (Unanschaulichkeit, Formalismus als bloßes „Papiergeld" usw.), bringt aber eine neue Perspektive ins Spiel, die an einen Namen geknüpft wird: „Brouwer – das ist die Revolution!" (Weyl 1965: 18)

[10] Hypermodern begriff der Formalismus die „Gegenstände" der Mathematik als leere Signifikanten, als bloße Zeichen „auf dem Papier", und die Mathematik sollte als selbstreferenzielles, widerspruchsfreies Gefüge durch nichts weiter „gerechtfertigt" sein als durch ihren wissenschaftlichen (Anschluss-)Erfolg.

Form der Mathematik – Mathematik als *formale* in Unterscheidung von anderen, nicht-formal kodierten Kunstsprachen – betont die kontingente, aber eben darum intendierbare *Selektivität* dieser Konstruktion. Die Rechtfertigung dieser Willkür bezieht der Formalismus aus der Selbstgenügsamkeit der Widerspruchsfreiheit.[11] Definitionen, Einschränkungen, Regeln können nach innermathematischer Zweckmäßigkeit dazu- oder weggenommen werden, solange das gesamte Verweisungsnetz schlüssig bleibt.[12]

Was durch die moderne Mathematik seit George Boole ins Ruckeln kam, war die Selbstverständlichkeit *sprachlicher* Formgebung, in der im Normalfall das Medium der Sprache, die „Sprachlichkeit" stets verschwindet. Die Reibungslosigkeit mathematischen Sprechens macht es für gewöhnlich unwahrscheinlich, dass die Sprachlichkeit (als einer Differenz, an deren Reproduktion formale Sprachen genauso Anteil haben wie die nicht-formalen Sprachen) formaler Sprachen thematisiert wird oder werden muss: Bis registriert wurde, dass ausgerechnet das mathematische Sprechen (bzw. Schreiben) selbst Paradoxien und Mehrdeutigkeiten erzeugte. Denn die Paradoxien der Mengenlehre bzw. der mengentheoretisch angelegten Logik waren ja (formal-)sprachlich erzeugte Paradoxien, die z. B. ganz davon abhingen, wie man den (an Sprache geknüpften) *Begriff* der „unendlichen Menge" definiert.

Wie schon im 19. Jahrhundert (man denke an Leopold Kroneckers heftige Polemiken gegen die Mengenlehre, vgl. Kneser 1925: 220 f.) war es der moderne, auf Georg Cantor zurückgehende Begriff des „aktual Unendlichen", der den Ansatzpunkt für die gegenmoderne Kritik liefert.

Bereits in seiner Dissertation aus dem Jahre 1907 („Over de grondslagen der wiskunde") präsentierte der niederländische Mathematiker Luitzen E. J. Brouwer einen neuen Lösungsvorschlag für die von Bertrand Russell und anderen aufgezeigten Probleme der Mengenlehre (unter anderem sah er eine Suspendierung des *tertium non datur* vor). An die Stelle der formalistischen Bestimmung der Mathe-

---

[11] Aus eben diesem Grund bedeuteten die Arbeiten Gödels zugleich den Höhepunkt als auch das Ende des Formalismus, insofern dort rein syntaktisch, also formalistisch gezeigt wurde, dass ein Nachweis der Widerspruchsfreiheit einer axiomatisch gebauten Mathematik als Ganzes prinzipiell nicht, d. h. nicht in einer formalistisch akzeptablen Weise, durchführbar ist.

[12] Deshalb erscheint die Willkür von Maßnahmen, die der Fortsetzbarkeit dieses Programms unter Konsistenzbedingung dienen (wie etwa die Typentheorie oder axiomatische Hierarchien), den Vertretern des Formalismus als vollkommen unbedenklich. Aus Sicht des Logizismus (Frege, Russell), der die Mathematik als Manifestation evidenter „Wahrheiten", die nicht nach Belieben ausgewechselt und verändert werden können, begreift, erscheint diese „Erdichtungswillkür" (Frege) als Mangel, als „Notbehelf" (Russel, vgl. Spencer-Brown 1997: xxi). Dass auch Spencer-Brown und vor ihm Wittgenstein aus ganz anderer Perspektive gleichwohl ebenfalls die Willkür der Typentheorie ablehnen, mag als Anzeige dafür gewertet werden, dass sich Brouwer, Russell selbst, Wittgenstein und Spencer-Brown in Abhebung zum modernen Formalismus darin einig sind, dass sich in der Mathematik (oder Logik) „mehr" und Tieferes zeige als nur die Möglichkeit, mit Zeichen so geregelt und so widerspruchsfrei wie nur irgend möglich umzugehen.

matik als axiomatisch-deduktivem Formenwerk (und der aus dieser Bestimmung resultierenden Paradoxien) tritt nun die Idee der Mathematik als Bewusstseinsprozess, der allem Symbolischsprachlichen vorgelagert operiert.[13] Das erste Kapitel der Dissertation trägt den nicht unbescheidenen Titel: „Die Konstruktion der Mathematik", und in ihm ist bereits das gesamte Programm des Intuitionismus *in nuce* vorgeführt. Der Text setzt ein mit den Worten: „One, two, three, ..." (zitiert nach Kuiper 2004: 35), – und danach geht es in gewisser Weise nur noch darum, zu entwickeln, weshalb bereits dieses „Eins, zwei, drei, ..." ein Wissen über das Wesen der Mathematik vorführt, von dem man erst erfahren muss, dass man es schon immer wusste – ein typisch konstruktivistisches Vorgehen, dass in den *Laws of Form* auf die Spitze getrieben werden wird. In diesem Sinne fährt der Text fort:

> [...] we know by heart the sequence of these sounds (spoken ordinal numbers) as an endless row, that is to say, continuing for ever according to a law, known as being fixed. In addition to this sequence of sound-images we possess other sequences proceeding according to a fixed law, for instance, the sequence of written signs (written ordinal numbers) 1, 2, 3, ... These things are intuitively clear. (Ebd.)

„We know by heart [...] These things are intuitively clear." – Die sprachlichen oder schriftlichen Manifestationen dieser intuitiven Fortsetzung der Operation (des „und-so-weiter") sind für Brouwer sekundär. Entscheidend ist, dass, so Brouwer, nur mit dem gerechnet werden kann, was in der Erfahrung eines Beobachters – des „idealen Mathematikers" – erzeugt wird. Über Mengen kann man in dieser Perspektive nur Aussagen treffen, wenn man ihre Elemente eins nach dem anderen durchgehen kann (d. h. für jedes Element einen Existenzbeweis vorführen kann) und zeigen kann, dass es *alle* Elemente sind[14]. Im Kontext dieser Konstruktivitätsbedingung kann man über *unendliche* Mengen keine verrechnungsfähigen extensionalen Aussagen machen, da man nie wissen kann, ob man nun über alle Elemente etwas aussagt oder ob sich nicht in Zukunft Elemente finden mögen, für welche die Aussagen nicht zutreffen. Man kann weder sagen, die Aussagen treffen zu (etwa, da man ein entsprechendes Element bereits nachgewiesen, d. h. seine Vorführbarkeit „erfahren" hat), noch, dass sie nicht zutreffen. Insofern ist hier das *tertium*

---

[13] Aus kommunikationstheoretischer Sicht handelt sich diese krasse mentalistische Position ein „Privatsprachenproblem" ein – so als ob die „eigentliche" Mathematik im Kopf sich vollzöge, und die schriftliche oder sprachliche Artikulation dieser Gedanken samt ihrer Gegenzeichnungen nur eine mehr recht als schlecht gelingende Übersetzungsarbeit darstellten. Vgl. zu einer systemtheoretischen Interpretation des Privatsprachenarguments Hoegl (2003 a).

[14] Aus einer begriffsrealistischen Sicht (Russell) bestimmt ein wohldefinierter Begriff eine Menge, und wenn man nicht effektiv vorführen könne, dass es eine „wirklich vollständig definite Extension für Begriffe wie 'natürliche Zahl', 'reele Zahl' usw. gibt" (Read 1997: 255), sei das eine „lediglich medizinische Unmöglichkeit" (Russell zitiert nach ebd.).

non datur keine Hilfe, da der Satz vom ausgeschlossenen Dritten in intuistischer Perspektive nur bei entscheidbaren Fragen ansetzen kann.[15]

Brouwer setzt also an die Stelle des formalistischen „Wahrseins" eines mathematischen Urteils das Wissen seiner Beweisbarkeit. Man weiß etwas über einen (mathematischen) Gegenstand, wenn man die Regeln seiner Hervorhebung beherrscht. Was nicht vorführbar ist, was nicht effektiv konstruierbar ist, darüber kann man keine Urteile fällen, weder positive noch negative.

Die intuitionistische Ablehnung des rein mathematiksprachlichen Begriffs des aktual Unendlichen (des Abzählbaren, an dessen Abzählung wir nur aus medizinischen Gründen scheitern) ist gebunden an die Grundüberzeugung, dass die Mathematik letztlich allein auf kognitive, bewusstseinsmäßige Operationen zurückgeht, Paradoxien mithin nur durch die Unklarheiten und Mehrdeutigkeiten der Sprache ins Spiel gebracht werden.

Für diesen kognitivistischen, „anti-linguistischen" Ansatz ist typisch, dass Luitzen Brouwer die Rolle der Logik und der Sprache bzw. der formalen und natürlichen Sprachen ganz ähnlich (niedrig) ansetzt wie George Spencer-Brown – für den Sprache nur „Gerede" (1997: x) ist im Vergleich zu den reinen Formen der vorsprachlichen, „primären Arithmetik" –, nämlich als ein der Mathematik nachgeordneter Notbehelf, der wie jede *human intellection* letztlich auf die mathematische Urerfahrung zurück zu führen ist:

> And in the construction of these sets neither the ordinary language nor any symbolic language can have any other role than that of serving as a nonmathematical auxiliary to assist the mathematical memory or to enable different individuals to build up the same set. (Brouwer 1999: 58)

Noch vor aller symbolsprachlichen Formulierung müsse die Mathematik sich, so der Intuitioniusmus, auf ihr ursprüngliches Kerngeschäft besinnen: Die Urintuition der Zwei-Einheit. Damit meint Brouwer einen geistigen Akt, einen Zusammenzug von „Lebensaugenblicken", eine „inhaltlose Abstraktion der Zeitempfindung, d. h. der Empfindung von 'fest' und 'schwindend' zusammen, oder von 'bleibend' und 'wechselnd' zusammen" (vgl. Kuiper 2004: 42). Brouwer akzeptiert den Dämpfer, den die Kant'sche Kategorie des Raumes durch die Imaginäre Geometrie erhalten hatte, und zieht sich, proto-heideggerianisch, in die Restkategorie der Zeit zurück.

In seinem Aufsatz „Intuitionism and Formalism" etwa schreibt Brouwer:

> However weak the position of intuitionism seemed to be after this period of mathematical development [der Erfindung der Imaginären Geometrie, Anmerkung der Verfasser], it has recovered by abandoning Kant's apriority of space but adhering the more resolutely to the apriority of time. This neo-intuitionism considers the falling apart of moments of life into qualitatively different parts, to be reunited only while remaining separated by time as the fun-

---

[15] Das *tertium non datur* löst der Intuitionismus also nicht auf, um einen logisch entspannteren Umgang mit Paradoxien zu pflegen, sondern um diese Paradoxien zu vermeiden. Womöglich ist es den *Laws of Form* vorbehalten, für diese Entspannung zu sorgen.

damental phenomenon of the human intellect, passing by abstracting from its emotional content into the fundamental phenomenon of mathematical thinking, the intuition of the bare two-oneness. (Brouwer 1999: 57)

Die Urintention des Mathematikers, des Kalkulierenden, durch welche die Gegenstände der Mathematik überhaupt erst erzeugt werden, vollzieht – so Brouwer – eine Abstraktion von allem Inhalt, sie „besteht" allein im intuitiven Zusammenzug von „moments of life", in einer Dreiheit von „ersten für sich", „zweiten für sich" und der „Zwischenfügung" (ebd.). Diese Zugleich-Dreiheit wird uns in Spencer-Browns Formbegriff (die zwei Seiten einer Unterscheidung *und* diese Unterscheidung) in noch abstrakterer Form wieder begegnen.

Die mathematische Urintuition vollzieht sich, so Brouwer, in einem kognitiven Akt des Erfassens der „bare two-oneness" (ebd.), der Zwei-Einheit, demgegenüber alles symbolisch formatierte Ziffernrechnen nachträglich ist. Was er mit diesem mystik-ähnlich gebauten Ausdruck zeigen möchte, lässt sich leichter mit den Worten George Spencer-Browns sagen (der mit diesen Worten freilich nicht über Brouwers *two-oneness*, sondern über seinen eigenen Begriff der „Form" spricht – was aber, wenn Spencer-Brown recht haben sollte, aufs Gleiche hinaus läuft): „Jede Kennzeichnung impliziert Dualität, wir können kein Ding produzieren, ohne Koproduktion dessen, was es nicht ist, und die Grenze dazwischen." (Spencer-Brown 1997: xviii) In etwas anderer Diktion stochert auch Brouwer nach Formulierungen dieser Form: Identitäten werden als Dreiheit[16] erzeugt: als Position, Folgeposition und das „Dazwischen" („between") oder, wie es in der intuitionistischen Literatur bisweilen heißt, der „Zwischenfügung". Die Urintuition erzeugt einzelne Lebensaugenblicke, „moments of life", diskrete Ereignisse, *indem* sie nachträglich auf einander bezogen werden: Die Eins wird zur Eins, wenn die Zwei durch die Drei als Nachfolgerin der Eins situiert worden sein wird – usw.[17] In Brouwers Worten (1999: 57):

> This intuition of two-oneness, the basal intuition of mathematics, creates not only the numbers one and two, but also all infinite ordinal numbers, in as much as one of the elements of the two-oneness may be thought of as a new two-oneness, which process may be repeated indefinitely; this gives rise still further to the smallest infinite ordinal number ω. Finally this basal intuition

---

[16] So muss man wohl auch den Terminus „two-oneness" bzw. „Zwei-Einheit" als einen triadischen Ausdruck auffassen: „Zwei", „Einheit", und das „-" dazwischen.

[17] Kenner der soziologischen Systemtheorie werden hier die Figur der Kommunikation als Anschlussgeschehen wieder erkennen, vgl. etwa Fuchs (1993: 24 f., Hervorhebung im Original): „Die Identität des Ereignisses ist, so gesehen, differenziell. Es setzt zwei Zeitstellen voraus, um *ein* Ereignis zu sein, es ist niemals (an keiner Stelle der Kette) fixiert, sein bestimmtes (positioniertes) Geschehen (sein 'esse') ist die 'Meldung seines Geschehen-seins' (sein 'fuisse'). [...] Die für Kommunikation kommunikative Realität konstituierende Unterscheidung ist eine sonderbare Zweifach/Dreifach-Unterscheidung. Sie erscheint als Zwei-Seiten-Unterscheidung, die eine dritte Seite 'ausstülpt', aber so, dass sie als Effekt der fundamentalen Unterscheidung nichts anderes ist als dieselbe Zwei-Seiten-Unterscheidung in der Folge."

> of mathematics, in which the connected and the separate, the continuous and
> the discrete are united, gives rise immediately to the intuition of the linear
> continuum, i. e., of the 'between,' which is not exhaustible by the interposi-
> tion of new units and which therefore can never be thought of as a mere col-
> lection of units.

Während Brouwer seine Begriffsbildungsversuche wie „Urerfahrung", „Kontinuum", „Zwei-Einheit" in einer der Mystik entlehnten Sprache vornimmt, hat seine konstruktivistisch-operationalistische Forderung, der zu Folge als Gegenstand der Mathematik intuitionistisch nur das gelten könne, was durch den Mathematiker rechnend erzeugt wird, weitreichende, sehr handfeste, rechenpraktische Konsequenzen: An die Stelle des „Beweises der Wahrheit" tritt die Herstellung. Beispielsweise bedeutet „A v B" intuitionistisch nicht „A ist wahr, oder B ist wahr", sondern: „Ich kann A erzeugen, oder ich kann B erzeugen". Das in der klassischen Logik und Mathematik gängige Verfahren des indirekten Beweises ist intuitionistisch-konstruktivistisch somit nicht mehr zulässig: Aus dem Umstand, dass ich nicht Non-A erzeugen kann, folgt intuitionistisch noch nicht, dass ich dann eben A erzeugen kann. Von der Routine der doppelten Verneinung muss man sich mit der Aufgabe des *tertium non datur* ebenfalls verabschieden. Der „ich glaube nur, was ich selbst hergestellt habe"-Ansatz bringt einige Umständlichkeiten mit sich; einige (liebgewonnene) Standardthemen bzw. Probleme der klassischen Mathematik werden nicht gelöst, sondern kommen erst gar nicht mehr vor – sie werden in der für Konstruktivismen typischen Manier zum Verschwinden gebracht, so etwa die Not einer axiomatischen Vorgehensweise.[18]

Brouwer selbst hatte wenig Interesse an einer technisch genauen Ausarbeitung einer intuitionistischen Logik.[19] Er war, bei allen Verdiensten als Mathematiker, mehr ein Prediger, denn ein Theoretiker. So sei abschließend eine Einschätzung eines seiner Anhänger aus heutigen Tagen zitiert:

> Wir wollen aber auch nicht verschweigen, dass der „authentische" Intuitionismus, wie er beispielsweise in den Arbeiten Brouwers dargestellt wurde, eine ziemlich komplizierte und nicht immer klare Konzeption ist, die sowohl rein mathematische als auch bestimmte philosophische Elemente enthält. Die

---

[18] Vgl. Kuiper (2004: 34): „It will turn out that the rules of arithmetic are a natural consequence of Brouwer's way of founding the number system, and are no longer in need of an axiomatic foundation. [...] The consequences of Brouwer's way of founding are far-reaching. His constructivistic attitude, as a necessary result of the ur-intuition as a sole basis, brings about strong limitations in the formation of sets and their possible cardinalities. But separate proofs of consistency are no longer required: the mere possibility of the continuation of a construction or its successful completion is the guarantee for its consistency or, rather, is the proof of its consistency."

[19] Dies wurde erst später von Arend Heyting, Stephen C. Kleene und anderen erfolgreich durchgeführt, aber auch die Dialogische Logik der Konstruktivisten der Erlanger/Konstanzer-Schule (Lorenzen/Schwemmer 1975) nimmt ihren Ausgang von den konstruktivistischen Überlegungen Brouwers. Vgl. hierzu die Besprechung von Kamlah/Lorenzen (1976) in diesem Band.

> Philosophie des Intuitionismus [...] ist vielleicht ihr dunkelster und am wenigsten rationaler Teil. Mystische Tendenzen sind hier recht stark vertreten, und oft kann man auch Begriffe wie „unsprachliche mentale Struktur", „das freie Schaffen des Geistes" und ähnliches finden. Brouwer selbst verwendete häufig eine undeutliche und vage Terminologie, die halb philosophischen und halb religiösen Charakter trägt. (Shramko 1999: 11 f.)

Vor dem Hintergrund dieser Formgeschichte mag man George Spencer-Browns Werk in den intuitionistischen Kontext einreihen. Durch die intuitionistische Formatierungsarbeit an der Mathematik finden die *Laws of Form* eine 'vorbereitete Umgebung', die einem mathematischen Text ermöglicht (genauer: entsprechende Beobachtungen wahrscheinlicher macht), sich mystik-naher Figuren zu bedienen, ohne dadurch das Sprachspiel der Mathematik abzubrechen.

Im Lichte der mathematikgeschichtlichen Unterscheidung von Konstruktivismus und Formalismus lässt sich auch bei George Spencer-Brown eine konstruktivistische, brouwereske Auffassung von Urmathematik beobachten, damit einhergehend erscheint die Sprache auch bei Spencer-Brown als eine nachgelagerte Problemquelle. Spencer-Brown knüpft, wie Brouwer, an ein antikommunikatives Ressentiment an, das als psychologisch bzw. 'subjektivistisch' gedeutetes Vico-Prinzip *(verum et factum convertuntur)* eine lange konstruktivistische Tradition fortsetzt. Während jedoch Brouwer auf eine appellierende, gleichsam predigende Sprache angewiesen ist, um den Leser zu *überreden*, seinen Argumenten zuzustimmen, möchte Spencer-Brown bei aller Esoterik und kosmischer Aufladung seines Textes den Leser die mathematische Urintuition selbst *erfahren* lassen, anstatt ihm nur davon zu erzählen:

> Nun weißt Du die Antwort gewiss. Bei dieser Vorgehensweise gibt es keinen Weg, dich in die Irre zu führen oder dir falsche Antworten zu geben. Erinnere dich, alles was ich tat, war dir zu befehlen: Nimm dies an, betrachte was du siehst und nenn es so, konstruiere dieses II, nenne es das II, füge dieses III zu jenem II und nenne es jenes III, betrachte die Eigenschaften jenes III und bemerke was du nun weißt, dass du es weißt. (Spencer-Brown 1997: xii)

„Nimm dies und betrachte was Du siehst": Es sind diese Anweisungen an einen Schreibenden, und es ist viel mehr als nur eine didaktische Gebotenheit, dass in den *Laws of Form* und in Einführungen in deren Kalkül stets empfohlen wird, selbst zu Stift und Papier zu greifen.

Denn erst das Schreiben und das Lesen-des-selbst-Geschriebenen dieser Schrift kann/soll das „Schwatzen", das Nachfragen zur Ruhe bringen: „Lass es mich nochmals sagen: *Überhaupt nichts kann durch erzählen gewusst werden.*" (Ebd., Hervorhebung im Original) Das erinnert nicht von ungefähr an Wittgensteins Schweigen-müssen darüber, wovon man nicht sprechen kann (Spencer-Brown zitiert den *Tractatus* mit eben dieser Stelle, 1997: 67), und die *Laws of Form* hätten, insofern ja auch ein „Nochmals-sagen" nicht weit vom „Erzählen" entfernt liegen mag, ein verwandtes Leiterproblem, würde man überlesen (!), dass hier an die Stelle des Wegstoßens der Leiter ein Medienwechsel angezeigt wird: vom Sagen („erzählen", „sag es mir", ...) zum Schreiben („der *Text*"):

> Und dennoch fährst du fort, mich zu beschwatzen: sag es mir, sag es mir! [...] Der Text der *Laws of Form* stellt keine einzige Behauptung auf: nirgendwo erzählt er dir irgendetwas: und doch wirst du, folgst du seinen Anweisungen absolut, ohne Frage oder Erklärung oder vorgefasster Meinung, an seinem Ende alles Nötige wissen. (Ebd.)

Die „ursprüngliche Form mathematischer Kommunikation" ist, so Spencer-Brown (ebd.: 67), nicht „Beschreibung [...], sondern Anweisung"[20], und aus den an dieser Stelle folgenden Vergleichen wird deutlich, dass es im engeren Sinne geschriebene Anweisungen sind, an die Spencer-Brown denken mag: Rezepte, Notenschrift. Wovon man nicht sprechen kann, darüber muss man schreiben, und dazu bedarf es einer geeigneten Schrift, die an sich selbst, an ihrem Schrift*bild*, zeigt, was sich nicht sagen lässt.

Die *Laws of Form* unterbreiten ein intuitionistisches, „subjektivistisches" Mathematikbild, das Mathematik nicht als einen an (spezifischen) Zeichengebrauch gebundenen Verweisungszusammenhang vorstellt, an dem sich beteiligte Kognitionen ausrichten (*et vice versa*), sondern als private Bewusstseinsschöpfung, als „Selbstanalyse" (ebd.: xxx). Mathematische *Kommunikation* ist nur „Gerede" *über* Mathematik, bestenfalls geeignet für „Befehle"[21] (ebd.: x), oder, wie Brouwer es in seinem Aufsatz „Mathematics, Science and Language" formuliert, „imposing his will on others by means of sound" (zitiert nach Mancosu 1998: 45). Das ursprünglich Arithmetische (sozusagen: in „mir") geht all diesen nach „Außen" gerichteten Versuchen voraus, es ist das, was jeder schon immer weiß. „In jeder Disziplin", so Spencer-Brown (1997: xxx), „trachten wir durch eine Mischung aus Nachdenken, symbolischer Darstellung, Zusammenkommen und Kommunikation herauszufinden, was es ist, das wir bereits wissen". Kommunikation mag helfen, aber sie holt nur nach, was privat erzeugt und gewusst wird. Was die Mathematik mit anderen „Formen der Selbstanalyse" auszeichnet, ist, dass „wir in der Mathematik nicht die physikalische Welt erforschen gehen [müssen], um zu finden, was wir suchen." (Ebd.) Wie Brouwer, der „intuitively clear" von der Fortsetzbarkeit der Operation

---

[20] Diese Argumentation nimmt die pragmatistische These Wittgensteins auf, dass dem hermeneutischen Zirkel – damit sei die paradoxe Verstrickung bezeichnet, dass man Erklärungen oder Hinweise nur verstehen kann, wenn man das Sprachspiel des Erklärens und Hinweisen bereits beherrscht – durch „Abrichtung" (Wittgenstein) fruchtbar zu entkommen sei.

[21] „Das ganze gegenwärtige Bildungsestablishment der zivilisierten Welt ist mit einem gigantischen Betrug beschäftigt: dem großen Schwindel von GI – Gerede und Interpretation: der ganz und gar falschen Doktrin, dass jemand etwas wissen kann, indem man es ihm erzählt. [...] Der einzige Weg, auf dem Wissen mitgeteilt werden kann, ist durch BB – Befehl und Betrachtung." (Spencer-Brown 1997: x). Allein, wie kann ohne kommunikative Praxis identifiziert werden, welche sprachliche Offerte nun eine „Erzählung", und welche ein "Befehl" sei? Was, wenn ein Gerede als Befehl interpretiert wird, sosehr auch erzählt worden sein mag, man solle nur betrachten?

des Aufzählens als vor-sprachliche und von Kommunikationskontakt unabhängige Herzensangelegenheit „weiß", setzt auch Spencer-Brown auf eine kindlich-unschuldige Selbstverständlichkeit dieser Art von „Wissen", das weniger auf die Virtuosität des Umgangs mit Information abzielt, sondern auf die emphatische Konnotation des „Tiefen", des „Inneren" usw.:

> Jedes Kind von zehn Jahren, das multiplizieren und dividieren kann, weiß zum Beispiel, dass die Folge der Primzahlen endlos ist. Aber wenn man ihm nicht den Euklid'schen Beweis zeigt, ist es unwahrscheinlich, dass es vor seinem Tod herausfinden wird, dass es dies weiß. (Ebd.: xxx)

Das Arithmetische – die Gesetze der Form – zeigt sich, wenn es soweit ist: als Ur-Intuition, als „direktes Gewahrsein von mathematischer Form als einer archetypischen Struktur" (ebd.).

Doch während bei Luitzen Brouwer eine Art Minimalanthropologie[22] qua Vorformatierung der mathematiktreibenden Bewusstseine verhindert, dass eine derart in den „Köpfen" hausende Mathematik nicht in Abstimmungsprobleme kommt, sobald diese mathematischen Urprozesse mittels Symbole mitgeteilt werden (und Brouwer also nicht unter einem Vorbehalt von „der" Mathematik spricht, so als würde er damit eigentlich „Brouwer-Bewusstseins-Mathematik" meinen), gibt es im Mathematikbild der *Laws of Form* kein solches Übersetzungsproblem. Brouwer muss unterscheiden zwischen den mathematischen (im Sinne Wittgensteins: privatsprachlichen) Operationen der Bewusstseine und deren Übersetzung in öffentlich zugängliche Sprachen. Für George Spencer-Brown dagegen sind sämtliche Prozesse, in denen es um *irgendwelche* Bezeichnungs- und Unterscheidungsleistungen geht, Wiederholungen der Gesetze der Form, die sich nur in den Medien ihrer Verwirklichung unterscheiden. Hier zeigt sich die Radikalisierung der Idee einer mathematischen Uridee im Übergang von Brouwers mentalistischen Intuitionismus zu Spencer-Browns intuitionistischen FORMalismus: Nicht mehr eine biologische ('empirische') Vorstruktur sorgt dafür, dass die monadischen, prinzipiell inkongruenten Perspektiven dann doch nicht allzu inkongruent aufgestellt sind, sondern die zirkuläre Transzendentalität der Gesetze der Form (als Bedingung der Möglichkeit bezeichnenderweise Empirisches zu unterscheiden). Das *many brains*-Problem samt seiner „well, different, but not *too* different"-Lösung kommt durch den Abstraktionsgrad der Spencer-Brown'schen Formgesetze zum Verschwinden. Diese Gesetze sind, einmal in Betrieb genommen, unhintergehbar – sei es als Gedanken, als Gespräch, als kommunizierte Bezugnahmen mittels Texten, Notationsbildern, Begriffsschriften, Diagrammen usw. –, da sie reproduziert werden, sobald *über-*

---

[22] „Mathematics, Science and Language form the main functions of human activity, means of which mankind rules Nature and maintains order in its midst. These functions originate in three forms of action of individual man's will to live: (1) mathematical attention, (2) mathematical abstraction, and (3) imposing his will on to others by means of sounds." Vgl. Brouwer, „Mathematics, Science and Language", zitiert nach der Ausgabe Mancosu (1997: 45).

haupt Formen erzeugt werden, und seien es gar solche, die eben diese Unhintergehbarkeit dekonstruieren.

Die *Laws of Form* bilden, in der hier vorgeschlagenen Perspektive, eine Synthese der begründungstheoretischen Konkurrenzprogramme des Intuitionismus und des Formalismus. Zum einen vertritt Spencer-Brown ein mystisch-intuitionistisches Mathematikbild, zum anderen aber rehabilitiert er die formalistische Idee des „Bloß-Zeichenhaften" der Mathematik, indem er gerade das Ausschreiben und Einlesen des Kalküls als geeignetes Mittel betrachtet, dem Leser/Schreiber das urintuitive Wissen über das Formen (und damit: über Mathematik) vorzuführen als das, was er immer schon wusste, ohne es zu wissen. Trotz der Aufnahme des intuitionistischen Konstruktivitätsprinzips[23] („Ich weiß nur, was ich herstellend erfahren habe") übernimmt er vom Formalismus das Konzept eines axiomatisch-deduktiven Aufbaus der Mathematik.

Wenn man diese Informationen über die mathematikgeschichtliche Situierung der *Laws of Form* zugleich als Mitteilung einer Auswahl versteht, kann man fragen, weshalb Spencer-Brown ausgerechnet an den Begründungsdiskurs anschließt. Nicht zu Unrecht wird in der Sekundärliteratur die mit bestimmten Paradoxiekarrieren verbundene „Grundlagenkrise der Mathematik" als (ein) Bezugspunkt der *Laws of Form* beschrieben (Lau 2005). In einer Mitteilung der Hans-Sauer-Stiftung etwa heißt es in diesem Sinne über die *Laws of Form* (Hervorhebung der Verfasser): „George Spencer-Brown veröffentlichte 1969 ein Mathematikbuch, in dem er ein *neuartiges Fundament für die Mathematik* präsentierte."[24] Die *Laws of Form* nehmen, in dieser Perspektive, eine Fackel auf, die einst von den Begründern moderner Begründungsversuche der Mathematik entzündet wurde, aber nun am Wegesrand vor sich hinschmorte, nachdem sich die Mathematik mehrfach an ihr die Finger verbrannt hatte, namentlich anlässlich der so genannten Russel'schen Antinomie (oder „Paradoxie") der Mengenlehre und des Gödel'schen Unvollständigkeitssatzes. Dieser Geschichte will der vorliegende Beitrag nicht direkt widersprechen. Er möchte aber die Frage stellen: Wieso drängt sich im mathematischen Diskurs seit etwa 150 Jahren immer wieder die Idee in den Vordergrund, die Mathematik müsse „begründet" werden? Wozu die Suche nach einem „Fundament"? Deutet dieses Drängen nicht auf eine systematische Funktion? Die Bienenzucht oder die Kunstgeschichte kommen offensichtlich ohne den Luxus aus, sich Grundlagenkrisen zu leisten. Welches *andere* Problem hat Mathematik nicht mehr, wenn sie Grundlagenprobleme hat? Was ist sozusagen der sekundäre Gewinn der Form

---

[23] Das er in dem von uns weder überprüfbaren noch nachvollziehbaren *proof of the four colour theorem* formal verletzt, insofern er dort auch auf das konstruktivistisch nicht zulässige Hilfsmittel des indirekten Beweises zurückzugreifen scheint.

[24] Vgl. http://www.hanssauerstiftung.de/neu/index.php?option=com_content&view=article&id =135&Itemid=160 (abgerufen am 22.5.2010). Die sehr verständlich geschriebene und philosophisch kundige *Laws of Form*-Einführung von Felix Lau (2005) wurde von der Hans-Sauer-Stiftung unterstützt.

Grundlagensuche/Grundlagenkrise? Eine Vermutung, der man forschend nachgehen müsste, wäre, dass die Antwort auf diese Fragen in den spezifischen modernen Legitimationsproblemen mathematiktreibender Organisationen und Personen zu suchen ist.

Die *Laws of Form* knüpfen an die Diskussionen der so genannten „Grundlagenkrise" an, vermittelt durch die vielfältigen Bezugnahmen auf Bertrand Russell und Ludwig Wittgenstein. Über den sachlichen Bezug hinaus teilt sich dieser Rückbezug als Auswahl (Warum dieser Bezug? Und nicht andere?) mit, als eine intendierte „historische", und zugleich ironische Selbstkontextualisierung der *Laws of Form*. Die *Laws of Form* reihen sich ein in die Tradition begründungstheoretischer mathematischer Texte, sie reproduzieren sozusagen das Begründungsinteresse, indem sie zugleich an sich selbst vorführen, dass jeder Versuch eines sicheren (Begründungs-)Anfangs sich laufend selbst sabotiert, weil er Alternativen und Gegenbeobachtungen möglich macht, wo eben dieses verhindert werden soll.

3 Die Paradoxie der Philosophie: von dem Versuch, das Unsagbare sagen zu wollen

Für Luitzen Brouwer wie für George Spencer-Brown realisiert Mathematik eine „Uroperation". Doch anders als die Brouwer'sche Uroperation („the intuition of bare two-oneness") ist Spencer-Browns „Formung" nicht an ein spezifisches, absolut gesetztes Medium (bzw. System, etwa das Bewusstsein) gebunden. Sofern es sich um Prozesse des Unterscheidens, Bezeichnens, des Austauschens und des Ordnens dreht, lassen sich diese Prozesse mit den Gesetzen der Form nachvollziehen.

George Spencer-Brown weist zwar die Idee zurück, Mathematik sei auf die Regeln logischen Sprechens zurück zu führen, aber das hindert ihn nicht daran zu sehen, dass sich das Urmathematische, die Form, in der Sprache der Mathematik zeigt: „Ein wesentlicher Aspekt der Sprache der Mathematik ist der Grad ihrer Formalität" (Spencer-Brown 1997: xxxiii). Je weniger Beschreibung die mathematische (Schrift-)Sprache enthält, je formaler sie gebaut ist, desto eher ist sie geeignet, die Form für sich selbst sprechen zu lassen. Wann dieser Formalitätsgrad erreicht ist, kann man nicht sagen – denn sagen ist nicht sich-zeigen. Man wird am „Ende alles nötige wissen". All dies sind, und Spencer-Brown verweist an dieser Stelle selbst auf den *Tractatus* (ebd.: 67), Variationen zu „dem" Hauptproblem (Vossenkuhl 2001) des frühen Ludwig Wittgenstein, der philosophischen Auseinandersetzung mit der Differenz von „sagen" und „zeigen".

Ludwig Wittgenstein postuliert: „Was gezeigt werden *kann*, kann nicht gesagt werden." (TLP 4.1212) Ein Satz kann sagen, was er sagt, aber nicht, *wie* er es sagt, denn dazu müsste man – im Rahmen der Wittgenstein'schen Bildtheorie der Sprache – gleichsam neben Welt und Sprache treten.[25] Das Zeigen führt aus der Sage, genauer: aus dem Sagbarkeitsvorbehalt, heraus. Wer sieht, was sich *zeigt*, der „sieht die Welt richtig" (TLP 6.54). Der kann dann aber auch nichts mehr sagen (vgl. TLP 6.521, TLP 7). Dem bleibt, immerhin, ein Gefühl der Stimmigkeit, der Richtigkeit – ein ästhetisches Urteil. Das *Gefühl der Stimmigkeit*, das wir mit der Wahrnehmung eines Zeichenarrangements verbinden, entscheidet, ob wir die richtige Sicht, d. h. die Sicht, der sich das Richtige zeigt, angesetzt haben: „Jetzt verstehen wir auch unser Gefühl: dass wir im Besitz einer richtigen logischen Auffassung seien, wenn nur einmal alles in unserer Zeichensprache stimmt." (TLP 4.1213) Damit nimmt Ludwig Wittgenstein die Idee der für-sich-selbst-sprechenden „Begriffsschrift" Gottlob Freges auf, die aber, genauso wie die Russel'sche Notation in den *Principia Mathematica*, „noch nicht alle Fehler ausschließt" (TLP 3.325, vgl. Anm. 3).

Die Schriftzeichen sollen so gestaltet sein, dass sie an sich selbst vorführen (also: zeigen), was sie nicht sagen können. Dieses Programm vollzieht sich in Abhebung von Bertrand Russels Logikauffassung. Russels Notation, so Wittgensteins Kritik, verschleiert die eigentliche, rohe Form der Logik, indem sie mehr vermuten lässt, als gesagt wird. Beispielsweise zeigt die Russell'sche Notation der Identität „a = a" etwas anderes, als sie sagt: wäre „a" mit sich selbst identisch, hätte man nicht zwei davon, um sie links und rechts vom „="-Zeichen zu schreiben. Streng

---

[25] Während George Spencer-Brown die Sagen/Zeigen-Unterscheidung als Unterscheidung von Beschreibung und Vorschrift auffasst und auf die Differenz von Information/Erfahrungswissen bezieht, deuten wir Wittgensteins Gebrauch dieser Unterscheidung als Reaktion auf die Sinnproblematik: Wovon ist die Differenzlosigkeit von Sinn (auch ein Missverständnis ist ein Verständnis eines Beobachters) unterschieden, ohne auch diese Unterscheidung im Sinn zu treffen? Das, was nicht gesagt werden kann, ist für Spencer-Brown schlicht das, was die Erfahrung am eigenen, betroffenen Leibe vom bloßen Hörensagen unterscheidet, mithin das *Wie* des Erlebens (ein Unterschied, der entsublimiert werden kann durch die Unterscheidung von „wie es ist, Schmerzen zu haben" und „wie man das Wort 'Schmerzen' verwendet" und die Vereinbarung, dass man nur im zweiten Falle überhaupt von Wissen sprechen könne, da man sich in ersterem Falle nicht irren kann); für Wittgenstein dagegen geht es um die Frage, wie sich Beobachtungserträge ergeben könnten („was sich sagen lässt"), die eine beobachtungslose Beobachtung erfordern würden. Spencer-Brown beansprucht (1997: 68), den Ausgang aus dem Wittgenstein'schen Problem in der „injunktiven Eigenschaft der Sprache" gefunden zu haben. Abgesehen davon, dass wir es vorzögen, Injunktion nicht als eine Eigenschaft der Sprache, sondern als eine kontingente Weise ihres (in diesem Falle: injunktiven) Gebrauchs aufzufassen, setzt uns auch der Spencer-Brown'sche Befehlsmodus – im Sinne von: Was man einander nicht beschreiben kann, das kann man sich vorschreibend verschreiben – nicht in die Lage, das Wittgenstein'sche das „Unsagbare" auszusagen, insofern sich diese Unsagbarkeit nicht als spezifisches Problem des Mediums Sprache domestizieren lässt, sondern als allgemeines semiotisches Problem auch in allen anderen Arten selbstreferenzieller Darstellung wiederholt. Der Ausgang, den Spencer-Brown *tatsächlich* bietet, besteht u. E. nicht in der überfordernden Gegenüberstellung von „Befehl" und „Betrachtung" einerseits und „Gerede" und „Interpretation" andererseits, sondern in Spencer-Brown'schen Notation, d. h. in einer Schrift der Form, die – zumindest auf der Ebene der primären Arithmetik – an sich selbst vorführt was sie sagt, indem sie Operand und Operator verwechselbar macht.

nach der Wittgenstein'schen Regel, dass die Bedeutung eines Zeichens an seinem Gebrauch im Kalkül abzulesen sei, werden zwei „Gegenstände" (Namen, Ausdrücke, Propositionen) nicht dadurch gleich, dass man ein Gleichheitszeichen zwischen sie schreibt, sondern, dass man den einen so verwendet, dass man ihn nicht vom anderen unterscheiden kann. Will man, so Wittgenstein, „Identität" notieren, dann nicht durch eine irreführende Verwendung der „Gleichheits"-Anzeige, sondern so, dass sich an der Notation zeigt, was man nicht sagen kann, also statt „a = a" schlicht: „a".

Diese Überlegungen führen Wittgenstein dazu, die Typentheorie Russells, an der sich auch die *Laws of Form* stoßen, abzulehnen. Nicht so sehr, weil sie eine unelegante, willkürliche Hilfstheorie darstellt, sondern, weil sie den Irrtümern entspringt, welche von der Russel'schen *Notation*, nicht von der Logik[26] nahegelegt werden. Ein Russell'scher Ausdruck wie „F(F(u))" (vgl. TLP 3.333) ist, so Wittgenstein, nicht so zu verstehen,

> als sage er etwas über sich selbst aus. Wir dürfen ihn nur so verstehen, wie sich der Ausdruck symbolisch zeigt. Dem Symbolismus dürfen wir dabei keine Bedeutung neben dem, was er zeigt, zumessen. Wenn wir meinen, F bedeute im Ausdruck F(F(u)) beide Male dasselbe, geben wir dem Ausdruck eine Bedeutung, die der Ausdruck nicht zeigt (Vossenkul 2001: 43).

The same is, in der richtigen Notation, *the same, and the different is different*.

Die Suche nach einer geeigneten Notation ist im *Tractatus* also zugleich eine Arbeit an der Logik selber, die sich nur im Operieren mit Zeichen zeigt. Wittgenstein experimentiert mit unterschiedlichen Notationen. Er entwickelt zum einen das Verfahren der „Wahrheitstafeln", aber auch eine geometrisch-grafische Notation (TLP 6.1203). Stets geht es ihm darum, eine Darstellung zu finden, an der sich das, was sich zeigen soll, direkt ablesen lassen kann – so dass es nicht dazu gesagt werden müsste, wenn es denn ginge.

Erst in jüngster Zeit ist von der Philosophie eine Nähe zwischen den *Laws of Form* und dem *Tractatus* Gegenstand näherer Betrachtung geworden (vgl. die zahlreichen Bezugnahmen auf die *Laws of Form* in den Beiträgen in Vossenkuhl 2001). Neben dem gemeinsamen ästhetischen Schriftkalkülprogramm ist es vor allem Wittgensteins „allgemeine Satzform" und dessen denkfigürliche Nähe zu Spencer-Browns Notation der Form, die das Interesse auf sich ziehen.

---

[26] Es sei angemerkt, dass für Ludwig Wittgenstein Logik keine Lehre ist, die in Axiomen und Theoremen aufsagbar wäre. Insofern trifft vieles, was die *Laws of Form* über die Logik äußern, auf die klassische, lehrbuchtaugliche Logik zu, aber nicht auf das, was Wittgenstein mit diesem Term zu bezeichnen pflegt. Gleichwohl sollte man nicht vergessen, dass der *Tractatus* als *das* Schlüsselwerk des *linguistic turn* an Sprache und deren Verbindung zum Logischen interessiert ist, und somit zwar Denkfiguren erfindet, die von den *Laws of Form* aufgegriffen werden, die grundsätzliche Ausrichtung der beiden Werke aber sehr verschieden bleibt. Mit anderen Worten: der *Tractatus* ist ein philosophisches Kultbuch, die *Laws of Form* ein mathematisches.

Wittgensteins allgemeine Satzform (TLP 6), aus der sich sämtliche logischen, aber auch numerischen Figuren erzeugen lassen, kennt nur eine einzige Operation, nämlich das rekursive Negieren einer adjunktiven (oder konjunktiven) Verknüpfung von Satzlisten (vgl. Varga von Kibéd 1989). Diese Operation ist nicht, wie sonst in der Logik üblich, auf eine bestimmte oder zu bestimmende Stellenzahl angewiesen, und kennt auch keine Hierarchie der Sätze – Eigentümlichkeiten, die sich in der „primären Algebra" der *Laws of Form* ebenfalls als zentrale Eigenschaft dieses Kalküls präsentieren. Der *terminus technicus*, „topologisch invariante Notation", besagt, dass es im Kalkül der *Laws of Form* ebenso wie in den Satzlisten der allgemeinen Satzform keine Rolle spielt, ob „abc" unter dem Spencer-Brown'schen Haken geschrieben steht, oder aber „cba" oder „bca".

Die Notation des Unterscheidungskalküls der *Laws of Form* schließt an diese Geometrisierung, besser: Ästhetisierung[27] der Logik an. Spencer-Brown teilt nicht nur Wittgensteins Ästhetisierungsansatz, um zeigen zu können, was nicht gesagt werden kann. Er wählt auch eine sehr ähnliche logische Form – eine einzige Operation – zur Formulierung seiner Protologik (vgl. Varga von Kibéd 1989, 2001; Matzka/Varga von Kibéd 1993). Zu dieser Grundoperation im folgenden Abschnitt mehr. Freilich hat Spencer-Brown ein anderes, reduzierteres, noch voraussetzungsärmeres Zeichendesign gewählt, das an Gottlob Freges Grundzeichen erinnert, das aus dem senkrechten „Urteilsstrich" und dem waagrechten „Inhaltsstrich" zusammengesetzt ist. So wie Wittgenstein hofft, der Leser werde durch die Sätze des *Tractatus* über sie hinaussteigen, so soll der Leser der *Laws of Form* vom Leser zum Betrachter, zum Beobachter werden, dem die Zeichen am Ende der Darstellung des Kalküls zeigen, dass der Beobachter den Kalkül schon verstanden hatte (=„richtig gesehen" hat), bevor er verstanden hat. Das Wegwerfen der Leiter, zu dem uns der *Tractatus* aufruft, und das Sehen des Wiedereintritts der Form in sich selbst, sind beides Wege, die Paradoxie der Philosophie – das Unsagbare sagen zu wollen – zu entfalten.

4   Aufbau und Komposition der *Laws of Form*

Der Textkörper der deutschen Ausgabe der *Laws of Form – Gesetze der Form* (Spencer-Brown 1997) – setzt sich aus vier Teilen zusammen: einer Reihung von Einleitungen (31 Seiten), der Darlegung der Gesetze der Form in 12 Kapiteln (66 Seiten), einem Anmerkungsapparat zu den 12 Kapiteln (26 Seiten), und einer Reihung von 6 Appendices – 97 Seiten Vermischtes, unter anderem mit einem Textstück namens „Two Proofs of the Four-Colour Map Theorem", einer Anekdote

---

[27] Dies geht soweit, dass Ludwig Wittgenstein Logik, Ethik und Ästhetik in eins setzt, vgl. TLP 6.13, TLP 6.421.

über Bertrand Russell, und einigen Anwendungsvorschlägen der Gesetze der Form für die Bereiche der Logik und der Theorie der natürlichen Zahlen.

Im Folgenden beschränken wir uns auf eine kurze Darstellung einiger wichtiger Gedankenlinien des „Herzstücks" der *Laws of Form*, der Ausschreibung der Gesetze der Form in Gestalt der Kalküle der „primären Arithmetik" und der „primären Algebra", und ziehen gegebenenfalls Textstellen aus den anderen Teilen des Buches hinzu, wenn es der Erklärung dient.

„Der gesamte Text der *Laws of Form*", so George Spencer-Brown in einer der vielen Einleitungen, die der Leser durchschreiten muss wie die Bogenlaibungen eines gotischen Gewändeportals, „kann auf ein Prinzip reduziert werden [...]: Was ein Ding ist, und was es nicht ist, sind, in der Form, identisch gleich" (1997: ix). Während in klassischer Vorstellung „Form" als Figur gedacht wird, die zwar stets irgendeinen Hintergrund haben mag, auf den es aber zur Bestimmung der Form nicht ankommt, führen die *Laws of Form* einen ganz neuen Begriff der Form ein: Die Form stiftet einen Zusammenhang zwischen Figur und Grund, sie gibt sich stets als *Zwei-Seiten-Form*. Formen werden, so gesehen, nicht vorgefunden, sondern werden durch eine Operation erzeugt: durch das Treffen einer Unterscheidung, die eine Innenseite von einer Außenseite trennt. Was im klassischen Bild die Figur war, ist nun die bezeichnete oder ausgezeichnete Innenseite im Unterschied zur Außenseite. Die Gesetze der Form starten somit enorm voraussetzungsarm: was allein als „gegeben" angenommen werden muss, ist die Festlegung, dass „wir keine Bezeichnung vornehmen können, ohne eine Unterscheidung zu treffen" (ebd.: 1). Sobald Formen erzeugt werden, sobald aus dem Nichts (oder: im Nichts?) eine Unterscheidung getroffen wird, die eine Grenze zieht, kommt auch eine Asymmetrie in Gang, insofern eine der beiden Seiten (und nicht die andere) bezeichnet wird. Selbst wenn man in einer fichteanischen Virtuosität beide Seiten einer Unterscheidung gleichberechtigt und unausgezeichnet vor sich hin vibrieren lassen würde, würden die beiden Seiten „einer" Unterscheidung sogleich zu den beiden Seiten „dieser" Unterscheidung – im Unterschied zu anderen Unterscheidungen. Jede Beobachtung, jede Bezeichnung, trifft *in actu* eine Unterscheidung zwischen dem Indizierten und dem, was es nicht ist; und das Spezifische dieser Unterscheidung wird begrenzt durch den Ausschluss all dessen, was dann weder zum Indizierten noch zum Nicht-Indizierten gehört. So wie das Spezifische der Unterscheidung blau/nicht-blau variiert je nach Kontext einer weiteren Unterscheidung; im Kontext der Unterscheidung Farbe/Stoff bezeichnet „blau" in einem anderen Sinne als etwa im Kontext der Unterscheidung vier-/fünfbuchstabige Wörter.

Eine Form wird erzeugt, indem eine Beobachtung von der Außenseite einer Unterscheidung hinüber auf die Innenseite kreuzt. Die Zustände, die durch eine Unterscheidung geformt werden, sind entweder „bezeichnet" („marked state") – man könnte auch sagen: hineingekreuzt – oder „unbezeichnet" („unmarked state").

Sowohl in der Mathematik als auch in der Logik geht es, auf einer sehr allgemeinen Ebene gesprochen, stets darum, auf geregelte, vereinbarte, unbeliebige

Wiese von einem Ausdruck, von einem Arrangement zum nächsten überzugehen. Die Asymmetrie der Form schränkt die Möglichkeiten weiterer Anschlüsse ein auf zwei: Entweder wird die Bezeichnung (die Kreuzung auf die Innenseite der Form) wiederholt, oder sie wird aufgehoben (durch Rückkreuzen).

Es ist ein wesentlicher Aspekt der *Laws of Form*, dass zwischen dem Kreuzen, dem Bezeichnen, dem Benennen, dem Einen-Wert-Geben einer der Seiten oder Zustände oder Inhalte der Form nicht unterschieden wird: „Wenn ein Inhalt einen Wert hat, kann ein Name herangezogen werden, diesen Wert zu bezeichnen. Somit kann das Nennen des Namens mit dem Wert des Inhalts identifiziert werden" (ebd.). Das unterscheidet den Kalkül, den der Text der *Laws of Form* (bzw. der Leser, der seinen Konstruktionsanweisungen folgt) entwickelt, schon von Beginn an von anderen Kalkülen, insbesondere der Logik, so protologisch sie auch intendiert sein mögen. Denn üblicherweise macht es einen gewaltigen Unterschied, ob man vom Bezeichnenden oder aber vom Bezeichneten spricht. Nur in speziell zurechtgestellten Fällen fallen Bezeichnendes und Bezeichnetes zusammen, etwa im Falle des Wortes „dreisilbig". Im Kalkül (mithin in der Notation) der *Laws of Form* dagegen fallen Operand und Operator stets zusammen,[28] insofern sich das Benennen, das Bezeichnen, das Wertbelegen genau wie das Erzeugen eines (zu bezeichnenden) Zustands der einen, gleichen Operation verdanken: dem Treffen einer Unterscheidung.

Diese Verhältnisse verkapseln die *Laws of Form* in zwei Grundgesetzen (mehr werden es nicht), dem Gesetz des Nennens und dem Gesetz des Kreuzens. Das Gesetz des Nennens lautet: „Der Wert einer nochmaligen Nennung ist der Wert der Nennung." (Ebd.: 2) Im Kontext der Unterscheidung von Information und Mitteilung hieße das beispielsweise, dass eine zweimal gekaufte Tageszeitung nicht mehr Informationswert bietet als eine einzige. Oder, in den Worten George Booles, der sein figurgleiches Gesetz der Idempotenz („ x x = x ") erläutert wie folgt (Boole 2005: 22 f.):

> The case supposed [...] is that of *absolute* identity of meaning. The law which it expresses is practically exemplified in language. To say „good, good" in relation to any subject, though a cumbrous and useless pleonasm, is the same as to say „good". Thus „good, good" men, is equivalent to „good" men. Such repetitions of words are indeed sometimes employed to heighten a quality or strengthen an affirmation. But this effect is merely secondary and conventional; it is not founded in the intrinsic relations of language and thought.

---

[28] Vgl. hierzu Heinz von Foerster (zitiert nach Pörksen 2002): „Schon immer habe ich mir gedacht, allerdings ohne eine elegante Lösung zu kennen, dass die Metasprache der Logiker die Sprache selbst sein müsste. Die Sprache muss über sich selbst etwas sagen können, das heißt, der Operator (die Sprache) muss zum Operand (das ist die Sprache) werden. Was stattfinden sollte, ist eine Art Salto mortale. Und George Spencer-Brown entwickelt nun einen Operator, der so gebaut ist, dass er sich auf sich selbst anwenden lässt. Sein Operator kann an sich selbst operieren und wird ein Teil seiner selbst und der Welt, die er sich schafft."

Das Gesetz des Kreuzens lautet: „Der Wert eines nochmaligen Kreuzens ist nicht der Wert des Kreuzens." (Spencer-Brown 1997: 2) „Nochmalig" meint hier nicht „wiederholt" (dann würde das Gesetz des Nennens greifen), sondern das Rückkreuzen, die Rückkehr, wieder hinüber auf die Außenseite, von der man gekommen war.

Aus diesen Grundgesetzen entfalten sich Schritt für Schritt (eben: konstruktiv) ein Kalkül, samt Regeln des Übergangs, des Austauschs, des Ordnens, die selbst aus den Grundgesetzen gewonnen werden, und schließlich ein zweiter Kalkül, der aus dem ersten Kalkül entnommen wird.

Die Markierung („mark") eines Zustandes, der durch eine Unterscheidung erzeugt wird, notiert Spencer-Brown mit dem aus systemtheoretischen Texten bekannten „Haken"[29]:

$$\neg$$

Der Haken setzt sich zusammen aus einem senkrechten Strich, der für die Grenze einsteht, die durch das Treffen einer Unterscheidung gezogen wird, und einer waagrechten Abzweigung für die Anzeige der bezeichneten „Innenseite" der Zwei-Seiten-Form. Mit der Frege'schen Begriffsschrift teilt die Notation der *Laws of Form*, dass sie gewissermaßen „gegen den Strich" geschrieben wird: Freges zweidimensionale Notation wird, für westliche Lesegewohnheiten ungewohnt, von unten nach oben gelesen, der Spencer-Brown'sche Haken zeigt die bezeichnete Seite gegen die Leserichtung an – beides Irritationen, die den Leser und Schreiber dieser Notationen die Medialität dieser Operationen sinnlich, ästhetisch erfahren lassen.

Der unmarkierte Zustand wird mit der Lücke markiert:
Jegliche Kopie („token") dieser Markierung benennt den markierten Zustand, der Name bezeichnet den unterschiedenen Zustand, seinen Wert, und insofern wird durch das Symbol des Hakens (im Original: „cross", wodurch eine Mehrdeutigkeit intendiert wird, die zwischen der Bedeutung als Substantiv und als verblichen Imperativ oszilliert) der Zustand selbst indiziert. Auch hier zeigt sich die weiter oben angemerkte Vertauschbarkeit oder Äquivalenz von operander und operanter Ebene:

---

[29] Bisweilen heißt es in der Sekundärliteratur, der Kalkül käme mit diesem Zeichen alleine aus. Doch abgesehen davon, dass im Kalkül der *Laws of Form* auch ein Gleichheitszeichen, Punkte, Buchstaben und Ziffern in die Notation eingehen, verdeckt diese Sicht die Schriftlichkeit dieses Kalküls. Denn auch der *unmarked state* hat ein Schriftzeichen (auch wenn genau dieses bestritten wird): die Lücke. Die Lücke entsteht durch die Differenz zu nicht bedruckten Flächen des Papiers, durch gedruckte Elemente davor und danach und Schriftzeilen darüber und darunter. Ob etwas als Zeichen einer Notation, als Symbol eines Kalküls fungiert, hängt u. E. nicht an der Differenz Hingeschriebenes/Nicht-Hingeschriebenes, sondern daran, ob es im Kalkül so verwendet wird (seine Verwendung einen Unterschied macht) oder nicht. Wenn das, was ein Ding ist, und was es nicht ist, der Form nach identisch ist, dann ist auch im Sinne der *Laws of Form* die Lücke ein Symbol nicht anders als der Haken. Man schreibt, so besehen, Lücken, indem man Wörter oder Haken schreibt.

Die Schrift der Form 197

Eine Kopie, ein „token", ein , ist sowohl eine *Anweisung*, eine Grenze zu überqueren, als auch ein *Name* dieser Grenzziehung, dieser Unterscheidung.

Zunächst werden aus der Form der Unterscheidung zwei Grundregeln („primitive Gleichungen") gewonnen, die Form der Kondensation:

und die Form der Aufhebung:

Sämtliche in der Folge konstruierbaren (endlichen) Formen lassen sich zu einem der beiden möglichen Ergebnisse dieser Grundgleichungen vereinfachen; rechnet man also Spencer-Brown'sche Formenarrangements aus, stößt man, solange man es mit endlichen Schritten zu tun hat, entweder auf einen markierten Zustand oder auf nichts. Wie in den einleitenden Abschnitten dieses Beitrags zitiert, ist es ein zentrales Anliegen der *Laws of Form*, die Urmathematik der Mathematik zu formulieren, die allen denk-, weil formbaren Dissensmöglichkeiten von Intuitionismus und Formalismus, von Logik und Gerede vorangeht. Diese Protomathematik nennt der Text der *Laws of Form* „primäre Arithmetik"[30]. Diese primäre Arithmetik wird aus den beiden Grundregeln entlang von sichtbaren, ablesbaren Mustern („Theoremen") und widerspruchsfreien Ableitungen („Demonstrationen") entwickelt, d. h. als ein „Kalkül der Bezeichnungen", der beschränkt ist auf die Formen, die sich allein aus den Formen der Aufhebung und der Kondensation konstruieren lassen.

Ohne hier auf die mathematisch-technischen Raffinessen dieses Kalküls einzugehen,[31] sei hier noch einmal der Bezug zum mathematik-geschichtlichen Kontext erwähnt. Zum einen ist die primäre Arithmetik nach formalistischem Vorbild gebaut – von Axiomen ausgehend wird unter der Bedingung der Widerspruchsfreiheit und mit vorab „vereinbarten" Regeln des Übergangs von einem Ausdruck zum nächsten ein Kalkül im klassisch-formalistischen Sinne gebaut. Zum anderen aber sind die Axiome der *Laws of Form* keine bloßen Setzungen wie im Formalismus, deren „Erdichtungswillkür"[32] sich allein durch ihre widerspruchsfreien Konse-

---

[30] Dies nicht in dem Sinne, dass noch eine sekundäre zu erwarten wäre wie ein zweiter Band nach einem „Bd. 1", sondern in einem primordialen Sinne.

[31] Als verständliche Einführung in die mathematischen Details der *Laws of Form* sei Lau (2005) empfohlen. Für eine knappere mathematische Darstellung vgl. Orchard (1975).

[32] Vgl. Frege (1998: 2 f.): „Danach wäre also eine solche Erdichtung [einer leeren Klasse, Frege nimmt hier auf eine Äußerung Dedekinds Bezug, Anmerkung der Verfasser] erlaubt; es wird nur aus gewissen Gründen darauf verzichtet. Schröder wagt die Erdichtung einer leeren Klasse. Beide sind also darin, wie es scheint, mit vielen Mathematikern einig, man dürfe beliebig etwas erdichten, was nicht da ist, ja was sogar undenkbar ist; denn wenn die Elemente das System bilden, so wird das System mit den Elementen zugleich aufgehoben. Wo die Grenzen dieser Erdichtungswillkür liegen, und ob es überhaupt deren gebe, darüber wird

quenzen rechtfertigen mögen, sondern – ganz in der Tradition der Gegenmoderne – anschauliche Evidenzen, „Unvermeidlichkeiten", die jedem Kind einleuchten, und den Erwachsenen nur dann nicht, wenn sie Opfer der finsteren Verschwörungen, Blockaden und Schwindeleien des „Bildungsestablishments" (Spencer-Brown 1997: x) geworden sind, von denen die *Laws of Form* an so vielen Stellen sprechen.

Die primäre Arithmetik kommt ohne Variablen aus, sie zeigt nichts außer der Operation des bezeichnenden Unterscheidens – an sich selbst. Sie ist so tatsächlich um einiges „protologischer" als etwa die Logik des *Tractatus*, die zwar nicht, wie in der klassisch-modernen Logik üblich, auf eine bestimmte Stelligkeit ihres Operators angewiesen ist, aber gleichwohl noch auf Variablen im Sinne von heterarchischen Satzlisten operiert. In die Nähe der *tractarianischen* Logik kommen die *Laws of Form* dagegen mit der so genannten „primären Algebra", eines zweiten Kalküls, den die *Laws of Form* aus dem Kalkül der primären Arithmetik entnehmen wie einst Adams Rippe.

Mit der primären Algebra führen die *Laws of Form* den Umgang mit Variablen ein, und der Kalkül startet wie die primäre Arithmetik mit zwei Grundregeln („initials"), der Form der Position und der Form der Transposition.

Die Form der Position, die, je nach Leserichtung, als Operation des Herausnehmens bzw. des Einsetzens bezeichnet werden sollen, sieht so aus:

$$\overline{\overline{p}\,\overline{p}} =$$

Die Form der Transposition, mit der „sammeln" bzw. „verteilen" angezeigt werden kann, sieht so aus:

$$\overline{\overline{pr}\,\overline{qr}} = \overline{\overline{p}\,\overline{q}}\,r$$

Im Zuge der Konstruktion der primären Algebra werden weitere Formen, „consequences", erzeugt, Vereinfachungen vorgeschlagen und neue Unterscheidungsgebotenheiten entdeckt. Dabei ist hervorzuheben, dass die *Laws of Form* sehr prag-

---

wohl wenig Klarheit und Übereinstimmung zu finden sein". Ironischerweise rücken so der Erzlogiker Gottlob Frege und der Erzarithmetiker George Spencer-Brown zusammen, wenn es darum geht, ihre jeweiligen Disziplinen vor modernen Beliebigkeitsanheischungen zu schützen und sie im Gegenzug in etwas Tieferem, Unverfügbaren, metaphysisch Unbeliebigen zu gründen. Wo es Frege „nur" um die ewigen Gesetze des Wahr-Seins geht, treten bei Spencer-Brown typisch intuitionistische, spirituell-esoterische Aufladungen auf den Plan: „Religionen sind verschiedene Fiktionen, um die 'negative' Seite weniger unattraktiv erscheinen zu lassen. [...] Sie sind letztlich nicht tröstlich, denn tief in unsrem Inneren glauben wir ihnen nicht. *Es ist viel tröstlicher, die mathematischen Unvermeidlichkeiten zuzugeben und zu erkennen, dass darin vollständige Kommunion mit allen Wesen liegt*, die alle auf irgendeiner Ebene wissen, dass es für sie dasselbe ist." (Spencer-Brown 1997: 193, Hervorhebung der Verfasser).

matisch vorgehen; so etwa, wenn es darum geht, unter welchen Aspekten einzelne Formen bzw. Gruppen von Konsequenzen klassifiziert werden sollen, und nicht zuletzt in diesen Momenten zeigt sich die Kreativität und Pfiffigkeit, die es braucht, um einen Kalkül wie den der *Laws of Form* zu erschaffen. Darauf verweist auch Spencer-Browns Unterscheidung von Demonstration und Beweis. Während Demonstrationen reine Deduktionen sind, mechanisierbare Schlüsse, braucht es beim Beweis Gespür und Erfindungsgabe.

Die Konstruktion der primären Algebra schließt, auch dies ein Anschluss an klassisch-formalistische Formate, mit Überlegungen zur Vollständigkeit (Kann jedes beweisbare Theorem über die Arithmetik als Konsequenz in der Algebra demonstriert werden?). Hier zeigt sich eine eigentümliche Diskrepanz zwischen dem Haupttext, der nahelegt, die Gödel'schen Zumutungen würden für die Gesetze der Form nicht gelten, und den einschränkenden, bescheidenen Äußerungen dazu im Anmerkungsteil. Während im Kapitel 9 das Theorem 17 – „Die primäre Algebra ist vollständig" – bewiesen wird, deutet der Text in den dazugehörigen Anmerkungen die bewiesene „Vollständigkeit" nicht im starken Sinne als syntaktische, sondern als (schwächere) semantische, repräsentierende Vollständigkeit[33]: „Wir beobachten, dass die Idee der Vollständigkeit sich nicht auf einen Kalkül als Ganzes beziehen kann, sondern lediglich auf eine Darstellung seiner durch ein anderes" (Spencer-Brown 1997: 83). In diesem Sinne ist die Vollständigkeit, anders als das Theorem 17 dem Wortlaut nach zu verstehen gibt, gerade nicht Eigenschaft eines Kalküls, etwa, der primären Algebra, sondern des *Verhältnisses* von primärer Arithmetik und primärer Algebra.

Der vollständige Zusammenhang zwischen primärer Algebra und primärer Arithmetik besteht darin, dass jede Gleichung mit Variablen als Konsequenz der Algebra oder als Theorem über die Arithmetik aufgefasst werden kann. Einen allgemeinen Beweis der Widerspruchsfreiheit der primären Algebra liefern die *Laws of Form* nicht. (Vgl. hierzu Hölscher/Schönwälder-Kuntze/Wille 2004: 166) Spencer-Brown räumt in den Anmerkungen ein, dass in komplexeren Formen der Repräsentation, etwa „in der Zahlentheorie, obwohl bestimmte Beziehungen bewiesen werden können, keine Algebra konstruiert werden [kann], in der alle Beziehungen herleitbar sind" (ebd.).

Der Frage, inwiefern dann die *Laws of Form* den eigenen Anspruch, eine Arithmetik der Algebra zu liefern, tatsächlich erfüllen und nicht nur behaupten, soll hier nicht nachgegangen werden, insofern die Entscheidung darüber keine Konsequenzen hätte für die u. E. weitreichendere Bedeutung des Spencer-Brown'schen Begriffs der Form.

Die Entwicklung des Kalküls gleicht einer Geschichte, einer Pilgerfahrt, und nicht von ungefähr referieren Texte auf diesen Kalkül oft wie auf ein kathartisches Leseerlebnis. Denn mit der Konstruktion der primären Algebra und der Betrach-

---

[33] Vgl. dazu den Artikel „vollständig/Vollständigkeit" von Thiel (1996: 558).

tung ihres „überlappenden" (Felix Lau) Zusammenhangs mit der primären Arithmetik steuern die *Laws of Form* gewissermaßen ihrem dramaturgischen Höhepunkt zu, dem berühmten „re-entry", dem Wiedereintritt der Form in das durch die Form Unterschiedene.[34] Was bedeutet dieser Term, worum geht es?

Zunächst erneut ein Blick zurück auf den Streit zwischen moderner Mengenlehre und gegenmodernem Intuitionismus. Einer der Hauptpunkte dieser Debatte war die Idee der aktual unendlichen Menge, gegen die sich die „finitistische" Position der Intuitionisten ausspracht mit der Auffassung, dass man nur über effektiv konstruierbare, vorführbare (mathematische) Gegenstände Aussagen treffen könne.

Von Giambattista Vico über Luitzen Brouwer bis zu Paul Lorenzen galt als konstruktivistisches Credo: Ein Schritt nach dem anderen.[35] Konstruieren heißt, in dieser Tradition, sich an die „methodische Ordnung" (Janich 2001: 71) halten. Auch George Spencer-Brown fordert in seinem Kalkül, dass „jeder gegebene Ausdruck von jedem anderen gegebenen Ausdruck durch eine endliche Zahl von Schritten erreicht werden kann" (1997: 47). Das ist eine minimalistische Paraphrasierung der intuitionistischen Forderung, dass für jede Behauptung ein effektiver – „erschreitbarer" – Beweis geführt werden können muss, oder aber für deren Unmöglichkeit.

Doch während der Intuitionismus dogmatisch alles andere, Nicht-endlich-Abschreitbare verbieten möchte,[36] eröffnen sich mit den Gesetzen der Form ganz neue Wege: Mit der Figur des *re-entry* hat Spencer-Brown eine Möglichkeit gefunden, mit Unendlichkeit (und damit, wofür sich gerade Systemtheoretiker besonders interessieren: Selbstreferenz) umzugehen, ohne den Pfad strikter Konstruktivität verlassen zu müssen. Mit anderen Worten, die form des *re-entry* ermöglicht, Paradoxien, Selbstbezüglichkeiten, Unendlichkeit in bearbeitbare Endlichkeiten zu transformieren. Wie das?

---

[34] Bisweilen heißt es, vgl. etwa Luhmann (1992: 84), der Kalkül der Bezeichnung könne, *wenn er erst einmal einen gewissen Komplexitätsgrad erreicht habe*, (s)eine Paradoxie durch die Figur des *re-entry* handhaben. Tatsächlich wird so der Unterschied zwischen der kognitiven Aneignung in der Zeit (= Lektüre) und der durch die beiden Grundaxiome mit einem Schlage erzeugten Mannigfaltigkeit der Gesetze der Form eingeebnet – die Form der Form könnte auch auf Seite 1 der *Laws of Form* in sich selbst eintreten (und tut es auch!). Es ist eine eigentümliche Gepflogenheit, in der Bezugnahme auf die *Laws of Form* deren (kontingente) Eureka!-Didaktik mit der dort vorgeführten („unvermeidbaren") Mathematik zu verwechseln.

[35] Dass dieses Credo vom Radikalen Konstruktivismus nicht so laut gesungen wird, mag den Eindruck plausibilisieren, dass dieser Ansatz eher in der idealistischen, denn in der konstruktivistischen Tradition operiert.

[36] Somit den Teufel der Typentheorie mit dem intuitionistischen Beelzebub austreibend. Vgl. eine Reaktion David Hilberts: „Was Weyl und Brouwer tun, kommt darauf hinaus, dass sie die einstigen Pfade Kroneckers wandeln. [...] Sie suchen eine Verbotsdiktatur à la Kronecker zu errichten. [...] nein, Brouwer ist nicht, wie Weyl meint, die Revolution, sondern nur die Wiederholung eines Putschversuchs mit alten Mitteln" (Hilbert zitiert nach Forschbach 2004: 61).

Jede negative Selbstbezüglichkeit führt in einen unendlichen Regress. Da in einem Sammelband über Schlüsselwerke des Konstruktivismus damit zu rechnen ist, dass dem Leser schon etliche Beispiele von Kretern, die sagen, dass Kreter immer lügen, gegeben worden sind und noch gegeben werden, sei hier darauf ausdrücklich verzichtet – womit wir ein weiteres gegeben haben. Durch den Formalismus der *Laws of Form* betrachtet, erscheinen Paradoxien als unendlich in sich selbst wieder eintretende Unterscheidung, mithin als Gleichungen, die sich nicht in einen der beiden möglichen Zustände markiert oder nicht-markiert auflösen lassen.

Wenn eine Unterscheidung in sich wiedereintritt, bezeichnet sich die Unterscheidung selbst, die Form der Unterscheidung beobachtet sich selbst auf der Innenseite der Unterscheidung. Etwa, wenn im Rechtssystem reflektiert wird, ob die Unterscheidung Recht/Unrecht selbst Recht sei.

Wenn wir auch in einer unendlichen Gleichung nicht mehr wissen können, wo wir uns in der Form befinden, wir also nicht die arithmetischen Schritte zurück gehen können, so ist es gleichwohl möglich, algebraische Schritte abzuzählen, das heißt, Muster zu finden, die als Einspiegelungen des gesamten Ausdrucks gedeutet werden können. Die Schrift der Form ermöglicht somit ein Rechnen mit der „Selbstähnlichkeit" (Baecker 1993: 13) unendlicher Ausdrücke, mit der musterhaften Ähnlichkeit von isolierbaren Sequenzen mit dem gesamten, unendlichen Arrangement, vergleichbar mit dem Grundton einer schwingenden Membran oder Eigenwerten von rekursiven Variationen.[37]

In dem Moment, in dem sich nicht mehr bestimmen lässt, ob ein Arrangement auf einen der beiden Zustände markiert/nicht-markiert reduziert werden kann, führt Spencer-Brown zunächst einen dritten Wert ein, den so genannten imaginären Wert, in Anlehnung an die Einführung der imaginären Zahlen. Er führt ihn ein, aber vielleicht müsste es bescheidener heißen, er führt ihn an, denn er unterlässt es, in Form von Gleichungen zu zeigen, wie ein dreiwertiger (markiert, nicht-markiert, imaginär) Kalkül der Formen funktionieren soll,[38] wie er sich von anderen, bereits

---

[37] Mit Blick auf Ludwig Wittgensteins Unterscheidung von Sagen und Zeigen lässt sich sagen, dass die *Laws of Form* mit der Figur des *re-entry* ein Programm erfüllen, das der *Tractatus* einst initiierte, nämlich das Projekt, vom Innen der Grenze her gegen diese Grenze stoßend etwas über diese Grenze erfahren zu können. George Spencer-Browns Vorschlag endet nicht in Wittgensteins mystisch-beredtem Schweigen, um ja keinen Unsinn zu sagen, sondern führt auf die Erkennung von Mustern, die als Effekt des Wiedereintritts der Unterscheidung in sich selbst erschlossen werden. Die *Laws of Form* haben, so gesehen, das Problem, auf das Wittgenstein mit der Unterscheidung Sagen/Zeigen reagierte – die Paradoxie, von einem Innen heraus auf die Unterscheidung von Innen und Außen zu sehen – mit der Figur des *re-entry* gelöst; Spencer-Browns Unterscheidung von Deskription und Instruktion dagegen, in den *Laws of Form* explizit mit Wittgensteins Unterscheidung in Beziehung gesetzt, geht an der tracterianischen Verwendung der Unterscheidung von Sagen und Zeigen vorbei. Vgl. hierzu auch Anm. 26.

[38] Einen solchen Kalkül präsentiert Francisco J. Varela (1975). Er unterscheidet sich von anderen dreiwertigen Logiken *prima facie* vor allem durch seine der Spencer-Brown'schen Schrift der Form entlehnte Notation. Auch wenn Varelas Kalkül den Anspruch erhebt, Selbstreferenz zu formalisieren, leistet er weniger eine Operationalisierung des *re-entry*

verfügbaren drei- und mehrwertigen *non-standard*-Kalkülen unterscheiden würde, und, inwiefern dieser dritte Kalkül den Kontakt zur primären Arithmetik hält, insbesondere, da im Moment des *re-entry* grundlegende Musterformen[39] der ersten beiden Primärkalküle nicht mehr gelten.

Die *Laws of Form* vermeiden aber den (Rück-)Schritt in die „Niederungen" der wertfunktionalen Logik, indem sie eine zusätzliche Kategorie oder Ebene einführen, die bereits in der intuitionistischen Mathematik die zentrale Rolle spielte: die Zeit.

> Nachdem wir, wenn wir es vermeiden können, die Form nicht verlassen wollen, befindet sich der Zustand, den wir ins Auge fassen, nicht im Raum, sondern in der Zeit. [...] Eine Möglichkeit, sich dies vorzustellen, ist anzunehmen, dass die Übertragung einer Änderung des Wertes durch den Raum, in dem jener repräsentiert wird, Zeit benötigt, um eine Entfernung zu überwinden. (Spencer-Brown 1997: 51)

An dieser Stelle der Entwicklung der *Laws of Form* versiegt die Schrift der Form. Das ästhetische Programm, das mit Freges Begriffsschrift über den *Tractatus* zur Schrift der Form geführt hat, weicht nun verschiedenen Versuchen der bildlichen Darstellung, welche die metasprachlich ausgeführten Diskussionen begleiten (und nicht, wie die Notation in der primären Arithmetik und der primären Algebra, *führen*). Der Einbau von Zeit erfolgt denn auch nicht im Sinne einer Zeitlogik (etwa à la Arthur Prior; vgl. Müller 2002), sondern als zentrales Moment der Semantik des Kalküls, des Modells, das die Sätze des Kalküls erfüllt, wie man in der Logik sagen würde.

War die Schrift der Form wie keine Notation vor ihr geeignet, durch ihre „isotypische" Ikonizität die Unterscheidung von Befehl, Signal, Signifikat und Signifikant, von Operand und Operator aufzulösen und die Betrachtung dessen freizugeben, was sich nur zeigt, kehrt nun die Unterscheidung von Bild und Sujet, von Erzählung und Interpretation zurück. Der Text der *Laws of Form* arbeitet nun mit perspektivischen (technischen) Zeichnungen, die Flächen darstellen, die Kreise enthalten, „gestrichelte" Tunnelungen und schraffierte Abschnitte, es werden Wellenformen zur Visualisierung der verschiedenen Konsequenzen des *re-entry* diskutiert, Schaltdiagramme, die an die polare Notation des *Tractatus* erinnern (vgl. TLP

---

selbst, denn eine Formalisierung der *Folgen* des *re-entry*, eben dadurch, dass er den dritten, „imaginären" Wert einführt und ihn mit einer anderen Semantik belegt als gängige dreiwertige Kalküle wie etwa Blau (1978). Zur Beobachtung er *Laws of Form* als konservativer Erweiterung klassischer Ansätze vgl. Kaehr (1980).

[39] Insofern spricht Boris Hennig (2000: 188) womöglich nicht ganz zu Unrecht davon, dass „der Abschnitt über den *re-entry* [...] hingegen nicht eine Weiterführung der *Laws of Form* [ist], sondern [...] einen unabhängigen Neuanfang dar[stellt]." Vgl. mit Blick auf die auseinandergehenden Einschätzungen bezüglich der „Einheit" der *Laws of Form* nach der Einführung des *re-entry* Baecker (1993: 14): „Unter den Lesern des Kalküls von Spencer-Brown ist umstritten, ob der Schritt von endlichen zu unendlichen Gleichungen mithilfe des Wiedereintritts die fundamentale Schwäche oder die fundamentale Stärke des Kalküls darstellt. Einig ist man sich nur darüber, dass der Wiedereintritt aus dem Kalkül herausführt."

6.1203), mithin grafische Gestaltungen, die zwar hilfreich illustrieren und veranschaulichen, was der Metatext drumherum sagt, aber sie sagen es nicht mehr selbst. Die Darstellung des Tunnels, der von der Außenseite der Form in die Innenseite führt, ohne die Grenze zu kreuzen, ist eben eine Darstellung, und nicht selbst ein Tunnel.

Wenn auch die Schrift der Form in einer Form von Schrift endet, so stiftet der Auslöser dieser Transformation, die Figur des *re-entry*, den Leser/Schreiber der Formen doch dazu an, Unterscheidungen zu beobachten, sie zu vergleichen, sie als wiedereingetretene, einkopierte Formen zu begreifen, und ihr selbstähnliches „unwritten cross" (abduktiv) zu erschließen. Und das heißt, dass der Leser/Schreiber letztlich: sich selbst erschließt. „Nun sehen wir, dass die erste Unterscheidung, die Markierung und der Beobachter nicht nur austauschbar sind, sondern, in der Form, identisch." (Spencer-Brown 1997: 66)

5   Rezeption und Wirkung: Die *Laws of Form* als Pool für Metaphern

Was mit den vorangegangenen Überlegungen gezeigt werden konnte, war vor allem, dass sich George Spencer-Brown mit Gewinn in erkennbare Traditionen der Mathematik und der Logik einordnen lässt. Die Frage, die wir eingangs gestellt haben, ging aber über diese Einordnungsinteressen hinaus. Sie fragte im Kern danach, ob diese Traditionen und mit ihnen die *Laws of Form* nicht ihrerseits beobachtbar seien als eingebettet in ein übergreifendes Problemsyndrom, an dem sich die 'Moderne' abarbeite von Literatur und Kunst bis hin zu Philosophie und Wissenschaft, eingeschlossen die Soziologie Niklas Luhmanns.

Im Duktus einer Hochabstraktion wollen wir sagen, dass jenes Problemsyndrom mit der Entdeckung der Operation des *Unterscheidens* zusammenhängt. Das Wort bezeichnet seit der antiken Philosophie eine erkenntnistheoretisch omnipräsente Unausweichlichkeit. Unterscheiden (krinein, diaphrein, discernere etc.) ist die Bedingung der Möglichkeit von Erkenntnis des Seienden; es begründet seit Parmenides das Projekt der abendländischen Metaphysik und Ontologie. Das Unterscheiden ist das Bestimmen von Seiendem im Unterschied zu anderem Seienden. Das, was bestimmt wird, ist *unterschieden* – es *ist Verschiedenes*. Das durch Unterscheiden „Unausgezeichnete" ist *adiaphor*. Es ist weder noch ist es nicht. *Adiphora* sind deswegen „Weder-noche", weder Fisch noch Fleisch – eben: „Mitteldinge".

Es ist schnell zu sehen, dass das Unterscheiden als Bestimmen, die Referenz auf das „Auszeichen" und das „Unausgezeichnete" bzw. nicht „Auszeichenbare" sich außerordentlich modern ausnehmen, sei es im Blick auf die *Laws of Form*, sei es im Blick auf die Beobachtungstheorie von Niklas Luhmann. Es ist deswegen nicht einfach, die Unterschiede zwischen jener alten, an Unterscheiden geknüpften

Erkenntnistheorie und der, die wir „modern" genannt haben, zu charakterisieren. Ein Unterschied drängt sich jedoch sofort auf: Das Unterscheiden wird aus der Ontologie herausgenommen – bis zur Umkehrung seiner Erkenntnisfunktion. Es ist nicht mehr eine Operation in der mit gleichsam garantierten Unterschieden ausgerüsteten, von metaphysischen Instanzen mit all dem Verschiedenen aufgetakelten Welt, in der sich Leute wie Adam ergehen und die unbenannten Dinge benennen und damit unterscheiden können – auf eine Weise, die die Dinge magisch „bezwingt" (vgl. Burke 1966: 11 ff. et passim).

Unterscheiden wird stattdessen zu einem Extremhindernis für ontologisch eingestelltes Erkennen. Im Moment, in dem diese Operation selbst unterschieden wird, ist jede Möglichkeit getilgt, davon absehen zu können, dass unterschieden wurde und dass die je genutzte Unterscheidung mit darüber unterscheidet, was als Unterschiedenes imponiert. „Schon wenn man Erkennen erkennen will, muss man es ja von anderem unterscheiden können." (Luhmann 2005: 34) Das Problem, als dessen Lösung diese Entdeckung rekonstruiert werden kann, ist die Umstellung der Form der Gesellschaft auf funktionale Differenzierung, mit der sich aus vielen Gründen die Möglichkeit ausdünnt, die Welt anders denn fundamentalistisch als *eine Welt der Dinge und der Tatsachen* aufzufassen, die unabhängig von Unterscheidungsoperationen auch noch 'etwas' wäre, worüber sich beobachtungsfrei etwas wissen ließe. Das, was unter dem Problemtitel 'Konstruktivismus' verhandelt wird, hat hier seine eigentliche Begründung.

Niklas Luhmanns formidable Witterung für die Virulenz des Unterscheidens in der Moderne speist sich, so darf man vermuten, auch daraus, dass im Herzen seiner Theorie eine radikal de-ontologisierende Unterscheidung steckt, die *System/Umwelt-Unterscheidung*. Das System als Differenz ist definitionsgemäß kein „Ding", kein Raum, keine Hülle, kein Be-Inhalter. Es ist, wenn man so will, ein transklassisches „Unjekt", über das sich mit herkömmlichen Erkenntnismöglichkeiten kaum reden lässt. Im Duktus der negativen Theologie ist es wie Gott, von dem man nichts aussagen kann, ohne ihn einzuschränken, ohne seine Andersheit zu verkennen. Und hier ist es ein „Ununterschiedenes", das (paradox) nur als Unterschiedenes unterschieden (ideiert) werden kann – hängend an der Konstruktion eines Beobachters, der Unterscheidung und Bezeichnung handhabt, aber selbst (genommen als System) hinter seinen Operationen verschwindet und nur so etwas wie die Spur basaler Selbstreferenz hinterlässt – als ein irgendwie Situiert-sein in einer Zusammengehörigkeit, die wiederum nicht „Ding" ist, sondern die Reproduktion von Differenz.

Das Problem zeigt sich auch, wenn man nach der Form des Systems fragt. Die beobachtungsleitende Unterscheidung ist System/Umwelt, die bekannte Formel: System = System/Umwelt, wobei das Zeichen der Barre als Symbol der Einheit der Differenz fungiert. Anders ausgedrückt: *Die Einheit der Unterscheidung ist: Differenz, das in der Unterscheidung Ausgeschlossene ersichtlich: das System als Einheit*. Über Sinnsysteme lässt sich nicht „henologisch" sprechen. Die „Henosis", die

Ver-Einung, wäre eine Operation, die nur im Spiel der Differenz (also: paradox) spielen könnte, also immer schon *zu spät käme*.[40]

Von hier aus versteht man, dass Luhmann an Spencer-Brown den 'anfangslosen Anfang' schätzte, die Möglichkeit, einen Start zu begründen, der immer schon stattgefunden hat und sich rekonstruiert in der Figur des *re-entry*, die für Luhmann so zentral wurde, weil die Referenz auf soziale und psychische Systeme eben mit jener Anfangslosigkeit und jenem Immer-schon-angefangen-haben etwas anfangen können muss, will sie nicht in die raunende Beschwörung des Imperfektes fallen, in das Echo eines Ur-Ur-Ur…, in einen „Urkram", wie Erika Mann die Vertiefung ihres Vaters in die Urzeit der Josephsromane nannte, ein Urkram, zu dem auch der Bezug auf die Derrida'sche „Urspur" gehört.[41]

So gesehen, dienen die *Laws of Form* dem Meister der Ernüchterung, Niklas Luhmann, als Pool für Metaphern, mit deren Hilfe er das „Gründeln" und das „Grübeln" vermeiden konnte, das sich einstellt, wenn man Einheit und Differenz bis in die „Tiefe Null" verfolgen will. Die damit implizierte These ist, dass Luhmann die *Laws of Form* als Thesaurus für brauchbare Metaphern nutzt und nicht: als Kalkül, nicht als Möglichkeit, soziologische Theorie zu formalisieren.

Literatur

Baecker, Dirk (Hrsg.) (1993): Probleme der Form. Frankfurt am Main: Suhrkamp.
Beierwaltes Werner (1985): All-Einheit und Einung. Zu Plotins 'Mystik' und deren Voraussetzungen. In: Dieter Henrich (Hrsg.): All-Einheit. Wege eines Gedankens in Ost und West. Stuttgart: Klett-Cotta. S. 53–72.
Blau, Ulrich (1978): Die dreiwertige Logik der Sprache. Ihre Syntax, Semantik und Anwendung in der Sprachanalyse. Berlin/New York: de Gruyter.
Boole, George (2005): An Investigation of the Laws of Thought. [EBook #15114, www.gutenberg.net, Project Gutenberg] URL: http://www.gutenberg.org/etext/15114#downloads. (Abgerufen am 2.2.2010)
Bredekamp, Horst/Sybille Krämer (Hrsg.) (2003): Bild, Schrift, Zahl. Paderborn/München: Fink.
Brouwer, Luitzen E. J. (1999): Intuitionism and Formalism. In: American Mathematical Society. 37. Jg. H. 1. S. 55–64.
Burke, Kenneth (1966): Dichtung als symbolische Handlung. Eine Theorie der Literatur. Frankfurt am Main: Suhrkamp.
Dummet, Michael (1992): Frege. Philosphy of Language. London: Duckworth.

---

[40] Vgl. zur (mystischen) Henosis Plotins: Beierwaltes (1985).
[41] Es trifft sich (und soll nur noch angedeutet werden), dass eine weitere zentrale Theoriefigur, die Unterscheidung von Medium und Form, auch nur formulierbar war als Unterscheidung des im Prinzip Ununterschiedenen: Wir „sprechen weder von Materie noch von Geist, sondern beschränken uns auf die Begriffe Medium und Form. Wenn man einen gemeinsamen Oberbegriff haben will, kann man von Substrat sprechen. Auf jeden Fall ist wichtig, dass beide Substrate sich nur relativ unterscheiden, dass keines von ihnen Selbstreferenz ausschließt und dass ihr Unterschied historisch, das heißt durch Evolution, variiert." (Luhmann 2008: 124).

Epple, Moritz (1996): Die mathematische Moderne und die Herrschaft der Zeichen. Über Herbert Mehrtens: Moderne – Sprache – Mathematik. Eine Geschichte des Streits um die Grundlagen der Disziplin und des Subjekts formaler Systeme. In: NTM. Zeitschrift für Geschichte der Wissenschaften, Technik und Medizin. 4. Jg. H. 1. S. 173–180.
Forschbach, Edgar (2004): Unendlichkeit und Ewigkeit. In: Otfried Reinke (Hrsg.): Ewigkeit? Klärungsversuche aus Natur- und Geisteswissenschaft. Göttingen: Vandenhock & Ruprecht. S. 52–64.
Frege, Gottlob (1879): Begriffsschrift, eine der arithmetischen nachgebildete Formelsprache des reinen Denkens. Halle: Louis Nebert.
Frege, Gottlob (1998): Grundgesetze der Arithmetik. Begriffsschriftlich abgeleitet von Gottlob Frege. Hildesheim [u. a.]: Georg Olms.
Fuchs, Peter (1993): Moderne Kommunikation. Zur Theorie des operativen Displacements. Frankfurt am Main: Suhrkamp.
Hennig, Boris (2000): Luhmann und die formale Mathematik. In: Peter-Ulrich Merz-Benz/Gerhard Wagner (Hrsg.): Die Logik der Systeme. Zur Kritik der systemtheoretischen Soziologie Niklas Luhmanns. Konstanz: Universitätsverlag. S. 157–198.
Hilbert, David (1926): Über das Unendliche. In: Mathematische Annalen. 95. Jg. H. 1. S. 161–190.
Hoegl, Franz (2003 a): Black Box Beetle. Über Privatheit und Intransparenz. In: Soziale Systeme. 9. Jg. H. 2. S. 370–385.
Hoegl, Franz (2003 b): Sagen, Zeigen, Beobachten. Eine philosophisch-systemtheoretische Betrachtung. URL: http://sammelpunkt.philo.at:8080/693/. (Abgerufen am 15.2.2010)
Hölscher, Thomas/Tatjana Schönwälder-Kuntze/Katrin Wille (2004): George Spencer-Brown. Eine Einführung in die „Laws of Form". Wiesbaden: VS – Verlag für Sozialwissenschaften.
Janich, Peter (2001): Logisch-Pragmatische Propädeutik, Weilerswist: Velbrück Wissenschaft.
Kaehr, Rudolf (1980): Neue Tendenzen in der KI Forschung. Metakritische Untersuchungen über den Stellenwert der Logik in der neueren Künstlichen-Intelligenz-Forschung. Stiftung Warentest.
Kamlah, Wilhelm/Paul Lorenzen (1976): Logische Propädeutik. Vorschule des vernünftigen Redens. Mannheim [u. a.]: BI Wissenschaftsverlag.
Krämer, Sybille (1991): Berechenbare Vernunft. Kalkül und Rationalismus im 17. Jahrhundert. Berlin/New York: de Gruyter.
Kneser, Alfred (1925): Leopold Kronecker. In: Jahresberichte der Deutschen Mathematiker-Vereinigung. H. 33. S. 210–227.
Kuiper, Johannes John Carel (2004): Ideas and Explorations. Brouwer's Road to Intuitionism. URL: http://igitur-archive.library.uu.nl/dissertations/2004-0303-084333/inhoud.htm. (Abgerufen am 15.2.2010)
Lau, Felix (2005): Die Paradoxie der Form. Einführung in die Mathematik und Philosophie der „Laws of Form" von G. Spencer-Brown. Heidelberg: Carl-Auer-Systeme.
Lorenzen, Paul (1960): Die Entstehung der exakten Wissenschaften. Berlin [u. a.]: Springer.
Lorenzen, Paul/Oswald Schwemmer (1975): Konstruktive Logik, Ethik und Wissenschaftstheorie. Berlin [u. a.]: B.I.-Wissenschaftsverlag.
Luhmann, Niklas (1992): Die Wissenschaft der Gesellschaft. Frankfurt am Main: Suhrkamp.
Luhmann, Niklas (1999): Ausdifferenzierung des Rechts. Frankfurt am Main: Suhrkamp.
Luhmann, Niklas (2005): Soziologische Aufklärung 5: Konstruktivistische Perspektiven. Opladen: Westdeutscher Verlag.
Luhmann, Niklas (2008): Schriften zur Kunst und Literatur. Hrsg. von Niels Werber. Frankfurt am Main: Suhrkamp.
Mancosu, Paolo (Hrsg.) (1997): From Brouwer to Hilbert. The Debate on the Foundations of Mathematics in the 1920s. Columbus: Mcgraw Hill.
Matzka, Rudolf/Matthias Varga von Kibéd (1993): Motive und Grundgedanken der „Gesetze der Form". In: Dirk Baecker (Hrsg.): Kalkül der Form. Frankfurt am Main: Suhrkamp. S. 58–86.

Mehrtens, Herbert (1990): Moderne – Sprache – Mathematik. Eine Geschichte des Streits um die Grundlagen der Disziplin und des Subjekts formaler Systeme. Frankfurt am Main: Suhrkamp.
Müller, Thomas (2002): Arthur Priors Zeitlogik. Paderborn: Mentis.
Orchard, Robert A. (1975): On the Laws of Form. In: International Journal of General Systems. 2. Jg. H. 2. S. 99–106.
Osterhammel, Jürgen (2009): Die Verwandlung der Welt. Eine Geschichte des 19. Jahrhunderts. München: C. H. Beck.
Pörksen, Bernhard (2002): Die Gewissheit der Ungewissheit. Gespräche zum Konstruktivismus. Heidelberg: Carl-Auer-Systeme.
Read, Stephen (1997): Philosophie der Logik. Eine Einführung. Hamburg: Rowohlt.
Shramko, Yaroslav (1999): Intuitionismus und Relevanz. Berlin: Logos.
Spencer-Brown, George (1969): Laws of Form. London: Allen & Unwin.
Spencer-Brown, George (1997): Gesetze der Form. Lübeck: Bohmeier.
Stekeler-Weithofer, Pirmin (1986): Grundprobleme der Logik. Elemente einer Kritik der formalen Vernunft. Berlin/New York: de Gruyter.
Stichweh, Rudolf (1984): Zur Entstehung des modernen Systems wissenschaftlicher Disziplinen. Physik in Deutschland 1740–1890. Frankfurt am Main: Suhrkamp.
Thiel, Christian (1996): vollständig/Vollständigkeit. In: Jürgen Mittelstraß (Hrsg.): Enzyklopädie Philosophie und Wissenschaftstheorie. Stuttgart/Weimar: J. B. Metzler. S. 558
Valera, Francisco J. (1975): A Calculus for Self-Reference. In: International Journal of General Systems. 2. Jg. H. 1. S. 5–24
Varga von Kibéd, Matthias (1989): Wittgenstein und Spencer-Brown. In: Gerhard Schurz/Paul Weingartner (Hrsg.): Philosophie der Naturwissenschaften. Akten des 13. Internationalen Wittgenstein Symposiums. Wien: Hölder Pichler Tempsky. S. 402–406.
Varga von Kibéd, Matthias (2001): Variablen im Tractatus. In: Wilhelm Vossenkuhl (Hrsg.): Tractatus logico-philosophicus. Berlin: Akademie. S. 209–230.
Vossenkuhl, Wilhelm (2001): Sagen und Zeigen. Wittgensteins „Hauptproblem". In: Wilhelm Vossenkuhl (Hrsg.): Tractatus logico-philosophicus. Berlin: Akademie. S. 35–64.
Weyl, Hermann (1965): Über die neue Grundlagenkrise der Mathematik. (1921) Darmstadt: Wissenschaftliche Buchgesellschaft.
Whitehead, Alfred North/Bertrand Russell (2008): Principia Mathematica. (1910) Vorwort und Einleitungen. Hrsg. Kurt Gödel. Frankfurt am Main: Suhrkamp.
Wittgenstein, Ludwig (1998): Logisch-Philosophische Abhandlung. Tractatus logico-philosophicus. Kritische Edition. Frankfurt am Main: Suhrkamp.

Neurosophie

Wolfram Karl Köck über Humberto R. Maturanas *Biologie der Kognition*

1 Entstehungsbedingungen und Vorgeschichte

1.1 Ort und Zeit der Anfertigung des Originaltextes

Humberto R. Maturanas „Biology of Cognition" wurde als universitärer Forschungsbericht (BCL Report No. 9.0) mit dem aufgedruckten Datum 1. November 1970 veröffentlicht.[1] Der konkrete Anlass für die Entstehung dieses Textes war ein Symposion der *Wenner-Gren Foundation for Anthropological Research* zum Thema „Cognitive Studies and Artificial Intelligence Research" vom 2.–8. März 1969 in Chicago. Maturana (* 1928), seit einiger Zeit Heinz von Foerster (1911–2002) freundschaftlich verbunden, hielt sich 1968–1969 als „Visiting Miller Professor" an der University of Illinois auf und folgte der Einladung – wie auch Heinz von Foerster –, in der Sektion „Cognition and the Organism" dieses Symposions einen Vortrag zu halten.[2] Maturana berichtet:

> Natürlich würden mir, so mein erster Gedanke, diese Leute sicherlich freundlich zuhören, wenn ich über Nervenimpulse und Synapsen usw. spräche, aber dann würden sie zu einem anderen Thema übergehen und alles, was ich gerade gesagt habe, blitzschnell wieder vergessen. Aber ich wollte nicht vergessen werden. Und daher erarbeitete ich eine allgemeiner zugängliche Synthese meines damaligen Verständnisses des Nervensystems und der Kognition und sprach über den Beobachter. (Maturana/Pörksen 2002: 168)

In dem Sammelband, der diese Tagung dokumentiert (Garvin 1970) findet sich ein Beitrag Maturanas mit dem Titel „Neurophysiology of Cognition", der fundamentale Annahmen seiner Kognitionsbiologie (wenn auch sehr abstrakt) formuliert. Der erste Satz bringt sein zentrales Anliegen kurz und bündig zum Ausdruck: „Ob ausgesprochen oder nicht, die grundlegende Aufgabe der Neurophysiologie ist die Erklärung der Prozesse, die die so genannten höheren Funktionen des Gehirns bestimmen." (Maturana 1970: 3, Übersetzung WKK) Weitere fundamentale Aussagen betreffen die Konzeption des Problems der Kognition und seiner neurophysio-

---

[1] BCL steht für „Biological Computer Laboratory", eine einzigartige „metadisziplinäre" Einrichtung des „Department of Electrical Engineering" der University of Illinois, Urbana, IL (USA) gegründet 1958 von Heinz von Foerster, Professor daselbst, geschlossen mit dessen Ausscheiden 1976.

[2] Heinz von Foerster war ebenso wie Humberto R. Maturana seit Jahren aktiv in der Erforschung der „Neurophysiologie des rätselhaften Beobachters" engagiert, auch im Zusammenhang mit den Theorien komplexer, „teleologischer" bzw. selbst-organisierender Systeme.

logischen Erforschung. Zunächst die klassische Fokussierung des Problems im „menschlichen Beobachter":

> Alles was gesagt wird, wird von einem Beobachter gesagt. [...] Der Beobachter ist ein menschliches Wesen, d. h. ein lebendes System. [...] Jede Erklärung des kognitiven Prozesses muss den Beobachter und seine Rolle in diesem Prozess erklären. (Ebd.: 4)

Sodann die (auch angesichts des heutigen „Neuro-Imperialismus") radikale Problemkonstitution:

> 1. Die Konsequenzen der Behauptung, dass die höheren Funktionen des Menschen (und der Säugetiere ganz allgemein) außerhalb des Bereichs der Neurophysiologie liegen, sind von überragender Bedeutung. Es ist nicht notwendig, sie durch neurophysiologische Prozessnetzwerke, neuronale Reaktionspotentiale o. ä. zu erklären. Wir müssen den viel einfacheren deterministischen Verhaltensprozess erklären, der diese Funktionen als Ergebnis des neurophysiologischen Operierens im Bereich der Interaktionen zwischen Organismen entstehen lässt. [...]
>
> 2. Es gibt verschiedene Interaktionsbereiche; diese verschiedenen Interaktionsbereiche können aber einander nicht erklären, d. h. es ist nicht möglich, die Phänomene eines Bereichs durch die Begriffe eines anderen zu erklären. Jede Verknüpfung der Bereiche wird durch den Beobachter hergestellt [...] Jede reduktionistische Position ist unhaltbar. (Ebd.: 22)

Die wesentlich erweiterte und angereicherte Ausführung des kognitionstheoretischen Entwurfs Humberto R. Maturanas erschien mehr als ein Jahr nach dem Symposion in Chicago unter dem Titel „Biology of Cognition" in der illustren Reihe der BCL-Berichte.[3] Es bleibt unklar, in wie weit dieser Entwurf *konkret* von den Ideen einzelner Wissenschaftler, Künstler, Techniker und Denker im Dunstkreis der „Kybernetik der Kybernetik" des BCL beeinflusst worden ist (etwa W. Ross Ashby, Gotthard Günther, Lars Löfgren oder Gordon Pask und natürlich Heinz von Foerster selbst; Humberto R. Maturana selbst ist in Bezug auf konkrete Vorbilder und Einflüsse außerordentlich zurückhaltend). Ohne Zweifel ist der Ansatz im weitesten Sinne kybernetisch (= systemtheoretisch) geprägt (wohl auch durch ältere ähnlich denkende Biologen wie Jakob von Uexküll oder Ludwig von Bertalanffy).

---

[3] Auch weitere wichtige Arbeiten Maturanas und seines begabtesten Studenten und späteren Kollegen Francisco J. Varela wurden erst als BCL-Berichte gedruckt (und in die BCL-Sammeledition – Wilson 1976 – aufgenommen), z. B. die große Abhandlung „Autopoietische Systeme". Die genauen bibliografischen Angaben finden sich in Maturana (1982).

1.2 Vorgeschichte(n), Einflüsse, Erfahrungen

Humbert R. Maturana hat immer wieder hervorgehoben, wie sehr persönliche Erlebnisse und schicksalhafte Ereignisse seine Persönlichkeit und sein Denken und Handeln als Wissenschaftler geformt haben. Stichwortartig sei hier nur auf einige der wichtigsten Einflussfaktoren hingewiesen und zwar möglichst in Maturanas eigenen Worten.

Maturana betont eine frühe Prägung auf persönliche Freiheit, anti-autoritären Geist, Autonomie und Verantwortung vor allem durch eine (in seiner Terminologie) eher „matristische" denn „patriarchal-autoritäre" soziale Umgebung (Maturana/Pörksen 2002: 150). Er erzählt, dass er nicht nur (wie viele andere Naturwissenschaftler auch) als Kind bereits von Tieren und Pflanzen fasziniert war. Er habe sich schon früh auch die Frage gestellt, was Lebewesen eigentlich *lebendig* machte, was verschwand oder anders wurde, wenn sie starben bzw. *tot* waren. Worin unterschieden sich ein Leichnam und ein Stein?

Eine frühe Tuberkuloseerkrankung bot dem Elfjährigen nicht nur viel Zeit, über Lebendig- und Totsein nachzudenken, sondern auch Gelegenheit zum Basteln, zum „Erschaffen" verschiedenster Dinge. Daraus ergab sich die Vorstellung, dass eine *Erklärung* des Funktionierens von Dingen dann gelungen ist, wenn man diese Dinge herstellen (und evtl. auch noch verändern) kann. Die entsprechenden Fragen für den jungen Biologen lauteten also: Worin bestehen die besonderen Bau- und Funktionsweisen *lebendiger* Dinge? Wie hängen ihre *Formen* (Strukturen) mit ichrem *Funktionieren* (Operieren) zusammen? Wie entsteht das Lebewesen offensichtlich auszeichnende Merkmal: *Kognition*?

Als Maturana sich 1948 als Medizinstudent an der Universität in Santiago immatrikulierte – ein Biologiestudium gab es noch nicht –, befasste er sich daher auch mit Anthropologie, Ethnologie und Philosophie. Die erneute Erkrankung an Tuberkulose erzwang eine zweijährige Unterbrechung. Im Sanatorium in den Anden, so schreibt er, wurde ihm schon 1949 die Eigenart lebender Systeme klar: sie waren diskrete autonome Entitäten, und alle die von ihnen durchlaufenen Prozesse waren ausschließlich auf sie selbst bezogen: „ob ein Hund mich beißt oder nicht, er tut etwas, was nur mit ihm selbst zu tun hat" (Maturana 2002: 6; Übersetzung WKK). Lebende Systeme waren in sich abgeschlossene, autonome molekulare Entitäten, die sich selbst erzeugten. Das erste Lebewesen entstand, als sich in der Erdgeschichte zum ersten Mal ein derartiges molekulares System bildete. – Diese (gemäß Maturanas Erinnerung) erstaunlich früh formulierte Idee gewann natürlich erst später konsistente wissenschaftliche Gestalt. Maturana selbst datiert die „erste umfassende Einsicht" in das Jahr 1963 (ebd.: 7).

Wichtige weitere Stationen waren zunächst durch Stipendien ermöglichte Studien bei dem renommierten und philosophisch interessierten Zoologen und Neuroanatomen John Zachary Young am University College der Londoner Universität (1954–1956), sodann das Promotionsstudium an der Harvard University (Promotion 1958), und schließlich eine zweijährige Forschungstätigkeit bei Jerome Y. Lettvin am Massachusetts Institute of Technology (MIT).

Maturana schreibt, er verdanke J. Z. Young „ein weitreichendes Interesse an Anatomie und Sprache", sowie die fundamentale Erkenntnis,

> dass es ein prinzipiell inadäquates Verfahren ist, durch *funktionale* Beschreibungen aus einer relationalen (das heißt standpunktbedingten) Perspektive, wie sie von einem Beobachter stets vorweg festgelegt wird, die Strukturveränderungen eines dynamischen Systems abbilden zu wollen, und dass derartige funktionale Beschreibungen daher keinerlei konkrete Phänomene im Bereich des tatsächlichen Operierens des beobachteten Systems repräsentieren. Mit anderen Worten, aufgrund meines Interesses an der Anatomie wurde mir klar, dass funktionale Beschreibungen verworfen werden müssen, da sie die strukturellen Mechanismen verdecken, von denen die der Beobachtung zugänglichen Phänomene erzeugt werden. (Maturana 1982: 14)

Auch verdanke er J. Z. Young die Einsicht, „dass Sprache sowohl ein Mittel der Erkenntnis und Befreiung als auch eine Falle sein konnte". Und schließlich hätte er von ihm etwas vielleicht noch viel Wichtigeres für seine Arbeit als Biologe gelernt: „Redlichkeit und Ernsthaftigkeit hinsichtlich der eigenen Ziele und Handlungen" (ebd.).

Maturanas Promotionsarbeit am Department of Biology der Harvard University beschäftigte sich mit der elektronenmikroskopischen Analyse der anatomischen Feinstruktur des Sehnervs von Fröschen. Die darauf folgenden Forschungsarbeiten am Research Laboratory of Electronics des MIT – in engster Zusammenarbeit mit Jerome Y. Lettvin, Professor für „Electrical and Bioengineering and Communications Physiology" –, betrafen die Anatomie und Physiologie des Sehsystems des Frosches *rana pipiens*. Es ging – noch nach klassischem Subjekt-Objekt-/Innen-Außen-Modell – um die offensichtlich unterschiedlichen Verarbeitungsleistungen der verschiedenen Zellen der Netzhaut des Froschauges, die aus den Lichtimpulsen der Umwelt zur Erkennung dessen führen, was für den Frosch 'Beute' oder 'Feind' war.[4] Aus der Arbeit dieser Jahre ging einer der am häufigsten zitierten wissenschaftlichen Aufsätze hervor: „What the Frog's Eye Tells the Frog's Brain" (Lettvin et al. 1959).

Maturana war, wie er berichtet, zwar sehr zufrieden mit der Arbeitssituation bei Lettvin, aber immer weniger einverstanden mit den allgemein herrschenden Theo-

---

[4] Von Lettvin stammen Begriffe wie „Merkmalsdetektor" und „Großmutterzelle", die lange Zeit die neurophysiologische Forschung dominieren sollten, weil sie mithilfe der verfügbaren technischen Instrumentarien für Nervenzellableitungen im Labor in den aktiven Hirnen von Versuchstieren „gesucht" werden konnten.

rien der Wahrnehmung und Kommunikation im Zeichen techn(olog)ischer und mathematischer Modelle mit dem Ziel „künstlicher Intelligenz", und er hielt die dominierende empirieferne, formalistische und mathematische Forschungsorientierung in der Neurobiologie für inadäquat und irregeleitet. Er schreibt, dass er sich sicher war, „dass keinerlei formale Sprache gutes phänomenologisches Verstehen ersetzen konnte" (Maturana 1982: 15). Trotz sehr guter Karriereaussichten in den USA entschied er sich daher 1960, nach Chile zurück zu gehen und seine wissenschaftlichen Forschungen dort auf die ihm eigene Weise weiterzuführen. Weitere Gründe für seine Rückkehr lagen, wie er selbst berichtet, in seiner Ablehnung des extrem konkurrenzorientierten und von sachfremden Zielen (vor allem Geld und Ruhm) beherrschten amerikanischen Wissenschaftsbetriebs wie auch in einem Gefühl der Dankbarkeit und Verantwortung gegenüber seinem Heimatland.

In Chile setzte Maturana seine neurophysiologischen und neuroanatomischen Arbeiten fort, unterrichtete gleichzeitig allgemeine Biologie für Medizinstudenten. Dabei stellten sich immer drängender die Fragen:

1. Was ist allen *Lebewesen* gemeinsam und hat sich durch die ganze lange Geschichte der Evolution trotz ihrer vielfältigen Veränderungen *invariant* erhalten?
2. Was *geschieht* bzw. was *tut* ein Lebewesen im *Prozess der Kognition*?

Die gängigen Antworten auf die erste Frage stellten Maturana nicht zufrieden: weder die Aufzählung der mannigfaltigen *Merkmale* lebender Systeme, wie etwa Fortpflanzung, Vererbung, Wachstum, Reizbarkeit, Mobilität usw., noch auch die *evolutionären* Kategorien wie Anpassung und Evolution, Differenzierung, Variation und natürliche Auslese, oder aber Kategorien wie *Zweck* oder *Funktion*. Er hielt die verfügbare *Sprache* – d. h. Begrifflichkeit – für ungeeignet, die gestellte Frage zu beantworten. Wie er schreibt, kam ihm die Erleuchtung Ende 1963 im Gespräch mit einem Kollegen im Labor:

> Nukleinsäuren sind mit Proteinen an der Proteinsynthese beteiligt, und [...] Proteine beteiligen sich als Enzyme mit Nukleinsäuren an der Synthese von Nukleinsäuren, und alle zusammen bilden eine diskrete zirkuläre Dynamik, die durch den anhaltenden Fluss von Molekülen, der so genannten Metaboliten, gestützt wird. [...] Das ist die Minimalform der zirkulär geschlossenen Dynamik molekularer Produktion, die lebende Systeme zu diskreten, autonomen, molekularen Systemen macht. (Maturana 2002: 7, Übersetzung WKK)

Lebewesen sind also *autonome molekulare Systeme*, die durch ihr Operieren alles hervorbringen, was wir als *lebendig* (an)erkennen. Daraus folgt die Unterscheidung zwischen *selbst-referenziellen* und *fremd-referenziellen* Systemen. Lebende Systeme sind *selbst-referenziell,* weil das Ziel ihres Operierens ausschließlich sie selbst sind, weil sie sich selbst in einem *geschlossenen zirkulären* Prozess der Erzeugung ihrer Komponenten als abgrenzbare Einheiten selbständig *hervorbringen* müssen. Eben darin besteht die *Autonomie* lebender Systeme jeglicher Art. Demgegenüber sind *fremd-referenzielle* Systeme kontextabhängig, denn ihre Produktionsprozesse erzeugen etwas von ihnen selbst Unabhängiges, ausschließlich von ihrer Umwelt Definiertes. Sie sind nicht selbstbestimmt, nicht autonom.

Die Antwort auf die zweite Frage nach der *Kognition* ergab sich aus Versuchen, die Wahrnehmung etwa von Farben mit den Methoden zu untersuchen, die den gängigen Vorstellungen des Wahrnehmungsprozesses bzw. der traditionellen Subjekt-Objekt-Epistemologie entsprachen, gemäß welcher Wahrnehmung in der Abbildung der objektiven Realität durch einen Organismus verstanden wird. Entsprechende Experimente zeigten aber, dass die Annahme, dass Merkmale der Außenwelt durch Mechanismen des Organismus auf invariante Weise verarbeitet werden, nicht haltbar war. Maturana schreibt, es

> zeigte sich, dass wir weder den Farbenbereich des Menschen noch den der Taube dadurch erzeugen konnten, dass wir *physikalisch* definierte Farben mit den Aktivitätsbereichen retinaler Ganglienzellen korrelierten. Wir entdeckten aber, dass wir durch die Koordinierung der *Farbbezeichnungen* mit den Aktivitätsbereichen retinaler Ganglienzellen im Prinzip den gesamten Farbenraum des Menschen erzeugen konnten. (Maturana 1982: 17)

Es wurden also nicht mehr *Außenwelt*ereignisse mit *Abbildungs*prozessen durch invariante neuronale Strukturen und Prozesse im *Inneren* des Organismus koordiniert, es wurden vielmehr *innere* Prozesse miteinander verknüpft, Aktivitäten des Nervensystems mit Aktivitäten des Nervensystems. Das Nervensystem arbeitet folglich als geschlossenes System. Es kann durch Einwirkungen der Außenwelt zwar beeinflusst und moduliert, aber nicht durch Zustände der Außenwelt festgelegt werden. Diese Idee war in der Tat revolutionär, denn sie erzeugte ein vollkommen neues Bild des Organismus und seiner Beziehungen zu seiner Umwelt.[5]

Dadurch erhielt der Begriff der *Zirkularität* konkrete biologische Bedeutung. Ein zirkulär geschlossenes System kennt kein Innen und Außen, kann daher auch nicht in der üblichen simplistischen Weise „Informationen" aus der Umwelt entnehmen, bearbeiten und als „Repräsentationen" speichern. Ein lebendes System erzeugt vielmehr in der Interaktion mit seiner Umwelt nur innerhalb seiner eigenen Prozessdynamik diejenigen Relationen zwischen Prozesszuständen, die sein Überleben und die Art seines Überlebens in dieser Umwelt ermöglichen – oder verunmöglichen.

Vergleichbare ältere Experimente (etwa von Robert Matthey, Leon Stone oder Roger W. Sperry) in den 1940er Jahren, in denen die Sehnerven von Amphibien

---

[5] Über diese so folgenreichen Experimente zur Farbwahrnehmung berichtet eine umfangreiche Arbeit: Maturana/Uribe/Frenk (1968), deutsch in Maturana (1982: 88–137).

durchtrennt wurden, um zu ermitteln, ob sie spontan regenerieren würden, ebenso wie die Experimente mit um 180° rotierten Augen oder auch die zahllosen psychologischen Experimente mit so genannten „Sinnestäuschungen" (Illusionen), wurden daher von Humberto R. Maturana radikal anders interpretiert. War früher von Fehlern oder von Täuschung die Rede, so erschien nunmehr das Verhalten der Organismen vollkommen konsistent; „Fehler" oder „Täuschung" waren nur durch den Beobachter in seinem eigenen Interaktionsbereich festzustellen, denn nur der Beobachter verfügte über die Möglichkeit, so genannte „normale" Verhaltensweisen mit den beobachteten „falschen" Verhaltensweisen zu vergleichen und entsprechend einzuschätzen.[6] Mit diesen Arbeiten und Überlegungen waren nun wesentliche Schritte zur Klärung der fundamentalen Fragen Maturanas getan.

2   *Biologie der Kognition* als Schlüsselwerk des Konstruktivismus

Biologie der Kognition bietet die erste kompakte und konsistente Formulierung der kognitionsbiologischen Auffassungen Humberto R. Maturanas in verhältnismäßig gut zugänglicher Sprache.[7] Maturana selbst ist wohl der gleichen Auffassung, wenn er in seiner Einleitung zum Nachdruck des Originaltextes vom Jahre 1979 schreibt:

> Als ich diesen Aufsatz schrieb, verfügte ich noch nicht über das Wort 'Autopoiese', noch hatte ich eine strengere formale Darstellung der Organisation des Lebendigen entwickelt [...] die grundlegenden Relationen aber, die der Begriff der Autopoiese enthält, sind implizit alle vorhanden, wenngleich umständlich ausgedrückt, z. B. 'zirkuläre Organisation' und 'selbst-referenzielles System'. [...] *Biologie der Kognition* ist eine Kosmologie, und als solche vollständig. (Maturana/Varela 1979: xvii f., Übersetzung WKK)

Der Dreh- und Angelpunkt des Textes ist die Konzeption des gleichermaßen philosophischen wie biologischen Problems der Kognition, eines exklusiven Spezifikums des Lebendigen:

> Der Zweck der vorliegenden Arbeit besteht darin, eine Theorie der Kognition zu entwickeln, die sowohl ein epistemologisches Verständnis des Phänomens der Kognition ermöglicht wie auch eine adäquate Erkenntnis der funktionalen Organisation des erkennenden Organismus, die Phänomene wie begriffliches Denken, Sprache und Bewusstsein hervorbringt. [...] Kognition ist ein biolo-

---

[6] Ein gut verständliches Beispiel für eine experimentelle Analyse des Phänomens der Größenkonstanz anhand der bekannten Ponzo-Illusion findet sich in Maturana (1982: 81–87).
[7] Spätere Arbeiten sind zwar eindrucksvoll in ihrer systematischen Zirkularität, terminologisch präziser und konsistenter und in einzelnen Aspekten detaillierter ausgearbeitet, aber auch verkompliziert worden (vgl. Maturana 1998).

> gisches Phänomen und kann nur als solches verstanden werden. Jegliche epistemologische Einsicht in den Bereich der Erkenntnis setzt dieses Verständnis voraus. (Maturana 1982: 33)

Folgerichtig gilt für *jeden Menschen*, der sich mit dem Problem der Kognition in all seinen Ausprägungen beschäftigen will:

> Alles was gesagt wird, wird von einem Beobachter gesagt. [...] Der Beobachter ist ein menschliches Wesen, d. h. ein lebendes System, und alles was lebende Systeme kennzeichnet, kennzeichnet auch ihn. [...] Der Beobachter ist ein lebendes System, und jede Erklärung der Kognition als eines biologischen Phänomens muss eine Erklärung des Beobachters und seiner dabei gespielten Rolle beinhalten. (Ebd.: 33 ff.)

Damit ist der gewaltige Anspruch formuliert, nicht nur eine Theorie menschlicher Erkenntnis zu liefern, was ja schon seit Jahrtausenden von Menschen versucht worden ist, sondern nachzuweisen, dass deren Theorie von der naturwissenschaftlichen Disziplin der Biologie geliefert werden *muss*: die *Biologie der Kognition* des Neurophysiologen Humberto R. Maturana ist das entsprechende Angebot. Dieser Anspruch ist gleichzeitig faszinierend und befremdlich, er muss unvorbereiteten Rezipienten als verrückt und größenwahnsinnig zugleich erscheinen – und von ebensolchen Reaktionen berichtet Maturana selbst nach ersten Präsentationen seiner Auffassung.

Maturana bietet den Aufriss einer Theorie des Organismus als eines *lebenden Systems*, die entsprechende Analyse eines *Nervensystems*, und schließlich die Ableitung der *Kognitionsphänomene als Produkte eines lebenden Systems*. Die wichtigsten Schlüsselsätze mit den entscheidenden Ideen sollen hier rekapituliert werden, weil sie am besten vermitteln, was behauptet wird.

Zunächst zur Konzeption des Lebewesens – *jedes* Lebewesens! – als lebendes System:

> Lebende Systeme sind Interaktionseinheiten. Sie existieren in einer Umgebung. [...] Die lebenden Systeme, wie sie heute auf der Erde existieren, sind durch exergonischen Stoffwechsel, Wachstum, und interne molekulare Replikation charakterisiert. Dies alles ist in einem geschlossenen kausalen Kreisprozess organisiert, der Evolution der Veränderungen der *Art* erlaubt, in der die Zirkularität aufrechterhalten wird, aber keine evolutiven Veränderungen zulässt, die die Zerstörung dieser Zirkularität zur Folge hätten. [...] Dies geschieht dadurch, dass das System genau jene *Bestandteile* determiniert, die die zirkuläre Organisation spezifizieren und die ihrerseits wiederum durch die zirkuläre Organisation synthetisiert oder erhalten werden. (Ebd.: 35, Hervorhebung im Original)

Diese *zirkuläre Organisation* (später: die *autopoietische Organisation*), die im Prozess der Evolution in mannigfaltigster Weise (später: durch eine Vielfalt von *Strukturen*) verwirklicht werden kann, erzeugt einen *geschlossenen selbst-referenziellen*

Interaktionsbereich. Daraus ergibt sich erkenntnistheoretisch die gravierende Konsequenz, dass die herkömmliche Trennung bzw. Gegenübersetzung von erkennendem Subjekt und *vorgegebener* „objektiver" Realität *gegenstandslos* bzw. *wissenschaftlich unbrauchbar* werden.

Kognition ist nun *gleichbedeutend* mit dem Operieren eines jeden lebenden Systems in seiner Umwelt:

> Ein kognitives System ist ein System, dessen Organisation einen Interaktionsbereich definiert, in dem es zum Zweck der Selbsterhaltung handeln kann. Der Prozess der Kognition ist das tatsächliche (induktive) Handeln oder Verhalten in diesem Bereich. Lebende Systeme sind kognitive Systeme, und Leben als Prozess ist ein Prozess der Kognition. Diese Aussage gilt für alle Organismen, ob diese ein Nervensystem besitzen oder nicht. […] Das Nervensystem nun erweitert den Interaktionsbereich des Organismus dadurch, dass es ihm ermöglicht, seine internen Zustände in einer für ihn relevanten Weise nicht nur durch physikalische Ereignisse, sondern durch 'reine Relationen' zu modifizieren. […] Das Nervensystem erzeugt keine Kognition. (Ebd.: 39)

Lebewesen, d. h. zirkulär organisierte molekulare Systeme, können also mithilfe von Nervensystemen *Formen* und *Gestalten* etc. als Anordnungen von Elementen – d. h. eben als „reine Relationen" nicht-materieller Art – in spezifischen mehrdimensionalen Beziehungsmustern *konstituieren* und *identifizieren*. Denken wird damit als Interaktion der Organismen mit eigenen internen Zuständen verstanden. Organismen interagieren *nicht-physikalisch*, indem sie einander innerhalb ihrer jeweiligen *kognitiven Bereiche* mithilfe *sprachlicher* Interaktionen *orientieren*, indem sie also *kommunizieren*. Schließlich können Lebewesen durch rekursive interne Repräsentation ihrer Interaktionen (als relationale Gebilde) und entsprechend rekursive Interaktionen mit solchen Repräsentationen zu *Beobachtern* werden und durch Selbstbeobachtung *Ich-Bewusstsein* entwickeln.

Maturana gibt im Text eine detaillierte Beschreibung der Architektur und des Funktionierens des Nervensystems, auf die hier nicht ausführlicher eingegangen werden muss. Nur einige der bedeutsamsten Aspekte seien kurz angesprochen.

Das *Neuron* als lebende Zelle ist die *anatomische* Einheit des Nervensystems, d. h. eine „selbstständige, integrierte, selbst-referenzielle, metabolische und genetische Einheit (ein echtes lebendes System)", *nicht* aber die *funktionale* Einheit, denn „kein Neuron kann eine festgelegte funktionale Rolle in der Produktion von Verhalten spielen, wenn es seine Mitwirkung fortlaufend verändern muss" (ebd.: 40, 44). Eine Zelle kann

> unter vielen verschiedenen Interaktionsbedingungen des Organismus den gleichen Aktivitätszustand zeigen. Es ist daher unter keinen Umständen möglich, die Aktivität einer bestimmten Zelle mit einer bestimmten Interaktion des lebenden Systems zu assoziieren. […] Obwohl nun operationale Lokali-

sierungen im Nervensystem festgestellt werden können [...], müssen diese Lokalisierungen dennoch als Bereiche verstanden werden, in denen spezifische Interaktionsmodalitäten konvergieren, und nicht als Lokalisierungen von Fähigkeiten oder Funktionen. [...] Die anatomische und funktionale Organisation des Nervensystems sichert die Synthese von Verhalten, nicht eine Repräsentation der Welt. (Ebd.: 47)

Damit ist die traditionelle Frage nach der „Lokalisierung" von Fähigkeiten und Fertigkeiten im Nervensystem bzw. Gehirn neu zu stellen. Der Zusammenhang zwischen den kognitiven (Interaktions-)Leistungen des lebenden Systems und seinen Strukturen und Operationen ist *anders* als in einem *deterministisch* eindeutigen Kausal-Beziehungsverhältnis Außenwelt–Organismus aufzufassen, wie es nicht nur das simple Computermodell der Informationsverarbeitung, sondern auch die so genannte allgemeine „Lerntheorie" des Behaviorismus nach dem Stimulus-Reaktions-Schema („Instruktionsmodell") unterstellen.

Daraus ergeben sich eine Reihe *schwerwiegender* weiterer Konsequenzen. Etwa, dass die Komplexität von Verhaltensweisen im *Interaktionsbereich* des Lebewesens nicht unbedingt *analoge Komplexität* der sie produzierenden *organismischen* Mechanismen voraussetzt. Oder dass beobachtete Verhaltensweisen nicht in Form analoger organismischer Strukturen innerhalb des lebenden Systems *lokalisiert* und daher dort gesucht werden können. Das bedeutet vor allem, dass *sprachliche* Leistungen zwar die Mitwirkung der Sprechorgane und des Nervensystems benötigen, aber als *historische Interaktionsprodukte* nicht in ihrer phänomenalen Mannigfaltigkeit im Organismus lokalisiert – oder gar *analog* oder *isomorph abgebildet* – sein *können*.

Herausgehoben werden soll schließlich noch, dass die *Geschlossenheit* der funktionalen Organisation des Nervensystems eine Folge des selbst-referenziellen Interaktionsbereichs der Organisation des Lebendigen ist. Es kann daher keine *direkte* Handhabung der Umwelt geben, sondern nur die *Selbsttransformation* des Nervensystems. Bekannte Belege hierfür sind etwa die Experimente von Held und Hein, die zeigen, dass eine Katze nicht im Stande ist, ihre Umwelt bei normalem Licht visuell zu beherrschen, wenn sie im Dunkeln aufgezogen und lediglich passiv, das heißt von einer zweiten Katze, herumbewegt wurde. Die scheinbare 'visuelle Handhabung' einer Umwelt besteht also in der „Herstellung einer Menge von Korrelationen zwischen Effektor- (Muskel-) und (propriozeptiven und visuellen) Rezeptoroberflächen" bzw. in deren fortwährender wechselweiser Anpassung. Das Verhalten gleicht einem „Instrumentenflug, bei dem die Effektoren (Motoren, Klappen etc.) ihren Zustand verändern, um die Werte der Messinstrumente konstant zu halten oder zu verändern". Dies geschieht entweder nach einem genau festgelegten Plan oder in Abstimmung auf veränderte Bedingungen der Flugsituation. (Vgl. ebd.: 50 f.)

Maturana erläutert sodann im Detail die Neurophysiologie – d. h. die generativen Mechanismen – von *Beobachter*-Phänomenen wie *Beschreibung, Denken, sprachlicher Verständigung, Gedächtnis* und *Lernen*. Er gibt schließlich eine ausführliche Zusammenfassung der *Forschungsprobleme* für eine Neurophysiologie der Kognition, etwa für die Bestimmung des Ich-Bewusstseins, des sprachlichen Bereichs oder des Lernens. Von seinen den Text abschließenden Schlussfolgerungen seien nur diejenigen aufgeführt, die besondere kognitionsbiologische bzw. auch epistemologische Bedeutung haben.

Zunächst ergibt sich aus der Tatsache des geschlossenen Interaktionsbereichs, der aus der selbst-referenziellen zirkulären Organisation eines lebenden Systems folgt, dass der Prozess der Kognition darin besteht, durch das Agieren in diesem geschlossenen Interaktionsbereich ein Verhaltensfeld zu erzeugen, „und nicht darin, eine selbstständige Außenwelt zu begreifen oder zu beschreiben" (ebd.: 73).

Die „basale Funktion der Sprache als eines Systems des Orientierungsverhaltens" schließt folglich die „Übermittlung von Information" oder die „Beschreibung einer unabhängigen Außenwelt" aus (ebd.). Damit ist ein erkenntnistheoretischer Realismus und jede daraus folgende Doktrin der Objektivität, Absolutheit, oder Wahrheit per Übereinstimmung mit der eigentlichen oder wahren Realität als Konzeption undurchführbar und daher inadäquat und irrelevant. Kognition ist streng subjekt- bzw. beobachterabhängig.

Der Beobachter – traditionell: ein „reflexionsfähiges" Lebewesen – entsteht durch rekursive Interaktionen eines kognitiven Systems mit eigenen Zuständen:

> Der kognitive Bereich des Beobachters ist begrenzt, aber unbeschränkt; er kann in endlos rekursiver Weise mit Repräsentationen seiner Interaktionen interagieren, und durch sich selbst Relationen zwischen im Übrigen unabhängigen Bereichen herstellen. [...] Die Logik der *Beschreibung* und folglich des *Verhaltens* im Allgemeinen ist notwendigerweise die Logik des beschreibenden Systems. [...] Die Frage – *Was ist der Gegenstand der Erkenntnis?* wird damit sinnlos. Es gibt keine Gegenstände der Erkenntnis. Wissen heißt fähig sein, in einer individuellen oder sozialen Situation adäquat zu operieren. Wir können über das Substrat, in dem unser kognitives Verhalten gegeben ist, nicht reden, und worüber wir nicht reden können, darüber müssen wir schweigen, wie Wittgenstein betont hat. (Ebd.: 75 f., Hervorhebung im Original)

Maturana hat später die Bezeichnung „Ontologie des Beobachtens" (vgl. 1998: 145–225) eingeführt (und sich damit übrigens auch vom „Konstruktivismus" distanziert), und „Realität" im objektivistischen Verständnis gleichsam als Kampfbegriff etabliert, den alle die als Machtmittel ausbeuten, die „Objektivität ohne Klammern" als einzig wahres Ziel setzen und validieren zu können glauben.

Die grundlegende Differenz zwischen *Beobachterbeschreibung* in Sprache und der *Prozessdynamik* des lebenden Systems in seinem geschlossenen Interaktionsbereich veranschaulicht Maturana auch mit der Geschichte eines Hausbaus. Eine

Gruppe von Menschen arbeitet nach üblicher Beschreibung mit dem *Bild* des Produkts *genannt* „Haus" klar vor Augen. Eine andere Gruppe arbeitet nach rein formalen Instruktionen, die detailliert koordinierte Bewegungen und Handlungen von Situation zu Situation vorschreiben. Beide Gruppen erbauen das gleiche Haus. Im ersten Falle liegt das Haus auch im kognitiven Bereich der Erbauer, im zweiten liegt es nur im Bereich des externen Beobachters. (Ebd.: 77) Damit lässt sich im übrigen auch deutlich machen, dass es sich hier um Interaktionsbereiche handelt, die nicht aufeinander *reduziert* werden können, wie dies generell für die Interaktionsbereiche eines lebenden Systems, der Bestandteile dieses Systems, und die Ergebnisse des Operierens entweder des Organismus oder der einzelnen Bestandteile in verschiedenen Interaktionsbereichen gilt.

In einer abschließenden knappen Zusammenfassung stellt Maturana noch die Beziehung seines kognitionsbiologischen Entwurfs zur ideengeschichtlichen Tradition her. Er verteidigt seine Analysen und Konzeptionen gegen den häufig erhobenen Einwand oder Vorwurf, sie seien weder neu noch originell, sondern uralt und trivial, mit der Feststellung, dass sie jedenfalls noch nie „auf adäquater biologischer und epistemologischer Grundlage" entwickelt worden seien. Seine „Unterscheidung zwischen dem, was zum Bereich des Beobachters und dem, was zum Bereich des Organismus gehört", sei dafür ebenso zentral wie die „funktional geschlossene Natur der relativistischen Organisation des Nervensystems [...], das fortwährend durch Relationen neuronaler Aktivität transformiert wird, ohne jemals außerhalb seiner selbst zu treten" und die „nicht-informative Orientierungsfunktion sprachlicher Interaktion". Nur so könne „die funktionale Komplexität der lebenden und sprachlich interagierenden Systeme angemessen erfasst werden". „Magische Wörter wie Bewusstsein, Symbol oder Information" würden sie nur „verschleiern". (Vgl. ebd.: 79)

Damit sind die allerwichtigsten Grundlinien der Kognitionsbiologie Humberto R. Maturanas, die gleichzeitig eine *Erkenntnistheorie ihrer selbst* ist, rekapituliert. Wie er selbst abschließend formuliert, ist seine neue Konzeption eine radikal geänderte Zugangsweise zur Analyse der *Organisation* und der *Struktur* lebender Systeme und ihrer Funktionen; sie ist aber vor allem der Entwurf eines *Forschungsprogramms*. Exemplarisch sei dafür das Problem des Ich-Bewusstseins und der Sprache herausgegriffen, die vom Neurophysiologen „ohne Bezug auf 'Sinn'- oder 'Bedeutungs'-Kategorien" so erklärt werden müssten, dass ihre „Synthese" erklärt wird. Dafür müsste z. B. gezeigt werden, wie „das Nervensystem mit seinen eigenen Zuständen" interagiert, wie solche Zustände als quasi „eigenständige Gegenstände" behandelt werden, wie sie andere Zustände des Nervensystems herbeiführen oder modifizieren usw. (Ebd.: 66 ff.)

In einem „Postskriptum" geht Maturana schließlich noch kurz auf Probleme der *Ethik* beziehungsweise deren Begründung ein:

> [...] der Mensch verändert sich und lebt in einem sich verändernden Bezugsrahmen in einer Welt, die fortlaufend von ihm erzeugt und transformiert wird. Erfolgreiche Interaktionen [...] stellen die einzige endgültige Bezugsgröße für gültiges Verhalten innerhalb des Bereichs der Beschreibungen und folglich für Wahrheit dar. Da jedoch lebende Systeme selbstreferenzielle Systeme sind, ist jeder endgültige Bezugsrahmen notwendigerweise ein relativer. Aus diesem Grund ist kein absolutes Wertesystem möglich und alle Wahrheit und Falschheit im kulturellen Bereich ist notwendigerweise relativ. (Ebd.: 80)

Die Entscheidung für bestimmte Werte und Normen wird daher aus unterschiedlichen Gründen getroffen, unterliegt aber der jeweiligen Verantwortung der Entscheider. Ob solche Entscheidungen *rational* getroffen werden oder aus *Gefühlen* der Ohnmacht oder Berechnung, das hängt jeweils von gegebenen Lebenssituationen und Persönlichkeitsfaktoren ab.

3 Rezeption und Wirkung

Die erstaunlichen Rezeptionsströme, Wirkungsweisen sowie Wirkungssphären und Wirkungsdimensionen der Maturana'schen Kognitionsbiologie bzw. der umfassenderen Theorie des Lebendigen, die sich nach dem auslösenden Paukenschlag der Abhandlung *Biologie der Kognition* bis heute zu einer „Neurosophie" entfaltet haben, können hier nicht einmal näherungsweise nachgezeichnet werden, sie wären wohl einer eigenen Untersuchung wert. Die folgenden Bemerkungen beschränken sich auf einige Folgewirkungen der zentralen kognitionsbiologischen Konzeptionen der *Biologie der Kognition*.

Wie er berichtet, fand er schon im Jahr 1970 im Gespräch mit einem Freund den Begriff *Autopoiese* und somit die neue Bezeichnung seiner Theorie lebender Systeme als *Theorie autopoietischer Systeme*. In den folgenden Jahren ergaben sich rasch weitere begriffliche Differenzierungen wie die Unterscheidung von *Organisation* und *Struktur*, der Begriff des *strukturdeterminierten* Systems, des *konsensuellen Bereichs* oder *der Strukturenkoppelung bzw. strukturellen Koppelung* von Systemen.[8]

Gleichzeitig arbeitete Maturanas Student, Kollege und Koautor Francisco J. Varela, ein polyglotter, philosophisch ebenso gebildeter wie mathematisch-technisch versierter Neurowissenschaftler, intensiv und erfolgreich an der Modifikation und Weiterentwicklung der ursprünglichen Konzeptionen Maturanas durch empirisch-experimentelle Forschung, nicht zuletzt auch an der Verknüpfung dieser theo-

---

[8] Die relevanten Arbeiten finden sich in den beiden deutschen Sammelbänden mit Arbeiten Maturanas (1982, 1998).

retischen Ansätze mit europäischen und außereuropäischen Denktraditionen. Während Maturana selbst kaum noch empirische und experimentelle Arbeiten durchführte, wurde Varela während der nächsten 30 Jahre (bis zu seinem frühen Tod 2001) zum gesuchten und einflussreichen Arbeits- und Gesprächspartner im Bereich der multidisziplinären Kognitions*wissenschaften*, aber auch in der Kultur- und Weltanschauungskritik (vgl. den Nachruf von Evan Thompson 2002). In den einschlägigen neurowissenschaftlichen Forschungsdisziplinen waren ja inzwischen immer stärker differenzierte und genauere dynamische Modellentwürfe für kognitive Systeme und Prozesse sowie entsprechende neurobiologische Forschungsmethoden entwickelt worden, vor allem im Zeichen der Theorien selbst-organisierender oder emergenter Systeme und Prozesse oder im Rahmen der neuen Paradigmen der Molekularbiologie. Maturanas und Varelas Konzeptionen und Kategorien spielten dabei durchaus eine (wenngleich manchmal nur noch historische) Rolle (vgl. Krohn/Küppers 1990; Paslak 1991). Es ist wenig überraschend, dass der praktische Einfluss der vergleichsweise abstrakten Maturana'schen Entwürfe auf sein ureigenes Gebiet inzwischen gering geworden ist. [9]

Die breitere Rezeption der *Biologie der Kognition* in Deutschland begann 1973, als Heinz von Foerster einer interdisziplinär orientierten und erkenntnis- und wissenschaftstheoretisch interessierten Forschergruppe den Text zukommen ließ. Die Gruppe fand ihn zwar schwierig, aber interessant, übersetzte und veröffentlichte ihn 1974 in kleiner Auflage als Forschungsbericht (vgl. Maturana 1974). Das unmittelbare Echo war wie immer polar: heftige Ablehnung des angeblich unverständlichen oder trivialen oder widersprüchlichen Textes auf der einen Seite, Faszination auf der anderen (begründet durch Vorwissen um Arbeiten Maturanas, um Systemtheorien bzw. Kybernetik und zugehörige Theorien der Informationsverarbeitung und -übertragung, um Theorien der Selbst-Organisation, der nicht-aristotelischen Logik Gotthard Günthers und andere mehr). Da der Text rasch auf erstaunlich starkes und disziplinär breites Interesse stieß, kam es 1977 zu einem ersten Symposium an der Universität Bremen und dort zur direkten Begegnung verschiedener Fachvertreter mit Maturana selbst und zu aufschlussreichen, ja erleuchtenden Diskussionen (vgl. Hejl/Köck/Roth 1978). Zwei weitere Tagungen folgten 1979 in Bremen und in Paderborn, an denen u. a. auch Heinz von Foerster, Fran-

---

[9] Viele Konstruktivismen in geistes- und sozialwissenschaftlichen Bereichen haben sich im Anschluss an Maturana ergeben, sind aber auch eigenständig aus externen und internen Erfahrungen erwachsen: z. B. aus der Unzulänglichkeit computerorientierter Input-Output-Modelle oder aus der Beschränktheit behavioristischer oder formalistischer Modelle. Ein besonders aufschlussreiches Beispiel ist die Entwicklung der alternativ-sozialwissenschaftlichen Ethnomethodologie, die sowohl für die empirische Sozialforschung wie auch die linguistische Pragmatik zu einer hoch interessanten „Konversationsanalyse" geführt hat, in der autonome Subjekte in Prozessen der Konstruktion einer so genannten „Architektur der Intersubjektivität" beobachtet werden.

cisco J. Varela, Fernando Flores und Ernst von Glasersfeld teilnahmen (vgl. Benseler/Hejl/Köck 1980; Roth/Schwegler 1981). Siegfried J. Schmidt, Philosoph und Literaturwissenschaftler der Universität Bielefeld, regte danach Editionen der grundlegenden Texte der neuen weit gespannten Denkbewegung an, die inzwischen das Etikett „Konstruktivismus" bekommen hatte. So erschienen Sammelbände mit den wesentlichen Arbeiten von Humberto R. Maturana (1982), Heinz von Foerster (1985) und Ernst von Glasersfeld (1987) in deutscher Übersetzung.

Inzwischen war das Interesse noch weiterer Disziplinen erwacht, vor allem der Psychotherapie und Medizin, aber auch etwa der Jurisprudenz, der Ökonomie und der Soziologie. 1983 wurde die *Zeitschrift für systemische Therapie* gegründet, die sich bis heute konstruktivistischen Ansätzen widmet ebenso wie der kurz danach gegründete Carl-Auer-Systeme-Verlag in Heidelberg. Der Suhrkamp-Verlag in Frankfurt öffnete seine renommierte Reihe der „Taschenbücher Wissenschaft" für konstruktivistisch orientierte Arbeiten (vgl. exemplarisch Schmidt 1987). Der prominente Bielefelder Soziologe Niklas Luhmann übernahm im Zuge der Ausarbeitung seiner monumentalen systemtheoretischen Gesellschaftskonzeption eine Fülle von Konzepten und Begriffen aus dem großen Arsenal der Kybernetik der Kybernetik beziehungsweise des Konstruktivismus, und damit auch Maturanas Autopoiese-Modell und zentrale Thesen seiner Kognitionsbiologie (durchaus zum Missvergnügen Maturanas). Maturana war mehrfach als Gastprofessor in Deutschland und stand immer für Vorträge, eingehende Gespräche und kritische Diskussionen zur Verfügung (vgl. z. B. Riegas/Vetter 1990). Er trat verschiedentlich auf Kongressen und Symposien vor deutsches Publikum (z. B. auf dem ersten Heidelberger Kongress zum Thema „Die Wirklichkeit des Konstruktivismus" 1991) und wirkte vielfach auch als Referent und Berater mit Anwendungsempfehlungen in den unterschiedlichsten Praxisfeldern, ob im Bereich der medizinischen Frühversorgung, der Frauenbewegung oder der Entwicklungspsychologie, Psychotherapie und Pädagogik (inzwischen auch in einem eigenen „matristischen Institut" in Santiago de Chile). Maturana blieb also im Wesentlichen der beharrliche Vermittler seiner Autopoiesetheorie und Kognitionsbiologie und viel reisender rhetorisch brillanter Verkünder seiner „Kosmologie" oder „Neurosophie" (bald auch mit dem besonderen Schwerpunkt einer „Biologie der Liebe"). Seine persönliche Präsenz und die Wirksamkeit seiner Kernideen scheinen immer noch beachtlich, wie ein Blick in das World Wide Web bestätigt.

Es gab und gibt z. T. heftige Ablehnung durch etablierte Einrichtungen und Denkschulen, die Maturanas Konzeption und den Konstruktivismus insgesamt als bloße anti-autoritäre Trends oder als leere pseudo-emanzipatorische Spielereien, in jedem Fall aber als begrifflich verschwommene, undisziplinierte und weit hinter den in der wissenschaftlichen und intellektuellen Tradition erreichten Standards der Präzision, Exaktheit und logischen Argumentationsstringenz zurückbleibende Moden abtun. Maturanas erkenntnistheoretischer Anti-Realismus wird als trivial, weil seit jeher für die Forschungspraxis selbstverständlich, oder als inkonsistent, weil kryptorealistisch, kritisiert oder abgelehnt. Naturgemäß gab und gibt es vielerlei ungerechtfertigte Übertreibungen, überzogene Behauptungen und Ansprüche durch Popularisierung und journalistische Oberflächlichkeit („Alles Wissen ist subjektiv!", „Es gibt keine Realität/Wahrheit/Erkenntnis...!"), die z. T. der unverstandenen Abstraktheit der Maturana'schen Kognitionsbiologie zuzuschreiben sind. Die kritischen Diskussionen führten aber doch zu ergiebigen Auseinandersetzungen und Klärungen (und inzwischen zu den verschiedensten Versuchen, Konstruktivismus neu, systematischer und präziser zu fassen). Auch in der neurowissenschaftlichen Forschung scheinen sich so manche Ansätze und Verfahren stillschweigend von den verhärteten objektivistischen Vorstellungen traditioneller Naturwissenschaft zu entfernen, wie schon Francisco J. Varela in seinem Büchlein *Kognitionswissenschaft – Kognitionstechnik* vom Jahre 1990 gezeigt hatte.

Es ist hier weder möglich noch notwendig, alle diese (hier nur angedeuteten) vielfältigen Aktivitäten und Entwicklungen im Gefolge des durchaus „genialisch" erscheinenden Maturana'schen „Seins- und Weltentwurfs" – den Gerhard Roth in der ersten Begeisterung mit Ludwig Wittgensteins *Tractatus* verglich – im Einzelnen nachzuzeichnen. Die wichtigsten Originaltexte ebenso wie Dokumentationsbände der verschiedenen Symposien, Tagungen und Kongresse liegen in gut zugänglichen Ausgaben vor. Per Internet erschließt sich nach wie vor eine lebendige Szene der Auseinandersetzung mit einschlägigen Arbeiten im Zusammenhang mit Maturanas Theorie der Autopoiese und Biologie der Kognition.

Es ist dabei nicht zu übersehen, dass im Wesentlichen nur eine kleine Anzahl der Thesen und Konsequenzen der Kognitionsbiologie Maturanas praktisch wirksam geworden ist:

- die beanspruchte *naturwissenschaftliche* Begründung und Rechtfertigung der Unmöglichkeit der Entdeckung und objektiven Abbildung einer absoluten Realität,

- die strenge Subjektabhängigkeit bzw. Beobachterrelativität bzw. -bedingtheit aller Erkenntnis,

- die (linear-kausale) Unbeeinflussbarkeit von strukturdeterminierten Systemen,

- die Auffassung der Sprache als Mittel der wechselseitigen Orientierung in subjektabhängigen Interaktionsbereichen, nicht als Instrument der Realitätsabbildung im Sinne objektiver, absolut wahrer Erkenntnis.

Innerhalb von etwa 10 Jahren (nach der Erstveröffentlichung der *Biologie der Kognition* 1974) waren die Thematik des Konstruktivismus, die strengen naturwissenschaftlichen Konzeptionen der Maturana'schen Autopoiesetheorie und Kognitionsbiologie ebenso wie Heinz von Foersters Kybernetik der Kybernetik in Deutschland (und augenscheinlich auch anderswo) in aller Munde. Natürlich gab es außerdem die Verstärkung durch die populären (und kritisch erörterten) Veröffentlichungen von Paul Watzlawick und Gregory Bateson, die gleichfalls auf Deutsch zugänglich waren, so dass die im weiteren Sinne konstruktivistischen Ideen eine breitere Leserschaft zu finden begannen und immer intensivere und hitzigere Diskussionen entfachten. Diese betrafen vor allem die Probleme der Autonomie, der operationalen, funktionalen und informationellen Geschlossenheit von Organismen, und der Strukturdeterminiertheit allen Verhaltens. Die Diskussionen drehten sich allerdings nicht selten um feindliche oder freundliche Missverständnisse und wurden oft der klar definierten biologischen Konzeption Maturanas nicht gerecht.

Als letztes sei noch angemerkt, dass die Spekulation nicht unbegründet ist, die (bis heute) positive Wahrnehmung dieser Ideen sei auf theorie-*externe* Aspekte zurückzuführen: sie hätte zu tun mit der Herkunft Maturanas aus Chile, einem diktatorisch unterjochten Land, mit der Situation in Deutschland nach dem Beginn einer neuen politischen Ära unter einer sozialliberalen Regierung, mit einer Zeit der großen Bildungsreform nach der Studentenbewegung, und mit dem Einfluss linksradikaler Ideologien im Zeichen von Erkenntnis und Interesse, Selbstverwirklichung, Chancengleichheit, Emanzipation, Verwissenschaftlichung des Lebens usw. Dazu passten Vorstellungen wie quasi „naturgesetzliche" Autonomie, Kreativität des autopoetischen Prozesses, Konstruktivität aller Erkenntnis, Ablehnung des Realitäts- und Wahrheitsterrors akademischer und politischer Dogmatiker, die vor allem in verknöcherten und verstaubten Wissenschaftsdisziplinen und im traditionellen Wissenschaftsbetrieb mit seinen stark verfestigten Machthierarchien gesehen wurden – von Kirchen, Sekten u. ä. ganz zu schweigen.

Die Diskussion der Ideen Maturanas hält – in der einen oder anderen Form – bis heute an und sein Anteil an der Diskussion unter dem Etikett Konstruktivismus ist nach wie vor beachtlich, auch wenn die Polarisierung zwischen Gegnern und Befürwortern oder sogar passionierten Verfechtern und Verächtern nach wie vor besteht.

Literatur

Benseler, Frank/Peter M. Hejl/Wolfram K. Köck (Hrsg.) (1980): Autopoiesis, Communication, and Society. The Theory of Autopoietic Systems in the Social Sciences. Frankfurt am Main/New York: Campus.
Foerster, Heinz von (1985): Sicht und Einsicht. Versuche zu einer operativen Erkenntnistheorie. Braunschweig/Wiesbaden: Vieweg.
Garvin, Paul L. (Hrsg.) (1970): Cognition. A Multiple View. New York/Washington: Spartan.
Glasersfeld, Ernst von (1987): Wissen, Sprache und Wirklichkeit. Arbeiten zum Radikalen Konstruktivismus. Braunschweig/Wiesbaden: Vieweg.

Hejl, Peter M./Wolfram K. Köck/Gerhard Roth (Hrsg.) (1978): Wahrnehmung und Kommunikation. Frankfurt am Main [u. a.]: Peter Lang.
Krohn, Wolfgang/Günter Küppers (Hrsg.) (1990): Selbstorganisation. Aspekte einer wissenschaftlichen Revolution. Braunschweig/Wiesbaden: Vieweg.
Lettvin, Jerome Y./Humberto R. Maturana/Warren S. McCulloch/Walter H. Pitts (1959): What the Frog's Eye Tells the Frog's Brain. In: Proceedings of the IRE. 47. Jg. H. 11. S. 1940–1951.
Maturana, Humberto R. (1970): Neurophysiology of Cognition. In: Paul L. Garvin (Hrsg.): Cognition: A Multiple View. New York/Washington: Spartan. S. 3–23.
Maturana, Humberto R. (1974): Biologie der Kognition. Übers. Wolfram K. Köck/Peter M. Hejl/Gerhard Roth. Paderborner Arbeitspapiere des Instituts für Wissenschafts- und Planungstheorie im Forschungs- und Entwicklungszentrum für objektivierte Lehr- und Lernverfahren (FEoLL).
Maturana, Humberto R. (1982): Erkennen. Die Organisation und Verkörperung von Wirklichkeit. Ausgewählte Arbeiten zur biologischen Epistemologie. Braunschweig/Wiesbaden: Vieweg.
Maturana, Humberto R. (1998): Biologie der Realität. Frankfurt am Main: Suhrkamp.
Maturana, Humberto R. (2002): Autopoiesis, Structural Coupling and Cognition. A History of These and Other Notions in the Biology of Cognition. In: Cybernetics and Human Knowing. 9. Jg. H. 3–4. S. 5–34.
Maturana, Humberto R./Gabriela Uribe/Samy G. Frenk (1968): A Biological Theory of Relativistic Colour Coding in the Primate Retina. In: Archivos de biologia y medicina experimentales. Supöemento no.1. Santiago: Universidad de Chile.
Maturana, Humberto R./Francisco J. Varela (1979): Autopoiesis and Cognition. The Realization of the Living. Boston: D. Reidel.
Maturana, Humberto R./Bernhard Pörksen (2002): Vom Sein zum Tun. Die Ursprünge der Biologie des Erkennens. Heidelberg: Carl-Auer-Systeme.
Paslack, Rainer (1991): Urgeschichte der Selbstorganisation. Zur Archäologie eines wissenschaftlichen Paradigmas. Braunschweig/Wiesbaden: Vieweg.
Riegas, Volker/Christian Vetter (Hrsg.) (1990): Zur Biologie der Kognition. Ein Gespräch mit Humberto R. Maturana und Beiträge zur Diskussion seines Werkes. Frankfurt am Main: Suhrkamp.
Roth, Gerhard/Helmut Schwegler (Hrsg.) (1981): Self-Organizing Systems. An Interdisciplinary Approach. Frankfurt am Main/New York: Campus.
Schmidt, Siegfried J. (Hrsg.) (1987): Der Diskurs des Radikalen Konstruktivismus. Frankfurt am Main: Suhrkamp.
Thompson, Evan (2002): Nachruf auf Francisco J. Varela (1946–2001). In: Zeitschrift für systemische Therapie und Beratung. 20 Jg. H. 1. S. 61–64.
Varela, Francisco J. (1990): Kognitionswissenschaft – Kognitionstechnik. Eine Skizze aktueller Perspektiven. Frankfurt am Main: Suhrkamp.
Wilson, Kenneth L. (Hrsg.) (1976): The Collected Works of the Biological Computer Laboratory 1957–1976. Department of Electrical Engineering, University of Illinois, Urbana. Peoria, IL: Illinois Blueprint Corporation. (146 Mikrofiches).

Von der Psychotherapie zur Erkenntnistheorie

Fritz B. Simon über Paul Watzlawicks *Wie wirklich ist die Wirklichkeit?*

1   Entstehungsbedingungen und Vorgeschichte

Der Einfluss der Publikationen Paul Watzlawicks auf die Entwicklung und Verbreitung konstruktivistischer Konzepte kann kaum hoch genug eingeschätzt werden. Dabei war seine Rolle nicht die des genialen Schöpfers einzelner origineller Ideen oder Modelle, sondern die des Scouts, des Fährtenlesers, der mit untrüglichem Sinn für Relevanz und logische Konsistenz herausfand, in welche Richtung sich die neueren, revolutionären Denkmodelle bewegten bzw. welches die in ihnen implizite Entwicklungslogik war. Seine kreative Leistung bestand darin, dass er „Muster, die verbinden" sah oder besser: sie quer zu den Grenzen traditioneller Disziplinen konstruierte. Und dadurch, dass er unterschiedlichen wissenschaftlichen Kulturen zuzurechnende Ideen und Forschungsergebnisse nicht nur zueinander in Verbindung setzte, sondern sie durch seine Publikationen weltweit bekannt machte, gestaltete er den Entwicklungsweg des Konstruktivismus in den letzten 60 Jahren – gewissermaßen beim Gehen – entscheidend mit. Denn nicht wenige Autoren, die heute die aktuelle Weiterentwicklung des Konstruktivismus vorantreiben, sind durch die Lektüre der Arbeiten Watzlawicks dazu verführt worden.

    Aufgrund der langen Zeit, in der er diese Pfadfinderrolle inne hatte, und der vielen Schriften, die sein Werk umfasst, ist es schwer, eines der Bücher Paul Watzlawicks auszuwählen und als Schlüsselwerk des Konstruktivismus zu bezeichnen. Angemessener wäre es wohl, von Paul Watzlawick selbst als „Schlüsselfigur" der Entwicklung des Konstruktivismus zu sprechen. Denn in seinen Arbeiten zeigt sich nicht nur die Transformation von einer objektivistischen zu einer konstruktivistischen Erkenntnistheorie, sie haben zu diesem Wandel auch entscheidend beigetragen.

    Das hier ausgewählte, 1976 publizierte, Buch *Wie wirklich ist die Wirklichkeit?* kann zeitlich etwa in der Mitte dieses Prozesses verortet werden. Weder in diesem Buch, noch in den davor publizierten Werken Watzlawicks taucht der Begriff Konstruktivismus auf. Erst in dem 1981 veröffentlichten, von Watzlawick herausgegebenen Sammelband *Die erfundene Wirklichkeit* werden die Konzepte der dort präsentierten (und dadurch einer größeren Öffentlichkeit bekannt gemachten) Autoren gemeinsam mit seinem eigenen Ansatz als „Beiträge zum Konstruktivismus" kategorisiert.

    Die Entwicklung des Denkens Paul Watzlawicks folgt einer charakteristischen Logik, die als exemplarisch für die Gesamtentwicklung des Konstruktivismus bzw. zum Konstruktivismus in der zweiten Hälfte des 20. Jahrhunderts betrachtet werden kann. Sie ist nicht zu verstehen, ohne den Blick auf seine professionelle und wissenschaftliche Entwicklung, die den Kontext dieses Denken bildete.

Paul Watzlawick wurde 1921 in Österreich, in Villach (Kärnten), geboren. Er studierte Philologie und Philosophie in Venedig, wo er auch mit einer Arbeit über Fjodor Dostojewski promoviert wurde. In Zürich erhielt er eine psychoanalytische Ausbildung (am C. G. Jung Institut). Anschließend ging er nach Bombay, wo er mit dem Versuch, eine psychotherapeutische Praxis zu eröffnen mangels Nachfrage scheiterte (er war, um es positiv zu deuten, damit in den 1950er Jahren seiner Zeit zu weit voraus). Im Anschluss unterrichtete er bis 1960 an der Universität von El Salvador Psychologie. Auf dem Rückweg nach Europa machte er in Kalifornien (in Palo Alto) Station, weil ihn die Arbeiten der Bateson-Gruppe zur Schizophrenie interessierten. Dort blieb er bis zu seinem Tod im Jahre 2007. Allerdings waren Palo Alto und die USA weniger Heimat als Bodenstation für ihn, denn er sollte von dort aus – polyglott wie er war – um die Welt fliegen und zum Werbeträger systemischen und konstruktivistischen Denkens werden.

Der Weg Paul Watzlawicks zum Konstruktivismus war nicht nur der des Psychotherapeuten, er startete (was nicht dasselbe ist) bei der Psychoseforschung. Dies ist für das Verständnis seiner Entwicklung entscheidend. Als Psychotherapeut kommt man nicht umhin, sich mit der Frage zu beschäftigen, wie eine/jede Veränderung – sei es spontan, vor allem aber: in der Therapie – zu erklären ist. Und wer mit Patienten arbeitet, die umgangssprachlich als „verrückt" bezeichnet werden (also aus der allgemein selbstverständlich akzeptierten Realität „gefallen" oder „ausgestiegen" sind), landet fast zwangsläufig bei der Frage, wie denn die so genannte „Normalität" zu erklären ist.

Der Eintritt ins *Mental Research Institute* in Palo Alto war für Paul Watzlawick mit einem persönlichen Paradigmenwechsel verbunden: von der individuumszentrierten Psychologie und Psychotherapie zur Kommunikationswissenschaft, d. h. zur Fokussierung der Aufmerksamkeit auf Kommunikationsprozesse und ihre Spielregeln bzw. deren Veränderung. Damit fügte er sich in eine Tradition, die ichren Anfang in den von der Macy-Foundation zwischen 1946 und 1953 organisierten transdisziplinären Konferenzen nahm, die heute als „Kybernetik-Konferenzen" bezeichnet werden.

Hier trafen sich Vertreter der unterschiedlichsten Fachdisziplinen – von der Hirnforschung bis zur Ethnologie, von der Mathematik zur Sozialpsychologie, von den Ingenieurswissenschaften zu den Wirtschaftswissenschaften. Was alle miteinander verband war das Interesse an Fragen der Steuerung in unterschiedlichen Phänomenbereichen (griechisch *kybernetes*, der Steuermann). Steuerung ist aber nur zu erklären, wenn man Kommunikationsprozesse – zwischen dem, der steuert, und dem, was gesteuert werden soll (sei es eine Maschine, eine soziales System, ein Individuum) – in den Blick nimmt. Viele der heute die Natur- und Sozialwissenschaften, aber auch die (Informations-)Technologie bestimmenden Modelle wurden dort diskutiert und entwickelt, viele der Vordenker dieser Fachgebiete nahmen an diesen Konferenzen teil (vgl. Heims 1991; Clerc 2009).

Einer von ihnen war Gregory Bateson. Er hatte Zoologie studiert, sich dann aber der Anthropologie zugewandt und jahrelang mit seiner Frau, Margaret Mead, in der Südsee ethnologische Feldforschung betrieben. In der Folge der Macy-Konferenzen begründete er eine Studiengruppe, die Kommunikationsprozesse untersuchte. Das Spektrum des Interesses war weit und umfasste z. B. die Kommunikation zwischen Tieren im Zoo von San Francisco, von Polizisten mit Familien, zu deren Streitigkeiten sie gerufen wurden usw. Da diese Arbeitsgruppe ihre Räume in einem Hospital hatte, das auch über eine psychiatrische Abteilung verfügte, wurde sie auf das merkwürdige Verhalten von Patienten aufmerksam, die als schizophren diagnostiziert worden waren. Für Kommunikationsforscher lag es nahe, dieses Verhalten nicht als uneinfühlbares, sinnfreies Symptom mit irgendwelchen „endogenen" Ursachen zu kategorisieren, sondern es in einen kommunikativen Kontext zu stellen und entsprechend zu deuten. Die Publikation der abgeleiteten Hypothesen („Double-bind"-Theorie) im Jahre 1956 kann im Rückblick als Initialzündung für die Entwicklung systemtheoretischer Modelle in Psychotherapie und Beratung (Familientherapie, Paartherapie, Coaching, Organisationsberatung) angesehen werden (vgl. Bateson et al. 1981 [1956]).

Skizzieren lässt sich die Double-bind-Theorie folgendermaßen: Das sinnlos erscheinende Symptomverhalten des Patienten kann dadurch erklärt werden, dass ihm in einem (für ihn) *lebenswichtigen Kontext* (z. B. Familie) *zwei sich gegenseitig logisch ausschließende Handlungsaufforderungen* gegeben werden und die *Metakommunikation* darüber, dass dieser Auftrag unmöglich erfüllt werden kann, *verboten* ist. Da er das Feld nicht räumen kann (= lebenswichtiger Kontext), befindet sich der Patient in einer pragmatischen Paradoxie, d. h. er kann nicht *richtig* auf diese widersprüchlichen Anforderungen reagieren: Wenn er eine der Handlungsaufforderungen befolgt, dann befolgt er sie nicht, und wenn er sie nicht befolgt, dann befolgt er sie. Was immer er tut, es ist falsch. Die unterschiedlichen Typen „verrückten Verhaltens", so die These, eröffnen eine kreative Art, diesem Dilemma zu entgehen und es aufzulösen, indem, beispielsweise, eine vieldeutige Handlungsweise gewählt wird, die es für den Beobachter unentscheidbar macht, ob nun die eine oder andere der sich ausschließenden Handlungsaufforderungen befolgt wurde, ob beide oder ob keine (vgl. ebd.).

Da Bateson nicht an therapeutischen Fragestellungen interessiert war und derartige Forschungsprojekte immer schwieriger zu finanzieren waren, kam es Ende der 1950er Jahre zum Zerfall der Arbeitsgruppe. Bateson widmete sich der Erforschung der Kommunikation mit Delfinen, die an klinischen Fragestellungen interessierten Mitglieder der Gruppe gründeten gemeinsam das Mental Research Institute in Palo Alto. 1960 stieß Paul Watzlawick zu ihnen.

Zusammen mit Don D. Jackson, einem der Mitverfasser der Double-bind-Hypothese, sowie Janet Beavin Bavelas publizierte Paul Watzlawick im Jahre 1967 das Buch *Menschliche Kommunikation. Formen, Störungen, Paradoxien.* Es wurde gewissermaßen zur Bibel der Kommunikationstheoretiker, denn – und das ist sicher das Verdienst Paul Watzlawicks bzw. der ihm eigenen Gründlichkeit und seines Bedürfnisses nach Systematisierung – hier werden die verstreuten und disparaten Erkenntnisse der Arbeit Gregory Batesons und seiner Mitarbeiter logisch geordnet und in einer auch einem breiteren Fachpublikum verständlichen Sprache axiomatisch dargestellt. Ohne dieses Buch, hätten kommunikationstheoretische – und in der Folge konstruktivistische – Ansätze in Therapie und Beratung nie die Bedeutung gewonnen, die sie heute haben. Es gibt sicher keinen der heute maßgebenden Autoren im Bereich Systemtheorie und Konstruktivismus, der nicht durch dieses Werk beeinflusst worden wäre.

Mit einem anderen Mitglied der Bateson-Gruppe, John Weakland, und Richard Fisch publizierte Watzlawick 1974 *Lösungen. Zur Theorie und Praxis menschlichen Wandels*. Hier werden die pragmatischen Konsequenzen der Kommunikationstheorie für Wandlungsprozesse im Allgemeinen und Therapie im Besonderen entwickelt und dargestellt. Sie gehen unter anderem auf die Analyse der therapeutischen Methoden Milton Ericksons zurück, eines genialen Hypnotherapeuten, der in der Lage war, sich mit seinen Kommunikationsstrategien in besonderer Weise auf die Wirklichkeitskonstruktionen seiner Patienten einzustellen (auch wenn man das damals noch nicht so nannte). Damit waren die beiden Grundlagen des therapeutischen und beraterischen Ansatzes, der heute unter dem Etikett „systemisch-konstruktivistisch" zusammengefasst wird, in den Fokus der Aufmerksamkeit gerückt: die Spielregeln der Kommunikation und die Wirklichkeitskonstruktionen der Teilnehmer an der Kommunikation.

Doch, wie der Verweis auf *Störungen* im Untertitel von *Menschliche Kommunikation* (Watzlawick/Bavelas/Jackson 1967) demonstriert, ging man damals noch implizit davon aus, dass es *bessere* oder *schlechtere*, ja, *richtige* und *falsche* Formen von Kommunikation und Weltbildern gibt, die – objektiv und normativ – der objektiven Wirklichkeit mehr oder weniger gerecht werden. Dies dürfte daran gelegen haben, dass die Beschäftigung mit den abweichenden Verhaltensweisen psychiatrischer Patienten dazu verführt, unauffälliges, „normales" Verhalten und dem Durchschnitt entsprechende Weltbilder als gegeben anzunehmen und ihre Entstehungsbedingungen – den Prozess individueller Wirklichkeitskonstruktion im Kontext kommunikativer Spielregeln – nicht zu hinterfragen.

Der Schritt vom Speziellen zum Allgemeinen, von der Psychotherapie zur Erkenntnistheorie, der dazu nötig ist, wurde von Paul Watzlawick schließlich in aller Konsequenz dann in seinem Buch *Wie wirklich ist die Wirklichkeit?* (1976) vollzogen. Deswegen kann es wohl doch als Schlüsselwerk bezeichnet werden, zumindest nimmt es eine Schlüsselposition ein.

2 *Wie wirklich ist die Wirklichkeit?* als Schlüsselwerk des Konstruktivismus

> Dieses Buch handelt davon, dass die so genannte Wirklichkeit das Ergebnis von Kommunikation ist. Diese These scheint den Wagen vor das Pferd zu spannen, denn die Wirklichkeit ist doch offensichtlich das, was wirklich der Fall ist, und Kommunikation nur die Art und Weise, sie zu beschreiben und mitzuteilen.
>
> Es soll gezeigt werden, dass dies nicht so ist; dass das wacklige Gerüst unserer Alltagsauffassungen der Wirklichkeit im eigentlichen Sinne wahnhaft ist, und dass wir fortwährend mit seinem Flicken und Abstützen beschäftigt sind – selbst auf die erhebliche Gefahr hin, Tatsachen verdrehen zu müssen, damit sie unseren Wirklichkeitsauffassungen nicht widersprechen, statt umgekehrt unsere Weltschau den unleugbaren Gegebenheiten anzupassen. Es soll ferner gezeigt werden, dass der Glaube, es gäbe nur eine Wirklichkeit, die gefährlichste all dieser Selbsttäuschungen ist; dass es vielmehr zahllose Wirklichkeitsauffassungen gibt, die sehr widersprüchlich sein können, die alle Ergebnis von Kommunikation und nicht der Widerschein ewiger, objektiver Wahrheiten sind. (Watzlawick 1976: 7)

Dies sind die programmatischen Sätze, die das hier referierte Buch einleiten. Mit diesem Werk verlässt Paul Watzlawick den therapeutischen Bereich und wendet sich Fragen der Alltagserkenntnis zu. Es geht ganz allgemein um „Wahn, Täuschung, Verstehen" (so der Untertitel des Buchs). Nicht mehr die Veränderung klinisch auffälliger Verhaltensweisen und Weltsichten steht im Mittelpunkt des Interesses, sondern ganz allgemein die Erklärung der „Wirklichkeit", d. h. ihre Kreation als Effekt von Kommunikation. Und mit Wirklichkeit sind in diesem Fall nicht nur die Sichten von „Wirklichkeit" gemeint, die von Person zu Person sehr unterschiedlich sein können, sondern auch die *tatsächlichen* Folgen auf der Handlungs- und Interaktionsebene, die aus diesen unterschiedlichen Sichten der Wirklichkeit – auch wenn sie etwa als Wahn disqualifiziert werden – resultieren.

Die Form und Intention des Buches weichen von üblichen wissenschaftlichen Texten ab:

> Es ist die unverblümte Absicht dieses Buches, unterhaltend zu sein und dem Leser in anekdotischer Form gewisse willkürlich ausgewählte Gebiete der Kommunikationsforschung vorzulegen, die ungewöhnlich, merkwürdig und vielleicht sogar unglaublich sind, trotzdem (oder vielleicht gerade deshalb) aber unmittelbar an der Entstehung und Ausbildung von Wirklichkeitsauffassungen beteiligt sind. (Ebd.: 8)

Dieses Selbstverständnis des Autors bzw. seiner Absichten und der von ihm gewählten Form von Text kann erklären, wie Paul Watzlawick die Rolle des höchst erfolgreichen Multiplikators ungewöhnlicher, dem Alltagsdenken des durchschnittlichen Mitteleuropäers oder Amerikaners zuwiderlaufender Ideen gewinnen konnte. Daraus resultiert aber auch die Schwierigkeit, das Buch hier angemessen zu besprechen, denn über eine Form zu sprechen ist etwas anderes als Inhalte zu referieren. Während man Theorien, die in einem Werk entfaltet werden, in Bezug auf ihre Prämissen und Folgerungen darstellen und diskutieren kann, lassen sich Anekdoten und Geschichten, deren Botschaften und Quintessenzen implizit sind, ja eigentlich nur nacherzählen. Das hieße aber, es wäre besser, gleich auf den Originaltext zu verweisen. Der Versuch, der im Folgenden unternommen wird, ist, das Buch gewissermaßen auf den Kopf zu stellen, d. h. es so zu lesen, als wären die Theorien explizit formuliert und die erzählten Storys lediglich zur Illustration angefügt.

Der Text ist in drei Abschnitte geteilt: *Konfusion – Desinformation – Kommunikation*, die jeweils für einen anderen Schwerpunkt stehen. Teil 1, *Konfusion*, widmet sich den Schwierigkeiten des Verstehens, als dessen Gegenseite die Konfusion zu betrachten ist. Deshalb erfährt man viel über die Grundlagen des Verstehens, wenn man untersucht, wie es zur Konfusion kommt. Wissenschaftsgeschichtlich interessant ist ja, dass seit Jahrhunderten über das Verstehen philosophiert wird, nicht aber über das Gegenstück, die Erzeugung von Verwirrung. Dies ist erst seit Mitte des 20. Jahrhunderts – siehe oben – mit der Entwicklung der Kommunikationsforschung zum Thema geworden.

Wenn man deren Grundaxiom akzeptiert, „dass alles Verhalten in Gegenwart eines anderen Mitteilungscharakter hat, so sehen wir leicht ein, wie viel Raum für Konfusion und Konflikt allein schon im Bereich der Körpersprache, geschweige denn in dem der Lautsprachen besteht" (ebd.: 17). Wenn Menschen sich gegenseitig begegnen, so müssen sie sich auf einer Metaebene immer auch darüber einigen, wie welche Verhaltensweisen zu verstehen sind. Es reicht nicht, dass jeder für sich das Verhalten des anderen (von der Körpersprache bis zu den ausgesprochenen Worten) deutet (das tut er auch), sondern beide müssen sich faktisch auf Spielregeln der Verhaltenskoordination einigen. Und auch wenn das gelingt, bleibt festzustellen, dass Mitteilungen (d. h. im weitesten Sinn: alle beobachteten Verhaltensweisen) von Sender und Empfänger ganz unterschiedlich Sinn und Bedeutung zugeschrieben wird. Niemand kann wissen, welche Bedeutung dem eigenen Verhalten vom anderen gegeben wird, auch wenn er selbst der Überzeugung sein mag, er habe sich ganz eindeutig verhalten und die Informationen, die er geben wollte, klar und unmissverständlich mitgeteilt. Da die Beteiligten an der Kommunikation unter Anwesenden immer gleichzeitig Sender und Empfänger sind, multipliziert sich das Risiko der gemeinsamen Erzeugung von Konfusion.

Es wird aber noch dadurch potenziert, dass Menschen – im Gegensatz zu Tieren – zu ihrer Kommunikation auch noch über die Sprache als Medium verfügen. Denn nun ergibt sich die Möglichkeit paradoxe Aussagen zu formulieren, d. h. Aussagen, die wahr sind, wenn sie falsch sind, und falsch sind, wenn sie wahr sind.

Beispiel: Beachten Sie diesen Satz nicht!

Was kann der Sprache als Kommunikationsmedium nutzende Leser nun tun? Wenn er den Satz nicht beachtet und über ihn hinweggeht, dann hat er ihn beachtet.

Wenn er ihn beachtet, dann darf er ihn nicht beachten, was er aber gerade tut, wenn er versucht ihn nicht zu beachten... usw. Logisches Folgern führt hier zum unendlichen Regress – das ist das Konstruktionsprinzip von Paradoxien. Dass sie denjenigen, der pragmatischen Paradoxien im Sinne der Double-bind-Hypothese ausgesetzt ist, in den Wahnsinn treiben können, ist bereits skizziert worden. Wie dies geschieht, lässt sich folgendermaßen erklären:

1. Wer für seine Wirklichkeitswahrnehmungen oder für die Art und Weise, wie er sich *selbst* sieht, von für ihn lebenswichtigen anderen Menschen getadelt wird (zum Beispiel ein Kind von seinen Eltern), wird schließlich dazu neigen, seinen Sinnen zu misstrauen. [...]

2. Wer von anderen, die für ihn lebenswichtig sind, dafür verantwortlich gemacht wird, anders zu fühlen, als er fühlen *sollte*, wird sich schließlich dafür schuldig fühlen, nicht die „richtigen" Gefühle in sich erwecken zu können. [...]

3. Wer von Personen, die für ihn lebenswichtig sind, Verhaltensanweisungen erhält, die bestimmte Handlungen sowohl erfordern als auch verbieten, wird dadurch in eine paradoxe Situation versetzt, in der er nur durch Ungehorsam gehorchen kann. (Ebd.: 29 f., Hervorhebungen im Original)

Als schizophren, depressiv oder auch sozial deviant etikettierte Verhaltensweisen können Reaktionen auf derartige Typen paradoxer Kommunikation sein.

Im nichtklinischen Alltagsbereich finden sich Varianten dieses Kommunikationsmusters, die man als „Sei-spontan-Paradoxien" bezeichnen kann. Dies ist etwa der Fall, wenn eine Person von einer anderen ein Verhalten *fordert*, dass nur dann seinen Wert erhält, wenn es spontan erfolgt. Wird diese Forderung erfüllt, so wird sie nicht erfüllt, da dieses Verhalten ja nicht spontan, sondern erst auf die Forderung hin gezeigt wurde („Ich würde mich freuen, wenn du mir morgen mal spontan Blumen mitbringen würdest.").

Doch so verwirrend solche Paradoxien auch sein mögen, sie helfen, die Beschränkungen der zweiwertigen Logik zu verdeutlichen. Und die aus ihnen resultierenden Konfusionen sind insofern nützlich, als sie die Suche nach Möglichkeiten ihrer Beseitigung, d. h. nach Wiederherstellung der logischen Konsistenz des Weltbildes, auslösen. Hierin liegt auch die Chance der Veränderung von Weltbildern. In der Psychotherapie (z. B. in der Erickson'schen Hypnotherapie) werden Konfusionstechniken („therapeutische Double-binds") verwendet, um erstarrte Weltbilder zu verflüssigen und Prämissensysteme, die sich gegenseitig bestätigen, in einem Netz von Kontradiktionen zu verstricken, so dass sie sich selbst ad absurdum führen.

In Teil 2, *Desinformation*, beschäftigt sich Watzlawick mit der Frage, wie Lebewesen mit Situationen der Desinformation umgehen. Antwort: Sie suchen nach Ordnung. Oder besser: Sie *erfinden* eine Ordnung. Was Grundlage therapeutischer Konfusionstechniken war, ist die Basis der Etablierung eines jeden konsistenten Weltbildes. Um das Unbehagen und die Unsicherheit zu beseitigen, die mit der Nicht-Durchschaubarkeit der Welt verbunden sind, werden *Erklärungen* für die wahrnehmbaren Phänomene gesucht. Auch wenn sie wenig plausibel oder die Ordnung, die sie implizit unterstellen, unwahrscheinlich sein mögen: Sie reduzieren Unsicherheit und entlasten emotional. Das führt dann dazu, dass die Bereitschaft oder Fähigkeit, sie zu falsifizieren, immer mehr abnimmt:

> Sobald einmal das Unbehagen eines Desinformationszustands durch eine wenn auch nur beiläufige Erklärung gemildert ist, führt zusätzliche, aber widersprüchliche Information *nicht zu Korrekturen, sondern zu weiteren Ausarbeitungen und Verfeinerungen der Erklärung.* (Ebd.: 63, Hervorhebung im Original)

Der emotionale Aufwand zur Herstellung dieser Erklärungen und die Befriedigung darüber sind so groß, dass es oft affektiv ökonomischer ist, alle Daten, die nicht vereinbar mit der so geschaffenen Ordnung der Dinge sind, aus der Wahrnehmung auszublenden oder ihre Relevanz zu leugnen. Auf diese Weise stabilisiert sich unsere Sicht von Ordnung und Chaos. Es sind keine objektiv gegebenen Sachverhalte, sondern sie entstehen aufgrund der (nicht unbedingt bewussten) Entscheidungen von Beobachtern, die ihre Wahrnehmungen ordnen, Ereignisse definieren, deren Zusammenhänge als zufällig oder notwendig unterscheiden und ihnen Sinn zu- oder abschreiben.

Dies kann sowohl für wissenschaftliche Weltbilder gesagt werden als auch für Wahnsysteme. Der Unterschied besteht darin, dass über die Wahnsysteme, die als wissenschaftliche Wahrheiten gehandelt werden, durch spezifische kommunikative Prozeduren ein gewisser Konsens hergestellt werden muss. Das ist bei individuellen Wahrheiten, die als Wahn gehandelt werden, nicht der Fall.

Ein zentraler Aspekt dieser Herstellung von Ordnung durch den Beobachter besteht in der *Interpunktion* von Ereignisabläufen. Die Kontinuität der Zeit wird in diskontinuierliche Ereignisse zerhackt. Wie dies geschieht oder zu geschehen hat, ist nicht objektiv vorgegeben. Daher kann jeder Beobachter – mehr oder weniger willkürlich – unterschiedliche Vorher-nachher-Unterscheidungen vollziehen. Wo immer es darum geht, Reiz-Reaktions- oder Ursache-Wirkungs-Ketten zu beobachten, ist es von zentraler Bedeutung, in welcher zeitlichen Ordnung Ereignisse positioniert werden. Doch das ist bei der Beobachtung von Kommunikationsprozessen, wo jeder der Beteiligten Sender und Empfänger ist, nicht so einfach. Beispielhaft illustrieren lässt sich dies an dem bekannten Witz

> von der Laborratte, die einer anderen erklärt: „Ich habe diesen Mann so trainiert, dass er mir jedes Mal Futter gibt, wenn ich diesen Hebel drücke." Damit beweist die Ratte, dass sie in derselben Reiz-Reaktions-Folge eine andere Gesetzmäßigkeit sieht als der Versuchsleiter (ebd.: 72).

Aber auch in einer gemeinsamen Geschichte, in der die Beteiligten – wie Versuchsleiter und Ratte – die Ereignisfolgen unterschiedlich interpunktieren, entwickeln sich Spielregeln der Interaktion – auch wenn die auf gegenseitigem Missverstehen beruhen mögen. Denn aus der Außenperspektive kann man sehr wohl eine Ordnung in das Verhalten beider bringen, welche die skizzierten Interpunktionen aufhebt. Sie ist zirkulär organisiert: *Wenn der Versuchsleiter x macht, dann macht die Ratte y; und wenn die Ratte y macht, dann macht der Versuchsleiter x.*

Kommunikation funktioniert dann, wenn die Teilnehmer mit dem Umstand umzugehen gelernt haben, dass sie gegenseitig nie sicher sein können, welche Interpunktionen ihr Gegenüber vornehmen wird und welche Erklärungen er für das von ihm beobachtete Verhalten zugrunde legen kann. Sie müssen dabei immer auf die Wirklichkeit des anderen Bezug nehmen, obwohl die ihrer direkten Beobachtung nicht zugänglich ist. Dabei sind sie auf Unterstellungen und Hypothesen angewiesen.

Dies gilt aber nicht nur für den Fall, dass gegenseitiges Verstehen Ziel der Kommunikation ist, sondern auch, wenn die Desinformation des anderen angestrebt wird. Beispielhaft sind hier die Strategien, die im Krieg von den verschiedenen Kriegsparteien genutzt werden, um jeweils den Feind in die Irre zu führen und über die eigenen Aktivitäten und Pläne im Unklaren zu lassen bzw. ihm eine falsche Klarheit über die eigenen „wirklichen" Absichten zu suggerieren.

Diese und andere Beispiele über die dabei verwendeten Methoden gezielter Irreführung und Konfusion führen Watzlawick zur Unterscheidung zweier Arten von Wirklichkeit. Dabei definiert er die eine im Sinne des naturwissenschaftlichen Wissenschaftsverständnisses:

> Wir wollen also jene Wirklichkeitsaspekte, die sich auf den Konsensus der Wahrnehmung und vor allem auf experimentelle, wiederholbare und daher verifizierbare Nachweise beziehen, der *Wirklichkeit erster Ordnung* zuteilen. (Ebd.: 143, Hervorhebung im Original)

Dem setzt er die „Wirklichkeit zweiter Ordnung" entgegen. Sie bezieht sich darauf, „was diese Tatsachen *bedeuten* oder welchen *Wert* (im weitesten Sinne des Wortes) sie haben" (ebd.). Zu diesem Bereich gehören Normen und Spielregeln des Zusammenlebens, die sich von Kultur zu Kultur, von Individuum zu Individuum unterscheiden:

> Diese Regeln sind [...] subjektiv, arbiträr und keineswegs der Ausdruck ewiger, platonischer Wahrheiten. Im Bereich dieser *Wirklichkeit zweiter Ordnung*, ist es also absurd, darüber zu streiten, was 'wirklich' wirklich ist. (Ebd.)

Der Teil 3 steht nun endlich unter der Überschrift *Kommunikation* und er beschäftigt sich mit der Frage, wie Kommunikation überhaupt möglich wird, angesichts der Tatsache, dass jeder der Beteiligten die Verhaltensweisen des anderen immer auch anders deuten könnte. Dieses Ausgangsproblem jeder Kommunikation wird heute „doppelte Kontingenz" genannt; Watzlawick verwendet den Begriff nicht, analysiert aber in diesem Kapitel genau diesen Sachverhalt:

> Es handelt von Situationen, in denen die Basis gegenseitiger Kommunikation erst gefunden oder erfunden und dann der anderen Seite in einer Form angeboten werden muss, die jener die Entschlüsselung des Sinns ermöglicht. Wenn dies gelingt, eröffnet sich beiden Seiten der Blick in die bis dahin unbekannte und vielleicht unvorstellbare Wirklichkeit zweiter Ordnung der anderen. (Ebd.: 148)

Auch hier erweist sich, dass Konfrontation mit der Abweichung vom Gewohnten und Erwarteten den Blick auf vermeintlich Selbstverständliches eröffnet. In diesem Sinne referiert Watzlawick Projekte, in denen die Kommunikationsmöglichkeiten zwischen Menschen und Tieren erforscht wurden, sowie die Bemühungen um Kommunikation mit Außerirdischen (falls es sie denn geben sollte).

Dabei ging es um weit mehr als im oben geschilderten Versuch einer Ratte, ihren Versuchsleiter durch die Nutzung hypothetischer Reiz-Reaktions-Automatismen zu steuern. Da wurde Affen der Gebrauch von Zeichensprachen beigebracht, Delfine lernten Spiele, die das Verstehen von Regeln voraussetzten usw. Und es wurde versucht, potenziellen außerirdischen intelligenten Wesen, die eventuell in Kontakt mit einer der Anfang der 1970er Jahre abgesandten Raumsonden kämen, Botschaften über uns Menschen so zukommen zu lassen, dass sie als nicht-zufällig und bedeutungsvoll interpretierbar wären. Alles praktische Versuche, das Problem der doppelten Kontingenz zu bewältigen, bei dem zwei Partner miteinander in Kontakt kommen und jedes Signal des anderen deuten müssen und, wenn sie sich denn an der Kommunikation beteiligen wollen, damit kalkulieren müssen, dass ihr Gegenüber in derselben Lage ist wie sie selbst.

Kommunikation gelingt dann, wenn ein gemeinsamer Code ausgehandelt wird, nach dem den Ereignissen Bedeutung gegeben wird („Wirklichkeit zweiter Ordnung"). Diese Wirklichkeit ist aber nicht objektiv vorgegeben, sondern kann – zumindest im Bereich sozialer Beziehungen – verändert werden. Und Veränderung wie Nichtveränderung erfolgen selbstbezüglich aufgrund dessen, was wir als Wirklichkeit proklamieren. Eine der Konsequenzen ist, dass wir in einer vieldeutigen Welt leben müssen, voller Ambivalenzen und Ambiguitäten. Es gibt niemanden, der sagen kann, wie die 'wirkliche' Wirklichkeit aussieht. Deshalb kann auch keiner Aussage über diese Wirklichkeit objektive Wahrheit zugeschrieben werden, und keine normative Position lässt sich im Bereich zwischenmenschlicher Beziehungen als objektiv richtig oder vorgegeben behaupten. Und das ist auch gut so. Denn

> die Geschichte der Menschheit zeigt, dass es kaum eine mörderischere, despotischere Idee gibt als den Wahn einer 'wirklichen' Wirklichkeit (womit natürlich die eigene Sicht gemeint ist), die sich aus dieser wahnhaften Grundannahme dann streng logisch ableiten lassen. Die Fähigkeit, mit relativen Wahrheiten zu leben, mit Fragen, auf die es keine Antworten gibt, mit dem

Wissen, nichts zu wissen, und mit den paradoxen Ungewissheiten der Existenz, dürfte dagegen das Wesen menschlicher Reife und der daraus folgenden Toleranz für andere sein. Wo diese Fähigkeit fehlt, werden wir, ohne es zu wissen, uns selbst wiederum der Welt des Großinquisitors ausliefern und das Leben von Schafen leben, dumpf und verantwortungslos und nur gelegentlich durch den beizenden Rauch eines prächtigen Autodafés oder der Schlote von Lagerkrematorien unseres Atems beraubt. (Ebd.: 218 f.)

Dass eine Sicht, nach der niemand beanspruchen kann, den Zugang zur 'wirklichen' Wirklichkeit und damit zur Wahrheit zu haben, weit reichende ethische und politische Konsequenzen hat, wird in der Vehemenz dieser Zeilen deutlich. Würde irgendjemand über die Definitionsmacht verfügen, was wirklich und wahr ist, so könnte er auch seinen Mitmenschen vorschreiben, was sie zu tun und zu lassen haben. Wird das aber in Zweifel gezogen – und hier erweist sich Paul Watzlawick als radikaler Konstruktivist, auch wenn er das selbst zu der Zeit, als er sein Buch verfasste, noch nicht so nannte – so kann sich niemand über den anderen stellen und ihn bzw. seine Bedeutungsgebungen und Bewertungen („Wirklichkeit zweiter Ordnung") disqualifizieren. Die Folgerungen sind politisch weitreichend. Denn wenn es keine „natürliche" Hierarchie der Weltbilder im Sinne der Unterscheidung wahr/falsch gibt, so wird die Wahl des Weltbildes zur persönlichen Entscheidung. Jeder Einzelne behält die Verantwortung für seine Sicht der Welt und sein Handeln, und er muss mit seinen Mitmenschen aushandeln (im wörtlichen Sinne), in welcher Welt er leben will.

3   Rezeption und Wirkung

Dass das Werk Paul Watzlawicks zunächst im Bereich der Psychiatrie und Psychotherapie Aufmerksamkeit gefunden hat, dürfte angesichts seiner Entwicklungsgeschichte nicht verwundern. Es hat auch damit zu tun, dass er zunächst die oben genannten Fachbücher publizierte, die vor allem an Therapeuten adressiert waren. Sie sind auf den großen Widerstand gestoßen, der jeden radikalen Paradigmenwechsel begleitet. Er rührte von den verschiedensten – üblicherweise im Konflikt miteinander liegenden – Therapie- und Theorieansätzen. Denn was sie alle verband (und teilweise immer noch verbindet), ist eine individuumszentrierte Sicht, die vom kommunikativen Kontext, in dem ein Mensch lebt, abstrahiert. Sie konstruiert die generierenden Mechanismen („Ursachen") abweichender, als pathologisch bewerteter Verhaltensweisen innerhalb der Grenzen des Individuums – sei es der Psyche, sei es des Organismus. Dieser Typus von Erklärungen verbindet die Psychoanalyse mit der Verhaltenstherapie, und auch die biologische Psychiatrie sowie die heute so populäre Hirnforschung ruhen auf diesem Fundament. Mit der Verschiebung des Fokus der Aufmerksamkeit auf die Spielregeln der Kommunikation, geriet das Individuum in eine Randposition. Was es in der Therapie zu verstehen und zu ändern galt, war nicht mehr primär das „falsche" Weltbild, sondern die Kommunikationsregeln, die dieses Weltbild mit einer gewissen Wahrscheinlichkeit produzierten und – zirkulär im Sinne der selbsterfüllenden Prophezeiung verknüpft – am Leben erhielten.

Die Arbeiten der Palo-Alto-Gruppe hatten weltweit ein großes Echo. Im Feld der Psychotherapie und Psychiatrie führte dies zu teilweise erbitterten Auseinandersetzungen. Watzlawick und diejenigen, die seine Ansätze im klinischen Alltag zu realisieren versuchten, konzipierten ihre therapeutischen Interventionen als Elemente von Kommunikationssystemen. Sie handelten „strategisch". Deshalb wurden sie der „mangelnden Authentizität" und Manipulation bezichtigt und moralisch disqualifiziert.

Ungeachtet dessen wurden neue Methoden entwickelt, die davon ausgingen, dass in jeder Therapie – wie immer ihre Vertreter dies auch selbst konzeptualisieren mögen – ein Kommunikationssystem entsteht. So wurden neue therapeutische Modelle geboren, die in den 1970er Jahren noch unter dem Namen „Kommunikationstherapie" bekannt wurden, ab Anfang der 1980er Jahre jedoch „systemische Therapie" genannt wurden.

Das Abrücken von der auf das Individuum bezogenen Sicht führte auch zur Änderung des therapeutischen Settings. Es wurde mit ganzen Familien oder Gruppen gearbeitet („systemische Familientherapie"). Hinzu kam, dass nunmehr therapeutische Situationen – per Einwegscheibe – von außen beobachtet wurden. Dadurch wurde im therapeutischen Alltag die Differenz zwischen unterschiedlichen Beobachterperspektiven – Therapeuten, die an einer Sitzung mit Einzelnen oder Familien beteiligt waren vs. Beobachter hinter der Scheibe – deutlich. Hier wurde alltäglich erlebbar, dass die Positionierung der Beobachters (innen/außen) die Beobachtung radikal veränderte. Derartige Erfahrungen eröffneten den Weg – auch bei Paul Watzlawick – hin zu einer Radikalisierung konstruktivistischer Konzepte.

Doch aus der therapeutischen Diskussion verabschiedete er sich zunehmend, um sich immer mehr der Popularisierung konstruktivistischer und systemtheoretischer Modelle zuzuwenden. Nach *Wie wirklich ist die Wirklichkeit?* gab er den bereits erwähnten Sammelband *Die erfundene Wirklichkeit* (Watzlawick 1981) heraus, in dem er u. a. Heinz von Foerster, Ernst von Glasersfeld und Francisco J. Varela ein Forum bot, um ihre Konzepte einer breiteren Öffentlichkeit nahe zu bringen. Mit seinem Buch *Anleitung zum Unglücklichsein*, das seit 1983 eine Millionenauflage erzielte, wurde er schließlich zum Bestsellerautor, der weltweit bekannt und in zig Sprachen übersetzt wurde.

Die Beurteilung seines Einflusses auf die Entwicklung des Konstruktivismus ist nicht einfach, vor allem nicht ohne Widersprüche, ja, Paradoxien. Denn – wie bereits erwähnt – ohne Paul Watzlawick und seine populären und popularisierenden Werke, hätte der Konstruktivismus aller Wahrscheinlichkeit nach keine solch große Aufmerksamkeit und keine so große Verbreitung gefunden. Watzlawick infizierte seine Leser und Hörer mit seinem subversiven Denken. Dies gelang ihm nicht nur durch die Klarheit seiner Sprache und Argumentation, sondern auch durch seine umfangreiche literarische und wissenschaftliche Bildung, die ihm ermöglichte, zwischen unterschiedlichen Disziplinen zu springen, um komplexe Sachverhalte anschaulich zu illustrieren. Vor allem aber fing er seine Leser und Zuhörer durch den kühlen und sarkastischen Humor, der seine Schriften und seine Vorträge durchzog und hinter denen so etwas wie Weisheit und Gelassenheit hervor schimmerte. Trotzdem, so die ernüchternde Vermutung, wird ihm die Nachwelt wahrscheinlich keine Lorbeerkränze flechten. Denn diejenigen, die eine Botschaft verbreiten, werden zwar im Augenblick der Verkündung – zu recht – dafür belohnt (Bestseller) oder auch – zu unrecht – bestraft, aber langfristig bleiben in der Regel diejenigen Personen in Erinnerung, die als Schöpfer von etwas radikal Neuem und Originellem betrachtet werden. Obwohl man derartige Geniemythen eigentlich ja infrage stellen muss, angesichts der Tatsache, dass Wirklichkeitskonstruktionen immer im Kontext von Kommunikation geschaffen werden und Ideen zwischen Menschen entstehen – seien sie nun originell oder vollkommen unkreativ und altbacken. Doch dieser notwendige Rahmen wird meist vergessen, und diejenigen, die ihn gebaut haben, ebenfalls.

Paul Watzwlawicks unstreitbares Verdienst ist, durch fast alle seine Werke entscheidend zur Herstellung eines kommunikativen Kontextes beigetragen zu haben, ohne den die Entwicklung die Konstruktivismus nicht zu seinem heutigen Stand gelangt wäre. Doch dadurch, dass er so erfolgreich war, verblasst sein Bild hinter denen, die ohne ihn kaum jemand sehen würde.

Literatur

Bateson, Gregory/Don D. Jackson/Jay Haley/Jon H. Weakland (1981): Vorstudien zu einer Theorie der Schizophrenie. (1956) In: Gregory Bateson: Ökologie des Geistes. Frankfurt am Main: Suhrkamp. S. 271–301.
Clerc, Isabelle (2009): Am Quellcode des Verhaltens. Die Macy-Konferenzen und die Kybernetisierung verhaltenswissenschaftlicher Theorien. Heidelberg: Carl-Auer-Systeme.
Heims, Steve J. (1991): The Cybernetics Group. Cambridge, MA: MIT Press.
Watzlawick, Paul (1976): Wie wirklich ist die Wirklichkeit? Wahn, Täuschung, Verstehen. München: Piper.
Watzlawick, Paul (Hrsg.) (1981): Die erfundene Wirklichkeit. Wie wissen wir, was wir zu wissen glauben? Beiträge zum Konstruktivismus. München: Piper.
Watzlawick, Paul (1983): Anleitung zum Unglücklichsein. München: Piper.
Watzlawick, Paul/Janet Beavin Bavelas/Donald D. Jackson (1967): Menschliche Kommunikation. Formen, Störungen, Paradoxien. Bern/Stuttgart: Huber.
Watzlawick, Paul/John H. Weakland/Richard Fisch (1974): Lösungen. Zur Theorie und Praxis menschlichen Wandels. Bern: Huber.

Beobachtungen im Labor

Karl H. Müller über Karin Knorr-Cetinas *Die Fabrikation von Erkenntnis*

Im wahrscheinlich interessantesten Märchen konstruktivistischer Provenienz, nämlich in Hans Christian Andersens „Des Kaisers neue Kleider", ist gegen Ende davon die Rede, dass es des unbefangenen und des unvermittelten Blicks eines Kindes bedurfte, um das Offensichtliche, aber offensichtlich Tabuisierte, auszusprechen, nämlich des Kaisers unverhüllte Nacktheit. Es eröffnen sich überraschend viele Bezugspunkte zu Andersens Märchen, wenn man Karin Knorr-Cetinas Buch über die *Fabrikation von Erkenntnis* beziehungsweise *The Manufacture of Knowledge* aus dem Jahre 1981 – die erweiterte deutsche Fassung erschien 1984 – in den Kontext der Wissenschaftsentwicklung und vor allem der Wissenschaftsphilosophie der späten 1960er und 1970er Jahre stellt, um daraus den Tabubruch zu ermessen, der mit diesem – und mehreren ähnlichen Publikationen aus dieser Zeit – einherging.[1] Die Wissenschaft war plötzlich von ihrer zentralen Position als Erzeugerin und Hüterin der reinen Wahrheit[2] in die Praktiken der Forschungsalltage und damit auch in die Trivia, die Banalitäten oder in die Kämpfe und Ränkespiele von wissenschaftlichen Alltagen versenkt worden. Diese Form der Dekonstruktion in Richtung von wissenschaftlichen Alltagsroutinen war ungewohnt, provokant und wartete zudem mit einer Reihe von selbstverständlichen Einsichten in den Wissenschaftsprozess auf, die gerade wegen ihrer Selbstverständlichkeiten erfrischend neu wirkten.

Die Autorin dieses Buches selbst hatte bis zum Jahr 1984 zudem eine reichhaltige intellektuelle Wanderung durch unterschiedliche Milieus unternommen. Nach ihrer Dissertation im Bereich der Kulturanthropologie an der Universität Wien war Karin Knorr-Cetina zwischen 1972 und 1978 als Assistentin für Soziologie am Institut für Höhere Studien (IHS) in Wien tätig. Das IHS war 1963 auf Betreiben von Paul K. Lazarsfeld und Oskar Morgenstern als intellektueller Brückenkopf zu den im seinerzeitigen Österreich nicht rezipierten internationalen Methoden und Theorien in den Sozial- und Wirtschaftswissenschaften gegründet worden und galt

---

[1] Die entsprechende Analogie wäre sachbezogen die, dass der Kaiser – der Korpus der Wissenschaften – schon längere Zeit in neue Designs eingehüllt wurde, die von einer kundigen Heerschar von theoretisch inspirierten Schneidern aus der wissenschaftsphilosophischen *haute couture* produziert wurden – und die – bei genauerer Betrachtung – nichts bekleideten. Und es war auch hier ein unbefangener ethnografischer Blick vonnöten, um den Wissenschaftskorpus in all seinen unmittelbaren und banal-alltäglichen Verwerfungen zur Darstellung zu bringen.

[2] Als Korollar wäre noch die genetische Seite anzuführen, nämlich Wissenschaft als eine Geschichte der unbefleckten Ideenempfängnis abseits politischer, ökonomischer oder generell: gesellschaftlicher Sphären zu begreifen. Diese internale Sicht auf Wissenschaftsprozesse stand damals hoch im Kurs und prägte sowohl das wissenschaftliche Selbstverständnis wie auch die Gegenstandsbereiche der Wissenschaftsforschung.

in diesen Jahren als eine innovative, politisch linksliberale Versuchsstation für Theorien- oder Methodenaufgänge. Die intellektuelle Umgebung des IHS war stark durch internationale Gastprofessoren geprägt und Karin Knorr-Cetina legte in diesen Jahren ihren thematischen Schwerpunkt auf die empirische Wissenschaftsforschung, etwas, das in eine noch heute interessante Publikation zu den Verwertungsbedingungen sozialwissenschaftlicher Forschung (Knorr/Haller/Zilian 1979) und in mehrere Sammelbände zur Wissenschaftsforschung (Knorr/Strasser/Zilian 1975; Strasser/Knorr 1976) mündete. Die Jahre zwischen 1979 bis 1983 waren durch Forschungsaufenthalte am Institut für Soziologie an der University of Pennsylvania und am *Center for the Study of Science and Society* am Virginia Polytechnic Institute sowie durch eine Professur für Soziologie und Wissenschaft in der Gesellschaft an der Wesleyan University in Connecticut geprägt. Brachten die Wiener Jahre am IHS eine Fokussierung auf eine international orientierte Wissenschaftsforschung, so schärfte und fixierte die Zeit in den USA den Blick auf mikro-soziale Praktiken und Routinen in eben dieser Wissenschaftsforschung. Die Jahre in den Vereinigten Staaten erwiesen sich rückblickend als stabil prägend für diese neuartige praxisfokussierte Sichtweise, die gleich in mehreren Publikationen (Knorr/Krohn/Whitley 1980; Knorr-Cetina/Cicourel 1981; Knorr-Cetina/Mulkay 1983), vor allem aber in der *Fabrikation von Erkenntnis* (Knorr-Cetina 1984) ihren sinnfälligen Ausdruck fand. Mit der Habilitation an der Universität Bielefeld im Jahre 1981 erfolgte dann 1983 ein Wechsel an die Fakultät für Soziologie an der Universität Bielefeld, damals mit Niklas Luhmann, Peter Weingart und vielen anderen unstritig der dichteste Ort für Konstruktionen zur Wissenschaft der Wissenschaft oder zur Gesellschaft der Gesellschaft. Karin Knorr-Cetina blieb bis zum Jahre 2001 in Bielefeld, wechselte dann an die Universität Konstanz und pendelt seit dem Jahre 2004 zwischen den Universitäten von Chicago und Konstanz.

Für ein vielschichtigeres Verständnis der in Karin Knorr-Cetinas Buch mitschwingenden oder eingebetteten Themen wird es sich als sinnvoll herausstellen, anfangs zwei wichtige Kontextinformationen zu präsentieren, nämlich erstens einen Verweis speziell auf den Status der damaligen amerikanischen Soziologie und zweitens einen Kurzrückblick auf den damaligen Stand der Wissenschaftsphilosophie.

1   Entstehungsbedingungen und Vorgeschichte

In einer interessanten Parallelaktion begannen sich zwei größere Disziplinfelder – die Soziologie wie die Wissenschaftsphilosophie – seit den späten 1950er Jahren für die Mikrosphären von Alltagspraktiken zu interessieren.

1.1 Die Soziologie entdeckt den Alltag

In den 1960er Jahren setzte in der amerikanischen Soziologie ein sukzessives Erwachen aus dem Parsons'schen Traum von der Großen Theorie ein, der sich nicht nur in einer vehementen Kritik am Oeuvre Talcott Parsons manifestierte, sondern der sich vor allem in einer radikalen Neuorientierung soziologischer Forschung äußerte. In der einen Richtung steht beispielsweise C. Wright Mills, der sein Verdikt vom Grau aller funktionalistischen Theorie mit sehr farbigem Spott mischte.[3]

Und auf der anderen Seite vollzog sich eine Neuentdeckung der alltäglichen Seiten des Lebens, die aber diesmal nicht mit dem eher restringierten Code einer empirischen Sozialforschung, sondern mit mannigfaltigen Codierungsweisen auch aus anderen Wissenschaftsdisziplinen zum Vorschein gebracht werden sollten. In diesem Sinne vollzog sich schnell eine Rekombination von qualitativen soziologischen Erkundungsmethoden mit den Instrumenten und Verfahren der Ethnografie oder der vergleichenden Kulturanthropologie. Symbolischer Interaktionismus, Ethnomethodologie, die Soziologie der Lebenswelten, qualitative Methoden, *grounded theory* – diese Schlagworte markieren einen neuen Wege der Soziologie jenseits der großen Systemdifferenzierungen, welche sich in den soziologischen Landschaften der späten 1960er und 1970er Jahre in den Vordergrund schoben und die einen gewichtigen Bezugspunkt für eine Neuorientierung einer konstruktiven Wissenschaftsforschung bilden sollten.

1.2 Ein Rückblick auf die Wissenschaftsphilosophie in den 1960er Jahren

Der andere Referenzbereich bildet die Situation der Wissenschaftsphilosophie oder auch Wissenschaftstheorie speziell in den 1960er Jahren. Das Jahr 1965 markiert wahrscheinlich global betrachtet den Höhe- und Wendepunkt dessen, was sich einst in den 1930er und 1940er Jahren anschickte, als *Philosophy of Science* die akademische Welt zu erobern. Zwischen dem 11. und 17. Juli 1965 findet am Bedford College in London ein internationales Kolloquium über die Philosophie der Wissenschaften statt, das in insgesamt vier bis heute wichtigen Bänden dokumentiert wurde.[4] Von den vier publizierten Themenfeldern – Grundlagenprobleme der Mathematik, Probleme der induktiven Logik, allgemeine Probleme der Wissenschaftstheorie, Kritik und Erkenntnisfortschritt – ist es besonders der vierte Bereich, der einen charakteristischen Einblick in den Höhe- und Wendepunkt der

---

[3] Vgl. da insbesondere seine *Sociological Imagination* aus dem Jahr 1959, die schon 1963 übersetzt wurde: *Kritik der soziologischen Denkweise* (Mills 1963) und in der ein dritter Weg einer kritischen Soziologie zwischen der anschauungsfreien Parsons'schen Großtheorie und dem theoriefernen Zählwerk der seinerzeitigen empirischen Sozialforschung markiert wurde.

[4] Diese vier Bände erschienen als Lakatos (1967, 1968); Lakatos/Musgrave (1968, 1970).

Wissenschaftstheorie erlaubt. Unter dem Titel *Kritik und Erkenntnisfortschritt* (Lakatos/Musgrave 1974) wird die Auseinandersetzung zwischen der überkommenen Wissenschaftsphilosophie oder Wissenschaftstheorie speziell in der Popper'schen Spielart mit einem eher wissenschaftshistorischen und -soziologischen Ansatz konfrontiert, wie er primär von Thomas S. Kuhn propagiert wurde.

1965 war die Welt noch von jener Ordnung, von der es im Miniaturbeitrag von L. Pearce Williams heißt, dass sie bislang nur die wissenschaftsphilosophische Sicht von Wissenschaft und wissenschaftlicher Gemeinschaft kennt: „Man darf die wissenschaftliche Gemeinschaft wie jede andere Gemeinschaft behandeln und sie soziologisch analysieren. Man beachte: Dies ist wohl *möglich*, aber es ist noch nie gemacht worden." (Williams 1974: 49, Hervorhebung im Original) 1965 markiert einen Wendepunkt, weil sich bereits deutlich ein Richtungswechsel anzeigt, da es auf dieser Londoner Konferenz zu heftigen Kontroversen zwischen Thomas S. Kuhn und speziell Karl R. Popper und seiner Gefolgschaft gekommen ist. Kuhn vertrat vehement die zumindest ebenbürtige Rolle der Wissenschaftsgeschichte und Wissenschaftssoziologie und die Relevanz der empirischen Wissenschaftsforschung für die wissenschaftsphilosophischen Wege der Weltkonstruktionen. Karl R. Popper, John Watkins oder Imre Lakatos billigten der wissenschaftshistorischen oder -soziologischen Forschung lediglich einen marginalen Stellenwert zu, nämlich als illustrativer Fundus zu einem – normativ betrachtet – dauerhaft revolutionären Unternehmen, das Wissenschaft genannt wird.

Das Jahr 1965 markiert denn auch die regressive Problemverschiebung der akademisch etablierten Wissenschaftsphilosophie hin zu selbstgenerierten Problemen jenseits der empirischen Wissenschaften, über die sich noch ein, zwei Jahrzehnte formidabel streiten ließ. Waren die frühen Exponenten einer Wissenschaftsphilosophie sowohl hervorragende Wissenschaftler und Wissenschaftsphilosophen, so wurde dieser Status eines reflexiven Praktikers zunehmend marginalisiert und durch professionalisierte Wissenschaftsphilosophen jenseits der empirischen Forschung ersetzt.

Als besonderes Spezifikum der Wissenschaftsphilosophie im Zeitalter ihrer Professionalisierung muss gelten, dass sie für Fragen der empirischen Wissenschaftsentwicklung oder der wissenschaftlichen Alltage nicht nur wenig hermeneutisches Verständnis zeigte, sondern diese Sphäre überhaupt als schlichtweg irrelevant qualifizierte. 1978 findet Wolfram W. Swoboda die folgende Charakterisierung zu dieser sich anbahnenden Neoscholastik:

> The worst offender in this regard is possibly the philosopher of history, who is distinguished by having virtually no contact with the field of knowledge he is philosophizing about [...]. The basic premises with which they approach their subject are [...] laughably naïve and simplistic. On the basis of such assumptions, however, a formidable logical machinery is set in motion, producing conclusions that cannot fail to reflect the quality of the underlying assumptions. (1978: 65)

Doch *worst offender* fanden sich seit den 1970er Jahren nahezu in allen Philosophie-von-X-Domänen, wo X für ein beliebiges etabliertes Wissenschaftsfeld (Geschichte, Wissenschaften, Geist, etc.) stehen kann.[5] Neue empirisch fundierte Sichtweisen auf den Wissenschaftsprozess fielen deshalb in den Jahren 1981 oder 1984 auf einen fruchtbaren Resonanzboden, der durch die wissenschaftsphilosophische Drift in Richtung einer Neoscholastik zunehmend ausgetrocknet wurde.

2 *Die Fabrikation von Erkenntnis* als Schlüsselwerk des Konstruktivismus

Vor diesen beiden zeitgenössischen Kontexten aus den 1960er und den 1970er Jahren – dem soziologischen wie dem wissenschaftsphilosophischen – eröffnet sich ein sehr weit gespannter Interpretationsrahmen für *Die Fabrikation von Erkenntnis* (Knorr-Cetina 1984).

2.1 Ein Erfahrungsbericht der Wissenschaften als *terra incognita*

Die Fabrikation von Erkenntnis (Knorr-Cetina 1984) ist so strukturiert, dass das Buch eine mikro-basierte Gesamtperspektive für die Wissenschaftsanalyse entwirft, die sich entlang eines neuartigen Pfades jenseits eines eingelebten Realismus und eines generativen Idealismus entlang bewegen möchte. Gleich zu Beginn wird eine konstruktive Unterscheidung zwischen einer Welt der Tatsachen (WT) und einer Welt der Weltkonzeptionen (WW) eingeführt, um die bisherigen zwei großen Erkenntnistheorien, nämlich Realismus und Idealismus, zu charakterisieren. Der Realismus geht, so Karin Knorr-Cetina, von der Dominanz der Tatsachen oder Fakten aus und schreibt damit der Welt der Tatsachen (WT) die primäre Rolle zu: (WT → WW) Der Idealismus in seinen bisherigen Spielarten hievt hingegen die Welt der Weltkonzeptionen an die entscheidende und determinierenden Stelle: (WW → WT). Gegenüber diesen beiden überkommenen Alternativen sieht sich die neue Perspektive der Wissenschaftsforschung auf einem dritten Weg, in dem die wechselseitige Abhängigkeit und die Durchmischung im Vordergrund steht: (WT ↔ WW).

Im ersten Kapitel werden die wesentlichen Konturen einer konstruktiven Wissenschaftsforschung vorgezeichnet. Die Orte für eine konstruktive Wissenschaftsforschung liegen in den vielfältigsten raum-zeitlichen Settings, in denen wissenschaftliche Praktiken situiert sind und umfassen das Archiv des Mediävisten eben-

---

[5] Als besonders pikante Wendung kann gegenwärtig auf die neu entstandene Gesellschaft für die Geschichte der Philosophie der Wissenschaften verwiesen werden, welche wegen mangelnder wissenschaftstheoretischer Fortschritte in der Gegenwart sich auf die historische Rückschau aus den Frühzeiten der Wissenschaftstheorie fokussiert.

so wie die computerunterstützte Arbeitsumgebung eines empirischen Sozialforschers oder die Werkstätten eines Labors für Molekularbiologie. Solche Laboratorien sind eben keineswegs nur auf naturwissenschaftlich-technische Domänen beschränkt, sondern erstrecken sich über alle Wissenschaftsfelder und sind zudem nicht an scharfe Systemgrenzen gebunden, sondern sind über weite gesellschaftliche Bereiche – die öffentliche Verwaltung oder wissensbasierte Unternehmen beispielsweise im Bereich von Banken und Versicherungen – verteilt.

Der Fokus der Analyse gilt in erster Linie den in diesen weit gestreuten Labors ablaufenden rekurrenten Praktiken, Interaktionen und Kommunikationsprozessen. Dieser Schwerpunkt auf Praktiken kann als das Spezifikum dieser Form des Konstruktivismus betrachtet werden, da hier die kognitive Innenseite von Akteuren zwar stets latent mit im Spiel bleibt, aber nicht zum manifesten Gegenstand von weiterführenden Analysen avanciert. Aus diesem Grund fallen auch die Beziehungen zum radikalen oder kognitionstheoretischen Konstruktivismus eher lose aus und die konstruktivistische Familienähnlichkeit resultiert primär daraus, dass im wissenschaftsanalytischen Konstruktivismus die Mikrowelten in der Produktion von wissenschaftlichen Outputs und im radikalen Konstruktivismus die neuronalen Mikrowelten in der Herstellung von Kognitionsprozessen wie Wahrnehmung, Lernen, Sprachverstehen etc. analysiert werden.

Der präferierte methodische Weg des wissenschaftsanalytischen Konstruktivismus bewegt sich entlang von ethnografischen Methoden, die gegenwärtig eine Vielfalt von unterschiedlichen Zugängen kennt.[6] Bei Karin Knorr-Cetina kommt eine selbstreflexive Form der teilnehmenden Beobachtung zum Zug, in der „nicht der wissenschaftliche Beobachter (wie bei standardisierten Verfahren), sondern die Untersuchungsteilnehmer ein Maximum an Kontrolle über die erzielten Informationen ausüben sollen." (Knorr-Cetina 1984: 45 f.) Laboratorien, Akteure, beobachtbare Praktiken und ethnografische Methode bedeuten, dass sich eine solche konstruktive Wissenschaftsforschung immer schon im Jenseits wissenschaftsphilosophisch eingespielter Distinktionen einrichtet: jenseits eines Entdeckungs- und eines Rechtfertigungszusammenhangs, jenseits einer Unterscheidung von öffentlich und privat[7], jenseits einer Differenz von Wissenschaft und Gesellschaft, jenseits interner und externer Perspektiven und auch jenseits der eingelebten Differenzen von Theorie und Praxis oder Rationalität und Handeln. Aus dieser mikro-

---

[6] Zur Übersicht vgl. Beer (2008), wo ethnologische Feldforschungsmethoden unter den Schlagworten teilnehmende Beobachtung, ethnografischer Zensus, genealogische Methode, qualitative ethnografische Interviews, strukturierte Interviews, systematische Beobachtung, *extended-case*-Methode, ethnologische Netzwerkanalyse und kognitive Methoden abgehandelt werden.

[7] Nimmt man eine konstruktive Wissenschaftsforschung von ihren Ansprüchen hinreichend ernst, wird man sofort auf die vielfältigen Formen „szientifischer Privatheit" geführt, da speziell im universitären Bereich gewichtige Teile wissenschaftlicher Arbeit innerhalb von privaten Haushalten durchgeführt werden und damit private Haushalte ebenfalls gewichtige Laborkontexte bilden.

basierten Vielfalt von Orten rekurrenter wissenschaftlicher Praktiken resultiert nahezu zwangsläufig ein alternatives Bild des wissenschaftlichen Wandels, in dem fast notwendigerweise die Zufälligkeit oder die Kontingenz zu einem nicht eliminierbaren Schlüsselfaktor avanciert. Zudem wird eine terminologisch leicht irritierende Dualität von Methodologien aufgespannt, die einerseits sensitiv und andererseits frigide operieren können. Frigide Methodologien in den Sozialwissenschaften werden als solche bestimmt, die mit einem standardisierten Instrumentarium die soziale Welt zu erfassen trachten und in denen die untersuchten Subjekte primär als Objekte in Erscheinung treten, die sich nur auf eine höchst beschränkte Weise äußern können. Der Musterfall einer frigiden Methodologie wäre beispielsweise die empirische Sozialforschung, die mit Fragebögen, Skalen und zumeist geschlossenen Fragen ihren Untersuchungsfeldern gegenüber treten. Sensitive Methodologien verhalten sich hingegen zu ihrem Gegenstand interaktiv statt distanziert, nähern sich ihrem Feld von innen statt von außen, zielen primär auf die rekurrenten Praktiken in Laborkontexten und nicht auf die kognitiven Überzeugungen und Evaluationen von Wissenschaftlern ab und bemühen sich in offenen Dialogen jenseits von standardisierten Interviewsituationen um ein geteiltes Verständnis ebendieser Praktiken.

2.2 Die einzelnen Regionen der wissenschaftlichen *terra incognita*

Nach diesem großen Paukenschlag aus dem ersten Kapitel folgen die sechs weiteren Kapitel von ihrer Organisation mehrheitlich einer Logik der Forschung, die sich von der Rationalität der Forschung (Kapitel 2), über die Theorie- und Modellbildung (Kapitel 3) zur Makroorganisation (Kapitel 4) erstreckt, um über zwei Kapitel zur wissenschaftlichen Textproduktion (Kapitel 5 und 6) bis hin zu den neuen Ausblicken auf die Gemeinsamkeiten zwischen Natur- und Sozialwissenschaften zu führen (Kapitel 7).

Das zweite Kapitel führt näher in die raum-zeitlichen Kontextualisierungen von Wissenschaftsprozessen und zu einem Schlüsselbegriff des Buches, nämlich zum Opportunismus der Forschung. Dabei geht es nicht oder nicht primär um die Angepasstheit oder die Willfährigkeit der Forschung angesichts unterschiedlicher ökonomischer oder gesellschaftlicher Interessenslagen, sondern um etwas davon sehr Verschiedenes: um die Adaptionen von rekurrenten Forschungspraktiken an die jeweils spezifischen Kontexte von Labors und um Forscher als Adaptionisten oder *Tinkerer*:

> *Tinkerer* sind Opportunisten. Sie sind sich der materialen Gelegenheiten, die sich an einem bestimmten Ort ergeben, bewusst und nutzen diese für ihre Projekte. Gleichzeitig wissen sie, was „machbar" ist, und passen ihre Projekte dem an oder entwickeln sie entsprechend. Dabei sind sie ständig damit beschäftigt, funktionierende Resultate zu produzieren für Ziele, auf die sie sich

im Augenblick eingelassen haben. (Knorr-Cetina 1984: 65, Hervorhebung im Original)

Wichtig wird in diesem Zusammenhang auch, dass diese opportunistische Rationalität der Forschung üblicherweise im Verborgenen bleibt, weil sie, ähnlich einem Katalysator, zwar den aktuellen Forschungsprozess dominiert, in den Produkten und im Output der Forschung – den Artikeln, Berichten, Büchern zu den jeweiligen Ergebnissen – nicht in Erscheinung tritt – und nicht in Erscheinung treten darf.

Im dritten Kapitel schließt sich eine hoch interessante Exploration in die Probleme von Forschungsheuristiken und in die Fragen der Entstehung des Neuen an. Zunächst wird eine traditionelle Sichtweise von Innovationsprozessen vorgestellt, die unter dem Schlagwort einer Metapherntheorie der Innovation präsentiert wird:

> Die Metaphertheorie der Innovation besagt, dass figurative Vergleiche die eigentliche Quelle konzeptueller Innovationen darstellen. Durch eine Metapher werden zwei Phänomene, die normalerweise nicht miteinander assoziiert sind, plötzlich in irgendeiner Art von Übereinstimmung gesehen. (Ebd.: 93 f.)

Im Gegensatz zu einer solchen metaphernzentrierten Form schlägt Karin Knorr-Cetina zunächst eine signifikante Erweiterung in Richtung auf ein Analogieräsonieren vor, welches Metaphern als eine echte Untermenge enthält. Dieses erweiterte ähnlichkeitsbasierte Innovationsschema wird dann zunächst an Hand einiger Innovationsberichte von Forschern empirisch unterstützt. Als interessante kritische Wendung wird der konservative Charakter solcher Ähnlichkeitslogik für Forschungsinnovationen herausgearbeitet, weil damit wissenschaftliche Innovationen ihren Ausgangspunkt nicht bei der Exploration ins Neuland nehmen, sondern bei bereits Vorhandenem und damit Altem. Das Charakteristische

> einer „innovativen Idee" besteht nicht darin, dass sie neu ist, sondern dass sie alt ist – sie mobilisiert vorhandenes, womöglich etabliertes Wissen. Analogieübertragungen lassen frühere Selektionen zirkulieren, und diese werden dadurch ebenso reproduziert wie transformiert (ebd.: 112).

Durch die teilnehmenden Beobachtungen am Forschungsprozess werden zudem noch andere Limitationen oder Stilisierungen des Analogieräsonierens offenbar. Die *ex post* eindeutige Zuordnung von Analogien, Akteuren und erfolgreichen Innovationen zerfällt im Laborkontext in eine Mannigfaltigkeit von potenziellen Bezügen und Prozessen und wird zudem durch einen allerdings nicht-verschriftlichten Zusammenhang von Analogie und fehlgeschlagenen Innovationen begleitet. Damit gerät zudem eine wichtige Funktion des Analogieräsonierens aus dem normalwissenschaftlichen Blick, wonach solche Analogietransfers die Operationskapazitäten von Labors ausweiten und einen wichtigen Beitrag zur dynamischen Erweiterung von Arbeitsprozessen und Praktiken innerhalb Labors leisten.

Im vierten Kapitel werden die Konsequenzen aus den bisherigen Perspektivenverschiebungen auf die Ebene der Akteure transferiert. Traditionellerweise laden

Begriffe wie wissenschaftliche *Community* oder die Gelehrtenrepublik dazu ein, von geschlossenen Akteursgruppen auszugehen, deren Zusammenhalt durch einen eigenen Regelkodex aufrechterhalten wird. Dadurch werden dann auch die üblichen Differenzierungen von innen und außen oder von innerwissenschaftlichen Logiken und den wissenschaftsexternen Störungen und Perturbationen ermöglicht, über deren Ausmaß und Stellenwert sich in der Regel trefflich streiten lässt. Im Gegensatz dazu operiert eine konstruktive Wissenschaftsforschung jenseits dieser eingelebten Dualisierungen und richtet sich immer schon in transwissenschaftlichen Feldern mit transwissenschaftlichen Akteuren und transepistemischen Kontexten ein. Durch die teilnehmende Beobachtung von rekurrenten Praktiken wird man nahezu zwangsläufig mit Situationen konfrontiert, in denen die Umsetzung von Forschungsheuristiken, die Beschäftigung mit privaten Problemen, die Produktion eines wissenschaftlichen Textes, Praktiken sozialer Beziehungen, die Sorge um Forschungsförderungen, Karriereplanungen oder weltanschauliche Debatten dicht miteinander und ineinander verkettet sind.

> Wissenschaftliche Laborarbeit erscheint von Aktivitäten und Beziehungen durchsponnen, die den Ort der Forschung ständig überschreiten [...]. Womit wir es zu tun haben, sind Handlungsarenen, die sowohl *transepistemisch* als auch *transwissenschaftlich* sind. Sie schließen „gemischte" Gruppen und Argumente ein, die sich nicht einfach in eine Kategorie „Wissenschaft" oder dem „Spezialgebiet" angehöriger Angelegenheiten einerseits und eine Kategorie „sonstiger" Geschäfte andererseits zerlegen lassen. (Ebd.: 154, Hervorhebungen im Original)

Damit wird auf den gerne verdrängten Sachverhalt aufmerksam gemacht, dass eine Separierung in wissenschaftsgeleitetes Handeln einerseits und ein Interagieren mit außerwissenschaftlichen Beschränkungen oder Möglichkeiten andererseits in Form der Forschungsorganisation oder der Forschungsförderung in einem beobachteten Laborkontext spontan zusammenbricht. Die Interaktionen mit der Universitätsleitung oder der Industrie ziehen ihre tiefen Spuren in die jeweiligen Forschungspraktiken und führen dazu, das Feld von Wissenschaftlern in Gestalt einer Tripel-Helix von Wissenschaft, Ökonomie und Staat beziehungsweise oder als vielfach bespielte Arena zu konzeptualisieren[8]: „Vielmehr gewinnt man den Eindruck eines Spielfeldes, auf dem unterschiedliche Leute gleichzeitig verschieden Spiele spielen." (Ebd.: 156) Die empirisch gehaltvollsten Aussagen der *Fabrikation von Erkenntnis* finden sich dort, wo es zentral um die Fabrikation von Erkenntnis dreht, nämlich in den Codifizierungs- und Verschriftlichungsprozessen und in der Herstellung wis-

---

[8] Damit ist natürlich nicht der Trivialzusammenhang gemeint, wonach Ziele oder *constraints* von Auftraggebern oder Institutsleitungen die Ergebnisse der Forschung inhaltlich bereits vorwegnehmen oder festlegen, etwas, was relativ selten passiert. Aber diese scheinbar wissenschaftsexternen Interaktionen engen die Selektivität der opportunistischen Rationalität der Wissenschaft ähnlich ein wie die Forschungsheuristiken eines speziellen Forschers oder der *conventional wisdom* einer Wissenschaftlergruppe.

senschaftlicher Texte im Genre von Artikeln, Forschungsberichten oder Büchern, die in den Kapiteln 5 und 6 konzentriert sind:

> Ein Erzeugnis des Labors ähnlich anderen Laborerzeugnissen, etwa einer isolierten chemischen Substanz oder einem Messresultat. Gleichzeitig enthalten jedoch die wissenschaftlichen Produkte der Wissenschaftler ihre eigenen Argumentationen, die mit dem praktischen Räsonieren der Laborarbeit kontrastiert. (Ebd.: 175)

Damit gerät die verschriftlichte Produktion von Forschungsergebnissen zu einem eigensinnigen Bereich, der in nicht-trivialer Weise mit dem Laborkontext verbunden ist und in den viel an laborunabhängigen Regeln und Regelsystemen einfließen, die mit literarischen Genres und Geschichtsformaten zu tun haben. Die zentrale Frage dabei lautet, ob sich die Verbindung zwischen Laborwelten und Textwelten als Transformationsprozess verstehen lässt, der über mehrere Metamorphosen hin zu den öffentlich zirkulierenden Texten führt oder ob man sinnvollerweise von zwei getrennten und nur lose verbundenen Sphären ausgehen sollte.

Im fünften Kapitel wird diese literarische Neuformung von Laborkontexten an Hand der Einleitung von wissenschaftlichen Artikeln demonstriert, für die jedenfalls eine doppelte Produktionsweise angenommen werden kann. Einleitungen rekonfigurieren den Arbeits- und Ergebnisbereich im Labor hin zu einer anderen Form der Kenntlichkeit.

Eine besondere Nuance wird noch dadurch erreicht, dass diese Einleitungen ihrerseits auf eine wechselvolle Geschichte zurückblicken. An Hand eines einzelnen Artikels wird detailliert herausgearbeitet, dass sich die erste Fassung der Einleitung hoch signifikant von der finalen Form unterscheidet, die – ausgehend von der Ursprungsfassung als erster Stufe – insgesamt fünfzehn weitere Stufen durchlief. Die finale sechzehnte Version der Einleitung unterscheidet sich von der Anfangsversion in systematischer Weise, indem starke Behauptungen eliminiert und die Modalitäten der verbleibenden Aussagen vom Reich der Notwendigkeit in das Reich der Möglichkeiten abgeschwächt wurden. Die endgültige Version der Einleitung ist daher ungleich schwächer gehalten als ihr Anfang, ein Resultat, das primär dem Gruppenprozess der Textproduktion geschuldet ist:

> Die Endversion des wissenschaftlichen Papiers stellt [...] nicht nur das Produkt *eines* Autors dar, sondern das Erzeugnis einer Reihe von Wissenschaftlern, deren Widerstände und Intentionen in die Endversion einfließen. Das Umschreiben der ersten Version entspricht einem kontinuierlichen Verhandlungsprozess zwischen dem Urheber, seinen Mitautoren und Kritikern. (Ebd.: 197, Hervorhebung im Original)

Das sechste Kapitel setzt diese literarischen Explorationen in die Textkulturen und in die Laborkontexte fort, um abschließend zu einer eindeutigen Festlegung vorzustoßen: Es führt kein transformativer Pfad aus den Dokumentationen und den rekurrenten Praktiken des Labors hin zu den finalen veröffentlichten Texten.

> Es überrascht daher nicht, wenn die Verbindung zwischen dem Labor und dem wissenschaftlichen Papier nicht durch kognitive Transformationsregeln hergestellt werden kann. Wissenschaftler, die ein Manuskript schreiben, rufen sich nicht den zugrundeliegenden Forschungsprozess ins Gedächtnis zurück, um diesen anhand ihrer Erinnerungen schriftlich zusammenzufassen. Die Kluft, die zwischen der Forschungsdynamik des Labors und der literarischen Dramatik des Papiers besteht, wird durch eine doppelte Produktionsweise und nicht durch kognitive Transformationen überbrückt. (Ebd.: 240)

Und schließlich führt das siebente und finale Kapitel in die neu erfundenen oder entdeckten Gemeinsamkeiten zwischen den Natur- und den Sozialwissenschaften und in das Jenseits der zwei separierten Kulturen, deren unverbundene Koexistenz C. P. Snow in seiner Reed-Lecture aus dem Jahr 1959 (Snow 1993) noch zum Ausgangspunkt seiner Überlegungen nahm. Es ist nicht weiter überraschend, dass die großen Distanzen und die tiefen Klüfte zwischen einer symbolisch-interpretativen und hermeneutischen Praxis der Sozialwissenschaften und dem naturwissenschaftlichen Procedere zum Gutteil aufgehoben werden. Und dies nicht deswegen, weil auch der naturwissenschaftliche Alltag nicht frei von Karriereplänen, Forschungsanträgen und Verhandlungsprozessen ist, sondern weil auf einer tieferen Ebene auch die rekurrenten Praktiken im naturwissenschaftlichen Labor ebenso symbolisch-interpretative und hermeneutische Züge haben wie auch die naturwissenschaftliche Textproduktion sich in ihrer literarischen Räson nicht von der sozialwissenschaftlichen unterscheidet. Das Argument lautet demnach,

> dass die Naturwissenschaften in ihrer Praxis mit der Praxis der Sozial- (und Geistes-)Wissenschaften entsprechende Ähnlichkeiten aufweisen […]. Naturwissenschaftliches *Handeln* stellt sich im Labor als symbolisches Handeln dar, naturwissenschaftliche Rationalität erscheint *auch* als interpretative Rationalität. (Ebd.: 270, Hervorhebungen im Original)

3   Rezeption und Wirkung

Wie schon einleitend der Hinweis auf Hans Christian Andersens „Des Kaisers neue Kleider" nahelegt, gebührt einer konstruktiven Wissenschaftsforschung das dauerhafte Verdienst, wesentliche Prozesse der Wissenschaftspraxis in die Sphäre der Diskussion transferiert – und die heroisch stilisierten Selbstbilder wissenschaftlicher Tätigkeiten als rastloses Falsifizieren oder methodisch stringentes induktives Räsonieren nachhaltig erschüttert zu haben. In diesem Bereich entfaltete die konstruktive Wissenschaftsforschung auch ihre stärkste Wirkung, weil den normativen Betrachtungen zur Wissenschaftslogik angesichts der mannigfaltigen und weitgestreuten Praktiken eines Wissenschaftsalltags mehr und mehr die Referenzbasis entzogen wurde. Trotzdem wohnen diesem Verfahren und dem konkreten Schlüsselwerk einige notwendige Beschränkungen inne, die im dritten Teil dieses Artikels zusammenfassend präsentiert werden sollen.

Die wohl gewichtigste Restriktion der *Fabrikation von Erkenntnis* (Knorr-Cetina 1984) ergibt sich aus der eingeschlagenen Mikroperspektive, welche *qua* Mikroperspektive über notwendige blinde Flecken und nicht überschreitbare Limitationen verfügen muss. Gewichtige Probleme der Wissenschaftsforschung wie der langfristige Wandel der Umfeldbeziehungen zwischen Universitäten, Forschungsinstituten, dem Staatsapparat und der ökonomischen Sphäre lassen sich mikroanalytisch ebenso schwer analysieren wie deren regionale Variationen.[9] Damit wird allerdings nur die Komplementarität von anderen und makroorientierten Sichtweisen behauptet, die für eine wissenschaftliche Selbsterkenntnis ähnlich signifikante Hinweise offeriert wie dies eine mikrobasierte konstruktive Wissenschaftsforschung bereithält.

Eine spezielle Art der Beschränktheit der *Fabrikation von Erkenntnis* ergibt sich aus dem konkreten Design, in dem eine Forscherin als teilnehmende Beobachterin hoch selektiv sich auf einige wenige Interaktionen innerhalb eines ungleich reichhaltigeren Settings konzentriert und konzentrieren muss. Damit lassen sich mit einem solchen Mikrodesign nicht nur keine globalen und sehr langfristigen Geschichten erzählen, auch die Dynamik von Forschungsorganisationen im Zeitraum mehrerer Jahre fällt solcherart aus dem erreichbaren Rahmen, da sie das Beobachtungspotenzial einer einzelnen Person bei weitem überschreitet. Allerdings liefe eine ethnografische Vollerhebung auf eine forschungspraktisch unerreichbare Verdopplung des Personaleinsatzes hinaus, da hinter jeder Akteurin ein kompetenter Beobachter stehen müsste, um die geforderte Vollständigkeit zu erreichen.[10]

Ein dritter Punkt ergibt sich aus der fehlenden Einbettung einer konstruktiven Wissenschaftsforschung in die Forschungsprozesse der beforschten Wissenschaftsfelder. So wäre an sich ein rekursiv-geschlossener Prozess des Erkenntnisfortschritts innerhalb eines Feldes denkbar, in der die Praxis des Labors und die Praktiken der konstruktiven Laborforschung sich wechselseitig verändern und rekombinativ zu neuen Mechanismen, Methoden, Modellen oder Theorien vordringen könnten. Aber solche Formen der Kopplungen erfolgen im Rahmen der konstruktiven Laborforschung nicht – und in der Regel wird ein Zustand friedlicher, weil rezeptionsloser Koexistenz zwischen beforschten Wissenschaftsfeldern und forschender Laborstudien aufrechterhalten.

Ein anderer Kritikpunkt resultiert aus der relativ geringen kognitiven Tiefe, mit der im gesamten Buch mit den inhaltlichen Aspekten der Forschungsbereiche hantiert wird. Es gibt zwar höchst interessante Kapitel zur doppelten Produktionsweise und zum sehr brüchigen Wechsel von der Arbeitssphäre im Labor zur stilisierten

---

[9] Als interessantes Beispiel vgl. Leydesdorff (2006).
[10] Die ethnografische Methode stößt mit dem Anspruch auf Vollständigkeit in jene Paradoxien vor, die im Bereich des Kartografierens auftreten, wenn die Suche nach immer detailgenaueren Karten hin zu 1:1 Karten driftet.

Darstellung eines wissenschaftlichen Artikels. Aber eine ähnlich intensive Einlassung auf den umgekehrten Prozess des Transfers bestehender Texte von anderen in die Laborkontexte fehlt weitgehend.

Schon eher von geringer Relevanz fällt der nächste Kritikpunkt aus, der mit den Begriffsbildungen einer konstruktiven Wissenschaftsforschung zu tun hat. Ein nicht unwesentlicher Teil der auf den ersten Blick radikalen Behauptungen verdankt sich dem Sachverhalt, dass mehrmals Begriffe mit einem pejorativen Mehrwert gewählt werden, welche gut eingelebte, aber unspektakuläre Termini ersetzen und die durch ihren pejorativen Mehrwert für eine semantische Verlagerung sorgen. Die folgenden vier Beispiele mögen *pars pro toto* genügen: Opportunismus anstatt Pragmatismus, frigide anstatt kontextinvariante Methoden, lokale Idiosynkrasien anstatt institutsspezifische Heuristiken, literarische Konstruktion wissenschaftlicher Rationalität anstatt Typen oder – als Analogie aus dem Kunstbereich – Genres wissenschaftlicher Produktion – diese begrifflichen Substitutionen reichen hin, um zu sehr ambivalenten generellen Charakterisierungen wie der „opportunistischen Rationalität der Wissenschaft" oder der „Wissenschaft als literarische Räson" zu gelangen, welche leserseitig wiederum ganz andere Assoziationen bedingen als ihre an sich sehr familienähnlichen Versionen von der pragmatischen Forschungsrationalität oder den Typen wissenschaftlicher Textproduktion.

Eine weitere und abschließende gravierende Schwäche liegt in der Einschränkung des Beobachtungshorizonts auf das Forschungsleben der Anderen – und auf die methodische Blindheit gegenüber den eigenen Operationen. *Die Fabrikation von Erkenntnis* durchläuft ihrerseits ja auch jene literarischen Stilisierungen und Transformationen und enthält jene literarischen Verstärkungen sowie wissenschaftlichen Differenzierungen von dokumentierten teilnehmenden Beobachtungen hin zum veröffentlichten Buchmanuskript. Und es wäre zumindest interessant gewesen, als Leser vom Beobachten der Anderen auch einen Sekundärtext in den Fußnoten mit den Restriktionen, den Änderungen, den Diskussionen und den Driften von den ersten Manuskriptentwürfen hin zum fertigen Buch der *Fabrikation von Erkenntnis* konfrontiert zu werden. Die Selbstdokumentation und die teilnehmende Beobachtung in eigener Sache gehören zu jenen Desiderata, die bei den Laboranalysen in der Version Knorr-Cetina notwendigerweise fehlen.[11]

---

[11] Aus Gründen minimaler Konsistenz sei zumindest in einer Fußnote angefügt, dass die Hauptgliederungen in diesem Artikel durch Bernhard Pörksen als Herausgeber schriftlich vorgegeben waren. In der allerersten Skizze zu diesem Artikel wurde die Situation speziell in der englischsprachigen Soziologie und die Lage der Wissenschaftsphilosophie in den 1960er und 1970er Jahren als wesentliche Kontextelemente für den ersten Abschnitt identifiziert, die sieben Kapitel des Buches als ordnungsgebend für den zweiten Teil festgesetzt und einige wichtige Kritikpunkte im Rezeptionsteil fixiert. Von dieser Erstfassung aus driftete der Artikel in der üblich-akkumulativen Form mit minimalen Änderungswünschen des Herausgebers jener Endfassung zu, die Sie als Leser derzeit rezipieren.

4 Weiterentwicklungen

Diese Kritikpunkte insgesamt werden aber durch die Konstruktion einer neuen und hoch ergebnisträchtigen Perspektive auf den Wissenschaftsprozess mehr als aufgewogen. Die konstruktive Wissenschaftsforschung wurde von Karin Knorr-Cetina in den letzten Jahrzehnten in beeindruckender Weise weiterentwickelt. Auf theoretischem Gebiet wurde der vorläufige Höhepunkt mit dem Band *Epistemic Cultures* aus dem Jahre 1999 erreicht, in dem zwei verschiedene epistemische Kulturen im Bereich der Hochenergiephysik und der Molekularbiologie identifiziert werden, die trotz ihrer gemeinsamen empirischen Orientierung an der Natur zu sehr unterschiedlich organisierten Clustern von Erforschungs- und Evaluierungspraktiken gelangen.

Von den Forschungsfeldern wurde im letzten Jahrzehnt ein hoch interessanter, weil gesellschaftsrelevanter und derzeit auch gesellschaftsbedrohender Bereich erschlossen, nämlich die Laboratorien von Finanzanalysten (Knorr-Cetina/Preda 2006). Dieses Feld hat durch die Weltwirtschaftskrise seit 2008 eine enorme Aufwertung erfahren, weil sich in den Finanzmärkten in den letzten Jahrzehnten völlig veränderte Formen von Theorie-und-Praxis-Beziehungen herausgebildet haben, die im folgenden Satz zusammengefasst werden können: Die Finanzmärkte operieren, wie es deren Theorie einfordert (MacKenzie 2008, 2009; MacKenzie/Muniesa/Siu 2007).

Als Resümee bietet – um den Wiederanschluss an Hans Christian Andersens „Des Kaisers neue Kleider" herzustellen – eine operative Wissenschaftsforschung den dauerhaften Schutz davor, die Eigenheroisierungen des Wissenschaftsbetriebes mit einer einzigen, scheinbar naiven Frage zum Einsturz zu bringen. Und diese Frage lautet nun nicht mehr wie noch zu den Tagen eines Wiener Kreises in sprachkritischer Manier – „Was hast Du gemeint?" –, sondern unverfänglicher, aber tendenziell ergebniskritischer: „Wie hast Du das gemacht?"

Literatur

Beer, Bettina (Hrsg.) (2008): Methoden ethnologischer Feldforschung. 2., erw. Aufl. Berlin: Dietrich Reimer.

Knorr, Karin D./Hermann Strasser/Hans Georg Zilian (Hrsg.) (1975): Determinants and Controls of Scientific Development. Boston/Dordrecht: Reidel.

Knorr, Karin D./Max Haller/Hans Georg Zilian (1979): Erkenntnis- und Verwertungsbedingungen sozialwissenschaftlicher Forschung. Wien: Jugend und Volk.

Knorr, Karin D./Roger Krohn/Richard Whitley (Hrsg.) (1980): The Social Process of Scientific Investigation. Sociology of the Sciences Yearbook, Bd. 4. Boston: Reidel.

Knorr-Cetina, Karin (1981): The Manufacture of Knowledge. An Essay on the Constructivist and Contextual Nature of Science. Oxford: Pergamon.

Knorr-Cetina, Karin (1984): Die Fabrikation von Erkenntnis. Zur Anthropologie der Naturwissenschaft. Frankfurt am Main: Suhrkamp.

Knorr-Cetina, Karin (1999): Epistemic Cultures. How the Sciences Make Knowledge. Cambridge: Harvard Univ. Press.
Knorr-Cetina, Karin D./Aaron Cicourel (Hrsg.) (1981): Advances in Social Theory and Methodology. Toward an Integration of Micro- and Macrosociologies. London: Routledge & Kegan Paul.
Knorr-Cetina, Karin D./Michael Mulkay (Hrsg.) (1983): Science Observed. New Perspectives on the Social Study of Science. London: Sage.
Knorr-Cetina, Karin/Alex Preda (Hrsg.) (2006): The Sociology of Financial Markets. Oxford: Oxford Univ. Press.
Lakatos, Imre (Hrsg.) (1967): Problems in the Philosophy of Mathematics. Proceedings of the International Colloquium in the Philosophy of Science, London 1965. Bd. 1. Amsterdam: North-Holland.
Lakatos, Imre (Hrsg.) (1968): The Problem of Inductive Logic. Proceedings of the International Colloquium in the Philosophy of Science, London 1965. Bd. 2. Amsterdam: North-Holland.
Lakatos, Imre/Alan Musgrave (Hrsg.) (1968): Problems in the Philosophy of Science. Proceedings of the International Colloquium in the Philosophy of Science, London 1965. Bd. 3. Amsterdam: North-Holland.
Lakatos, Imre/Alan Musgrave (Hrsg.) (1970): Criticism and the Growth of Knowledge. Proceedings of the International Colloquium in the Philosophy of Science, London 1965. Bd. 4. Cambridge: Cambridge Univ. Press.
Lakatos, Imre/Alan Musgrave (Hrsg.) (1974): Kritik und Erkenntnisfortschritt. Abhandlungen des Internationalen Kolloquiums über die Philosophie der Wissenschaft, London 1965. Bd. 4. Braunschweig: Vieweg.
Leydesdorff, Loet (2006): The Knowledge-Based Economy. Modeled, Measured, Simulated. Boca Raton: Universal Publishers.
MacKenzie, Donald (2008): An Engine, Not a Camera. How Financial Models Shape Markets. Cambridge: MIT Press.
MacKenzie, Donald (2009): Material Markets. How Economic Agents Are Constructed. Oxford: Oxford Univ. Press.
MacKenzie, Donald/Fabian Muniesa/Lucia Siu (Hrsg.) (2007): Do Economists Make Markets? On the Performativity of Economics. Princeton: Princeton Univ. Press.
Mills, C. Wright (1963): Kritik der soziologischen Denkweise. Neuwied: Luchterhand.
Snow, C. P. (1993): The Two Cultures. With an Introduction by Stefan Collini. Cambridge: Cambridge Univ. Press.
Strasser, Hermann/Karin D. Knorr (Hrsg.) (1976): Wissenschaftssteuerung. Soziale Prozesse der Wissenschaftsentwicklung. Frankfurt: Campus.
Swoboda, Wolfram W. (1979): Disciplines and Interdisciplinarity. In: Joseph Kockelmans (Hrsg.): Interdisciplinarity and Higher Education. University Park: Pennsylvania State Univ. Press. S. 49–89.
Williams, L. Pearce (1974): Normalwissenschaft, wissenschaftliche Revolutionen und die Geschichte der Wissenschaft. In: Imre Lakatos/Alan Musgrave (Hrsg.): Kritik und Erkenntnisfortschritt. Abhandlungen des Internationalen Kolloquiums über die Philosophie der Wissenschaft, London 1965. Bd. 4. Braunschweig: Vieweg. S. 49–50.

Die Versuchung der Gewissheit

Karl H. Müller über Humberto R. Maturanas und Francisco J. Varelas
Der Baum der Erkenntnis

Es gibt in der Welt der Bücher jene kleine Gruppe an *Instant*-Klassikern, deren langfristige Bedeutsamkeit am Tag ihres Erscheinens erkennbar ist – und die noch Jahrzehnte oder sogar Jahrhunderte später als Referenz- oder Fixpunkte firmieren.[1] Dann wären solche Bücher zu nennen, die über Jahre oder Jahrzehnte ein unbeschauliches Dasein fristen, um plötzlich als wichtig und zentral neu entdeckt und als klassisch rezipiert zu werden. Weiters finden sich in der Welt der Buchveröffentlichungen jene Werke, die eine große Vision (Joseph A. Schumpeter) mit sich tragen, die deswegen zu Klassikern avancieren, weil diese Vision in den Jahren und Dekaden danach sukzessive eingelöst und verwirklicht wird. Eine besondere Gruppe stellen jene Werke dar, die von ihrer Form und ihren Arrangements her bislang bekannte Wege verlassen und seltsam gelungene Rekombinationen bisheriger Formen liefern und deswegen als Schlüsselwerke gelten. Und zu guter Letzt mischen sich in die Gruppe von Klassiker-Neuerscheinungen auch solche Werke, bei denen lange Jahrzehnte nach ihrem Erscheinen Verwunderung entsteht, warum sie jemals als bahnbrechend erscheinen konnten.

Es wird der Leserin oder dem Leser überlassen bleiben, welche der angebotenen Richtungen nach der Lektüre dieses Artikels als die passendste betrachtet wird. Als *Caveat lector* sei allerdings angebracht, dass in den allerseltensten Fällen wichtige Bücher oder Schlüsselwerke genau einer und nur einer der soeben skizzierten Diffusionsgeschichten gefolgt wären. Viel passender wäre es da schon, leserseitig das Ausmaß der Übereinstimmung mit jedem der skizzierten Diffusionspfade anzugeben, um daraus ein Diffusionsprofil nicht nur für das vorliegende, sondern für alle hier versammelten Schlüsselwerke des Konstruktivismus[2] zu erstellen.

---

[1] Charles Darwins Buch *On the Origin of Species* (2006) aus dem Jahr 1859, das am Tag seines Erscheinens ausverkauft war oder die *Theory of Games* (1972) von John von Neumann und Oskar Morgenstern aus dem Jahr 1944, die am Tag der Veröffentlichung auf der ersten Seite der New York Times ausführlich gewürdigt wird, stellen zwei paradigmatische Fälle aus dieser ersten Gruppe dar.

[2] Konstruktivismus soll als ein Cluster von Forschungstraditionen verstanden werden, der – so beispielsweise Karin Knorr-Cetina – sich in drei Hauptrichtungen ausdifferenziert, nämlich in einen kognitionstheoretischen oder radikalen Konstruktivismus, einen lebensweltlichen Sozialkonstruktivismus mit Peter L. Berger und Thomas Luckmann als Zentralfiguren (Berger/Luckmann 1970) und schließlich einen empirisch wissenschaftsanalytischen Konstruktivismus mit einem Fokus auf Laborstudien (Knorr-Cetina 1989).

1 Entstehungsbedingungen und Vorgeschichte

Als Fortsetzung sollen – schon aus Redundanzgründen mit anderen Beiträgen – keine biografischen Übersichten zu Humberto R. Maturana oder Francisco J. Varela und auch keine Diffusionsgeschichte des radikalen Konstruktivismus[3] unternommen werden. Allerdings sollen drei Hinweise angebracht werden, welche für die unmittelbare wie die weitere Rezeption vom *Baum der Erkenntnis* (Maturana/ Varela 1987) wichtig werden.

1.1 Der konstruktivistische Take-off im deutschsprachigen Raum zwischen 1984 und 1987

Zum Ersten ist auf das Erscheinungsjahr des Buches – 1987 – hinzuweisen. Dieses Jahr ist deswegen von Bedeutung, weil die Jahre zwischen 1984 und 1987 die Durchbruchsphase des radikalen Konstruktivismus im deutschsprachigen Raum markieren. Vor 1984 genoss der radikale Konstruktivismus bestenfalls den Charme eines obskuren Objekts der kognitiven Begierden innerhalb noch sehr kleiner Freundeskreise – und im Jahre 1988 gehörte der radikale Konstruktivismus zum *dernier cri* im Bereich der Erkenntnistheorie, in verschiedenen therapeutischen Gruppierungen oder in den systemtheoretischen Sozialwissenschaften Luhmannscher Provenienz. Was war geschehen?

In diesen drei Jahren zwischen 1984 und 1987 erschien geballt eine Reihe von radikal-konstruktivistischen Schlüsselwerken in deutscher Sprache und dazu in prestigeträchtigen deutschen Verlagen. 1976 war zwar schon Paul Watzlawicks *Wie wirklich ist die Wirklichkeit?* publiziert worden, aber die kritische Diffusionsgröße wird erst in diesen drei Schlüsseljahren erreicht: In Niklas Luhmanns „Theorie sozialer Systeme" aus dem Jahr 1984 erfolgen in dichter Abfolge heftige Verweise im Luhmann'schen Fußnotensystem auf die Arbeiten von Humberto R. Ma-

---

[3] Unter radikaler oder kognitionstheoretischer Konstruktivismus soll eine kleine Gruppe von Autoren subsumiert werden, die im Rahmen von sich selbstverstärkenden Sammelbänden im deutschen Sprachraum unter diesem *Label* popularisiert wurden. Es ist durchaus nicht ohne Reiz darauf zu verweisen, dass – sieht man einmal von der Siegener Gruppe um Siegfried J. Schmidt ab – von den vier Musketieren des radikalen Konstruktivismus, nämlich Humberto R. Maturana, Francisco J. Varela, Ernst von Glasersfeld und Heinz von Foerster, ein einziger – Ernst von Glasersfeld – diesen *Brand*-Namen intensiv verwendet, wogegen die anderen drei diese Gruppenbezeichnung für sich jeweils stark ablehnen. Aus diesem Grund wird man auch vergeblich nach der Begriffskombination von „radikal" und „Konstruktivismus" im *Baum der Erkenntnis* suchen, selbst der Ausdruck „Konstruktivismus" hat seinen Weg in das Sachregister nicht gefunden. Und bei genauerer Betrachtung eröffnen sich zudem deutliche inhaltliche Differenzen und Differenzierungen zwischen dem gemeinsamen autopoietischen Programm durch Maturana und Varela, der späteren neurophänomenologischen Wende durch Varela (Rudrauf et al. 2003), Heinz von Foersters Kybernetik zweiter Ordnung und Ernst von Glasersfelds an Jean Piaget angelehnter Lern- und Sprachtheorie.

turana, Warren McCulloch, Gordon Pask, Francisco J. Varela oder Heinz von Foerster; 1985 erblicken eine Aufsatzsammlung von Heinz von Foerster sowie die zweite Auflage einer Aufsatzsammlung von Humberto R. Maturana das Licht der editorischen Welt und 1987 folgen Siegfried J. Schmidts Herausgabe vom *Diskurs des Radikalen Konstruktivismus* mit einem gruppenbildenden Übersichtsartikel von Siegfried J. Schmidt über den radikalen Konstruktivismus als „ein neues Paradigma im interdisziplinären Diskurs"[4], eine Aufsatzsammlung von Ernst von Glasersfeld (1987) – und eben auch Maturana und Varelas *Der Baum der Erkenntnis*.

Ähnlich den Farbexperimenten mit den Kontexteffekten, wonach ein- und dieselbe Farbe in unterschiedlichen Farbumgebungen sehr verschieden wahrgenommen werden kann, bedeutet diese hohe Konzentration von radikal-konstruktivistischen Schlüsselwerken in nur sehr kurzer Zeit, dass auch hier ein sich selbstverstärkender Prozess in Gang gebracht werden konnte, in dem ein Buch auf das andere verwies und sich dadurch ein schneller kollektiver *Take-off* hin zu einem neuen Gruppenbild von Welt und Erkenntnis vollziehen konnte.

1.2 Der Vorläuferstreit um die Evolutionäre Erkenntnistheorie

Speziell im deutschsprachigen Raum wird ein zweiter Hinweis wichtig, nämlich dass die Probleme der Biologie und der Evolution der Erkenntnis bereits seit den 1970er Jahren kontrovers zwischen Biologen und der akademischen Philosophie diskutiert wurden. 1973 erschien Konrad Lorenz' *Die Rückseite des Spiegels* mit dem hoch relevanten Untertitel „Versuch einer Naturgeschichte des menschlichen Erkennens". 1975 folgte Gerhard Vollmers *Evolutionäre Erkenntnistheorie*, 1976 erschien Rupert Riedls *Strategie der Genesis* – und in diesen Jahren erfolgte eine stärkere Betonung einer evolutionären Erkenntnistheorie innerhalb der Popper'schen Philosophie und der Relevanz der Popper'schen Regeln – Falsifikationskriterium, Produktion hoch riskanter, unwahrscheinlicher Theorien und Hypothesen u. a. m. – aus einer evolutionärer Perspektive. Aus diesen zumeist Wiener Publikationen, die im Rahmen des Altenberger Kreises entwickelt wurden, entzündete sich seit den späten 1970er Jahren eine heftige Debatte mit der damaligen akademischen Philosophie, speziell der seinerzeitigen Wissenschaftsphilosophie. Wichtig

---

[4] In diesem einleitenden Übersichtsartikel von Siegfried J. Schmidt wird in der Bibliografie am häufigsten eine Gruppe deutschsprachiger Autoren angeführt, nämlich Peter M. Hejl (6 Nennungen), Gerhard Roth (6) und Siegfried J. Schmidt (9), gefolgt von der *Ingroup* an radikalen Konstruktivisten, nämlich Heinz von Foerster (2), Ernst von Glasersfeld (4), Humberto R. Maturana (2) und Francisco J. Varela (3). Interessanterweise wird Jean Piaget, der Stein des Anstoßes für den Ausdruck radikaler Konstruktivismus durch Ernst von Glasersfeld aus dem Jahr 1974, nur ein einziges Mal erwähnt – und eine *Outgroup* von anscheinend radikalen Nichtkonstruktivisten wie W. Ross Ashby, Stafford Beer oder Gordon Pask findet sich gar nicht inkludiert.

ist diese unmittelbare Vorläuferdebatte deswegen, weil es bereits damals – unter der Speerspitze von Wolfgang Stegmüller (1984, 1985) – zu klaren Demarkationen zwischen Evolutionsbiologie und akademischer Philosophie gekommen ist: Die evolutionäre Erkenntnistheorie, so Wolfgang Stegmüller, als empirische Theorie der Steigerung der Erkenntnis- und Wissensfähigkeiten von Bakterienstämmen bis hin zu menschlichen Gesellschaften, mag zwar für die Evolutionsbiologie aufschlussreich sein, bleibt aber für die normative Erkenntnistheorie weitestgehend irrelevant. Und wollte man – sieht man einmal von den Fallen eines naturalistischen Fehlschlusses ab – die empirische evolutionäre Erkenntnistheorie auch normativ wenden, so fielen die darin vorgeschlagenen Kriterien und Regeln weit hinter den Diskussions- und dem Erkenntnisstand innerhalb des normativen erkenntnistheoretischen Diskurses zurück.[5]

Seitens der akademischen Philosophie regierte man – Frau stand in diesen Jahren den autopoietischen und radikal-konstruktivistischen Avancen eher sprachlos und erst später kritisch gegenüber[6] – daher 1987 mit der Publikation vom *Baum der Erkenntnis* eher mit einem *Déjà-vu* denn mit kognitiver Überraschung oder der Einschätzung von etwas bahnbrechend Neuem.

1.3 Die untypische Entstehungsgeschichte vom *Baum der Erkenntnis*

Schließlich besaß *Der Baum der Erkenntnis* (Maturana/Varela 1987) im Kontext der anderen publizierten Werke einen hohen komparativen Vorteil. Im Gegensatz zu den eher sperrigen Ausgaben selbst für das jeweilige biologische Fachpublikum – von Humberto R. Maturana zirkulierten seit 1970 ein Forschungsbericht unter dem Titel „Biology of Cognition" und 1980 ein mit Francisco J. Varela verfasstes Buch unter dem Titel *Autopoiesis and Cognition*; von Francisco J. Varela war seit 1979 ein schwierig zu verstehendes Buch mit dem Titel *Principles of Biological Autonomy* erhältlich gewesen; 1980 erscheint ein von Milan Zeleny herausgegebener Band über autopoietische Systeme – zeichnet sich *Der Baum der Erkenntnis* durch eine leicht rezipierbare und transdisziplinär zugängliche Schreibweise aus, die auch eine wissenschaftlich interessierten Öffentlichkeit einlädt und einschließt. Dieser hohe Grad an unmittelbarer Verständlichkeit verdankt sich höchstwahrscheinlich dem Zustandekommen dieses Buches, das zwischen 1980 und 1984 als die überarbeitete Transkription von Vorträgen durch Maturana und Varela vor So-

---

[5] Vgl. zum Repertoire der wissenschaftsphilosophischen Argumentationen gegen eine evolutionäre Erkenntnistheorie speziell den Sammelband von Robert Spaemann, Peter Koslowski und Reinhard Löw (1984), worin sich auch ein kritischer Artikel von Wolfgang Stegmüller findet.

[6] Vgl. beispielsweise die Arbeit von Katherine N. Hayles (1999) zur Geschichte der Kybernetik.

zialarbeitern und vor Managern mit notorisch weiten kognitiven Distanzen zur Erkenntnistheorie und zur Evolutionsbiologie entstand.

2 *Der Baum der Erkenntnis* als Schlüsselwerk des Konstruktivismus

Was nun die Organisation vom *Baum der Erkenntnis* (Maturana/Varela 1987) betrifft, so könnte sie unter anderem auch als Integration zweier an sich unterschiedlicher Bücher gesehen werden, die sich normalerweise an sehr unterschiedlichen Plätzen in Bibliotheken aufhalten. Das erste Buch – und es betrifft die Kapitel 1 und 10 – ist als eine Art Ratgeber oder Frühwarnsystem vor den Täuschungen des Alltagsverstandes und seiner vorschnellen Gewissheiten konzipiert. Dieses lebenspraktische *vademecum* für einen organisierten skeptischen Umgang mit den eigenen Sicherheiten und Selbstverständlichkeiten würde sich – als Einzelbüchlein – in dem enorm schnell wachsenden Segment von lebenspraktischer Hilfsliteratur aufhalten, die ihren Ausgangspunkt in den Alltagskonfigurationen von Personen nehmen und dafür neuartige Strategien und Regeln entwerfen.

Schon der Anfang des ersten Buches ist typisch, beginnt er doch mit einem Gemälde von Hieronymus Bosch – und zwar seiner Dornenkrönung aus den Jahren der Frührenaissance um 1509 oder 1510. In diesem Bild finden sich neben der zentralen Christusfigur vier Schergen, von denen der eine im rechten unteren Eck des Bildes, so Humberto R. Maturana und Francisco J. Varela, die Allegorie der Gewissheit verkörpern. Und ganz in diesem Sinne heißt es auch programmatisch einleitend: „Dieses ganze Buch kann als eine Aufforderung angesehen werden, unsere Gewohnheit aufzugeben, der Versuchung der Gewissheit zu erliegen." (Ebd.: 20) Diese eingelebten und selbstgewissen Deutungsschemen betreffen die Selbsterklärungen des Alltagsverstandes, der scheinbar naturgeschichtlich von der Wirklichkeit, ihren objektiven Seiten und vom sicheren Wissen darüber spricht. Und so werden anfänglich zwei Beobachtungsexperimente für und mit Leserinnen oder Lesern durchgeführt, zunächst eines zum blinden Fleck und zur Realisierung, dass man nicht sieht, dass man nicht sieht und dann eines zur kontextgebundenen Form von an sich identischen Farben, die je nach Umgebung, *horribile dictu*, in unterschiedlichen Farben erscheinen.

Das Schlusskapitel führt nahezu naturwüchsig auf das Feld der Ethik, das sich deswegen eröffnet, weil die Grenzen der eigenen Welterzeugung den Anderen miteinschließen – und Menschen untereinander dauerhaft verbunden sind: „Diese Verknüpfung der Menschen ist letztlich die Grundlage aller Ethik als eine Reflexion über die Berechtigung der Anwesenheit des Anderen." (Ebd.: 25) Und als ethischer Schlüsselbegriff wird jener der Liebe gewählt, worunter sehr allgemein die Öffnung hin zum Anderen verstanden wird.

> Liebe ist eine biologische Dynamik mit tiefreichenden Wurzeln. Sie ist eine Emotion, die im Organismus ein dynamisches strukturelles Muster definiert [und bildet] einen entscheidenden Schritt auf dem Weg zu Interaktionen, die zu den operationalen Kohärenzen des sozialen Lebens führen. (Ebd.: 266 f.)

Und von der Liebe führt der weitere Weg wieder zum Ausgangspunkt des ersten Buches, nämlich die Natur unseres unverstandenen Alltagsverstandes: „Der Kern aller Schwierigkeiten, mit denen wir uns heute konfrontiert sehen, ist unser Verkennen des Erkennens, unser Nicht-Wissen um das Wissen." (Ebd.: 268) Nicht unerwähnt sollte allerdings bleiben, dass sich der Duktus der Argumentationen im ersten Buch eng an Paradoxien der Art „Tod allen Fanatikern" oder „kompromissloseste Toleranz" annähert, wenn es beispielsweise gleich mehrfach ebenso monopolistisch wie naturalistisch heißt: „Und wenn wir der Argumentation dieses Buches gefolgt sind und seine Konsequenzen verinnerlicht haben, stellen wir auch fest, dass diese unentrinnbar sind." (Ebd.: 263) Und an anderer Stelle:

> Zu leugnen, dass die Liebe die Grundlage des sozialen Lebens ist, und die ethischen Implikationen dieser Tatsache zu ignorieren, hieße, all das zu verkennen, was unsere Geschichte als Lebewesen in mehr als 3,5 Milliarden Jahren aufgewiesen hat. (Ebd.: 266)

Wo leugnen zwecklos und Konsequenzen unentrinnbar werden, ist man unvermittelt in einer neuen Domäne von Gewissheiten angelangt, nur diesmal jene von der autopoietischen Konstruktion von Alltagswissen und Konsensformationen.

Das zweite Buch bietet hingegen eine Erläuterung des begrifflichen Netzwerks des autopoietischen Forschungsprogramms und erstreckt sich im Wesentlichen über die Kapitel 2 bis 9, die eine begriffliche Reise von der allgemeinen Organisation des Lebendigen (Kapitel 2) und der historischen Leiter der Evolution in Gestalt von Fortpflanzung und Vererbung (Kapitel 3) bis hin zu sozialen Phänomenen (Kapitel 8) und sprachlichen Bereichen und menschlichem Bewusstsein (Kapitel 9) führt.

Diese Reise durch die Geschichte der Evolution ist selbst evolutionär angelegt und folgt von ihrer Logik her dem Schematismus von George Spencer-Brown durch die fortgesetzte Konstruktion von Unterscheidungen, durch welche immer wieder neue Einheiten mit neuen Organisationen und Strukturen sowie mit neuen Operationen und Interaktionsformen geschaffen werden.

Das zweite Kapitel beschäftigt sich mit den Einheiten der Evolution[7], die als Einheiten erster Ordnung beschrieben werden sowie mit den Vorgeschichten und Vorbedingungen zum Entstehen dieser Einheiten erster Ordnung. Solche Einheiten erster Ordnung verfügen über Ränder, durch die sie sich als autonome Einheiten abgrenzen. Lebende Einheiten erster Ordnung – ob kernlose Einzeller oder Einzeller mit Zellkernen – sind nun dadurch charakterisiert, dass sie sich „andauernd selbst erzeugen" (ebd.: 50), genauer: dass sie ein dynamisches Netzwerk von

---

[7] Zum Themenkomplex der *units of evolution* vgl. nur Ereshefsky (1992).

Wechselwirkungen aufrechterhalten, das fortwährend seine eigenen Bestandteile – einschließlich der Ränder einer lebenden Einheit – erzeugt.

> Auf der einen Seite sehen wir ein dynamisches Netzwerk von Transformationen, das seine eigenen Bestandteile erzeugt und das die Bedingung der Möglichkeit eines Randes ist. Auf der anderen Seite sehen wir einen Rand, der die Bedingung der Möglichkeit des Operierens eines Netzwerkes von Transformationen ist, welches das Netzwerk als Einheit erzeugt. (Ebd.: 53)

Eine wichtige Unterscheidungsform für lebende Einheiten bildet jene zwischen Organisation und Struktur, wobei die Organisation als jenes Netzwerk von Relationen zu verstehen sind, die eine bestimmte Einheit notwendigerweise charakterisieren, wogegen die Strukturen jene Merkmale darstellen, welche an einer spezifischen Einheit beobachtbar sind. In diesem Sinne sind lebende Systeme durch ihre autopoietische Organisation gekennzeichnet, die sich in den unterschiedlichsten Strukturen manifestieren kann.

Nach der allgemeinen Identifizierung der Einheiten lebender Systeme wird im nächsten Kapitel der evolutionshistorische Raum aufgespannt, indem zunächst ein historisches Ereignis direkt mit den Veränderungen in diesem selbsterzeugenden Netzwerk von Relationen verknüpft wird: „Immer, wenn in einem System ein Zustand als Modifikation eines früheren Zustandes auftaucht, haben wir es mit einem historischen Phänomen zu tun." (Ebd.: 64) Für die Geschichte evolutionärer Prozesse wird nun die Unterscheidung zwischen Replikationen, Kopien und Reproduktionen wesentlich. Replikationen beruhen auf einem Mechanismus zur Hervorbringung mehrerer oder vieler Einheiten derselben Klasse, Kopien bedürfen eines Projektionsverfahrens zur Erzeugung identischer Einheiten und Reproduktion führt zu einer Teilung einer ursprünglichen Einheit, so dass daraus „zwei Einheiten derselben Klasse resultieren" (ebd.: 70).

Als nächster Schritt entlang der evolutionären Leiter steht die Formation von komplexen Einheiten als Ensembles von mehreren oder vielen lebenden Einheiten – Zellen – im Zentrum, die als Einheiten zweiter Ordnung eingeführt werden und in den Kapiteln 4 bis 7 näher spezifiziert werden.

Unter dem Leitbegriff von Metazellern wird im vierten Kapitel die Bildung dieser neuen Einheiten als Vielheit von strukturell gekoppelten Einheiten erster Ordnung beschrieben, die „durch ihre Kopplung eine neue, besondere Kohärenz aufbauen" (ebd.: 99). Diese neuen Einheiten zweiter Ordnung folgen einem von zwei evolutionären Pfaden von möglichen strukturellen Kopplungen von zwei oder mehr autopoietischen Einheiten erster Ordnung. Entlang des einen Weges kommt es zur Symbiose, also zum „Zusammenfallen der Grenzen beider Einheiten" (ebd.), die in der langen Geschichte der Evolution zu kritischen Phasenübergängen zu neuen und komplexeren Formen führte, beispielsweise den Übergang von intern undifferenzierten Prokaryoten hin zu den mannigfaltig strukturierten Eukaryoten und ihren Organellen. Der andere Pfad lässt die Grenzen autopoietischer Einheiten erster Ordnung intakt, führt aber durch die dichten rekursiven Kopplungen zwischen diesen Einheiten zu einer neuen Form der Integration. Diese Einheiten zweiter Ordnung werden von Seiten eines Beobachters wegen dieser besonderen Kohärenz nicht als Kollektion von interagierenden Einheiten erster Ordnung, sondern als eigensinnige Einheiten zweiter Ordnung beschrieben, die sich allerdings aus Einheiten erster Ordnung zusammensetzen oder konstituieren.

Im fünften Abschnitt des Buches geht es um das beobachtbare Verhalten komplexer lebender Einheiten zweiter Ordnung, das unter dem Leitterm des natürlichen Driftens abgehandelt wird. Natürliches Driften steht dabei für die phylogenetische Dynamik der verschiedenen Einheiten zweiter Ordnung, die sich aus der Art ihrer Organisation und Struktur und aus der Form ihrer rekursiven Kopplungen mit ihren Umwelten ergibt. Für dieses natürliche Driften wird eine interessante Analogie entwickelt:

> Stellen wir uns einen spitzgipfeligen Berg vor. Stellen wir uns weiter vor, dass wir auf dem Gipfel sitzen und Wassertropfen immer in die gleiche Richtung hinunterwerfen, wobei jedoch durch die Mechanik des Werfens geringfügige Abweichungen auftreten [...]. Offenbar werden wir bei mehrmaliger Wiederholung unseres Experiments leicht unterschiedliche Ergebnisse bekommen [...]. Dieses Driften ist das Ergebnis der unterschiedlichen individuellen Interaktionen der Tropfen mit den Unregelmäßigkeiten des Bodens, der Winde und aller sonstigen Faktoren. (Ebd.: 119)

Dieses Verhalten lebender Systeme wird im sechsten Kapitel noch näher spezifiziert, wobei Verhalten sehr allgemein als die „Haltungs- und Standortveränderungen eines Lebewesens" (ebd.: 150) verstanden wird, „die ein Beobachter als Bewegungen oder Handlungen in Bezug auf eine bestimmte Umgebung (Milieu) beschreibt" (ebd.).

Zentral für diese Verhaltensbeschreibungen muss es sein, dass sie beobachterseitig als eine Geschichte von Strukturveränderungen dargestellt werden, an denen primär das Nervensystem und nicht die Umwelt beteiligt ist. Als besonderes Beispiel wird jenes Experiment zitiert, in dem Roger W. Sperry einer Kaulquappe eines der beiden Augen um 180 Grad verdreht, wobei dieser Eingriff die weitere Sehfähigkeit nicht behinderte. Ein Frosch mit einem derart versetzten Auge ist nun verhaltensmäßig in der Lage, mit seiner Zunge sein normales Fangverhalten von Insekten zu produzieren, sofern das gedrehte Auge verdeckt und nur das normale Auge aktiv ist. Operiert der Frosch hingegen mit seinem um 180 Grad invertierten Auge, so zielt die Zunge um genau 180 Grad daneben – und dieses Verhalten wird auch über beliebig viele Versuche beibehalten:

> Dieses Experiment zeigt auf dramatische Weise, dass es für das Tier kein Oben und Unten, Vorn und Hinten in Bezug auf eine Außenwelt gibt, wie sie für den Beobachter existiert. Vielmehr liegt eine *interne Korrelation* vor zwischen der Stelle, an der die Netzhaut einer bestimmten Perturbation ausgesetzt ist, und den Muskelkontraktionen, die Zunge, Mund, Hals und schließlich den ganzen Körper des Frosches bewegen. (Ebd.: 138 f., Hervorhebung im Original)

Anders ausgedrückt entsteht Verhalten „entsprechend den *internen* Aktivitätsrelationen im Nervensystem" (ebd.: 139).

Im siebenten Kapitel treten dann lebende Einheiten zweiter Ordnung mit kognitiven internen Organisationen und Strukturen auf. Zentral für die Beschreibung des neuronalen Systems von Einheiten zweiter Ordnung wird der Sachverhalt, dass sich dieses System „mit fast allen Zellarten innerhalb eines Organismus" (ebd.: 170) verbindet:

> Das neuronale System ist in den Organismus [...] durch seine vielfältigen Verbindungen mit diversen Zellarten eingebettet. Indem es zwischen den sensorischen und motorischen Flächen ein Netz von neuronalen Zwischenverbindungen spannt, das sehr präzise Interaktionen erlaubt, bildet es das, was wir das Nervensystem nennen. (Ebd.: 171)

Mit dieser senso-motorischen Einbettung des Nervensystems oder des Gehirns als Ort hoher neuronaler Dichte wird der Metapher vom Gehirn als Zentralrechner für Umweltinformationen eine ganz klare Absage erteilt: „Das Nervensystem 'empfängt' keine 'Information', wie man häufig sagt [...]. Die populäre Metapher vom Gehirn als Computer ist nicht nur missverständlich, sondern schlichtweg falsch." (Ebd.: 185)

Die Kapitel 8 und 9 führen schließlich zu den Einheiten dritter Ordnung, die als Einheiten zweiter Ordnung kulturell, sozial oder kommunikativ interagieren und zwischen sich neue Bereiche von strukturellen Kopplungen, Koordinationen und konsensuellen Domänen aufbauen. Als besonders interessant gilt dabei das Entstehen oder die Evolution von Kommunikationssystemen und später von Sprachen aus autopoietischer Sicht, da das Operieren mit und in einer Sprache eine neue Stufe von strukturellen Kopplungen eröffnet und verstetigt: „Sprache ist ein fortdauernder Prozess, der aus dem In-der-Sprache-Sein besteht und nicht in isolierten Verhaltensweisen." (Ebd.: 226) Es ist faszinierend zu beobachten, wie im Kapitel über Sprache die Grenzen überkommener sprachlicher Darstellbarkeiten erreicht werden und um neue Ausdrucksformen gerungen wird, um eine möglichst konsistente autopoietische Sicht von Sprachentstehung und deren natürliche Driften zu ermöglichen.

Zwei Punkte fallen an dieser evolutionären Reise durch die Geschichte der Evolution auch heute noch besonders auf. Zunächst wäre die Kohärenz in der evolutionären Entfaltungsgeschichte zu betonen, die sich um ein dynamisches Begriffsnetzwerk bemüht, das sich sukzessive und vor allem logisch erweitert und von Einheiten erster Ordnung (die Kapitel 2 und 3) zu Einheiten zweiter Ordnung (die Kapitel 4 bis 7) und solchen dritter Einheit (die Kapitel 8 und 9) entfaltet.

Und zweitens tritt den Lesern eine völlig andere Geschichte der Evolution entgegen als jene, welche sich als Standardform etabliert hat. Diese Standardversion erzählt von einer rastlosen, aber blinden Mutationsmaschinerie, der ein Selektionsmechanismus gegenüber steht, der für die erforderliche Vielfalt wie für die notwendige Komplexitätsreduktion sorgt. Gegen diese Standardversion von Evolution als Geschichte laufender Anpassungen wird von Humberto R. Maturana und Francisco J. Varela eine alternative Sichtweise von Evolution entwickelt, in der sie sich „von der populären Vorstellung befreien, die die Evolution als einen Prozess versteht, in dem es eine umgebende Welt gibt, an die sich die Lebewesen zunehmend anpassen, indem sie ihre Ausnutzung der Umwelt optimieren." (Ebd.: 127)

Stattdessen wird ein generelles Bild der Evolution entworfen und skizziert, in dem Zufall und historische Notwendigkeit durch den Begriff der natürlichen Drift verknüpft werden.

> Wir sehen die Evolution hier als ein strukturelles Driften bei fortwährender phylogenetischer Selektion. Dabei gibt es keinen „Fortschritt" im Sinne einer Optimierung der Nutzung der Umwelt, sondern nur die Erhaltung der Anpassung und Autopoiese in einem Prozess, indem Organismus und Umwelt in dauernder Strukturkopplung bleiben. (Ebd.)

Und diese andere Sichtweise auf evolutionäre Prozesse bringt auch einen radikalen Abschied von der Vorstellung vom genetischen Code als einem Regelwerk zur Reproduktion von lebenden Einheiten. Maturana und Varela lehnen eine solche Interpretation aus zwei Gründen ab:

> Erstens wird dabei das Vererbungsphänomen verwechselt mit dem Replikationsmechanismus gewisser Zellbestandteile (DNS) mit großer transgenerationaler Stabilität. Es ist zweitens falsch, weil wir mit der Behauptung, dass die DNS das Notwendige enthalte, um ein Lebewesen zu spezifizieren, die DNS (eine Komponente des autopoietischen Netzwerks) aus ihrer Einbindung in den Rest des Netzwerks herauslösen. (Ebd.: 78)

Es ist schließlich die Kombination dieser zwei Bücher, welche auch heute noch den besonderen Reiz vom *Baum der Erkenntnis* ausmacht. Denn als Leserin oder Leser wird man zunächst in die lebenspraktischen Gefilde jenseits von Objektivität, Gewissheit und Konkurrenz geführt und landet bei Beobachterabhängigkeiten, konsensuellen Domänen und Liebe. Und dann entfaltet sich auf dieser alternativen Grundlage ein begriffliches Netzwerk des Lebens, seiner Emergenzstufen und seiner strukturellen Kopplungen und Symbiosen, wie es vor dem Erscheinen dieses Buches noch nie in einer für ein breites Publikum schnell nachvollziehbaren Weise entwickelt und entfaltet worden ist.[8]

---

[8] Familienähnlichkeiten finden sich aber zum Werk von Lynn Margulis, speziell Margulis (1981, 1993, 1998) oder Valentin Braitenberg (1984), der ungefähr zum selben Zeitpunkt eine kybernetische Geschichte der Evolution als Abfolge von kybernetischen Vehikeln vorlegt.

3 Rezeption und Wirkung

Der *Baum der Erkenntnis* (Maturana/Varela 1987) wies neben seiner faszinierenden Weite und seiner autopoietischen Doppelkonstruktion eine Reihe von Schwachpunkten auf, die an dieser Stelle näher erläutert werden sollen.

3.1 Kritikpunkte seit frühen Tagen

Aus gegenwärtiger Sicht lassen sich einige gravierende Mängel des Buches feststellen, die schon damals sichtbar waren, aber die durch die weitere Rezeptionsgeschichte noch verschärft und zugespitzt wurden. Sieht man einmal davon ab, dass das biologische Forschungsprogramm autopoietischer Systeme sich seit den 1980er Jahren kaum mehr weiterentwickelt hat und sowohl experimentell als auch theoretisch als ein Forschungsprogramm ohne progressive Problemverschiebungen firmiert (Imre Lakatos),[9] so besitzt bereits der Originaltext aus der Mitte der 1980er Jahre einige gefährliche Schwächen und implizit angelegte Kurzschlüsse.

Da wären zunächst die vielen Beschreibungsformen zu nennen, die an Produktions- und Herstellungsprozesse erinnern – und die mit Begriffen wie Wirklichkeit, Welt, Realität in engsten Zusammenhang gebracht werden. Im philosophiegeschichtlichen Diskurs gelten solche Kompositionen als hochgradig idealistisch – und es wird im *Baum der Erkenntnis* keine Möglichkeit versäumt, dieses sehr naheliegende Missverständnis von der Terminologie her auszuräumen oder zu minimieren. Wirklichkeit wie Welt werden beobachterseitig produziert, erzeugt, hergestellt – und andere operative Beschreibungsformen wie das „Errechnen einer Wirklichkeit" (Heinz von Foerster 2003: 215), das Komponieren einer Welt, ein sich Einrichten in einer Umwelt finden sich darin nicht einmal ansatzweise vertreten. Diese metaphorische Verwendung von Produktionsprozessen, in denen etwas, nämlich ein Produkt, sukzessive aus vorhandenen Elementen hergestellt wird, ist jedenfalls für das Verhältnis von Beobachtern und ihren Umwelten bestenfalls mit viel romantischer Ironie verwendbar, da die wichtigsten Bedingungen eines Produktionsprozesses – beispielsweise seine Beobachtbarkeit, tangible Produkteigenschaften oder die Tauschfähigkeit von Produkten – nicht gegeben sind. Stattdessen wird mit solchen Produktmetaphern ein weiter Raum für spontane Fehldeutungen

---

[9] Damit wird nicht in Abrede gestellt, dass Francisco J. Varela, Humberto R. Maturana oder Ricardo Uribe weiterhin wissenschaftlich sehr aktiv geblieben sind, allein das gemeinsame autopoietische Projekt wurde weder experimentell oder theoretisch weiter entwickelt. Die Publikationen von Humberto R. Maturana streuen sehr stark innerhalb von philosophischen Feldern – und Francisco J. Varelas Kooperationspartner waren seit den späten 1980er Jahren in kognitionstheoretischen oder phänomenologischen Milieus angesiedelt – und die empirisch-experimentellen Arbeiten Varelas erfolgten zumeist ohne Referenz zum autopoietischen Programm.

eröffnet und die autopoietische Richtung insgesamt in die Gegenden eines paradoxen Relativismus oder eines in sich widersprüchlichen Solipsismus geführt.

In einer Variation zu Ludwig Wittgenstein ließe sich formulieren: Ein Konstruktivist bringt eine Welt hervor; wie eine Krankheit. Natürlich lässt sich auch eine Krankengeschichte so darstellen, dass jemand eine Krankheit wie beispielsweise eine schwere Pneumonie erzeugt, hervorbringt oder produziert, doch diese Redeweise verdunkelt den Sachverhalt, dass eine kranke Person ihrem Produkt – der Lungenentzündung – nicht-intentional und in den allermeisten Fällen gegenintentional gegenübersteht – und dass dieses „Produkt" über mannigfaltige Veränderungen des Organismus sukzessive zum Verschwinden gebracht werden muss – oder zum Tod einer Person führt.

Eine der folgenreichsten Ambivalenzen des radikalen Konstruktivismus schon aus den 1980er Jahren lag zudem in der ständigen Durchmischung von einer empirischen Theorie der Erkenntnisgewinnung in biologischen Systemen – einschließlich menschlicher Gesellschaften – mit einer Erkenntnistheorie für die Biologie und die Sozialwissenschaften, wobei Sozialwissenschaften in einem weiteren Sinn verstanden werden, der auch die Anthropologie, die Ethnologie, die Linguistik, die Sozialpsychologie oder die Ökonomie inkludiert. Schließlich sollte im Laufe der 1990er Jahre aus dem ursprünglichen Sphärengemisch eine Sphärenverschiebung von einer empirischen biologischen Theorie der Erkenntnis hin zu einer Erkenntnistheorie nicht nur für die biologischen, sondern auch für die Sozial- und Gesellschaftswissenschaften resultieren.

Diese Sphärenverschiebung erwies sich deswegen als so problematisch, weil *Der Baum der Erkenntnis* (Maturana/Varela 1987) sich denkbar schlecht für eine dem philosophischen Diskussionsstand angepasste Erkenntnistheorie eignet. Dies zunächst deswegen, weil dieses Buch – schon aus seiner Entstehungsgeschichte heraus – sich primär mit einem unhinterfragten Alltagsverständnis von Wissen und Erkenntnis auseinandersetzt. Das Buch setzt am Alltagsverständnis seines seinerzeitigen Publikums – Sozialarbeiter und Manager – an und möchte die Selbstverständlichkeiten dieses Alltagsrealismus problematisieren und aufbrechen. Die so reichhaltige und vielfältige Geschichte der philosophischen Erkenntnistheorie seit den Vorsokratikern kommt in diesem Buch nicht einmal ansatzweise vor. Der Ausgangspunkt wie der Endpunkt der entwicklungsgeschichtlichen Reise münden jeweils im Alltagsverständnis dessen, wie gemeinhin Wirklichkeit, Erkenntnis und Objektivität im Sinne eines unvermittelten Realismus verstanden werden. Eine solche Form des Realismus mag vielleicht noch immer in einigen Nischen des Wissenschaftsbetriebes kultiviert werden, im Bereich der Philosophie und in weiten Feldern der Biologie wie Sozialwissenschaften haben sich damals schon ungleich sophistiziertere Formen des erkenntnistheoretischen Diskurses etabliert und festgesetzt. Und von deren Perspektiven her driftet eher der radikale Konstruktivismus in der Version von Humberto R. Maturana und Francisco J. Varela in die Nähe dessen, was als naiv oder unkritisch charakterisiert werden kann.[10]

Ein weiterer nachhaltiger Mangel vom *Baum der Erkenntnis* liegt wohl darin, dass sich schon seinerzeit zu wenig an anschlussfähigen Designs für die empirische Forschung im Bereich von Biologie, Ethnologie oder den Gesellschaftswissenschaften finden. Zwar zirkulierten Ende der 1960er Jahre einige Projektideen am Foerster'schen Biological Computer Laboratory (BCL), die einige selbst heute noch hoch interessante empirische Forschungsfragen thematisierten, welche für das autopoietische Forschungsprogramm von zentraler Wichtigkeit gewesen wären.[11] So wird beispielsweise die Dominanz der Genetik der Nukleinsäuren moniert, da „es andere genetische (erbliche) Systeme (gibt), die wir noch kaum verstehen. Die Beschäftigung mit ihnen wurde bisher weitgehend von der mit der Genetik von Nukleinsäuren überschattet." (Ebd.: 79)

Hier hätten sich weitere Felder für das empirische Forschungsprogramm eröffnet, die aber weitestgehend unbearbeitet blieben. Insgesamt verbleibt *Der Baum der Erkenntnis* hauptsächlich auf der Ebene der Entfaltung eines Begriffsnetzwerks und tangiert kaum die Ebene von neuartigen Forschungsfragen, riskanten Forschungshypothesen oder von offenen Problemen, die aus dem autopoietischen Begriffsnetzwerk resultieren. Diese schwache Ausprägung der empirischen Forschungskomponente war deshalb umso leichter mit einer eher philosophischen Lesart vom *Baum der Erkenntnis* zu koppeln, die über weite Strecken die weitere Rezeption bestimmen sollte.

3.2 Früchte vom *Baum der Erkenntnis* – trotz alledem

Und trotzdem – auch rund 25 Jahre nach der Erstveröffentlichung lädt *Der Baum der Erkenntnis* zu glücklichen Momenten des augenblicklichen Verweilens ein und zu tiefer gehenden Reflexionen von Evolutionsprozessen.

Da wäre einerseits die besondere Bewältigung einer Herausforderung zu nennen, mit der jede Theorie lebender Systeme konfrontiert ist, deren Autoren ihrerseits lebende Systeme sind. Heinz von Foerster hat diese spezielle *condicio vivans* provokant so zugespitzt, dass jede Theorie des Gehirns ihre Entstehungsgeschichte

---

[10] Ein bemerkenswerter *clash of academic civilizations* hat sich beispielsweise während einer Tagung zur Popper'schen Erkenntnistheorie ereignet, bei der Humberto R. Maturana seine Positionen in einem philosophischen Kreis auszubreiten versuchte – und das philosophische Umfeld diese Ausführungen in heftiger Form als völlig inakzeptabel ablehnte. Vgl. dazu Maturana (1991) oder auch Müller (1993).

[11] Vgl. dazu beispielsweise das geplante und nicht bewilligte BCL-Projekt, in dem es um dreidimensionale Projektionen vierdimensionaler Objekte und um unterschiedliche Formen des Lernens – visuell-haptisches Lernen versus rein visuelles Lernen – gegangen wäre. Zu Details vgl. Müller (2007).

einschließen – und sich selbst schreiben müsste (Foerster 2003: 289). Humberto R. Maturana und Francisco J. Varela lösen diese spezielle Herausforderung, indem sie im *Baum der Erkenntnis* in Gestalt eines ersten Buches mit den Bedingungen der Möglichkeiten von Welterkennung ihren Anfang setzen und dann zu einer Reise in evolutionärer Zeit ansetzen, der sie genau zu diesem Punkt der menschlichen Erkennbarkeit der Welt zurückführt. Und das begriffliche Netzwerk, das auf diesem Weg geknüpft wird, kann durch Attribute wie akkumulativ und evolutionär stabil charakterisiert werden. Dieses Netzwerk erzeugt – angefangen von den seinen ersten Knoten, in denen es um die gleich ursprünglichen Konzepte von Einheit, Organisation, Struktur und Autopoiese geht, Stück um Stück jene weiteren Begriffsknoten, wie sie sich auch im Kontext der evolutionären Zeit formiert haben.

Andererseits finden sich quer über den *Baum der Erkenntnis* verteilt Aphorismen von bleibender Aktualität, beispielsweise die beiden Kernsätze „Jedes Tun ist Erkennen und jedes Erkennen ist Tun" (Maturana/Varela 1987: 32) und „Alles Gesagte ist von jemandem gesagt" (ebd.). Aber da gibt es im Text noch laufend aphoristische Schmuckstücke der besonderen Art, beispielsweise das folgende: „Alles, was wir tun, ist ein struktureller Tanz in der Choreografie der Koexistenz" (ebd.: 267). An anderer Stelle wird die Evolution nicht als die Werkstätte und die Werkschau eines blinden Uhrmachers beschrieben, sondern als die Geschichte eines nomadisierenden Künstlers:

> Die Evolution ähnelt eher einem wandernden Künstler, der auf der Welt spazieren geht und hier einen Faden, da eine Blechdose, dort ein Stück Holz aufhebt und diese derart zusammenstellt, wie ihre Struktur und die Umstände es erlauben, ohne einen weiteren Grund zu haben, als den, dass er sie so zusammenstellen kann. Und so entstehen während seiner Wanderung die kompliziertesten Formen aus harmonisch verbundenen Teilen, Formen, die keinem Entwurf folgen, sondern einem natürlichen Driften entstammen. (Ebd.: 129)

Auf einer anderen Seite des Buches wird über die soziale Natur der Sprache in einer Weise reflektiert, die sehr gut zu den rekursiven Interaktionen zwischen Leser und Autor passt, die verfasserseitig ihrem natürlichen Ende zudriften:

> Wir Menschen existieren als Menschen im Netzwerk von Strukturkopplungen, das wir dauernd durch die fortgesetzte sprachliche Tropholaxis unseres Verhaltens weben. Sprache wurde niemals von jemandem erfunden, nur um damit eine äußere Welt zu internalisieren. Deshalb kann sie nicht als Mittel verwendet werden, mit dem sich eine solche Welt offenbar machen lässt. (Ebd.: 253)

Literatur

Berger, Peter/Thomas Luckmann (1970): Die gesellschaftliche Konstruktion der Wirklichkeit. Frankfurt am Main: Suhrkamp.
Braitenberg, Valentin (1984): Vehicles. Experiments in Synthetic Psychology. Cambridge, MA: MIT Press.
Darwin, Charles (2006): On the Origin of Species. By Means of Natural Selection. (1859) New York: Dover.
Ereshefsky, Marc (Hrsg.) (1992): The Units of Evolution. Essays on the Nature of Species. Cambridge, MA: MIT Press.
Foerster, Heinz von (1985): Sicht und Einsicht. Versuche zu einer operativen Erkenntnistheorie. Braunschweig: Vieweg.
Foerster, Heinz von (2003): Understanding Understanding. Essays on Cybernetics and Cognition. New York: Springer.
Glasersfeld, Ernst von (1987): Wissen, Sprache und Wirklichkeit. Arbeiten zum Radikalen Konstruktivismus. Braunschweig: Vieweg.
Hayles, Katherine N. (1999): How We Became Posthuman. Virtual Bodies in Cybernetics, Literature and Informatics. Chicago: Univ. of Chicago Press.
Knorr-Cetina, Karin (1989): Spielarten des Konstruktivismus. Einige Notizen und Anmerkungen. In: Soziale Welt. 1. Jg. H. 2. S. 86–96.
Lorenz, Konrad (1973): Die Rückseite des Spiegels. Versuch einer Naturgeschichte des menschlichen Erkennens. München: Piper.
Luhmann, Niklas (1984): Soziale Systeme. Grundriss einer allgemeinen Theorie. Frankfurt am Main: Suhrkamp.
Margulis, Lynn (1981): Early Life. Boston: Jones & Bartlett.
Margulis, Lynn (1993): Symbiosis in Cell Evolution. 2. Aufl. New York: W. H. Freeman.
Margulis, Lynn (1998): Symbiotic Planet. A New Look at Evolution. New York: Basic.
Maturana, Humberto R. (1970): Biology of Cognition. Biological Computer Laboratory Research Report BCL 9.0. Urbana, IL: Univ. of Illinois.
Maturana, Humberto R. (1985): Erkennen. Die Organisation und Verkörperung von Wirklichkeit. 2. Aufl. Braunschweig: Vieweg.
Maturana, Humberto R. (1991): Reality. The Search for Objectivity or the Quest for a Compelling Argument. In: Norbert Leser/Josef Seifert/Klaus Plitzner (Hrsg.): Die Gedankenwelt Sir Karl Poppers. Kritischer Rationalismus im Dialog. Heidelberg: Carl Winter Universitätsverlag. S. 282–357.
Maturana, Humberto R./Francisco J. Varela (1980): Autopoiesis and Cognition. The Realization of the Living. Dordecht: Reidel.
Maturana, Humberto R./Francisco J. Varela (1987): Der Baum der Erkenntnis. Die biologischen Wurzeln menschlichen Erkennens. München: Scherz.
Müller, Karl H. (1993): Die drei Welten der Popper-Forschung. Nachgedanken angesichts eines verwunderlichen Sammelbandes. In: Newsletter – Archiv für die Geschichte der Soziologie in Österreich. H. 8. S. 3–11.
Müller, Karl H. (2007): The BCL – an Unfinished Revolution of an Unfinished Revolution. In: Albert Müller/Karl H. Müller (Hrsg.): An Unfinished Revolution? Heinz von Foerster and the Biological Computer Laboratory | BCL, 1958–1976. Wien: Edition Echoraum. S. 407–466.
Neumann, John von/Oskar Morgenstern (1972): Theory of Games and Economic Behavior. (1944) Princeton: Princeton Univ. Press.
Riedl, Rupert (1976): Die Strategie der Genesis. Naturgeschichte der realen Welt. München: Piper.
Rudrauf, David/Antoine Lutz/Diego Cosmelli/Jean-Philippe Lachaux/Michelle van Quyen (2003): From Autopoiesis to Neurophenomenology. Francisco Varela's Exploration of the Biophysics of Being. In: Biological Research. 36. Jg. H. 1. S. 27–65.

Schmidt, Siegfried J. (Hrsg.) (1987): Der Diskurs des Konstruktivismus. Frankfurt am Main: Suhrkamp.
Spaemann, Robert/Peter Koslowski/Reinhard Löw (Hrsg.) (1984): Evolutionstheorie und menschliches Selbstverständnis. Zur philosophischen Kritik eines Paradigmas moderner Wissenschaft. Weinheim: Acta Humanniora.
Stegmüller, Wolfgang (1984): Evolutionäre Erkenntnistheorie, Realismus und Wissenschaftstheorie. In: Robert Spaemann/Peter Koslowski/Reinhard Löw (Hrsg.): Evolutionstheorie und menschliches Selbstverständnis. Zur philosophischen Kritik eines Paradigmas moderner Wissenschaft. Weinheim: Acta Humanniora. S. 5–34.
Stegmüller, Wolfgang (1985): Thesen zur „evolutionären Erkenntnistheorie". In: Information Philosophie. 13. Jg. H. 3. S. 26–32.
Varela, Francisco J. (1979): Principles of Biological Autonomy. Dordrecht: Reidel.
Vollmer, Gerhard (1975): Evolutionäre Erkenntnistheorie. Stuttgart: Hirzel.
Watzlawick, Paul (1976): Wie wirklich ist die Wirklichkeit? München: Piper.
Wittgenstein, Ludwig (1971): Philosophische Untersuchungen. Frankfurt am Main: Suhrkamp.
Zeleny, Milan (Hrsg.) (1980): Autopoiesis. A Theory of the Living Organizations. New York: Elsevier.

Konstruierte Illusionen

Alexander Riegler über Terry Winograds und Fernando Flores' *Understanding Computers and Cognition*

1 Entstehungsbedingungen und Vorgeschichte: Die Versprechungen der Artificial Intelligence-Protagonisten

Wohl kaum eine Disziplin hat in ihrer Geschichte so viele Versprechungen gemacht und gebrochen wie die *Artificial Intelligence* (AI). So hat Herbert Simon, einer ihrer Pioniere, 1965 vorausgesagt: „machines will be capable, within twenty years, of doing any work that a man can do" (Simon zitiert nach Boden 2008: 840). Versprechungen dieser Art sind zwar nicht in Erfüllung gegangen, haben aber der Disziplin vor allem in den 1960er und 70er Jahren enorme Projektgelder beschert. Die Ansprüche waren jedoch nicht unbegründet. Alan Newell und Herbert A. Simon hatten bereits Anfang der 1960er Jahre einen „General Problem Solver" (Newell/Simon 1963) vorgestellt, dem unzählige Expertensysteme folgten. 1966 konnte Joseph Weizenbaum (1966) mit seinem Programm ELIZA den Eindruck erwecken, Benutzer stünden einem der menschlichen Kommunikation fähigen Computer gegenüber. (Tatsächlich zeigte das Programm vielmehr, wie simpel und stichwortorientiert menschliche Konversation manchmal sein kann). Der Doktoratsstudent Terry Winograd schließlich setzte mit seinem Programm SHDRLU der Entwicklung einen Höhepunkt, bevor die Kritiker der AI immer zahlreicher wurden.

Die Artificial Intelligence widmete sich in dieser Periode (1967–1972) den so genannten „Microworlds" – Modellen der Welt mit stark reduzierter Anzahl darin enthaltener Objekte und Relationen. Es wurde gehofft, dass man diese Mikrowelten, sobald sie beherrschbar waren, so weit vergrößern könnte, bis sie die Komplexität der Alltagswelt und damit das Niveau des menschlichen „Common Sense" erreichen würden. Zu solchen Szenarien zählte auch die um 1970 von Terry Winograd entwickelte Klötzchenwelt SHRDLU, die an die Probleme der Wissensrepräsentation und der Verarbeitung natürlicher Sprache herantrat. Ihr Funktionsspektrum umfasste das Verstehen von auf Englisch gestellten Fragen über die derzeitige Konfiguration der Mikrowelt und das Erteilen entsprechender Antworten, das Verstehen von Befehlen zur Manipulation der Klötzchen und Zerlegung der Befehle in eine Folge ausführbarer Operationen, und schließlich das Verstehen und Beschreiben der gewählten zielgerichteten deduktiven Vorgangsweise. Wie Winograd (1972) formulierte, handelt es sich also um ein Computerprogramm, das menschliche Sprache in einem, wenn auch auf Bausteine verschiedenster Formen und Farben begrenzten Bereich, versteht.

Damit schlüpfte SHRDLU für eine gewisse Zeit in die Rolle des führenden Paradigmas in der AI-Forschung. Weshalb war es von so überragender Bedeutung? Zum einen konnte es scheinbar einem lang gehegten Wunsch des Menschen nachkommen, nämlich dessen Sprache zu verstehen. Zum anderen verkörperte es genau das, was Alan Newell und Herbert A. Simon (1976) in der „Physical Symbol System Hypothesis" (PSSH) zusammenfassten, nämlich das Ziel der so genannten „Starken AI", menschliche Intelligenz in künstlichem Substrat zu reproduzieren, sie mittels symbolverarbeitender Mechanismen zu erreichen: „A physical symbol system has the necessary and sufficient means of general intelligent action" (ebd.: 116). Diese Idee entsprach völlig dem Zeitgeist, denn sie schien übereinzustimmen mit den Erkenntnissen der kognitiven Psychologie, die ebenfalls Intelligenz als Informationsverarbeitung betrachtete (Neisser 1967). Wie Hubert Dreyfus (2007) betont, war die Idee auch philosophisch keineswegs aus der Luft gegriffen, sondern lässt sich mit einer Reihe von philosophischen Lehren in Einklang bringen: Thomas Hobbes' Leviathan, demzufolge Denken nichts anderes als Rechnen sei; René Descartes' Idee mentaler Repräsentationen; die *Characteristica Universalis* von Gottfried Leibniz, die Denken auf eine Reihe von Basiselementen zurückführen möchte, also auf ein universelles Symbolsystem, in dem jedem Symbol ein Objekt zugeordnet werden kann; Gottlob Freges Formalisierung der Kantschen Behauptung, Konzepte wären nichts anderes als Regeln; und Bertrand Russells Postulierung logischer Atome als die Grundbausteine der Realität. AI-Forscher versuchten, diese philosophischen Ideen in die Praxis umzusetzen. Allerdings unterscheiden sich AI-Modelle von philosophischen Entwürfen in einem kritischen Punkt: Sie verlangen bis ins kleinste Detail ausformuliert zu werden und machen es unmöglich, über „Selbstverständlichkeiten" hinweg zu philosophieren, denn Computer müssen Schritt für Schritt instruiert werden, was zu tun ist. Dieser Sachverhalt wurde bereits im Gründungsjahr der AI gewissermaßen als epistemologische Basis der AI festgelegt: Jeder Aspekt des Lernens oder eines beliebig anderen Merkmals von Intelligenz kann derart genau beschrieben werden, um eine Maschine bauen zu können, die ihn simuliert.[1]

Das zweite epistemologische Credo der AI betrifft den Begriff der „Intelligenz" selbst. Hier erwies sich der Artikel „Computing Machinery and Intelligence" von Alan Turing aus dem Jahr 1950 als richtungsweisend. Er definierte Intelligenz als Verhaltensäquivalenz: Wenn eine Maschine genauso intelligent *handelt* wie ein Mensch, dann *ist* sie auch so intelligent wie ein Mensch. Turing ersann hierzu den später nach ihm benannten Turing-Test, der die Intelligenz eines Computers als Sprachkompetenz definiert: In einer chatähnlichen textbasierten Gesprächssituation versucht ein menschlicher Fragesteller herauszufinden, welcher von seinen beiden Gesprächspartnern ein Mensch und welcher ein Computer ist. Gelingt das nicht, hat der Computer den Test bestanden und seine Intelligenz muss als die dem Menschen ebenbürtig angesehen werden.

---

[1] „Every aspect of learning or any other feature of intelligence can be so precisely described that a machine can be made to simulate it." (McCarthy et al. 1955: o. S.)

Beide epistemologischen Grundsätze lassen erkennen, dass es bei der AI von Anfang an um die Entwicklung eines exakten Modells menschlicher Sprachfähigkeit ging. Die Verwendung von sprachlich definierten Symbolen im Sinne der PSSH bot sich geradezu an, und AI-Forscher gingen daran, Dinge, Situationen, Ereignisse und Expertenwissen mittels geeigneter Symbole unabhängig von Kontext und Hintergrund zu repräsentieren.[2] Man nahm also an, dass es eine fundamentale semantische Korrespondenz zwischen Symbol und Welt gibt, die durch einen Mechanismus erfasst und verarbeitet werden kann, so dass ihm Intelligenz zugesprochen werden kann. Damit war die AI im Kern eine mechanistische Epistemologie,[3] die Begriffe wie Intelligenz und Erkenntnis *computational* erklärt: Vordefinierte Ausgangs-, Zwischen- und Zielzustände formen den so genannten „symbolischen Suchraum" („symbolic search space", Partridge 1987: 104) und können durch geeignete (mentale) Operatoren ineinander überführt werden. Aus dieser Sicht sind Problemlösen und intelligentes Handeln im Allgemeinen nichts anderes als das Auffinden und Anwenden einer Sequenz von Operationen, die den Anfangszustand über die Zwischenzustände in den Endzustand überführen: „Aufgabenlösen besteht erst in der Generierung einer geeigneten Repräsentationsstruktur (d. h. in der Transformation von Wissen) und dann in der Anwendung geeigneter Inferenzschemata" (Freska 1988: 156). Um beispielsweise in der Blockwelt SHRDLU einen menschlichen Befehl erfolgreich ausführen zu können, muss das Programm einen Weg finden, um aus der momentanen Konfiguration durch das Ausführen einer geeigneten Handlungssequenz die gewünschte Zielkonfiguration zu machen.[4] Und SHRDLU konnte dies stets erfolgreich ausführen. Wo sahen also die AI-Kritiker das Problem?

Das wohl Augenfälligste war der überzogene Anspruch, Mikrowelten auf komplexere Situationen extrapolieren zu können. Die kombinatorische Explosion von Verarbeitungsschritten, die bei zunehmend komplexeren Systemen vonnöten sind, lassen diese rasch an die Grenzen des Machbaren stoßen.[5] Das sich daraus ergebende „Frame Problem" (Dennett 1984) macht es für ein künstlich intelligentes System unmöglich, aus der unüberschaubaren Anzahl von Alternativen die jeweils

---

[2] Der so genannte „Repräsentationalismus" nimmt an, dass materielle Objekte in mentalen Bildern repräsentiert werden. Die Korrektheit menschlichen Wissens hängt dann davon ab zu zeigen, dass die Bilder mit den externen Objekten akkurat übereinstimmen. Im Konstruktivismus wird davon ausgegangen, dass dieser Vergleich nicht möglich ist, am vehementesten etwa von Ernst von Glasersfeld (1997: 26): „Um [den Vergleich] durchzuführen, müsste man unmittelbaren Zugang zu einer Realität haben, die jenseits der eigenen Erfahrung liegt und von den eigenen 'Bildern' und ihren sprachlichen Darstellungen unberührt bleibt".

[3] An anderer Stelle bezeichnet Terry Winograd diese Mischung von „common sense introspection, *ad hoc* programming and so-called 'knowledge acquisition' techniques for interviewing experts" als „patchwork rationalism" (Winograd 1990: 171 f.).

[4] Die dabei verwendete „means-ends analysis" wurde so zum Standardrepertoire der AI.

[5] Ein entsprechender Evaluationsreport aus dem Jahre 1973, der dies als die Hauptursache für das Scheitern der AI angab, brachte das AI-Programm in Großbritannien beinahe zum Erliegen.

relevante herauszufinden. Für natürlich intelligente Systeme scheint das hingegen kein Problem zu sein: Menschen verhalten sich auch in komplexen Umwelten intuitiv richtig. Für AI-Kritiker wie Hubert Dreyfus war das der entscheidende Punkt zu proklamieren, dass intelligente Maschinen dies prinzipiell nie können werden. Man müsse vielmehr deutlich zwischen zwei Bereichen unterscheiden: jene, in denen Menschen intuitive Experten sind (wie etwa Schachspielen, das Erstellen medizinischer Diagnosen und vor allem sprachliche Kompetenz) und jene Bereiche, wo es keine intuitiven Experten gibt. Da in letzteren menschliche Intuition nicht greift, triumphieren hier Computersysteme, weil sie die zur Bewältigung erforderlichen Handlungssequenzen wesentlich rascher berechnen können als der menschliche Experte (vgl. Partridge 1987).

Dass vor allem Sprache zu den intuitiven Bereichen gehört, fand Winograd heraus, als sein Versuch scheiterte, in weiterer Folge eine Wissensrepräsentationssprache zu entwickeln, in der semantische Bedeutung aus syntaktischen Elementen aufgebaut werden kann.[6] Die kombinatorische Explosion von Entscheidungsmöglichkeiten im Suchraum machte es dem Programmierer unmöglich, alle Eventualitäten vorauszusehen, so dass leicht Fälle eintreten können, in denen das System nicht weiß, welchen Weg es einschlagen soll – ein Phänomen, das später von Terry Winograd im Anschluss an Martin Heidegger „blindness of representation" (Winograd 1990: 180) genannt werden sollte: Die Interpretation von dekontextualisierten Symbolen obliegt dem Programmierer; vom programmierten AI-System kann es hingegen nicht geleistet werden, auch wenn Kontexte vom Programmierer weiter konditional aufgespalten werden können, so dass Alternativen feiner unterschieden werden („im Fall A tue M, im Fall B tue N usw."). Auf diese Weise hoffte die AI-Forschung, Expertensysteme bauen zu können, die beispielsweise das medizinische Diagnosewissen von Ärzten umfassen, welche aufgrund von Symptomen (= konditionale Kontexte) eine Behandlungsdiagnose erstellen.[7] Es zeigte sich, dass sich in jeder Kontextsituation wieder weitere Ambiguitäten für das rein auf syntaktischer Ebene symbolverarbeitende AI-System eröffnen, so dass ein infiniter Regress entsteht und die kontextuelle Bedeutung für das System auf ewig jenseitig bleiben muss – was später als „Symbol Grounding Problem" (Harnad 1990) bekannt wurde, d. h. das Problem, Bedeutung an bedeutungslose Symbole zu knüpfen.[8]

Vor diesem Hintergrund von offensichtlichen Problemen, die die AI-Forscher davon abzuhalten scheinen, jemals die von ihnen versprochenen intelligenten Sys-

---

[6] Dies spiegelt sich u. a. in der Tatsache wider, dass sein Publikationsprojekt *Language as a Cognitive Process* nie über den ersten Teil *Syntax* (Winograd 1983) hinauskam.
[7] Typische Expertensysteme aus jener Zeit umfassten mehrere tausend Regeln, die die Relationen zwischen Symptomen propositional erfassten, und konnten doch nur in 75 Prozent der Fälle eine richtige Diagnose erstellen (vgl. Winograd 1990: 179).
[8] John R. Searle (1980) hat den fehlenden zwingenden Zusammenhang zwischen Syntax und Semantik in seinem bekannten „Chinesischen Zimmer" illustriert.

teme zu bauen, geriet Terry Winograd, der vormalige „Shootingstar" unter den Vertretern der symbolischen AI, der seine Karriere in der AI am heiligen Gral derselben, dem MIT, begonnen hatte, unter den argumentativen Einfluss des vehementen AI-Kritikers Hubert Dreyfus. In weiterer Folge wandte er sich von der technisch-rationalistischen Perspektive ab und der phänomenologisch-hermeneutischen zu. 1973 zog er nach Stanford und beschäftigt sich heute vornehmlich mit dem Problem der Maschine-Mensch-Schnittstelle (*human-computer interaction*, HCI), das auch im besprochenen Buch ein wichtiges Thema darstellt. Er verbrachte u. a. einige Zeit als Gastforscher bei Google, dessen Mitgründer Larry Page als Doktoratstudent an Winograds Projekt „People, Computers, and Design" mitwirkte.

Nicht weniger ungewöhnlich verlief das Leben von Fernando Flores. Dieser wurde 1970 als 27-jähriger Ingenieur Finanzminister in der Regierung des chilenischen Präsidenten Salvador Allende. Unter Mitarbeit des Kybernetikers Stafford Beer sollte er das Computersystem Cybersyn kreieren, um die Wirtschaft Chiles in Echtzeit zu planen und zu steuern. Noch bevor diese Pläne vollständig umgesetzt werden konnten, kam es 1973 zur Machtergreifung Augusto Pinochets, die Flores drei Jahre politische Gefangenschaft einhandelte. In dieser Zeit machte er sich mit den philosophischen Werken von Humberto R. Maturana und Francisco J. Varela, Martin Heidegger, Jürgen Habermas und John R. Searle vertraut (vgl. Fisher 2009). Durch die Intervention von Amnesty International konnte er schließlich 1976 der psychologischen Folter seiner Gefangenschaft durch die Ausreise in die USA entkommen. Er begann mit dem Studium einer Reihe von Fächern, u. a. Sprachphilosophie und Management, und machte seinen PhD an der UC Berkeley unter den Brüdern Hubert und Stuart Dreyfus, sowie John R. Searle und Ann Markussen (vgl. Rubin 1999). Martin Heideggers Werk, vor allem sein Grundsatz „Sprache ist das Haus des Seins", war für Flores von grundlegender Bedeutung. Es wurde ihm deutlich, dass die Funktion der Sprache nicht allein in der Übermittlung von Information, sondern auch von Verpflichtungen besteht. Diese Einsicht legte auch den Grundstein für die Zusammenarbeit mit Terry Winograd, mit dem er sich einig war, dass die Funktion intelligenter Computer darin bestehen müsse, nicht so sehr rational Informationen zu verarbeiten, sondern in Sprache hervorgebrachte Verpflichtungen speichern und nachverfolgen zu können. Bereits in seiner Doktorarbeit erarbeitete er eine von der Philosophie Heideggers und der seines Landsmanns Humberto R. Maturana beeinflusste Coaching- und Workflowtechnologie. Diese entwickelte er in Assoziation mit Terry Winograd weiter in der Softwarefirma Action Technologies, die sich mit Workflowanalyse, Groupware, Softwaredesign und Geschäftsprozessanalyse beschäftigte – Themen, die auch im vorliegenden Buch wiederzufinden sind. Später wurde Flores ein gefragter Managementberater, dessen Methode sich vor allem auf Sprechakte und ihre Beherrschung konzentrierte, da er davon ausging, dass die meisten menschlichen Handlungen in Konversationen ausgeführt werden. Für ihn waren Sprechakte Sprachrituale, die Vertrauen zwischen Kollegen und Kunden schaffen, Wortpraktiken, die die Sicht auf neue Möglichkeiten erschließen. Menschen, so die Überzeugung Flores', wissen nicht, dass sie diese Möglichkeiten nicht kennen. Um diesen Bereich des Nichtwissens über das eigene Nichtwissen erschließen zu können, ist aber Vertrauen nötig. Flores' Nähe zur Philosophie von Humberto R. Maturana lässt sich besonders in einer seiner Aussprachen erkennen: „I never blamed Pinochet, or my torturers, or external circumstances. I feel 'co-responsible' for the events that took place" (zitiert nach Rubin 1998). Dies deutet auf das konstruktivistische Verständnis von Fernando Flores hin, wonach kognitives Handeln im Hervorbringen einer Welt besteht, und nicht im passiven Repräsentieren von Objekten und Ereignissen (siehe auch Francisco J. Varela in Pörksen 2002: 115).

Die Lebensgeschichte der Autoren macht deutlich, dass ihr gemeinsames Buch keineswegs ein zufälliges Produkt ist, sondern aus dem Zusammentreffen von philosophischer, ökonomischer und politischer Einsicht hervorgegangen ist. Ausgehend von den Versprechungen der AI führte sie zu der ernüchternden, aber auch neue Chancen bietenden Erkenntnis, dass Sprache und Kognition keine mechanistisch-realistisch zu erklärenden Phänomene sind, sondern einer konstruktivistischen Herangehensweise bedürfen.

2   *Understanding Computers and Cognition* als Schlüsselwerk des Konstruktivismus

Auf den einfachsten Nenner gebracht ist das Buch *Understanding Computers and Cognition* (Winograd/Flores 1986) ein Sturmlauf gegen die „rationalistische Tradition" westlicher Wissenschaftsauffassungen und -praktiken, deren Fehlleistung nirgends deutlicher zu Tage tritt als in der Artificial Intelligence und der Kognitionswissenschaft. Das Buch beinhaltet mehrere Kerngedanken. Zum einen baut es auf der Philosophie Humberto R. Maturanas und Francisco J. Varelas auf, zum anderen benützt es die Philosophien Martin Heideggers und Hans-Georg Gadamers, um die Unmöglichkeit der Explikation dessen, was wir als Intelligenz und Verstehen bezeichnen, aufzuzeigen. Weitere Anleihen werden bei der Sprechakttheorie John L. Austins und John R. Searles genommen, die allerdings im Folgenden nicht weiter aufgegriffen werden sollen.

Der Grund für den von Terry Winograd und Fernando Flores an den Tag gelegten Sturmlauf liegt darin, dass die zeitgenössische Ansicht über Computer und deren Einfluss auf die Gesellschaft durch die rationalistische Tradition geprägt ist, die einer Neubewertung bedarf und als Verstehensgrundlage infrage gestellt werden sollte.[9] Folglich wollen Winograd und Flores in ihrem Buch die Undurchsichtigkeit

---

[9] Im Original: „current thinking about computers and their impact on society has been shaped by a rationalistic tradition that needs to be re-examined and challenged as a source of understanding" (Winograd/Flores 1986: 14)

der rationalistischen Tradition und die Blindheit, die sie hervorbringt,[10] aufzeigen. Was charakterisiert nun die „rationalistische Tradition"? In erster Linie verbinden die Autoren diese mit dekontextualisierten Entscheidungsfindungen. Sie argumentieren, dass die (wie in der Einleitung beschriebene) Vorstellung von einem allgemein definierbaren symbolischen Suchraum mit allgemeingültigen Verzweigungen nur in sehr idealisierten Situationen sinnvoll ist. Als Modell für menschliche Kognition ist sie unbrauchbar, denn Kognition arbeitet mit individuell höchst unterschiedlichem Hintergrundwissen, das größtenteils unexplizierbar ist. Die Autoren streiten nicht ab, dass es formale Situationen geben mag, in denen rationales Vorgehen möglich ist, und für die eine symbolische Repräsentationsstruktur mit darauf arbeitenden, genau definierbaren Regeln gefunden werden kann, so dass durch Anwendung dieser Regeln Handlungen festgelegt werden können, um ein gewünschtes Ziel zu erreichen. In den meisten Bereichen menschlicher Kognition ist dies aber nicht möglich, da die Relevanz von Alternativen unbestimmbar bleibt: Relevanz ergibt sich immer aus einer Vororientierung vor einem Hintergrund (Winograd/Flores 1986: 149).[11] In anderen Worten, Vorurteile sind der Kognition höchst dienlich, ganz im Sinne Gadamers, für den Vorurteile „Bedingungen dafür sind, dass wir etwas erfahren, dass uns das, was uns begegnet, etwas sagt" (zitiert nach Winograd/Flores 1989: 257). Diese Ideen sind für den radikalen Konstruktivisten keineswegs neu und lassen sich beispielsweise bei Ernst von Glasersfeld finden, der im Anschluss an Jean Piaget an vielen Stellen die Wichtigkeit des Zusammenspiels von Assimilation (Eingliederung neuer Erfahrungen) und Akkomodation (Anpassung der kognitiven Struktur, um die Eingliederung einer neuen Erfahrung zu ermöglichen) betont.

Um ihr Argument zu untermauern, greifen Winograd und Flores auf das aus der Theorie Humberto R. Maturanas bekannte Konzept der Strukturkoppelung zwischen autopoietischen (d. h. sich selbsterzeugenden) Systemen und ihrem Milieu zurück: Durch einen Prozess der reziproken strukturellen Störung lösen Organismus und Milieu beim jeweils anderen Strukturveränderungen aus. Die wechselseitigen Strukturveränderungen zweier Organismen bzw. eines Organismus und seines Milieus werden als „strukturelle Koppelung" bezeichnet.

Ferner übernehmen sie von Maturana die Behauptung, dass sich „der Bereich der Interaktion, in dem Verhalten beobachtet wird, und der strukturelle Bereich, in dem *Strukturveränderungen* stattfinden" (Maturana 1985: 20), einander nicht überlappen. Die Orthogonalität dieser Bereiche findet sich in zwei zentralen Konzepten Heideggers, für den die in unseren alltäglichen Aktivitäten involvierten Gegenstände („Zeug") unserer bewussten Aufmerksamkeit entbehren. Heidegger spricht hier

---

[10] „[T]he non-obviousness of the rationalist tradition and […] the blindness that it generates" (Winograd/Flores 1986: 17).

[11] „Relevance always comes from a pre-orientation within a background" (Winograd/Flores 1986: 149).

von der „Zuhandenheit" der Dinge, wenn wir uns in einem Handlungsfluss befinden, in dem die Dinge gleichsam repräsentational unsichtbar werden.[12] Sobald aber eine unerwartete Störung, ein Versagen auftritt, kann dies zum Kollaps[13] führen, der aus der Zuhandenheit eine „Vorhandenheit" macht, wodurch die Transparenz verfliegt und reflektiertes Handeln das eben noch unreflektierte ablöst.[14] Aus dem Unterschied zwischen Zu- und Vorhandenheit erklärt sich die prinzipielle Unmöglichkeit, das Hintergrundwissen, das wir verwenden, um unreflektierten intuitiven Tätigkeiten nachzugehen, vollständig zu explizieren. Michael Polanyi (1966) hat das unsichtbare Hintergrundwissen als „tacit knowledge" bezeichnet. Es kann nicht in einer Sammlung von Propositionen erfasst werden. Jedem rationalistischen AI-Systementwurf liegt aber die Notwendigkeit zugrunde, Sachverhalte propositional angeben zu können, d. h. die Repräsentation in Symbolen muss möglich sein. Sie müssen gewissermaßen rekonstruiert werden, woraus sich eine „Blindheit" ergibt, wie sie für symbolische AI-Systeme kennzeichnend ist: Hat der Programmierer eine Alternative im Suchraum nicht bedacht, so wird das System an dieser Alternative scheitern. In diesen Situationen ist ein AI-System hilflos, denn sein Programmierer hat bei aller Sorgfalt nicht alle Eventualitäten voraussehen können, und das nicht nur, weil es derer viele gibt, sondern eben weil prinzipiell nicht alle möglichen Verzweigungen im Such- und Entscheidungsraum *a priori* explizierbar sind. Ein AI-System bauen zu können, dessen kognitive Fähigkeiten und dessen komplexes Hintergrund- bzw. Alltagswissen (Common Sense) denen des Menschen gleichkommen, muss daher eine Illusion bleiben. Die Problemräume, die bei der Programmierung von Schachprogrammen in der AI definiert werden, und die, die dem Common-Sense-Wissen zugrunde liegen, sind notwendigerweise qualitativ verschieden. Francisco J. Varela (1990) hat diesen Sachverhalt anhand einer Grafik schön illustriert, wo der genau „kristallartig" definierte und relativ kleine Raum eines Schachprogramms, in dem sämtliche Relationen exakt spezifizierbar sind, dem chaotisch anmutenden „Haufen" des Alltagswissens mit seinen ungenauen Definitionen gegenübersteht (siehe Abbildung 1).

---

[12] Auch Mihály Csíkszentmihályi (1999) spricht von unreflektiertem „Flow"-Erlebnis, einem Schaffensrausch, von dem man ergriffen wird, wenn man in einer Aktivität völlig aufgeht.
[13] Die Autoren verwenden hier „breakdown", das in seiner direkten deutschen Entsprechung bei Heidegger nicht vorkommt (vgl. Winograd/Flores 1989: 315, Anmerkung 5).
[14] Dieses Thema findet sich auch bei der derzeitigen Diskussion über den „Freien Willen", in der das Spektrum zwischen Automatismen und bewusstem Willen Gegenstand der Untersuchung ist, vgl. etwa Wegner (2002).

Abb. 1: Repräsentationsräume (nach Varela 1990: 95)

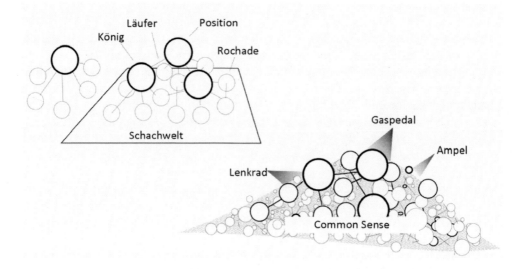

In dieser qualitativen Verschiedenheit begründet sich auch der Verlust der Illusion, Mikrowelten wie jene in Winograds Programm SHRDLU bis hin zur menschlichen Alltagswelt erweitern zu können.

Die Sachlage dürfte sich allerdings weniger dramatisch gestalten als Terry Winograd und Fernando Flores annehmen. Ein Ausweg deutet sich beispielsweise bei Ulric Neisser (1976) und seinem Konzept der schemageleiteten Informationsaufnahme (*schemata-controlled information pickup*) an, dem zufolge die Aufnahme von Sinneseindrücken die Wahrnehmung antizipierenden Stellen in kognitiven Schemata verändert, wodurch die Aufnahmebedingungen für weitere Eindrücke modifiziert werden und sich damit ein selbstreferenzieller Zyklus von Aufnahme und Strukturänderung einstellt. Dass der Neisser'sche Wahrnehmungszyklus nicht in Konflikt gerät mit der Kritik von Winograd und Flores, liegt daran, dass diese ihre Kritik auf performative Aspekte symbolverarbeitender AI-Systeme beschränken und Lernaspekte in ungenügendem Maße berücksichtigen. Damit tragen sie der Möglichkeit nicht Rechnung, dass Systeme durch eine Lernkomponente gewissermaßen über das, was ihnen durch den Programmierer an repräsentationellen Strukturen von außen aufgezwungen wurde, hinausgehen.[15] Es vergehen auch an die 100 Seiten, bevor sie sich der Frage „What about learning and evolution?" zuwenden (Winograd/Flores 1986: 100). Ihre Antwort teilt Lernen in drei Kategorien ein: 1. Das „Justieren von Parametern", dem sie jegliche innovative Kapazität abspre-

---

[15] Hier wird einmal mehr deutlich, dass Winograd und Flores in Anlehnung an Maturana die Fremdinstruktion intelligenter Systeme ausschließen.

chen; 2. die psychologisch motivierte kombinatorische Formung von Konzepten, die aber ein System nicht aus den Grenzen vorgegebener Elemente befreien kann; und 3. strukturelle Evolution, der sie bescheinigen, mit der Idee der strukturellen Koppelung kompatibel zu sein (und wohl auch mit Neissers schemageleiteten Informationsaufnahme; vgl. Riegler 2007). Allerdings fügen sie an, dass evolutionäre Vorgänge in technischen Systemen eine Illusion bleiben müssen, hat doch die natürliche Evolution Jahrmilliarden gebraucht, um das intelligente System Mensch hervorzubringen. Gerade dieser Kritikpunkt scheint aber mittlerweile hinfällig geworden zu sein, da kurz nach dem Erscheinen des Buches bereits Schritte in eine Richtung unternommen wurden, die heute als Genetische Algorithmen (Goldberg 1989) bzw. Genetisches Programmieren (Koza 1992) bekannt ist. Zwar beziehen sich Winograd und Flores auf das 1966 erschienene Buch *Artificial Intelligence Through Simulated Evolution* (Fogel/Owens/Walsh 1996), sind aber ignorant gegenüber den erfolgreichen Versuchen Ingo Rechenbergs (1973), mittels evolutionärer Methoden technische Systeme zu optimieren. Bereits zuvor – in den 1950ern – arbeitete Gordon Pask an elektromechanischen Maschinen mit evolvierenden sensorischen Fähigkeiten, die dadurch ganz im Sinne der Kritik von Winograd und Flores adaptiv ihre eigenen Sensoren konstruieren (Cariani 1993).

3 Rezeption und Wirkung

Das Buch wurde in der AI-Gemeinde genauso wenig mit offenen Armen willkommen geheißen wie schon Hubert Dreyfus' Kritik rund zwei Jahrzehnte davor (Dreyfus 1965, 1972). Dreyfus hatte als Philosoph argumentiert, dem vorgeworfen wurde, keine Ahnung von technischen Einzelheiten zu haben („his insight into programming is so poor that he classifies as impossible programs a beginner could write" schrieb der AI-Forscher Seymour Papert über Dreyfus, zitiert nach Boden 2006: 845). Was bei Terry Winograd und Fernando Flores nun schlimmer wog, war die Tatsache, dass einer der Autoren des ketzerischen Werkes ein angesehener Vertreter der symbolischen AI war. Ähnlich wie der späte Ludwig Wittgenstein von seinen ehemaligen Weggefährten in Cambridge nicht mehr verstanden wurde, so war auch der vom Saulus zum Paulus gewandelte Winograd für viele eine große Enttäuschung. Die Reaktion in der AI-Fachwelt war eindeutig: Weitgehende Ignoranz. Abgesehen von einer vier Artikel umfassenden Kritik in der führenden Zeitschrift *Artificial Intelligence* (Clancey/Smoliar/Stefik 1994)[16] in dem auf die Veröffentlichung folgenden Jahr, wurde dem Buch vom Kern der symbolischen „good old-fashioned AI" keine große Beachtung mehr geschenkt. So wird etwa im *Hand-*

---

[16] Die vier Buchbesprechungen erschienen zuerst 1987 in *Artificial Intelligence*, Jahrgang 31, S. 213–261 und danach gesammelt in Clancey/Smoliar/Stefik (1994: 173–221).

book of Knowledge Representation (Harmelen/Lifshitz/Porter 2008) der Name Terry Winograd kein einziges Mal erwähnt, geschweige denn das Buch.

Wie Michael Mohnhaupt und Klaus Rehkämper (1990) in ihrer Kritik zur deutschen Übersetzung des Buches (Winograd/Flores 1989) anmerken, sei ein großer Schwachpunkt des Buches in seiner geringen empirischen Tragweite zu sehen, wodurch sich die getroffenen Behauptungen auch der Möglichkeit der Falsifikationen weitgehend entzögen. Auch ist den Rezensenten das Buch zu fragmentarisch, weil es eine Reihe neuer, exotisch anmutender, aber letzten Endes loser Begriffe aus verschiedenen Philosophien zusammenträgt (wobei sie auch nicht mit Polemik gegenüber Heidegger sparen, an dessen exzentrischem Sprachgebrauch sie sich eingehend belustigen), so dass keine „Brückenprinzipien" erkennbar sind. Schließlich erscheint den Kritikern das gewählte Format zu destruktiv: Zwar werden allerlei Missstände angeklagt, aber keine handfesten Alternativen geboten. Ihr Gesamturteil kann dann auch symptomatisch für die Rezeption des Werkes in der AI-Gemeinde schlechthin gelten: „Wir hielten es deshalb gegenwärtig für einen erheblichen Rückschritt, wenn die Theorie von Winograd und Flores die kognitionswissenschaftliche Theorie verdrängen würde" (Mohnhaupt/Rehkämper 1990: 43). Zu radikal (oder auch bloß zu sehr die eigenen Pfründe bedrohend) scheint die Revolution gegen Repräsentationalismus und rationalistische Informationsverarbeitung in den Augen vieler angemutet zu haben, als dass sie den Ausführungen ein genügend hohes Maß an „commitment" (das Winograd und Flores als zentralen Aspekt menschlicher Kommunikation ansehen) hätten angedeihen lassen können.

Im Bereich der Mensch-Maschine-Schnittstellen-Forschung, für die die Autoren des Buches neue Impulse zu geben erhofften, war die Resonanz größer. Allerdings wird das Buch in Retrospektiven eher für seine Rolle in der „language-action"- versus „situated action"-Kontroverse hervorgehoben denn für etwaige konstruktivistische Impulse. Die Reinterpretation des von Winograd und Flores vorgeschlagenen Kommunikationsmodells aus der Sicht des Konstruktivismus wurde daher versäumt. So betont beispielsweise Giorgio De Michelis (2008) in seinem Rückblick, dass das Buch viele Forscher und Designer im Bereich des *computer-supported cooperative work* zum Studium der Kontinentalphilosophen Edmund Husserl, Martin Heidegger, Hans-Georg Gadamer und Jean-Luc Nancy veranlasst hat – von konstruktivistischer Lektüre ist keine Rede. In vielen der eher praxisorientierten Bücher zum Thema Webnutzung und -technologien werden Winograd und Flores aber nicht genannt – zu abstrakt scheinen die revolutionären Ideen für die Umsetzung für das Internet und für Web 2.0 zu sein, die zum Zeitpunkt der Publikation noch auf sich warten ließen. Gerade aber das Web und seine kommunikativen und kollaborativen Aspekte sind jener paradigmatische Fall, den Winograd und Flores als die realisierbare soziale Dimension von Computertechnologie propagierten. Hier gehen die Autoren von Maturanas Begriff des konsensuellen Bereiches aus, der durch die wechselseitige Orientierung in den beteiligten Systemen charakterisiert ist: Durch die strukturelle Koppelung zweier Systeme entsteht ein Bereich des koordinierten Verhaltens, der durch die Struktur der Systeme und ihre Entstehungsgeschichte festgelegt ist. Dadurch entstehen *commitments* – Versprechungen, Verpflichtungen und Bindungen, die mit sprachlichen Handlungen einhergehen. Die Sichtweise der rationalistischen Tradition, die Sprache als einen Informationsträger auffasst, der sich auf dekontextualisierte Gegebenheiten bezieht, ist notwendigerweise eine armselige Perspektive, die die verbindlichen Aspekte von Sprache außer Acht lässt. Da Computer keine Verbindlichkeiten eingehen können, sind sie auch nicht in der Lage, an menschlicher Sprache teilzunehmen. Ihre Rolle muss darauf beschränkt bleiben, *intelligent tools* zu sein – wie der in Winograd und Flores vorgestellte *coordinator* –, die Strukturen zur Verfügung stellen, welche den kommunikativen Austausch zwischen Menschen möglich machen und erleichtern. Mit anderen Worten: die Fähigkeiten dieser Tools bleiben auf die Manipulation syntaktischer Aspekte begrenzt und können sich nicht auf semantische Inhalte beziehen.[17]

Im Bereich der rezenten AI-Forschung sind viele Konzepte des Buches (ob nun direkt oder auf Umwegen sei dahingestellt) wieder aufgetaucht. Die AI ging in den Jahren, die der Publikation folgten, in den bekannten „AI Winter". In dieser Zeit wurde das Budget für die AI-Forschung gesenkt, die zu hohen Erwartungen und die sich daraus ergebenen Versprechungen zurückgeschraubt, und der ehemals umfassende Anspruch der AI, eine globale, dem Menschen ähnliche künstliche Intelligenz schaffen zu können, von vielen aufgegeben. Die Voraussagen der Autoren, wie auch bereits die von Hubert Dreyfus und Joseph Weizenbaum in den Jahrzehnten davor, bewahrheiteten sich. Die Lösung des Common-Sense-Problems wurde nie erreicht. Stattdessen kam es zur Umlenkung der Forschungsschwerpunkte auf die Aspekte von Intelligenz, die von den Pionieren als trivial angesehen wurden, wie z. B. Navigation in unbekanntem Gelände und perzeptive Erkennungsleistungen, die mit dem symbolischen Ansatz nicht erbracht werden konnten. Heidegger-Kenner Hubert Dreyfus hatte das bereits in seiner 1965 erschienenen Polemik „Alchemy and Artificial Intelligence" erkannt: „the body plays a crucial role in making possible intelligent behavior" (zitiert nach Boden 2008: 839). Zu dieser neuen „embodied" AI gehören etwa die Arbeiten Rodney Brooks, der zu Beginn der 1990er Jahre ausgerechnet an der ehemaligen Hochburg des symbolischen Ansatzes, dem MIT, Roboter zu bauen begann, die gänzlich ohne symbolische Repräsentation und Planung kognitive Fertigkeiten zuwege brachten (Brooks 1991).[18] Die beiden Begriffe „embeddedness" und „embodiment", die seitdem verstärkt in der Literatur ihre Runden machen (Riegler 2002), und die für die Erbauung intelligenter Systeme nun unerlässlich zu sein scheinen, stehen in engem Zusammenhang

---

[17] Hier wird die Parallele zum klötzchenmanipulierenden SHRDLU aus Winograds Frühzeit deutlich.
[18] Allerdings distanzierte sich Rodney Brooks von der Idee, von der Philosophie Heideggers beeinflusst worden zu sein: „It Isn't German Philosophy" (Brooks 1991: 155).

mit den Ausführungen von Winograd und Flores und deren Interpretation der zentralen Begriffe Heideggers wie „Dasein" und „Zuhandensein". Auch weitere und jüngere Entwicklungen in der AI und Kognitionswissenschaft – wie etwa die *Enactive Cognitive Science*, die Francisco Varela mitbegründete (Varela/Thomson/Rosch 1991), oder die dynamische Kognitionswissenschaft (Van Gelder 1998), die vom AI-Forscher Randall Beer, einem begeisterten und „bekehrten" Leser von Winograd und Flores, mitgetragen wird – heben sich von der in Winograd und Flores geäußerten Kritik ab.

Ein letzter Kritikpunkt am Buch ist die Feststellung, dass es mit strengen Begründungen und ausgiebigen Beispielen geizt. Die Intention der Autoren ist es ja gerade nicht, eine rationalistische Analyse zu betreiben, sondern einen bestehenden Missstand aufzuzeigen und aus den Angeln zu heben, und die Unbrauchbarkeit desselben dem Leser vor Augen zu führen. Dabei wird leider, wie viele Kritiker des Buches anmerken, die Allgemeingültigkeit der Behauptungen stark untergraben, weil sie den Eindruck hinterlassen, nur auf bestimmte Ausnahmefälle anwendbar zu sein oder nur quantitative denn qualitative Probleme zu berühren. Gerade für den technisch orientierten AI-Forscher, den die Autoren gerne mitreißen möchten, stellt sich oft die Frage, ob gewisse behauptete Unmöglichkeiten nicht durch ein Mehr an technologischem (anstelle von revolutionär-philosophischem) Aufwand zu überwinden wären. Das Buch ist damit eher ein Patchwork nicht immer schlüssig ineinander überführender Argumente, eine Sammlung von zum Teil äußerst wichtigen Erkenntnissen aus den Bereichen Konstruktivismus, Phänomenologie und Hermeneutik.

Auf jeden Fall haben die Autoren recht behalten mit ihrer Umdefinierung von Artificial Intelligence. Den Schlag gegen symbolische AI-Systeme, die aufgrund der fehlenden intuitiven Prä-Orientierung zu keinerlei intelligenten Leistung im menschlichen Sinne fähig sind, nutzen die Autoren geschickt, um darauf hinzuweisen, was ihrer Einschätzung zufolge mit Computersystemen sehr wohl im Bereich des Machbaren liegt. Sie schlagen vor, dass wir die AI-Technologie gebrauchen können, um Entscheidungshilfen zu konstruieren, die uns helfen, vordefinierte Entscheidungsräume auszuloten und Strukturen zu konstruieren, mit deren Hilfe nichtintuitive Bereiche besser bewältigt werden können. Wie Winograd in einem der Veröffentlichung des Buches vorangehenden Kommentars meinte: „The result may not be 'intelligent machine' but intelligent uses of machine capabilities" (Winograd zitiert nach Bobrow/Hayes 1985: 395). Die kollektive Intelligenz, die durch Webeinrichtungen wie Blogs, Wikis, Facebook usw. ermöglicht wird, wurde weder von den frühen AI-Forschern noch von Science-Fiction-Autoren, wohl aber in gewisser Weise von Winograd und Flores vorausgesagt.

Im Gegensatz zu der stürmischen Entwicklung im Bereich der computergestützten Sozialwerkzeuge ergeben sich für den Konstruktivismus aus dem Buch keine direkten Weiterentwicklungen. Es muss aber als Versuch gesehen werden, die Konzepte und Theorien Maturanas und Varelas auch auf technische Systeme anzuwenden. Weiters sollte auch der Wert nicht unterschätzt werden, der im Vergleich des Konstruktivismus mit der Phänomenologie Heideggers und Gadamers (und interessanterweise der Sprechakttheorie Searles, welcher dem Konstruktivismus nicht notwendigerweise freundlich gegenüber steht, siehe Searle 1997) liegt. Dieser Vergleich und die Zusammenlegung sind aber im Buch unvollständig geblieben. Vielmehr haben die Autoren aus den jeweiligen Theorien Maturanas, Heideggers und Searles diejenigen Aspekte herausgepflückt, die ihnen zur Untermauerung ihrer „anti-illusionistischen" (Winograd/Flores 1994) Kritik dienlich waren.

4 Schlussbemerkungen

Hat das Buch letzten Endes dazu geführt, den leeren Versprechungen und Illusionen der Artificial Intelligence ein Ende zu bereiten? Wohl kaum. Seit dem Erscheinen des Buches sind viele neue Spieler auf dem Jahrmarkt der AI erschienen, die *embodied* oder evolutionäre Ansätze verfolgen, während die alten weiterhin fröhlich symbolisch-intelligente Systeme bauen, und sei es in Form von semantischen Ontologien[19], die das Internet der Zukunft tragen sollen.[20] Neben der in den 1980er Jahren wichtigen Funktion, auf die Unbrauchbarkeit des symbolischen Ansatzes für die (starke) AI hinzudeuten – wobei Maturanas Biologie der Kognition eine Schlüsselrolle in der Argumentation einnimmt –, sind es wohl zwei Aspekte, die das Buch auch für die Zukunft zu einem Schlüsselwerk machen. Zum einen weist es auf die immanent wichtige Rolle des „Intuitiv-Unbewussten" für die AI und die Kognitionswissenschaft und damit auf die Frage nach dem Ursprung unserer Wirklichkeitskonstruktionen hin (Riegler 2003). Und zum anderen ist dank des Buches die Bereitschaft gestiegen, sich in diesen Disziplinen mehr mit philosophischen Grundlagen auseinanderzusetzen. Wenn auch die konstruktivistischen Aspekte des Buches bei der allgemeinen Leserschaft das geringste Echo hervorgerufen zu haben scheinen, so kann in Anbetracht der „Verbiologisierung" der AI doch damit gerechnet werden, dass sie das in Zukunft mit konstruktivistischen Konzepten wie Strukturkoppelung und konstruktivistischen Definitionen wie „Kognition = Leben" (Maturana/Varela 1980: 13; Stewart 1996) noch tun werden. Terry Winograd und Fernando Flores haben dafür einen wichtigen Grundstein gelegt, indem sie die The-

---

[19] In der Informatik ist eine Ontologie die formale Definition von semantischen Beziehungen zwischen einer Menge von Begriffen und einem Gegenstandsbereich sowie den darauf arbeitenden Inferenzmechanismen.
[20] Dass Computer entgegen früheren Annahmen noch immer nicht in der Lage sind, beliebige visuelle Information zu verstehen, stört heute niemanden mehr – im Gegenteil. Auf dieser Unfähigkeit bauen Sicherheitssysteme auf, die beispielsweise bei der Registrierung auf Internetseiten dem Benutzer die scheinbar unsinnige Frage stellen, von einem Bild die darin enthaltene, verzerrte oder teilweise überdeckte Buchstabenfolge abzutippen, weil man so sicher sein kann, dass es ein menschlicher Benutzer ist und kein Internetroboter.

orie der Autopoiese erfolgreich als Instrument gegen die mechanistisch-realistische Erkenntnistheorie einsetzten, die der AI zugrunde lag. Aufgrund der persönlichen Lebensgeschichte der Autoren blieb das konstruktivistische Element allerdings auf Humberto R. Maturanas und Francisco J. Varelas Konstruktivismus beschränkt. Zwar wird beispielsweise Heinz von Foersters Einfluss auf Maturana ausdrücklich gewürdigt, seine eigenen Ideen zur Kognition und zu einer alternativen Artificial Intelligence, wie sie an seinem Biological Computer Lab erarbeitet wurden (Müller/Müller 2007), fanden aber keine Berücksichtigung. Auch Ernst von Glasersfelds Beiträge zu einem konstruktivistischen Verständnis der in der AI so zentralen Themen wie Lernen und Wissen wären als Bereicherung der Argumentation im Buch vorstellbar. Sind es aber nicht gerade die „unvollendeten" Werke, die Neugier wecken und den Ansporn zu weiteren Verbesserungen bieten? *Understanding Computers and Cognition* ist eines dieser Schlüsselwerke, die das Potenzial des Konstruktivismus für Anwendungen über die Kernbereiche des Konstruktivismus hinaus (Riegler 2001 a, b) auch in technischen Disziplinen aufweisen.

Literatur

Bobrow, Daniel G./Patrick J. Hayes (1985): Artificial Intelligence – Where Are We? In: Artificial Intelligence. 25. Jg. H. 3. S. 375–415.
Boden, Margaret A. (2008): Mind as Machine. A History of Cognitive Science. Oxford: Clarendon.
Brooks, Rodey A. (1991): Intelligence Without Representation. In: Artificial Intelligence. 47. Jg. H. 1–3. S. 139–159.
Cariani, Peter (1993): To Evolve an Ear. Epistemological Implications of Gordon Pask's Electrochemical Devices. In: Systems Research. 10. Jg. H. 3. S. 19–33.
Clancey, William J./Stephen W. Smoliar/Mark J. Stefik (Hrsg.) (1994): Contemplating Minds. A Forum for Artificial Intelligence. Cambridge, MA: MIT Press.
Csíkszentmihályi, Mihály (1999): Das flow-Erlebnis. Jenseits von Angst und Langeweile: im Tun aufgehen. Stuttgart: Klett-Cotta.
De Michelis, Giorgio (2008): The Contribution of the Language-Action Perspective to a New Foundation for Design. In: Thomas Erickson/David W. McDonald (Hrsg.): HCI Remixed. Essays on Works that Have Influenced the HCI Community. Cambridge, MA: MIT Press. S. 293–297.
Dennett, Daniel C. (1984): Cognitive Wheels. The Frame Problem of AI. In: Christopher Hookway (Hrsg.): Minds, Machines, and Evolution. London: Cambridge Univ. Press.
Dreyfus, Hubert L. (1965): Alchemy and Artificial Intelligence. In: Research Report P-3244. Santa Monica, CA: Rand Corporation. URL: http://www.rand.org/pubs/papers/2006/P3244.pdf. (Abgerufen am 29.5.2010)
Dreyfus, Hubert L. (1972): What Computers Can't Do. A Critique of Artificial Reason. San Francisco: W. H. Freeman.
Dreyfus, Hubert L. (2007): Why Heideggerian AI Failed and How Fixing It Would Require Making It More Heideggerian. In: Artificial Intelligence. 171. Jg. H. 18. S. 1137–1160.
Fisher, Lawrence M. (2009): Fernando Flores Wants to Make You an Offer. In: strategy+business. H. 57. (24.11.2009). URL: http://www.strategy-business.com/article/09406?gko=ce081. (Abgerufen am 19.6.2010)
Fogel, Lawrence J./Alvin J. Owens/Michael J. Walsh (1996): Artificial Intelligence through Simulated Evolution. New York: Wiley.

Freksa, Christian (1988): Intrinsische vs. extrinsische Repräsentation zum Aufgabenlösen oder die Verwandlung von Wasser in Wein. In: Gerhard Heyer/Josef Krems/Günther Görz (Hrsg.): Wissensarten und ihre Darstellung. Beiträge aus Philosophie, Psychologie, Informatik und Linguistik. Berlin: Springer. [= Informatik-Fachberichte 169]. S. 155–165.

Glasersfeld, Ernst von (1997): Radikaler Konstruktivismus. Frankfurt am Main: Suhrkamp.

Goldberg, David E. (1989): Genetic Algorithms in Search, Optimization and Machine Learning. Boston, MA: Kluwer.

Harnad, Stevan (1990): The Symbol Grounding Problem. In: Physica D. 42. Jg. H. 1–3. S. 335–346.

Harmelen, Frank van/Vladimir Lifschitz/Bruce Porter (Hrsg.) (2008): Handbook of Knowledge Representation. Amsterdam: Elsevier.

Koza, John R. (1992): Genetic Programming. On the Programming of Computers by Means of Natural Selection. Cambridge, MA: MIT Press.

Maturana, Humberto J. (1985): Erkennen. Die Organisation und Verkörperung von Wirklichkeit. 2. durchgesehene Aufl. Braunschweig/Wiesbaden: Vieweg.

Maturana, Humberto R./Francisco J. Varela (1980): Autopoiesis and Cognition. The Realization of the Living. Boston: Reidel.

McCarthy, John/Marvin Minsky/Nathan Rochester/Claude Shannon (1955): A Proposal for the Dartmouth Summer Research Project on Artificial Intelligence. URL: http://www-formal.stanford.edu/jmc/history/dartmouth/dartmouth.html. (Abgerufen am 19.6.2010)

Mohnhaupt, Michael/Klaus Rehkämper (1990): Gedanken zu einer neuen Theorie der Kognition. Das Buch von T. Winograd/F. Flores: Erkenntnis – Maschinen – Verstehen. Zur Neugestaltung von Computersystemen. In: Kognitionswissenschaft. 1. Jg. H. 3. S. 36–45.

Müller, Albert/Karl H. Müller (Hrsg.) (2007): An Unfinished Revolution? Heinz von Foerster and the Biological Computer Laboratory | BCL 1958–1976. Wien: edition echoraum.

Neisser, Ulric (1967): Cognitive Psychology. New York: Meredith.

Neisser, Ulric (1976): Cognition and Reality. San Francisco: Freeman.

Newell, Alan/Herbert A. Simon (1963): GPS – A Program that Simulates Human Thought. In: Edward A. Feigenbaum/Julian Feldman (Hrsg.): Computers and Thought. New York: McGraw-Hill. S. 279–293.

Newell, Alan/Herbert A. Simon (1976): Computer Inquiry as an Empirical Inquiry. Symbols and Search. In: Communications of the Association for Computing Machinery. 19. Jg. H. 3. S. 113–126.

Partridge, Derek (1987): Human Decision Making & the Symbolic Search Space Paradigm in AI. In: AI & Society. 1. Jg. H. 2. S. 103–114.

Polanyi, Michael (1966): The Tacit Dimension. Garden City, NY: Doubleday & Co.

Pörksen, Bernhard (2002): Die Gewissheit der Ungewissheit. Gespräche zum Konstruktivismus. Heidelberg: Carl-Auer-Systeme.

Rechenberg, Ingo (1973): Evolutionsstrategie. Optimierung technischer Systeme nach Prinzipien der biologischen Evolution. Stuttgart: Fromman-Holzboog.

Riegler, Alexander (Hrsg.) (2001 a): Sonderheft „The Impact of Radical Constructivism on Science. Part 1: The Paradigm, Biology and Cognition." Foundations of Science. 6. Jg. H. 1–3. URL: http://www.univie.ac.at/constructivism/pub/fos. (Abgerufen am 19.6.2010)

Riegler, Alexander (Hrsg.) (2001 b): Sonderheft „The Impact of Radical Constructivism on Science. Part 2: Physics, Reasoning and Learning." Foundations of Science. 6. Jg. H. 4. URL: http://www.univie.ac.at/constructivism/pub/fos. (Abgerufen am 19.6.2010)

Riegler, Alexander (2002): When Is a Cognitive System Embodied? In: Cognitive Systems Research. [Sonderheft „Situated and Embodied Cognition".] 3. Jg. H. 3. S. 339–348. URL: http://www.univie.ac.at/constructivism/people/riegler/pub/?retrieve=24. (Abgerufen am 19.6.2010)

Riegler, Alexander (2003): Whose Anticipations? In: Martin V. Butz/Olivier Sigaud/Pierre Gérard (Hrsg.): Anticipatory Behavior in Adaptive Learning Systems. Foundations, Theories, and Systems. Lecture Notes in Artificial Intelligence. Dordrecht: Springer. S. 11–22.

Riegler, Alexander (2007): The Radical Constructivist Dynamics of Cognition. In: Brendan Wallace/Alastair Ross/John Davies/Tony Anderson (Hrsg.): The Mind, the Body and the World. Psychology after Cognitivism? London: Imprint. S. 91–115.

Rubin, Harriet (1998): The Power of Words. In: Fast Company. H. 21. URL: http://www.fastcompany.com/magazine/21/flores.html. (Abgerufen am 18.6.2010)

Searle, John R. (1980): Minds, Brains and Programs. In: Behavioral and Brain Sciences. 3. Jg. H. 3. S. 417–457.

Searle, John R. (1997): Was ist Realismus? In: Die Konstruktion der gesellschaftlichen Wirklichkeit. Zur Ontologie sozialer Tatsachen. Reinbek bei Hamburg: Rowohlt. S. 162–170.

Stewart, J. (1996): Cognition = Life: Implications for Higher-Level Cognition. In: Behavioural Processes. 35. Jg. S. 311–326

Turing, Alan (1950): Computing Machinery and Intelligence. In: Mind. 59. Jg. H. 236. S. 433–460.

Van Gelder, Tim (1998): The Dynamical Hypothesis in Cognitive Science. In: Behavioral and Brain Sciences. 21. Jg. H. 5. S. 615–628.

Varela, Francisco J. (1990): Kognitionwissenschaft – Kognitionstechnik. Frankfurt am Main: Suhrkamp.

Varela, Francisco J./Evan Thompson/Eleanor Rosch (1991) The Embodied Mind. Cognitive Science and Human Experience. Cambridge, MA: MIT Press.

Wegner, Daniel M. (2002): The Illusion of Conscious Will. Cambridge, MA: MIT Press.

Weizenbaum, Joseph (1966): ELIZA – A Computer Program for the Study of Natural Language Communication between Man and Machine. In: Communications of the Association for Computing Machinery. 9. Jg. H. 1. S. 36–45.

Winograd, Terry (1972): Understanding Natural Language. New York: Academic Press.

Winograd, Terry (1983): Language as a Cognitive Process. Vol. I: Syntax. Reading/MA: Addison-Wesley.

Winograd, Terry (1990): Thinking Machines. Can There Be? Are We? In: Derek Partridge/Yorick Wilks (Hrsg.): The Foundations of Artificial Intelligence. Cambridge: Cambridge Univ. Press. S. 167–189.

Winograd, Terry/Fernando Flores (1986): Understanding Computers and Cognition. A New Foundation for Design. Norwood/NJ: Ablex.

Winograd, Terry/Fernando Flores (1989): Erkenntnis Maschinen Verstehen. Zur Neugestaltung von Computersystemen. Berlin: Rotbuch.

Winograd, Terry/Fernando Flores (1994): A Response to the Reviews. In: William J. Clancey/Stephen W. Smoliar/Mark J. Stefik (Hrsg.): Contemplating Minds. A Forum for Artificial Intelligence. Cambridge/MA: MIT Press. S. 210–221.

Das Wissen der Systeme

Christoph Reinfandt über Niklas Luhmanns *Erkenntnis als Konstruktion*

1   Entstehungsbedingungen und Vorgeschichte: Die Evolution einer Supertheorie aus dem Geiste der Verwaltung

Der deutsche Soziologe Niklas Luhmann (1927–1998) begann seine akademische Laufbahn mit Verspätung und als Seiteneinsteiger. Geboren als Sohn eines Brauereibesitzers in Lüneburg studierte Luhmann nach dem Zweiten Weltkrieg zunächst Jura an der Universität Freiburg im Breisgau, wo er 1949 zum Dr. jur. promoviert wurde. Er absolvierte anschließend die Referendarsausbildung in Lüneburg, trat 1953 mit 26 Jahren in den höheren Verwaltungsdienst ein und wurde 1955 Landtagsreferent des niedersächsischen Kultusministeriums in Hannover, wo er bis 1962 blieb, zuletzt im Range eines Oberregierungsrats. Im Ministerium verspürte Luhmann jedoch, wie er später zu Protokoll gab, „eine gewisse Monotonie der Tätigkeit"; da zudem „eine weitere Karriere nur in Verbindung mit einer Partei möglich" war (Breuer 1996: 170), ergriff er 1960 die Gelegenheit einer über seinen Tisch laufenden Stipendienausschreibung und ließ sich für einen Studienaufenthalt in Harvard beurlauben. Dieser Aufenthalt bei Talcott Parsons (1902–1979), dem damals profiliertesten Vertreter einer systemtheoretisch orientierten Soziologie, leitete den Wechsel in die Wissenschaft ein. Nach dem Ausscheiden aus dem Ministerium arbeitete Luhmann zunächst bis 1965 als Referent am Forschungsinstitut der Hochschule für Verwaltungswissenschaften in Speyer und wechselte dann auf Einladung des Soziologen Helmut Schelsky (1912–1984) an die Sozialforschungsstelle der Universität Münster in Dortmund. Schelsky ermöglichte Luhmann in dieser Zeit auch seine „Nachqualifikation" als Soziologe, die er 1966 an der Universität Münster mit Promotion und Habilitation erfolgreich abschloss.

Die äußeren Eckpunkte der sich nun anschließenden akademischen Karriere Niklas Luhmanns sind schnell benannt: Schon 1968 wurde Luhmann auf den Lehrstuhl für Soziologie an der neu gegründeten Universität Bielefeld berufen, wo er bis zu seiner Emeritierung 1993 blieb. Legendär ist Luhmanns lakonischer Rückblick auf diese Tätigkeit im Vorwort seines abschließenden Großwerks *Die Gesellschaft der Gesellschaft*:

> Bei meiner Aufnahme in die 1969 gegründete Fakultät für Soziologie der Universität Bielefeld fand ich mich konfrontiert mit der Aufforderung, Forschungsprojekte zu benennen, an denen ich arbeite. Mein Projekt lautete damals und seitdem: Theorie der Gesellschaft; Laufzeit: 30 Jahre; Kosten: keine. (Luhmann 1997: 11)

In der Tat handelt es sich bei Luhmann um einen typischen Vertreter der gegen Ende des 20. Jahrhunderts vom Aussterben bedrohten Gattung des „Einzelschreibtischforschers" (vgl. Vec et al. 2006: 61 f.). Angesichts seiner frühen Berufsjahre in der Ministerialverwaltung und seiner zettelkastenbasierten Arbeitsweise hing Luhmann dabei spätestens seit der „Habermas-Luhmann-Debatte" 1971 der Ruf des kalten Sozialtechnokraten an, dessen bürokratische Beschreibung der Gesellschaft weder der Emanzipation des Subjekts noch dem gesellschaftlichen Fortschritt im Geiste der Aufklärung sowie der damit verbundenen Pflicht zur Kritik der herrschenden Verhältnisse Raum ließ. Luhmann selbst bestätigt im Rückblick die Diagnose, aber keineswegs die Wertung:

> Ein durchgehender Zug ist sicher mein Versuch, Distanz zu halten gegenüber solchen Phänomenen, bei denen andere sich aufregen oder wo gewöhnlich normatives oder emotionales Engagement gefragt ist. Mein Hauptziel als Wissenschaftler ist die Verbesserung der soziologischen Beschreibung der Gesellschaft und nicht die Verbesserung der Gesellschaft. Das schließt natürlich nicht aus, […] dass man als ein anderer auftritt, wenn man am politischen oder kirchlichen Leben oder auch an künstlerischen Veranstaltungen teilnimmt. […]
>
> Es gibt keine Position, und schon gar keine soziale Position außerhalb von Gesellschaft. Dabei geht es nicht um Affirmation der Gesellschaft, sondern um die Vorstellung von Gesellschaft als eine Art historische Maschine, die sich selber ändert, aber immer von dem Zustand ausgehen muss, an dem sie sich gerade befindet. Und dann wird die Frage akut: mit welcher Theorie, mit welchen Abstraktionsmitteln erfassen wir eigentlich den Zustand und wie sehen wir Probleme, wie definieren wir sie, wie sehen wir Lösungen. Dies geschieht immer in der Gesellschaft und bezogen auf die jeweilige Gesellschaft, so dass die Alternative zwischen Affirmation oder Kritik einfach keine sinnvolle Alternative ist. Kritik erfordert Affirmation, wenn man das so hart sagen will. (Breuer 1996: 169, 179)

Wie aber passt die hier zur Erfassung des Zustands der Welt als unumgänglich eingeforderte Affirmation zu Luhmanns Teilhabe an dem seit den 1970er Jahren prominent werdenden Diskurs des (radikalen) Konstruktivismus? Immerhin hat ja erst Luhmanns Rezeption der Ideen des radikalen Konstruktivismus insbesondere Humberto R. Maturanas die „Reifung" seiner Gesellschaftstheorie zu einer „Supertheorie" ermöglicht, d. h. zu einer Theorie „mit universalistischen (und das heißt auch: sich selbst und ihre Gegner einbeziehenden) Ansprüchen" (Luhmann 1984: 19). Unter den im ausgehenden 20. Jahrhundert formulierten „Supertheorien" im Spannungsfeld von Dekonstruktion und Konstruktivismus ist Luhmanns Systemtheorie sicherlich diejenige mit der größten Spannweite zwischen abstrakt begründetem Theoriedesign und der Vielzahl der in den Blick genommenen Phänomene. Von der dem logischen Formenkalkül des Mathematikers George Spencer-Brown entlehnten differenztheoretischen Ausgangsoperation des „Treffe eine Unterscheidung!" über die theoretische Neuformulierung der Koevolution von Bewusstsein (Wahrnehmung) und Gesellschaft (Kommunikation) bis hin zur Beschreibung der historischen Ausdifferenzierung der modernen (Welt-)Gesellschaft mitsamt den aus Prozessen der Selbstbeobachtung und Selbstbeschreibung hervorgehenden Semantiken und Lebenswelten der modernen Kultur ist es ein weiter Weg – und doch bleibt für alle diese Abstraktionslagen die Operation der Beobachtung einer „unbeobachtbaren Welt" (Luhmann/Bunsen/Baecker 1990) konstitutiv und empirisch nachweisbar, denn: „Erkennende Systeme sind wirkliche (empirische, das heißt beobachtbare) Systeme in einer wirklichen Welt." (Luhmann 1990 b: 41)

Was also wissen die Systeme im Sinne Luhmanns? Und um was für Systeme geht es eigentlich? Im Folgenden soll Luhmanns kleine Monografie mit dem Titel *Erkenntnis als Konstruktion* (1988) den Schlüssel zur Beantwortung dieser Frage bereitstellen.[1] Das Büchlein markiert dabei Luhmanns erste explizite und auch im Titel ausgeflaggte Auseinandersetzung mit dem Diskurs des (radikalen) Konstruktivismus, dessen Implikationen allerdings bereits mit dem in seinem ersten Hauptwerk *Soziale Systeme* endgültig vollzogenen Paradigmenwechsel zu einer „Theorie der sich selbst herstellenden, autopoietischen Systeme" (Luhmann 1984: 28) Einzug in sein Denken gehalten hatten. Nach *Erkenntnis als Konstruktion* taucht das Stichwort 'Konstruktivismus', das im Register zu *Soziale Systeme* noch gar nicht vorgekommen war, in Luhmanns Werk immer häufiger auf und spielt in zentralen Monografien der 1990er Jahre eine wichtige Rolle (vgl. Luhmann 1990 a, 1996, 1997). Hinzu kommt der fünfte Band der Reihe *Soziologische Aufklärung*, der 1990 unter dem Titel *Konstruktivistische Perspektiven* einschlägige Arbeiten Luhmanns versammelt, darunter den grundlegenden Beitrag „Das Erkenntnisprogramm des Konstruktivismus und die unbekannt bleibende Realität" (1990 b: 31–58).[2] *Erkenntnis als Konstruktion* kommt also sowohl für die Entwicklung des Gesamtwerks Niklas Luhmanns als auch im Hinblick auf Luhmanns Verhältnis zum Diskurs des (radikalen) Konstruktivismus eine besondere Stellung zu, die seine Behandlung als Schlüsselwerk des Konstruktivismus rechtfertigt.

2 *Erkenntnis als Konstruktion* als Schlüsselwerk des Konstruktivismus

Niklas Luhmann beginnt seine Überlegungen mit der Feststellung, dass das Radikale am (radikalen) Konstruktivismus in seiner vollständigen Umkehrung der Ausgangsfrage und der damit verbundenen Prämissen der traditionellen (westlichen) erkenntnistheoretischen Reflexion liege. Während diese um das Problem kreise, „wie [...] Erkenntnis möglich [ist], *obwohl* sie keinen von ihr unabhängigen Zu-

---

[1] Es handelt sich um die gedruckte Fassung eines Vortrages, den Luhmann am 23. Oktober 1988 im Kunstmuseum Bern hielt und der anschließend in der Reihe *Um 9: Denker/innen zu Themen unserer Zeit* (hrsg. von G. J. Lischka) des kleinen Benteli-Verlags in Bern veröffentlicht wurde. Erstmals in größerer Auflage zugänglich wurde der Text durch seine Aufnahme in Luhmann (2001: 218–242).

[2] Vgl. zur Intensivierung von Luhmanns konstruktivistischer Reflexion auch die Häufung von Einträgen für das Jahr 1990 im Literaturverzeichnis dieses Beitrags.

gang zur Realität außer ihr hat," beginne der radikale Konstruktivismus mit der „empirischen Feststellung: Erkenntnis ist nur möglich, *weil* sie keinen Zugang zur Realität außer ihr hat." (Luhmann 1988: 8 f., Hervorhebungen im Original) Wie genau ist diese Abkoppelung der Erkenntnis von der Welt zu denken? Luhmann schlägt vor, die traditionelle Unterscheidung von 'Subjekt' und 'Objekt' durch die Unterscheidung von 'System' und 'Umwelt' zu ersetzen, um so in der für die Systemtheorie typischen paradoxen Weise zugleich eine höhere Abstraktionslage *und* eine Anbindung an die Empirie zu gewinnen. In ersterer, theoretischer Hinsicht setzt hier die Spezifik des Luhmann'schen Konstruktivismus an: „Während im Konstruktivismus in der Regel auf das beobachtende Subjekt (erkenntnistheoretisch) oder auf den beobachtenden Akteur (erkenntnispraktisch) gesetzt wird, entsubjektiviert Luhmann seinen Systembegriff konsequent." (Scholl 2002: 8) In letzterer, empirischer Hinsicht hingegen kommt es zunächst zu folgenden heftig umstrittenen Formulierungen am Anfang von *Soziale Systeme:*

> Die folgenden Überlegungen gehen davon aus, dass es Systeme gibt. Sie beginnen nicht mit einem erkenntnistheoretischen Zweifel. Sie beziehen auch nicht die Rückzugsposition einer „lediglich analytischen Relevanz" der Systemtheorie. Erst recht soll die Engstinterpretation der Systemtheorie als eine bloße Methode der Wirklichkeitsanalyse vermieden werden. Selbstverständlich darf man Aussagen nicht mit ihren Gegenständen verwechseln; man muss sich bewusst sein, dass Aussagen nur Aussagen und wissenschaftliche Aussagen nur wissenschaftliche Aussagen sind. Aber sie beziehen sich, jedenfalls im Falle der Systemtheorie, auf die wirkliche Welt. Der Systembegriff bezeichnet also etwas, was wirklich ein System ist, und lässt sich damit auf eine Verantwortung für die Bewährung seiner Aussagen an der Wirklichkeit ein. (Luhmann 1984: 30)

Es fällt auf den ersten Blick schwer, angesichts dieser Formulierungen den Anspruch der Systemtheorie auf „Verabschiedung aller ontologischen Metaphysik und aller Aprioristik" (ebd.: 656) ernst zu nehmen, und auch die Verbindung zum Konstruktivismus erscheint angesichts von Luhmanns entschiedener Zurückweisung jedes Verständnisses von 'System' als „bloße gedankliche Konstruktion" (ebd.: 599) problematisch.

In *Soziale Systeme* versucht Luhmann diese Widersprüche im Anschluss an den amerikanischen Philosophen und Logiker Willard Van Orman Quine (1908–2000) mit dem Konzept einer „naturalistischen" oder „naturalen Epistemologie" (ebd.: 10, 647) zu überbrücken und ist für diese „*Re*ontologisierung theoretischer Terme" harsch kritisiert worden (Hempfer 1990: 21, Hervorhebung im Original). In *Erkenntnis als Konstruktion* hingegen werden die konstruktivistischen Züge der Theorie eindeutiger markiert und die umstrittenen Formulierungen präzisiert. Zwar heißt es auch hier prominent: „Wir gehen davon aus, dass alle erkennenden Systeme reale Systeme in einer realen Umwelt sind, mit anderen Worten: dass es sie gibt." (Luhmann 1988: 13) Doch wird hier dem Einwand „Das ist naiv" unmittelbar Rechnung getragen, indem der scheinbar naive Anfang („Wie anders als naiv soll man anfangen?") als Resultat einer komplexen Theoriebildung ausgewiesen wird, in deren Mittelpunkt der Begriff des Beobachtens als Einheit der Differenz von Unterscheiden und Bezeichnen steht:

> Erkenntnis wird demnach durch Operationen des Beobachtens und des Aufzeichnens von Beobachtungen (Beschreiben) angefertigt. [...] Beobachten findet immer dann statt, wenn etwas unterschieden und, in Abhängigkeit von der Unterscheidung, bezeichnet wird. Der Begriff ist indifferent gegen die Form der Autopoiesis des Systems, also indifferent dagegen, ob als Operationsform Leben oder Bewusstsein oder Kommunikation benutzt wird. Er ist auch indifferent gegen die Form der Aufzeichnung (Gedächtnis). Es kann sich um biochemische Fixierungen, es kann sich auch um schriftliche Texte handeln. (Ebd.: 14 f.)

Daraus ergibt sich dann eine eindeutig konstruktivistische Reformulierung der umstrittenen Passagen aus *Soziale Systeme*:

> Alles Beobachtbare ist Eigenleistung des Beobachters, eingeschlossen das Beobachten von Beobachtern. Also gibt es in der Umwelt nichts, was der Erkenntnis entspricht. [...] Und ebenso wenig gibt es, wenn man von Erkenntnis absieht, Systeme. (*Deshalb* haben wir oben *gesagt*, es gibt Systeme.) Die Unterscheidung von System und Umwelt ist selbst eine erkenntnisleitende Operation. (Ebd.: 16, Hervorhebungen im Original)

Mit der Kategorie des Beobachters ist also der Anschluss an den erkenntnistheoretischen Reflexionsstand des Konstruktivismus vereindeutigt (vgl. dazu Luhmann/Bunsen/Baecker 1990), während weiterhin eine empirische Rückbindung der Theorie behauptet wird. Wie kann das gehen?

Die Antwort liegt darin, dass Beobachtung als 'reale' Operation aufgefasst wird, wobei 'real' in diesem Zusammenhang immer nur 'beobachtbar' und damit durch die Operation der Beobachtung konstituiert und konstruiert bedeutet.[3] Empirisch betrachtet gibt es also ein beobachtbares Geschehen, das im Vollzug einer Beobachtung der Beobachtung *als* Beobachtung unterschieden und bezeichnet wird. Das Grundprinzip der empirischen Rückbindung der Systemtheorie Niklas Luhmanns ist somit das der Kybernetik zweiter Ordnung Heinz von Foersters (1911–2002) entlehnte Modell der Beobachtung zweiter Ordnung (vgl. Foerster 1985), und Luhmann betont ausdrücklich, dass nur eine an diesem Modell orientierte Erkenntnistheorie

---

[3] Vgl. dazu Luhmanns erneute Stellungnahme zum 'Es gibt Systeme'-Problem im Interview mit Ingeborg Breuer: „Man darf sich unter Systemen eigentlich keine besonderen Objekte, keine besonderen Sachverhalte vorstellen, neben denen es dann noch Bäume und Pflanzen oder Menschen und Sterne gibt. Sondern Systeme entspringen eigentlich Differenzen, Unterscheidungen, denn man kann von Systemen eigentlich nur sprechen, wenn man zugleich eine Umwelt davon abgrenzt. Es geht darum, wie eine solche Grenze produziert wird, die alles ausschließt bis auf das wenige, was das System selber tut. Eigentlich ist eine Theorie sozialer Systeme damit eine Welttheorie, die System und Umwelt immer im Blick hat." (Breuer 1996: 171)

> das Recht haben [sollte], sich als „konstruktivistisch" zu bezeichnen; denn nur sie stellt sich konsequent dem Gebot, alles, was als Erkenntnis produziert und reproduziert wird, auf die Unterscheidung von Unterscheidungen (im Unterschied zu: auf einen „Grund") zurückzuführen. (Luhmann 1988: 23)

Mit letzter Konsequenz sieht Luhmann dieses Gebot nur in dem von ihm vorgeschlagenen soziologischen Begriff der Erkenntnis verwirklicht.[4] Während andere, auf einen biologischen oder psychologischen Erkenntnisbegriff abzielende Spielarten des Konstruktivismus immer noch eine externe Beobachterposition gegenüber der Welt für sich reklamieren können, von der aus sie lediglich zugestehen müssen, dass die Möglichkeit der Erkenntnis sich mit dem Vollzug der Autopoiesis des Lebens oder des Bewusstseins begründet und deren physischen, chemischen, biologischen oder psychologischen Bedingungen unterliegt, wird erst der soziologische Erkenntnistheoretiker „selbst Ratte im Labyrinth" des „umfassende[n] System[s] der Autopoiesis von Kommunikation." Er muss somit *in* der Gesellschaft „reflektieren, von welchem Platz aus er die anderen Ratten beobachtet." Es gibt kein Außen mehr, und jede „'Externalisierung'" von Beobachterpositionen kann nur noch als Resultat von Systemdifferenzierungsprozessen innerhalb der Gesellschaft selbst begründet werden: „Erst die Soziologie der Erkenntnis," so Luhmanns Fazit, „ermöglicht einen radikalen, sich selbst einschließenden Konstruktivismus." (Ebd.: 24)

Gesellschaft erweist sich in dieser Hinsicht also als eine Art unerreichbare Letztinstanz der Totalität von in Kommunikation externalisierten und damit beobachtbaren Beobachtungszusammenhängen auf organischer, psychischer und sozialer Ebene. Das in diesem Gesamtzusammenhang Nichtunterschiedene markiert als unerreichbaren, unbeobachtbaren und letztlich unbekannt bleibenden Letzthorizont die *Welt* (als „Einheit der Differenz von *System und* Umwelt") bzw. die *Realität* (als „Einheit der Differenz von *Erkenntnis und Gegenstand*") (ebd.: 42, Hervorhebungen im Original). Als Nichtunterschiedenes nimmt es dabei die Position ein, die im westlichen Denken traditionell Gott zugeschrieben wurde, und Luhmann deutet kurz an, dass „der Partner für den radikalen Konstruktivismus [...] demnach nicht die Erkenntnistheorie der Tradition, sondern ihre Theologie [ist]" (ebd.: 28), was wiederum eine historische Erklärung dafür bietet, warum der Konstruktivismus trotz seiner empirischen Anbindung als radikal empfunden wurde und wird. Es geht eben um eine restlose, noch über die von Erich Jantsch konstatierte Evolution „Vom Urknall zum menschlichen Geist" (1979) hinausgehende Immanentisierung und Prozessualisierung aller Erkenntnis und allen Sinns (als „Einheit der Differenz

---

[4] Vgl. zur Gesamtentwicklung seiner Position auch Luhmann 1990 b: 54: „Obwohl der Konstruktivismus bisher eher von Forschungen der Biologie, der Neurophysiologie und der Psychologie (Maturana, Varela, Piaget, von Glasersfeld) profitiert hat, begünstigt er im Effekt eine soziologische Erkenntnistheorie. Das Quine'sche Programm der 'naturalisierten Epistemologie' muss um Soziologie ergänzt werden, ja es leistet erst so eigentlich, was es verspricht."

von *Aktualität und Possiblilität*") (Luhmann 1988: 42, Hervorhebung im Original). Ohne die sich vor dem Hintergrund historischer Semantiken ergebende Emphase bevorzugt Luhmann hingegen den Begriff des „operativen Konstruktivismus" (vgl. dazu Luhmann 1996: 17–19).

Klar ist also: „Die Erkenntnis projiziert Unterscheidungen in eine Realität, die keine Unterscheidungen kennt" – und sie entfaltet dabei durch Rekursivität ihre eigene evolutionäre Dynamik: „Die Abweichung von dem, was gegeben zu sein scheint, nimmt ständig zu, da die Erkenntnis in immer kühneren Schwüngen sich selber korrigiert." (Luhmann 1988: 38) Voraussetzung für den hier zu beobachtenden immensen Komplexitätsgewinn ist die strukturelle Kopplung psychischer und sozialer Systeme im Medium der Sprache. Die Sprache ist dabei allerdings nicht, wie seit der Romantik und dem *linguistic turn* der Philosophie im frühen 20. Jahrhundert und bis weit in den entstehenden Konstruktivismus hinein häufig angenommen, die Grundlage aller Erkenntnis: Sprache, so stellt Luhmann in dieser Hinsicht lapidar fest, ist „nicht das System, das die Konstruktion der Erkenntnis als Realoperation ermöglicht. Sie ist überhaupt kein System" (ebd.: 48) – sondern eben ein Medium, das es Bewusstsein und Kommunikation (bzw. psychischen und sozialen Systemen) ermöglicht, jeweils spezifische Formenbildungen der Beobachtung und Aufzeichnung zu vollziehen und so Sinn (im oben beschriebenen systemtheoretischen Sinne) zu produzieren und zu prozessieren.

Kulminationspunkt dieser evolutionären Dynamik ist das moderne Wissenschaftssystem, in dem die „extrem unwahrscheinliche Operationsweise" der Erkenntnis (ebd.: 42) unter Rückgriff auf Sprache und Verbreitungsmedien (Buchdruck, elektronische Medien) auf sich selbst rekurriert. Mit Hilfe des auf dieser Grundlage generierten symbolisch generalisierten Kommunikationsmediums 'Wahrheit' verschafft sich das System um den Preis seiner operativen Schließung und Abkopplung von der Welt interne Anschlussfähigkeit und damit Stabilität und Wahrscheinlichkeit (vgl. Luhmann 1990 a).[5] Dabei erfüllt das Wissenschaftssystem einerseits sehr erfolgreich die Funktion, der modernen Gesellschaft ihre ontologischen Gewissheiten zu konstruieren (und dabei vorzugeben, sie hätte sie „entdeckt"), während ihm andererseits eine Tendenz zur Dekonstruktion seiner eigenen

---

[5] In *Die Gesellschaft der Gesellschaft* prägt Luhmann (1997) für die symbolisch generalisierten Kommunikationsmedien der unterschiedlichen sozialen Systeme im Hinblick auf ihre Funktion den prägnanteren Begriff 'Erfolgsmedien'. Vgl. zum Gesamtzusammenhang der hier nur angedeuteten medientheoretischen Dimension der Systemtheorie (ebd.: 190–412). Die 'reale' Erscheinungsform des Erfolgsmedium 'Wahrheit' im Wissenschaftssystem ist der sich fortschreitend ausdifferenzierende Gesamtzusammenhang von aufeinander Bezug nehmenden Publikationen, und der vieldiskutierte Effekt der Abkopplung von der Welt die zunehmende Spezialisierung und Binnendifferenzierung der modernen Wissenschaft, deren Erkenntnisse außerhalb des Systems nicht mehr ohne weiteres zu kommunizieren sind.

Erkenntnisse innewohnt, die im Zuge seiner Ausdifferenzierung immer stärker in den Vordergrund tritt.[6]

Luhmann verweist in diesem Zusammenhang auf „[d]ie Umstellung des Wissenschaftssystems von einem ontologischen auf ein konstruktivistisches und von einem einheitstheoretischen [...] auf ein differenztheoretisches Selbstverständnis, wie sie in den zweihundert Jahren seit Kant zu beobachten ist" (Luhmann 1990 a: 627), während zugleich die fortschreitende gesellschaftliche Differenzierung mit ihren polykontextural-wechselseitigen Externalisierungen eine Gleichzeitigkeit von Erkenntnis ganz unterschiedlicher Provenienz und ganz unterschiedlichen theoretisch-konzeptualen Zuschnitts mitsamt den damit einhergehenden Selbsteinschätzungen und Geltungsansprüchen herbeiführt. Von 'außen' (d. h. von anderen Systemen aus) betrachtet erscheint dabei der mit den Stichworten „Relativismus, Konventionalismus, Konstruktivismus" markierte „Sachstand" der erkenntnistheoretischen Reflexion der modernen Wissenschaft am Ende des 20. Jahrhunderts nicht nur als „'Referenzverlust' [...], 'Erfahrungsverlust' oder noch drastischer 'Sinnverlust'", sondern gar als Realitätsverlust, und bis heute führt die „stillschweigende Unterstellung, ohne Referenz auf eine Außenwelt sei keine Wahrheit möglich (weil mit 'Wahrheit' genau dies gemeint sei)," zu einem anhaltenden „'Unbehagen' mit der modernen Wissenskultur" und „endlosen und unergiebigen Diskussionen des Realismus-Problems" (ebd.: 705 f.). „Die Einsicht" aber, so heißt es demgegenüber pointiert am Schluss von *Erkenntnis als Konstruktion*,

> dass Erkenntnis nur durch Abbruch von operativen Beziehungen zur Außenwelt erreichbar sei, besagt [...] nicht, dass Erkenntnis nichts Reales sei oder nichts Reales bezeichne; sie besagt nur, dass es für die Operationen, mit denen ein erkennendes System sich ausdifferenziert, keine Entsprechungen in der Umwelt geben kann, weil, wenn es so wäre, das System sich laufend in seine Umwelt auflösen und das Erkennen damit unmöglich machen würde. (Luhmann 1988: 51 f.)

3 Rezeption und Wirkung

Was also wissen die Systeme? Sie wissen, was sie wissen; und sie wissen nicht, was sie nicht wissen. Erst die Rekursivität des Beobachtens und Erkennens und die Beobachtung zweiter Ordnung ermöglichen eine „Ökologie des Nichtwissens" (vgl. Luhmann 1992: 149–220) durch Beobachtung der 'blinden Flecken' anderer beobachtender Systeme, und Niklas Luhmann erblickt in einem solchen „Latenzbeobachten" (vgl. Luhmann 1990 b: 46 f.) ein konstitutives Merkmal der *Beobach-*

---

[6] Vgl. dazu Luhmann (1997: 1135): „In der heutigen Wissenschaftslandschaft liegt es nahe, diese paradoxe Ausgangslage als Einheit von Konstruktivismus und Dekonstruktivismus zu formulieren. Das schließt ein, dass die Konstruktionen der Soziologie ihre eigene Dekonstruierbarkeit mitreflektieren müssen."

tungen der Moderne (Luhmann 1992). Akzeptiert man diese Annahmen, wird ein konstruktivistisches Wissenschaftsverständnis historisch unausweichlich, wie Luhmann in *Die Gesellschaft der Gesellschaft* noch einmal zusammenfassend betont:

> Eine Wissenschaft, die sich selbst als Beobachtung zweiter Ordnung begreift, vermeidet Aussagen über eine unabhängig von Beobachtungen gegebene Außenwelt, und sie findet die Letztgarantie ihres Realitätsbezugs allein in der Faktizität ihres eigenen Operierens und in der Einsicht, dass dies ohne hochkomplexe Voraussetzungen (wir hatten von strukturellen Kopplungen [zwischen psychischen und sozialen Systemen] gesprochen) gar nicht möglich ist. Es wäre mithin verfehlt, hier die Gefahr eines „Solipsismus" zu wittern. Das Korrektiv liegt in der Beobachtung zweiter Ordnung selbst […].
>
> Der Beobachter erster Ordnung, hier also die normale gesellschaftliche Kommunikation, beobachtet die Welt, um eine Formulierung Maturanas aufzugreifen, in einer „Nische", und für ihn ist daher die Welt ontisch gegeben. Seine Philosophie wäre eine Ontologie. Der Beobachter zweiter Ordnung kann dagegen eine System/Umwelt-Beziehung erkennen, die in der für ihn gegebenen Welt (in *seiner* Nische) auch anders organisiert sein könnte. Was der Beobachter erster Ordnung sieht und was er nicht sieht, hängt für den Beobachter zweiter Ordnung davon ab, welche Unterscheidungen der Beobachtung zu Grunde gelegt werden; und das können immer auch andere Unterscheidungen sein.
>
> Dies gilt für jede Beobachtung, also auch für die Beobachtung zweiter Ordnung. (Luhmann 1997: 1120 f., Hervorhebung im Original)

Mit derartigen Überlegungen fügt sich der Konstruktivismus Luhmanns nahtlos ein in den Ausdifferenzierungstand des modernen Wissens, der seit dem Ende des 20. Jahrhunderts als 'postmodern' bezeichnet wird. Im Gegensatz zu vielen 'postmodernen' Theoretikern geht es ihm jedoch darum – und dieses Insistieren markiert den Schlusspunkt des zweibändigen Großentwurfs *Die Gesellschaft der Gesellschaft* – hier nicht im Konstatieren von Pluralismus und Relativismus und dem damit verbundenen „Modus der Ironie" steckenzubleiben. Damit, so betont Luhmann, „wäre nur ein expressiver Ausweg gewonnen und keine Konstruktionsanweisung" – und das wiederum bedeutet in seinem Verständnis, „dass konstruktivistische Theorieversuche die Postmoderne nicht fortsetzen, sondern beenden" (ebd.: 1149), indem sie die dekonstruktiven, häufig in der Sphäre der Repräsentation befangenen Semantiken der 'Postmoderne' durch eine empirisch in der Faktizität des eigenen Operierens begründete Konstruktivität überwinden.

Gerade dieser Anspruch jedoch ist sogar innerhalb des konstruktivistischen Diskurses selbst nicht unumstritten. Der Weg von organisch-biologischen über kognitiv-psychische bis hin zu sozial-kulturellen Operationen der Beobachtung erscheint vielen Beobachtern all zu weit. Im Hinblick auf das für Luhmanns Theoriedesign seit *Soziale Systeme* zentrale Konzept der Autopoiesis etwa kommt Siegfried J. Schmidt stellvertretend für viele andere zu dem Ergebnis, dass Luhmann es

„eher metaphorisch als definitorisch von Maturana und Varela" übernehme (Schmidt 1989: 37). Luhmann selbst bemerkt dazu:

> Das ist eine Streitfrage, und es gibt viel Kritik daran, vor allem mit dem Argument, das sei eine bloße Metapher, wenn man es in die Soziologie übernimmt, oder es sei eine Analogie zu biologischen Prozessen. Aber ich meine, man muss den Begriff der Autopoiesis nur abstrakt genug definieren, dann kommt man zu der Möglichkeit, sich vorzustellen, dass er auf verschiedene Weise realisiert werden kann. (Breuer 1996: 173)

Zur Debatte steht hier letztlich der Anspruch der empirischen Rückbindung der Theorie, und der Konflikt ließe sich vor dem Hintergrund des in der konstruktivistischen Erkenntnistheorie erreichten Reflexionsstands durchaus entschärfen, wenn man etwa Ernst von Glaserfeld folgt:

> Der Konstruktivismus gibt die Forderung auf, Erkenntnis sei „wahr", insofern sie die objektive Wirklichkeit abbilde. Statt dessen wird lediglich verlangt, dass Wissen *viabel* sein muss, insofern es in die Erfahrungswelt des Wissenden *passen* soll. (Glaserfeld 1992: 30, Hervorhebungen im Original)

Als Ausweis der *Viabilität* von Systemtheorie und Konstruktivismus im Allgemeinen kann dabei einerseits auf ihre Bedeutung in verschiedenen sozialen Praxisfeldern wie etwa Psychotherapie und Familientherapie, Pädagogik und Organisationsberatung, Management und Politik verwiesen werden (vgl. Simon 2006). Andererseits hat gerade Niklas Luhmanns Spielart einer konstruktivistischen Systemtheorie in zahlreichen Wissenschaftsdisziplinen außerhalb der Soziologie Resonanz gefunden. Zu nennen sind hier die Rechtstheorie, die Politikwissenschaft, die Kunst-, Literatur- und Medienwissenschaften, Theologie und Philosophie, sowie die Wirtschaftswissenschaften (vgl. Berg/Schmidt 2000). Insbesondere die Philosophie hat in diesem Zusammenhang gelegentlich anerkannt, dass es sich bei Luhmanns Systemtheorie um die erste „realisierte Gestalt einer vollständig postontologischen Theorie" handelt (Clam 2002: 7), der im akademischen Spiel der theoretischen Aufarbeitung kultureller Deontologisierungstendenzen eine Führungsrolle zukommt, gerade weil sie sich einem „Bekenntnis zur Beliebigkeit der Erkenntnis oder gar eine[m] Flirt mit 'postmodernen' Zeitströmungen" (Luhmann 1994: 8) verweigert. Insofern ist es wichtig, Luhmanns vielzitierten Einleitungssatz zu seiner Monografie über *Die Realität der Massenmedien* („Was wir über unsere Gesellschaft, ja über die Welt, in der wir leben, wissen, wissen wir durch die Massenmedien"; Luhmann 1996: 9) nicht so zu lesen, als gebe er schlicht die durchaus auch von breiteren Schichten der Bevölkerung geteilte Einschätzung vieler 'postmoderner' Theoriepositionen wieder, dass wir in einer vollständig mediatisierten Welt leben. Vielmehr lässt sich die These von der vollständigen Mediatisierung der Welt vor dem Hintergrund der Gesamtanlage der Luhmann'schen Theorie mühelos überbieten. Es sind eben nicht nur die Massenmedien, die uns in einer vollständig virtuellen Realität leben lassen, sondern die Schichtungen einer kumulativen Medienevolution, deren virtualisierender Sündenfall, wie Jacques Derrida (1930–2004) herausgearbeitet hat, mit dem Schritt von der Mündlichkeit in die Schrift gegeben ist. Über Derridas wegweisende Einsicht hinaus muss jedoch festgehalten werden, dass erst der Buchdruck dieser Virtualisierung flächendeckende Wirksamkeit hat zukommen lassen, und die für Luhmanns Theorie konstitutive Unterscheidung der in einem Evolutionszusammenhang ineinandergreifenden medialen Ebenen von Sprache, Schrift, Verbreitungsmedien (Buchdruck, elektronische Medien) und symbolisch generalisierten Erfolgsmedien (vgl. Luhmann 1997: 190–412) eröffnet hier einen in theoretischer *und* historischer Hinsicht differenzierteren Zugriff.[7] Es ist dabei die gesamtgesellschaftliche Reichweite der Massenmedien, die ihnen in der modernen Gesellschaft eine ontologisierende Funktion zukommen lässt, die sie womöglich vom modernen Wissenschaftssystem nach dessen *constructivist turn* übernehmen:

> An den Tag auf Tag und Tat auf Tat folgenden Mitteilungen der Massenmedien [...] kristallisiert das, was in der gesellschaftlichen Kommunikation als „Wissen" behandelt werden kann. Anders gesagt: die tägliche Unsicherheitsabsorption durch die Massenmedien erzeugt Tatsachen, die dann in der weiteren Kommunikation als solche behandelt werden können. (Luhmann 1997: 1106)

Anders gesagt: „Mit ihren besonderen Merkmalen ist die moderne Welt [...] ein genaues Korrelat der modernen Gesellschaft," ja es handelt sich bei der modernen Gesellschaft um eine „Weltgesellschaft", jenseits derer es nichts „gibt" (ebd.: 156).

Damit aber wirft sich in der Tat eine brisante Frage auf: Könnte es sein, dass dem hochtheoretischen konstruktivistischen Design der Luhmann'schen Systemtheorie ein Eurozentrismus und Imperialismus eingeschrieben ist, der zwar theoretisch stringent begründet, in historischer und politischer Hinsicht aber höchst problematisch ist? Während sich aus einer binnenhochtheoretischen Perspektive eine Kritik der Systemtheorie leicht in der Ambivalenz von Dekonstruktion und Rekonstruktion zu verlieren droht (vgl. etwa Ternes 1999), zeichnet sich in jüngster Zeit aus dem Blickwinkel der internationalen postkolonialen Theoriebildung eine neue Perspektive für eine auf Niklas Luhmann gerichtete Beobachtung zweiter Ordnung ab (vgl. etwa Eckstein/Reinfandt 2010): 'Luhmann' erscheint hier einerseits als Metonymie für die in diesem Beitrag skizzierte komplexe Theoriebildung. Andererseits aber erscheint in Luhmanns späten Schriften zum umstrittenen Begriff der Exklusion ein in seiner Theorie eigentlich nicht vorgesehener menschlicher Beobachter, dem es angesichts der gesellschaftlichen Verhältnisse in Süditalien, Indien oder in den brasilianischen Favelas buchstäblich die Theorie verschlägt:Zur

---

[7] Vgl. dazu Luhmann in Breuer (1996: 173 f.): „Derridas Differenzphilosophie ist wichtig, und ich denke, dass ich ihr folge, wenn auch mit einer anderen Terminologie. Ich denke [...], dass man mit systemtheoretischen Mitteln [...] mehr Präzision erreicht, dass also Begriffe genauer definiert sind oder stärker einschränken, was damit bezeichnet werden soll. Und das ist natürlich wichtig, wenn man eine Gesellschaftstheorie aufbauen will."

Überraschung aller Wohlgesinnten muss man feststellen, dass es doch Exklusion gibt, und zwar so massenhaft und in einer Art von Elend, die sich der Beschreibung entzieht. Jeder, der einen Besuch in den Favelas südamerikanischer Großstädte wagt und lebendig wieder herauskommt, kann davon berichten. […] Es bedarf dazu keiner empirischen Untersuchungen. Wer seinen Augen traut, kann es sehen, und zwar in einer Eindrücklichkeit, an der die verfügbaren Erklärungen scheitern. (Luhmann 1995 a: 147)

Zeichnet sich in diesem in den späten Schriften zur Exklusion (vgl. auch 1995 b, c) wiederkehrenden, vom Gesehenen tief betroffenen und dann Zeugnis ablegenden anthropomorphen Beobachter ein Unbehagen des späten Luhmann an der Systemtheorie und der (durch sie konstruierten) Moderne ab, deren in Exklusionsbereiche abgeschobene 'dunkle Seite' sich der systemtheoretischen Erklärung entzieht, obwohl sie doch aus der Logik der Theorie heraus erklär- oder zumindest integrierbar sein müsste? An Herausforderungen wie dieser wird sich das Differenzierungs- und Erkenntnispotential des systemtheoretischen Konstruktivismus Luhmann'scher Prägung in Zukunft beweisen müssen.

Literatur

Berg, Henk de/Johannes Schmidt (Hrsg.) (2000): Rezeption und Reflexion. Zur Resonanz der Systemtheorie Niklas Luhmanns außerhalb der Soziologie. Frankfurt am Main: Suhrkamp.
Breuer, Ingeborg (1996): Die Selbstbeobachtung des Systems. Ein Gespräch mit Niklas Luhmann. In: Ingeborg Breuer/Peter Leusch/Dieter Mersch: Welten im Kopf. Profile der Gegenwartsphilosophie – Deutschland. Darmstadt: Wissenschaftliche Buchgesellschaft. S. 169–179.
Clam, Jean (2002): Was heißt, sich an Differenz statt an Identität orientieren? Zur De-ontologisierung in Philosophie und Sozialwissenschaft. Konstanz: UVK.
Foerster, Heinz von (1985): Sicht und Einsicht. Versuche zu einer operativen Erkenntnistheorie. Braunschweig: Vieweg.
Eckstein, Lars/Christoph Reinfandt (2010): Luhmann in the Contact Zone. Zur Theorie einer transkulturellen Moderne. In: Mario Grizelj/Daniela Kirschstein (Hrsg.): Differenz(theorien). (Wie) können sich Postkoloniale Theorie und Systemtheorie beobachten? Berlin: Kadmos. (Im Druck)
Glasersfeld, Ernst von (1992): Aspekte des Konstruktivismus. Vico, Berkeley, Piaget. In: Gebhard Rusch/Siegfried J. Schmidt (Hrsg.): Konstruktivismus. Geschichte und Anwendung (= DELFIN 1992). Frankfurt am Main: Suhrkamp. S. 20–33.
Hempfer, Klaus W. (1990): Schwierigkeiten mit einer 'Supertheorie'. Bemerkungen zur Systemtheorie Niklas Luhmanns und deren Übertragbarkeit auf die Literaturwissenschaft. In: Friederike Meyer/Claus-Michael Ort (Hrsg.): Literatursysteme – Literatur als System. SPIEL. 9. Jg. H. 1. S. 15–36.
Jantsch, Erich (1979): Die Selbstorganisation des Universums. Vom Urknall zum menschlichen Geist. München: Hanser.
Luhmann, Niklas (1984): Soziale Systeme. Grundriß einer allgemeinen Theorie. Frankfurt am Main: Suhrkamp.
Luhmann, Niklas (1988): Erkenntnis als Konstruktion. Bern: Benteli.
Luhmann, Niklas (1990 a): Die Wissenschaft der Gesellschaft. Frankfurt am Main: Suhrkamp.

Luhmann, Niklas (1990 b): Soziologische Aufklärung. Bd. 5: Konstruktivistische Perspektiven. Opladen: Westdeutscher Verlag.
Luhmann, Niklas (1992): Beobachtungen der Moderne. Opladen: Westdeutscher Verlag.
Luhmann, Niklas (1994): Der 'Radikale Konstruktivismus' als Theorie der Massenmedien? Bemerkungen zu einer irreführenden Debatte. In: Communicatio Socialis. 27. Jg. S. 7–12.
Luhmann, Niklas (1995 a): Jenseits von Barbarei. In: Niklas Luhmann: Gesellschaftsstruktur und Semantik. Studien zur Wissenssoziologie der modernen Gesellschaft. Bd. 4. Frankfurt am Main: Suhrkamp. S. 138–150.
Luhmann, Niklas (1995 b): Inklusion und Exklusion. In: Niklas Luhmann: Soziologische Aufklärung. Bd. 6: Die Soziologie und der Mensch. Opladen: Westdeutscher Verlag. S. 237–264.
Luhmann, Niklas (1995 c): Kausalität im Süden. In: Soziale Systeme. 1. Jg. S. 7–28.
Luhmann, Niklas (1996): Die Realität der Massenmedien. 2., erw. Aufl. Opladen: Westdeutscher Verlag.
Luhmann, Niklas (1997): Die Gesellschaft der Gesellschaft. Frankfurt am Main: Suhrkamp.
Luhmann, Niklas (2001): Aufsätze und Reden. Hrsg. von Oliver Jahraus. Stuttgart: Reclam.
Luhmann, Niklas/Frederick D. Bunsen/Dirk Baecker (1990): Unbeobachtbare Welt. Über Kunst und Architektur. Bielefeld: Haux.
Schmidt, Siegfried J. (1989): Die Selbstorganisation des Sozialsystems Literatur im 18. Jahrhundert. Frankfurt am Main: Suhrkamp.
Scholl, Armin (Hrsg.) (2002): Systemtheorie und Konstruktivismus in der Kommunikationswissenschaft. Konstanz: UVK.
Simon, Fritz B. (2006): Einführung in Systemtheorie und Konstruktivismus. Heidelberg: Carl-Auer-Systeme.
Ternes, Bernd (1999): Invasive Introspektion. Fragen an Niklas Luhmanns Systemtheorie. München: Fink.
Vec, Miloš et al. (Hrsg.) (1996): Der Campus-Knigge. Von Abschreiben bis Zweitgutachten. München: Beck.

Die wiedergefundene Welt

Andreas Weber über Francisco J. Varelas, Evan Thompsons und Eleanor Roschs *Der mittlere Weg der Erkenntnis*

> Fühlen ist die primäre Bedingung dafür, dass etwas
> 'der Mühe wert' sein kann [...]. Daher ist die Fähigkeit zu fühlen,
> wie sie in Organismen anhub, der Ur-Wert aller Werte.
> (Hans Jonas 1992: 88)

> Die Welt ist unabtrennbar vom Subjekt, von einem Subjekt jedoch,
> das selbst nichts anderes ist als ein Entwurf der Welt, und das Subjekt ist
> untrennbar von der Welt, doch von einer Welt, die es selbst entwirft.
> (Maurice Merleau-Ponty 1966: 489)

1 Entstehungsbedingungen und Vorgeschichte

1.1 Der Andere als Problem

Francisco J. Varela wird heute im deutschen Sprachraum vor allem als Koautor des *Baumes der Erkenntnis* (Maturana/Varela 1987) wahrgenommen, jenes gemeinsam mit Humberto R. Maturana verfassten Werkes, das die philosophische Position des Konstruktivismus aus einer biologischen Theorie herleitete und konstruktivistisches Denken mit hoher naturwissenschaftlicher Autorität etablierte. Es ist weit weniger bekannt, dass Varela selbst sich in seinen letzten zehn Lebensjahren von den Positionen, die er zusammen mit Maturana erobert hatte, nachdrücklich distanzierte. Für ihn war die Idee, dass jedes erkennende Subjekt in seinem Erkennen allein dessen Mechanismen explizierte, nicht aber die Situation des lebendigen Subjektes in der von ihm belebten Welt, weit über das Ziel hinausgeschossen, welches sich das konstruktivistische Paradigma gesetzt hatte: nämlich die naive Auffassung einer vom Beobachter unabhängigen Welt zu dekonstruieren. Die im *Baum der Erkenntnis* aus verschiedenen Perspektiven immer wieder propagierte Gegenposition zu diesem *Repräsentationismus* hatte die Problematik hin zu einem Solipsismus des Konstruktionsprozesses verschoben – es gab nun nur noch den Erkennenden, aber keine Welt mehr.[1]

Francisco J. Varela hat in seinem mittleren und späten Werk wie kein anderer Biologe des 20. Jahrhunderts an einer naturwissenschaftlichen Wiederentdeckung des Subjekts gearbeitet. Freilich fand er es weder in der hergebrachten Emphase eines transzendentalen Punktes der Rationalität, noch in jener neuen, konstruktivistischen Radikalität, in der das Selbst im Strudel seiner eigenen Entstehungsbedin-

---

[1] Ein ähnliches Umkippen bewirkte die Sémiologie, die in einer parallelen Wendung erklärte, dass im Sprechenden sich die Sprache und ihre Regeln selbst verständigten und kein Subjekt zum Ausdruck komme (Derrida 1976).

gungen verschwindet. Varelas Ziel war die Versöhnung der empirischen, biologischen Phänomenologie mit der konkreten Erfahrung von Subjektivität als innerer Betroffenheit. Diese Stoßrichtung bedeutete nichts anderes als einen zum *biologischen Konstruktivismus* alternativen Ansatz dafür, den Dualismus der Moderne aufzulösen – aber nicht, indem „Welt" wie im Konstruktivismus zu einem illusionären Produkt des Erkenntnisprozesses erklärt wird, sondern indem die Perspektive eines Selbst als *notwendige Realisation des Ganzen in seiner Individuation* begriffen wird. Anders gesagt: Erst dadurch, dass der Beobachter beobachtet wird, – oder sich selbst beobachtet – wird Welt ihrer selbst inne.

Diese neue Sicht bedeutete in vieler Hinsicht einen radikalen Bruch mit dem *Baum der Erkenntnis*, der sich auch in einem tiefen persönlichen Zerwürfnis zwischen Humberto R. Maturana und Francisco J. Varela äußerte. Die alternative Position findet im Buch *Der Mittlere Weg der Erkenntnis* (1995), das Varela gemeinsam mit seinem Schüler, dem jungen Evan Thompson, und der Wahrnehmungspsychologin und Sprachforscherin Eleanor Rosch verfasste, ihre erste reife Formulierung.

Fast alles, was für Francisco J. Varela am Konzept der *Autopoiesis* problematisch wurde, lässt sich in einer kurzen Passage finden, in der die Position eines Wahrnehmenden mit einem U-Boot-Fahrer verglichen wird, der durch die Technik seines Tauchapparates zwar mit der Welt verbunden sei, ohne aber je etwas Gültigeres von ihr wahrnehmen zu können (Maturana/Varela 1987: 149 ff.). Genau das, heißt es sinngemäß im Buch, sei die Situation jedes biologischen Subjektes. Alles, was es von der Welt erkennen könne, seien Effekte des eigenen Wahrnehmungsapparates. So wie die „Oberfläche", auf welche die U-Boot-Insassen schauten, das Produkt von Tauchapparat, Anzeigeinstrumenten und Linsen sei, nähmen wir nicht *Dinge* wahr, sondern allein die *Bedingungen unserer eigenen Wahrnehmungsmöglichkeiten*:

> Für den Fahrer im Inneren des Unterseebootes gibt es nur die Anzeigen der Instrumente, ihre Übergänge und die Art, wie zwischen ihnen bestimmte Relationen hergestellt werden können [...]. Die Dynamik von Zuständen des Unterseebootes mit seinem Steuermann, der die Außenwelt nicht kennt, [...] beinhaltet weder „Strände" noch „Riffe" noch „Oberfläche", sondern nur die Korrelationen zwischen Anzeigen innerhalb bestimmter Grenzen. Was für das Unterseeboot in dieser Analogie gilt, ist auch für alle lebenden Systeme gültig. (Ebd.: 149 f.)

Mit dieser beklemmenden – wenn auch nonchalant skizzierten – Metaphorik hatten die Autoren das abendländische Generalthema von der Unzugänglichkeit der Realität mit einem bisher unerreichten Tiefgang versehen. Im Grunde ist die U-Boot-Parabel das platonische Höhlengleichnis unter den Bedingungen einer absoluten Metaphorik technischer Weltvermittlung. Sehen die Wahrnehmenden jedoch bei Platon durch ihr Guckloch im Gestein immerhin noch Schatten an der Wand, denen ein Rest von Lebendigkeit anhaftet, so sind die Beobachter bei Maturana und Varela Gefangene eines mechanischen Apparates, aus dem kein Ausweg möglich ist – außer dem des Ertrinkens. Alle Lebendigkeit ist ein Artefakt einer technischen Projektion.

Der Grund für Francisco J. Varelas Unzufriedenheit mit der in *Baum der Erkenntnis* entworfenen Theorie ist paradoxerweise der gleiche, der das Buch im philosophischen Diskurs der letzten 30 Jahre erfolgreich gemacht hat: die Nahtlosigkeit, mit dem sein „biologischer Konstruktivismus" das abendländische Drama der unerreichbaren Außenwelt weiterspann. Denn in ihrem Werk hatten die chilenischen Biologen nicht nur Platon, sondern auch Kant gleichsam naturalisiert. Was bei Immanuel Kant die Kategorien der Anschauung waren, wurden bei Humberto R. Maturana und Francisco J. Varela die biologischen Mechanismen der Wahrnehmung. Dadurch konnte das Transzendentale zur Ratio einer Maschine werden. Es schien, als wäre eine rein mechanistische Reformulierung aller Weltbezugsprozesse – aller Kognition – möglich geworden. Aus dieser leitet sich freilich ab, dass Kognition gar nichts anderes sei als die Selbstexplikation eines technischen Prozesses. Der Beobachter löst sich im Wahrnehmungsapparat restlos auf. Mit der unmöglich gewordenen Perspektive auf eine Welt bleibt nichts als namenloses Gefüge, eine undurchschaubare Illusionsmaschinerie, deren Effekte sich in nichts mehr von dem monströsen Bild unterscheiden, das René Descartes, auch er ein Erfinder eines Patentkniffes zur Sortierung von Ich und Welt, von den Einflüsterungen des „Bösen Dämons" zeichnet.

1.2 Von der subjektlosen Mechanik zur direkten Wirklichkeitserfahrung

Es ist diese radikale Konsequenz des *biologischen Konstruktivismus*, die für Francisco J. Varela in den auf den *Baum der Erkenntnis* (Maturana/Varela 1987) folgenden Jahren zum treibenden Moment einer neuen Formulierung von Kognition wird, an deren Ende *Der Mittlere Weg der Erkenntnis* (Varela/Thompson/Rosch 1995) steht. Einerseits scheint zwar mit der *Autopoiesis* ein Kriterium gefunden, das eine notwendige und hinreichende Bedingung für Lebendigkeit – und für die Konstruktion einer Wahrnehmungswelt – darstellt; andererseits schließt aber die hermetische Formulierung des Konstruktivismus gerade das aus, was aller Erfahrung von Lebendigkeit anhaftet, wie wir sie kennen: nämlich die Perspektive eines betroffenen Selbst.

Die Haltung, mit der Francisco J. Varela und seine Koautoren Evan Thompson und Eleanor Rosch im *Mittleren Weg der Erkenntnis* die mentalistische Radikalität des Baumes der Erkenntnis wieder gutzumachen suchten, liegt in der Hinwendung zur eigenen gelebten Erfahrung. In ihr begegnet die Theorie der Körpermaschinen einer Hermeneutik der Lebendigkeit und einer Moral der Lebensführung. Für Varela wird es in den folgenden Jahren zum teils explizieren, teils stillschweigend verfolgten Programm, dass die Geisteswissenschaften „sowohl die gelebte menschliche Erfahrung als auch die darin angelegten Möglichkeiten zur Transformation erschließen" müssten (ebd.: 9). Für ihn ist die Bündelung von 1) epistemologischen, 2) handlungspraktischen, 3) seelischen, 4) ethischen Problemen in *einer einzigen* integrierten Theorie nötig und deren Lösung nur durch eine solche Integration möglich.

Noch in seinem 1979 erschienenen Werk *Principles of Biological Autonomy* skizzierte Francisco J. Varela sein Verständnis des Lebendigen ganz klar als dezidiert mechanistisch (vgl. Rudrauf et al. 2003: 32). Die Arbeit der folgenden Jahre bekam jedoch einen zunehmend anderen Akzent, obwohl Varela bis in seine letzten Publikationen die gleiche, gemeinsam mit Humberto R. Maturana entwickelte Grundterminologie beibehielt (Weber/Varela 2002). In der Tat lässt sich vermuten, dass einige biografische Ereignisse dazu geführt haben, dass eine rein theoretische Formulierung des Phänomens des Lebens nicht mehr opportun erscheinen: In die 1970er Jahre fiel der Pinochet-Putsch in Chile, der dem zunächst in Harvard forschenden Francisco J. Varela ein Arbeiten in seiner Heimat vorerst unmöglich machte, sein nach einigen Stationen der Rastlosigkeit in Paris am Centre de Recherches d'Epistemologie Approfondie (CREA) und später am CNRS gefundenes Exil, und schließlich seine Begegnung mit dem Buddhismus und insbesondere mit dem im Westen sehr einflussreichen Chögyam Trungpa.

Francisco J. Varela war ein frühreifer, hochbegabter Student, der bereits mit 24 Jahren seinen Doktortitel in der Hand hielt. Selbst noch „postgraduate", legte er mit seinem Lehrer und Kollegen Humberto R. Maturana in Santiago de Chile die Grundlage der biologischen Kognitionswissenschaften. Vielleicht den wichtigsten Impuls für die Ideen der Santiago-Schule stellte das Denken Heinz von Foersters dar, dessen Arbeiten Varela durch seinen Mentor Maturana bereits kannte und den er während seiner Zeit in Harvard mehrmals am Biological Computer Laboratory in Illinois besuchte. In Varelas Augen ist Foersters Interesse am Konzept der Autopoiese entscheidend für dessen Durchbruch gewesen – und noch anderes mehr als sein bloßes Interesse: So half Foerster dem frisch in Costa Rica gestrandeten chilenischen Exilanten mit der Veröffentlichung seines wegbereitenden Aufsatzes „A Calculus for Self-Reference" (1975) (vgl. Varela 1994). Das siebenjährige Exil in den USA, das der zuvor in Chile politisch sehr aktive Varela 1973 antrat, brachte für ihn bei aller Düsternis auch eine Chance: In einer Zeit des denkerischen und spirituellen Umbruchs fehlte er bei kaum einer der maßgeblichen Konferenzen der Kognitionswissenschaften. So nahm Varela an den legendären Lindisfarne-Begegnungen teil, die unter der Ägide von William Irving Thompson die maßgeblichen Stichwortgeber eines neuen holistischen Wissenschaftsparadigmas versammelten – wie etwa Gregory Bateson, Lynn Margulis, James Lovelock und E. F. Schumacher. Hier lernte Varela Thompsons Sohn Evan kennen, der wiederum jung und frühreif *sein* Schüler wurde, so wie er Schüler des erheblich älteren Maturana gewesen war – eine Verbindung, die sich schließlich in der Niederschrift des *Mitt-*

leren Weges gemeinsam mit der Psychologin Eleanor Rosch niederschlug.[2] Varela war eine schillernde Persönlichkeit des Wissenschaftsbetriebes – einerseits ein brillanter und hochexakter Theoretiker (der etwa neue analytisch-mathematische Konstrukte wie die Komplementarität und den Sternoperator einführte), andererseits ein fantasievoll denkender, ja fühlender Forscher, der niemals die lebendige Dimension – gewissermaßen seine eigene gelebte Biologie – außer Acht ließ. Vielleicht ist auch für Varela gültig, was Leo Tolstoi einmal über den britischen Künstler und Sozialkritiker John Ruskin sagte: Es gelang ihm, mit dem Herzen zu denken. Entsprechend wurde Varela zum Mittelsmann unterschiedlichster wichtiger Geistesströmungen, die er allein durch seine Person zusammen brachte. So nahm er an den vom Dalai Lama organisierten „Mind-and-Life"-Konferenzen teil, die okzidentale Wissenschaftler und östliches Denken zusammenbrachten und wurde dabei auch zu einem persönlichen Bekannten und Freund des Dalai Lamas.

Francisco J. Varela selbst war die letzten Jahrzehnte seines Lebens ein praktizierender Buddhist. Er nahm im okzidentalisierten Buddhismus sogar den Rang eines Meisters ein. Um sein späteres Werk zu verstehen, das die Argumentation des *Baumes der Erkenntnis* aufnahm, kritisierte, überschritt und schließlich dessen kognitives und spirituelles Potential in einer Denk- und Handlungspraxis einlöste, ist es unerlässlich, diese Dimension in der Bedeutung zu verstehen, die sie für Varela selbst hatte: Als einen der zentralen Momente seiner Existenz, in dem Denken und Handeln ineinander fielen. Zum Leitmotiv wurde für Varela somit die Suche nach einer *spirituellen Kognitionstheorie* – d. h. nach einer Theorie, die sowohl wissenschaftliche Schärfe und Exaktheit als auch gelebte Erfahrung zu integrieren vermag. „Wo finden wir eine Tradition, in der die menschliche Erfahrung sowohl in ihren reflexiven als auch in ihren unmittelbar gelebten Aspekten untersucht wird?" fragen demzufolge Varela, Thompson und Rosch (1995: 41). Das Gesuchte entdeckt Varela in der Madhyamika-Tradition des Buddhismus, die wörtlich übersetzt „Mittlerer Weg" heißt (ebd.: 42). Ziel der hier gepflegten Achtsamkeits-/Gewahrseins-Übung – und somit auch des Versuches, Kognition nicht nur aus ihrer Logik, sondern aus ihrer Erfahrung heraus zu verstehen, sei es „aufmerksam zu werden, die Tätigkeit des Geistes unmittelbar zu erfahren, im eigenen Geist präsent zu sein." (Ebd.: 44) Es geht also nicht länger um die weltskeptische Beobachtung des Beobachters, sondern um die *direkte Erfahrung des verkörperten Geistes in*

---

[2] Evan Thompson lehrt heute als Philosoph an der Universität Toronto. Als Kind genoss er eine private Schulausbildung in der Lindisfarne Association, die als „Thinktank" und meditativer Rückzugsort einflussreichen neuen Denkern offenstand. Varela wirkte dort erst als sein Lehrer, dann als väterlicher Freund und Mentor. Eleanor Rosch ist Kognitionspsychologin in Berkeley. Sie arbeitete in den 1970er Jahren mit dem Volk der Dani in Neuguinea, um dessen sprachliche Kategorisierungen mit denen westlicher Kulturen zu untersuchen. Vor allem mit ihren Beobachtungen zur Farbwahrnehmung konnte Rosch zeigen, dass Wahrnehmungskategorien nicht, wie es damals vorherrschende (freilich empirisch meist uninformierte) Meinung war, allein auf sprachliche Konventionen zurückgehen, sondern auf eine Interaktion zwischen Subjekt, sprachlicher Kultur und physischer Umwelt.

seiner Selbstevidenz. Diese Form von geleiteter Introspektion ist dezidiert transkonstruktivistisch: das Ich macht *als Welt* eine Aussage über die Welt.

Der Buddhismus des *Mittleren Weges* geht in der Tat von der Form der paradoxalen, subjektiven Subjektlosigkeit aus, zu der auch die Autopoiesis-Theorie vorgestoßen war. Doch anders als diese feiert er nicht den Blick von nirgendwo, sondern nimmt ihn zum Anlass, in eine weitere Tiefe vorzustoßen, welche nicht länger einer Kognitionstheorie, sondern der menschlichen Erfahrung Tribut zollt. Die Subjektivität des Erfahrenden im Buddhismus ist die Perspektive der Welt, die aus den Augen eines Individuums erfasst wird. Der Mittlere Weg des Erkennens, zwischen der „Ei-Position" des Repräsentationismus und der „Henne-Position" des radikalen Konstruktivismus, unterscheidet sich von beiden, weil das Kognitionssubjekt nicht länger neutral ist, sondern von der Welt *betroffen*.

Für Varela, Thompson und Rosch basiert nicht nur der klassische *Repräsentationismus*, sondern auch der *Konstruktivismus* „auf dem Begriff der Repräsentation: Im ersteren Fall dient diese dazu, eine Außenwelt wiederherzustellen, im zweiten, eine Innenwelt zu projizieren." (1995: 237) Das Problem besteht darin, dass die Vertreter einer starken konstruktivistischen Position übersehen, dass wir zwar durch unsere Kognition der Welt gegenübergestellt und somit in einer Hinsicht von ihr getrennt sind, weil wir ihr Bild autonom konstruieren, dass wir aber über unseren Körper gleichwohl immer schon untrennbar mit der Welt verbunden sind, weil wir ihre Materie und deren Gesetzmäßigkeiten in uns tragen. Darum kann keine Konstruktion weit von dem, wie die Welt beschaffen ist, abweichen, weil sie sonst den konstruierenden Körper der Zerstörung preisgeben würde. Indem wir körperlich wahrnehmen, explizieren wir also nicht nur unsere Struktur oder Organisation (und somit etwas Geistiges auf „unserer Seite" des „dualistischen Abgrundes"), sondern wir explizieren ebenso Welt (also die andere, vorgeblich von uns getrennte Seite, die sich überraschenderweise als vollkommen eins mit uns erweist). Um noch einmal auf die U-Boot-Metapher zurückzukommen: Die Wahrnehmungsinstrumente selbst sind bereits Teil der wahrgenommenen Welt. So sind etwa die inneren Uhren der Organismen biochemische Oszillationen, die eine Zeit *herstellen*, indem sie einen gleichmäßigen Takt hervorbringen; aber dieser Takt *interpretiert* das kosmische Phänomen der Rhythmizität, das sich im Tag-Nacht-Wechsel, in den Umlaufbahnen der Gestirne, im periodischen Schwanken von Warm- und Kaltzeiten unabhängig manifestiert. Der wahrnehmende Organismus erfindet Zeit und Rhythmus nicht; sondern er *erdichtet* sie neu. Indem er Welt wahrnimmt, nimmt er immer sich selbst wahr, aber er nimmt sich immer selbst als Welt wahr. Welt und Selbst erklären sich gegenseitig, indem sie im Akt der Wahrnehmung ineinander verwoben werden.

Entsprechend möchten Varela und seine Koautoren die „logische Geografie von Innenwelt und Außenwelt ganz umgehen, indem wir Kognition nicht als Wiederherstellung oder Projektion, sondern als verkörpertes Handeln auffassen." (Ebd.) Der Begriff, den Varela für diese gegenseitige Durchdringung von Welt und

Handelndem findet, hat etwas Spielerisches: Varela spricht vom enaktiver (inszenierender) Kognitionswissenschaft, von „Enaktivismus" (ebd.: 283). Er meint eine kreative Koinszenierung von Wahrnehmenden und Wahrgenommenem, in der sowohl jener sich selbst als Akteur erfährt, als auch Welt als Verkörperung seiner Leiblichkeit erlebt, und in der gleichwohl auch die Welt durch die Erfahrungen des Beobachters ihrer selbst inne wird. Das Subjekt ist nicht jenseits der Welt, es ist auch nicht das einzige, was von Wirklichkeit überhaupt zu fassen ist, sondern es ist gleichsam ein Knoten in den Dingen, in dem sich das Ganze individuiert und als Selbst erfährt.

2 *Der mittlere Weg der Erkenntnis* als Schlüsselwerk des Konstruktivismus

2.1 Reziproke Spezifikation: Ein Weg aus dem Solipsismus

Der Andere – also allgemein die außersubjektive Welt der Dinge und Akteure –, deren Existenz im *Baum der Erkenntnis* noch als Frage von philosophischer Trivialität abgetan wurde, nimmt in den Überlegungen des *Mittleren Weges* eine zentrale Rolle ein. Dabei expliziert Francisco J. Varela „Wirklichkeit" aus dem selben Kontext, der sie aus der zuvor mit Humberto R. Maturana verfassten Theorie implizit verbannte. So schreiben Francisco J. Varela, Evan Thompson und Eleanor Rosch:

> Operational geschlossene Systeme sind dadurch charakterisiert, dass die Ergebnisse dieser Prozesse diese Prozesse selbst sind [...]. Statt eine unabhängige Außenwelt zu *repräsentieren, inszenieren sie eine Welt*; diese ist als Feld von Unterscheidungen untrennbar mit der im Kognitionssystem verkörperten Struktur verbunden. (1995: 196, Hervorhebung im Original)

Der Begriff der „operationalen Geschlossenheit" ist kein anderer als bei der Autopoiese. Nun jedoch ist der Akzent entscheidend verschoben: Lebewesen bringen Welt nicht allein entsprechend der Mechanik ihrer Biologie hervor, sondern sie *entwerfen* aus den Reizen, die von außen eintreffen, nach Maßgabe ihrer körperlichen Organisation ein kreatives Bild von Wirklichkeit. Sie *inszenieren* oder *interpretieren* Interaktionen. Wahrnehmung ist somit zugleich kreativ und schöpferisch – aber sie enthält in dieser notwendigen *Poiesis* auch stets Elemente von Wirklichkeit, weil die Inszenierung mit tatsächlich vorhandenen Materialien arbeiten muss. Diese sind zum einen die eintreffenden biophysikalischen Reize der Außenwelt, zum anderen die biologisch festgelegten Bedingungen möglicher Kognition. Aber die Bedingungen der Inszenierung sind auch geschichtlich: Sie hängen von der kontingenten historischen Situation des Kognitionssubjekts ab, von seiner Einbettung in eine Gemeinschaft oder einer Gesellschaft und in die zufälligen Ergebnisse einer Stammesgeschichte. All das stellt, ebenso wie die physikalischen Gegebenheiten, Aspekte eines Außens dar.

Ihre Auffassung explizieren Varela, Thompson und Rosch am Beispiel der Farbwahrnehmung – und damit an einem klassischen Topos konstruktivistischer Debatten. So ging die repräsentationistische Auffassung davon aus, Farben existierten als unabhängige Eigenschaften der Außenwelt. Die sprachkonstruktivistische Position, die gerne die Vielfalt der Weiß-Spielarten bei den Eskimos für sich ins Felde führte, nahm an, dass alle Farben kulturelle Konstrukte seien. Der biologische Konstruktivismus musste Farben konsequenterweise ähnlich als Explikationen der Sinnesphysiologie deuten. Varela und seine Koautoren hingegen kommen nach eingehender Betrachtung von menschlicher und tierischer Farbphysiologie *und* von Farbnomenklatursystemen verschiedener Sprachen zu dem Schluss, dass sich in den Farbbegriffen leiblich-existenzielle Aspekte mit kulturellen derart vermischen, dass spezies-invariant empfundene Farbeindrücke jeweils unterschiedlich kulturell inszeniert werden.

Dass das *Wie*, das Quale einer Farbe, auf einer tieferen Ebene als der kulturellen Konvention aufsitzt, wird etwa bei Sprachen deutlich, die mit weniger Ausdrücken für Farben auskommen als unsere. So hat das Idiom des Dani-Volkes in Neuguinea nur zwei Begriffe für Grundfarben: In frühen Übersetzungen mit „weiß" und „schwarz" wiedergegeben, bedeutet der eine Begriff etwa „hell-warm" und umfasst Weiß und alle warmen Farben (Rot, Gelb, Orange etc.), der zweite, „dunkel-kühl", steht für Schwarz und alle kalten Farben (Blau, Grün etc.) (vgl. [Rosch-] Heider 1972). Diesseits von jeder kulturellen Farbkonvention übt ein Sinneseindruck zunächst eine Einwirkung auf den Körper des ganzen Organismus aus. Warme und kalte Farben stehen in der gleichen unmittelbar existenziellen Relation zu einem Lebewesen wie reale Temperaturen. Der existenziellen Bedeutung liegt also eine körperliche Konstitution in der Morphologie unseres Nervensystems zugrunde. Farbkategorien werden demnach nicht aus einer objektiv vorhandenen Welt entnommen. Sie beruhen aber auch nicht auf kulturellen Konventionen. Farbe wird damit weder vorgegeben noch erfunden, sondern empirisch hervorgebracht. Ihre Inszenierung weist Universalien auf, ist aber auch kontextrelativ. Als solche zeigt sie paradigmatisch die Verflechtung der Bereiche an: von objektiv Gegebenem und Subjektivem, von Kultur und Biologie. Dazwischen gibt es keine substanzielle Kluft, weil das gelebte Leben, das immer letzter Bezugspunkt der Beschreibung ist, beides als Aspekte enthält:

> Im Gegensatz zur objektivistischen Auffassung sind Farbkategorien empirisch geprägt; im Gegensatz zur subjektivistischen Sichtweise gehören Farbkategorien unserer gemeinsamen biologischen und kulturellen Welt an. Das Beispiel Farbe verhilft uns also zu der Einsicht, dass [...] Welt und Wahrnehmender einander spezifizieren. (Varela/Thompson/Rosch 1995: 237)

Die Farbe selbst ist *zwischen* den an diesem Prozess beteiligten Polen. Sie ist ebenso wenig im Subjekt (als dessen operational geschlossene Wahrnehmungsmechanik), wie sie in der Welt (als „objektive Information") oder im Diskurs ist (als die

Sprache, „die uns spricht"). Farbe entsteht als ein Ereignis, das überhaupt erst möglich wird als eine Kommunion zwischen verschiedenen Dimensionen.

So wenig freilich wie die Erfahrungsqualitäten „in" einer Substanz liegen, so wenig substanziell ist das Subjekt. Wenn Erfahrung als Überkreuzung, als Inszenierung von Schleifen der Wirklichkeit stattfindet, dann ist auch der, der diese Erfahrungen macht, ein Prozess, keine Substanz. Diese Konsequenz ist noch radikaler als die Annahme, wir alle seien wie blinde U-Boot-Fahrer unter dem Meer. Denn sie läuft darauf hinaus, dass es ein kognitives Subjekt nicht gibt, selbst nicht im Augenblick der Beobachtung: Subjekt zu sein ist eine Chimäre der Welt, die sich selbst erfährt. Entsprechend bezeichnen Varela, Thompson und Rosch (1995: 149) unsere Kognitionssituation als „ich-losen Geist": Gräbt man tiefer auf den Grund der neuronalen, autopoietischen, immunologischen Prozesse, so finden sich immer simplere Subsysteme und schließlich autokatalytische Reaktionsketten, aber ein Ich oder ein Selbst ist nicht darin zu finden.

Gerade diese Leere steht im Zentrum der Madhyamika-Tradition des Buddhismus. Sie versucht „die Ich-losigkeit der eigenen Erfahrung zu verwirklichen und im Verhalten gegenüber anderen zu manifestieren" (ebd.: 304). Die „Leere" aber ist gerade nicht *Nichts*, sondern die Verbundenheit von allem mit allem. Sie ist nicht Vakuum eines klaffenden Abgrundes, sondern das subjektlose Gewebe der Wirklichkeit, jenes Netz, das im Grunde ein einziger Faden ist, mit sich selbst verknüpft. Die Leere ist somit im selben Moment absolute Fülle: „Alles ist 'leer' (shunya) von einer unabhängigen Existenz, da alles in gegenseitiger Abhängigkeit entsteht." (Ebd.)

2.2 Selbste ohne Selbst: Eine Definition des Lebens

Um die Stoßrichtung von Francisco J. Varelas Denken aus der Zeit des *Mittleren Weges* zu verstehen, ist es sinnvoll, die Argumente in zwei nah verwandten Schlüsseltexten zu betrachten (Varela 1991, 1997). Hier versucht Varela über die Idee der „operationalen Geschlossenheit" der Autopoiese hinaus eine Definition von Leben zu geben. Für ihn ist ein „Organismus fundamentalerweise der Prozess, eine Identität herzustellen." (Varela 1997: 73). Hier wird die reale, aber gleichwohl immaterielle Existenz des kognitiven Subjekts gleichsam bei den Hörnern gepackt: Indem ein Lebewesen einen Standpunkt in der Welt einnimmt, bringt es eine Perspektive hervor, von der aus ihm diese Welt etwas bedeutet. Zugleich wird auch klar, was ein solches kognitives Subjekt eigentlich ist: ein „Verlangen" nach Fortexistenz (Varela 1991: 97). Das Selbst der autopoietischen Geschlossenheit muss sich *gegen* die Reize und Angriffe des Außen behaupten und ist doch zugleich auf sie angewiesen, weil es von ihnen lebt:

> Der Unterschied zwischen Umwelt und Welt ist der Überschuss von *Bedeutung* die im Hintergrund jeden Verständnisses des Lebendigen und der Kognition steht, und das auch an der Wurzel des Prozesses liegt, durch das ein Selbst sich herstellt […]. Es gibt keine Nahrungsbedeutung in Sukrose, außer wenn ein Bakterium darauf zu schwimmt und sein Stoffwechsel das Molekül auf eine Weile verwendet, die seiner Identität fortzudauern erlaubt. (Varela 1991: 86; Übersetzung AW, Hervorhebung im Original)

Indem ein Organismus sich selbst definiert und dabei die Welt in ein Innen und Außen scheidet, gewinnt er einen Standpunkt. Von diesem aus ist die Welt nicht länger neutrale Umgebung, sondern bedeutet etwas im Hinblick auf die Existenz dieses Organismus. Das heißt zunächst, dass die Begegnung mit der Welt von *existenzieller Relevanz* ist, weil ihre Einwirkungen den materiellen Lebensprozess beeinflussen können. Das heißt freilich nicht, dass die „Welt, wie sie wirklich ist" vom lebenden System erfahren wird. Kontakt mit der Außenwelt erscheint immer *vermittelt* über eine Modifikation des Selbst. Begegnung ist eine veränderte Dynamik des Selbst, eine Hohlform, eine Interpretation der „eigentlichen" Einwirkung.

Die Begegnung mit der Welt ist für ein Lebewesen damit stets zugleich existenziell relevant *und* vermittelt. Beide Aspekte bestimmen gleichermaßen die Seinsweise des Lebendigen. Und beide Aspekte bewirken gemeinsam, dass sich lebende Systeme noch unter einem dritten Gesichtspunkt verstehen lassen: unter der Perspektive eines Inneren oder einer – noch so rudimentären – Subjekthaftigkeit (nicht Bewusstsein!). Wenn ein materielles Etwas aktiv um sich selbst besorgt ist, entsteht die Perspektive der *Innerlichkeit*:

> Indem es sich als Einheit definiert, definiert es in der selben Bewegung das, was außerhalb seiner selbst liegt, das heißt also seine Umwelt. Bei näherer Untersuchung wird außerdem evident, dass diese Ausgrenzung sich gewissermaßen nur von der „Innenseite" verstehen lässt: Die autopoietische Einheit *bringt eine Perspektive hervor*, von der aus die Außenwelt zu einer solchen wird, die nicht mit den physikalischen Umgebungsbedingungen verwechselt werden können, wie sie uns als Beobachtern erscheinen [...] (ebd.: 85; Übersetzung AW, Hervorhebung im Original).

Hier liegt ganz klar die endgültige Überschreitung des konstruktivistischen Standpunktes: Die vom lebenden System ausgegrenzte Welt hat Bedeutung – in einem existenziellen Sinn. Die Perspektive ist real. Weil sie existenziell über Leben und Tod unterscheidet, ist sie für das betroffene lebende System, das sie hervorbringt, sogar absolut. Nur von einem „Beobachter" zu sprechen, ist in einem solchen Fall absurd: Die im Vollzug des Selbst entstehende Perspektive ist gerade eine der *unbedingten Betroffenheit*. Von den Interaktionen mit der Welt hängt das Gedeihen des Organismus ab. Einerseits muss dieser sich im Sinne der chemisch-physikalischen Regeln verhalten. Er muss eine Verbindung zu den in der Umgebung vorhandenen Energiestrukturen bewahren. Andererseits ist er nicht kausal determiniert, sondern bringt sein Verhalten durch seine Selbstbezogenheit hervor. Erst die Anwesenheit eines Lebewesens verleiht somit den Dingen der Welt Sinn, indem sie diese Dinge in eine Umwelt verwandelt. Die Dinge ihrerseits können nur erfahren werden, indem sie in ihrer Bedeutung für den Lebensvollzug immer bereits von gut und schlecht durchtränkt sind.

Mit dieser Wendung hat Francisco J. Varela die Suche „nach einem Ich, dass unseren emotional-reaktiven Überzeugungen entspricht" (Varela/Thompson/Rosch 1995: 106) erfüllt. Er hat zugleich die *Autopoiesis* neu begriffen. Aber sie ist nicht wie früher Mechanismus subjektloser Selbsterzeugung, sondern der entscheidende Umschlagpunkt, an dem sich die der Materie innewohnende Tendenz zur Komplexität als graduelle Enthüllung von Innerlichkeit herausstellt, die *gleichwohl nichts anderes ist* als der Prozess und die Bedingungen, unter denen *operationale Geschlossenheit* aufrecht erhalten wird. Diese gegenüber der *Autopoiesis* grundsätzlich revidierte – und zugleich als deren terminologisch kontinuierliche Weiterentwicklung und tieferer Sinn verstandene – Sicht wird in einem von Varelas letzten (gemeinschaftlichen) Aufsätzen deutlich:

> Autopoiesis schlägt ein Verständnis vor für den radikalen Umschlag, in dem die Existenz eines Individuums entsteht, für eine Beziehung zu sich selbst und für den Ursprung der „Besorgtheit", die auf der fortgesetzten selbstproduzierten Identität beruht. Man könnte die Zirkularität zwischen Stoffwechsel und Membran ausschließlich von der Außenseite betrachten (das tun die meisten Biochemiker). Aber das heißt nicht zu leugnen, dass wir zum selben Zeitpunkt der Herstellung eines Standpunktes beiwohnen, der durch die Selbstkonstruktion zur Verfügung gestellt wird. (Weber/Varela 2002, Übersetzung AW)

Die „selfless selves", die Varela (1991) beschwört, sind somit nicht nur Standpunkte von Akteurschaft. Sie sind eine Innenperspektive, die plötzlich in eine Welt kommt, welche von komplexer Kognition durchzogen wird. Aus dem Mechanismus der *operationalen Geschlossenheit* formt sich etwas, das in *keiner* Materie zuhause ist, und das doch – wie wir alle nachvollziehbar als Inhaber einer solchen Perspektive wissen – eine Absolutheit in die Welt bringt: Fühlende Erfahrung, der ihr eigenes Sein etwas bedeutet. Organisierte Materie wird so zum Nukleus einer existenziellen Symbolik. Die Innenperspektive ist die Bedeutung dessen, was ihrer materiell organisierten Gestalt zustößt (Weber 2003, 2007).

Diese Perspektive – man kann sie auch *Fühlen* nennen – ist eine neue Modalität der Welt im eigenen Recht, und dennoch ebenso bodenlos und „leer" wie die ephemere Einheit des kognitiven Zusammenschlusses. Denn zugleich ist es zutiefst *bloß Welt* und keine irgendwie geartete Substanz, an der solche Absolutheit des Bedeutens aufgeht.

3 Rezeption und Wirkung

3.1 Neurophänomenologie

Francisco J. Varela wäre sich nicht treu gewesen, wenn er diese Einsichten nicht zugleich als empirisches Programm formuliert und umgesetzt hätte. In neurobiologischer bzw. -philosophischer Terminologie ist der Umschlag der organischen Selbstherstellung in die Betroffenheit einer Innenperspektive der „explanatory gap" oder das „hard problem" der Hirnforschung. Um dieses Umschlagen zu verstehen, genügt es nicht, Lebewesen nur von außen zu betrachten. Man muss Kognitionsforschung in der „ersten Person" betreiben – also aus einem (menschlichen) Forschungs*objekt* ein Forschungs*subjekt* machen. Die dazugehörige Disziplin tauft Varela (1996) auf den Namen „Neurophänomenologie" und meint: „Wir müssen eine Kognitionswissenschaft vorantreiben, in der [...] gelebte Erfahrung und biologische Mechanismen [...] nahtlos ineinander übergehen und sich gegenseitig erhellen." (Ebd., zitiert nach Rudrauf et al. 2003: 51, Übersetzung AW)

Die Phänomenologie entwickelte sich im ersten Drittel des 20. Jahrhunderts als Gegenbewegung zur damals besonders starken Tendenz der Philosophie, Phänomene der Wahrnehmung auf logische Symbolsysteme zu reduzieren und aus deren semantischen Bezügen zu erklären. Besonders der deutsche Philosoph Edmund Husserl – und in seinem Gefolge in Frankreich insbesondere Maurice Merleau-Ponty – versuchten, das erfahrende Subjekt wieder in den Mittelpunkt der philosophischen Reflexion zu stellen – wenn auch noch nicht als Versuchsperson in der Hirnforschung, so doch als Inbegriff dessen, was lebendige, auf Erfahrungen und Dinge der Außenwelt gerichtete Wahrnehmung über sich selbst zu sagen imstande sei. Diese Haltung war einerseits gegen die Denkweise des Königsberger Philosophen Immanuel Kant gerichtet, für den sich das, was wir über die Welt wissen können, aus der Logik eines quasi körperlosen Erkenntnissubjektes erschließen ließ. Zugleich aber machte die Phänomenologie Kants Idee, Welt aus den Bedingungen der Möglichkeit ihrer Wahrnehmung zu erklären, auf einer anderen Ebene und mit erneuter Frische zu ihrer Sache. Freilich waren nun diese Bedingungen der Erfahrungsmöglichkeit zunehmend die eines verkörperten, biologisch wahrnehmenden Subjektes. Die gemeinsamen Arbeiten Maturanas und Varelas setzten ebenfalls hier an: Kants transzendentales Subjekt zu einem solchen der körperlichen Selbstherstellung zu machen war ja bereits der Clou des *Baumes der Erkenntnis* – der aber genau deshalb über die Kant'schen Schwierigkeiten eines isolierten Subjektes nicht hinauskam. Der *Mittlere Weg* nun schickte sich an, das Verhängnis der Kant'schen Position, die von ihm nicht bewältigte Aufgabe, wie denn „äußere Erkenntnis", also ein Bild der Welt für ein Subjekt möglich sei, endlich zu lösen (vgl. Weber/Varela 2002).

Der späte Varela hat sich intensiv mit dem phänomenologischen Erbe befasst, vor allem mit dem Werk Edmund Husserls. Noch im *Mittleren Weg* (Varela/

Thompson/Rosch 1995) kritisiert er diesen zwar als mentalistisch und zu sehr der Illusion vom reinen Geist verfallen, der qua Introspektion seine Intentionalität analysieren könne. Mit zunehmender Annährung an die Überzeugung, dass es legitim sei, von einer direkten Begegnung mit der Wirklichkeit zu sprechen, indem diese als gemeinsamer Entwurf von Handelndem und Hintergrund erst im Kognitionsakt *erdichtet* werde, hat Varela seine Skepsis Husserl gegenüber fallen lassen. Zugleich versuchte er, dessen Überlegungen für sein empirisches Kognitionsmodell fruchtbar zu machen und somit Phänomenologie zu naturalisieren oder sogar zu mathematisieren (Roy et al. 1999).

In seiner „Kernhypothese" formuliert Varela als neurophänomenologisches Arbeitsprogramm: „Mental-kognitive Zustände sind Interpretationen gegenwärtiger neuronaler Aktivität, die zu einem vorübergehenden, Kohärenz erzeugenden Prozess in Beziehung stehen, den das Nervensystem hervorbringt." (Varela 1995: 90 f., zitiert nach Thompson/Lutz/Cosmelli 2005; Übersetzung AW). Die neuronale Aktivität lässt sich messen, während das Forschungssubjekt zugleich über seine mentalen Zustände sprechen kann. Dieser Ansatz führte in den letzten Jahren etwa zu Erkenntnissen über die Manifestation des Bewusstseins als globale, zeitlich synchronisierte neuronale Kohärenz im Gehirn (Rodriguez et al. 1999) – eine Sichtweise, die sich mittlerweile als Standard durchzusetzen beginnt.

3.2 Biosemiotik, interpretative Kausalität und „weak linkage"

Mit der Idee, dass Körper Kognition aus der Gegenseitigkeit von Selbst und Welt *inszenieren*, hat Francisco J. Varela eine Schlüsselposition im Dilemma von Außen- und Innenwelt besetzt. Wenn man diesen Punkt weiterentwickelt und annimmt, dass Inszenierungen immer von der Symbolik existenzieller Bedeutungen erfüllt sind, ja, dass sie erst möglich werden als das absolute Anliegen einer Innenperspektive, die durch eine Einwirkung der Welt aufgeht, beginnt sich der Abgrund zwischen Körpern und innerer Erfahrung zu schließen. Biologie wird dabei zu einer empirisch-interpretativen Wissenschaft, zu einer Hermeneutik des Organischen. Die Werthaftigkeit der *conditio humana* – ob als kultureller Diskurs, Symbolpraxis oder semiologisch verfasster Weltwahrnehmung – geht aus einer *conditio vitae* (Weber 2003) hervor, in der Leben grundsätzlich als ein Bedeutungsphänomen erscheint. Die Spaltung in die zwei Kulturen verwischt sich – aber nicht, weil die *Autonomie* der kulturellen Sphäre auf deterministische Naturprozesse reduziert wurde, sondern weil Natur die Entfaltungsgeschichte der Freiheit ist.

Eine neue biologische Disziplin versucht, die Bedeutungshaftigkeit organischen Seins zur Grundlage einer neuen Perspektive auf das Lebendige zu machen, in der dieses nicht länger in einem Gegensatz zur humanen Sphäre steht, sondern diese durchdringt und ihre Voraussetzung ist. Für die so genannte *Biosemiotik* sind alle Prozesse in einem Organismus hermeneutisch zu verstehen: Bereits biochemische Routinen wie die Proteinsynthese am Ribosomen fasst die *Biosemiotik* nicht als kausalmechanische Ursache-Wirkung-Ketten auf, sondern als Bedeutungsprozesse, die durch Zeichen vermittelt werden. Sie geht davon aus, dass auch die in Organismen gefundenen reinen Kausalbeziehungen letztlich Spezialfälle von semiotischen oder interpretativen Verhältnissen sind und dass sich daher alle biochemischen und ethologischen Interaktionen als Bedeutungsrelationen vor einem Horizont zunehmender Freiheit erfassen lassen. Die – freilich von den Vertretern des gängigen deterministischen Paradigmas eingeführte – Lesart der DNA als *Code* unterstützt eine solche Auffassung: Ein *Code determiniert* nicht, sondern wird *interpretiert*, er besteht nicht aus *Information*, sondern aus *Zeichen*, die interpretiert werden. Doch die Biosemiotik geht über einen solchen semantischen Standpunkt hinaus: Sie liest die Geschichte der biologischen Struktur- und Formvielfalt zugleich als Entfaltung von Innerlichkeit (Hoffmeyer 1996; Kull 1999; Weber 2002, 2011). Die Biosemiotik geht ursprünglich auf die Idee des estländischen Forschers Jakob von Uexküll (1980) zurück, dass Organismen ihre „Umwelt" durch die körperlichen Bedingungen ihrer Wahrnehmung, ihren „Bauplan" konstruieren. Lebewesen erfahren somit Welt nicht als *Information*, sondern in Form von *Bedeutungen vor dem Hintergrund dieses Bauplans*. Sie sind „Subjekte", die ihre Wirklichkeit konstruieren.[3] Uexküll – der sich als empirischen Vollender von Immanuel Kants transzendentalem Konstruktivismus verstand – hatte damit einen „Enaktivismus" *avant la lettre* geschrieben.

Überlegungen aus der Entwicklungsbiologie begünstigen diese neue Sicht. Sie zeigen, dass die DNA Strukturen nicht instruiert, sondern dass Strukturen und Gene einander in einem zellulären Prozess gegenseitig interpretieren, sodass ein Gen je nach Kontext viele verschiedene Bedeutungen haben kann. Die Embryologen Marc Kirschner und John Gerhart (2005: 223) sprechen in diesem Zusammenhang nicht mehr von Kausalität, sondern von einer „weak linkage", von einer schwachen Kopplung zwischen Signal und seiner Bedeutung. Diese „schwache Kopplung" ist nichts anderes als die „imaginäre Dimension" Varelas, jener Interpretationsspielraum, den ein Zellgefüge hat, wenn es einen Reiz vor dem Hintergrund ihres Bedürfnisses nach Geschlossenheit bewertet.

3.3 Naturalisierte Teleologie

Zu Beginn dieses Kapitels hatten wir festgestellt, dass sich die Entwicklung von Francisco J. Varelas Denken auf die Reflexion des Verhältnisses Subjekt–Außen-

---

[3] Der dazu von Jakob von Uexküll entworfene „Funktionskreis" ähnelt dem Schema der autopoietischen Geschlossenheit, das Humberto R. Maturana und Francisco J. Varela Jahrzehnte später präsentierten, auf frappierende Weise.

welt bei Kant abbilden lässt. Diese Parallele lässt sich nun stärker erkennen: Nach der revolutionären Formulierung der *Autopoiesis* als einer Naturalisierung von Kants *Kritik der Reinen Vernunft* wird durch das Denken des *Mittleren Weges* und der späteren Arbeiten zu Selbstherstellung und Signifikation auch die Position der *Kritik der Urteilskraft* aus dem Vollzug der körperlichen Existenz heraus erklärt.

Fig. 1 Die Stationen von Varelas Denken der Verkörperung (aus Rudrauf et al. 2003: 62; nach Varela 1999 b)

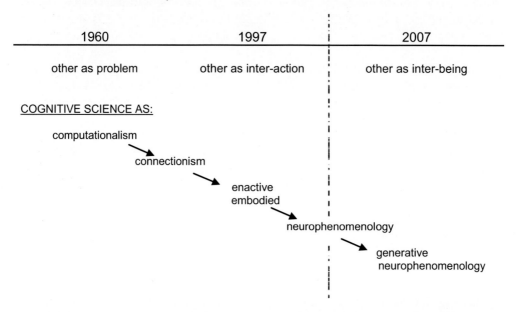

Um diese denkerische Entwicklung nachzuvollziehen, ist es noch einmal wichtig zu begreifen, dass die Erkenntnistheorie – ob biologisch oder philosophisch – in weiten Strecken eine Auseinandersetzung mit der Frage des Königsberger Philosophen ist. Dieser versuchte zu begreifen, wie derart abgeschlossene Systeme wie rational verfasste Subjekte ein gültiges Bild der Außenwelt besitzen können. In den Begriffen des Konstruktivismus formuliert: Was macht, dass der Beobachter in dem Sinne „richtig" beobachtet, dass er sich in der Welt zurechtfindet? Kant hatte dieses Problem in der berühmten *Kritik der reinen Vernunft* damit zu lösen versucht, dass er die Kategorien der Wahrnehmung von Welt in das Subjekt hinein verlegte. Im bemerkenswerten Parallelismus zu den Gedanken Kants hatten die Autopoiesis-Theoretiker Maturana und Varela diese Kategorien durch die biologische Konstitution der „lebenden Maschinen" ersetzt, die wir Organismen nennen – und hatten dabei ebenso die lebendige Außenwelt aus dem Blick verloren.

Kant versuchte, das Fehlende in seiner dritten Kritik – jener der Urteilskraft – nachzuholen. Dort spitzt sich die Frage auf zwei miteinander verwandte Problemfelder zu: das der Erkenntnis des Schönen, der Ästhetik und Kunst, und das der Erkenntnis des Lebendigen. Wie können wir die natürliche Vielfalt der Formen erkennen – und, so möchte man hinzufügen, sich unter ihnen zum Zwecke unseres Überlebens zurechtfinden? Moderner gefragt, und mehr im Sinne der Gedanken im *Mittleren Weg der Erkenntnis*: Warum verstehen wir Lebewesen als etwas, das ist wie wir selbst, wenn wir doch vorgeblich abgeschlossene Subjekte sind? Kant versuchte diese Frage zu beantworten, indem er zu einem in seinem extrem kohärenten Gedankengebäude singulären *ad-hoc*-Argument Zuflucht nimmt: Er will annehmen, dass ein „glücklicher Zufall" eine Übereinstimmung zwischen der Mannigfaltigkeit der natürlichen Formen und unseren Erkenntniskategorien ermögliche. Der mit dem „glücklichen Zufall" verbundene gedankliche Sprung lässt sich angesichts der Überlegungen im *Mittleren Weg* nun durch die Notwendigkeit einer in der *Kokreation* aller Wesen einer Welt, die dem Prinzip der Fülle gehorcht, verkörperter Kognition ersetzen.

Das Buch macht somit den Anfang zu einer denkerischen Entwicklung Varelas, die dieser erst ganz am Ende seines Lebens vollends vollzogen hatte. Erst dann nämlich war Kant und waren die von ihm aufgeworfenen Probleme gänzlich „naturalisiert" (vgl. Weber/Varela 2008), freilich in dem Sinne, dass sie wieder den Gesetzen gelebter Lebendigkeit unterworfen waren; erst dann konnten die Limitationen, die der Königsberger in das Denken der lebendigen Wirklichkeit eingezogen hatte, gesprengt werden. Erst zu diesem Zeitpunkt hatte sich der Biologe Varela, der seit seiner Kooperation mit Maturana Lebewesen als „biologische Maschinen" bezeichnet hatte, von der Annahme seiner Disziplin verabschiedet, Organismen als blinde, zweckfreie Mechanismen zu begreifen. Vielmehr enthüllte sich für ihn nun in der autopoietischen Selbstherstellung eine das Lebendige definierende Zweckhaftigkeit, ihr Verfolgen von Zielen, welche sich als das eigentliche Anliegen und der ontologische Kern des Lebendigen herausstellten. Was Kant in einer für die ihm folgenden 200 Jahre Biologiegeschichte extrem einflussreichen Formulierung nur als ein *Als-ob* zuließ, nämlich dass Lebewesen Zwecken folgen, und zumal dem, sich selbst zu erhalten, – und was im biologischen Begriff der „Teleonomie" die Zielgerichtetheit organischer Handlungen als gigantische Illusionsmaschinerie denunzierte – lässt sich mit den Augen des späten Varela als die Tendenz lebender Systeme lesen, sich selbst zu organisieren und ihre eigene Geschlossenheit beständig als Ziel zu realisieren. Eine solche *intrinsische* Teleologie ist nicht nur kein Artefakt, sondern sie ist eigentliches Fundament der Lebendigkeit (vgl. Weber/Varela 2002, 2008).

Erst diese zweite Naturalisierung Kants löst demnach die Dilemmata der ersten (siehe Abb. 1). Varela selbst gab zu, dass diese Position eine grundlegende Revision seiner eigenen Annahmen darstellte – vorher hatte er teleologische Formulierungen als „rein pädagogisch" bezeichnet (Rudrauf et al. 2003: 35) und auch in Gesprächen bis in seine allerletzten Lebensjahre hinein immer wieder betont, dass die Zweckhaftigkeit des Organischen nicht ernst zu nehmen sei. Was die späte, aber radikale Wandlung vielleicht am besten zu erklären vermag (und auch zeigt, dass sie kein Irrtum, keine Schwäche des Denkens ist), besteht darin, dass in ihr nicht die ursprünglichen Prämissen aufgegeben werden, sondern im Gegenteil deren unverhüllte und umfassende Konsequenz gezogen wird. So schrieb Varela an Evan Thompson im Jahr 1999: „Auf eine seltsame Weise [...] entdeckt man eine voll entwickelte Teleologie [...] aber diese Teleologie [...] ist dem aktiven Leben intrinsisch" (zitiert nach Thompson 2007: Kapitel 6, Fußnote 8; Übersetzung AW). Sie ist *allem* verkörperten Leben intrinsisch, nicht nur dem Erkenntnissubjekt (dem „Beobachter"), das sich so in allem Leben, das zu sein strebt, aufblüht, leidet und verfällt, unmittelbar selbst erkennt.

Zu diesem fundamentalen Wandel des Standpunktes gehörte auch, dass Varela begonnen hatte, sich tiefer mit den biophilosophischen Arbeiten von Hans Jonas (1966, 1973, 1992) zu beschäftigen. In vielen Punkten hatte dieser bereits in den 1960er Jahren, ohne von Kybernetik und Selbstorganisationstheorie geprägt zu sein, ein Bild des Organismus als Selbstvollzug eines existenziellen Wertes und als Vermittlung von Freiheit und Notwendigkeit gezeichnet, das den Einsichten des *Mittleren Weges* und des späteren Varelas erstaunlich vorgreift. Jonas beschreibt ebenfalls Lebendigkeit als die Entfaltung von Innerlichkeit *als das* prekäre und sterbliche Medium des Körpers (vgl. Jonas 1973: 134; Weber/Varela 2002, 2008).

Manche Autoren bestreiten, dass mit der autopoietischen Selbstherstellung bereits ein notwendiges *und* hinreichendes Kriterium für entfaltetes biologisches „Sense-Making" vorhanden ist, und dass sich so die Lücke zwischen Sinn und Materie schließen ließe. Sie fordern zum *Mechanismus* der Autopoiese einen weiteren *Mechanismus* der „Adaptivität", der Schwankungen in der organischen Homöostase, die nicht wie die „operationale Geschlossenheit" die Alles-oder-Nichts-Bedingung von Leben oder Sterben als Horizont haben (Di Paolo 2005; Thompson 2007). Ein solcher zweiter Mechanismus käme tatsächlich ohne Innerlichkeit aus und würde somit zwar im rein kybernetischen Bild bleiben, aber gerade den Umschlag von Selbsterhaltung in Sinn vereiteln. Ezequiel Di Paolo (2005) etwa übersieht in seiner Suche nach einem Adaptivitätsmechanismus, dass eine autopoietisch-intrinsische Teleologie bereits *transmechanisch ist*: Der Organismus *bringt zugleich mit seinem Existenzvollzug eine Innerlichkeit hervor*, aus der heraus sich die Bezüge zur materiellen Welt vermitteln. Das Äußere des Körpers *ist* ein Innen, nämlich dessen „biochemische" Außenseite, durch die allein Existenz realisierbar ist, und durch die diese als „Innenseite", ästhetisch, scheint. Die belebte Welt ist somit immer zugleich Außen, Materie, und Innen, Betroffenheit. Dieses existenzielle Junktim lässt sich mit einer Einsicht von Ernst Cassirer verdeutlichen, die an Francisco J. Varelas neurophänomenologische „Kernhypothese" erinnert:

> Das Verhältnis von Leib und Seele stellt das erste Vorbild und Musterbild für eine rein *symbolische* Relation dar, die sich weder in eine Dingbeziehung

noch in eine Kausalbeziehung umdenken lässt. Hier gibt es ursprünglich weder ein Innen noch ein Außen, noch ein Vorher oder Nachher, ein Wirkendes oder ein Bewirktes; hier waltet eine Verknüpfung, die nicht aus getrennten Elementen erst zusammengefügt werden braucht, sondern die primär ein sinnerfülltes Ganzes ist, das sich selbst interpretiert. (Cassirer 1982: 117, Hervorhebung im Original)

Auch auf diese Weise kommen wir wieder bei der Weisheit des Madhyamika-Buddhismus an, von der sich Varela und seine Koautoren im *Mittleren Weg* leiten ließen: Das Subjekt ist emphatisch Teil der Welt, *während es ihr zugleich gegenüber steht*. Die Welt, sofern sie lebt, ist immer zugleich Innenraum. Als erfahrendes (Kognitions-)Subjekt lässt sich darum ein Zustand herstellen, der zugleich emphatisch Welt-Sein und Erfahrung von deren Innenseite-Sein ist. Dieser Anspruch wurde im *Mittleren Weg* explizit. Er ist der einer Meditation, in welcher sich *Wirklichkeit durch sich selbst direkt erfährt* (Varela/Thompson/Rosch 1995: 49). Die fühlende Selbstsorge ist also immer auch schon ethisch (Varela 1999 b). In ihr offenbart sich der Grund der Existenz, in dem Subjekte, die keine substanziellen Subjekte sind, ihr Existieren in voller Berechtigung als absolutes Anliegen *fühlen* und sich zugleich als *identisch* mit allem anderen empfinden – Schaum auf einer Woge des Ozeans der Wirklichkeit, aufgelöst in „Leere und Erbarmen" (Varela/Thompson/Rosch 1995: 336).

Literatur

Cassirer, Ernst (1982): Philosophie der symbolischen Formen, Band 3. Darmstadt: Wissenschaftliche Buchgesellschaft.
Derrida, Jacques (1976): Die Schrift und die Differenz. Frankfurt am Main: Suhrkamp.
Di Paolo, Ezequiel A. (2005): Autopoiesis, Adaptivity, Teleology, Agency. In: Phenomenology and the Cognitive Sciences. 4. Jg. H. 4. S. 429–452.
Heider, Eleanor Rosch (1972): Universals in Color Naming and Memory. In: Journal of Experimental Psychology. 93. Jg. H. 1. S. 10–20.
Hoffmeyer, Jesper (1996): Signs of Meaning in the Universe. Bloomington, IN: Indiana Univ. Press.
Jonas, Hans (1966): The Phenomenon of Life. Toward a Philosophical Biology. Chicago: Chicago Univ. Press.
Jonas, Hans (1973): Organismus und Freiheit. Ansätze zu einer philosophischen Biologie. Göttingen: Vandenhoeck und Ruprecht.
Jonas, Hans (1992): Philosophische Untersuchungen und metaphysische Vermutungen. Frankfurt am Main/Leipzig: Insel.
Kant, Immanuel (1956): Kritik der reinen Vernunft. (1781/1787) (= Werke in sechs Bänden. Bd. II.) Hrsg. Wilhelm Weischedel. Wiesbaden: Insel.
Kirschner, Marc W./John C. Gerhart (2005): The Plausibility of Life. New Haven/London: Yale Univ. Press.
Kull, Kalevi (1999): Biosemiotics in the Twentieth Century. A View from Biology. In: Semiotica. 127. Jg. H. 1–4. S. 385–414.
Maturana, Humberto R./Francisco J. Varela (1987): Der Baum der Erkenntnis. Die biologischen Wurzeln menschlichen Erkennens. München: Goldmann.
Merleau-Ponty, Maurice (1966): Phänomenologie der Wahrnehmung. Berlin: de Gruyter.

Rodriguez, Eugenio/Nathalie George/Jean-Philippe Lachaux/Jacques Martinerie/Bernard Renault/Francisco J. Varela (1999): Perception's Shadow. Long-Distance Synchronization in the Human Brain. In: Nature. H. 397. S. 340–343.
Roy, Jean-Michel/Jean Petitot/Bernard Pachoud/Francisco J. Varela (1999): Beyond the Gap. An Introduction to Naturalizing Phenomenology. In: Jean Petitot/Francsico J. Varela/Bernard Pachoud/Jean-Michel Roy (Hrsg.): Naturalizing Phenomenology. Issues in Contemporary Phenomenology and Cognitive Science. Stanford: Stanford Univ. Press. S. 1–82.
Rudrauf, David/Antoine Lutz/Diego Cosmelli/Jean-Philippe Lachaux/Michel Le van Quyen (2003): From Autopoiesis to Neurophenomenology. Francisco Varela's Exploration of the Biophysics of Being. In: Biological Research. 36. Jg. H. 1. S. 27–65.
Thompson, Evan (2005): Mind in Life. Biology, Phenomenology, and the Sciences of Mind. Cambridge: Harvard Univ. Press.
Thompson, Evan/Antoine Lutz/Diego Cosmelli (2007): Neurophenomenology. An Introduction for Neurophilosophers. In: Andy Brook/Kathleen Akins (Hrsg.): Cognition and the Brain. The Philosophy and Neuroscience Movement. New York/Cambridge: Cambridge Univ. Press. S. 40–97.
Uexküll, Jakob von (1980): Kompositionslehre der Natur. Biologie als undogmatische Naturwissenschaft. Ausgewählte Schriften. Frankfurt am Main [u. a.]: Ullstein.
Varela, Francisco J. (1975): A Calculus for Self-Reference. International Journal of General Systems Bd. 2. S. 5–24.
Varela, Francisco J. (1979): Principles of Biological Autonomy. New York: North-Holland.
Varela, Francisco J. (1991): Organism. A Meshwork of Selfless Selves. In: Alfred I. Tauber (Hrsg.): Organism and the Origins of Self. Dordrecht: Kluwer. S. 79–107.
Varela, Francisco J. (1994): Heinz von Foerster, the scientist, the man. Stanford Humanities Review Bd. 4, H. 2, S. 285-287.
Varela, Francisco J. (1995): Resonant Cell Assemblies. A New Approach to Cognitive Functions and Neuronal Synchrony. In: Biological Research. 28. Jg. S. 81–95.
Varela, Francsico J. (1996): Neurophenomenology. A Methodological Remedy for the Hard Problem. In: Journal of Consciousness Studies. 3. Jg. H. 4. S. 330–349.
Varela, Francisco J. (1997): Patterns of Life. Intertwining Identity and Cognition. In: Brain and Cognition. 34. Jg. H. 1. S. 72–84.
Varela, Francisco J. (1999 a): Ethical Know-How. Action, Wisdom, and Cognition. Stanford: Stanford Univ. Press.
Varela, Francisco J. (1999 b): Steps to a Science of Interbeing. Unfolding the Dharma Implicit in Modern Cognitive Science. In: Stephen Batchelor/Guy Claxton/Gay Watson (Hrsg.): The Psychology of Awakening. Buddhism, Science and Our Day-to-Day Lives. New York: Rider/Random House. S. 71–89.
Varela, Francisco J./Evan Thompson/Eleanor Rosch (1995): Der mittlere Weg der Erkenntnis. München: Goldmann.
Weber, Andreas (2002): The 'Surplus of Meaning'. Biosemiotic Aspects in Francisco J. Varela's Philosophy of Cognition. In: Cybernetics & Human Knowing. 9. Jg. H. 2. S. 11–29.
Weber, Andreas (2003): Natur als Bedeutung. Versuch einer semiotischen Theorie des Lebendigen. Würzburg: Königshausen & Neumann.
Weber, Andreas (2007): Alles fühlt. Mensch, Natur und die Revolution der Lebenswissenschaften. Berlin: Berlin.
Weber, Andreas (2011): The Book of Desire. Towards a Biological Poetics. In: Anton Markoš (Hrsg.): By the Living. Essays in Biohermeneutics. Special Issue. Biosemiotics. (Im Druck)
Weber, Andreas/Francisco J. Varela (2002): Life after Kant. Natural Purposes and the Autopoietic Foundations of Biological Individuality. In: Phenomenology and the Cognitive Sciences 1. Jg. H. 2. S. 97–125.
Weber, Andreas/Francisco J. Varela (2008): Naturalizing Kant. From Intrinsic Teleology to Biological Subjects. In: Luca Illeterati/Francesca Michelini (Hrsg.): Purposiveness. Teleology between Nature and Mind. Heusenstamm: Ontos. S. 201–221.

Ethik der Erkenntnistheorie

Bernhard Pörksen über Heinz von Foersters *Wissen und Gewissen*

1   Entstehungsbedingungen und Vorgeschichte: Wiener Kreis und *Cybernetic Circle*

Wenn man Heinz von Foerster, den man als den „Sokrates des kybernetischen Denkens" bezeichnet hat, fragte, ob er sein Werk dem Konstruktivismus zurechnen und sich selbst als Konstruktivisten bezeichnen würde, antwortete er in der Regel mit einem Witz. Das Etikett des Konstruktivisten erschiene ihm unpassend – als Schlüsselbegriff einer Taxonomie, die von der Auseinandersetzung mit seinen Arbeiten eher ablenke und den Anlass für ganz im Akademischen verhaftete Streitgespräche zwischen Realisten, Relativisten und Solipsisten bilde. Vielleicht könne man ihn einen „Neugierologen" nennen; in jedem Fall sei er ein „Wiener". Das ließe sich nun wirklich nicht leugnen, dort sei er geboren; dieses Label müsse er wohl einfach so hinnehmen. Womöglich ist dieser Hinweis auf die eigene Herkunft aus dem Wien der Jahrhundertwende und generell der Verweis auf die eigene Biografie in der Tat ein entscheidender Schlüssel, um das Werk Heinz von Foersters zu verstehen und einzuordnen, seine besondere Form des Konstruktivismus und die Prinzipien seiner inter- und transdisziplinären Erkenntnistheorie zu dechiffrieren. Aufgewachsen ist er, wie verschiedene biografische Skizzen verdeutlichen, im Wien der Jahrhundertwende, in einer Welt der Künstler und Kreativen (Foerster 1997; Foerster/Pörksen 1998; Foerster/Bröcker 2002). Sein Urgroßvater, ein Architekt, hat die städtebauliche Identität Wiens mit geprägt. Die Großmutter Marie Lang gehörte zu den ersten Vertreterinnen einer bürgerlichen Frauenbewegung in Mitteleuropa. Schon als Jugendlicher kam er mit der Boheme der Stadt in Kontakt. Als er nach dem Abitur in Wien Physik zu studieren begann, geriet er in den Bann des Wiener Kreises. Die Erfahrung, dass sich verschiedene Denk- und Wahrnehmungswelten zu einem stimulierenden Panoptikum vereinen können, wurde hier – nach den Salons im Hause der Foersters – erneut manifest. Heinz von Foersters eigene Überlegungen haben dann mit den Erkenntnissen des Wiener Kreises, der am Vorabend eines blutigen Irrationalismus für die Klarheit des Denkens warb und entschieden gegen metaphysisch kontaminierte Argumentationen votierte, nur noch wenig gemein. Mit den Vorstellungen des Logikers Rudolf Carnap, der glaubte, es gebe so etwas wie unerschütterliche Berührungspunkte von Symbol und Welt, Erkenntnis und Wirklichkeit, haben die Einsichten Foersters später nichts mehr zu tun. Aber der Student hat hier doch einen Denkstil kennen gelernt, der ihn ein Leben lang begleiten und Maßgabe seiner eigenen intellektuellen Haltung werden wird: Er lässt sich schlagwortartig mit den Begriffen *Inter- und Transdisziplinarität* umschreiben und meint letztlich die Befähigung, die interne Gültigkeit verschiedener Paradigmen, Methodologien, Methoden und Modelle nachvollziehen zu können, die feststellbaren Differenzen primär als Bereicherung wahrzunehmen, um dann im Gespräch und in der fächerübergreifenden Kooperation mit anderen Wissenschaftlern vor allem das Verbindende (und nicht primär das Trennende) zu betonen.

Bevor Heinz von Foerster jedoch sein eigenes Werk zu entfalten vermochte, brach der zweite Weltkrieg aus. Nach dem Studium arbeitete er zunächst als Physiker in Köln und kehrte schließlich nach Wien zurück. Er floh – da seine Familie und sein jüdischer Großvater in Wien bekannt waren – nach Berlin, überlebte unentdeckt und unerkannt im nationalsozialistischen Machtzentrum, der Reichshauptstadt. Er fand erneut Arbeit als Physiker, betrieb Grundlagenforschung und gelangte schließlich nach Kriegsende wieder zurück nach Wien, war als Techniker einer Telefonfirma tätig und leitete – inzwischen auch Journalist – bei dem amerikanischen Sender *Rot Weiß Rot* die Kultur- und Wissenschaftsredaktion. Gleichsam zwischen zwei Berufen verfasste er sein erstes Buch: *Das Gedächtnis. Eine quantenphysikalische Untersuchung* (Foerster 1948), das die amerikanischen Kybernetiker der ersten Stunde auf ihn aufmerksam werden ließ. Man lud ihn ein; er hielt, obwohl zunächst kaum des Englischen mächtig, Vorträge über seine Theorie des Gedächtnisses – und wurde von einer Stunde auf die andere in einen Kreis von Wissenschaftlern aufgenommen, der sich in den 1950er Jahren auf Einladung der Josiah Macy Foundation zu den so genannten Macy-Konferenzen traf (vgl. Heims 1991). Man machte ihn zum Sekretär und zum Herausgeber der Konferenzberichte. Norbert Wiener, John von Neumann, Gregory Bateson und Margaret Mead, Warren McCulloch und Walter Pitts – sie alle und noch ein gutes Dutzend andere Forscher konstituierten eine Gruppe interdisziplinär arbeitender Enthusiasten, die man als *Cybernetic Circle* bezeichnen könnte. Unter dem Dach der Macy-Foundation sprach man über Themen, die im weitesten Sinne im Umfeld der Kybernetik anzusiedeln waren. Es ging um die Konstruktion sensorischer Prothesen, teleologische Mechanismen und zirkuläre Kausalität und, grundsätzlicher, um die Funktionsweise des Lebendigen. Die Arbeit von Warren McCulloch und Walter Pitts „A Logical Calculus of the Ideas Immanent in Nervous Activity" (1943), die von der Impulsaufnahme und -weitergabe von Neuronen handelt, erlaubte eine logische Formalisierung neuronaler Aktivität.[1] Und da das Gehirn aus Neuronen besteht, die über die Synapsen und Axone miteinander verbunden sind, meinte man, eine Möglichkeit zur logisch-technischen Rekonstruktion des Gehirns gefunden zu haben. Die Computermetapher, die den Menschen als informationsverarbeitendes System, das Denken als Datenverarbeitung, das Gehirn als einen gewaltigen Parallelcomputer und das Gedächtnis als einen Speicher beschreibt, hat hier ihren Ursprung. Bereits damals war in seltsam unbeschwerter Form die Rede vom Bau des „artificial brain".

---

[1] Zu dieser Arbeit siehe Foerster/Pörksen (1998: 109 ff.).

Heinz von Foerster, der den Mitgliedern der Macy-Treffen stets freundschaftlich und forschend verbunden blieb, entwickelte schließlich eine Epistemologie, die als *Kybernetik zweiter Ordnung* bezeichnet wird. Ihre Kernidee besteht darin, dass hier das fundamentale Prinzip der Kybernetik (die Idee der Zirkularität bzw. der zirkulären Kausalität) philosophisch gewendet, gleichsam zu Ende und in die Tiefe gedacht wird. Ausgangspunkt ist die unschuldig wirkende Frage: Was braucht man, um ein Gehirn zu verstehen? Die Antwort: ein Gehirn. Die Theorie, die von dieser Warte aus nötig erscheint, wird zirkulär. Sie muss den Anspruch erfüllen, sich selbst zu beschreiben. Die strenge Trennung von einem Subjekt und einem Objekt, auf der die Kybernetik erster Ordnung basiert, verschwindet. Der Beobachter und das Beobachtete erscheinen in der Kybernetik zweiter Ordnung in unauflösbarer Weise verflochten. Und diese erkenntnistheoretische Position bringt einen Begriff fundamental in Misskredit, der im Zentrum der wissenschaftlichen Wahrnehmungsanstrengung steht: Es ist der Begriff der Wahrheit, dessen Verständnis gemeinhin eine beobachterunabhängige Welt voraussetzt, um dann eine Übereinstimmung zwischen dem erkennenden Geist und der Sache zu erreichen (*adaequatio intellectus et rei*). Mit der Kybernetik zweiter Ordnung kommt die Verpflichtung ins Spiel, stets die eigenen Idiosynkrasien und blinden Flecken zu reflektieren, die Aussagen mit der eigenen Person zu verknüpfen, sie in einem ernsten Sinn als eigenes Produkt zu begreifen.

Nach einem Zwischenspiel an der Universität von Illinois als Leiter des elektronischen Röhrenlaboratoriums gelang Heinz von Foerster erneut der Aufbruch zu anderen Horizonten. Er machte sich am Massachusetts Institute of Technology mit Fragen der Neurobiologie vertraut, studierte Physiologie bei Arturo Rosenblueth in Mexiko City und gründete im Jahre 1957 wiederum an der Universität von Illinois das Biologische Computer Laboratorium (BCL), das zu einem Zentrum kognitionswissenschaftlicher Innovation wurde. (Müller 2007 a, b) Philosophen und Elektrotechniker, Biologen, Anthropologen und Mathematiker, Künstler und Logiker diskutierten in der inspirierenden Atmosphäre des BCL erkenntnistheoretische Fragen aus einer natur- *und* geisteswissenschaftlichen Perspektive. Sie befassten sich mit den Gesetzen des Rechnens in Menschen und Maschinen und analysierten die logischen und methodischen Probleme, die das Erkennen des Erkennens und die Beobachtung des Beobachters notwendig mit sich bringt. Der Mathematiker Lars Löfgren arbeitete hier an dem Konzept einer Logik, die selbstbezügliche Aussagen, die gemäß der klassischen aristotelischen Logik als unsinnig zu verwerfen sind, nicht negiert, sondern gestattet. Der Neurobiologe Humberto R. Maturana publizierte seinen grundlegenden Aufsatz, ein Gründungsdokument des Konstruktivismus, mit dem Titel „Biology of Cognition" ein erstes Mal als Forschungsbericht des BCL (Maturana 1970). Der noch junge Forscher Francisco J. Varela fand hier ein Forum für sein Interesse an theoretischer Biologie. Gordon Pask legte hier die Grundlagen seiner Kommunikationstheorie. Ross Ashby hielt Vorlesungen zur Kybernetik. Und eine israelische Tänzerin lehrte Bewegungsformen, deren Kenntnis zum Bau sich zielgerichtet bewegender Automaten verwendet werden sollten. Der vermutlich erste Parallelrechner wurde an diesem Institut gebaut. Heinz von Foerster warb beim „Office of Naval Research" und dem „Airforce Office of Scientific Research" die notwendigen externen Gelder ein und publizierte zentrale, noch heute diskutierte Arbeiten zum Begriff der Selbstorganisation, veranstaltet Konferenzen unter dem Titel „Principles of Self-Organization" (1960), zu der u. a. Friedrich von Hayek, Ludwig von Bertalanffy und Anatol Rapoport erschienen. Und verteidigte eine studentische Doktorarbeit, die ganze fünf Seiten umfasst, gegen die Einsprüche des universitären Establishments. In den darauf folgenden Jahren wanderten jedoch eine Reihe herausragender Wissenschaftler ab; die externe Finanzierung gestaltete sich allmählich schwieriger. Und als im Jahre 1968 ein Gesetz verabschiedet wurde (Mansfield Amendment), das es Geldgebern des Militärs verbot, all jene Projekte zu unterstützen, die keinen klaren militärischen Nutzen haben, wurde das BLC, dessen Existenz ganz mit dem Engagement Heinz von Foersters verknüpft war, mit dessen Emeritierung Anfang der 1970er Jahre geschlossen. Nach seiner Emeritierung – zunächst angestoßen durch den Kontakt zu dem Familientherapeuten Paul Watzlawick (Palo Alto), dann durch das entschiedene Publikationsprogramm des Medienwissenschaftlers Siegfried J. Schmidt (Siegen, Münster) und die vielfältigen Verweise auf die Arbeiten Heinz von Foersters im Werk des Systemtheoretikers Niklas Luhmann (Bielefeld) – wurde er einer breiteren, wissenschaftlich interessierten Öffentlichkeit bekannt. Seine Bücher erschienen in rascher Folge in renommierten deutschsprachigen Verlagen. Und er sprach noch bis ins hohe Alter hinein vor einem stetig wachsenden Kreis von Therapeuten, Soziologen, Medientheoretikern, Kommunikationswissenschaftlern und Pädagogen und begann, die ethisch-moralische und gesellschaftliche Relevanz seiner Überlegungen dezidierter auszuformulieren, sie immer entschiedener zu konturieren. Überdies pflegte er, auch das hat seine wachsende Popularität fraglos begünstigt, einen äußerst unkonventionellen, vor Intellektualität und Kreativität vibrierenden Schreib- und Vortragsstil, kombinierte in seinen Arbeiten poetisch-philosophische Aphorismen und mathematische Formalismen mit dem Verweis auf die Arbeiten von Neurobiologen, Logikern, Anthropologen und Philosophen.

2 *Wissen und Gewissen* als Schlüsselwerk des Konstruktivismus

Die Postulate und Parabeln, die Formalismen und Modelle, die Heinz von Foerster – oft in stets neuen Varianten und Variationen – in seinem Buch *Wissen und Gewissen* (Foerster 1993 a) vorstellt, zeugen von diesem weit ausgreifenden Erkenntnisinteresse und einer ausschweifenden Arbeitslust. Es handelt sich bei diesem von Siegfried J. Schmidt herausgegebenen Buch um eine Zusammenstellung seiner wichtigsten Arbeiten, die 1993 ein erstes Mal im Suhrkamp-Verlag erschienen ist.

18 Aufsätze sind hier publiziert, die ein breites Spektrum von Themen umfassen: Kybernetik und Erkenntnistheorie, Prinzipien der Selbstorganisation („order from noise"), Theorien des Gedächtnisses, Analysen klassischer Kommunikationsmodelle, Auseinandersetzungen mit dem Zusammenhang von Epistemologie und Ethik. Nahezu alle Texte sind im Nachgang von Vortragseinladungen in einem Zeitraum von etwa zweieinhalb Jahrzehnten entstanden, oft bemerkt man den mündlichen Gestus, den eigenen Stil sokratisch-skeptischer Irritation, die Lust an der überraschenden Wendung und dem stimulierenden Spiel mit Paradoxien und aphoristischen Zuspitzungen. Viele der hier formulierten Sätze („Die Umwelt, die wir wahrnehmen, ist unsere Erfindung"; „Willst Du erkennen, lerne zu handeln"; „Die Umwelt enthält keine Information. Die Umwelt ist, wie sie ist" etc.) sind längst zu geflügelten Worten des konstruktivistischen Diskurses geworden. Der frühe Rekurs auf George Spencer-Browns Unterscheidungslogik und sein Genie-Buch *Laws of Form* (1997), die rekursive Entstehung von Eigenwerten, das Prinzip der undifferenzierten Codierung von Reizen, die Zurückweisung des Solipsismus durch die Einführung des so genannten Relativitätsprinzips, die Einsicht, dass die klassische Kybernetik einer epistemologischen Wendung, einer beobachterrelativen Brechung bedarf – all diese Überlegungen waren und sind für den Konstruktivismus prägend. Sie haben (Humberto R. Maturanas Autopoiesis-Konzept vergleichbar) dem Diskurs Perspektive und Kontur gegeben. Allerdings möchte ich mich, um die Darstellung nicht in ein bloßes *concept dropping* zu verwandeln, hier vor allem auf einen Zusammenhang konzentrieren, der schon im Titel des Buches *Wissen und Gewissen. Versuch einer Brücke* und in anderen Buchveröffentlichungen anklingt.[2] Es ist der Zusammenhang von Erkenntnistheorie und Ethik, von Sicht und Einsicht, der Heinz von Foerster – vermutlich auch aufgrund persönlich-biografischer Erfahrungen – in besonderer Weise umgetrieben und den er konsequent ausgearbeitet hat.[3] Anders und in Form von Leitfragen formuliert: Welche Konsequenz hat – folgt man seinen Überlegungen – die erkenntnistheoretische Ein-

---

[2] Man denke nur an das Buch *KybernEthik* (Foerster 1993 b).
[3] Man kann an dieser Stelle nur spekulieren, aber vermutlich ist es alles andere als zufällig, dass gerade die Begründer des Konstruktivismus immer wieder über den Zusammenhang von Erkenntnistheorie und Ethik und die Folgen des Wahrheitsterrorismus reflektiert haben, hatten sie doch allesamt unter einer Diktatur zu leiden und waren mit dogmatisch vertretenen Wirklichkeiten konfrontiert. Heinz von Foerster musste sich, ohne den benötigten „Ariernachweis" im Berlin zur Zeit des Nationalsozialismus tätig, den entsprechenden Kontrollversuchen durch eine Taktik des Hinhaltens entziehen. Ernst von Glasersfeld verließ Wien, als die Nationalsozialisten an die Macht kamen; Paul Watzlawick hat immer wieder angedeutet, wie sehr ihn die NS-Herrschaft schockiert hat. Francisco J. Varela floh – nach dem Tod von Salvador Allende und der Machtergreifung des Putschisten Pinochet – nach Costa Rica. Humberto R. Maturana blieb in Chile, auch um die Gefahren der ideologieverursachten Blindheit zu studieren. Ein solches lebens- und wissenschaftsgeschichtlich aufschlussreiches Hintergrundbild sagt natürlich noch nichts über die Plausibilität der jeweiligen Reflexionen aus, spricht jedoch für eine enge Verbindung von Theoriebildung und persönlicher Biografie.

sicht, dass Menschen im Erkennen unvermeidlich Befangene sind? Was folgt aus der Annahme, dass sich der prinzipiell nie ganz durchschaubare, analytisch unbestimmbare, also grundsätzlich autonome Beobachter aus keinem Erkenntnisprozess herauskürzen lässt? Oder in erneuter Verkürzung: Was bedeutet die Epistemologie (des Konstruktivismus) für die Ethik? Um diesen Fragen nachzugehen, wähle ich – unvermeidlich hoch selektiv – drei Schwerpunkte: Zunächst wird das für Heinz von Foerster zentrale Illustrationsbeispiel vom *Blinden Fleck* präsentiert, das den Ausgangspunkt für eine kreative Selbstirritation des Beobachters bildet. Es folgt eine Auseinandersetzung mit seiner beobachterrelativen Ethikkonzeption, die von der Autonomie des Einzelnen ausgeht. Abschließend wird die Unterscheidung von trivialen und nicht-trivialen Maschinen vorgestellt, die das Kernmerkmal der Autonomie erneut anders fasst und die als Grundlegung einer konstruktivistischen Anthropologie verstanden werden kann.

2.1 Die Parabel vom Blinden Fleck: die strategische Verunsicherung des Beobachters

Gleich zu Beginn des Buches *Wissen und Gewissen* (Foerster 1993 a) wird der Leser zu einem kleinen Experiment animiert. Man ist, um dieses Experiment zu absolvieren, aufgefordert, die erste Abbildung des Buches zur Hand zu nehmen, die einen schwarzen Stern und einen schwarzen Fleck enthält. Der Stern wird fixiert, das linke Auge geschlossen, und das Papier bewegt man solange auf der Sehachse vor und zurück, bis der schwarze Punkt unsichtbar geworden ist. Hat man den Stern ausreichend intensiv fixiert, bleibt der schwarze Fleck verschwunden, auch wenn man das Blatt Papier parallel zu sich selbst nach rechts oder links, nach oben oder unten bewegt. Die physiologische Erklärung für dieses Phänomen des plötzlichen Nicht-Sehens von doch so offensichtlich Vorhandenem lautet, dass der schwarze Fleck in diesem spezifischen Abstand auf einen Bereich der Retina fällt, an dem sich keine Stäbchen und Zapfen befinden, weil hier der optische Nerv das Auge verlässt. (Ebd.: 26) Eigentlich müsste man, so die Annahme, wenn doch an einer bestimmten Stelle des Auges keine Sehzellen vorhanden sind, beständig mit einem visuellen Loch bestimmter Größe durch die Welt gehen. Aber dies ist zweifellos nicht der Fall. Das Gesichtsfeld erscheint uns, wenn wir keine Experimente mit unserer Sehfähigkeit machen und auf diese Weise die Existenz des blinden Flecks überhaupt erst entdecken, stets geschlossen.

Abb. 1: Das Experiment mit dem blinden Fleck. (Entnommen aus Foerster 1993 a: 26)

„Wir sehen nicht", so lautet die paradox anmutende Formulierung Heinz von Foersters für dieses Phänomen, „dass wir nicht sehen." (Ebd.: 27) Es gibt keine Lücken, da es unser kognitives System ist, das hier für Ausgleich sorgt und die Erfahrung von einem kontinuierlichen Raum konstruiert.[4] Die Weltdeutung und das eigene Erkennen scheinen angemessen, umfassend und ohne Alternative. Man ist sich des Eigenanteils, den man selbst an der Herstellung dieser Weltdeutung besitzt, nicht bewusst, kann ihn sich aber bewusst machen, wenn man dies denn möchte. Dieses Sehen des Nicht-Sehens und auch die Auseinandersetzung mit dem Nicht-Sehen des Nicht-Sehens verwandelt sich dann in eine Provokation, die sich in ihrer alltäglich erfahrbaren Evidenz nur sehr schwer abwehren und wieder loswerden lässt. Man beginnt nämlich, die Blindheit für die eigene Blindheit auch außerhalb eines experimentell vorbereiteten Settings zu entdecken – bei der Beschäftigung mit Paradigmen und Glaubenssätzen, bei der Konfrontation mit Vorurteilen und Ideologien, bei der Analyse von Konformitätsdruck, Gruppenverhalten und den Mechanismen der Manipulation, bei der Reflexion eigener Fehler und Irrtümer. Und es wird deutlich, dass auch das Sehen des Nicht-Sehens und das Erkennen von Befangenheit nicht zur Folge hat, dass man die Welt nun endlich punktgenau in ihrem So-Sein erkennt, aber man kann erkennen, dass es ohne den blinden Fleck nicht geht, dass jede Wahrnehmung ihre eigene Konstitutionsbedingungen im Akt des Wahrnehmens ignoriert, ignorieren muss (vgl. Bolz 2001: 17).

2.2 Ethik zweiter Ordnung: die Verantwortung des Beobachters

Diese Lehrparabel macht auf die unvermeidlichen Voreingenommenheiten und die blinden Flecken des Beobachters aufmerksam, der sich dem vermeintlich von ihm unabhängigen Objekt der Beschreibung nähert. Sie handelt vom Konstruktionscharakter jeder Wahrnehmung und der elementaren Notwendigkeit, eigene Gewissheiten immer wieder zu relativieren, ihren Gültigkeitsanspruch durch eine perspektivische Brechung und die Rückbindung an den Beobachter zurückzunehmen. Und sie regt dazu an, die eigene und die fremde Blindheit und auch das Fundamentalphänomen der Blindheit für die eigene und die fremde Blindheit mit dem Ziel neuer Offenheit systematisch zu studieren. Es ist gerade dieses Experiment, das in

---

[4] Zur Interpretation dieses Experiments siehe auch Maturana/Varela (1992: 21 ff.).

kompakter Form ein zentrales Interesse Heinz von Foesters offenbart: die Irritation des Beobachters, des Erkennenden, der dann – einmal produktiv verunsichert – auf die ethisch-moralische Verantwortung für seine Sicht der Dinge und seine unvermeidlich gegebenen blinden Flecken gestoßen wird. Allerdings ist es, das muss gleich konstatiert werden, mehr als zweifelhaft, ob der sokratisch-maieutisch orientierte Kybernetiker und Konstruktivist tatsächlich eine konstruktivistische Ethik ausgearbeitet hat, die mit konkreten Verhaltensregeln operiert und substanziell angibt, was als erwünscht gelten sollte (Kramaschki 1995: 266). Das ist, so ergibt die genauere Betrachtung, offenkundig nicht der Fall. Sein Verdienst ist es vielmehr, die erkenntnistheoretisch-ethische Reflexion in ein Framework aus strikt verknüpften Argumentationslinien eingebettet zu haben, das ethisches Handeln – gleich welcher konkreten Gestalt – begründbar macht. Die konstruktivistische Ethik Heinz von Foersters, die sich aus dem Buch *Wissen und Gewissen* heraus destillieren lässt, ist eigentlich eine *Ethik der Ethik-Ermöglichung*[5] oder auch: eine Ethik zweiter Ordnung, eine Beobachtung von Argumentationsweisen im Bereich der Ethik, die ihrerseits mit ethischen Absichten geschieht. Eine solche Beobachtung benennt die zentralen Vorbedingungen ethisch-moralischen Handelns und ist nach dem Prinzip einer möglichst umsichtigen Fehlervermeidung gearbeitet. Als relevante Vorbedingungen und Prämissen ethisch-moralischen Handelns erscheinen demzufolge: die Annahme der Entscheidungsfreiheit des Einzelnen; die Betonung und Anerkennung von Eigenverantwortung, die jedem Individuum zugebilligt werden muss; die spezifische Verknüpfung von Erkenntnistheorie und Ethik, die *nicht* als strikt gefasstes Kausal- und Ableitungsverhältnis („Position A bedingt...") aufgefasst wird.[6] Mögliche konzeptionelle Fehler, die den eigenen Entwurf im Wider-

---

[5] Siehe zu diesem Begriff Kramaschki (1995: 262 f.).
[6] Wenn man, ganz allgemein formuliert, erkenntnistheoretische Postulate und Annahmen als Begründung ethisch-moralischer Prinzipien verwendet, dann muss man – noch bevor dies geschieht – grundsätzlicher fragen, wie sich der Zusammenhang von Erkenntnistheorie und Ethik überhaupt erfassen lässt. Diese Frage müsste vor der eigentlichen Konkretisierungs- und Umsetzungsarbeit, vor der Proklamation ethisch-moralischer Schlussfolgerungen und Imperative zumindest prinzipiell geklärt werden, weil ihre Klärung wesentlich darüber entscheidet, welches Veränderungspotenzial man überhaupt den epistemologisch-konstruktivistischen Einlassungen zuschreiben mag und ihnen letztlich zutraut. Grundsätzlich lassen sich drei Varianten des Verhältnisses von Erkenntnistheorie und Ethik unterscheiden: Wenn man explizit oder implizit für ein *Ableitungsverhältnis* votiert, dann geht man von folgender Annahme aus: Die epistemologischen Einsichten (des Konstruktivismus) führen – ganz unabhängig davon, ob dies zu begrüßen oder zu beklagen ist – zu unmittelbaren Konsequenzen, was das ethisch-moralische Handeln betrifft. Erkenntnistheorie reguliert eine wie auch immer geartete Praxis; dies ist die entscheidende Annahme. Allerdings lässt sich auch eine *strikte Trennung* von Erkenntnistheorie und ethisch-moralischem Handeln behaupten. Anhänger dieser Auffassung vertreten die These, dass beide Ebenen strikt getrennt sind und auch strikt getrennt werden müssen: Der Konstruktivismus gilt hier ausschließlich als Beobachtertheorie zweiter Ordnung, die eine Rekonstruktion von Wirklichkeitskonstruktionen erlaubt, aber keine Relevanz für eine wie auch immer geartete Lebenspraxis in der Sphäre der Beobachtung erster Ordnung besitzt. Zwischen diesen beiden Extremen befindet sich eine mittlere Position. Sie wird hier als *Anregungsverhältnis* bezeichnet. Gemäß dieser Auffas-

spruch zu konstruktivistischen Prämissen geraten lassen würden, sind: der Rekurs auf unbedingt gültige Begründungen; ein moralisches Besserwissertum; Versuche, anderen die eigene Ethik-Konzeption aufzuzwingen; die Konkretion von moralisch-ethischen Orientierungen und Reflexionsanregungen in Richtung von inhaltlich gefüllten Vorschriften, Gesetzen, Imperativen.

Das Buch *Wissen und Gewissen* (Foerster 1993 a) lässt sich somit, wenn es um ethische Fragen geht, aus einer doppelten Perspektive lesen: zum einen als Beschreibung einer transzendentalen Ethik, zum anderen als der Versuch einer impliziten Warnung vor den Abgründen des Gutgemeinten, das seine eigene Zwangsstruktur nicht sieht, nicht sehen will oder kann. Die Kernfrage lautet: Wie lässt sich eine Ethik (zweiter Ordnung) konstruieren, die ihre eigene Zielproklamation – Betonung von Entscheidungsfreiheit, Anerkennung von Verantwortung, Vermeidung von Zwang – in allen Verästelungen der Argumentation sichtbar macht und enthält und auf die Zentralfigur konstruktivistischen Denkens, den Beobachter, zurückverweist? Aller Anfang ist aus einer solchen Perspektive grundsätzlich kontingent, aber schlüssig beginnen lassen kann man den Gang der Argumentation mit einer Sentenz Heinz von Foersters. „Objektivität", so seine These, „ist die Wahnvorstellung, Beobachtungen könnten ohne Beobachter gemacht werden." Und weiter: „Die Berufung auf Objektivität ist die Verweigerung der Verantwortung – daher auch ihre Beliebtheit." (Zitiert nach Foerster/Pörksen 1998: 154) Angelegt ist in einer solchen Formulierung ein noch präziser zu erfassender Zusammenhang von Erkenntnistheorie und Ethik, genauer formuliert: Das Objektivitätsideal wird aus erkenntnistheoretischen Gründen negiert und aus ethisch-moralischen Erwägungen kritisiert. Strukturgebendes Prinzip solcher Überlegungen ist die Kontrastierung einer beobachterunabhängigen und einer beobachterabhängigen Konzeption von Erkenntnis, die hier jedoch eine verantwortungsethische Wendung bekommt. *Objektivität*, *Ontologie* und (absolute) *Wirklichkeit* deklariert Heinz von Foerster zu Begriffen, die

> verwendet werden können, um sich von der Welt zu trennen: Sie lassen sich dazu benutzen, die eigene Gleichgültigkeit als unvermeidlich auszugeben. Denn immer hat man es mit einem starren und zeitlosen Dasein zu tun, das sich nicht verändern lässt. [...] Man kann jetzt zwei fundamental unterschiedliche Positionen kontrastieren. Der Haltung des unbeteiligten Beschreibers steht die Haltung des Mitfühlenden und Beteiligten gegenüber, der sich selbst

---

sung gelten erkenntnistheoretische Einsichten, Modelle, Konzepte und Begriffe als Inspiration und Irritation einer ethisch-moralischen Praxis; sie sind nicht folgenlos, aber auch nicht in jedem Fall spezifizierbar und bis ins Detail ausbuchstabierbar. Die Prämissen und Postulate fokussieren die Aufmerksamkeit, sie liefern relevante Unterscheidungen, sie regen an. Das bedeutet, dass ein unbedingtes, streng definiertes Kausalverhältnis nicht vorausgesetzt wird; die Zusammenhänge sind hier sehr viel lockerer, fragiler, undeutlicher, keineswegs zwingend. Zu dieser Typologie der Verhältnisse zwischen Epistemologie und Ethik und bezogen auf die Beziehung von (konstruktivistischer) Erkenntnistheorie und Praxis siehe Pörksen (2006: 64 ff.).

als Teil der Welt begreift und von der Prämisse ausgeht: Was immer ich tue, verändert die Welt! Er ist mit ihr und ihrem Schicksal verbunden, er ist verantwortlich für seine Handlungen. (Ebd.: 157 f.)

Damit kommt ein anderer, ein neuer Gegensatz ins Spiel: Es geht nicht um Objektivität oder Subjektivität, sondern um die fundamentale Frage, ob die eigene erkenntnistheoretische Parteinahme dazu verwendet werden kann, sich als getrennt von der Welt zu betrachten, in die Rolle des distanzierten (und nicht des beteiligten) Beobachters zu schlüpfen, der seine Beobachtungen durch den Rekurs auf die objektive Wahrnehmung des Gegebenen entpersonalisiert.

Zu fragen ist, ob und wie sich die Betonung der eigenen Verantwortung – strikt in der Logik konstruktivistischen Denkens – begründen lässt. Manche Autoren haben die Möglichkeit der Letztbegründung zumindest rhetorisch suggeriert. Peter M. Hejl orientiert sich – auch als Konstruktivist – explizit am Modus der Schlussfolgerung vom Sein auf das Sollen, in diesem bzw. in seinem Fall: von der als konstruiert deklarierten Wirklichkeit auf die als konstruiert konzedierte Ethikkonzeption. Er behauptet ein Ableitungsverhältnis zwischen erkenntnistheoretischen Annahmen und ethischen Postulaten und begibt sich damit in Denkweise und Argumentationsmodus bewusst in die Nähe des Begründungsmusters, das als *naturalistischer Fehlschluss* in der Philosophie diskutiert wird. Kritikpunkt der Gegner solcher Begründungsmodi ist die Ableitung von normativen aus deskriptiven Sätzen, häufig unter Rekurs auf naturwissenschaftliches Wissen, dem besondere Dignität zugesprochen wird.[7] Das heißt: Die Inhalte, die Peter M. Hejl in seinem Entwurf verhandelt, sind konstruktivistisch; die Argumentationsweise, die eine strikt aufweisbare Ableitung der Ethik aus der Erkenntnistheorie behauptet, passt jedoch m. E. besser in eine realistische Tradition und ist vermutlich am Modell des positiven Rechts orientiert, läuft also auf eine in anderer Hinsicht problematische Identifizierung von Recht und Moral hinaus. (Schmidt 2000: 66) Auch bei Humberto R. Maturana und Francisco J. Varela findet sich gelegentlich ein Jargon der Unumstößlichkeit und eine Rhetorik der unbedingten Verpflichtung, die nach meiner Auffassung einen Bruch im Duktus konstruktivistischen Argumentierens darstellt; Form und Botschaft klaffen auseinander. So bekommt man am Ende des Buches *Der Baum der Erkenntnis* zu lesen:

> *Die Erkenntnis der Erkenntnis verpflichtet.* Sie verpflichtet uns zu einer Haltung ständiger Wachsamkeit gegenüber der Versuchung der Gewissheit. Sie verpflichtet uns dazu einzusehen, dass unsere Gewissheiten keine Beweise der Wahrheit sind, dass die Welt, die jedermann sieht, nicht *die* Welt ist, sondern *eine* Welt, die wir mit anderen hervorbringen. Sie verpflichtet uns dazu zu sehen, dass die Welt sich nur ändern wird, wenn wir anders leben. (Maturana/Varela 1992: 263 f.; Hervorhebungen im Original)

---

[7] Zu den Bauprinzipien der Argumentation siehe etwa Hejl (1995: 46, 52 f.); zur Auseinandersetzung mit dem nahe liegenden Einwand des naturalistischen Fehlschlusses siehe (ebd.: 49 ff.).

Kurzum: Es geht um eine Ethik, „die unentrinnbar ist." (Ebd.: 264) Francisco J. Varela hat seine Ansichten, wohl unter dem Einfluss des Buddhismus, schließlich weiter in die Richtung metaphysischer Spekulation radikalisiert und sieht ethisch-moralisches Verhalten letztlich als ontologisch begründet an. In seinem Buch *Ethisches Können* bezieht er sich zustimmend auf die Annahme, „dass die authentische Sorge dem Grund allen Seins innewohnt und durch eine anhaltende ethische Bildung voll zur Entfaltung gebracht werden kann." (Varela 1994: 77) Hier wird in aller Deutlichkeit ein letztes Fundament proklamiert; ethisches Handeln rückt in die Nähe einer Pflichterfüllung, die dem Sein bereits immanent ist.[8]

Demgegenüber hält Heinz von Foerster fest, dass er, wenn er für Verantwortung und die Haltung des beteiligten Beobachters votiert, diese nicht aus seinen erkenntnistheoretischen Einsichten oder gar dem Grund allen Seins zu deduzieren vermag. Es handelt sich bei seinen Überlegungen zur Ethik um epistemologisch angeregte Reflexionen, *nicht* jedoch um eine Konsequenz, die sich in linear-kausaler Unmittelbarkeit aus den Prämissen der Erkenntnistheorie ergibt. „Denn wenn es eine Konsequenz wäre, wäre es eine Notwendigkeit. Ich behaupte aber: Es ist keine Notwendigkeit. Es ist eine Haltung, die wir aus allen möglichen anderen Haltungen auswählen können." (Foerster/Bröcker 2002: 64) Das heißt: Heinz von Foerster vertritt, was die Beziehung von Erkenntnistheorie und Ethik betrifft, einen *relationslogischen Agnostizismus*[9], der nur die entschiedene Wahl des Einzelnen gelten lässt; eine solche Haltung ist unverkennbar erkenntnistheoretisch inspiriert, aber enthält keine Behauptung unvermeidlicher Verknüpfung von erkenntnistheoretischer Einsicht und ethisch-moralischem Handlungsauftrag, der sich im Detail ausbuchstabieren ließe.

Um die Möglichkeit der Wahl und die Unvermeidlichkeit der freien Entscheidung deutlich vor Augen zu führen, entfaltet er in dem Buch *Wissen und Gewissen* die Unterscheidung von *entscheidbaren* und *unentscheidbaren Fragen* und entwirft so eine argumentative Struktur, die gleichermaßen durch logische Strenge und die Offenbarung individueller Spielräume besticht (Foerster 1993 a: 350 ff.). Die Frage der eigenen ethisch-moralischen Präferenz gilt als prinzipiell unentscheidbar und wird mit dem Appell individueller und damit selbstverantwortlicher Entscheidung verbunden. Heinz von Foerster:

> Eine entscheidbare Frage wird immer innerhalb eines Rahmens entschieden, der die mögliche und jeweils richtige Antwort bereits vorgibt. Ihre Entscheidbarkeit wird durch gewisse Spielregeln und Formalismen, die man allerdings akzeptieren muss, gesichert. Der Syllogismus, die Syntax, die Arithmetik sind Beispiele derartiger Formalismen. Man gelangt im Rahmen eines logisch-mathematischen Netzwerks von einem Knotenpunkt (der Frage oder dem Problem) zu einem anderen Knotenpunkt (der Antwort oder der Lö-

---

[8] Zu einem Disput über diese Frage siehe Francisco J. Varela im Gespräch mit Bernhard Pörksen (2002 c: 129).
[9] Diesen Begriff entnehme ich Ott (1995: 296).

sung). So ist die Frage, ob die Zahl 2546 durch zwei teilbar ist, blitzschnell beantwortbar, da wir alle wissen, dass Zahlen, die eine gerade Endziffer enthalten durch 2 teilbar sind. (Foerster/Pörksen 1998: 159)

Unentscheidbare Fragen berühren dagegen den Kernbereich der Metaphysik; sie handeln von der Entstehung des Universums, der Existenz eines Gottes usw. und müssen als prinzipiell unlösbar gelten; auch die Frage, ob man Erkenntnis als beobachterabhängig oder beobachterunabhängig konzipiert, ist in diesem Sinne eine prinzipiell unentscheidbare Frage, deren Wahrheitsstatus sich weder beweisen noch widerlegen lässt. Man ist aufgerufen, eine Wahl zu treffen. Generell gilt, so Heinz von Foerster:

> *Wir* können nur *jene* Fragen entscheiden, die prinzipiell unentscheidbar sind. [...] Warum? Schlicht deshalb, weil alle entscheidbaren Fragen bereits entschieden worden sind, indem ein theoretischer Rahmen bestimmt wurde, innerhalb dessen diese Fragen gestellt wurden, und indem die Regeln festgelegt wurden, nach denen jede Aussage innerhalb dieses Rahmens (so etwa „die Frage") mit jeder anderen Aussage (so etwa „der Antwort") verknüpft werden kann. Manchmal geht das schnell, manchmal wiederum braucht es quälend lange, bis aufgrund zwingender logischer Ableitung das unerschütterbare „Ja" oder „Nein" erreicht wird. Wir unterliegen keinem Zwang, auch nicht dem der Logik, wenn wir über prinzipiell unentscheidbare Fragen Entscheidungen treffen. Wir sind darin zwar frei, müssen allerdings die Verantwortung für unsere Entscheidungen übernehmen! (Foerster 1993a: 351 f., Hervorhebung im Original)

Wenn man nun eine unentscheidbare Frage entscheidet (wobei im Grunde genommen auch schon die Frage unentscheidbar ist, ob es sich überhaupt um eine unentscheidbare Frage handelt),[10] dann votiert man für eine Sicht der Dinge, die sich aufgrund der verhandelten Themen und der fehlenden Verifizierbarkeit der Annahmen nie wird abschließend klären lassen. Die Entscheidung einer unentscheidbaren Frage macht die eigene Verantwortung deutlich, sie tilgt die Möglichkeit, diese Verantwortung zu delegieren:

> Man entschließt sich, die Dinge, die Welt und seine Mitmenschen auf eine besondere Weise zu betrachten und entsprechend zu handeln. Man wird verantwortlich für die Entscheidung, die man getroffen hat und die einem niemand abnehmen kann. (Foerster/Pörksen 1998: 162)

Die ethisch-moralische Entscheidung kann sich, folgt man diesem Argumentationsgang, nur durch eine einzige Instanz legitimieren: die individuelle Präferenz, die selbstverantwortliche Auswahl bei gleichzeitig postulierter Wahlfreiheit.

---

[10] „Ich würde sogar sagen", so Foerster, „dass die Frage unentscheidbar ist, ob sich ein Experiment finden lässt, dass eindeutig erweist, ob es sich um eine unentscheidbare Frage handelt. Das Problem der Unentscheidbarkeit lässt sich sogar auf der Ebene der zweiten Ordnung nicht lösen." (Foerster/Pörksen 1998: 161)

Der gesamte Entwurf bekommt damit den Charakter einer freischwebenden Konstruktion, die relativistische Epistemologie und ethisch-moralische Sicherheit im Falle der einzelnen Entscheidung kombiniert. Damit sabotiert sich eine Ethik, die im klaren Bewusstsein ihrer unvermeidlichen Relativität entworfen wird, nicht permanent selbst: Die Entscheidung ist es, mit der man sich selbstverantwortlich festlegt, mögliche Alternativen ausschließt und eine handlungsnotwendige Eindeutigkeit herstellt, dies allerdings im Bewusstsein ihrer unaufhebbaren Kontingenz. Das Begründungsproblem wird gelöst, indem das Fundament der Ethik selbst eine ethisch-moralische Entscheidung darstellt. Auf externe Instanzen (Natur, Gott, Gesetze und Gesetzmäßigkeiten, ein Telos der Geschichte etc.) wird verzichtet; auch die konstruktivistischen Postulate (Pluralität von Wirklichkeiten, Autonomie des Individuums, Unmöglichkeit der Letztbegründung, Ablehnung des Wahrheitsterrorismus) und die möglichen „Korrelate solcher Annahmen" (Toleranz, Anerkennung von Verantwortung und Autonomie etc.) lassen sich nicht mehr in ein Verhältnis logischer Ableitung hineinzwingen (Schmidt 2000: 65). Sie sind, wenn man sich für sie in ethisch-moralischer Absicht entscheidet, allenfalls „*Suchaufträge, Reflexionspostulate* oder *Beobachtungsverpflichtungen zweiter Ordnung* [...], die in der jeweils infrage stehenden Situation als Rahmen für die Entscheidungsfindung der moralisch handelnden Aktanten dienen können." (Ebd.; Hervorhebung im Original)

Zentral ist, dass dieser Rahmen der Entscheidungsfindung nicht durch Gebote und Verbote inhaltlich-substanziell gefüllt wird.[11] Insofern muss eine konsequent durchdachte Ethik zweiter Ordnung im Konkreten diffus erscheinen, eben weil die Ausgestaltung dem Einzelnen überlassen bleibt. Auch dem *Vermittlungsproblem* gilt es sich in umsichtiger Weise zu stellen. Das individuell als richtig Erkannte kann nicht im Modus der Gewissheit und mit gleichsam missionarischem Furor propagiert werden, dies würde zumindest einen rhetorischen Selbstwiderspruch provozieren.[12] Heinz von Foerster und Humberto R. Maturana haben in diesem Zusammenhang vorgeschlagen, zwischen Ethik und Moral zu unterscheiden, auch um unterschiedliche Vermittlungsstile zu kennzeichnen. Moral gilt ihnen als eine An-

---

[11] Diese inhaltliche Leerstelle oder Lücke ist auch ein Merkmal liberaler Demokratien bzw. offener Gesellschaften insgesamt. Sie bilden, metaphorisch gesprochen, den Rahmen, nicht aber das konkrete Bild, dessen Entwurf und konkrete Gestalt nicht vorgegeben werden darf.

[12] Im Falle des logischen Selbstwiderspruchs sind Aussagen logisch unvereinbar. („Wahr ist, dass es keine letzte Wahrheit gibt.") Mit dem Begriff des rhetorischen Selbstwiderspruchs meine ich dagegen, dass die Art und Weise, die Diktion, die gewählt wird, nicht zu der Aussage, die man trifft, passt. Man legt eine Autorität und einen Anspruch auf Endgültigkeit und letzte Gewissheit nahe, den man eben, bleibt man den selbstformulierten Prämissen treu, gar nicht erheben kann. Man suggeriert die Möglichkeit der Letztbegründung und der objektiven Aussage schon durch die verwendeten Stilmittel – und bestreitet diese jedoch gleichzeitig auf der Inhaltsebene, verwendet eine Diktion, einen Jargon der Unumstößlichkeit, der nicht mit den eigenen Grundannahmen im Einklang steht. Diese müssten einen eigentlich zu anderen, offeneren und vor allem beobachtergebundenen Darstellungs- und Redeweisen inspirieren.

gelegenheit des autoritären Appells, der Predigt, der Vorschrift; sie wird im Modus des Imperativs verkündet. Bei Humberto R. Maturana heißt es etwa:

> Ein Moralist tritt für die Einhaltung von Regeln ein, sie erscheinen ihm als eine externe Referenz, die seinen Aussagen und seinen seltsamen Einfällen Autorität verleihen soll. Es fehlt ihm ein Bewusstsein für die eigene Verantwortung. Wer als Moralist agiert, der sieht den anderen nicht, weil er sich auf die Durchsetzung von Regeln und Imperativen konzentriert. Er weiß mit Gewissheit, was zu tun ist und wie sich die anderen eigentlich verhalten müssten. Wer dagegen als ein Ethiker handelt, der nimmt den anderen wahr: Er ist ihm wichtig, er wird gesehen. Selbstverständlich ist es möglich, dass jemand moralisch argumentiert und gleichwohl ethisch agiert. Es ist denkbar, dass er moralisch ist, ohne ethisch zu sein, oder dass er allgemein als unmoralisch gilt und doch gleichwohl ethisch handelt. In jedem Fall taucht die Möglichkeit der Ethik und des Berührtwerdens erst dann auf, wenn man den anderen Menschen als einen legitimen anderen sieht und sich mit den Konsequenzen befasst, die das eigene Handeln für ihn und sein Wohlbefinden haben könnten. (Maturana/Pörksen 2002: 221)

Nur über die eigenen Handlungen könne man verfügen. Und eine ethische Handlung, die diesen Namen verdient, dürfe nicht aus Angst vor Strafe, nicht als Reaktion auf Gebote erfolgen, es ginge um ein „Ich soll!" und nicht um ein „Du sollst!".[13] (Foerster 1993 a: 347) Ethik müsse daher – so ein Schlüsselbegriff Heinz von Foersters, der in dem Buch *Wissen und Gewissen* entfaltet wird – *implizit* bleiben, sie sollte in das Handeln eines Einzelnen eingewoben sein, um nicht den Rang der expliziten Vorschrift zu bekommen (ebd.: 353 f.). Etwas paradox wirkt es vor diesem Hintergrund, dass Heinz von Foerster selbst gleich am Schluss des erstes Aufsatzes, der in *Wissen und Gewissen* abgedruckt ist, einen ethischen Imperativ formuliert hat,[14] der da heißt: „Handle stets so, dass die Anzahl der Möglichkeiten wächst." (Ebd.: 49) Eine solche Formulierung passt natürlich einerseits zum Konzept einer Ethik zweiter Ordnung, andererseits passt sie jedoch auch nicht. Passend

---

[13] Heinz von Foerster bezieht sich in diesem Zusammenhang auf Ludwig Wittgenstein, dessen Auffassung er folgendermaßen paraphrasiert bzw. zitiert: „Wenn ein ethisches Gesetz der Form 'Du sollst' aufgestellt wird, dann ist der erste Gedanke: 'Und was dann, wenn ich es nicht tue?' Es ist aber klar, dass die Ethik nichts mit Strafe und Lohn im gewöhnlichen Sinne zu tun hat. Also muss diese Frage nach den Folgen einer Handlung belanglos sein. (Nichtsdestoweniger) muss es eine Art von ethischem Lohn und ethischer Strafe geben: *diese müssen in der Handlung selbst liegen.*" (Zitiert nach Foerster 1993 a: 347; Hervorhebung im Original)

[14] Man kann m. E. zeigen, dass Foerster – zuerst vor allem Kybernetiker und Bio-Epistemologe, später dann primär ein kybernetisch inspirierter Ethiker – seine ethischen Schlussfolgerungen im Laufe der Zeit immer konsequenter ausgearbeitet hat; der ethische Imperativ taucht zuerst in einem seiner frühen Aufsätze auf, die Relativierung des Unbedingtheitsanspruchs folgt später. Seine letzten Bücher (Foerster 1997; Foerster/Pörksen 1998; Foerster/Bröcker 2002) schildern auch die Geschichte seines Denkens und stellen in der Summe eine fortschreitende Radikalisierung seiner skeptischen Position dar; der Rekurs auf die biologisch-epistemologische Begründung von Autonomie und Ethik verschwindet zugunsten der Betonung der Entscheidungsfreiheit.

erscheint, dass die Vergrößerung von Möglichkeiten unvermeidlich die Zahl der Alternativen des Denkens und Handelns erhöht, also ein formales Kriterium darstellt, um Freiheitsgrade zu steigern und somit die Chancen eigenverantwortlicher Entscheidung zu maximieren. Unpassend erscheint jedoch die Präsentationsform des Imperativs, weil der Begriff des Imperativs (wenn auch nicht der Inhalt dieser Vorgabe) zumindest irreführende Konnotationen besitzt, die der eigenverantwortlichen Reflexion entgegenstehen. Heinz von Foerster hat dies selbst so wahrgenommen und einmal konzediert, er habe seinen Imperativ „schlampig formuliert", könne doch der Eindruck entstehen, auch er wolle „andere herumkommandieren." (Foerster/Pörksen 1998: 36) Nur über den Bezirk der eigenen Handlungen ließe sich bestimmen, wenn Ethik implizit bleiben und sich nicht in explizite Moral verwandeln und in eine Strategie der Unterwerfung verkehren solle. Unvermeidbar bleibt damit die eigene Reflexion, die Entscheidung des prinzipiell Unentscheidbaren, die sich nicht vom Beobachter ablösen und an andere Instanzen der Autorisierung delegieren lässt. Das heißt: Angeboten wird eine Argumentationslogik und eine begründete Unbegründbarkeit, die Mittel und Zweck, ethische Reflexion und Praxis, in unauflösbarer Weise miteinander verknüpft. Man hat die Wahl und ist für diese dann verantwortlich, muss sich, dieser Logik folgend, der eigenen Freiheit stellen.

2.3 Die formale Anthropologie Heinz von Foersters: die Nicht-Trivialität des Beobachters

Die Betonung von Entscheidungsfreiheit zeigt deutlich, dass Heinz von Foerster ein spezifisches Menschenbild vertritt. Allerdings hat Foerster dieses Menschenbild noch genauer ausgearbeitet – und es mit einer (zumindest für den geisteswissenschaftlich sozialisierten Leser) überraschend und womöglich deplaziert wirkenden Analogie illustriert. Er unterscheidet (zunächst mit Hinweis auf den weit gefassten Maschinenbegriff Alan Turings) triviale und nichttriviale Maschinen. *Maschine* ist in diesem Verständnis ein formales Konzept. Es handelt sich nicht notwendig um ein „Gebilde aus Zahnrädern, Druckknöpfen und Hebeln oder aus Chips, Disketten und Konnektoren", sondern um abstrakte Entitäten mit wohldefinierten funktionalen Eigenschaften, die natürlich sehr wohl die Gestalt einer klassischen Maschine annehmen können (Foerster 1993 a: 357).[15] Um eine triviale Maschine näher zu bestimmen, muss man zunächst eine Ursache bzw. einen Input und

---

[15] Allerdings hat auch der Maschinenbegriff, den Foerster (in dieser spezifischen Bedeutung) verwendet, Kritik provoziert. Der Einwand lautet, dass schon die Rede von einer Maschine immer die Suggestion von Berechenbarkeit und Durchschaubarkeit erzeugt. Die Maschinenmetapher legt nahe, alle Aspekte der jeweiligen Entität seien enträtselbar. Im Grunde genommen geht es jedoch, so auch Foerster (vgl. Foerster/Pörksen 1998: 59), um den Gegensatz von Trivialität und Nichttrivialität.

eine Regel der Transformation unterscheiden, die die Ursache in eine Wirkung bzw. den Input in einen Output verwandelt (siehe Abbildung 2).

Abb. 2: Die triviale Maschine liefert vorhersehbare Ergebnisse.

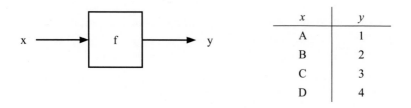

„Man stelle sich", so Heinz von Foerster,

> eine Gruppe von Ereignissen vor, die wir formal mit A, B, C und D und mit den Zahlen 1, 2, 3 und 4 bezeichnen können. Im Falle einer trivialen Maschine zeigt sich, dass es eine gesetzmäßige Beziehung zwischen diesen Ereignissen gibt. Das heißt: Aus einem Reiz, einer Ursache, einem Input produziert sie, einer vorgegebenen Regel folgend, verlässlich und stets fehlerfrei eine entsprechende Reaktion, eine Wirkung, einen Output. Beispielsweise gibt man A als einen Input ein – und die Maschine erzeugt 1 als Output. B wird zum Input – und das Ereignis 2 zum errechneten Output. Und so weiter. (Foerster/Pörksen 1998: 54)

Im Falle der trivialen Maschine besteht eine unveränderlich gegebene, eine stets verlässliche Beziehung zwischen Input und Output, Ursache und Wirkung, Reiz und Reaktion; innere Zustände, die man in diese opak bleibende Entität womöglich hineinvermutet, bleiben unverändert. Die triviale Maschine ist synthetisch determiniert, vergangenheitsunabhängig, analytisch bestimmbar und voraussagbar. Sollte die erwartete Wirkung doch einmal ausbleiben, dann kann man – gemäß einer dem Modell immanenten Logik der Defektrecherche – die Ursache der fehlerhaften Outputproduktion diagnostizieren, die Maschine wieder in Ordnung bringen, so dass sie sich erneut auf berechenbares Verhalten besinnt, zu diesem zurückkehrt. Den Vorgang der Reparatur mit dem Ziel, erneut Berechenbarkeit herzustellen und Vorhersagbarkeit zu sichern, kann man im Rahmen der hier gewählten Beschreibungssprache als *Trivialisierung* bezeichnen. Heinz von Foerster:

> Während nun unsere eifrigen Bemühungen um die Trivialisierung unserer Umwelt in einem Bereich nützlich und konstruktiv sein mögen, sind sie in einem anderen nutzlos und zerstörerisch. Trivialisierung ist ein höchst ge-

> fährliches Allheilmittel, wenn der Mensch es auf sich selbst anwendet. Betrachten Sie etwa den Aufbau unseres Schulsystems. Der Schüler kommt zur Schule als eine unvorhersagbare „nicht-triviale Maschine". Wir wissen nicht, welche Antwort er auf eine Frage geben wird. Will er jedoch in diesem System Erfolg haben, dann müssen die Antworten, die er auf diese Fragen gibt, bekannt sein. Diese Antworten sind dann die „richtigen" Antworten [...]. Tests sind Instrumente, um ein Maß der Trivialisierung festzulegen. Ein hervorragendes Testergebnis verweist auf vollkommene Trivialisierung: der Schüler ist vollkommen vorhersagbar und darf daher in die Gesellschaft entlassen werden. Er wird weder irgendwelche Überraschungen noch irgendwelche Schwierigkeiten bereiten. (Foerster 1993 a: 208)

Nichttriviale Maschinen transformieren demgegenüber auch die Regeln, nach denen sie die Transformation ausführen – und heben damit die als gesichert erkannte Verknüpfung von Ursache und Wirkung auf. Erneut kann man eine Gruppe von Ereignissen bzw. Eingaben formal mit den Buchstaben A, B, C und D markieren, diese von einer Gruppe möglicher Resultate (erneut beispielsweise: 1, 2, 3 und 4) unterscheiden. „Wieder", so Heinz von Foerster,

> lässt sich ein einfaches Experiment durchführen: Man gibt beispielsweise den Buchstaben A als einen möglichen Input ein – und die Maschine erzeugt den Output 1. Dann wiederholt man den Vorgang – und es kommt 4 heraus. Man gibt wieder A ein – und es kommt 1 heraus, bei einer erneuten Eingabe von A erzeugt unsere Maschine wiederum einen anderen Wert. (Foerster/Pörksen 1998: 56)

Die Erklärung für diese Unberechenbarkeit einer nichttrivialen Maschine liegt darin begründet, dass sie zu inneren Zustandsveränderungen in der Lage ist, deren Regelhaftigkeiten dem Beobachter unzugänglich sind (vgl. Simon 1999: 45 ff.). Nichttriviale Maschinen interagieren intern immer auch mit ihren Eigenzuständen. Sie verarbeiten den Input in rekursiven Schleifen zu einem potenziell immer wechselnden, eventuell aber auch ganz ausbleibenden Output (siehe Abbildung 3). Der jeweilige Ausgabewert y ist nicht nur von dem Eingabewert x abhängig, sondern auch von dem inneren Zustand z, in dem sich die Maschine momentan befindet. Wäre z konstant und stets unverändert, wäre dies kein Problem für die Vorhersagbarkeit von y. Da dies aber nicht der Fall ist und sich die inneren Zustände der Maschine in Abhängigkeit von x als auch von z wandeln, entstehen immer neue innere Zustände, die die Regel der Transformation für einen externen Beobachter nicht mehr dechiffrierbar machen. Die Folge: Der Ausgabewert lässt sich nicht prognostizieren; auch vermag man, so kann man zeigen, die operativen Eigenschaften in einer endlichen Folge von Experimenten nicht zu bestimmen. Alles, was sich aus der (unvorhersehbar bleibenden) Beziehung von Input und Output, Ursache und Wirkung an scheinbaren Gesetzmäßigkeiten herauslesen lässt, bleibt Spekulation und wird durch immer neue Ergebnisvariationen dementiert. Die innere Dynamik der Zustandsveränderungen bleibt dem Beobachter notwendig verborgen, die Transformationsregel lässt sich aus der ihm zur Verfügung stehenden Perspektive nicht eruieren. Kurzum: Die nichttriviale Maschine verletzt das elementare Bedürfnis nach Gewissheit, Berechenbarkeit, Durchschaubarkeit und Kontrolle; sie ist synthetisch determiniert, vergangenheitsabhängig, analytisch unbestimmbar und nicht voraussagbar.

Abb. 3: Die nichttriviale Maschine besitzt einen inneren Zustand z, der sich in Abhängigkeit von x und früheren inneren Zuständen immer wieder verändert.

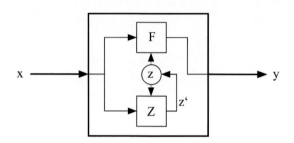

Im Zustand I			Im Zustand II		
x	y	z'	x	y	z'
A	1	I	A	4	I
B	2	II	B	3	I
C	3	I	C	2	II
D	4	II	D	1	II

Ganz im Duktus dieser Überlegungen hat Heinz von Foerster dafür plädiert, den Menschen als nichttriviale Maschine aufzufassen, wohl auch um ihn durch diese Entscheidung und eine möglichst strikte Argumentationslogik gegen mehr oder minder unwürdige Versuche der Trivialisierung in Schutz zu nehmen. Der Mensch verwandelt sich aus einer solchen Perspektive in ein *Möglichkeitswesen*; er ist keine Reiz-Reaktions-Maschine, der man mit dem sicheren Wissen um den richtigen Input stets den erwarteten Output abzuringen vermag. Seine Unbestimmtheit ist das Bestimmende, die prinzipielle Unvorhersehbarkeit seiner Verhaltensweisen gehört zum zentralen Merkmal seiner Normalität. Seine „Natur" ist kein inhaltlich fixierbarer Bestand, sondern ein jedem konkreten Inhalt vorausgehendes, diesen Inhalt dann aber prägendes Konstitutionsgesetz, dessen zentrales Merkmal in der Herstellung des Unerwarteten, in der Generierung des Überraschenden und in der Entfaltung des Möglichen liegt. Was in ihm vorgeht, wie sich seine inneren Zustände in

Abhängigkeit von äußeren Einwirkungen und vergangenen Erfahrungen, aktuellen Einsichten und Stimmungen transformieren und immer wieder neu konstellieren, muss als undurchschaubar gelten. Versuche der Trivialisierung wären fatal.

3 Rezeption und Wirkung: Rezepte und Antirezepte

Ein solches Bemühen, die eigene Theoriearchitektur nach allen Seiten hin offen zu halten, das entschiedene Interesse an der prinzipiell konzedierter Unvorhersehbarkeit, machen eines deutlich: Der Konstruktivismus Heinz von Foersters, der in seinem Buch *Wissen und Gewissen* (1993 a) offenbar wird, kann nicht als ein triviales Erzeugungsprogramm aufgefasst werden, das bestimmte Einsichten notwendig bedingt; insofern fehlt ihm eine unmittelbare, gleichsam rezeptförmige Relevanz. Sein eher indirekter Nutzen liegt darin, dass er ein Reservoir für neue Perspektiven und Beobachtungsmöglichkeiten bereitstellt, die in unterschiedlichen Disziplinen und Anwendungsfeldern für Aufsehen gesorgt haben. Mehrere Festschriften, diverse Filme und ein Sonderheft der Zeitschrift *Cybernetics & Human Knowing*, das nach seinem Tod am 2. Oktober 2002 erschienen ist, dokumentieren (ebenso wie diverse Artikel in deutschsprachigen Qualitätszeitungen wie *FAZ, Die Zeit, Geo* etc.) eine intensivere Rezeption (siehe exemplarisch: Krieg/Watzlawick 2002). Die Heinz-von-Foerster-Gesellschaft (Wien) betreut Forschungsarbeiten und veranstaltet regelmäßig international ausgerichtete Tagungen, oft in Kooperation mit der *American Society for Cybernetics*, die ebenso das intellektuelle Erbe ihres ehemaligen Mitgliedes pflegt. Der umfangreiche Nachlass ist wesentlich im Besitz des Instituts für Zeitgeschichte der Universität Wien. In Zeitschriften wie *Constructivist Foundations* ist Heinz von Foerster als Stichwortgeber und Vordenker nach wie vor präsent; er wird hier als Selbstorganisationsforscher, als Begründer der Kybernetik zweiter Ordnung und als konstruktivistischer Epistemologe und Ethiker zitiert. Einzelne Bücher (teilweise in Kooperation mit ihm selbst entstanden) haben seine Postulate und Parabeln vor allem im deutschsprachigen Raum weiter popularisiert.[16] Die wesentlichen Aufsätze aus *Wissen und Gewissen* sind 2003 unter dem Titel *Understanding Understanding. Essays on Cybernetics and Cognition* erneut erschienen. Intensiv diskutiert wurden und werden seine Überlegungen etwa in der Psychotherapie, der Pädagogik, der Organisationsberatung und der Sozialarbeit. Es sind allesamt Disziplinen und Anwendungsbereiche, die sich in irgendeiner Weise mit der *Menschenveränderung* durch Kommunikation befassen, also der Frage nachgehen, wie sich Versuche der Fremdsteuerung intern in tatsächlich auch ge-

---

[16] Siehe: Segal (1988); Foerster (1997); Foerster/Pörksen (1998); Foerster/Bröcker (2002); Pörksen (2002 a, b).

nutzte Angebote der Selbststeuerung umwandeln lassen.[17] Die Vertreter dieser Disziplinen ringen mit dem Problem, wie man autonome Beobachterpersönlichkeiten doch noch irgendwie zielgerichtet beeinflussen und ihre Realitätskonstruktionen verändern kann, wie man also potenziell immer störrische Systeme doch noch irgendwie auf die eigenen Ziele vereidigt. Der Konstruktivismus Heinz von Foersters wird, so zeigt sich, in diesen Disziplinen der Menschenveränderung in der Regel auf zwei Ebenen wirksam: Auf der *Ebene der Kritik* liefern die Überlegungen Foersters die Basis, um triviale Steuerungskonzepte zu kritisieren, sie als unzureichend zurückzuweisen. Man entlarvt den Glauben an eine linear-direktive Möglichkeit der Beeinflussung als einen Irrglauben, dies häufig mit Verweis auf die genannte Unterscheidung von trivialen und nicht-trivialen Maschinen.[18] Auf der Ebene der *Leitbilder und der Menschenbilder* und der *didaktischen Programmatik* erscheint – nach erfolgter Foerster-Lektüre – der Respekt vor der Autonomie des anderen begründbar. Dies korrespondiert dann idealerweise mit einer neuen Sensibilität für Überraschungen und die unvorhersehbaren Wirkungen auch äußerst geringfügig erscheinender Anlässe, so genannte Schmetterlingseffekte (Bardmann 1991: 29).

Allerdings dürfen natürlich auch, konsequent gedacht, derartige Antirezepte nicht zum Rezept bzw. zu arrogant verfochtenen Metarezepten werden, darf sich die Erschütterung von Dogmen nicht in ein neues Dogma verwandeln. Vielmehr gilt es, folgt man dem sokratischen Kybernetiker Heinz von Foerster, stets ein Moment des Fraglichen und eben nicht letztgültig Bestimmbaren zu bewahren; skeptisch gegenüber Gewissheiten, immer auf der Suche nach anderen, nach neuen Denkmöglichkeiten, fasziniert und in merkwürdiger Weise inspiriert von der prinzipiellen Undurchschaubarkeit der Welt.

Literatur

Bardmann, Theodor M. (1991): Der zweite Doppelpunkt. Systemtheoretische und gesellschaftstheoretische Anmerkungen zur politischen Steuerung. In: Theodor M. Bardmann/Heinz J. Kersting/H.-Christoph Vogel/Bernd Woltmann (Hrsg.): Irritation als Plan. Konstruktivistische Einredungen. Aachen: Kersting. S. 10–31.
Bolz, Norbert (2001): Weltkommunikation. München: Fink.

---

[17] Einen ersten Überblick über wesentliche Impulse in diesen Gebieten liefern Foerster/Pörksen (1998: 65 ff.).
[18] Keineswegs ist es das Ziel, wie Niklas Luhmann in seiner Auseinandersetzung mit der Unterscheidung von Trivialität und Nichttrivialität annimmt, vor allem das „Gegenmodell der Erziehung zur Unzuverlässigkeit, zur überraschenden Kreativität, zur Unsinnsproduktion" (Luhmann 2002: 78) zu propagieren; dies hätte „nicht nur wenig Aussicht auf Realisierung, sondern würde auch dem berechtigten Interesse der Gesellschaft an Vorhersehbarkeit widersprechen." (Ebd.: 79) Zentral erscheint es vielmehr, an einer „Enttrivialisierung des Transformationsbegriffes" (Baecker zitiert nach Wimmer 1999: 169) zu arbeiten, der das konzeptionelle Zentrum von Prozessen der Menschenveränderung darstellt.

Foerster, Heinz von (1948): Das Gedächtnis. Eine quantenphysikalische Untersuchung. Wien: Franz Deuticke.
Foerster, Heinz von (1993 a): Wissen und Gewissen. Versuch einer Brücke. Hrsg. Siegfried J. Schmidt. Frankfurt am Main: Suhrkamp.
Foerster, Heinz von (1993 b): KybernEthik. Berlin: Merve.
Foerster, Heinz von (1997): Der Anfang von Himmel und Erde hat keinen Namen. Eine Selbsterschaffung in 7 Tagen. Hrsg. Albert müller/Karl H. Müller. Wien: Döcker.
Foerster, Heinz von (2003): Understanding Understanding. Essays on Cybernetics and Cognition. New York [u. a.]: Springer.
Foerster, Heinz von/Bernhard Pörksen (1998): Wahrheit ist die Erfindung eines Lügners. Gespräche für Skeptiker. Heidelberg: Carl-Auer-Systeme.
Foerster, Heinz von/Monika Bröcker (2002): Teil der Welt. Fraktale einer Ethik. Ein Drama in drei Akten. Heidelberg: Carl-Auer-Systeme.
Heims, S[teve] J[oshua] (1991): The Cybernetics Group. Cambridge/London: MIT Press.
Hejl, Peter M. (1995): Ethik, Konstruktivismus und gesellschaftliche Selbstregelung. In: Gebhard Rusch/Siegfried J. Schmidt (Hrsg.): Konstruktivismus und Ethik. (= DELFIN 1995) Frankfurt am Main: Suhrkamp. S. 28–121.
Kramaschki, Lutz (1995): Wie universalistisch kann die Moralphilosophie diskutieren? Hinweise aus radikalkonstruktivistischer Sicht. In: Gebhard Rusch/Siegfried J. Schmidt (Hrsg.): Konstruktivismus und Ethik. (= DELFIN 1995) Frankfurt am Main: Suhrkamp. S. 249–275.
Krieg, Peter/Paul Watzlawick (Hrsg.) (2002): Das Auge des Betrachters. Beiträge zum Konstruktivismus. Heidelberg: Carl-Auer-Systeme.
Luhmann, Niklas (2002): Das Erziehungssystem der Gesellschaft. Hrsg. von Dieter Lenzen. Frankfurt am Main: Suhrkamp.
Maturana, Humberto R. (1970): Biology of Cognition. Biological Computer Laboratory Research Report BCL 9.0. Urbana, IL: University of Illinois.
Maturana, Humberto R./Francisco J. Varela (1992): Der Baum der Erkenntnis. Die biologischen Wurzeln des menschlichen Erkennens. 4. Aufl. München: Goldmann.
Maturana, Humberto R./Bernhard Pörksen (2002): Vom Sein zum Tun. Die Ursprünge der Biologie des Erkennens. Heidelberg: Carl-Auer-Systeme.
McCulloch, Warren/Walter Pitts (1943): A Logical Calculus of the Ideas Immanent in Nervous Activity. In: Bulletin of Mathematical Biophysics. 5. Jg. S. 115–133.
Müller, Albert (2007 a): A Brief History of the BCL. Heinz von Foerster and the Biological Computer Laboratory. In: Albert Müller/Karl H. Müller (Hrsg.): An Unfinished Revolution? Heinz von Foerster and the Biological Computer Laboratory (BCL), 1958–1976. Wien: Edition Echoraum. S. 277–302.
Müller, Albert (2007 b): The End of the Biological Computer Laboratory. In: Albert Müller/Karl H. Müller (Hrsg.): An Unfinished Revolution? Heinz von Foerster and the Biological Computer Laboratory (BCL), 1958–1976. Wien: Edition Echoraum. S. 303–321.
Pörksen, Bernhard (2002 a): Die Gewissheit der Ungewissheit. Gespräche zum Konstruktivismus. Heidelberg: Carl-Auer-Systeme.
Pörksen, Bernhard (2002 b): „In jedem Augenblick kann ich entscheiden, wer ich bin." Heinz von Foerster über den Beobachter, das dialogische Leben und eine konstruktivistische Philosophie des Unterscheidens. In: Bernhard Pörksen: Die Gewissheit der Ungewissheit. Gespräche zum Konstruktivismus. Heidelberg: Carl-Auer-Systeme. S. 19–45.
Pörksen, Bernhard (2002 c): „Wahr ist, was funktioniert." Francisco J. Varela über Kognitionswissenschaft und Buddhismus, die untrennbare Verbindung von Subjekt und Objekt und die Übertreibungen des Konstruktivismus. In: Bernhard Pörksen: Die Gewissheit der Ungewissheit. Gespräche zum Konstruktivismus. Heidelberg: Carl-Auer-Systeme. S. 112–138.
Pörksen, Bernhard (2006): Die Beobachtung des Beobachters. Eine Erkenntnistheorie der Journalistik. Konstanz: UVK.

Ott, Konrad (1995): Zum Verhältnis von Radikalem Konstruktivismus und Ethik. In: Gebhard Rusch/Siegfried J. Schmidt (Hrsg.): Konstruktivismus und Ethik. (= DELFIN 1995) Frankfurt am Main: Suhrkamp. S. 280–320.
Schmidt, Siegfried J. (2000): Kalte Faszination. Medien – Kultur – Wissenschaft in der Mediengesellschaft. Weilerswist: Velbrück Wissenschaft.
Segal, Lynn (1988): Das 18. Kamel oder Die Welt als Erfindung. Zum Konstruktivismus Heinz von Foersters. München/Zürich: Piper.
Simon, Fritz B. (1999): Unterschiede, die Unterschiede machen. Klinische Epistemologie: Grundlage einer systemischen Psychiatrie und Psychosomatik. Mit einem Geleitwort von Helm Stierlin. 3. Aufl. Frankfurt am Main: Suhrkamp.
Spencer-Brown, George (1997): Laws of Form. Gesetze der Form. Lübeck: Joh. Bohmeier.
Varela, Francisco J. (1994): Ethisches Können. Frankfurt am Main/New York: Campus.
Wimmer, Rudolf (1999): Wider den Veränderungsoptimismus. Zu den Möglichkeiten und Grenzen einer radikalen Transformation von Organisationen. In: Soziale Systeme. 5. Jg. H. 1. S. 159–180.

Die Natur des Geistes

Wolfram Karl Köck über Gerhard Roths *Das Gehirn und seine Wirklichkeit*

1 Entstehungsbedingungen und Vorgeschichte

Im Vorwort des Buches zeichnet Gerhard Roth (* 1942) eine Art Urszene nach, die man als prägenden Rahmen für seine inzwischen bald fünfzigjährige Tätigkeit als philosophisch inspirierter und motivierter Naturwissenschaftler verstehen könnte:

> Ich hatte mich entschlossen, Philosophie zu studieren, um zu erfahren, wie Wahrnehmung funktioniert und wie Erkenntnis und Wissen zustande kommen, was Geist ist und wie man wahre Aussagen von falschen unterscheidet. In vielen Vorlesungen erfuhr ich, was Platon, Aristoteles, Descartes, Leibniz, Kant und Hegel zu diesen Fragen gesagt hatten. Die Frage allerdings, die mich brennend interessierte, nämlich „wer hat womit recht?", wurde nicht behandelt. (Roth 1996: 11)[1]

In geringer Entfernung vom philosophischen Seminar der Westfälischen Wilhelms-Universität Münster arbeiteten damals zwei weltberühmte Kapazitäten ihrer Fachgebiete. Bernhard Rensch beschäftigte sich als Biologe intensiv mit der „Frage nach der Herkunft und dem Wesen des Geistes" (ebd.: 12) und hatte verschiedentlich das Gespräch mit Philosophie und Theologie gesucht. Wolfgang Metzger, einer der großen Vertreter der Gestaltpsychologie, war bestrebt, „eine in sich konsistente Erklärung des 'ontologischen' Status der phänomenalen Wirklichkeit zu liefern" (ebd.). Beide Forscher bemühten sich also offensichtlich, die Probleme der Wahrnehmung und der Erkenntnis, ob systematisch oder entwicklungsgeschichtlich, gemäß streng wissenschaftlichen Methoden zu lösen. Und beide wurden – für den Studenten Gerhard Roth unbegreiflich – von der professionellen Philosophie (eines der damals einflussreichsten deutschen Institute um Joachim Ritter) schlicht nicht beachtet oder sogar herablassend „belächelt".

Gerhard Roth schloss sein Philosophiestudium regulär mit der Promotion zum Dr. phil. ab (mit einer Doktorarbeit über den italienischen marxistischen Philosophen Antonio Gramsci), studierte danach aber Biologie in Münster und Berkeley und promovierte 1974 zum Dr. rer. nat. (mit einer Doktorarbeit über die Physiologie des Beutefangverhaltens von Schleuderzungensalamandern). Sein Weg als Neurobiologe begann mit einer Aufsatzsammlung *Kritik der Verhaltensforschung* (1974) und experimentellen Forschungsarbeiten im Labor der „Arbeitsgruppe Neu-

---

[1] Die Zitate stammen aus der 5. überarbeiteten Auflage von Gerhard Roths *Das Gehirn und seine Wirklichkeit* (1996) und wurden der neuen Rechtschreibung angepasst. Alle Hervorhebungen in den Zitaten stammen vom Autor.

ro-Ethologie" um Jörg-Peter Ewert in Kassel.[2] Im Jahre 1976 wurde er Professor für Verhaltensphysiologie an der Universität Bremen, einer 1971 in gesellschaftlich bewegter Zeit gegründeten experimentierfreudigen neu(artig)en Universität. Dort konnte er nicht nur seine akademische Doppelqualifikation, sondern auch seine organisatorischen Talente mit beachtlichem Erfolg entfalten. Er leistete die anstrengende Aufbauarbeit in Lehre und Forschung im Bereich der Neurobiologie (vorzugsweise mit Amphibien, seinen „Lieblingstieren"), verfolgte aber auch intensiv die interdisziplinäre Auseinandersetzung mit den Problemen der „Kognition" von Lebewesen. Es gelang ihm, dafür die notwendigen Organisationsstrukturen zu schaffen und die Mittel für zukunftsweisende Forschungsprojekte zu gewinnen. So entstanden einmal universitäre Zentren und Institute, z. B. für Hirnforschung, Kognitionswissenschaft, philosophische Grundlagen der Wissenschaft, zum anderen überregionale interdisziplinäre Schwerpunktprogramme, z. B. zur Thematik „Gehirn und Bewusstsein", oder der Sonderforschungsbereich zur „Neurokognition" in Kooperation mit der Universität Oldenburg. Dazu kam schließlich die maßgebliche Mitwirkung an der Entwicklung des Hanse-Wissenschaftskollegs in Delmenhorst, als dessen Gründungsrektor Gerhard Roth von 1997 bis 2008 fungierte.

Von zentraler Bedeutung in der Arbeit Gerhard Roths war von Anfang an die mit Kollegen verschiedener Disziplinen betriebene Auseinandersetzung mit neuesten Theorien des Aufbaus und Funktionierens *lebender Systeme* im Zusammenhang mit deren so genannten „höheren Erkenntnisleistungen", also Wahrnehmung, Lernen, Denken, Gedächtnis, Semiose und Kommunikation. Diese Auseinandersetzung wurde besonders geprägt durch die Biosystem- und Kognitionstheorien aus dem Denk- und Forschungskontext der „Kybernetik der Kybernetik", u. a. der Autopoiesetheorie des chilenischen Biologen Humberto R. Maturana. An der Verbreitung und Umsetzung des grundlegenden Texts „Biology of Cognition" (1970) von Maturana war Gerhard Roth maßgeblich beteiligt. Damit verbanden sich die Beschäftigung mit Theorien *selbst-organisierender Systeme*, Theorien der *Emergenz* oder der *Synergetik*, sowie mit technologisch inspirierten mathematischen und computerorientierten Ansätzen (z. B. mit *Katastrophentheorie* oder *Chaostheorie*).

Bereits im Jahre 1977 fand das erste Symposon zur Biosystemtheorie Maturanas an der Universität Bremen statt, mit dem die interdisziplinäre Diskussion „autopoietischer Systeme" und ihrer Kognitionsleistungen gleichsam für eine grö-

---

[2] Die „Tierseelenkunde" des 19. Jahrhunderts hatte sich ja zunächst zur „Tierpsychologie", dann „Verhaltensphysiologie/-biologie" gewandelt und schließlich zur „Ethologie" internationalisiert. Ihre technische Aufrüstung für diffizilste Nervenzellableitungen durch immer feinere Mikroelektroden und immer leistungsstärkere Rechner ergab die Spezialdisziplin der neurobiologisch orientierten Verhaltensforschung, der so genannten „Neuro-Ethologie", die also die Verhaltensweisen von Lebewesen aus ihren neuralen Grundlagen bzw. „Funktionsgesetzmäßigkeiten" zu erklären sucht. Das bevorzugte Versuchstier in Kassel war übrigens die Erdkröte, *Bufo bufo*, für deren Beutefangverhalten die neuronalen Mechanismen gesucht wurden. Vgl. zu dieser Entwicklungsphase der Neurobiologie Ewert (1976).

ßere Allgemeinheit eröffnet wurde. In seiner Einleitung zu diesem Symposion formulierte Gerhard Roth erneut die *Notwendigkeit* beziehungsweise die *Forderung*, die „höheren Erkenntnisleistungen" des Menschen oder aller Lebewesen – inzwischen unter dem Begriff *Kognition* zusammengefasst –, *streng naturwissenschaftlich* zu erforschen. Das Buch, das dieses erste Symposion dokumentiert (Hejl/ Köck/Roth 1978), vermittelt bereits einen guten Eindruck der kritischen Aspekte sowohl dieses Theorieentwurfs als auch seiner (u. a. ethischen) Konsequenzen.[3] Auf zwei weiteren Symposien kamen 1979 neben Humberto R. Maturana weitere führende Geister der Kybernetik der Kybernetik zu Wort, u. a. Heinz von Foerster, Ernst von Glasersfeld, Francisco J. Varela und Fernando Flores. Dazu gesellten sich auch Hermann Haken für die Synergetik und Peter Schuster für die Molekularbiologie der Selbstorganisation (vgl. Roth/Schwegler 1981; Benseler/Hejl/Köck 1980).

Die sich von da an ständig ausweitende Diskussion dieser Ansätze der Kybernetik der Kybernetik bzw. der Biosystemtheorie Maturanas, erwies sich – trotz aller kontroversen Debatten – als außerordentlich anregend und fruchtbar. Die empirisch-experimentellen Projekte *kognitiver* Neurobiologie vermehrten sich, die Vernetzung mit anderen Institutionen und Forschern im In- und Ausland verstärkte sich, und die Diskussion kognitionswissenschaftlicher Thematiken gewann nicht nur akademisch an interdisziplinärem Boden, sondern auch in der interessierten Öffentlichkeit, mit Beginn der 1980er Jahre zunehmend unter dem Namen *Konstruktivismus* (vgl. Schmidt 1987).

Das vorliegende Buch *Das Gehirn und seine Wirklichkeit. Kognitive Neurobiologie und ihre philosophischen Konsequenzen* (Roth 1996) ist eine erste Summe der *neurobiologisch* begründeten Kognitionsauffassungen Gerhard Roths, die mit diesen Entwicklungen zweier Jahrzehnte zusammenhängen. Es sucht zu zeigen, inwieweit die Neurobiologie in der Lage ist, die überkommenen philosophischen Probleme der *Erkenntnis* (und der damit traditionell verknüpften Kategorien *Realität, Wirklichkeit, Objektivität, Wahrheit ...*) mit naturwissenschaftlichen Methoden als *empirisch-experimentell* operationalisierbare Probleme neu zu konstituieren und einer Lösung zuzuführen – stets mit dem klaren Bewusstsein der *Leistungsfähigkeit* und der *Grenzen* der empirisch-rationalen Methodologie. Das Buch soll ein erster „Versuch des Brückenschlag zwischen Neurobiologie, Psychologie und Philosophie" (ebd.: 13) sein. Es zeigt den Entwicklungsgang von der Konzeption der Kognitionsphänomene mit Hilfe neuartiger systemtheoretischer Entwürfe zu einem

---

[3] Es wurde etwa gestritten über die erkenntnistheoretische Widersprüchlichkeit der „informationellen Geschlossenheit" lebender (= kognitiver) Systeme, oder auch über die ethisch-juristische Problematik der moralischen Verantwortlichkeit „strukturdeterminierter Systeme". Letzteres ist inzwischen zu einer heftigen Kontroverse über Determinismus und Willensfreiheit eskaliert.

Modell des *neurobiologischen Konstruktivismus,* demgemäß ein postuliertes „reales" Gehirn die *Quelle* aller „Wirklichkeiten" und somit auch all der Phänomene ist, die Menschen als ihre einzigartigen kognitiven Leistungen bestimmen.

2 *Das Gehirn und seine Wirklichkeit* als Schlüsselwerk des Konstruktivismus

Das Buch bietet eine gut verständliche und flüssig geschriebene Darstellung dessen, was die empirisch-experimentelle Neurobiologie an Erklärungsansätzen, Methoden der Forschung, Ergebnissen und Problemen mit Bezug auf den Bereich der so genannten *Kognitionsphänomene* zu bieten hat. Es sucht transparent zu machen, wie *kognitive Phänomene* im Rahmen des *neurobiologischen Paradigmas* konstituiert und erklärt werden (können) und was daraus für die Lösung der traditionellen *philosophischen* Probleme der Erkenntnis abgeleitet werden können soll. Die folgende Skizze einiger der wichtigsten Gedanken des Buches hält sich soweit möglich an die Formulierungen des Autors, die seine Ansätze und Schlussfolgerungen mit aller wünschenswerten Klarheit vermitteln.

2.1 Das Gehirn und das Problem der Kognition

Die Hirnforschung, allgemeiner: die *Biologie von Nervensystemen,* ist – wie alle Welt nunmehr tagtäglich erfährt – in den letzten Jahrzehnten erheblich vorangetrieben worden. Im 20. Jahrhundert haben sich vor allem die durch neue „bildgebende" Techniken inspirierten *(Ab-)Bilder* des Hirn*aufbaus* und der Hirn*funktionen* dramatisch verändert. Nach wie vor fehlt jedoch eine „schlüssige Gehirntheorie, die uns hilft, Neuroanatomie, Neurophysiologie und Verhalten miteinander vorhersagbar zu verbinden" (Jäncke 2009). Viele Kategorien und Begriffe der Neurobiologie sind noch problembehaftet: die „Neuronendoktrin" ebenso wie der „neuronale Einheitskode" oder die Rolle von Neurotransmittern, Neuropeptiden oder Gliazellen. Kurzum: es scheint noch nicht ausgemacht, wie „Information" (= „Bedeutung", „Wirkung") im Nervensystem entsteht, verarbeitet, gespeichert oder übertragen wird.[4] Gerhard Roth schreibt: „Bei keinem tierischen Gehirn, geschweige denn bei dem des Menschen, ist der Weg von der Sinnesempfindung bis hin zur Handlung bzw. Reaktion vollständig aufgezeigt." (1996: 18) Das gilt auch für Tie-

---

[4] Auf die von Gerhard Roth zitierten historisch-kritischen Beiträge in Florey/Breidbach (1993) sei auch hier ausdrücklich hingewiesen. Florey erläutert die „Neuronendoktrin" (ebd.: 182 f.). Eine weitere aufschlussreiche Darstellung aus der gleichen Zeit bietet Breidbach (1993). Olaf Breidbach ist wie Gerhard Roth Neurowissenschaftler und Philosoph.

re, die bisher als „einfach" galten, wie etwa Amphibien oder Insekten, deren Gehirne sich aber als „außerordentlich kompliziert" erwiesen haben (ebd.: 19). Auf der Grundlage der Fortschritte in der „Erforschung der neuronalen Grundlagen von Wahrnehmungsleistungen, etwa von visueller Objekterkennung", will Gerhard Roth „Ansätze zu einer Erklärung darstellen, welche Prozesse im Gehirn ablaufen müssen, damit Wahrnehmung zustande kommt, und wie diese Vorgänge sich zu einem einheitlichen Wahrnehmungserlebnis zusammenschließen" (ebd.: 20). Dabei ist heute im Gegensatz zu traditionellen Analysen von Nervensystemen, die eine aufsteigende Hierarchie von „primitiven" Gehirnteilen („Reptilienhirn") zum modernen Großhirn (Neokortex) angenommen haben, von dem „Konzept einer räumlich-verteilten Informationsverarbeitung" auszugehen. Das bedeutet, dass „kognitive Leistungen" des Menschen, aber auch die „scheinbar einfacher Tiere wie Frösche und Salamander" generell „notwendig mit der gleichzeitigen Aktivität vieler räumlich getrennter Hirnzentren verbunden" sind, und dass es „kein oberstes kognitives Zentrum" dafür gibt. Durch diese Hirnprozesse entsteht „zumindest bei uns Menschen unsere Erlebniswelt, die *Wirklichkeit*". Das Buch soll zeigen, wie diese Wirklichkeit aufgebaut wird und worin ihre „Bausteine" bestehen (ebd.: 20 f.)

Aus diesem Ansatz ergeben sich für Gerhard Roth unmittelbar mehrere *Paradoxien*, die im Zuge der Erläuterungen des Buches aufgelöst werden, z. B. die Paradoxie des Hirns als Konstrukteur und gleichzeitig Teil seiner selbst, oder die Paradoxie der Erklärung der Leistungen des Gehirns durch das Gehirn (des Hirnkonstrukteurs) (ebd.: 21). Aus dem Ansatz folgt aber auch zwingend, dass *erkenntnistheoretische* Aussagen ohne *empirische* Basis nicht möglich sind – und umgekehrt *(erkenntnistheoretischer Konstruktivismus)*. Begründung:

> Gehirne – so lautet meine These – können die Welt grundsätzlich nicht abbilden; *sie müssen konstruktiv sein*, und zwar sowohl von ihrer funktionalen Organisation als auch von ihrer Aufgabe her, nämlich ein Verhalten zu erzeugen, mit dem der Organismus in seiner Umwelt überleben kann. Dies letztere garantiert, dass die vom Gehirn erzeugten Konstrukte nicht willkürlich sind, auch wenn sie die Welt nicht abbilden (können). (Ebd.: 23)

Weitere folgenreiche Annahmen ergeben sich aus dem innovativen Entwurf einer „Allgemeinen Systemtheorie" von Gerhard Schlosser (1993) sowie aus der Kritik von verbreiteten defizitären Auffassungen der Kognitionsphänomene, etwa des Behaviorismus (empiristische Stimulus-Reaktion-Modelle), des Kognitivismus der computerbasierten Informationsverarbeitung, oder auch eines (auch im Alltagsdenken tief eingewurzelten) abbildtheoretischen Repräsentationismus.[5]

Der Phänomenbereich „Kognition" wird ausdrücklich nicht auf den Menschen beschränkt. Er „erwächst aus rein physiologischen Prozessen auf zellulärer und subzellulärer Ebene sowie aus präkognitiven Leistungen" und „bezieht sich auf komplexe, für den Organismus *bedeutungsvolle* [...] Wahrnehmungs- und Erkenntnisleistungen" (ebd.: 31).

Die klassische Frage der „Sonderstellung" des Menschen („Krone der Schöpfung") wird mit Bezug auf das Menschenhirn negativ beantwortet. Die „unbezweifelbar hohe Leistungsfähigkeit" des menschlichen Gehirns resultiert aus einer „*Kombination* von Merkmalen, die sich einzeln auch bei Tieren finden" (ebd.: 64).

In den Kapiteln 4–9 stellt Gerhard Roth sodann neurobiologische Strukturen und Prozesse dar, die mit kognitiven Leistungen im umschriebenen Sinne *zusammenhängen* (sollen). Einige der interessantesten Ergebnisse der Forschung sollen nun knapp resümiert werden.

2.2 Wahrnehmung

Entgegen der landläufigen Vorstellung, dass „Wahrnehmung" die Außenwelt *abbilde*, und dass sie umso besser dem Überleben diene, je genauer und objektiver sie dies tut, zeigt Gerhard Roth, dass *überlebensdienliche* „Wahrnehmungsbeziehungen" zwischen Umwelt und Organismus höchst unterschiedlich ausgebildet worden sind. Von der „Urform einer selektiven Interaktion" als der „Urform von Wahrnehmung" (ebd.: 82) etwa eines einfachen im Wasser lebenden Urtierchens, das sich über eine selektiv durchlässige Membran ernährt und mit wenigen Rezeptoren nützliche oder schädliche Umgebungen „erkennt", bis zur komplexen und komplizierten hirngesteuerten Interaktionsvielfalt gibt es unzählige „Wahrnehmungsweisen". Das Überleben all der unterschiedlichsten Lebewesen hat folglich keinesfalls mit der *exakten* oder *objektiven* Abbildung der Außenwelt oder mit entsprechender „Informationsentnahme" zu tun.

Wie ist also das traditionell mit „Wahrnehmung" Bezeichnete im Dienste der Erhaltung eines Lebewesens zu verstehen? Hier kommt die neue Theorie des lebenden Systems im Zeichen von Selbstorganisation, Selbstherstellung und Selbsterhaltung ins Spiel, wie sie von der Kybernetik zweiter Ordnung um Heinz von Foerster und von Humberto R. Maturana mit seinem Konzept der Autopoiese entwickelt worden ist. Gerhard Roth definiert in Fortsetzung und Modifikation dieser

---

[5] Diese im gegenwärtigen Zusammenhang besonders problematische „Abbild"-Konzeption wird in Ziemke/Breidbach (1996) eingehend analysiert und diskutiert (u. a. auch von Gerhard Roth).

Konzeptionen – aber mit eigener Terminologie – Lebewesen als *„selbstherstellende* und *selbsterhaltende* Systeme" (ebd.: 80). Lebewesen als der einzige Typus selbsterhaltender Systeme sind autonom, regulieren den lebensnotwendigen Stoff- und Energieaustausch mit der Umwelt selbst, denn ihre Selbsterhaltung ist nur durch Interaktion mit dieser Umwelt möglich.

Wahrnehmung erfüllt also *überlebensdienliche* Funktionen ganz unabhängig von der „Richtigkeit" oder „Adäquatheit" oder „Objektivität" einer „Abbildung" der Realität im traditionellen („philosophischen") Verständnis einer *metaphysisch deklarierten* Beobachternorm. Alle diese Vorstellungen sind inadäquat oder gar irreführend. Dies widerspricht vor allem der biologisch begründeten *Evolutionären Erkenntnistheorie*, die gerade die kognitiven Fähigkeiten und Leistungen des Menschen als Ergebnis einer *progressiven Optimierung* seiner Wahrnehmung zu erklären sucht und Erkennen als immer größeren und exakteren Informationsgewinn über die Welt auffasst, der sich schrittweise der „totalen" Wahrheit annähert.

Stattdessen lässt sich im Einzelnen zeigen, dass die Sinnesorgane nicht Instrumente der *Abbildung* von Außenweltmerkmalen, sondern *Transduktoren* sind, die höchst selektiv und arbeitsteilig Umweltreize „in die 'Sprache des Gehirns', nämlich die Sprache der Membran- und Aktionspotentiale, der Neurotransmitter und Neuropeptide" übersetzen. „Diese Sprache besteht aus chemischen und elektrischen Signalen, die als solche keinerlei Spezifität haben, also *neutral* sind." Es gilt das „Prinzip der *Neutralität des neuronalen Codes*, und dieses Prinzip hat für das Verständnis der Funktionsweise des Gehirns die größte Bedeutung." (Ebd.: 93) Die gravierenden Konsequenzen sind, „dass das Gehirn für Umweltereignisse wie elektromagnetische Wellen, Schalldruckwellen, chemische Moleküle und mechanischen Druck unempfindlich ist" (ebd.: 92). Und weiter: „Damit ist letztendlich jedes Zentralnervensystem von der Umwelt 'isoliert'" (ebd.: 93).[6] Und schließlich: „Es gibt keine eindeutige Beziehung zwischen Umweltreizen und gehirninternen Prozessen" (ebd.: 100). Vielmehr stellt der „Übergang von der physikalischen und chemischen Umwelt zu den Wahrnehmungszuständen des Gehirns" einen

> *radikalen Bruch* dar. Die Komplexität der Umwelt wird „vernichtet" durch ihre Zerlegung in Erregungszustände von Sinnesrezeptoren. Aus diesen muss das Gehirn wiederum durch eine Vielzahl von Mechanismen die Komplexität der Umwelt, soweit sie für das Überleben relevant ist, erschließen. Dabei werden durch Kombination auf den vielen Stufen der Sinnessysteme jeweils neue Informationen, neue Bedeutungen erzeugt. (Ebd.: 115)

---

[6] Bei Humberto R. Maturana heißt das „(ab)geschlossen": einmal gegenüber der Umwelt, zum anderen dadurch, dass das Nervensystem nur eine einzige Operationsweise kennt, eben den neuronalen Einheitscode.

Am Beispiel der Farbwahrnehmung lässt sich eindrucksvoll *demonstrieren*, dass Wahrnehmung „nicht abbildend, sondern *konstruktiv* ist" (ebd.: 125):

> [...] es gibt *keine* festen Zuordnungen zwischen Lichtwellenlängen und Farbempfindungen. Vielmehr können dieselben Farbempfindungen durch unterschiedliche Erregungsmuster auf der Ebene der Farbrezeptoren hervorgerufen werden. Dies entspricht der Tatsache, dass im Verlauf eines Tages die spektrale Zusammensetzung des Tageslichtes sich stark ändert (ebd.: 120).

Da wir aber trotz ständig wechselnder Lichtverhältnisse Gegenstände immer an ihren *scheinbar* „gleichen" Farben erkennen können, muss dieser Wahrnehmungstatsache der *Farbkonstanz* eine Interpretationsleistung des Gehirns zu Grunde liegen. Mit anderen Worten, die auch noch so exakte *physikalische* Bestimmung eines Wahrnehmungs*angebots außerhalb* des Organismus reicht nicht aus, um einen *erlebten* „Gegenstand" der Wahrnehmung, also etwa die Farbe Blau oder Rot oder Grün, *deterministisch* festzulegen oder *vorherzusagen*.

Die *Erregungsverarbeitung nach innen* erfolgt in struktureller Differenzierung auf parallelen, konvergenten und divergenten Bahnen, deren Komplexität von der Peripherie zum Zentrum in hohem Maße wächst. Für das am besten untersuchte *Sehsystem* zitiert Gerhard Roth folgende Zahlen:

> Letztendlich mögen es schätzungsweise 200 Milliarden Neuronen sein (unter der Voraussetzung, dass das menschliche Gehirn etwa 1 Billion Nervenzellen enthält), die im menschlichen Gehirn in irgendeiner Weise etwas mit Sehen zu tun haben. (Ebd.: 124)

Beim auditorischen System ist dieses „Verhältnis von Peripherie zu Zentrum" sogar noch dramatischer, nämlich „eins zu sechzehn Millionen" (ebd.). Kurzum: wir sind im Inneren unendlich viel „reaktionsfähiger" oder „variabel-flexibler" als an der „Oberfläche"!

In weiteren Kapiteln geht Gerhard Roth im Detail auf die Prozesse der Erzeugung komplexer visueller Wahrnehmungsobjekte im Gehirn von Wirbeltieren ein. Er beschreibt und erläutert vor allem die inzwischen überholte Idee der Detektor- und Kommandoneuronen, das Problem der Figur-Hintergrund-Erkennung, und die neuere Auffassung der Erzeugung komplexer Wahrnehmungsobjekte durch die so genannte „Populations- oder Ensemblekodierung" (ebd.: 149), also die Generierung der konstitutiven Merkmale eines Objekts durch die gleichzeitige Aktivierung zahlreicher und *verschiedener Typen* von Neuronen. Netzwerkvorstellungen und Modelle der parallelen und verteilten Verarbeitung haben inzwischen die einst von David Hubel und Thorsten Wiesel vertretene (und mit dem Nobelpreis belohnte) hierarchische Prozessstruktur der Objektkonstitution abgelöst und damit auch die traditionelle Auffassung, dass es ein „oberstes Wahrnehmungs- oder Steuerungszentrum" des Nervensystems gebe. Besonders wichtig ist die Integration der über die sensorischen Kanäle verarbeiteten Informationen mit den Inhalten des *Gedächtnissystems* und relevanter *Bewertungssysteme*, vor allem des „zentralen Bewertungssystems" des Gehirns, des so genannten „limbischen Systems". (Ebd.: 194 ff.)

Durch diese vielfältigen Strukturen und Prozesse wird schlussendlich das *erzeugt*, was Menschen als eine einheitliche *Wahrnehmungswelt* erleben. Der *Konstrukt*charakter dieser Wahrnehmungswelt ergibt sich, wie im einzelnen gezeigt, *trivialerweise* einmal aus dem genannten *Bruch* zwischen der Außenwelt und den komplexen Verarbeitungsprozessen *innerhalb* des Organismus, und *nicht-trivialerweise* daraus, dass „die Geschehnisse in der Umwelt in Elementarereignisse zerlegt und dann nach teils stammesgeschichtlich erworbenen und teils erfahrungsbedingten Regeln zu bedeutungshaften Wahrnehmungsinhalten neu zusammengesetzt werden". Dies wird weiterhin unterstrichen durch die vertraute Erfahrung, dass viele Inhalte unserer Wahrnehmungswelt „keinerlei Entsprechung in der Außenwelt" haben. (Ebd.: 252 f.)

Die *Voraussetzungen* für diese Konstruktionsleistungen werden im Rahmen der genetisch bestimmten Ausprägung des individuellen Organismus in einem *sich selbst organisierenden Prozess der Epigenese* durch *ständige Interaktion mit der Umwelt* konkret aufgebaut und in Grenzen ständig neu angepasst. So ergibt sich eine in der frühen Ontogenese erworbene „Grundausrüstung", die wir im Grunde mit den Tieren teilen. Dazu gehören u. a. die bereits genannten *Gestaltgesetze*, die eine wesentliche Rolle in der Konstitution von Objekten spielen, ebenso die Mechanismen der Wahrnehmung von Gegenstands*merkmalen*, Gesamt*situationen*, räumlichen *Beziehungen*, *Konturen* usw. Die neurobiologische Forschung *korreliert* nun z. B. kortikale Areale mit der Verarbeitung bestimmter Gegenstandsmerkmale, sucht nach den *zellulären* Mechanismen der so genannten „Bindung" dieser Merkmale zu einem Gegenstand, einer Szene, einem Beziehungsmuster. Von zentraler Bedeutung ist hierfür das Gedächtnis:

> *Gedächtnis ist das Bindungssystem für die Einheit der Wahrnehmung* [...]. In das Gedächtnis geht das Begreifen der Welt durch Handeln, die erlebte Koinzidenz und Folgerichtigkeit von Ereignissen als „Erfahrung" ein [...]. *Das Gedächtnis ist damit unser wichtigstes „Sinnesorgan".* (Ebd.: 263)

Seine „Meisterleistung" besteht darin, „anhand weniger 'Eckdaten' eine komplette Wahrnehmungssituation zu erzeugen" (ebd.: 268).

2.3 Bewusstsein, Geist und Gehirn

Mit dem Begriff „Bewusstsein" wird im Kontext der Hirnforschung das „individuelle Bewusstsein [...] als Zustand bzw. Begleitzustand von Wahrnehmen, Erkennen, Vorstellen, Erinnern und Handeln empfunden", das als „Ich-Bewusstsein" als „unmittelbar gegeben" erlebt wird (ebd.: 213). Dieses Bewusstsein der eigenen

Identität kann dramatisch gestört sein, wie es etwa allgemein bekannte Krankheitsbilder zeigen: Schizophrenie, Verlust des Körperbewusstseins, Verlust einer Gesichtsfeldhälfte, „Seelenblindheit" („blind sight"), die „geteilte" Bewusstheit von so genannten „split-brain"-Patienten.

Bemerkenswert ist nun, dass Bewusstsein zum einen ganz offensichtlich „an die Unversehrtheit und Aktivität kortikaler Felder gebunden ist" (ebd.: 216), dass allerdings „ein großer Teil der Körper- und Gehirnfunktionen und unserer Handlungen *grundsätzlich* nicht von Bewusstsein begleitet" ist (ebd.: 219). Es bedarf keiner besonderen Betonung, dass Bewusstsein im Sinne von *Bewusstheit* „verloren" oder (z. B. durch Narkose) „ausgeschaltet" werden kann, dass es im Sinne von *Wachheit* oder *Aufmerksamkeit* situationsbedingt unterschiedlich stark, unterschiedlich gerichtet, unterschiedlich begrenzt („eng") sein kann, dass es Träume und Halluzinationen gibt. Für die Hirnforschung stellt sich die Frage, wie diese Phänomene zu erklären sind. Hierfür liefern die neuen „bildgebenden" Verfahren wichtige Aufschlüsse. Der methodisch-technische Ansatzpunkt hierfür ist die bedeutsame Tatsache, dass „Aufmerksamkeit und Bewusstsein die Stoffwechselaktivität des Gehirns in besonderer Weise beanspruchen". Das Gehirn macht nur „zwei Prozent der Körpermasse" aus, verbraucht aber „im Durchschnitt 20 Prozent der gesamten Energie" und wird „nach Ausfall der Sauerstoffversorgung für nur wenige Minuten bereits irreversibel geschädigt" (ebd.: 222).

Gerhard Roth erläutert im Detail, wie mithilfe dieser bildgebenden Verfahren festgestellt werden kann, *„wann* und *wo* im Gehirn besondere neuronale Aktivitäten stattfinden" die dann „mit der Art und dem Ablauf bestimmter kognitiver Prozesse in Verbindung" gesetzt werden können (ebd.: 227), und beschreibt im Einzelnen verschiedene neuere Ansätze, um Entstehung und Funktionen von Bewusstseinsphänomenen zu erklären, die hier nicht im Einzelnen behandelt werden können. Sein zentraler Gedanke ist, dass Bewusstsein „das *Eigensignal* des Gehirns für die Bewältigung eines neuen Problems (ob sensorisch, motorisch oder internkognitiv) und des Anlegens entsprechender neuer Nervennetze" ist (ebd.: 233).

In den letzten Kapiteln seines Buches beschäftigt sich Gerhard Roth mit den *Problemen* einer *neurobiologischen Erklärung* dessen, was *Geist*, *Realität*, *Wirklichkeit* und *Wahrheit* genannt wird und Philosophen und Theologen seit Beginn der Menschheitsgeschichte beschäftigt hat.

Was den *Geist* angeht, wird zunächst die Auffassung zurückgewiesen, dass dieses Phänomen aufgrund seiner „Wesensverschiedenheit" einer neurobiologischen Untersuchung *grundsätzlich* nicht zugänglich sei. Gleichwohl sind gewisse entscheidende Grenzen hierfür unmittelbar einsichtig. So entziehen sich die Inhalte selbst einfacher Wahrnehmungsgegenstände, etwa eines Balles oder einer Figur, neurobiologischen Registriermethoden. Man müsste nämlich hierfür „Aktivitätsmuster sehr kleiner Nervennetze […] punktuell genau messen und in Relation mit vielen anderen kleinen Netzwerken setzen […]. Dies aber ist sehr schwierig, wenn nicht gar unmöglich." Noch schwerwiegender ist aber die Tatsache der „semantischen Vorgeschichte" neuronaler Aktivitätsmuster bzw. Netzwerke. (Ebd.: 276) Trotz allem hält Gerhard Roth es für „vernünftig, von einer im Rahmen der experimentellen Überprüfbarkeit liegenden *strengen Parallelität* zwischen Mentalem und Neuronalem auszugehen" (ebd.: 277 f.). Das schließt allerdings jeden auf „Wesensunterschiede" gegründeten Dualismus als „mit dem heutigen naturwissenschaftlichen Weltbild unvereinbar" aus (ebd.: 284), bedeutet aber deshalb *nicht* eine Art von reduktionistischem Identismus, d. h. „Mentales auf Neuronales zu reduzieren" (ebd.: 291). Statt dieser (und noch anderer besprochener) Auffassungen vertritt Gerhard Roth einen zusammen mit dem Bremer Physiker Helmut Schwegler entwickelten „nicht-reduktionistischen Physikalismus". Demgemäß ist es möglich, „Geist…als einen mit physikalischen Methoden fassbaren Zustand anzusehen, der in sehr großen, interagierenden Neuronenverbänden auftritt" und gleichzeitig „zu akzeptieren, dass dieser Zustand 'Geist' von uns als *völlig anders* erlebt wird". (Ebd.: 302) Ganz plakativ lässt sich das Erleben von „Geist" also neurobiologisch – ebenso wie etwa das Erleben von „Schmerz" – als *Kennzeichnung* bestimmter Gehirnprozesse verstehen, um deren Abgrenzung von anderen Gehirnprozessen zu signalisieren. In ähnlicher Weise interpretiert Gerhard Roth den Ablauf von *Willensentscheidungen*, deren *Bewusstwerden* folglich neurobiologisch von ihrer systeminternen *Erzeugung* getrennt werden kann und muss. (Ebd.: 303)

2.4 Realität, Wirklichkeit und Wahrheit

Die Bestimmung der Begriffe 'Wirklichkeit' und 'Realität' beginnt mit der Frage „Wo existieren […] die Gegenstände der Wahrnehmung?" (Ebd.: 316) Gemäß den Überlegungen der Gestaltpsychologen Wolfgang Köhler und Wolfgang Metzger sowie des Physikers Erwin Schrödinger bildet alles, was wir wahrnehmen, nur *eine* Welt, nämlich die so genannte „phänomenale Welt" (ebd.). Gerhard Roth nennt sie „Wirklichkeit" und gliedert sie in drei Bereiche: „die Welt der mentalen Zustände und des Ich, die Welt des Körpers und die Außenwelt." Und dieser Wirklichkeit „wird gedanklich eine *transphänomenale* Welt gegenübergestellt, die unerfahrbar ist und dementsprechend in der phänomenalen Welt nicht vorkommt." (Ebd.)

Dass unsere Wirklichkeit ein Konstrukt ist, lässt sich empirisch gut nachweisen, etwa durch verschiedene Störungen der Wahrnehmung des eigenen Körpers und seiner Beziehungen zur Außenwelt, aber auch durch die Beobachtung der Vorgänge, in denen Säuglinge lernen müssen, diese Beziehungen durch interaktives Verhalten aufzubauen und angemessen zu steuern. Dieses Lernen ist, so Gerhard Roth, „genetisch erleichtert" (ebd.: 318), und erfolgt „innerhalb der Vorgaben der anatomischen und funktionalen Grundorganisation des Gehirns, die sich schon vor der Geburt in selbstorganisierend-epigenetischer Weise ausgebildet haben" (ebd.:

319). Gibt es während der frühen Entwicklungsphasen der kindlichen Ontogenese Beeinträchtigungen oder Schädigungen, besonders während gewisser vermuteter *sensibler Phasen*, kann es zu erheblichen Entwicklungsstörungen und dauerhaften Schäden des Wirklichkeitsaufbaus kommen, die nicht mehr kompensiert werden können. Ähnliches ist aus Tierexperimenten bekannt oder auch aus den bedrückenden Schilderungen von Blinden, die plötzlich sehen konnten und sich in der Welt nicht nur nicht zurechtfanden, sondern visuelle Stimuli als unerträglich schmerzhaft erlebten. Darüber hinaus zeigen diese Selbstorganisationsprozesse der Epigenese erhebliche „ethnische und historische Unterschiede" (ebd.: 321).

Besonders bedeutsam sind nun die so genannten „Wirklichkeitskriterien", die wir Menschen in diesen Prozessen *lernen* und anhand derer Wirklichkeit von Unwirklichkeit oder Täuschung geschieden wird. Man kann hier (mit Stadler/Kruse 1990) syntaktische, semantische und pragmatische Kriterien unterscheiden. *Syntaktische* Kriterien haben mit den Sinnesorganen und der Verarbeitung sensorischer Information zu tun. Eines der erstaunlichsten Experimente in diesem Zusammenhang ist der Gebrauch von *Umkehrbrillen*, der die Welt z. B. auf den Kopf stellt, bis das Gehirn sie wieder zurecht rückt – trotz der *gegensätzlichen* Information durch die Augen! Die *semantischen* Kriterien ebenso wie die *pragmatischen* dürften unmittelbar verständlich sein: was bedeutungshaltig oder kontextgemäß oder stimmig erscheint, wird eher als „wirklich" wahrgenommen, ebenso das, was in kooperativen Handlungszusammenhängen intersubjektiv als wirksam, greifbar oder nützlich erfahren werden kann.

Gemäß der Bestimmung der *Wirklichkeit* als *phänomenaler Welt* ergibt sich nun ihre Abgrenzung von der bewusstseinsjenseitigen, der *transphänomenalen Welt*, der *Realität*. Die logische Folgerung: „*Die Wirklichkeit wird in der Realität durch das reale Gehirn hervorgebracht*. Sie ist damit Teil der Realität, und zwar derjenige Teil, in dem wir vorkommen." (Ebd.: 325) Gerhard Roth bezeichnet diese Trennung als „eine höchst *plausible* Annahme, die wir allerdings innerhalb der Wirklichkeit treffen und die nicht als eine Aussage über die tatsächliche Beschaffenheit der Realität missverstanden werden darf" (ebd.). Es ist folglich auch notwendig, „zwischen einem *realen* Gehirn, welches die Wirklichkeit hervorbringt, und dem *wirklichen* Gehirn" zu unterscheiden. Daraus wiederum folgt:

> Nicht nur die von mir wahrgenommenen Dinge sind Konstrukte in der Wirklichkeit, *ich selbst bin ein Konstrukt*. Ich komme unabweisbar in dieser Wirklichkeit vor. Dies bedeutet, dass das reale Gehirn eine Wirklichkeit hervorbringt, in der ein Ich existiert, das sich als *Subjekt* seiner mentalen Akte, Wahrnehmungen und Handlungen erlebt, einen Körper besitzt und einer Außenwelt gegenübersteht. (Ebd.: 329)

Für den neurobiologischen Konstruktivismus gilt entsprechend:

> *Die Wirklichkeit ist nicht ein Konstrukt meines Ich, denn ich bin selbst ein Konstrukt*. Vielmehr geht ihre Konstruktion durch das Gehirn nach Prinzipien vor sich, die teils phylogenetisch, teils frühontogenetisch entstanden sind und

> ansonsten den Erfahrungen des Gehirns mit seiner Umwelt entstammen. *Diese Prinzipien sind meinem Willen nicht unterworfen. Vielmehr bin ich ihnen unterworfen.* (Ebd.: 330)

Die Brisanz dieses Ansatzes für die Begründung und Rechtfertigung von Maßstäben und Werten des menschlichen Zusammenlebens ist offensichtlich.

Zum Abschluss behandelt Gerhard Roth noch die philosophischen Fragen, welchen Erkenntniswert unsere Wahrnehmungen besitzen bzw. in welchem Maße *objektive Erkenntnis* und *Wahrheit* möglich sind. Nach knapper Auseinandersetzung mit traditionellen philosophischen Positionen, etwa den verschiedenen Spielarten des Realismus oder Idealismus, übt er besonders Kritik an der Evolutionären Erkenntnistheorie und an dem ihr zu Grunde liegenden *antiquierten Darwinismus*. Er unterstreicht, was er im Laufe der Darlegungen des Buches immer wieder zu zeigen versucht hat: dass die Kenntnis der Mechanismen, die unsere Wirklichkeit und die Konstanz der sie aufbauenden Elemente und Beziehungen hervorbringen, keinerlei Hinweise und Beweise dafür liefert, dass sie „objektiv gegeben" sind. *Dies gilt nicht minder für die Ergebnisse der neurobiologischen Forschung.* Wenn ihr *Selbstwidersprüchlichkeit* vorgeworfen wird, dann wird in unzulässiger Weise unterstellt, sie beanspruche, *objektive* Erkenntnisse zu besitzen und zu verkünden. Dies ist keineswegs der Fall:

> Erkenntnisse und Sätze der Naturwissenschaften unterliegen als Teile der Wirklichkeit deren Erkenntnisbedingungen. Wie sicher und fest Aussagen der Naturwissenschaft auch erscheinen mögen, objektive Wahrheiten zu sein, können sie nicht beanspruchen, und die meisten erkenntniskritisch geschulten Naturwissenschaftler vertreten diese Meinung auch nicht. *Was Naturwissenschaftler bestenfalls tun können, ist ein Gebäude von Aussagen zu errichten, das hinsichtlich der empirischen Daten und seiner logischen Struktur für eine bestimmte Zeitspanne ein Maximum an Konsistenz aufweist.* (Ebd.: 350)

Aus der Sicht des neurobiologischen Konstruktivismus ist daher ein *erkenntnistheoretischer Realismus* nicht gerechtfertigt, sondern *selbstwidersprüchlich*. Das gleiche gilt für den entsprechenden Anspruch auf objektive oder gar absolute Wahrheit. Es sollte heutzutage keiner Betonung mehr bedürfen, dass auch die umfassendste naturwissenschaftliche Disziplin, d. h. die Physik – die ja im übrigen keinesfalls eine homogene Disziplin, sondern eine Ansammlung von unterschiedlichen z. T. inkompatiblen theoretischen Gebilden und Methodologien ist – keinesfalls „objektive" Aussagen machen kann oder gar „die objektive Realität" widerspiegelt. Auch die Physik „übersteigt die Wirklichkeit nicht". (Ebd.: 362)

3 Rezeption und Wirkung

Das hier nur knapp charakterisierte Buch Gerhard Roths sucht die im weitesten Sinne „philosophischen" Probleme des Wissens und Erkennens durch ihre „Naturalisierung" zu lösen, so wie dies seit der Antike immer wieder mit den jeweils zeit(geist)gemäßen Mitteln versucht worden ist (vgl. Hagner 1997).[7] Das Buch ist symptomatisch für die *neuesten* „Entzauberungs"-Vorstöße der Naturwissenschaften in das „Reich des Geistes", für die Bemühungen um die Beseitigung der seit langem beklagten Gräben und Grenzen zwischen den einst von C. P. Snow dekretierten „zwei Kulturen", kurzum ein Beitrag zur Schaffung einer „wissenschaftlichen Weltanschauung" und eines entsprechenden „Menschenbildes". Es erschien nicht zufällig mitten in der (in den USA ausgerufenen) „Dekade des Gehirns". Dank neuer Untersuchungstechniken hatten die *Neurowissenschaften* als Teil der interdisziplinären *Kognitionswissenschaften*, zusammen mit Psychologie, Linguistik, Informatik, durch attraktive Forschungsprojekte und Anwendungsvisionen beachtliche Prominenz erreicht. Es ging da im allgemeinen Diskurs um „Neurochips, schmerzempfindliche neuronale Netze, Normhirne, Gehirntransplantationen", und auch um fundamentale *anthropologische* Aspekte:

> Die Hirnforschung schickt sich an, unser Denken und Fühlen, unser Bewusstsein und unsere persönliche Identität naturwissenschaftlich zu erklären. Wenn sich das Gehirn von einem mystisch-mysteriösen Objekt zu einem gewöhnlichen Körperorgan wandelt, wenn es einer Vielzahl von Ein- und Zugriffsmöglichkeiten ausgesetzt ist, wenn die Neurobiologie zu einer Leitwissenschaft wird – dann ist das von höchster kultureller Brisanz. Also dürfen wir unser „Zentralorgan" nicht allein den Hirnforschern überlassen. Gemeinsam mit Naturwissenschaftlern und Medizinern müssen sich auch Philosophen, Theologen, Politiker und Bürger in einer Debatte darüber engagieren, welche ethischen und kulturellen Konsequenzen der Neuroboom in sich birgt. (Fedrowitz/Matejovski/Kaiser 1994: Klappentext).

Gerhard Roth hat als Neurobiologe und Philosoph an diesen Entwicklungen mitgewirkt. In seinem Beitrag zu dem eben zitierten Sammelband – Dokumentation eines 1993 vom Wissenschaftszentrum Düsseldorf veranstalteten Kongresses – hat er die „Lösung des Geist-Gehirn-Problems" als „eine wirklich interdisziplinäre Angelegenheit" bezeichnet, „an der gleichberechtigt Philosophen, Psychologen, Computerwissenschaftler ('Informatiker'), Netzwerktheoretiker und Neurowissenschaftler mitarbeiten." (Roth 1994: 84) Gleichzeitig hat er auch die *Schwierigkeiten*

---

[7] Bekannte Versuche im 20. Jahrhundert waren etwa der Physikalismus des Wiener Kreises, die „experimentelle Epistemologie" Warren S. McCullochs oder die proklamierte Verschmelzung der Erkenntnistheorie mit den empirischen Disziplinen der Psychologie und der Linguistik durch Willard Van Orman Quine. Zur Geschichte der Naturalisierung des Geistes im Zeichen von Kraft und Stoff, also Energie und Materie, seit dem 19. Jahrhundert vgl. das aufschlussreiche Buch über *Die Materialisierung des Ichs* von Olaf Breidbach (1997).

„interdisziplinärer Zusammenarbeit im kognitionswissenschaftlichen Bereich" herausgestellt, die *bis heute bestimmend* sind für die Rezeption der Arbeiten und Behauptungen der *kognitiven Neurowissenschaften:*

> Das größte Hindernis bei der gemeinsamen Arbeit sind Statusprobleme der beteiligten Wissenschaften (d. h. die Furcht, als autonome Wissenschaft nicht ernst genommen zu werden), gefolgt von der weitgehenden Unkenntnis des Problembewusstseins, der Begriffsysteme, des methodisch-praktischen Vorgehens und insbesondere des Wissens- und Diskussionsstandes in den jeweils anderen Disziplinen. Die Philosophie hat dabei offenbar erheblich größere Probleme als die anderen beteiligten Wissenschaften. (Ebd.: 85)

In neueren Büchern und Aufsätzen hat Gerhard Roth daher die primär *erkenntnistheoretisch* fokussierte Überblicksdarstellung seines Buches *Das Gehirn und seine Wirklichkeit* (1996) weitergeführt und ergänzt. In *Fühlen, Denken, Handeln. Wie das Gehirn unser Verhalten steuert* (Roth 2003) geht es um „die Umrisse eines neuro- und kognitionswissenschaftlich begründeten Menschenbildes [...], das die Grundlage zu einem offenen und toleranten Gespräch mit den Sozial- und Geisteswissenschaften über das 'Wesen des Menschen' bilden kann" (vgl. ebd.: Klappentext). *Aus Sicht des Gehirns* (Roth 2009) bietet (laut Klappentext) erneut entsprechend aktualisierte „Umrisse eines neuen Menschenbildes", allerdings in knapper Zusammenfassung. Gerhard Roth betont hier, dass „zutiefst interdisziplinäre Forschung" an der Entwicklung dieses Menschenbildes beteiligt sei, und dass diese „Interdisziplinarität [...] der beste Garant" sei „gegen das Schreckensbild eines 'Homo neurobiologicus', d. h. des Menschen, der von Gehirnprozessen vollständig beherrscht wird, kein eigenes Ich und keinen freien Willen mehr hat" (ebd.: 10).

Die zitierten Stichworte kennzeichnen recht gut die Mannigfaltigkeit der Probleme, die im Gefolge des ersten Buches bis heute diskutiert werden. Gerhard Roth hat sich mit zahllosen öffentlichen Vorträgen und kontroversen Diskussionen in allen Medien dabei engagiert und ist so zu einer der bekanntesten und streitbarsten Persönlichkeiten in den Debatten um die Probleme, Leistungen und Konsequenzen der neurobiologischen Kognitionsforschung geworden.

Weder die *fachliche* noch die *öffentliche* Diskussion dieser reichhaltigen Problempalette kann hier natürlich im Einzelnen kritisch besprochen werden. Nur einige wenige Aspekte von grundlegender Bedeutung seien noch kurz beleuchtet. Gerhard Roths Arbeiten zur Neurophysiologie des Verhaltens (von Amphibien und anderen Tieren) werden in der internationalen Fachwelt ebenso anerkannt und geschätzt wie seine Qualifikationen und Leistungen als Naturwissenschaftler. Das Buch *Das Gehirn und seine Wirklichkeit. Kognitive Neurobiologie und ihre philosophischen Konsequenzen* muss daher in seinen naturwissenschaftlichen Teilen – mit den Korrekturen und Ergänzungen der nachfolgenden Veröffentlichungen – als fundiert und korrekt, vor allem als wissenschaftlich seriös gelten. Es entspricht den

Regeln der *naturwissenschaftlichen Kunst*, formuliert *selbstkritisch* überprüfbare Hypothesen, Behauptungen, Spekulationen, Ergebnisse oder Schlussfolgerungen. Diese Grundeinstellung findet sich ebenso in dem von der Redaktion der Zeitschrift *Gehirn & Geist* 2004 generierten – und von dieser so benannten – „Manifest" elf „führender Neurowissenschaftler über Gegenwart und Zukunft der Hirnforschung" (unter ihnen Gerhard Roth). Darin heißt es ganz charakteristisch etwa:

> Nach welchen Regeln das Gehirn arbeitet; wie es die Welt so abbildet, das unmittelbare Wahrnehmung und frühere Erfahrung miteinander verschmelzen; wie das Innere Tun als „seine" Tätigkeit erlebt wird und wie es zukünftige Aktionen plant, all dies verstehen wir nach wie vor nicht einmal in Ansätzen. Mehr noch: es ist überhaupt nicht klar, wie man dies mit den heutigen Mitteln erforschen könnte. In dieser Hinsicht befinden wir uns gewissermaßen noch auf dem Stand von Jägern und Sammlern. (*Gehirn & Geist* 2004: 33)

Es ist der starke (und heilsame) Vorzug des naturwissenschaftlichen (= empirisch-rationalen) Ansatzes, dass er nicht durch Gerede auszumanövrieren ist, sondern nur eine *operationale Problemlösung* zulässt, die *radikalster Kritik* unterzogen werden kann. Die in Teilen massiven Ansprüche der Neurowissenschaften werden folglich durch empirisch-rational überzeugende Beweise eingelöst werden müssen. Die selbstverständliche radikale Selbstkritik *innerhalb* der Neurowissenschaften richtet sich seit jeher ebenso gegen theoretische und methodische Fehler und Unzulänglichkeiten wie zunehmend auch gegen unzulässige und inkonsistente Interpretationen von experimentell ermittelten Daten sowie ungerechtfertigte Kausalerklärungen und Anwendungsversprechungen. Diese Diskussion kann primär nur von kundigen Fachleuten innerhalb der Neurowissenschaften geführt werden.[8]

Auch die nach wie vor intensiv (und auch öffentlich) geführte *interdisziplinäre Fachdiskussion* vor allem zwischen Philosophen, Psychologen und Neurobiologen über erkenntnistheoretische und andere in diesem Buch nur angedeutete anthropologische und ethische Fragen kann hier nicht im Einzelnen dargestellt und kritisch

---

[8] Wie klein hier der Schritt vom Erhabenen zum Lächerlichen sein kann, zeigt etwa das erst vor Kurzem erschienene Buch des Londoner Neurophysiologen Semir Zeki – inzwischen Professor für „Neuroästhetik" – mit dem sprechenden Titel *Splendours and Miseries of the Brain* (2009). Darin werden exemplarisch Liebe, Schönheit, Kreativität und Glück aufgrund von funktionellen Magnetresonanztomographie-Messungen mit Hirnteilen und Hirnprozessen „korreliert". Kritiker sprechen hier von „Voodoo-Korrelationen" (vgl. Jäncke 2009). Analog entstehen dann Konzepte wie „Hirnjogging", gezieltes „Training" bestimmter Hirnlappen, die Gleichsetzung von Gefühlen oder gar sozialen Verhaltensweisen mit Neuromodulatoren, die Manipulation von Bewertungs- und Belohnungszentren des Hirns, Neuro-Lügendetektoren usw. Das Hirn-Coaching wird ergänzt durch die Drogen der Pharmaindustrie („neuro-enhancers" im weitesten Sinne). – Da es hier nicht um eine fachwissenschaftliche Kritik, sondern nur um Hinweise auf beobachtete und begründete Tendenzen gehen kann, genüge der Verweis auf einige allgemein verständliche Distanzierungen von Fachleuten: vgl. Fuchs (2008; bes. Kapitel über „Neuromythologien"); Tallis (2008); Jäncke (2009); Warnecke (2009).

beurteilt werden. Die aktuellste Übersicht dieser Fachdiskussion hat Hans-Peter Krüger 2007 als Sonderheft der *Deutschen Zeitschrift für Philosophie* unter dem Titel *Hirn als Subjekt? Philosophische Grenzfragen der Neurobiologie* herausgegeben. Darin geht es um Probleme der Willensfreiheit bzw. der Ursachen und Gründe für menschliche Entscheidungen, aber auch um grundlegende Aspekte des Verhältnisses zwischen Hirn(forschung) und „Geist", Natur und Vernunft usw.[9]

Das Buch *Das Gehirn und seine Wirklichkeit* ist auch von der interessierten Öffentlichkeit, für die es ja bestimmt ist, breit rezipiert und als eines der gut verständlichen Werke akzeptiert worden, die sich aus *naturwissenschaftlicher* Sicht mit den großen Fragen des menschlichen *Wissens* und *Erkennens* und der *Bestimmung* und *Rechtfertigung* von „Wirklichkeit" und „Wahrheit" beschäftigen. Diese Rezeption zeigt naturgemäß unterschiedlich informiertes und qualifiziertes Niveau – auch deshalb, weil sich in Fragen des Menschlichen und Allzumenschlichen kaum jemand *nicht* für einen Experten hält.... Nur auf zwei sehr allgemeine, aber tiefgreifende Probleme soll noch hingewiesen werden:

- Der seit langem artikulierte Verdacht der primär utilitaristischen bzw. technokratischen Orientierung bzw. Ausbeutung des naturwissenschaftlichen Paradigmas wird unnötig auch durch unbedachte Äußerungen und Ausdrucksweisen der Forscher genährt und verstärkt. Sie sind nicht unschuldig an der Wahrnehmung ihrer Tätigkeiten als (autoritär beanspruchtes) „Herrschaftswissen", im speziellen Fall etwa als „Neurokapitalismus" oder gar „Neuroimperialismus", das menschliche Kreativität, Autonomie und Freiheit durch die Trivialisierung des Menschen bedroht. Besonders die „leibnahen" Anwendungsgebiete der Medizin(technik) und der Pharmaindustrie erwecken beträchtliches – allerdings ambivalentes – Misstrauen: die Bewertungen ihrer Leistungen schwanken und variieren ja erkennbar immer zwischen Katastrophenerfahrung (z. B.

---

[9] Seltsam unterbelichtet in dieser Debatte bleibt allerdings – dies sei hier nur angemerkt – die Beziehung zwischen unserer „Wirklichkeit", also der von uns Menschen *geschaffenen* (zutiefst *semiotischen*) Kultur im umfassendsten Sinn, und unseren Konzeptionen der Leistungen und Grenzen des „wirklichen Gehirns" und damit auch unserer „wirklichen Natur" (im Sinne der Begrifflichkeit Gerhard Roths). In der inzwischen erfreulich zunehmenden Zahl von Arbeiten zu den Zusammenhängen zwischen „Kultur" und „Natur" wird die Erklärungsrichtung in aufregender Weise umgekehrt: Kultur *schafft* und *verändert* Natur bis in die Tiefen der genetischen Selektion, Kulturevolution beeinflusst dramatisch Naturevolution. Also entsteht bzw. organisiert und strukturiert sich das „wirkliche" Gehirn in seiner Spezifität durch Prozesse der *kulturellen* Evolution. Beispielhaft für relevante Ansätze seien hier nur die Namen von Michael Tomasello, Joachim Bauer, Regine Kather und Ute Frevert genannt. Der öffentlichen Diskussion Kulturalismus-Naturalismus widmet sich z. B. die „Edition Unseld" des Suhrkamp-Verlages.

Contergan) oder Fortschrittsenthusiasmus (z. B. Empfängnisverhütung, Gentherapie, Hirnoptimierung, Schmerzbeseitigung).[10]

- Die unkritische und undifferenzierte Vermengung von (auch philosophisch und theologisch relevanten) Alltagsbegriffen und wissenschaftlichen Spezialtermini ist ein besonders schwerwiegendes Verständigungshindernis. Die Lösung dieser Kommunikationsprobleme wird in Zukunft größeres Verständnis und stärkere Anstrengungen *von allen Beteiligten* erfordern. Naturwissenschaftliche Laien dürfen nicht mit Fachbegriffen wie „visueller Merkmalsintegration" oder „Determinanten der Funktionsarchitektur neuronaler Netze" oder gar „NMDA-Synapsen" zum Schweigen gebracht werden. Und Neurowissenschaftler dürfen – auch in „popularisierenden" Darstellungen – die mit Alltagsbegriffen wie „Bewusstsein" oder „Denken" oder „freier Wille" verbundene (individuelle und sozio-kulturelle) *Bedeutungsvielfalt* nicht unkritisch und undifferenziert mit irgendwelchen technisch spezifizierbaren Mechanismen oder Prozessen des „Hirns" identifizieren, also scheinbar auf festgelegte und manipulierbare „Natur" oder „Materie" reduzieren. Es bleibt zu oft unklar, dass das „Hirn" für alles Geistige und alle Kultur *notwendig*, aber *nicht hinreichend* ist, dass die *Erzeugung* aller Wirklichkeiten durch das Gehirn selbstverständlich den Naturgesetzen gehorcht. Die *Spezifität* der Interaktionen von Organismen ist jedoch – wie Gerhard Roth ja auch durchaus und immer wieder betont – von zahllosen Kontextfaktoren abhängig und beeinflusst. Die suggerierte monokausale Determinierung von allem und jedem durch „das Gehirn" ist schlicht irreführend. Nicht jedermann kann – zugegebenermaßen gesprächsbedingt zugespitzte – Äußerungen der folgenden Art angemessen verstehen oder goutieren: „Es gibt da ein System, das wir Gehirn nennen. Es hat mich erzeugt und mein Dasein verursacht." (Gerhard Roth in Pörksen 2001: 147)[11]

Multimedial praktizierte kommunikative Nachlässigkeit, vor allem *unreflektierte* Begriffsverwendung oder (aus wohlbekannten Motiven) *kalkulierte Übertreibung* sind oft genug zu diagnostizieren. Recht abenteuerlich erscheint, was sich inzwi-

---

[10] Vgl. hierzu beispielhaft die dezidierten Äußerungen Gerhard Roths: „Es gibt keine zwei Kulturen, es gibt keine dritte Kultur, sondern nur die eine Wissenschaft, nur die eine Kultur des wissenschaftlich miteinander Denkens und Handelns." Und er beklagt alles unseriöse „Geschwätz von Scharlatanen [...] auf der Schaubühne der Wissenschaft", wo sich „Schaumschläger" bloß mit „verbalen Tricks wichtig machen" (Roth in Pörksen 2001: 163 et passim)

[11] Humberto R. Maturanas Unterscheidung zwischen dem *Biosystem* (mit oder ohne Nervensystem) und den von ihm *erzeugten* Phänomenen trennt hier disjunkte, einander nicht überschneidende Phänomenbereiche voneinander. Ein und dasselbe Hirn, ein und dasselbe Genom, – diese vagen Formulierungen seien hier erlaubt –, hat die ganze uns bekannte historische Vielfalt an Überlebenskulturleistungen der Menschheit erzeugt. Ähnliches zeigt auch die Geschichte der Verhaltensbiologie, die inzwischen differenzierte Erfahrung der Molekulargenetik, oder die Entwicklungsneurobiologie im Zeichen der Selbstorganisation (z. B. Singer 1986; 2000). – Auch die traditionelle Unterscheidung zwischen „primären" und „sekundären" Hirnfunktionen entspricht dieser Unterscheidung. (Vgl. Leischner 1987: 1 ff.)

schen an medial aufgeblasenem (sehr durchschaubar motiviertem) „Neurosprech" und „Synapsenslang" im Alltag breitgemacht hat. Da gibt es nicht nur wie früher die Reden von irgendwelchen Genen oder Hirnzentren oder Substanzen als „Ursachen" für alles und jedes, sondern eine ganze Reihe von Praxisprogrammen auf der angeblichen Grundlage der Hirnforschung (eher wohl einer „Mythologie des Gehirns"): Neuroökonomik, Neuromarketing, Neuropädagogik, Neurojura, Neurotheologie, Neuroanthropologie, Neuroästhetik usw. „Neurokapitalismus" allerorten (vgl. Jokeit/Hess 2009). Die Befreiung von totalitären realistischen Wirklichkeits- und Wahrheitsdogmatiken durch die zentralen Ideen des Konstruktivismus – Selbstorganisation, nicht-triviale kognitive System, individuell-autonome aber gleichzeitig sozial-kulturell vermittelte „Welterzeugung", persönliche Verantwortungsethik – scheint durch solch missverständliche Hirnapotheosen von „neuroscience groupies" (Tallis 2008) leichtfertig verspielt zu werden. Peter Janichs erst kürzlich vorgelegte systematische Analyse und Kritik der „Sprache der Hirnforschung" unter dem provokanten Titel *Kein neues Menschenbild* (Janich 2009) könnte hier sicherlich für Abhilfe sorgen.[12]

Gerhard Roths Ausführungen kann und soll allerdings keineswegs *generell* vorgeworfen werden, sie seien sprachlich und begrifflich unreflektiert. Man kann sicherlich wohlwollend unterstellen, dass er als gelernter Philosoph mit den so problembelasteten traditionellen Begriffen wie *Bewusstsein* und *Geist*, *Wissen*, *Wahrheit* und *Wirklichkeit*, *Sprache* und *Kommunikation* differenziert umzugehen versteht. Seinen selbstkritischen und vorsichtigen Äußerungen ist eindeutig abzulesen, dass ihm selbst die Konsequenzen *seiner Hirnkonstruktionen* unzweifelhaft zutiefst klar sind. Aber gerade philosophisch und künstlerisch so gebildete Neurobiologen wie Gerhard Roth (oder auch: Wolf Singer) sollten alles dagegen tun, einen totalitären Welterklärungsanspruch ihrer Disziplin auch nur zu suggerieren.

Literatur

Bennet, Max R./Hacker, Peter M. S. (2003): The Philosophical Foundations of Neuroscience. Oxford: Blackwell.
Benseler, Frank/Peter M. Hejl/Wolfram K. Köck (Hrsg.) (1980): Autopoiesis, Communication, and Society. The Theory of Autopoietic Systems in the Social Sciences. Frankfurt am Main/New York: Campus.
Breidbach, Olaf (1993): Expeditionen in das Innere des Kopfes. Von Nervenzellen, Geist und Seele. Stuttgart: Georg Thieme.

---

[12] Es sei nicht versäumt, auch auf das wichtige einschlägige Vorgängerwerk des Neurowissenschaftlers Max R. Bennet und des Philosophen Peter M. S. Hacker (2003) empfehlend hinzuweisen.

Breidbach, Olaf (1997): Die Materialisierung des Ichs. Zur Geschichte der Hirnforschung im 19. und 20. Jahrhundert. Frankfurt am Main: Suhrkamp.
Ewert, Jörg-Peter (1976): Neuro-Ethologie. Einführung in die neurophysiologischen Grundlagen des Verhaltens. Berlin [u. a.]: Springer.
Fedrowitz, Jutta/Dirk Matejovski/Gert Kaiser (Hrsg.) (1994): Neuroworlds. Gehirn – Geist – Kultur. Frankfurt/New York: Campus.
Fischer, Hans Rudi (Hrsg.) (1995): Die Wirklichkeit des Konstruktivismus. Zur Auseinandersetzung um ein neues Paradigma. Heidelberg: Carl-Auer-Systeme.
Florey, Ernst/Olaf Breidbach (Hrsg.) (1993): Das Gehirn – Organ der Seele? Zur Ideengeschichte der Neurobiologie. Berlin: Akademie.
Fuchs, Thomas (2008): Leib und Lebenswelt. Neue philosophisch-psychiatrische Essays. Kusterdingen: Graue Edition.
Gehirn & Geist (2004): Das Manifest. Elf führende Neurowissenschaftler über Gegenwart und Zukunft der Hirnforschung. In: Gehirn & Geist. 6. Jg. H. 4. S. 30–37. URL: http://www.wissenschaft-online.de/artikel/834924. (Abgerufen am 27.5.2010)
Hagner, Michael (1997): Homo cerebralis. Der Wandel vom Seelenorgan zum Gehirn. Frankfurt am Main/Leipzig: Insel.
Hejl, Peter M./Wolfram K. Köck/Gerhard Roth (Hrsg.) (1978): Wahrnehmung und Kommunikation. Frankfurt am Main [u. a.]: Peter Lang.
Jäncke, Lutz (2009): „Jeder will auf den Neuro-Zug aufspringen". Für mehr Zurückhaltung bei der Interpretation von neurowissenschaftlichen Befunden. In: Neue Zürcher Zeitung vom 13.5.2009.
Janich, Peter (2009): Kein neues Menschenbild. Zur Sprache der Hirnforschung. Frankfurt am Main: Suhrkamp.
Jokeit, Hennric/Ewa Hess (2009): Neurokapitalismus. In: Merkur. 63. Jg. H. 721. S. 541–545.
Krüger, Hans-Peter (Hrsg.) (2007): Hirn als Subjekt? Philosophische Grenzfragen der Neurobiologie. Deutsche Zeitschrift für Philosophie, Sonderband 15. Berlin: Akademie.
Leischner, Anton (1987): Aphasien und Sprachentwicklungsstörungen. Klinik und Behandlung. 2. neu bearb. u. erw. Aufl. Stuttgart/New York: Thieme.
Maturana, Humberto R. (1970): Biology of Cognition. Biological Computer Laboratory Research Report BCL 9.0. Urbana/IL: University of Illinois, 1970.
Pörksen, Bernhard (2001): „Wir selbst sind Konstrukte." Gerhard Roth über die Entstehung der Wirklichkeit im Gehirn, eine bewusstseinsunabhängige Realität und die Verbindung von Neurobiologie und Philosophie. In: Bernhard Pörksen: Die Gewissheit der Ungewissheit. Gespräche zum Konstruktivismus. Heidelberg: Carl-Auer-Systeme. S. 139–165.
Roth, Gerhard (Hrsg.) (1974): Kritik der Verhaltensforschung. München: C. H. Beck.
Roth, Gerhard (1994): Braucht die Hirnforschung die Philosophie? In: Jutta Fedrowitz/Dirk Matejovski/Gert Kaiser (Hrsg.): Neuroworlds. Gehirn – Geist – Kultur. Frankfurt am Main/New York: Campus. S. 81–92.
Roth, Gerhard (1996): Das Gehirn und seine Wirklichkeit. Kognitive Neurobiologie und ihre philosophischen Konsequenzen. 5., überarb. Aufl. Frankfurt am Main: Suhrkamp.
Roth, Gerhard (2003): Fühlen, Denken, Handeln. Wie das Gehirn unser Verhalten steuert. Neue, vollst. überarb. Ausgabe. Frankfurt am Main: Suhrkamp.
Roth, Gerhard (2009): Aus Sicht des Gehirns. Vollst. überarb. Neuauflage. Frankfurt am Main: Suhrkamp.
Roth, Gerhard/Helmut Schwegler (Hrsg.) (1981): Self-Organizing Systems. An Interdisciplinary Approach. Frankfurt am Main/New York: Campus.
Schlosser, Gerhard (1993): Einheit der Welt und Einheitswissenschaft. Grundlegung einer Allgemeinen Systemtheorie. Braunschweig/Wiesbaden: Vieweg.
Schmidt, Siegfried J. (Hrsg.) (1987): Der Diskurs des Radikalen Konstruktivismus. Frankfurt am Main: Suhrkamp.
Singer, Wolf (1986): The Brain as a Self-Organizing System. In: European Archives of Psychiatry and Clinical Neuroscience. H. 236. S. 4–9.

Singer, Wolf (2000): Neurobiologische Anmerkungen zum Konstruktivismus-Diskurs. In: Hans Rudi Fischer/Siegfried J. Schmidt (Hrsg.): Wirklichkeit und Welterzeugung. In memoriam Nelson Goodman. Heidelberg: Carl-Auer-Systeme. S. 174–199.

Stadler, Michael/Peter Kruse (1990): Über Wirklichkeitskriterien. In: Volker Riegas/Christian Vetter (Hrsg.): Zur Biologie der Kognition. Ein Gespräch mit Humberto R. Maturana und Beiträge zur Diskussion seines Werkes. Frankfurt am Main: Suhrkamp. S. 133–158.

Tallis, Raymond (2008): The Neuroscience Delusion. Neuroaesthetics Is Wrong about Our Experience of Literature – And It Is Wrong about Humanity. In: The Times Literary Supplement von April 2008.

Warnecke, Willem (2009): Wenn das limbische System sich zu Wort meldet. Michael Pauen und Gerhard Roth referieren Seichtes zu „Freiheit, Schuld und Verantwortung". In: literaturkritik.de. Nr. 9. URL: http://www.literaturkritik.de/public/rezension.php?rez_id=13350. (Abgerufen am 27.5.2010)

Zeki, Semir (2009): Splendours and Miseries of the Brain. Love, Creativity and the Quest for Human Happiness. Oxford: Wiley-Blackwell.

Ziemke, Axel/Olaf Breidbach (Hrsg.) (1996): Repräsentationismus – Was sonst? Eine kritische Auseinandersetzung mit dem repräsentationistischen Forschungsprogramm in den Neurowissenschaften. Braunschweig/Wiesbaden: Vieweg.

Gehirn und Gesellschaft

Tino G. K. Meitz und Guido Zurstiege über Siegfried J. Schmidts
Kognitive Autonomie und soziale Orientierung

1   Entstehungskontext und Vorgeschichte von *Kognitive Autonomie und soziale Orientierung*

Siegfried J. Schmidt hat in vielen akademischen Disziplinen Akzente gesetzt. 1971 wird Schmidt auf einen Lehrstuhl für Texttheorie an der Universität Bielefeld berufen, dort, nur zwei Jahre später, wechselt er auf einen Lehrstuhl für Literaturtheorie. 1979 folgt der Ruf auf einen Lehrstuhl für Germanistik und Allgemeine Literaturwissenschaft an der Universität Siegen. Dann, 1997, der Ruf auf den Lehrstuhl für Kommunikationstheorie und Medienkultur am Institut für Kommunikationswissenschaft der Universität Münster. Davor, daneben und danach zahlreiche Abstecher und Expeditionen: Kunst, Poesie, Ausstellungen, Lesungen und Gastprofessuren, unter anderem in Hiroshima, Edmonton, Melbourne, Innsbruck, Lublin, Wien, Pisa und Klagenfurt. Bereits diese knappe berufsbiografische Skizze zeigt sehr deutlich, mit wie viel Engagement Siegfried J. Schmidt Wissenschaft betreibt, mit wie viel Bekenntnis zur Interdisziplinarität und mit wie viel Leidenschaft für den Perspektivenwechsel – nicht nur zwischen den akademischen Disziplinen, sondern in einem weit umfassenderen Sinn zwischen Wissenschaft, Poesie, Kunst und Kultur.

Eines der wohl bekanntesten Bücher Siegfried J. Schmidts ist die von ihm 1987 herausgegebene Anthologie *Der Diskurs des Radikalen Konstruktivismus*. Hier werden Konzepte und Konsequenzen konstruktivistischen Denkens für ein breites Fachpublikum diskutiert. Spätestens mit diesem sehr einflussreichen Buch, so kann man ohne Übertreibung sagen, ist Konstruktivismus in der deutschsprachigen Fachdiskussion, auch jenseits von Philosophie und Kognitionsforschung, zumindest als Schlagwort lehrbuchfähig geworden. Freilich hatte dieser Erfolg, davon zeugt nun das auf den folgenden Seiten besprochene, sieben Jahre später publizierte Buch *Kognitive Autonomie und soziale Orientierung* (1994), einen Preis: Wie bei manch erfolgreicher Etablierung eines neuen Paradigmas, drohte auch „dem" Konstruktivismus die Gefahr, dass zentrale Begriffe und Konzepte gerade durch die Popularisierung ihres Gehalts weitgehend entleert werden. Und eben dies kann zu Recht für den Konstruktionsbegriff behauptet werden, der in seiner popularisierten Version auf jene „erfundene Wirklichkeit" verweist, in der wir alle erfahrungsgemäß eben nicht leben.

Radikalkonstruktivistisch zu argumentieren, heißt darauf zu bestehen, dass wir gar nicht anders können, als Wirklichkeit zu konstruieren. Den radikalen Konstruktivismus radikal zu kritisieren heißt, aus diesem grundlegenden Mechanismus Willkür, Subjektivität und Beliebigkeit abzuleiten. Das Gehirn operiert funktional autonom, es spricht also nur seine eigene Sprache. Jedoch nicht Subjektivität, sondern Subjektabhängigkeit, so lautet Schmidts Klärungsversuch, nicht Willkür, sondern kollektiv geteilte Schematisierungen und Konventionalisierungen, die in langen Sozialisationsprozessen erworben werden, kennzeichnen Sinnbildungsprozesse. Dieser Brückenschlag zwischen Gehirn und Gesellschaft, Kognitions- und Sozialtheorie, zwischen dem biologischen und dem gesellschaftstheoretischen Konstruktivismus macht *Kognitive Autonomie und Soziale Orientierung* zu einem Schlüsselwerk des Konstruktivismus.

1.1 Im Schatten von Reduktionismus und Relativismus

Die Entstehungsgeschichte von *Kognitive Autonomie und soziale Orientierung* (Schmidt 1994) beginnt nicht mit einem Anfang, sondern mit einem Ende. Sie beginnt mit dem Ende der Diskussionsbereitschaft in Hinblick auf das Theorieangebot des *Radikalen Konstruktivismus*, dessen Diskussion, wie Werner Faulstich zu Protokoll gibt, einer seiner Ansicht nach fraglichen Anstrengung bedarf (Faulstich 1998: 47).

Wo befindet sich der Diskurs über den radikalen Konstruktivismus zu Beginn der 1990er Jahre? Zwischen allen Stühlen, könnte man meinen. Die erkenntnistheoretische Debatte um den radikalen Konstruktivismus hat sich in einer Pattsituation gegenseitiger Unterstellungen auf Unvereinbarkeit festgefahren.[1] Die Empirische Literaturwissenschaft (vgl. Schmidt 1991), die den literarischen Text als eine Kommunikationsform empirisch beobachtet und hiermit eine Alternative zu den literaturwissenschaftlich-hermeneutischen Verfahren eröffnen möchte, ist in weiten Teilen nicht bereit, die erkenntnistheoretischen Kerngedanken des radikalen Konstruktivismus sowie die hiermit verbundenen wissenschaftstheoretischen Konsequenzen, den radikalkonstruktivistischen „Revolutionsgedanken"[2] (Groeben 1997), uneingeschränkt zu teilen. Und selbst in geneigten wissenschaftlichen Kreisen wird der durch Siegfried J. Schmidt noch 1987 formulierte Anspruch bezüglich der Radikalisierung des Beobachterkonzeptes im Gegensatz zum Realismus als Aufbau eines Scheingegners wahrgenommen:

> Diese von radikalen Konstruktivsten aufgebaute [und als Realismus dargestellte] Gegenposition wird jedenfalls in der gegenwärtigen Wissenschafts- und Erkenntnistheorie kaum vertreten: ein derart naiver Realismus ist spätes-

---

[1] Vgl. Oeser/Seitelberger (1988), vgl. auch die erneuten epistemologischen Thematisierungen von Natterer (2003), Fröhlich (2000).

[2] „[D]ie Siegener NIKOL-Gruppe arbeitet nicht nur den Radikalen Konstruktivismus mit Engagement und höchster Arbeitsintensität weiter aus, sondern postulierte auch, dass die Empirische Literaturwissenschaft metatheoretisch konsequent nur auf der Basis des Radikalen Konstruktivismus zu betreiben sei." (Groeben 1997)

tens seit den Arbeiten von Feyerabend, Rorty und anderen obsolet. (Mitterer 1992: 119)

Der radikale Konstruktivismus, als ein offenes Diskursangebot, gerät hier gleich mehrfach zwischen die Fronten wissenschaftstheoretischer Grundsatzpositionen. Im Wesentlichen handelt es sich dabei um Vorwürfe in Bezug auf den vermeintlichen Relativismus (vgl. exemplarisch Nüse et al. 1991: 86 ff.) sowie um Einwände in Bezug auf den vermeintlichen wissenschaftstheoretischen Reduktionismus des radikalen Konstruktivismus (vgl. exemplarisch ebd.: 310 ff. sowie Schnell/Hill/Esser 2008: 109 ff.). Zwei Varianten dieser methodologischen Kritik, deren Bearbeitung Schmidt mit *Kognitive Autonomie und soziale Orientierung* (1994) viel Platz einräumt, sollen im Folgenden ein wenig genauer beschrieben werden.

1.2 Die erkenntnistheoretische Kritik an der Radikalität des Konstruktivismus

In seiner klassischen Ausprägung begegnet dem radikalen Konstruktivismus eine mehr oder minder kritisch-rationalistisch (*sensu* Popper 1973; Albert 1977) geprägte methodologische Kritik, die sich insbesondere am Anspruch auf die *Sebstbezüglichkeit* der Theorie entzündet (vgl. Dettmann 1999). Hinter diesem kritischen Einwand verbirgt sich ein grundsätzliches Misstrauen gegenüber jener *selbstreferenziellen* Prüfung des radikalkonstruktivistischen Theoriebaus, die auf jegliche außerhalb der Formulierung der Theorie gelegene Referenz verzichtet. Das hier vorliegende empirische Begründungsproblem einer wissenschaftlichen Theorie, wie es in Form eines methodologisch geordneten Umgangs im Anspruch auf *Korrespondenz* zwischen Theorie und *wirklicher Welt* durch den Kritischen Rationalismus formuliert wird, erkennt die radikalkonstruktivistische Perspektive jedoch nicht mehr als Referenzkriterium theoretischer Güte an. Stattdessen gewinnen methodologische Verfahrensfragen den Status der letztgültigen Kontrollinstanz: *interne Kohärenz* und *logische Stimmigkeit*.

> [D]er Konstruktivismus macht keinen Hehl daraus, dass er in der Konstruktion seines epistemologischen Modells eine ganze Reihe von an und für sich unbegründbaren Annahmen macht, die er dann allerdings durch die Kohärenz des vorgelegten Modells zu rechtfertigen sucht. Da der Konstruktivismus sich aber ausdrücklich nur mit Kognition und Wissen befasst, sein Modell ausschließlich aus der Erlebniswelt aufbauen und ableiten will, [...] braucht er den Annahmen, die er als Voraussetzungen in sein Modell einbaut, keinerlei ontologischen Wert beizumessen. (Glasersfeld 1987: 402)[3]

---

[3] Das Zitat entstammt der Abschrift der ersten *Siegener Gesprächsreihe über Radikalen Konstruktivismus* (1982) der Forschungsgruppe NIKOL am Lehrstuhl von Siegfried J. Schmidt an der Universität Siegen.

Es ist eben dieses zirkuläre Manöver, das den radikalen Konstruktivismus in den Augen seiner Kritiker gewissermaßen zu einer Glaubensfrage macht und das in der theoretischen Auseinandersetzung beidseitig zu fundamentalistischen Positionen beigetragen hat, die etwa Ulf Dettmann zu der Einschätzung verleiten, dass auch der radikale Konstruktivismus letztlich nichts anderes sei, als Erkenntnismetaphysik (vgl. Dettmann 1999: 212). Der nahezu ausschließliche Fokus auf Kognition und Wissen lässt die gesellschaftstheoretische Relevanz des radikalen Konstruktivismus in den Augen seiner Kritiker darüber hinaus als fragwürdig erscheinen. Der radikale Konstruktivismus, so lautet die scharfe Kritik, macht sich im Geflecht seiner neuro- und kognitionsbiologischen Semantik gewissermaßen eigenhändig gesellschaftstheoretisch mundtot (vgl. etwa Roth 1997, 2000). Er verbleibt wissenschaftstheoretisch kaum mehr als ein „reduktionistischer Kognitivismus" (Nüse et al. 1991: 316 ff.; vgl. auch Fröhlich 2000: 133 ff.; Jensen 1999: 465), der unfreiwillig die im eigenen Theoriekonzept strikt abgelehnte Position „doch wieder eine wahrheitsfähige Erkenntnistheorie zu entwickeln, die ihre Sicherheit auf wissenschaftlichen Fakten basiert" (Schmidt 1994: 37), durch die Hintertür, mit Verweis auf die empirische Herkunft seiner kognitionstheoretischen Grundlagen, eintreten lässt. „Der ‚Konstruktivismus' kann sich jedenfalls selbst nicht außerhalb der grundsätzlichen Konstruktivität des Erkennens etablieren." (Scheffer 1992: 44)

Die skizzierten Fallstricke und Zirkel, in die sich der Diskurs des radikalen Konstruktivismus zu Beginn der 1990er Jahre teils selbst manövriert hat, teils in Form seiner Rezeption manövriert worden ist, verlaufen im argumentativen Patt:

> Ausgehend von diesem Gegensatz kann man dann nur Konstruktivist oder Realist sein. Und insbesondere kann man beides nur „ganz oder gar nicht" sein (vgl. Schmidt 1987: 40) [...]. Das soll vermutlich bedeuten, dass man am besten gar nichts zum Konstruktivismus sagt, wenn man nicht Konstruktivist wird. (Nüse et al. 1991: 337)

1.3 Die methodische Kritik an den Konstruktionsbedingungen des radikalen Konstruktivismus

Im Rücken dieser methodologischen Kritik zeigt sich jedoch seit dem Ende der 1980er Jahre eine zweite Linie der Kritik am radikalen Konstruktivismus, die für die Entwicklungsgeschichte von *Kognitive Autonomie und soziale Orientierung* (Schmidt 1994) von großer Bedeutung ist.

Diese zweite Linie der Kritik stützt sich vor allem auf die epistemologischen Axiome der „Biology of Cognition" (Maturana 1970, vgl. auch Maturana/Pörksen 2004). Die Kritik betrifft vor allem die Evidenzproblematik der operativen Schließung des Beobachterkonzepts und ist eng mit einer Strömung des Konstruktivismus verbunden, die unter den Signets *Erlanger Konstruktivismus* (vgl. exemplarisch Zitterbarth 1991), *Methodischer Konstruktivismus* und *Methodischer Kulturalismus* (vgl. Janich 1993, 1996 a, b, 2000) bekannt geworden ist.

Im Unterschied zur kritisch-rationalistisch geprägten Kritiklinie wird hier jedoch weniger die erkenntnistheoretische Position des radikalen Konstruktivismus an sich infrage gestellt als vielmehr der methodische Zugang zur Bestimmung dessen, was als Erkenntnis im Rahmen des radikalkonstruktivistischen Theorieangebotes Geltung beansprucht. Der hier formulierte Kritikansatz stellt im Kern an jedwedes erkenntnis- und wissenschaftstheoretische Angebot eine zentrale Anforderung, die auf die handlungspraktische Relevanz einer Theorie abzielt. So führt etwa Peter Janich an, dass Wissenschaftlichkeit als Erkenntnisform auf der kritischen Beurteilung ihrer Entstehungsgeschichte beruht.

> Wer aber eine Erkenntnistheorie auf der stillschweigenden Anerkennung naturwissenschaftlicher Ergebnisse aufbaut, hat sich unbegründet und deshalb dogmatisch auf ein Urteil gestützt, das zu begründen erst die Aufgabe der angestrebten Erkenntnistheorie sein kann. [...] Sowohl für die Kritik am radikalen Konstruktivismus wie für eine Überwindung seiner Defizite ist die Unhintergehbarkeit des Handlungsvollzugs durch Handlungsbeschreibung entscheidend. (Janich 2000: 67)

Janichs Kritik an der wissenschaftlichen Beschreibungspraxis radikalkonstruktivistischer Forscher hat einen großen Einfluss auf Siegfried J. Schmidts programmatische Orientierung genommen, der sich bereits in *Kognitive Autonomie und Soziale Orientierung* deutlich zeigt und in späteren Arbeiten weiter entfaltet. Auch der Konstruktivismus findet in *Geschichten* und *Diskursen* statt und ist in diesem Sinne zugleich ein soziales Phänomen und eine Sozialtheorie (vgl. Schmidt 1994: 47).

Indem Schmidt Konstruktivismus dergestalt zunehmend als Sozialtheorie begreift, intensiviert er seine Arbeit an der Aufhebung des Widerspruchs zwischen Individuum und Gesellschaft, Autonomie und Orientierung sowie der hiermit verwobenen Unterscheidung auf gesellschafts- und sozialtheoretischer Ebene:

- gesellschaftstheoretisch, indem er einen Mechanismus der Kopplung von Kognition und Kommunikation in Hinsicht auf ihre gesellschaftliche Verbindlichkeit und Verfügbarkeit entfaltet;

- sozialtheoretisch, indem er den kognitiv autonomen Beobachter kulturell kontextualisiert und damit ein verbindliches Programm zu seiner Orientierung beiseite stellt „als Modell *für* Verhalten" (Schmidt 1991: 32, Hervorhebung im Original).

Man kann zusammenfassend sagen, dass es vor allem die methodologische und erkenntnistheoretische Kritik war, auf die Schmidt in *Kognitive Autonomie und Soziale Orientierung* mit der soziokulturellen Ausweitung des konstruktivistischen Theorieangebots reagiert. Dieser Theorieumbau erfolgt Anfang der 1990er Jahre in einer Zeit, in der sich innerhalb der Geistes- und Sozialwissenschaften ein zunehmendes Interesse an einer weiteren Forschungslinie artikuliert (siehe exemplarisch Mikos 1994; Göttlich 1996; zur Übersicht Bromley 1999), die seit den 1960er Jahren die gesellschaftliche Funktion von Kultur zum zentralen Gegenstandsbereich erhoben haben: den *Cultural Studies*.

1.4 Die kulturalistische Wende – Soziokultureller Konstruktivismus und Cultural Studies

Kaum ein anderes theoretisches und empirisches Projekt hat in den vergangenen zwei Jahrzehnten im Feld der deutschsprachigen Medien- und Kommunikationsforschung so reüssiert wie die Cultural Studies. Das Projekt dieser „diskursiven Formation" (vgl. Hepp/Winter 2003: 10) im Feld der Medien- und Kommunikationsforschung lässt sich in so vielfacher Weise in Beziehung zu Siegfried J. Schmidts Projekt eines soziokulturellen Konstruktivismus setzen, dass die gegenseitige Beeinflussung beider Projekte, trotz ihrer vergleichsweise schwachen wechselseitigen diskursiven Durchdringung, auf der Hand liegt:

- Die gemeinsame fachgeschichtliche Verortung im Rahmen der Theoriedebatten der beginnenden 1990er Jahre;
- die Organisation beider Projekte als Formation multipler, teils miteinander verbundener, teils parallel zueinander verlaufender Diskurse;
- der enge Bezug zu den Literatur- und Sprachwissenschaften;
- die eingehende Beschäftigung mit Phänomenen der Populärkultur;
- die dem zugrunde liegende Ausweitung des Kulturbegriffs, weg von kulturellen Artefakten der Hochkultur hin zu stark prozessorientierten Vorstellungen von Kultur als *Lebensweise*;
- das einflussreiche strukturalistische Erbe;
- die (dezidiert) gesellschafts- und ideologiekritische Position;
- die Beschäftigung mit *Subkulturen* und *Spezialprogrammen*;
- die Beobachtung mediengestützter Differenzerfahrungen und *Kontingenzgewissheiten* ...

Die Liste an Gemeinsamkeiten ließe sich nach Belieben verlängern und würde damit nur noch umso deutlicher zeigen, in welch enger Verbindung die beiden Diskursprojekte, der Cultural Studies auf der einen und des soziokulturellen Konstruktivismus auf der anderen Seite, zueinander stehen. Man kann sagen, dass der *cultural turn* die deutschsprachige Medien- und Kommunikationsforschung zu Beginn der 1990er Jahre zwar mit einiger Verspätung, dafür jedoch gleich an zwei

Stellen in Bewegung versetzt hat – wenn auch sich die Bewegungsenergie dieser *Doppelrotation* bis heute im Fach unterschiedlich stark ausgebreitet hat (siehe Abschnitt 3).

In einer sehr kritischen Synopse über verschiedene Verwendungsformen des Kulturbegriffs im Feld der Medien- und Kommunikationsforschung hat Werner Faulstich durch einen kurzen Seitenhieb auf Schmidts Begriff der *Medienkultur* einen möglichen Hinweis auf die nur schwache Rezeption des soziokulturellen Konstruktivismus (nicht nur) im Rahmen der deutschsprachigen Cultural Studies geliefert. Schmidts Begriff der Medienkultur (1991, 1994), so Faulstich, könne

> aufgrund seiner radikalkonstruktivistischen Ausrichtung nur unter der Voraussetzung genutzt werden [...], dass man auch das theoretische Konzept des radikalen Konstruktivismus akzeptiert – das zu diskutieren aber einen enormen Aufwand erfordert und in ganz andere Richtungen führt. De facto wirkt sich diese Barriere als Immunisierungsstrategie aus. (Faulstich 1998: 47)

Obwohl der hiermit gegen Schmidt vorgebrachte Vorwurf (Immunisierung durch Theoriearbeit) einer anti-intellektuellen Polemik nicht entbehrt, enthält er einen wahren Kern. Schmidts Plädoyer für einen soziokulturellen Konstruktivismus liegt zwar keine ausgeklügelte Strategie zur Vermeidung wissenschaftlicher Anschlusskommunikation zu Grunde, sein Plädoyer versteht sich aber auch nicht als argumentatives Szenario zur Ablösung des kognitionstheoretisch und biologisch orientierten Konstruktivismus. Die zentralen Prämissen des (radikalen) Konstruktivismus, heißt das, bleiben für Schmidt (1994) bestehen, einen Abschied vom Konstruktivismus gibt es (noch) nicht, wohl aber eine neue sozialkulturelle Perspektivierung und Kontextualisierung der konstruktivistischen Theoriebildung.

Hier liegt nun in der Tat ein wesentlicher und möglicherweise nur schwer zu überwindender Unterschied zwischen Schmidts soziokulturellem Konstruktivismus und den Cultural Studies. Letztere zielen auf Kritik und Intervention, wo es um Kultur, Gesellschaft, Herrschaft, Hegemonie und Macht geht und formen so einen lose gekoppelten Diskurs. Mit seiner Konzeption des soziokulturellen Konstruktivismus zielt Schmidt indessen auf die Arbeit am Diskurs des radikalen Konstruktivismus, indem er für diesen die Berücksichtigung der Kontexte Kultur, Gesellschaft, Herrschaft, Hegemonie und Macht einfordert. Cultural Studies und soziokultureller Konstruktivismus sind gleichermaßen Produkte jenes intellektuellen Klimas der 1990er Jahre, das in den Geistes- und Sozialwissenschaften die Beschäftigung mit Medien und Kultur befördert hat. Die beiden Diskursformationen begegnen sich wohl auf der Ebene der Phänomene, weniger indessen auf der Ebene der Argumentationsstrategie. Das erklärt nicht nur die marginale Rezeption des Konstruktivismus in den deutschsprachigen Cultural Studies, sondern auch die marginale Rezeption der Cultural Studies im Rahmen von Schmidts Argumentation.

2 *Kognitive Autonomie und soziale Orientierung* als Schlüsselwerk des Konstruktivismus

2.1 Kultur

Kultur, so hat Niklas Luhmann einmal gesagt, sei einer der schlimmsten jemals gebildeten Begriffe (vgl. Luhmann 1995: 398). Siegfried J. Schmidt (1994: 28) rückt ausgerechnet diesen Begriff ins Zentrum der Argumentation, um seine Kritik an Luhmanns „argumentativ unbalanciert[er]" Kognitionstheorie zu entfalten und zugleich den soziokulturellen Konstruktivismus in den Rang einer Gesellschaftstheorie zu erheben. Schmidts Hauptkritikpunkte an Luhmann lassen sich wie folgt zusammenfassen:

- Luhmanns Unterscheidungslogik beginnt mit dem Verweis auf George Spencer-Browns bekannte Feststellung, dass alles Wahrnehmen und Erkennen, mithin jede Beobachtung, eine Unterscheidung in einen *unmarked space* einschneidet. Beobachten, so lautet das Argument in seiner Kurzfassung, heißt, etwas zuvor nicht Unterschiedenes zu unterscheiden und damit eine Unterscheidung gewissermaßen in die Welt hinein zu tragen. Mit dieser theoretischen Startoperation beginnt Luhmann nicht ontologisch beim Beobachter, sondern systemrelativ mit dem Prozess des Beobachtens, mit einer Operation also, die einen *unmarked state* logisch voraussetzt, und eben diese Voraussetzung zieht Schmidt in Zweifel (vgl. ebd.: 31).

- Ein ebenso grundlegender Einwand Schmidts betrifft Luhmanns Hypothese in Bezug auf die funktionale Autonomie kognitiver und sozialer Systeme. Luhmann unterscheidet kategorisch zwischen System und Umwelt, ja, er sieht in dieser kategorischen Trennung zwischen System und Umwelt geradezu die entscheidende Bedingung für die Möglichkeit von Umwelterkenntnis des (kognitiven) Systems. Diese starke Akzentuierung der Trennung und Abkopplung von System und Umwelt, so lautet Schmidts Kritik, blendet aus, dass sich kognitive ebenso wie soziale Systeme stets „evolutionär und sozialisationsgeschichtlich zusammen mit ihrer Umwelt ausdifferenzieren." (Ebd.: 28).

- Dass Kommunikation und Sozialisierung den Möglichkeitsrahmen für die systemspezifische Wahl und Handhabung von Unterscheidung abstecken, ist auch für Luhmann eine relevante Prämisse. Dennoch, so lautet Schmidts Kritik, postuliert Luhmann ungeachtet dieser Prämisse, dass Information eine rein systeminterne Leistung sei. (Deswegen kann nach Luhmann bekanntlich nur die Kommunikation kommunizieren.) Der Widerspruch zwischen diesen beiden Aussagen, so argumentiert Schmidt, lässt sich nur dann auflösen, wenn man genau unterscheidet zwischen dem „kognitiven System als notwendigem empirischem Ort der Sinnkonstruktion [...] und dem Möglichkeitsraum der Wahl und Anwendung von Unterscheidungen" (ebd.: 28).

Die Prämissen des *unmarked space*, der funktionalen Autonomie und Abgeschlossenheit von Systemen sowie des kategorisch exkludierten Subjekts, bilden die Kernpunkte der Kritik an Luhmann, auf die Schmidt in *Kognitive Autonomie und soziale Orientierung* mit dem Begriff der *Kultur* antwortet. Wirklichkeitskonstruktion vollzieht sich eben nicht subjektiv: „Kognitive Systeme sind deshalb in der Lage, kognitive Komplexität aufzubauen und zu bearbeiten, weil das Individuum gerade nicht [sic!] subjektiv denkt" (ebd.: 32). Das Individuum folgt Motiven und Interessen, bringt Überzeugungen und Bewertungen ins Spiel, es steht aber auch in synchroner wie in diachroner Hinsicht in enger Wechselbeziehung zu seiner Umwelt. Wirklichkeitskonstruktion ist in diesem Sinne subjektabhängig und erfolgt vielfach konditioniert, so argumentiert Schmidt, nun auf der verbreiterten Basis kognitionstheoretischer und kulturtheoretischer Prämissen:

> Zu diesen empirischen Konditionierungen gehören Bau und Funktionsmöglichkeit der Sinne, des Gehirns und der motorischen Peripherie; Gedächtnisleistungen und emotionale Steuerung durch das limbische System [...]. Dazu gehören aber auch sozialstrukturelle Ordnungen, denen Beobachter in einer Gesellschaft unterworfen sind, sowie die vielfältigen „symbolischen Ordnungen", angefangen von der Sprache bis zur Kultur, auf die hin Beobachter sozialisiert und akkulturiert werden. (Ebd.: 27 f.)

Seine zentrale theoriebautechnische Funktion als Bindeglied zwischen Kognitionstheorie auf der einen Seite und Gesellschaftstheorie auf der anderen erhält der Kulturbegriff bei Schmidt durch die Frage nach der Natürlichkeit von Kultur (siehe Koch 1989; Leyhausen 1989; Promp 1990; Hejl 1987, 1992). Vor allem der Ansatz von James R. Beninger (1986), Kultur aus einer naturgeschichtlichen Perspektive zu bearbeiten, hat dabei deutlichen Einfluss auf Schmidts Kulturbegriff genommen und hier das Konzept der „Programmierung" an zentrale Stelle gerückt. Kultur, so argumentiert Schmidt im Anschluss an Beninger, operiert wie ein offenes und in diesem Sinne lernfähiges Programm, das die Funktion sozialer Kontrolle erfüllt (vgl. Schmidt 1994: 226). Den kategorialen Rahmen dieses Programms, das Wirklichkeitsmodell einer Gesellschaft, bestimmt Schmidt im Anschluss an Abraham Moles und Claude Zeltmann (1971) mit den in einer Gesellschaft für essenziell gehaltenen Unterscheidungen, „auf die man sich in Grundsatzfragen als gesellschaftlich verpflichtende Orientierung beruft" (Schmidt 1994: 231).

Je stärker nun in diesem Sinne die kulturellen Voraussetzungen von Prozessen der Wirklichkeitskonstruktion in den Blick geraten, desto deutlicher rücken damit die gesellschaftlichen Institutionen der Verhaltenskoordinierung in den Vordergrund, mit deren Hilfe „erfolgreiche" Formen der Wirklichkeitskonstruktion kontrolliert und reproduziert werden. Diese Argumentation ist nicht nur formal, sondern material, wendet Schmidt gegen Luhmann ein, wie einst Adorno gegen Popper (vgl. ebd.: 31). Der Kulturbegriff eröffnet damit nicht nur eine Plattform, auf der sich Konstruktivismus als Gesellschaftstheorie diskutieren lässt, er bietet darüber hinaus auch einen konzeptionellen Beobachtungsstandpunkt, von dem aus sich Wirklichkeitskonstruktion empirisch, material, erschließt.

Allem voran empfiehlt sich hier die Materialität der medienvermittelten Kommunikation als Zugang und „Gegenstandsbereich" zur Beobachtung von Kultur. Alle Prozesse der Produktion und Rezeption von Medienangeboten, so lässt sich Schmidts Argument knapp zusammenfassen, basieren auf kollektivem Wissen, das für jedes Gesellschaftsmitglied in Wirklichkeitsmodellen und Kulturprogrammen (s)einer Gesellschaft zur Verfügung steht. Wirklichkeitsmodelle und Kulturprogramme werden zugleich vorausgesetzt, in Anspruch genommen und dadurch immer wieder bestätigt und fortgeschrieben:

> Mit dem Fernsehen öffnet sich kein Fenster zur Welt, sondern ein Fenster zu unserer Kultur. Fernsehen macht die Komplexität sozialer Erfahrungen überschaubar und suggeriert, auch funktional differenzierte Gesellschaften seien noch „einheitlich beobachtbar" (ebd.: 277).

2.2 Medienkultur

Im Rahmen der von Siegfried J. Schmidt eröffneten empirischen Beobachtungsperspektive werden Medien und Kultur also sehr eng aufeinander bezogen. Medien machen für Schmidt Kultur beobachtbar, Medienwandel erweist sich darüber hinaus aber auch als Triebfeder kulturellen Wandels. Mit Blick auf die Prozesse des medienvermittelten Wandels von Kultur sind von Schmidt sehr viel stärker als die Arbeiten der Cultural Studies die thematisch ähnlichen Arbeiten von Joshua Meyrowitz (1990 a, b) beachtet worden. Da alle Veränderungen von Kommunikationsmustern wesentliche Bestandteile sozialen Wandels bilden, so argumentiert Meyrowitz in Anschluss an Marshall McLuhan, führen Medientechnologien, die neuartige Verbindungen zwischen Menschen und Orten schaffen, notwendig zu sozialem Wandel. Schmidt bezieht die Arbeiten von Meyrowitz auf den von ihm vorgestellten Aspekt der gesellschaftlichen *Koevolution* von Medien und Kultur und entwickelt so ein Modell gesellschaftlichen Wandels:

- Wenn es stimmt, dass Medienangebote Kognition und Kommunikation aneinander koppeln, dann ist die Annahme sinnvoll, dass Veränderungen im Medienbereich auch Rückwirkungen auf die Bereiche Kognition und Kommunikation haben (vgl. Schmidt 1994: 263).
- Wenn Kultur die Interpretationsfolie für den gesellschaftlichen Wirklichkeitsbezug liefert und somit die zentralen Kriterien gesellschaftlicher Wirklichkeitsvorstellungen orientiert, dann ist zu erwarten, dass medialer und kommunikativer Wandel neue Orientierungsmöglichkeiten hervorbringt, die bis hin zur Neuinterpretation des Wirklichkeitsbezuges führen können (vgl. ebd.: 264).

Diese beiden Annahmen zeigen, dass Schmidt den Medienbegriff *doppelt* besetzt. Zum einen mit Bezug auf die Materialität konkreter Medien (vor allem des Fernsehens); zum anderen mit Bezug auf die Funktionalität von Medien, verstanden als abstrakte Instrumente der Kopplung von Kognition und Kommunikation. Mit Kultur als Ordnung symbolischer Ordnungen und Medien als eben jene Ordnungen thematisierende Mechanismen gesellschaftlich relevanter Kopplungen, beginnt nach dem *Ende* der Diskursfähigkeit des radikalen Konstruktivismus die kulturalistische und soziale Neudeutung gesellschaftlicher Dimensionen, die die biologische Dimension und somit die Begründungslogik des radikalen Konstruktivismus einschließt. Ein weiterer zentraler Aspekt dieses soziokulturellen Neubeginns tritt in Form der empirischen Konkretisierung des Kopplungsverhältnisses von Kognition und Kommunikation auf. Im Sinne eines sozial- und kulturwissenschaftlichen Methodenprogramms zur Beobachtung von *Medienkulturgesellschaften* entfaltet Schmidt, anschlussfähig an die deutschsprachige Kommunikationswissenschaft, weitläufige Forschungstraditionen in der die von Schmidt vorgeschlagene Bezugnahme auf Medien widergespiegelt wird. Schmidt führt hierfür in der Folge seiner kritischen Auseinandersetzung mit dem von Luhmann vorgeschlagenen rein sinnbezogenen Systembegriff der Kommunikation die Handlungsorientierung im Kommunikationsprozess ein, um einen empirischen Zugang über Kommunikations- und Handlungsvollzüge herstellen zu können. Medien, so Schmidts Vorschlag, lassen Beobachtungszugänge:

- in Abhängigkeit von konventionalisierten *Kommunikationsmitteln* sowie des mit ihnen verbundenen Gebrauchs;
- in Abhängigkeit von den *Medienangeboten* als produktiven Ergebnissen der Verwendung dieser Kommunikationsmittel;
- in Abhängigkeit von den *Geräten und Techniken* als technologische Bedingungen für die Erstellung der Medienangebote sowie
- in Abhängigkeit von den *Organisationen* als erforderliche Institutionalisierungen zur Erstellung und Verbreitung zu. (Vgl. ebd.: 83 ff.)

Mit diesem Raster, das in späteren Publikationen Schmidts mit der Bezeichnung des *Medienkompaktbegriffs* in eine griffige Form für die Vielschichtigkeit möglicher Beobachtungszugänge zu medienvermittelter Kommunikation gebracht wird (vgl. Schmidt 2000), kann ein kommunikationswissenschaftlich empirisches Forschungsfeld von der Kommunikatorforschung über die Medienökonomie bis hin zu Prozessen der professionellen Verarbeitung von Medienangeboten im Rahmen der Medienkritik aufgespannt werden, „[d]er [...] verwendete Medienbegriff bündelt eine ganze Reihe von Faktoren, um den Beobachtungsmöglichkeiten in dem Bereich gerecht zu werden, der umgangssprachlich als (Massen-)Medien bezeichnet wird" (Schmidt 2001: 183). Das *Zusammendenken* eben jener empirischen Zugangsmöglichkeiten mit der sinnkonstitutiven Ebene des Medienbegriffes in Bezug auf den co-evolutionären Zusammenhang von Medien und Kultur erlaubt jedoch gleichsam eine medienwissenschaftliche Perspektivierung, die sich von der solitären Beschreibung des einzelnen Medienangebots auf Konstitutionszusammenhänge verschiebt.

3 Rezeption und Wirkung

In der deutschsprachigen Fachdiskussion ist *Kognitive Autonomie und soziale Orientierung* (Schmidt 1994) ausgesprochen zurückhaltend rezipiert worden. In einem 1998 von Ulrich Saxer herausgegebenen Sonderheft der *Publizistik,* dem zentralen Organ der Deutschen Gesellschaft für Publizistik und Kommunikationswissenschaft, das unter dem Titel *Medien-Kulturkommunikation* erschien, findet sich in der Einleitung des Herausgebers nicht mehr als ein knapper bibliografischer Verweis auf Siegfried J. Schmidt. Im gleichen Sonderheft findet sich jene im Vorangegangenen bereits zitierte harsche Kritik Werner Faulstichs: „Dieser [Schmidts] Kulturbegriff ist derart umfassend und egalitär, dass er nahezu bedeutungslos wird. Man könnte ihn bestenfalls als instrumentell oder ideologisch charakterisieren." (Faulstich 1998: 45) Auch in der 2008 von Wolfgang Donsbach herausgegebenen *International Encyclopedia of Communication*, die ihrem Anspruch nach ein geeigneter Ort für die Auseinandersetzung mit konstruktivistischen Theorieangeboten im Fach gewesen wäre, findet das medien- und kommunikationswissenschaftlich orientierte Theorieangebot Schmidts weder in seiner radikalen noch in seiner soziokulturellen Ausprägung Erwähnung.

Viel deutlichere Spuren als im Fachdiskurs hat das Buch *Kognitive Autonomie und Soziale Orientierung* in Schmidts eigenen Arbeiten hinterlassen. An die Stelle der *Sprachlosigkeit* des radikalen Konstruktivismus tritt mit der soziokulturellen Wendung zwar nicht zwingend ein Abschied vom Konstruktivismus, wohl aber eine kulturalistisch geprägte Infragestellung der empirischen Bezugnahme auf ein *Jenseits* der Theorie, die sich in den folgenden Arbeiten Schmidts weiter entfalten wird. Zunehmend geraten Aspekte einer *nicht-dualistischen* Theoriekonzeption in den Vordergrund, die ihre Herkunft einerseits in der Arbeiten Josef Mitterers (vgl. exemplarisch 1992) haben und andererseits in Anlehnung an Georg Wilhelm Friedrich Hegel den Mechanismus aus *Setzung* und *Voraussetzung* (vgl. Ziemke 1992) zum zentralen Bezugspunkt eines ausschließlich auf sich selbst verweisenden Theorieaufbaus erheben. Diese strikt selbstbezügliche Begründungslogik findet mit Schmidts 2003 erschienenem Buch *Geschichten & Diskurse* eine *Radikalisierung*:

> „[Schmidt wechselt] nicht nur den fachwissenschaftlichen Referenzbereich seiner Begründungsstrategie, sondern diese selbst. An die Stelle einer empirischen Plausibilisierung konstruktivistischen Denkens [...] tritt eine dezidiert philosophisch argumentierende Form diskursiver Selbstbegründung. (Sandbothe 2003: 9)

Dieser Wechsel, so Mike Sandbothe, begründet sich vor allem aus Schmidts Abkehr von seiner bisherigen Rolle als medien- und kommunikationswissenschaftlicher hin zu einem kultur- und sprachphilosophischen Forscher.

Literatur

Albert, Hans (1977): Kritische Vernunft und menschliche Praxis. Stuttgart: Reclam.
Beninger, James R. (1986): The Control Revolution. Technological and Economic Origins of the Information Society. Cambridge, MA/London: Harvard Univ. Press.
Bromley, Roger (1999): Cultural Studies. Grundlagentexte zur Einführung. Lüneburg: zu Klampen.
Dettmann, Ulf (1999): Der Radikale Konstruktivismus. Tübingen: Mohr Siebeck.
Donsbach, Wolfgang (Hrsg.) (2008): The International Encyclopaedia of Communication. Oxford: Blackwell.
Fröhlich, Günter (2000): Ein neuer Psychologismus? Edmund Husserls Kritik am Relativismus und die Erkenntnistheorie des Radikalen Konstruktivismus von Humberto R. Maturana und Gerhard Roth. Würzburg: Königshausen & Neumann.
Faulstich, Werner (1998): Medienkultur: Vom Begriff zur Geschichte. Werte- und Funktionswandel am Beispiel der Menschmedien. In: Ulrich Saxer (Hrsg.): Medienkulturkommunikation. Opladen/Wiesbaden: Westdeutscher Verlag. S. 44–54.
Glasersfeld, Ernst von (1987): Siegener Gespräche über Radikalen Konstruktivismus. Ernst von Glasersfeld im Gespräch mit NIKOL (1982, 1984). In: Siegfried J. Schmidt (Hrsg.): Der Diskurs des Radikalen Konstruktivismus. Frankfurt am Main: Suhrkamp. S. 401–440.
Göttlich, Udo (1996): Kritik der Medien. Reflexionsstufen kritisch-materialistischer Medientheorien am Beispiel von Leo Löwenthal und Raymond Williams. Opladen: Westdeutscher Verlag.
Groeben, Norbert (1997): Die Veränderung/en des Wissenschaftskonzepts bei S. J. Schmidt. URL: http://www.sjschmidt.net/begegnu/texte/groeben.htm. (Abgerufen am 11.12.2010)
Hejl, Peter M. (1987): Konstruktion der sozialen Konstruktion. Grundlagen einer konstruktivistischen Sozialtheorie. In: Siegfried J. Schmidt (Hrsg.): Der Diskurs des Radikalen Konstruktivismus. Frankfurt am Main: Suhrkamp. S. 303–339.
Hejl, Peter M. (1992): Culture as a Network of Socially Constructed Realities. Report No. 8/92 of the Research Group on Biological Foundations of Human Culture, ZIF, University of Bielefeld.
Hepp, Andreas/Carsten Winter (2003): Cultural Studies als Projekt. Kontroversen und Diskussionsfelder. In: Andreas Hepp/Carsten Winter (Hrsg.): Die Cultural Studies Kontroverse. Lüneburg: zu Klampen. S. 9–32.
Janich, Peter (1993): Über den Einfluß falscher Physikverständnisse auf die Entwicklung der Neurobiologie. In: Ernst Florey/Olaf Breidbach (Hrsg.): Das Gehirn – Organ der Seele? Zur Ideengeschichte der Neurobiologie. Berlin: Akademie. S. 309–326.
Janich, Peter (1996 a): Konstruktivismus und Naturerkenntnis. Auf dem Weg zum Kulturalismus. Frankfurt am Main: Suhrkamp.
Janich, Peter (1996 b): Die Rationalität der Naturwissenschaften. In: Gerhard Preyer/Georg Peter/Alexander Ulfig (Hrsg.): Protosoziologie im Kontext. „Lebenswelt" und „System" in Philosophie und Soziologie. Würzburg: Königshausen & Neumann. S. 133–151.
Janich, Peter (2000): Realitätsbezug auf Natur oder Praxis? Zur Konstruktivität des Kulturalismus. In: Hans Rudi Fischer/Siegfried J. Schmidt (Hrsg.): Wirklichkeit und Welterzeugung. In memoriam Nelson Goodman. Heidelberg: Carl-Auer-Systeme. S. 65–76.
Jensen, Stefan (1999): Erkenntnis – Konstruktivismus – Systemtheorie. Einführung in die Philosophie der konstruktivistischen Wissenschaft. Wiesbaden: Westdeutscher Verlag.
Koch, Walter A. (Hrsg.) (1989): The Nature of Culture. Bochum: Brockmeyer.

Leyhausen, Paul (1989): The Evolution of the Cultural Dimension. In: Walter A. Koch (Hrsg.): The Nature of Culture. Bochum: Brockmeyer. S. 4–25.
Luhmann, Niklas (1994): Der „Radikale Konstruktivismus" als Theorie der Massenmedien. Bemerkungen zu einer irreführenden Debatte. In: Communicatio Socialis. 27. Jg. H. 1. S. 7–12.
Luhmann, Niklas (1995): Die Kunst der Gesellschaft. Frankfurt am Main: Suhrkamp.
Maturana, Humberto R. (1970): Biology of Cognition. BCL Report No. 9.0. Sponsored by Air Force Office of Scientific Research. Grant AFOSR 70-1865. University of Illinois.
Maturana, Humberto R./Bernhard Pörksen (2004): From Being to Doing. The Origins of the Biology of Cognition. Heidelberg: Carl-Auer-Systeme.
McLuhan, Marshall H. (1968): Die magischen Kanäle. Düsseldorf/Wien: Econ.
Meyrowitz, Joshua (1990 a): Die Fernseh-Gesellschaft I. Überall und nirgends dabei. Weinheim/Basel: Beltz.
Meyrowitz, Joshua (1990 b): Die Fernseh-Gesellschaft II. Wie Medien unsere Welt verändern. Weinheim/Basel: Beltz.
Mikos, Lothar (1994): Fernsehen im Erleben der Zuschauer. Vom lustvollen Umgang mit einem populären Medium. Berlin/München: Quintessenz.
Mitterer, Josef (1992): Das Jenseits der Philosophie. Wider das dualistische Erkenntnisprinzip. Wien: Passagen.
Moles, Abraham/Claude Zeltmann (1971): La communication et les mass media. Paris: Marabout.
Natterer, Paul (2003): Systematischer Kommentar zur Kritik der reinen Vernunft. Interdisziplinäre Bilanz der Kantforschung seit 1945. Berlin/New York: de Gruyter.
Nüse, Ralf/Norbert Groeben/Burkhard Freitag/Margrit Schreier (1991): Über die Erfindung des Radikalen Konstruktivismus. Kritische Gegenargumente aus psychologischer Sicht. Weinheim: Deutscher Studien Verlag.
Oeser, Erhard/Franz Seitelberger (1988): Gehirn, Bewusstsein und Erkenntnis. Darmstadt: Wissenschaftliche Buchgesellschaft.
Popper, Karl R. (1973): Objektive Erkenntnis. Ein evolutionärer Entwurf. Hamburg: Hoffmann & Campe.
Promp, Detlef W. (1990): Sozialisation und Ontogenese – ein biosoziologischer Ansatz. Berlin/Hamburg: Parey.
Roth, Gerhard (1997): Das Gehirn und seine Wirklichkeit. Kognitive Neurobiologie und ihre philosophischen Konsequenzen. Frankfurt am Main: Suhrkamp.
Roth, Gerhard (2000): Radikaler Konstruktivismus, Realität und Wirklichkeit. Gehirn, Realität, Wirklichkeit und Ich. In: Peter M. Hejl/Heinz K. Stahl (Hrsg.): Management und Wirklichkeit. Das Konstruieren von Unternehmen, Märkten und Zukünften. Heidelberg: Carl-Auer-Systeme. S. 65–76.
Sandbothe, Mike (2003): Vorwort. In: Siegfried J. Schmidt (2003): Geschichten und Diskurse. Abschied vom Konstruktivismus. Reinbeck bei Hamburg: Rowohlt. S. 7–22.
Saxer, Ulrich (Hrsg.) (1998): Medien-Kulturkommunikation. Publizistik, Sonderheft 2/1998. Opladen/Wiesbaden: Westdeutscher Verlag.
Scheffer, Bernd (1992): Interpretation und Lebensroman. Zu einer konstruktivistischen Literaturtheorie. Frankfurt am Main: Suhrkamp.
Schmidt, Siegfried J. (Hrsg.) (1987): Der Diskurs des Radikalen Konstruktivismus. Frankfurt am Main: Suhrkamp.
Schmidt, Siegfried J. (1989): Die Selbstorganisation des Sozialsystems Literatur im 18. Jahrhundert. Frankfurt am Main: Suhrkamp.
Schmidt, Siegfried J. (1991): Medien, Kultur: Medienkultur. In: Werner Faulstich (Hrsg.): Medien und Kultur. Beiträge zu einem interdisziplinären Symposium der Universität Lüneburg. Göttingen: Vandenhoeck & Ruprecht. S. 30–50.
Schmidt, Siegfried J. (1994): Kognitive Autonomie und soziale Orientierung. Konstruktivistische Bemerkungen zum Zusammenhang von Kognition, Kommunikation, Medien und Kultur, Frankfurt am Main: Suhrkamp.
Schmidt, Siegfried J. (2000): Kalte Faszination. Weilerswist: Velbrück.

Schmidt, Siegfried J. (2001): Kultur und Kontingenz. Lehren des Beobachters. In: Albert Müller/Karl H. Müller/Friedrich Stadler (Hrsg.): Konstruktivismus und Kognitionswissenschaft. Kulturelle Wurzeln und Ergebnisse. Heinz von Foerster gewidmet. Wien: Springer. S. 183–192.

Schmidt, Siegfried J. (2003): Geschichten und Diskurse. Abschied vom Konstruktivismus. Reinbeck bei Hamburg: Rowohlt.

Schnell, Rainer/Paul B. Hill/Elke Esser (2008): Methoden der empirischen Sozialforschung. München: Oldenbourg Wissenschaftsverlag.

Ziemke, Axel (1992): System und Subjekt. Biosystemforschung und radikaler Konstruktivismus im Lichte der Hegelschen Logik. Braunschweig: Vieweg.

Zitterbarth, Walter (1991): Der Erlanger Konstruktivismus in seiner Beziehung zum konstruktiven Realismus. In: Markus F. Peschl (Hrsg.): Formen des Konstruktivismus in Diskussion. Wien: WUV-Universitätsverlag. S. 73–87.

Von der Wahrheit zur Viabilität

Wolfram Karl Köck über Ernst von Glasersfelds *Radikaler Konstruktivismus*

1 Entstehungsbedingungen und Vorgeschichte

1.1 Der Text

Ernst von Glasersfelds Buch *Radikaler Konstruktivismus. Ideen, Ergebnisse, Probleme* (1996) ist größtenteils die – von ihm selbst redigierte – deutsche Fassung eines englischen Originaltextes, *Radical Constructivism. A Way of Knowing and Learning*, erschienen 1995 bei Falmer als Band 6 der Buchreihe „Studies in Mathematics Education". Ernst von Glasersfeld schrieb das Buch, wie er selbst mitteilt, auf Anregung des Herausgebers dieser Buchreihe, Paul Ernest, Professor für „Philosophy of Mathematics Education" an der University of Exeter. In einem aufschlussreichen Vorwort begrüßt Paul Ernest das weltweit zunehmende Interesse an Mathematikunterricht und Mathematikdidaktik und deren strengerer theoretischer Fundierung. Der radikale Konstruktivismus als "progressives Forschungsprogramm" sei dafür zur „wichtigsten theoretischen Perspektive" geworden, seitdem Ernst von Glasersfeld dieses Programm 1983 auf einer Tagung in Montreal (Kanada) „souverän präsentiert und gegen kritische Einwände verteidigt" hatte (vgl. Paul Ernest in Glasersfeld 1995: xi, Übersetzung WKK).[1] *Radical Constructivism* sei nun die „definitive theoretische Darstellung des radikalen Konstruktivismus […] wirkungsvoll geschrieben und schlüssig begründet […] mit einer tiefgreifenden Analyse aller zentralen Begriffe" (ebd.).[2]

Der Entstehungskontext der englischen Buchversion verweist also nicht nur auf eines der zentralen Interessensgebiete Ernst von Glasersfelds, die Mathematik, wo seine Ideen besonders intensive Anwendung gefunden haben, in Amerika ebenso wie in Europa, sondern auch auf Autorqualitäten wie stringente Logik, stilistische Gewandtheit und kommunikative Überzeugungskraft.

Obwohl die Mathematikdidaktik auch im deutschsprachigen Bereich ein wichtiger Einflussbereich Ernst von Glasersfelds ist, wurde für die deutsche Ausgabe die möglicherweise irreführende Fokussierung auf die Mathematikdidaktik beseitigt, denn unzweifelhaft stehen ja die Probleme der (wissenschaftlichen) Erklärung menschlichen Wissens und Lernens, menschlicher Begriffsbildung und Kommunikation im Mittelpunkt seiner Lebensarbeit und somit auch des Buches. Die deut-

---

[1] Der Titel des Vortrags von Montreal: „Learning as a Constructive Activity", deutsch: „Lernen als konstruktive Tätigkeit" in Glasersfeld (1987: 275–292.)
[2] Konstruktivistische Perspektiven zeigen übrigens auch andere Titel der genannten Buchreihe: die Konstruktion mathematischen Wissens, die konstruktivistische Untersuchung des Mathematikunterrichts, oder den Zusammenhang zwischen Erkenntnistheorie und Mathematikunterricht.

sche Ausgabe im Kontext eines wissenschaftlichen Verlagsprogramms wurde daher für einen entsprechend breiteren Interessens- und Leserkreis angelegt, der Titel analytischer gefasst, das enger fachbezogene Vorwort von Paul Ernest weggelassen. Siegfried J. Schmidt, einer der wichtigsten Protagonisten des radikalen Konstruktivismus in Deutschland, steuerte sowohl ein neues Vorwort bei als auch die Textfassung eines der (vielen) Gespräche Ernst von Glasersfelds mit Wissenschaftlern des Instituts für empirische Literatur- und Medienforschung (LUMIS) der Universität Siegen, die sich aus verschiedenen Disziplinen heraus schon Jahre mit dem radikalen Konstruktivismus beschäftigt hatten. Damit kann sich das in deutscher Sprache vorliegende Buch in der Tat – nach Paul Ernests Worten – als eine „definitive theoretische Darstellung des radikalen Konstruktivismus" präsentieren.

Der gewissermaßen kanonische Status des deutschen Textes als Schlüsselwerk des radikalen Konstruktivismus Ernst von Glasersfelds wird erhärtet durch den schon 1987 in deutscher Sprache erschienenen Sammelband mit Arbeiten Ernst von Glasersfelds aus dem Zeitraum 1970–1983, der einen ausgezeichneten Überblick über die Entwicklung seiner wissenschaftlichen Tätigkeitsfelder bietet und deren zentrale Problematiken detaillierter und strenger darlegt:

- kybernetische Modellbildung,
- Kommunikation, Semantik, Interpretation,
- Evolution von Sprache und Kommunikation,
- Begriffsbildung im Modell des pulsierenden/getakteten Bewusstseins nach Silvio Ceccato,
- die Bildung von Einheiten und Vielheiten als Basis des Zählens und Messens im Rahmen der kognitiven Entwicklung von Kindern,
- die kognitive Entwicklung im Rahmen der genetischen Erkenntnistheorie bzw. des konstruktivistischen Denkens Jean Piagets.

Im Gegensatz zu dieser Zusammenstellung von thematisch konzentrierten Einzelarbeiten bietet das 1996 vorgelegte Buch nun eine eigenständige Überblicksdarstellung der wichtigsten Aspekte des radikalen Konstruktivismus und einiger seiner Anwendungsfelder: die darin wirksamen *Ideen,* dadurch erzielten *Ergebnisse* und damit verbundenen *Probleme.*[3]

---

[3] Bedauerlicherweise fehlen im deutschen Buch sowohl ein Sachverzeichnis wie auch ein Namensverzeichnis. Außerdem sind einige der Literaturangaben fehlerhaft.

1.2 Ernst von Glasersfelds Wege zum konstruktivistischen Denken

Radikaler Konstruktivismus. Ideen, Ergebnisse, Probleme (Glasersfeld 1996) kann zweifellos als eine Art *Summe* einer lebenslangen Auseinandersetzung mit den Problemen des menschlichen Wissens, des Wissenserwerbs und der Prüfung und Wertung der Qualität dieses menschlichen Wissens angesehen werden, eines *Wissens* allerdings, das streng getrennt wird von Glaubensüberzeugungen oder mystischer Weisheit, weil es allein auf *mensch(enmög)liche* Erfahrung und *mensch(enmög)liches* Denken gegründet werden darf und soll.

Die Vorgeschichte dieses maßgeblichen Werks wird kompakt in den zwei „genetischen Epistemologien" umrissen, die das Buch eröffnen, wie Paul Ernest schreibt (Glasersfeld 1995: xii). In einer Art „intellektueller Biografie" skizziert Ernst von Glasersfeld zum einen, allerdings nur in groben Strichen, wie sein konstruktivistisches Denken angestoßen wurde, und durch welche Erfahrungen, Begegnungen und Zufälle es orientiert, entwickelt und schrittweise ausgestaltet worden ist. In einem Streifzug durch die Geschichte der Philosophie von den Vorsokratikern bis zur Gegenwart beschäftigt er sich sodann mit Denkern, die konstruktivistische Konzeptionen menschlichen Wissens entwickelt und überzeugend begründet haben und deren Einfluss bis heute in seiner Arbeit wirksam ist.

Die *biografischen* Unter- und Hintergründe der Genese und Entwicklung seines radikalkonstruktivistischen Denkens sollen hier nur soweit resümiert werden, wie sie direkt der Erhellung der Genese seiner Gedankengebäude dienen. Oft genug ist dokumentiert worden, dass Ernst von Glasersfelds gewinnende Persönlichkeit oder sein (in den USA naturgemäß auffälliger) „europäischer" Kommunikations- und Wissenschaftsstil bedeutsam waren für den Erfolg seiner Ideen. Ernst von Glasersfeld hat selbst immer wieder betont, dass seine Ideen eng mit seiner Lebensgeschichte verbunden sind und dass sie für ihn durch den Verlauf seines Lebens als überaus nützlich validiert worden sind.

In seiner „Danksagung" zu Beginn des Buches betont er zunächst die folgenreiche Prägung durch seine Eltern:

> Alles, was ich getan und geschrieben habe, entsprang dem Wunsch, eine Haltung zu verwirklichen, die mir meine Eltern vorgelebt haben: klarem Denken zu folgen, nicht Dogmen, und Menschen gegenüber loyal zu sein, statt Nationen. Das Beispiel meiner Eltern war ein wunderbares Geschenk. (Glasersfeld 1996: 20)

Der Lebensweg Ernst von Glasersfelds (1917–2010) ist seit kurzem durch von ihm selbst veröffentlichte Erinnerungsbände überschaubarer geworden. Die 2009 erschienenen *Sketches from an Improbable Life* sind etwas umfangreicher und in Teilen aufschlussreicher als der 2008 erschienene deutschsprachige Band mit dem Titel *Unverbindliche Erinnerungen. Skizzen aus einem fernen Leben*.

Die frühen Erfahrungen der Mehrsprachigkeit durch Deutsch und Englisch sprechende Eltern, das Aufwachsen im zweisprachigen Südtirol (Norditalien), und die Internatsjahre im viersprachigen *Lyceum Alpinum* im schweizerischen Zuoz schärften die Wahrnehmung der als diskrepant und inkompatibel empfundenen wechselnden sprachlichen Beschreibungen der nach herrschender rationalistisch-realistischer Doktrin angeblich einzigen, unteilbaren, objektiven Realität dahinter (oder darüber, darunter...). Dieses Aufwachsen in sprachlich so variabel vermittelten Umwelten und Kulturen ließ auch schmerzlich erleben, wie groß die Kluft zwischen dem schulischen Sprachenlernen und dem lebensweltlichen Sprachgebrauch sein konnte. Daraus entstand – wie so oft – die drängende Frage, ob und wie die eine wahre, absolute Realität hinter den so unterschiedlichen Beschreibungen entdeckt und abgebildet werden könnte. Dabei erschien die Mathematik als leuchtendes Ideal, galt sie doch als Reich ewiger Gewissheit, rationaler Vollkommenheit und Schönheit jenseits aller illusionären Wahrnehmungsvielfalt.

Ein Studium der Mathematik in Zürich und im österreichischen Wien – wo außer österreichischer Literatur Sigmund Freuds *Traumdeutung*, Ludwig Wittgensteins *Tractatus* und Hermann Diels' *Fragmente der Vorsokratiker* bedeutsam wurden – musste allerdings wegen finanzieller Probleme und wegen des beginnenden Naziterrors nach kurzer Zeit abgebrochen werden. Ernst von Glasersfeld nahm spontan ein Angebot an, in Australien als Skilehrer tätig zu sein. Er kehrte 1938 nach Europa zurück und es gelang ihm dank glücklicher Kontakte, der düsteren politischen Lage mit seiner zukünftigen Frau über Paris nach Irland zu entkommen. Dort durfte er als inzwischen Staatenloser Landwirtschaft betreiben, konnte interessante Menschen und einiges an Literatur, Kulturgeschichte, Philosophie und auch Politik kennenlernen, überstand den Krieg und bekam schließlich einen irischen Pass: „zum ersten Mal eine Staatsbürgerschaft, die mir passte und mit der ich leben konnte" (Glasersfeld 2008: 106). Zum Kriegsende wurde eine Tochter geboren, und die kleine Familie machte sich kurz danach aus dem regnerischen Irland auf in wärmere südliche Gefilde, um sich schließlich endgültig in Italien niederzulassen, wo – wiederum durch glückliche Begegnungen – die journalistische Tätigkeit zu einer wichtigen Einkommensquelle wurde.[4]

Das jahrelange Leben in verschiedenen Kulturen hatte in seiner Mischung von handwerklichen, schriftstellerischen und reflektierenden Tätigkeiten immer wieder zur Auseinandersetzung mit den Werken verschiedener Denker und Künstler – Literaten ebenso wie Theater- und Filmemachern – geführt. Das erzeugte manchmal schockartige Erweckungserlebnisse erkenntnistheoretischer Art, führte schließlich aber zu der nicht mehr zu erschütternden Einsicht, dass ein Projekt der *Abbildung* der Realität durch deren vollständige Enthüllung und entsprechend adäquate Beschreibung undurchführbar sein musste, wenn als einzig zulässige Mittel menschliche Erfahrung und menschliches Denken nutzbar waren.

Die schicksalhafte Begegnung mit dem italienischen Musiker, Kybernetiker und Philosophen Silvio Ceccato (und seiner Gruppe der *Scuola Operativa Italiana*)

---

[4] Einige journalistische Texte wurden in Glasersfeld (1997) wieder abgedruckt.

im Jahre 1947 eröffnete zusätzlich zur Journalisten- und Skilehrertätigkeit nun auch Arbeitsmöglichkeiten im wissenschaftlichen Bereich, zunächst als (unbezahlter) Übersetzer, dann als regulärer Mitarbeiter in einem Projekt maschineller Übersetzung. Ceccato hatte selbst wegen seiner anti-realistischen Orientierung und seiner Denkschule des Operationalismus (im Sinne des amerikanischen Physiknobelpreisträgers Percy Bridgman) Schwierigkeiten mit dem Establishment Italiens. Ceccatos „These, dass Wörter für Begriffe stehen und dass Definitionen die Operationen angeben müssen, mit denen man diese Begriffe erzeugen kann" (Glasersfeld 1996: 31), faszinierte sowohl als theoretisches Postulat wie als praktische Handlungsanweisung. Es entsprach überdies der Wissenskonzeption des neapolitanischen Anti-Kartesianers Giambattista Vico, die Ernst von Glasersfeld bereits in Irland kennen gelernt hatte: rationales Wissen wird von uns selbst aus den Elementen unserer eigenen Erfahrung zusammengesetzt, Wahrheit wird von uns gemacht. Eine Reihe von frühen wissenschaftlichen Arbeiten zur Theorie der Begriffsbildung beruhen auf Ceccatos Modell des pulsierenden Bewusstseins, umfangreichere Arbeiten zur empirischen semantischen Analyse für Übersetzungsprogramme auf Ceccatos Idee der korrelationalen Bedeutungsnetze. Ernst von Glasersfeld schreibt über den prägenden Einfluss der knapp 20 bei Ceccato verbrachten Jahre: „Im Rückblick kann ich sagen, die jahrelange Mitgliedschaft in Ceccatos Gruppe war unvergleichlich mehr als ein Ersatz für das, was mir eine akademische Erziehung hätte geben können" (2008: 126).

Die theoretisch und empirisch anspruchsvollen Arbeiten im Rahmen der von der US Air Force finanzierten Übersetzungsprojekte wurden zuerst am 1957 von Ceccato gegründeten Mailänder *Centro di Cibernetica e di Attivitá Linguistiche* und ab 1962 am Mailänder Informationsinstitut für Maschinenbau und Ingenieure IDAMI durchgeführt. Sie mussten schließlich aus politischen Gründen ab 1966 in den USA an der Universität von Georgia in Athens fortgesetzt werden. Als die Projekte auch in den Vereinigten Staaten ab 1969 nicht mehr weiter finanziert wurden, fand sich glücklicherweise für die aus Europa gekommenen Wissenschaftler und Techniker Arbeit an der Universität von Georgia. Dort gelang es Ernst von Glasersfeld durch die Qualität seiner Projektarbeit und seiner Lehre auf Dauer Fuß zu fassen und entscheidende Impulse für die Weiterentwicklung und differenzierte Ausarbeitung des konstruktivistischen Denkens zu gewinnen *und* zu setzen. Dazu gehörten besonders auch die jahrelangen Erfahrungen mit dem Projekt der Entwicklung eines computergestützten nicht-verbalen Kommunikationssystems für die Schimpansin Lana in Zusammenarbeit mit dem Yerkes-Primatenforschungszentrum in Atlanta. Und dazu gehörte auch die Entdeckung der Arbeiten zur kognitiven Entwicklung und zur genetischen Epistemologie Jean Piagets durch Vermittlung des Kollegen Charles Smock, der bei Piaget in Genf gearbeitet hatte. Bedeutsam waren sicherlich auch die Begegnungen mit den führenden Vertretern der „Kybernetik der Kybernetik" um Heinz von Foerster, mit den Neurobiologen Humberto R. Maturana und Francisco J. Varela, mit dem österreichischen Philologen und Psychotherapeuten Paul Watzlawick. Schließlich ergab sich noch der Einstieg in die empirische und experimentelle Untersuchung der Entwicklung von Zahlbegriffen bei Kindern in Zusammenarbeit mit dem Mathematikdidaktiker Leslie P. Steffe. Nach Beendigung seiner Tätigkeit an der Universität von Georgia 1987 zog Ernst von Glasersfeld nach Amherst, Massachusetts, um dort als inzwischen weithin bekannter und geschätzter „field shaper" (Tobin 2007: 529) der Naturwissenschaftsdidaktik im *Scientific Reasoning Research Institute* bei Jack Lochhead weiterzuarbeiten.

2   *Radikaler Konstruktivismus* als Schlüsselwerk des Konstruktivismus

> Nicht einmal im Traum hatten wir daran gedacht, dass der Radikale Konstruktivismus zu einem Schlagwort werden könnte – mit all den Vor- und Nachteilen, die eine solche Popularisierung mit sich bringt. Doch es geschah. Die Reaktionen waren recht unterschiedlich, und sowohl die positiven wie auch die negativen waren zuweilen hitzig und verwirrt. Ich möchte daher in diesem Buch meine Auffassung des Konstruktivismus in den wichtigsten Grundzügen von meinem Gesichtspunkt aus zusammenhängend darstellen. (Glasersfeld 1996: 18)

Nach dem ersten Kapitel des Buches, das als Teil seiner Vorgeschichte bereits kurz referiert wurde, folgt im zweiten Kapitel eine Präsentation „unpopulärer philosophischer Ideen" als „Geschichte in Zitaten". Ernst von Glasersfeld unterstreicht eingangs, dass an „den Ideen, die den Radikalen Konstruktivismus ausmachen [...] überhaupt nichts Neues" sei: „Das einzig Neue daran mag die Form sein, in der sie zusammengefügt und von metaphysischer Verbrämung gesäubert worden sind." Er betont, dass der radikale Konstruktivismus ein „Modell des rationalen Wissens" sein müsse, nicht „eine Metaphysik, die eine reale Welt zu beschreiben versucht". Demgegenüber „entzieht sich alle wahre Mystik dem Zugriff der Vernunft". Und das sei „weder eine Leugnung noch ein Werturteil", drücke lediglich die „Überzeugung aus, dass das Mystische ein geschlossener Bereich der Weisheit" sei, „der sich unter den scharfen Instrumenten des Verstandes" auflöse. Der „Zweck der Vernunft" sei „die Analyse". (Ebd.: 56 f.)

Er beginnt seine „Genealogie" der konstruktivistischen Ideen sodann mit dem (oft so genannten) Geburtsfehler der abendländischen Philosophie, mit der Konzeption der Erkenntnis als einer wahren Abbildung der realen vom Menschen unabhängigen Welt. In der Geschichte entdeckt er eine ganze Reihe von Denkern, Philosophen ebenso wie Theologen, Psychologen, Semiotiker, Literaten und Künstler, die sich kritisch gegen diese logisch absurde Dogmatik der realistischen Erkenntnistheorie gestellt und Alternativen formuliert haben. Diese – durchaus bekannte und oft beschriebene – Ahnengalerie erstreckt sich von den skeptizistischen Vorsokratikern über die englischen Empiristen John Locke, David Hume und George Berkeley zu Giambattista Vico, Jeremy Bentham, Immanuel Kant und Kantianern (z. B. Hans Vaihinger), und schließlich bis zur von der empirisch-rationalen Wissenschaft geprägten Moderne, zu den modernen Instrumentalisten, Konventionalisten oder Pragmatisten (von William James bis Richard Rorty), zur evolutionären Erkenntnistheorie und zu Wissenschaftstheoretikern wie Karl R. Popper und Paul Feyerabend.

Ernst von Glasersfeld unterstreicht, dass sein „Marsch durch die Ideengeschichte" gemäß seinen eigenen Prämissen natürlich nicht beanspruchen kann, „die wahren Ansichten der zitierten Autoren ermittelt zu haben, sondern lediglich eine viable Interpretation" (ebd.: 93). Das Fazit seiner Analyse der von ihm ausgewählten Denker liefert ihm eine erste kompakte Formulierung der „Grundprinzipien" des radikalen Konstruktivismus:

1. (a) Wissen wird nicht passiv aufgenommen, weder durch die Sinnesorgane noch durch Kommunikation.

    (b) Wissen wird vom denkenden Subjekt aktiv aufgebaut.

2. (a) Die Funktion der Kognition ist adaptiver Art, und zwar im biologischen Sinne des Wortes, und zielt auf Passung oder Viabilität;

    (b) Kognition dient der Organisation der Erfahrungswelt des Subjekts und nicht der 'Erkenntnis' einer objektiven ontologischen Realität. (Ebd.: 96)

Der hier auftretende Begriff der „Viabilität" wurde von Ernst von Glasersfeld schon in den 1970er Jahren aus der Biologie übernommen und scharf von dem so oft missverstandenen Begriff „Anpassung" abgegrenzt. „Viabilität" umfasst all das, was Organismen in ihren Lebenswelten „überlebensfähig" macht, im Besonderen auch alle durch „ontogenetisches Lernen" erworbenen Fähigkeiten und Fertigkeiten, die immer wieder neuen Widerstände und Bedrohungen der Lebenssituation „kreativ" zu meistern. „Viabilität" ersetzt im Bereich der menschlichen Erfahrung den traditionellen philosophischen Begriff der „Wahrheit", der auf „'korrekte' *Abbildung der Realität*" zielt: „Handlungen, Begriffe und begriffliche Operationen sind dann viabel, wenn sie zu den Zwecken oder Beschreibungen passen, für die wir sie benutzen." (Ebd.: 43, Hervorhebung im Original)[5]

Nach den beiden ersten „genealogischen" Kapiteln beschäftigt sich das Buch mit jenen größeren Themenkomplexen, denen Ernst von Glasersfeld seine Lebensarbeit gewidmet hat. Nur einige wenige dieser thematischen Bereiche können im Folgenden kurz umrissen werden.

---

[5] Zur präzisen Herleitung und eingehenden kritischen Diskussion der Begriffe „Viabilität" und „viabel" vgl. die entsprechenden Ausführungen in Glasersfeld (1987), z. B. in den Aufsätzen „Anpassung und Überlebensfähigkeit" (80–85) oder „Die Begriffe der Anpassung und Viabilität in einer radikal konstruktivistischen Erkenntnistheorie" (137–143).

2.1 Jean Piagets genetische Epistemologie und konstruktivistische Theorie des Wissens

„Es war eine Ironie meines Schicksals, dass ich erst nach Amerika kommen und meinen Forschungsauftrag verlieren musste, um den Autor kennen zu lernen, der für mein späteres Denken maßgebend wurde." (Glasersfeld 1996: 39) Ernst von Glasersfeld nennt es sogar „tragisch", dass er zwar in Italien bereits auf den Namen Jean Piaget gestoßen war, dass sein großer Mentor Silvio Ceccato mit dem „Kinderfänger" Piaget aber nichts zu tun haben wollte (Glasersfeld 2008: 220). Trotz fachlicher Kontakte der beiden und trotz regionaler Nachbarschaft – Mailand und Genf – kam es zu keinerlei Kontakt mit Piagets Denken und Arbeiten. Nun stammt nicht nur der Terminus „Konstruktivismus" von Piaget, sondern vor allem die „revolutionäre Erkenntnistheorie", die sich radikal gegen den traditionellen philosophischen objektivistischen Realismus stellt, die aber vor allem ein empirisches Forschungsprogramm hervorgebracht hat, mit dessen operationaler Methodologie die Konstruktion des menschlichen Wissens als Prozess untersucht werden konnte. Und dies im doppelten Sinne: einmal als Prozess der phasenweisen kognitiven Entwicklung des Kindes zum Erwachsenen, und zum anderen als unter verschiedensten Umständen immer wieder neu und anders durchlaufener Denk- und Erkenntnisprozess mit dem evolutionären Ziel der ständigen viablen (An-)Passung an wechselnde Umstände oder Herausforderungen, oder im Sinne Piagets, der Äquilibration mentaler Strukturen und Prozesse. In Piagets theoretischer Konzeption trafen in glücklicher Weise das naturwissenschaftliche Paradigma der Biologie, die Kybernetik als interdisziplinäres naturwissenschaftlich-technisches Forschungsprogramm im Zeichen von Regelung, Information und Kommunikation, und schließlich die radikal kritische Erkenntnistheorie skeptizistischer Orientierung zusammen.

Ernst von Glasersfelds lebenslange intensive Auseinandersetzung mit dem gewaltigen Werk Piagets zeigt exemplarisches hermeneutisches Vorgehen: Konsultierung und Aufarbeitung möglichst vieler relevanter französischer Originaltexte, sorgfältige kritisch vergleichende Exegese, kohärente Interpretation und konsistente Darstellung der Ergebnisse ohne Anspruch auf endgültige Erkenntnis – im Gegensatz zu vielen verkürzenden, irreführenden, fehlerhaften und von Vorurteilen geprägten „kolossalen Fehlinterpretationen, von denen die Literatur voll ist" (Glasersfeld 1996: 102).[6]

Entsprechend überzeugend fällt das von ihm gezeichnete Bild der konstruktivistischen Theorie des Wissens nach Piaget aus:

---

[6] Es sei hier nur angemerkt, dass auch die deutschsprachige bzw. europäische Aufarbeitung des Piagetschen Riesenwerkes zu mannigfaltigen Interpretationen und Konsequenzen geführt hat: vgl. hierzu die informative Übersicht von Thomas Kesselring (1999).

> Piagets Position kann zusammenfassend durch die Aussage charakterisiert werden: „Der Verstand organisiert die Welt, indem er sich selbst organisiert" [...]. Der kognitive Organismus gestaltet und koordiniert seine Erfahrungen und formt sie dadurch zu einer strukturierten Welt. (Ebd.: 104)

Wie dies nun im Einzelnen geschieht, wird durch eine ganze Reihe von fundamentalen Kategorien und Begriffen des Systems der Piaget'schen Kognitionstheorie erfasst, die hier nicht einmal aufgezählt, geschweige denn kommentiert werden können oder müssen, da sie seit langem zum Kernbestand der Entwicklungspsychologie gehören. Erinnert sei nur an klassische Termini wie 'Objektpermanenz', 'Assimilation' und 'Akkomodation', 'Schema', 'reflexive Abstraktion' oder 'Äquilibration'. Dahinter steht die umfassende Vorstellung Piagets, „dass Wissen eine höhere Form der Anpassung ist [...]. Ein Instrument der Anpassung, deren Zweck die Konstruktion viabler begrifflichen Strukturen ist", und nicht die „Erzeugung von Abbildungen einer ontologischen Realität" (ebd.: 107). Im Zuge solcher Konstruktionsprozesse werden fundamentale Grundbegriffe ausgebildet, etwa Verschiedenheit und Gleichheit, Äquivalenz und Identität, Zustand und Wandel, Prozess und Bewegung, Raum, Kausalität und Zeit, die alle schließlich nach Ablauf gewisser Entwicklungsprozesse zum Aufbau einer als extern erlebten Realität beitragen.[7]

2.2 Kybernetik

Die Kybernetik ist für Ernst von Glasersfeld (1996: 239):

> ein metadisziplinäres (das heißt übergeordnetes) Gebiet, kein interdisziplinäres, da sie Begriffe und Begriffsmuster entwickelt und klärt, die neue Erkenntniswege in einer Vielfalt von Erfahrungsbereichen öffnen. Die Erforschung der Selbstregelung, der Autonomie und hierarchischer Anordnungen führte zur Kristallisierung von Begriffen wie Kreiskausalität, Rückkopplung, Gleichgewicht, Anpassung, Steuerung und, was vielleicht am wichtigsten ist, zu den Begriffen der Funktion, des Systems und des Modells.

Die mehr oder minder enge Verbindung *theoretischer* Forschung mit *technischen* Entwicklungsprojekten ist charakteristisch für das kybernetische Paradigma. Ernst von Glasersfelds Konstruktivismus ist naturgemäß eng verbunden mit Warren S. McCullochs Verständnis der Kybernetik als experimenteller Erkenntnistheorie, und besonders mit der Kybernetik zweiter Ordnung, der Kybernetik der Kybernetik nach Heinz von Foerster. Gemäß den Modellbildungen der Kybernetik zweiter Ordnung können kognitive Systeme gar keinen Zugang zu einer objektiven Realität

---

[7] Da Piaget in diesem Band besonders gewürdigt wird, kann hier auf eine ausführliche Darstellung der umfangreichen Ausführungen Ernst von Glasersfelds verzichtet werden.

erlangen. Der menschliche Beobachter wird zum Dreh- und Angelpunkt jeder Erkenntnistheorie.[8]

Nicht nur die Prozesse der *Evolution* der Organismen, auch die Analyse und Erklärung ihrer *kognitiven Entwicklung* nach Piaget sind im Lichte kybernetischer Modellbildungen und Kategorien präzise beschreibbar. Im Prozess der *Evolution* überleben nur die viablen Strukturen. In der *kognitiven Ontogenese* dagegen führen Misserfolge nicht unmittelbar und notwendig zur Elimination, sie können zu Lernen führen und so die Viabilität des Organismus verbessern.

Schließlich hilft die im Rahmen des kybernetischen Denkens hoch differenzierte Kunst der *Modellbildung*, die fundamentalen Prinzipien der konstruktivistischen Erkenntnisauffassung präziser zu bestimmen. Sie betrifft vor allem die für die kybernetische Arbeit zentrale Problematik, einen „schwarzen Kasten" (*black box*) – also ein beliebiges System natürlicher oder technischer Art – *beherrschbar* zu machen, indem Hypothesen über seine Struktur und sein Funktionieren gebildet und geprüft werden und indem das so konzipierte System technisch nachgebaut wird. Ein auf diese Weise erzeugtes Modell ist

> dann ein gutes Modell, wenn die Resultate seiner Arbeit keine Diskrepanz zum Funktionieren des schwarzen Kastens zeigen. Diese Relation ist [...] analog der Relation zwischen unserem Wissen und unserer Erfahrung. Da es zwischen unserer Erfahrung und dem, was die Philosophen die ontologische Realität nennen, nur eine hypothetische Verbindung gibt, hat die Realität für uns den Status eines schwarzen Kastens. (Ebd.: 255)

Die Kybernetik (und eben auch die moderne Physik) bieten also sehr gute Handhaben für die selbstkritische Entwicklung und Umsetzung konstruktivistischen Denkens.

2.3 Zur operationalen Konstruktion von Begriffen

Der früh begonnene Aufbau der eigenen Mehrsprachigkeit führte Ernst von Glasersfeld sowohl zu der Überzeugung, dass jede Sprache an „eine andere Erfahrungswelt gebunden" (1996: 132) sei, gleichzeitig aber auch zu dem Wunsch, das Funktionieren und folglich die Konstruktion von „Bedeutung" zu analysieren und wissenschaftlich handhabbar zu machen. Dies wurde in der Arbeit an den Mailänder Übersetzungsprojekten zur konkreten Aufgabe. Gleichzeitig bot sich mit der operationistischen Theorie Silvio Ceccatos eine praktikable Methode der Begriffsanalyse. Wie bereits erwähnt, stammt die Idee der operationalen Definition von dem amerikanischen Physiker Percy Bridgman, die Idee der Bedeutungserzeugung

---

[8] Ausführlichere Analysen finden sich in einzelnen Arbeiten der Sammelbände Glasersfeld (1987, 1997), zum Beispiel in „Kybernetik, Erfahrung und der Begriff des Ich" (1987: 144–175) oder in „Rückkopplung, Induktion und Erkenntnistheorie" (ebd.: 213–220).

durch mentale Operationen findet sich jedoch auch bei Jean Piaget. Bridgmans Ansatz war ein sowohl experimenteller als auch ein pragmatischer: durch die Analyse und Darstellung der mentalen Operationen, die der Konstruktion eines Begriffes zu Grunde liegen, ergab sich die Möglichkeit, mit verschiedenen solchen Konstruktionen zu experimentieren und sie nach ihrer Ergiebigkeit oder Nützlichkeit einzustufen und zu bewerten. Diese Vorstellung hat auch für den Konstruktivismus Ernst von Glasersfelds fundamentale Bedeutung gewonnen.

Von Silvio Ceccato stammt allerdings ein „hypothetisches Modell, *wie der Verstand operiert*" (ebd.: 137, Hervorhebung im Original). Ceccato „entwickelte das Modell eines mentalen Verfahrens, das auf der Vorstellung einer pulsierenden Aufmerksamkeit sowie der Fähigkeit beruhte, aus solchen Pulsen kombinatorische Muster zu bilden" (ebd.: 136). Ceccatos Methode bestand darin, „die Sinneserfahrung als eine Art Kinofilm aufzufassen, der aus einer Abfolge von statischen Einzelbildern besteht und Begriffe wie Wandel, Bewegung, Ausdehnung usw. entstehen lässt, wenn er mit größerer Geschwindigkeit vorgeführt wird" (ebd.). Ernst von Glasersfeld zeigt nun, wie diese Begriffe des *Wandels*, der *Bewegung*, der individuellen *Identität*, *Raum* und *Zeit* konstruiert werden können und miteinander verbunden werden müssen. Dafür ist auf jeden Fall ein Gedächtnis notwendig, das in der Lage ist, Einheiten der Erfahrung zu *re-präsentieren*, das heißt im Bewusstsein wieder vorzuführen oder in gewisser Weise zu rekonstruieren.

Von besonderem Interesse sind die (im neunten Kapitel des Buches vorgestellten) Analysen der Konstruktion elementarer *mathematischer* Begriffe auf der Grundlage der Kategorien von *Einheit*, *Vielheit* und *Zahl*. Ernst von Glasersfeld schreibt dort, er wolle „zwei Dinge versuchen: erstens eine Analyse, die angibt, wie die Begriffe strukturiert werden können, und zweitens zeigen, dass ihre Konstruktion von Wahrnehmungselementen ausgeht und durch eine Folge von reflexiven Abstraktionen erreicht wird" (ebd.: 261). Er illustriert das Problem der Konstruktion von Zahlbegriffen und des Erwerbs der Fähigkeit zu zählen an außerordentlich aufschlussreichen historischen Äußerungen des Bischofs von Vigevano, Juan Caramuel, aus dem 17. Jahrhundert, die aufgrund ihrer geradezu klassischen konstruktivistischen Substanz und Einprägsamkeit hier wiedergegeben werden sollen:

> Da war einmal ein Mann, der sprach im Schlaf. Als die Uhr die vierte Stunde schlug, sagte er: „Eins, eins, eins, eins – die Uhr ist ja verrückt, sie hat viermal eins geschlagen!" Der Mann hatte offenbar viermal je einen Schlag wahrgenommen, nicht aber vier Schläge. Was er im Sinn hatte, war nicht vier, sondern vier mal eins; woraus man ersieht, dass Zählen etwas anderes ist, als mehrere Dinge als gleichzeitig zu betrachten. Hätte ich vier Uhren in meiner Bibliothek, und alle vier schlügen eins zur gleichen Zeit, so würde ich nicht sagen, sie hätten vier geschlagen, sondern viermal eins. Dieser Unterschied liegt nicht in den Dingen, unabhängig von den Operationen des Geistes. Im Gegenteil, er hängt vom Geiste desjenigen ab, der zählt. Der Intellekt also *findet* keine Zahlen, sondern er *macht* sie; er betrachtet unterschiedliche

Dinge, jedes an sich verschieden, und vereinigt sie willentlich im Denken. (Zitiert ebd.: 264, Hervorhebung im Original)

Das generative Verfahren nun, durch welches die Begriffe der Vielheit und der Einheit erzeugt werden, gründet Ernst von Glasersfeld auf empirische Untersuchungen, die zeigen, „dass figurale Komposition stattfinden kann, ohne dass sich die Augen der Körper bewegen". Die Fähigkeit nämlich, „das Zentrum der Aufmerksamkeit zu verschieben", ist entscheidend für die „Organisation dessen, was das wahrnehmende Subjekt erlebt". (Ebd.: 269 f.)

In ähnlicher Weise hatte Jean Piaget „seit langem behauptet, dass die Wahrnehmung von Mustern das Ergebnis der aktiven Komposition sensorischer Daten mit Hilfe von Bewegung ist" (ebd.: 269). Daraus ergab sich nun für Silvio Ceccato die „Idee, dass die Struktur gewisser abstrakter Begriffe als Aufmerksamkeitsmuster interpretiert werden könnte" (ebd.: 270). Kurz und knapp zusammengefasst bedeutet dies, dass ein Begriff entsteht, wenn im Organismus ein so genanntes „Merkmuster" geschaffen wird und zwar durch (die von Piaget ausführlich beschriebene) Operation der reflexiven Abstraktion, indem so genannte gezielte Momente von ungezielten Momenten eingerahmt werden. Das „generische Merkmuster einer Einheit" wird daher durch die einfache Formel O I O dargestellt, die „eine gänzlich abstrakte Entität" abbildet" (ebd.: 273). In diesem Modell lässt sich die Konstruktion einer Vielheit als abzählbarer, zusammengesetzter Einheit durch reflexive Abstraktion ebenso abbilden wie „die Umwandlung einer Vielheit in die Art von zusammengesetzter Einheit, die als Zahl betrachtet werden kann" (ebd.: 277). Was also „den abstrakten Begriff der Zahl konstituiert", das ist das „Aufmerksamkeitsmuster, das von der Zählprozedur abstrahiert wird" (ebd.: 278).

Dies muss an dieser Stelle als ganz grobe Kennzeichnung des hypothetischen Modells der mentalen Konstruktion von Begriffen im Rahmen eines empirisch begründeten Aufmerksamkeitsmodells genügen.[9]

2.4 Die Konstruktion des Akteurs: das Ich und die Anderen

Im sechsten Kapitel beschäftigt sich Ernst von Glasersfeld mit dem Problem der *Geltung* des Wissens beziehungsweise mit den Möglichkeiten, die eine konstruktivistische Auffassung bietet, verlässliches Wissen von weniger verlässlichem oder unsicherem Wissen zu trennen. Das Problem stellt sich in aller Schärfe, weil das überkommene Kriterium der Prüfung von Wissen durch Übereinstimmung mit der Realität seinen Sinn verloren hat. In ähnlicher Weise hatte sich als sinnlos erwiesen, im Rahmen des aus der Technik übernommenen Modells der Kognition als

---

[9] Detaillierte Ausführungen hierzu finden sich bereits in Glasersfelds hoch interessanten großen Aufsatz „'Subitizing': Die Rolle figuraler Muster in der Entwicklung von Zahlbegriffen" (1987: 254–274).

Informationsverarbeitung Wissen als Kodierung und somit Repräsentation einer Außenwelt zu verstehen. Auch hier ist ein Vergleich der dekodierten mit der vermeintlich kodierten Information natürlich nicht durchführbar. Ein Konstruktivist kann sich nun zunächst sagen, dass der Wissenserwerb jedes Individuums zweifellos in dem Sinne zielstrebig ist, dass er für dieses Individuum nützlich sein soll, und dass dies sicherlich ein Kriterium der Wissensbewertung für ein Individuum sein wird. Wenn nun das Wissen, das die Methoden der Naturwissenschaft erzielen, als besonders zuverlässig gilt, so liegt dies daran, dass gerade die Naturwissenschaften von Anfang an *keinerlei* Anspruch erhoben haben, eine unabhängig von ihren Beobachtungen und Analysen existierende Realität zu erfassen und abzubilden und mithilfe dieser Abbildungen manipulieren zu können. Unbestreitbar ist aber auch für den Konstruktivisten, dass das naturwissenschaftliche Wissen in vielfältiger Weise nützlich geworden ist, und dass es dabei in einer Art evolutionärem Prozess durch Konkurrenz oder Wettbewerb zu einer gewissen Qualitätssicherung kommen kann. Wissenschaftliches Wissen kann daher als viabler angesehen werden als nicht in gleicher Weise geprüftes und bestätigtes Wissen.

Von besonderer Bedeutung für die Prüfung und Bestätigung unseres ja immer individuell konstruierten Wissens ist die Bestätigung durch Mitmenschen, denen wir unterstellen, dass sie ebenso wahrnehmen, denken und Wissen aufbauen wie wir selbst, also auch individuelle Identität besitzen und in einer eigenständigen von ihnen selbstgeschaffenen Welt leben. Aus konstruktivistischer Sicht kann also die Arbeitshypothese formuliert werden, dass Wissen, das von anderen denkenden und erkennenden Individuen bekräftigt wird, als *intersubjektives* Wissen größere Zuverlässigkeit aufweist als anderes. Dies impliziert, dass viele unserer Mitmenschen nach unserem eigenen Bilde konstruieren, denn in einem gewissen Stadium der kognitiven Entwicklung beginnt schon das Kind, seine Mitmenschen zu erklären, ihr Verhalten zu bewerten, ihre Handlungen vorherzusagen und zu manipulieren. Bewährt sich solches Konstruieren des Mitmenschen und entsprechende Modellbildung, erweist es sich also als viabel, dann gewinnt auch die Bekräftigung des eigenen Wissens durch diese Mitmenschen an Qualität, eine „Viabilität zweiter Ordnung" (ebd.: 197). Und daraus entwickelt sich sodann die Vorstellung intersubjektiven Wissens auf der Basis sozialer Interaktion, oder die Redeweise von gemeinsamem Wissen, von bestätigten Tatsachen, von intersubjektiver Wirklichkeit.[10]

Die Konstruktion des *Ich* bzw. eine viable Analyse des komplexen Begriffs des *Ich* bietet nach wie vor große Schwierigkeiten. Da ist zum einen das Problem der Entstehung bzw. der konstruktiven Entwicklung des *individuellen Ich*, zum anderen der entsprechende Aufbau des *sozialen Ich*. An dieser Stelle kann nicht weiter

---

[10] Ernst von Glasersfeld verweist in diesem Zusammenhang auf Texte eines russischen Vorläufers der Kybernetik, Alexander Bogdanow (vgl. Glasersfeld 1996: 198).

auf Einzelheiten eingegangen werden; außerdem fehlen detaillierte empirische Analysen dieser Problematik.

Es bleibt das unlösbare Problem einer Ethik, denn aus dem Gesagten lässt sich keinerlei ethischer Imperativ ableiten. Aus konstruktivistischer Sicht kann lediglich festgestellt werden, dass das individuelle Subjekt die anderen Menschen benötigt, „um intersubjektive Viabilität von Denk- und Handlungsweisen zu erreichen". Zwar folgt daraus kein „ethischer Imperativ", aber immerhin bietet sich damit eine „rationale Basis für die Entwicklung einer Ethik". (Ebd.: 209)

2.5 Sprache, Kommunikation, Bedeutung

Ernst von Glasersfelds Bemerkungen zu dieser Thematik rekapitulieren seine Auffassungen von der Struktur sprachlicher Zeichen und der Konstruktion von Bedeutung. Er erläutert darüber hinaus, wie die revolutionäre Analyse der technischen Nachrichtenübertragung (= Kommunikation) von Claude E. Shannon angemessen zu verstehen ist, und dass der Prozess des Sprachaufbaus durch Kinder so ganz anders abläuft, als sich dies die nativistischen Linguisten im Gefolge Noam Chomskys vorstellen. Die empirischen und theoretischen Arbeiten eines seiner prominentesten ehemaligen Studenten in Athens/Georgia, Michael Tomasello, zurzeit Direktor am Max-Planck-Institut für evolutionäre Anthropologie in Leipzig, zeigen dies in eindrucksvoller Weise.[11]

Ernst von Glasersfelds Erläuterungen des Prozesses zwischenmenschlichen Verstehens aus konstruktivistischer Sicht sind zentral auf den Begriff der Viabilität bezogen. Verstehen ist „immer eine Sache des Zusammenpassens und nicht des Übereinstimmens". Sprache „orientiert den Empfänger beim Aufbau einer begrifflichen Struktur", die „Interpretation" einer Nachricht ist viabel, „wenn sie in der begrifflichen Umwelt Sinn ergibt". Besonders hervorzuheben ist, dass die gegebenen Bedingungen nur „eliminieren", was *nicht* „passt", aber keine Schlüsse ermöglichen in Bezug auf all das, „was nicht mit ihnen kollidiert". (Ebd.: 230 ff.)

Für die Kommunikationspraxis erscheint eine konstruktivistische Einstellung zu Sprache, Bedeutung und Kommunikation daher nützlicher und ergiebiger, da sie nicht so leicht zur Verfestigung von Bedeutungsbehauptungen und somit zu Verkrampfungen, Konflikten oder sogar Feindseligkeiten um Interpretationen oder Formulierungen führt, sondern eher die Idee des Aushandelns und konsensuellen Konstruierens kompatibler Bedeutungen unterstützt.

---

[11] Dies gilt bereits für Tomasellos Dissertation *First Verbs* (1992).

2.6 Die Kunst des Lehrens

Ernst von Glasersfeld stellt eingangs des zehnten Kapitels seines Buches fest, dass „die Verweise auf den Radikalen Konstruktivismus in der pädagogischen Literatur auf erstaunliche Weise zugenommen" hätten (ebd.: 283), und dass dies angesichts der wenigen ernsthaften Anwendungen dieser Konzeption bedenklich sei. Er betont daher im Folgenden nochmals das „instrumentale" und „zweckbezogene" Verständnis menschlichen Wissens, für dessen Aufbau es nicht nur eine einzige Lehrmethode geben könne. Der Konstruktivismus könne bestenfalls „die negative Hälfte einer Strategie liefern", also den Lehrern „klarmachen, warum bestimmte Einstellungen und Verfahren fruchtlos oder kontraproduktiv sind", und er könne ihnen darüber hinaus „Chancen aufzeigen, ihre eigene spontane Eingebung zu benutzen". (Ebd.: 285)

Er bespricht sodann erneut die Unterschiede zwischen Lehren und Dressieren, gibt eine kritische Analyse des behavioristischen Instruktionsmodells, besonders der Grundbegriffe 'Stimulus' und 'Verstärkung', spricht sich gegen allzu simple Motivationsförderung durch Belohnung und Lob aus, und plädiert für die Förderung aktiven selbständigen Problemlösens, denn solches sei „zweifellos ein sehr leistungsfähiges erzieherisches Werkzeug" (ebd.: 293). Für ihn ergibt sich „ein grundlegender *ethischer Imperativ*: Lehrer müssen stets die Überzeugung hegen, dass Schüler in der Lage sind, selbstständig zu denken." (Ebd.: 291, Hervorhebung im Original) Er hält es daher für besonders wichtig, die Orientierungsfunktion der sprachlichen Kommunikation angemessen zu verstehen und im Umgang mit Kindern entsprechend umzusetzen. Sowohl das Sprechen der Lehrpersonen als auch die verwendeten Lehrmaterialien können nämlich zu Konstruktionsprozessen der Schüler führen, die ganz anders sind als die ursprünglich geplanten und beabsichtigten. Aufgrund der Ergebnisse beachtlicher Studien und Untersuchungen zu diesen Problemen, unter anderem aus der Schule von Jean Piaget (Hermine Sinclair) oder aus Ernst von Glasersfelds eigenen Projekten mit Leslie P. Steffe in Athens, Georgia lassen sich diese Erfahrungen in vielfältiger Weise nachweisen. Grundlegend bleibt dabei, dass die Begriffe der Lernenden bestimmt werden durch das, „was sie als individuelle wahrnehmende Subjekte abstrahieren (als empirische Abstraktionen von ihren Sinneswahrnehmungen und als reflexive Abstraktionen von den Operationen, die sie selbst in diesem Prozess ausführen)" (ebd.: 297).

Im Weiteren betont Ernst von Glasersfeld, wiederum mit Bezug auf Untersuchungen des Unterrichtsgeschehens, wie wichtig es ist, „sich das Denken der Schüler zu vergegenwärtigen" (ebd.: 300), Hilfen statt Anweisungen zu geben, die Vorteile von Partner- und Gruppenarbeit zu nutzen, das Aushandeln von Bedeutungen zu fördern und zu lenken. Generell ist es wesentlich, ehrlich und redlich mit den Schülern umzugehen, kooperativ und nicht autoritär. Er meint abschließend, „dass der radikale Konstruktivismus den Erziehern Folgendes nahelegen kann: Die Kunst des Lehrens hat wenig mit der Übertragung von Wissen zu tun, ihr grundlegendes Ziel muss darin bestehen, die Kunst des Lernens auszubilden." (Ebd.: 309)

3 Rezeption und Wirkung

Das Panorama des konstruktivistischen Denkens, das Ernst von Glasersfeld in diesem Buch ausbreitet, begründet und konkretisiert, ist – wie bereits eingangs gesagt – eine Summe vieljähriger Forschungsarbeit, die in vielen Büchern, Aufsätzen, Vorträgen, Kolloquien und Diskussionen, Seminaren und Lehrveranstaltungen auch öffentlich gemacht worden ist. Die Rezeption seiner konstruktivistischen Ideen, Ergebnisse und Probleme hat daher seit den 1970er Jahren ständig an Intensität zugenommen, besonders in Europa, und hat mit der Veröffentlichung dieses Buches sicherlich an Breite und Tiefe gewonnen.

An dieser Stelle kann keine empirisch gesicherte und dokumentierte kritische Analyse der weltweiten Rezeption der Arbeit Ernst von Glasersfelds gegeben werden. Bevor jedoch einige wichtige Rezeptionslinien zumindest beleuchtet werden, sollen zwei Dinge festgehalten werden:

1. Die Popularisierung und Trivialisierung radikalkonstruktivistischer Ideen wird von Ernst von Glasersfeld selbst zur Kenntnis genommen, aber als bedenklich und vielleicht sogar schädlich eingeschätzt. In der Tat sind ja Ausdrücke wie „Konstruktion" oder „Erfindung" praktisch zu nichtssagenden, leeren Klischees geworden, die mittlerweile mit den seriösen Ansätzen und Arbeiten Ernst von Glasersfelds (oder anderer Konstruktivisten) nur mehr wenig zu tun haben.

2. Begriffe wie Konstruktion, Konstruktivismus oder Konstruktionismus sind seit langem auch in anderen Geistes- und Sozialwissenschaften entwickelt worden und haben, wenn überhaupt, dann nur indirekt und teilweise mit dem Denken Ernst von Glasersfelds zu tun, vom Konstruktivismus in den Künsten ganz abgesehen. Sie müssen daher auch von seinen Ansätzen geschieden werden. Man könnte sie allerdings zumindest in gewissem Maße auch als empirische Prüfungen, Bestätigungen oder Modifikationen des Glasersfeld'schen Konstruktivismus auffassen. Zu nennen wären hier etwa theoretische Entwürfe wie Luc Ciompis Affektlogik (z. B. 2003), sozialphilosophische Überlegungen zur Konstruktion von Emotionen (z. B. Harré 1986), oder exemplarisch die empirischen Analysen alltäglicher (gesprochener) Konversation der so genannten Ethnomethodologie, die in der linguistischen Pragmatik produktiv gemacht worden sind. Dazu kommen die interdisziplinären Projekte der neueren kognitiven Linguistik. In all diesen Bereichen ist das Reden von „Konstruktion" oder „Erfindung" theoretisch wohlbegründet und empirisch gehaltvoll.

Hervorragende Dokumente für den direkten Einfluss, die Praktikabilität und Fruchtbarkeit des konstruktivistischen Denkens Ernst von Glasersfelds gibt es für den bereits eingangs dieses Artikels angesprochenen Bereich der Mathematikdidaktik. In dem von Ernst von Glasersfeld herausgegebenen Buch *Radical Constructivism in Mathematics Education* (1991) wird eine ganze Reihe von Schulprojekten (in den USA, Holland und Frankreich) beschrieben, die eindrucksvoll belegen, wie dramatisch die Qualität des Mathematikunterrichts verändert werden kann, wenn konstruktivistische Auffassungen ernsthaft verwirklicht werden. Dies gilt gleichermaßen für die Didaktik der Naturwissenschaften.[12]

Das im vorliegenden Buch abgedruckte Siegener Gespräch ist ein weiteres Beispiel für die lebendige und thematisch breite Diskussion des radikalen Konstruktivismus in den letzten Jahrzehnten. Da geht es durchaus repräsentativ um Lernen und Wissen, um Realität und Wahrnehmung, auch um Emotionen im konstruktivistischen Modell, um Probleme der Ethik, um Gesellschaftstheorie und Methodologie. Das Gespräch wird durchzogen von dem ständigen Bemühen Ernst von Glasersfelds klarzumachen, dass radikalkonstruktivistisches Denken sich nicht in quasi-philosophischen Allgemeinplätzen oder ideologischen *mission statements* erschöpfen dürfe, was sich leider allzu oft in popularisierenden Darstellungen und oberflächlichen Anwendungen zeige, sondern als streng operationalistisches Forschungsprogramm betrieben werden müsse.

Besonders öffentlichkeitswirksam waren die beiden unter dem absichtsvoll mehrdeutigen Titel „Die Wirklichkeit des Konstruktivismus" 1992 und 1998 in Heidelberg veranstalteten internationalen Kongresse, die viele Hunderte Teilnehmer und Diskutanten aus einem breiten fachlichen Spektrum von der Neurobiologie über Pädagogik und Psychotherapie bis zu den Künsten und zur Theologie zu lebendigem Austausch versammelten. Die in den beiden die Kongresse selektiv dokumentierenden Sammelbänden abgedruckten Beiträge einiger der Kongressteilnehmer vermitteln einen Eindruck von der Fülle und Breite der im Zusammenhang mit dem radikalen Konstruktivismus behandelten Themen und Probleme (vgl. Fischer 1995; Fischer/Schmidt 2000). Natürlich kommen dabei auch die schärfsten Kritiker zu Wort, die konstruktivistisches Denken als trivial oder banal oder als überzogen, widersprüchlich und gefährlich ansehen.

Der Stand der Diskussion ist in der Einführung in die Festschrift für Ernst von Glasersfeld zu seinem 80. Geburtstag (mit etwas Verspätung 1999 erschienen) vom Herausgeber Gebhard Rusch kompakt und mit überzeugender Klarheit dargestellt worden, vor allem auch mit Bezug auf die gegen die *Radikalität* dieser Denkweise ins Feld geführten kritischen Einwände und – unterschiedlich qualifizierten – Argumente. Rusch kennzeichnet Ernst von Glasersfelds Ansatz als einen „Versuch

---

[12] Als neuere einschlägige Buchveröffentlichungen seien genannt: Steffe/Thompson (2000); Quale (2008). Zur Rezeption im deutschsprachigen Bereich vgl. die Beiträge in diesem Band.

[...] die Bedingungen und Möglichkeiten rationalen Handelns für kognitiv autonome Subjekte zu untersuchen und zu explizieren" (Rusch 1999: 9) und somit, mit anderen Worten, „eine genetische Theorie von Wirklichkeit" (ebd.: 11) zu erarbeiten, da es ja gemäß der skeptizistischen Traditionen und spätestens seit Kant „gar keine Alternative zur Benutzung des eigenen Verstandes gibt" (ebd.: 7). Drei Theoreme bestimmen radikales konstruktivistisches Vorgehen: das Beobachtertheorem (T1), das Konstruktivitätstheorem (T2), und das Geltungstheorem (T3). Ihre gleichsam kanonische Formulierung lautet (ebd.: 8 f.):

> T1: Es ist menschenunmöglich, einen Standpunkt einzunehmen, von dem aus das Verhältnis menschlicher Urteile zur vom Menschen unabhängigen Realität bestimmt werden könnte. Jede Erkenntnis ist ein Wissen von Menschen.
>
> T2: Jedes Wissen muss vom einzelnen Subjekt mit den Mitteln der ihr/ihm jeweils subjektiv verfügbaren kognitiven Inventare konstruiert werden.
>
> T3: Jedes Wissen kann nur mit den Mitteln der dem Menschen jeweils subjektiv verfügbaren kognitiven Inventare validiert oder invalidiert werden.

Daraus ergeben sich „zentrale Postulate" (ebd.: 9):

- Umstellen epistemologischer Fragen von Realitätserkenntnis auf den Erwerb operationalen Wissens (*Erkenntnistheorie als Theorie des Wissens*);

- Relativieren von Sachverhalten/Tatsachen auf Beobachtung und Beobachter (*Tatsachen als Fakten – von facere = machen, tun*);

- Relativieren von Wahrheitsbegriffen auf operationalisierbare Kriterien (*interpersonale Verifikation*) für Aussagen und auf kognitiv-sozial-kultural konstruierte Wirklichkeit(en) als Referenzrahmen (*semantischer wirklichkeitsimmanenter Wahrheitsbegriff*);

- Unterscheiden der Begriffe 'Realität' als außerkognitiver Bereich und 'Wirklichkeit' als Zusammenhang kognitiv-sozial-kultural konstruierter Sachverhalte (*'Realität' als wirklichkeitsimmanentes Konstrukt; internaler Wirklichkeitsrealismus*);

- Umstellen von semantischen Geltungskriterien für Wissen (d. h. 'Realitätskorrespondenz') auf 'Viabilität' als ein operationales Geltungskriterium (*Trennung von Wahrheit und Wissen*).

Ernst von Glasersfeld ist als Autor immer noch weithin präsent – per Internet leicht zu überprüfen –, und zwar in den diversesten Bereichen, nicht nur in akademischen, sondern auch in solchen der professionellen Beratung, Therapie und Lebenshilfe. In einer der aktuellsten Würdigungen stellt etwa Josef Mitterer fest:

> Nach einer aktuellen Studie zur Wissenschaftsdidaktik, an der WissenschaftlerInnen aus Europa, den USA und Australien teilnahmen, ist Ernst von Glasersfeld der einflussreichste lebende Denker dieser neuen Disziplin. [...] Sei-

> ne Arbeiten werden diskutiert und rezipiert in den verschiedensten Disziplinen: in den Kognitionswissenschaften, in den Kommunikationswissenschaften und in der Medientheorie, in der Pädagogik, in der Wissenschaftsdidaktik, in der Ökonomie, in der Psychologie und in der Psychotherapie. (Glasersfeld 2008: 236)

Mitterer weist allerdings auch darauf hin, dass Ernst von Glasersfeld gerade in der Philosophie, wo erkenntnistheoretische Überlegungen ja ihren angestammten Platz haben, „immer noch am Rande" stünde und „vom Mainstream bestenfalls kritisiert, wenn nicht gar ignoriert" würde:

> Akademische Philosophen werfen ihm vor, dass er die Realität leugne, dass sein Denkmodell realitätsfremd und wirklichkeitsfern sei und in einen haltlosen Relativismus führe, überhaupt sei der Konstruktivismus zur Bewältigung lebenspraktischer Probleme ungeeignet. Es ist merkwürdig, dass diese Kritik oft gerade von solchen Wissenschaftlern kommt, die selbst außerhalb ihres akademischen Berufsbildes kaum je tätig wurden.[13] (Ebd.)

Die Denkweise, die Prinzipien und das damit verknüpfte Forschungsprogramm des radikalen Konstruktivismus – mit welchem Tiefgang oder wie weit trivialisiert auch immer – werden also unzweifelhaft mit Gewinn intensiv diskutiert und kritisch gewürdigt, vor allem aber auch in unterschiedlichen Kontexten weiter differenziert, modifiziert und adaptiert. Das metadisziplinär begründete und betriebene Projekt des radikalen Konstruktivismus erweist und beweist sich bis heute offenbar als fruchtbar, produktiv und anregend.[14]

Literatur

Ciompi, Luc (2003): Gefühle, Affekte, Affektlogik. Ihr Stellenwert in unserem Menschen- und Weltverständnis. Wiener Vorlesungen. Wien: Picus.
Fischer, Hans Rudi (Hrsg.) (1995): Die Wirklichkeit des Konstruktivismus. Zur Auseinandersetzung um ein neues Paradigma. Heidelberg: Carl-Auer-Systeme.
Fischer, Hans Rudi/Siegfried J. Schmidt (Hrsg.) (2000): Wirklichkeit und Welterzeugung. In memoriam Nelson Goodman. Heidelberg: Carl-Auer-Systeme.
Glanville, Ranulph/Alexander Riegler (Hrsg.) (2007): The Importance of Being Ernst. Festschrift for Ernst von Glasersfeld Celebrating His 90th Birthday. In: Constructivist Foun-

---

[13] Auf eine weitere ebenso prägnante wie subtile und schlüssige kritische Einschätzung des Konstruktivismus durch den (auch lebenspraktisch erfahrenen) 'non-dualistischen' Philosophen Josef Mitterer (2001: 120–128) sei hier ausdrücklich hingewiesen.
[14] Ernst von Glasersfeld wurden mehrere Ehrendoktorate und verschiedene andere Ehrungen und Preise zuteil. Inzwischen ist zum 90. Geburtstag Ernst von Glasersfelds im Jahre 2007 eine weitere und umfangreichere Festschrift erschienen, *The Importance of Being Ernst* (Glanville/Riegler), deren Beiträge (u. a. von alten Weggefährten) auch einige historische Aspekte detaillierter beschreiben und erläutern, zum Beispiel die Aktivitäten der *Scuola Operativa Italiana* Silvio Ceccatos oder die (durch ihre paradigmatischen Konflikte so aufschlussreichen) Arbeiten im LANA-Schimpansenprojekt.

dations. 2. Jg. H. 2–3. URL: http://www.univie.ac.at/constructivism/journal/2/2-3. (Abgerufen am 30.4.2010).
Glasersfeld, Ernst von (1987): Wissen, Sprache und Wirklichkeit. Arbeiten zum radikalen Konstruktivismus. Braunschweig/Wiesbaden: Vieweg.
Glasersfeld, Ernst von (Hrsg.) (1991): Radical Constructivism in Mathematics Education. Dordrecht [u. a.]: Kluwer Academic Publishers (= Mathematics Education Library, Bd. 7).
Glasersfeld, Ernst von (1995): Radical Constructivism. A Way of Knowing and Learning. London/Washington, DC: RoutledgeFalmer (= Studies in Mathematics Education, Bd. 6).
Glasersfeld, Ernst von (1996): Radikaler Konstruktivismus. Ideen, Ergebnisse, Probleme. Frankfurt am Main: Suhrkamp.
Glasersfeld, Ernst von (1997): Wege des Wissens. Konstruktivistische Erkundungen durch unser Denken. Heidelberg: Carl-Auer-Systeme.
Glasersfeld, Ernst von (2008): Unverbindliche Erinnerungen. Skizzen aus einem fernen Leben. Mit einem Nachwort von Josef Mitterer. Wien/Bozen: Folio.
Glasersfeld, Ernst von (2009): Partial Memories. Sketches from an Improbable Life. Exeter/Charlottesville, VA: Imprint Academic.
Harré, Rom (Hrsg.) (1986): The Social Construction of Emotions. Oxford: Blackwell.
Kesselring, Thomas (1999): Jean Piaget. 2., akt. und um ein Nachwort erw. Aufl. München: Beck.
Mitterer, Josef (2001): Die Flucht aus der Beliebigkeit. Frankfurt am Main: Fischer.
Quale, Andreas (2008): Radical Constructivism. A Relativist Epistemic Approach to Science Education. Rotterdam: Sense.
Rusch, Gebhard (Hrsg.) (1999): Wissen und Wirklichkeit. Beiträge zum Konstruktivismus. Eine Hommage an Ernst von Glasersfeld. Heidelberg: Carl-Auer-Systeme.
Steffe, Leslie P./Patrick W. Thompson (Hrsg.) (2000): Radical Constructivism in Action. Building on the Pioneering Work of Ernst von Glasersfeld. London: RoutledgeFalmer.
Tobin, Kenneth (2007): Key Contributors: Ernst von Glasersfeld's Radical Constructivism. In: Cultural Studies of Science Education. 2. Jg. H. 3. S. 529–538.
Tomasello, Michael (1992): First Verbs. A Case Study of Early Grammatical Development. Cambridge, MA: Cambridge Univ. Press.

Vom Subjekt zur Interaktion

Stefan Neubert über Kersten Reichs *Die Ordnung der Blicke*

1 Entstehungsbedingungen und Vorgeschichte: Die kulturalistische Wende des Konstruktivismus

Der Kulturtheoretiker und Pädagoge Kersten Reich wurde 1948 in Hamburg geboren. Nach einem Lehramtsstudium studierte er Psychologie, Philosophie, Pädagogik und promovierte 1976 in Berlin mit einer Arbeit zu den *Theorien der allgemeinen Didaktik* (Reich 1977). 1978 habilitierte er sich mit einer philosophischen Arbeit zum Verhältnis von *Erziehung und Erkenntnis* (Reich 1978), die an den methodischen Konstruktivismus der Erlanger Schule anknüpfte. 1979 wurde Kersten Reich Professor für Allgemeine Pädagogik an der Universität zu Köln. Hier bildete er, unterbrochen durch mehrere Auslandsaufenthalte als Gastprofessor unter anderem in den USA und China, den Ansatz des interaktionistischen Konstruktivismus aus. Dieser Ansatz steht in klarem Gegensatz zum radikalen Konstruktivismus, weil Reich konsequent auf einen kulturalistischen Ansatz setzt, der sowohl an Traditionen des methodischen Konstruktivismus als auch des Pragmatismus anschließt. Reich verbindet dabei in seinen Werken theoretische Grundlagenreflexion immer auch mit Anwendungen insbesondere im Feld der Erziehung. In diesem Bereich haben seine Einführungen in die systemisch-konstruktivistische Pädagogik und Didaktik eine große auch praktische Verbreitung im deutschen Sprachraum erfahren. In den letzten Jahren ist Reich vermehrt auch im englischen Sprachraum vertreten.

2 *Die Ordnung der Blicke* als Schlüsselwerk des Konstruktivismus

Mit Kersten Reichs zweibändigem Buch *Die Ordnung der Blicke*[1] liegt seit 1998 in erster und seit 2009 in zweiter Auflage (Reich 2009 a) ein Angebot für eine vertiefende Standortbestimmung konstruktivistischen Denkens im Kontext postmoderner Theoriediskussionen vor, die umfassend, breit und tiefgreifend angelegt den Konstruktivismus im Zusammenhang mit Hauptströmungen der Philosophie, Kultur- und Sozialwissenschaften im 20. Jahrhundert situiert. Das Buch gilt als Grundlagenwerk der von Reich initiierten Richtung des interaktionistischen Konstruktivis-

---

[1] Das Werk wurde zwischen 1990 und 1998 geschrieben. Es erschien 1998 im Luchterhand-Verlag. Vgl. dazu Kersten Reich (1998): Die Ordnung der Blicke: Band 1: Beobachtung und die Unschärfen der Erkenntnis; Band 2: Beziehungen und Lebenswelt. Neuwied/Kriftel: Luchterhand; seit 2009 in zweiter, überarbeiteter Auflage online unter: http://www.uni-koeln.de/hf/konstrukt/reich_works/buecher/ordnung/index.html. Die Arbeiten werden nachfolgend mit Reich (1998) und (2009 a) zitiert. Bei der Online-Version werden die Seitenzahlen der PDF-Veröffentlichung benutzt.

mus. Im Unterschied z. B. zu dem stark subjektbezogenen radikalen Konstruktivismus oder dem vorwiegend sprachanalytisch orientierten methodischen Konstruktivismus bemüht sich dieser Ansatz um eine umfassend kulturtheoretisch fundierte Sicht des Konstruktivismus, die sich als eine Weiterführung grundlegender, in den modernen Sozial- und Geisteswissenschaften angelegter Entwicklungstendenzen versteht. Dadurch gelingt es Reich, den Konstruktivismus einerseits aus der Enge naturwissenschaftlich-kybernetischer bzw. engerer sprachphilosophischer Begründungsstrategien herauszuführen und ihm andererseits in stringenter Weise Anknüpfungspunkte an Anforderungen der sich zunehmend pluralisierenden Theorie- und Praxisfelder postmoderner Lebenswirklichkeiten und der diversen Diskurse hierüber zu eröffnen. Dies kann sich als Chance erweisen, nicht nur einen speziellen konstruktivistischen Standpunkt zu entwickeln, sondern auch anderen konstruktivistischen Richtungen zu helfen, sich an einer gemeinsamen Abarbeitung für sie relevanter Ansätze zu beteiligen. Dies erscheint bis heute als ein besonderes Defizit radikalkonstruktivistischer Ansätze.

Der interaktionistische und kulturbezogene Blickwinkel, den der Autor dabei für den Konstruktivismus aufzeigt, scheint mir insbesondere auch für alle diejenigen Leser wichtige Anregungen zu bieten, die, in der Tradition kritischer Gesellschaftstheorie stehend, an bisherigen konstruktivistischen Ansätzen zu Recht eine oftmals mangelnde Reflexion auf gesellschaftliche, soziale, kulturelle, ökonomische und politische Zusammenhänge und Abhängigkeiten beklagt haben. Denn es ist in der Tat auffallend, dass etwa die Frage nach strukturellen Macht- und Herrschaftsverhältnissen als Voraussetzung gesellschaftlicher Wirklichkeitskonstruktionen in vielen konstruktivistischen Diskursen bisher eine eher randständige Position eingenommen hat. Reichs Ansatz zeigt, dass die Aufarbeitung solcher Theoriedefizite – in kritischer Auseinandersetzung mit maßgeblichen gesellschaftstheoretischen Autoren der Postmoderne – zu einer entscheidenden Weiterentwicklung konstruktivistischen Denkens führen kann. Sein Konstruktivismus präsentiert sich dabei als ein radikaldemokratischer Ansatz, der die eigene politische Situiertheit stets selbstkritisch zu reflektieren versucht. Zugleich bereitet er einem fundierten Beitrag zur Ethikdiskussion, wie sie in den 1990er Jahren etwa zwischen den Anhängern von Jürgen Habermas und Richard Rorty geführt wurde, aus konstruktivistischer Sicht den Boden.

Bei der Herleitung seines Ansatzes geht Reich in drei großen Schritten vor. Band 1 *Beobachtungen und die Unschärfen der Erkenntnis* bietet eine umfassende Diskussion der vom Autor so bezeichneten (engeren) *Beobachtungswirklichkeit* – d. h. hier steht die Frage nach den Ansprüchen und Grenzen (Unschärfen) wissenschaftlicher Beobachtung und Erkenntnis im Mittelpunkt –, während Band 2 *Beziehungen und Lebenswelt* die davon unterschiedenen (aber nicht getrennten) Felder der *Beziehungswirklichkeit* und der *Lebenswelt* thematisiert. Die Breite der Argumentation, die auf den insgesamt fast 1.000 Seiten entfaltet wird, kann hier nicht annähernd besprochen werden. Ich muss mich vielmehr darauf beschränken, schwerpunktmäßig einige mir im Blick auf die aktuelle konstruktivistische Theoriediskussion als besonders interessant erscheinende Aspekte hervorzuheben.

2.1 Band 1: *Beobachtung und die Unschärfen der Erkenntnis*

Bereits im Einführungskapitel, das den Titel „Der Beobachter" trägt, fällt auf, dass Kersten Reich den üblichen Kontext konstruktivistischen Argumentierens beträchtlich erweitert, indem er sich um eine Situierung des eigenen Ansatzes im Rahmen umfassender sozial- und geisteswissenschaftlicher Entwicklungslinien insbesondere des 20. Jahrhunderts bemüht. In Auseinandersetzung mit – von konstruktivistischen Autoren normalerweise fast vollständig ignorierten – Theoriepositionen wie beispielsweise den Arbeiten von Norbert Elias und Michel Foucault arbeitet der Autor detailliert heraus, wie und warum die Unterscheidung von Beobachter und Beobachtung am Ende des 20. Jahrhunderts für erkenntniskritische Sichtweisen und damit auch für konstruktivistische Begründungsversuche entscheidend wurde. Die ideengeschichtliche Reflexion bietet dabei die Grundlage dafür, dass die im konstruktivistischen Denken implizierte Relativierung von Geltungsansprüchen wahrer Aussagen (verstanden als Wirklichkeitskonstruktionen im Rahmen historisch kontingenter Verständigungsgemeinschaften) von vornherein auch konsequent auf den eigenen Ansatz zurückgewendet wird. So kann verständlich werden, warum es gerade gegen Ende des 20. Jahrhunderts zu einer konstruktivistischen Wende gekommen ist. Gleichzeitig lässt sich der Konstruktivismus nicht als neue Metaerzählung etablieren, da er die Kränkungsbewegungen an solchen Erzählungen bereits voraussetzt. Kersten Reich formuliert daher als Anspruch, der für seine Arbeit bestimmend ist:

> Sie ist ein Konstrukt für alle, an die sie sich wendet, d. h. genauer, für alle diejenigen, deren Beobachtungen dieses Konstrukt erreicht und die damit für sich etwas beobachten können, und zugleich für keinen, da nicht vorhersehbar ist, wen sie überhaupt erreichen wird. Und hierin bleibt nicht einmal die Fantasie eines Erreichenmüssens, das unabdingbar oder notwendig wäre […] (1998, Bd. 1: 22).

In der heutigen Zeit, so argumentiert Reich, ist eine Ordnung der Blicke auf der Beobachterseite sehr dominant geworden. Er beginnt daher das Kapitel I mit folgenden Worten:

> Die Ordnung der Blicke ist in der Wissenschaft mehr als ein spontanes Schauen: In ihr sind die Perspektiven von Beobachtern eingefangen, die sich zu dem verdichten, was in historischer, systematischer, vergleichender oder je gewählter Perspektive *als* Beobachtung gilt. Solche Beobachtung wird zur Ordnung eines Diskurses, der die Blicke hin zu Aussagen überschreitet, der – wie Michel Foucault es formulierte – in eine „Ordnung der *Dinge*" übergeht. Und in dieser Ver*ding*lichung zeigt gerade die von uns ständig neu erfundene

> Geschichte dieser Ordnungen, dieser Diskurse, dieses Ringens um Wissen und Wahrheit, dass die Augen-Blicke, die Über-Blicke, der Fokus der Blicke in ihrer Tiefe und Breite, die Schärfe des Blickens und die Unschärfe der Ränder, die dabei *über*sehen werden, eine Metapher für alle Versuche wissenschaftlicher Arbeit überhaupt sind: Einen Anfang, einen Ursprung, ein intuitiv richtiges Schauen bis hin zu einem exakten, eindeutigen Beobachten zu begründen. (Reich 2009 a, Bd. 1: 11, Hervorhebungen im Original)

Bereits in diesen einleitenden Worten wird deutlich, dass der *Beobachter* kein einsamer Seher, kein gestrandeter Robinson ist, der allein seine Wirklichkeiten subjektiv konstruiert. Als Beobachter ist er vielmehr zugleich immer auch *Teilnehmer* von kulturellen Vorerfahrungen und in gesellschaftlichen Kontexten und Handlungen vorfindlichen und entwickelten Werten, Normen, Konventionen, die ihn als *Akteur* im Rahmen von Vorverständigungen handeln lassen. Das Zusammenspiel dieser drei Perspektiven der Beobachter, Teilnehmer und Akteure in kulturellen Kontexten gehört zu den besonderen Kennzeichen von Reichs Variante einer konstruktivistischen Beobachtertheorie. Sein Text zum Beobachter arbeitet überzeugend heraus, warum eine solche Theorie immer auch Perspektiven des Teilnehmers und Akteurs enthalten muss. Diese Setzung der Perspektiven ist bestimmend für den gesamten Ansatz von Reich. Mit dieser Sichtweise erneuert er den Konstruktivismus erheblich.

Durch die Einführung des Teilnehmers wird die mögliche subjektive Willkür des Beobachters, der sich alles Mögliche erfinden mag, kritisch begrenzt. Auch wenn z. B. Heinz von Foerster dem Akteur zugesteht, dass er als Beobachter blinde Flecken erzeugen wird, so haben sowohl er als auch andere Konstruktivisten versäumt, die stets schon implizite Teilnahme an Handlungs- und Beobachtungsvoraussetzungen hinreichend umfassend zu thematisieren, was sie für kulturkritische Sichtweisen dann schnell als naiv erscheinen lässt. Umgekehrt wird der Beobachter bei Reich jedoch nicht vorschnell auf seine gesellschaftlichen Teilnahmevoraussetzungen reduziert, wie es bei vielen gesellschaftskritischen Ansätzen geschieht, um die Freiheiten und Widersprüchlichkeiten der Beobachter vergessen zu machen. Die drei Perspektiven bilden bei Reich ein unauflösbares Spannungsverhältnis, und dies scheint mir für eine Fundierung konstruktivistischer Begründungs- und Geltungsansprüche ein günstiger Ausgangspunkt zu sein.

In Kapitel II setzt dann eine umfangreiche Diskussion von „Kränkungsbewegungen der Vernunft und Unschärfen der Erkenntnis in der Beobachtungswirklichkeit" ein, die in detaillierter und kenntnisreicher Auseinandersetzung mit maßgeblichen erkenntnistheoretischen und philosophischen Entwicklungstendenzen der Moderne und Postmoderne Voraussetzungen und Anforderungen konstruktivistischen Denkens zu klären sucht. Die hier von Reich geleistete Abarbeitung, so möchte ich betonen, füllt eine wesentliche Leerstelle anderer konstruktivistischer Ansätze, die eine systematische Auseinandersetzung mit dem philosophischen Diskurs bisher kaum hinreichend gesucht haben.

Drei zentrale Kränkungsbewegungen werden dabei vom Autor hervorgehoben, die ein Konstruktivismus, der die Veränderungen wissenschaftlichen Argumentierens im 20. Jahrhundert ernst nimmt, beachten sollte. Da ist zunächst die Bewegung von „absolut und relativ", die im postmodernen Denken zu einer Kränkung traditioneller wissenschaftlicher und philosophischer Wahrheitsansprüche geführt hat, wenngleich auch heutige Konstruktivisten im Spannungsfeld von Erkenntnisbestimmung und Erkenntniskritik nicht ohne einen Begriff von Wahrheit zumindest implizit auszukommen vermögen. Nur eben dieser Begriff hat sich gewandelt. Reich hält als ein Ergebnis dieser ersten Kränkungsbewegung fest:

> Es gibt sie noch: die Wahrheit. Aber sie ist aus dem Stadium ihrer Absolutheit herausgetreten und in einem Reich der Bescheidenheit angelangt. Sie ist Ausdruck der konventionellen Festlegungen einer Verständigungsgemeinschaft (z. B. von Konstruktivisten) und hat jeglichen universellen Status verloren. Ihre Generalisierung ist bescheiden, weil wir zugestehen, dass Verständigungsgemeinschaften plural, widerstreitend, im Kampf gegeneinander auftreten. (1998, Bd. 2: 392)

In der Argumentation, mit der diese erste Kränkung hergeleitet wird, findet der Leser eine kritische Auseinandersetzung unter anderem mit französischen Dekonstruktivisten wie Jacques Derrida und Michel Foucault, mit dem Pragmatismus von John Dewey, dem Sprachpragmatiker Charles S. Peirce, mit klassischen konstruktivistischen Ansätzen wie bei Jean Piaget oder mit so genannten radikalkonstruktivistischen Ansätzen (Humberto R. Maturana, Ernst von Glasersfeld, Heinz von Foerster) sowie dem methodischen Konstruktivismus (Peter Janich u. a.) und dem konstruktiven Realismus (Friedrich Wallner). Schließlich rundet eine Diskussion der Lebensweltproblematik für den Konstruktivismus dieses umfangreiche Kapitel ab.

Interessant ist für mich, dass es zwar durchaus auch andere konstruktivistische Theoretiker gibt, wozu insbesondere Peter Janich oder Josef Mitterer zählen, die sich mit Aspekten der hier genannten Kränkungsbewegung beschäftigen, aber keine Arbeit widmet sich dieser Thematik so breit, vertiefend und umfassend. Insbesondere die sprachphilosophische Reflexion verschiedener Ansätze, die Reich referiert, zeigt auf, dass viele Neuerfindungen des Konstruktivismus, wie sie etwa bei Humberto R. Maturana erscheinen, sprachphilosophisch gesehen durchaus alte Hüte waren. Zugleich warnt Reich analog zu Peter Janich immer wieder vor naturalistischen Fehlschlüssen, die im Konstruktivismus lauern, wenn letztlich die Natur als Erklärung für das herangezogen wird, was die Beobachter in teilnehmenden Handlungen innerhalb kultureller Kontexte konstruieren. Reich nennt es eine Rache der Lebenswelt, wenn die Kontextvergessenheit sich dann unbemerkt in die Konstruktionen eingeschlichen hat und vom Kritiker entlarvt werden kann.

Besonders interessant ist es auch, dass Reich im Rahmen der ersten Kränkungsbewegung nachweist, dass viele konstruktivistische Feindbilder gegen Letztbegründungen von Wahrheiten, Universalisierungen oder die Absolutsetzung bestimmter Wahrheiten von zahlreichen kritischen Geistesströmungen im 20. Jahrhundert geteilt werden und keinesfalls nur dem Konstruktivismus zu eigen sind. Dies wird allzu oft in konstruktivistischen Debatten übersehen. Besonders ertragreich scheint Reich die Anknüpfung an den Pragmatismus, den der interaktionistische Konstruktivismus in vielen Teilen als Vorläufer sieht. In der zweiten Auflage macht er dies in dem neuen Kapitel II.1.2 zu „Ereignis und Handlung" besonders deutlich. Er schreibt:

> John Dewey hat in besonderer Weise dazu beigetragen, eine handlungsorientierte Wende in der Philosophie und Kulturtheorie herbeizuführen. Diese Wende ist zugleich eine paradigmatische Voraussetzung für einen kulturalistisch orientierten Konstruktivismus geworden. Dewey selbst stand zunächst unter dem Einfluss von Hegel, vollzog aber dann eine wesentliche Kritik. (Reich 2009 a, Bd. 1: 75)

Diese Kritik lässt sich so zusammenfassen: Zunächst lehnt Dewey jegliche Widerspiegelungstheorie von Wahrheit ab und überwindet den Dualismus in der Erkenntniskritik, indem er konsequent alle menschlichen Setzungen, Produktionen wie Konstruktionen, auf Handlungen zurückbezieht.

> Die Dinge, so folgert Dewey, sind uns nie von außen bloß gegeben, sondern in unseren Handlungen erzeugt. Die Daten liegen nicht einfach vor, um abgebildet zu werden, sondern sie werden ausgewählt, sie sind durch Selektion („selectivity") und Auswahl („choice") in unseren Handlungen bestimmt. Insoweit findet ein „mapping" statt – oder, wie wir heute klarer sagen – eine Konstruktion von Wirklichkeiten, die wir als Karten mit den äußeren Territorien oder gewinnbaren Daten abgleichen. Diese Konstruktionen, auch da ist Dewey schon sehr aktuell, sind immer provisorisch, zeitgebunden, damit grundsätzlich in jeder Zeit offen für Veränderungen, Verbesserungen, Verwerfungen. (Ebd.: 76)

Ebenso wie der Pragmatismus bei Dewey schließt auch der interaktionistische Konstruktivismus an ein Wahrheitsverständnis an, dass im Begründungsprozess die Viabilität zwischen Aussage und Ereignissen benötigt und in der Geltung als gerechtfertigte Behauptung auftritt. Auch wenn es immer einen hohen subjektiven Anteil an allen Wirklichkeitskonstruktionen gibt, so erzwingt die Viabilität gemeinsamer Aussagen über die Wirklichkeit zumindest in großen Lebensbereichen eine Verständigung und eine Koordination der Handlungen und Kommunikation über mögliche Kooperationen, was sowohl die Behauptbarkeit als auch die unterschiedlichen Grade von Rechtfertigungen betrifft. Kein Konstruktivist würde bei einem herbeigeführten Verkehrsunfall behaupten können, dass dies ja nur ein subjektiv willkürliches Konstrukt sei, das er ganz anders wahrgenommen habe, wenn gerechtfertigt durch Zeugen behauptet werden kann, dass er bei Rot über die Ampel gefahren ist und so den Unfall verursacht hat. Auch Konstruktivisten müssen sich vor Willkür schützen, und sie tun dies, indem sie auf die Viabilität achten. Aber durch den Pragmatismus mag auch für den Konstruktivismus deutlicher werden, dass dies eine Fülle von Unterscheidungen benötigt, denn in den je spezifischen Handlungen bedeutet Viabilität eben auch, unterschiedliche Grade und Beschreibungs- wie Rechtfertigungsweisen von Übereinstimmungen und Differenzen auszuhandeln, die in der heutigen Kultur im Spannungsfeld von Freiheit gegenüber Vorgaben und Einordnung in gesellschaftliche Konventionen gelten.

Für Reich sind Ereignisse und Handlungen immer aufeinander bezogen. Er verweist hier auf die Verwandtschaft von Pragmatismus und Konstruktivismus. „Im Gegensatz zu Kant", so schreibt er,

> hat der Pragmatist John Dewey insbesondere auf das *experience*, den Erfahrungs- und Handlungsraum abgestellt, der für ihn maßgeblich ist, um unser Wissen und seine Folgen zu beurteilen. Allein durch Untersuchungen (*inquiry*) können wir nach Dewey herausfinden, welche Prinzipien (Normen, Werte, Wahrheiten) für uns Sinn machen, wie lange solcher Sinn Geltung beanspruchen kann (abhängig von unserer *inquiry*), inwieweit dann aber auch gemachte Erfahrungen (im aktiven Sinne) für uns Brüche oder Veränderungen erzeugen, die das Prinzip (oder Normen, Werte, Wahrheiten) infrage stellen. Sollte sich der unwahrscheinliche Fall ergeben, dass ein Mensch (heute nur in Fiktionen) doch zur gleichen Zeit an zwei verschiedenen Orten sein kann, dann wäre das Prinzip zu erneuern. Solange dies nicht der Fall ist, spricht Dewey, weil und solange wir die Handlungen in unserer *inquiry* empirisch und/oder logisch rekonstruieren können, von einer gerechtfertigten Behauptbarkeit (*warranted assertibility*), die für ihn die Wahrheit einer Aussage darstellen lässt. (Ebd.: 81 f., Hervorhebungen im Original)[2]

Bereits die Diskussionen um den Pragmatismus in der Erkenntniskritik der letzten 100 Jahre zeigten sehr deutlich, dass es methodologisch nicht nur ungünstig ist, den Wahrheitsbegriff aufzugeben, sondern jeden Ansatz auch in einen übertriebenen Subjektivismus führen würden, der in der neuen Übersichtlichkeit der Postmoderne zwar schick sein mag, aber zugleich als äußerst vereinseitigend und politisch wie gesellschaftlich nicht hinreichend reflektiert erscheint. Deshalb beharrt Reich auf dem Wahrheitsbegriff, aber verdeutlicht zugleich, dass dieser keinesfalls mehr mit Setzungen absoluter Wahrheit zu tun hat:

> Auch der Konstruktivismus kann Wahrheitsbehauptungen nicht aufgeben, auch wenn er – wie bei Richard Rorty – die Relativität dieser Behauptungen immer kritisch zu bedenken hat. Hier wiederum hängt es ganz von unserem kulturellen Kontext ab, welche Seite wir favorisieren: Eindeutige Objektivität oder Relativität. Wenn jemand in unserer Gesellschaft Einfluss hat und über einen *creationism* die Evolutionstheorie Darwins in den Schulen verbieten will oder andere offensichtlich unwissenschaftliche Werte mit bloßem Glauben vermengt, dann müssen wir die „objektive Wahrheit" der Evolutionstheorie verteidigen, auch wenn wir wissen, dass es keine absoluten Wahrheiten und nur begrenzte eindeutige Objektivität gibt. Aber es ist die beste Wahrheit, die wir derzeit in diesem bestimmten Fall haben. Wenn aber ande-

---

[2] Vgl. dazu z. B. weiterführend auch Reich (2007, 2008 b, 2009 b) und Hickman/Neubert/Reich (2009).

rerseits in den wissenschaftlichen Institutionen alle auf den Mainstream solcher besten Wahrheiten drängen, dann sollten wir die Relativität dieser Wahrheiten betonen, damit überhaupt Platz für Neues entstehen kann. Hier führt der interaktionistische Konstruktivismus das Kriterium kultureller Viabilität ein, um zu verdeutlichen, dass auch die wissenschaftlichen Wahrheiten immer eine Kontextprüfung nach sich ziehen müssen. (Ebd.: 77, Hervorhebung im Original)

Bereits in Reichs 1996 in erster Auflage veröffentlichtem Buch *Systemisch-konstruktivistische Pädagogik*, das 2010 in sechster Auflage erschien und als eine klassische Einführung in die Pädagogik des Konstruktivismus gilt, unterscheidet er drei Ebenen konstruktivistischer Reflexion, die in *Die Ordnung der Blicke* (1998/ 2009 a) systematisch zur Anwendung kommen. Hier sind diese Ebenen als Perspektiven konstruktivistischer Denkweise auch sehr prägnant folgendermaßen zusammengefasst:

Rekonstruktion: […] Es gilt im Verstehen von Sachverhalten ihren Kontext zu erfassen (so sehr schön von Dewey beschrieben in *Context and Thought*) und dies bedeutet zugleich, die zu Grunde liegenden Handlungsfolgen entweder als eingegangene und bereits unterstellte Handlungsvoraussetzung zu rekonstruieren oder zumindest zu diskutieren, welche Handlungen als Voraussetzung angesetzt werden könnten oder bedeutsam sein mögen. Die erste Möglichkeit führt zu klaren Ableitungen und Schlussfolgerungen […], aber die zweite gesteht zu, dass dies nicht in jedem Fall in einer Eindeutigkeit wird gelingen können, die eine klar gerechtfertigte Behauptbarkeit […] zulässt.

Dekonstruktion: Aus dieser Perspektive wird grundsätzlich bezweifelt, dass es überhaupt je zu einer vollständigen Analyse kommen kann […]. Fokussiere ich auf die Auslassungen, die in rekonstruktiver Absicht notwendig sind, um zu hinreichenden Ergebnissen zu gelangen, dann relativiert sich jede noch so gerechtfertigte Behauptbarkeit durch den Kontext einer erneuten Be- und Umschreibung von Kontexten. Dies kann sehr wichtig werden, um dominante Deutungen, die sich nach einiger Zeit als überholt erweisen, auch wieder aufgeben zu können, auch wenn die vormals rationale Position übermächtig erscheint (was Thomas S. Kuhn mit der Struktur wissenschaftlicher Revolutionen thematisierte) […].

Konstruktion: Diese Perspektive erhöht die Komplexität noch mehr. Was ist mit solchen Handlungen, die wir erst erzeugen, die also Handlungsfolgen zeigen, die uns konstruktiv (erzeugend, produzierend, aber auch destruierend) als konkrete Erschaffer von in gewisser Weise „neuen" Wirklichkeiten zeigen? Wahr ist hier zunächst das, was gemacht wird und dadurch wirklich ist; und wirklich ist, was wir im Handeln erzeugen. Es ist hier die Handlung und die Handlungsfolge, die als konstruktiver Akt ihre Rechtfertigung zunächst qua Tun herstellt, was so lange unproblematisch bleiben mag, bis ein Beobachter anfängt, sie für sich zu re/de/konstruieren. Auch der Rekonstruktivist tut in diesem Falle etwas, d. h. er konstruiert sich etwas, was er als Handlungsfolge deutet. Es ist nicht die Wirklichkeit der Handlungsfolge, die sich eindeutig im Beobachter abbildet oder widerspiegelt, sondern die Deutungsmacht der logischen Folge, die uns der Beobachter als Beschreibung liefert und die nun z. B. als eine Aussage [...] erscheint. Erst dieses Erscheinen ist dann die Festlegung des apriorischen Wissens, was es als ein Apriori schlechter Herkunft entlarvt, denn es setzt das Aposteriori eines Beobachters immer schon als konstruktive Leistung voraus. (Reich 2009 a, Bd. 1: 82 f., Hervorhebungen im Original)

Eine zweite Kränkungsbewegung wird von Reich dann im Blick auf das Verhältnis von „Selbst und Anderer" untersucht, wobei Interaktionstheorien von Georg Wilhelm Friedrich Hegel über Jean-Paul Sartre, Emmanuel Levinas und George Herbert Mead bis Jürgen Habermas im Blick auf die in ihnen zum Ausdruck kommende Relativierung traditioneller subjektphilosophischer Ansprüche diskutiert werden. Für den Konstruktivismus ergibt sich daraus die Forderung nach einer kritischen Aufnahme interaktionistischer Ansätze, wenn er nicht in die Fallstricke des traditionellen Subjekt-Objekt-Denkens zurückfallen will, wie der Autor unter anderem in Abgrenzung gegenüber „Luhmanns Entsubjektivierung des Konstruktivismus" (Kap. II.2.5) geltend macht. Auch in diesem Teil ist der Pragmatismus als Vorläufer des Konstruktivismus präsent. Die Interaktionstheorie Meads wird von Reich breit reflektiert und umfassend auf die Beobachter-, Teilnehmer- und Akteursperspektiven bezogen. Reich entwickelt eine Reihe nicht von der Hand zu weisender Begründungen, weshalb der konstruktivistische Diskurs insbesondere eine Position vermeiden sollte, die das Interaktionsproblem übergeht. Dies ist eine wertvolle theoretische Arbeit, denn Interaktion und Kommunikation gehören implizit eigentlich sehr oft zu Beschreibungs- und Reflexionsfiguren konstruktivistischer Argumentation – hier wird bewusst gemacht, warum dies sinnvoll ist.

Im Blick auf das Verhältnis von „bewusst und unbewusst" zeigt Reich schließlich eine dritte Kränkungsbewegung auf, indem er unter anderem in Auseinandersetzung mit psychoanalytischen Theorien insbesondere von Sigmund Freud und Jacques Lacan herausarbeitet, dass und inwiefern eine Theorie des Unbewussten konstruktivistische Beobachtungsperspektiven erweitern und insbesondere auch im Blick auf Interaktionsverhältnisse sinnvoll ergänzen kann. Insbesondere die Diskussion zu Lacan erscheint mir hier als zentral, weil darin die für Reichs eigenen Ansatz grundlegenden Beobachtungsregister des Symbolischen, Imaginären und Realen besonders umfassend entwickelt werden, wobei der Autor zugleich immer die Abgrenzung zwischen Konstruktivismus und Psychoanalyse in Hinsicht auf die unterschiedliche Erkenntnisbegründung im Blick behält. Sehr interessant ist seine Deutung, dass bereits bei Freud im Konzept der Übertragung eine konstruktivistische Sicht entfaltet wird, die sich zwischen Patient und Therapeut als gemeinsamer Entwicklungsprozess begreifen lässt.

Zusammenfassend lässt sich zu dem Inhalt des ersten Bandes sagen, dass er eine Herleitung konstruktivistischer Ansprüche leistet, die sowohl in ihrem Umfang als auch in ihrer Reflexionstiefe neue Maßstäbe setzt. Insbesondere die von Reich so bezeichnete zweite („Selbst und Anderer") und dritte Kränkungsbewegung („bewusst und unbewusst") greifen Themen und Probleme auf, die von Konstruktivisten bisher weitgehend vernachlässigt wurden, deren zentrale Bedeutung für einen sozial- und kulturwissenschaftlich offenen Konstruktivismus vom Autor aber in überzeugender Weise herausgearbeitet werden können. Der Leser wird für die Anstrengungen, die ihm durch die Komplexität der behandelten Themen und die Dichte der Argumentation vielfach zugemutet werden, mit einem tieferen Verständnis der philosophischen Grundlagen konstruktivistischen Denkens belohnt.

2.2 Band 2: *Beziehungen und Lebenswelt*

Im zweiten Band findet sich zunächst eine ausführliche Diskussion der *Beziehungswirklichkeit* (Kapitel III) im Unterschied zu der im ersten Band diskutierten engeren Beobachtungswirklichkeit. Die in neueren Kommunikationstheorien getroffene Unterscheidung zwischen einer Inhalts- und Beziehungsebene kommunikativer Prozesse, die bei Autoren wie Gregory Bateson und Paul Watzlawick – oder in anderer Form bei Friedemann Schulz von Thun – mehr pragmatisch gesetzt als argumentativ begründet wurde, erfährt dabei erstmals eine ausführliche philosophische Herleitung. Ausgehend von instruktiven Gedankenexperimenten zu der vom Autor aufgegriffenen und variierten Thematik eines „Gefangenendilemmas" arbeitet Kersten Reich systematisch die Begründung einer zirkulär aufgefassten Beziehungslogik heraus, die sich von der kausal-reduktiven Beobachtungslogik unterscheidet, wie sie insbesondere für wissenschaftliche Erkenntnisbemühungen oft bestimmend ist. Beziehungen erscheinen so aufgrund ihrer größeren Komplexität und Unschärfe als eine grundsätzliche Grenze wissenschaftlicher Beobachtung und Beschreibung, was zu einer Verflüssigung enger Beobachtungsmodelle und zur Öffnung kausal-reduktiver Perspektiven herausfordert. Für den Konstruktivismus ist dieses Kapitel insbesondere auch deswegen von grundlegender Bedeutung, weil der Autor für die Beschreibung von Beziehungswirklichkeit auch eine interaktionistische Theorie imaginärer Beziehungsprozeduren entwickelt, die Defizite vor allem systemtheoretischer Ansätze im Blick auf Beziehung und Interaktion erkennbar werden lässt und eine erweiterte Perspektive eröffnet. Reich baut in seinen pädagogischen und didaktischen Arbeiten unmittelbar hierauf auf.

Der Autor wendet sich dann der *Lebenswelt* als „Welt- und Produktionswirklichkeit" zu (Kapitel IV) und greift damit ein weiteres Defizit aktueller konstruktivistischer Theorieansätze auf. Denn Konstruktivisten, so Reichs Überzeugung, haben sich bisher noch viel zu wenig mit den Möglichkeitsbedingungen und Grenzen der von ihnen beanspruchten konstruktivistischen Freiheit befasst, wie sie sich z. B. in der Vorgängigkeit von Machtbeziehungen, materiellen Produktionsverhältnissen, sozialen Praktiken, Routinen und Institutionen zeigen. Im Blick auf die Lebenswelt drückt sich solche Vorgängigkeit für Reich insbesondere in den von ihm als „Objektfallen", „Machtfallen" und „Beziehungsfallen" beschriebenen Paradoxien aus, denen auch Konstruktivisten nicht entgehen können und in denen sie sich reflektieren sollten, um nicht weltfremd gegenüber maßgeblichen Voraussetzungen ihrer eigenen Beobachtungen zu werden. Die theoretische Abarbeitung solch lebensweltlicher Verstrickungen erscheint dabei als eine unendliche Dekonstruktionsaufgabe, die in der Konkretisierung einzelner Lebensweltanalysen immer wieder neu (wenn auch immer nur begrenzt) zu leisten ist. Als ein Beobachtermodell, das konkrete Analysen anleiten kann, stellt Reich in diesem Zusammenhang den Entwurf einer interaktionistisch-konstruktiven Diskurstheorie vor. In ausführlicher Begründung wird ein Argumentationsrahmen entwickelt, der im Blick auf Macht, Wissen, Beziehungswirklichkeit und Unbewusstheit vier ausgewählte Diskurstypen herausstellt und in ihren Wechselwirkungen und zirkulären Verflechtungen diskutiert. Für Diskursanalysen wird damit ein weites Beobachtungsfeld skizziert, wobei im Vergleich zu alternativen Diskurstheorien z. B. bei Jürgen Habermas und Karl-Otto Apel deutliche Erweiterungen auffallen. Dem Autor gelingt es, so denke ich, insbesondere in Hinblick auf den „Diskurs der Beziehungswirklichkeit" und den „Diskurs des Unbewussten" die Vorteile solcher Erweiterungen in konstruktivistischer Absicht schlüssig herauszuarbeiten und anschaulich mit einigen Beispielen zu illustrieren.

Den Schluss des zweiten Bandes bildet eine offene Diskussion in Form von „Fragen an den interaktionistischen Konstruktivismus" (Kapitel V), in der Reich noch einmal grundlegende Argumentationswege seines Ansatzes zusammenfasst und gegenüber anderen konstruktivistischen Richtungen abgrenzt sowie weitere Implikationen z. B. im Blick auf eine konstruktivistische Ethik diskutiert. Dieses Schlusskapitel bietet dem Leser die Möglichkeit, die komplexe und vielschichtige Argumentation der beiden Bände rückblickend und in vereinfachter Form zu überschauen. Die grundlegenden Zusammenhänge zwischen den einzelnen Kapiteln werden dabei in komprimierter Form rekonstruierbar und treten gegenüber den Details ihrer Herleitung deutlicher hervor. Hilfreich erscheint auch, dass die in den Kapiteln II–IV erarbeitete Topik einer interaktionistisch-konstruktivistischen Beobachtertheorie am Beispiel von vier fiktiven Lebensläufen noch einmal zusammenfassend in einer alltagsbezogenen Sicht konkretisiert wird. Für alle, die sich zunächst einen schnellen Überblick über den vorgestellten Ansatz verschaffen wollen, mag dieses Schlusskapitel auch als Einstiegslektüre dienen. Ein fundiertes Verständnis der hier eingenommenen Positionen und Perspektiven lässt sich allerdings erst im systematischen Durcharbeiten der in den vorausgehenden Kapiteln entfalteten Argumente erschließen.

3 Rezeption und Wirkung

Konstruktivistische Theorieansätze haben in den letzten beiden Jahrzehnten eine deutliche Weiterentwicklung erfahren. Gleichzeitig haben sich die Perspektiven und Forschungsinteressen vervielfältigt, die in konstruktivistische Theoriebildung einfließen. Konstruktivistische Diskurse waren noch bis Ende der 1980er Jahre stark gespalten. Einerseits ging eine Richtung der Begründung aus einer philosophischen Reflexion hervor, die insbesondere in Abarbeitung der Phänomenologie sich als methodischer Konstruktivismus der Erlanger Schule und später des Kulturalismus nach Peter Janich entwickelte. Andererseits wurde eine Vielfalt naturwissenschaftlicher, kognitionsbiologischer und kybernetischer Systemmodelle entwickelt, die unter anderem aus Arbeiten Humberto R. Maturanas, Heinz von Foersters oder Ernst von Glasersfelds hervorgingen (vgl. dazu auch die Beiträge in diesem Band). Aufbauend auf solchen Ansätzen hatte der Konstruktivismus insbesondere im Feld der Therapie, Beratung und Supervision einen großen Erfolg, weil seine neuen Sichtweisen Veränderungen in der kulturellen Praxis sehr gut entsprachen. Auch in der Pädagogik fand der Konstruktivismus weite praktische Verbreitung.

Seit den 1990er Jahren und mehr noch in der Gegenwart wird zunehmend auch ein stärkeres Interesse an einer sozial- und kulturwissenschaftlichen Begründung des Konstruktivismus sichtbar. Vermehrt wird die Auseinandersetzung z. B. mit Philosophen, Geisteswissenschaftlern, Kulturtheoretikern und Historikern gesucht, um neue Bezugs- und Kritikpunkte konstruktivistischen Denkens zu reflektieren. Dies hat zu einer Ausdifferenzierung konstruktivistischer Theorieangebote geführt, die bislang allerdings noch entwicklungsfähig ist, wenn wir sie mit anderen kulturwissenschaftlichen Ansätzen wie den *Cultural Studies* besonders in der Breite vergleichen. Denn umfassend hergeleitete Ansätze, die die philosophischen, sozial- und geisteswissenschaftlichen Diskurse der Moderne bzw. Postmoderne aufgreifen und in kritischer Abarbeitung in ihre konstruktivistische Perspektivenbildung einbeziehen, liegen bislang aus explizit konstruktivistischer Sicht noch in eher geringer Zahl vor. Bis heute überwiegt ein Nebeneinander von Ansätzen von zum Teil recht unterschiedlicher Reichweite, die zudem in ihrem Verhältnis zueinander noch kaum zu einer hinreichend geklärten Bestimmung und Abgrenzung gelangt sind. Viele Interpreten erklären dies aus der konstruktivistischen Sicht selbst, in der Vielfalt und Unterschiedlichkeit bereits als Selbstanspruch eingeschrieben sind. Die daraus resultierende Unübersichtlichkeit macht jedoch eine Orientierung über die Gemeinsamkeiten und Unterschiede der Konstruktivisten schwierig.

Kersten Reichs Ansatz bietet hierzu ein Gegenmodell, das bisher, wie mir scheint, zwar mit dazu beigetragen hat, dass sich radikale Konstruktivisten stärker dem *cultural turn* stellen, aber noch nicht dazu führen konnte, den Diskurs hierüber auch intensiv zu entwickeln. Es ist Reichs Arbeit zu wünschen, dass sie in der andauernden Auseinandersetzung um den Konstruktivismus nicht bloß ein wenig gelesener (weil schwieriger) Klassiker für den interaktionistischen Konstruktivismus bleibt, der mittlerweile etliche Anhänger gefunden hat und zahlreiche Publikationen aufweist (vgl. www.uni-koeln.de/hf/konstrukt). Positiv zu vermerken ist, dass durch die Online-Ausgabe eine leicht zugängliche Form für das Werk gefunden wurde, das sich insbesondere in seiner PDF-Version einfach elektronisch mit Stichworten durchsuchen lässt und auch als *E-Book* genutzt werden kann. Die von Reich in *Die Ordnung der Blicke* entwickelten Perspektiven des interaktionistischen Konstruktivismus mögen eine lebhafte Auseinandersetzung befördern und zu neuen Fragen, Perspektiven und Diskussionen anregen, die andere Autoren in ihren Konstruktionen aufgreifen mögen, um die Vielfalt konstruktivistischen Denkens zu steigern. Der Konstruktivismus lebt von der Vielfalt, die er immer wieder gegenüber der Einfalt der begrenzten, lokalen und biografisch geprägten Perspektiven von Beobachtern beachten sollte, aber dies bedeutet nicht umgekehrt, dass er sich nicht immer wieder auch seiner eigenen Ursprünge vertiefend zu nähern und zu vergewissern hat. Dies kann mit der *Ordnung der Blicke* gelingen. Zugleich ist zu hoffen und zu erwarten, dass Reichs Ansatz auch solche Leser noch stärker zu erreichen und zu interessieren vermag, die dem Konstruktivismus bisher aufgrund der eher unkritischen Haltung vieler seiner Vertreter in Hinblick auf Fragen von Lebenswelt, Gesellschaft und Macht mit Skepsis begegnet sind. Der interaktionistische Konstruktivismus, den Reich vertritt, zeigt, dass das konstruktivistische Eintreten für die Pluralität von Wirklichkeitskonstruktionen nicht zu trennen ist von einer kritischen Auseinandersetzung mit den gesellschaftlichen, historischen und oft widersprüchlichen Formationen der Diskurse, die solche Pluralität ermöglichen und begrenzen.

In seinen pädagogischen und didaktischen Arbeiten kann Kersten Reich mittlerweile als ein konstruktivistischer Erfolgsautor gelten. Seine Einführung in die *Systemisch-konstruktivistische Pädagogik* (Reich 1996/2010) gilt als ein bereits klassischer Text, der im anerkannten Beltz-Verlag in sechster Auflage vorliegt. Seine *Konstruktivistische Didaktik* (2002/2008 a) weist auch bereits vier Auflagen auf und der mit ihr kostenlos im Internet verbundene „Methodenpool" mit konstruktiven und systemischen Methoden in ausführlicher Beschreibung nach Theorie und Praxis hat Anfang 2010 bereits über 400.000 Nutzer gefunden. Reich (2009 c) engagiert sich auch in der Neuordnung der Lehrerbildung, und er hat seit 2007 eine Professur für „Internationale Lehr- und Lernforschung", um dies besser realisieren zu können. Die Anknüpfung an John Dewey und die konstruktivistische Weiterentwicklung des Pragmatismus ist auch hier maßgeblich: In der Erziehung wird die Notwendigkeit wie Chance gesehen, die Wirklichkeitskonstruktionen in Diversität und Pluralität entwickeln zu können, nicht nur, um die Viabilität des konstruktiven Lernens in all seinen Vorzügen zu zeigen, sondern auch, um durch eine demokratische Entwicklung viable Voraussetzungen für die Lebbarkeit konstruktivistischer Haltungen überhaupt zu ermöglichen und zu entwickeln.

Literatur

Hickman, Larry A./Stefan Neubert/Kersten Reich (Hrsg.) (2009): John Dewey. Between Pragmatism and Constructivism. New York: Fordham Univ. Press.
Reich, Kersten (1977): Theorien der allgemeinen Didaktik. Zu den Grundlinien didaktischer Wissenschaftsentwicklung in der Bundesrepublik Deutschland und in der Deutschen Demokratischen Republik. Stuttgart: Klett.
Reich, Kersten (1978): Erziehung und Erkenntnis. Studien zur Methodologie der Erziehungswissenschaft. Stuttgart: Klett-Cotta.
Reich, Kersten (1996): Systemisch-konstruktivistische Pädagogik. Einführung in Grundlagen einer interaktionistisch-konstruktivistischen Pädagogik. Neuwied: Luchterhand.
Reich, Kersten (1998): Die Ordnung der Blicke. Bd. 1: Beobachtung und die Unschärfen der Erkenntnis; Bd. 2: Beziehungen und Lebenswelt. Neuwied/Kriftel: Luchterhand.
Reich, Kersten (2002): Konstruktivistische Didaktik: Lehren und Lernen aus interaktionistischer Sicht. 1. Aufl. Neuwied/Kriftel: Luchterhand.
Reich, Kersten (2007): Interactive Constructivism in Education. In: Education & Culture. 23. Jg. H. 1. S. 7–26.
Reich, Kersten (2008 a): Konstruktivistische Didaktik. Lehr- und Studienbuch mit Methodenpool. Mit CD-ROM. 4., durchges. Aufl. Weinheim/Basel: Beltz.
Reich, Kersten (2008 b): Democracy and Education. Pragmatist Implications for Constructivist Pedagogy. In: Jim Garrison (Hrsg.): Reconstructing Democracy, Recontextualizing Dewey. Pragmatism and Interactive Constructivism in the Twenty-First Century. New York: SUNY. S. 55–88.
Reich, Kersten (2009 a): Die Ordnung der Blicke. Bd. 1: Beobachtung und die Unschärfen der Erkenntnis; Bd. 2: Beziehungen und Lebenswelt. 2., überarb. Aufl. Neuwied/Kriftel: Luchterhand. URL: http://www.uni-koeln.de/hf/konstrukt/reich_works/buecher/ordnung/index.html. (Abgerufen am 28.5.2010)
Reich, Kersten (2009 b): Observers, Participants, and Agents in Discourses – A Consideration of Pragmatist and Constructivist Theories of the Observer. In: Larry A. Hickman/Stefan Neubert/Kersten Reich (Hrsg.): John Dewey. Between Pragmatism and Constructivism. New York: Fordham Univ. Press.
Reich, Kersten (Hrsg.) (2009 c): Lehrerbildung konstruktivistisch gestalten. Wege in der Praxis für Referendare und Berufseinsteiger. Unter Mitarb. von Ulrich Gast. Weinheim/Basel: Beltz.
Reich, Kersten (2010): Systemisch-konstruktivistische Pädagogik. Einführung in die Grundlagen einer interaktionistisch-konstruktivistischen Pädagogik. 6., neu ausgestattete Aufl. Weinheim/Basel: Beltz

Communicamus ergo sum oder
Am Anfang stehen die Beziehungen

Hans Westmeyer über Kenneth Gergens *Konstruierte Wirklichkeiten*

1 Entstehungsbedingungen und Vorgeschichte

Kenneth Jay Gergen wurde 1935 in North Carolina geboren und wuchs in Durham auf, wo sein Vater, John Jay Gergen, als Professor dem Mathematik-Department der renommierten Duke University vorstand. Nach Studien an der Yale University (BA 1957) und der Duke University (PhD 1962) war er zunächst als Assistant Professor für Sozialpsychologie an der Harvard University tätig, bevor er 1967 zunächst als Associate, ab 1971 als Full Professor an das Department of Psychology des in der Nähe von Philadelphia gelegenen Swarthmore College wechselte, dem er noch heute als Senior Research Professor angehört. Kenneth Gergen war und ist ein weltweit gefragter Gastprofessor. In Deutschland hat er z. B. an den Universitäten Marburg und Heidelberg gelehrt. Ihm sind zahlreiche wissenschaftliche Preise und Auszeichnungen verliehen worden, darunter eine Honorarprofessur der Universität von Buenos Aires. Er ist Mitbegründer und Vorsitzender des Boards des Taos Instituts, einer Einrichtung zur Ausbildung in der Theorie und Praxis des sozialen Konstruktionismus. Kenneth Gergen ist mit Mary Gergen verheiratet, einer inzwischen emeritierten Professorin an der Penn State University, die wesentlichen Anteil an der Entwicklung seines Ansatzes hat und zu den führenden feministischen Psychologinnen sozialkonstruktionistischer Prägung gehört. Einer der drei Brüder von Kenneth Gergen ist David Gergen, ein renommierter Politologie-Professor an der Harvard University, der mehreren Präsidenten der Vereinigten Staaten als Berater gedient hat.

Die Entwicklung des von Kenneth Gergen als *sozialer Konstruktionismus* benannten Ansatzes erfolgte ausgehend von einer kritischen Auseinandersetzung mit der traditionellen sozialpsychologischen Forschung in einem Artikel (Gergen 1973), der inzwischen als ein Klassiker gilt und mehr als 1.000 mal zitiert wurde. Es folgte 1982 das Buch *Toward Transformation in Social Knowledge*, das 1994 in zweiter Auflage erschien und seine kritische Sicht traditioneller Forschung weiter ausbaute und für alternative Vorgehensweisen warb. 1985 war dann für ihn der Zeitpunkt gekommen, im *American Psychologist*, der psychologischen Fachzeitschrift mit der höchsten Auflage weltweit, so etwas wie ein Manifest des sozialen Konstruktionismus zu veröffentlichen. Einen breiteren Leserkreis erreichte er mit seinem Buch *The Saturated Self* (1991), das 1996 auch in deutscher Sprache erschien. 1994 folgte eine systematische Darstellung seines Ansatzes in dem Buch *Realities and Relationships* und 1999 seine *Invitation to Social Construction*, die 2002 unter dem Titel *Konstruierte Wirklichkeiten. Eine Hinführung zum sozialen Konstruktionismus* in deutscher Übersetzung vorgelegt und gerade für solche Personen geschrieben wurde, die mit seinem Ansatz noch weniger oder gar nicht vertraut sind. Inzwischen ist eine zweite, verkürzte Auflage des englischsprachigen Originals erschienen, in der das Anspruchsniveau weiter gesenkt wurde (Gergen 2009 a). Alle seit Beginn des Jahrtausends erschienenen Monografien von Gergen sind primär der weiteren Verbreitung seines Ansatzes und weniger dessen Weiterentwicklung gewidmet (siehe z. B. Gergen 2001, 2009 b).

Neben diesen hier ohne Anspruch auf Vollständigkeit genannten Monografien hat Gergen eine Fülle von weiteren Büchern ediert oder als Mitherausgeber verantwortet, in denen vor allem die Implikationen des sozialen Konstruktionismus für zentrale Anwendungsbereiche der Psychologie dargestellt werden. So haben Gergens Überlegungen inzwischen Eingang gefunden in die psychologische Therapie, in die pädagogische Praxis, in die Praxis der Arbeits- und Organisationspsychologie und in viele andere Bereiche. Über all dies und über die zentralen Grundlagen und Annahmen seines Ansatzes informiert am besten sein hier im Folgenden als Schlüsselwerk des Konstruktivismus behandeltes Buch *Konstruierte Wirklichkeiten: Eine Hinführung zum sozialen Konstruktionismus* aus dem Jahr 2002.[1]

2 *Konstruierte Wirklichkeiten* als Schlüsselwerk des Konstruktivismus

In diesem Buch präsentiert Kenneth Gergen (2002) nicht nur seinen Ansatz, sondern demonstriert ihn auch in exemplarischer Weise, indem er seine Leser zum Dialog mit dem Autor einlädt, in dessen Verlauf die Entwicklung des sozialen Konstruktionismus, seine Annahmen, seine Implikationen und seine Anwendungen (re)konstruiert werden. Dabei bleibt Gergen immer bemüht, seine Leser nicht zu verlieren, und nimmt deshalb an vielen Stellen mögliche Einwände, die bei aus anderen Denktraditionen stammenden Lesern vielleicht auftauchen und die Bereitschaft, ihm weiter zu folgen, mindern könnten, bereits vorweg und versucht sie zu entkräften. Im letzten Kapitel seines Buches geht er dann noch einmal systematisch auf kritische Fragen zum sozialen Konstruktionismus ein.

Hier kann der Dialog mit dem Autor nicht in seinen Einzelheiten nachgezeichnet werden. Ich kann nur empfehlen, der Einladung des Autors zu folgen und sich von ihm zum sozialen Konstruktionismus hinführen zu lassen. Es lohnt sich. Bücher, die ihren Stoff mit solchem Geschick vermitteln und dabei mit den unterschiedlichsten Textsorten souverän spielen, sind immer noch eine Seltenheit. Hier soll, der Intention dieses Sammelbandes entsprechend, die *Position* des sozialen Konstruktionismus im Mittelpunkt stehen.

---

[1] Für weitere Information zur Person siehe seine Homepage: http://www.swarthmore.edu/x20604.xml

2.1 Zentrale Annahmen des sozialen Konstruktionismus

Bereits in seinem sozial-konstruktionistischen „Manifest" hat Kenneth Gergen (1985: 266 ff.) vier Annahmen formuliert, die bis heute zu den Kernaussagen seines Ansatzes gehören und explizit oder implizit in allen seinen späteren Veröffentlichungen angesprochen werden. Die erste Annahme lautet:

> A1. Was wir für Erfahrungen von der Welt halten, schreibt nicht die Begrifflichkeiten vor, mit denen wir die Welt verstehen. Was wir für Wissen von der Welt halten, entsteht nicht durch Induktion oder durch das Aufstellen und Prüfen allgemeiner Hypothesen. (Ebd.: 266, Übersetzung HW)

Gergen weist im ersten Teil dieser Annahme darauf hin, dass wir eine Erfahrung, ein Erlebnis in unterschiedlichster Weise sprachlich ausdrücken (konstruieren) können. Für jede Begebenheit gibt es nicht nur eine einzige zutreffende Beschreibung, die entdeckt oder gefunden werden könnte, sondern prinzipiell unbegrenzt viele verschiedene Beschreibungen. Zur Illustration führt Gergen in seinem Buch *Konstruierte Wirklichkeiten* die *Stilübungen* von Raymond Queneau (1998) an und gibt daraus eine Kostprobe (Gergen 2002: 39 f.). Im zweiten Teil von A1 macht Gergen deutlich, dass es – seiner Auffassung nach – nicht die üblicherweise in der Wissenschaftstheorie genannten Wege sind, die zu unserem Wissen von der Welt führen. Weder ein induktives, noch ein deduktives Vorgehen sind hier zielführend.

Wie Gergen sich den Weg zum Wissen vorstellt, kommt in seiner zweiten Annahme zum Ausdruck:

> A2. Die Begrifflichkeiten, mit denen wir die Welt verstehen, sind soziale Artefakte, Produkte an eine historische Situation gebundener Austauschprozesse zwischen Personen. Der Prozess des Verstehens ist das Resultat eines aktiven, kooperativen Bemühens miteinander in Beziehung stehender Personen. (Gergen 1985: 267, Übersetzung HW)

Unser Verständnis von der Welt leitet sich aus sozialen Beziehungen ab. Soziale Beziehungen, nicht einzelne Personen sind das Primäre. Aus der Interaktion zwischen Personen, denen an einem gemeinsamen Verständnis gelegen ist, resultiert ein bestimmtes Verständnis unserer Welt. Aber dieses Verständnis (dieses Wissen) ist nicht universeller Natur, sondern an eine bestimmte historische Situation gebunden. Zu anderen Zeiten, in anderen sozialen Kontexten kann es zu anderen sozialen Konstruktionen der Welt kommen. Ein besonders instruktives Beispiel für die in A2 angesprochenen „sozialen Artefakte" sind die heute weltweit gebräuchlichen Klassifikationssysteme für psychische Störungen (vgl. Neimeyer/Raskin 2000). So hat die WHO eine Gruppe von Psychiatern und klinischen Psychologen mit Definitionsmacht (Konstruktionsmacht) ausgestattet, um festzulegen, welche psychischen Störungen es gibt und welche Bedingungen jeweils in einem konkreten Fall erfüllt sein müssen, damit das Vorliegen einer bestimmten psychischen

Störung angenommen werden kann. So sind über die Jahrzehnte hinweg zehn verschiedene Versionen der *International Classification of Diseases* (ICD) entstanden, die 11. Version ist in Vorbereitung.

Wenn die Welt in vielfältigster Weise konstruiert werden kann, wovon hängt es ab, welche Konstruktionen sich durchsetzen? Mit dieser Frage beschäftigt sich Gergen in seiner dritten Annahme:

> A3. Das Ausmaß, in dem sich bestimmte Auffassungen durchsetzen und über die Zeit hinweg aufrechterhalten werden, hängt nicht wesentlich von der empirischen Validität der Auffassungen ab, sondern von den Eventualitäten sozialer Prozesse (z. B. Kommunikation, Verhandlung, Konflikt, Rhetorik). (Gergen 1985: 268, Übersetzung HW)

Mit dieser Annahme erteilt Gergen traditionellen wissenschaftstheoretischen Auffassungen eine klare Absage. Es ist eben nicht die empirische Gültigkeit (Validität), die hier den Ausschlag gibt, sondern es sind bestimmte Aspekte sozialer Interaktionsprozesse, mit denen sich Gergen z. B. im dritten Kapitel seines Buches ausführlicher beschäftigt. Dabei ist zu berücksichtigen, dass auch die Feststellung der empirischen Gültigkeit einer Auffassung (Konstruktion) von vielen sozialen Konventionen (Konstruktionen) abhängt, die aus sozialen Austauschprozessen hervorgegangen sind. Aber für Gergen sind die in A3 in Klammern genannten sozialen Prozesse bedeutsamer. Das lässt sich am Beispiel wissenschaftlicher Auffassungen gut nachvollziehen: Wer seine Auffassungen nicht publiziert und auf Tagungen und Kongressen präsentiert (Kommunikation), wird sie nicht durchsetzen können; wer seine Ideen nicht überzeugend vertreten kann (Rhetorik), wird andere nicht dafür begeistern können; wer den Konflikt mit etablierten Auffassungen sucht, wird eher die Aufmerksamkeit eines größeren Publikums finden, und wer dabei zu Verhandlungen und Kompromissen bereit ist, wird auf weniger Widerstand treffen.

In seiner vierten Annahme geht Gergen auf den Umstand ein, dass unser sozial konstruiertes Verständnis von der Welt nicht isoliert für sich steht, sondern in einen umgreifenderen Handlungskontext eingebettet ist:

> A4. Formen ausgehandelten Verstehens sind von entscheidender Bedeutung im sozialen Leben, da sie eng mit anderen Aktivitäten verknüpft sind. Beschreibungen und Erklärungen der Welt stellen selbst Formen sozialen Handelns dar und sind als solche mit dem ganzen Spektrum anderer menschlicher Aktivitäten verbunden. (Ebd., Übersetzung HW)

Wie eine Person diagnostiziert, also z. B. auf der Grundlage einer ICD-Version als in bestimmter Weise psychisch gestört konstruiert wird, entscheidet wesentlich darüber, wie mit dieser Person weiter verfahren wird, z. B. welche therapeutischen Interventionen bei ihr zur Anwendung gelangen. In frühen Versionen der ICD tauchte Homosexualität noch als psychische Störung auf, die als behandlungsbedürftig galt; in neueren Versionen kommt Homosexualität gar nicht mehr vor. Dafür sind eine ganze Reihe neuer psychischer Störungen dazu gekommen, die Verhaltensauffälligkeiten betreffen, die früher als noch innerhalb des normalen Verhaltensspektrums liegend konstruiert wurden (z. B. das Aufmerksamkeits-Defizit-Hyperaktivitäts-Syndrom, ADHS). Alle diese Veränderungen sind das Resultat gesellschaftlicher Diskurse, in denen die in A3 genannten Aspekte ebenso eine wichtige Rolle gespielt haben wie politische (Beispiel Homosexualität) und finanzielle Interessen (Beispiel ADHS). Was hier für psychische Störungen ausgeführt wurde, gilt natürlich auch für körperliche Erkrankungen, die ebenfalls in der ICD differenziert und fixiert werden. Körperliche Beschwerden, die in diesem sozial konstruierten System nicht untergebracht werden können, haben keinen Krankheitswert und sind deshalb nicht auf Kosten der Krankenkassen behandelbar. Ein anderes Beispiel ist die soziale Konstruktion der Devianz. Sie entscheidet darüber, welche Verhaltensweisen erlaubt, welche verboten sind und welche gesellschaftlichen Sanktionen bei verbotenen Verhaltensweisen zur Anwendung kommen. Die Sanktionierung von deviantem Verhalten am Einzelfall erfolgt selbst wieder im Rahmen sozialer Interaktion in Form von Aushandlungsprozessen (Gerichtsverfahren) und hat in der Regel gravierende Konsequenzen für die betroffene Person. Diese wenigen Beispiele sollen A4 nur illustrieren. Sie ließen sich beliebig vermehren, wenn wir weitere Bereiche des täglichen Lebens betrachten würden, wie dies Gergen in seinem Buch tut.

In *Konstruierte Wirklichkeiten* formuliert Kenneth Gergen (2002: 66 ff.) vier „Arbeitshypothesen", die in eine ganz ähnliche Richtung weisen wie seine Annahmen A1 bis A4:

    H1. Die Begriffe, mit denen wir die Welt und uns selbst verstehen, ergeben sich nicht zwangsläufig aus „dem, was ist".

    H2. Wie wir beschreiben, erklären und darstellen, leitet sich aus Beziehungen ab.

    H3. So, wie wir beschreiben, erklären oder anderweitig darstellen, so gestalten wir unsere Zukunft.

    H4. Das Nachdenken über unsere Formen des Verstehens ist für unser zukünftiges Wohlergehen von entscheidender Bedeutung.

H1 und A1 gehen in dieselbe Richtung, und das tun auch H2 und A2. A4 impliziert H3, und H4 lässt die hohe Wertschätzung deutlich werden, die Gergen der *Reflexivität* (vgl. 2002: 69) beimisst, also unserer Fähigkeit, unsere Konstruktionen infrage zu stellen, nichts als selbstverständlich anzusehen und alternative Konstruktionen, soweit es sie schon gibt, zur Kenntnis zu nehmen, bzw. soweit sie noch fehlen, in *generativen Diskursen* zu entwickeln, um damit neue Handlungsmöglichkeiten zu eröffnen. Dieses Ziel, die Eröffnung neuer Handlungsmöglichkeiten, ist es, was Gergen in und mit seinem Buch *Konstruierte Wirklichkeiten* und seinen übrigen sozial-konstruktionistischen Schriften primär zu erreichen versucht. Darauf kommt es ihm an. Er will an die Stelle von Einfalt Vielfalt setzen und möglichst viele unterschiedliche Stimmen zu Gehör bringen bzw. ihnen Gehör verschaffen. Die

Welt als ein vielstimmiger Chor, das ist eine Vorstellung, die sich bei der Lektüre des Buches von Gergen geradezu aufdrängt (vgl. 2002: 203 ff.).

2.2 Zur Abgrenzung des sozialen Konstruktionismus von anderen Positionen

Kenneth Gergen bevorzugt in seinem Buch *Konstruierte Wirklichkeiten* wie in seinen übrigen Schriften eine metaphernreiche Sprache, die bewusst die in der Wissenschaft gepflegten Sprachformen transzendiert und sich ebenso der in der Literatur gebräuchlichen Ausdrucksformen bedient (vgl. 2002: 231 ff.). Präzision der Formulierung ist seine Sache nicht. Für ihn sind Präzisierungen wohl eher eine Behinderung fortlaufender Diskurse, weil sie bestimmte Bedeutungen festschreiben und damit unter Umständen andere Bedeutungskonstruktionen ausschließen oder zumindest ihr Auftreten unwahrscheinlicher machen. Diese Sorge teile ich nicht. Präzisierungen können für das Verständnis einer Position hilfreich sein und den Diskurs gerade mit Außenstehenden, die sich einer Position von anderen Positionen aus nähern, erleichtern. Deshalb erscheint es mir sinnvoll, an dieser Stelle eine Präzisierung des für konstruktivistische Diskurse zentralen Begriffs des Konstruierens vorzunehmen, um auf ihrer Grundlage Gergens Position noch nachvollziehbarer zu machen.

Der Begriff des Konstruierens kann als eine (wenigstens) vierstellige Relation expliziert werden, in die ein Konstruktionssubjekt x, ein Konstruktionsobjekt y, ein Konstruktionsresultat z und ein Konstruktionszeitpunkt t eingehen: x konstruiert y als z zur Zeit t. Ein Beispiel wäre: radikale Konstruktivisten (x) konstruieren den Menschen (y) immer noch (t) als ein informationell geschlossenes kognitives System (z); ein anderes Beispiel: die von der WHO mit Definitionsmacht ausgestattete Expertengruppe (x) konstruiert psychische Störungen (y) wie in der 10. Version der ICD, Kapitel F, festgelegt (z) für den Zeitraum zwischen dem Erscheinen der 10. und dem der 11. Version (t).

Auf dieser Grundlage lässt sich zunächst einmal Gergens Position von realistischen Positionen unterscheiden. Realistische und insbesondere essentialistische Positionen gehen davon aus, so könnte man vor dem Hintergrund der eingeführten Begrifflichkeiten sagen, dass es Sinn macht, nach dem Wesen oder der Natur von y jenseits aller Konstruktionen zu fragen. Letztlich sind es Aussagen der Form „y ist z", die angestrebt werden. Aussagen der Form „x konstruiert y als z zur Zeit t" mögen den Status quo beschreiben, aber die Möglichkeit, darüber hinaus zu gehen und irgendwann zu Aussagen der Form „y ist z" zu gelangen, wird nicht infrage gestellt. Der Umstand, dass in vielen Wissensbereichen unterschiedliche Konstruktionen von y miteinander konkurrieren, also die Aussage „x_1 konstruiert y als z_1 zur Zeit t" neben den Aussagen „x_2 konstruiert y als z_2 zur Zeit t" bis „x_n konstruiert y als z_n zur Zeit t" steht, wird als Herausforderung erlebt, im Rahmen wissenschaftlicher Untersuchungen die Menge zulässiger Konstruktionen sukzessive einzuschränken. Im Idealfall führt dies zu der einen Konstruktion, die dann, da sie von allen oder zumindest den meisten Beteiligten geteilt wird, den Übergang zu „y ist z" erlaubt.

Für soziale Konstruktionisten sind Aussagen der Form „y ist z" kein angestrebtes Ziel. Soziale Konstruktionisten beschreiben, wenn sie auf derartige Aussagen treffen, den umgekehrten Weg und geben diesen Aussagen ihre ursprüngliche Form „x konstruiert y als z zur Zeit t" zurück, indem sie nach dem Konstruktionssubjekt x und dem (historischen) Konstruktionskontext t fragen. Und sie werden nach alternativen Konstruktionen für y über z hinaus suchen, um den Blick auf y zu erweitern. Entscheidend für soziale Konstruktionisten ist der Umstand, dass sich x in Aussagen der Form „x konstruiert y als z zur Zeit t" *nicht* auf einzelne Personen bezieht, sondern auf *Gruppen von Personen*, die in soziale Beziehungen eingebunden sind und miteinander interagieren, kooperieren und im Zuge dessen konstruieren. In diesem Punkt unterscheidet sich der soziale Konstruktionismus Gergens z. B. vom *individuumsbezogenen Konstruktivismus* eines George Kelly (1955), der als Persönlichkeitspsychologe und klinischer Psychologe die Konstruktionsvorgänge bei einzelnen Personen in den Mittelpunkt seiner Theorie der persönlichen (personalen) Konstrukte stellte. Darin unterscheidet er sich erst recht vom *radikalen Konstruktivismus*, soweit dieser die Konstruktionsvorgänge innerhalb als informationell geschlossen unterstellter kognitiver Systeme lokalisiert (Gergen 2002: 293). Gerade Bedeutungen werden nach Gergen *nicht* von einzelnen Personen konstruiert, sondern entstehen im Rahmen „an eine historische Situation gebundener Austauschprozesse zwischen Personen" (siehe Annahme A2). Und darin unterscheidet sich der soziale Konstruktio*nis*mus auch von einem *sozialen Konstruktivismus*, in dem es nach wie vor die Individuen sind, die sich und die Welt geistig konstruieren, auch wenn die Bausteine, die sie bei ihren Konstruktionen nutzen, aus sozialen Beziehungen hervorgegangen sind (ebd.: 294).

Der Primat der sozialen Beziehungen gegenüber dem Individuum oder, noch allgemeiner formuliert, des Sozialen gegenüber dem Individuellen ist ein zentrales Charakteristikum des sozialen Konstruktionismus und dementsprechend auch ein zentrales Thema in Gergens Buch. So setzt er (ebd.: 274) an die Stelle des *Cogito ergo sum* konsequent sein *Communicamus ergo sum* (Wir kommunizieren, also bin ich). Kommunikation findet innerhalb einer von allen Beteiligten geteilten Sprache statt. Wenn wir kommunizieren und in diesem Kontext konstruieren, tun wir dies innerhalb einer bestimmten Sprache. Und Sprache ist für Gergen etwas durch und durch Soziales:

> Um eine bedeutungshaltige Sprache zu entwickeln, bedarf es der sozialen Koordination. Nichts von dem, was wir Sprache nennen, entspringt einem privaten Geist. Erst durch eine breite Übereinstimmung hinsichtlich der Be-

deutung von Wörtern oder Handlungen kann eine Sprache entstehen. (Ebd.: 274)

Die Entwicklung einer Sprache, ihre Verwendung, also *sprachliche Performanz*, und ihre Weiterentwicklung erfolgen in sozialen Interaktionen. In Aussagen der Form „x konstruiert y als z zur Zeit t" sind – trivialerweise – alle Bestandteile sprachlicher Natur. Auch wenn wir mit y (dem Konstruktionsobjekt) auf etwas außerhalb der Sprache Bezug nehmen wollen, können wir nur innerhalb der Sprache darüber reden und schreiben. y ist also bereits sprachlicher Natur bzw. „versprachlicht". Und die Bedeutung von y ist wie jede Bedeutung das Resultat sozialer Interaktionen. Selbst wenn ich allein an diesem Beitrag schreibe, tue ich dies „im Rahmen kultureller Gepflogenheiten des Sprechens und Schreibens" (ebd.) und befinde mich in (vorgestellter) Interaktion mit dem Herausgeber und meinen potenziellen Lesern. Worauf auch immer wir uns mit einem y beziehen wollen, in Aussagen der Form „x konstruiert y als z zur Zeit t" kommt y also bereits selbst in versprachlichter und deshalb konstruierter Form vor; mit z ergänzt, konkretisiert, expliziert, differenziert x diese Konstruktion (zur Zeit t). Nehmen wir – nur als Beispiel – ein Lexikon oder ein Wörterbuch. x würde sich dabei auf die Gruppe von Personen beziehen, die das Lexikon oder Wörterbuch zum Zeitpunkt t erstellt haben und in der betroffenen Sprachgemeinschaft in dieser Hinsicht Expertenstatus genießen, y auf das jeweilige Sachwort bzw. Wort und z auf die dazugehörige Erläuterung seiner inhaltlichen bzw. sprachlichen Bedeutung. Nirgendwo wird die soziale Welt der Sprache verlassen, auch dann nicht, wenn im Lexikon Bilder zur Illustration eingefügt werden, denn auch diese müssen durch Text (z. B. Beschriftungen) mit dem übrigen Text verbunden werden und setzen damit Textverständnis, also geteilte Bedeutungen, voraus.

Wir können natürlich in Aussagen der Form „x konstruiert y als z zur Zeit t" z in einer weiteren Aussage an die Stelle von y setzen und z näher erläutern durch „x konstruiert z als z' zur Zeit t'" und diesen Prozess beliebig lange fortführen. So etwas ist im Bereich der Wissenschaft durchaus üblich, und auch in Lexika und Wörterbüchern wird in der Erläuterung eines Ausdrucks häufig auf weitere Erläuterungen verwiesen, die sich an anderer Stelle des Werkes finden. In allen diesen Fällen werden Konstruktionen nur mit anderen Konstruktionen in Verbindung gebracht. Die Welt der Konstruktionen wird nicht verlassen. Die für Vertreter realistischer Positionen nahe stehende Frage „Und was ist mit der Welt jenseits aller Konstruktionen?" wird deshalb von sozialkonstruktionistischer Seite nicht in der von den Fragestellern erwarteten Weise einfach beantwortet, sondern erst einmal *dekonstruiert*, indem auf die Konstruktionen hingewiesen wird, die bereits in die Formulierung dieser Frage eingegangen sind (ebd.: 275 ff.). Nur zwei Aspekte seien hier genannt: Zum einen handelt es sich als Frage bereits um das Resultat einer (sprachlichen) Konstruktion und setzt geteilte Bedeutungen voraus, zum anderen ist die Aufteilung in eine Welt der Konstruktionen und eine Welt jenseits dieser Konstruktionen selbst eine Konstruktion. Wie auch immer wir die Frage beantworten würden, wir könnten es nicht tun, ohne zu konstruieren bzw. auf Konstruktionen zurück zu greifen. Die Welt der Konstruktionen könnten wir dabei nicht hintergehen. Wenn wir z. B. in einer von Vertretern realistischer Positionen erwarteten Weise antworten würden, hätte unsere Antwort die Form „Der soziale Konstruktionismus (also x) konstruiert die Welt jenseits aller Konstruktionen (also y) als z zur Zeit t". Da, wie wir gesehen haben, auch y bereits sozial konstruiert ist, kommen wir so nicht weiter. Es macht Sinn, die Frage „Und was ist mit der Welt jenseits aller Konstruktionen?" zu dekonstruieren, es macht aber keinen Sinn, sie dann noch zu beantworten. Es ist deshalb durchaus konsequent, wenn Gergen die ontologische Position des sozialen Konstruktionismus so charakterisiert: „Der Konstruktionismus ist in ontologischer Hinsicht stumm." (1994: 72, Übersetzung HW) Er behauptet weder, dass es etwas gibt, noch dass es etwas nicht gibt (vgl. Gergen 2002: 276). Würde er entsprechende Behauptungen aufstellen, ginge das wieder nur im Rahmen sprachlicher Diskurse, also im Kontext sozialer Konstruktionen.

Diese Position hat – wie alle sozialen Konstruktionen – Folgen, so z. B. für die Konstruktion des *Wahrheitsbegriffs*. Mit dem sozialen Konstruktionismus ist z. B. die Korrespondenztheorie der Wahrheit nicht vereinbar, wenn diese so verstanden wird, dass sie die Möglichkeit eines direkten Abgleichs sprachlicher Behauptungen mit einer außersprachlichen Realität zur Voraussetzung hat. Vereinbar mit dem sozialen Konstruktionismus sind z. B. kohärenztheoretische Wahrheitskonstruktionen, nach denen Konstruktionen nur mit Konstruktionen abgeglichen werden, oder auch pragmatische Varianten, in denen die Konsequenzen einer Konstruktion für unser Handeln, z. B. für eine Fortführung generativer Diskurse, eine zentrale Rolle spielen. Gergen steht dem Wahrheitsbegriff allerdings sehr zurückhaltend gegenüber (ebd.: 277). Allzu oft wird dieser Begriff seiner Auffassung nach benutzt, um einer Position auf Kosten anderer Vorteile zu verschaffen und das Spektrum möglicher Konstruktionen zu verengen und nicht zu erweitern. Gergen setzt sich deshalb vor allem mit der *Rhetorik der Wahrheit* auseinander und erweckt nicht den Eindruck, dass dieser Begriff, bei dem es sich aus sozial-konstruktionistischer Sicht natürlich selbst um eine soziale Konstruktion handelt und der deshalb in diesem Ansatz dekonstruiert wird, für ihn darüber hinaus von besonderer Bedeutung ist. Deshalb erhebt Gergen auch in keinster Weise für den sozialen Konstruktionismus den Anspruch, wahr zu sein (ebd.: 281 ff.). Natürlich ist er selbst von seinem Ansatz überzeugt und trägt ihn in Wort und Schrift mit allen ihm zu Gebote stehenden rhetorischen Mitteln vor, um für ihn zu werben und weitere Personen in den sozialkonstruktionistischen Diskurs einzubeziehen, aber um Wahrheit geht es ihm nicht.[2]

---

[2] Ob Gergen ohne jede Variante des Wahrheitsbegriffs auskommen kann, ist eine interessante Frage, deren Beantwortung noch einer genaueren Untersuchung bedarf.

2.3 Der relationale Charakter des Seins

Aus den bisherigen Ausführungen zu Kenneth Gergens Position ergibt sich eine wietere Besonderheit des sozialen Konstruktionismus, die hier noch kurz angesprochen werden muss. Wenn die zentralen Aussagen innerhalb des sozialen Konstruktionismus die Form „x konstruiert y als z zur Zeit t" haben und nicht die Form „y ist z", kann z nicht als Eigenschaft von y, also als etwas, was y hat oder besitzt, verstanden werden. z ist vielmehr *ein* Glied einer vierstelligen *Relation*, in die neben y auch x und t eingehen. z ist darüber hinaus das Resultat einer sozialen Konstruktion, also von Austauschprozessen zwischen Personen, die in sozialen Beziehungen (*social relationships*) zueinander stehen. Gergen spricht deshalb vom relationalen Sein (*relational being*), um zum Ausdruck zu bringen, welchen Charakter die sozial konstruierten Wirklichkeiten haben (2002: 164 ff.). Entsprechend trägt eines seiner Bücher den Titel *Realities and Relationships* (1994) und ein anderes aus neuester Zeit den Titel *Relational Being* (2009 b).

Nun lässt sich in vielen Fällen in Aussagen der Form „x konstruiert y als z zur Zeit t" der Vorgang des Konstruierens auch als ein Zuschreibungsvorgang verstehen, also „x schreibt y zur Zeit t z zu". Solche Zuschreibungen spielen aus sozialkonstruktionistischer Sicht gerade in der Psychologie eine große Rolle. Alle Eigenschaftsbegriffe aus der Persönlichkeitspsychologie lassen sich als Resultate von Zuschreibungen rekonstruieren: Eine Person *ist* nicht intelligent, kreativ, extrovertiert, emotional stabil, gewissenhaft, verträglich und offen für neue Erfahrungen, sondern ihr werden diese Eigenschaften (von bestimmten Personen zu bestimmten Zeitpunkten) *zugeschrieben*. Auch das, was wir *das Selbst* einer Person zu nennen pflegen, kann als das Resultat von Zuschreibungen im Zuge sozialer Interaktionen verstanden werden (Gergen 2002: Kapitel 5). Diese Idee ist übrigens keine sozialkonstruktionistische Erfindung, sondern war in der Sozialpsychologie schon lange vor Gergen verbreitet (vgl. Sader/Weber 1996: 157 ff.). Gergen geht aber noch einen entscheidenden Schritt weiter und wendet die Zuschreibungsidee auf das ganze so genannte mentalistische Vokabular an. So führt er an einer Stelle aus:

> Entsprechend nehmen Theoretikerinnen und Theoretiker an, dass Denken kein privates Ereignis sei. Vielmehr schreiben wir Personen Gedanken oder Vernunft zu, wenn sie auf eine bestimmte Art sprechen und handeln. Vernunft ist damit nicht mehr von wirkungsvoller Rhetorik zu trennen, und das Denken ist wesentlich die Fähigkeit, gut zu argumentieren. (Gergen 2002: 169)

Gergen wendet sich, in diesem Punkt dem späten Wittgenstein folgend, entschieden gegen die Vorstellung privater mentaler Ereignisse, die durch das so genannte mentalistische Vokabular bezeichnet würden. Nach seiner Auffassung bezieht sich dieses Vokabular *nicht* auf etwas, was sich in Personen abspielt und direkt nur diesen zugänglich ist, sondern auf etwas durch und durch Öffentliches, das sich zwischen Personen im Rahmen sozialer Interaktionen abspielt. Dementsprechend betont er den *Performanzaspekt* von Sprache und den performativen Charakter psychologischer Diskurse (ebd.: 167). Konkreter führt Gergen diese Idee am Beispiel der Emotionen aus, die, so nimmt er an, in *emotionalen Szenarien*, an denen wenigstens zwei Personen beteiligt sind, dargeboten, aufgeführt bzw. vollzogen werden (ebd.: 172 ff.; zu weiteren Details siehe Gergen 1994: Kapitel 9). Natürlich weiß auch Gergen, dass wir über etwas nachdenken oder etwas empfinden können, wenn keine andere Person präsent ist, aber auch dann vollziehen wir nach seiner Auffassung soziale, also öffentliche Handlungen (Gergen 2002: 169 f.).

3   Rezeption und Wirkung

An Kenneth Gergens sozialem Konstruktionismus scheiden sich die Geister. Die einen folgen seiner Einladung und lassen sich zum sozialen Konstruktionismus hinführen und profitieren dabei im Hinblick auf ihre eigene (wissenschaftliche) Arbeit, selbst wenn sie sich diese Position nicht in letzter Konsequenz zu eigen machen wollen. Die anderen reagieren mit völligem Unverständnis und schroffer Zurückweisung. Ich habe das selbst einmal auf einer *Convention* der *American Psychological Association* erlebt: Gergen stieß dort mit seinem Vortrag auf ebenso begeisterte Zustimmung wie auf kompromisslose Ablehnung – insbesondere von Experimentalpsychologen behavioristischer Orientierung. Auch manchen Vertretern des radikalen Konstruktivismus fällt es nicht leicht, Zugang zu Gergens Überlegungen zu gewinnen. So äußert Ernst von Glasersfeld in einem Interview: „Ich kann nicht für die *Social Constructionists* sprechen. Die machen eine Menge Sachen, die ich einfach nicht verstehe, die ich völlig unbegründet finde." (1998: 326) Andererseits gibt es auch dem radikalen Konstruktivismus nahe stehende Personen, die den Anschluss an den sozialen Konstruktionismus suchen und auf diese Weise die als zu dominant empfundene Individuumszentriertheit des radikalen Konstruktivismus überwinden möchten (siehe z. B. Schmidt 1994: 38 ff.).

Viele der Personen, die Gergens Einladung ohne Vorbehalte gefolgt sind, finden sich in Großbritannien. Insbesondere in England ist nicht nur der individuumszentrierte Konstruktivismus eines George Kelly auf fruchtbaren Boden gefallen (vgl. den Beitrag zu Kellys *Der Mensch als konstruierendes Wesen* von Hans Westmeyer und Hannelore Weber in diesem Band), sondern auch der soziale Konstruktionismus hat in England viele Proponenten und ist in seiner heutigen Gestalt unter wesentlicher Beteiligung dieser Personen entwickelt worden. Ich kann hier nur einige wenige Personen mit jeweils einer Literaturquelle nennen, die aber deutlich macht, wie breit die Thematiken sind, die aus sozialkonstruktionistischer Sicht bearbeitet werden: Vivien Burr (2003), Sheila McNamee (1992; zusammen mit Gergen), Ian Parker (1998) und Jonathan Potter (1996). Aus Großbritannien stammt auch ein von David Nightingale und John Cromby (1999) herausgegebener

Sammelband, der sich – innerhalb des sozial-konstruktionistischen Diskurses – kritisch mit einigen Aspekten der Theorie und Praxis des Gergen'schen sozialen Konstruktionismus auseinander setzt.

Natürlich finden sich eine ganze Reihe führender sozialer Konstruktionisten auch in den USA. Zuvörderst ist dabei John Shotter (1993; 1998 zusammen mit Betty Bayer) zu nennen, der – neben Gergen selbst – zu den einflussreichsten sozialen Konstruktionisten zählt. Aber auch Theodore Sarbin und John Kitsuse (1994) dürfen nicht unerwähnt bleiben – und das gilt insbesondere für Mary Gergen (2001), die einen nicht geringen Anteil an der Entwicklung und Ausarbeitung dieser Richtung hat (siehe auch K. Gergen/M. Gergen 2009, M. Gergen/K. Gergen 2003). Inzwischen sind in den USA (wie übrigens auch in Großbritannien) die Vertreter des Konstruktivismus Kelly'scher Prägung und des sozialen Konstruktionismus enger zusammen gerückt und treffen sich häufig auf gemeinsamen Tagungen (zu weiteren Details siehe Abschnitt 3 des Beitrags zu Kellys *Psychologie der personalen Konstrukte* von Westmeyer und Weber in diesem Band) und betonen zunehmend die Gemeinsamkeiten beider Positionen (vgl. Stojnov/Butt 2002).

Personen, die dem sozialen Konstruktionismus nahe stehen, finden sich in vielen anderen Ländern. Wenn Gergen auf einem internationalen Kongress für Psychologie auftritt, kann er mit einer eindrucksvollen Zuhörerschaft rechnen. Auch in Deutschland findet sein Ansatz zunehmende Resonanz. Zu nennen sind etwa – neben dem bereits erwähnten Siegfried J. Schmidt (1994) – Wolfgang Frindte (1998), Jürgen Straub (1998) und Barbara Zielke (2004). Ich selbst habe unter anderem versucht, die traditionelle empirische Forschung aus sozialkonstruktionistischer Sicht zu rekonstruieren (z. B. Westmeyer 1998, 2009) und die Frage zu beantworten, in welcher Weise eine empirische Überprüfung psychologischer Hypothesen und Theorien aus dieser Sicht überhaupt noch möglich und sinnvoll ist. Meine Absicht dabei war und ist es, dem Vorwurf der Willkür und Beliebigkeit sozialer Konstruktionen, der von Kritikern oft und gern gegen den sozialen Konstruktionismus erhoben wird, die Spitze zu nehmen und auf die Fülle sozialer Konventionen und Konstruktionen hinzuweisen, die unvermeidbar bei jeder empirischen Überprüfung einer wissenschaftlichen Aussage zugrunde gelegt werden müssen, aber selbst einer empirischen Überprüfung gar nicht zugänglich sind. Im Übrigen hat schon Siegfried J. Schmidt sehr treffend den Vorwurf der Beliebigkeit sozialer Konstruktionen pariert: soziale Konstruktionen entstehen „keineswegs willkürlich, sondern gemäß den biologischen, kognitiven, sozialen und kulturellen Bedingungen, denen sozialisierte Individuen in ihrer sozialen und natürlichen Umwelt unterworfen sind" (1994: 16).

Literatur

Bayer, Betty M./John Shotter (Hrsg.) (1998): Reconstructing the Psychological Subject. Bodies, Practices and Technologies. London: Sage.
Burr, Vivien (2003): Social Constructionism. 2. Aufl. London: Routledge.
Frindte, Wolfgang (1998): Soziale Konstruktionen. Opladen: Westdeutscher Verlag.
Gergen, Kenneth, J. (1973): Social Psychology as History. In: Journal of Personality and Social Psychology. 26. Jg. S. 309–320.
Gergen, Kenneth, J. (1982): Toward Transformation in Social Knowledge. London: Sage.
Gergen, Kenneth J. (1985): The Social Constructionist Movement in Modern Psychology. In: American Psychologist. 40. Jg. S. 266–275.
Gergen, Kenneth J. (1991): The Saturated Self. Dilemmas of Identity in Contemporary Life. New York: Basic.
Gergen, Kenneth J. (1994): Realities and Relationships. Soundings in Social Construction. Cambridge, MA: Harvard Univ. Press.
Gergen, Kenneth J. (1996): Das übersättigte Selbst. Heidelberg: Carl-Auer-Systeme.
Gergen, Kenneth J. (1999): An Invitation to Social Construction. London: Sage.
Gergen, Kenneth J. (2001): Social Construction in Context. London: Sage.
Gergen, Kenneth J. (2002): Konstruierte Wirklichkeiten. Eine Hinführung zum Sozialen Konstruktionismus. Stuttgart: Kohlhammer.
Gergen, Kenneth J. (2009 a): An Invitation to Social Construction. 2. Aufl. London: Sage.
Gergen, Kenneth J. (2009 b): Relational Being. Beyond the Individual and Community. New York: Oxford Univ. Press.
Gergen, Kenneth J./Mary Gergen (2009): Einführung in den sozialen Konstruktionismus. Heidelberg: Carl-Auer-Systeme.
Gergen, Mary (2001): Feminist Reconstructions in Psychology. London: Sage.
Gergen, Mary/Kenneth J. Gergen (Hrsg.) (2003): Social Construction. A Reader. London: Sage.
Glasersfeld, Ernst von (1998): Readikaler Konstruktivismus. 2. Aufl. Frankfurt am Main: Suhrkamp.
Kelly, George A. (1955): The Psychology of Personal Constructs. 2 Bde. New York: Norton.
McNamee, Sheila/Kenneth J. Gergen (Hrsg.) (1992): Therapy as Social Construction. London: Sage.
Neimeyer, Robert A./Jonathan D. Raskin (Hrsg.) (2000): Constructions of Disorder. Meaning-making Frameworks for Psychotherapy. Washington, DC: American Psychological Association.
Nightingale, David J./John Cromby (Hrsg.) (1999): Social Constructionist Psychology. A Critical Analysis of Theory and Practice. Buckingham, UK: Open Univ. Press.
Parker, Ian (Hrsg.) (1998): Social Constructionism, Discourse and Realism. London: Sage.
Potter, Jonathan (1996): Representing Reality. Discourse, Rhetoric and Social Construction. London: Sage.
Queneau, Raymond (1998). Stilübungen. Frankfurt am Main: Suhrkamp.
Sader, Manfred/Hannelore Weber (1996): Psychologie der Persönlichkeit. Einheim: Juventa.
Sarbin, Theodore R./John I. Kitsuse (Hrsg.) (1994): Constructing the Social. London: Sage.
Schmidt, Siegfried J. (1994): Kognitive Autonomie und soziale Orientierung. Frankfurt am Main: Suhrkamp.
Shotter, John (1993): Conversational Realities. London: Sage.
Stojnov, Duncan/Trevor Butt (2002): The Relational Basis of Personal Construct Psychology. In: Robert A. Neimeyer/Greg J. Neimeyer (Hrsg.): Advances in Personal Construct Psychology. London: Praeger. S. 81–110.
Straub, Jürgen (Hrsg.) (1998): Erzählung, Identität und historisches Bewusstsein. Frankfurt am Main: Suhrkamp.
Westmeyer, Hans (1998): Psychologische Methoden und soziale Konventionen. In: Karl C. Klauer/Hans Westmeyer (Hrsg.): Psychologische Methoden und Soziale Prozesse. Lengerich: Pabst Science. S. 250–266.

Westmeyer, Hans (2009): Wissenschaftstheoretische Grundlagen der Evaluationsforschung. In: Holling, Heinz (Hrsg.): Grundlagen und statistische Methoden der Evaluationsforschung. [=Enzyklopädie der Psychologie, Bd. 1] Göttingen: Hogrefe. S. 35–58.

Zielke, Barbara (2004): Kognition und soziale Praxis. Der soziale Konstruktionismus und die Perspektiven einer postkognitivistischen Psychologie. Bielefeld: transcript.

Der Abschied von der Wahrheit

Siegfried J. Schmidt über Josef Mitterers *Das Jenseits der Philosophie*[1]

1 Entstehungsbedingungen und Vorgeschichte: Auf dem Wege zum Non-Dualismus

Der österreichische Philosoph Josef Mitterer wurde 1948 in dem kleinen Tiroler Ort Westendorf geboren. Er studierte Philosophie, Psychologie und Soziologie in Innsbruck und Linz und verbrachte Studienaufenthalte an der London School of Economics, der Universität Heidelberg und dem *Inter-University Centre* in Dubrovnik. 1976 ging er an die University of California in Berkeley, um bei Paul Feyerabend zu studieren, dessen erkenntnis- und wissenschaftstheoretische Arbeiten neben der Philosophie Ludwig Wittgensteins stark zur Ausarbeitung und Schärfung seines eigenen philosophischen Ansatzes einer non-dualistischen Erkenntnistheorie beitrugen. 1978 promovierte Mitterer an der Universität Graz bei Rudolf Haller mit einer Dissertation mit dem Titel *Sprache und Wirklichkeit. Eine erkenntnistheoretische Abhandlung*. Diese Schrift wurde erst 1992 unter dem Titel *Das Jenseits der Philosophie* publiziert. 1999 habilitierte sich Mitterer an der Universität Klagenfurt mit der Arbeit *Die Flucht aus der Beliebigkeit*, die im gleichen Jahr im Drava-Verlag in Klagenfurt veröffentlicht wurde. Angekündigt ist ein drittes Buch mit dem Titel *Die Richtung des Denkens*, in dem der Ansatz des Non-Dualismus vervollständigt werden soll. Nach seiner Promotion verließ Mitterer den akademischen Bereich und arbeitete als Skilehrer sowie in verschiedenen Positionen im Tourismusbereich in Europa, Kanada, den USA und Asien. Seine dort gewonnenen Erfahrungen fasste er in einem Aufsatz mit dem Titel „Der König von Frankreich lebt oder die Wirklichkeit auf Reisen" (Mitterer 1989) zusammen – ein Dokument des Spiels mit der Inszenierung von Wirklichkeit, das zu dem Fazit gelangt: Die Wirklichkeit auf Reisen bestimmt sich im Verlauf der Reise... 1988 publizierte Mitterer eine erste konzise Zusammenfassung seines „Abschieds von der Wahrheit" in *DELFIN*, einer deutschen Zeitschrift, die sich besonders der Verbreitung des Konstruktivismus widmete. Dieser Aufsatz brachte ihn in Kontakt mit einem der Väter des radikalen Konstruktivismus, Ernst von Glasersfeld, und bescherte ihm öffentliche Aufmerksamkeit. Erst 1990 kehrte Mitterer an die Universität zurück und forscht und lehrt seitdem an der Universität Klagenfurt sowie als Gastprofessor an den Universitäten Innsbruck und Laibach.

Schon diese kurzen biografischen Hinweise lassen erkennen, dass Josef Mitterer sowohl gegenüber den akademischen Laufbahnroutinen und Publikations-

---

[1] Das Werk wurde zwischen 1973 und 1978 geschrieben, erschien aber erst 1992 im Passagen-Verlag in Wien als Band 38 der Edition Passagen. Neben diesem Werk greife ich auch auf Zitate aus Mitterers Habilitationsschrift zurück, die (nach der Erstveröffentlichung im Drava-Verlag) 2001 unter dem Titel *Die Flucht aus der Beliebigkeit* im Fischer Taschenbuchverlag in Frankfurt am Main erschien.

usancen als auch gegenüber den philosophischen Themen und Strömungen eine bemerkenswerte Unabhängigkeit an den Tag gelegt hat. Aus dieser Distanz hat er seine non-dualistische Denk- und Redeweise entwickelt, die in der Tat die Philosophie vor die Frage stellt, ob sie nicht deshalb so unfähig ist, ihre Probleme zu lösen, weil sie mit Ausgangsmanövern startet, die sie unweigerlich in die Falle unlösbarer Probleme tappen lässt. Josef Mitterers Kernthesen sollen nun kurz und möglichst prägnant entwickelt werden.

2 *Das Jenseits der Philosophie* als Schlüsselwerk für den Konstruktivismus

Philosophen wie Nichtphilosophen sind sich über zwei Dinge stillschweigend einig: Was wir sagen, soll wahr sein; und worüber wir reden, das sind Dinge im weitesten Sinne, die unabhängig von der Sprache in der Wirklichkeit existieren – die Welt, so die Überzeugung der Philosophen – besteht auch ohne den Menschen. Genau diese stillschweigende Einigkeit problematisiert Josef Mitterer radikal und stellt damit die gesamte Philosophie der beiden letzten Jahrtausende infrage. Dabei wird auch der Konstruktivismus nicht ausgenommen. Aus diesem Grunde ist das Werk Mitterers, der sich ausdrücklich nicht als Konstruktivist bezeichnet, zwar genau besehen nicht ein Schlüsselwerk *des* Konstruktivismus, wohl aber ein Schlüsselwerk *für* Konstruktivisten; denn um Wirklichkeit und Wahrheit geht es auch Konstruktivisten aller Richtungen, und Mitterers explizite Kritik am Konstruktivismus sollte von dessen Vertretern sehr ernst genommen werden, denn sie stellt seine zentralen Thesen grundsätzlich infrage. Mitterer versucht, die gesamte Philosophie auszuhebeln, indem er die traditionelle Fragerichtung einfach umdreht:

> Statt nach den Unterschieden zwischen den verschiedenen philosophischen Positionen zu fragen, möchte ich die Frage nach den Gemeinsamkeiten stellen: Die Frage, worin sich die verschiedenen philosophischen Positionen nicht unterscheiden. Was ist allen, auch den gegensätzlichsten Positionen gemeinsam? (Mitterer 2001: 16)

Die Beantwortung dieser Frage führt ihn zu folgendem Argument: Die Gemeinsamkeiten aller philosophischen Diskurse bestehen in nicht hinterfragten Voraussetzungen, und zwar vor allem in Differenzannahmen, die Philosophen zu einem *dualistischen Denken* verführen, ohne dass sie es bemerken. Die wichtigste Grundlage dualistischen Denkens besteht in der Ansicht;

> dass es einen Unterschied gibt zwischen der Welt und unserem Wissen von der Welt, einen Unterschied zwischen den Objekten und dem, was wir über sie sagen und aussagen; einen Unterschied auch zwischen den Zeichen und den Gegenständen, die von ihnen bezeichnet werden, zwischen dem, worüber wir sprechen und der Sprache, mit der wir darüber sprechen. (Mitterer 1992: 21)

Wohl streitet man sich unter Dualisten, *wie* die Beziehungen zwischen Sprache und Realität, Zeichen und Referent theoretisch modelliert werden sollten; unbefragt vorausgesetzt wird dabei aber in jedem Fall, *dass* eine Unterscheidung zwischen beiden besteht bzw. dass sie getroffen werden muss.

> Der Versuch, die Beziehung zwischen den Gliedern dieser Dichotomien zu klären, führt dann zu den bekannten und bis heute ungelösten philosophischen Problemen: Objektivitätsproblem, Referenzproblem, Identitätsproblem, Außenweltproblem und vor allem aber zum Wahrheitsproblem. (Ebd.: 11)

Mitterer analysiert dann im Detail, wie diese Folgeprobleme dualistischer Vorannahmen aussehen. Dabei führt er eine ganze Liste der bekannten philosophischen Probleme an, so z. B. die Fragen: Wie verhalten sich Sprache und Wirklichkeit zueinander? Bildet Sprache die Wirklichkeit ab oder bringt sie diese erst hervor? Bestehen Objekte unabhängig von ihrer Beschreibung durch Menschen? Ist die Wirklichkeit objektiv erkennbar? Was ist Wahrheit?

Die verschiedenen philosophischen Theorien haben auf diese Fragen ganz unterschiedliche Antworten gegeben, die einmal die eine, dann die andere Seite der Unterscheidungen in den Vordergrund gerückt haben. Entsprechend kann man dann Realisten von Idealisten, Positivisten von Konstruktivisten, Relativisten von Pragmatisten usw. unterscheiden. Allen gemeinsam ist jedoch, dass ihre Probleme nur darum für sie bestehen, weil sie ihre dualistischen Voraussetzungen, die keineswegs selbstverständlich sind, ohne Begründung nicht thematisieren. Mitterer schließt daraus, dass erkenntnistheoretische Probleme nichts anderes als Probleme einer *Argumentationstechnik* sind, die verschwinden, wenn man diese Technik durchschaut. Eben dies ist sein erklärtes Ziel:

> Meine Absicht ist es, die Argumentationsfiguren, die Tricks, die Funktionsprinzipien der dualistischen Argumentationsweise transparent zu machen und damit ihre Wirksamkeit zu schwächen. (Mitterer 2001: 21)

Und um diese Operation lehr- und lernbar zu machen, hat er seinem Buch *Die Flucht aus der Beliebigkeit* einen (durchaus ironisch formulierten) Anhang beigefügt mit dem Titel „Vom Reden über. Eine kurze Anleitung zum dualistischen Argumentieren", wo der geneigte Leser in 30 Rezepten einen „Schnellkurs im dualistischen Argumentieren" (ebd.: 119) geliefert bekommt.

Im Einzelnen unterscheidet Mitterer drei Gemeinsamkeiten in der Basis allen dualistischen Philosophierens – also allen bisherigen Philosophierens. Die erste Gemeinsamkeit bilden die schon genannten *dichotomischen Unterscheidungen*. Es wird vorausgesetzt, *dass* es Unterscheidungen gibt zwischen dem, was wir reden und worüber wir reden, zwischen Bewusstsein und Sein, zwischen „einem Diesseits und einem Jenseits des Diskurses" (ebd.: 16). *Wie* sich die beiden Glieder der Dichotomien zueinander verhalten bzw. sich aufeinander beziehen, das ist nach Mitterer völlig kontingent, weil jeder seine Antwort auf diese Frage als allein richtige ansehen und vertreten kann. Die dazu erforderliche Argumentationstechnik erlernt der Interessent im genannten Schnellkurs.

Die zweite Gemeinsamkeit allen (dualistischen) Philosophierens bildet nach Mitterer die *Wahrheitsorientierung*, die Suche nach Wahrheit und Erkenntnis. Wahrheit wird dabei gesehen als die Übereinstimmung zwischen den beiden Gliedern der jeweiligen Dichotomie, zwischen dem Diesseits und dem Jenseits des Diskurses. Diese Gemeinsamkeit bleibt auch bestehen, wenn statt 'Wahrheit' Ersatzbegriffe wie 'Viabilität' oder 'Nützlichkeit' bevorzugt werden.

Die dritte Gemeinsamkeit schließlich ist die *Richtung des Denkens*. Diese geht in allen philosophischen Positionen auf das Objekt des Denkens, auf Welt oder Wirklichkeit. Das Denken und Reden ist auf Gegenstände gerichtet. „Die Frage, ob eine andere Richtung des Denkens vorstellbar ist, wird nicht gestellt." (Ebd.: 19)

Angesichts dieser Situation ist es für Mitterer klar, dass die notorischen philosophischen Probleme gar nicht lösbar sind. Wie die Geschichte zeigt, hat sich der Problemkanon seit Platon kaum geändert, und keine Problemlösung hat sich dauerhaft durchsetzen können. „Ja, die Philosophie lebt gewissermaßen von den vergeblichen Versuchen, die bisherigen Lösungsversuche zu verabschieden." (Ebd.: 26) Statt Probleme lösen zu wollen, die sich erst aufgrund dichotomischer Setzungen ergeben, geht es Mitterer deshalb darum, „neue Probleme attraktiv zu machen" (ebd.: 27). Seine Alternative zu allen dualisierenden Redeweisen ist eine *nicht-dualisierende Redeweise*, die eine „sprachverschiedene Wirklichkeit, ein Jenseits des Diskurses, weder voraussetzt noch hervorbringt." (Ebd.) Wenn aber die Objektivität solcher Unterscheidungen infrage gestellt wird, dann antworten Philosophen aller Richtungen mit einem schwerwiegenden Vorwurf: dem der *Beliebigkeit*. Wie aber können Philosophien der Beliebigkeit überhaupt entgehen, wenn sie mit ihrer dualistischen Argumentationstechnik alle argumentativen Setzungen in Voraussetzungen für weitere Argumentationen verwandeln können?

3 Die Beschreibung, das Objekt und das Wahrheitsproblem

Die Wahrheitsproblematik ist bei Josef Mitterer unlösbar verbunden mit der *Beschreibungsproblematik*. Die dualistische Überzeugung lautet nach seiner Diagnose: Beschreibungen sind immer Beschreibungen von Etwas, das beschrieben wird und selbst keine Beschreibung ist; eine Erkenntnis ist immer eine Erkenntnis von einem Erkenntnisobjekt, das selbst keine Erkenntnis ist (ebd.: 37). Diese Überzeugung attackiert Mitterer mit folgender Argumentation: Im Gegensatz zur unproblematisierten Prämisse, dass z. B. die Beschreibung eines Apfels auf einem Tisch die Existenz von Apfel und Tisch, also die Differenz von Objekt und Beschreibung voraussetzt, postuliert er, dass wir nie bei einem „diskursjenseitigen" Objekt „Apfel" beginnen, sondern immer bei einer bereits geleisteten Beschreibung, und sei es bei der so genannten Rudimentärbeschreibung „Apfel", über die ein Basiskonsens besteht. Solche Rudimentärbeschreibungen bilden den notwendigen Grund- oder Ausgangskonsens, der nachfolgende weitere Beschreibungen oder auch Dissense erst ermöglicht (Mitterer 1992: 101). Die dualistische Voraussetzung eines sprachunabhängigen Objekts vor dem Diskurs bestimmt Mitterer als Zurücksetzen hinter diese Beschreibung in ein „Jenseits des Diskurses" (ebd.: 107). Dagegen setzt er folgende non-dualistische Argumentationsweise: „Das Objekt einer Beschreibung wird angegeben, indem die Beschreibung *so far* an- und vorgegeben wird, die in dieser Beschreibung (*from now on*) fortgesetzt – entwickelt – verändert werden soll." (Ebd.: 100, Hervorhebung im Original)

Um einen Apfel beschreiben zu können, muss also bereits eine Beschreibung (zumindest eine Rudimentärbeschreibung) vorliegen, auf die weitere Beschreibungen folgen (können); denn es ist unmöglich, das Objekt der infrage stehenden Beschreibung anzugeben, ohne allein dadurch eine zumindest rudimentäre Beschreibung zu liefern. „Wenn behauptet wird, dass das Objekt schon vor der Angabe eines Objekts gegeben sein muss, bzw. gegeben ist, wird *damit* das Objekt schon vor der Angabe des Objekts angegeben." (Ebd.: 95, Hervorhebung im Original) Anders gewendet: „Eine Priorität des Objekts gegenüber der Objektangabe kann erst *nach* der Objektangabe behauptet werden." (Ebd.: 98, Hervorhebung im Original)

Solange eine vorgängige Beschreibung in einem Diskurs nicht infrage gestellt wird, bildet sie im Verein mit dem Objekt, das sie beschreibt, das Objekt aller weitergehenden Beschreibungen. Mit anderen Worten:

> Objekt und Beschreibung verhalten sich zueinander wie jene Beschreibung, die gegeben ist (und gegeben sein muss, damit weitere Beschreibungen folgen können) und die weiteren Beschreibungen. Das Verhältnis ist „dynamisch" und wird durch den Diskursverlauf ständig neu bestimmt. Die Objekte besitzen keine Identität gegenüber den Beschreibungen. (Ebd.: 100)

Ändern sich die Beschreibungen oder entfällt der Konsens hinsichtlich der Beschreibungen *so far*, dann ändern sich auch die Objekte der Beschreibung in anderen Beschreibungen. Das heißt, eine Beschreibung *konstituiert* nicht das Objekt, sondern sie *ändert* das Objekt.

Aus seiner Argumentation folgt Mitterer nun keineswegs, dass die Unterscheidung zwischen Beschreibung und Objekt einfach aufgehoben wird, dass das Objekt der Beschreibung kein Objekt, sondern Beschreibung *ist*. Erkenntnis ist für Mitterer nach wie vor Erkenntnis von etwas, von Wirklichkeit. Nur wird das Objekt der Erkenntnis oder der Beschreibung nicht als *factum brutum* im Jenseits der Diskurse angesiedelt, sondern als bereits in irgendeiner Weise Erkanntes und Beschriebenes bestimmt. Dabei kommen Zeit- und Diskursverhältnisse zum Tragen: „Das Objekt der Erkenntnis verhält sich zur Erkenntnis des Objektes wie die (schon) vorliegende Erkenntnis zur (noch) nicht vorliegenden Erkenntnis." (Ebd.:

59) Auch gibt es keine Möglichkeit, ein Objekt von den mit ihm einhergehenden (Rudimentär-)Beschreibungen zu unterscheiden oder zu abstrahieren. Dieser Versuch würde einen infiniten Regress auslösen, der zu immer weiteren (Rudimentär-)Beschreibungen führen würde, aber nie zum „Objekt selbst"" (ebd.: 90).

Um die kategoriale Unterscheidung zwischen Beschreibungsebene und Objektebene aufzuheben, wendet Mitterer zwei Argumentationsfiguren an. Zum einen betont er, dass im „Während der Beschreibung" nicht zwischen dem Beschreiben des Objekts und dem Objekt unterschieden werden kann. Zum anderen verdeutlicht er, dass das Objekt der Beschreibung(en) nicht das isolierte Objekt, sondern das Objekt *und* seine Beschreibung ist.

Ein gemeinsames Objekt (= eine übereinstimmende Beschreibung des Objekts *so far*) ist deshalb als Erkenntnis- und Entscheidungsinstanz untauglich. Und auch neu hinzukommende Beschreibungen können nicht an den bisherigen Beschreibungen überprüft werden, da sie – zusammen mit den bisherigen Beschreibungen – ein neues Objekt einer neuen Beschreibung bilden. Eine Entscheidung über die Richtigkeit einer Beschreibung kann deshalb nur durch ein *Vorgehen* auf weitere Beschreibungen getroffen werden. „Obzwar die Überprüfung der Beschreibung nicht *am* Objekt der Beschreibung erfolgt, nimmt sie dennoch *vom* Objekt der Beschreibungen ihren Ausgang." (Ebd.: 81, Hervorhebung im Original)

Wie steht es aus dieser Perspektive nun aber mit dem *Wahrheitsproblem*? Hier urteilt Mitterer hart: „Der dualistische Irrtum basiert auf der Beschreibungsresistenz, auf der Identität des Objekts, gegenüber den Beschreibungen." (Mitterer 2001: 45) Für Dualisten ist eine Beschreibung nur dann wahr, „wenn das Objekt schon im Vorhinein der Beschreibung so ist, wie es im besten Fall, im Wahrheitsfall beschrieben wird." (Ebd.) Wenn aber alle Meinungen für sich beanspruchen (können), die wahre Meinung zu sein, dann trägt der Wahrheitsanspruch für die Meinungen zu ihrer Wahrheit nichts bei; er ist irrelevant für deren Wahrheit (ebd.: 24). Wenn das zutrifft, dann können wir getrost auf Wahrheitsprüfungen verzichten; denn: „Auffassungen sind wahr, weil und solange wir sie vertreten und sie sind falsch, weil und solange wir sie nicht vertreten." (Ebd.: 105)

Wenn wir aber nicht objektiv bzw. zuverlässig zwischen Wahrheit und Irrtum unterscheiden können, wird dann nicht alles beliebig, und woher kommt es dann, dass wir im Alltag wie in der Philosophie bis hin zum Relativismus am Wahrheitsbegriff so intensiv festhalten? Mitterer sieht den Grund dafür in unserer Sozialisation und unseren sozialen Praktiken. Das Wahrheitsgebot gilt von Kind an für alle; es hat nicht nur moralische Aspekte sondern auch emotionale. Und nicht zuletzt ist Wahrheit eng verbunden mit Macht, die Wahrheit beansprucht und sie durchsetzt, mit Gesetz und Autorität. Nicht zufällig kommt es normalerweise erst und nur in Konfliktfällen zu Wahrheitsdebatten.

Wie aber steht es nun mit *Wahrheitstheorien*? Können nicht Philosophie und Wissenschaften gültige Wahrheitskriterien anbieten? Nach einer Prüfung der verschiedenen Varianten von Wahrheitstheorien von der Konsens- bis zu Kohärenztheorien kommt Mitterer zu folgenden Schlüssen:

- „Alle Wahrheitstheorien sind Übereinstimmungstheorien." Das heißt, es geht immer darum, eine vom dualistischen Denken aufgerissene Trennung zu überbrücken. „Es geht je nach Theorie um Übereinstimmung zwischen Beschreibung und Objekt, zwischen den Teilnehmern eines Diskurses, zwischen Elementen eines Aussagensystems oder um einen möglichst großen Anwendungsbereich von 'wir' im Neopragmatismus." (Ebd.: 82) Darum benutzen alle Wahrheitstheorien ein dualistisches Vokabular und können auf die Dichotomie wahr/falsch nicht verzichten.
- „Die dualistischen Wahrheits- und Erkenntniskonzeptionen sind dogmatische Setzungen und sie sind nicht selbstanwendbar." (Ebd.)
- Auch die verschiedenen Antworten auf de Frage nach der Wahrheit können in einfacher Weise zusammengefasst werden: „Entweder sind Auffassungen (Sätze, Aussagen) wahr, weil sie mit der Wirklichkeit übereinstimmen oder sie stimmen mit der Wirklichkeit überein, weil sie wahr sind." (Ebd.: 22)
- Die von einem selbst vertretene Wahrheitsposition wird depersonalisiert („die" Wahrheit), die der anderen personalisiert (der Irrtum von/bei X). Wahrheitstheorien, so lautet Mitterers drastisches Fazit, sind nichts als „eine erkenntnistheoretische Verschleierung des Faustrechts" (Mitterer 1992: 110).
- Über die Wahrheit einer Theorie/einer Aussage entscheidet nicht etwa „die Wirklichkeit", sondern eine andere Theorie/Aussage.
- „Einen Irrtum können wir erst feststellen, wenn wir ihn begangen haben, das heißt, wenn wir ihn nicht mehr begehen. Wir können kein Beispiel für einen Irrtum angeben, solange wir ihn machen." (Mitterer 2001: 88)
- „Die Wirklichkeit" kann nicht als Entscheidungskriterium in Wahrheitskonflikten dienen; denn: „Die Wirklichkeit ist kein statisches Konstrukt im Jenseits mit Richterfunktion, sie wird durch den Verlauf unserer Diskurse ständig neu bestimmt." (Ebd.: 106)

Fazit: Weder Wahrheitstheorien noch Wahrheitsansprüche führen uns aus dem dualistisch erzeugten Dilemma hinaus – wir sollten uns daher von beiden verabschieden. Denn wenn Wahrheit – so das Eingangszitat von Michel de Montaigne zu Beginn des Buches von 2001 – das ist, was ich jeweils heute für wahr halte, dann folgt daraus: „Die Flucht aus der Beliebigkeit endet dort, wo sie beginnt." (Ebd.: 107) Und an anderer Stelle: „Es wird nichts beliebiger als es schon ist." (Ebd.: 103)

4 Die Richtung des Denkens ändern[2]

Angesichts seiner Diagnose des grundlegenden Irrtums aller dualistischen Philosophie zieht Josef Mitterer die Konsequenz, dass es zu einem Problemwechsel kommen muss: „Es geht nicht mehr darum, für die gleichen, traditionellen Probleme neue Lösungen vorzuschlagen, sondern darum, neue Probleme attraktiv zu machen." (Mitterer 2001: 27) Das Ziel seiner Analysen sieht Mitterer dann konsequenterweise darin, *die Richtung des Denkens* in der Philosophie zu ändern. Statt der traditionellen dualistischen Richtung des Denkens *auf* das Objekt empfiehlt er eine Richtung des Denkens, die *vom* Objekt ausgeht. „Wir streben nicht *nach* der Erkenntnis der Welt, sondern wir streben *von* der Erkenntnis /die Welt/ aus."[3] (Mitterer 1992: 59, Hervorhebung im Original) Im Rahmen dieser Argumentationsweise bietet Mitterer dann folgende Bestimmung von 'Wirklichkeit' an:

> Die Wirklichkeit ist in der nicht-dualisierenden Redeweise der „letzte Stand der Dinge", die erreichten Diskurspositionen, die Beschreibungen *so far*, die (noch nicht) fortgesetzt – verändert – entwickelt werden (können). Worin die Wirklichkeit *besteht*, wird durch den Verlauf der Beschreibungen bestimmt. (Ebd.: 110, Hervorhebung im Original)

Konsequenterweise schlägt Mitterer deshalb vor, an die Stelle des traditionellen *pursuit of truth* einen *pursuit of change* zu setzen. Allerdings bleibt er eine nähere Bestimmung seiner „nicht-dualistischen Philosophie des Wandels" (Mitterer 2001: 104) schuldig. Und auch sein emphatischer Interpret Stefan Weber bietet zu diesem Thema nur eine Wiederholung der oben genannten Formulierung Mitterers: „Wie Mitterer mehrfach betont hat [...] geht es ihm um *Wandel* statt um *Wahrheit* als Ziel und Motivation unserer Erkenntnis(anstrengungen)." (Weber 2005: 291 f., Hervorhebung im Original)

5 Mitterers Kritik am radikalen Konstruktivismus[4]

Josef Mitterers Kritik an den Theorien führender (radikaler) Konstruktivisten wie Humberto R. Maturana, Francisco J. Varela, Ernst von Glasersfeld oder Gerhard Roth gehört zu den fundiertesten und zugleich zu den viel zu wenig zur Kenntnis genommenen kritischen Stimmen. Im folgenden Abschnitt gehe ich daher auf die Schwerpunkte dieser Kritik ein. Mitterer betont zwar, dass er für den Konstruktivismus eher Sympathie hegt als für andere Richtungen der Philosophie, aber lässt auch keinen Zweifel daran, dass er selbst nicht als Konstruktivist eingestuft werden

---

[2] Zur Ausarbeitung dieses Themas hat Josef Mitterer wie oben bereits erwähnt ein neues Buch angekündigt.
[3] Die Schreibweise / / bezeichnet eine bereits geleistete Beschreibung.
[4] Die Darstellung der Kritik bezieht sich sowohl auf Mitterer (1992) als auch auf (2001).

möchte, weil er eine nicht-dualistische Philosophie vertritt. Zum Typ dualistischen Philosophierens rechnet Mitterer aber auch den Konstruktivismus, der weder seine stillschweigend für objektiv gehaltenen neurobiologischen Vorgaben infrage stellt, noch die grundlegende Auffassung aufgibt, dass es ein *Diskursjenseits* gibt. Zu den neurobiologischen Hypothesen zählen vor allem:

- die Annahme der operationalen Geschlossenheit des Nervensystems,
- die Auszeichnung der Autopoiese als notwendigem und hinreichendem Erklärungsmechanismus für Leben,
- die Annahme, dass kognitive Systeme die Realität nicht etwa repräsentieren sondern konstruieren,
- die Annahme, dass kognitive Systeme unspezifische Reize aus der Umwelt in systemspezifische Ordnungszustände transformieren.

Aus diesen Annahmen werden dann von Konstruktivisten direkt erkenntnistheoretische Konsequenzen abgeleitet, die wiederum nicht infrage gestellt werden. Dieses Verfahren verrät, nach Mitterer, ein naives Vertrauen in die (Neuro-)Wissenschaften, das konservative und überholte Tendenzen in der Philosophie unterstützt und weit entfernt ist von der Wissenschaftskritik von Autoren wie Willard van Orman Quine, Paul Feyerabend oder Richard Rorty.

Konstruktivisten versäumen es, so Mitterer, die Voraussetzungen zu präzisieren, auf denen ihr ganzes Gedankengebäude steht. Mit anderen Worten, sie versäumen es, ihr eigenes Grundprinzip, wonach alles eine subjektabhängige Konstruktion ist, auf ihre eigenen Konstruktionen anzuwenden. Konstruktivisten neigen im Gegenteil dazu, ihre eigenen Prinzipien zu universalisieren und anderen als verpflichtend vorzuschreiben. Das gilt vor allem für ihre Kritik realistischer Positionen, denen ein naiver Realismus unterstellt wird, den heute aber so gut wie niemand mehr vertritt.

Mitterer begründet seinen Vorwurf, Konstruktivisten seien ebenso Dualisten wie die Realisten oder Idealisten, mit folgenden Argumenten: Die von Konstruktivisten aus erkenntnistheoretischen Gründen vorgenommene Unterscheidung zwischen konstruierter Wirklichkeit und einer dahinter stehenden aber kognitiv unzugänglichen Realität offenbart einen typisch dualistischen Argumentationsstil. Dasselbe gilt für die als regulative Idee ausgeflaggte Trennung zwischen der Sprache und einer sprachunabhängigen Realität. Der dualistische Grundtenor wird, so Mitterer, besonders deutlich in Ernst von Glasersfelds Konzept der *Viabilität*. Nach Glasersfeld bildet Viabilität das Kriterium für den Erfolg oder Misserfolg von Aktivitäten in weitesten Sinne. Obgleich wir die Realität als solche nicht erkennen können, erfahren wir mit Hilfe des Viabilitätskriteriums, ob unsere Handlungen in der Wirklichkeit glücken oder scheitern. Mit anderen Worten, die unzugängliche

Realität wirkt gleichsam als verborgener Schiedsrichter, der gültige von ungültigen Operationen unterscheidet.

Konstruktivisten sind der Überzeugung, dass wir für den Erfolg unserer Unternehmungen verantwortlich sind. Wer aber, so fragt Mitterer, ist verantwortlich für deren Misserfolg? Ist es die Natur oder die Wirklichkeit? Wer entscheidet denn, ob unsere Konstruktionen viabel sind: die Realität oder eine andere Theorie über die Realität? Nach seiner Auffassung würde der Konstruktivismus sehr viel konsequenter sein, verträte er die zweite Auffassung.

Auf der Grundlage dieser Generalkritik nimmt Mitterer zentrale Konzepte des Konstruktivismus kritisch unter die Lupe, so vor allem die Konzepte von Wahrheit, Wissenschaft, Objektivität und Toleranz.

Wahrheit: Obwohl die Konstruktivisten annehmen, dass unser Wissen niemals objektiv sein kann, dass es niemals die Realität repräsentiert und daher niemals im emphatischen Sinne wahr sein kann, unterscheidet sich ihre Argumentation die Wahrheit betreffend kaum von anderen dualistischen Positionen. So postuliert etwa Humberto R. Maturana als *Fakten*, dass lebende Systeme autopoietisch *sind* oder dass Nervensysteme geschlossen *sind*. Maturana und Varela schließen alle Theorien, die diese Überzeugung sowie die davon abgeleiteten erkenntnistheoretischen Konsequenzen nicht teilen, aus dem wissenschaftlichen Diskurs aus. Da Menschen als Beobachter ihre Wirklichkeit gemäß ihren biologischen Bedingungen konstruieren, betrachten die Autoren die Biologie als diejenige Wissenschaft, die die Konstitutionsbedingungen menschlicher Beobachter erforscht. Biologie – und das heißt im Klartext: Maturanas Biologie – liefert angeblich wahres wissenschaftliches Wissen und wird deshalb – zumindest implizit – universalisiert. Darum finden sich bei Maturana oder auch bei Gerhard Roth Formulierungen wie: „das gegenwärtige biochemische Wissen erlaubt uns zu sagen...", „es ist eine Tatsache, dass...", „wie jeder Neurobiologe heute weiß..." – ungeachtet der Tatsache, dass viele Neurobiologen ganz andere Auffassungen vertreten. Maturanas Überzeugung von der Geschlossenheit von Nervensystemen dient ihm als dogmatische und implizit realistische Überzeugung, von der alle erkenntnistheoretischen Annahmen abgeleitet werden. Das aber bedeutet nichts anderes, als dass ausgerechnet bezüglich der eigenen Argumente die Grundannahme des Konstruktivismus außer Kraft gesetzt wird. Mitterer schließt daraus:

> [D]as dualistische Wahrheitsvokabular kann genau so eingesetzt werden wie in der realistischen Variante des Dualismus. Die Eigenauffassungen werden depersonalisiert und die Gegenauffassungen werden personalisiert. (1992: 141)

Wissenschaft: Nach Mitterer besitzt die konstruktivistische Wissenschaftskonzeption keine Unterscheidungskraft. Seine Kritik gilt vor allem Maturanas Kriterium der Validierung wissenschaftlicher Aussagen. Dieses Kriterium, das Maturana mit der wissenschaftlichen Methode gleichsetzt, besteht aus vier Operationen, die durchgeführt werden müssen, um eine wissenschaftliche Erklärung zu produzieren. Mitterer wirft Maturana vor, dass sein Kriterium weder Wissenschaft von Nichtwissenschaft zu unterscheiden erlaubt, noch die wesentlichen und notwendigen Merkmale von Wissenschaft bestimmt. Maturana verlangt, dass die Mitglieder einer wissenschaftlichen Community in der Lage sein müssen, eine entsprechende Validierung zu wiederholen. Das gilt aber nur für solche Mitglieder, die schon die fragliche wissenschaftliche Aussage vertreten. Anderenfalls könnten alle wissenschaftlichen Aussagen, die von anderen Wissenschaftlern infrage gestellt werden – und das gilt für die meisten – nicht validiert werden. Maturanas Überzeugung, dass wissenschaftliche Aussagen konsensuelle Aussagen sind, die nur in der Community gelten, die sie produziert hat, sagt uns nicht mehr als die Trivialität, dass wissenschaftliche Aussagen nur für den gültig sind, der sie akzeptiert – und das heißt, der sie selbst bereits vertritt. Schließlich betont Mitterer, dass realistische Forscher nicht erfolgreicher sind als konstruktivistische. Und hinsichtlich wissenschaftlicher Ergebnisse macht es keinen Unterschied, ob man sie als Entdeckungen oder als Erfindungen bezeichnet.

Objektivität: Bei der Behandlung des Objektivitätsproblems bringt sich Maturana, so Mitterer, selbst in eine missliche Lage. Denn er ist überzeugt, dass alles Existierende durch die Unterscheidungen erzeugt wird, die Beobachter anwenden. Aus dieser Annahme folgt, dass es genau so viele Existenzbereiche gibt, wie es realisierte Unterscheidungsmöglichkeiten gibt. „Indem also Existenz konstitutiv vom Beobachter abhängig ist, führen damit alle Unterscheidungen zu neuen Existenzbereichen, d. h. zu *Multiversa*." (Ebd.: 137, Hervorhebung im Original) Entsprechend existieren auch genau so viele Wahrheiten wie Existenzbereiche. Dabei bleibt Maturana die Antwort auf die Frage schuldig, wie man Grenzen zwischen den Versa ziehen kann. Für ihn sind alle Versa äquivalent. Aber wer kann diese Annahme überprüfen? Das könnte nur ein Super- oder Metabeobachter, der die Versa und Multiversa von einem unabhängigen Standpunkt aus beobachtet – und genau diese Annahme ist für Konstruktivisten nicht akzeptabel. Da niemand einen privilegierten Zugang zu „der Realität" hat, besteht der einzige Weg der Lösung von Konflikten zwischen Versa darin, auf der Grundlage von Respekt und Vertrauen ein gemeinsames Versum zu konstruieren. Die Koexistenz in den Multiversa setzt Konsens, also gemeinsames Wissen voraus. Dieses kann jedoch nur erreicht werden, indem im Zuge der Produktion kultureller Uniformität Differenzen eliminiert werden. Im Konfliktfall werden also die individuellen Versa in ein(em?) Uni-Versum aufgelöst. Dadurch aber werden die Unterschiede zwischen Versa, die ja alle durch Konsens miteinander verbunden sind, unter erkenntnistheoretischen Gesichtspunkten irrelevant. (Ebd.: 138 ff.)

Toleranz: Viele Konstruktivisten vertreten die Ansicht, dass aus einer konstruktivistischen Erkenntnistheorie zwingend ein Toleranzgebot folgt. Mitterer stellt diese Ansicht infrage. Nach seiner Auffassung vertreten kritische Rationalisten oder Realisten ebenfalls ein Toleranzgebot, einfach weil sie eingestehen, dass Menschen sich irren können. Und schließlich verweist er darauf, dass es ebenso dogmatische, ignorante und intolerante Konstruktivisten gibt wie tolerante und bescheidene Realisten (vgl. Mitterer 2001: 126). Realistische wie konstruktivistische Denkmodelle sind für Mitterer nichts anderes als Manifestationen einer Argumentationstechnik, mit deren Hilfe beliebige Annahmen als wahr oder falsch präsentiert werden können.

Bei der Gesamtbeurteilung des Konstruktivismus würdigt Mitterer zwar die Verschiebung des Erkenntnisinteresses vom Objekt der Erkenntnis auf die Erkenntnis des Objekts, also auf den Erkenntnisprozess (vgl. Mitterer 1992: 146); aber insgesamt stellt der Konstruktivismus seines Erachtens nicht etwa ein neues Paradigma dar, sondern ist eine Mode, die er als „fundamentalistischen Biokonstruktivismus" (ebd.: 145) bezeichnet und verwirft.

5 Rezeption und Kritik

Wie die Beiträge zur Festschrift zum 60. Geburtstag von Josef Mitterer belegen (vgl. Riegler/Weber 2008, 2010), wird seine nicht-dualistische Redeweise inzwischen international zur Kenntnis genommen und gewürdigt. Vor allem Stefan Weber sieht Mitterers Arbeit als Kollaps von 2500 Jahren Philosophiegeschichte (vgl. Weber 2005: 255) bzw. rustikaler formuliert als den „wohl schmerzlichsten Tritt in den Hintern der abendländischen Philosophie" (Weber 2001: 3). Er versucht zu zeigen, wie auf Mitterers Grundlage „eine nicht-dualistische Medientheorie" entwickelt werden kann (Weber 2005). Polnische Autoren an der Universität Torun (Polen) wie Kryzsztof Abriszewski und Ewa Bincyk versuchen schon seit Jahren, die Actor-Network-Theorie von Bruno Latour mit Mitterers Ansatz zu verbinden. Rezeptionsreaktionen finden sich in der Pädagogik (Theo Hug), in der Feminismusforschung (Aleksandra Derra), in der Philosophie (Ernst von Glasersfeld, Volker Gadenne, Karl H. Müller u. a. m.) sowie im sozio-kulturell orientierten Konstruktivismus von Siegfried J. Schmidt (vgl. 1994, 2003, 2010).

Aber bei zunehmender Rezeption des Nicht-Dualismus melden sich auch *kritische Stimmen* zu Wort. Auf einige soll wenigstens kurz verwiesen werden. Die Frage, ob es im Alltag oder in der Philosophie noch etwas anderes als Beschreiben/Beschreibungen gibt, wird bei Mitterer – so weit ich sehe – offen gelassen (vgl. u. a. Staude 2008; Ofner 2008). In seinem Beitrag zu der deutschen Ausgabe der Mitterer-Festschrift hat Peter Janich (2010) deshalb vor allem drei Kritikpunkte vorgebracht:

- Die zentralen Begriffe 'Sprache', 'Beschreibung', 'Diskurs' und 'Wahrheit' bleiben undefiniert.

- Mitterer konzentriert sich ausschließlich auf Behaupten und Beschreiben und vernachlässigt die für kommunikative und kooperative Zwecke notwendigeren und ursprünglicheren Sprechhandlungstypen wie Auffordern, Fragen, Beziehungen herstellen, Gefühle äußern usw.
- Nichtsprachliche Handlungen werden nicht berücksichtigt. Damit bezieht sich Mitterers Kritik allein auf dualistisches Denken und Reden, bleibt aber irrelevant für methodische Alternativen, die nur solche Behauptungen 'wahr' und 'falsch' nennen, für die ein Begründen oder Widerlegen gelingt (d. h. formal korrekt ist) und Erfolg hat (also den gewünschten Effekt bewirkt).

Unklar bleibt – wie bereits angemerkt – auch, was unter „pursuit of change" zu verstehen ist. Auch hier findet sich kein konkreter Vorschlag, welcher Wandel in welche Richtung angestrebt werden soll. In seinen bisherigen Publikationen hat Mitterer in erster Linie Philosophien *demontiert*. Wie aber soll/kann ein künftiger philosophischer Diskurs (falls es ihn denn noch geben soll) aussehen? Welche Probleme soll er behandeln?

Mitterer stellt sich selbst durchaus die Frage, wie ein *rationaler Diskurs* aussehen kann, der über Wahrheit und Falschheit nicht aus einem Diskursjenseits entscheidet, sondern Ausdrücke wie 'wahr' oder 'falsch' lediglich verwendet, um anderen Auffassungen zuzustimmen oder sie abzulehnen. Seine Antwort auf diese Frage ist aber meines Erachtens ziemlich traditionell. Er betont, dass er nicht darauf verzichtet,

> unsere Ansichten in Diskursen zu begründen, unsere Thesen zu prüfen und zu versuchen, sie durch neue Thesen infrage zu stellen. […] Und schon gar nicht müssen wir darauf verzichten, uns um Klarheit, Einfachheit und Präzision zu bemühen, was immer das heißen mag. (Mitterer 2001: 104)

Was das „was immer das heißen mag" heißen mag – das müsste Mitterer wohl noch genauer erklären. Auf jeden Fall hält Josef Mitterer am logischen Prinzip der Widerspruchsfreiheit fest, wenn er betont: „Wichtig ist nur, dass nicht in einem Artikel, im gleichen Buch widersprüchliche Standpunkte eingenommen werden." (Ebd.)

In der emphatischen Mitterer-Exegese Stefan Webers wird ironischerweise deutlich, wie schwierig ein non-dualistischer Ansatz hinsichtlich der Beschreibungsthematik durchzuhalten ist. So betont Weber (Mitterer zitierend), dass sich die Sprache *nicht* auf sprachverschiedene Gegenstände bezieht (Weber 2005: 240). An anderer Stelle heißt es dann aber, dass es durchaus Objekte *gibt*, dass diese aber lediglich bereits ausgeführte *sprachliche* Beschreibungen sind. „Die 'Nicht-dualisierende Redeweise' behauptet nicht, dass es keine Objekte gibt. *Vielmehr sind Objekte lediglich die bereits vorliegenden Beschreibungen.*" (Ebd.: 282, Hervorhebung im Original) Und wieder anders heißt es, Mitterer zitierend, „dass die Beschreibung im Verein mit dem Objekt, das sie beschreibt" ein neues Objekt weiterer Beschreibungen bildet (ebd.: 256).

Hier liegt meines Erachtens ein Widerspruch vor; denn zum einen wird behauptet, dass Objekte sprachliche Beschreibungen und nichts als Beschreibungen *sind*; zum anderen wird von Beschreibungen *im Verein* mit den zu beschreibenden Objekten gesprochen. Problematisch erscheint mir auch die Feststellung, dass „Wirklichkeit und Beschreibungsleistung eine dynamische Einheit" bilden (ebd.: 333), wobei offensichtlich zwischen den Bestandteilen dieser Einheit unterschieden werden kann – „der Tisch *und* die Beschreibung des Tisches" (ebd.: 98). Und schließlich werden konstante Objekte als konsensuelle Primärbeschreibungen bezeichnet (ebd.: 297), ohne dass geklärt wird, wie diese zustande kommen bzw. von wem sie stammen und warum sie gelten.

Diese Probleme löst auch folgende Argumentation Mitterers nicht:

> Die Nicht-dualisierende Redeweise vertritt jedoch nicht die These, dass die Beschreibung das Objekt konstituiert. Sie vertritt hingegen die These, dass die Beschreibung das Objekt *ändert*, genauer: dass die Beschreibung im Verein mit dem Objekt, das sie beschreibt, ein „neues" Objekt weiterer Beschreibung(en) bildet. (Mitterer 1992: 99, Hervorhebung im Original)

Wird hier mehr gesagt als dass wir im Diskurs nur mit etwas umgehen können, was bereits in irgendeiner Weise beschrieben ist, und dass wir ihm in unserem Umgang eine weitere Beschreibung zuordnen? Aber ginge eine solche Behauptung über den Interpretationismus von Günther Abel und Hans Lenk hinaus? Wenn das gemeint ist, dann verbleiben wir in allem, was wir tun, im Bereich von Sprache, im Bereich der Semantik. Wozu benutzen wir aber Sprache? Offenbar doch, um uns über etwas zu verständigen, das nicht Sprache ist, auch wenn wir darüber nur mit Hilfe von Sprache reden können, also etwa Erfahrungen – wir beißen ja nicht in die Primärbeschreibung 'Apfel', sondern in das von uns qua Primärbeschreibung „Apfel" Genannte.

Wie immer man solche kritischen Einwände bewerten mag: Es steht außer Frage, dass Josef Mitterers revolutionäre non-dualistische Denk- und Redeweise alle bisherige Philosophie erschüttert und zum Umdenken zwingt. Das bestätigt explizit Ernst von Glasersfeld: „Josef Mitterer is the proponent of a [...] conceptual revision that, if carried out, would thoroughly change the method and the goals of philosophical investigation." (Glasersfeld 2008: 123)

Literatur

Glasersfeld, Ernst von (2008): Can Dichotomies Be Tamed? In: Alexander Riegler/Stefan Weber (Hrsg.): The Non-Dualizing Philosophy of Josef Mitterer. [= Constructivist Foundations. 3. Jg. H. 3.] S. 123–126.

Janich, Peter (2010): Das dualistische Paradogma und die Funktionen von Sprechen und Handeln. In: Alexander Riegler/Stefan Weber (Hrsg.): Die dritte Philosophie. Kritische Beiträge zu Josef Mitterers Non-Dualismus. Weilerswist: Velbrück Wissenschaft. S. 33–49.

Mitterer, Josef (1988): Abschied von der Wahrheit. In: DELFIN. Eine deutsche Zeitschrift für Konstruktion, Analyse und Kritik. 6. Jg. H. 3. S. 23–29.

Mitterer, Josef (1989): Der König von Frankreich lebt oder die Wirklichkeit auf Reisen. In: Konkursbuch 21: Reisen. Tübingen: Gehrke. S. 95–103.

Mitterer, Josef (1992): Das Jenseits der Philosophie. Wider das dualistische Erkenntnisprinzip. Wien: Passagen.

Mitterer, Josef (1999): Die Flucht aus der Beliebigkeit. Klagenfurt: Drava.

Mitterer, Josef (2001): Die Flucht aus der Beliebigkeit. Frankfurt am Main: S. Fischer.

Ofner, Franz (2008): Action and Discourse. Some Thoughts Concerning a Non-Dualizing Conception of Experience. In: Alexander Riegler/Stefan Weber (Hrsg.): The Non-Dualizing Philosophy of Josef Mitterer. [= Constructivist Foundations. 3. Jg. H. 3.] S. 148–152.

Riegler, Alexander /Stefan Weber (Hrsg.) (2008): The Non-Dualizing Philosophy of Josef Mitterer. [= Constructivist Foundations. 3. Jg. H. 3.]

Riegler, Alexander/Stefan Weber (Hrsg.) (2010): Die dritte Philosophie. Kritische Beiträge zu Josef Mitterers Non-Dualismus. Weilerswist: Velbrück Wissenschaft.

Schmidt, Siegfried J. (1994): Kognitive Autonomie und soziale Orientierung. Frankfurt am Main: Suhrkamp.

Schmidt, Siegfried J. (2003): Geschichten & Diskurse. Abschied vom Konstruktivismus. Reinbek b. Hamburg: Rowohlt.

Schmidt, Siegfried J. (2010): Die Endgültigkeit der Vorläufigkeit. Prozessualität als Argumentationsstrategie. Weilerswist: Velbrück Wissenschaft.

Staude, Martin (2008): Meaning and Description in Non-dualism. A Formalization and Extension. In: Alexander Riegler/Stefan Weber (Hrsg.): The Non-Dualizing Philosophy of Josef Mitterer. [= Constructivist Foundations. 3. Jg. H. 3.] S. 231–248.

Weber, Stefan (2001): Sind philosophische Duelle immer nur Scheingefechte? In: telepolis vom 23.05.2001. URL: http://www.heise.de/tp/r4/artikel/7/7699/1.html. (Abgerufen am 18.08.2009)

Weber, Stefan (2005): Non-dualistische Medientheorie. Eine philosophische Grundlegung. Konstanz: UVK.

IV   Anwendung und Nutzbarmachung

Die Wirklichkeit der Medien

Armin Scholl über den Konstruktivismus in der Kommunikations- und Medienwissenschaft

1 Die Rezeption des Konstruktivismus in der Kommunikations- und Medienwissenschaft[1]

1.1 Die Anfänge

Will man historisch rekonstruieren, wann der Konstruktivismus in die Kommunikations- und Medienwissenschaft[2] eingeführt wurde, muss man zunächst beide Begriffe definieren: Konstruktivismus und Kommunikations-/Medienwissenschaft. Da beides nicht zur Zufriedenheit aller am Diskurs Beteiligten gelingen wird, empfehle ich eine explorative und tentative, mithin kontingente Vorgehensweise. Das bedeutet, dass beide Definitionen nicht an den Anfang gestellt werden, sondern sich mit dem Fortgang der folgenden Ausführungen quasi von selbst konturieren. Insbesondere soll immer wieder auf die Differenz zwischen einer exklusiven (nur auf den radikalen Konstruktivismus fokussierte) und einer inklusiven (auch auf benachbarte Theorieangebote eingehenden) Vorgehensweise hingewiesen werden. Nur am Rand soll die Debatte mit realistischen Erkenntnispositionen berücksichtigt werden. Dies bedeutet jedoch nicht, dass der Verfasser die epistemologische Frage für erledigt oder entschieden hält, sondern nur, dass eine Konzentration auf die konstruktiven Beiträge des Konstruktivismus stattfindet.

Gemeinhin wird Walter Lippmann mit seinem Buch über *Public Opinion* (1961 [1922]) als Vorläufer der Nachrichtenwertforschung genannt und als erster Wissenschaftler, der die Abbildvorstellung von Wirklichkeit in den Nachrichten problematisiert hat. Die Nachrichtenforschung ist ein prominentes Forschungsfeld der Kommunikationswissenschaft, bei dem es um die Differenz zwischen Wirklichkeit und journalistischer Berichterstattung ging und geht.

---

[1] Der vorliegende Beitrag ist nicht der erste resümierende und fachspezifische seiner Art. Brit Großmann (1999 a) hat in einem Sonderband der Zeitschrift *DELFIN* bereits einen Überblick über den Niederschlag des Konstruktivismus im Fach Medien- und Kommunikationswissenschaft gegeben. An diesen Überblick kann ich hier vielfach anschließen, gleichzeitig aber auch die Weiterentwicklungen der mehr als zehn Jahre Rezeption berücksichtigen.

[2] Da der Verfasser dieses Beitrags selbst in der Kommunikationswissenschaft wissenschaftlich sozialisiert wurde, fällt der Blick auch stärker auf dieses Fach und weniger auf die Medienwissenschaft, zumal beide Disziplinen sowieso nicht trennscharf zu unterscheiden sind. Der Beitrag beschränkt sich außerdem weitgehend auf die deutschsprachige Rezeption des Konstruktivismus in der Kommunikations- und Medienwissenschaft. Denkbar wäre auch noch, die angelsächsische Variante des Konstruktionismus (vgl. Gergen/Gergen 2009) zu berücksichtigen, aber dieser Ansatz ist vom radikalen Konstruktivismus im wissenschaftlichen Diskurs fast völlig abgetrennt und erforderte eine eigenständige Betrachtung, auf die zugunsten der Kohärenz hier verzichtet wird.

Ebenfalls nennen könnte man Manfred Rühl (1969), der zwar eher als früher und konsequenter Systemtheoretiker in der Journalismusforschung gilt, aber mit seiner Beobachtungsstudie über die Organisation einer Zeitungsredaktion die autonome Funktionsweise von Redaktionen beschrieb und somit Kausalverhältnissen des externen Einflusses auf Journalisten und ihre Arbeit eine Absage erteilte. Allerdings interessierte ihn die erkenntnistheoretische Fragestellung, ob und inwiefern die journalistische Berichterstattung die Wirklichkeit abbilde, weniger. Da Manfred Rühl auf den jungen bzw. frühen Niklas Luhmann rekurrierte, der selbst seine autopoietische Wende zum operativen Konstruktivismus noch vor sich hatte, soll er hier ebenfalls als Vorläufer des Konstruktivismus erwähnt werden.

1.2 Die wichtigsten Stationen und Debatten

Nun sind Vorläufer noch nicht selbst Vertreter (hier: des Konstruktivismus), sondern Wegbereiter für Fragestellungen, Problemstellungen, (neue) Problemlösungsansätze und Perspektiven. Deshalb sollten wir später und mit einem enger gefassten Konstruktivismusverständnis einsteigen: etwa mit Winfried Schulz, der 1976 *Die Konstruktion von Realität in den Nachrichtenmedien* erforschte (Schulz 1990 [1976]). Er kennzeichnet seinen Ansatz selbst explizit als Konstruktivismus, reflektiert seine epistemologische Position, besonders in einem Aufsatz von 1989 über die „ptolemäische" und „kopernikanische" Weltsicht, und die method(olog)ischen Konsequenzen in der Auseinandersetzung mit realistischen Positionen. Schulz ist der Auffassung, dass reale Ereignisse mit Extra-Medien-Daten (etwa Polizeistatistiken) nicht erfasst werden können, da auch diese eine spezifische Wirklichkeitssicht, aber nicht die Wirklichkeit selbst repräsentieren, sodass beim Vergleich von Extra-Medien-Daten und Intra-Medien-Daten zwei Wirklichkeitskonstruktionen miteinander verglichen werden, nicht aber die Medienberichterstattung direkt mit der Wirklichkeit konfrontiert wird. Damit begründet er auch indirekt, warum seine Studie zur Nachrichtenkonstruktion einzig auf Medieninhaltsanalysen basiert. Als Vertreter der realistischen Position hatten Karl Erik Rosengren (1974) und Hans Mathias Kepplinger (1989) dagegen argumentiert, dass Extra-Medien-Daten, auch als Realwelt-Daten bezeichnet, immerhin näher an der Realität seien als die Medienberichterstattung, sodass mit dem Vergleich zumindest die Richtung der medialen Verzerrung erkannt werden könne.

Den Konflikt zwischen der realistischen und der konstruktivistischen Position zu entschärfen, beanspruchte Barbara Baerns (1991 [1985]) mit einer Input-Output-Studie. Als Input werden nicht Realwelt-Daten erhoben, vielmehr wird die professionelle PR-Kommunikation in Form von Pressemitteilungen (Input) mit der journalistischen Berichterstattung über die PR-Kommunikation (Output) verglichen.

Auch in der Medienwirkungsforschung zeichnete sich eine groß angelegte theoretische und methodische Veränderung ab. Zum einen wurde Medienwirkung nicht mehr im Ganzen betrachtet, sondern nach Einzelphänomenen differenziert; zum anderen sollten komplexe Untersuchungsanlagen der schwer nachweisbaren Wirkung von massenmedialer Kommunikation auf die Spur kommen (vgl. Schulz 1992). Die Medienwirkungsforschung hatte sich bis dahin bereits in Richtung rezipientenorientierte Ansätze entwickelt; von linear-kausalen Wirkungsverhältnissen gingen weder die medienzentrierten Ansätze aus noch die komplementären Ansätze aus der Nutzungsperspektive (vgl. Brosius/Esser 1998). Allerdings sollte die Frage nach der Medienwirkung deshalb nicht aus dem Forschungskanon gestrichen werden, weil ihr nach wie vor zu viel theoretische, methodische wie gesellschaftspraktische Relevanz zugewiesen wurde. In diese Diskussionen konnten konstruktivistische Argumente allenfalls eingebracht werden; sie konnten die Theorielandschaft aber nicht nachhaltig verändern.

Insofern hatten Winfried Schulz' Bemühungen um eine konstruktivistische Fundierung der Nachrichtenforschung und der Wirkungsforschung eher eine forschungspragmatische als eine grundlegende epistemologische Wirkung, sodass die damaligen Debatten keine Herausforderung der kritisch-rationalen Grundlagen des Fachs implizierten. Vielmehr bedurfte es einer externen Irritation (um nicht zu sagen: Erschütterung), die zu tiefgreifenden und weitreichenden Imprägnierungen führte. Dies bewirkte der von Siegfried J. Schmidt initiierte und organisierte *Diskurs des Radikalen Konstruktivismus* (1987 a). Erst jetzt wurde der Anspruch auf den Paradigmenwechsel fundamental (nicht: fundamentalistisch!) und universal (interdisziplinär). Die euphorische Aufbruchstimmung, die den Sammelband durchzieht, begründet sich vor allem durch die (vermeintlichen?) gemeinsamen Probleme, die verschiedene Disziplinen wie Physik, Biologie, Informatik, Sozialwissenschaften, Geisteswissenschaften usw. abstrakt miteinander verbinden. Die gemeinsame Klammer bildeten vor allem einige logische Besonderheiten wie die kybernetische Rückkopplung, die Beobachtung zweiter Ordnung, überhaupt die radikale Inklusion des Beobachters und seiner Perspektive, die ontologische Abstinenz (bzw. den ontologischen Agnostizismus). Dieser programmatische Band des radikalen Konstruktivismus inspirierte zum einen direkt die Kommunikationswissenschaft, hier: den Nachrichtenforscher Georg Ruhrmann, dessen Dissertation *Rezipient und Nachricht* (1989) deutlich konstruktivistische Grundlagen hat.

Zum anderen hielt der radikale Konstruktivismus Einzug ins Fach durch das vom Hessischen Rundfunk organisierte und verantwortete Funkkolleg „Medien und Kommunikation" (vgl. Deutsches Institut für Fernstudien an der Universität Tübingen 1990/1991). Erneut war Siegfried J. Schmidt, jetzt zusammen mit Klaus Merten und Siegfried Weischenberg, die treibende Kraft. Das Funkkolleg wurde gleichzeitig als Lehrmaterial in den kommunikationswissenschaftlichen Einführungskursen in Münster eingesetzt und sorgte gleichermaßen für Furore und Streit. Die immense intellektuelle Anregung, Stimulation, Irritation und Herausforderung führte zu einer lebhaften Auseinandersetzung und zu nachhaltigen Diskussionen. Die Kritik am Funkkolleg im Besonderen und am Konstruktivismus im Allgemeinen betraf vor allem den beanspruchten Paradigmenwechsel und die beanspruchte Relevanz konstruktivistischer Umorientierung. Sie mündete in den Vorwurf einer Gespensterdebatte, die keine Grundlage habe (vgl. Hachmeister 1992). Diese Debatte wurde dennoch geführt, vor allem zwischen Ulrich Saxer (1992) und Siegfried Weischenberg (1992, 1995).

Der Fachverband, die Deutsche Gesellschaft für Publizistik- und Kommunikationswissenschaft (DGPuK), reagierte zeitnah und führte die Jahrestagung 1991 (36. Arbeitstagung) in Bamberg zum Thema „Theorien öffentlicher Kommunikation" durch. Dort hat Klaus Krippendorff (1993) das Phänomen Kommunikation und Massenkommunikation mit einer konstruktivistischen Erkenntnistheorie insofern verknüpft, als diese der Kommunikation inhärent sei. Auch hier bezog sich die Kritik auf solcherart fundamentale Ansprüche. So lange Konstruktivismus als Objekttheorie verstanden wird, wird er begrüßt, sobald aber erkenntnistheoretische, wissenschaftstheoretische oder methodologische Ansprüche erhoben werden, wird der (objektbezogene) Konsens aufgekündigt, weil entweder die grundlegenden Herausforderungen als Rückschritt oder sogar als Gefahr für die Wissenschaft und Wissenschaftlichkeit schlechthin angesehen werden (vgl. Saxer 1993 a, b) oder das Eindringen erkenntnistheoretischer Fragen in die Objektwissenschaft (hier: in die Kommunikationswissenschaft) als ein Problem der Nichtzuständigkeit charakterisiert wird (vgl. Erbring 1993). Auch der Vermittlungsversuch von Günter Bentele (1993) ist letztlich eine Absage an jede Form eines radikalen Konstruktivismus zugunsten einer gemäßigten Mittelposition, die sich aber letztlich doch als eine realistische Erkenntnistheorie entpuppt, weil sie auf dem Anspruch beharrt, dass der subjektive Erkenntnisprozess das reale Objekt näherungsweise oder teilweise rekonstruieren könne.

In dem jüngeren Fach Medienwissenschaft ging die Einführung des Konstruktivismus einher mit einer Abnabelung von der traditionellen Literaturwissenschaft. Insbesondere die Siegener Forschungsgruppe um Siegfried J. Schmidt konzipierte eine empirische Literaturwissenschaft, die sich von der werkimmanenten, hermeneutischen Fachtradition deutlich distanzierte und die Produktion und Rezeption von Literatur mit eher sozialwissenschaftlichen Methoden einbeziehen wollte (vgl. diverse Beiträge auf der Festseite von Siegfried J. Schmidt: www.sjschmidt.net). Diese wissenschaftliche Neuerung kann man aus der Perspektive der traditionellen Literaturwissenschaft als szientistische Wende betrachten, die zunächst alles andere als konstruktivistisch motiviert war. Die konstruktivistische Umstellung erfolgte durch Schmidts Rezeption des radikalen Konstruktivismus, an dessen Spitze er sich in Deutschland stellte und den er kulturwissenschaftlich weiterentwickelte (vgl. Barsch et al. 2000). Dass auch im Bereich der Medienwissenschaft der Konstruktivismus nicht nur mit Begeisterung aufgenommen wurde, belegt die Debatte in der Fachzeitschrift *Deutsche Vierteljahrsschrift für Literaturwissenschaft und Geistes-*

geschichte (vgl. Gehrke 1994; Rusch 1996), bei der sowohl die zur Medienwissenschaft weiterentwickelte (oder umfunktionierte) Literaturwissenschaft als auch die paradigmatische epistemologische und methodologische Hinwendung zum Konstruktivismus kontrovers diskutiert wurde.

Wenn in diesem Beitrag die historische Rekonstruktion recht eng auf die Rezeption des radikalen Konstruktivismus fokussiert wird, ist dies natürlich nicht die einzige Möglichkeit, konstruktivistische Spuren im Fach zu finden. Handlungstheoretische und symbolisch-interaktionistische Ansätze insbesondere in der Mediennutzungsforschung und in der Medienwirkungsforschung (vgl. Renckstorf 1989; Krotz 2008) haben zum Teil ähnliche Anliegen, wenn sie das kritisch-rationale Paradigma herausfordern, das die Kommunikationswissenschaft seit ihrer Wende von einer eher historisch-ideografischen zu einer hauptsächlich deduktiv-nomologischen Sozialwissenschaft dominiert. Dennoch sollten solche Ansätze nicht in den Konstruktivismus eingemeindet werden, auch wenn sie deutliche Berührungspunkte zum Konstruktivismus aufweisen. Begrifflich noch verwirrender wird die Gemengelage, wenn mit Konstruktivismus (Sozialkonstruktivismus à la Berger/Luckmann) gegen Konstruktivismus (radikaler Konstruktivismus à la Foerster, Glasersfeld, Maturana) argumentiert wird (vgl. Beck 1994).[3]

2 Anwendungseffekte und Veränderungen der Perspektive

2.1 Journalismusforschung

Durch das Funkkolleg inspiriert, hat insbesondere Siegfried Weischenberg der Journalismusforschung eine konstruktivistische Note verliehen. In Abgrenzung zu der in den 1970er und 1980er Jahren vorherrschenden journalismuskritischen Forschung, die den Journalismus nahezu ausschließlich unter dem Gesichtspunkt der Wirklichkeitsverzerrung durch die Berichterstattung und der daraus entstehenden negativen Folgen auf das Publikum analysierte, besteht Weischenberg auf der Eigengesetzlichkeit journalistischer Wirklichkeitskonstruktion. Journalismus kann demnach nicht an einer vermeintlich unabhängig existierenden Wirklichkeit gemessen werden, sondern muss daraufhin analysiert werden, wie er die Wirklichkeit der journalistischen Berichterstattung professionell, also nach eigenen, journalistischen Regeln, konstruiert. Die Rekonstruktion journalistischer Eigenlogik folgt dabei sowohl der Epistemologie des Konstruktivismus als auch der gesellschaftlichen Beobachtungsperspektive der Systemtheorie Luhmann'scher Prägung. Eine

---

[3] Um auch in diesem Punkt die Kohärenz des Beitrags zu gewährleisten, gilt analog zu den Einschränkungen in Fußnote 2 die Schwerpunktsetzung auf den radikalen Konstruktivismus, seine Vertreter und seine Weiterentwicklungen.

Kritik am Journalismus erfolgt demzufolge nicht an externen Instanzen (wie „der Wirklichkeit"), sondern an der internen Professionalität, die durch Ausbildung und Kompetenzen sowie durch innerredaktionelle Sozialisation und ethische Selbstbegrenzung gekennzeichnet ist. Um diese beruflichen Einflussfaktoren zu erforschen, hat Weischenberg sowohl den theoretischen Forschungsbestand in seinem Lehrwerk zu Journalistik zusammengetragen (vgl. Weischenberg 2004 [1992], 2002 [1995]), sondern auch in zwei repräsentativen Studien (vgl. Scholl/Weischenberg 1998; Weischenberg/Malik/Scholl 2006) und diversen spezifischen Studien empirisch Daten zum System Journalismus erhoben, deren Auswertung auch in methodologischer Hinsicht konstruktivistisch und systemtheoretisch geleitet und inspiriert ist.

Noch stärker epistemologisch argumentierend hat Stefan Weber in den 1990er Jahren in Österreich Journalismus konstruktivistisch und non-dualistisch untersucht. Seine fallspezifische Studie zur Boulevardzeitung *Kronenzeitung* (vgl. Weber 1995) und seine repräsentative Studie zu den österreichischen Journalisten (vgl. Weber 2000) arbeiten ebenfalls mit konstruktivistischen Fragestellungen und beschäftigen sich insbesondere (kritisch) mit den Konstruktionsmechanismen im Boulevardjournalismus sowie mit der Autonomieproblematik des Journalismus.

Eine Klammer zwischen epistemologischen und praktischen Fragen stellt die Forschung von Bernhard Pörksen her. Er knüpft theoretisch an den Vertretern des radikalen Konstruktivismus (hauptsächlich an Humberto R. Maturana, Heinz von Foerster, Klaus Krippendorff, Ernst von Glasersfeld, Siegfried J. Schmidt) an, um deren grundlagentheoretischen Aussagensysteme sowohl analytisch als auch praktisch-ethisch auf den Journalismus zu übertragen und anzuwenden. Neben dem konstruktivistischen Autonomiepostulat werden insbesondere die Paradoxien des Journalismusberufs aufgespürt, eine logische Figur, die ansonsten wissenschaftlich verpönt ist, aber angesichts widersprechender Anspruchsprofile an den Journalismus durchaus zu verwertbaren Ergebnissen führen kann (vgl. Pörksen/Loosen/Scholl 2008).

Unter dem programmatischen Titel *Die Beobachtung des Beobachters* (2006) beschäftigt sich Bernhard Pörksen mit der Sensibilisierung der journalistischen Beobachtung für so diverse Felder wie Sprache, Ethik, Autonomie, Wissenschaft und die journalistischen Konstruktionsprogramme, die er aus der Perspektive des „diskursiven Konstruktivismus" (ebd.: 16) vorführt. Diese diskursive Vorführung hat didaktische Implikationen, insofern als sie zur kritischen Selbstaneignung anregt (hier: der angehenden Journalisten, die im Fach Kommunikationswissenschaft etwas über ihren Beruf lernen wollen) und die herkömmliche „Instruktionsdidaktik" durch eine „Inspirationsdidaktik" ersetzt (ebd.: 20). Dies hat auch Folgen für die Auseinandersetzung mit der Kritik am Konstruktivismus, denn diese Kritikpunkte werden nicht einfach aus der Perspektive des Konstruktivismus selbst widerlegt, sondern produktiv aufgenommen und als Anregung verstanden, die konstruktivistische Position zu konkretisieren, zu präzisieren, aber auch gegebenenfalls zu modifizieren (vgl. ebd.: 45 ff.). Dadurch wird der Stil der wissenschaftlichen Debatte konstruktiver.

Typisch für diese Herangehensweise ist die konsequente Selbstanwendung: Zur didaktischen Theorievermittlung gehört es auch, den Konstruktivismus nicht als ein für alle Mal feststehende Theorie zu präsentieren, sondern die Ideen dialogisch mit den wichtigsten Vertretern zu entwickeln (vgl. Pörksen 2008 [2002]; Pörksen/Maturana 2008 [2002]; Pörksen/ Foerster 2008 [1998]). In praktischer Hinsicht lernen Studierende journalistische Interviews nicht im universitären Labor, sondern unter konkreten Publikationsbedingungen durchzuführen (vgl. Pörksen 2005 b; Bergmann/Pörksen 2007; Bergmann/Pörksen 2009) und erfahren so konstruktivistische Ideen unmittelbar praktisch und konstruktiv (also nicht nur als Dekonstruktion von begrifflichen oder theoretischen Aussagen).

2.2 Forschung zur Öffentlichkeitsarbeit, zur öffentlichen Meinung und zur Werbung

In der Forschung zum Berufsfeld der Public Relations (Öffentlichkeitsarbeit) ist der Konstruktivismus nicht so stark rezipiert worden wie in der Journalismusforschung. Aber auch hier kann er althergebrachte Diskussionen von ihrem ideologischen Ballast entschlacken. Selbst wenn den Public Relations im Unterschied zum Journalismus weder in der Praxis noch in der Theorie eine Abbildfunktion von Wirklichkeit zugeschrieben wurde, steht dieser Berufsstand oft in der Kritik, weil es zu seiner Aufgabe gehört, die Wirklichkeitsbeschreibung im Sinn des Auftraggebers zu beschönigen, aber auch ethische Grenzen bei dieser Tätigkeit nicht zu überschreiten. Eine konstruktivistische Perspektive entideologisiert die Einheit der Differenz von Wahrheit und Lüge zum einen als funktional komplementär und zum anderen als nicht-ontologisches Beobachterkonstrukt (vgl. Merten/Westerbarkey 1994; Kocks 2001). Public Relations werden als Management von Wirklichkeitskonstruktion durch Kommunikation angesehen, mit dem auf die Wirklichkeitskonstruktion der journalistischen Berichterstattung Einfluss genommen werden soll. Die journalistische Fremdbeobachtung von Gesellschaft wird solcherart durch die mittels PR kommunizierte Selbstbeobachtung der Berichterstattungsobjekte (Organisationen, Akteure) mit einem erhöhten Maß an strategisch gebündelter Kontingenz konfrontiert (vgl. Kückelhaus 1998).

Im Unterschied zu Pörksens Programm der ethischen Sensibilisierung (für die Journalisten) geht es im Fall der Öffentlichkeitsarbeit um eine reflexive Selbstanwendung von Ethik in Form von strategischer Kommunikation (vgl. Merten 2009). Es bleibt dabei allerdings offen, ob mit dieser Position ethische Anforderungen an Wahrhaftigkeit oder Authentizität komplett zurückgewiesen werden (zynische Interpretation), modifiziert werden sollen, damit sie nicht in einen performativen

Selbstwiderspruch geraten (konstruktive Interpretation) oder ohne konstruktive Absichten aufklärerische Wirkung erzielt werden soll (kritische Interpretation).

Auch in Bezug auf die Erzeugung öffentlicher Meinung kann diese forschungskritische Argumentation Anwendung finden. Klaus Krippendorff (2005) entlarvt den Mythos der Abbildung von öffentlicher Meinung durch die Demoskopie, indem er die lineare Vorstellung von Wirklichkeit (der öffentlichen Meinung) und Repräsentanz (durch repräsentative Umfragen in der Bevölkerung) durch ein komplexes Modell der Selbstorganisation von öffentlicher Meinung ersetzt: Die Demoskopie trägt mit ihrer Erforschung der öffentlichen Meinung erst dazu bei, dass ein bestimmtes Phänomen der Aggregation individueller Meinungen überhaupt gesellschaftlich als Kollektivphänomen der öffentlichen Meinung akzeptiert wird. Die selektiven thematischen Interessen der Auftraggeber, die verschiedenen öffentlichen Kommunikatoren von der politischen Öffentlichkeitsarbeit bis zur journalistischen Berichterstattung erzeugen das fiktive Konstrukt der öffentlichen Meinung, das, als öffentliche Meinung gesellschaftlich kommuniziert, dann faktische Gestalt (als *die* öffentliche Meinung) annimmt.

Während die konstruktivistische Perspektive die öffentliche Meinung nicht als reales Abbild gesellschaftlicher Meinungsverhältnisse akzeptiert und damit gegen eine realistische Perspektive optiert, betrachtet die realistische Perspektive Werbung nicht als reales Abbild gesellschaftlicher Verhältnisse, weil sie Werbung als verzerrte Darstellung von Wirklichkeit ansieht. Wiederum nimmt die konstruktivistische Perspektive die Rolle des Gegenparts ein. „Was beobachten wir, wenn wir die Werbung beobachten, wie sie die Gesellschaft beobachtet?", fragt Guido Zurstiege (2005) in seiner Habilitationsschrift. Gerade die offene Einseitigkeit durch affirmativen Selbstbezug lässt Werbung nicht nur unter dem Aspekt des Effekts (der Medienwirkung) interessant erscheinen, sondern auch unter dem Gesichtspunkt der selektiven gesellschaftlichen Wirklichkeitsbeobachtung (aus der Perspektive der Werbung). Analog kann man auch die Unterhaltungsproduktion für eine Beobachtung zweiter Ordnung fruchtbar machen (vgl. diverse Beiträge in Schmidt/Westerbarkey/Zurstiege 2001).

2.3 Forschung zu Medienwirkungen und Mediengattungen

In der Medienwirkungsforschung scheint ein konstruktivistischer Ansatz am wenigsten plausibel zu sein, geht es doch um den Nachweis von Wirkungen auf die Mediennutzer, die durch die Technik der Medien sowie durch die Form und den Inhalt der Medienberichterstattung verursacht werden. Eine Medienwirkungsforschung ohne die Annahme der Kausalität scheint ein Widerspruch in sich zu sein. Die konstruktivistischen Annäherungen an die Medienwirkungsforschungen setzen dann auch genau dort ein, wo traditionelle Medienwirkungsansätze ihrerseits bereits die (einseitig gerichtete) Kausalität kritisieren. Dabei gibt es unterschiedliche Vorgehensweisen, wie man den Konstruktivismus auf die Medienwirkungsforschung anwenden kann.

Klaus Merten (1994) startet mit einer Kritik der klassischen Ansätze, denen er trotz anderer Bekundungen altes kausales Denken in der Stimulus-Response-Logik vorwirft. Er entwirft ein transklassisches Modell der Medienwirkung, das neben dem Stimulus selbst weitere Variablen als Wirkungspotenziale berücksichtigt und vor allem Medienwirkung als reflexive Größe betrachtet. Wirkung ist demnach nicht nur vom historischen Kontext abhängig, in dem die Medien dem Mediennutzer ihre Wirklichkeitskonstruktion anbieten, sondern wirkt auch auf sich selbst zurück. Deshalb ist es nicht möglich, raum-zeitliche Gesetzesannahmen über Medienwirkung zu formulieren. Allerdings sortiert Merten nach wie vor die verschiedenen Variablen getrennt voneinander, darunter auch den Stimulus selbst. Diese Vorgehensweise ähnelt der des dynamisch-transaktionalen Ansatzes der Medienwirkungsforschung, die zwar ebenfalls lineare Kausalitätsvorstellungen vermeidet (und durch Transaktionen ersetzt), die aber den Stimulus durchaus als eigenständige Größe konzipiert (vgl. Früh 1991 sowie verschiedene Beiträge in Wünsch/Früh/Gehrau 2008), wohingegen eine strikt konstruktivistische Position die Trennung zwischen Stimulus und anderen Ursachen der Medienwirkung (etwa Personenvariablen der Mediennutzer) nicht vornimmt, weil die Wirklichkeitskonstruktion eine nicht weiter auflösbare Einheit zwischen dem Stimulus (Medienberichterstattung) und der Rezeption (Wahrnehmung, Interpretation des Mediennutzers) darstellt. Hier könnte an das Konzept der strukturellen Kopplung von Humberto R. Maturana angeschlossen werden, aber diese Übertragung auf die Medienwirkungsforschung steht noch aus. In letzter Konsequenz ist die Vorgehensweise von Merten also nicht strikt konstruktivistisch (vgl. aber Brit Großmann 1999 b, die hier eine inklusive Position vertritt), auch wenn die Anknüpfungen an die konstruktivistische Perspektive deutlich erkennbar sind.

Eine andere Vorgehensweise, die Medienwirkungsforschung konstruktivistisch zu modifizieren, verfolgt etwa Volker Gehrau (2002), wenn er in bestehenden Medienwirkungsansätzen nach konstruktivistischen Elementen sucht und mit Hilfe so genannter Brückenkonzepte, die sich aus den Basisannahmen des Konstruktivismus ergeben, die Verbindung zum Konstruktivismus herstellt. Gehrau kommt zu dem Ergebnis, dass verschiedene Theorien logisch durchaus konstruktivistisches Potenzial haben, dieses aber in der Anwendung nicht ausschöpfen. Die umgekehrte Blickrichtung, aber von der Theoriestrategie her ähnlich wie Gehrau, wählt Gregor Halff (1998), wenn er zunächst nicht von dem Theoriepotenzial, sondern von der Theorieanwendung (in der empirischen Forschung) ausgeht. Der medienpsychologische Ansatz des Involvement, den Gehrau als einen Kandidaten für die theoretische Verknüpfung mit dem Konstruktivismus ansieht, steht nach Halff fest auf den Grundlagen des kritisch-rationalen Wissenschaftsverständnisses und vertritt damit prinzipiell auch eine realistische Erkenntnisposition. Wenn er diesen kritisch-rationalen Rahmen verlassen würde, könnte dieser Ansatz aber durchaus konstruktivistisch umperspektiviert werden.

Am einfachsten sind konstruktivistische Ansatzpunkte zur Mediensozialisation und Medienrezeption herzustellen, weil sich beide Konzepte von der strikten Medienwirkung lösen. In der Mediensozialisationsforschung argumentiert etwa Tilmann Sutter (2009; Sutter/Charlton 1999) konstruktivistisch, wenngleich er nicht die radikalkonstruktivistische, sondern eine auf der Basis des Schweizer Entwicklungspsychologen Jean Piaget aufbauende interaktionistisch-konstruktivistische Perspektive entwickelt, um stärker den praktischen, handelnden Umgang mit den Medien statt die epistemologische, kognitive Dimension der Wirklichkeitskonstruktion beim Rezipienten bzw. Mediennutzer zu fokussieren. Auf diese Weise kann die Mediensozialisation als Selbstsozialisation des Mediennutzers in der Auseinandersetzung mit den Medien klar abgegrenzt werden von Ansätzen, welche die Mediensozialisation als mediale Instruktion begreifen.

Aus medienwissenschaftlicher Sicht sollte darüber hinaus nicht nur die Wirkung von Medieninhalten, sondern auch die Wirkung der Form (Technik) der Medien auf die Wirklichkeitskonstruktion des Mediennutzers untersucht werden. Der Blick des Mediennutzers wird gleichsam durch die (eingeschränkten) Rezeptionsmöglichkeiten bestimmter Medien „gezähmt". Dabei kann die konstruktivistische Perspektive klar von einer technikzentrierten oder gar technikdeterministischen Perspektive abgegrenzt werden, da die Eingewöhnung des Blicks wiederum vom Mediennutzer abhängig ist und nicht allein der Medienform zugerechnet werden kann (vgl. Schmidt 1998).

Ein mesoanalytischer Anschluss an die Medienwirkungsforschung lässt sich über *Mediengattungen* herstellen. Die Siegener Forschungsgruppe um Gebhard Rusch (1987, 1993) und Siegfried J. Schmidt (1987 b) hat in mehreren Publikationen eine konstruktivistische Mediengattungstheorie entwickelt, die kognitiv, funktional und semantisch ausgerichtet und empirisch verwendbar ist. Demnach dienen Mediengattungen der gegenseitigen Orientierung; ihre Entstehung und Weiterentwicklung kann nicht den Medieninhalten allein zugerechnet werden, sondern ergibt sich als Wechselspiel zwischen Medienproduzenten und Mediennutzern und kann sich auch auf unterschiedliche Modi der Wirklichkeitskonstruktion beziehen. Mediengattungen machen die Rezeption für den Nutzer erwartungssicher, was man ebenfalls als Medienwirkung ansehen kann, wenn auch nicht im kausalen Sinn der traditionellen Medienwirkungsforschung. Empirisch erforschen kann man sie anhand der verwendeten Semantiken, welche Aufschluss geben, ob und wie die gattungsbezogene Kopplung zwischen Medienproduzenten und Mediennutzern funktioniert (vgl. auch Gehrau 2001) oder bei der Analyse der in der journalistischen Berufspraxis üblichen Berichterstattungsmuster und Darstellungsformen (vgl. Schmidt/Weischenberg 1994).

Man kann die Verknüpfung von Medienproduktion und Mediennutzung noch weiter auf der makroanalytischen Ebene beobachten als kommunikative *Makrofor-*

men. Auf dieser Ebene gelingt es der konstruktivistischen Modellierung, zwischen den Makroformen Journalismus, Unterhaltung/Literatur, Public Relations und Werbung zu differenzieren je nach ihrem Wirklichkeitsbezug, der jedoch nicht ontologisch vorgegeben ist, sondern als kognitive und kommunikative (diskursive) Zuschreibung zu verstehen ist (vgl. diverse Beiträge in Schmidt/Westerbarkey/Zurstiege 2001).

2.4 Theorie der Sprache, des Verstehens, der Kommunikation und der Medien

Der Konstruktivismus setzt nicht nur in Bezug auf die Kognition grundlegend an und stellt diese konsequent von Wirklichkeitsrepräsentanz auf Beobachterrelativität um, sondern verändert auch das Verständnis von Kommunikation und von Verstehen. Kommunikation ist aus konstruktivistischer Perspektive nicht als Instrument der Informationsübertragung aufzufassen, weil dies eine ontologische Vorstellung von Information voraussetzen würde (vgl. Krippendorff 1994), sondern als eine Art Orientierungshandeln, das der Koordination von mindestens zwei Akteuren dient. Verstehen meint dann nicht die korrekte Identifikation dessen, was der Andere gemeint hat, sondern ist ein kommunikativer Ausdruck dessen, dass die Kommunikation funktioniert, eine im besten Fall wechselseitige Unterstellung von Verstehen, die wiederum die Interaktion stabilisiert. Hiermit ist auch der prozessuale Aspekt angesprochen, da Verstehen stark interaktionsabhängig und damit auch zeitabhängig ist (vgl. Rusch 1994). Man kann dann Verstehen auch als Emergenzphänomen von Kommunikation (und Interaktion) auffassen statt einseitig als Voraussetzung für Kommunikation. Entscheidend ist hierbei die Autologieproblematik, weil wir die Vorstellung von Kommunikation in der Kommunikation selbst generieren, etwa in Form von verschiedenen Metaphern, mit deren Hilfe wir Kommunikation und damit auch die Interaktionsbeziehung zu Anderen zu charakterisieren versuchen (vgl. Krippendorff 1994; Krippendorff/Bermejo 2009).

Analog verhält es sich mit Sprache, dem wichtigsten Kommunikationsinstrument. Unter einer realistischen Erkenntnisperspektive würde man sie daraufhin untersuchen, ob sie Wirklichkeit angemessen abbildet oder nicht; sprachkonstruktivistisch ist dieser Zusammenhang jedoch kontingent und nicht normativ entscheidbar. Interessant erscheinen vielmehr die Mechanismen der sprachlichen Konstruktion, also mit welchen sprachlichen Mitteln welche Vorstellungen von Wirklichkeit ausgedrückt werden oder werden sollen. Dementsprechend wird erneut der Beobachter (hier: der Sprecher) beobachtet, wie er die Beziehung zwischen Sprache (sprachlichem Ausdruck) und Wirklichkeit (sprachlichem Referent) herstellt und welche Intentionen oder situativen Umstände dabei aufgrund dieser Beziehung erschließbar sind (vgl. Pörksen 2006: 150 ff.). Empirische Anwendung fand dieser

Ansatz in der Erforschung der sprachlichen Konstruktion von Feindbildern in neonazistischen Medien (vgl. Pörksen 2005 a [2000]).

Ein wichtiger Unterschied zwischen der Kommunikationswissenschaft und der Medienwissenschaft wird am Phänomen der Medien deutlich. Während die Kommunikationswissenschaft nicht oder nur selten die Medien als technische Einheiten in den Blick nimmt, sondern eher von den Medieninhalten ausgeht, die dann je nach Produzenten in journalistische, unterhaltende und werbliche kategorisiert werden, nimmt die Medienwissenschaft einen dazu quer stehenden Blickwinkel ein und fokussiert die Medien selbst, differenziert also die Medien nach ihren unterschiedlichen technischen Gegebenheiten (Printmedien, audiovisuelle Medien und Multimedia) und abstrahiert weitgehend von den Inhalten. Eine sich konstruktivistisch verstehende Medienwissenschaft interessiert sich dann vor allem für die medial (im abstrakten Sinn) konstruierte Wirklichkeit. Knut Hickethier (2002 [1997], 2008) analysiert die Fernsehnachrichten (und andere Fernsehgattungen) unter einem narrativen Fokus, sodass Nachrichten nicht mehr als Abbilder von Wirklichkeit, sondern als Produkte von Erzählungen relevant werden. Dadurch sind auf Faktizität beruhende Gattungen mit Fiktionen durchsetzt, sodass die epistemologische und wissenschaftspraktische Dualisierung von Fakten und Fiktionen verwischt wird. So betrachtet auch Elena Esposito (2008) die Bedeutung der Medien nicht so sehr als durch ihre Trennung in Journalismus, Unterhaltung und Werbung bestimmt, sondern übergreifend als Wirklichkeitskonstrukteur in Form von nachrichtlichen, unterhaltsamen und werblichen Informationen über Informationen.

Ähnlich setzt Peter M. Spangenberg (1993) mit seinem Konzept der Kommunikationsqualität an, wenn er die Materialität (nicht allein die Technik) des Mediums in den Mittelpunkt rückt. Auf der Nutzerseite wird diese Materialität als (spezifische) Ästhetik der betreffenden Medien (Printmedien, audiovisuelle Medien, Multimedia) und deren Unterformen (Unterhaltung, Nachrichten, bestimmte Formate usw.) sichtbar. Diese Kommunikationsqualitäten sind reflexiv organisiert und können durchaus paradoxe Erwartungen und Folgen haben, wenn bestehende Strukturen formal (technisch, materiell) und inhaltlich (semantisch) sich entgrenzen, also hybrid werden, und damit Verwirrung stiften, bis sie sich (wieder) stabilisieren (vgl. auch Schmidt 2008).[4]

---

[4] Diese Ausführungen sind wiederum an die obigen Vorstellungen von Mediengattungen anschließbar und bieten eine alternative Sichtweise auf die Medien(inhalts)wirkungsforschung.

2.5 Epistemologie und Methodologie der Kommunikations- und Medien(kultur)wissenschaft

Interessanterweise hat nicht nur der Konstruktivismus Top-down-Einflüsse auf das Fach der Kommunikations- und Medienwissenschaft gehabt, sondern diese haben auch zum konstruktivistischen Diskurs und dessen Weiterentwicklung beigetragen. In epistemologischer Hinsicht sind zwei Ansätze bemerkenswert: zum einen Siegfried J. Schmidts *Abschied vom Konstruktivismus* hin zu einer „Philosophie" der *Geschichten & Diskurse* (2003)[5], zum anderen Stefan Webers (2005) Adaption der nicht-dualisierenden Philosophie Josef Mitterers auf die Medien- und Kommunikationswissenschaft. In beiden Fällen werden Unklarheiten und Inkonsistenzen, die im Diskurs des radikalen Konstruktivismus entstanden sind, benutzt, um neue Positionen zu entwickeln, die durchaus als konstruktivistisch gekennzeichnet werden können, auch wenn beide Autoren sehr kritisch mit Konstruktivismus *so far* umgehen. Bei Schmidt (2003) wird der Konstruktivismus zum einen logisch konsequent als gleichermaßen striktes wie frei schwebendes, sich selbst begründendes Setzungs-Voraussetzungs-Verhältnis konzipiert und zum anderen kommunikativ und (medien)kulturell verankert (statt wie davor hauptsächlich kognitiv).

Bei Weber (2005) werden die (vermeintlichen?) dualistischen und ontologischen Partikel des Konstruktivismus kritisiert und die Rede von der konstruierten Wirklichkeit als differenzloses Konstrukt abgelehnt. Eine non-dualisierende Medienepistemologie soll konsequent alle zu Dualismen verfestigten Dichotomien als theoretische Voraussetzungen vermeiden und stattdessen diese und ihre Verwendung empirisch untersuchen. Erst so kommen hybride, entgrenzte Formen überhaupt ins Blickfeld der Medienforschung.

Auch in methodologischer Hinsicht sind durch die Medien- und Kommunikationswissenschaften Impulse für die konstruktivistische Debatte (intern wie mit realistischen Positionen) hervorgegangen. Erneut hat Siegfried J. Schmidt (1998) grundlegend argumentiert, wie man den Prozess der empirischen Forschung konstruktivistisch auf eine andere epistemologische Basis stellen kann, als es die analytische (realistische) Wissenschaftsphilosophie vorgibt. Die im Forschungsprozess gewonnenen Ergebnisse sind keine objektiven Daten, sondern gemachte, aber als solche aufgrund ihrer Regelhaftigkeit erzeugte, weitgehend konsentierte Fakten. Auch Klaus Merten (2005 [1978]) analysiert den Forschungsprozess als reflexiven und sich selbst stabilisierenden Prozess im Allgemeinen und weist für jede sozialwissenschaftliche Methode nach, dass sie kein Abbild einer vorgängigen Wirklich-

---

[5] Da Siegfried J. Schmidt einer der Protagonisten des Konstruktivismus schlechthin ist und speziell seine Grundlagenforschung immer auch transdisziplinären Charakter hat, ist es etwas vermessen, seinen Einfluss auf die Weiterentwicklung des Konstruktivismus dem Fach Kommunikations- und Medienwissenschaft zuzuschreiben. Diese Vereinnahmung lässt sich nur rechtfertigen, wenn man mit Schmidts hauptsächlicher disziplinärer Verortung argumentiert.

keit erzeugen kann, sondern dass ihre „eigene" Wirklichkeit stets mit der abzubildenden Wirklichkeit interferiert.

Auf dieser Grundlage aufbauend haben Wiebke Loosen (2004, 2008) und Armin Scholl (zusammen mit Wiebke Loosen und Jens Woelke 2002) die gängigen Methoden der Kommunikationswissenschaft konstruktivistisch uminterpretiert. Das Ziel dieser Argumentation besteht darin, den Konstruktivismus als Dachepistemologie für alle Methoden und die Interpretation der durch sie gewonnenen Forschungsergebnisse zu etablieren. Demnach stehen nicht nur qualitative (nichtstandardisierte) Methoden der empirischen Sozialforschung dem Konstruktivismus nahe bzw. sind mit ihm kompatible und angemessene Methoden, sondern auch standardisierte Methoden, die eher auf einer realistischen Erkenntnistheorie der analytischen Wissenschaftsphilosophie basieren, werden nun unter einer konstruktivistischen Perspektive (neu) interpretiert.

3   Entwicklung und Ausblick

Die Entwicklung des Konstruktivismus kann sinnvoll in verschiedene Phasen unterteilt werden. Das gilt auch für seine Adaption in der Kommunikations- und Medienwissenschaft. Die Einführung verlief recht eruptiv und konflikthaltig. Dies ist jedoch nicht erstaunlich, da der Konstruktivismus etliche Grundprinzipien der bis dahin dominierenden Forschungsfelder und Theorieansätze bis hin zum Wissenschaftsverständnis selbst grundsätzlicher Kritik unterzogen hat. Hinzu kommt, dass die konstruktivistische Kritik in verschiedenen Bereichen als ungerecht und überzogen empfunden wurde. In der Medienwirkungsforschung wurde der Angriff auf die Stimulus-Response-Vorstellung der Medienwirkung als „Schießen auf tote Hirsche" zurückgewiesen, sei doch die Medienwirkungsforschung selbst längst von diesen altertümlichen Modellen abgerückt (vgl. Brosius/Esser 1998). Gleichzeitig soll dem Konstruktivismus mit der lakonischen Charakterisierung als „alter Wein in neuen Schläuchen" die Spitze seiner Kritik abgebrochen werden, weil die Kritik bereits bekannt (gewesen) sei (vgl. Burkart 1999). Die in beiden Fächern geäußerte empörte Reaktion auf den Konstruktivismus gilt dann weniger den berechtigten Kritikpunkten, sondern dem Duktus seiner Kommunikation (neues Paradigma, fundamentale Kritik am Bisherigen usw.). Dennoch verrät sie auch viel über die Kritisierten, denn die Heftigkeit der Reaktion belegt eine gewisse Betroffenheit.

Mittlerweile haben sich die Wogen längst geglättet, die Aufregung ist normaler Geschäftigkeit gewichen. Damit sind die konstruktivistischen Impulse allerdings auch schwächer geworden oder in ein Nischendasein gedrängt worden. Siegfried J. Schmidts „Geschichten & Diskurse"-Ansatz wird im Fach Kommunikationswissenschaft nicht diskutiert und ebenso wie Stefan Webers non-dualisierende Medienphilosophie eher in die Philosophieecke abgelegt, also fachlich exkommuniziert. Auf der anderen Seite gibt es aber auch Annäherungen an andere Theorieansätze. So hat jüngst Carsten Brosda aus der Perspektive von Jürgen Habermas' Diskurstheorie durchaus Anschlussmöglichkeiten an konstruktivistische Ethikvorstellungen entdeckt (vgl. Brosda 2008: 61). Die Nähe des Konstruktivismus zu Niklas Luhmanns Theorie sozialer Systeme ist dagegen schon länger akzeptiert, dies schon aufgrund der vielen gemeinsamen wissenschaftslogischen Grundlagen (wie Selbstreferenz, Autonomie, Paradoxie usw.).

Bemerkenswert ist die integrative Leistung des Konstruktivismus, der sowohl die sozialwissenschaftlich ausgerichtete Kommunikationswissenschaft als auch die geistes- und kulturwissenschaftliche Medienwissenschaft in epistemologischen und methodologischen Entwicklungen einander näher bringt. Der Konstruktivismus hat ferner in der Kommunikations- und Medienwissenschaft nahezu alle Forschungsgebiete beeinflusst, ist aber nirgends zum dominierenden Paradigma oder Ansatz geworden. Dies ist vor dem Hintergrund eines wünschenswerten Pluralismus durchaus zu begrüßen, auch wenn die Auseinandersetzungen mit dem Konstruktivismus in ihrer Qualität oft zweifelhaft sind, wie oben dargelegt wurde.

Eine weitere Beobachtung ist die Differenzierung zwischen dem (radikalen) Konstruktivismus als eigenständiger Theorie und Epistemologie und der Diffusion konstruktivistischer Gedanken in andere Theorien oder Forschungsfelder (etwa in die Rezeptionsforschung). So sehr eine klare Konturierung des Konstruktivismus für seine Sichtbarkeit notwendig ist, so sehr entsteht dadurch aber auch die Gefahr, dass der Ansatz statisch oder monolithisch wird. Beides widerspricht der selbst beanspruchten Prozesshaftigkeit und Kommunikativität, um einer Ontologisierung zu entgehen. Die Diffusion konstruktivistischer Gedanken in andere Theorien und Forschungsfelder mag konstruktivistische Forscher von der Fruchtbarkeit oder Viabilität ihres Ansatzes überzeugt sein lassen. Allerdings besteht dann die Gefahr der Verwässerung vor allem der epistemologischen Grundlagen. Der halbe radikale Konstruktivismus ist schon keiner mehr; der selbstbezügliche und selbstgenügsame radikale Konstruktivismus wäre es eigenen Ansprüchen einer dynamischen Theorie zufolge ebenfalls nicht. Die Auflösung dieses Paradoxes kann nur darin bestehen, sich weiterzuentwickeln, weitere Anwendungsgebiete zu suchen und als Testfall für die Viabilität des Konstruktivismus zu benutzen und in Kommunikation mit anderen Ansätzen zu bleiben, um sich durch die Differenz zu ihnen gleichermaßen anregen zu lassen und sich an der Differenz zu ihnen in der eigenen Logik zu schärfen. Alles Weitere ist dann keine Frage der wissenschaftlichen Mode mehr, denn diese Phase ist längst überwunden, sondern des besseren Arguments, also der wissenschaftlichen Substanz.

Literatur

Baerns, Barbara (1991): Öffentlichkeitsarbeit oder Journalismus? Zum Einfluß im Mediensystem. [1985] 2. Aufl. Köln: Verlag Wissenschaft und Politik.
Barsch, Achim/Gebhard Rusch/Reinhold Viehoff/Friedrich W. Block (Hrsg.) (2000): Siegfried J. Schmidt Internet Festseite (= www.sjschmidt.net). Halle (Saale): Multimedia-Zentrum. (Abgerufen am 31.12.2010).
Beck, Klaus (1994): Medien und die soziale Konstruktion von Zeit. Über die Vermittlung von gesellschaftlicher Zeitordnung und sozialem Zeitbewusstsein. Opladen: Westdeutscher Verlag.
Bentele, Günter (1993): Wie wirklich ist die Medienwirklichkeit? Einige Anmerkungen zum Konstruktivismus und Realismus in der Kommunikationswissenschaft. In: Günter Bentele/Manfred Rühl (Hrsg.): Theorien öffentlicher Kommunikation. Problemfelder, Positionen, Perspektiven. München: Ölschläger. S. 152–171.
Bergmann, Jens/Bernhard Pörksen (Hrsg.) (2007): Medienmenschen. Wie man Wirklichkeit inszeniert. Münster: Solibro.
Bergmann, Jens/Bernhard Pörksen (Hrsg.) (2009): Skandal! Die Macht öffentlicher Empörung. Köln: Halem.
Brosda, Carsten (2008): Diskursiver Journalismus. Journalistisches Handeln zwischen kommunikativer Vernunft und mediensystemischem Zwang. Wiesbaden: VS Verlag für Sozialwissenschaften.
Brosius, Hans-Bernd/Frank Esser (1998): Mythen in der Wirkungsforschung. Auf der Suche nach dem Stimulus-Response-Modell. In: Publizistik. 43. Jg. H. 4. S. 341–361.
Burkart, Roland (1999): Alter Wein in neuen Schläuchen? Anmerkungen zur Konstruktivismus-Debatte in der Publizistik- und Kommunikationswissenschaft. In: Gebhard Rusch/Siegfried J. Schmidt (Hrsg.): Konstruktivismus in der Medien- und Kommunikationswissenschaft. [= DELFIN 1997] Frankfurt am Main: Suhrkamp. S. 55–72.
Deutsches Institut für Fernstudien an der Universität Tübingen (Hrsg.) (1990/1991): Medien und Kommunikation. Konstruktionen von Wirklichkeit. [Wissenschaftliches Team: Klaus Merten, Siegfried J. Schmidt, Siegfried Weischenberg. 12 Studienbriefe mit 30 Studieneinheiten.] Weinheim/Basel: Beltz.
Erbring, Lutz (1993): Kommentar zu Klaus Krippendorff. In: Günter Bentele/Manfred Rühl (Hrsg.): Theorien öffentlicher Kommunikation. Problemfelder, Positionen, Perspektiven. München: Ölschläger. S. 59–64.
Esposito, Elena (2008): Abhängige Unabhängigkeit. Die Autonomie des Journalismus als Operationsmodus und Erfordernis. In: Bernhard Pörksen/Wiebke Loosen/Armin Scholl (Hrsg.): Paradoxien des Journalismus. Theorie, Empirie, Praxis. Festschrift für Siegfried Weischenberg. Wiesbaden: Verlag für Sozialwissenschaften. S. 327–342.
Früh, Werner (1991): Medienwirkungen. Das dynamisch-transaktionale Modell. Opladen: Westdeutscher Verlag.
Gehrau, Volker (2001): Fernsehgenres und Fernsehgattungen. Ansätze und Daten zur Rezeption, Klassifikation und Bezeichnung von Fernsehprogrammen. München: Fischer.
Gehrau, Volker (2002): Der Beitrag des Konstruktivismus zur neueren deutschen Medienwirkungsforschung. In: Armin Scholl (Hrsg.): Systemtheorie und Konstruktivismus in der Kommunikationswissenschaft. Konstanz: UVK. S. 261–288.
Gehrke, Ralph (1994): Was leistet der Radikale Konstruktivismus für die Literaturwissenschaft. In: Deutsche Vierteljahrsschrift für Literaturwissenschaft und Geistesgeschichte. 68. Jg. H. 1. S. 170–188.
Gergen, Kenneth/Mary M. Gergen (2009): Einführung in den sozialen Konstruktionismus. Heidelberg: Carl-Auer-Systeme.
Großmann, Brit (1999 a): Der Einfluß des Radikalen Konstruktivismus auf die Kommunikationswissenschaft. In: Gebhard Rusch/Siegfried J. Schmidt (Hrsg.): Konstruktivismus in der Medien- und Kommunikationswissenschaft. [= DELFIN 1997] Frankfurt am Main: Suhrkamp. S. 14–51.

Großmann, Brit (1999 b): Medienrezeption. Bestehende Ansätze und eine konstruktivistische Alternative. Opladen/Wiesbaden: Westdeutscher Verlag.

Hachmeister, Lutz (1992): Das Gespenst des Radikalen Konstruktivismus. Zur Analyse des Funkkollegs 'Medien und Kommunikation'. In: Rundfunk und Fernsehen. 40. Jg. H. 1. S. 5–21.

Halff, Gregor (1998): Die Malaise der Medienwirkungsforschung. Transklassische Wirkungen und klassische Forschung. Opladen/Wiesbaden: Westdeutscher Verlag.

Hickethier, Knut (2002): Das Erzählen der Welt in den Fernsehnachrichten. Überlegungen zu einer Narrationstheorie der Nachricht. (1997) In: Irene Neverla/Elke Grittmann/Monika Pater (Hrsg.): Grundlagentexte zur Journalistik. Konstanz: UVK (UTB). S. 657–681.

Hickethier, Knut (2008): Die Wahrheit der Fiktion. Zum Verhältnis von Faktizität, Fake und Fiktionalität. In: Bernhard Pörksen/Wiebke Loosen/Armin Scholl (Hrsg.): Paradoxien des Journalismus. Theorie, Empirie, Praxis. Festschrift für Siegfried Weischenberg. Wiesbaden: Verlag für Sozialwissenschaften. S. 361–374.

Kepplinger, Hans Mathias (1989): Theorien der Nachrichtenauswahl als Theorien der Realität. In: Aus Politik und Zeitgeschehen, Beilage zur Wochenzeitung Das Parlament, B 15/89. S. 3–16.

Kocks, Klaus (2001): Glanz und Elend der PR. Zur praktischen Philosophie der Öffentlichkeitsarbeit. Wiesbaden: Westdeutscher Verlag.

Krippendorff, Klaus (1993): Schritte zu einer konstruktivistischen Erkenntnistheorie der Massenkommunikation. In: Günter Bentele/Manfred Rühl (Hrsg.): Theorien öffentlicher Kommunikation. Problemfelder, Positionen, Perspektiven. München: Ölschläger. S. 19–51.

Krippendorff, Klaus (1994): Der verschwundene Bote. Metaphern und Modelle der Kommunikation. In: Klaus Merten/Siegfried J. Schmidt/Siegfried Weischenberg (Hrsg.): Die Wirklichkeit der Medien. Eine Einführung in die Kommunikationswissenschaft. Opladen: Westdeutscher Verlag. S. 79–113.

Krippendorff, Klaus (2005): The Social Construction of Public Opinion. In: Edith Wienand/Joachim Westerbarkey/Armin Scholl (Hrsg.): Kommunikation über Kommunikation. Theorien, Methoden und Praxis. Festschrift für Klaus Merten. Wiesbaden: VS Verlag für Sozialwissenschaften. S. 129–149.

Krippendorff, Klaus/Fernando Bermejo (2009): On Communicating. Otherness, Meaning, and Information. New York/London: Routledge.

Krotz, Friedrich (2008): Handlungstheorien und Symbolischer Interaktionismus als Grundlage kommunikationswissenschaftlicher Forschung. In: Carsten Winter/Andreas Hepp/Friedrich Krotz (Hrsg.): Theorien der Kommunikations- und Medienwissenschaft. Grundlegende Diskussionen, Forschungsfelder und Theorieentwicklungen. Wiesbaden: VS Verlag für Sozialwissenschaften. S. 29–47.

Kückelhaus, Andrea (1998): Public Relations – die Konstruktion von Wirklichkeit. Kommunikationstheoretische Annäherungen an ein neuzeitliches Phänomen. Opladen/Wiesbaden: Westdeutscher Verlag.

Lippmann, Walter (1961): Public Opinion. (1922) 2. Aufl. New York: Macmillan.

Loosen, Wiebke (2004): Konstruktive Prozesse bei der Analyse von (Medien-)Inhalten. Inhaltsanalyse im Kontext qualitativer, quantitativer und hermeneutischer Verfahren. In: Sibylle Moser (Hrsg.): Konstruktivistisch forschen. Methodologie, Methoden, Beispiele. Wiesbaden: Verlag für Sozialwissenschaften. S. 93–120.

Loosen, Wiebke (2008): Die Einheit der Differenz. Zum Verhältnis von Theorie und Empirie in der systemtheoretisch-konstruktivistischen Journalismusforschung. In: Bernhard Pörksen/Wiebke Loosen/Armin Scholl (Hrsg.): Paradoxien des Journalismus. Theorie, Empirie, Praxis. Festschrift für Siegfried Weischenberg. Wiesbaden: Verlag für Sozialwissenschaften. S. 583–608.

Loosen, Wiebke/Armin Scholl/Jens Woelke (2002): Systemtheoretische und konstruktivistische Methodologie. In: Armin Scholl (Hrsg.): Systemtheorie und Konstruktivismus in der Kommunikationswissenschaft. Konstanz: UVK. S. 37–65.

Merten, Klaus (1994): Wirkungen von Kommunikation. In: Klaus Merten/Siegfried J. Schmidt/Siegfried Weischenberg (Hrsg.): Die Wirklichkeit der Medien. Eine Einführung in die Kommunikationswissenschaft. Opladen: Westdeutscher Verlag. S. 291–328.
Merten, Klaus (2005): Reaktivität und Reflexivität. Sozialwissenschaftliche Datenerhebung als interferierende Kommunikationsprozesse. (1978) In: Edith Wienand/Joachim Westerbarkey/Armin Scholl (Hrsg.): Kommunikation über Kommunikation. Theorien, Methoden und Praxis. Festschrift für Klaus Merten. Wiesbaden: VS Verlag für Sozialwissenschaften. S. 102–128.
Merten, Klaus (2009): Ethik der PR oder PR für PR? Zur Kommunikation einer Ethik der Kommunikation. In: Siegfried J. Schmidt/Jörg Tropp (Hrsg.): Die Moral der Unternehmenskommunikation. Lohnt es sich, gut zu sein? Köln: Halem. S. 25–38.
Merten, Klaus/Joachim Westerbarkey (1994): Public Opinion und Public Relations. In: Klaus Merten/Siegfried J. Schmidt/Siegfried Weischenberg (Hrsg.): Die Wirklichkeit der Medien. Eine Einführung in die Kommunikationswissenschaft. Opladen: Westdeutscher Verlag. S. 188–211.
Pörksen, Bernhard (2005 a): Die Konstruktion von Feindbildern. Zum Sprachgebrauch in neonazistischen Medien. (2000) 2. Aufl. Wiesbaden: VS Verlag für Sozialwissenschaften.
Pörksen, Bernhard (Hrsg.) (2005 b): Trendbuch Journalismus. Erfolgreiche Medienmacher über Ausbildung, Berufseinstieg und die Zukunft der Branche. 2. Aufl. Köln: Halem.
Pörksen, Bernhard (2006): Die Beobachtung des Beobachters. Eine Erkenntnistheorie der Journalistik. Konstanz: UVK.
Pörksen, Bernhard (2008): Die Gewissheit der Ungewissheit. Gespräche zum Konstruktivismus. (2002) 2. Aufl. Heidelberg: Carl-Auer-Systeme.
Pörksen, Bernhard/Heinz von Foerster (2008): Wahrheit ist die Erfindung eines Lügners. Gespräche für Skeptiker. (1998) 8. Aufl. Heidelberg: Carl-Auer-Systeme.
Pörksen, Bernhard/Humberto R. Maturana (2008): Vom Sein zum Tun. Die Ursprünge der Biologie des Erkennens. (2002) 2. Aufl. Heidelberg: Carl-Auer-Systeme.
Pörksen, Bernhard/Wiebke Loosen/Armin Scholl (Hrsg.) (2008): Paradoxien des Journalismus. Theorie, Empirie, Praxis. Festschrift für Siegfried Weischenberg. Wiesbaden: Verlag für Sozialwissenschaften.
Renckstorf, Karsten (1989): Mediennutzung als soziales Handeln. Zur Entwicklung einer handlungstheoretischen Perspektive der empirischen (Massen-)Kommunikationsforschung. In: Max Kaase/Winfried Schulz (Hrsg.): Massenkommunikation. Theorien, Methoden, Befunde. [= Kölner Zeitschrift für Soziologie und Sozialpsychologie. H. 30.] Opladen: Westdeutscher Verlag. S. 314–336.
Rosengren, Karl Erik (1974): International News: Methods, Data and Theory. In: Journal of Peace Research. 11. Jg. H. 2. S. 145–156.
Rühl, Manfred (1969): Die Zeitungsredaktion als organisiertes soziales System. Bielefeld: Bertelsmann Universitätsverlag.
Ruhrmann, Georg (1989): Rezipient und Nachricht. Struktur und Prozeß der Nachrichtenrekonstruktion. Opladen: Westdeutscher Verlag.
Rusch, Gebhard (1987): Kognition, Mediennutzung, Gattungen. In: SPIEL. 6. Jg. H. 2. S. 227–272.
Rusch, Gebhard (1993): Fernsehgattungen in der Bundesrepublik Deutschland. Kognitive Strukturen im Handeln mit Medien. In: Knut Hickethier (Hrsg.): Geschichte des Fernsehens in der Bundesrepublik Deutschland. Band 1: Institution, Technik und Programm. Rahmenaspekte der Programmgeschichte des Fernsehens. München: Fink. S. 289–321.
Rusch, Gebhard (1994): Kommunikation und Verstehen. In: Klaus Merten/Siegfried J. Schmidt/Siegfried Weischenberg (Hrsg.): Die Wirklichkeit der Medien. Eine Einführung in die Kommunikationswissenschaft. Opladen: Westdeutscher Verlag. S. 60–78.
Rusch, Gebhard (1996): Konstruktivismus. Ein epistemologisches Selbstbild. In: Deutsche Vierteljahrsschrift für Literaturwissenschaft und Geistesgeschichte. 70. Jg. H. 2. S. 322–345.
Saxer, Ulrich (1992): Thesen zur Kritik des Konstruktivismus. In: Communicatio Socialis. 25. Jg. H. 2. S. 178–183.

Saxer, Ulrich (1993 a): Fortschritt als Rückschritt? Konstruktivismus als Epistemologie einer Medientheorie. Kommentar zu Klaus Krippendorff. In: Günter Bentele/Manfred Rühl (Hrsg.): Theorien öffentlicher Kommunikation. Problemfelder, Positionen, Perspektiven. München: Ölschläger. S. 65–73.

Saxer, Ulrich (1993 b): Basistheorien und Theorienbasis in der Kommunikationswissenschaft. Theorienchaos und Chaostheorie. In: Günter Bentele/Manfred Rühl (Hrsg.): Theorien öffentlicher Kommunikation. Problemfelder, Positionen, Perspektiven. München: Ölschläger. S. 175–187.

Schmidt, Siegfried J. (1987 a): Der Diskurs des Radikalen Konstruktivismus. Frankfurt am Main: Suhrkamp.

Schmidt, Siegfried J. (1987 b): Skizze einer konstruktivistischen Mediengattungstheorie. In: SPIEL. 6. Jg. H. 2. S. 163–199.

Schmidt, Siegfried J. (1996): Die Welten der Medien. Grundlagen und Perspektiven der Medienbeobachtung. Braunschweig: Vieweg.

Schmidt, Siegfried J. (1998): Die Zähmung des Blicks. Konstruktivismus – Empirie – Wissenschaft. Frankfurt am Main: Suhrkamp.

Schmidt, Siegfried J. (2003): Geschichten & Diskurse. Abschied vom Konstruktivismus. Mit einem Vorwort von Mike Sandbothe. Reinbek: Rowohlt.

Schmidt, Siegfried J. (2008): Die Erwartbarkeit des Unerwarteten. Paradoxien und Schematisierungen im Medienprozess. In: Bernhard Pörksen/Wiebke Loosen/Armin Scholl (Hrsg.): Paradoxien des Journalismus. Theorie, Empirie, Praxis. Festschrift für Siegfried Weischenberg. Wiesbaden: Verlag für Sozialwissenschaften. S. 313–325.

Schmidt, Siegfried J./Siegfried Weischenberg (1994): Mediengattungen, Berichterstattungsmuster, Darstellungsformen. In: Klaus Merten/Siegfried J. Schmidt/Siegfried Weischenberg (Hrsg.): Die Wirklichkeit der Medien. Eine Einführung in die Kommunikationswissenschaft. Opladen: Westdeutscher Verlag. S. 212–236.

Schmidt, Siegfried J./Joachim Westerbarkey/Guido Zurstiege (Hrsg.) (2001): A/effektive Kommunikation. Unterhaltung und Werbung. Beiträge zur Kommunikationstheorie. Münster: Lit.

Scholl, Armin/Siegfried Weischenberg (1998): Journalismus in der Gesellschaft. Theorie, Methodologie und Empirie. Opladen/Wiesbaden: Westdeutscher Verlag.

Schulz, Winfried (1989): Massenmedien und Realität. Die „ptolemäische" und die „kopernikanische" Auffassung. In: Max Kaase/Winfried Schulz (Hrsg.): Massenkommunikation. Theorien, Methoden, Befunde. [= Kölner Zeitschrift für Soziologie und Sozialpsychologie. H. 30.] Opladen: Westdeutscher Verlag. S. 135–149.

Schulz, Winfried (1990): Die Konstruktion von Realität in den Nachrichtenmedien. [1976] 2. Aufl. Freiburg/München: Alber.

Schulz, Winfried (Hrsg.) (1992): Medienwirkungen. Einflüsse von Presse, Radio und Fernsehen auf Individuum und Gesellschaft. Untersuchungen im Schwerpunktprogramm „Publizistische Medienwirkungen". Weinheim: VCH/Acta Humaniora.

Spangenberg, Peter M. (1993): Stabilität und Entgrenzung von Wirklichkeiten. Systemtheoretische Überlegungen zu Funktion und Leistung der Massenmedien. In: Siegfried J. Schmidt (Hrsg.): Literaturwissenschaft und Systemtheorie. Positionen, Kontroversen, Perspektiven. Opladen: Westdeutscher Verlag. S. 66–100.

Sutter, Tilmann (2009): Interaktionistischer Konstruktivismus. Zur Systemtheorie der Sozialisation. Wiesbaden: VS Verlag für Sozialwissenschaften.

Sutter, Tilmann/Michael Charlton (1999): Die Bedeutung einer konstruktivistischen Theorie sozialen Handelns für die Medienforschung. In: Gebhard Rusch/Siegfried J. Schmidt (Hrsg.): Konstruktivismus in der Medien- und Kommunikationswissenschaft. DELFIN 1997. Frankfurt am Main: Suhrkamp. S. 79–113.

Weber, Stefan (1995): Nachrichtenkonstruktion im Boulevardmedium. Die Wirklichkeit der „Kronen-Zeitung". Wien: Passagen.

Weber, Stefan (2000): Was steuert Journalismus? Ein System zwischen Selbstreferenz und Fremdsteuerung. Konstanz: UVK.

Weber, Stefan (2005): Non-dualistische Medientheorie. Eine philosophische Grundlegung. Konstanz: UVK.
Weischenberg, Siegfried (1992): Der blinde Fleck des Kritikers. Zu den 'Wahrheiten' einer Konstruktivismus-Rezeption. In: Communicatio Socialis. 25. Jg. H. 2. S. 168–177.
Weischenberg, Siegfried (1995): Konstruktivismus und Journalismusforschung. In: Medien Journal. 19. Jg. H. 4. S. 47–56.
Weischenberg, Siegfried (2002): Journalistik. Theorie und Praxis aktueller Medienkommunikation. Band 2: Medientechnik, Medienfunktionen, Medienakteure. (1995) 2. Aufl. Wiesbaden: Westdeutscher Verlag.
Weischenberg, Siegfried (2004): Journalistik. Theorie und Praxis aktueller Medienkommunikation. Band 1: Mediensysteme, Medienethik, Medieninstitutionen. (1992) 3. Aufl. Wiesbaden: Westdeutscher Verlag.
Weischenberg, Siegfried/Maja Malik/Armin Scholl (2006): Die Souffleure der Mediengesellschaft. Report über die Journalisten in Deutschland. Konstanz: UVK.
Wünsch, Carsten/Werner Früh/Volker Gehrau (Hrsg.) (2008): Integrative Modelle in der Rezeptions- und Wirkungsforschung. Dynamische und transaktionale Perspektiven. München: Fischer.
Zurstiege, Guido (2005): Zwischen Kritik und Faszination. Was wir beobachten, wenn wir die Werbung beobachten, wie sie die Gesellschaft beobachtet. Köln: Halem.

Die Paradoxie der Erziehung

Theo Hug über den Konstruktivismus in der Pädagogik

Antinomien und Paradoxien spielen in der Pädagogik seit den Anfängen einer Theoretisierung erzieherischen Handelns eine bedeutsame Rolle. Spannungsfelder und Polaritäten sowie Widersprüchlichkeiten von Freiheit und Zwang sind im Zusammenhang pädagogischen Handelns in verschiedensten Hinsichten und Versionen thematisiert worden.[1] Dies lässt sich am Beispiel von Platons Erziehungsstaat, Kants These der Erziehungsbedürftigkeit oder dem Spannungsfeld von Fremd- und Selbstbestimmung zeigen. Spätestens seit der antipädagogischen Kritik der 1970er Jahre an pädagogischen Vorstellungen von Zöglingen, die selbständig wollen sollen, was emanzipatorisch oder wie immer sonst motivierte Erzieher und Erzieherinnen ihnen nahelegen oder von ihnen fordern, wurden auch die problematischen Aspekte der Emanzipation als regulativem Prinzip von Seiten postmoderner und systemtheoretischer Denkerinnen und Denker grundlegend kritisiert. Josef Mitterer drückt den notwendigen Zusammenhang mit seiner bildungsphilosophischen Formel pointiert aus: „Die Erziehung zur Wahrheit ist immer auch die Erziehung zur Wahrheit des Erziehers" (Mitterer 1992: 14).

Paradoxien der Erziehung sind also keine Erfindung der Konstruktivismus. Mit der Konjunktur konstruktivistischer Ansätze in der Pädagogik haben allerdings erkenntnistheoretische Aspekte, Relativierungen von Wahrheits- und Wirklichkeitsbehauptungen, Relevanzen von Beobachtungsinstanzen sowie Denkfiguren der Selbstbezüglichkeit und Selbstanwendung verstärkt Beachtung gefunden. Insofern wird die Problematik pädagogischer Motive der autonomen Erfüllung heteronomer Vorgaben in konstruktivistischen Diskursen kritisch zugespitzt.

Während die einen in der konstruktivistischen Pädagogik tendenziell eine Krankheit sehen, die sich für ihre Heilung hält, indem sie unter den Bedingungen neoliberaler Marktwirtschaft flexibles Handeln und funktionsgerechtes Verhalten ermöglicht, sehen andere im Verzicht auf umfassende Ansprüche der Erziehung zur Wahrheit Chancen für gelingende Bildungsprozesse sowie zur Überwindung von missionarischen Überzeugungs- und Überredungsstrategien, verabsolutierten Perspektiven und jenen Formen der „Kritik", die den Charakter selbstgerechter Inszenierungen oder dogmatischer Blindheit bekommen haben. Der Beitrag skizziert die Anfänge konstruktivistischer Pädagogik und die Grundlinien einschlägiger Diskurse. Weiters werden aktuelle Themen und Diskussionen sowie kritische Einwände zur Diskussion gestellt. Abschließend werden einige Anhaltspunkte für die Weiterentwicklung der konstruktivistischen Pädagogik gegeben.

---

[1] Exemplarisch sei hier auf Arbeiten von Vogel (1925), Luchtenberg (1963 [1923]), Kron (1969), Winkel (1986), Helsper (1996) und Esslinger-Hinz/Fischer (2008) verwiesen.

1 Die Rezeption des Konstruktivismus in der Pädagogik: Entstehungszusammenhang und Anfänge

Die Verwendungsweisen des Begriffs 'konstruktivistisch' sind allgemein wie auch in pädagogischen Zusammenhängen mehrdeutig und sie sind teilweise inflationär geworden. Dies gilt nicht nur für den deutschen, sondern insbesondere auch für den anglo-amerikanischen Sprachraum. So spricht Denis C. Phillips (1995) in Anspielung an den bekannten Italowestern *The Good, the Bad, and the Ugly* (Sergio Leone, 1966) von einer „powerful folktale about the origins of human knowledge" (ebd.: 5), wobei er das Feld konstruktivistischer Orientierungen und Bezugnahmen anhand dreier Dimensionen[2] strukturiert und epistemologische Motive im Lichte von politischen und pädagogischen Motiven relativiert.

Auch im Hinblick auf die Anfänge konstruktivistischen Denkens haben wir es nicht mit einem eindeutigen historischen Datum zu tun. Es lassen sich mehrere Anknüpfungspunkte benennen, auf die in der erziehungswissenschaftlichen Rezeption selektiv und mit unterschiedlichen Gewichtungen Bezug genommen wird. Die ersten expliziten Verwendungen des Ausdrucks „Konstruktivismus" werden im Allgemeinen nicht mit pädagogischen Fragen der Wissensvermittlung in einen Zusammenhang gebracht.[3] Auch jene Denkfiguren der abendländischen Philosophiegeschichte, in deren Selbstbeschreibungen eine ausdrückliche Bezeichnung „konstruktivistisch" nicht vorkam, die aber der Sache in konstruktivistischen Diskurszusammenhängen wichtig geworden sind, wurden erst viel später über die Rezeption der Werke Ernst von Glasersfelds in der Erziehungswissenschaft wirksam. Das betrifft vor allem die Varianten des Skeptizismus in der antiken Philosophie.

In der abendländischen Geschichte sind in der weiteren Folge zahlreiche Konstruktivismusbegriffe und -positionen entwickelt worden,[4] von denen aber nur eini-

---

[2] Die drei Dimensionen lauten individualpsychologische Wissenskonstruktion vs. soziale Produktion öffentlicher Wissenskörper, Anteile menschlicher Akteure vs. Anteil der Natur bei der Wissensentwicklung, Stellenwert von individueller Kognition und sozio-kulturellen Bedingungen beim Wissensaufbau (vgl. Phillips 1995). Sie ermöglichen allerdings nur eine sehr grobe Orientierung und erweisen sich bei näherer Betrachtung als problematisch.

[3] Exemplarisch sei hier auf die Rhetorik des Marcus Tullius Cicero (106–43 v. u. Z.) verwiesen, in der mit „constructio verborum" die kunstvolle Verbindung und Gliederung von Wörtern und Sätzen zur Gestaltung einer gelungenen Rede gemeint ist.

[4] Vgl. z. B. die philosophischen Arbeiten von Gottfried Wilhelm Leibniz (1646–1716), Giovanni Batista Vico (1668–1744), George Berkeley (1684–1753), David Hume (1711–1776), Immanuel Kant (1724–1804), Friedrich Nietzsche (1844–1900), Charles Sanders Peirce (1839–1914), Hans Vaihinger (1852–1933), William James (1842–1910), Henri Poincaré (1853–1912), John Dewey (1859–1952) und Hugo Dingler (1881–1954), die intuitionistische Mathematik von Luitzen E. J. Brouwer (1881–1966) und Arend Heyting (1898–1980) mit ihrer Forderung nach Rückführbarkeit aller mathematischen Konstruktionen auf das Zählen, sowie die Arbeiten in der Architektur, Bildhauerei und Malerei des russischen Konstruktivismus von Iwan Leonidow (1902–1959), Wladimir J. Tatlin (1885–1953), El Lissitzky (1890–941) und Aleksandr Rodtschenko (1891–1956).

ge in pädagogischen Diskursen explizit aufgegriffen worden sind (etwa William James, John Dewey). Vielfach fanden eher pädagogisch besonders relevante Werkauszüge, mitunter auch die jeweiligen epistemologischen Orientierungen zum Zwecke von wissenschaftstheoretischen Begründungen oder von „Grobverortungen" Beachtung. Kaum jedoch wurden die unterschiedlichen Konstruktivismusbegriffe in differenzierter Weise rezipiert.

In der Pädagogik taucht der Ausdruck „Konstruktivismus" in den 1970er Jahren auf (vgl. Heyting 1997: 400; Hug 2004) und zwar im Zusammenhang

- der forschungslogischen Verbindung des historisch-hermeneutischen, des erfahrungswissenschaftlichen und des gesellschaftskritisch-ideologiekritischen Ansatzes in der „kritisch-konstruktiven Erziehungswissenschaft" von Wolfgang Klafki (1976 [1971]),

- der Selbstbeschreibung von Wolfgang Brezinka (1971), der sein Theorieverständnis im Rückgriff auf den Empirismus von Viktor Kraft (1880–1975) als „konstruktivistisch" bezeichnet hat,

- der genetischen Erkenntnistheorie von Jean Piaget (1896–1980) und seiner bekannt gewordenen Formel, dass der Verstand die Welt organisiert, indem er sich selbst organisiert, sowie seiner handlungstheoretischen Konzeption von Erziehung (vgl. Piaget 1972, 1973),

- der „Kulturhistorischen Schule", deren „Troika" Lev S. Vygotskij (1896–1934), Alexander R. Lurija (1902–1977) und Alexej N. Leontjew (1903–1979) die Realisierung kulturhistorischer Existenzbedingungen durch Interaktion und Kommunikation in gemeinsamer Tätigkeit sowie die Entwicklung des kindlichen Sprechens und Denkens untersucht,

- der Auseinandersetzung mit der Kritischen Psychologie von Klaus Holzkamp,

- der erziehungswissenschaftlich motivierten Befassung mit dem Symbolischen Interaktionismus (George Herbert Mead, 1863–1931), der sozialwissenschaftlichen Alltagstheorie und der Ethnomethodologie, in der Mikroperspektiven des Alltagshandelns im Vordergrund stehen,

- der Rezeption des Sozialkonstruktivismus von Peter Berger und Thomas Luckmann, die sich in ihrer Wissenssoziologie mit der Frage befassen, wie soziale Ordnung als kollektiv produzierte entsteht und den Gesellschaftsmitgliedern als „objektive Wirklichkeit" gegenübertritt,

- der Weiterführung des methodischen Konstruktivismus in der Erziehungswissenschaft bei Eckard König (1978), der auf das Programm des schrittweise überschaubaren, nicht-zirkulären und argumentierenden Vorgehens der konstruktiven Wissenschaftstheorie von Paul Lorenzen (1915–1994) und Wilhelm Kamlah (1905–1976) zurückgreift.

Wenn wir die Anfänge konstruktivistischer Pädagogik mit diesen Positionen ansetzen, die allesamt in expliziter Weise Bezug auf die eine oder andere Konstruktivismusversion nehmen, so lässt sich unschwer verdeutlichen, dass wir es bereits in dieser frühen Phase mit einer heterogenen Ausgangslage und diskontinuierlichen Entwicklungen zu tun haben. Wolfgang Brezinka beispielsweise wurde in einer breiteren Öffentlichkeit nie als Konstruktivist wahrgenommen und im Übrigen wegen seiner Neigungen zum naiven Realismus und Positivismus kritisiert (vgl. Lange 1979). Die politisch-emazipatorischen Motive (vgl. Klafki 1976) waren in der weiteren Folge eher in Teilen der Handlungs- und Aktionsforschung wirksam als in pädagogisch-konstruktivistischen Diskurszusammenhängen. Dort wurden sie beispielsweise mit der Rezeption des strukturalistischen Konstruktivismus von Pierre Bourdieu (1992: 135)[5] und auch im Kontext von Konstruktivismus und Feminismus sowie Gender-Diskursen revitalisiert.

Andere Positionen (beispielsweise die konstruktive Wissenschaftstheorie der Erlanger Schule) wurden später weder als solche noch in der Erziehungswissenschaft weiter verfolgt.[6] Mitunter spielte das Label „Konstruktivismus" auch keine besondere Rolle mehr (vgl. Klaus Holzkamp)[7] oder es hatte hauptsächlich in den wissenschaftstheoretischen Debatten der Erziehungswissenschaft Bedeutung. Letzteres betrifft vor allem das Theorieprimat (vgl. Heyting 1997: 400 f.), das sich auf die Theoriehaltigkeit von Beobachtungsaussagen und den wissenschaftslogischen Stellenwert von Theorien im Erkenntnisprozess bezieht – ein Primat, das nach und nach in allen damaligen paradigmatischen Debatten und meist im Rückgriff auf die Formel der Theoriebeladenheit von Beobachtungsaussagen Beachtung fand. Die stärkste Kontinuität pädagogisch-konstruktivistischer Diskurse ist einerseits im Zusammenhang der Rezeption soziologischer sowie sozialpsychologischer und sozialphänomenologischer Konstruktivismusvarianten zu verzeichnen. Andererseits sind im Zusammenhang der Entstehung konstruktivistischer Positionen in der Pädagogik insbesondere die Arbeiten von Ernst von Glasersfeld und Humberto R. Maturana von Bedeutung.

---

[5] Vgl. dazu auch die Bestandsaufnahme von Friebertshäuser/Rieger-Ladich/Wigger (2006).
[6] Ausnahmen bestätigen die Regel (vgl. Petersen 1996).
[7] Vgl. dazu die kritische Auseinandersetzung mit Klaus Holzkamp und Niklas Luhmann im Spannungsfeld von Subjekt und System von Bernd Hackl (2000).

2 Anwendungseffekte und Veränderungen: Konzepte, Grundannahmen und aktuelle Diskussion

2.1 Grundannahmen

Eine konzeptionelle, institutionelle oder personelle Geschlossenheit „des" Konstruktivismus ist weder im Allgemeinen noch im Kontext der Erziehungswissenschaft in Sicht. Vielmehr lassen sich unterschiedliche Diskursstränge ausmachen, die sich zum Teil überschneiden und ergänzen, zum Teil auch widersprechen oder relativieren, und die sich häufig in einem ungeklärten Verhältnis zueinander befinden. Im Vordergrund steht zumeist die Gemachtheit der Tatsachen, des Wissensaufbaus, der Wirklichkeit, der Geschichte oder des gesellschaftlichen Seins, wobei die verschiedenen Konstruktivismusvarianten als unterschiedliche Interpretationen der Beziehungen von Wissen und der Produktion von Wirklichkeit verstanden werden können. Der Fokus liegt dabei auf Wie-Fragen und genetischen, generativen bzw. prozeduralen Perspektiven.

Das komplexe Feld konstruktivistischer Positionen lässt sich anhand dreier Charakteristika weiter eingrenzen, und zwar (1) der intensiven Befassung mit Fragen der Selbstreferenz und Selbstanwendung, (2) der Annahme der unhintergehbaren Perspektivität jeder Erkenntnis bzw. jeglichen Wissens und (3) dem Verzicht von Aussagen über die „Wirklichkeit an sich". Alle drei Charakteristika werden im so genannten „Beobachtungstheorem" zusammen ausgedrückt: Beobachtungen werden von beobachtenden Instanzen (Menschen, Individuen, Akteuren, Systemen etc.) gemacht, die im Prozess der Beobachtung nicht zugleich die „blinden Flecken" (Ausgangspunkte, Perspektiven, Kontextbedingungen usw.) der Beobachtungen beobachten können (vgl. Schmidt 2000: 15–21). „Beobachten" meint dabei die Herstellung und den Gebrauch von Unterscheidungen zum Zweck von Bezeichnungen (System-Umwelt-Differenz) sowie der Analyse und Beschreibung individueller und kollektiver Wissensfabrikation in sozio-kulturellen und historischen Zusammenhängen.

Im Detail unterscheiden sich die einschlägigen Varianten erheblich, wobei sich die einzelnen Positionen tendenziell jeweils stärker an erkenntniskritischen, wissenschaftstheoretischen, methodologischen, forschungsmethodischen, (inter-)disziplinären, gegenstandstheoretischen oder themenbezogenen Fragestellungen und Gesichtspunkten orientieren (können). Entsprechend stehen jeweils andere Grundannahmen, diskursive Verortungen und (meta-)theoretische Anbindungen im Vordergrund. So können u. a. radikal konstruktivistische und kybernetische, kognitionswissenschaftliche und neurobiologische, systemtheoretische, sozio-kulturalistische, (sozial-)psychologische und psychotherapeutische, (wissens-)soziologische und philosophische Konstruktivismusvarianten unterschieden werden.[8] Entspre-

---

[8] Vgl. die Beiträge im zweiten Teil des vorliegenden Bandes sowie Riegler (2005).

chende Diskursstränge sowie Schlüsselbegriffe der Begründungsdiskussion wie zum Beispiel Autopoiese, Beobachtungsperspektive, Differenz, Emergenz, Koevolution, Koontogenese, System oder Viabilität (vgl. Siebert 1999: 197–202; Huschke-Rhein 2003: 192–209) wurden in der deutschsprachigen Erziehungswissenschaft seit den 1980er Jahren rezipiert und diskutiert.

2.2 Aktuelle Themen und Diskussionen

Das Diskursfeld, in dem sich Pädagogik und Konstruktivismus treffen, wird je nach Akzentsetzung unterschiedlich bezeichnet. Abgesehen von der hier verwendeten Bezeichnung „Konstruktivistische Pädagogik" sind die Ausdrücke „Pädagogischer Konstruktivismus" (Siebert 1999), „systemisch-konstruktivistische Pädagogik" (vgl. Huschke-Rhein 2003), „interaktionistisch-konstruktivistischen Pädagogik" (Reich 2005), „konstruktivistische Erziehungswissenschaft" (Heyting 1997) und „Konstruktivismus in der Erziehungswissenschaft" (Rustemeyer 1999) am gebräuchlichsten. Die weite Verbreitung der Verknüpfung „systemisch-konstruktivistisch" hängt hauptsächlich zusammen mit

- der expliziten Berücksichtigung von Systemtheorien in vielen Konstruktivismuspositionen und der differenztheoretischen Modellierung von Beobachtungsinstanzen, die nicht als unabhängige feste Größen zu sehen sind, sondern die im Prozess durch ihre Unterscheidungstätigkeiten erst hervorgebracht werden,
- pragmatischen Möglichkeiten der Verknüpfung von Mikro-, Meso- und Makro-Ebenen,
- neuen Chancen der Integration von Themen und Fachbereichen unterschiedlicher geistes-, sozial-, kultur- und naturwissenschaftlicher Disziplinen,
- der Verbindung epistemologischer und soziologischer Motive, und nicht zuletzt auch mit
- der breiten Rezeption der Systemtheorie von Niklas Luhmann in der Erziehungswissenschaft.

„Systemisch" meint *grosso modo* „vernetzt" oder „kontextbezogen", wobei von einem heuristisch offenen Systembegriff ausgegangen wird, der theoretisch oder praktisch motivierte Akzentsetzungen und für ein variables Wechselspiel zwischen Teil und Ganzem offen ist. Dies soll flexible Bezugnahmen auf konkrete Systemkontexte und unterschiedliche systemtheoretische Ansätze aus der Kybernetik, der Soziologie, der Psychologie, der Ökologie, der Biologie, der Selbstorganisationstheorie, der Chaostheorie oder der Familientherapie ermöglichen (vgl. Huschke-Rhein 1997: 472 f.).

Auch wenn die Verbindung „systemisch-konstruktivistisch" in der Pädagogik häufig und durchaus mit unterschiedlichen Graden der Offenheit für systemtheoretische Diskurszusammenhänge verwendet wird, so ist sie keineswegs zwingend. Beispielsweise versteht sich die ethnomethodologische Bildungs-, Schul- und Jugendhilfeforschung[9] durchaus als konstruktivistisch, ohne dass dabei systemtheoretische Anleihen gemacht werden würden. Die meisten zeitgenössischen Ansätze in der konstruktivistischen Pädagogik referieren auf unterschiedliche Präferenzen, allerdings auch auf systemtheoretische Ansätze. Dabei erfreuen sich die Positionen von Niklas Luhmann (1990, 1998) und Niklas Luhmann und Karl-Eberhard Schorr (1988, 1992) zumindest im deutschen Sprachraum besonderer Beliebtheit.

Ingesamt bietet die konstruktivistische Pädagogik ein buntes und teilweise diffuses Bild. Sie wird zwischenzeitlich auf der Ebene wissenschaftstheoretischer Argumentationen ebenso entfaltet wie in der Theoriebildung erziehungswissenschaftlicher Teildisziplinen und Fachrichtungen und den Themen und Problemstellungen in ihren Praxisfeldern. Das Themenspektrum reicht von Begründungsdiskussionen über Fragen der Didaktik und des Lehrens und Lernens, des Unterrichts, der Lehrerbildung, des Wissenserwerbs und der Schulpädagogik bis hin zu Problemen der Erwachsenenbildung, der Beratung und der Bildungssoziologie. Die Akzentsetzungen liegen dabei einerseits auf epistemologischen, wissenschaftstheoretischen und methodologischen Gesichtspunkten. Andererseits werden auch forschungsmethodische, (inter-)disziplinäre, gegenstandstheoretische und themenbezogene Fragestellungen akzentuiert.[10]

Auf der Ebene der Wissenschaftstheorie werden im Rückgriff auf erkenntniskritisch-konstruktivistische Argumentationen etablierte Grundlegungen und Fundierungsansprüche infrage gestellt. Nachdem die Empirie als Prüfungskontext und verbindliche Entscheidungsinstanz mit dem Argument der Theoriebeladenheit von Beobachtungsaussagen bereits problematisch geworden und die Rede von Paradigmen an der Tagesordnung war, war auch die Erziehungswissenschaft mit der Krise der Repräsentation konfrontiert. Die Kritik der Spiegelmetapher (Rorty 1981), derzufolge – vereinfacht ausgedrückt – das Bewusstsein die Wirklichkeit wie ein Spiegel mehr oder weniger gut reflektiert, wird in der Erziehungswissenschaft zunächst nur zögerlich aufgegriffen. Der Mainstream folgte nicht der Kritik dieser Metaphorik, sondern zog es vor, immer wieder neue Spiegel und bessere Polituren einzufordern. Die Hoffnung, dass bessere Repräsentationen einer sprach-

---

[9] Vgl. den Überblick bei Michael Parmentier (1989: 557–561).
[10] Horst Siebert unterscheidet acht Ebenen der Bedeutung des Konstruktivismus für die Pädagogik: Evaluation, Methodik, Didaktik, Bildungsbegriff, Organisationsentwicklung, Professionalität, Bildungsforschung und Pädagogisches Paradigma (Siebert 1999: 190 f.). An anderer Stelle spricht er vom Konstruktivismus als „pädagogischer Weltanschauung" (Siebert 2002). Mit solchen „Weiterungen" dürften allerdings eher diffuse Konstruktivismusvarianten befördert werden. Meines Erachtens sollten im erziehungswissenschaftlichen Diskurs die Ansprüche und Argumentationsebenen sorgsam differenziert und Übergänge zwischen Alltag, Wissenschaft sowie Kunst und Religion klar benannt werden.

externen Wirklichkeit eine bessere Kontrolle der praktischen Folgen erziehungswissenschaftlicher Theoriebildungsprozesse ermöglichen würden, dass wir also nur den Wahrnehmungsapparat schärfen und die kritische Verstandestätigkeit intensiver kultivieren müssten, um die Wirklichkeit besser erkennen und unseren Konzepten gemäß auch gestalten zu können, wurde durch die epistemologischen Einwände vorerst nur vereinzelt gebrochen. Mit den Postmodernedebatten und der Befassung mit neueren Konstruktivismusvarianten, Virtualitätskonzepten und Medialisierungsprozessen wurden dann aber doch grundsätzlichere Zweifel laut.

So wird in den 1990er Jahren in Abgrenzung von früheren Konstruktivismusvarianten auch das „Realisationsprinzip" kritisiert, demzufolge reale Verhältnisse ausgewählt oder hergestellt werden (sollen), die den Theorien entsprechen (sollen) (vgl. Heyting 1997: 405). Hand in Hand mit dem Verzicht einer Referenz auf die „wirkliche" Erziehungswirklichkeit werden die Möglichkeiten einer zuverlässigen Kontrolle der praktischen Folgen erziehungswissenschaftlicher Theorieproduktion problematisiert und verfügungsrationalistische Orientierungen infrage gestellt. Mit der Anerkennung der epistemologischen Offenheit und der Unvollständigkeit wissenschaftlicher Erkenntnis korrespondiert eine Suche nach neuen Lösungsansätzen, die weiterhin anhält.

Eine Antwort bietet Dieter Lenzen (1994) mit seinem Entwurf einer reflexiven Erziehungswissenschaft. Er versteht darunter eine Instanz, die sich sowohl zum pädagogischen Alltag als auch zur erziehungswissenschaftlichen Grundlagenforschung im dreifachen Sinne einer Erziehungsfolgenabschätzung, der Aufklärung über Entstehungsbedingungen von pädagogischen Alltagsmythen und der „Méthexis", einer platonischen Teilhabe am „wirklichen Leben", reflexiv verhält. Die erste Dimension, die in Analogie zur Technikfolgenabschätzung gedacht ist, hebt auf die Generierung von aktuellem Risikowissen im Zuge der Abschätzung der Begleit- und Folgeerscheinungen pädagogisch-praktischer und erziehungswissenschaftlicher Tätigkeiten ab. Die zweite Dimension zielt auf Aufklärungsmöglichkeiten einer historischen Anthropologie der Erziehung über mythisches und normatives Alltagswissen. Und die dritte Dimension zielt auf poietisches Wissen und Aufzeigen von Grenzen zwischen Wissenschaft und Kunst sowie auf eine Öffnung pädagogischer Institutionen für „real-life"-Prozesse. Die Frage, ob die Begriffe 'Selbstorganisation', 'Autopoiesis' und 'Emergenz' den Bildungsbegriff ablösen würden (Lenzen 1997), wurde allerdings eher als rhetorische Frage aufgefasst – sie müsste angesichts der bildungstheoretischen Mainstreamdebatten vorderhand mit einem Nein beantwortet werden.

Heinz-Hermann Krüger (1997) teilt mit Lenzen die Auffassung, dass „eine kritische und interdisziplinär orientierte Erziehungswissenschaft sich gegenwärtig nur noch als reflexiver Wissenschaftstypus begründen lässt" (ebd.: 245). Er gewichtet die Tendenzen im Zusammenhang der Pluralisierung und Differenzierung von Lebensformen, der Globalisierung von Finanz- und Arbeitsmärkten, des Verlusts von traditionellen Vergemeinschaftungsformen und der Entstehung wissensbasierter Mediengesellschaften anders als Lenzen und kommt im Zuge der Wahl anderer theoretischer Bezugspunkte (z. B. kritische Modernisierungstheorien) zu anderen Aufgabenbestimmungen insbesondere für die aktuelle Bildungsforschung. Die Anregungskapazitäten systemtheoretischer und konstruktivistischer Diskurse werden dabei eher selektiv und nicht mehr explizit aufgegriffen.

Die Kategorie der Reflexivität wird nicht nur im Hinblick auf das Zusammenspiel von makro- und mikrosoziologischen Perspektiven, sondern auch in methodologischer Absicht stark gemacht (vgl. Steier 1995). Konstruktivistische Ansprüche auf metatheoretischer oder auch auf modell- und handlungsbezogener Ebene werden häufig nicht im Hinblick auf ihre Relevanz für empirische Forschungsprozesse weiter gedacht. Oft bleibt es bei expliziten oder impliziten Objektivitätsvorstellungen, wenn die Konstruktionen der Akteure und die „Rückwirkungen der gesellschaftlichen Konstruktionen auf ihre Konstrukteure" (Soeffner 1992: 477) untersucht werden sollen, ohne dass dabei die epistemologischen Vorentscheidungen und interaktionellen Dimensionen reflexiv eingeholt werden würden. Umgekehrt werden Forschungsprozesse leichter auch als Lernprozesse wahrnehmbar, wenn in ihnen die Relevanz kontextueller Dimensionen einschließlich der Interessen, sozialen Positionen, Zielsetzungen und diversen Ausgangspunkte und Vorannahmen der Beteiligten für den Verlauf und die Resultate explizit reflektiert werden. Zu diesem Ergebnis kommt auch Frederick Steier, wenn er schreibt: „Constructionist research programs that take issues of reflexivity seriously necessarily become programs of collaborative learning" (1995: 84).[11]

Kontextuelle Dimensionen finden auch in lerntheoretischen Diskussionen (Cobern 1993) und metatheoretischen Begründungszusammenhängen Beachtung. Vor allem Frieda Heyting hat in Auseinandersetzung mit Niklas Luhmann, Richard Rorty u. a. die Relevanz einer kontextualistischen Epistemologie für den Konstruktivismus aufgezeigt. Sie legt im Rückgriff auf Michael Williams (2001) dar, wie verschiedene Erkenntnisbereiche in horizontaler Weise und unter Vermeidung sozialrelativistischer Sackgassen miteinander in Beziehung gebracht werden können (Heyting 2004: 100–105). Sie verdeutlicht dies am Beispiel kindlicher Mitspracherechte (ebd.: 108–114). Ausgehend von der systemtheoretischen Demontage des Subjektbegriffs fragt sie an anderer Stelle nach den Optionen einer „'postsubjektischen' Erziehungswissenschaft" (Heyting 1999). Was bleibt, wenn wir nicht mehr von einem Zentrum der Erkenntnis oder von feststehenden Werten ausgehen können und mit unterschiedlichen Perspektiven rechnen müssen? Angesichts der prinzipiellen Offenheit der Erkenntnis gehe es – wie Richard Rorty als Aufgabe

---

[11] Als Beispiele für Ansätze, die diesen Anspruch einlösen, sei hier auf die „responsive Evaluation" (Spanhel 2001: 258 ff.) und die „diskursive Feldforschung" (Hug 1996) verwiesen, die als interaktive Sozialforschung – inspiriert vom „Laborkonstruktivismus" und der Handlungsforschung – Motive der Wissenschaftsforschung und der Hochschuldidaktik verknüpft. Für einen Überblick zur Methodologie und Methodik konstruktivistischen Forschens siehe Moser (2004).

für eine „erhellende" Philosophie vorschlägt – primär um den Kommunikationsprozess.

> Analog dazu kann man es als die gesellschaftliche Aufgabe der Theorie der Erziehung ansehen, das pädagogische Gespräch in Gang zu halten. So wie das, was als der Tod des erkennenden Subjekts bezeichnet wurde, die philosophische Diskussion vor Abschließung bewahrt, so könnte eine den Tod des Subjekts ernst nehmende Erziehungswissenschaft unsere narrativen Konstruktionen und Rekonstruktionen davor bewahren, durch das Anvisieren subjektiver Autonomie und Identität vorzeitig zu einem Abschluss zu gelangen. (Heyting 1999: 566)

Die Antwort auf die Frage nach den Optionen einer „'postsubjektischen' Erziehungswissenschaft" enthält entsprechend drei Anhaltspunkte: Zukunftsoffenheit, Partizipation und narrative Meisterschaft (vgl. ebd.: 562–566). Darüber hinaus entdeckt sie Ähnlichkeiten zwischen dem Erziehungssystem und den Systemen Kunst und Liebe, wobei es im Unterschied zu den Gewinn- und Verlustrechnungen des Wirtschaftssystems für das Gelingen oder Misslingen der erzieherischen Kommunikation keine eindeutigen Kriterien gibt: „Was als Verbesserung bezeichnet wird, ist zwar in jedem Moment beabsichtigt, bleibt aber letztendlich offen" (ebd.: 567).

Eine der detailreichsten und umsichtigsten grundlagentheoretischen Arbeiten hat Kersten Reich (1998, 2005) vorgelegt. Er würdigt die Verdienste kybernetischer, biologischer und systemtheoretischer Entwicklungslinien im Konstruktivismus und problematisiert zugleich die Verallgemeinerungen und mitunter überzogenen Erklärungsansprüche, die häufig mit ihnen verbunden werden. Auch Reich legt Wert auf die Reflexion von Konstruktionskontexten sowie die Unterscheidung von Inhalts- und Beziehungsebene. Er sieht insbesondere drei Begründungsdefizite in der konstruktivistischen Erkenntniskritik (vgl. Reich 2000: 97–105). Diese sind:

- das *Begründungsdefizit* im Sinne „der Verweigerung einer intentionalen Reflexion auf die von vornherein eingesetzten Bedingungen von Verständigung, um die eigenen normativen-konstruktiven Aussagen als vermeintlich 'nur' konstruierte zu schützen" (ebd.: 100),

- das *Interaktionsdefizit*, das sich auf Fragen nach sozialer Anerkennung, Praktiken der Imagination, der Vision und des Begehrens sowie deren zirkuläre Voraussetzungen bezieht, und

- das *Lebensweltdefizit* in Relation zur Verbreitung naturalistischer und biologistischer Begründungsmuster im konstruktivistischen Diskurs.

In seiner Begründung des interaktionistischen Konstruktivismus im Anschluss an John Dewey u. a. verbindet er Elemente des sozialen Konstruktivismus mit dem Kulturalismus sowie zeichen- und symboltheoretischen Dimensionen. Die Grundbegrifflichkeit des Ansatzes wird anhand der Trias Konstruktion, Rekonstruktion und Dekonstruktion entfaltet. Die Perspektive der *Konstruktion* wird dabei als Basis aller pädagogischen Handlungen, *Rekonstruktion* wird als „aktive Übernahme bereits vorhandener Konstruktionen von Anderen" (Reich 2005: XI) und Dekonstruktion als „Potenzial kritischer Neuorientierungen" aufgefasst (ebd.).

Diese Antwortbeispiele angesichts der epistemologischen Offenheit und der Unvollständigkeit wissenschaftlicher Erkenntnis sollen nicht darüber hinweg täuschen, dass die Suche nach neuen Lösungsansätzen nicht nur (meta-)theoretisch, sondern auch praktisch motiviert ist. Konstruktivistische Argumentationen sind inzwischen im Zusammenhang aller pädagogisch relevanten Handlungs- und Praxisfelder entwickelt worden. Abstrakte Denkfiguren werden dabei durchaus problematisiert und im Lichte von Kriterien der Brauchbarkeit, Anwendbarkeit, Nützlichkeit, Alltagstauglichkeit und Problemlösungskapazität relativiert. Entsprechend vielfältig und verzweigt sind die Ansätze konstruktivistisch orientierter und inspirierter Pädagogik. Exemplarisch sei hier auf einige Arbeiten zu Themen und Fragen der Didaktik (Kösel 1997; Reich 2008), des Lehrens und Lernens (Müller 1996; Siebert 1999; Schmidt 2001), des Unterrichts (Krüssel 1993), der Lehrerbildung, des Wissenserwerbs, der Schulpädagogik (Voß 1997, 1998, 2005), der Erwachsenenbildung (Arnold/Siebert 1997) und der Beratung (Reich 2005, Kap. 10; Huschke-Rhein 2003: 50 ff.) verwiesen.

Was die didaktischen Konzepte betrifft, so zeichnet sich im Unterschied zur älteren systemtheoretischen Didaktik (König/Riedel 1973), die als Planungssystem mittels strenger Verfahrensvorschriften auf eine zielgerichtete, dynamische Abfolge von Unterrichtssituationen ausgerichtet war, heute eine Präferenz für „Ermöglichungsdidaktiken" (Arnold/Schüßler 2003) ab. Weitgehende Einigkeit besteht im Hinblick auf die Unmöglichkeit der unmittelbaren Ableitung didaktischer Handlungsanweisungen aus erkenntnistheoretischen Grundannahmen und die Unumgänglichkeit des produktiven und kreativen Umgangs mit pädagogischen Paradoxien. Das betrifft sowohl altbekannte Paradoxien der versuchsweisen Beförderung von Freiheit und Autonomie durch erzieherische Zwänge und Einsichten der Form, dass Lernen nicht gelehrt werden kann, als auch neuere Überlegungen der Lernbehinderung durch Wissensbewahrung (vgl. Simon 2007: 156) und der absichtsvollen externen Intervention in streng genommen unbelehrbare kognitiv autonome Systeme (vgl. Schmidt 2005: 112).

Großflächig betrachtet sind in den einzelnen Konzepten verschiedene Momente tragend wie die Anerkennung von Menschen als Schöpferinnen und Schöpfern ihrer Welten, die Perspektivität der (Re-/De-)Konstruktionen, die Strukturdeterminiertheit von Prozessen der Erziehung, der Bildung und des Lernens, die Kultivierung des Verhältnisses von Selbst- und Fremdbeobachtung, die affektlogisch gedachte Verknüpfung von Kognition und Emotion, der Stellenwert von Differenzmanagement, Selbststeuerung und Selbstorganisation, das Votum für Kontextsensitivität und Eigenverantwortung sowie die Problematisierung von Wahrheitsansprüchen aller Art (Stichwort: Viabilität). Im Detail unterscheiden sich die thematischen und konzeptionellen Akzentuierungen allerdings beträchtlich.[12]

Dies gilt auch im Hinblick auf Ansprüche der Radikalität, der Kohärenz und des impliziten oder expliziten Eklektizismus (vgl. Geelan 1997). Weiters wird bei der Suche nach Übersichtsdarstellungen im Diskurs der konstruktivistischen Pädagogik schnell klar, dass die Einteilungsgesichtspunkte je nach Wissenschaftskultur und Sprachgemeinschaft stark variieren. Leslie Steffe und Jerry Gale (1995) erkunden das Feld konstruktivistischer Pädagogik ausgehend von einer Auswahl von sechs zentralen Paradigmen, die von der Mathematikdidaktik bis zur Familientherapie bedeutsam sind und die alle in non-dualistischer Weise den „mind-body split of endogenic (mind-centred) and exogenic (reality-centred) knowledge" (ebd.: xiii) vermeiden wollen.[13] Marie Larochelle, Nadine Bednarz und Jim Garrison (1998) entfalten den Diskurs anhand von Praxisfragen und sozio-kulturellen Perspektiven der Wissensvermittlung im schulischen Kontext, während David Geelan (1997) wiederum sechs verbreitete Ansätze in den Vordergrund rückt.[14]

Im deutschen Sprachraum hat Dirk Rustemeyer (1999) zwei Schwerpunktbereiche der Rezeption des Konstruktivismus im erziehungswissenschaftlichen Diskurs ausgemacht: Lerntheorie und Didaktik mit Fokus auf radikalem Konstruktivismus und Bildungssoziologie im Anschluss an Niklas Luhmann. Im Kontrast zu einer solchen Vereinfachung steht die eben erschienene Einführung *Konstruktivismus und Pädagogik* von Holger Lindemann (2006). Er verzichtet angesichts der vielen Diskursstränge auf eine Einteilung und votiert für einen „reflexiven und diskursiven Konstruktivismus" (ebd.: 222). Zur Orientierung unterscheidet er diskursrelevante Aspekte der (systemisch-)konstruktivistischen Pädagogik (ebd.: 200–227), die es in situations- und problembezogener Weise zu entfalten gilt. Dazu zählt er die veränderte Grundhaltung im Sinne einer reflexiven Pluralismusfähigkeit und der Überwindung normativer Vorstellungen (ebd.: 202), die Notwendigkeit einer kontext- und situationsbezogenen Entscheidung über die jeweiligen

---

[12] Vgl. dazu die Beiträge in den einschlägigen Themenheften der *Zeitschrift für Pädagogik* (1995, 41. Jg. H. 6), der *Pädagogik* (1998, 50. Jg. H. 7–8), der *Zeitschrift für Erziehungswissenschaft* (1999, 2. Jg. H. 4) und im englischen Sprachraum beispielsweise *Cybernetics & Human Knowing* (1999, 6. Jg. H. 1), *Educational Theory* (2002, 52. Jg. H. 4), oder das Jahrbuch der National Society for the Study of Education zum Thema *Constructivism in Education: Opinions and Second Opinions On Controversial Issues* (Phillips 2000).

[13] Die Selektion der Paradigmen lautet: „radical constructivism" (Ernst von Glasersfeld), „social constructionism" (Kenneth Gergen), „information-processing constructivism" (Rand Spiro), „cybernetic systems" (Fred Steier), „sociocultural approaches" (James Wertsch), und „social constructivism" (Heinrich Bauersfeld). Der „learning-by-making constructionism" (Harel/Papert 1991), der ebenfalls eine breite Rezeption erfahren hat, kommt darin zum Beispiel nur am Rande vor.

[14] Im Einzelnen sind damit die folgenden Ansätze gemeint: „personal constructivism" (George Kelly, Jean Piaget), „radical constructivism" (Ernst von Glasersfeld), „social constructivism" (Joan Solomon), „social constructionism" (Kenneth Gergen), „critical constructivism" (Peter C. Taylor, Mark Campbell-Williams) und „contextual constructivism" (William Cobern).

Lehr-Lern-Methoden (ebd.: 206), prozessual-partizipative Vorstellungen der Praxisgestaltung (ebd.: 208 ff.). Im Anschluss an Ursula Carle (2000) unterscheidet er drei Wirkungsebenen pädagogischer Theorie und Praxis, die Spielräume der Perspektivenverschränkung und der Reflexions-, der Gestaltungs- und der Handlungsleitung eröffnen (Lindemann 2006: 214–218).

Die Ausdifferenzierung der konstruktivistischen Pädagogik ist damit nicht abgeschlossen, zumal die internationale Verständigung erst angelaufen ist. Eine weitere Belebung der Debatten ist nicht nur im Zuge disziplininterner Entwicklungen erwartbar. Sie wird neuerdings verstärkt auch durch inter- und transdisziplinäre Gesprächsangebote angeregt (vgl. Schmidt 2005; Baecker 2006).

3   Kritik und Ausblick

3.1   Kritische Einwände

Konstruktivismen zählen zu den Ismen, und Ismen aller Art eignen sich nicht nur in alltagsweltlichen Verkürzungen als Kennungen (vgl. Burbules 2000), die häufig leichtfertige Zuordnungen und Spaltungstendenzen bewirken. Auch in Texten, die klar wissenschaftliche Ansprüche signalisieren, sind solche Tendenzen immer wieder anzutreffen, wenn es um Einwände gegen „den Konstruktivismus" geht. Nun tragen meiner Wahrnehmung nach viele Aficionados und Vertreterinnen und Vertreter konstruktivistischer Diskurse selbst zur Trivialisierung, zur Stereotypenbildung und zu Alles-oder-Nichts-Tendenzen bei, indem sie vereinfachte Darstellungen unkritisch übernehmen und weiter verbreiten. Ein Beispiel für so einen „Selbstläufer" ist die Einteilung der Welt des Lernens in die drei Paradigmen Behaviorismus, Kognitivismus und Konstruktivismus, die im deutschen Sprachraum vornehmlich im Hinblick auf elektronisch unterstützte Lernwelten vorgetragen wird, wobei auf die Zitation einschlägiger Vorläuferargumentationen aus dem anglo-amerikanischen Sprachraum (vgl. Ertmer/Newby1993) gerne verzichtet wird. Die Dreiteilung wird manchmal zusätzlich mit gesellschaftlichen Entwicklungen korreliert. Abgesehen von der Vielzahl (konstruktivistischer) Lernmodelle, die dabei in aller Regel nicht unterschieden werden, werden hier eine historische „Höherentwicklung" und ein problematischer Vollständigkeitsanspruch suggeriert. Hinzu kommt, dass mit dieser Einteilung (a) viele Themen und Probleme des Lernens nicht angemessen oder überhaupt nicht berücksichtigt werden (z. B. emotionales, unbewusstes Lernen oder Lernen in informellen Kontexten, Lernen von Gruppen, Organisationen, Generationen oder Gesellschaften etc.), (b) kategoriale Ebenenvermischungen unreflektiert bleiben und (c) entsprechende Möglichkeiten und Grenzen der Anwendbarkeit und Leistungsfähigkeit der Ansätze irreführend dargestellt werden (vgl. Davis/Sumara 2002: 418). Was dann bleibt, sind gebetsmühlenartige Wiederholungen und Trancephänomene in akademischen Veranstaltungen aller Art.

Andererseits spielen Kritik und Selbstkritik im konstruktivistischen Diskurs eine beachtliche Rolle. Zu den wichtigsten Punkten zählen insbesondere die folgenden:

- Begründungszusammenhang (naturwissenschaftliche Referenzen, Repräsentationen als Phantome),

- mangelnde Gegenstandsangemessenheit und problematisches Selbstverständnis als „Beobachtungswissenschaft" (z. B. psychologisch-wahrnehmungstheoretische Mikroebene, die für die Befassung mit makrosoziologischen Problemen inadäquat ist; abstraktes Systemdenken ohne Mikroperspektiven des Handelns und der Lebenswelt),

- immanente Widersprüchlichkeiten und Tendenzen der Selbstbezüglichkeit (logische Probleme, Vermengung von Fakten und Fiktionen, implizite realistische Tendenzen),

- inkonsequenter Umgang mit Sinn- und Wertfragen sowie moralischen Prinzipien und Fragen von Macht und Herrschaft,

- kognitivistische und technologische Tendenzen (Stellenwert von Verstand und Gefühl, Instrumentalismus, Maschinendenken),

- konstruktivistisch orientierte Didaktiken gehen kaum über die erfahrungsnahen und handlungsorientierten Konzepte der Reformpädagogik hinaus (vgl. Terhart 1999)

- unangemessenes Verständnis gesellschaftlicher Probleme und tendenziell affirmative Grundhaltungen, fehlende Gesellschaftsbegriffe und Gesellschaftskritik (vgl. De Haan/Rülcker 2009: 187).

Diese und andere Problempunkte werden in der konstruktivistischen Pädagogik intensiv diskutiert (vgl. exemplarisch Reich 2002; Burbules 2000; Heyting 2002; Davis/Sumara 2002; Lindemann 2006), und sie sind auch Gegenstand der erziehungswissenschaftlichen Kritik konstruktivistischer Positionen (vgl. Diesbergen 1998; Hackl 2000; Pongratz 2004). Letztere ist teilweise wiederholend[15] und häufig auf den Radikalen Konstruktivismus oder Niklas Luhmanns Systemtheorie gemünzt.

Insgesamt erinnert die aktuelle Situation angesichts von Vorwürfen falscher Versprechungen (vgl. Bowers 2005) und gesellschaftskritischer Einwendungen an den Positivismusstreit der 1970er Jahre.

---

[15] Verweise auf die Problematik der Grundlegung durch neurobiologische Forschungsresultate z. B. können keinen Neuigkeitswert mehr für sich in Anspruch nehmen (vgl. Mitterer 1992: 144 f.).

> In einer Zeit, in welcher nebst der Individualisierung auch der Kampf um die
> begrenzten Ressourcen zunimmt, in welcher dereguliert wird und das neoliberale Marktprinzip als Problemlösungsinstrument Hochkonjunktur hat, mag
> es etwas Beruhigendes haben, wenn Autoren wie Maturana und Varela aufgrund evolutionstheoretischer Überlegungen und neurobiologischer Forschungen zur Forderung nach Respekt, Toleranz und gar Liebe gelangen. Da
> und dort hat man den Eindruck, es sei viel mehr die Hoffnung auf eine wissenschaftliche Begründungsmöglichkeit von gegenseitiger Toleranz, Akzeptanz und Wertschätzung, welche das Bekenntnis zum radikalen Konstruktivismus motiviert, als dessen eigentliche erkenntnistheoretische Aussagekraft.
> (Diesbergen 1998: 285)

Der Eindruck, dass eine „runderneuerte Innerlichkeit" auf Basis neurobiologischer Erkenntnisse da und dort mit (un-)bewussten Sehnsüchten korrespondiert, mag schon zutreffen. Die Komplexität der Problemlagen und die Gewichtung solcher Eindrücke im Lichte der ausgemachten Tendenzen legt jedoch eine detailliertere Betrachtung nahe. Analoges gilt für die Abwägung der aktuellen Lösungsansätze, die im Kontext unterschiedlicher Paradigmen zur Gegenwart und Problemgeschichte der Liebe, der Toleranz und des Respekts angeboten werden.

Die Frage der gesellschaftlichen Verwendungs- und Verwertungszusammenhänge wird auch in der umfassenden Kritik systemisch-konstruktivistischer Pädagogik von Ludwig Pongratz (2004: 176–180) problematisiert. Seine zum Teil akribisch ausgeführten ideologiekritischen Einwendungen zielen aufs Ganze der systemisch-konstruktivistischen Pädagogik und fordern zu detaillierten Auseinandersetzungen auf. Das Spektrum der Materie reicht dabei von der Analyse treffender Lesarten seiner Zuschreibung des Mainstreamcharakters über allerhand markierte „Untiefen" bis hin zum „kritischen Rückbezug auf sich selbst" (ebd.: 193).

Für die Weiterentwicklung der konstruktivistischen Pädagogik ist die differenzierte Auseinandersetzung mit kritischen Einwänden sowie deren expliziten und impliziten Voraussetzungen unerlässlich. Diese Aufgabe betrifft alle Varianten und kann nicht an einen „critical constructivism" (Désautels/Garrison/Fleury 1998; Taylor/Campbell-Williams 1993) delegiert werden. Im Gegenteil: Die Explikation der jeweiligen Kritikverständnisse ist Teil der Aufgabe.

3.2 Ausblick

Die neue Generation konstruktivistischer Ansätze und Theorien im erziehungswissenschaftlichen Diskurs befindet sich gegenwärtig in einer Phase der Konsolidierung. Für die theoretisch und praktisch motivierte Pädagogik eröffnen sich in diesem Prozess zukunftsweisende Möglichkeiten der (Selbst-)Verständigung und der disziplinären Erneuerung. Paradoxerweise mag dabei zunächst der Blick in die Geschichte dienlich sein, freilich nicht mit dem Ziel der Restauration überholter Konzepte, sondern in der Absicht der kritisch-konstruktiven Würdigung von Ansätzen der Selbstbildung, der ästhetischen Bildung, der Didaktik und der Reformpädagogik und deren Neuformulierung im Lichte konstruktivistischer Optionen. Ähnlich verhält es sich mit Fragen der Verantwortung im Spannungsfeld pädagogischer und konstruktivistischer Ethik.

Brent Davis und Dennis Sumara (2002) haben einige Diskurslinien analysiert und kommen zum Schluss, dass die konstruktivistischen Diskurse zum überwiegenden Teil keine pädagogischen Diskurse sind, und dass ihr Vokabular häufig zur Institutionalisierung und Tradierung jener Praktiken verwendet wurde, die aus theoretischer Sicht gerade kritisiert wurden (ebd.: 427). Sie empfehlen im Anschluss an Richard Rorty die „Leiter konstruktivistischer Vokabulare" (ebd.: 428) wegzuwerfen und alternative Vokabulare zur Bearbeitung zeitgenössischer Probleme zu entwickeln.

Abgesehen von den Schwierigkeiten, die damit verbunden sind, halte ich die Beachtung der folgenden Anhaltspunkte für angemessener:

- Angesichts der komplexen Problemkonstellationen, die es zu bewältigen gilt, und eingedenk der multi-optionalen Ausgangslagen eröffnen Ansätze der Gestaltung von Erwägungskulturen (Blanck 2002; Blanck/Schmidt 2005) weit eher viable und tragfähige Entwicklungsdynamiken als salopp vorgetragene Behauptungen über die „wirkliche" Verfassung der gesellschaftlichen oder medialen Wirklichkeit. Gelungene Beispiele[16] helfen da eher weiter als Polemiken oder Trivialisierungen.

- Frieda Heyting hat die Unterscheidung zwischen interpretativen und konzeptionellen Konstruktivismusvarianten (vgl. Heyting 1994: 112–115) in die erziehungswissenschaftliche Diskussion eingeführt. Diese Unterscheidung scheint sowohl im Zusammenhang von Begründungsdiskussionen als auch im Hinblick auf anwendungsorientierte Fragestellungen fruchtbar zu sein (vgl. Heyting/Hug 2000). In Abgrenzung von erfahrungsorientierten Interpretationen auf der Basis eines sozialen oder kulturellen Relativismus geht es hier um die Reflexion des Zusammenhangs der konzeptionellen Ausgangspunkte und Voraussetzungen einerseits der erziehungswissenschaftlichen Theorien und Rechtfertigungsstrategien und andererseits der praktisch motivierten Argumentationsmuster. Dabei wird „die Brauchbarkeit von Gesichtspunkten [...] in der Praxis nicht durch die Wahrheitsansprüche der Wissenschaft bestimmt" (Heyting 1994: 119) und es wird die soziale Diversität weder auf eine einheitliche Basis reduziert noch im Zuge relativistischer Kurzschlüsse eliminiert.

- In epistemologischer Hinsicht steht für die Pädagogik nicht nur die Weiterführung der Rezeption, sondern die verstärkte Mitgestaltung der konstruktivistischen Diskurse im inter- und transdisziplinären Zusammenhang an. Dazu sind

---

[16] Vgl. die Beiträge in der Zeitschrift *Ethik und Sozialwissenschaften* (1998, 9. Jg. H. 4), die sich mit der Wissenstheorie von Ernst von Glasersfeld (1998) kritisch auseinandersetzen.

die Überschreitung von Binnentraditionen und eine Bereitschaft zur Auseinandersetzung mit kritischen Einwänden unerlässlich.

- Konstruktivistische Methodologien verzichten auf Ansprüche der (mehr oder weniger) objektiven Repräsentation subjektunabhängiger Wirklichkeiten. Sie setzen stattdessen auf die theoretisch und methodisch reflektierte, kommunikative Stabilisierung von Beschreibungen. Die erziehungswissenschaftliche Forschung kann hier einerseits auf Erfahrungen mit offenen, subjektorientierten und kontextsensitiven Verfahren verweisen; andererseits sind vor allem bei der Bearbeitung von Gemeinsamkeiten und Unterschieden von konstruktivistischen Ansätzen und solchen der Sozialphänomenologie, der kulturwissenschaftlichen Hermeneutik und der qualitativen Forschung insgesamt durchaus methodologische Weiterentwicklungen zu erwarten. Hierfür, aber auch zur weiteren Plausibilisierung konzeptioneller und methodologischer Dimensionen ist die Durchführung von empirischen Studien in allen Teilbereichen der konstruktivistischen Pädagogik angezeigt.

- Besondere Beachtung verdienen dabei die Prozesse der Medialisierung, deren Relevanz in empirischer und in theoretischer Hinsicht unübersehbar geworden ist. Die Rolle der Medien bei der Erhebung und Aufbereitung von Daten wird gerne verkannt. Der zu einer bestimmten historischen Zeit in einer spezifischen Forschungskultur selbstverständliche Gebrauch von Hilfsmitteln täuscht allzu leicht darüber hinweg, dass Forschungsergebnisse in aller Regel in Abhängigkeit von Technologien, Apparaten und Instrumenten zustande gebracht und kritisch überprüft werden können.

- Fragen nach dem Selbst- und Weltverhältnis sind in der Bildungs- und in der Medientheorie gleichermaßen bedeutsam. Wenn wir probeweise von einer grundlegenden Bedeutung medialer Konstellationen für Antwortversuche aller Art ausgehen, dann lässt sich Medienbildung nicht sinnvoll auf einen Teilbereich von Bildung beschränken. Vielmehr stellt sich dann auch für die konstruktivistische Pädagogik die Frage, wie Bildung ohne Medien heute überhaupt sinnvoll gedacht und modelliert werden könnte (vgl. Schmidt 2002).

Die konstruktivistische Pädagogik ist skeptisch gegenüber großflächig angelegten Langzeitprogrammen auf der Basis „gesicherter" Wissensbestände. Die Fragen und Probleme der Erziehung und Sozialisation, der Bildung und des Lernens sowie der institutionellen, ökonomischen und sozio-kulturellen Rahmenbedingungen sind zu komplex, als dass wir deren Zukunft überzeugend voraussagen und das dann Wichtige jetzt schon benennen könnten. Sie setzt vielmehr auf einen Pluralismus von Wissensformen und insbesondere auf bricolierende Lösungsstrategien. Die mannigfaltigen Möglichkeiten zur Beobachtung und Beschreibung und nicht zuletzt zur gelingenden Gestaltung von Wirklichkeit sind gegenwärtig nur ansatzweise ausgelotet. Analoges gilt für die entsprechenden Grenzen und Übergänge im Spannungsfeld von Alltag, Kunst und Wissenschaft.

Literatur

Arnold, Rolf/Horst Siebert (1997): Konstruktivistische Erwachsenenbildung. Baltmannsweiler: Schneider-Verlag Hohengehren.
Arnold, Rolf/Ingeborg Schüßler (Hrsg.) (2003): Ermöglichungsdidaktik. Erwachsenenpädagogische Grundlagen und Erfahrungen. Baltmannsweiler: Schneider-Verlag Hohengehren.
Baecker, Dirk (2006): Erziehung im Medium der Intelligenz. In: Yvonne Ehrenspeck/Dieter Lenzen (Hrsg.): Beobachtungen des Erziehungssystems. Systemtheoretische Perspektiven. Wiesbaden: VS Verlag für Sozialwissenschaften. S. 26–66.
Blanck, Bettina (2002): Erwägungsorientierung, Entscheidung und Didaktik. Stuttgart: Lucius & Lucius.
Blanck, Bettina/Christiane Schmidt (2005): „Erwägungsorientierte Pyramidendiskussionen" im virtuellen Wissensraum ^{open}s Team. In: Djamshid Tavangarian/Kristin Nölting (Hrsg.): Auf zu neuen Ufern! E-Learning heute und morgen. Münster: Waxmann. S. 67–76.
Bowers, Chet A. (2005): The False Promises of Constructivist Theories of Learning. A Global and Ecological Critique. New York [u. a.]: Lang.
Burbules, Nicholas C. (2000): Constructivism: Moving Beyond the Impasse. In: Denis C. Phillips (Hrsg): Constructivism in Education. National Society for the Study of Education (NSSE) Yearbook. Chicago: Univ. of Chicago Press. S. 308–330. URL: http://faculty.ed.uiuc.edu/burbules/papers/construct.html. (Abgerufen am 25.3.2010)
Bourdieu, Pierre (1992): Rede und Antwort. Frankfurt am Main: Suhrkamp.
Brezinka, Wolfgang (1971): Von der Pädagogik zur Erziehungswissenschaft. Weinheim: Beltz.
Carle, Ursula (2000): Was bewegt die Schule? Baltmannsweiler: Schneider-Verlag Hohengehren.
Cobern, William W. (1993): Contextual Constructivism. The Impact of Culture on the Learning and Teaching of Science. In: Kenneth G. Tobin (Hrsg.): The Practice of Constructivism in Science Education. Washington, DC: American Association for the Advancement of Science Press. S. 51–69.
Davis, Brent/Dennis Sumara (2002): Constructivist Discourses and the Field of Education. Problems and Possibilities. In: Educational Theory. 52. Jg. H. 4. S. 409–428.
De Haan, Gerhad/Tobias Rülcker (2009): Der Konstruktivismus als Grundlage für die Pädagogik. Frankfurt am Main [u. a.]: Lang.
Désautels Jacques/Jim Garrison/Stephen C. Fleury (1998): Critical Constructivism and the Sociopolitical Agenda. In: Marie Larochelle/Nadine Bednarz/Jim Garrison (Hrsg.): Constructivism and Education. Cambridge: Cambridge Univ. Press. S. 253–270.
Diesbergen, Clemens (1998): Radikal-konstruktivistische Pädagogik als problematische Konstruktion. Eine Studie zum Radikalen Konstruktivismus und seiner Anwendung in der Pädagogik. Frankfurt am Main [u. a.]: Lang.
Ertmer, Peggy A./Timothy J. Newby (1993): Behaviorism, Cognitivism, Constructivism. Comparing Critical Features from an Instructional Design Perspective. In: Performance Improvement Quarterly. 6. Jg. H. 4. S. 50–72.
Esslinger-Hinz, Ilona/Hans-Joachim Fischer (Hrsg.) (2008): Spannungsfelder der Erziehung und Bildung. Ein Studienbuch zu grundlegenden Themenfeldern der Pädagogik. Baltmannsweiler: Schneider-Verlag Hohengehren.
Friebertshäuser, Barbara/Markus Rieger-Ladich/Lothar Wigger (Hrsg.) (2006): Reflexive Erziehungswissenschaft. Forschungsperspektiven im Anschluss an Pierre Bourdieu. Wiesbaden: VS Verlag für Sozialwisssenschaften.
Geelan, David R. (1997): Epistemological Anarchy and the Many Forms of Constructivism. In: Science & Education. 6. Jg. H. 1–2. S. 15–28.
Glasersfeld, Ernst von (1998): Die Radikal-Konstruktivistische Wissenstheorie. In: Ethik und Sozialwissenschaften. 9. Jg. H. 4. S. 503–511/581–596.
Hackl, Bernd (2000): Systemisch denken – pädagogisch handeln? Reichweite, Paradoxien, und Selbstmissverständnisse eines populären Idioms. Innsbruck [u. a.]: Studienverlag.

Harel, Idit/Seymour Papert (Hrsg.) (1991): Constructionism. Research Reports and Essays, 1985–1990 by the Epistemology & Learning Research Group, the Media Laboratory, Massachusetts Institute of Technology. Norwood, NJ: Ablex.

Helsper, Werner (1996): Antinomien des Lehrerhandelns in modernisierten pädagogischen Kulturen: Paradoxe Verwendungsweisen von Autonomie und Selbstverantwortlichkeit. In: Arno Combe/Werner Helsper (Hrsg.): Pädagogische Professionalität. Untersuchungen zum Typus pädagogischen Handelns. Frankfurt am Main: Suhrkamp. S. 521–569.

Heyting, Frieda G. (1994): Konstruktiver Pluralismus – Diversität als Baustein erziehungswissenschaftlicher Theoriebildung. In: Frieda G. Heyting/Heinz-Elmar Tenorth (Hrsg.): Pädagogik und Pluralismus. Deutsche und niederländische Erfahrungen im Umgang mit Pluralität in Erziehung und Erziehungswissenschaft. Weinheim: Deutscher Studien Verlag. S. 101–120.

Heyting, Frieda G. (1997): Konstruktivistische Erziehungswissenschaft. In: Helmwart Hierdeis/Theo Hug (Hrsg.): Taschenbuch der Pädagogik. 5. Aufl. Baltmannsweiler: Schneider-Verlag Hohengehren. S. 400–408.

Heyting, Frieda G. (1999): Erziehung zwischen Kunst und Liebe. Überlegungen zu einer 'postsubjektischen' Erziehungswissenschaft. In: Zeitschrift für Erziehungswissenschaft. 2. Jg. H. 4. S. 557–568.

Heyting, Frieda (2002): Das Repräsentationsphantom. Zur sozialen Wirklichkeit von Bedeutung. In: Theo Hug/Hans Jörg Walter (Hrsg.): Phantom Wirklichkeit. Baltmannsweiler: Schneider-Verlag Hohengehren. S. 40–51.

Heyting, Frieda G. (2004): Pragmatische Präsuppositionen als Indikatoren pädagogischer Reflexion. In: Dieter Lenzen (Hrsg.): Irritationen des Erziehungssystems. Pädagogische Resonanzen auf Niklas Luhmann. Frankfurt am Main: Suhrkamp. S. 88–121.

Heyting, Frieda G./Theo Hug (2000): 'Instant Knowledge' – Epistemische und soziale Dimensionen flotter Weisen der Welterzeugung. In: Hans Rudi Fischer/Siegfried J. Schmidt (Hrsg.): Wirklichkeit und Welterzeugung. In memoriam Nelson Goodman. Heidelberg: Carl-Auer-Systeme. S. 223–230.

Hug, Theo (1996): Diskursive Feldforschung. Methodologie und Empirie hochschuldidaktischer Projektarbeiten. Innsbruck/Wien: Studienverlag.

Hug, Theo (2004): Konstruktivistische Pädagogik. In: Heinz-Hermann Krüger/Cathleen Grunert (Hrsg.): Wörterbuch Erziehungswissenschaft. Wiesbaden: VS Verlag für Sozialwissenschaften. S. 358–364.

Huschke-Rhein, Rolf (1997): Systemische Erziehungswissenschaft. In: Helmwart Hierdeis/Theo Hug (Hrsg.): Taschenbuch der Pädagogik. 5. Aufl. Baltmannsweiler: Schneider-Verlag Hohengehren. S. 470–485.

Huschke-Rhein, Rolf (2003): Einführung in die systemische und konstruktivistische Pädagogik. Beratung – Systemanalyse – Selbstorganisation. 2. Aufl. Weinheim: Beltz.

Klafki, Wolfgang (1976): Erziehungswissenschaft als kritisch-konstruktive Theorie. Hermeneutik – Empirie – Ideologiekritik. (1971) In: Wolfgang Klafki: Aspekte kritisch-konstruktiver Erziehungswissenschaft. Gesammelte Beiträge zur Theorie-Praxis-Diskussion. Weinheim/Basel: Beltz. S. 13–49

König, Eckard (1978): Theorie der Erziehungswissenschaft. Bd. 3: Erziehungswissenschaft als praktische Disziplin. München: Fink.

König, Ernst/Harald Riedel (1973): Systemtheoretische Didaktik. Weinheim: Beltz.

Kösel, Edmund (1997): Die Modellierung von Lernwelten. Ein Handbuch zur Subjektiven Didaktik. 3. Aufl. Elztal-Dallau: Laub.

Kron, Friedrich W. (1969): Die pädagogische Bedeutung der Antinomien bei Kant, Hegel und Schleiermacher. Ein Beitrag zur historisch-systematischen Klärung des Antinomienproblems. In: Paedagogica Historica. International Journal of History and Education. 9. Jg. H. 1–2. S. 91–119.

Krüger, Heinz-Hermann (1997): Einführung in Theorien und Methoden der Erziehungswissenschaft. Opladen: Leske+Budrich.

Krüssel, Hermann (1993): Konstruktivistische Unterrichtsforschung. Frankfurt am Main [u. a.]: Lang.

Lange, Hermann (1979): Ein dogmatischer Rückfall hinter Popper. Zu Wolfgang Brezinkas Neufassung seiner Metatheorie der Erziehung. In: Zeitschrift für Pädagogik. 25. Jg. H. 3. S. 403–422.
Larochelle, Marie/Nadine Bednarz/Jim Garrison (Hrsg.) (1998): Constructivism and Education. Cambridge: Cambridge Univ. Press.
Lenzen, Dieter (1994): Reflexive Erziehungswissenschaft am Ausgang des postmodernen Jahrzehnts oder Why Should Anybody Be Afraid of Red, Yellow or Blue? In: Zeitschrift für Pädagogik, Beiheft 29. S. 75–91.
Lenzen, Dieter (1997): Lösen die Begriffe Selbstorganisation, Autopoiesis und Emergenz den Bildungsbegriff ab? In: Zeitschrift für Pädagogik. 43. Jg. H. 6. S. 949–967.
Lindemann, Holger (2006): Konstruktivismus und Pädagogik. Grundlagen, Modelle, Wege zur Praxis. München: Reinhardt.
Luchtenberg, Paul (1963): Antinomien der Pädagogik. (1923) Darmstadt: Wissenschaftliche Buchgesellschaft.
Luhmann, Niklas (1990): Soziologische Aufklärung 5. Konstruktivistische Perspektiven. Opladen: Westdeutscher Verlag.
Luhmann, Niklas (1998): Die Gesellschaft der Gesellschaft. 2 Bde. Frankfurt am Main: Suhrkamp.
Luhmann, Niklas/Karl-Eberhard Schorr (1988): Reflexionsprobleme im Erziehungssystem. Frankfurt am Main: Suhrkamp.
Luhmann, Niklas/Karl-Eberhard Schorr (1992): Zwischen Absicht und Person. Fragen an die Pädagogik. Frankfurt am Main: Suhrkamp.
Mitterer, Josef (1992): Das Jenseits der Philosophie. Wider das dualistische Erkenntnisprinzip. Wien: Passagen.
Moser, Sibylle (Hrsg.) (2004): Konstruktivistisch Forschen. Methodologie, Methoden, Beispiele. Wiesbaden: VS Verlag für Sozialwissenschaften.
Müller, Klaus (Hrsg.) (1996): Konstruktivismus. Lehren – Lernen – Ästhetische Prozesse. Neuwied/Kriftel: Luchterhand.
Parmentier, Michael (1989): Ethnomethodologie. In: Dieter Lenzen (Hrsg.): Pädagogische Grundbegriffe. Band 1. Reinbek bei Hamburg: Rowohlt. S. 550–568.
Petersen, Peter (1996): Konstruktivistische Überlegungen zum voraussetzungsfreien Aufbau der Erziehungswissenschaft – Aspekte einer Protowissenschaft. [= Monographien zur konstruktiven Erziehungswissenschaft, Kiel. H. 2.]
Phillips, Denis C. (1995): The Good, the Bad, and the Ugly. The Many Faces of Constructivism. In: Educational Researcher. 24. Jg. H. 7. S. 5–12.
Phillips, Denis C. (Hrsg.) (2000): Constructivism in Education. Opinions and Second Opinions on Controversial Issues. [National Society for the Study of Education Yearbooks] Chicago: Univ. of Chicago Press/The National Society For The Study Of Education.
Piaget, Jean (1972): Theorien und Methoden der modernen Erziehung. Wien: Molden.
Piaget, Jean (1973): Einführung in die genetische Erkenntnistheorie. Frankfurt am Main: Suhrkamp.
Pongratz, Ludwig (2004): Untiefen im Mainstream. Zur Kritik konstruktivistisch-systemtheoretischer Pädagogik. Wetzlar: Büchse der Pandora.
Reich, Kersten (1998): Die Ordnung der Blicke. Perspektiven des interaktionistischen Konstruktivismus. 2 Bde. Neuwied/Kriftel: Luchterhand.
Reich, Kersten (2000): Benötigen wir einen neuen konstruktivistischen Denkansatz? Fragen aus der Sicht des Interaktionistischen Konstruktivismus. In: Hans Rudi Fischer/Siegfried J. Schmidt (Hrsg.): Wirklichkeit und Welterzeugung. In memoriam Nelson Goodman. Heidelberg: Carl-Auer-Systeme. S. 97–110.
Reich, Kersten (2002): Grundfehler des Konstruktivismus. Eine Einführung in das konstruktivistische Denken unter Aufnahme von 10 häufig gehörten kritischen Einwänden. In: Josef Fragner/Ulrike Greiner/Markus Vorauer (Hrsg.): Menschenbilder. Zur Auslöschung der anthropologischen Differenz. Linz: Schriften der Pädagogischen Akademie des Bundes in Oberösterreich (Bd. 15).

Reich, Kersten (2005): Systemisch-konstruktivistische Pädagogik. Einführung in die Grundlagen einer interaktionistisch-konstruktivistischen Pädagogik. 5. Aufl. Weinheim: Beltz.
Reich, Kersten (2008): Konstruktivistische Didaktik. Lehren und Lernen aus interaktiver Sicht. 3. Aufl. incl. Methodenpool als CD-Beilage. Weinheim: Beltz.
Riegler, Alexander (2005): Editorial. The Constructivist Challenge. In: Constructivist Foundations 2005. 1. Jg. H. 1. S. 1–8.
Rorty, Richard (1981): Der Spiegel der Natur. Eine Kritik der Philosophie. Frankfurt am Main: Suhrkamp.
Rustemeyer, Dirk (1999): Stichwort: Konstruktivismus in der Erziehungswissenschaft. In: Zeitschrift für Erziehungswissenschaft. 2. Jg. H. 4. S. 467–484.
Schmidt, Siegfried J. (2000): „Kalte Faszination". Medien, Kultur, Wissenschaft in der Mediengesellschaft. Weilerswist: Velbrück Wissenschaft.
Schmidt, Siegfried J. (Hrsg.) (2001): Lernen in Zeiten des Internet. Grundlagen, Probleme, Perspektiven. Bozen: Pädagogisches Institut für die Deutsche Sprachgruppe.
Schmidt, Siegfried J. (2002): Von Bildung zu Medienkompetenz – und retour? In: Helga Kappus (Hrsg.): Nützliche Nutzlosigkeit. Bildung als Risikokapital. Wien: Passagen. S. 63–96.
Schmidt, Siegfried J. (2005): Lernen, Wissen, Kompetenz, Kultur. Vorschläge zur Bestimmung von vier Unbekannten. Heidelberg: Carl-Auer-Systeme.
Siebert, Horst (1999): Pädagogischer Konstruktivismus. Eine Bilanz der Konstruktivismusdiskussion für die Bildungspraxis. Neuwied/Kriftel: Luchterhand.
Siebert, Horst (2002): Der Konstruktivismus als pädagogische Weltanschauung. Entwurf einer konstruktivistischen Didaktik. Frankfurt am Main: VAS.
Simon, Fritz B. (2007): Die Kunst, nicht zu lernen. Und andere Paradoxien in Psychotherapie, Management, Politik. Heidelberg: Carl-Auer-Systeme.
Soeffner, Hans-Georg (1992): Rekonstruktion statt Konstruktivismus. 25 Jahre „Social Construction of Reality". In: Soziale Welt. 43. Jg. H. 4, S. 476–481.
Spanhel, Dieter (2001): Grundzüge der Evaluationsforschung. In: Theo Hug (Hrsg.): Wie kommt die Wissenschaft zu Wissen? Bd. 2: Einführung in die Forschungsmethodik und Forschungspraxis. Baltmannsweiler: Schneider-Verlag Hohengehren. S. 249–264.
Steffe, Leslie P./Jerry Gale (1995): Constructivism in Education. Hillsdale, NJ: Lawrence Erlbaum.
Steier, Frederick (1995): From Universing to Conversing: An Ecological Constructionist Approach to Learning and Multiple Description. In: Jerry Gale/Leslie P. Steffe (Hrsg.): Constructivism in Education. Hillsdale/NJ: Lawrence Erlbaum. S. 67–84.
Taylor, Peter C. S./Marc Campbell-Williams (1993): Critical Constructivism. Towards a Balanced Rationality in the High School Mathematics Classroom. Paper presented at the annual meeting of the American Educational Research Association, Atlanta, GA.
Terhart, Ewald (1999): Konstruktivismus und Unterricht. Eine Auseinandersetzungen mit theoretischen Hintergründen, Ausprägungsformen und Problemen konstruktivistischer Didaktik. Hrsg. Landesinstitut für Schule und Weiterbildung NRW. Bönen: Kettler.
Vogel, Paul (1925): Die antinomische Problematik des pädagogischen Denkens. Leipzig: Reisland.
Voß, Reinhard (Hrsg.) (1997): Die Schule neu erfinden. Systemisch-konstruktivistische Annäherungen an Schule und Pädagogik. 2. Aufl. Neuwied/Kriftel: Luchterhand.
Voß, Reinhard (Hrsg.) (1998): SchulVisionen. Theorie und Praxis systemisch-konstruktivistischer Pädagogik. Heidelberg: Carl-Auer-Systeme.
Voß, Reinhard (Hrsg.) (2005): LernLust und EigenSinn. Systemisch-konstruktivistische Lernwelten. Heidelberg: Carl-Auer-Systeme.
Williams, Michael (2001): Problems of Knowledge. A Critical Introduction to Epistemology. Oxford: Oxford Univ. Press.
Winkel, Rainer (1986): Antinomische Pädagogik und Kommunikative Didaktik. Studien zu den Widersprüchen und Spannungen in Erziehung und Schule. Düsseldorf: Schwann.

Von der Behandlung zum Dialog

Tom Levold über den Konstruktivismus in der systemischen Therapie

1 Die Rezeption des Konstruktivismus in der systemischen Therapie

In der folgenden Darstellung beschränke ich mich auf die Konstruktivismusrezeption in der *deutschsprachigen* Psychotherapie. Eine solche Einschränkung lässt sich meines Erachtens rechtfertigen, weil der entsprechende psychotherapeutische Diskurs hierzulande recht eng den internationalen Diskursen – sowohl inhaltlich als auch im zeitlichen Ablauf – gefolgt ist. Auch wenn es eine Reihe von psychoanalytisch orientierten Autoren gibt, die sich um eine Einbeziehung konstruktivistischer Theorien in ihrer eigenen Arbeiten bemüht haben (nur als Beispiel: Sies/Brocher 1986), steht hier die Entwicklung der *systemischen Therapie* im Vordergrund, die den Konstruktivismus in seinen unterschiedlichen Spielarten zur Grundlage ihrer Theorie und Praxis gemacht hat. Bei allen Unterschieden in der theoretischen Akzentuierung hat sich eine konstruktivistische Grundhaltung als epistemologischer Referenzrahmen seit langem fest etabliert. Entsprechend groß wäre die Zahl der zu nennenden Autoren und Texte, würde man die Entwicklung der Konstruktivismusrezeption bis in die Details nachzeichnen wollen. Schon aus Platzgründen muss auf ein solches Vorhaben an dieser Stelle verzichtet werden. Stattdessen konzentriere ich mich auf spezifische Ereignisse, Personen und Veröffentlichungen, die die Entwicklung besonders prägnant charakterisieren. Da ich kein außen stehender Beobachter, sondern von Beginn an aktiver Teilnehmer dieses Diskurses bin (Levold 1984), ist festzuhalten, dass andere Autoren womöglich ganz andere Akzente in der Darstellung dieser Geschichte setzen würden.

1.1 Ausgangslage

In nur 30 Jahren hat sich die konstruktivistische Epistemologie im Feld der systemischen Therapie weitgehend als Referenzrahmen für die theoretische Fundierung der eigenen Praxis durchgesetzt. Auch wenn sich in diesem Zeitraum Entwicklungen entlang unterschiedlicher Theorielinien identifizieren lassen und das Interesse an konstruktivistischer Theoriebildung in den vergangenen Jahren offensichtlich nachgelassen hat, werden heute in der Zunft keine Zweifel mehr daran geäußert, dass es sich bei therapeutischen Beobachtungen, Diagnosen und Interventionen nicht um Bezugnahmen auf eine objektivierbare Realität handelt, sondern – ebenso wie bei den (Selbst-)Beschreibungen der Klienten – um strikt beobachterabhängige Konstruktionen, deren rückbezügliche Wirkung auf den Gegenstand der Beobachtung, also auf das „zu Behandelnde" konsequent mitreflektiert werden muss.

Die Verwendung dieser Ideen findet im Psychotherapiekontext dabei in erster Linie auf einer praxeologischen Ebene statt, d. h. sie werden meist relativ selektiv als Referenzrahmen für klinische Konzeptbildung in Anspruch genommen. Eine systematische oder gar kritisch vergleichende Rezeption konstruktivistischer Theorien findet auch in der systemtherapeutischen Literatur gegenwärtig eher selten statt. Ähnlich den obligatorischen rituellen Referenzen, die in psychoanalytischen Texten immer noch Sigmund Freud erwiesen werden, finden sich stattdessen auch in der aktuellen systemischen Literatur zunehmend ritualisierte, d. h. nicht explizierte Verweise auf die „Väter" des Konstruktivismus – die sich gewissermaßen als diskursive Kontextmarkierungen verstehen lassen. Es dürfte darüber hinaus kaum ein systemisches Weiterbildungsinstitut geben, das die Grundthesen des Konstruktivismus nicht im Curriculum des Grundkurses in systemischer Therapie vermittelt. Mit einem Wort: der Konstruktivismus hat in der systemischen Therapie kanonischen Stellenwert erlangt; die Bezugnahme auf ihn muss nicht mehr begründet werden.

Wie lässt sich diese Entwicklung der letzten drei Jahrzehnte rekonstruieren? Als zu Beginn der 1980er Jahre der Konstruktivismus zu seinem Siegeszug in der Familientherapie bzw. der systemischen Therapie[1] ansetzte, traf er auf ein Feld, das sich in jeder Hinsicht in heftiger Bewegung befand. Die politischen und sozialen Auseinandersetzungen der 1960er und 1970er Jahre waren auch an der psychotherapeutischen Landschaft nicht spurlos vorüber gegangen. Allenthalben wurde mit psychotherapeutischen Konzepten, Methoden und Settings außerordentlich stark experimentiert.

Dies galt in besonderem Maße für die Familientherapie, die sich als Anwendungsform in den 1960er Jahren zunächst in den USA und eine Dekade später auch hierzulande zu etablieren begann. Während ihre Ursprünge in einem überwiegend psychoanalytisch geprägten Kontext lagen, hatte sie sich unter dem Einfluss von kommunikationstheoretischen Arbeiten der Forschungsgruppe um Gregory Bateson (u. a. Ruesch/Bateson 1995 [1951]) allmählich hiervon emanzipiert. 1967 erschien das Buch *Menschliche Kommunikation* (1990) von Paul Watzlawick, Janet Beavin und Don Jackson vom Mental Research Institute (MRI) in Palo Alto, in dem die Anwendung dieser Arbeiten auf ein neues Verständnis zwischenmenschlicher Beziehungen angewandt wurde und das 1969 erstmals in deutscher Übersetzung erschien.

Allerdings war im deutschsprachigen Raum in den 1970er Jahren immer noch der überwiegende Teil der Familientherapeuten einem vor allem von der Gießener Gruppe um Horst-Eberhard Richter dominierten psychoanalytisch-gesellschaftskritischen Ansatz verpflichtet, dessen inhaltliche Ausrichtung zunächst auch bei

---

[1] Eigentlich kann man überhaupt erst seit den frühen 1980er Jahren von „systemischer Therapie" sprechen, da sich systemisch orientierte Kolleginnen und Kollegen vorher überwiegend im Feld der Familientherapie verorteten, was auch heute noch für die angloamerikanischen Länder gilt.

der Gründung der Deutschen Arbeitsgemeinschaft für Familientherapie (DAF) 1978 eine zentrale Rolle spielte. Allmählich entwickelte sich aber auch hierzulande eine systemische Szene, die in ihren Anfängen vor allem strategische (MRI, Paul Watzlawick, Jay Haley), strukturelle (Salvador Minuchin) und paradoxe Interventionskonzepte (Mara Selvini-Palazzoli) verfolgte. Zu den Pionieren dieser Entwicklung gehörten u. a. in Deutschland Helm Stierlin (der 1974 nach seinem langjährigen USA-Aufenthalt in Heidelberg eine familientherapeutische Abteilung aufbaute) und Maria Bosch, die in Weinheim das erste deutsche Familientherapie-Weiterbildungsinstitut gründete sowie Joseph Duss-von Werth und Rosmarie Welter-Enderlin in Zürich.

1979 fand in Zürich an der Eidgenössischen Technischen Hochschule (ETH) ein internationaler Kongress mit 1.300 Teilnehmern statt, der vom Institut für Ehe und Familie in Zürich organisiert worden war (vgl. Duss-von Werdt/Welter-Enderlin 1980) und den internationalen Stand des systemischen Diskurses dieser Zeit auf den Punkt brachte. Die Grundannahmen dieses Diskurses lassen sich heute unter dem Signum „Kybernetik erster Ordnung" zusammenfassen. Entsprechend dem populären kybernetischen Regelkreismodell der Nachkriegsjahrzehnte wurden Familien als Systeme bzw. Subsysteme (Eltern, Kinder etc.) konzipiert. Ihre Kommunikations- und Verhaltensmuster ließen sich als Regelkreise verstehen, deren Funktion in der Stabilisierung spezifischer Sollwerte gesehen wurde. Zu starke Abweichungen vom Sollwert oder übermäßig stark oder schwach ausgeprägte Grenzen z. B. zwischen den Generationen wurden als pathogen angesehen, Symptome als (freilich problematischer) Feedbackmechanismus verstanden, mit dessen Hilfe das Gleichgewicht in der Familie wiederhergestellt werden sollte.

Die wichtigste Errungenschaft dieser Phase war die Einsicht, dass Systeme, also Individuen ebenso wie Familien und andere soziale Einheiten, nie isoliert, sondern nur im Kontext ihrer Interaktionen und Wechselwirkungen mit anderen (Sub-)Systemen betrachtet werden können. Mit dieser Perspektive wurden erstmals Beziehungsprobleme und damit verbundene psychische Konflikte in einem Mehr-Personen-Setting mit den unmittelbar Betroffenen bearbeitbar. An die Stelle der Klärung von Gefühlen und Wahrnehmungen trat nun die Analyse von Kommunikation und Verhalten, deren Funktionalität für die Bestandserhaltung übergeordneter Systemebenen zur zentralen Bezugsgröße wurde. Entsprechend war diese Periode durch die Entwicklung zahlreicher Interventionskonzepte zur Behebung „dysfunktionaler" Verhaltensmuster gekennzeichnet.

Die Schwachpunkte dieser Modelle lagen vor allem in ihrem Strukturkonservativismus, der die Erhaltung und Stabilität sozialer Systeme durch Feedbackprozesse zuungunsten der Dynamik von Entwicklungs- und Veränderungsprozessen betonte, sowie in ihrer normativen Ausrichtung, die eine Festlegung bestimmter Regelgrößen als „gesunde" Sollwerte (von Nähe und Distanz, Grenzsetzung, Hierarchie etc.) nahelegte und dazu neigte, Abweichungen zu pathologisieren. Ein weiterer gewichtiger Punkt war die fast ausschließliche Konzentration auf beobachtbare

Verhaltensmuster und die Zurückweisung der Beschäftigung mit individuellen Gedanken und Gefühlen, die als „individuumszentrierte" Konzepte abgelehnt wurden.

In der Familientherapie-Szene war der kybernetische Ansatz in der Zeit um 1980 Gegenstand heftigster, polemisch zugespitzter Auseinandersetzungen zwischen systemisch (vgl. Guntern 1980) und psychoanalytisch (z. B. Bauriedl 1980) orientierten Autorinnen und Autoren, in denen auf der einen Seite die Beschäftigung mit individuellen psychischen Vorgängen als Psychotherapie des 19. Jahrhunderts zu den Akten gelegt wurde, auf der anderen Seite die Interventionskonzepte der systemischen Therapie als gezielte Manipulationsstrategien zur Anpassung der Individuen an kritikwürdige soziale Verhältnisse gebrandmarkt wurden.

1.2 Die konstruktivistische „Initialzündung"

Drei Jahre nach dem Zürcher Kongress fand vom 23. bis 26. September 1981 eine Folgeveranstaltung am gleichen Ort statt, die – in einer Art Gründungsmythos – von vielen Autoren mittlerweile als die konstruktivistische Geburtsstunde der systemischen Therapie im deutschsprachigen Raum bezeichnet wird:

> Die Initialzündung zum Übergang von der Familientherapie zu einer eigentlichen systemischen Therapie gab meines Erachtens Paul Dell. Mit seinem Vortrag beim Zürcher Kongress 1981 demontierte er Satz für Satz die Grundprämissen, auf denen die Familientherapie bis dahin gebaut hatte. Dabei berief er sich auf einen Neurobiologen, von dem bisher noch keiner gehört hatte: Humberto Maturana. Paul Dell löste mit seinem Vortrag eine Diskussion aus, die der Familientherapie endgültig ihre konzeptionelle Unschuld nahm und in der Folge zur Entstehung eines neuen Ansatzes führen sollte, des nun eigentlichen „systemischen Ansatzes". (Ludewig 1998: 3)

Was war geschehen? Der hierzulande so gut wie völlig unbekannte Paul Dell, der 1977 gemeinsam mit Harlene Anderson und Harry Goolishian (die noch eine bedeutsame Rolle spielen sollten) das Galveston Family Institute in Texas gegründet hatte, präsentierte zunächst in einem kleinen Workshop mit nur sieben Teilnehmern (an dem unter anderem Rosmarie Welter-Enderlin, Kurt Ludewig und der Autor dieses Beitrages teilnahmen) seine Gedanken. Die Erschütterung, von der Kurt Ludewig spricht, brach sich jedoch erst am folgenden Tag bei Dells Plenarvortrag Bahn. In Anlehnung an Humberto R. Maturana, vor allem aber an die Arbeiten von Ilya Prigogine betonte er vor einem systemisch im Sinne von strategisch bzw. strukturell geschulten Publikum und in Anwesenheit des „Superstars" Mara Selvini-Palazzoli, dass Regelhaftigkeiten keineswegs Merkmale von Systemen, sondern nur Charakteristika unserer Beschreibung seien. Die Beschreibung dessen, was ein System sei, könne daher nicht von der Konzeptualisierung des Systems durch den Beobachter getrennt werden. Da Systeme sich aufgrund ihrer eigenen Strukturdeterminiertheit fortlaufend autopoietisch verändern („Ordnung durch Fluktuation"), müsse man sich von Gleichgewichtsvorstellungen verabschieden. Die Einsicht in die Autonomie lebender Systeme müsse auch dazu führen, Strategien zur zielgerichteten Veränderung von Systemen durch Interventionen aufzugeben – allenfalls könne die Veränderung der Umwelt von Systemen diese zu Veränderungen anregen. Während des Vortrages kam es zu Protesten im Auditorium, einige Zuhörer standen sogar auf und verließen den Saal. Mara Selvini-Palazzoli protestierte anschließend auf der Bühne wütend gegen die von Dell vertretenen Thesen, danach ging der Kongress aber wieder zur Tagesordnung über.

Auch wenn das Jahr 1981 sicherlich als das Startdatum für eine Rezeption konstruktivistischer Therapiekonzepte gelten kann, kann man hier dennoch von einem Gründungsmythos reden. In einem fünfseitigen Tagungsbericht in der *Familiendynamik* (1982, Heft 1) finden sich keinerlei Hinweise auf eine „Revolte", der Vortrag von Dell wird inhaltlich nicht einmal erwähnt. Schon im April 1981, also ein halbes Jahr zuvor, war in Heft 2 der *Familiendynamik* ein Artikel von Paul Dell und Harold Goolishian (1981) erschienen, in dem die Autoren ihre Thesen bereits vorgestellt hatten. Der Fachöffentlichkeit waren diese Gedanken also schon zugänglich. Ebenfalls bereits 1981 erschien im Piper-Verlag das von Paul Watzlawick herausgegebenen Buch über *Die erfundene Wirklichkeit*, in dem erstmals Texte von Ernst von Glasersfeld, Francisco J. Varela und Heinz von Foerster (sieht man von dessen erster Veröffentlichung 1948 einmal ab) in deutscher Sprache erschienen. Allerdings fanden diese Texte wohl aufgrund ihrer allgemein-philosophischen Ausrichtung einerseits, einer starken Orientierung der sich entwickelnden systemischen Szene am US-amerikanischen Familientherapiediskurs andererseits, zunächst keinen besonderen Eingang in therapeutische Debatten.

1.3 Der konstruktivistische Diskurs der frühen 1980er Jahre

In den Folgejahren nahm die Konstruktivismusrezeption innerhalb der systemischen Szene ganz erheblich Fahrt auf, zunächst jedoch noch abseits des Hauptdiskurses der dominanten Fachzeitschriften *Family Process* in den USA und *Familiendynamik* in der BRD. Auch wenn in diesen Zeitschriften später immer wieder Schlüsseltexte konstruktivistischer Autorinnen und Autoren erschienen, stand die Auseinandersetzung mit dem Konstruktivismus in ihnen nie im Vordergrund. So ergibt beispielsweise eine Volltextrecherche in *Family Process*, dass in allen bislang erschienenen Jahrgängen seit 1962 die Wörter „constructivism" oder „constructivist" nur in 111 Artikeln auftauchen, davon nur 32-mal in den 1980er Jahren und nur achtmal bis 1985. Von diesen Titeln sind wiederum nur wenige explizit therapiephilosophischen Fragen gewidmet. Die üblichen Verdächtigen, die sich in diesem Forum in den 1980er Jahren an der Diskussion dieser Fragen beteiligt haben, waren neben Tom Anderson, Paul Dell und Harold Goolishian unter anderen Bradford Keeney, Stuart Golann, Lynn Hoffmann, Rachel Hare-Mustin, Bebe Speed und Carlos Sluzki, immerhin im Feld sehr angesehene und einflussreiche Autorinnen und Autoren.

Ein wichtiger Rahmen für die Entwicklung des Diskurses war das — allerdings viel kleinere — *Journal of Strategic and Systemic Therapies* (JSST). Auch in der *Familiendynamik* sind bis Mitte der 1980er Jahre nur sehr wenige Titel erschienen, die sich mit der neuen Epistemologie explizit beschäftigten. Die durchgehende Bezugnahme auf konstruktivistische Grundlagen hat sich auch hier eher allmählich vollzogen.

Wichtigster Motor der Rezeption in den frühen 1980er Jahren hierzulande war zweifellos die Initiative einer einzelnen Person, Jürgen Hargens, dessen Einfluss auf die Entwicklung eines konstruktivistischen Therapieverständnisses in Deutschland gar nicht überschätzt werden kann. Er gründete 1983 die *Zeitschrift für systemische Therapie*, die zunächst im Eigenverlag herauskam. Im Editorial der ersten Ausgabe heißt es:

> Die *Zeitschrift für systemische Therapie* ist durch Kontakte zu einem Kollegen an einer deutschen Hochschule entstanden, der sich aber schon bald wieder vom Projekt distanzierte. Ich entschloss mich, weiterzumachen. Dieser Entschluss ist mir nicht leicht gefallen, aber die ermutigende, anregende und hilfreiche Unterstützung der jetzigen Mitarbeiter hat mir sehr geholfen. (Hargens 1983: 1)

Und die Riege der Mitarbeiter hatte es in sich. Jürgen Hargens hatte Kontakte zur Gruppe um das *JSST* aufgebaut, als Mitarbeiter bei der *Zeitschrift für systemische Therapie* fungierten von Beginn an u. a. Paul Dell, Harold Goolishian, Bradford Keeney, Philippe Caillé, Steve de Shazer, Howard Liddle, Karl Tomm sowie als zunächst einziger deutschsprachiger Mitarbeiter der Soziologe und Systemtheoretiker Helmut Willke.

Das erste Heft wurde programmatisch mit einem übersetzten Auszug aus Bradford Keeneys *Aesthetics of Change* (1983) eröffnet, einem frühen Schlüsseltext der konstruktivistischen Psychotherapie. Wolfram Köck, der die erste Übersetzung von Werken Humberto R. Maturanas und Francisco J. Varelas (Maturana 1982) ins Deutsche besorgt hatte, steuerte einen Beitrag über die erkenntnistheoretische Bedeutung einer „selbstreferentiellen Biologie" im Sinne von Humberto R. Maturana und Heinz von Foerster bei (Köck 1983). In der Folge erschienen in der Zeitschrift, die ab der 9. Ausgabe (1985) im Dortmunder „verlag modernes lernen" erschien, vierteljährlich Texte einer konstruktivistisch inspirierten Theorie und Praxis, wobei der Anteil der ausländischen Autorinnen und Autoren, vom Herausgeber selbst meist in Eigenleistung übersetzt, erheblich war.[2]

---

[2] Allein in den ersten vier Heften erschienen Texte folgender Autoren: Bradford Keeney, Philippe Caillé, Steve de Shazer, Max van Trommel, Paul Dell, Luciano L'Abate, Alex

1.4 Humberto R. Maturana und das Konzept der Autopoiese

Interessanterweise spielten die Arbeiten des Namensgebers des „Radikalen Konstruktivismus", Ernst von Glasersfeld, die sich stark an der Entwicklungspsychologie Jean Piagets orientierten, im systemtherapeutischen Diskurs keine besonders große Rolle – obwohl sein Begriff der „Viabilität" von Wirklichkeitskonstruktionen, die er als Alternative zum Wahrheitsbegriff eingeführt hatte, schnell in das systemtherapeutische Lexikon aufgenommen wurde.

Stattdessen stand in den Anfangsjahren die Begeisterung für einen biologisch begründeten Konstruktivismus im Sinne von Humberto R. Maturana ganz im Vordergrund. Während der schwer verständliche Band seiner biologischen Schriften (1982) nur wenige Leser gefunden haben dürfte, war das von Kurt Ludewig übersetzte Gemeinschaftswerk von Maturana und Varela *Der Baum der Erkenntnis* 1987 ein so großer Verkaufserfolg, dass auch eine Taschenbuchausgabe produziert wurde, die noch heute, mittlerweile in der 3. Auflage, erhältlich ist. Zum Erfolg trugen auch die von Siegfried J. Schmidt verantworteten Sammelbände über den *Diskurs des Radikalen Konstruktivismus* bei (1987), die ganz der Maturana-Rezeption gewidmet waren. Sehr schnell wurde Maturana in der Therapeutenszene zu einem vielzitierten Autor und häufigen Gast bei Tagungen und Workshops.

1984 organisierte der kanadische Psychotherapeut Karl Tomm in Calgary eine erste große internationale Konferenz, auf der eine persönliche Begegnung bekannter systemischer Therapeuten wie Luigi Boscolo und Gianfranco Cecchin mit Epistemologen wie Humberto R. Maturana und Heinz von Foerster vor einem größeren Publikum inszeniert wurde. Kurt Ludewig berichtete in der *Zeitschrift für systemische Therapie* enthusiastisch über diese Konferenz und seine intensive Begegnung mit Humberto R. Maturana (Ludewig 1984). Im Februar 1985 veranstaltete der argentinische, in Frankreich praktizierende Familientherapeut Reynaldo Perrone in St. Etienne eine Tagung mit über 600 Teilnehmern, auf der Maturana, Heinz von Foerster, Carlos Sluzki und Edgar Morin die Konzepte des radikalen Konstruktivismus auch in Europa öffentlich präsentierten. In der Folge wurde eine Vielzahl von Tagungen, Seminaren und Workshops von systemischen Weiterbildungsinstituten organisiert, die in den 1980er Jahren wie Pilze aus dem Boden sprossen.

Die Anziehungskraft des radikalen Konstruktivismus auf systemische Therapeuten war enorm, weil der zentrale Gedanke operational geschlossener neuronaler

---

Molnar, Mara Selvini-Palazzoli und ihr Team, Brian Cade, Thomas C. Todd, Lee Winderman, Karl Tomm, Bebe Speed, Donald Efron, Insoo Berg, Evan Imber Black, Peggy Papp, John Byng-Hall, Luigi Onnis und Mony Elkaim – die deutschsprachigen Autoren waren neben Wolfram K. Köck Walter Schwertl, Kurt Ludewig, Wilhelm Rotthaus, Hans Jelloushek, Jochen Schweitzer, Hans Günther Holl, Tom Levold und Egbert Steiner. Die starke Koppelung des deutschen und des englischsprachigen Diskurses im systemischen Feld hat sich in den vergangenen Jahren interessanterweise weitgehend aufgelöst. Es erscheinen in den einschlägigen Journalen nur noch sehr selten Übersetzungen, selbst Rezensionen ausländischer Bücher sind kaum noch zu lesen.

Systeme, die keinen Input von außen aufnehmen, sondern ihre kognitive Welt ausschließlich in Abhängigkeit von ihrer eigenen Struktur und der Geschichte ihrer bisherigen Operationen „errechnen", zu einer völligen Neuorientierung der eigenen Therapeutenrolle führte:

> War man bislang davon ausgegangen, dass TherapeutInnen kraft ihrer fachlichen Kompetenz („Expertenschaft") Systemeigenschaften quasi objektiv von außen erkennen und entsprechend dazu passende Interventionen konstruieren konnten, so wurde nun der Fokus auf Prozesse wie Sprache, Erkenntnis und Bedeutungsgebung im Sinne innerer Phänomene des Auffassens und Verstehens von Zusammenhängen gelegt. Die TherapeutInnen waren in eine Beobachterrolle gewechselt, in der es immer weniger darum ging, Experte für bestimmte „objektive" Lösungen zu sein. Vielmehr sollte es mittels adäquater therapeutischer Haltungen (nicht zu rasches Verstehen, Neugier) gelingen, einen Raum für das Erkennen bisheriger und das Entstehen neuer Sichtweisen und Bewertungen von Situationen zu schaffen, aus dem der Klient als Konstrukteur seiner eigenen und daher nur ihm zugänglichen Realität die ihm entsprechenden Zielvorstellungen und Lösungsstrategien entwirft. (Brandl-Nebehay/Geyerhofer/Wolf 1998: 48 f.)

Therapeuten mussten also keine überlegene, normative Haltung gegenüber pathologischen beziehungsweise dysfunktionalen Verhaltensmustern mehr einnehmen. „Die Familie galt analog zu Lebewesen als ein System, das jederzeit optimal funktioniert und daher nicht 'gestört' sein kann" (Ludewig 1992: 108). Die Einsicht in die autopoietische Selbstorganisation von Systemen führte zur Aufgabe von Vorstellungen, mit gezielten Interventionen spezifische „instruktive" Veränderungen herbeiführen zu können. Heinz von Foersters Unterscheidung von trivialen und nicht-trivialen Systemen, die vermittels ihrer rekursiven Eigendynamik analytisch unbestimmbar, vergangenheitsabhängig und daher in ihrem Verhalten nicht voraussagbar sind (vgl. Foerster 1997: 41), wurde schnell in den Konzeptbestand systemischer Therapie integriert. Der therapeutische Einfluss wurde nun viel bescheidener in der „Verstörung" von Systemen gesehen, d. h. nurmehr in der Erzeugung von Umweltirritationen, welche Systeme zur Veränderung anregen sollten.

Die Anerkennung unterschiedlicher Wirklichkeitskonstruktionen räumte dabei den Konstruktionen von Partnern, Familienmitgliedern und Therapeuten prinzipiell gleichen Rang ein und relativierte damit auch die Macht der Therapeuten. Diese Relativierung bezieht sich auch auf den Bereich der Diagnostik als klassischen Machtbereich in der Psychotherapie:

> Unseres Erachtens nach ist es dann nicht sinnvoll, eine therapeutische Tätigkeit als diagnostische zu konstruieren, wenn dies bedeutet, dass ihr Produkt als wirkliche, wahre, eigentliche und echte Beschreibung „anerkannt" und damit reifiziert wird. (Wiesner/Willutzki 1992: 344)

Andererseits öffnet diese Relativierung den Weg zu einem ganz anderen Verständnis von Diagnostik:

> Verzichtet man auf naiv-realistische Zugänge, nach denen professionelle Diagnostizierende einen privilegierten Zugang zu den Dingen bzw. ihrer Natur haben, und betrachtet Diagnostik als unterscheidende Beurteilung bzw. Erkenntnis, so wird jede Tätigkeit zur Diagnostik, bei der Therapeuten Unterscheidungen treffen, die einen Unterschied machen. (Ebd.: 346)

Das wiedererwachte Interesse für subjektive Wirklichkeitskonstruktionen – im Unterschied zu bloßem Verhalten – bezog sich freilich entsprechend dem inhaltlichen Schwerpunkt der konstruktivistischen Literatur der 1980er Jahre in erster Linie auf die kognitiven Aspekte individueller Wirklichkeitskonstruktionen, die affektive Seite blieb noch eine geraume Weile ausgeblendet.

1.5 Niklas Luhmann: Psychische und soziale Systeme

1984 erschien mit Niklas Luhmanns *Soziale Systeme* ein Werk im psychotherapeutischen Blickfeld, das sich ebenfalls auf konstruktivistische Ideen stützte, allerdings dabei eine ganz andere Akzentsetzung vornahm.[3] Seit dieser Zeit ist die soziologische Systemtheorie Niklas Luhmanns – vor allem durch Arbeiten Kurt Ludewigs und Fritz B. Simons – zu einer zentralen Referenztheorie systemischer Therapie geworden. Während Humberto R. Maturana den Begriff der Autopoiesis ausschließlich für materiell-körperliche Prozesse, im eigentlichen Sinne sogar für die Zellreproduktion selbst reserviert hatte, benutzte Luhmann den von Maturana entlehnten Begriff in einem übertragenen Sinne auch für soziale und psychische Systeme, in denen Ereignisse (Kommunikationen beziehungsweise Gedanken) ihm zufolge autopoietisch aneinander anschließen. Diese Ausdehnung des Autopoiese-Konzeptes wurde von Maturana allerdings entschieden abgelehnt. Für Luhmann bringen sich nicht nur biologische, sondern auch psychische und soziale Systeme vermittels ihrer eigenen Operationen (Gedanken/Bewusstsein bzw. Kommunikation) selbst hervor – füreinander sind sie Umwelt und aufgrund ihrer unterschiedlichen Operationsmodi nicht unmittelbar zugänglich. Da jedoch sowohl Bewusstsein als auch Kommunikation immer auf Sinn (als Verweisungszusammenhang auf andere psychische und soziale Anschlussmöglichkeiten) Bezug nehmen, sind psychische und soziale Systeme über das Medium Sinn strukturell gekoppelt, sie „interpenetrieren". Psychische Systeme entziehen sich im Unterschied zu sozialen Systemen aber grundsätzlich einer empirischen Untersuchung, weil nur Kommunikationen beobachtet werden können – sie haben also den Status einer „black box".

Die Rezeption Luhmanns seitens der Psychotherapie ist vor dem Hintergrund bemerkenswert, dass Luhmanns wissenschaftliches Interesse in erster Linie einer

---

[3] Dieses Buch markiert bei Luhmann die so genannte „autopoetische Wende" seines Werkes. Sein schon vor dem Jahre 1984 beträchtliches systemtheoretisches Œvre ist in der Startphase der systemischen Therapie interessanterweise völlig ignoriert worden.

„Theorie der Gesellschaft" und nicht der Ausarbeitung einer Theorie „psychischer Systeme" galt, die für eine klinische Theorie von vorrangigem Interesse sein müsste. Für systemische Therapeuten war das Werk Luhmanns vor allem deshalb von Interesse, weil es Konzepte zur Verfügung stellt, mit denen einerseits die (problematische) Kommunikation in und von Klientensystemen beschrieben werden, andererseits aber auch Psychotherapie selbst als soziales System untersucht und in einen größeren gesellschaftlichen Kontext (als eigenes Funktionssystem der Gesellschaft) gestellt werden kann. Die Hinwendung zu Luhmann im konstruktivistischen Diskurs stellte also auch einen Wechsel von biologischen, an den kognitiven und organismischen Grundlagen individueller Wahrnehmung und Weltkonstruktion orientierten Theorien hin zu einem Verständnis von sozialen Systemen als „sinnstiftenden, ereignishaften und kommunikativen Gebilden" (Ludewig 1992: 110) dar, deren Operationen, eben Kommunikation, selbst wiederum unter therapeutischer Perspektive beobachtet werden können.

Allerdings stellt sich bis heute die Frage, ob eine solche Perspektive als Theorierahmen für eine klinische Epistemologie ausreicht. Die Luhmann'sche Begriffsarchitektur von sozialen und psychischen Systemen, Sinn, Kommunikation usw. sind u. a. dem Versuch geschuldet, ohne die „alteuropäischen" Begriffe von 'Mensch' oder 'Subjekt' auszukommen, die für psychotherapeutische Diskurse nach wie vor zentrale Bedeutung haben. In seinem Schlüsselwerk *Systemische Therapie* (Ludewig 1992), einer der meistzitierten Arbeiten im systemischen Feld, versucht Kurt Ludewig eine Brücke zwischen den Ansätzen Humberto R. Maturanas und Niklas Luhmanns (dessen Theoriearchitektur er aber grundsätzlich den Vorzug gibt) zu bauen, indem er „Mitgliedschaft" statt „Kommunikation" als Element sozialer Systeme vorschlägt:

> Die Unterscheidung zwischen Mensch und Mitglied befreit von der Annahme, die Therapie müsse Menschen verändern. Angestrebt wird vielmehr, leidvolle Mitgliedschaften in Problemsystemen zu beenden und das betreffende „Mitglied" aufzulösen. Dafür muss man weder die Struktur der beteiligten Menschen noch die des jeweiligen Systems in allen Einzelheiten kennen. (Ebd.: 114)

Der Frage nach der Bedeutung und unterschiedlichen Verwendung der Konzepte von Autopoiese und unterschiedlicher Systemtypen wurde auf einer bemerkenswerten Tagung mit Francisco J. Varela, Heinz von Foerster und Niklas Luhmann nachgegangen, die von der „Internationalen Gesellschaft für systemische Therapie" unter der Federführung von Fritz B. Simon 1986 in Heidelberg veranstaltet und 1997 von ihm in einem Suhrkamp-Taschenbuch dokumentiert wurde. In seinem einleitenden Beitrag attestiert Simon dieser Tagung nicht zu unrecht „eine gewisse historische Bedeutung […]: sie initiierte (oder beschleunigte zumindest) den Wandel eines therapeutischen Feldes bzw. des in ihm verwendeten theoretischen Bezugsrahmens" (Simon 1997: 18). Der Tagungsband dokumentiert nicht nur theoretische Vorträge der eingeladenen Referenten (neben den bereits genannten war auch Helm Stierlin als *spiritus rector* der systemischen Therapie in Deutschland dabei), sondern auch das von ihnen kommentierte Transkript einer familientherapeutischen Sitzung sowie Niederschriften von Diskussionen, in denen die Referenten von systemischen Therapeutinnen und Therapeuten (u. a. Kurt Ludewig) in ein „Kreuzverhör" genommen wurden. Fritz Simon resümiert:

> Es waren psychotherapeutische Praktiker, welche hier den Dialog mit fachfremden Theoretikern suchten. Das Erkenntnisinteresse beider Gruppen [...] ist sehr verschieden. Während die Theoretiker eher Ingenieuren zu vergleichen sind, die an einem Zeichentisch einen Konstruktionsplan entwerfen [...], muss man die Praktiker wohl eher mit Bastlern vergleichen, die vor irgendwelchen aktuell zu bewältigenden Problemen stehen und nun in irgendeiner Wühlkiste mit Schrauben, Resten irgendwelcher Gerätschaften, Drähten und Schnüren herumsuchen, um irgendein Instrument oder Werkzeug zu bauen, mit dessen Hilfe das Problem pragmatisch gelöst werden kann. Wer bei diesem Symposium was von wem wollte, dürfte also eindeutig sein. Es war eine Einladung an die Theoretiker, sich bzw. ihre Theorien benützen zu lassen, Anregungen und Rohstoffe für die Bastelarbeiten der Praktiker zu liefern. (Ebd.: 16)

Auch wenn die Frage nach der Beschaffenheit und Funktionsweise von psychischen Systemen bis heute im systemtherapeutischen Diskurs – sowohl theoretisch als auch praxeologisch – unterbestimmt bleibt, hat sich die Systemtheorie Luhmanns, als Metatheorie, auf die regelmäßig Bezug genommen wird, weitgehend durchgesetzt. Allerdings lassen sich aus dieser theoretischen Perspektive, die vor allem die Beobachterperspektive radikalisiert, kaum unmittelbare Hinweise auf die Interventionspraxis von Therapeuten ableiten.

1.6 Sprache, Dialog und Narration: andere Akzentuierungen des Systembegriffs

Neben der Gegenüberstellung von biologischen und sozialen Systemen vollzogen sich in den 1980er Jahren weitere theoretische Ausdifferenzierungen des konstruktivistischen Kontextes, die für das therapeutische Feld von großer Relevanz waren.

Die schon erwähnten Harold Goolishian und Harlene Anderson hatten 1986 einen Aufsatz gemeinsam mit ihrem Kollegen Lee Winderman veröffentlicht, in dem sie ihr Konzept „problemdeterminierter Systeme" präsentierten, das sie 1988 in einem für die Entwicklung des systemtherapeutischen Feldes wichtigen, von Ludwig Reiter, Johannes Ewald Brunner und Stella Reiter-Theil herausgegebenen Sammelband auch einem deutschsprachigen Publikum vorstellten (der 1997 in einer aktualisierten und erweiterten Auflage neu erschien).

Sie verzichten darin auf die Annahme definierter sozialer Systeme (etwa „Familien" oder „Institutionen") und gehen davon aus, dass „menschliche Systeme nicht mehr als ein fließendes Netzwerk interagierender Ideen und verbundener Handlungen" sind (Goolishian/Anderson 1997: 284). Soziale Systeme werden erst durch die Sprachakte der miteinander in Beziehung stehenden Menschen im Akt der Kommunikation hervorgebracht. Dies gilt auch für Probleme: „Solange es keine ausgesprochene Sorge oder Klage gibt, gibt es keine Probleme" (ebd.: 276).

Damit verlagerten Goolishian und Anderson den „Ort" von Problemen aus dem Bereich individueller Wirklichkeitskonstruktionen in den Bereich der intersubjektiven, sprachlichen Verständigung. Probleme sind also aus dieser Perspektive hermeneutische Produkte, an deren Herstellung alle an der Kommunikation beteiligten Menschen mitwirken. Durch ihre Kommunikation entsteht ein problemdeterminiertes System oder einfacher: ein Problemsystem, welches so lange aufrechterhalten oder verändert wird, wie die Kommunikation über das jeweilige Problem anhält.

Mit dem Konzept problemdeterminierter Systeme, das sehr schnell auch von deutschsprachigen Autoren aufgegriffen wurde (z. B. Ludewig 1992; zur Kritik vgl. auch Levold 1997), kam ein anderes Leitmotiv ins Spiel, nämlich das Motiv der Schlüsselfunktion von Sprache für die Herstellung sozialer Bedeutung, das bis heute eine wichtige Rolle in der Konstruktivismusrezeption einnimmt. Dabei geht es einerseits um die Orientierung an den sprachphilosophischen Arbeiten Ludwig Wittgensteins (vgl. Fischer 1990) und ihrer zentralen Idee, dass sich die Bedeutung von Wörtern aus ihrer Verwendung im sozialen Kontext, also in den konkreten Sprachspielen der Sprachbenutzer ergibt. Andererseits kommt hier die Theorie des „sozialen Konstruktionismus" zur Geltung, der seine Wurzeln in der Soziologie (Berger/Luckmann 1980), der Psychologie (Bruner 1986) und der Sozialpsychologie hat. Hier haben vor allem die Arbeiten des amerikanischen Sozialpsychologen Kenneth Gergen einen großen Einfluss auf die systemische Therapie ausgeübt (vgl. Gergen/Gergen 2009).

Im Mittelpunkt des sozialkonstruktionistischen Verständnisses von Problemen und ihrer Lösung steht die Auffassung, dass die Konstruktion von Sachverhalten und Bedeutungen kein individueller, organismisch oder psychisch konzipierter Prozess ist, sondern ein sozialer Vorgang, der sich in der gemeinsamen Teilnahme an Sprachspielen vollzieht, die sich auf gesellschaftlich überlieferte Diskurse und Praktiken beziehen, aber durchaus lokale, d. h. systemspezifische Variationen und Eigenständigkeiten aufweisen können. Therapeuten nehmen in diesen Sprachspielen keine überlegene, privilegierte Position als Experten ein, sie sind nur „teilnehmende Beobachter", allenfalls „teilnehmende Manager des Gesprächs" (Goolishian/Anderson 1997: 269). Das hat Auswirkungen auf das Verständnis von Therapie:

> Behandlung besteht darin, dass ein Problemsystem aufgelöst wird, nicht darin, dass eine Lösung gefunden wird: es wird keine Lösung gefunden, sondern das Problem löst sich auf. Die sich verändernde Sprache der Definition des Problems führt zur Auflösung des Problemsystems. Der Therapieprozess besteht darin, das Gespräch genau auszuarbeiten und fortzusetzen, bis das

Problem verschwindet. Es ist nicht so, dass der Therapeut das Problem herausarbeitet und fixiert. Vielmehr wird das Problem so bearbeitet, dass es sich auflöst und dass sich folglich auch das Problemsystem auflöst, dass also von keinem der Teilnehmer des sozialen Systems, das wir ursprünglich als Problemsystem bezeichneten, das Problem weiter als solches angesehen und beschrieben wird. (Ebd.: 280 f.)

Diese Perspektive des „dialogischen Wandels im therapeutischen Kontext" (vgl. Deissler 2009) ist hierzulande – übrigens in enger Kooperation mit Harlene Anderson und Kenneth Gergen – von der Gruppe um Klaus G. Deissler aufgegriffen und fortgeführt worden, der von 1992 bis 2009 als Nachfolger von Jürgen Hargens die *Zeitschrift für systemische Therapie und Beratung* herausgegeben und ihr von Beginn an ein strikt sozialkonstruktionistisches Profil verliehen hat.

Die dialogische Perspektive beeinflusste auch den (mittlerweile verstorbenen) Psychiater Tom Andersen aus Norwegen, der aus der Beschäftigung mit der Theorie der problemdeterminierten Systeme ein Setting entwickelte, in dem neben dem therapeutischen System (bestehend aus Therapeuten und Klienten) ein „reflecting team" (vgl. Anderson 1987) aus einem oder mehreren Therapeuten existiert, das im Beisein der Klienten in bestimmten Momenten des therapeutischen Gesprächs Ideen und Beobachtungen beisteuern kann, die den therapeutischen Dialog anregen oder erweitern sollen. „Dieses Vorgehen […] stellte nicht nur eine technische, sondern auch eine beziehungsmäßige Innovation in Richtung einer eher partnerschaftlich orientierten, auf Offenheit und Transparenz ausgerichteten Haltung dar" (Brandl-Nebehay/Geyerhofer/Wolf 1998: 51). Das *reflecting team* hat recht schnell und bis heute einen festen Platz im Methodenrepertoire der systemischen Therapie eingenommen.

Steve de Shazer (1940–2005) hat mit seinem „lösungsorientierten Ansatz" ebenfalls eine große Gefolgschaft in der deutschsprachigen systemischen Szene gefunden. Wie kaum ein anderer hat de Shazer seine Vorgehensweise mit ausführlichen Hinweisen auf die Werke Ludwig Wittgensteins, Michail Bachtins, Jacques Derridas und anderer Sprachphilosophen fundiert (de Shazer 2009). Therapeuten, die seinen Ansatz verfolgen, vermeiden soweit wie möglich das Reden über Probleme und konzentrieren sich stattdessen auf die Konstruktion von erlebten oder imaginierten Ausnahmen sowie die Erörterung von praktischen Schritten, die zu einer gewünschten Veränderung führen. Dem liegt einerseits die Idee zugrunde, dass schon das Reden über Probleme die Problemdynamik aufrechterhält bzw. reproduziert, andererseits aber auch die Vorstellung, dass für die Entwicklung von Lösungen keine detaillierte Kenntnis der zugrunde liegenden Probleme nötig sei. In der Praxis hat de Shazer gemeinsam mit seiner Frau Insoo Kim Berg (1934–2007) eine ausgeklügelte Fragestrategie entwickelt, die es Therapeuten erlaubt, kleinste Veränderungen zu identifizieren und zu verstärken und Klienten in den „Lösungsbereich" zu führen.

Eine ganz andere therapeutische Vorgehensweise, die sich ebenfalls auf die Bedeutung sprachlicher Konstruktionen bezieht, aber einen anderen Umgang mit Problemen vorschlägt, hat der australische Familientherapeut Michael White entwickelt, dessen narrativer Ansatz in der systemischen Szene ebenfalls außerordentlich populär geworden ist. In Anlehnung an Jerome Bruner konzentriert sich White auf die Bedeutung von (Problem- oder Lebens-)Erzählungen, die es Klienten ermöglichen, Aspekte ihrer Erfahrungen zu „Handlungslandschaften" und ihrer Gedanken, Wahrnehmungen und Erkenntnisse zu „Bewusstseinslandschaften" zu verbinden (White 1992, 2010). Diese Erzählungen in „doppelten Landschaften", die den Rahmen für die individuellen Problemkonstruktionen abgeben, sind jedoch für White nur zum Teil Ausdruck der individualisierten Lebensgeschichte, vielmehr

> werden sie alle unweigerlich vom vorherrschenden kulturellen Wissen unserer Gesellschaft mitgeformt. Dieses Wissen hat nichts mit Erkenntnissen oder Entdeckungen zur Natur des Menschen zu tun, sondern es ist erschaffenes (konstruiertes) Wissen, welches u. a. Handlungsanweisungen für unterschiedliche Gruppen von Menschen enthält. In den westlichen Kulturen sind dies im höchsten Maße individuelle und geschlechtsspezifisch geprägte Vorschriften darüber, wie man in dieser Welt zu sein hat. (White 1992: 51)

Orientiert an Michel Foucault, der die impliziten Diskurse der Macht in der Gesellschaft untersucht hat, sieht White die Aufgabe der therapeutischen Arbeit in der Dekonstruktion von Geschichten der Klienten und ihrer Befreiung aus den gesellschaftlichen Diskursen und ihren normativen Vorgaben. Die von ihm gemeinsam mit David Epston entwickelte Technik der Externalisierung von Problemen ermöglicht, diese zu „objektivieren", d. h. so zu behandeln, als seien sie etwas den Klienten „Äußerliches":

> Wenn Menschen sich auf solche externalisierenden Gespräche einlassen, machen ihnen ihre privaten Geschichten keine Vorschriften mehr, wie sie ihre Identität zu sehen haben und worin die Wahrheit ihrer persönlichen Beziehungen besteht – diese Geschichten lassen nicht mehr das Leben dieser Menschen erstarren. Sie erleben dann eine Ablösung, eine Entfremdung von diesen Geschichten. Durch diese Ablösung entsteht ein Freiraum, in dem sie ein anderes und „besseres" Wissen über sich selbst erkunden können; ein Wissen, in dem ihr künftiges Leben seinen Platz finden könnte. Auf diesem Wege werden Bedingungen für etwas geschaffen, das Foucault […] als „Aufstand der unterworfenen Wissensarten" bezeichnet. (Ebd.: 52)

Therapie schafft also aus dieser machtkritisch-emanzipativen Perspektive einen Rahmen für die Formulierung alternativer Geschichten und die Schaffung neuer Bedeutungen durch die Klienten, die sie ermächtigen sollen, „nicht mehr nur passiver 'Passagier' ihres Lebens zu sein, sondern aktiv das Steuer übernehmen zu können – fähig zu sein, Einfluss auf die Entwicklung ihrer Existenz im Sinne persönlich gewünschter Ergebnisse auszuüben" (ebd.: 61).

2   Erweiterungen, Veränderungen der Perspektive und Kontroversen

Wie bereits erwähnt, mussten aufgrund der notwendig gerafften bisherigen Darstellung viele Texte, Autorinnen und Autoren sowie Ereignisse, die für die geschilderte Entwicklung auch von Bedeutung waren, unerwähnt bleiben. Hier können nur die grundlegenden Linien der Konstruktivismusrezeption der 1980er Jahre exemplarisch nachgezeichnet werden, die freilich jeweils bis heute ihre Eigenständigkeit weitgehend erhalten haben.

So lassen sich im Feld der systemischen Therapie Teildiskurse (und dazugehörige Netzwerke aus Personen und Instituten) identifizieren, die sich in ihren Konzepten und ihrem Sprachgebrauch eher an der Luhmann'schen Systemtheorie, dem sozialen Konstruktionismus, dem lösungsorientierten, dem narrativen Ansatz oder weiteren Differenzierungen und Varianten zuordnen lassen.

Interessanterweise wurden und werden diese Diskurse aber nur wenig inhaltlich miteinander in Beziehung gesetzt. Es gibt keine systemtherapeutische Debattenkultur. Auseinandersetzungen über theoretische Vorannahmen, Begriffsarchitekturen, Schlüsselkonzepte und inhaltliche Perspektiven, über Ähnlichkeiten, Widersprüche oder gar Unvereinbarkeiten zwischen den skizzierten Ansätzen haben kaum stattgefunden. Dafür lassen sich mehrere Gründe anführen:

- Seit Mitte der 1990er Jahre lässt sich im Bereich der systemischen Therapie hinsichtlich der Konstruktivismusrezeption eine gewisse Theoriemüdigkeit feststellen. Die theoretische Ausdifferenzierung der verschiedenen Strömungen reicht offenbar hin, um die eigene Praxis auch heute noch ausreichend zu fundieren. Zudem wurde anscheinend die Aufgabe der feldinternen metatheoretischen Konsolidierung als erfüllt angesehen und die Energie auf die fachpolitische Anerkennung der systemischen Therapie konzentriert, die von anderen Faktoren als der Ausdifferenzierung ihrer konstruktivistischen Grundlagen abhängt.

- Der Konstruktivismusdiskurs in der systemischen Therapie wurde und wird primär von Praktikern und nicht von Theoretikern betrieben. Ihr Ziel ist, wie schon bei Fritz Simon (1997) zitiert, Theorien zu benutzen, um zu pragmatischen Beschreibungen und Begründungen des eigenen therapeutischen Handelns zu gelangen, nicht die Fortschreibung der Theorie selbst. Insofern stellt sich die Frage, bis zu welcher Argumentationstiefe die Theorierezeption im klinischen Diskurs überhaupt gelangt ist. Im Sammelband *Systemische Praxis und Postmoderne*, der die Beiträge von Therapeutinnen und Therapeuten zum Kongress „Das Ende der großen Entwürfe und das Blühen systemischer Praxis" in Heidelberg 1991 dokumentiert, notieren die Herausgeber Hans Rudi Fischer und Jochen Schweitzer

    > bei der Zusammenstellung der Beiträge dieses Bandes bisweilen ein „wildes Denken" […], ein Denken, das anscheinend ungeniert die Schaufenster aktueller Philosopheme geplündert, um eklektizistisch mit den erbeuteten Ideen

das eigene therapeutische Handeln zu rechtfertigen und ihm damit die Weihe von der „Königin" der Wissenschaften, der Philosophie, angedeihen zu lassen. Die manchmal oberflächliche Rezeption philosophischer Positionen aus zweiter und dritter Hand und die flinke Integration von Theoriefragmenten in das eigene theoretische Bemühen, Praxis zu begründen, weckten bei den Herausgebern Zweifel hinsichtlich Qualität und Ergebnis solcher Rezeption. (Fischer/Schweitzer 1992: 78)

Zur Untermauerung dieser Kritik zitieren sie einen Brief des Suhrkamp-Lektors an die Herausgeber, in dem es vor allem in Hinsicht auf die Bezugnahme auf „poststrukturalistische" Positionen heißt:

Theorie und therapeutische Praxis sind gegeneinander völlig unterbestimmt. Die Praxis ist nicht die Praxis dieser Theorie. Die Theorie ist nicht die Theorie dieser Praxis. Die angeblich so kreativen therapeutischen Innovationen erweisen sich als derart vage, dass sie auch mit anderen Theorien, Ideologemen oder Mythen „begründbar" wären. (Ebd.)

Ähnlich kritische Aussagen lassen sich nicht nur über die Beiträge zum genannten Buch, sondern auch über viele Texte im systemtherapeutischen Diskurs generell machen. Auch wenn man der Harschheit dieses Urteils nicht folgen mag, kann man nachvollziehen, dass der Theorierezeption schon allein durch die Praktikerperspektive Grenzen gesetzt sind. Jedenfalls kann man so erklären, dass sich in vielen systemischen Texten bei der Benutzung des Autopoiese-Konzeptes zwanglos Verweise sowohl auf Maturana als auch auf Luhmann finden lassen, ohne dass auf die Unvereinbarkeit der jeweils zugrunde liegenden Konzepte Bezug genommen wird – um nur *ein* Beispiel zu nennen.

- Die Idee, dass die Konstruktion der Wirklichkeit nur beobachterabhängig gedacht werden und es daher auch keinen überlegenen Zugang zur Realität geben kann, ist im systemischen Feld häufig so aufgefasst worden, als sei eine Auseinandersetzung über Begriffe und Konzepte und ihre Bewertungen müßig, da jede theoretische Sichtweise als eigenständige Realitätskonstruktion wertschätzend akzeptiert werden müsse. Damit wird aber Wertschätzung und inhaltlicher Konflikt in einen problematischen Gegensatz gebracht. Die Frage stellt sich, welche „Ausdehnung" konstruierte Wirklichkeiten haben müssen, um Platz für Meinungsverschiedenheiten bieten zu können: „Wenn in einer Welt-1 [= Sprach-, Theorie- oder Kulturwelt; Anmerkung TL] nur konsensuelle Auffassungen möglich sind, dann entspricht jede konfligierende Auffassung einer anderen Welt und für Konflikte ist kein Platz" (Mitterer 2001: 59).[4]

---

[4] Als Konsequenz fordert der Philosoph Josef Mitterer, dass „jeder relativistische Bezugsrahmen […] zumindest soweit gefasst werden [muss], dass in ihm Platz für Meinungsverschiedenheiten bleibt: dass also ein X für den Einen so sein kann und für den Anderen anders" (Mitterer 2001: 58).

Auch wenn die konstruktivistischen Strömungen nur wenig kritisch miteinander ins Verhältnis gesetzt wurden, gibt es doch noch von Erweiterungen und Kontroversen zu berichten. Beispielhaft seien hier die Gender-Diskussion, die Einbeziehung von affekttheoretischen Konzepten sowie die Kontroverse um Bert Hellinger genannt.

- Ende der 1980er und Anfang der 1990er Jahre wurden systemisch-konstruktivistische Konzepte kritisch auf ihre Fähigkeit untersucht, Gender- und damit verbundene Machtaspekte bzw. Gewalt- und Unterdrückungsverhältnisse (etwa bei ehelicher Gewalt, Kindesmisshandlung und sexuellem Missbrauch; vgl. Levold 1993) angemessen zu konzeptualisieren oder ob der konstruktivistische Relativismus, der nicht zuletzt bei einigen Autoren mit einem Verzicht auf die Kategorie der Macht einherging, diese Aspekte nicht eher verschleiere. Zu den Protagonistinnen dieser Debatte, in der die Frauen leider weitgehend unter sich blieben (sic!), gehörten u. a. Rachel Hare-Mustin, Virginia Goldner, Lynn Hoffman, Marianne Walters und Evan Imber-Black, unter den deutschsprachigen Autorinnen Rosmarie Welter-Enderlin, Marianne Krüll, Ingeborg Rücker-Embden-Jonasch und Andrea Ebbecke-Nohlen. Auch wenn die Gender-Frage noch am ehesten in den sozialkonstruktionistischen und narrativen Konzepten einen Platz gefunden hat, bleibt ihre Bedeutung für die Konstruktion von Wirklichkeit (gerade auch der von Psychotherapeuten!) nach wie vor unterbelichtet. So zeigen Sabine Kirschenhofer und Verena Kuttenreiter in einer spannenden und höchst aktuellen empirischen Studie, wie der männlichen und weiblichen affektiven Kommunikation in Paartherapien von männlichen und weiblichen Therapeuten unterschiedliche Anschlussfähigkeit zugemessen wird, indem in den von den Therapeutinnen und Therapeuten benutzten Metaphern

    > fast ausschließlich traditionelle Geschlechter-Bilder transportiert werden. Der Mann erscheint als Ritter, hinter Burgmauern oder im Boxkampf, die Frau als Prinzessin. Die Metaphern für Männer wecken nach wie vor Assoziationen von Kampf, Heldentum, Stärke, Unerreichbarkeit, Sieg oder Niederlage. Metaphern für die Frau wecken Assoziationen von der Wartenden im Turm, die vom Prinzen erlöst werden soll. (Kirschenhofer/Kuttenreiter 2006: 71)

    Dies lässt sich als Hinweis darauf lesen, dass neben den theoretischen Diskursen vor allem seitens qualitativ-empirischer Arbeiten Aufschluss über die praktische Bedeutung von geschlechtsspezifischen (und mehr oder weniger unbewussten) Konstruktionen bei Psychotherapeuten erwartet werden darf.

- 1997 fand (wieder einmal in Zürich, wieder einmal von Rosmarie Welter-Enderlin organisiert) ein Kongress zum Thema „Affektive Kommunikation" statt (Welter-Enderlin/Hildenbrand 1998), der ein „exkommuniziertes" Thema in den systemischen Diskurs zurückholte, nämlich die Beschäftigung mit Affekten, Gefühlen und Emotionen. Angeregt durch die sensationellen Fortschritte in der Affekt- und Säuglingsforschung, die das Feld der empirischen Kommunikationsforschung mit Hilfe hochauflösender Videotechnik um die Untersuchung sozialer Mikrophänomene erweitert hatte, konnten Aspekte der affektiven Kommunikation in sozialen Systemen und die Bedeutung von Affekten und Gefühlen für die Konstruktion individueller und sozialer Wirklichkeiten unter neuen Perspektiven erforscht werden. Diese Forschungsperspektive hat sich seither enorm ausgeweitet. Die Einbeziehung des Körpers in kognitive, affektive und soziale Prozesse (unter dem Stichwort „embodiment") sind dabei ebenso Gegenstand dieser Perspektivenerweiterung wie metaphernanalytische Konzepte. Untersuchungen zur Bewältigung traumatischer Erfahrungen und damit verbundene körperliche und psychische Veränderungen sind seitens der Praktiker ebenso aufgegriffen und in die eigene Praxeologie aufgenommen worden wie Befunde der Hirnforschung. Obwohl diese Theorien und Konzepte mittlerweile einen eigenen Stellenwert im systemischen Diskurs eingenommen haben, mangelt es bislang an einer systematischen Eingliederung und Integration dieser Erkenntnisse in die vorgestellten konstruktivistischen Theorielinien.

Als Gunthard Weber, Gründungsmitglied der „Heidelberger Gruppe" und der Internationalen Gesellschaft für systemische Therapie (IGST), 1994 ein Buch über *Die systemische Psychotherapie Bert Hellingers* (Weber 1994) herausbrachte, löste er damit eine bislang in der systemischen Szene beispiellose Erschütterung aus, die nicht zuletzt in heftigen (auch persönlichen) Feindschaften mündete. Er hatte damit dem Konzept eines Psychotherapeuten zu einem Durchbruch verholfen, der mittels Strukturaufstellungen, bei denen er in Großgruppen „Repräsentanten" Klientensysteme im Raum aufstellen ließ, beanspruchte, pathologische Ordnungen in Familien und anderen Systemen zu identifizieren und den Protagonisten den Weg zu einer richtigen, nämlich wesensmäßig fixierten „Ordnung der Dinge" zu weisen. Offensichtlich stillte die Idee einer solchen Grundordnung, die auch festlegte, wer wem zu folgen (z. B. die Frau dem Manne) und wer wem Achtung zu erweisen habe, das Bedürfnis vieler Therapeutinnen und Therapeuten, wieder einen festen Halt in der relativistischen Welt der Konstruktionen zu bekommen – jedenfalls wuchs die Bewegung der „Aufsteller nach Hellinger" innerhalb weniger Jahre auf mehrere Tausend Anhänger in aller Welt an. Die heftigen Debatten zwischen systemisch-konstruktivistischen und Hellinger-orientierten Positionen führten schließlich zur Abspaltung der Aufstellerszene vom systemischen Feld einerseits, zur Entwicklung von Aufstellungskonzepten innerhalb eines systemisch-konstruktivistischen Bezugsrahmens andererseits (vgl. Sparrer 2006). Heute ist die Arbeit mit Aufstellungen als Technik zur Gewinnung neuer Perspektiven jenseits verbaler (Selbst-)Beschreibung von Klientensystemen in das systemisch-konstruktivistische Methodenrepertoire integriert, die Kontroverse um Bert Hellinger gehört der Vergangenheit an.

3 Entwicklung und Ausblick

Wie lässt sich die gegenwärtige Situation des systemisch-konstruktivistischen Diskurses einordnen? Seit Ende der 1990er Jahre haben sich die Anstrengungen der systemischen Fachverbände (in Reaktion auf das Inkrafttreten des Psychotherapeutengesetzes 1998) darauf konzentriert, die Anerkennung der systemischen Therapie als „wissenschaftlich fundiertes Verfahren" durch den so genannten „Wissenschaftlichen Beirat für Psychotherapie" als Voraussetzung für die berufs- und sozialrechtliche Zulassung der systemischen Therapie im System der psychotherapeutischen Versorgung zu erlangen. Nachdem diese Anerkennung noch Ende der 1990er Jahre vom Beirat verweigert worden war, wurde sie im Dezember 2008 endlich erteilt. Bemerkenswerterweise bezog sich diese Anerkennung aber in keiner Weise auf das Wissenschaftsverständnis der systemischen Therapie selbst, also auf seine systemtheoretisch-konstruktivistische Fundierung. Jürgen Kriz, ausgewiesener Systemtheoretiker und zuletzt selbst Mitglied des Wissenschaftlichen Beirates, kritisierte die „unzulässige Reduzierung der Wissenschaftlichkeit auf kontrollierte und randomisierte Psychotherapiestudien" durch den Beirat, der damit „unreflektiert methodische Standards (angeblicher Objektivität, Homogenität, Genauigkeit, Kausalität usw.) einer gegenstandsunangemessenen wissenschaftlichen Forschung in der Psychologie" übernehme, die „allenfalls für die Pharmaforschung taugen, jedoch niemals für die Psychotherapie" (Kriz 2004: 70).

Eine Autorengruppe um Kirsten von Sydow und Jochen Schweitzer legte 2006 im Auftrag der systemischen Fachverbände[5] eine den Wissenschaftskriterien des Beirates genügende (und zur Anerkennung führende) Metaanalyse von Wirksamkeitsstudien der „systemischen Therapie/Familientherapie" vor (Sydow et al. 2006), in der Hinweise auf das eigenständige wissenschaftstheoretische und -kritische Fundament systemischer Therapie aber praktisch nicht mehr vorkamen. Parallel wurde im gleichen Zeitraum das so genannte „Lehrbuch II" zum „störungsspezifischen Wissen" der systemischen Therapie von Jochen Schweitzer und Arist von Schlippe veröffentlicht (2006), das die einschlägigen systemischen Konzepte zum Verständnis von und Umgang mit störungsspezifischen Dynamiken in einer Reihenfolge zusammenstellt, die sich an der Gliederung des *International Statistical Classification of Diseases and Related Health Problems 10th Revision* (ICD-10) (!) orientiert, ohne jedoch überhaupt kritisch auf die Konstruktion von Störungen im ICD-10 und ähnlichen Diagnostik-Katalogen einzugehen.

Der Erfolg dieses Buches verdeutlicht, dass es offensichtlich in der systemischen Landschaft einen großen Bedarf an „störungsspezifischem Wissen" gibt, dem in der gegenwärtigen Literaturlandschaft ein enormes Angebot an Titeln entspricht, die Tools, Methoden und Techniken in Therapie und Beratung zum Inhalt

---

[5] „Deutsche Gesellschaft für systemische Therapie und Familientherapie" (DGSF) und „Systemische Gesellschaft" (SG)

haben. Der Diskurs über philosophische und wissenschaftstheoretische Grundlagen der systemischen Praxis spielt im Feld der systemischen Therapie derzeit keine große Rolle mehr.

Die erwähnte „Kanonisierung" des Konstruktivismus, mangelnde Debattenkultur und die Konzentration auf berufspraktische Fragen spielen dabei ebenso eine Rolle wie die Tatsache, dass sich in den vergangenen Jahren auch keine besonders spektakulären theoretischen Neuentwicklungen bemerkbar gemacht haben.

Eine spannende Perspektive könnte in der empirischen Operationalisierung systemisch-konstruktivistischer Konstrukte und ihrer Erforschung in der systemtherapeutischen Praxis liegen. Da die Frage, ob wir unsere Wirklichkeit konstruieren, für das systemische Feld hinreichend beantwortet ist, sollte die Frage, wie Wirklichkeit von Therapeuten, Klienten und Helfersystemen konstruiert wird, als empirisches Programm stärkeres Gewicht erhalten. Damit wäre auch die Aufgabe verbunden, Konzepte systemisch-konstruktivistischer empirischer Forschung voranzutreiben, anstatt bloß *nicht-systemisch* über Systeme zu forschen, etwa mit standardisierten und randomisierten Psychotherapiestudien.

Literatur

Andersen, Tom (1987): The Reflecting Team. Dialogue and Meta-Dialogue in Clinical Work. In: Family Process. 26. Jg. H. 4. S. 415–428
Bauriedl, Thea (1980): Beziehungsanalyse. Frankfurt am Main: Suhrkamp.
Berger, Peter L./Thomas Luckmann (1980): Die gesellschaftliche Konstruktion der Wirklichkeit. Eine Theorie der Wissenssoziologie. Frankfurt am Main: Fischer.
Brandl-Nebehay, Andrea/Stefan Geyerhofer/Ferdinad Wolf (1998): Geschichte der systemischen Familientherapie. In: Andrea Brandl-Nebehay/Billie Rauscher-Gföhler/Juliane Kleibel-Arbeithuber (Hrsg): Systemische Familientherapie. Grundlagen, Methoden und aktuelle Trends. Wien: Facultas Universitätsverlag. S. 17–59.
Bruner, Jerome (1986): Actual Minds, Possible Worlds. Cambridge, MA/London: Harvard Univ. Press.
Deissler, Klaus G. (2009): Dialogischer Wandel im therapeutischen Kontext. Von Metaphern, Geschichten und Gleichnissen – Umgangsformen und Sprechweisen. In: Zeitschrift für systemische Therapie und Beratung. 27. Jg. H. 1. S. 5–13.
Dell, Paul F./Harold A. Goolishian (1981): Ordnung durch Fluktuation. Eine evolutionäre Epistemologie für menschliche Systeme. In: Familiendynamik. 6. Jg. H. 2. S. 104–122.
De Shazer, Steve (2009): Worte waren ursprünglich Zauber. Von der Problemsprache zur Lösungssprache. Heidelberg: Carl-Auer-Systeme.
Duss-von Werdt, Josef/Rosmarie Welter-Enderlin (1980): Der Familienmensch. Systemisches Denken und Handeln in der Therapie. Stuttgart: Klett-Cotta.
Fischer, Hans Rudi (1990): Sprachspiele und Geschichten. Zur Rolle der Sprache in der Therapie. In: Familiendynamik. 15. Jg. H. 3. S. 190–211.
Fischer, Hans Rudi/Jochen Schweitzer (1992): Zur Rezeption von Philosophie durch systemische Praktiker. Eine kritische Anmerkung. In: Jochen Schweitzer/Arnold Retzer/Hans Rudi Fischer (Hrsg): Systemische Praxis und Postmoderne. Frankfurt am Main: Suhrkamp. S. 78–86.
Foerster, Heinz von (1948): Das Gedächtnis. Eine quantenphysikalische Theorie. Wien: Franz Deuticke.

Foerster, Heinz von (1997): Abbau und Aufbau. In: Fritz B. Simon (Hrsg): Lebende Systeme. Wirklichkeitskonstruktionen in der systemischen Therapie. Frankfurt am Main: Suhrkamp. S. 32–52.
Gergen, Kenneth J./Mary Gergen (2009): Einführung in den sozialen Konstruktivismus. Heidelberg: Carl-Auer-Systeme.
Goolishian, Harold A./Harlene Anderson/Lee Winderman (1986): Problem-Determined Systems. Towards Transformation in Family Therapy. In: Journal of Strategic and Systemic Therapy. 5. Jg. H. 1. S. 1–13.
Goolishian, Harold A./Harlene Anderson (1997): Menschliche Systeme. In: Ludwig Reiter/Ewald Johannes Brunner/Stella Reiter-Theil (Hrsg): Von der Familientherapie zur systemischen Perspektive. Berlin [u. a.]: Springer. S. 253–287.
Guntern, Gottlieb (1980): Die kopernikanische Revolution in der Psychotherapie. Der Wandel vom psychoanalytischen zum systemischen Paradigma. In: Familiendynamik. 5. Jg. H. 1. S. 2–41.
Hargens, Jürgen (1983): Einige einleitende Bemerkungen … (des Herausgebers). In: Zeitschrift für systemische Therapie. 1. Jg. H. 1. S. 1.
Keeney, Bradford P. (1983): Aesthetics of Change. New York/London: Guilford.
Kriz, Jürgen (2004): Gutachten über den Begriff der Wissenschaftlichkeit in der Psychotherapie. In: Kontext. 35. Jg. H. 1. S. 67–91.
Kirschenhofer, Sabine/Verena Kuttenreiter (2006): Die Wirksamkeit des Unsichtbaren. Konstruktion von Geschlecht in systemischen Paartherapien. Ergebnisse einer qualitativen Untersuchung. Wien: Eigenverlag.
Köck, Wolfram K. (1983): Erkennen = (Über-)Leben. Bemerkungen zu einer radikalen Epistemologie. In: Zeitschrift für systemische Therapie. 1. Jg. H. 1. S. 45–55.
Levold, Tom (1984): Einige Gedanken über den Nutzen einer Theorie autopoietischer Systeme für eine klinische Epistemologie. In: Zeitschrift für systemische Therapie. 2. Jg. H. 7. S. 173–189.
Levold, Tom (1993): Systemische Therapie zwischen Konstruktivismus und Inquisition. In: Kontext. H. 23. S. 26–35.
Levold, Tom (1997): Problemsystem und Problembesitz. Die Diskurse der sexuellen Gewalt und die institutionelle Praxis des Kinderschutzes. Teil I. In: System Familie. 10. Jg. H. 1. S. 21–30.
Ludewig, Kurt (1984): Bin ich zum Schwärmer geworden? Über meinen Besuch der Internationalen Konferenz 'The Construction of Therapeutic Realities' vom 23.–29.4.1984 in Calgary, Kanada. In: Zeitschrift für systemische Therapie. 2. Jg. H. 6. S. 135–139.
Ludewig, Kurt (1992): Systemische Therapie. Grundlagen klinischer Theorie und Praxis. Stuttgart: Klett-Cotta.
Ludewig, Kurt (1998): Systemische Therapie in Deutschland. Rückblick und Bestandaufnahme. URL: http://www.wist-muenster.de/PDF-Dateien/Systemische%20Therapie%20in%20 Deutschland.pdf. (Abgerufen am: 21.9.2010)
Luhmann, Niklas (1984): Soziale Systeme. Grundriß einer allgemeinen Theorie. Frankfurt am Main: Suhrkamp.
Maturana, Humberto R. (1982): Erkennen. Die Organisation und Verkörperung von Wirklichkeit. Braunschweig/Wiesbaden: Vieweg.
Maturana, Humberto R./Francisco J. Varela (1987): Der Baum der Erkenntnis. Wie wir die Welt durch unsere Wahrnehmung erschaffen. Die biologischen Wurzeln des menschlichen Erkennens. Bern [u. a.]: Scherz.
Mitterer, Josef (2001): Die Flucht aus der Beliebigkeit. Frankfurt am Main: Fischer.
Reiter, Ludwig/Ewald Johannes Brunner/Stella Reiter-Theil (1988) (Hrsg): Von der Familientherapie zur systemischen Perspektive. Berlin [u. a.]: Springer.
Ruesch, Jürgen/Gregory Bateson (1995): Kommunikation. Die soziale Matrix der Psychiatrie. (1951) Heidelberg: Carl-Auer-Systeme.
Sies, Claudia/Tobias Brocher (1986): Die Bedeutung der Autopoiese für die Metapsychologie. In: Jahrbuch der Psychoanalyse. 19. Jg. S. 142–173.

Schmidt, Siegfried J. (1987) (Hrsg.): Der Diskurs des Radikalen Konstruktivismus. Frankfurt am Main: Suhrkamp.
Schweitzer, Jochen/Arist von Schlippe (2006): Lehrbuch der systemischen Therapie und Beratung II. Das störungsspezifische Wissen. Göttingen: Vandenhoeck & Ruprecht.
Simon, Fritz B. (1997): Einleitung. Wirklichkeitskonstruktionen in der systemischen Therapie. In: Fritz B. Simon (Hrsg): Lebende Systeme. Wirklichkeitskonstruktionen in der systemischen Therapie. Frankfurt am Main: Suhrkamp. S. 7–18.
Sparrer, Insa (2006): Systemische Strukturaufstellungen. Theorie und Praxis. Heidelberg: Carl-Auer-Systeme.
Sydow, Kirsten von/Stefan Beher/Rüdiger Retzlaff/Jochen Schweitzer (2006): Die Wirksamkeit der Systemischen Therapie/Familientherapie. Göttingen: Hogrefe.
Watzlawick, Paul (Hrsg.) (1981): Die erfundene Wirklichkeit. Wie wissen wir, was wir zu wissen glauben? Beiträge zum Konstruktivismus. München: Piper.
Watzlawick, Paul/Janet H. Beavin/Don D. Jackson (1990): Menschliche Kommunikation. Formen, Störungen, (1969) Paradoxien. Bern: Huber.
Weber, Gunthard (1994) (Hrsg.): Zweierlei Glück. Die systemische Psychotherapie Bert Hellingers. Heidelberg: Carl-Auer-Systeme.
Welter-Enderlin, Rosmarie/Bruno Hildenbrand (1998) (Hrsg.): Gefühle und Systeme. Die emotionale Rahmung beraterischer und therapeutischer Prozesse. Heidelberg: Carl-Auer-Systeme.
White, Michael (1992): Therapie als Dekonstruktion. In: Jochen Schweitzer /Arnold Retzer/Hans Rudi Fischer (Hrsg): Systemische Praxis und Postmoderne. Frankfurt am Main: Suhrkamp. S. 39–63.
White, Michael (2010): Landkarten der narrativen Therapie. Heidelberg: Carl-Auer-Systeme.
Wiesner, Manfred/Ulrike Willutzki (1992): Sozial-konstruktivistische Wege in der Psychotherapie. In: Siegfried J. Schmidt (Hrsg): Kognition und Gesellschaft. Der Diskurs des Radikalen Konstruktivismus 2. Frankfurt am Main: Suhrkamp. S. 337–379.

Vom Erweitern der Möglichkeiten

Heiko Kleve über den Konstruktivismus in der Sozialen Arbeit

1   Vorbemerkung

Auch an der Sozialen Arbeit ist der interdisziplinäre Diskurs des Konstruktivismus nicht vorübergegangen. Wie in anderen professionellen Praxen (z. B. der Psychotherapie, der Supervision oder der Organisationsentwicklung), wird das Geschehen im Handlungsfeld aus unterschiedlichen theoretischen Perspektiven reflektiert. Als eine dieser Perspektiven kann seit inzwischen knapp zwei Jahrzehnten die konstruktivistische Betrachtung gelten. Der Konstruktivismus in seinen unterschiedlichen (insbesondere systemtheoretischen) Spielarten prägt den Theorie- und Methodendiskurs in der Sozialen Arbeit nachhaltig. Ein wesentlicher Effekt dieser Prägung lässt sich passend in Anlehnung an den ethischen Imperativ von Heinz von Foerster pointieren: *Soziale Arbeit erfährt durch die konstruktivistische Reflexion eine Erweiterung ihrer praktischen wie theoretischen Möglichkeiten.*[1]

Sowohl hinsichtlich des methodischen Handelns als auch angesichts der wissenschaftlichen Fundierung Sozialer Arbeit vergrößert das konstruktivistische Herangehen die denkbaren Optionen. Denn der Konstruktivismus öffnet vermeintlich eindeutige Beobachtungen, Beschreibungen, Erklärungen und Bewertungen der Kontingenz – der Möglichkeit also, dass immer auch anders beobachtet, beschrieben, erklärt und bewertet werden kann. Die damit einhergehende Öffnung und Flexibilisierung von Denk- und Handlungsprozessen ist womöglich ein Grund, der die Beliebtheit des systemisch-konstruktivistischen Paradigmas bei Sozialarbeiterinnen und Sozialarbeitern erklären kann.

2   Die Rezeption des Konstruktivismus in der Sozialen Arbeit: Strömungen, Richtungen, Traditionen

Im Theoriediskurs der Sozialen Arbeit ist eine erneute Debatte über die Bedeutung konstruktivistischer und systemtheoretischer Modelle für die sozialarbeiterische Profession und Disziplin entbrannt. Gleich in zwei auflagenstarken Zeitschriften, und zwar in *Soziale Arbeit* (vgl. Keck 2007; Kirchner 2007; Kleve 2007 a, 2008 a; Ostheimer 2008) und in *Neue Praxis* (vgl. Schumacher 2008; Ostheimer 2009), wurde jüngst darüber debattiert, welche praktischen und theoretischen Folgen die systemtheoretische und konstruktivistische Reflexion der Sozialen Arbeit haben

---

[1] Der so genannte ethische Imperativ Heinz von Foersters (1981: 60) lautet im Original: „Handle stets so, dass weitere Möglichkeiten entstehen."

könnte. Dabei fußt dieser aktuelle Diskurs auf einer Rezeptionsgeschichte konstruktivistischer Literatur, die Anfang der 1990er Jahre begann.

Seit dieser Zeit, so könnten wir Jochen Ostheimer zustimmen, ist die Bedeutung des Konstruktivismus „in der und für die Soziale Arbeit […] ein Dauerbrenner in der sozialarbeitswissenschaftlichen Diskussionslandschaft" (2009: 85). In zahlreichen Publikationen wird auf konstruktivistische Schlüsselwerke von so maßgeblichen Autoren wie Gregory Bateson, Humberto R. Maturana, Paul Watzlawick, Niklas Luhmann oder Heinz von Foerster verwiesen. Diese Bezüge können hier nicht ausführlich werden. Vielmehr geht es darum, die Entstehungskontexte des sozialarbeiterischen Diskurses über den Konstruktivismus darzustellen.

2.1 Der (familien-)systemische Konstruktivismus

Heino Hollstein-Brinkmann (1993) gehört zu den Pionieren der Konstruktivismusdebatte in der Sozialarbeit. Ein „wichtiger Ausgangspunkt" seiner Systemtheorie- und Konstruktivismusrezeption war seine „Weiterbildung und anschließende mehrjährige Praxis in systemischer Familienberatung" (ebd.: 13). Mit diesem Verweis auf eine familiensystemische Weiterbildung benennt Hollstein-Brinkmann nicht nur seinen Hintergrund; vielmehr ist dieser Herkunftskontext exemplarisch für viele Protagonisten des konstruktivistischen Diskurses in der Sozialen Arbeit. Auch die für die Entwicklung einer systemisch-konstruktivistischen Sozialen Arbeit wichtigen Autoren wie Wolf Ritscher (2002, 2006, 2007), Hans-Ulrich Pfeifer-Schaupp (1995) sowie Johannes Herwig-Lempp (2004) und Wilfried Hosemann (etwa Hosemann/Geiling 2005) kommen von der systemisch-konstruktivistischen Familientherapie und -beratung.

Mit diesem Hintergrund stehen diese Autoren beispielhaft für viele Sozialarbeiterinnen und Sozialarbeiter, die durch ihre Teilnahme an Weiterbildungen privater Institute der systemischen bzw. familientherapeutischen Praxis mit dem Konstruktivismus in Berührung kommen (siehe auch Beer 2003). Nach wie vor haben solche systemisch-konstruktivistischen Ansätze in der Praxis der Sozialen Arbeit Hochkonjunktur. Dies bestätigen Simone Kröner und Michael Böwer, wenn sie schreiben, dass die „Systemische Beratung und Therapie […] zur Zeit als die maßgebliche Ausbildungsrichtung [gilt]: In der Sozialen Arbeit wird sie vielerorts als Voraussetzung für eine erfolgreiche Bewerbung verlangt oder ist als Weiterbildung erwünscht" (2004: 30). Inzwischen hat Johannes Herwig-Lempp an der Hochschule Merseburg einen eigenständigen Weiterbildungs-Masterstudiengang „Systemische Sozialarbeit" etabliert, der für diese Theorie und Methodik qualifiziert. Einen ähnlichen, speziell auf die (ebenfalls auf den Konstruktivismus fußende) Lösungsorientierung des amerikanischen Sozialarbeiter- und Therapeutenpaares Steve de

Shazer und seiner Frau Insoo Kim Berg ausgerichteten Masterstudiengang hat Käthi Vögtli an der Fachhochschule Luzern erfolgreich entwickelt.

2.2 Der Aachener Konstruktivismus

Das Institut für Beratung und Supervision in Aachen, das Heinz J. Kersting bis zu seinem Tode im Jahre 2005 leitete, lässt sich als ein äußerst produktiver Ort der deutschen Debatte über einen sozialarbeiterischen Konstruktivismus bewerten. Dafür können mindestens drei Gründe angeführt werden: Zum einen war Kersting neben seiner Arbeit als Trainer in Fort- und Weiterbildungen der systemisch-konstruktivistischen Institutskurse (etwa in Familienberatung, Supervision und soziale Gruppenarbeit) Verleger des an das Institut angeschlossenen Kersting-Verlages. In diesem Verlag erschienen in den 1990er Jahren wichtige Bücher, die die Reichweite einer konstruktivistischen Theorie und Praxis der Sozialen Arbeit ausmaßen und zeigten, in welch kreativer Weise konstruktivistisches Denken die Soziale Arbeit und die Supervision, als eine Form der sozialarbeiterischen und – weiter gefasst: psycho-sozialen Selbstreflexion, befruchten kann (siehe Bardmann/Kersting/Vogel/Woltmann 1991; Bardmann/Kersting/Vogel 1992; Vogel/Bürger/Nebel/Kersting 1994; Bardmann/Hansen 1996; Kleve 1996; Bardmann 1997; Nebel/Woltmann-Zingsheim 1997; Kleve 1999).

Zum anderen war Kersting neben seiner Instituts- und Verlagsarbeit Professor für Soziale Arbeit an der Hochschule Niederrhein und dort zusammen mit seinen Kollegen Theodor M. Bardmann und Hans-Christoph Vogel Initiator eines regen und zahlreiche Studierende stark mitreißenden Diskurses über den Konstruktivismus. So prägten diese drei Professoren gleich mehrere Generationen von Studierenden der Sozialen Arbeit und gewannen sie für die konstruktivistische Erkenntnistheorie (siehe etwa Studiengruppe Sozialmanagement 1994).

Und schließlich war Kersting ein äußerst reger Netzwerker, der vielfältige Kontakte pflegte und diese nutzte, um seine Begeisterung für den Konstruktivismus weiterzutragen. So entstand beispielsweise die Onlineplattform „Das gepfefferte Ferkel" (benannt nach einem Kapitel aus *Alice im Wunderland* von Lewis Caroll), auf der in den Jahren 2002 bis 2007 konstruktivistische und systemtheoretische Beiträge erschienen, in denen das weite Feld der psycho-sozialen Praxis thematisiert wurde.

2.3 Der soziologisch-systemtheoretische Konstruktivismus

Dirk Baecker hat 1994 einen für den wissenschaftlichen Diskurs der Sozialen Arbeit folgenreichen Aufsatz veröffentlicht: „Soziale Hilfe als Funktionssystem der

Gesellschaft". Vor dem Hintergrund der Luhmann'schen Systemtheorie wird hier die Frage diskutiert, ob soziale Hilfe, wozu auch Sozialarbeit und Sozialpädagogik gezählt werden, inzwischen ein eigenständiges Funktionssystem der Gesellschaft bilde. Baecker beantwortet diese Frage positiv und erläutert, was dies auf den Ebenen der Interaktion, Organisation und gesellschaftlichen Verortung der Sozialen Arbeit heißt. Neben der gesellschaftstheoretischen Diskussion fundiert Baecker eine konstruktivistische Interventionstheorie der Sozialen Arbeit, welche die praktischen Folgen ernst nimmt, die die Theorie der Autopoiesis hinsichtlich der Reflexion von Möglichkeiten und Grenzen sozialarbeiterischer Einflussnahme eröffnet. Baeckers Ausführungen, die von Roland Merten (1998) in einen Sammelband aufgenommen wurden, der Klassiker zur Positionsbestimmung der Sozialen Arbeit vereint, ist Grundlage einer in ihrer Lebhaftigkeit etwas abgeebbten, aber anhaltenden Debatte, in der die gesellschaftliche Stellung der Sozialen Arbeit sowie ihre Chancen hinsichtlich gezielter und erfolgreicher Interventionen ausgelotet werden (siehe vor allem Fuchs/Schneider 1995; Bommes/Scherr 1996; Kleve 1997 sowie aktuell Maaß 2009).

2.4 Der machtanalytische Konstruktivismus

Eine kontinuierliche Kritikerin des sozialarbeiterischen Konstruktivismus ist Silvia Staub-Bernasconi. Die Sozialarbeitswissenschaftlerin, die selbst für einen systemtheoretischen, aber nicht-konstruktivistischen Ansatz steht (siehe Staub-Bernasconi 2007), problematisiert unter anderem die vermeintliche „Machtblindheit" der systemisch-konstruktivistischen Perspektive der Sozialen Arbeit. Dass dieser Generalvorwurf so nicht zutrifft, wird mit der Arbeit von Björn Kraus (2002) deutlich. Kraus kommt das Verdienst zu, die Machtthematik im Rahmen seiner konstruktivistischen Position diskutiert sowie eine konstruktivistische Machttheorie für die Soziale Arbeit konzeptualisiert zu haben (siehe auch Kraus/Krieger 2007). Kraus unterscheidet zwei Machttypen, die instruktive Macht und die destruktive Macht (vgl. ebd.). Demnach bezeichnet instruktive Macht die Chance, das Verhalten oder Denken von Menschen zu beeinflussen – was allerdings vom Eigensinn der Menschen abhängt und aus konstruktivistischer Sicht eher eine Selbstanpassung des vermeintlich beeinflussten Systems offenbart. Im Gegensatz dazu meint destruktive Macht die Chance, die Möglichkeiten von Menschen zu verringern, was so weit gehen kann, dass die Existenzgrundlagen (etwa der biologischen Autopoiesis) zerstört werden.

3 Anwendungseffekte und Veränderungen der Perspektive

Die Rezeption des systemtheoretischen Konstruktivismus ermöglicht der Sozialen Arbeit zweierlei: zum einen die wissenschaftliche, vor allem transdisziplinäre Fundierung klassischer sozialarbeiterischer Grundpostulate und zum anderen die erkenntnistheoretische Reflexion des sozialarbeiterischen Geschehens.

3.1 Fundierung klassischer Grundpostulate der Sozialen Arbeit

In der Sozialen Arbeit haben sich bestimmte Grundpostulate und Allgemeinplätze etabliert, die jeder Praktiker kennt und auf welche er sein Handeln ausrichtet. Diese Annahmen sind, dass Soziale Arbeit auf Hilfe zur Selbsthilfe hinaus laufen sollte, dass Sozialarbeiter Menschen nicht verändern können, sondern lediglich die Möglichkeit haben, ihre eigenen Handlungen zu modifizieren, sollten diese in der Interaktion mit den Klienten nicht förderlich, hinsichtlich von Problemlösungen nicht erfolgreich sein und, dass der Erfolg Sozialer Arbeit von den realisierten Möglichkeiten abhängt, soziale Kommunikationsprozesse zu stiften. Diese Grundpostulate zirkulieren nicht nur in den praktischen Diskursen und Selbstvergewisserungen (z. B. in Supervisionen), sondern fanden auch Einzug in wissenschaftliche Reflexionen und rechtliche Fundierungen (etwa in Gesetzen) hinsichtlich sozialarbeiterischer Prozesse (siehe etwa Ackermann 2007: 14 ff.).

Mit dem Konstruktivismus wird die Sozialarbeitswissenschaft – möglicherweise besser als mit anderen theoretischen Perspektiven – in die Lage versetzt, diese Grundpostulate wissenschaftlich zu begründen, und dies sogar in transdisziplinärer, also über die relevanten Einzel- bzw. Bezugswissenschaften (etwa Psychologie, Pädagogik, Soziologie, Politologie) hinausreichender Weise. Durch den konstruktivistischen Ansatz scheint für die Soziale Arbeit etwas möglich zu sein, was immer wieder versucht, aber häufig (zumindest aus Sicht der praktizierenden Fachkräfte) nur unzureichend geschafft wurde (vgl. Herwig-Lempp 2003): eine wissenschaftliche und zugleich an die Erfahrungen der Praxis anschlussfähige Begründung des komplexen sozialarbeiterischen Geschehens mit seinen vielfältigen und kaum auf einen Nenner zu bringenden Aufgaben. Offenbar erlauben konstruktivistische Theoreme, die praktische Komplexität des sozialarbeiterischen Geschehens und die Kontingenz der Abläufe und Ereignisse passend abzubilden und zu erklären.

Somit erscheinen die konstruktivistischen Basistheoreme wie *Autopoiesis*, *strukturelle Koppelung* und *Kontingenz* grundlegend. Ausgehend vom biologischen Konstruktivismus Humberto R. Maturanas und generalisiert durch die sozialwissenschaftliche Systemtheorie Niklas Luhmanns sind diese Theoreme im sozialarbeitswissenschaftlichen Diskurs richtungsweisend eingeflossen (siehe grundlegend Hollstein-Brinkmann 1993; Pfeiffer-Schaupp 1995; Kleve 1996; Hosemann/ Geiling 2005). Insbesondere mit Niklas Luhmann (1984) werden die drei zentralen Systeme, mit denen Soziale Arbeit in ihrer generalistischen, klassisch gesprochen „ganzheitlichen", Ausrichtung zu tun hat – biologische Systeme (Körper), psychische Systeme (Bewusstseinssysteme) und soziale Systeme (insbesondere Interaktionen, Organisationen, Funktionssysteme, soziale Bewegungen und die Gesellschaft) – als autopoietische, miteinander strukturell gekoppelte und hinsichtlich ihres Verhaltens kontingente Systeme verstanden. Dies hat weitreichende Auswirkungen auf die Frage, wie derartige Systeme überhaupt noch zielgerichtet beeinflusst werden können (vgl. grundlegend dazu Bardmann et al. 1991). Bei genauer Betrachtung wird allerdings das deutlich, was bereits skizziert wurde: dass diese konstruktivistischen Theoriestücke die klassischen oben erwähnten Grundannahmen der Sozialen Arbeit wissenschaftlich begründen können, dass Hilfe nur Hilfe zur Selbsthilfe sein kann, dass Menschen oder soziale Systeme (etwa Familien, Gruppen oder Organisationen) nicht zielgerichtet von anderen Menschen verändert werden können und dass es darauf ankommt, zwischen solchen Systemen Kommunikationen zu initiieren.

So verdeutlicht das Theorem der Autopoiesis, dass wir biologische, psychische und soziale Systeme als selbstreferentiell-geschlossen verstehen können, dass also die internen Operationen des Systems (etwa Lebensprozesse für das Körper- bzw. organismische System, Bewusstseinsprozesse für das psychische System und Kommunikationsprozesse für das Sozialsystem) einen internen Zirkel vollführen und – zumindest solange sich das System reproduziert – immer wieder an Operationen desselben Typs anschließen und sich damit in einer Umwelt von dieser Umwelt differenzieren. Systembildung in diesem Sinne wird durch zweierlei möglich, zum einem durch einen permanenten Prozess der Differenzbildung, der das System von der Umwelt abhebt und zum anderen durch einen damit einhergehenden Prozess der operationalen Schließung des Systems. Zur Umwelt gehören (auch) die jeweils anderen autopoietischen Systeme – mehr noch: Die autopoietischen Systeme Körper, Psyche und Sozialsystem setzen sich wechselseitig voraus. Keines dieser Systeme kann sich, ohne die „Existenz" der anderen Systeme vorauszusetzen, ausdifferenzieren und seine systemische Reproduktion sichern. Niklas Luhmann hat dieses wechselseitige Sich-Voraussetzen, dieses Aufeinander-Angewiesen-Sein ursprünglich als *Interpenetration* (vgl. Luhmann 1984: 286 ff.) und später in Anlehnung an Humberto R. Maturana als strukturelle Koppelung (vgl. Luhmann 1997: 92 ff.) bezeichnet.

Über die strukturelle Koppelung können Systeme sich wechselseitig zu eigenen Operationen anregen. Die Psyche wird beispielsweise über die Koppelung mit sozialen Systemen, in denen Kommunikationen zirkulieren, zu Gedanken angeregt. Aber diese Gedanken können von den sozialen Kommunikationen nicht determiniert, nicht zielgerichtet beeinflusst werden. Das Bewusstsein lässt sich kommunikativ lediglich zum Denken anstoßen. Dies gilt umgekehrt genauso: Kommunikationen lassen sich von Gedanken nicht steuern, sondern können von diesen lediglich stimuliert werden. Die jeweiligen Operationen verlassen ihre systemischen Einheiten jeweils nicht: Gedanken verbleiben in der Psyche, und Kommunikationen verbleiben im Sozialsystem. Obwohl die Psyche und das soziale Kommunikationssystem im selben Medium operieren, nämlich (etwa mit der Sprache) im Medium des Sinns, ist kein Transfer von Kommunikationen in die Psyche und von Gedanken in die Kommunikation möglich. Noch einmal anders formuliert: die Psyche kann Kommunikationen nicht direkt, sondern nur gedanklich aufnehmen; und die Kommunikation kann Gedanken nicht direkt, sondern nur kommunikativ aufnehmen.

Kommunikation kann somit auch als etwas verstanden werden, das deshalb anläuft, weil Menschen sich nicht in die Köpfe schauen und keine Gedanken austauschen können. Sie können sich nur in der Art aufeinander beziehen, dass sie beobachten, wie die anderen (sie) beobachten, wie sie sich verhalten, wie sie handeln und sprechen. Sobald derartige wechselseitige Beobachtungsverhältnisse anlaufen, differenziert sich das soziale Kommunikationssystem, hebt es sich ab von den Psychen und Körpern, an deren Strukturen es gekoppelt, aber operational von diesen unterschieden bleibt.

Kommunikationen können Psychen und Körper zu eigenen Operationen anregen. *Dies ist für die Soziale Arbeit die einzige Möglichkeit das zu erreichen, was sie als professionelle Praxis letztlich intendiert: die Veränderung von Menschen und sozialen Systemen.* Derartige Veränderungsprozesse lassen sich hinsichtlich ihres Erfolgs zwar nicht berechnen, bestimmen oder determinieren. Aber dennoch lässt sich die Wahrscheinlichkeit, dass sozialarbeiterische Kommunikationsangebote erfolgreich werden, erhöhen. Genau auf dieses Thema bezieht sich die reichhaltige sozialarbeiterische Methoden- und Praxisliteratur, die eine Vielzahl von Möglichkeiten offeriert, wie Sozialarbeiterinnen und Sozialarbeiter versuchen können, erfolgreicher als bisher zu agieren (vgl. etwa Pfeifer-Schaupp 2002). Freilich ist diesbezüglich entscheidend, wie „Erfolg" überhaupt definiert wird.

Hier schließt sich der Kreis: Erfolg in der Sozialen Arbeit ist, wenn tatsächlich erreicht wurde, dass Menschen sich im Rahmen ihrer Möglichkeiten, durchaus (noch) unterstützt von der Sozialen Arbeit, (wieder) selber helfen können und wenn sie dazu ihre eigenen Potenziale der Selbständerung zu nutzen erfahren und gelernt haben. Dies setzt voraus, dass sozialarbeiterische Prozesse im Rahmen der sozialen (etwa gesetzlichen) Kontexte ergebnisoffen angelegt, dass die „autopoietische Eigensinnigkeit" der Klienten tatsächlich akzeptiert und hinsichtlich ihrer Dynamik nicht nur zugelassen, sondern auch gefördert wird.

3.2 Erkenntnistheoretische Reflexion des sozialarbeiterischen Geschehens

In erster Linie ist der Konstruktivismus freilich eine erkenntnistheoretische Perspektive, die die psychischen und sozialen Prozesse der Wirklichkeitskonstruktion beobachtet, beschreibt und erklärt. Diesbezüglich wurden auch in der Sozialen Arbeit – zumeist über die Rezeption der Schriften von Niklas Luhmann (etwa 1990) – die differenztheoretischen Ansätze von Gregory Bateson und George Spencer-Brown aufgegriffen (siehe dazu etwa Bardmann 1997; Kleve 1996).

Mit Bateson (1981 [1972]) kann Wirklichkeitskonstruktion als Prozess der Informationserzeugung verstanden werden – wobei Informationen als von Systemen beobachtete Unterschiede definiert werden, die im System zu Unterschieden hinsichtlich der weiteren Operationen führen. Demnach ist eine Information ein Unterschied, der einen Unterschied macht. Nach Spencer-Brown (1997 [1969]) lässt sich die Konstruktion von Wirklichkeit als ein Unterscheiden und Bezeichnen verstehen. Sobald eine Unterscheidung, etwa zwischen einer Innenseite und einer Außenseite, zwischen System und Umwelt oder zwischen Problem und Lösung bezeichnet wurde, kann es mit weiteren Bezeichnungen *entweder* auf der einen *oder* der anderen Seite weiter gehen – aber nicht auf beiden Seiten zugleich. Denn das Wechseln der Unterscheidungsseite kostet Zeit, kann also erfolgen, aber nacheinander.

In der Sozialen Arbeit wird dieses differenztheoretische Denken ganz praktisch, etwa in der professionellen Selbstreflexion (z. B. der Supervision), aber auch in der wissenschaftlich-theoretischen Selbstvergewisserung und Selbstkritik genutzt (siehe etwa Kersting 2002). Diesbezüglich geraten mindestens zwei Fragen in den Blick, und zwar zum einen, wie in der Sozialen Arbeit über das Benutzen von sprachlichen/begrifflichen Unterscheidungen Wirklichkeiten (etwa in Beratungsgesprächen, Berichten oder in Aktenvermerken) konstruiert werden und zum anderen wie sich diese Wirklichkeitskonstruktionen im Sinne des sozialarbeiterischen Auftrags, der Hilfe zur Selbsthilfe, konstruktiv gestalten lassen.

Hinsichtlich der Praxis der Sozialen Arbeit scheint hier eine Gestaltungsmacht auf, die der sozialarbeiterischen Kommunikation zukommt: *In Abhängigkeit davon, wie sprachliche Unterscheidungen getroffen werden, werden bestimmte weitere Optionen ermöglicht (eingeschlossen) und andere ausgeschlossen.* Besonders einflussreich ist in dieser Hinsicht die lösungsorientierte Beratung nach Steve de Shazer und Insoo Kim Berg (siehe etwa de Jong/Berg 2002). Denn diese konstruktivistische Beratungsform (vgl. de Shazer 1992) arbeitet sehr differenziert und konstruktiv-gestalterisch mit dem Wechseln von Unterscheidungen. Klassische Soziale Arbeit ist – wie jede andere sozial- oder psychotherapeutische Praxis – problemorientiert, sie setzt an den von den Klienten oder anderen Beteiligten beobachteten und als solche bewerteten Problemen an und versucht dabei zu unterstützen, diese zu lösen. Für den Beginn einer sozialarbeiterischen Hilfe ist dies sicherlich nicht nur nützlich, sondern auch notwendig, setzt doch die Finanzierung Sozialer Arbeit, die über sozialrechtliche Ansprüche der Klienten realisiert wird, die individuelle oder familiäre Problemidentifizierung bzw. – konstruktivistisch formuliert – Problemzuschreibung voraus.

Allerdings wird dieses Problematisieren dann selbst zum Problem, wenn es dazu führt, dass sich die Unterscheidung Problem/Lösung auf der Problemseite verfestigt, dass nur noch auf der Seite „Problem" mit weiteren Unterscheidungen angeschlossen wird. De Shazer und Berg haben Gesprächsführungstechniken entwickelt, die es erlauben, die Unterscheidungsseite bzw. die Aufmerksamkeitsfokussierung in Beratungsgesprächen geschickt und mit nachhaltigen Wirkungen zu wechseln. Die so genannte *Wunderfrage*[2] und die *Frage nach Ausnahmen*[3] ermöglichen es, sowohl hinsichtlich der Zukunft als auch mit Blick auf die Vergangenheit statt auf Probleme und Defizite zu schauen, Lösungen und Ressourcen sichtbar zu machen (vgl. auch Sparrer 2007).

Während des sozialarbeiterischen Beratungsgesprächs wird es so möglich, eine problemfreie Zukunft zu konstruieren, die wie nach einem Wunder plötzlich aufzuscheinen beginnt. Die Erfahrung ist, dass durch eine solche Frage und durch das Gespräch, das nach der Frage möglich wird, sich die Wahrscheinlichkeit tatsächlich erhöht, dass Klienten für sich passende Lösungen entwickeln (vgl. de Shazer/Dolan 2008). Die Frage nach Ausnahmen fokussiert nun hinsichtlich der Vergangenheit Lösungen statt Probleme. Klienten werden eingeladen, sich zu erinnern, wann ihre Probleme nicht auftraten, obwohl sie von ihnen möglicherweise erwartet wurden. Diese Zeiten und Situationen werden nun ausführlich und intensiv exploriert.

Dieser kurze Ausflug in die lösungsorientierte sozialarbeiterische Gesprächsführung zeigt, wie durch eine veränderte sprachliche Aufmerksamkeitsfokussierung mit anderen Unterscheidungsanschlüssen als problematisch bewertete Wirklichkeiten aufgestört, konstruktiv irritiert werden können. Grundsätzlich lässt sich sozialarbeiterische Intervention als eine gezielte Störung einer problematisch gewordenen Wirklichkeit verstehen (vgl. Kersting 1991). Eine solche Intervention hat bestenfalls das Potenzial, die Komplexität, also die Vielfalt der Möglichkeiten eines Systems (wieder) zu erhöhen. Freilich wird diese Komplexität in nachfolgen-

---

[2] Als Beispiel dient hier Wunderfrage in einer Version von Steve de Shazer: „Ich möchte jetzt eine ungewöhnliche Frage stellen. Stellen Sie sich vor, während Sie heute nacht schlafen und das ganze Haus ruhig ist, geschieht ein Wunder. Das Wunder besteht darin, dass das Problem, das Sie hierher geführt hat, gelöst ist. Allerdings wissen Sie nicht, dass das Wunder geschehen ist, weil Sie ja schlafen. Wenn Sie also morgen früh aufwachen, was wird dann anders sein, das Ihnen sagt, dass ein Wunder geschehen ist und das Problem, das Sie hierher geführt hat, gelöst ist?" (zitiert nach de Jong/Berg 2002: 139).

[3] Als Beispiel zwei mögliche Fragen nach Ausnahmen in Anlehnung an de Jong und Berg (2002: 162 ff.): „Gab es in den letzten Tagen, Wochen oder Monaten Zeiten, in denen das Problem nicht aufgetreten ist oder weniger schlimm war?" Oder: „Angenommen ich würde Ihren Partner, Ihre Kinder oder Ihre beste Freundin fragen, ob Sie in letzter Zeit bessere Tagen erlebten, was denken Sie, was würden diese Personen sagen?"

den systeminternen Prozessen wieder reduziert – jetzt aber bestenfalls in anderer, nicht als problematisch bewerteter Weise.

4 Entwicklung und Ausblick

Abschließend soll ein Blick auf zwei Entwicklungen geworfen werden, die sich derzeit anzubahnen scheinen und die ebenfalls auf konstruktivistische Einflüsse zurückzuführen sind. Einerseits lässt sich eine verstärkte Auseinandersetzung mit dem Konzept der Identität nachweisen, andererseits gewinnt die Praxis der systemischen Strukturaufstellungen in der Sozialen Arbeit an Bedeutung.

4.1 Die offene Identitätskonstruktion Sozialer Arbeit

Wie Peter Pantucek (2007: 38) treffend formuliert, ist die Frage nach der Identität der Sozialen Arbeit ein „Evergreen". Trotz aller möglichen Bestimmungsversuche hinsichtlich der Frage, was denn nun das Eigentliche der Sozialen Arbeit sei, bleibt die „professionelle Identität […] notorisch ungeklärt" (ebd.). Bereits Mitte der 1990er Jahre hat Theodor M. Bardmann (1996; siehe vertiefend dazu Kleve 2000) mit Hilfe einer von Heinz von Foerster inspirierten Umdeutung vorgeschlagen, die offene Identität der Sozialen Arbeit, die er „Eigenschaftslosigkeit" nennt, zu akzeptieren – mehr noch: diese genau als das zu werten, was sie in der modernen Gesellschaft, aus der die Soziale Arbeit nicht mehr wegzudenken ist (vgl. Züchner 2007), erscheint: *als funktional*. Denn die offene Identität der Sozialen Arbeit, die Offenheit der präzisen Antwort auf die Frage, was der Kern, das Proprium der Sozialen Arbeit sei, hält diese gesellschaftliche Praxis flexibel für die Wechsellagen und Dynamiken gesellschaftlicher Probleme, auf welche sich Sozialarbeiter beziehen.

In empirischen Studien haben sich Thomas Harmsen (2004) und Jan Kruse (2004) der Identitätsfrage der Sozialen Arbeit angenommen und interviewten Sozialarbeiterinnen und Sozialarbeiter auf der Grundlage qualitativer Forschungsdesigns. Nach Auswertung des Materials kommen beide zu dem Schluss, dass die Ungeklärtheit der sozialarbeiterischen Identität offenbar eine Normalität ist, die zwar vielerorts negativ konnotiert, aber kaum erfolgreich in Richtung einer eindeutigen Identitätsbestimmung transformiert werden kann. Auf der Grundlage konstruktivistischer und postmoderner Theorieelemente rahmen die beiden Autoren diese Phänomene jedoch neu: Identität könne grundsätzlich als ein Konstrukt verstanden werden, das – zumindest in der Sozialen Arbeit – von Kontext zu Kontext immer wieder neu geklärt und erschaffen werden müsse. Was Sozialarbeiterinnen und Sozialarbeiter demnach lernen müssten, wäre nicht die Fixierung einer festen und dauerhaften Selbstbeschreibung, sondern das flexible Arrangieren von situativ und kontextuell abhängigen Identitätskonstrukten (vgl. Kleve 2009).

4.2 Theorie und Praxis systemischer Strukturaufstellungen in der Sozialen Arbeit

Seit einigen Jahren betreiben Matthias Varga von Kibéd und Insa Sparrer eine Weiterentwicklung des systemisch-konstruktivistischen Denkens, die sie als Theorie und Praxis der Systemischen Strukturaufstellungen bezeichnen und die für die Soziale Arbeit sehr gewinnbringend aufgegriffen werden kann (vgl. Kleve 2008 b). Der Ausgangspunkt von Varga von Kibéd und Sparrer (2009) ist, analog der Sozialen Arbeit, das Problem und seine Lösung. Sie vertreten die Auffassung, dass ein Problem als eine systemische Struktur verstanden bzw. genauer gesagt: als eine solche konstruiert werden kann, die sich aus miteinander in Wechselwirkung stehender Elemente zusammensetzt. Wenn wir die Elemente dieser Struktur kennen, dann können wir auch anfangen, sie so zu verändern, dass sich die Problemstruktur bestenfalls in eine Lösungsstruktur transformiert. Wobei das Benennen der Elemente nicht bedeutet, dass es diese „wirklich" gibt, sondern nur, dass es sich für das Finden und Erreichen von selbstbestimmten Lösungen als äußerst brauchbar („viabel") erwiesen hat, so zu tun, als ob das Problem in dieser Weise strukturiert ist.

Neben der Idee der Problemstruktur bietet dieser Ansatz ein Modell zu Reflexion und Entfaltung von Ambivalenzen bzw. Dilemmata, nämlich die Tetralemma-Struktur. Das Tetralemma-Modell eignet sich hervorragend für die Soziale Arbeit, weil es sie mit einem Verfahren ausstattet, dass es erlaubt, die zahlreichen sozialarbeiterischen Ambivalenzen (vgl. dazu etwa Kleve 1999, 2007 b) nicht nur konstruktiv zu reflektieren, sondern bearbeitbar zu machen und bestenfalls in nützliche Perspektiven und neue Optionen zu verwandeln. Denn die Idee des Tetralemmas besteht darin, dass wir in ambivalenten oder Dilemma-Situationen oft einer Entweder-Oder-Logik folgen. Gerade das abendländische Denken ist geprägt vom Entweder-Oder-Prinzip. Bei Konflikten zwischen dem Einen und dem Anderen glauben wir häufig, dass sich entweder das Eine oder das Andere durchsetzen müsse. Angesichts dieser Logik werden unsere Perspektiven in einem Tunnelblick gefangen, wir pendeln dann hin und her. Das Tetralemma offeriert die Möglichkeit, dass es dritte, vierte und fünfte Wege jenseits des Entweder-Oder geben kann.

Der dritte Weg (die Position „Beides") resultiert aus der Idee, dass es in vielfältigen Formen möglich ist, übersehene Vereinbarkeiten zwischen dem Einen und dem Anderen zu finden, um so beiden Seiten gerecht zu werden. Der vierte Weg (die Position „Keines von Beiden") folgt der Überzeugung, dass es hilfreich sein kann, nach den übersehenen Kontexten zu fragen, die den Konflikt zwischen dem

Einen und dem Anderen tangieren, die also auch noch wichtig sind oder vielleicht sogar Ausgangspunkt der Ambivalenz waren. Der fünfte Weg – eine durch den Buddhismus inspirierte Position – wird schließlich „all dies nicht – und selbst das nicht" genannt. Wer den Buddhismus ein wenig kennt, der weiß, dass in dieser Geisteshaltung das Prinzip des Nichtanhaftens wichtig ist. Und genau das wird uns hier offeriert, eine Position der Kontingenz: Es kann alles auch noch ganz anders sein. Lösungen kommen womöglich auch aus Richtungen, aus denen wir es nicht vermuten.

Literatur

Ackermann, Timo (2007): Fallstricke Sozialer Arbeit. Systemtheoretische, psychoanalytische und marxistische Perspektiven. Heidelberg: Carl-Auer-Systeme.
Baecker, Dirk (1994): Soziale Hilfe als Funktionssystem der Gesellschaft. In: Zeitschrift für Soziologie. 23. Jg. H. 2. S. 93–110.
Bardmann, Theodor M. (1996): Eigenschaftslosigkeit als Eigenschaft. Sozialarbeit im Lichte der Kybernetik des Heinz von Foerster. In: Theodor M. Bardmann/Sandra Hansen: Die Kybernetik der Sozialarbeit. Ein Theorieangebot. Aachen: Kersting. S. 15–33.
Bardmann, Theodor M. (1997): Unterscheide! Konstruktivistische Perspektiven in Theorie und Praxis. Aachen: Kersting.
Bardmann, Theodor M./Heinz J. Kersting/Hans-Christoph Vogel/Bernd Woltmann (1991): Irritation als Plan. Konstruktivistische Einredungen. Aachen: Kersting.
Bardmann, Theodor M./Heinz J. Kersting/Hans-Christoph Vogel (1992): Das gepfefferte Ferkel. Lesebuch für Sozialarbeiter und andere Konstruktivisten. Aachen: Kersting.
Bardmann, Theodor M./Sandra Hansen (1996): Die Kybernetik der Sozialarbeit. Ein Theorieangebot. Aachen: Kersting.
Bateson, Gregory (1981): Ökologie des Geistes. Anthropologische, psychologische, biologische und epistemologische Perspektiven. (1972) Frankfurt am Main: Suhrkamp.
Beer, Daniela (2003): Burnout als Berufsziel? Konstruktivistische Sozialarbeitswissenschaft als Anregung für eine Neuorientierung in der Ausbildung. Heidelberg: Carl-Auer-Systeme.
Bommes, Michael/Albert Scherr (1996): Exklusionsvermeidung, Inklusionsvermittlung und/oder Exklusionsverwaltung. Zur gesellschaftstheoretischen Bestimmung Sozialer Arbeit. In: Neue Praxis. 26. Jg. H. 2. S. 107–123.
De Jong, Peter/Insoo Kim Berg (2002): Lösungen (er)finden. Das Werkstatthandbuch der lösungsorientierten Kurztherapie. Dortmund: verlag modernen lernen.
De Shazer, Steve (1992): Das Spiel mit Unterschieden. Wie therapeutische Lösungen lösen. Heidelberg: Carl-Auer-Systeme.
De Shazer, Steve/Yvonne Dolan (2008): Mehr als ein Wunder. Lösungsfokussierte Kurztherapie heute. Heidelberg: Carl-Auer-Systeme.
Foerster, Heinz von (1981): Das Konstruieren einer Wirklichkeit. In: Watzlawick, Paul (Hrsg.): Die erfundene Wirklichkeit. Wie wissen wir, was wir zu wissen glauben? Beiträge zum Konstruktivismus. München: Piper. S. 39–60.
Fuchs, Peter/Dietrich Schneider (1995): Das Hauptmann-von-Köpenick-Syndrom. Überlegungen zur Zukunft funktionaler Differenzierung. In: Soziale Systeme. 1. Jg. H. 2. S. 203–224.
Harmsen, Thomas (2004): Die Konstruktion der professionellen Identität in der Sozialen Arbeit. Theoretische Grundlagen und empirische Befunde. Heidelberg: Carl-Auer-Systeme.
Herwig-Lempp, Johannes (2003): Welche Theorie braucht Soziale Arbeit? In: Sozialmagazin. 28. Jg. H. 2. S. 12–21.

Herwig-Lempp, Johannes (2004): Ressourcenorientierte Teamarbeit. Systemische Praxis der kollegialen Beratung. Ein Lern- und Übungsbuch. Göttingen: Vandenhoeck & Ruprecht.

Hollstein-Brinkmann, Heino (1993): Soziale Arbeit und Systemtheorien. Freiburg im Breisgau: Lambertus.

Hosemann, Wilfried/Wolfgang Geiling (2005): Einführung in die systemische Soziale Arbeit. Freiburg im Breisgau: Lambertus.

Keck, Andreas (2007): Alles im System? Ein kritischer Beitrag zur Systemtheorie. In: Soziale Arbeit. 56. Jg. H. 1. S. 22–25.

Kersting, Heinz J. (1991): Intervention. Die Störung unbrauchbarer Wirklichkeiten. In: Theodor M. Bardmann/Heinz J. Kersting/Hans-Christoph Vogel/Bernd Woltmann (Hrsg.): Irritation als Plan: Konstruktivistische Einredungen. Aachen: Kersting. S. 108–133.

Kersting, Heinz (2002): Zirkelzeichen. Supervision als konstruktivistische Beratung. Aachen: Kersting.

Kirchner, Andreas (2007): Die Systemtheorie und der Mensch. Alles im System beschreibbar: Anmerkungen zu einer theoretischen Debatte. In: Soziale Arbeit. 56. Jg. H. 4. S. 378–384.

Kleve, Heiko (1996): Konstruktivismus und Soziale Arbeit. Die konstruktivistische Wirklichkeitsauffassung und ihre Bedeutung für die Sozialarbeit/Sozialpädagogik und Supervision. Aachen: Kersting.

Kleve, Heiko (1997): Soziale Arbeit zwischen Inklusion und Exklusion. In: Neue Praxis. 27. Jg. H. 5. S. 412–432.

Kleve, Heiko (1999): Postmoderne Sozialarbeit. Ein systemtheoretisch-konstruktivistischer Beitrag zur Sozialarbeitswissenschaft. Aachen: Kersting.

Kleve, Heiko (2000): Die Sozialarbeit ohne Eigenschaften. Fragmente einer postmodernen Professions- und Wissenschaftstheorie Sozialer Arbeit. Freiburg im Breisgau: Lambertus.

Kleve, Heiko (2007 a): Unsystematisch systemisch. Soziale Arbeit als widersprüchliche Profession und Disziplin. In: Soziale Arbeit. 56. Jg. H. 1. S. 25–27.

Kleve, Heiko (2007 b): Ambivalenz, System und Erfolg. Provokationen postmoderner Sozialarbeit. Heidelberg: Carl-Auer-Systeme.

Kleve, Heiko (2008 a): Der Mensch der Sozialarbeit. Zur Unbestimmbarkeit eines Platzhalters – eine systemtheoretische Reflexion. In: Soziale Arbeit. 57. Jg. H. 4. S. 140–145.

Kleve, Heiko (2008 b): Vom Einschließen des Ausgeschlossenen. Systemische Aufstellungsarbeit und ihr Nutzen für die Theorieentwicklung Sozialer Arbeit. In: Sozialmagazin. 33. Jg. H. 3. S. 43–53.

Kleve, Heiko (2009): Ein Evergreen der Verunsicherung. Professionelle Identität in der Sozialen Arbeit – von der Moderne zur Postmoderne. In: Brigitte Geißler-Piltz/Susanne Gerull (Hrsg.): Soziale Arbeit im Gesundheitswesen. Wissen, Expertise und Identität in multiprofessionellen Settings. Opladen: Budrich UniPress. S. 109–120.

Kraus, Björn (2002): Konstruktivismus, Kommunikation, Soziale Arbeit. Radikalkonstruktivistische Betrachtungen zu den Bedingungen des sozialpädagogischen Interaktionsverhältnisses. Heidelberg: Carl-Auer-Systeme.

Kraus, Björn/Wolfgang Krieger (Hrsg.) (2007): Macht in der Sozialen Arbeit. Interaktionsverhältnisse zwischen Kontrolle, Partizipation und Freisetzung. Lage: Jacobs.

Kröner, Sabine/Michael Böwer (2004): Fortbildungen für SozialarbeiterInnen. Systemische Beratung/Therapie. In: Forum sozial. H. 3. S. 30–31.

Kruse, Jan (2004): Arbeit und Ambivalenz. Die Professionalisierung Sozialer und Informatisierter Arbeit. Bielefeld: transcript.

Luhmann, Niklas (1984): Soziale Systeme. Grundriß einer allgemeinen Theorie. Frankfurt am Main: Suhrkamp.

Luhmann, Niklas (1990): Die Wissenschaft der Gesellschaft. Frankfurt am Main: Suhrkamp.

Luhmann, Niklas (1997): Die Gesellschaft der Gesellschaft. Frankfurt am Main: Suhrkamp.

Maaß, Olaf (2009): Die Soziale Arbeit als Funktionssystem der Gesellschaft. Heidelberg: Carl-Auer-Systeme.

Merten, Roland (Hrsg.) (1998): Sozialarbeit – Sozialpädagogik – Soziale Arbeit. Begriffsbestimmungen in einem unübersichtlichen Feld. Freiburg im Breisgau: Lambertus.

Nebel, Georg/Bernd Woltmann-Zingsheim (Hrsg.) (1997): Werkbuch für das Arbeiten mit Gruppen. Aachen: Kersting.

Ostheimer, Jochen (2008): Kritik am System – im System? Zur Debatte um die Funktion der Systemtheorien in der Sozialen Arbeit. In: Soziale Arbeit. 57. Jg. H. 4. S. 146–150.

Ostheimer, Jochen (2009): Die Realität der Konstruktion. Zur Konstruktivismus-Debatte in der Sozialen Arbeit. In: Neue Praxis. 39. Jg. H. 1. S. 85–93.

Pantucek, Peter (2007): Sozialraumorientierung und Professionalisierung. Eine österreichische Perspektive. In: Dieter Haller/Wolfgang Hinte/Bernhard Kummer (Hrsg.): Jenseits von Tradition und Postmoderne. Sozialraumorientierung in der Schweiz, Österreich und Deutschland. Weinheim/München: Juventa. S. 38–49.

Pfeifer-Schaupp, Hans-Ulrich (1995): Jenseits der Familientherapie. Systemische Konzepte in der Sozialen Arbeit. Freiburg im Breisgau: Lambertus.

Pfeifer-Schaupp, Hans-Ulrich (Hrsg.) (2002): Systemische Praxis. Modelle – Konzepte – Perspektiven. Freiburg im Breisgau: Lambertus.

Ritscher, Wolf (2002): Systemische Modelle für die Soziale Arbeit. Ein integratives Lehrbuch für Theorie und Praxis. Heidelberg: Carl-Auer-Systeme.

Ritscher, Wolf (2006): Einführung in die systemische Soziale Arbeit mit Familien. Heidelberg: Carl-Auer-Systeme.

Ritscher, Wolf (2007): Soziale Arbeit: systemisch. Ein Konzept und seine Anwendung. Göttingen: Vandenhoeck & Ruprecht.

Schumacher, Thomas (2008): Konstruktion und Wirklichkeit. Von Sinn und Unsinn einer konstruktivistischen Erkenntnishaltung in der Sozialen Arbeit. In: Neue Praxis. 38. Jg. H. 3. S. 287–295.

Sparrer, Insa (2007): Einführung in Lösungsfokussierung und Systemische Strukturaufstellungen. Heidelberg: Carl-Auer-Systeme.

Spencer-Brown, George (1997): Laws of Form. Gesetze der Form. (1969) Lübeck: Bohmeier.

Staub-Bernasconi, Silvia (2007): Soziale Arbeit als Handlungswissenschaft. Systemtheoretische Grundlagen und professionelle Praxis. Ein Lehrbuch. Bern: Haupt.

Studiengruppe Sozialmanagement der Fachhochschule Niederrhein (Hrsg.) (1994): Neue Sichten in Sicht. Fragmente eines Perspektivenwechsels in der Sozialarbeit. Aachen: Kersting.

Varga von Kibéd, Matthias/Insa Sparrer (2009): Ganz im Gegenteil. Tetralemmaarbeit und andere Grundformen Systemischer Strukturaufstellungen – für Querdenker und solche, die es werden wollen. Heidelberg: Carl-Auer-Systeme.

Vogel, Hans-Christoph/Brigitte Bürger/Georg Nebel/Heinz J. Kersting (1994): Werkbuch für Organisationsberater. Texte und Übungen. Aachen: Kersting.

Züchner, Ivo (2007): Aufstieg im Schatten des Wohlfahrtsstaates. Expansion und aktuelle Lage der Sozialen Arbeit im internationalen Vergleich. Weinheim/München: Juventa.

Die Steuerung des Unsteuerbaren

Rudolf Wimmer über den Konstruktivismus in der Organisationsberatung und im Management

1 Die Rezeption des Konstruktivismus in der Organisationsberatung und im Management

Die wissenschaftliche Auseinandersetzung mit Fragen des Managements, von Führung und Leadership sowie mit den sich wandelnden Steuerungsherausforderungen von Unternehmen ist seit jeher eine Domäne der Betriebswirtschaftslehre (BWL) bzw. der US-amerikanischen *Management Sciences*. Die diesbezüglichen Forschungsaktivitäten differenzieren sich in der Zwischenzeit immer weiter in spezialisierte Teildisziplinen aus, deren Verbindung untereinander weitgehend verloren gegangen ist (strategisches Management, Marketing, Finanzierung, Controlling, Leadership etc.). Die einschlägige Literatur ist kaum mehr überblickbar, sie füllt ganze Bibliotheken und wird zusehends von den mainstreamorientierten Publikationsstandards angloamerikanischer Prägung bestimmt. In diesen Diskursnetzwerken spielen erkenntnistheoretische Überlegungen, wie sie für die unterschiedlichen Schattierungen des Konstruktivismus charakteristisch sind, so gut wie keine Rolle. Da ist die alte Welt mit ihren Kausalitäts- und Rationalitätsvorstellungen, mit ihrem Glauben an eine mathematisierte Modellierbarkeit der Welt, an die Quantifizierbarkeit von Erkenntnis und an die diesbezüglichen empirischen Forschungsmethoden noch voll intakt. Die damit verbundene konsequente Selbstimmunisierung braucht es auch, wenn es darum geht, die Machbarkeitsvorstellungen bzw. die zugrunde liegenden Steuerungs- und Kontrollillusionen angesichts einer immer schwerer zu beherrschenden Unternehmensrealität in diesem spezifischen, auch praktisch höchst einflussreichen Wissenschaftssegment weiter aufrechtzuerhalten. Denn mit diesem Segment ist eine sehr mächtige Industrie verknüpft (die Business Schools, die Investmentbanken und die großen weltweit tätigen Beratungsunternehmen), deren Leistungsversprechen auf eine Zweifel eliminierende wissenschaftliche Legitimation unabdingbar angewiesen ist (ein exponierter Kritiker dieses „denkerischen Produktionszusammenhanges" ist seit langem Henry Mintzberg (2004).

Aus dieser Mainstreamwelt des Denkens über Management und Beratung ragen in der Wissenschaftslandschaft einige bemerkenswerte Ausnahmen heraus. Am bekanntesten in diesem Zusammenhang ist im deutschsprachigen Raum zweifelsohne das St. Gallener Management Modell, das ursprünglich auf die Arbeiten von Hans Ulrich (1968) bzw. von Hans Ulrich und Walter Krieg (1972) zurückgeht. Ihr Anliegen war es, der fortschreitenden disziplinorientierten Spezialisierung in der BWL ein integriertes Managementverständnis entgegenzusetzen, das sich gesamthaft an den Komplexitätsherausforderungen eines Unternehmens (dieses verstanden als soziales System) orientiert. Die konzeptionell-denkerische Basis dafür bot der damalige Entwicklungsstand der Systemtheorie auf der Grundlage der Kybernetik erster Ordnung. Dieser Theorierahmen bildet auch die Basis für eine Reihe von Weiterentwicklungen und Varianten, die dem Ansatz in der Folge seinen markenformenden Zuschnitt verliehen haben (vgl. insbesondere zum Verständnis von Selbstorganisation Probst 1987 sowie Gomez/Probst 1999 und wohl am bekanntesten Malik 2002). Eine besondere Bedeutung erlangte die weitere Ausarbeitung des Modells durch Knut Bleicher (1994, 1999), der dieses Managementverständnis in eine normative, strategische und operative Dimension weiter ausdifferenzierte. Gerade diese drei in einer logischen Abfolge zueinander stehenden Dimensionen sind dem Orientierungsbedarf der Praxis sehr entgegengekommen. Dem St. Galler Management-Modell ist es am konsequentesten gelungen, sich im deutschsprachigen Raum ein markantes Profil basierend auf systemtheoretischen Grundannahmen zu erarbeiten. Gleichwohl hat dieses Profil nichts mit einer konstruktivistischen Perspektive zu tun. Erst in den letzten Jahren haben die Denkkonzepte der neueren Systemtheorie und die Kybernetik zweiter Ordnung durch die Arbeiten von Johannes Rüegg-Stürm (1998, 2001, 2003) Eingang in die St. Galler Managementlehre gefunden, ohne damit allerdings die dort etablierten Bahnen des Denkens über Management und Unternehmensführung bislang nennenswert zu irritieren.

Deutlich anders geartet ist die Positionierung von Wilhelm Backhausen und Jean-Paul Thommen an der European Business School (EBS) in Oestrich-Winkel (vgl. insbesondere Backhausen/Thommen 2007; Backhausen 2009). Sie sprechen von einem „Management zweiter Ordnung" und stützen sich dabei auf einen „systemisch-konstruktivistischen Denkansatz". Mit dem Management zweiter Ordnung meinen sie eine ganz spezifische Führungsaufgabe, die im Kern darin gesehen wird, mit anderen gemeinsam die Welt des jeweiligen Unternehmens erst hervorzubringen, d. h. immer wieder neu zu schöpfen. „Diese systemisch-konstruktivistische Wende" (Backhausen 2009: 16) rückt den Beobachter und damit das Beobachten von Beobachtungen ins Zentrum der erkenntnistheoretischen Anstrengungen, ganz im Sinne Heinz von Foersters und seiner Kybernetik zweiter Ordnung (Foerster 1984, 1993). Ihr Managementverständnis operiert mit der Grundannahme, dass wir uns auf keine objektiv vorzufindende Realität und auf ein entsprechend objektiv gültiges, beobachterunabhängiges Wissen stützen können, wenn es darum geht, die Komplexitätsherausforderungen heutiger Unternehmen zu bewältigen. Die jeweilige Welt, über die wir im Zusammenspiel mit anderen zu unserer eigenen Orientierung Wissen generieren, wird „erst konstruiert und aktiv gestaltet" (Backhausen 2009: 16). In dieser konstruktivistischen Zumutung sehen die beiden Autoren letztlich die eigentliche Herausforderung in der Weiterentwicklung eines zeitgemäßen Management- und Führungsverständnisses. Für die Bewältigung dieser Zumutung bieten sie in ihren Arbeiten eine entsprechende mentale Orientierung an.

Nicht unähnlich, wenn auch wesentlich näher an den praktischen Problemen des Organisationsalltags dran, argumentieren Hans A. Wüthrich, Dirk Osmetz und Stefan Kaduk (2006) von der Universität der Bundeswehr München. Sie grenzen sich von den „glorreichen Führungsmustern", den heldenhaften Selbstkonzepten vieler Führungskräfte und der diese Konzepte stützenden Ratgeberliteratur ab und stellen das Management von Paradoxien und die Funktion der Musterunterbrechung ins Zentrum ihrer Überlegungen. Management gestaltet keine linear kausalen Zusammenhänge, um vorgegebenen Ergebniserwartungen gerecht zu werden. Es handelt sich hier immer um Aufgaben, die den Umgang mit höchst widersprüchlichen, in sich paradoxen Entscheidungslagen erfordern. Mit dieser Funktion meinen sie die Bearbeitung von hochkomplexen Situationen, die unausweichlich durch das gleichzeitige Aufeinandertreffen widersprüchlicher Sinnentwürfe gekennzeichnet sind, die alle ihre mehr oder weniger evidente Berechtigung besitzen. Der Rückgriff auf die klassische Logik und das schlichte Kosten-/Nutzenkalkül hilft für solche Entscheidungslagen nicht weiter. Wir müssen uns beispielsweise in der Gegenwart festlegen für eine Zukunft, die wir nicht kennen können (trotz aller Prognoseversprechen). Wir entwickeln Produkte und Dienstleistungen für eine Markt- und Wettbewerbsdynamik, die wir ungeachtet aller Analyseaufwendungen auch nicht annähernd durchschauen. Die Verhältnisse sind und bleiben intransparent. Wir gehen mit unseren Entscheidungen ständig erhebliche finanzielle Risiken ein, von denen wir wissen, dass wir sie schon morgen bereuen werden, weil wir bestimmte Randbedingungen heillos unterschätzt haben. Management bedeutet immer das Handhaben der in solche Entscheidungslagen eingebauten Paradoxien und Unwägbarkeiten. Der Umgang damit bildet den Kern des Aufgabenspektrums von Führung. Es geht letztlich immer darum, das Unsteuerbare zu steuern. Wir müssen gezielt Ergebnisse herbeiführen, ohne die Bedingungen des Erfolges ernsthaft kontrollieren zu können – im Grunde eine unlösbare Aufgabe. Dafür braucht es eine Haltung kontinuierlicher Selbstbeobachtung und der kritischen Reflexion des eigenen Tuns, die Bereitschaft, eingespielte Routinen zu verlassen, zementierte Glaubenssätze und Denkinstrumente aufzubrechen („drop your tools", Weick 1996) und verlässliche Muster für das Aufbrechen von Mustern zu etablieren. Dafür bieten die Denkkonzepte und Theoriebausteine der neueren Systemtheorie bzw. des Konstruktivismus eine komplexitätsadäquate kognitive Landkarte, wie sie praxistauglich von Hans A. Wüthrich und seinen Mitstreitern in ihren Arbeiten entfaltet wird.

Es war vor allem Peter M. Senge, der Anfang der 1990er Jahre die Aufmerksamkeit auf die Lernfähigkeit von Organisationen lenkte und dafür ein Führungs- und Organisationsverständnis ins Zentrum rückte, das tief in systemtheoretischen Grundannahmen fußt (vgl. Senge 1996). „Die Fähigkeit schneller zu lernen als die Konkurrenz", so Arie des Geus, „ist vielleicht der einzig wirklich dauerhafte Wettbewerbsvorteil" (zitiert ebd.: 11). Um diese Grundüberzeugung herum entwickelte Senge seine „fünfte Disziplin", das Systemdenken, das aus seiner Sicht den Schlüssel für den nachhaltigen Aufbau einer lernenden Organisation darstellt. Es bildet das konzeptionelle Rahmenwerk, das die anderen vier Disziplinen (Personal Mastery, Mentale Modelle, die gemeinsame Vision und Team-Lernen) zu einem theoretischen wie praktischen Ganzen integriert. Was meint Peter Senge mit dem Begriff „Disziplin"? Ihm schwebt da keine „erzwungene Ordnung" vor, auf die hin die Mitglieder einer Organisation durch positive wie negative Sanktionen „diszipliniert" werden (ebd.: 20). Der Begriff beschreibt vielmehr ein gemeinsames Übungsfeld, einen alle verbindenden „Entwicklungsweg", der ein miteinander Wachsen im Sinne einer kontinuierlichen Steigerung des Leistungsvermögens der Organisation ermöglicht. So gesehen hört man nie auf zu lernen, „man kommt niemals an" (ebd.). Senges Disziplinen beschreiben eine persönliche Grundhaltung des permanenten Übens, das auf kein endgültiges Ziel ausgerichtet ist, sondern in einem unstillbaren Streben nach kreativer Weiterentwicklung des eigenen menschlichen Potenzials ankert. Führungskräfte sind in einer solchen Organisation in erster Linie für das Lernen verantwortlich (ebd.: 411). Sie designen jene Lernprozesse, „mit deren Hilfe alle Angehörigen der Organisation produktiv mit den entscheidenden Problemen umgehen können und ihre Meisterschaft in den Lerndisziplinen entwickeln können" (ebd.: 417).

Organisationen werden dabei als komplexe soziale Systeme verstanden, deren Eigendynamiken auf verstehbaren Gesetzmäßigkeiten beruhen. Er greift dabei auf Arbeiten von bekannten Systemtheoretikern der ersten Generation und ihren Vorstellungen von kybernetischen Rückkoppelungsprozessen, von Systemarchetypen, etc. zurück (vgl. allen voran Forrester 1971). In diesem Systemverständnis ist jeder einzelne ein Teil der organisationalen Binnendynamik, sein Verhalten ist gleichzeitig Produkt und Produzent derselben. Wenn wir uns so selbst verstehen, dann sind wir für unsere Probleme in Organisationen letztlich selbst verantwortlich und „erkennen, wie wir selbst durch unser Handeln zu unseren Problemen beitragen" (Senge 1996: 22). Damit ist im Grunde eine konsequent konstruktivistische Perspektive angesprochen. „Eine lernende Organisation ist ein Ort, an dem Menschen kontinuierlich entdecken, dass sie ihre Realität selbst erschaffen" (ebd.).

Peter Senge betont, wie sehr diese Lernfähigkeit auf einem tiefen persönlichen Umdenken, auf einer besonderen persönlichen Bewusstseinserfahrung (Metanoia) beruht. Solche Erfahrungen sind höchst voraussetzungsvoll und benötigen ganz spezifische Kommunikationssettings, wie sie beispielsweise der Dialog zur Verfügung stellt und wie sie auch der Disziplin des Team-Lernens zugrunde liegen. Das Konzept einer tiefer gehenden persönlichen Transformation als Grundlage für eine zukunftsfähige Weiterentwicklung von Organisationen wird neuerdings weiter verfeinert und ausgearbeitet von Claus Otto Scharmer in seiner *Theorie U* (2009). Hinter diesem „U" verbirgt sich die Anleitung für einen Transformationsprozess, der die Menschen aus ihren Vergangenheitsmustern herausholt und sie öffnet für ein integriertes Denken, Fühlen und Wollen, das gemeinsam eine tragfähige Zukunft wachsen lässt. Individuen kreieren in dieser tiefen persönlichen Transformation ihres Bewusstseins ein soziales Feld, in dem ein kollektives Lernen von einer erst im Entstehen begriffenen Zukunft möglich wird (ebd.: 61 ff.). Führung bedeutet dabei im Kern, die Bedingungen für die Möglichkeiten der Selbstführung in Organisationen ständig zu erweitern und die Chancen für eine kreative Neuerfindung der eigenen Zukunft zu erhöhen.

Die Arbeiten am Massachusetts Institute of Technology (MIT) rund um Peter Senge wurzeln in jenem kybernetischen Systemverständnis, wie es von den Pionieren dieses Denkansatzes in den ersten Jahrzehnten nach dem Zweiten Weltkrieg erarbeitet und präzisiert worden ist. Die konstruktivistische Fundierung dieser Überlegungen kommt eher implizit zum Ausdruck ohne direkten Bezug auf die diesbezügliche epistemologische Diskussion in der jüngsten Vergangenheit. Um die wirkungsgeschichtliche Bedeutung dieser Denkkonzepte richtig einzuschätzen, darf man nicht verkennen, dass im amerikanischen Kontext Systemtheorie inzwischen als „überholtes, abgewirtschaftetes Gedankengut" gilt (Luhmann 2000: 36). Senges Variante des Systemdenkens fußt auf der älteren Systemtheorie, d. h. auf einer deutlichen Überschätzung technisch-mathematischer Möglichkeiten im Kontext von Organisationen oder auf einem ganzheitlichen Mystizismus, wenn es um deren Entwicklungspotenziale geht.

Bemerkenswert an den Überlegungen Peter Senges und seinen Leuten ist das tiefe Vertrauen in die soziale Sprengkraft persönlicher Transformationsprozesse als Ausgangspunkt organisationalen, ja gesellschaftlichen Wandels. Dieses Vertrauen erklärt die Konzentration auf die Möglichkeiten und Voraussetzungen dieses Lernens, auf die Herstellung jener sozialen Settings und Prozesse, in denen dies stattfinden kann und die vergleichsweise Unterbeleuchtung dessen, was komplexe Organisationen heute letztlich ausmacht (vgl. dazu auch die aufschlussreiche Analyse von Rautenberg 2010).

Im Unterschied zur Rezeption konstruktivistischer Denkkonzepte in der Management- und Leadershipforschung haben diese erkenntnistheoretischen Auseinandersetzungen und der damit verbundene Paradigmenwechsel im Feld der Organisationsberatung einen wesentlich nachhaltigeren Niederschlag gefunden. Beginnend in der zweiten Hälfte der 1980er Jahre ist speziell im deutschsprachigen Raum rund um dieses Paradigma ein eigenes Segment an Beratungsdienstleistungen entstanden, das sich eine vielbeachtete Nische im Rahmen des Gesamtmarktes für organisationsbezogene Beratung erobert hat (eine aufschlussreiche Analyse dieses Segmentes und seines konzeptionellen Hintergrundes liefert neuerdings Krizanits 2009).

Das was heute unter dem Begriff der systemischen-konstruktivistischen Organisationsberatung zusammengefasst wird, ist ein durchaus breitgefächertes Feld, das seine Ursprünge ganz unterschiedlichen professionellen Wurzeln verdankt. Da ist zum einen sicherlich die Tradition der Gruppendynamik und Organisationsentwicklung hervorzuheben, die als angewandte Sozialwissenschaften den Prozess der Wissensgenerierung durch Forschung einerseits und die praktische Entwicklung von Teams und Organisationen andererseits stets auf das engste miteinander verzahnt gesehen haben (Stichwort *action research*). Diese Tradition geht in weiten Bereichen auf die Arbeiten von Kurt Lewin (1982) zurück, der die Bedeutung von Selbstbeobachtung und Selbstreflexion sowie die Wirkung von Feedbackprozessen für die Entwicklung der Leistungsfähigkeit von Gruppen und Teams entdeckt hat (zu diesem Entstehungshintergrund in den 1940er Jahren vgl. Wimmer 1993). Damit wuchs ein Verständnis für die dynamisierenden Faktoren in der Entwicklung von Gruppen und für die Funktion von Führung und Autorität, die denselben in solchen Entwicklungsprozessen zukommt (zu diesen Anfängen vgl. Bradford/Gibb/Benne 1972, Bennis 1969). In einer äußerst kreativen Experimentierphase in den Jahren nach Lewins Tod kristallisierten sich Schritt für Schritt jene professionellen Grundüberzeugungen und jenes beraterische Interventionsrepertoire heraus, die die Entwicklung dieser Professionsszene bis in die 1990er Jahre geprägt haben (stellvertretend für viele Publikationen Doppler/Lauterburg 2008).

Die theoretische Fundierung wie auch die korrespondierende Praxis des geplanten Wandels lässt sich verstehen als kritische Resonanz auf jenen Organisationstypus, wie er sich im Zuge der Industrialisierung und der Ausdifferenzierung des modernen Staates herauskristallisiert hat (der industrielle Großbetrieb einerseits und die staatliche Bürokratie andererseits). Diesen Organisationstypus kennzeichnen eine strenge Hierarchisierung, eine durchgängige Formalisierung des Kommunikationsgeschehens, die gerne als bürokratisch bezeichnet wird, und eine konsequente Funktionalisierung der Beschäftigten, die im Rahmen der organisationsinternen Arbeitsteilung auf die Erfüllung der gestellten Aufgaben ausgerichtet ist. Die Veränderungsbemühungen der Organisationsentwicklungstradition setzen an den negativen Begleiterscheinungen dieser Organisationsverhältnisse an: Entfremdung und Demotivation der Mitglieder, höchst langwierige und aufwendige Kommunikations- und Entscheidungsprozesse, Aufblähung, Abgehobenheit und Realitätsverlust der Hierarchieebenen, mangelndes Reaktionsvermögen gegenüber relevanten Umweltveränderungen etc.). Ihr Interventionsrepertoire setzt deshalb vordringlich auf eine Aufweichung der Hierarchie durch eine stärkere Einbeziehung der Betroffenen in Entscheidungsprozesse, durch die Bildung von Teams und die Verlagerung relevanter Entscheidungskompetenzen in deren Zuständigkeit. Damit sollten in Ablösung der dominanten vertikalen Berichtslinien (Vorgesetzter mit Mitarbeiter) ganz andere wesentlich komplexere Vernetzungs- und Kooperationsmuster das Kommunikationsgeschehen in Organisationen prägen in der Erwartung, dass damit sowohl das Selbstentfaltungspotenzial des Einzelnen wie auch die Leistungsfähigkeit des sozialen Ganzen grundlegend befördert wird (vgl. dazu Herbst 1976). Das dieser Tradition zugrunde liegende Beratungsverständnis hat Edgar H. Schein in seinen Arbeiten unter dem Begriff der Prozessberatung ganz wunderbar und eindrucksvoll zum Ausdruck gebracht (vgl. Schein 2003).

Die Organisationsentwicklungsaktivitäten haben in den 1950er, 1960er und 1970er Jahren in der Organisationslandschaft der hochentwickelten Industriegesellschaften in vielfältiger Weise ihren Niederschlag gefunden: etwa durch die Wiedereinführung der sozialen Kompetenz ins Führungsverständnis, durch die Einsicht in die Bedeutung gelingender Kommunikation, durch die offensive Nutzung der Produktivkraft von Teams z. B. im Projektmanagement oder bei der Einführung der Gruppenarbeit und ähnliches mehr. In diesem Zeitraum kam es im deutschsprachigen Raum durch die Einrichtung einer Reihe von Lehrstühlen auch zur Institutionalisierung dieser Art von angewandter Sozialwissenschaft im akademisch-wissenschaftlichen Bereich. Je mehr sich aber die Verhältnisse in vielen Organisationen in Richtung höherer Eigenkomplexität und anderer Differenzierungsformen (d. h. weg von der klassischen Hierarchie) weiterentwickelt haben, umso mehr ist auch die Ergänzungsbedürftigkeit der tradierten Denkweisen hinsichtlich eines geplanten Wandels in Organisationen und des diesbezüglichen Interventionsrepertoires der Organisationsentwicklung spürbar geworden. Da war es nahe liegend, sich für aktuelle Entwicklungen in angrenzenden Wissenschaftsdisziplinen und Forschungsfeldern zu öffnen. Auf diese Weise kam Ende der 1970er Jahre der Kontakt zu den Pionieren der neueren Systemtheorie und der Kybernetik zweiter Ordnung zustande, letztlich eine sehr fruchtbare transdisziplinäre Zusammenarbeit, die in den 1980er Jahren jene professionelle Orientierung hat wachsen lassen, die seither unter dem Label „systemische-konstruktivistische Organisationsberatung" firmiert (eingehender zu diesem Prozess Wimmer 1992 a). Die paradigmatischen Quellen für dieses befruchtende Zusammenwachsen von klassischer Organisationsentwicklung und neuerer Systemtheorie sind vor allem die Arbeiten der Bielefelder Soziologen (Niklas Luhmann, Dirk Baecker, Helmut Willke), die faszinierenden Sichtweisen der chilenischen Biologen Humberto R. Maturana und Francisco J. Varela sowie die wegweisenden Arbeiten von Heinz von Foerster zur Kybernetik zweiter Ordnung. Gewissermaßen alles fundierend ist für diese Art des Denkens das differenztheoretische Formkalkül von George Spencer-Brown (1969) bestimmend geworden, das inzwischen die sich hier durchziehende Variante des Konstruktivismus prägt. In Auseinandersetzung mit diesen Theoriegrundlagen ist in den vergangenen zwei Jahrzehnten eine Vielzahl von Arbeiten entstanden, die aus unterschiedlichen Perspektiven ein „systemisch-konstruktivistisches" Verständnis von Führung und Organisation entfalten (Wimmer 2009). Zum anderen hat sich in diesem Zeitraum das Beratungsverständnis selbst immer weiter ausdifferenziert (Beispiele dafür bieten Königswieser/Exner 1998; Wimmer 2004; Königswieser/Sonuc/Gebhardt 2006; vgl. für einen Überblick Krizanits 2009).

Parallel und auf Rufweite zu diesem Zusammenwachsen von Organisationsentwicklungstradition und neuerer Systemtheorie sind entscheidende Impulse aus der theoretischen Fundierung wie auch aus dem Praxiskonzepten der systemischen Familientherapie für die beraterische Arbeit mit Organisationen gewonnen worden. Dies hat begonnen mit den Arbeiten der Mailänder Schule (vgl. etwa Selvini-Palazolli et al. 1984) und hat seine enorme Entfaltung durch die vielfältigen Ausbildungsinitiativen, Kongresse und Publikationen der Heidelberger Gruppe gewonnen (vgl. z. B. Simon 1988). Sowohl die Mailänder wie auch die Heidelberger Gruppe haben ganz wichtige Impulse aus den wissenschaftlichen Arbeiten und aus der Kooperation mit dem Mental Research Institute in Paolo Alto gewonnen (vgl. etwa Watzlawick/Beavin/Jackson 1969).

Inzwischen ist die diesbezügliche Beratungsliteratur schon gar nicht mehr zu überblicken. Systemisch-konstruktivistische Beratung ist in den unterschiedlichsten gesellschaftlichen Feldern gleichsam zum Standard geworden (vgl. stellvertretend die Arbeiten von Schlippe/Schweitzer 2000). Ein ganz eigenes Interventionsfeld mit explizit konstruktivistischem Hintergrund wächst zurzeit aus den vielfältigen Formen der systemischen Strukturaufstellung bzw. aus den Organisationsaufstellungen heraus (vgl. Varga von Kibéd/Sparrer 2009). Das systematische Nutzbarmachen dieses spannenden Interventionsrepertoires und der damit verbundenen außergewöhnlichen Bearbeitungsressourcen steht im Kontext der Beratung organisationaler Problemstellung allerdings noch ganz am Anfang (dazu vgl. etwa Groth/Stey 2007).

2 Anwendungseffekte und Veränderungen der Perspektive: Neue Konzepte von Führung und Organisation

Im nächsten Schritt geht es darum, vor dem Hintergrund einer gerafften Rekonstruktion der bisherigen Rezeptionsgeschichte konstruktivistischer Zugänge zu Management und Beratung einige wichtige Grundannahmen zum Zusammenhang von Führung und Organisation genauer zu erörtern. Es sind dies Grundannahmen, wie sie zurzeit sowohl für eine Weiterentwicklung des Führungs- und Managementverständnisses im Kontext heutiger Organisationsverhältnisse genutzt werden (vgl. Wimmer 2009; Baecker 2009) als auch zur Reformulierung eines komplexitätsadäquaten Verständnisses von systemisch-konstruktivistischer Organisationsberatung dienen.

2.1 Präzisierungen zum Organisationsverständnis

Das gesellschaftliche Phänomen „Organisation" ist seit langem Gegenstand ganz unterschiedlicher wissenschaftlicher Disziplinen: Die Betriebswirtschaftslehre bzw. die Management Sciences im anglo-amerikanischen Bereich, die Organisations- und Industriesoziologie, verwaltungs- und politikwissenschaftliche Zugänge, die Organisationspsychologie, die Gruppendynamik und Organisationsentwicklung als verwandte Zweige angewandter Sozialwissenschaften sowie eine zunehmend enger werdende Forschungsspezialisierung auf ganz bestimmte Organisationstypen in einzelnen Funktionssystemen der Gesellschaft (Krankenhäuser, Schulen, Universitäten, Gefängnisse, Theater etc.). All diese Zugänge haben im Laufe der Zeit ihr ganz eigenes Beschreibungsrepertoire basierend auf einem höchst unterschiedlichen, mehr oder weniger theoriebasierten Denkinstrumentarium und eine dazu passende, der jeweiligen Disziplin verpflichtete, Begrifflichkeit entwickelt. Die diesbezügliche Literatur ist längst nicht mehr überblickbar. Wir stützen uns deshalb im Folgenden auf einen transdisziplinären Zugang, wie er sich durch die Arbeiten der neueren Systemtheorie und der da üblichen Spielart des Konstruktivismus für das Verständnis von sozialen Systemen und speziell für organisierte Sozialsysteme in den letzten drei Jahrzehnten ausgeprägt hat. Diese Präferenz ist letztlich aus einer reinen Theoriesicht im Sinne eines Richtig oder Falsch nicht wirklich begründbar. Denn eine solche Festlegung ist natürlich immer kontingent und das Ergebnis einer Eigenkonstruktion. Sie könnte auch ganz anders ausfallen und zu brauchbaren Ergebnissen führen. Eine solche Präferenz für eine ganz bestimmte Theoriearchitektur muss sich daher letztlich hinsichtlich ihrer Erklärungskraft angesichts des betrachteten gesellschaftlichen Feldes auf eine gut nachvollziehbare Weise bewähren. In diesem Sinne stützt sich unsere Wahl einerseits auf die Annahme, dass die neuere Systemtheorie für das Komplexitätsniveau organisierter Sozialsysteme in einer globalisierten Welt ein diesem Niveau angemessenes, im wissenschaftlichen Diskurs bewährtes Denkinstrumentarium zur Verfügung stellt. Dieses Instrumentarium bietet in der Zwischenzeit ein hoch differenziertes, in sich kohärentes, begriffliches Unterscheidungsvermögen, das sehr gut in der Lage ist, tradierte Denkweisen über Organisationen in eine abstraktere Theoriearchitektur zu integrieren und gleichzeitig ganz neue Perspektiven auf die heute aktuellen Problemlagen zu eröffnen. Vor allem bietet es den Vorteil, organisationstheoretische Überlegungen immer wieder vor einem gesamtgesellschaftlichen Hintergrund und dessen Veränderungen zu diskutieren. Diese Annahme hinsichtlich der Angemessenheit des gewählten Theorierahmens muss man natürlich nicht teilen. Da hat die Evolution des Wissenschaftssystems ganz unterschiedliche, miteinander durchaus konkurrierende Zugänge hervorgebracht. Vor allem stehen die transdisziplinären Ansätze heute der fortschreitenden Spezialisierung in den einzelnen Wissenschaftsdisziplinen immer unversöhnter gegenüber, ein Umstand, der die Kommunikationsbarrieren zwischen diesen konzeptionellen Zugängen laufend erhöht.

Zum anderen stützt sich die systemisch-konstruktivistische Organisationsberatung seit gut zwei Jahrzehnten in ihrer professionellen Ausrichtung mit einigem Erfolg auf diesen Theoriehintergrund (vgl. dazu Wimmer 1992 b). In der Entwicklung dieses Beratungsansatzes hat sich gezeigt, dass eine theoriegeleitete Praxis in der Auseinandersetzung mit schwierigen Organisationsproblemen durchaus einen nachvollziehbaren Nutzen sowohl für die Klienten wie für die Berater und Beraterinnen stiften kann, sobald man sich in seiner professionellen Orientierung von einem rezepthaften Verständnis von Theorie verabschiedet hat. Wissenschaftliche Theorien sind nicht dazu in der Lage, einen Fundus an Wissen zu liefern, aus dem sich direkt eine Anleitung für erfolgreiches Tun in komplexen Organisationszusammenhängen gewinnen lässt. Mit der systemisch-konstruktivistischen Organisationsberatung ist ein professionelles Feld entstanden, das für die Reflexion und Begründung des eigenen Tuns auf die sich immer weiter entfaltende Theorieentwicklung in der neueren Systemtheorie zurückgreift und diese Entwicklung durch die eigenen Erfahrungen letztlich auch mit befruchtet. Was bedeutet dies nun für das Organisationsverständnis, mit dem in der weiteren Folge operiert wird?

2.2 Organisationen und ihr gesellschaftlicher Sinn

Wozu braucht es diesen Typus sozialer Systeme, den wir Organisation nennen? Organisationen in ihrer heutigen Ausprägung sind evolutionäre Errungenschaften, mit deren Hilfe die moderne Gesellschaft mit ihrem Primat der funktionalen Differenzierung dafür Sorge trägt, dass alle etwas komplexeren Problemstellungen in ihren Funktionssystemen (der Wirtschaft, der Politik, des Rechts, der Gesundheit, der Erziehung, der Wissenschaft, der Religion, etc.) einer geeigneten Bearbeitung zugeführt werden können. Organisationen sind also darauf spezialisiert, sich Problemstellungen aus ausgewählten Umwelten (stets mit einem dominanten Bezug zu einem der genannten Funktionssysteme) anzueignen, um für diese mehr oder weniger brauchbare Lösungen bereitzustellen. „Je unlösbarer das Problem, desto größer sein Reproduktionswert" für die betroffenen Organisationen (Luhmann 1992: 209). So versorgen Krankenhäuser ihren gesellschaftlichen Einzugsbereich mit spezifischen Heilungschancen; Schulen stellen altersadäquate Sozialisationsmöglichkeiten und qualifikationsbezogene Selektionsleistungen der Gesellschaft zur Verfügung; Organisationen der staatlichen Verwaltung erbringen Versorgungsleistungen im Bereich der öffentlichen Güter; Unternehmen tasten Märkte nach Bedarfslücken ab, mit deren erfolgreicher Befriedigung sie in erforderlichem Maße Gewinnmöglichkeiten realisieren, um so künftige Investitionsbedarfe und die Erwartungen ihrer Stakeholder decken zu können etc. Organisationen können nur in dem Maße ausdifferenziert werden, sich also erfolgreich aus ihrer Umwelt ausgrenzen, in dem es ihnen gelingt, ihre Programme, also all das, was sie an Leistungen für ihre ausgewählten Umwelten erbringen, auf die charakteristische Logik der involvierten Funktionssysteme zu beziehen (dazu ausführlicher Luhmann 1997: 826 ff.). Unternehmen scheitern eben, wenn sie mit ihren Produkten und Dienstleistungen nicht dazu in der Lage sind, ihre Zahlungsfähigkeit dauerhaft zu reproduzieren, d. h. also wenn sie die Reproduktionslogik unseres Wirtschaftssystems nachhaltig verfehlen.

Wenn man so denkt, dann unterstellt man eine unauflösliche Differenz zwischen Organisationen, den gesellschaftlichen Funktionssystemen und der Gesamtgesellschaft. Die Wirtschaft, die Politik, die Wissenschaft, das Rechtssystem, das Gesundheitswesen etc., sie alle können als solche nicht tätig werden. Sie stützen sich ihrerseits auf Organisationen, mit deren Hilfe und durch deren netzwerkförmiges Zusammenwirken sie ihre gesamtgesellschaftlichen Aufgaben erfüllen und bei dieser Aufgabenerfüllung wiederum neue Probleme generieren, die die Bildung neuer Organisationen und anderer sozialer Netze stimulieren. Diese äußerst folgenreiche Sichtweise der gesellschaftlichen Grundstrukturen, wie sie sich im Lauf der Moderne schrittweise ausdifferenziert haben, impliziert, dass man nicht davon ausgehen kann, dass sich die heutige Gesellschaft und ihre Funktionssysteme im Stile einer Organisation „organisieren" und steuern lassen. Unsere Gesellschaft ist so gebaut, dass sie in ihrem Problemlösungsvermögen auf Gedeih und Verderb auf die Leistungsfähigkeit ihrer Organisationen angewiesen ist, ohne selbst wie eine Organisation zu funktionieren. Wir können davon ausgehen, „dass die Gesellschaft sich durch die Einrichtung von Organisationen zu etwas befähigt, wozu sie andernfalls nicht in der Lage wäre, nämlich zur Unsicherheitsabsorption" (Luhmann 1992: 203). Organisationen versorgen hochentwickelte Gesellschaften mit der Bearbeitung komplexer Problemstellungen, die ausschließlich über organisationsförmig erstellte Lösungen angegangen werden können.

Genau diese fundamentale Abhängigkeit ist es, die die öffentliche Sensibilität gegenüber dem heutigen Zustand vieler Organisationen zunehmen lässt (vgl. dazu Power 2001). Zu groß sind in der Zwischenzeit die gesellschaftlichen Risiken, die in diesen Organisationen tagtäglich „gemanagt" werden müssen bzw. durch die Organisationen erst hervorgerufen und deren Folgen dann in der Regel nach Außen verlagert werden. Die aktuelle Krise des internationalen Finanzsystems belegt auf eindrucksvolle Weise diese existenzielle Abhängigkeit und ihre dramatischen Folgen. Verzweifelt versucht das politische System die aus dem Ruder gelaufenen Finanzmarktakteure wieder einzufangen und deren immenses gesamtgesellschaftliches Gefährdungspotenzial durch neue Rahmenbedingungen zu entschärfen.

2.3 Organisationen und ihre Umwelten

An diese gesellschaftstheoretische Einbettung lässt sich ein weiteres Bestimmungsstück von Organisationen anknüpfen. Organisationen bilden also einen besonderen Typus sozialer Systeme, der sich durch eine klar angebbare Operationsweise charakterisieren lässt. Organisationen erzeugen ihre Fortsetzbarkeit, ihre Identität, in dem sie sich um ganz bestimmte Probleme ihrer Umwelt aus genau dieser Umwelt ausdifferenzieren, um mit Hilfe des dadurch geschaffenen organisationalen Binnenraums jene Leistungen zu produzieren, durch deren Austausch mit den betroffenen Umwelten sie ihre konkrete Form gewinnen, d. h. sich als Organisation selbst hervorbringen. Es zählt also zur Spezialität von Organisationen, dass sie die Möglichkeit haben, „mit Systemen in ihrer Umwelt zu kommunizieren. Sie sind der einzige Typ sozialer Systeme, der diese Möglichkeit hat, und wenn man dies erreichen will, muss man organisieren" (Luhmann 1997: 834). Es sind also ausschließlich Organisationen, die sich als Kollektivadressen eignen. An sie kann man sich mit Leistungserwartungen wenden und Antworten finden. Dies gilt nicht für die Politik, die Wirtschaft, die Wissenschaft etc., auch wenn im allgemeinen Sprachengebrauch diese Begriffe gerne im Sinne einer solchen Adresse genutzt werden.

Angesichts dieses spezifischen Konstitutionszusammenhangs von Organisationen ist die präzise Beschreibung der System/Umwelt-Relation dieses Systemtyps von ganz besonderer Bedeutung. Organisationen lassen sich in diesem Sinne als „existenzielles Paradox" begreifen (Luhmann 2000: 79). Als Einheit konstituieren sie sich nur im Unterschied zu Anderem, d. h. als Differenz zu genau jenen Umweltausschnitten, deren ungelösten Problemstellungen sie ihre Existenz verdanken (vgl. dazu auch Jung/Wimmer 2009). Der gesellschaftliche Problemlösungszusammenhang, aus dem sich Organisationen durch erfolgreiche Grenzbildung ausdifferenzieren, muss also zum Zwecke eines im System angemessen organisierten Prozesses der Leistungsbringung zum Gegenstand der Bearbeitung gemacht werden. Das zunächst Ausgeschlossene muss auf eine das System erst konstituierende Art und Weise wieder eingeschlossen werden (ein typisches „re-entry" im Sinne von Spencer-Brown 1969). „Das System kopiert die Differenz von System und Umwelt in sich hinein und verwendet sie als Prämisse eigener Operationen" (Luhmann 1992: 216). Diesen Gedanken hat auf seine Weise Karl E. Weick schon sehr früh zum Ausdruck gebracht, wenn er davon spricht, Organisationen „enact their environment" (1985: 212 ff., zum vieldiskutierten Begriff des „enactments" vgl. auch die einfühlsame Rekonstruktion von Ortmann 2004: 201 ff.).

Mit diesen Beschreibungsformen kommt der aktiv gestaltende, sich selbst mit Hilfe einer bestimmten Umweltkonstruktion herstellende Aspekt von Organisationen zum Ausdruck. Gerade weil diese Umweltkonstruktion unvermeidlicherweise eine organisationale Eigenschöpfung ist, gibt es dafür keine „Richtigkeitsgarantie". Sie wird im Prozess des Austausches von System und Umwelt laufend bestätigt, irritiert, im günstigen Fall angemessen weiterentwickelt oder auch gegen ein „Lernen" so immunisiert, dass sich eine Organisation in ihrer Antwortfähigkeit selbst gefährdet. Der Prozess des sich Ausdifferenzierens fußt mithin auf einem in der Organisation selbst konstruierten Konzept relevanter Umwelten, die erst durch diesen Schritt des „enactments" zu relevanten Umwelten werden. „Jedes selbstreferenzielle System hat nur den Umweltkontakt, den es sich ermöglicht, und keine Umwelt an sich" (Luhmann 1984: 146). System und Umwelt stehen zueinander in einem koevolutionären Verhältnis. Sie bringen sich wechselseitig hervor, ohne dass dieser Hervorbringungsprozess in Form von kausalen Wirkungszusammenhängen sinnvoll zu denken wäre. Die Umwelt wirkt nicht direkt-linear auf die Prozesse in einer Organisation und umgekehrt. Sie sind füreinander stimulierendes Milieu und Begrenzung zugleich. Dieser Zusammenhang ist ausschlaggebend, will man ein angemessenes Interventionsverständnis entwickeln (vgl. dazu etwa Willke 1996). Theoretisch ist deshalb der Begriff der strukturellen Kopplung zweifelsohne weiterführend, wenn es darum geht zu verstehen, wie Organisationen und ihre relevanten Umwelten sich wechselseitig benützen, um ihre je eigene Strukturentwicklung selbstorganisiert voranzutreiben (der Begriff der strukturellen Kopplung entstammt den Überlegungen Humberto R. Maturanas; vgl. 1982, 2000). Dieses Begriffsverständnis ist auch zugrunde liegend, wenn es gilt, das Zusammenspiel von externer Organisationsberatung mit dem jeweiligen Kundensystem theoretisch angemessen zu konzeptualisieren.

2.4 Organisationen und ihre Autonomie

Entscheidend für die Reproduktionsmöglichkeiten von Organisationen ist deshalb die Ausprägung funktionstüchtiger Grenzen. Sie sind nicht per se gegeben, sondern stellen für jede Organisation eine kontingente Errungenschaft dar, die eine unverzichtbare, immer wieder zu erneuernde Ordnungsleistung erbringt, nämlich die Herstellung der Grundunterscheidung von Innen und Außen. Grenzen sind in diesem Sinne also steigerbare Leistungen. Sie vergrößern einerseits die Kontaktoberfläche und unterbrechen Prozesse zwischen Innen und Außen, um intern Freiräume zu ermöglichen, die ein „Errechnen" der Umweltgegebenheiten im System erlauben. Die Mitgliedschaftsregel bietet für diese Differenz die elementare Entscheidungsgrundlage. Auf Basis dieser Leistung können Ereignisse vom System entweder sich selbst zugerechnet werden oder einem wie immer gearteten Außen. Rund um seine Aufgabenerfüllung oszilliert deshalb der Prozess der Selbstorganisation des Systems von Anbeginn an zwischen Selbst- und Fremdreferenz, zwischen Selbst- und Fremdzurechnung und gewinnt genau aus dieser Oszillation jene Informationen, die die Organisation für ihr Weitermachen braucht. Diese spezifische Form der Konstitution von Organisationen stimuliert ihre Fähigkeit zur Selbst- und Fremdbeobachtung, um aus der Verarbeitung dieser Beobachtungen Impulse für die eigene Weiterentwicklung zu gewinnen. Es ist genau dieser Zusammenhang, der aus unserer Sicht die Grundlage dafür schafft, um organisationsintern jene Funktionen auszudifferenzieren, die wir als Führung bezeichnen. Organisationen erzeugen ständig Bilder und Annahmen über sich selbst und ihre Umwelten, die als Quelle für die Begründung anstehender Veränderungserfordernisse oder als Argumente für die Beibehaltung des Status quo dienen. Es sind dies natürlich selbsterzeugte Bilder, die auf Ereignisse Bezug nehmen, die ein externer Betrachter ganz anders beobachten und beschreiben kann (vgl. Luhmann 2000: 72). Genau aus diesem Umstand gewinnt externe Beratung, wenn sie sich entwicklungsorientiert versteht, letztlich ihre Berechtigungsgrundlage für das eigene zielgerichtete Intervenieren. Beratung kann andere Beobachtungsmöglichkeiten mobilisieren als das System selbst und genau diese Möglichkeiten als Basis für das eigene Tätigwerden nutzen.

Grenzen trennen nicht nur, sie ermöglichen und regeln auch die Übergänge, die Durchlässigkeit zwischen dem System und seinen diversen Umwelten. Sie entscheiden über die Selektionsmuster, mit deren Hilfe externe Ereignisse organisationsintern die Qualität einer Information gewinnen können, d. h. einen relevanten Unterschied machen, oder eben schlicht ignoriert werden. Grenzbildung ist somit eine unerlässliche Voraussetzung dafür, „damit ein System sich Offenheit leisten und gegebenenfalls sogar die Komplexität derjenigen Aspekte steigern könne, in denen es offen sein kann" (Luhmann 2000: 54). Genau in diesem Sinne ist operative Geschlossenheit die Voraussetzung für Offenheit und genau in diesem Sinne können wir von Autonomie und Selbstorganisation sozialer Systeme sprechen. Wir setzen damit voraus, dass ein als Organisation beobachtetes System den eigenen Unterschied zur Umwelt, seine spezifische Identität, sein laufendes „sensemaking" selbst erzeugt und selbstorganisiert reproduziert (vgl. Weick 1995). Niemand sonst kann das für die Organisation tun. Keine Instanz kann von Außen einer Organisation Sinn und Identität einpflanzen. Einmal in Gang gekommen, erfinden Organisationen ihren Sinn und Zweck immer wieder selbst neu. Sie tasten ihre Umwelten permanent nach Gelegenheiten ab, um Anhaltspunkte zu finden, die den Stoff dafür liefern, ihre eigene Fortsetzbarkeit zu reproduzieren. Sie sind Ziele suchende und Ziele setzende Systeme und in diesem Sinne sich selbst gegenüber immer Mittel und Zweck zugleich (vgl. Luhmann 1992: 205 f.). Deshalb sind sie in enger Abstimmung mit ihren jeweiligen Umwelten in erster Linie an einer Maximierung all jener Ressourcen interessiert, auf die sie einen sicheren Zugriff haben, um die eigene Zukunftsfähigkeit zu gewährleisten.

Blickt man so auf Organisationen, dann überwindet man die tradierte Zweck/Mittel-Relation, die dem klassischen, dem Rationalitätsparadigma verpflichteten Organisationsdenken bis heute zugrunde liegt. In diesem Denken werden Organisationen regelmäßig als Instrumente zur Verwirklichung extern gesetzter Zwecke konzipiert. Sie sind zielerreichende, d. h. sich selbst beendende soziale Einrichtungen, die den dafür geeigneten, rationalen Gestaltungsprinzipien zu unterwerfen sind. Führung ist in dieser Denktradition exakt auf die Durchsetzung des instrumentellen Charakters von Organisation spezialisiert. Daraus gewinnt sie ihren Sinn. Deswegen wird Führung in diesem Verständnis häufig auch so konzeptualisiert, als könnte man „die Organisation in der Organisation wie von außen behandeln" (Baecker 2003: 16). Entsprechend schwer tut sich dieses rationalitätsgeprägte Denken, die immer beobachtbare Eigendynamik von Organisationen, ihre unleugbare „Eigenwilligkeit" und Selbstbezüglichkeit theoretisch zu begreifen. So erleben wir heute vielfach einen Umgang mit dem gesellschaftlichen Phänomen Organisation, der diese als eigenwilliges, lebendes System, als soziale Realität *sui generis* praktisch unsichtbar macht; etwa wenn man Führung ausschließlich als Führen von Menschen versteht oder wenn die Organisation gänzlich hinter der Realisierung von Professionszielen verschwindet, wie dies bei Universitäten, Krankenhäusern, Schulen etc. in der Regel der Fall ist. Natürlich hat auch dieses Unsichtbarmachen der Organisation seinen funktionalen Sinn, der sich dem Beobachter allerdings erst erschließt, wenn wir ein Verständnis für die Eigentümlichkeit von Organisationen als einem spezifischen Typus sozialer Systeme gewinnen. Dann kann man sich nämlich fragen, welche Funktion diese Invisibilisierung, diese „Organisationsabwehr" (Heintel/Krainz 1989) im Prozess der Selbstorganisation einer Organisation besitzt und was es bedeuten würde, sie zu verändern. Luhmanns Theorie sozialer Systeme mit ihrem entsprechend weiterentwickelten Verständnis von Autopoiesis, von operativer Geschlossenheit und Offenheit zugleich, mit ihrer Redefinition des Kommunikationsbegriffs und des Stellenwerts von Beobachtung bzw. der Beobachtung von Beobachtungen bildet aus unserer Sicht zu diesen klassischen Denktraditionen über Organisationen eine Alternative, die der schwer zu fassenden eigensinnigen Komplexität organisierter Sozialsysteme auf eine angemessene Weise gerecht wird. In diesem Verständnis

> sind Organisationen nicht kalkulierbare, unberechenbare, historische Systeme, die jeweils von einer Gegenwart ausgehen, die sie selbst erzeugt haben. Offenbar sind es Systeme, die sich selbst und anders beobachten können, also zwischen Selbst- und Fremdreferenz oszillieren. Offenbar verdanken sie ihre Stabilität einem Netz loser Kopplungen, nicht einer Technik strikter Kopplungen (Luhmann 2000: 9).

2.5 Organisationen und Entscheidung

Auf welche Art von Grundoperationen stützen sich Organisationen, wenn sie sich von Moment zu Moment immer wieder selbst hervorbringen? Sie tun dies durch das Zustande bringen und die Kommunikation von Entscheidungen. Organisationen erzeugen im Kern also Entscheidungsmöglichkeiten und kümmern sich um deren Bearbeitung. In diesem Sinne sorgen sie für Entscheidbarkeit, d. h. für die Transformation von Unsicherheit in situative Sicherheit in all den gesellschaftlichen Problemlagen, die ohne ein arbeitsteiliges, organisiertes Zusammenwirken unterschiedlicher Funktionsträger nicht bearbeitbar wären. Entscheidungen sind somit selbstkonstruierte organisationsinterne Ereignisse, mit deren Hilfe eine unsichere Situation (man könnte so oder auch anders vorgehen) in eine vorübergehende Sicherheit und Orientierung stiftende Festlegung transformiert wird. An dieser Festlegung können dann weitere Entscheidungen anknüpfen, die dann jeweils auch nur für eine ganz bestimmte Situation Unsicherheit absorbieren. Das organisationsspezifische daran ist, dass jede einzelne Entscheidung sich auf vorangegangene Entscheidungen verlassen kann. Sie muss nicht alle Unwägbarkeiten und offenen Fragen, die damit bereits bearbeitet wurden, neuerlich prüfen. In diesem Sinne also „besteht" eine Organisation aus nichts anderem als aus der fortlaufenden Kommunikation von Entscheidungen:

> In der Sequenz der eigenen Entscheidungen definiert die Organisation die Welt, mit der sie es zu tun hat. Sie ersetzt laufend Unsicherheiten durch selbsterzeugte Sicherheiten, an denen sie nach Möglichkeit festhält, auch wenn Bedenken auftauchen (Luhmann 1997: 833).

Mit anderen Worten: Organisationen reproduzieren sich „auf der Grundlage selbstfabrizierter Sicherheiten" (Baecker 1999: 212). Solange also Entscheidungen zustande kommen, die die Grundlage für weitere Entscheidungen bieten, die ihrerseits eine anschlussfähige Basis für die Bewältigung künftiger Entscheidungsnotwendigkeiten abgeben, solange geht es in und mit der Organisation weiter. Organisationen befinden sich damit in einem Dauerzustand der Unsicherheit über sich selbst und die eigene Antwortfähigkeit mit Blick auf ihre relevanten Umwelten. Sie nutzen aber genau diesen Zustand und beuten ihn für ihre Selbstorganisation des kommunikativen Anknüpfens von Entscheidungen an Entscheidungen aus. In diesem Sinne ist „die Prämisse von Organisationen das Unbekanntsein von Zukunft und der Erfolg der Organisation liegt in der Behandlung eben dieser Ungewissheit" (Luhmann 2000: 10). Darin ist letztlich ihr Existenzgrund, ihr gesellschaftlicher Sinn zu sehen.

Folgt man diesen Überlegungen, dann ist klar, dass Organisationen nicht aus ihren Mitgliedern bestehen, sondern aus spezifischen Kommunikationsereignissen, die wir Entscheidungen nennen. Organisationen realisieren sich, indem sie solche Ereignisse, die vorangegangenen und die nachfolgenden prozesshaft miteinander verknüpfen und sich darüber aus ihrer Umwelt herauslösen. Grundelemente von Organisationen sind also Entscheidungen und nicht Personen. Diese bilden eine höchst relevante Umwelt, ohne deren vielschichtige Mitwirkung sich Organisationen natürlich nicht realisieren können. Dieses Verständnis der strukturellen Kopplung von Individuum und Organisation erlaubt es, sehr viel genauer zu beschreiben, wie die Zuschreibung von Wirkungszusammenhängen auf die individuellen Akteure bzw. auf die Organisation selbst und ihre Subeinheiten generiert und reproduziert werden.

Luhmann verfeinert diesen Vernetzungsvorgang von Entscheidungen mit Entscheidungen durch die wichtige Unterscheidung des Hervorbringens von Entscheidungsprämissen im Unterschied zum Prozess des täglichen, operativen Entscheidens. Entscheidungsprämissen bündeln all jene rahmensetzenden Festlegungen, die das alltägliche Geschehen in Organisationen letztlich anleiten (ebd.: 222 ff.). In sachlicher Hinsicht ist es die programmatische Positionierung (Mit welchen Aufgaben beschäftigen wir uns? Wozu gibt es uns als Organisation? Was ist unsere künftige Ausrichtung, auf die wir uns hinentwickeln wollen?). In organisationaler Hinsicht sind es die Prinzipien der Binnendifferenzierung (Wie sind wir als Organisation organisiert? Welche Logik liegt unserer Art des Organisiertseins zugrunde und welche Kooperationsmuster und Kommunikationswege ergeben sich daraus?). In personaler Hinsicht sind es die in der Organisation miteinander erzeugten, relativ stabilen Erwartungen, die sich an die Verhaltensweisen der Organisationsmitglieder in ihren unterschiedlichen Rollen knüpfen. Aus diesen Prämissen erzeugt jede Organisation mehr oder weniger explizit (ergänzt um die sich begleitend ausprägende Organisationskultur, die Niklas Luhmann als nicht entscheidbare Entscheidungsprämissen bezeichnet) ein Set an Einrahmungen, das dem Alltagsgeschehen in Organisationen seine spezifische Gestalt verleiht, das aber durch dieses Geschehen auch einer ständigen Weiterentwicklung unterliegt. Entscheidungsprämissen und operatives Entscheiden im Alltag stehen zueinander in einem zirkulären Verhältnis wechselseitiger Stabilisierung und Veränderung. Folgt man diesen organisationstheoretischen Grundannahmen, dann erschließt sich dadurch ein wesentlicher Zugang, um das Selbstreflexions- und Selbstveränderungspotential von Organisationen beschreibbar zu machen. Dieses kreist im Wesentlichen um diese vier Grundtypen von Entscheidungsprämissen und ihr hochkomplexes Zusammenwirken. Es sind dies in der Regel auch die präferierten Anhaltspunkte, durch deren Bearbeitung externe Organisationsberatung in enger Zusammenarbeit mit den beteiligten Führungsverantwortlichen einen nachhaltigen Nutzen stiften kann.

Aus dem bisher Gesagten geht klar hervor, dass eine solche theoretische Konzeptionalisierung von Organisationen „von der Vermutung der Diskontinuität, von der Vermutung des ständigen Zerfalls ausgeht und Kontinuität (Dinghaftigkeit, Substanz, Prozess) für erklärungsbedürftig hält" (ebd.: 46). Normalerweise sprechen wir von *der* Organisation und unterstellen damit ihre Existenz ganz selbstverständlich als etwas dinghaft Gegebenes. Mit dieser Sprechweise erhält sie den Charakter eines über die Zeit hinweg stabilen Objektes. Dem gegenüber macht der von Karl Weick gerne gebrauchte Begriff des „Organisierens" von vornherein darauf aufmerksam, dass es sich dabei um ein soziales Phänomen handelt, das permanent auf ganz bestimmte Eigenaktivitäten angewiesen ist, um für das eigene Weiterexistieren als Organisation Sorge zu tragen (Weick 1985). Das heißt wir operieren hier im Anschluss an Weick mit einem prozesshaften Verständnis von Organisationen und fragen uns deshalb, wie es Organisationen schaffen, sich im Prozess des sich selbst Organisierens im Zeitverlauf als die nämliche wiederzuerkennen, obwohl ganz andere Personen am Werk sind, sich die Aufgaben und Ziele grundlegend geändert haben und ganz andere Strukturen zwischenzeitlich implementiert worden sind. Wie entsteht Kontinuität, wo doch Zerfall die wahrscheinlichere Entwicklung darstellt? Insofern ist gerade die Langlebigkeit von Organisationen ein echt erklärungswürdiges Phänomen.

2.6 Das Selbst der Organisation

Im Prozess des Verknüpfens von Entscheidungen mit darauf aufbauenden weiteren Entscheidungen entstehen organisationsintern unvermeidlicherweise „Eigenwerte", die bei aller Veränderung im laufenden Geschehen das hervorbringen, was sich als

„Selbst" der Organisation (innen wie außen) wieder erkennt (vgl. Foerster 1993: 233 ff.). Nicht so ganz einfach ist die Frage zu beantworten, wie denn das zu fassen ist, was da im Begriff der Selbstreferenz, der Selbstbeobachtung, der Selbstreflexion, der Selbstorganisation sowohl als kollektiver Akteur als auch als Gegenstand und Fokus gemeinsamer Anstrengungen enthalten ist. Wir gehen davon aus, dass es sich bei diesem „Selbst" um eine Instanz handelt, die gleichzeitig als Produkt von Führung anzusehen ist wie auch als Voraussetzung für die Führbarkeit einer Organisation jenseits der je konkreten historisch gewachsenen Strukturen fungiert. Das Selbst bezeichnet mithin jene Einheit, die ein System im Unterschied zu anderem für sich selbst ist. Es macht die Organisation sich selbst als Gegenstand der Beobachtung, des Gestaltens und Veränderns verfügbar. Insofern bestimmt die Elaboriertheit dieses Selbst den Grad an Umweltkomplexität, der systemintern erfolgreich bearbeitet werden kann. Im Kern kommt mit diesem Selbst also jenes organisationale Vermögen zum Ausdruck, das in unserem Verständnis mit dem Begriff Führung belegt werden kann. Folglich spiegelt sich gerade in diesem „Selbst" der autologische Charakter des Begriffes Organisation. Er meint sowohl einen bestimmten Typus sozialer Systeme und das diesen Typus zum Ausdruck bringende Selbstbewusstsein als auch das jeweilige Ergebnis des Organisierens; d. h. die konkrete Organisation einer Organisation. Das „Selbst" ist auf beiden Seiten dieses Bedeutungshorizontes anzutreffen. Von diesem Selbst ist der Begriff der Struktur klar zu unterscheiden.

Strukturen, wie sie in Organisationen zu einem bestimmten Zeitpunkt beobachtbar sind, sind stets kontingenter Natur und haben immer einen funktionalen Sinn. Sie sorgen im organisationsinternen Geschehen für generalisierte Erwartbarkeit und symbolisieren damit Kontinuität. Sie sind in der Regel die Antwort auf ganz bestimmte Herausforderungen in der Auseinandersetzung mit den spezifischen Umwelten einer Organisation und spiegeln den historischen Pfad dieser Auseinandersetzung. In den Strukturen realisiert sich so die je spezifische Logik der Binnendifferenzierung einer Organisation, ihr charakteristisches Design (d. h. die Prinzipien für die Bildung von Subsystemen, für die interne Verknüpfung derselben, für die Ausdifferenzierung von Hierarchieebenen und Führungsverantwortlichkeiten). Strukturen und die ihnen zugrunde liegenden Regelwerke sind gleichsam zu Routinen geronnene Erfolgsmuster der Vergangenheit und sind als solche natürlich wählbar, d. h. es handelt sich um selbst herbeigeführte Festlegungen, die so aber auch anders möglich sind, auch wenn in dieser Pfandabhängigkeit eine unübersehbare Begrenzung der Möglichkeiten einer alternativen Strukturbildung gesehen werden kann. Denn bei aller Kontingenz dieser Strukturen darf man nicht übersehen, dass in ihrer je spezifischen Ausprägung eine für Organisationen charakteristische Paradoxie steckt. Wir haben diesen Punkt bereits bei der Erörterung der überlebenswichtigen Funktion der Grenzbildung von Organisationen gestreift. Das unüberwindbare Komplexitätsgefälle, das Organisationen im Verhältnis zu ihren relevanten Umwelten zu bewältigen haben, zwingt diese zu hoch selektiven

Bearbeitungsroutinen im Inneren, die nur ganz bestimmte Impulse von Außen aufzugreifen ermöglichen und den Rest ignorieren. Theoretisch wie praktisch von besonderem Interesse ist die paradoxe Form dieser Selektivität. Sie ermöglicht situativ eine gezielte Fokussierung der organisationalen Bearbeitungsroutinen auf ganz bestimmte Leistungsaspekte (genau dafür braucht es Organisationen). Sie macht aber auch blind und unempfindsam gegenüber möglicherweise höchst relevanten Umweltentwicklungen, die so außerhalb des organisationalen Beobachtungs- und Wahrnehmungshorizontes bleiben. Dieser unvermeidliche Grundwiderspruch zwingt Organisationen dazu, ein Selbstbeobachtungs- und Selbstreflexionspotenzial auszuprägen, das sie in die Lage versetzt, die Selektivität des eigenen organisationalen Entscheidungszusammenhangs laufend mit zu beobachten. Diese Qualität zeigt sich in erster Linie anhand des jeweiligen Entwicklungsniveaus des Führungssystems einer Organisation, das dafür die erforderliche Sensibilität aufbaut oder auch vermissen lässt (vgl. dazu ausführlicher Wimmer 2009). Denn all das, was in einer Organisation passiert, muss sich ja letztlich auch angesichts all dessen, was man glaubt, ausklammern zu können, immer wieder von Neuem bewähren. Um diese Bewährungsprobe gezielt managen zu können, braucht es wie gesagt geeignete Selbstbeobachtungs- und Selbstreflexionsmöglichkeiten, die die eingespielten Routinen und die damit verbundene Selektivität in der eigenen Antwortfähigkeit unter Veränderungsdruck setzen können. Diese Fähigkeit ist in dem gebündelt, was wir hier mit dem Selbst der Organisation meinen.

Der gekonnte Umgang mit dieser systembegründenden Paradoxie ist die Voraussetzung dafür, dass Organisationen so etwas wie eine „dynamische Stabilität" gewinnen, d. h. ihre Identität, ihr Selbst aufrecht erhalten, gerade weil sie sich in dem ständigen Ringen um eine umweltadäquate Antwortfähigkeit in einem permanenten Selbstveränderungsprozess befinden. Organisationsberatung in unserem Verständnis gewinnt letztlich in diesem Bemühen von Organisationen brauchbare Formen für diese Art von Entparadoxierung zu finden, ihre existenzbegründenden Anhaltspunkte (vgl. dazu Wimmer 2004 a: 248 ff.). Je sprunghafter und unkalkulierbarer sich die Umweltveränderungen aus Sicht der betroffenen Organisationen abspielen, umso wichtiger wird die Frage, in welchem Ausmaß Organisationen die Fähigkeit entwickeln können, relevante Veränderungen frühzeitig zu registrieren und sich vorausschauend auf künftige Herausforderungen einzustellen. Wie sehen die dafür geeigneten Bewältigungsmuster aus? Welche „organizational capabilities" machen Organisationen für diese neuartigen Herausforderungen antwortfähig? Damit rückt die Frage nach der Lernfähigkeit von Organisationen unmittelbar ins Zentrum der Betrachtung. In ausreichendem Maße lernfähige Organisationen sind solche, die in Auseinandersetzungen mit der Veränderungsdynamik ihrer Umwelten die Fähigkeit entwickeln, auf der einen Seite zwischen Störungen bzw. ungewöhnlichen und überraschenden Entwicklungen zu unterscheiden, die ungestraft ignoriert werden können und solchen, die sich als weiterführende Irritationen und Impulse für die Selbstentwicklung gezielt nutzen lassen (einen evolutionstheoretischen Zugang zu diesen Fragen bietet Wimmer 2007). Bewusst entscheiden zu können zwischen Lernen und Nichtlernen, beschreibt auf organisationaler Ebene eine Fähigkeitsdimension, um die in den allermeisten Organisationen (wenn überhaupt) erst in ersten Ansätzen gerungen wird. Wenn es um die Zukunftsfähigkeit von Organisationen geht, dann ist allerdings diese gezielte Sorge um die eigene Lernfähigkeit als Organisation wahrscheinlich mindestens so wichtig, wie das sich Kümmern um die je konkreten Ergebnisse im Prozess der aktuellen Leistungserbringung (eindrucksvolle Beispiele dafür analysiert Collins 2001).

3 Entwicklung und Ausblick

Folgt man den beschriebenen organisationstheoretischen Überlegungen, so besitzen diese für die Konzeptionalisierung von Führung und Organisationsberatung weitreichende Konsequenzen. Führung und Beratung sind aufeinander bezogene, komplementäre Funktionen, die beide aus einer sehr unterschiedlichen Verantwortung heraus die Sicherstellung und Weiterentwicklung der Problemlösungsfähigkeit von Organisationen zum Gegenstand haben. Der vorliegende Beitrag bietet nicht den Platz, um diese Funktionen im Detail auszuarbeiten. Einige knappe Thesen sollen die Richtung dieser Weiterentwicklung des jeweiligen Funktionsverständnisses andenken.

3.1 Der Abschied von den Heroen in Führung und Management

Wir alle sind eingebettet in eine lange Tradition des Denkens, die das soziale Phänomen Führung primär als die Sache von Personen gesehen hat. Führung in diesem Verständnis hängt ausschließlich an den besonderen Fähigkeiten und persönlichen Eigenschaften der handelnden Akteure (visionäre Kraft, Begeisterungsfähigkeit, Durchsetzungsvermögen, Charisma etc.). Es sind also in erster Linie höchstpersönliche Qualitäten, über die nur ganz wenige verfügen, die in ihren Organisationen bzw. in der Gesellschaft ganz allgemein das Wesen von Führung zur Entfaltung bringen (zu diesem „New Leadership Approach" vgl. etwa Neuberger 2002).

Diesem „heroischen" Selbstkonzept der Führenden korrespondiert ein konsequent instrumentelles Verständnis von Organisationen. Diese sind das jeweils zu wählende Mittel zur Realisierung von organisationsextern gesetzten Zwecken z. B. die „Maximierung der gesamten Eigentümerrendite aus Dividenden plus Kurswertsteigerung der Unternehmensaktie", vgl. Rappaport/Klien 1999: 134). Führung ist in diesem Verständnis dazu da, um den Zwecksetzenden zur Erleichterung jener Ziele zu verhelfen, die sie jeweils mit ihrer Organisation verfolgen. Führung als Aufgabe dient daher im Kern dazu, die Organisationen in all ihren Bereichen als

Mittel so herzurichten, dass sie bei sparsamsten Ressourceneinsatz die Zielerreichung optimiert. Die mit diesem Führungsverständnis verbundenen mentalen Modelle bedienen zwar auf unnachahmliche Weise die narzisstischen Größenvorstellungen vieler Führungskräfte und den in allen Organisationen anzutreffenden Personalisierungsbedarf angesichts ungelöster Probleme. Dieses Verständnis korrespondiert aber schon lange nicht mehr mit der Eigenkomplexität heutiger Organisationen und mit den damit verknüpften Führungsherausforderungen. Es führt deshalb zur permanenten Selbstüberforderung der handelnden Akteure und damit zu einer Unterversorgung der betroffenen Organisationen mit angemessenen Führungsleistungen. Genau diese Unterversorgung verstärkt den Ruf nach „Leadership", letztlich ein Mehr desselben. Genau dieser schon seit Jahren beobachtbare, in Krisenzeiten verstärkte Mechanismus bereitet mehr und mehr den Boden für einen Paradigmenwechsel.

3.2 Merkmale eines postheroischen Verständnisses von Führung

Was heißt Führung, wenn man diese so beliebte Personalisierung aufgibt und Führung als ein Moment in einem sich selbst organisierenden, hochkomplexen Sozialsystem versteht? Dazu einige Thesen:

- Führung ist ein im System ausdifferenziertes Leistungspotential, ist eine Spezialfunktion im System für das System. So gesehen ist Führung ein Moment der Selbstorganisation von Systemen. Dieses Potential individualisiert Organisationen und ist in diesen unterschiedlich gut ausgeprägt.

- Führung als Aufgabe dient der Aufrechterhaltung der Funktionstüchtigkeit und weiteren Überlebenssicherung des jeweiligen Verantwortungsbereiches. Dies schafft den Unterschied sowie das Aufeinanderangewiesensein von Fach- und Führungsaufgaben.

- In diesem Sinne ist Führung darauf spezialisiert, die Beobachtung des Binnengeschehens wie der relevanten Organisationsumwelten dazu zu nutzen, gezielte Soll/Ist-Differenzen aufzumachen und für ihre Bearbeitung zu sorgen. Führung passiert deshalb tendenziell eher von außen nach innen als von oben nach unten.

- Die dafür erforderlichen Aufgaben und Kompetenzen sind auf allen Führungsebenen an hervorgehobenen Grenzstellen gebündelt. Dies schafft organisationsintern prinzipiell Mehrfachzugehörigkeiten und damit privilegierte Beobachtungsmöglichkeiten aber auch charakteristische Loyalitätsprobleme.

- Führung als Organisationsfähigkeit ist im Ergebnis immer eine Mannschaftsleistung. Ihr Erfolg bzw. Misserfolg hängt unmittelbar an den Strukturen und

Spielregeln dieses Zusammenwirkens der Führungskräfte über alle Ebenen hinweg.

- Führung in einem systemisch-konstruktivistischen Sinne braucht Persönlichkeiten, die in ihrem Potential und in ihrem Erfahrungshintergrund zum Anforderungsprofil der einzelnen Führungspositionen passen. Führung, so verstanden, ist eine ausgesprochen voraussetzungsvolle „Profession" und braucht Leute, die sich im Zuge ihrer Laufbahn darauf spezialisiert haben und die entsprechenden Begabungsvoraussetzungen mitbringen.

- Für die wirksame Bearbeitung der als notwendig erkannten Entwicklungsimpulse ist Führung unweigerlich auf Kommunikation angewiesen. Auf diesem Wege gilt es permanent Entscheidungen herbeizuführen und für Anschlussentscheidungen zu sorgen (d. h. Unsicherheit in Handlungssicherheit verwandeln).

- Führung benötigt für ihr Wirksamwerden eine akzeptierte Asymmetrie, ein Oben und Unten. Durch die Art ihrer Ausübung schafft sie dafür die erforderliche Akzeptanz oder lässt sie erodieren. Sie kann dabei auf keine vorgegebenen, fraglos anerkannten Autoritätsressourcen (wie die Positionsmacht) mehr zurückgreifen. Der Aufbau von Vertrauen und Glaubwürdigkeit in allen relevanten Kooperationsbeziehungen ist deshalb eine unverzichtbare Ressource. „Vertrauen führt", wie Reinhard Sprenger zutreffend betont (2007).

- Führung steht in ihrer Ausübung von allen Seiten extrem unter Beobachtung. Am Verhalten der Führungskräfte „entziffert" die Organisation ihren eigenen Zustand. Führungskräfte können organisationsintern nicht nichtführen. Deshalb ist das täglich gezeigte Verhalten von Führungskräften so enorm kulturprägend. Schon aus diesem Grund ist Führung im Sinne der Selbstführung auf gelingende Selbstreflexion angewiesen.

- Führung wahrnehmen impliziert immer das zielgerichtete Gestalten sozialer Situationen geprägt von hoher Komplexität und Unsicherheit. Solche Problemstellungen sind stets durch einen hohen Anteil an Nichtwissen gekennzeichnet. Der Umgang mit Unsicherheit, Intransparenz und den Gefühlen des Kontrollverlustes stellt daher an die Aufrechterhaltung des eigenen Kompetenzempfindens der Akteure außerordentlich hohe Anforderungen, zu deren Bewältigung ganz bestimmte persönliche Potenziale entwickelt werden müssen. Insofern ist die Entwicklung der jeweiligen Führungsstrukturen in Organisationen und die Entwicklung geeigneter Potenzialträger stets ein koevolutionärer Prozess.

3.3 Systemisch-konstruktivistische Organisationsberatung jenseits der klassischen Arbeitsteilung von Prozess- und Fachberatung

Organisationsberatung meint eine professionelle Ausrichtung, die ihr Selbstverständnis daraus gewinnt, gerade nicht die Arbeit von Führungskräften zu erledigen, sondern die im Gegenteil dazu da ist, durch ihre Interventionen im Rahmen des Beratungsprozesses gezielt mitzuhelfen, die Führungsfähigkeit des Kundensystems adäquat zu stärken. Beratung schöpft ihren Sinn daraus, die Funktion Führung in ihren Möglichkeiten so weiterzuentwickeln, dass sie ihrer aktuellen wie künftigen Verantwortung gerecht werden kann. Dieses Selbstverständnis benötigt deshalb ein elaboriertes Verständnis des genauen Unterschiedes von Führungs- und Beratungsrollen, um diese Rollen im Problemlösungsprozess geschickt aufeinander zu beziehen und dort wo nötig, auch gezielt zu entflecken. Diese Grundthese macht es erforderlich einen kurzen Blick auf die spezifische Dynamik des Marktes für organisationsbezogene Beratungsleistungen zu werfen.

Die Grundannahmen systemischer Organisationsberatung und die dazu passende Praxeologie haben sich in einer Zeit verfestigt, in der sich die Branche für organisationsbezogene Beratungsdienstleistungen noch in zwei klar von einander unterschiedene Segmente aufteilen ließ. Da war auf der einen Seite die expertenorientierte Beratung, die dominiert durch die großen weltweit operierenden Beratungsfirmen die Unternehmen aus einer ganz bestimmten Beraterhaltung heraus mit dem fehlenden sachbezogenen Knowhow versorgten. Dieses Segment deckt bis heute weit mehr als 90 Prozent des Gesamtmarktes ab. Da war auf der anderen Seite die vergleichsweise kleine Nische der Prozessberatung mit ihrem charakteristischen Organisationsentwicklungsverständnis, zu der sich die systemische Organisationsberatung in ihren Pionierjahren dazu gesellte. Beide, die Experten- wie die Prozessberatung antworten auf Organisationsverhältnisse, wie sie bis in die 1980er Jahre in den hoch entwickelten Regionen der Welt vorherrschend waren. Beide verdanken ihr beraterisches Selbstverständnis, ihre unterschiedlichen Vorgehenskonzepte und ihre sehr konträren Geschäftsmodelle diesen tradierten Verhältnissen, die diese Segmentierung über lange Zeit als scheinbar naturwüchsige Gegebenheiten erscheinen ließ und diese Branche konjunkturunabhängig mit kontinuierlich hohen Wachstumsraten versorgt haben.

In den vergangenen zwei Jahrzehnten hat sich die Welt der Organisationen jedoch ganz grundlegend weiterentwickelt. Da ist zum einen natürlich der fortschreitende Internationalisierungsprozess von Organisationen hervorzuheben. Diesem Prozess liegt das inzwischen unübersehbare Zusammenwachsen der Welt zu einer einheitlichen Weltgesellschaft zugrunde. Das Entstehen von „globalen Relevanzräumen" (Stichweh 2009) stellt einen Großteil unserer Organisationen vor bislang nicht gekannte Herausforderungen. Wir können beobachten, wie das volle Angekommensein unserer Organisationen in einer globalisierten Welt mit ihren veränderten Möglichkeiten der Kommunikation und Informationsverarbeitung alle bedeutsamen Gestaltungsdimensionen derselben grundlegend transformiert.

Da ist zum anderen jene ungeheure Innovationsdynamik, die durch die enormen Umwälzungen seitens der Informations- und Kommunikationstechnologien in allen Lebensbereichen ständig weiter angeheizt wird. Diese Technologien haben viele der bislang bestehenden räumlichen und zeitlichen Begrenzungen wegfallen lassen und damit wichtige Voraussetzungen für die globale Vernetzungs- und Beschleunigungsdynamik bereitgestellt. Darüber hinaus revolutionieren sie inzwischen das organisationsinterne Geschehen in einer Weise, wie dies noch vor 20 Jahren völlig undenkbar war. Das Internet, die computerbasierten Kommunikationsmedien haben die alltäglichen Abstimmungs- und Koordinationsprozesse in einer Weise erobert, dass Beobachter zu Recht fragen, welche weit reichenden kulturellen Implikationen damit verbunden sind (Baecker 2007). Letztlich können wir beobachten, dass Organisationen immer weniger dazu in der Lage sind, die an sie gestellten gesellschaftlichen Anforderungen alleine auf sich gestellt zu erbringen. In vielen Feldern verdichten sich netzwerkförmige, organisationsübergreifende Zusammenarbeitsformen, in denen die zu erwartenden Lösungen erst durch eine enge Kooperation zwischen Organisationen möglich werden (strategische Allianzen, Public-Private-Partnership, Joint Venture etc.). Damit wächst die Anforderung an die beteiligten Organisationen, sich für das erfolgreiche Mittun in solchen Netzwerken organisationsintern adäquat aufzustellen. Das ist ziemlich anspruchsvoll, denn die Produktivität von Netzwerkverknüpfungen folgt einer Logik des Geben und Nehmens, des Sich-Wechselseitig-Kontrollierens sowie einer Freiheit des Sich-Verabschiedens anders als dies bei Organisationen der Fall ist (vgl. etwa Bommes/Tacke 2007). Dirk Baecker spricht im Anschluss an Peter Drucker (2002) von einer „next society", um anzudeuten, dass die hier angesprochenen Entwicklungen drauf und dran sind, die moderne Gesellschaft in ihren Grundfesten zu transformieren (Baecker 2007).

Mit diesen veränderten Rahmenbedingungen für ein erfolgreiches Operieren von Organisationen wandelt sich auch der Bedarf derselben in Richtung Beratung. Die aktuellen Beobachtungen und Erfahrungen lassen die Annahme begründet erscheinen, dass es einen kontinuierlich wachsenden Markt für Beratungsleistungen gibt, die jenseits der klassischen Fixierung auf Experten- und Prozessberatung angesiedelt sind. Dieser Bedarf wird von Führungsverantwortlichen artikuliert, die in der Tendenz mit einem „postheroischen Führungsverständnis" (Baecker 2009) operieren, die ihr Rollenverständnis in dieser Richtung umgebaut haben und nun auf der Suche nach Beratung sind, die für dieses Verständnis ein komplexitätsadäquates Gegenüber abgibt, ein Gegenüber, das in der Lage ist, die unterschiedlichen Problemdimensionen des Kundensystems in einem integrierten Bearbeitungsprozess einer nachhaltig tragfähigen Lösung zuzuführen. Wir nennen diese Weiterentwicklung der systemischen Organisationsberatung den dritten Modus der Beratung, weil hier die tradierten Denkweisen und Lösungsmuster der Fach- und Prozessberatung verlassen und in einer neuen Form von Beratung „aufgehoben" werden.

3.4 Was kennzeichnet diesen Modus der Beratung?

Für diese Art der Beratungsleistung greifen die mentalen Modelle der klassischen Experten- bzw. Prozessberatung sowie ihr Beschreibungs- und Interventionsrepertoire zu kurz. Dieses Repertoire operiert mit Formen der Komplexitätsreduktion (sowohl in der Problembeschreibung wie im beraterischen Tun), die in vielen Fällen den aktuellen Problemlagen in Organisationen nicht mehr gerecht werden. Dieses Manko lässt sich auch nicht durch eine systematische Kombination von Fach- und Prozessberatung beseitigen (Stichwort Komplementärberatung), ganz abgesehen von den unvermeidlichen Widersprüchen, die so eine Kombination im Beratungsprozess produziert. Erforderlich ist eine konsequente Reformulierung des eigenen beraterischen Beschreibungsrepertoires von Kundenproblemen aus der Perspektive eines systemtheoretisch untermauerten Organisationsverständnisses und zwar in allen drei Sinndimensionen (sachlich, zeitlich wie sozial) und eine damit korrespondierende Weiterentwicklung des beraterischen Interventionsrepertoires. Erst ein solcher Theoriehintergrund schafft die geeignete Grundlage, um die hohe organisationale Komplexität, mit der Beratung heute konfrontiert ist, angemessen bearbeitbar zu machen. Am Beginn einer Weiterentwicklung des Beratungsverständnisses in Richtung dritten Modus steht also eine erhebliche Theorieanstrengung, die darauf zielt, die jeweilige Eigenart der zu beratenden Organisation und ihre systemspezifischen Weiterentwicklungsbedarfe zu erfassen, d. h. „viable" Konstruktionen zu entwickeln, die im Kundensystem einen relevanten Unterschied machen. Diese intensive theoretische Auseinandersetzung ist letztlich nicht vermeidbar, wenn es darum geht, Organisationsprobleme in den drei genannten Sinndimensionen in ihren Zusammenhang reformulieren zu können. Selbstverständlich können dabei die traditionellen Wissensbestände aus den einschlägigen Disziplinen, kreativ genutzt werden (strategisches Management, Theorien der Organisationsgestaltung, Leadership- und Managementtheorien, Gruppendynamik und Organisationsentwicklung etc.). Sie gewinnen durch die intensive Auseinandersetzung mit den dafür geeigneten Theoriebausteinen der neueren Systemtheorie aber einen veränderten Stellenwert, eine andere Deutungskraft in der Beschreibung organisationaler Zusammenhänge und damit auch eine ganz andere Relevanz für die Orientierung des beraterischen Vorgehens. Im dritten Modus zu beraten, impliziert folglich eine erhebliche Weiterentwicklung des Selbstverständnisses von Organisationsberatung als Profession sowohl hinsichtlich des zugrunde liegenden Theoriehintergrundes wie auch in der Profilierung des eigenen Interventionsrepertoires.

Literatur

Backhausen, Wilhelm (2009): Management 2. Ordnung. Chancen und Risiken des notwendigen Wandels. Wiesbaden: Gabler.
Backhausen, Wilhelm J./Jean-Paul Thommen (2007): Irrgarten des Managements. Ein systemischer Reisebegleiter zu einem Management 2. Ordnung. Zürich: Versus.
Baecker, Dirk (1999): Organisation als System. Frankfurt am Main: Suhrkamp.
Baecker, Dirk (2003): Organisation und Management. Frankfurt am Main: Suhrkamp.
Baecker, Dirk (2007): Studien zur nächsten Gesellschaft. Frankfurt am Main: Suhrkamp.
Baecker, Dirk (2009): Die Sache mit der Führung. Wien: Picus.
Bennis, Warren G. (1969): Organizational Development. Its Nature, Origins and Prospects. New York: Addison-Wesley.
Bleicher, Knut (1994): Normatives Management. Politik, Verfassung und Philosophie des Unternehmens. Frankfurt am Main: Campus.
Bleicher, Knut (1999): Das Konzept Integriertes Management. Visionen – Missionen – Programme. 6. Aufl. Frankfurt am Main: Campus.
Bommes, Michael/ Veronika Tacke (2007): Netzwerke in der 'Gesellschaft der Gesellschaft'. Funktionen und Folgen einer doppelten Begriffsverwendung. In: Soziale Systeme. H. 1–2. S. 9–20
Bradford, Leland P./Jack R. Gibb/Kenneth D. Benne (Hrsg.) (1972): Gruppentraining. T-Gruppentheorie und Laboratoriumsmethode. Stuttgart: Klett-Cotta.
Collins, Jim (2001): Der Weg zu den Besten. Stuttgart/München: Deutsche Verlags-Anstalt.
Doppler, Klaus/Christoph Lauterburg (2008): Change Management. Den Unternehmenswandel gestalten. 2. Aufl. Frankfurt/New York: Campus.
Drucker, Peter F. (2002): Managing in the Next Society. New York: Truman Trolley Books.
Foerster, Heinz von (1984): Principles of Self-Organization – In a Socio-Managerial Context. In: Hans Ulrich/Gilbert J. B. Probst (Hrsg.): Self-Organization and Management of Social Systems. Berlin/Heidelberg: Springer. S. 2–24.
Foerster, Heinz von (1993): Wissen und Gewissen. Versuch einer Brücke. Frankfurt am Main: Suhrkamp.
Forrester, Jay W. (1971): The Counterintuitive Behavior of Social Systems. In: Technology Review. 73. Jg. H. 3. S. 52–68.
Gomez, Peter/Gilbert Probst (1999): Die Praxis des ganzheitlichen Problemlösens. 3. Aufl. Bern: Haupt.
Groth, Torsten/Gerhard Stey (Hrsg.): Potenziale der Organisationsaufstellung. Innovative Ideen und Anwendungsbereiche. Heidelberg: Carl-Auer-Systeme.
Heintel, Peter/Ewald Krainz (1989): Die Rückseite der Vernunft. Das Unbewusste und Irrationale im Unternehmen. In: Hernsteiner. 2. Jg. H. 1. S. 4–7.
Herbst, Philip G. (1976): Alternatives to Hierarchies. Leiden: Niejhoff Social Sciences Division.
Jung, Stefan/Rudolf Wimmer (2009): Organisation als Differenz. In: Rudolf Wimmer/Jens Meißner/Patricia Wolf (Hrsg.): Praktische Organisationswissenschaften. Heidelberg: Carl-Auer-Systeme. S. 101–117.
Königswieser, Roswita/Alexander Exner (1998): Systemische Intervention. Architekturen und Designs für Berater und Veränderungsmanager. Stutgart: Klett-Cotta.
Königswieser, Roswita/Ebrû Sonuc/Jürgen Gebhardt (Hrsg.) (2006): Komplementärberatung. Das Zusammenspiel von Fach- und Prozess-Know-How. Stuttgart: Klett-Cotta.
Krizanits, Joana (2009): Die systemische Organisationsberatung. Wie sie wurde, was sie wird. Wien: Facultas.
Lewin, Kurt (1982): Feldtheorie. [= Kurt-Lewin-Werkausgabe. Bd. 4. Hrsg. Carl-Friedrich Graumann.] Bern: Huber.
Luhmann, Niklas (1984): Soziale Systeme. Frankfurt am Main: Suhrkamp.
Luhmann, Niklas (1992): Beobachtungen der Moderne. Opladen: Westdeutscher Verlag.
Luhmann, Niklas (1997): Die Gesellschaft der Gesellschaft, 2 Bde. Frankfurt am Main: Suhrkamp.

Luhmann, Niklas (2000): Organisation und Entscheidung. Opladen/Wiesbaden: Westdeutscher Verlag.
Luhmann, Niklas (2002): Einführung in die Systemtheorie. Heidelberg: Carl-Auer-Systeme.
Malik, Fredmund (2002): Strategie des Managements komplexer Systeme. 7. Aufl. Bern: Haupt.
Maturana, Humberto R. (1982): Die Organisation und Verkörperung von Wirklichkeit. Braunschweig: Vieweg.
Maturana, Humberto R. (2000): Biologie der Realität. Frankfurt am Main: Suhrkamp.
Mintzberg, Henry (2004): Managers Not MBAs. A Hard Look at the Soft Practice of Management and Management Development. San Francisco: Berrett-Koehler.
Neuberger, Oswald (2002): Führen und führen lassen. 6. Aufl. Stuttgart: Lucius & Lucius
Ortmann, Günther (2004): Als ob. Fiktionen und Organisationen. Wiesbaden: Verlag für Sozialwissenschaften.
Power, Michael (2001): The Audit Society. Rituals of Verification. 3. Aufl. Oxford: Oxford Univ. Press.
Probst, Gilbert (1987): Selbst-Organisation. Berlin: Parey.
Rappaport, Alfred/Wolfgang Klien (1999): Shareholder Value. Ein Handbuch für Manager und Investoren. 2. Aufl. Stuttgart: Schäffer-Poeschel.
Rautenberg, Michael (2010): Der Dialog in Management und Organisation – Illusion oder Perspektive? Eine systemtheoretische Zuspitzung. Heidelberg: Carl-Auer-Systeme.
Rüegg-Stürm, Johannes (1998): Neuere Systemtheorie und unternehmerischer Wandel – Skizze einer systemisch-konstruktivistischen 'Theory of the Firm'. In: Die Unternehmung. 52. Jg. H. 2. S. 3–17.
Rüegg-Stürm, Johannes (2001): Organisation und organisatorischer Wandel. Eine theoretische Erkundung aus konstruktivistischer Sicht. Wiesbaden: Westdeutscher Verlag.
Rüegg-Stürm, Johannes (2003): Das neue St. Galler Management-Modell. 2. Aufl. Bern/Stuttgart: Haupt.
Scharmer, Claus Otto (2009): Theorie U. Von der Zukunft her Führen. Heidelberg: Carl-Auer-Systeme.
Schein, Edgar H. (2003): Prozessberatung für die Organisation der Zukunft. 2. Aufl. Bergisch Gladbach: Edition Humanistische Psychologie.
Schlippe Arist von/Jochen Schweitzer (1996): Lehrbuch der systemischen Therapie und Beratung, 2 Bde. Göttingen: Vandenhoek & Ruprecht.
Selvini Palazzoli, Mara, et al. (1984): Hinter den Kulissen der Organisation. Stuttgart: Klett-Cotta.
Senge, Peter M. (1996): Die fünfte Disziplin. Kunst und Praxis der lernenden Organisation. Stuttgart: Klett-Cotta.
Simon, Fritz B. (Hrsg.) (1988): Lebende Systeme. Wirklichkeitskonstruktionen in der systemischen Therapie. Berlin: Springer.
Spencer-Brown, George (1969): Laws of Form. New York: Allen & Unwin.
Sprenger, Reinhard (2007): Vertrauen führt. Worauf es im Unternehmen wirklich ankommt. Frankfurt am Main: Campus.
Stichweh, Rudolf (2009): Das Konzept der Weltgesellschaft. Genese und Strukturbildung eines globalen Gesellschaftssystems, Workingpaper des Soziologischen Seminars der Universität Luzern.
Ulrich, Hans (1968): Die Unternehmung als produktives soziales System. Bern: Haupt.
Ulrich, Hans/Walter Krieg (1972): St. Galler Management-Modell. Bern: Haupt.
Varga von Kibéd, Matthias/Insa Sparrer: Ganz im Gegenteil. 6. Aufl. Heidelberg: Carl-Auer-Systeme.
Watzlawick, Paul/Janet H. Beavin/Don D. Jackson (1969): Menschliche Kommunikation. Formen, Störungen, Paradoxien. Bern: Hans Huber.
Weick, Karl E. (1985): Der Prozess des Organisierens. Frankfurt am Main: Suhrkamp.
Weick, Karl E. (1995): Sensemaking in Organizations. Thousand Oaks, CA: Sage.
Weick, Karl E. (1996): Drop Your Tools. An Allegory for Organizational Studies. In: Administrative Science Quarterly. 41. Jg. S. 375–381.
Willke, Helmut (1996): Systemtheorie II. Interventionstheorie. 2. Aufl. Stuttgart: UTB.

Wimmer, Rudolf (Hrsg.) (1992 a): Organisationsberatung. Neue Wege und Konzepte. Wiesbaden: Gabler.

Wimmer, Rudolf (1992 b): Die Steuerung komplexer Organisationen. Ein Reformulierungsversuch der Führungsproblematik aus systemischer Sicht. In: Karl Sandner (Hrsg.): Politische Prozesse in Unternehmen. 2. Aufl. Berlin/Heidelberg: Physica. S. 131–156.

Wimmer, Rudolf (1993): Erlebt die Gruppendynamik eine Renaissance? Eine systemtheoretische Reflexion gruppendynamischer Arbeit am Beispiel der Trainingsgruppe. In: Gerhard Schwarz/Peter Heintel/Mathias Weyrer/Helga Stattler (Hrsg.): Gruppendynamik. Geschichte und Zukunft. Wien: WUV-Universitätsverlag. S. 111–139.

Wimmer, Rudolf (2004): Organisation und Beratung. Systemtheoretische Perspektiven für die Praxis. Heidelberg: Carl-Auer-Systeme.

Wimmer, Rudolf (2007): Die bewusste Gestaltung der eigenen Lernfähigkeit als Unternehmen. In: Nino Tomaschek (Hrsg.): Die bewusste Organisation. Steigerung der Leistungsfähigkeit, Lebendigkeit und Innovationskraft von Unternehmen. Heidelberg: Carl-Auer-Systeme. S. 39–62.

Wimmer, Rudolf (2009): Führung und Organisation – zwei Seiten ein und derselben Medaille. In: Revue für postheroisches Management. H. 4. S. 20–33.

Wüthrich, Hans A./Dirk Osmetz/Stefan Kaduk (2006): Musterbrecher. Führung neu leben. Wiesbaden: Gabler.

Lob und Abgesang

Achim Barsch über Konstruktivismus in der Literaturwissenschaft

1 Die Rezeption des Konstruktivismus in der Literaturwissenschaft

Literaturwissenschaftliche Einführungen, Lexika und Handbücher weisen zu Recht darauf hin, dass zwei Ausprägungen von empirischer Literaturwissenschaft in Deutschland benannt werden können (vgl. Barsch 1992). Auf der einen Seite findet sich Norbert Groebens Ansatz, der, von der Literaturpsychologie herkommend, für empirische Rezeptionsforschung steht und damit eine Strategie der Empirisierung klassischer Fragestellungen der Literaturwissenschaft verfolgt. Demgegenüber steht der Ansatz zu einer Empirischen Theorie der Literatur auf der Basis des *Grundriß der Empirischen Literaturwissenschaft* von Siegfried J. Schmidt (1980/82), der einer literarisch-kommunikativen Handlungstheorie verpflichtet ist und in der weiteren Entwicklung mehr und mehr systemtheoretisch ausgebaut wurde (Literatursoziologie).[1]

---

[1] Im Zentrum dieses Beitrages steht aus guten Gründen die Empirische Literaturwissenschaft. ('Empirische Literaturwissenschaft' wird hier bewusst mit Großbuchstaben geschrieben, um die unmittelbare Anknüpfung an die Empirische Theorie der Literatur [vgl. Schmidt 1980/82] zu markieren. Als Forschungsfeld beinhaltet die Empirische Literaturwissenschaft verschiedene Ansätze und Ausprägungen). Denn Vertreter dieses Ansatzes, vor allem Siegfried J. Schmidt und Gebhard Rusch, haben nicht nur den Konstruktivismus in der Variante des radikalen Konstruktivismus für die Literaturwissenschaft fruchtbar gemacht, sondern sie waren auch maßgeblich daran beteiligt, den konstruktivistischen Diskurs in Deutschland und auch darüber hinaus voranzutreiben und mit eigenen Beiträgen konstruktivistisches Denken zu praktizieren. (Hier sind vor allem die beiden Bände von Schmidt zum *Diskurs des Radikalen Konstruktivismus* [1987] und die Zeitschrift *DELFIN* zu nennen). Als Nukleus ist dabei die Bielefelder NIKOL-Gruppe zu sehen, obwohl nicht alle Mitglieder dieser Gruppe den radikalen Konstruktivismus von Siegfried J. Schmidt mitgetragen haben. (Um die Abkürzung NIKOL wurde lange Zeit ein Geheimnis gemacht. Sie steht für „nicht-konservative Literaturwissenschaft", wobei „nicht-konservativ" einen Begriff aus der Quantentheorie bezeichnet, obgleich die umgangssprachliche Bedeutung mitschwingt). Mit der Berufung Schmidts an die Universität Siegen und mit der Gründung des dortigen Instituts für Empirische Literatur- und Medienforschung der Universität Siegen (LUMIS) bildete sich rasch ein Zentrum konstruktivistischen Arbeitens, das weit über die Grenzen der Bundesrepublik hinaus bekannt wurde und nicht auf den Bereich der Literaturwissenschaft beschränkt war. Mit Peter M. Hejl (Soziologe und Politologe) und Wolfram K. Köck (Anglist und Linguist) kamen neben Raimund Klauser (Soziologe) zwei Wissenschaftler nach Siegen, die sich bereits im Rahmen ihrer Tätigkeit am Paderborner Forschungszentrum für objektivierte Lehr- und Lernverfahren (FeoLL) intensiv mit dem Konstruktivismus auseinandergesetzt und wichtige Beiträge übersetzt hatten. Insgesamt setzte sich das LUMIS-Institut aus Mitgliedern mit unterschiedlichem disziplinärem Hintergrund zusammen und bildete damit die Voraussetzung für interdisziplinäres Arbeiten. Periodika, Schriftenreihen, Monografien und andere Publikationen prägten die Aktivitäten des Instituts ebenso wie die Diskussion mit Gastwissenschaftlern, die Ausrichtung von Tagungen und Workshops und die Durchführung diverser Forschungsprojekte, teilweise als Einzelprojekte, teils im Forschungsverbund (Sonderforschungsbereich). Bezeichnend für dieses interdisziplinäre Arbeiten sind auch die Gemein-

Beide Ansätze sind dem Konstruktivismus verpflichtet, jedoch ganz unterschiedlichen. Norbert Groeben stellt sich in die Tradition des kognitven Konstruktivismus, den er als Kern der Psychologie von der Gestaltpsychologie bis zur kognitiven Psychologie hin ausmacht. Der Ansatz von Schmidt folgt *cum grano salis* dem radikalen Konstruktivismus und führt diesen weiter. Schon diese beiden Ansätze zeigen, dass es keinen Sinn macht, von „dem" Konstruktivismus zu sprechen, wie ich es zu Beginn des Absatzes und in der Zwischenüberschrift aus stilistischen Gründen formuliert habe. Die Frage des jeweiligen Konstruktivismus ist sicherlich der zentrale Knackpunkt beider Richtungen, der auch den Anlass für eine Auseinandersetzung gebildet hat, auf die noch einzugehen sein wird. Eine weitere Differenz besteht in der Verfolgung unterschiedlicher Strategien bei der ansonsten gemeinsam angestrebten Veränderung der Literaturwissenschaft. Norbert Groeben setzt an Problemen und Kritikpunkten der Literaturwissenschaft wie z. B. der „Subjekt-Objekt-Konfundierung" der literaturwissenschaftlichen Interpretation an und versucht diese mit dem Methodenarsenal empirischer Forschung zu lösen. Es geht ihm also nicht um den Umbau der Literaturwissenschaft „von oben", wie ihn die NIKOL-Gruppe mit der Empirischen Theorie der Literatur anstrebt. Bemerkenswert beim Empirisierungsprogramm Groebens sind Methodenentwicklung (z. B. die Heidelberger Struktur-Lege-Technik)[2] und der Fokus auf empirische Rezeptionsforschung (speziell auf die subjektiven Theorien von Rezipienten).

Diese beiden zentralen Unterschiede dürfen aber nicht darüber hinwegtäuschen, dass es eine Reihe von Gemeinsamkeiten gibt, die mehr die Nähe als die Distanz beider Richtungen zeigt. In wissenschaftstheoretischer Perspektive sind beide Ansätze der analytischen Philosophie und Wissenschaftstheorie verpflichtet, konkret dem *non-statement-view* von Theorien auf Basis der Arbeiten von Joseph D. Sneed (1971) und Wolfgang Stegmüller (1973). Groeben und Schmidt gehen beide von einem funktionalen Textbegriff aus, der die Bedeutung eines Textes als Konstruktionsleistung des Rezipienten und nicht als eine inhärente Texteigenschaft ansieht. Mit diesen Punkten gehen eine erfahrungswissenschaftliche Ausrichtung und der Einsatz empirischer Methoden einher.

---

schaftspublikationen und die in Arbeitsgruppen durchgeführten Projekte, die auch immer wieder Gegenstand von Institutssitzungen waren. (Weiter sei hier verwiesen auf die NIKOL-Reihe bei Vieweg und deren Nachfolger-Reihen, die LUMIS-Schriften, auf die Zeitschrift *SPIEL*, sowie auf *Poetics*, die lange Jahre von Siegfried J. Schmidt mitherausgegeben wurde.)

[2] Mit dieser von Brigitte Scheele und Norbert Groeben entwickelten Technik werden von den Versuchspersonen Begriffe auf Karten notiert und durch Verknüpfungen miteinander in Verbindung gebracht. Durch weitere methodische Verfahren wie Interviews und lautes Denken wird ein Konsens zwischen Versuchsperson und Versuchsleiter über die Bedeutung der gelegten Struktur hergestellt, damit der Versuchsleiter im Dialog versteht, was der Proband mit der Begriffsanordnung ausdrücken will.

1.1 Konstruktivismus und Empirische Literaturwissenschaft

Im nächsten Schritt möchte ich kurz nachzeichnen, wie der Konstruktivismus in der Empirischen Theorie der Literatur verankert ist. Dabei ist auf Theoriebildung, Methodologie, Begriffsbildung und Gegenstandsbereich einzugehen.

In der NIKOL-Konzeption der Empirischen Literaturwissenschaft kommen ein Theoriebegriff und ein Wissenschaftsverständnis zum Tragen, die Theorien nicht als beobachterunabhängige Erklärung und Abbildung von Welt erfassen, sondern sie im Sinne Thomas S. Kuhns (1973) als Strategien zur Lösung wissenschaftlicher Probleme begreifen. Solche Lösungen sind im Bereich wissenschaftlicher Erklärungen unter Rückgriff auf Gesetze angesiedelt, die erlauben, die Zusammenhänge und Mechanismen beobachteter Phänomene und Prozesse zu erfassen. Theorien sind damit Werkzeuge wissenschaftlicher Forschung und keine Aussagensysteme über eine ontische Wirklichkeit. Diese Auffassung deckt sich mit dem Begriff der 'Viabilität' Ernst von Glasersfelds. In der Wissenschaftspraxis muss sich letztlich zeigen, welche Probleme eine Theorie lösen und was sie ihrem Anspruch gemäß leisten kann. Im Sinne der wissenschaftlichen Redlichkeit setzt sich die Empirische Theorie der Literatur bewusst der Kritik aus, indem nicht nur das Theoriegefüge, sondern auch möglichst viele Hintergrundannahmen und Voraussetzungen explizit gemacht werden. Dazu gehört auch, dass die metatheoretischen Ziele, die zu erreichen angestrebt werden, offen benannt werden: Theoretizität, Empirizität und Relevanz,[3] wie auch Postulate, denen man sich unterwirft, um Intersubjektivität und wissenschaftliche Anschlussfähigkeit zu sichern: Fachsprachenpostulat; Prüfbarkeitspostulat; Relevanzpostulat; Vermittelbarkeitspostulat (vgl. dazu Schmidt 1980: 6). Die Suche nach und ein Anspruch auf absolute oder allgemeingültige Wahrheiten verbieten sich bei diesem Ansatz.

In methodologischer Sicht orientiert sich die Empirische Literaturwissenschaft generell am Methodenarsenal der empirischen Sozialforschung, wobei die Auseinandersetzung um qualitative oder quantitative Verfahren keine bedeutende Rolle gespielt hat. Die Rezeption des Konstruktivismus hat in der NIKOL-Gruppe dazu geführt, dass eine methodologische Reflexion, Diskussion und Verständigung erfolgte. Grundlage und Orientierung gaben dabei Operationen ab, die nach Humberto R. Maturana die wissenschaftliche Methode bilden und zu wissenschaftlichen Erklärungen führen:

1. Beobachtung eines Phänomens, das als zu erklärendes Problem angesehen wird;

---

[3] Zunächst im Sinne von Applikabilität; im Kontext der später entwickelten Angewandten Literaturwissenschaft auch im Sinne einer gesellschaftlichen Relevanz.

2. Entwicklung einer erklärenden Hypothese in Form eines deterministischen Systems, das ein Phänomen erzeugen kann, welches mit dem beobachteten Phänomen isomorph ist;
3. Generierung eines Zustandes oder Prozesses des Systems, der entsprechend der vorgelegten Hypothese als vorhergesagtes Phänomen beobachtet werden soll;
4. Beobachtung des so vorhergesagten Phänomens. (Maturana 1982: 236 f.)

In der ersten Operation bestimmt der Beobachter ein Beobachtungsverfahren zur Eingrenzung des Phänomens, das es zu erklären gilt. In der zweiten Operation entwickelt der Beobachter ein begriffliches oder ein konkretes System als ein Modell jenes Systems, welches nach seiner Auffassung das beobachtete Phänomen erzeugen kann. In der dritten Operation verwendet der Beobachter das vorgeschlagene Modell, um einen Zustand oder einen Prozess zu generieren, welcher als vorhergesagtes Phänomen im modellierten System beobachtet werden soll. In der vierten Operation schließlich versucht er, das vorhergesagte Phänomen als konkreten Fall des modellierten Systems zu beobachten.

Die so gefasste wissenschaftliche Methode beinhaltet ein klares Bekenntnis zu Empirie und erfahrungswissenschaftlich geprägter Forschung, wobei experimentelle Forschungsdesigns eingeschlossen sind. Beim ersten Schritt, der Beobachtung eines Phänomens als zu erklärendem Problem, geht es auch um die Entwicklung von Fragestellungen, die beantwortbar sind, und auch um die Vermeidung von Scheinproblemen, wie sie in der Suche nach textimmanenten Bedeutungen gesehen werden. Viele Kritiker der Empirischen Theorie der Literatur sahen den Text als Forschungsgegenstand ausgeklammert. Dem ist nicht so; natürlich können in diesem Ansatz auch Texte untersucht werden, aber eben nicht im Sinn der Suche nach im Text angelegten Bedeutungen, sondern auf der Basis von Fragestellungen, die sich mit intersubjektiven Forschungsmethoden bearbeiten lassen. Daher spielen in der Empirischen Theorie der Literatur weniger Einzeltexte als größere Textkorpora eine Rolle, um somit auch Phänomene auf einer breiteren Datenbasis zu generieren, die sich unter Verwendung textanalytischer Verfahren wissenschaftlich erklären lassen. Diese Behauptung der Textferne, die sich bis in Lexikonartikel hinein verbreitet hat, ist um so erstaunlicher als Helmut Hauptmeier und Siegfried J. Schmidt (1985) in ihrer *Einführung in die Empirische Literaturwissenschaft* ein ganzes Kapitel der „Arbeit am Text" gewidmet haben.

Nicht direkt vom Konstruktivismus beeinflusst, aber mit ihm unmittelbar kompatibel sind einige Begrifflichkeiten der Empirischen Theorie der Literatur, die mit Theoriebildungen in Linguistik und Literaturwissenschaft in Verbindung stehen. Dazu gehören vor allem die Begriffe 'Text', 'Bedeutung' und 'Literatur'. Die Empirische Literaturwissenschaft geht von einem funktionalen Textbegriff aus. Texte sind für die Empirische Literaturwissenschaft materielle Zeichenträger, die auf unterschiedlicher technischer Basis und mit Hilfe historisch gewachsener Zeichensysteme Kommunikationsprozesse ermöglichen. Kommunikationspartner müssen über gemeinsam geteiltes Wissen über diese Zeichenträger und Zeichensysteme verfügen, damit Kommunikation gelingen kann. Das damit verbundene Problem stellt sich ganz deutlich bei der Entdeckung und Entschlüsselung bisher unbekannter Schriftsysteme. Nur dadurch, dass Menschen in Schriftkulturen das für schriftbasierte Kommunikation notwendige Wissen von Kindesbeinen an erwerben und internalisieren, erscheint ihnen diese Kommunikationsform als selbstverständlich und unproblematisch. Aufgrund dieser rigiden Schriftsozialisation erscheint die These als selbstverständlich, dass Texte ihre Bedeutungen enthalten würden (ontologischer Textbegriff). Der funktionale Textbegriff beinhaltet dagegen die These, dass Texte ihre Bedeutungen nicht mit sich tragen, sondern dass Texte erst in Kommunikationssituationen Bedeutung erhalten oder zugeschrieben bekommen.[4] Funktionale Textbegriffe gehen daher immer von einer Trennung der materiellen Seite eines Textes/Zeichens und seiner Bedeutung aus. Zur Beschreibung dieser Trennung sind verschiedene Begrifflichkeiten vorgeschlagen und verwendet worden (Werk und Konkretisation; materielles Artefakt und ästhetisches Objekt; materiale Textstruktur und Textbedeutung). Siegfried J. Schmidt (1980) spricht von „Kommunikatbasis" und „Kommunikat". Die Kommunikatbasis wird von der materiellen Seite des Textes her gebildet; beispielsweise sind das die bedruckten Seiten eines Buches. Als Kommunikat bezeichnet Schmidt die „Gesamtheit der kognitiven Operationen, die ein Individuum in seinem kognitiven Bereich über dem Text als Auslöser entfaltet" (Schmidt 1986: 88). Das Kommunikat ist somit ein kognitives Konstrukt, das vom Rezipienten dem Text (d. h. der Kommunikatbasis) als Bedeutung zugeordnet wird, aus Sicht des Rezipienten die Bedeutung des Textes darstellt. Nach Schmidt lässt sich das Kommunikat analytisch in drei Ebenen ausdifferenzieren: in eine propositionale Ebene, eine affektive Ebene und eine Ebene lebenspraktischer Relevanz. Zur propositionalen Ebene gehören die linguistischen Bereiche von Laut/Schrift, Syntax und Semantik. Die affektive Ebene besteht aus den Emotionen, mit denen der Text besetzt wird. Die lebenspraktische Relevanz bezieht sich auf die Pragmatik und die Einschätzung des Rezipienten auf die Anschlussfähigkeit der Beschäftigung mit dem Text in der Lebenswelt. Mit dem Kommunikat als kognitivem Konstrukt wird in der Empirischen Theorie der Literatur der Bedeutungsbegriff abgedeckt.

Ähnlich dem funktionalen Textbegriff verhält sich der Begriff 'Literatur' in der Empirischen Literaturwissenschaft. Texte sind in dieser Auffassung nicht an und für sich literarisch, sondern sie werden in bestimmten Situationen und unter be-

---

[4] Nebenbei sei bemerkt, dass mit dem funktionalen Textbegriff leicht erklärt werden kann, dass identische Texte zu unterschiedlichen Zeiten (auch von identischen Personen) unterschiedlich gelesen werden (können).

stimmten Bedingungen für literarisch gehalten und entsprechend rezipiert.[5] Produzenten, die ihre Texte als literarisch intendieren, sind dazu gehalten, diese durch entsprechende, konventionalisierte Textsignale (z. B. Gattungssignaturen) als literarisch auszuflaggen. Rezipienten sind auf der anderen Seite aufgefordert, auf solche Signale zu achten und diesen zu folgen. Zur Erklärung solcher 'Literarisierungsmechanismen' wurden in der Empirischen Literaturwissenschaft literarische Konventionen in Form empirisch zu prüfender Hypothesen eingeführt als einerseits historisch variable andererseits als für Zeitgenossen verbindliche Regularien im Umgang mit literarischen Texten (vgl. Barsch 2000). Aufgrund dieser Konstellation mit dem unverzichtbaren Blick auf den Umgang mit Texten erweist sich Literatur primär als ein soziales Phänomen und dann erst als ein textuelles oder semiotisches. Literaturbegriffe im Sinne von Vorstellungen über Art, Sinn und Zweck von Literatur sehen ganz unterschiedlich aus und sind historisch kontingent. In der Empirischen Literaturwissenschaft gehören sie zum Untersuchungsgegenstand und gehen diesem nicht auf der theoretischen Ebene voraus.

Den zentralen Gegenstandsbereich der Empirischen Literaturwissenschaft bildet nach Siegfried J. Schmidt (1980) das Literatursystem im Sinne eines sozialen Teilsystems der Gesellschaft. Auch in die Gegenstandsbestimmung spielt der radikale Konstruktivismus mit hinein. Denn erst die mit für literarisch gehaltenen Texten Handelnden erzeugen in ihrem Umgang mit Literatur das Literatursystem. Dieses Handeln erfolgt in unterschiedlichen Handlungsrollen (der literarischen Produktion, literarischen Vermittlung, literarischen Rezeption und literarischen Verarbeitung) und auf unterschiedlichen Handlungsebenen (einer literarischen und einer meta-literarischen) (vgl. Barsch 1993). Mit diesem so gefassten Gegenstandsbereich sollen Modelle, Beschreibungen und Erklärungen ermöglicht werden, die Phänomene und Prozesse im Literatursystem erfassen (z. B. literarische Rezeptionsprozesse; Literaturbegriffe von Produzenten- und Rezipientengruppen; Gattungsbegriffe; literarische Konventionen; Lektürepräferenzen; Voraussetzungssysteme). Dem Konstruktivismus folgend lassen sich Konstruktionsprozesse auf zwei Beschreibungsebenen ausmachen: Konstruktionen von Aktanten auf der Ebene des Literatursystems und Konstruktionen auf der Ebene wissenschaftlicher Erklärungen. Das Literatursystem ist viel zu komplex und viel zu kompliziert, um es in seiner Gesamtheit erfassen zu können. Forschungsstrategisch ist es daher sinnvoll, kleinere Untersuchungsbereiche abzugrenzen und zu untersuchen. Die NIKOL-Gruppe ist diesem Credo gefolgt und hat eine Vielzahl von Studien und Projekten durchgeführt wie etwa empirische Untersuchungen zum Literaturbegriff in Deutschland, zu Persönlichkeitsmerkmalen von Produzenten, zu Mediengat-

---

[5] Dass die Entscheidung, einen Text für literarisch oder nichtliterarisch zu halten, direkt Einfluss auf den Umgang und die Bedeutungskonstruktion nimmt, ist mehrfach untersucht worden. Aus Sicht der Empirischen Literaturwissenschaft ist hier nur auf die Studie von Dietrich Meutsch (1987) zu verweisen.

tungsbegriffen, zu literarischen Verstehensprozessen und zu Leserinnen und Lesern von Heftromanen, um nur einige Bereiche zu nennen.[6]

1.2 Debatten um Konstruktivismus und Empirische Literaturwissenschaft

Der Wissenschaftsanspruch der Empirischen Theorie der Literatur und deren Theoriekonzeption haben von verschiedener Seite Widerspruch erfahren. Denn mit der Kritik am literaturwissenschaftlichen Verfahren der Interpretation und dem damit verbundenen Bedeutungskonzept ist ein zentraler Bereich literaturwissenschaftlicher Forschung tangiert. Auch der von Mitgliedern der NIKOL-Gruppe vertretene Konstruktivismus bildete eine Angriffsfläche für Kritik innerhalb der empirischen Literaturwissenschaft im weiteren Sinne sowie außerhalb davon. Auf die beiden bekanntesten Auseinandersetzungen werde ich im nächsten Punkt eingehen.

Ohne Übertreibung kann man von einer kollegialen Verbundenheit zwischen den beiden Zentren der empirischen Literaturwissenschaft in Deutschland, nämlich zwischen Heidelberg bzw. Köln und Bielefeld bzw. Siegen, ausgehen. Dies zeigte sich im Rahmen von Tagungen, Workshops und Arbeitsgesprächen, sowie in Vorträgen, zu denen gegenseitig eingeladen wurde. Nicht zuletzt aufgrund dieser Kontakte habilitierte sich Norbert Groeben nach der Psychologie im Bereich der Literaturwissenschaft an der Universität Siegen. Der Auseinandersetzung um den radikalen Konstruktivismus lag ein konstruktives Gesprächsklima zwischen der Groeben-Gruppe[7] und LUMIS-Mitgliedern zugrunde, das rein fachlich blieb und nie Persönliches berührte. Der faire Umgang miteinander zeigte sich auch darin, dass das Manuskript zu *Über die Erfindung/en des Radikalen Konstruktivismus* (Nüse/Groeben/Freitag/Schreier 1991) der Siegener Gruppe vorab zur Stellungnahme zur Verfügung gestellt wurde. Es wurde dort intensiv diskutiert, ein Teil der kritischen Punkte und Fragen wurde beantwortet und versucht, Missverständnisse anzusprechen und auszuräumen, sowie unglückliche Formulierungen auf radikalkonstruktivistischer Seite zu präzisieren.

Norbert Groeben und seine Mitstreiter verfolgten das Ziel, eine Rechtfertigung des kognitiven Konstruktivismus zu erreichen, den sie durch den radikalen Kons-

---

[6] An dieser Stelle sei verwiesen auf die LUMIS-Tätigkeitsberichte und die LUMIS-Schriften, die digitalisiert zu finden sind unter: http://www.uni-siegen.de/ifm/lumis/?lang=de (abgerufen 31.12.2010).

[7] Nach seiner Tätigkeit in Heidelberg übernahm Norbert Groeben in Köln eine Professur für Allgemeines Psychologie und Kulturpsychologie. Neben Brigitte Scheele arbeitete auch Margrit Schreier in Köln weiterhin mit ihm zusammen. Auf Qualifikations- und Projektstellen arbeiteten zahlreiche Mitarbeiter mit Groeben zusammen. Wie im LUMIS-Institut in Siegen gab es auch in Köln eine rege Kommunikationskultur.

truktivismus herausgefordert und gefährdet sahen. Der kognitive Konstruktivismus geht davon aus, dass Menschen aufgrund ihrer Wahrnehmungen ihre Erfahrungswelt kognitiv konstruieren. Da dabei eine Außenwelt oder Realität vorausgesetzt wird, die dem Einzelnen über Sinneswahrnehmungen zugänglich ist, verträgt sich in dieser Hinsicht der kognitive Konstruktivismus, der manchmal auch als 'gemäßigter Konstruktivismus' bezeichnet wird, nicht mit dem radikalen Konstruktivismus.

Die Debatte wurde auf beiden Seiten dadurch kompliziert und erschwert, dass die Rezeption des radikalen Konstruktivismus von Ernst von Glasersfeld und die des Autopoiese-Konzeptes von Humberto R. Maturana zu wenig auseinander gehalten wurden. Formulierungen von Norbert Groeben wie „das radikalkonstruktivistische systemtheoretische Modell der Autopoiese" (Groeben 1995: 159) zeigen diese Vermengung unterschiedlicher Ansätze und Begrifflichkeiten ganz deutlich. Ernst von Glasersfeld, Humberto Maturana und auch Heinz von Foerster arbeiteten in den USA zeitweilig in enger Kooperation miteinander. Daher konnte der Eindruck entstehen, dass es sich bei ihren Arbeiten um ein einheitliches Paradigma handelt. Erst später ist deutlich geworden, dass die Arbeiten Maturanas eine argumentative Stütze für den radikalen Konstruktivismus liefern können, aber selbst nicht Teil eines konstruktivistischen Theoriegebäudes sind. Dies verdeutlicht auch ein Blick auf die jeweiligen Erkenntnisinteressen. Während Glasersfeld ein Modell des rationalen Wissens anstrebt, ist Maturana an einer Antwort auf die Frage interessiert: „Was ist und wie funktioniert Leben?" Somit lassen sich die verschiedenen verwendeten Begrifflichkeiten nicht einfach ineinander übersetzen. Zur damaligen Zeit wurden Begriffe wie 'Viabilität', 'Selbstorganisation', 'Selbstreferenz' und 'Autopoiese' zu wenig differenziert und einem einheitlichen Theorierahmen zugeordnet. Glasersfeld (1993) weist in seiner Rezension von *Über die Erfindung/en des Radikalen Konstruktivismus* (Nüse et al. 1991) auf diesen Umstand indirekt hin, indem er parallel verlaufende Entwicklungen anspricht, die mit dem radikalen Konstruktivismus verträglich sind, aber diesem nicht vorangehen oder folgen. Diese Antwort Glasersfelds zeigt auch, dass viele der vorgebrachten Punkte und Wissenschaftskriterien mit dem radikalen Konstruktivismus vereinbar sind, einige Argumente Konstruktivisten zur Klärung und Präzisierung ihres Sprachgebrauchs und ihrer Erklärungen herausfordern, und schließlich, dass in erkenntnistheoretischer Hinsicht keine Annäherung abzusehen ist. Denn die Kritiker postulieren zwar, „dass man etwas in der Welt [im Sinne einer ontischen Welt; AB] entdecken kann" (Nüse et al. 1991: 17), können aber einen solchen Nachweis ohne Rückgriff auf die Erfahrungswelt des Wissenschaftlers nicht führen.

Die zweite Debatte, auf die ich hier eingehe, ist völlig anders gelagert. Sind sich die beiden vorgestellten Richtungen der empirischen Literaturwissenschaft in vielen Punkten einig, so stellt die Kritik von Ralph Gehrke (1994) eine Position dar, die aus Sicht einer nichtempirischen, textorientierten Literaturwissenschaft einen Rundumschlag sowohl gegen den radikalen Konstruktivismus als auch im besonderen gegen den Ansatz zu einer Empirischen Theorie der Literatur vollzieht. Wenn Gehrke vom „Sammelbegriff 'Radikaler Konstruktivismus'" (1994: 170) spricht, so zeigt dies wenig Differenzierung einzelner Positionen. Er unterstellt dem radikalen Konstruktivismus den Status einer „Theorie mit Absolutheitsanspruch" (ebd.: 171) in Verbindung mit dem Gedanken einer Einheitswissenschaft (vl. ebd.: 172). Aus dem Zusammenhang gerissene Formulierungen erinnern ihn „fatal an jene 'Volksgemeinschaft', die den NS-Staat getragen hat" (ebd.: 174). Mit keinem Wort wird auf Ernst von Glasersfelds Konzept der Viabilität eingegangen. Denn dieses verträgt sich nicht mit solchen Pauschalvorwürfen, die einer um Aufklärung und Rationalität bemühten Klärung unangemessen sind, die Ralph Gehrke angeblich anstrebt. Er unterstellt dem radikalen Konstruktivismus im Sinne der faustischen Klage als Basistheorem „dass [er] nichts wissen könn[e]" (ebd.: 172) und ignoriert dabei völlig, dass z. B. Ernst von Glasersfeld immer wieder darauf hingewiesen hat, dass es ihm um Fragen des Wissens geht. Hier nur ein kleiner Beleg dafür: „Was ist der radikale Konstruktivismus? Einfach ausgedrückt handelt es sich um eine unkonventionelle Weise die Probleme des Wissens und Erkennens zu betrachten" (Glasersfeld 1997: 22). Nie wurde von radikalkonstruktivistischer Seite behauptet, dass der Mensch nichts wissen könne. Auf der Basis dieser Konstruktivismusrezeption wird dann noch hochgerechnet auf eine „konstruiert[e] Kollektivität", „deren unabdingbare Notwendigkeit darin besteht, mit der herrschenden sozialen und politischen Ordnung im Einklang zu stehen" (Gehrke 1994: 180).

In ähnlicher Weise verfährt Ralph Gehrke mit dem NIKOL-Ansatz der Empirischen Literaturwissenschaft. Seine Kritik lässt sich thesenartig so formulieren:

a) den Gegenstandsbereich der Literaturwissenschaft bildet „die" Literatur;

b) Literatur setzt sich aus literarischen Werken im Sinne ästhetischer Gebilde zusammen;

c) Literatur, „die sich den Bedingungen des Marktes und dem Geschmack des Massenpublikums so glatt angepaßt hat, dass sie die kulturellen Rationalisierungsprozesse nicht mehr stört" [Gehrke 1994: 184], gehört nicht zum legitimen Gegenstandsbereich der Literaturwissenschaft;

d) Literatur erschließt sich „aus einer Anschauung der Werke von innen" [Gehrke 1994: 183]; damit wird die Literaturwissenschaft auch der Unterscheidung von alltagssprachlicher Kommunikation und poetischer Rede gerecht;

e) in Anlehnung an Adorno hat die Literaturwissenschaft ihren Gegenstand qua poetologischer Untersuchung in einer ästhetischen Sphäre zu behandeln, sie muss das Ästhetische an literarischen Werken herausarbeiten und diesem Ästhetischen auch in der Art und Weise der wissenschaftlichen Untersuchungen gerecht werden;

f) Literaturwissenschaft darf nicht einfach Marktbedürfnissen nachgeben und sich daher auch nicht aufgrund der Entwicklungen des Medienmarktes in Richtung einer Medienwissenschaft verändern. (Barsch 1996: 314)

Ralph Gehrke (1994: 171) argumentiert auf der Grundlage einer „historisch-kritischen Hermeneutik" und stellt sich selbst in den Traditionszusammenhang der „Kritischen Theorie". In seinen Ausführungen wird deutlich, dass er einen bestimmten Literaturbegriff, der dem Autonomiegedanken von Kunst und Literatur entstammt, und damit auch „die" Literatur als Gegenstandsbereich für gegeben hält. Literatur wird nicht als soziales Produkt („Ware" in Gehrkes Terminologie) betrachtet, sondern als schön bzw. als poetisches Gebilde, dem die Wissenschaft mit empirischen Zugängen nicht gerecht werden kann. Mit der Öffnung zu medienwissenschaftlichen Fragen und Gegenständen sieht Ralph Gehrke in Anlehnung an Joachim Dyck sogar die Dignität des Faches gefährdet (ebd.: 188). Der weitere Entwicklungsverlauf der Literaturwissenschaft hat gezeigt, wie falsch Ralph Gehrke mit seiner Einschätzung lag.

Auf Intervention von Fachkollegen gab der Herausgeber der *Deutschen Vierteljahrsschrift für Literaturwissenschaft und Geistesgeschichte* (*DVjs*)[8] einigen Mitgliedern des Siegener LUMIS-Instituts die Gelegenheit zu einer Replik. Mit unterschiedlichem Fokus auf die Vorwürfe und in einem sachlich gehaltenen Ton wurde auf die Polemik eingegangen und versucht eine rationale Klärung anzustreben, die Ralph Gehrke für seine Position reklamierte, aber selbst nicht leisten konnte oder wollte (vgl. Barsch 1996; Hejl 1996; Rusch 1996; Schmidt 1996). Neben Diskussionen des Konstruktivismus anlässlich von Tagungen, Vorträgen und Workshops im Kontext der Empirischen Literaturwissenschaft blieben die beiden skizzierten Auseinandersetzungen die intensivsten publizistischen Debatten um den radikalen Konstruktivismus in der Literaturwissenschaft. Von Mitgliedern der NIKOL-Gruppe ging die Initiative aus, unter verschiedenen Perspektiven und Fragestellungen kritische Stellungnahmen von interessierten Fachkollegen zur Empirischen Literaturwissenschaft einzuholen und zu publizieren (vgl. Barsch/Rusch/Viehoff 1994). Auch so kann ein wissenschaftlicher Diskurs gestaltet werden.

---

[8] Die *DVjs* gilt als eine der führendsten Fachzeitschriften der deutschsprachigen Germanistik. Seit ihrem ersten Erscheinen 1923 hat sie die Entwicklung des Faches mitgeprägt. In der *DVjs* versammeln sich fächerübergreifende Beiträge aus Literaturwissenschaft, Philosophie und Kulturgeschichte.

2 Anwendungseffekte und Perspektivwechsel in der Literaturwissenschaft durch den Konstruktivismus

Im Laufe ihrer Tätigkeit in Bielefeld und in Siegen[9] sind von der NIKOL-Gruppe diverse Projekte durchgeführt und Publikationen erstellt worden, in denen der radikale Konstruktivismus direkt und indirekt eine Rolle spielte. Die Bandbreite der Gegenstände und Fragestellungen ist beachtlich. Neben empirischen Untersuchungen (wie etwa zu Persönlichkeitsvariablen von Literaturproduzenten; einer quantitativen Erhebung zum Literaturbegriff in Deutschland; zur konventionsgesteuerten Rezeption von Literatur; zu Mediengattungsbegriffen als kognitiven Ordnungsschemata; zu Leserinnen und Lesern von Heftromanen) und der (system)theoretischen Weiterentwicklung der Empirischen Theorie der Literatur (u. a. mit der Ausdifferenzierung des Konzepts literarischer Konventionen; der Einführung von Handlungsebenen in das Literatursystem; dem Blick auf die Rolle von Emotionen) finden sich ebenfalls historisch ausgerichtete Arbeiten (z. B. zur Biografie am Beispiel von Georg Trakl; zur Analyse der Romane E. Marlitts; zur Entstehung des Literatursystems im 18. Jahrhundert). Besonders hervorgehoben werden können zwei ganz unterschiedliche Publikationen. Mit ihrem Band *Angewandte Literaturwissenschaft* legt die Arbeitsgruppe NIKOL (1986) bewusst eine Gemeinschaftspublikation vor, um den Gruppencharakter der vertretenen Konzeption auch nach außen hin zu dokumentieren. Inhaltlich löst das Buch den Anspruch der Empirischen Theorie der Literatur auf das Postulat der gesellschaftlichen Relevanz des Ansatzes ein. Die zweite hier zu nennende Publikation ist Siegfried J. Schmidts (1989) Darstellung der Ausbildung des Literatursystems im 18. Jahrhundert. Dieser Band zeigt einerseits die Möglichkeit, innerhalb der Empirischen Literaturwissenschaft historische (Makro-)Prozesse zu analysieren; andererseits werden die systemtheoretischen Grundlagen aufgrund der seit Publikation des *Grundriß der Empirischen Literaturwissenschaft* (Schmidt 1980/82) erfolgten systemtheoretischen Entwicklung neu justiert. Neben dem gerade genannten *Grundriß* ist *Die Selbstorganisation des Sozialsystems Literatur im 18. Jahrhundert* (Schmidt 1989) die Publikation mit der höchsten Resonanz in der Literaturwissenschaft. Neben den Arbeiten aus dem LUMIS-Institut erschienen verschiedene Publikationen, – hier können nur einige ausgewählte genannt werden – die im Umfeld der Empirischen Theorie der Literatur (z. T. auf Basis von Forschungsaufenthalten und Stipendien) entstanden sind oder sich explizit darauf beziehen. Einen ersten Überblick zum Verhältnis von (empirischer) Literaturwissenschaft und radikalem Konstruktivismus gibt Michael Flacke (1994). Sibylle Moser (2001) geht vom zentralen Begriff

---

[9] Für die Siegener Phase verweise ich auf die jährlichen Tätigkeitsberichte in der LUMIS-Schriftenreihe.

der Handlung aus und diskutiert methodologische Fragen, die sich aus der radikalkonstruktivistischen Fundierung der Empirischen Theorie der Literatur ergeben. In seiner differenzierten Auseinandersetzung mit interpretationskritischen Ansätzen in der Literaturtheorie geht Axel Spree (1995) ausführlich auf den Ansatz der Empirischen Theorie der Literatur mit dessen konstruktivistischen Grundlagen ein. Auch Peter J. Brenner (1998) widmet sich in seiner umfangreichen Darstellung der Interpretationsproblematik der Empirischen Literaturwissenschaft. Die Studie von Karsten Gries, Claudius R. Köster, Lutz Kramaschki und Heike Schreiber (1996) zeigt anschaulich, wie breit und in welcher Weise die Empirische Theorie der Literatur in Rezensionen und einschlägigen Handbüchern rezipiert wurde.

Neben Norbert Groeben (negativ) und Siegfried J. Schmidt (positiv) gibt es außerhalb empirischer Ansätze zahlreiche Einzelpublikationen in der Literaturwissenschaft, die auf den radikalen Konstruktivismus Bezug nehmen. Hier sind vor allem systemtheoretische Arbeiten zu nennen, die auf der Basis der Systemtheorie Niklas Luhmanns konstruktivistische Gedanken aufnehmen (vgl. dazu u. a. Fohrmann/Müller 1996). An dieser Stelle kann nur pauschal auf Publikationen von Georg Jäger, Oliver Jahraus, Claus-Michael Ort und Jörg Schönert verwiesen werden, sowie auf den Leidener Ansatz zu einer Systemtheorie der Literatur, der vor allem von Henk de Berg und Matthias Prangel entwickelt wurde. Weiterhin stehen dem Konstruktivismus Forschungsansätze nahe, die sich in den letzten Jahren um eine Anthropologie der Literatur bemüht und dabei neuere Entwicklungen aus Biologie und Evolutionstheorie aufgegriffen haben. Einen komplexen Vorschlag hat Karl Eibl (2004) dazu vorgelegt.

Die konstruktivistischen Aktivitäten in Siegen haben schließlich auch dazu geführt, dass Empirische Literaturwissenschaft und radikaler Konstruktivismus vor allem in der Literaturdidaktik rezipiert wurden. Didaktikern war es (fast) immer schon klar, dass Lernen nicht nach dem Muster des Nürnberger Trichters erfolgt. Insofern hatte die Didaktik in der Zeit nach der Blütephase des Behaviorismus weniger Berührungsängste mit dem Konstruktivismus als die Literaturwissenschaft. Zudem hat die Didaktik über ihre Bilder von Lernenden anders als die Literaturwissenschaft einen direkteren Bezug zu Psychologie (Entwicklungspsychologie; pädagogische Psychologie), Soziologie (Sozialisationsforschung; Jugendsoziologie) und anderen Disziplinen, in denen der denkende und handelnde Mensch im Mittelpunkt steht. So greifen auch alle aktuellen Ansätze zum Lehren und Lernen mit neuen Medien auf den Konstruktivismus zurück, sei es ein kognitiver oder ein radikaler.

Spätestens seit der Konstanzer Rezeptionsästhetik von Wolfgang Iser (1976) und Hans Robert Jauß (1970) trat der tatsächliche Leser mehr und mehr ins Blickfeld der Deutsch- und speziell der Literaturdidaktik. Mit der kognitiven Wende in der Psychologie und darauf folgend auch in der Sprachwissenschaft, sowie in der sich entwickelnden Kognitionswissenschaft wurde deutlich, dass Wahrnehmen und Verstehen kognitive Prozesse sind und keine 1:1-Abbildungen einer äußeren Wirklichkeit. Somit können Texte bzw. semiotische Gebilde auch nicht Bedeutungen als inhärente Eigenschaften enthalten. Praktikern des Literaturunterrichts war das Problem der Bedeutung literarischer Texte und damit die Interpretationsproblematik zumindest latent bewusst; d. h. ihnen war klar, dass Schüler mit Texten auch anders umgehen, als manche Lehrpersonen dies erwarten. Der Konstruktivismus und die Empirische Literaturwissenschaft boten nun dafür plausible Erklärungen an. Kaspar H. Spinner (1994) war einer der ersten, der explizit auf den radikalen Konstruktivismus zurückgriff. Vor allem deutschdidaktische Bezüge weist der Sammelband von Klaus Müller (1996) auf. Auf Möglichkeiten einer Perspektivierung des radikalen Konstruktivismus für den Deutschunterricht geht Barsch (1998) ein. Ein komplexer deutschdidaktischer Ansatz auf konstruktivistischer und lernerbezogener Basis wurde von Klaus Maiwald (2005) mit dem Schwerpunkt bilddominierter Medienangebote vorgelegt. Dass Konstruktivismus und empirische Literaturwissenschaft auch ein Thema des Verstehens fremdkultureller Literatur sind, zeigt Gabriele Müller-Peisert (2006) in ihrem Vergleich literarischer Konventionen in Deutschland und China. Bei ihrer Untersuchung analysiert sie Curricula und Lehrmaterialien und zieht Konsequenzen für die fremdsprachliche Literaturdidaktik.

3 Entwicklung und Ausblick auf konstruktivistisches Denken in der Literaturwissenschaft

Mittlerweile ist der Konstruktivismus in der Literaturwissenschaft „angekommen" und kein „Angstgegner" mehr. Dies zeigen auch diverse Einträge und Ausführungen in Lexika, Handbüchern und Einführungen. Die Darstellungsformen sind sachlich geworden. Debatten, wie sie mit der Gruppe um Norbert Groeben und mit Ralph Gehrke geführt wurden, sind lange vorbei und Einzelfälle geblieben. Sicherlich wurden Konstruktivismus und Empirische Literaturwissenschaft von Teilen der Fachkollegenschaft aber auch schlichtweg ignoriert, übergangen oder nicht zur Kenntnis genommen. Die Empirische Literaturwissenschaft hat Auswirkungen auf andere literaturwissenschaftliche Richtungen und Ansätze gehabt und insofern ihre Spuren hinterlassen, auch und gerade aufgrund der expliziten Einbindung des radikalen Konstruktivismus. Das Konzept des Literatursystems als Gegenstandsbereich der Literaturwissenschaft wurde vielfach aufgegriffen; dabei hat sich die Trennung von Literatur als Sozialsystem (mit Verweis auf die Empirische Literaturwissenschaft) und als Textsystem eingebürgert. Ebenso fanden das Konzept der Handlungsrollen im Literatursystem und die Einführung literarischer Konventionen außerhalb der Empirischen Literaturwissenschaft Verwendung.

Dennoch konnte die Empirische Literaturwissenschaft in Form der NIKOL-Konzeption ihren Anspruch auf einen Paradigmenwechsel in der Literaturwissenschaft nicht umsetzen. Dazu bedarf es nach Thomas S. Kuhn neben einem alternativen Theoriedesign auch einer disziplinären Krise; da sich die Literaturwissenschaft in Dauerkrisen befindet, fehlte es mithin an einer wichtigen Voraussetzung für diesen angestrebten Paradigmenwechsel. Weiterhin sind im Sinne von Kuhn die Vertreter der Empirischen Theorie der Literatur 'ausgestorben'. Sie sind im Ruhestand oder arbeiten in anderen disziplinären Feldern wie der Publizistik, der Medienwissenschaft oder der Didaktik. Der Formulierer der Empirischen Theorie der Literatur, Siegfried J. Schmidt, hat sich mit seinem Weggang aus Siegen erst von der Empirischen Literaturwissenschaft und dann vom Konstruktivismus verabschiedet (Schmidt 2003). Wenn überhaupt von einer normalwissenschaftlichen Phase des Konstruktivismus in der deutschen Literaturwissenschaft gesprochen werden kann, dann wohl eher in der Didaktik als in der Fachwissenschaft. Parallel zur Verbreitung und zum größeren Stellenwert der empirischen Bildungsforschung[10] hat sich die Literaturdidaktik empirischen Fragen zugewandt (empirische Forschungen zur Lese- und Mediensozialisation; zur literarischen Rezeptionskompetenz) und konstruktivistische Elemente aufgenommen. Empirische Literaturwissenschaft im weiteren Sinne ist immer noch aktiv und aktuell. Nach wie vor erfolgen regelmäßige Tagungen der Internationalen Gesellschaft für Empirische Literaturwissenschaft (IGEL)[11] und existieren Buchreihen sowie Periodika (*SPIEL*; *Poetics*) mit empirischer Ausrichtung.

Literatur

Arbeitsgruppe NIKOL (Hrsg.) (1986): Angewandte Literaturwissenschaft. Braunschweig/Wiesbaden: Vieweg.
Barsch, Achim (1992): Empirische Literaturwissenschaft. In: Volker Meid (Hrsg.): Bertelsmann Literaturlexikon. Bd. 13. Begriffe, Realien, Methoden. Gütersloh/München: Bertelsmann Lexikon. S. 206–209.
Barsch, Achim (1993): Kommunikation mit und über Literatur. Zu Strukturierungsfragen des Literatursystems. In: SPIEL. 12. Jg. H. 1. S. 34–61.
Barsch, Achim/Gebhard Rusch/Reinhold Viehoff (Hrsg.) (1994): Empirische Literaturwissenschaft in der Diskussion. Frankfurt am Main: Suhrkamp.
Barsch, Achim (1996): Angst vor einem neuen Paradigma? Replik auf Ralph Gehrkes „Was leistet der Radikale Konstruktivismus für die Literaturwissenschaft?". In: Deutsche Vierteljahrsschrift für Literaturwissenschaft und Geistesgeschichte. 70. Jg. H. 2. S. 313–321.

---

[10] So haben die Ergebnisse des PISA-Tests zur Lesekompetenz nicht nur unter Deutschdidaktikern zu einer breiten und heftigen Diskussion geführt, bei der der Konstruktivismus eine nicht unbedeutende Rolle spielte.
[11] Die Internationale Gesellschaft für Empirische Literaturwissenschaft (IGEL) wurde 1987 in Siegen gegründet. Mittlerweile (2010: Utrecht) haben 12 internationale Tagungen in Deutschland, Ungarn, den Niederlanden und den USA sowie in Kanada stattgefunden. IGEL versammelt Wissenschaftler aus den Bereichen Literaturwissenschaft, Linguistik, Psychologie, Soziologie, Kultur-, Medien- und Kommunikationswissenschaft, die mediale und literarische Phänomene empirisch untersuchen (vgl. www.psych.ualberta.ca/IGEL).

Barsch, Achim (1998): Radikaler Konstruktivismus und Deutschunterricht. In: System Schule. 2. Jg. H. 4. S. 120–124.
Barsch, Achim (2000): Ein integrativer Blick auf literarische Konventionen. Universität Siegen: LUMIS-Schriften 59.
Brenner, Peter J. (1998): Das Problem der Interpretation. Eine Einführung in die Grundlagen der Literaturwissenschaft. Tübingen: Niemeyer.
Eibl, Karl (2004): Animal Poeta. Bausteine einer biologischen Kultur- und Literaturtheorie. Paderborn: Mentis.
Flacke, Michael (1994): Verstehen als Konstruktion. Literaturwissenschaft und Radikaler Konstruktivismus. [= Konzeption Empirische Literaturwissenschaft, Bd. 16]. Opladen: Westdeutscher Verlag.
Fohrmann, Jürgen/Harro Müller (Hrsg.) (1996): Systemtheorie der Literatur. München: Fink.
Gehrke, Ralph (1994): Was leistet der Radikale Konstruktivismus für die Literaturwissenschaft? In: Deutsche Vierteljahrsschrift für Literaturwissenschaft und Geistesgeschichte. 68. Jg. H. 1. S. 170–188.
Glasersfeld, Ernst von (1993): Nicht bekehrt, aber geläutert. In: Soziologische Revue. 16. Jg. H. 3. S. 288–290.
Glasersfeld, Ernst von (1997): Radikaler Konstruktivismus. Ideen, Ergebnisse, Probleme. Frankfurt am Main: Suhrkamp.
Gries, Karsten/Claudius R. Köster/Lutz Kramaschki/Heike Schreiber (1996): Rezeption der Empirischen Theorie der Literatur in Rezensionen und Handbüchern zur Literaturwissenschaft. Eine qualitativ-quantitative Explorationsstudie zu Bewertungshandlungen. Siegen: LUMIS-Schriften 46.
Groeben, Norbert (1995): Zur Kritik einer unnötigen, widersinnigen und destruktiven Radikalität. In: Hans Rudi Fischer (Hrsg.): Die Wirklichkeit des Konstruktivismus. Zur Auseinandersetzung um ein neues Paradigma. Heidelberg: Carl-Auer-Systeme. S. 149–260.
Hauptmeier, Helmut/Siegfried J. Schmidt (1985): Einführung in die Empirische Literaturwissenschaft. Braunschweig/Wiesbaden: Vieweg.
Hejl, Peter M. (1996): Aufklärung oder Romantik? In: Deutsche Vierteljahrsschrift für Literaturwissenschaft und Geistesgeschichte. 70. Jg. H. 2. S. 298–312.
Iser, Wolfgang (1976): Der Akt des Lesens. München: Fink.
Jauß, Hans Robert (1970): Literaturgeschichte als Provokation. Frankfurt am Main: Suhrkamp.
Kuhn, Thomas S. (1973): Die Struktur wissenschaftlicher Revolutionen. Frankfurt am Main: Suhrkamp.
Maiwald, Klaus (2005): Wahrnehmung – Sprache – Beobachtung. Eine Deutschdidaktik bilddominierter Medienangebote. München: kopaed.
Maturana, Humberto R. (1982): Erkennen. Die Organisation und Verkörperung von Wirklichkeit. Ausgewählte Arbeiten zur biologischen Epistemologie. Braunschweig/Wiesbaden: Vieweg.
Meutsch, Dietrich (1987): Literatur verstehen. Eine empirische Studie. Braunschweig/Wiesbaden: Vieweg.
Moser, Sibylle (2001): Komplexe Konstruktionen. Systemtheorie, Konstruktivismus und empirische Literaturwissenschaft. Wiesbaden: Deutscher Universitätsverlag.
Müller, Klaus (Hrsg.) (1996): Konstruktivismus. Lehren – Lernen – Ästhetische Prozesse. Neuwied [u. a.]: Luchterhand.
Müller-Peisert, Gabriele (2006): Zum Verstehen fremdkultureller Literatur. Ein Vergleich der Konventionen im Umgang mit literarischen Texten am Beispiel Deutschland und China. Kassel: Kassel Univ. Press.
Nüse, Ralf/Norbert Groeben/Burkhard Freitag/Margrit Schreier (Hrsg.) (1991): Über die Erfindung/en des Radikalen Konstruktivismus. Kritische Gegenargumente aus psychologischer Sicht. Weinheim: Deutscher Studienverlag.
Rusch, Gebhard (1996): Konstruktivismus. Ein epistemologisches Selbstbild. In: Deutsche Vierteljahrsschrift für Literaturwissenschaft und Geistesgeschichte. 70. Jg. H. 2. S. 322–345.

Schmidt, Siegfried J. (1980/82): Grundriß der Empirischen Literaturwissenschaft. Teilband 1: Der gesellschaftliche Handlungsbereich Literatur. (1980) Teilband 2: Zur Rekonstruktion literaturwissenschaftlicher Fragestellungen in einer empirischen Theorie der Literatur. (1982) Braunschweig/Wiesbaden: Vieweg.

Schmidt, Siegfried J. (1986): Texte verstehen – Texte interpretieren. In: Achim Eschbach (Hrsg.): Perspektiven des Verstehens. Bochum: Studienverlag Dr. N. Brockmeyer. S. 75–103.

Schmidt, Siegfried J. (Hrsg.) (1987): Der Diskurs des Radikalen Konstruktivismus. Frankfurt am Main: Suhrkamp.

Schmidt, Siegfried J. (1989): Die Selbstorganisation des Sozialsystems Literatur im 18. Jahrhundert. Frankfurt am Main: Suhrkamp.

Schmidt, Siegfried J. (1996): Was leistet ein Vertreter einer historisch-kritischen Hermeneutik für die Kritik am Radikalen Konstruktivismus und an der Empirischen Literaturwissenschaft? In: Deutsche Vierteljahrsschrift für Literaturwissenschaft und Geistesgeschichte. 70. Jg. H. 2. S. 291–297.

Schmidt, Siegfried J. (2003): Geschichten & Diskurse. Abschied vom Konstruktivismus. Reinbek: Rowohlt.

Sneed, Joseph D. (1971): The Logical Structure of Mathematical Physics. Dordrecht: Reidel.

Spree, Axel (1995): Kritik der Interpretation. Analytische Untersuchungen zu interpretationskritischen Literaturtheorien. Paderborn: Schöningh.

Spinner, Kaspar H. (1994): Neue und alte Bilder von Lernenden. Deutschdidaktik im Zeichen der kognitiven Wende. In: Beiträge zur Lehrerbildung. 12. Jg. H. 2. S. 146–158.

Stegmüller, Wolfgang (1973): Theorie und Erfahrung. 2. Halbband: Theorienstrukturen und Theoriendynamik. Berlin: Springer.

Systeme beobachten

Albert Müller und Karl H. Müller über Unterschiede und Gemeinsamkeiten von Kybernetik zweiter Ordnung und Konstruktivismus

Dieser Artikel setzt seine zwei Schwerpunkte auf die Entstehungsgeschichte der Kybernetik zweiter Ordnung in den späten 1960er und 1970er Jahren sowie auf deren gegenwärtige Konturen und Entwicklungspotentiale. Im Zentrum des Artikels stehen die beiden Thesen, dass – als erste These – die Kybernetik zweiter Ordnung zwar seit den frühen 1970er Jahren als Schlagwort von etwas grundsätzlich Neuem und Anderem zirkulierte, dass sie aber nur in Form einzelner disparater Bausteine in unterschiedlichen Publikationen primär von Heinz von Foerster, aber auch von Gordon Pask, Ranulph Glanville und anderen entwickelt wurde. Zugespitzt formuliert, wurde die Kybernetik zweiter Ordnung nie in ausführlicher und homogener Form präsentiert und in passende Forschungskontexte überführt. Deswegen muss – als zweite These – eine solche Kybernetik zweiter Ordnung gegenwärtig erst von ihren Bausteinen her rekonstruiert, neu aufgebaut und als eigensinniges Element im breiteren konstruktivistischen Kontext formiert und entfaltet werden.

1 Von der Kybernetik erster zur Kybernetik zweiter Ordnung

Im Jahre 1968 fand das erste der „Annual Meetings" der *American Society for Cybernetics* (ASC) statt. Die ASC war zwar schon formell 1964 gegründet worden, ihre Aktivitäten waren jedoch zunächst ohne große nachhaltige Bedeutung. Erst 1968 wurden erstmals Periodika wie *ASC News* und *ASC Communications* veröffentlicht, auch die Publikation der ersten Tagung erfolgte noch in diesem Jahr. Was auf den ersten (Rück-)Blick wie eine Erfolgsgeschichte aussieht, kann aber auch als Symptom einer Krise gelesen werden.

Kybernetik war seit Anfang der 1940er Jahren in den Vereinigten Staaten, rasch aber auch in Großbritannien, entstanden, zwei initiale Publikationen von 1943 zweier miteinander verbundener Forschungsteams können als ihr Beginn angesehen werden: Warren S. McCulloch und Walter Pitts (1943) wiesen nach, dass Netzwerke von Nervenzellen in der Lage sind, logische Operationen im Sinn der Boole'schen Algebra auszuführen; Arturo Rosenblueth, Norbert Wiener, und Julian Bigelow (1943) zeigten, dass Systeme mit Hilfe von Rückkopplungsmechanismen sich selbst steuern können. Beide Forschungsergebnisse wurden intensiv diskutiert, 1947 fand Norbert Wiener schließlich den Terminus 'Cybernetics' und wählte diesen als Titel für eine Buchpublikation (Wiener 1948). Obgleich Norbert Wiener aufgrund dieses Aktes der Namensgebung häufig der Status eines Gründervaters zugesprochen wurde (vgl. Conway/Siegelman 2005), muss betont werden, dass

Kybernetik als transdisziplinäres Forschungsfeld das Ergebnis eines Gruppenprozesses war. In einer Serie von Tagungen der *Josiah Macy, Jr. Foundation* wurde das Feld der Kybernetik bis 1953 erst entwickelt. Der intellektuelle Vorteil der Transdisziplinarität geriet bei der institutionellen Verankerung in der damaligen Forschungslandschaft allerdings zum Nachteil. Die Institutionalisierung war in Europa erfolgreicher als in Amerika. In den Vereinigten Staaten bildeten jedoch das *Massachusetts Institute of Technology* (MIT) bis in die 1960er Jahre sowie das 1957/58 neu begründete *Biological Computer Laboratory* (BCL) an der University of Illinois, Urbana, bis in die 1970er Jahre wichtige Zentren (A. Müller 2007 a, b, 2008 b).

Rasch erwuchs der noch jungen Kybernetik aus verwandten Forschungsfeldern Konkurrenz: *Artificial Intelligence* (AI), Computerwissenschaften, Systemtheorie usw. traten als sehr erfolgreiche Mitbewerber um Forschungsmittel und -ressourcen auf.

Als Thema der eingangs erwähnten ersten ASC-Jahreskonferenz wurde „Purpositive Systems: The Edge of Knowledge" gewählt. Wie es genau zu dieser Entscheidung kam, lässt sich nicht rekonstruieren. Das Thema der Zweckorientierung nahm jedoch ein Problem, das seit dem Aufsatz von Rosenblueth, Wiener und Bigelow (1943) am Anfang der Kybernetik stand, wieder auf. Unter den Beiträgern zur Tagung finden sich nur wenige Schlüsselfiguren der eigentlichen Kybernetik und nur zwei Personen, die auch an den Macy-Konferenzen teilgenommen hatten: die Anthropologin Margaret Mead und der Mathematiker und Logiker Yehoshua Bar-Hillel. Wenngleich weitere Reminiszenzen an die Zeit der Macy-Konferenzen festzustellen sind – Warren McCulloch war damals Präsident der ASC, Heinz von Foerster, schon Herausgeber der fünf Bände der Macy-Konferenzen, gab mit drei seiner *graduate students* den Tagungsband heraus, der Frank Fremont-Smith, dem großen Organisator und Ermöglicher im Auftrag der *Macy Foundation*, gewidmet war –, überwog die Zahl von Vorträgen, die entweder konkurrierenden Feldern zuzurechnen sind oder nicht aus dem Kernbereich der Kybernetik kamen. Unter den Vortragenden waren etwa der *rising star* der AI-Forschung Seymour Papert, der Computerwissenschaftler J. C. R. Licklider oder Soziologe und Systemtheoretiker Talcott Parsons. Geradezu sensationell erschien das Auftreten einer der bedeutendsten Kybernetiker der UdSSR, Nicolai Amosov, ein Mediziner (Foerster et al. 1968).

Margaret Mead hielt jedenfalls einen Vortrag von der Art, die man heute *key note* nennt. Sie blickte zurück auf die damals gerade 25 Jahre währende Geschichte der Kybernetik und lieferte einen Aufriss zu den Problemlagen und dem möglichen Nutzen kybernetischen Denkens vor allem im Hinblick auf gesellschaftliche Sphären. Mead beschloss ihre Rede mit einer Anekdote über eine organisatorische Sitzung der *Society for Generals Systems Theory*, an der sie teilgenommen hatte: „The audience was typical, a few old men and women, five or six people who had arranged the meeting and knew exactly what they wanted to do, and a few diverse and unidentifiable characters", zu denen sie sich selbst zählte. Im Laufe der Sitzung machte sie nun den Vorschlag, „(to) give a little thought to how they could use their theory to predict the kind and size of society they wanted." (Mead 1968: 10) Und diesen Vorschlag wiederholte sie nun analog: die (Selbst-)Anwendung der Kybernetik auf die Gesellschaft für Kybernetik. Vor der Publikation dieses Beitrags steuerte nun Heinz von Foerster jene Überschrift bei, die zur Leitidee der Kybernetik zweiter Ordnung werden sollte: *Cybernetics of Cybernetics*.

Ein nächster Schritt zur Kybernetik zweiter Ordnung umfasste die Herausarbeitung und Betonung der Bedeutung der Kategorie des Beobachters. Die Idee war innerhalb der Kybernetik nicht gänzlich ungewohnt. Sowohl Heinz von Foerster als auch Gordon Pask hatten schon um 1960 auf den Beobachter und seine Bedeutung hingewiesen. Auch dies ist nicht verwunderlich, spielte doch die Beobachterkategorie oder -instanz seit der Quantenmechanik in der Interpretation Werner Heisenbergs eine nachhaltige Rolle. Als ein wichtiger Durchbruch im Kontext der Formulierung einer Kybernetik zweiter Ordnung erschienen die Aufsätze von Humberto R. Maturana und Heinz von Foerster zur Konferenz „Cognitive Studies and Artifical Intelligence Research" im März 1969 in Chicago, deren Beiträge 1970 von Paul L. Garvin unter dem Titel *Cognition. A Multiple View* publiziert wurden. Humberto R. Maturana (1970) widmet dem Beobachter einen ganzen Abschnitt seiner Ausführungen, dieser beginnt mit dem berühmt gewordenen Satz: „Anything said is said by an observer." (Maturana 1970: 4) Die dazu korrespondierenden „Thoughts and Notes on Cognition" Heinz von Foersters (1970) werden von zwei Sätzen beschlossen, die zu Maturanas Satz ein Äquivalent bilden: „Cognitive processes create descriptions of, that is information, about the environment. The environment contains no information. The environment is as it is." (Foerster 1970: 47) Im gleichen Jahr, 1969, erschien George Spencer-Browns *Laws of Form* (1997), ein mathematischer und logischer Entwurf, der unter Kybernetikern rasch rezipiert wurde, nicht zuletzt weil Heinz von Foerster (1969) eine zustimmende Rezension verfasste. Die erste der Anweisungen Spencer-Browns, mit denen Abschnitt 2 beginnt, lautet unter der Überschrift „Konstruktion": „Triff eine Unterscheidung." Es ist klar, dass diese Anweisung (wie die nachfolgenden) eine Anweisung an einen Beobachter ist.

Sowohl Foerster als auch Maturana waren im Zusammenhang mit dem Beobachterproblem bemüht, die Frage der Selbstreferenzialität zu betonen. Auch dies hatte bereits Tradition. Vor der Ausarbeitung der Selbstreferenzialität stand die intensive Beschäftigung mit Selbstorganisation, etwa durch Foerster, Gordon Pask und Lars Löfgren (vgl. Foerster/Zopf 1962).

Rund um 1970 gelangte die Kybernetik, wie sie in den USA bestanden hatte, in eine schwere Finanzierungskrise, die auf eine Änderung der gesetzlichen Grundlagen und auf eine Änderung der Politik der Forschungsförderungsorganisationen zurückzuführen war (Umpleby 2003; Williams 2006; A. Müller 2007 a, b). Diese Krise betraf die Arbeit an dem von Foerster geleiteten BCL ebenso wie beispielsweise die Arbeit Ernst von Glasersfelds (2005), dem gleichsam über Nacht zugesagte Mittel entzogen wurden. Es war aber nicht nur die Politik, die den Anliegen der Kybernetiker zunehmend entgegenstand, es waren auch um Geldmittel konkurrierende Felder, wie die *Artificial Intelligence*, der es etwa gelang, mit überzogenen Versprechungen knapper werdende Geldmittel in die eigenen Kanäle umzuleiten. Die Kybernetik war nur kurz nach ihrer Gründung als Gesellschaft in eine schwierige existenzielle Krise gedriftet.

2   Veränderungen der Perspektive: die Kybernetik zweiter Ordnung und der Konstruktivismus

Die Reduktion der ökonomischen Basis erzwang die Aufgabe technisch aufwendiger und personalintensiver Projekte. Zugleich wuchs unter den Beteiligten das Interesse an epistemologischer Arbeit und an der gesellschaftlichen Dimension des eigenen Feldes. Für das erste Phänomen lässt sich leicht ein Kontext bilden: Arbeit mit Papier, Bleistift, Tafel, Kreide und Büchern ist sehr viel weniger kostenintensiv als ein Laborbetrieb, dessen Ziel es war, technische Prototypen zu entwickeln. Für das zweite Phänomen kann die gesellschaftliche Einbettung in Anspruch genommen werden: Bürgerrechtsbewegungen, Studentenrevolten, der Protest gegen den Krieg und Wettrüsten, Korruptionserscheinungen in der Regierung (Stichwort Nixon), *Counterculture* usw., ließen eine Antwort auf gesellschaftliche Probleme notwendig erscheinen. Heinz von Foersters Einleitung zu einem bei Ivan Illich im Sommer 1971 gehaltenen Seminar spricht diese Sachlage exemplarisch an. Statt „observer" verwendet Foerster dort noch den Terminus „sensors" einer Gesellschaft (vgl. Foerster 1971 a).

Im Jahr 1973 hielt Foerster eine kleine Serie von Vorträgen, die alle weiteren Schritte in Richtung Kybernetik zweiter Ordnung und zugleich in Richtung Konstruktivismus entsprachen: zunächst auf der so genannten A.U.M.-Konferenz am Esalen Institute (A. Müller 2008 a), sodann in Nürnberg über „Kybernetik einer Erkenntnistheorie" (Foerster 1974 b) und schließlich in Blacksburg, Virginia „On Constructing a Reality" (Foerster 1973).

Im Herbst 1973 begann Heinz von Foerster einen Kurs an der University of Illinois, der die Bezeichnung *Cybernetics of Cybernetics* trug. Der Kurs stand bereits in einer seit 1968 währenden Tradition massiver Involvierung von Studierenden in die Lehre selbst (Martin 2007). Dieser Kurs und die damit verbundene umfangreiche Publikation (Foerster 1974 a) bedeuteten den endgültigen Durchbruch zur Kybernetik zweiter Ordnung, indem von Foerster die folgende klare Definition formuliert und an den Anfang des Buches gestellt wurde: „First order cybernetics: the cybernetics of observed systems. Second order cybernetics: the cybernetics of observing systems." (Foerster 1974 a: 1) Interessanterweise wurde mit dieser Formulierung bereits alles Wichtige auf den Punkt gebracht, ohne es im Einzelnen zu artikulieren oder zu spezifizieren:

- eine Unterscheidung von Kybernetik erster und zweiter Ordnung, zugleich als eine Unterscheidung von Vergangenem und Zukünftigem im Sinne eines epistemologischen Bruches;
- die Forderung nach Selbstbeobachtung, Reflexivität und Selbstreferenz;
- die Forderung nach Thematisierung und Einbeziehung des Beobachters;
- die implizite Forderung nach Schließung und Berücksichtigung zirkular-kausaler Prozesse und Strukturen (nicht zuletzt ausgedrückt durch das beigefügte Symbol eines Ouroboros);
- die implizite Forderung nach gesellschaftlicher Relevanz.

Des Weiteren enthielt der Band einen Artikel Foersters mit dem Titel „Cybernetics of Cybernetics (Physiology of Revolution)" (Foerster 1974 c). Auch hier wird die Bedeutung der Kybernetik zweiter Ordnung als eine transdisziplinär angelegte Gesellschaftswissenschaft hervorgehoben.

Abgerundet wurde diese Version der Kybernetik zweiter Ordnung noch durch die intensive Auseinandersetzung mit dem Werk Jean Piagets, die eine weitere Verbindung zu Ernst von Glasersfelds radikalem Konstruktivismus, der 1974 erstmals auf diesen Begriff gebracht wurde (vgl. Smock/Glasersfeld 1974), ergab.

In einem Vortrag vor der ASC 1979 sollte die Etablierung der *Second Order Cybernetics* zu einem vorläufigen Abschluss gebracht werden. Heinz von Foerster sprach noch einmal über *Cybernetics of Cybernetics* und hob noch mehr als zuvor die wissenschaftsrevolutionären und gesellschaftsrelevanten Dimensionen dieser Weiterentwicklung der Kybernetik hervor. Zugleich unterstrich er die Notwendigkeit einer Ausarbeitung einer Theorie der Rekursivität und einer Theorie der Selbstreferenzialität (vgl. Foerster 1979).

Bisher fokussierte unsere Darstellung auf die Entwicklung in Nordamerika und hier wiederum auf den Kontext des BCL. In Chile und in Großbritannien gab es parallele Entwicklungen, auf die hier eingegangen werden soll. In Chile arbeitete Humberto R. Maturana an einer Theorie der Beobachtung zugleich mit einer Theorie operational geschlossener lebender Systeme bereits seit den 1960er Jahren. 1971 wurde der Begriff 'Autopoiesis' gefunden, der sich zunächst in einer chilenischen Publikation fand und schließlich 1974 einem internationalen Publikum präsentiert wurde. Der zunächst intuitive Begriff 'autopoietischer Systeme' wurde in Zusammenarbeit mit Francisco J. Varela und Ricardo Uribe formalisiert und mit Hilfe eines Simulationsprogramms demonstriert (Varela/Maturana/Uribe 1974; Maturana/Varela 1987; Riegas/Vetter 1990; Maturana 2007).

Zwischen der Gruppe chilenischer Forschung und der Gruppe rund um Foerster bestand ein enger Zusammenhang. Seit den 1960er Jahren waren Maturana und

Foerster persönlich bekannt, Maturana hatte eine Gastprofessur an Foersters *Biological Computer Laboratory* (dazu Maturana 2007), Foerster selbst nahm 1973 an einer Sommerschule zum Thema Kognition in Santiago de Chile teil (A. Müller 2007 b).

Obgleich es sich beim Begriff der 'Autopoiesis' um eine distinkte theoretische Invention und um ein eigenständiges Forschungsprogramm handelt, sind Parallelen zur Kybernetik zweiter Ordnung unübersehbar. Auch der gemeinsame Ausgangspunkt ist vollkommen klar: die Theorie selbstorganisierender Systeme, wie sie von Foerster Ende der 1950er, Anfang 1960er Jahre entwickelt wurde (vgl. Foerster 1960), um von W. Ross Ashby, Gordon Pask und Lars Löfgren fortgesetzt zu werden (vgl. Foerster/Zopf 1962).

Gordon Pask hat die Theorie selbstorganisierender Systeme Foerster'scher Prägung als eine wesentliche Voraussetzung für die eigenen Entwicklungen der Konversationstheorie und *Interaction of Actors Theory* bezeichnet (vgl. Pask 1996). Pasks Arbeiten, die schon sehr früh (vgl. Pask 1961) die Bedeutung des Beobachters unterstrichen, waren nicht die einzigen Beiträge zur Kybernetik zweiter Ordnung aus Großbritannien. Hervorzuheben sind besonders Beiträge von Ranulph Glanville, der sich 1975 in seiner Dissertation ausführlich mit dem Konzept der Beobachtung im Sinne einer Kybernetik zweiter Ordnung beschäftigte. Glanville setzte diese Arbeit in einer großen Zahl von Artikeln, von denen 1988 erstmals eine Auswahl als Buch erschien, fort. Hinzu kommen Arbeiten von Bernard Scott, der ebenso wesentliche Beiträge zur Systematisierung der Kybernetik zweiter Ordnung leistete (vgl. Scott 1996). Der britische Kybernetiker Stafford Beer hat seine Affinität zur Kybernetik zweiter Ordnung nie explizit gemacht, dennoch arbeitete er am Kompendium Foersters (Foerster 1974 a) mit und forcierte auf seine Weise das Konzept des Beobachters. Auch Beer bemühte sich in besonderer Weise um die gesellschaftliche Relevanz der Kybernetik, die er etwa in seinem 1974 publizierten Buch *Designing Freedom* darstellt. Schließlich verfasste Beer eine empfehlende Einleitung zu Maturana und Varelas Buchpublikation *Autopoiesis and Cognition* (1980). Die Vielzahl der Verbindungen Beers zur Kybernetik zweiter Ordnung ist hier nur angedeutet.

Damit wäre in einigen Grundzügen die Entstehungsgeschichte der Kybernetik zweiter Ordnung skizziert worden, die ein Forschungsprogramm bildet, das untrennbar mit Heinz von Foerster verbunden ist.

3 Entwicklung und Ausblick: Minimalanforderungen einer Kybernetik zweiter Ordnung und ihre Dimensionen

Was an der historischen Skizze zur Genealogie der Kybernetik zweiter Ordnung am meisten verwundert, sind zwei Punkte. Zum einen wurden die Grundzüge einer

Kybernetik zweiter Ordnung, die sich als Schlagwort innerhalb nur kurzer Zeit bestens etablierte, durch Heinz von Foerster kaum jemals explizit in zusammenhängender Weise als größerer programmatischer Artikel, als Monografie oder als Lehrbuch dargestellt. Der einzige Artikel, der diesem Anspruch nahe kommt, war die oben genannte kurze, im Jahr 1979 veröffentlichte vierseitige Konferenzansprache (Foerster 1979)[1], in der alle Bestimmungsstücke einer Kybernetik zweiter Ordnung in höchst impressionistischer Weise versammelt wurden: Beobachterabhängigkeit, triadische Konfigurationen, Kybernetik zweiter Ordnung als wissenschaftliche Basisrevolution mit einem radikal anderen Umgang mit sich und ihren Umwelten, George Spencer-Browns *Laws of Form* als passende selbstreferenzielle Logik sowie die Theorie rekursiver Funktionen als dazugehörige Beschreibungsform. Dieser selbstverhüllende Umgang mit der Kybernetik zweiter Ordnung aus der Frühzeit verdunkelte sich noch dadurch, dass von Heinz von Foerster in den 1980er und 1990er Jahren – mit zwei Ausnahmen[2] – praktisch nichts mehr zur Kybernetik zweiter Ordnung geschrieben wurde, was nicht schon in radikal distribuierter Form innerhalb der 1970er Jahre veröffentlicht worden wäre.

Zum anderen wurden nur sehr wenige Versuche unternommen, die Beziehungen, und Querverbindungen zwischen den einzelnen Forschungsprogrammen im Rahmen des radikalen Konstruktivismus – beispielsweise jene zwischen einer Kybernetik zweiter Ordnung und dem autopoietischen Programm – näher zu thematisieren. In diesem Sinne stellt die radikalkonstruktivistische Forschungstradition ein sehr lose geknüpftes Netzwerk von Forschungsprogrammen dar, dessen Links primär über persönliche Freundschaften liefen und nicht über einen gemeinsam entwickelten theoretischen Kern oder über eine übergreifendes Netzwerk an Mechanismen, Methoden und Modellen.[3]

Aus diesen Gründen ist es nicht leichter, sondern eher schwieriger geworden zu bestimmen, was gegenwärtig unter einer Kybernetik zweiter Ordnung zu verstehen wäre, wo deren Ränder gesetzt werden sollten, was als ihr Kerngebiet zu beschreiben wäre und wie die Beziehungen zum Konstruktivismus zu gestalten wären.[4]

Aus diesem Grunde wurden in diesem Artikel die soeben angeführten zentralen Spezifizierungsprobleme auf die folgende Weise gelöst. In einem ersten Schritt werden unter dem Titel „Minimalanforderungen" drei wesentliche Elemente oder

---

[1] Heinz von Foersters „Cybernetics of Cybernetics" (1974 c) besteht aus nur zwei Seiten und enthält wesentliche Elemente aus der Darstellung aus dem Jahr 1979 noch gar nicht.
[2] Wichtige Elemente für eine Kybernetik zweiter Ordnung finden sich auch in dem Pariser Vortrag „Ethik und Kybernetik zweiter Ordnung" aus dem Jahr 1991 (Foerster 2003 b) sowie in der Geburtstagsansprache für Niklas Luhmann aus dem Jahr 1993 (Foerster 2003 c).
[3] Vgl. beispielsweise die vielfältigen Divergenzen, die Vincent Kenny zwischen Humberto R. Maturana und Ernst von Glaserfeld verortet (Kenny 2007). Glaserfeld (1990) selbst hat jedoch stets die Gemeinsamkeiten hervorgehoben.
[4] Wenig hilfreich in diesem Zusammenhang sind gegenwärtige (20.7.2010) Einträge in *Wikipedia*, etwa „Second order cybernetics" oder „New cybernetics", die fachlichen Schwächen und Unausgewogenheiten solcher Artikel sind unübersehbar.

Bausteine einer Kybernetik zweiter Ordnung herausgearbeitet. Und in einem zweiten Schritt werden diese drei Komponenten ansatzweise zu einer möglichen Forschungstradition zusammengefügt, die als gegenwärtige Form einer Kybernetik zweiter Ordnung betrachtet werden kann.

3.1 Drei Minimalanforderungen für eine Kybernetik zweiter Ordnung

Hier sollen also zunächst insgesamt drei Minimalbedingungen herausgearbeitet werden, die jede Kybernetik zweiter Ordnung in der Gegenwart erfüllen sollte. Die im Weiteren skizzierten drei Bedingungen wurden mit Bezug auf die wenigen explizit vorhandenen Foerster'schen Erläuterungen zu den Konturen und den Elementen einer Kybernetik zweiter Ordnung vorgenommen.[5]

3.1.1 Re-Entry von Beobachtern in ihren Beobachtungsbereich

Die erste Bedingung für jede Kybernetik zweiter Ordnung, wahrscheinlich ihre *differentia specifica*, liegt darin, dass ein Beobachter einen integralen Teil des Forschungsprozesses und vor allem der Forschungsproduktion bilden sollen. Der dafür zentrale Schlüsselbegriff lautet 'Re-Entry' (vgl. Spencer-Brown 1997 [1969]) und kann sich im Prinzip in dreierlei Formen vollziehen, nämlich als:

- Re-Entry eines Bereichs in den eigenen Bereich;
- Re-Entry eines Beobachters in den Bereich seiner Beobachtungen;
- Re-Entry eines Beobachters in den Bereich seines Bereichs.

Die erste Form des Wiedereintritts findet überall dort statt, wo theoretische Begriffe, Theorien, ganze wissenschaftliche Disziplinen oder Forschungsergebnisse den Ausgangspunkt weiterführender Explorationen bilden. So lässt sich vom Verstehen des Verstehens, den Erklärungen von Erklärungen oder von der Evolutionstheorie der Evolutionstheorie und den Funktionen von Funktionen ebenso reden wie von der Kybernetik der Kybernetik, der Soziologie der Soziologie oder der Geschichte der Geschichte. Und in den medizinisch-psychologischen Wissenschaftsfeldern hat sich in den letzten Jahrzehnten selbstorganisiert ein eigener und immer wichtigerer Bereich in Form von Metaanalysen – Tests von Tests – etabliert.

Eine solche Art des Re-Entry, obgleich notwendig, wäre für eine Kybernetik zweiter Ordnung noch zu wenig. Hier bedarf es tatsächlich eines Re-Entry eines Beobachters in seine eigenen Beobachtungen. Solche Wiedereintritte lassen sich in

---

[5] Für eine ausführliche Darstellung von Heinz von Foersters Kybernetik zweiter Ordnung vgl. Foerster/Müller (2003) sowie K. H. Müller (2007 a).

mehrfacher Weise vollziehen. Die einfachste Form wäre die Kontextualisierung, nämlich die raum-zeitliche Indexierung von Aussagen. Bei Heinz von Foerster wird zumeist ein zweiter Weg angegeben, nämlich der Transfer von Beschreibungen von Objekteigenschaften in die Eigenschaften eines Beobachters. Komplexere Formen eines Re-Entry ergeben sich aus der Selbstkartografierung, aus dem Selbstmodellieren, der expliziten Einbeziehung eines Beobachters in ein Modell sowie aus der Selbstinklusion, der Kopplung von Theorieelementen mit Beobachterattributen, die erstmals von Warren McCulloch als eine Korrespondenz zwischen physikalischen Theorien, ihren Bestimmungsgrößen und dem Bereich der physikalischen Theorienproduktion verlangt wurde:

> Let us now compel our physicist to account for himself as a part of the physical world. In all fairness, he must stick to his own rules and show in terms of mass, energy, space and time how it comes about that he creates theoretical physics. He must then become a neurophysiologist […]. (McCulloch 1988: 73)[6]

Der dritte Weg eines Wiedereintritts ist der wohl anspruchvollste und bezieht sich auf die Entfaltung einer Beschreibung, einer Theorie oder eines Designs als fortdauernde Interaktion zwischen Beobachter und Text und stößt in die Regionen sich selbst schreibender Beschreibungen, Theorien oder Designs vor.

Als Minimalbedingungen für eine Kybernetik zweiter Ordnung wird man jedenfalls festhalten können, dass die erste und die zweite Form eines Re-Entry zur normalen Forschungspraxis gehören sollte und sich in allen Phasen eines Forschungsprozesses manifestieren muss.

3.1.2 Triadische, rekursiv-geschlossene Forschungsdesigns

Um den Einschluss eines Beobachters zu gewährleisten, bedarf eine Kybernetik zweiter Ordnung nicht-konventioneller Forschungsdesigns, welche einerseits einen solchen Beobachtereinschluss zur Voraussetzung und die von ihren einzelnen operativen Schritten her rekursiv-geschlossen organisiert sind. Die Minimalform für solche Designs wird von Heinz von Foerster im programmatischen Artikel „Cybernetics of Cybernetics" kurz präsentiert, nämlich in der triadisch-geschlossenen Bindung zwischen Beobachter, Sprache und Gesellschaft oder auf noch kürzere einprägsame Weise als:

> interrelationship between the chicken, and the egg, and the rooster. You cannot say who was first and you cannot say who was last. You need all three in order to have all three (Foerster 2003 a: 284).

---

[6] Viele Jahre später sollte Heinz von Foerster Warren McCulloch als jenen Pionier bezeichnen, der erstmals „the fascinating problem of inclusion" thematisierte (Foerster 1995: 3).

Solche triadischen Relationen und ihre rekursiv-geschlossenen Operationen werden für eine Kybernetik zweiter Ordnung zentral, da sich das Ensemble zwischen einem immer schon inkludierten Beobachter, seinem Forschungsfeld und einer intermediären Komponente – im einfachsten Fall die Gemeinsamkeit ihrer lebenden Organisationen, in komplexeren Fällen Kognitionsprozesse, im Humanbereich noch zusätzlich Sprache und gesellschaftliche Regeln – triadisch wie operativ geschlossen entfalten sollte.

3.1.3 Transformationen im Bereich der Logiken und der Darstellungsformen

Eine Kybernetik zweiter Ordnung sollte schließlich, so Heinz von Foerster, im Bereich der Logik, der Sprache, der Begriffsbildung und der Theorie- und Modellformation über eigensinnige und vor allem neue Kalküle und Darstellungsformen verfügen, die der selbstreferenziellen Grundkonfiguration einer Wissenschaft von lebenden Systemen durch lebende Systeme für lebende Systeme angepasst sind.

3.2 Die Kybernetik zweiter Ordnung als Netzwerk von Forschungsprogrammen zweiter Ordnung

Die weitere Zukunft einer Kybernetik zweiter Ordnung liegt nun sicher nicht darin, dass sie sich stufenmäßig steigert – und ihren Weg von einer Kybernetik zweiter zu einer Kybernetik dritter, vierter oder n-ter Ordnung nimmt. Wenn eine Kybernetik zweiter Ordnung gegenwärtig wie zukünftig eine stärkere Rolle spielen sollte als sie es derzeit tut, dann wird sie dies in erster Linie dadurch erreichen, dass sie sich radikal neu erfindet, zumal die historische Version nie über den Status einer Miniaturskizze mit distribuierten Bausteinen hinausgekommen ist.

Eine Kybernetik zweiter Ordnung muss oder sollte – will sie sich als große Alternative zur überkommenen Form der wissenschaftlichen Forschung etablieren – als eine transdisziplinäre Forschungstradition klar mit empirischen Anwendungen verbunden sein und sich auch über die Lösungen empirischer Probleme evaluieren lassen. Diese Bedingung wird aus zwei Gründen wichtig.

Zunächst ist erstens darauf zu verweisen, dass die Kybernetik zweiter Ordnung speziell durch Heinz von Foerster in den späten 1980er und 1990er Jahren zunehmend als eine skeptisch-ironische Perspektive gegen wissenschaftliche Standardpraktiken ins Spiel gebracht wurde und der Bezug zu speziellen Forschungsfragen immer mehr in den Hintergrund rückte. Zusammen mit den erkenntnistheoretisch inspirierten Ausführungen bei Ernst von Glasersfeld (1997), den philosophischen Explorationen bei Humberto R. Maturana und den postkonstruktivistischen Setzungen (2003) wie Prozessualisierungen (2010) durch Siegfried J. Schmidt konnte sich in den letzten Jahren leicht der Eindruck verdichten, dass eine Kybernetik zweiter Ordnung im Speziellen und der radikale Konstruktivismus im Allgemeinen primär philosophische Felder wie Erkenntnistheorie, Ethik oder, wenngleich in negativer Form, Ontologie besetzen.

Und zweitens bedeutet eine solche Fokussierung, dass eine Kybernetik zweiter Ordnung sich nicht nur im Kontext von empirischen Problemen zu bewähren hat, sondern auch primär durch unterschiedliche Forschungskontexte weiterentwickelt werden sollte. Eine Kybernetik zweiter Ordnung auf der Ebene der reinen Anschauung, die nicht auch die Praxis von wissenschaftlichen Problemlösungen radikal rekonfiguriert, würde demnach ihr zentrales Ziel verfehlen (K. H. Müller 2008 c). Damit wäre die wichtigste Standortbestimmung für eine Kybernetik zweiter Ordnung – ihre Organisation als transdisziplinär angelegte empirische Forschungstradition – spezifiziert.

Was nun die Inhalte der empirischen Anwendungen betrifft, so wurden bereits in mehreren systematischen Übersichten zum Forschungsprogramm bei Ernst von Glasersfeld oder zum Ansatz von Josef Mitterer die Kernbereiche des radikalen Konstruktivismus mit den Schwerpunkten Kognition und neuronale Organisation, lebende Systeme, Lernprozesse und Lernumgebungen, Organisationstheorie und Gesellschaften bestimmt.[7]

Bei Heinz von Foerster findet sich eine Kategorisierung von Problemfeldern, die – leicht erweitert – für eine Kybernetik zweiter Ordnung ebenfalls herangezogen werden könnte, wenn Foerster die folgenden Distinktionen heranzieht: das „Ein-Hirn Problem": die Wissenschaft vom Gehirn, das „Zwei-Hirn-Problem": Erziehung[8], das „Mehr-Hirn-Problem": Organisationen[9], das „Viel-Hirn-Problem": Gesellschaft sowie das „All-Hirn-Problem": Menschheit (Foerster 1985: 21 f.).

Mit diesen Festlegungen wird eine Kybernetik zweiter Ordnung ungleich stärker als es bei der Kybernetik erster Ordnung der Fall war, auf die Erforschung kognitiv-sozial-gesellschaftlicher Prozesse festgelegt und als eine transdisziplinär angelegte, kognitiv fundierte Wissenschaft von Gesellschaften konstituiert.

Gerade in den letzten Jahren lassen sich einige Indizien finden, dass an einer solchen Reorganisation in Richtung einer Kybernetik zweiter Ordnung gleich an

---

[7] Diese Themenfelder korrespondieren im übrigen mit Heinz von Foersters Kybernetik zweiter Ordnung – Kognition und neuronale Organisation –, Humberto R. Maturanas et al. Programm der Autopoiesis – lebende Systeme –, Ernst von Glasersfelds und Gordon Pasks Forschungsprogrammen zu Sprachlernprozessen bzw. zur Konversationstheorie – Lernprozesse und Lernumgebungen –, Stafford Beers Managementkybernetik – Organisationstheorie – sowie nochmals mit Heinz von Foersters Kybernetik zweiter Ordnung – Gesellschaften. Vgl. dazu auch K. H. Müller (2007 b, 2008 b).

[8] In das „Zwei-Hirn-Problem" lassen sich klarerweise die thematischen Schwerpunktfelder Lernprozesse und Lernumgebungen integrieren.

[9] Dieses Problemfeld wurde eingefügt, weil es die Parallelität mit den thematischen Schwerpunkten komplettiert und auch in die gängige Terminologie von Mikro-, Meso- und Makrofeldern passt.

mehreren Orten gearbeitet wird, um diese Neuerfindung einer Kybernetik zweiter Ordnung für die Forschungslandschaften der Jahre 2010 ff. zu ermöglichen. Die Zeitschrift *Cybernetics and Human Knowing* hat nicht nur die Kybernetik zweiter Ordnung auf ihre Fahnen geschrieben, sondern sich auch den Diskussionen zum Konstruktivismus geöffnet. Ranulph Glanvilles drei Bücher umfassende Sammlung unter dem Titel *The Black B∞x* (Glanville 2009, 2011), Stuart A. Umplebys Arbeiten zur Selbstreflexivität in gesellschaftlichen Systemen und Netzwerken (Umpleby/Nedev 2009 oder Umbleby 2010), Søren Briers Perspektiven zur Cybersemiotik (Brier 2008 a, b), Louis Kauffmans Fokus auf Selbstreferenz und Eigenformen (Kauffman 2005, 2009), Alexander Rieglers Initiativen zur Herstellung einer zeitgemäßen Diskussionsplattform für den radikalen Konstruktivismus und damit auch für eine Kybernetik zweiter Ordnung im Rahmen der *Constructivist Foundations*, die postkonstruktivistischen Programmatiken bei Siegfried J. Schmidt (2003, 2010) und nicht zuletzt der Arbeitsplan eines der Autoren zur Entwicklung einer dreibändigen *New Science of Cybernetics* (K. H. Müller 2008 a, 2010 a und 2011), sie alle liefern gegenwärtig wichtige Bausteine für eine solche Transformation zu einer auch und vor allem forschungspraktisch relevanten Forschungstradition unter dem Namen Kybernetik zweiter Ordnung.

Der Kernpunkt in dieser Neuerfindung einer Kybernetik zweiter Ordnung muss nun aus unserer Sicht darin liegen, das bisher nur lose geknüpfte Netzwerk von familienähnlichen Forschungsprogrammen unter dem Titel radikaler Konstruktivismus hin zu einer Forschungstradition unter dem Label einer Kybernetik zweiter Ordnung zu transformieren, das sich aus mehreren dicht verbundenen Forschungsprogrammen zweiter Ordnung zusammenfügt. Im Weiteren sollen einige wichtige und notwendige Transformationsschritte aufgezeigt werden, die zur Herausbildung einer solchen komplexen Forschungstradition notwendig wären.

3.2.1 Die Kybernetik zweiter Ordnung als „Scienza Nuova"

Von ihrem Anspruch sollte eine Kybernetik zweiter Ordnung eine neue Form der Wissenschaft darstellen, die sich als Wissenschaft von lebenden Systemen durch lebende Systeme für lebende Systeme versteht und die überkommene Form der Wissenschaft mit ihrer Trias von Objektivität, Kausalität und analytischer Isolierbarkeit beerben sollte. Heinz von Foerster beschrieb diesen Prozess der kreativen Zerstörung hin zu dieser *Scienza Nuova* mit folgender Metapher:

> Überall, auch in Amerika, werden heutzutage die schönsten alten Häuser abgebaut und stattdessen 36-stöckige Glas- und Stahlgebäude aufgebaut. Ich möchte mich […] mit dem umgekehrten Weg beschäftigen. Ich fange an mit einem 36-stöckigen Glas- und Stahlgebäude und baue es ab. Ich setze aber stattdessen nicht ein Barockschlösschen hin, sondern etwas ganz anderes, vielleicht einen Maikäfer, oder einen Ameisenstaat, vielleicht sogar eine Fa-

milie [...]. Ich ersetze diese Glas- und Stahlgebäude durch ein lebendiges System (Foerster 1988: 20).

Die Kybernetik zweiter Ordnung als Wissenschaft von lebenden Systemen durch lebende Systeme und für lebende Systeme zeichnet sich gerade wegen ihres radikalen Anspruchs einer kopernikanischen Wende notwendigerweise durch andere logische Strukturen, durch neue Formen von Theorienetzwerken oder durch selbstreferenzielle Modelle und insgesamt durch einen anderen „poetischen Stil" (ebd.) aus.

Abb. 1: Die kognitive Organisation einer zukünftigen Kybernetik zweiter Ordnung als transdisziplinäre Forschungstradition von Forschungsprogrammen

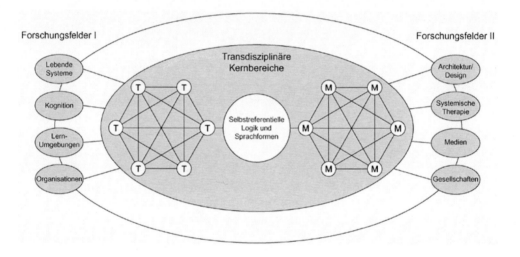

3.2.2 Die Kybernetik zweiter Ordnung und ihre transdisziplinären Theoriebereiche

Der transdisziplinäre Kernbereich einer Kybernetik zweiter Ordnung lässt sich nach Art der Abbildung 1 von seinen Bausteinen auf die folgende Weise beschreiben. Im inneren Kern einer Kybernetik zweiter Ordnung liegt eine selbstreferenzielle Trias von Logik, Sprache und rekursiv-geschlossenen Darstellungsformen, die über die verschiedenen Forschungsprogramme zweiter Ordnung gleich gehalten sind.

Was die Logik angeht, so ist sie als selbstreferenzielle Erweiterung der *Gesetze der Form* (Spencer-Brown 1997 [1969]) konzipiert, wie sie im Jahr 1975 durch Francisco J. Varela und in den letzten Jahrzehnten speziell durch Louis Kauffman entwickelt und weiterentwickelt wurde (Kauffman 1987). Diese Form der Logik garantiert den Umgang mit selbstreferenziellen Operationen, ohne an Paradoxien zu scheitern, und dient damit als die passende logische Basis für die Kybernetik zweiter Ordnung.

Im Bereich der Sprache sind theoretische Begriffe in jener Form aufzubereiten, die sich an den Foerster'schen Vorgaben in „Computing in the Semantic Domain" (Foerster 1971 b) orientieren. Demgemäß sind die Grundbegriffe der Kybernetik zweiter Ordnung triadisch im Verhältnis von Welt (W), Kognition (K) und Deskriptionen (D) zu arrangieren, wodurch Grundbegriffe wie Akteur (A), Umwelt (U), System (S), Netzwerk (N) u. a. jeweils als $A_{W;K,D}$, $U_{W;K,D}$, $S_{W;K,D}$, $N_{W;K,D}$ mit den jeweiligen dyadischen Relationen $A_{W,K}$, $A_{W,D}$, $A_{D,K}$ etc. zu konstruieren sind.

Die Beschreibungen sind ihrerseits so zu arrangieren, dass sie den Formalismus rekursiver Funktionen benützen und rekursiv-geschlossen zu unterschiedlichen Eigenformen vorstoßen, die sich als besondere Zustände dynamischer Stabilität herausbilden.

Im Bereich der Theorien, Mechanismen, Methoden und Modelle wird sich eine Kybernetik zweiter Ordnung nicht nur durch Offenheit gegenüber den laufenden Neuerungen im Bereich von Theorien, Mechanismen, Methoden und Modellen seit den 1980er Jahren, sondern durch ungleich Gewichtigeres auszeichnen müssen: durch die Transformation von Mechanismen, Methoden und Mechanismen erster Stufe in entsprechende beobachterabhängige Varianten zweiter Stufe. Der Vorrat an Theorien (T) sowie Mechanismen, Methoden und Modellen (MMM) ist so zu arrangieren und zu transformieren, dass diese alle über den notwendigen Einschluss von Beobachtern verfügen.

$$\{[T], [MMM]\} \rightarrow \{[T(B)], [M(B)M(B)M(B)]\} \qquad (1)$$

Solche Transformationen werden sich von trivialen Formen der Beobachterinklusion wie Kontextualisierungen und beobachterbezogene Metadaten im Bereich von Mechanismen, Methoden und Modellen bis hin zu komplexen Formen der nichttrivialen Beobachterintegration wie beispielsweise den Einschluss von Beobachtern in Modelle erstrecken. Diese Transformationen sollen jedenfalls dazu führen, dass eine Kybernetik zweiter Ordnung in ihrem Theorien- oder Modellinventar sich klar vom Wissenschaftsbereich erster Ordnung unterscheidet.

Die gemeinsamen Forschungsdesigns sind dazu stimmig rekursiv geschlossen zu organisieren, um die praktische Erreichung von Eigenformen zu gewährleisten. Zentral für die gemeinsamen Forschungsdesigns der Kybernetik zweiter Ordnung ist, dass sie inklusiv, unter Einschluss zumindest eines Beobachters, vorgenommen werden sollten.

3.2.3 Die Kybernetik zweiter Ordnung als Netzwerk von Forschungsprogrammen zweiter Ordnung

Der wahrscheinlich gewichtigste und aufwändigste Schritt im Auf- und Ausbau einer Kybernetik zweiter Ordnung liegt nun aber darin, mehrere Forschungsprogramme zweiter Ordnung in den inhaltlichen Kernbereichen zu entfalten und – nach Art der Abbildung 1 – zu einem dicht gekoppelten Netzwerk von Forschungsprogrammen zweiter Ordnung zu gelangen.

Drei Transformationen werden auf diesem Weg getätigt werden müssen. Zwei dieser Transformationen sind kognitiver Natur, die simultan und parallel durchzuführen sind, die dritte Transformation ist organisatorisch fundiert – und sie wird zudem entscheidend für die zukünftige Entwicklung einer Kybernetik zweiter Ordnung.

Die erste kognitive Transformation ist relativ einfach zu bewerkstelligen, geht es dabei doch darum, die bisherigen Forschungsprogramme des radikalen Konstruktivismus durch Akkommodationen und Adaptionen auf die gegenwärtigen technologischen Standards und Diskussionsstände zu bringen. Die Foerster'schen Arbeiten am BCL zur Kognition, das autopoietische Programm zu lebenden Systemen, die Pask'sche Konversationstheorie sowie das Beer'sche Programm sind möglichst vollständig zu konstruieren, so dass sie von ihren Begriffen, ihren Beschreibungen, ihren Designs und ihren Mechanismen, Methoden und Modellen dem inneren Kern entsprechen und über eine Reihe von relevanten Forschungsfragen verfügen.

Der zweite Parallelschritt in den Programmtransformationen betrifft die Akkommodationen und Adaptionen, die sich aus der dichten Verbindung zwischen dem inneren Kern einer Kybernetik zweiter Ordnung mit den einzelnen Forschungsprogrammen zweiter Ordnung ergeben.

Der dritte Transformationsschritt ist organisatorischer Natur und der wohl gewichtigste, geht es doch darum, diese Forschungsprogramme zweiter Ordnung auch zu implementieren. Und das bedeutet vor allem, dass Forschungsgruppen diese jeweiligen Programme vorantreiben und weiterentwickeln. Zentral wird bei diesem dritten Transformationsschritt, ob sich auf den Feldern von lebenden Systemen, Kognition, Lernumgebungen und Organisationen neue Gruppen mit einer innovativen Agenda für die Kontexte der Jahre 2010 ff. formieren können oder nicht.

4 Ausblicke

Ob sich eine Kybernetik zweiter Ordnung im nächsten Jahrzehnt als ein inhaltlich dicht geknüpftes transdisziplinäres Netzwerk von Forschungsprogrammen zweiter

Ordnung zusammenfügen kann, das nach Art von Abbildung 1 über einen inneren logisch-sprachlichen Kern, über neuartige Theorienetze und gemeinsame, beobachtersensitive Mechanismen, Methoden und Modelle verfügt und damit für breit gestreute Anwendungsfelder offen ist, kann derzeit nicht entschieden werden. Ließe sich aber eine Kybernetik zweiter Ordnung in naher Zukunft als Forschungstradition mit Forschungsprogrammen zweiter Ordnung sukzessive aufbauen, würde sie nicht nur festgefahrene disziplinäre Grenzen sprengen und die Relationen zwischen Wissenschaft und Gesellschaft radikal rekonfigurieren. Eine solche Kybernetik zweiter Ordnung könnte den Prozess kreativer Zerstörung so vorantreiben, dass gegenwärtige traditionelle Grundlagen und Prinzipien der etablierten Wissenschaften durch radikal neue Formen substituiert werden.[10]

Wesentlich weniger offen ist hingegen, was die Konsequenzen eines Scheiterns wären. Denn dann wäre die Kybernetik zweiter Ordnung nie aus dem Status einer großen Vorankündigung einer wissenschaftlichen Revolution vom Schlage einer kopernikanischen Wende herausgetreten und der radikale Konstruktivismus verbliebe als ein sehr lose geknüpftes Netzwerk von Forschungsprogrammen, deren Blütezeit irreversibel und irrevokabel in den 1960er, 1970er und den frühen 1980er Jahren lag. Die Kybernetik zweiter Ordnung – und mit ihr der Konstruktivismus – bliebe damit nur mehr ein – wenngleich hoch interessanter – Gegenstand für die Wissenschaftsgeschichte.

Literatur

Beer, Stafford (1974): Designing Freedom. London: Wiley.
Beer, Stafford (1980): Preface. In: Humberto R. Maturana/Francisco J. Varela: Autopoiesis and Cognition. The Realization of the Living. Hrsg. Robert S. Cohen/Marx W. Wartofsky. Dordecht: Reidel. S. 63–72.
Brier, Søren (2008 a): Cybersemiotics. Why Information Is Not Enough. Toronto: Univ. of Toronto Press.
Brier, Søren (2008 b): The Paradigm of Peircean Biosemiotics. In: Signs. 2. Jg. S. 20–81.
Conway, Flo/Jim Siegelman (2005): Dark Hero of the Information Age. In Search of Norbert Wiener, the Father of Cybernetics. New York: Basic.
Foerster, Heinz von (1960): On Self-Organizing Systems and Their Environments. In: Marshall C. Yovits/Scott Cameron (Hrsg.): Self-Organizing Systems. London: Pergamon. S. 31–50.
Foerster, Heinz von (1969): Laws of Form. [Rezension]. In: Whole Earth Catalog, Spring 1969. S. 14.
Foerster, Heinz von (1970): Thoughts and Notes on Cognition. In: Paul Garvin (Hrsg.): Cognition. A Multiple View. New York: Spartan. S. 25–48.
Foerster, Heinz von (Hrsg.) (1971 a): Interpersonal Relational Networks. CIDOC Cuaderno No. 1014. Mexico: Centro Intercultural de Documentacion.
Foerster, Heinz von (1971 b): Computing in the Semantic Domain. In: Annals of the New York Academy of Sciences. 184 Jg. S. 239–241.

---

[10] Für den Strukturwandel von Wissenschaft I zu Wissenschaft II vgl. Hollingsworth/Müller (2008) oder Karl H. Müller (2010 b).

Foerster, Heinz von (1973): On Constructing a Reality. In: W. F. E. Preiser (Hrsg.): Environmental Design Research, Vol. 2. Stroudberg: Dowden, Hutchinson & Ross. S. 35–46.

Foerster, Heinz von (Hrsg.) (1974 a): Cybernetics of Cybernetics or The Control of Control and The Communication of Communication. Urbana, IL: Univ. of Illinois.

Foerster, Heinz von (1974 b): Kybernetik einer Erkenntnistheorie. In: Wolf D. Keidel/Wolfgang Handler/Manfred Spring (Hrsg.): Kybernetik und Bionik. München: Oldenbourg. S. 27–46.

Foerster, Heinz von (1974c): Cybernetics of Cybernetics. (Physiology of Revolution). In: Heinz von Foerster (Hrsg.): Cybernetics of Cybernetics or The Control of Control and The Communication of Communication. Urbana, IL: Univ. of Illinois. S. 128–129.

Foerster, Heinz von (1979): Cybernetics of Cybernetics. In: Klaus Krippendorff (Hrsg.): Communication and Control in Society. New York: Gordon and Breach. S. 5–8.

Foerster, Heinz von (1985): Die Verantwortung des Experten. In: Heinz von Foerster: Sicht und Einsicht. Versuche zu einer operativen Erkenntnistheorie. Braunschweig: Vieweg. S. 17–24.

Foerster, Heinz von (1988): Abbau und Aufbau. In: Fritz Simon (Hrsg.): Lebende Systeme. Wirklichkeitskonstruktionen in der Systemischen Therapie. Berlin: Springer. S. 19–33.

Foerster, Heinz von (1995): Metaphysics of an Experimental Epistemologist. In: Roberto Moreno Diaz/José Mira-Mira (Hrsg.): Brain Processes, Theories and Models. Cambridge, MA: MIT Press. S. 3–10.

Foerster, Heinz von (2003 a): Cybernetics of Cybernetics. In: Heinz von Foerster: Understanding Understanding. Essays on Cybernetics and Cognition. New York: Springer. S. 283–286.

Foerster, Heinz von (2003 b): Ethics and Second-Order Cybernetics. In: Heinz von Foerster: Understanding Understanding. Essays on Cybernetics and Cognition. New York: Springer. S. 287–304.

Foerster, Heinz von (2003 c): For Niklas Luhmann. „How Recursive is Communication?" In: Heinz von Foerster: Understanding Understanding. Essays on Cybernetics and Cognition. New York: Springer. S. 305–324.

Foerster, Heinz von/George W. Zopf, Jr. (Hrsg.) (1962): Principles of Self-Organization. The Illinois Symposium on Theory and Technology of Self-Organizing System. London: Pergamon.

Foerster, Heinz von/John D. White/Larry J. Peterson/John K. Russell (Hrsg.) (1968): Purposive Systems. Proceedings of the First Annual Symposium of the American Society for Cybernetics. New York/Washington: Spartan.

Foerster, Heinz von/Karl H. Müller (2003): Action Without Utility. An Immodest Proposal for the Cognitive Foundation of Behavior. In: Cybernetics and Human Knowing. 10. Jg. H. 3–4. S. 27–50.

Garvin, Paul L. (1970): Cognition. A Multiple View. New York: Spartan.

Glanville, Ranulph (1975): The Object of Objects (The Point of Points) or Something about Things. (Also Known as: A Cybernetic Development of Epistemology and Observation, Applied to Objects in Space and Time). London: PhD Thesis.

Glanville, Ranulph (1988): Objekte. Berlin: Merve.

Glanville, Ranulph (2009): The Black B∞x, vol. I: The 39 Steps. Wien: Edition Echoraum.

Glanville, Ranulph (2011): The Black B∞x, vol. II & III. Wien: Edition Echoraum.

Glasersfeld, Ernst von (1990): Die Unterscheidung des Beobachters. Versuch einer Auslegung. In: Volker Riegas/Christian Vetter (Hrsg.): Zur Biologie der Kognition. Ein Gespräch mit Humberto R. Maturana und Beiträge zur Diskussion seines Werkes. Frankfurt am Main: Suhrkamp. S. 281–295.

Glasersfeld, Ernst von (1997): Warum ich mich als Kybernetiker betrachte. In: Ernst von Glasersfeld: Wege des Wissens. Konstruktivistische Erkundungen durch unser Denken. Heidelberg: Carl-Auer-Systeme. S. 11–19.

Glasersfeld, Ernst von (2005): Radikaler Konstruktivismus. Versuch einer Wissenstheorie. Hrsg. Albert Müller/Karl H. Müller. Wien: Edition Echoraum.

Heims, Steve Joshua (1993): Constructing a Social Science for Postwar America. The Cybernetics Group, 1946–1953. Cambridge, MA/London: MIT Press.
Hollingsworth, J. Rogers/Karl H. Müller (2008): Transforming Socio-Economics with a New Epistemology. In: Socio-Economic Review. 3. Jg. H. 6. S. 395–426.
Kauffman, Louis (1987): Self-Reference and Recursive Form. In: Journal of Social and Biological Structure. 10. Jg. S. 53–72.
Kauffman, Louis (2005): Eigen-Forms. In: Kybernetes. 34. Jg. S. 129–150.
Kauffman, Louis (2009): Laws of Form and the Logic of Non-Duality. Paper Presented at the Conference on Science and Non-Duality, San Rafael, CA, October 2009.
Kenny, Vincent (2007): Distinguishing Ernst von Glasersfeld's 'Radical Constructivism' from Humberto Maturana's 'Radical Realism'. In: Constructivist Foundation. 2. Jg. H. 2–3. S. 58–64.
Martin, Robert (2007): BCL and the Heuristics Seminar. A School for Cybernetics. In: Albert Müller/Karl H. Müller (Hrsg.): An Unfinished Revolution? Heinz von Foerster and the Biological Computer Laboratory (BCL), 1958–1976. Wien: Edition Echoraum. S. 117–129.
Maturana, Humberto R. (1970): Neurophysiology of Cognition. In: Paul Garvin (Hrsg.): Cognition. A Multiple View. New York: Spartan. S. 3–23.
Maturana, Humberto R. (2007): Interview on Heinz von Foerster, Autopoiesis, the BCL and Augusto Pinochet. In: Albert Müller/Karl H. Müller (Hrsg.): An Unfinished Revolution? Heinz von Foerster and the Biological Computer Laboratory (BCL), 1958–1976. Wien: Edition Echoraum. S. 37–51.
Maturana, Humberto R./Francisco J. Varela (1980): Autopoiesis and Cognition. The Realization of the Living. Hrsg. Robert S. Cohen/Marx W. Wartofsky. Dordecht: Reidel.
Maturana, Humberto R./Francisco J. Varela (1987): Der Baum der Erkenntnis. Die biologischen Wurzeln des menschlichen Erkennens. Bern/München: Scherz.
McCulloch, Warren S. (1988): Embodiments of Mind. Cambridge, MA: MIT Press.
McCulloch, Warren S./Walter Pitts (1943): A Logical Calculus of the Ideas Immanent in Nervous Activity. In: Bulletin of Mathematical Biophysics. 5. Jg. S. 115–133.
Mead, Margaret (1968): Cybernetics of Cybernetics. In: Heinz von Foerster/John D. White/Larry J. Peterson/John K. Russell (Hrsg.): Purposive Systems. Proceedings of the First Annual Symposium of the American Society for Cybernetics. New York Washington: Spartan. S. 1–11.
Müller, Albert (2007 a): A Brief History of the BCL. Heinz von Foerster and the Biological Computer Laboratory. In: Albert Müller/Karl H. Müller (Hrsg.): An Unfinished Revolution? Heinz von Foerster and the Biological Computer Laboratory (BCL), 1958–1976. Wien: Edition Echoraum. S. 277–302.
Müller, Albert (2007 b): The End of the Biological Computer Laboratory. In: Albert Müller/Karl H. Müller (Hrsg.): An Unfinished Revolution? Heinz von Foerster and the Biological Computer Laboratory (BCL), 1958–1976. Wien: Edition Echoraum. S. 303–321.
Müller, Albert (2008 a) Computing a Reality. Heinz von Foerster's Lecture at the A.U.M Conference in 1973. In: Constructivist Foundations. 4. Jg. H. 1. S. 62–69.
Müller, Albert (2008 b): Zur Geschichte der Kybernetik. Ein Zwischenstand. In: Österreichische Zeitschrift für Geschichtswissenschaften. 19. Jg. H. 4. S. 6–27.
Müller, Karl H. (2007 a): The BCL – an Unfinished Revolution of an Unfinished Revolution. In: Albert Müller/Karl H. Müller (Hrsg.): An Unfinished Revolution? Heinz von Foerster and the Biological Computer Laboratory (BCL), 1958–1976. Wien: Edition Echoraum. S. 407–466.
Müller, Karl H. (2007 b): What is Radical about Radical Constructivism? In: Ranulph Glanville/Alexander Riegler (Hrsg.): The Importance of Being Ernst. Festschrift for Ernst von Glasersfeld. Wien: Edition Echoraum. S. 239–261.
Müller, Karl H. (2008 a): The New Science of Cybernetics. The Evolution of Living Research Designs. Bd. 1: Methodology. Wien: Edition Echoraum.
Müller, Karl H. (2008 b): Non-Dualistic? Radical Constructive? In: Constructivist Foundations. 3. Jg. H. 3. S. 181–191.

Müller, Karl H. (2008 c): Methodologizing Radical Constructivism. Recipes for RC-Designs in the Social Sciences. In: Constructivist Foundations. 1. Jg. H. 4. S. 50–61.
Müller, Karl H. (2010 a): The New Science of Cybernetics. The Evolution of Living Research Designs. Bd. 2: Theory. Wien: Edition Echoraum.
Müller, Karl H. (2010 b): From Science I to Science II. Major Changes in the Science Landscapes. Keynote Address at the 14th World Conferece on Systemics, Cybernetics and Informatics (WMCSI), 29. Juni 2010–2. Juli 2010, Orlando, FL.
Müller, Karl H. (2011): The New Science of Cybernetics. The Evolution of Living Research Designs. Bd. 3: Explorations. Wien: Edition Echoraum.
Pask, Gordon (1961): An Approach to Cybernetics. New York: Harper & Brothers.
Pask, Gordon (1975): Conversation, Cognition and Learning. A Cybernetic Theory and Methodology. Amsterdam/New York: Elsevier.
Pask, Gordon (1996): Heinz von Foerster's Self-Organization, the Progenitor of Conversation and Interaction Theories. In: Systems Research. 13. Jg. H. 3. S. 350–361.
Riegas, Volker/Christian Vetter (1990): Gespräch mit Humberto R. Maturana. In: Volker Riegas/Christian Vetter (Hrsg.): Zur Biologie der Kognition. Ein Gespräch mit Humberto R. Maturana und Beiträge zur Diskussion seines Werkes. Frankfurt am Main: Suhrkamp. S. 11–90.
Rosenblueth, Arturo/Norbert Wiener/ Julian Bigelow (1943): Behavior, Purpose and Teleology. In: Philosophy of Science. 10. Jg. S. 18–24.
Schmidt, Siegfried J. (2003): Geschichten und Diskurse. Abschied vom Konstruktivismus. Reinbek: Rowohlt.
Schmidt, Siegfried J. (2010): Die Endgültigkeit der Vorläufigkeit. Prozessualität als Argumentationsstrategie. Göttingen: Velbrück Wissenschaft.
Scott, Bernard (1996): Second Order Cybernetics as Cognitive Methodology. In: Systems Research. 13. Jg. H. 3. S. 393–406.
Smock, Charles D./Ernst von Glasersfeld (1974): Epistemology and Education. The Implications of Radical Constructivism for Knowledge Aquisition. Athens: Univ. of Georgia.
Spencer-Brown, George (1997): Laws of Form. Gesetze der Form. (1969) Lübeck: Joh. Bohmeier.
Umpleby, Stuart (2003): Heinz von Foerster and the Mansfield Amendment. In: Cybernetics and Human Knowing. 10. Jg. H. 3–4. S. 161–163.
Umpleby, Stuart (2008): A Short History of Cybernetics in the United States. In: Österreichische Zeitschrift für Geschichtswissenschaften. 19. Jg. H. 4. S. 28–40.
Umpleby, Stuart A. (2010): From Complexity to Reflexivity: The Next Step in the Systems Sciences. In: Robert Trappl (Hrsg.): Cybernetics and Systems 2010. Wien: Austrian Society for Cybernetic Studies.
Umpleby, Stuart A./Emil Nedev (2009): A Reflexive View of a Transdisciplinary Field. The Case of Cybernetics. Vortrag auf der Vierten Heinz von Foerster Konferenz in Wien, November 2009.
Varela, Francisco J./Humberto R. Maturana/Ricardo Uribe (1974): Autopoiesis. The Organization of Living Systems, Its Characterization and a Model. In: Biosystems. 5. Jg. H. 4. S. 187–196.
Varela, Francisco J. (1975): A Calculus for Self-Reference. In: International Journal of General Systems. 2. Jg. S. 5–24.
Wiener, Norbert (1948): Cybernetics or Control and Communication in the Animal and the Machine. New York: Wiley.
Willams, Robert V. (2006): Harold Abbott Wooster. A Memorial Essay. In: Journal of the American Society for Information Science and Technology. 57. Jg. H. 14. S. 1974–1976.

Autorenverzeichnis

Achim Barsch, Prof. Dr., geb. 1952; Professor für Neuere deutsche Literaturwissenschaft/Literaturdidaktik an der Universität Kassel. Arbeitsgebiete: Literaturtheorie, Literaturdidaktik und Medienerziehung, Popularkultur, Jugendmedienschutz.

Rainer Egloff, geb. 1964, Wissenschaftlicher Mitarbeiter am Collegium Helveticum (gemeinsam getragen von Universität Zürich und ETH Zürich) und an dessen Ludwik Fleck Zentrum. Arbeitsgebiete: Wissenschaftsgeschichte der Sozialwissenschaften, Stadtforschung, Inter- und Transdisziplinarität.

Peter Fuchs, Prof. em. Dr., geb. 1949, Professor für Allgemeine Soziologie und Soziologie der Behinderung an der Hochschule Neubrandenburg. Arbeitsgebiete: Allgemeine Theorie psychischer und sozialer Sinnsysteme.

Manfred Geier, Dr. phil. habil, geb. 1943, Professor für Sprachwissenschaft und Literaturwissenschaft an der Universität Hannover von 1981 bis 1998. Seitdem freiberuflich als wissenschaftlicher Publizist tätig. Arbeitsgebiete: Kulturelle Phänomene, philosophische Probleme, außergewöhnliche Lebensläufe.

Ernst von Glasersfeld, Prof. em. Dr. h.c., 1917–2010. Research Associate, Scientific Reasoning Research Institute, University of Massachusetts Amherst. Prof. of Cognitive Psychology, University of Georgia. Arbeitsgebiete: Computational Linguistics, Kybernetik, Sprachtheorie, Kognitive Psychologie, Epistemologie, Wissenschaftsphilosophie, Konstruktivismus.

Franz Hoegl, Dipl.-Kommunikationsdesigner, geb. 1967, Art Director einer Medienagentur in Nürnberg, freier Publizist. Arbeitsgebiete: Sprachphilosophie, Logik- und Mathematikgeschichte, Systemtheorie, Design und Werbung.

Theo Hug, Prof. Dr., geb. 1960, Professor für Erziehungswissenschaft an der Universität Innsbruck und Sprecher des interfakultären Forums Innsbruck Media Studies. Arbeitsgebiete: Medienpädagogik und Medienbildung, e-Education und Mikrolernen, Wissenstheorie und Wissenschaftsphilosophie.

Jens Kertscher, Dr. phil, geb. 1968, Wissenschaftlicher Mitarbeiter an Institut für Philosophie der TU Darmstadt. Arbeitsgebiete: Sprachphilosophie, Pragmatismus, insbesondere auch seine Rezeption im heutigen Neopragmatismus.

Heiko Kleve, Prof. Dr. phil., geb. 1969, Professor für soziologische und sozialpsychologische Grundlagen sowie Fachwissenschaft Sozialer Arbeit an der Fachhochschule Potsdam. Arbeitsgebiete: Theorie und Methodik Sozialer Arbeit, insbesondere aus systemtheoretischer, konstruktivistischer und postmoderner Perspektive.

Wolfram Karl Köck, Dr. phil., geb. 1940, PD für Allgemeine und Angewandte Linguistik (Universität Bielefeld) und bis 2003 Direktor des Instituts für empirische Literatur- und Medienforschung (LUMIS, Universität Siegen). 1990–2009 Professor für Anglistische Sprachwissenschaft an der Universität Bonn. Arbeitsgebiete: allgemeine und angewandte Sprachwissenschaft, interdisziplinäre Semiotik und Kommunikationsforschung.

Tom Levold, geb. 1953, selbstständige Tätigkeit als systemischer Therapeut (Institut für psychoanalytisch-systemische Praxis) sowie als Supervisor, Coach und Organisationsberater (levold system design) in Köln. Arbeitsgebiete: Paartherapie, Theorie, Geschichte und Praxis des systemischen Ansatzes, klinische Epistemologie.

Jens Loenhoff, Prof. Dr., geb. 1959, Professor für Kommunikationswissenschaft an der Universität Duisburg-Essen. Arbeitsgebiete: Kommunikationstheorie und ihre Geschichte, Interkulturelle Kommunikationsforschung, technisch vermittelte Kommunikation.

Tino G. K. Meitz, Dr. phil., geb. 1973, Wissenschaftlicher Assistent am Arbeitsbereich für Empirische Medienforschung der Universität Tübingen. Arbeitsgebiete: Kommunikations- und Medientheorie, Werbeforschung/Werbewirkungsforschung, Strategische Kommunikation.

Sibylle Moser, Mag. phil. Dr. phil., geb. 1969, Lektorin an der Universität Innsbruck und Leiterin von „LOOP. Institut für systemische Medienforschung" in Wien. Arbeitsgebiete: Medienästhetik und Kognition, Sprache im Multimedia-Kontext, Systemtheorie, Konstruktivismus, Empirische Literaturwissenschaft.

Albert Müller, Dr. phil., geb. 1959, arbeitet am Institut für Zeitgeschichte der Universität Wien. Arbeitsgebiete: Heinz von Foerster, Gordon Pask, Geschichte der Kybernetik, der Systemtheorie und des Konstruktivismus. Betreuer des Heinz-von-Foerster- und des Gordon-Pask-Archivs.

Karl H. Müller, Dr. phil., geb. 1953, Leiter des Wiener Instituts für sozialwissenschaftliche Dokumentation und Methodik (WISDOM). Arbeitsgebiete: komplexe Methoden- und Modellbildungen in den Sozialwissenschaften, Aktualisierungen einer Kybernetik zweiter Ordnung sowie neue Formen von sozio-ökonomischen Risikolagen gegenwärtiger Gesellschafen.

Stefan Neubert, Dr. paed., geb. 1964, Studiendirektor im Hochschuldienst. Arbeitsgebiete: Pragmatismus- und Konstruktivismusstudien, Erziehungsphilosophie, Kultur und Kommunikation, Interkulturelle Pädagogik, Dewey-Center Köln.

Bernhard Pörksen, Prof. Dr., geb. 1969, Professor für Medienwissenschaft an der Universität Tübingen. Arbeitsgebiete: Kommunikations- und Medientheorien, Medienskandale und Medienethik, Medienwandel und Veränderung von Berufsfeldern/Kompetenzprofilen, Inszenierungsformen in Politik und Medien.

Christoph Reinfandt, Prof. Dr., geb. 1964, Professor für Neuere Englische Literatur an der Universität Tübingen. Arbeitsgebiete: Systemtheorie in Literatur- und Kulturwissenschaft, Medienkulturgeschichte der Moderne, Romantik und Populäre Kultur, Literatur und Kultur der Gegenwart, Erzähl- und Romantheorie, Englische Literaturen weltweit.

Alexander Riegler, geb. 1969, Wissenschaftlicher Mitarbeiter an der Freien Universität Brüssel. Arbeitsgebiete: Philosophie und Kognitionswissenschaft.

Armin Scholl, Apl. Prof. Dr., geb. 1962, Akademischer Oberrat am Institut für Kommunikationswissenschaft der Universität Münster. Arbeitsgebiete: Theorien und Methoden der empirischen Kommunikationsforschung, Journalismusforschung, alternative Medien und Gegenöffentlichkeit.

Siegfried J. Schmidt, Prof. em. Dr. Dr. h. c., geb. 1940, Professor für Kommunikationstheorie und Medienkultur an der Universität Münster. Arbeitsgebiete: Medien- und Kommunikationstheorie, Konstruktivismus, Medienkultur, Medienkunst, Werbung.

Fritz B. Simon, Prof. Dr. med., geb. 1948, Professor für Führung und Organisation, Universität Witten/Herdecke. Arbeitsgebiete: Organisations- und Desorganisationsforschung im Bereich sozialer und psychischer Systeme.

Andreas Weber, Dipl.-Biol. Dr. phil., geb. 1967, Schriftsteller, Berlin. Arbeitsgebiete: *Nature Writing*, Naturästhetik, Biosemiotik, Ökonomie und Nachhaltigkeit, Gemeingüter.

Hannelore Weber, Prof. Dr., geb. 1955, Professorin für Differentielle und Persönlichkeitspsychologie und Psychologische Diagnostik an der Universität Greifswald. Arbeitsgebiete: Differentielle und Persönlichkeitspsychologie, Gesundheitspsychologie, Emotionspsychologie, Psychologische Diagnostik.

Hans Westmeyer, Prof. Dr., geb. 1946, Professor für Differentielle und Persönlichkeitspsychologie und Psychologische Diagnostik an der Freien Universität Berlin. Arbeitsgebiete: Psychologische Diagnostik, Persönlichkeitspsychologie, Theoretische Psychologie, Wissenschaftstheorie.

Matthias Wille, Dr., geb. 1976, Dozent für Philosophie an der Universität zu Köln und der Universität Münster. Arbeitsgebiete: Erkenntnistheorie, Philosophie der Mathematik und Beweistheorie.

Rudolf Wimmer, Prof. Dr., geb. 1946, Professor für Führung und Organisation am Institut für Familienunternehmen der Universität Witten/Herdecke. Mitgründer der osb, Gesellschaft für systemische Organisationsberatung. Arbeitsgebiete: Strategie- und Organisationsentwicklung, Theorie der Beratung von Organisationen.

Guido Zurstiege, Prof. Dr., geb. 1968, Professor für Empirische Medienforschung an der Universität Tübingen. Arbeitsgebiete: Kommunikations- und Medientheorie, Werbeforschung.

Public Relations / Werbung

Marcel Bernet
Social Media in der Medienarbeit
Online PR im Zeitalter von Google, Facebook & Co.
2010. 198 S. Br. EUR 24,95
ISBN 978-3-531-17296-5

Christian Gruber
Glaubwürdig kommunizieren
Interne und externe Strategien für Führungskräfte und Pressestellen
2010. 187 S. Br. EUR 24,95
ISBN 978-3-531-17651-2

Juliana Raupp / Stefan Jarolimek / Friederike Schultz (Hrsg.)
Handbuch Corporate Social Responsibility
Kommunikationswissenschaftliche Grundlagen und methodische Zugänge. Mit Lexikonteil
2011. ca. 400 S. Br. ca. EUR 39,95
ISBN 978-3-531-17001-5

Ulrike Röttger
Public Relations – Organisation und Profession
Öffentlichkeitsarbeit als Organisationsfunktion. Eine Berufsfeldstudie
2., durchges. Aufl. 2010. 352 S. (Organisationskommunikation. Studien zu Public Relations/Öffentlichkeitsarbeit und Kommunikationsmanagement) Br. EUR 39,95
ISBN 978-3-531-33496-7

Erhältlich im Buchhandel oder beim Verlag.
Änderungen vorbehalten. Stand: Juli 2010.

Matthias Karmasin / Daniela Süssenbacher / Nicole Gonser (Hrsg.)
Public Value
Theorie und Praxis im internationalen Vergleich
2011. ca. 280 S. Br. ca. EUR 29,95
ISBN 978-3-531-17151-7

Gabriele Siegert / Dieter Brecheis
Werbung in der Medien- und Informationsgesellschaft
Eine kommunikationswissenschaftliche Einführung
2., überarb. Aufl. 2010. 322 S. (Studienbücher zur Kommunikations- und Medienwissenschaft) Br. EUR 24,95
ISBN 978-3-531-16711-4

Jörg Tropp
Moderne Marketing-Kommunikation
System - Prozess - Management
2010. ca. 650 S. Br. ca. EUR 39,95
ISBN 978-3-531-17431-0

Ansgar Zerfaß
Unternehmensführung und Öffentlichkeitsarbeit
Grundlegung einer Theorie der Unternehmenskommunikation und Public Relations
3., akt. Aufl. 2010. IV, 472 S. (Organisationskommunikation. Studien zu Public Relations/Öffentlichkeitsarbeit und Kommunikationsmanagement) Br. EUR 49,95
ISBN 978-3-531-16877-7

www.vs-verlag.de

Abraham-Lincoln-Straße 46
65189 Wiesbaden
Tel. 0611.7878-722
Fax 0611.7878-400

Reihe Medien – Kultur – Kommunikation

Andreas Hepp
Cultural Studies und Medienanalyse
Eine Einführung
3., überarb. u. erw. Aufl. 2010. 321 S. (Medien – Kultur – Kommunikation) Br. EUR 29,95
ISBN 978-3-531-15543-2

Andreas Hepp / Cigdem Bozdag / Laura Suna
Mediale Migranten
Medienwandel und die kommunikative Vernetzung der Diaspora
2011. ca. 240 S. (Medien – Kultur – Kommunikation) Br. ca. EUR 29,95
ISBN 978-3-531-17314-6

Christine Linke
Medien im Alltag von Paaren
Eine Studie zur Mediatisierung der Kommunikation in Paarbeziehungen
2010. 208 S. (Medien – Kultur – Kommunikation) Br. EUR 34,95
ISBN 978-3-531-17364-1

Jo Reichertz
Die Macht der Worte und der Medien
3. Aufl. 2010. 333 S. (Medien – Kultur – Kommunikation) Br. EUR 29,95
ISBN 978-3-531-17242-2

Paddy Scannell
Medien und Kommunikation
2011. 400 S. (Medien – Kultur – Kommu-nikation) Br. ca. EUR 29,95
ISBN 978-3-531-16594-3

Martina Thiele / Tanja Thomas / Fabian Virchow (Hrsg.)
Medien – Krieg – Geschlecht
Affirmationen und Irritationen sozialer Ordnungen
2010. 363 S. (Medien – Kultur – Kommu-nikation) Br. EUR 34,95
ISBN 978-3-531-16730-5

Waldemar Vogelgesang
Jugend, Alltag und Kultur
Eine Forschungsbilanz
2011. ca. 400 S. (Medien – Kultur – Kommunikation) Br. ca. EUR 49,95
ISBN 978-3-531-14478-8

Erhältlich im Buchhandel oder beim Verlag.
Änderungen vorbehalten. Stand: Juli 2010.

www.vs-verlag.de

Abraham-Lincoln-Straße 46
65189 Wiesbaden
Tel. 0611.7878-722
Fax 0611.7878-400

Printed by Books on Demand, Germany